袁宝华 - 著

企业改革政策研究史库 - 编

突破

BREAKTHROUGH

〖上册〗

中国企业改革政策史稿（1978～2003）

Historical Documents and Collected Works of China's Enterprise Reform Policies (1978-2003)

社会科学文献出版社
SOCIAL SCIENCES ACADEMIC PRESS (CHINA)

2024 年是袁宝华同志逝世 5 周年、诞辰 108 周年，

谨以此书纪念他。

袁宝华同志生平

中国共产党的优秀党员，久经考验的忠诚的共产主义战士，我国经济管理部门的优秀领导干部，著名的经济学家、经济管理专家、教育家，原中共中央顾问委员会委员，原国家计划委员会副主任，原国家经济委员会副主任、党组副书记，中国人民大学原校长袁宝华同志因病医治无效，于2019年5月9日7时37分在北京逝世，享年103岁。

袁宝华同志，1916年1月13日出生，河南南召人。1922年至1934年，先后在南阳第四小学、南都小学、南阳五中、河南大学附属高中学习。1934年考入北京大学，先后在数学系、地质系学习。他在青少年时代就阅读大量进步书籍，接受进步思想，追求真理，积极向党组织靠拢。在北京大学学习时，参加了“一二·九”运动。1936年2月加入中华民族解放先锋队并担任北大分队组织委员，参加革命工作。同年5月加入中国共产主义青年团，同年9月转为中国共产党党员，任北京大学党支部宣传委员，在党的领导下从事抗日救亡运动。

抗日战争全面爆发后，袁宝华同志受党的派遣，参加平津学生南下宣传团，回家乡河南组织群众开展抗日斗争。先后担任河南开封及南阳平津同学会执委会委员，中共南阳特别支部委员、南召县自卫团政训主任，中共南召区委委员、中共南阳中心县委委员，中共豫鄂陕边区工委委员、中共豫西南特委（地委）委员兼南召县委统战部部长。他按照党的指示，运用巧妙的斗争策略宣传抗日，发动群众，组织抗日武装。他1940年底到延安，进入中共中央党校学习；1941年3月到中央组织部任秘书处干事，从事干部调配工作。经过延安整风和对马列主义理论系统的学习，他的政治觉悟更加成熟，革命意志更加坚强。

抗日战争胜利后，袁宝华同志赴东北开展工作。1946年1月起，先后担任中共通鲁地委城市工作队队长，中共吉江省委干部科科长兼吉江建设学院副院长，中共乾安县委副书记、书记，中共洮安县委书记，中共嫩江省委分委宣传部部长、中共嫩江省委研究室副主任兼省委青委书记。在剿匪和土地改革工作中，他带领工作队深入农村蹲点调研抓典型，严格执行党的政策。在他的领导下，乾安县和洮安县为东北和全中国的解放组织了大量人员和输送了大批物资，很好地完成了建立和巩固地方政权任务。

1949年6月起，袁宝华同志先后担任东北人民政府工业部计划处副处长、处长，东北人民政府工业部秘书长，为刚解放的东北地区恢复工业生产和建设、为抗美援朝的胜利作出积极努力。他组织计划处起草编制的东北工业生产和建设计划是新中国较早的经济计划。他把编制计划的方法和经验介绍给东北局各经济管理部门，介绍给参加全国第一个五年计划编制的人员，并参加了全国第一个五年计划的编制，做了大量工作。1952年8月，他随中央代表团赴苏联参加苏联156项援建项目谈判，后代表中方在民用项目援建协议书上签字。在长达9个月的谈判过程中，他考察了苏联工业企业，学习了苏联的经济管理、企业管理和计划编制经验，为新中国经济恢复和建设发挥了重要作用。

1953年6月，袁宝华同志调重工业部工作，先后担任钢铁局副局长、基本建设局局长、办公厅主任。冶金工业部成立后，他先后担任冶金部办公厅主任、部长助理、副部长，主要负责“一五”计划实施，重点是落实苏联援建的钢铁等重工业项目，并分管生产和计划。在工作中，他对每个建设项目都深入调查研究，精心组织设计和施工，为我国五六十年代重工业项目特别是钢铁项目的建成发挥重要作用。

1960年5月，袁宝华同志任国家经济委员会物资管理总局副局长，同年9月任国家经济委员会副主任。1963年5月兼任国家物资管理总局局长。1964年9月起先后任国家物资管理部部长、党组书记、党委书记。在党中央、国务院领导下，根据新中国国民经济恢复和发展的需要，他狠抓落实，建立起规范的物资管理体制，开创了新中国的物资管理工作新局面。特别是针对当时物资流通混乱，生产资料产需脱节的问题，通过调查研究，抓典型、搞试点，为国民经济“调整、巩固、充实、提高”提供了物资保障，为建立新的物资流通体制和管理制度作出了重要贡献。

“文化大革命”期间，袁宝华同志受到冲击，但他不忘初心、对党忠诚，忘我工作。1969年11月任国家计划委员会生产组组长，1970年7月起先后任国家计划委员会革委会副主任兼生产组组长、国家计划委员会副主任，积极开展全国工农业生产的计划安排和生产调度，为维持国民经济运转，保障人民正常生活作出积极努力。

1978年6月，袁宝华同志任国家经济委员会副主任、党组副书记，1981年3月任国家经济委员会主任、党组书记。1982年5月任职能扩大的国家经济委员会副主任、党组副书记。其间，在党中央、国务院的领导下，他协助委党组主要负责同志认真贯彻党的十一届三中全会确定的路线方针政策，围绕“调整、改革、整顿、提高”的八字方针，积极组织推进企业管理现代化建设，在企业整顿和企业改革、企业法制建设、企业技术改造和质量管理、职工教育、企业思想政治工作、经济领域社会团体组织等方面，开展了大量卓有成效的工作，为推动企业整顿、改革和发展，推进经济体制改革作出重要贡献。

袁宝华同志是我国企业整顿和企业改革的推动者。粉碎“四人帮”后，全国百废待兴，他积极学习国外先进管理经验，先后考察英国、法国、日本、德国、美国等十多个国家的企业和经济组织，结合我国实际，组织推动企业整顿和改革工作，先后担任国务院企业整顿工作领导小组组长、全国企业管理工作领导小组组长，推动企业不断提高效益和质量。1978 年 4 月按照党中央印发的《关于加快工业发展若干问题的决定（草案）》，他组织开展工业企业恢复性整顿，重点整顿领导班子，恢复原有领导体制，撤销革委会，清理队伍，恢复厂长职能；改善经营管理，扭亏增盈，恢复企业管理制度；扩大企业自主权，建立经济责任制。通过恢复性整顿，到 1981 年实现了工业企业的拨乱反正，恢复了企业元气，为企业的全面整顿创造了良好条件。在恢复性整顿的基础上，参与组织开展工业企业全面整顿。1982 年 1 月，在委党组的领导下，他组织起草了《关于国营工业企业进行全面整顿的决定》，报经党中央、国务院印发后实施。经过全面整顿，到 1985 年，企业素质和经济效益明显提高，为推进企业管理现代化和经济体制改革奠定了良好基础。在恢复性整顿和全面整顿的同时，他组织推动工业企业扩权让利、质量管理、企业升级、企业承包责任制及经济责任制改革。1979 年，他组织起草了《关于国营工业企业经营管理自主权的若干规定》等文件。他高度重视工业企业全面质量管理，先后组织三次“质量月”活动，推动印发《工业企业全面质量管理暂行办法》，引导全面质量管理向规范化、制度化方向健康发展。1980 年，他组织起草《关于加强现有工业企业挖潜、革新、改造工作的暂行办法》，报经国务院批准后实施，并在他的建议下，于 1982 年机构改革后在新组建的国家经济委员会成立技术改造局，负责全国企业的技术改造工作。1981 年组织起草了《关于国营工交企业实行利润留成和盈亏包干办法的若干规定》，推动工交企业实行利润留成和盈亏包干，1987 年又由包干制改为推行承包制。1986 年按照国务院部署，他组织开展企业升级活动，评选国家特级、一级、二级及省级先进企业。这些措施极大地调动了企业生产经营积极性，提高了经济效益，推动了企业发展。

袁宝华同志是推动企业法制建设的践行者。1979 年初，全国人大常委会成立《中华人民共和国全民所有制工业企业法》起草小组，袁宝华同志任副组长。在起草过程中，他先后到东北、华北、华东、中南、西南等地区的企业深入调查研究，听取企业干部和工人、地方党政领导、法律专家和经济学家的意见，为该法的诞生做了大量工作。在制定过程中，他多次向中央书记处和全国人大常委会作说明和解释，起草工作历时 10 年。为确立企业的法人地位、不再是行政机构附属物作出重要贡献。

袁宝华同志是我国职工教育工作的开拓者。他提出职工教育是企业发展的百年大计，是万古长青的事业。“文化大革命”结束后，提高职工文化技术水平是十分紧迫的问题，他提出要对职工进行“双补”（补文化课和技术课），并在人民日报发表文章

《提高职工技术水平是当务之急》。1980 年，中央决定成立全国职工教育管理委员会，袁宝华同志担任主任。他主持起草了《中共中央、国务院关于加强职工教育工作的决定》，使职工教育工作得到全党、全国的重视，有了明确的方向。他按照中央的决策部署，积极推动工作，仅用不到 5 年时间，完成了全国 3000 多万青壮年职工的“双补”，并对全国经济工作领导干部和国有企业的领导干部进行了全面培训，组织了对国有企业厂长经理考试，还在一些重点省市区建立了一批经济管理干部学院和培训中心，学习国外经验开创了我国工商管理硕士（MBA）教育，为培养企业管理人才和提高企业职工素质作出了重要贡献。

袁宝华同志是我国企业思想政治工作的促进者。他主张思想政治工作同经济工作紧密结合，使之成为经济工作的强大动力。他认为在社会主义市场经济条件下思想政治工作仍然是一切经济工作的生命线，企业思想政治工作要创新，要与时俱进。他始终重视思想政治工作，是 1983 年初成立的中国职工思想政治工作研究会创始人之一，并在 1989 年 3 月起任会长，到 2004 年 7 月卸任。在改革开放的形势下，针对新情况、新问题，他组织对企业思想政治工作进行研究，给学员讲课，多次召开企业党委书记座谈会，听取他们的意见，研究他们提出的问题，为加强中国特色社会主义企业管理作出了积极努力。

袁宝华同志是我国经济领域全国性社会团体组织的开拓者。1978 年底，他率领中国经济代表团考察日本回来后，认为加强企业管理，搞企业改革需要企业、大专院校和研究机构的专家、学者以及社会各方面的积极分子共同参与，为此，他推动成立中国企业管理协会，后来又成立了中国企业家协会，并亲自担任会长。以他的名字命名的“袁宝华企业管理金奖”是中国企业管理领域的著名奖项，激励和培养了一批卓越的企业家。在他的领导和支持下，改革开放初期还成立了中国质量管理协会、中国食品工业协会、中国包装协会、中国交通运输协会等。这些都是我国最早的全国性社会经济团体组织，在为政府和企业服务方面做了大量工作，至今仍发挥重要作用。在领导社团组织 20 多年的工作中，他发表了 40 余篇搞好协会建设的文章和讲话。他主张社团组织要当好党和政府联系企业的桥梁纽带，要“自立、自治、自养”。他的这些观点是我国社团组织建设的宝贵财富。

袁宝华同志是企业家的良师益友，为我国企业家队伍建设作出重要贡献。他长期在国民经济重要部门担任领导职务，对企业家的地位和作用有深刻的了解和认识，出版的《袁宝华论企业家修养》一书，凝聚了他建设我国企业家队伍的长期实践和研究成果。他提出建设社会主义需要一大批企业家，要从观念、法制、体制等方面营造企业家成长的外部环境，企业家一定要加强自身修养。他从领导岗位退下来后，仍然关心企业家队伍建设，召开 50 多次厂长经理座谈会，听取企业家的意见。他深入调查研究，多次向党中央、国务院领导提出建设职业化企业家队伍的意见。他多次讲要把自己的余生贡献给企业改革和企业家队伍建设，体现出一名共产党员永远奋斗的高尚情操。

1985 年 5 月，袁宝华同志担任中国人民大学党组书记、校长。他带领学校党政领导班子弘扬中国人民大学的优良传统和作风，积极调动广大师生的工作学习热情，迅速推进学校各项工作蓬勃开展，开创了中国人民大学发展新局面。他倡导尊师重教、民主办学，勇于改革，不断创新，经常深入广大师生听取意见和建议，提出了“学新知、立新意、树新风”的治学理念。师生们说他是“受人爱戴的老校长”。他为中国人民大学的改革与发展作出重要贡献。他坚持理论联系实际，坚持社会主义办学方向，积累了丰富的办学经验，培养了党和国家需要的大批人才。他十分重视国家行政管理干部的教育，在担任行政领导期间就把提高干部的政治素质和业务素质作为重要工作。在他的提议下，中国人民大学成立了经济管理学院和行政管理学院。他认真贯彻党中央关于组建国家行政学院的决策部署，中国人民大学负责筹建工作，他任筹建国家行政学院领导小组组长。他领导筹备组开展了培训干部、制定章程、选择校址、选调专家学者等各方面工作，为国家行政学院建成与发展奠定了基础。

袁宝华同志 1995 年 8 月离休。他在经济工作岗位上工作了 50 余年，积累了丰富的实践经验。他主张基本建设要量力而行，工业生产不能盲目追求高指标、高速度，要把质量品种放在第一位，要正确发挥价值规律和市场机制的作用，要重视科学技术，处理好生产和生活的关系，关心职工的切身利益。学习外国经验要“以我为主、博采众长、融合提炼、自成一家”，力主走出中国自己的经济建设新路子。这些思想对推动经济体制改革和企业管理具有很高的参考价值。

袁宝华同志十分重视调查研究，善于总结提炼，取得了丰硕的理论成果。在长期的革命经历中，他注重掌握第一手材料，深入分析、总结提高。先后出版了《袁宝华经济文集》、《袁宝华谈政府与企业》等著作，特别是《袁宝华文集》（十卷本）总结了他在社会主义经济管理、工业管理、流通管理、企业管理、教育管理等方面的实践经验、理论成果和思想精髓，真实反映了我国经济社会发展和社会主义现代化建设艰难曲折的历史进程，对深化经济建设规律认识、全面深化经济体制改革具有重要借鉴意义。

袁宝华同志是中国共产党第十次、十一次、十二次、十三次全国代表大会代表，第十一届中央候补委员，第十二届中央委员，在中共十三大上当选为中央顾问委员会委员，第三届全国人民代表大会代表，中国新民主主义青年团第一次全国代表大会代表。

袁宝华同志一生忠于党，忠于人民。他思想敏锐，工作勤奋，正直宽厚，淡泊名利。在 80 多年的革命生涯中，他理想信念坚定，为追求共产主义远大理想和中国特色社会主义共同理想不懈奋斗，始终保持着优秀的政治品质、优良的工作作风和旺盛的革命热情。他认真学习马克思列宁主义、毛泽东思想、邓小平理论、“三个代表”重要思想、科学发展观、习近平新时代中国特色社会主义思想，自觉树牢“四个意识”，坚定“四个自信”，做到“两个维护”，严守纪律规矩，特别是政治纪律和政治规矩，在思想上政治上行动上始终同党中央保持高度一致。他始终把党的事业和人民的利益放在第一位，坚持实事求是，追求真理，讲政治、顾大局，善协调、讲奉献。他既坚持原则，又讲究方法和艺术，善于运用马克思主义立场、观点、方法分析处理复杂和棘手问题，在大是大非面前立场坚定，旗帜鲜明，为我国革命、建设、改革开放和社会主义现代化事业，勤勤恳恳，鞠躬尽瘁。中央领导同志曾评价“他的这种非凡能力，来源于他对革命事业的忠诚和使命感，来源于长期的工作历练。他的经历反映了新中国经济建设的一个重要历史方面，也造就了他的卓越才干。”他清正廉洁，生活俭朴，从不计较个人得失，严格要求亲属和身边工作人员。坚决拥护和支持全面从严治党，深入开展反腐败斗争，始终对党的事业和国家的前途充满信心。

袁宝华同志的一生，是革命的一生、学习的一生、战斗的一生，是为党和人民的事业无私奉献的一生。他的逝世使我们失去了一位好党员、好同志，我们要学习他对党和人民的事业忠贞不渝、始终如一的坚定信念，严于律己、慎独慎思的优良品格，追求真理、严谨务实的科学态度，兢兢业业、无私奉献的工作作风。我们要化悲痛为力量，更加紧密地团结在以习近平同志为核心的党中央周围，高举中国特色社会主义伟大旗帜，深入学习贯彻习近平新时代中国特色社会主义思想，不忘初心、牢记使命，为决胜全面建成小康社会、夺取新时代中国特色社会主义伟大胜利、实现中华民族伟大复兴的中国梦而努力奋斗。

袁宝华同志永垂不朽！

编者说明

由亲历者、组织者和领导者的史稿等构成的《突破：中国企业改革政策史稿（1978~2003）》（以下简称《袁宝华史稿》），是一部系统、完整的中国企业改革政策历史文献，收录了袁宝华同志自改革开放以来有关企业改革政策方面的重要文稿，以及有关领导同志的相关重要讲话和文章、政策文件等。这些文稿包括国内调研报告、出访考察报告、决策方案说明、工作请示报告、重要会议讲话、新闻专题采访等，对我国改革开放、社会经济、企业发展等政策的调研决策与组织实施产生过重要影响。

袁宝华同志从事经济领域领导工作超过五十年，是我国杰出的经济工作领导者和改革开放推动者，是奠定社会主义中国现代工业产业体系重要基础的《中华人民共和国发展国民经济的第一个五年计划（1953~1957）》编制成员之一，也是苏联援建156个项目协定的谈判和签订者之一。特别是党的十一届三中全会之后的十多年，在党中央、国务院的正确领导和重视支持下，袁宝华同志是我国企业改革工作的主要领导者，是中央有关企业改革政策重大决策的重要参与者，也是组织实施的主要领导人。我国第一部“经济大法”——《中华人民共和国全民所有制工业企业法》（以下简称《企业法》），在邓小平同志亲自推动、彭真同志亲自组织下，袁宝华同志担任这项工作的直接领导者并全程负责起草和试点；历经十年立法以及“三个条例”、承包制、厂长负责制等由点到面的先行试点探索，先后三易其名（国营工厂法、国营工业企业法、全民所有制工业企业法），于1988年4月13日由第七届全国人民代表大会第一次会议通过。

在离开一线工作岗位之后，不论是担任中国企业管理协会（中国企业联合会）会长，还是担任中国人民大学校长期间，以及此后的岁月里，袁宝华同志依然是我国企业改革政策的主要推动者和决策参与者，他深入基层调研，深思熟虑提出的相关政策意见和决策建议，对中央做出有关企业改革相关政策、重大决策产生了积极影响。如《企业法》颁布后的三年间（1988~1990年），他四次向国务院提出关于尽快制定《企业法》实施条例、完善企业外部环境、建立健全《企业法》执行和监督机关等决策建议。1991年，朱镕基同志担任国务院副总理后，亲自组织、协调、制定《企业法》的实施条例，即《全民所有制工业企业转换经营机制条例》，该条例于1992年7月23日由国务院颁布实施，成为建立社会主义市场经济的一块基石。

我国改革开放初始，关于日本的企业管理、美国的产业经济、西欧的宏观经济的三篇出访考察报告，分别从微观（企业）、中观（产业）、宏观（经济）三个层面向中央提出了相关改革开放建议，其深远意义和重要作用影响至今。前述部委层面的出访考察安排，紧随邓小平同志的外访行程，团长都是袁宝华同志（时任国家经委副主任、党组副书记。1981年3月至1982年5月，任国家经委主任、党组书记）。前述出访考察报告和政策建议以及随行相关学者的理论分析思考，不仅成为中国逐步实现由“仿苏式”计划经济转向社会主义市场经济重大决策的重要参考，也被经济理论界誉为“改革开放初期工业领域和科学管理领域的开山之作”。李先念同志就《日本工业企业管理考察报告》所提政策建议（拟先在京津沪三市选少数基础较好的工厂进行改革试点），指示袁宝华同志（请国家经委）认真研究一下扩大企业自主权问题。随后，国家经委在召开企业管理改革试点座谈会、印发《国家经济委员会、财政部、对外贸易部、中国人民银行、国家物资总局、国家劳动总局关于在京、津、沪三市的八个企业进行企业管理改革试点的通知》（经企〔1979〕148号）的基础上，形成了《关于扩大国营工业企业经营管理自主权的若干规定》（简称“扩权十条”）；经中央工作会议审议批准，国务院印发了《国务院关于按照五个改革管理体制文件组织试点的通知》（国发〔1979〕175号）。由此揭开我国企业改革的序幕。

经济特区是全国改革开放的重要“试验田”，也是企业改革和发展的“新天地”。经济特区在改革开放过程中遇到困难并暴露出一些问题，在深圳、广东甚至北京受到一些质疑，在大家对前景议论纷纷之际，邓小平同志等中央领导同志先后视察深圳。此后不久，袁宝华同志深入经济特区基层，到企业进行调查研究，形成调研报告——《关于特区经济发展问题的调查》，报告所反映的问题和提出的建议，得到中央主要领导同志的高度重视，责成有关同志研究解决。积极推进经济特区向外向型经济发展、外引内联打造外向型工业等政策建议，不仅成为中央完善改革开放政策的重要举措，也成为深圳由“贸易”到“产业”、由“窗口”到“国际”的经济特区发展战略，其影响延续至今。

《袁宝华史稿》收录的文稿，都是对我国企业改革政策重大决策及组织实施产生重要影响的文稿，大部分收录在已经出版的袁宝华系列著作中。这次出版的史稿是根据袁宝华同志原身边工作人员和家人、企业改革政策研究史库新近整理的原稿和史料，由选编者对前述文稿进行补充和修订，以中国企业改革政策为主题的专著。所有文稿的解读和作为附录的政策文件、重要讲话、调研报告、相关文章等，均源自企业改革政策研究史库的馆藏史料和《改革开放以来中国企业改革政策年谱——（1978~2003）年纲辑要》的稿件和文献，意在帮助读者了解《袁宝华史稿》的时代背景和历史影响。

在缅怀袁宝华同志逝世五周年之际出版的《袁宝华史稿》，与已经出版的《袁宝华文集》《袁宝华经济文集》《袁宝华回忆录》《袁宝华访谈文集》等袁宝华系列著作，企业改革政策研究史库组织出版的《陈清泰文集》（四卷本）、《由是之路：我经历的五十年企业变革》，以及即将出版的《改革开放以来中国企业改革政策年谱——（1978~2003）年纲辑要》，对广大读者重温和研究邓小平同志领导和开创的改革开放伟大历程，特别是改革开放前25年中国经济的整顿恢复、企业改革政策重大决策，以及国有企业"攻坚克难"和"转机建制"的伟大创举，都会有所帮助。

《袁宝华史稿》由企业改革政策研究史库陈洪隽同志负责选编和做出解读说明。文稿、附录选编和解读说明编撰尽量保持原有风格，但做了一些必要的调整，其中如有疏漏或误错，责任在企业改革政策研究史库及编撰者，敬请勘误和指正。读者在《袁宝华史稿》的阅读和研究中，如需查阅相关历史资料，可线上参阅"企改政研史库"（企业改革政策研究史库）公众号的相关史料，也可与中国企业管理科学基金会联系，线下查阅中国企业改革政策史馆的馆藏史料。

在《袁宝华史稿》编辑出版过程中，有关领导同志给予充分肯定，陈清泰、韩家增、朱焘、朱宏任同志和邵宁、陈全生、朱仁学、卫东、郭志山、狄娜、李冰、贾小梁等原国家经委国家经贸委企业司的老领导老同事，以及中国企业管理科学基金会缪荣等同志提供了部分史料或给予指导；袁普、袁朱等袁宝华同志的家人给予了协助和充分信任，中国企业联合会（中国企业家协会）等给予大力支持。非常感谢大家对中国企业改革政策历史研究工作的悉心关怀和大力支持。

中国企业管理科学基金会陈清泰基金

社会科学文献出版社

企业改革政策研究史库

2024年4月16日

目　录

日本工业企业管理考察报告*

（1978年12月5日）

国家经济委员会访日代表团由袁宝华同志担任团长，邓力群同志担任顾问，应日中经济协会的邀请，于1978年10月31日至12月5日，对日本工业企业管理问题进行了考察。代表团分三组，重点考察了新日铁公司钢铁公司、小松工程机械公司、丰田汽车工业公司、松下和东芝电器公司等单位。

这次考察，是在中日和平友好条约生效、邓小平同志访日圆满成功、日本掀起"中国热"之际进行的。日方对这次考察很重视。在他们的协助下，考察基本上达到了预期的目的。但是，我们代表团是由一些大公司接待的，没有安排我们接触下层社会，这就使我们的考察有一定的局限性。

经过考察，代表团的全体同志有一个共同的感觉，我国加速实现四个现代化大有希望，但是要花大力气。

大有希望，就是说，日本地少人多，发展工业的基本资源除了有少量的煤炭外，其他几乎什么都没有，而且又是资本主义制度，存在着不可克服的矛盾。但是，从1955年到1976年，日本国民生产总值增长4.8倍，平均每年增长8.7%；工业生产增长8.4倍，平均每年增长11.3%，国民收入增长6.4倍，平均每年增长10%左右；职工实际收入增长2.1倍，平均每年增长5.6%。工业生产20世纪60年代初期占世界第5位，1973年跃居世界第3位。按人口平均的国民生产总值1978年已经接近美国。我国与日本相比，土地面积比日本大26倍，人口比日本多8倍，发展工业的基本资源十分丰富。我国人民勤劳智慧，社会主义制度也比资本主义制度优越得多。我国在第一个五年计划时期，经济发展速度本来是很快的，当时，经济水平同日本差距不大，后来，由于我们工作上的缺点错误，特别是林彪、"四人帮"的干扰破坏，我国政局动荡，严重地阻碍了经济的发展。现在，我们已经排除了干扰，出现了安定团结的政治

---

* 本文是袁宝华同志担任团长的国家经委访日代表团上报国务院的访日考察报告，原文首发于《日本工业企业管理考察》（中国社会科学出版社，1979）。

局面。我们又有党的领导，还有良好的国际环境。日本能够用20年左右的时间实现了现代化，我们为什么不能在本世纪末实现四个现代化呢？经过考察对比，我们认为这是完全可能的。

但是，把可能变成现实，要花很大力气。必须下决心从思想上来个大解放，彻底摆脱小生产习惯势力的束缚，打掉框框，冲破禁区；在政治上，要长期保持安定团结、生动活泼的局面；在经济上，要坚决改革那些束缚生产力发展的管理体制，要实现持久的、稳定的高速度；在经济管理组织上，要把从苏联搬来的那一套行政的组织管理形式，坚决地、彻底地改变为经济的组织管理形式，提高管理水平；在工作上，要兢兢业业、扎扎实实做好加快实现社会主义现代化的各项基础工作，包括普及和提高教育、加强职工培训、提高全民族的文化科学水平。所有这些，都要花大力气。否则，条件再好还是不能成功的。

日本工业发展速度快，有很多原因，如政局比较稳定；美帝侵越战争、朝鲜战争期间对日本经济的扶植和刺激；日本政府采取每个时期有重点地发展经济的指导方针；资产阶级力图缓和阶级矛盾，想方设法把企业利益和职工利益拴在一起。此外，还有一个极为重要的原因，就是引进先进技术和先进管理方法。从20世纪50年代起，日本就不断从美国引进先进技术，也从美国引进一些先进的管理技术，但是，管理问题并没有引起整个工业界的普遍重视，更没有像重视先进技术那样重视科学管理方法。多数企业仍然采用战前的老办法，靠公司行政命令，层层照搬照转，他们称之为“精神管理”“鞭策管理”，从上到下缺乏一套适应现代化技术的科学管理方法。结果虽然从美国引进了先进的技术，而产品质量、劳动生产率和成本都大大落后于美国。这种状况，同今天我们的情形极其相似。但是从20世纪50年代后期开始，他们总结了经验，吸取了教训，普遍学习外国先进的管理方法，并结合本国的传统加以消化，创造了一套以提高产品质量和服务质量为中心的、使管理工作全面现代化的、适合日本情况的管理办法。同时，他们不惜花巨额外汇引进外国先进技术，引进后，就组织科研、设计、制造方面的力量，加以研究，边使用，边消化，进行仿制和改进，变成自己的东西，在国内迅速推广，迅速提高了本国的机械制造能力和科技水平，并能出口。这样，他们才赢得了60年代和70年代初期的高速度。过去名声不好的“东洋货”已成为世界第一流产品，有很强的国际竞争能力，世人为之刮目。

日本人把先进生产技术和先进管理方法，称为经济“高度成长”的两个车轮，缺一不可。他们把管理比作“软件”，强调管理是一门科学，没有先进的管理方法就没有经济的高速度发展。他们把管理、科学、技术称为现代文明的三鼎足，把人的能力的开发、管理技能的发展，看作当代最迫切的问题。这一经验，是很值得我们借鉴的。

我们正在为实现四个现代化进行新的长征，从一开始，就应当实行引进先进技术与引进先进管理方法同时并举的方针，并逐步地创造出一套适合我国情况的科学的管理方法。我们看了日本的一些工厂以后，发现我国一些工厂的厂房和设备并不比日本差，而生产效率却比日本低得多，我们引进的一些先进技术装备的生产能力，也远远没有充分发挥出来，这主要是因为管理落后。我国同发达的资本主义国家相比，科学技术方面的差距固然很大，管理方面的差距更大。因此，我们在引进先进技术的同时，必须强调引进先进管理方法。引进管理方法并不要花很多钱，却可以在经济上得到很大的效益。这个问题，应当引起我们极大的重视。现将有关工业企业管理的几个主要问题，报告如下。

一　工业企业管理的几个主要问题

（一）企业的组织

日本工业公司的组织多种多样，他们根据生产的特点，从有利生产、提高效率、便于经营出发，选定不同的组织形式。我们考察过的公司，基本上有三种形式。

第一种形式是，统一核算，统一管理。如电力工业公司，产品单一，发电和供电同时进行，各发电厂的生产，由公司用电子计算机高度集中控制，按照严格的计划进行，各发电厂只管机组的安全运行，一切经营管理权都集中在公司，各发电厂在经济上没有独立性。

第二种形式是，统一核算，分级管理。如新日铁公司，下属十个钢铁厂，是日本最大的钢铁联合企业，产品比较单一（最终产品都是钢材）。各钢铁厂的生产指标和物资供应，都由总公司统一安排。但各厂在组织生产、核算成本、外包作业、零星购置、任用厂内干部等方面，都有很大的权限，相对独立性较大。

第三种形式是，分级核算盈亏，分级管理，实行“事业部”制。如东芝电器公司，生产从电视机、电冰箱等家用电器到成套发电设备，种类繁多，许多产品的生产是单独进行的，但在生产技术上又有一定的联系，在总公司下，按产品设 20 个“事业部”（类似分公司），分管 25 个工厂。各“事业部”实行独立核算。

此外，还有其他的形式，如丰田汽车公司，在生产方面，实行统一核算，分级管理，公司和工厂的关系，与上述新日铁公司的情况相似。但在销售方面，则由丰田财团另外的销售公司统一经营，丰田汽车公司不管销售。

所有这些公司，无论采取哪种形式，财政大权都集中掌握在公司手里。所属各工厂的专业化程度都很高，整个企业是由许多专业化工厂联合而成的。

日本的联合企业许多是跨地区的，甚至是全国性的。所谓全国性的，是指其下属企业分布在全国许多地方，而不是把全国同类企业都网罗在一个大公司之内。全国性的、同一行业的大公司有许多个，如日本有五大钢铁公司、十大汽车公司、九大电力公司，等等。它们相互竞争，竞相发展。我们在组织全国性的联合公司时，也不应把全国同一行业的企业都组织在一个公司之内，只此一家，别无分号。如果这样，就没有比较，没有竞赛，没有竞争，就容易把这种公司搞成行政领导机构，或者原有的专业局摇身一变，挂出公司的招牌，有名无实。

日本公司各级的职责、权限和分工是非常明确的。从我们考察过的公司来看，公司一级主要管：（1）公司的经营方针和“战略性”决策；（2）产销计划；（3）设备投资和生产经营的财务预算；（4）科学研究和新技术开发；（5）进出口业务。工厂一级主要管：（1）质量；（2）交货期（品种、数量）；（3）成本；（4）安全；（5）作业场地的清洁卫生。

公司设董事会，在董事长的主持下，定期举行各种决策性会议，做出决定，由总经理组织执行，总经理对董事会负责。厂长都是精通技术和管理的、能干的专家，他们的责任是在自己管辖的范围内，贯彻执行公司的方针和各项决定，完成前述各项任务。厂长直接对公司的总经理负责。在董事会闭会期间，公司的工作由总经理负责。公司的各部门、各工厂，以及工厂的车间，工段，班组都严格实行首脑负责制，有职、有权、有责。

我们在日本看到，公司和工厂的各级领导干部，可以在自己职权范围内放手工作，该自己决定的事情，就拿出主意，用不着到处请示，没有人干涉他履行职责，没有人代替他决断，更没有人代替他承担责任。他们的工作井井有条，效率很高，不是事事都找厂长，找总经理，使他们忙得不可开交。我们访问工厂时，厂长连续几天陪我们活动，也没有人找他，工厂的各项工作，还是有条不紊地进行。

许多熟悉中国情况的日本朋友曾坦率地对我们说，中国工业领导部门和企业领导人的职责和权限暧昧，党委书记、厂长、支部书记、车间主任，各有什么权力，有什么责任，很不明确。他们指出，在这种情况下是无法管好工业的。

我们应当明确规定各级负责人的职责，彻底改变那种大家都负责、实际上无人负责的现象。我们企业党委对经济工作的领导，也应当摆脱具体事务，紧紧抓住企业经营的大事。我们企业的各级干部，都应当职责分明，各负其责，这样做更为有利。

（二）企业的计划

日本各公司的生产，像一切资本主义企业一样，都是严格按照计划进行的。它们的计划是很严密的、符合实际的、科学的。它们把企业计划叫作“生产销售计划”，主要特点是以销定产。公司在具体制订计划时，要确切地掌握两个方面的依据，一个是订货单，一个是市场预测资料。大型产品、专用设备、有特殊要求的产品，以及固定协作的产品，通常是按订货单编制计划，没有订货单、直接在市场推销的产品，则采用市场预测的方法安排计划。因此，各公司既有庞大的推销机构，又有现代化的商业情报中心。各公司都同商社（主要是商品产销的中介，有的也承包工程、经营工厂）保持密切联系，各大商社都有非常现代化的世界性的情报网，如三井物产商社，在5分钟内，就可以把世界各地的商情收集起来。各公司不断按最新商情争取扩大订货单，按月调整生产计划，力图使计划符合用户和市场的需要，使产销紧密结合起来，既不短产和拖期交货，也不盲目超产，造成积压。

为了使产销衔接好，它们在编制生产计划时，详细调查用户对产品质量、规格的要求，研究如何改善自己的生产条件，改进设计和工艺。根据销售计划制订生产计划，根据生产计划来确定零部件、原材料、燃料、动力的供应计划，劳动力增减计划，新产品试制计划等，使各项计划以生产计划为枢纽相互衔接起来。经过反复的综合平衡，制订具体的作业计划，按作业计划组织生产。

由于各公司都是以销定产，按生产的需要安排物资供应，相互间又有密切的协作关系和经济合同的保证，所以各公司就都能够准时地相互提供各自需要的产品，组织均衡生产，一般不会发生停工待料和产销脱节的现象。

资本主义公司内部的计划制度和计划方法，是在长期的竞争、危机、曲折的过程中，逐渐形成和完备起来的。我国是社会主义国家，实行生产资料公有制，不仅各企业有计划，而且全社会也有计划，这是根本优越于资本主义的地方。我们的经济制度，更应当按需要生产，以需定产。但是，由于缺乏经验，受苏联过去那一套的影响，我们的计划往往上下脱节、产销脱节，不是有缺口，就是造成积压。要改变这种状况，很需要把资本主义公司制订产销计划的方法中对我们有用的东西学过来，改进我们的计划工作。

（三）专业化和协作

战前，日本工业的专业化和协作，比欧美发达的资本主义国家要落后，存在许多“大而全”“小而全”的企业。战后，随着经济的发展，专业化协作也迅速发展起来，使劳动生产率大幅度提高，产品成本大幅度降低。

适应发展专业化协作的趋势，防止大批“小而全”企业的倒闭，日本政府于60年代初，采取了工业结构的“双重化”政策，要求大企业不要简单地吞并中小企业，而要同中小企业建立多方面的协作关系，并于1963年制定了《中小企业促进法》，对中小企业提供贷款扶持，帮助解决技术和管理问题，使中小企业生产专业化，提高效率，为专业化协作的进一步发展开辟了道路。

日本的专业化协作，通常都以大公司为中心，联系大批专业化协作厂，如丰田汽车工业公司有1240家协作厂，新日铁公司有400多家协作厂。大公司和协作厂之间的关系，有以下特点。(1) 充分利用历史上形成的老关系，绝大多数协作厂都与大公司有几十年的协作、供销等经济关系。(2) 各协作厂实行独立的经济核算，但在经济上和技术上，对大公司有很大的依附性。有的，大公司直接投资；有的，大公司派干部参与经营管理；有的，大公司派专家进行技术指导和工艺监督；有的，由大公司帮助解决一部分资金设备；有的，使用大公司的技术专利。（3）协作厂主要为一个大公司服务，但同时又与其他厂家建立协作关系。如东海理化电机工厂生产的汽车配件，一半以上供应丰田汽车工业公司，其余的供应其他汽车公司。（4）绝大多数协作厂是中小企业，但也有少数比较大的企业。这些大企业对某一大公司是协作厂，但它又与许多中小企业进行协作。还有些协作单位，如运输公司、清扫公司，都是较大的公司，它们同时为许多公司服务。日本的大中小企业，通过复杂的协作，建立起密切的经济关系。

由于专业化协作的发展，日本各大企业都能集中精力抓好关键性产品的生产，不断改进关键性技术和工艺。如新日铁公司君津钢铁厂，不但把厂内的清洁、绿化、食堂，这一类生活服务工作完全外包出去，就连从高炉车间到转炉车间的铁水罐运输，也外包给运输公司（新日铁公司的君律钢铁厂，在原料作业方面，自己只管配料，而把原料运输、矿石处理、焦炭制造都外包出去；在高炉作业方面，自己只管高炉冶炼而把高炉修理、铸铁机都外包出去；在转炉作业方面，自己只管转炉冶炼和连续铸造，而把添加剂的加工处理、铁料的集中压块、脱硫处理、铸型修理都外包出去；在轧钢作业方面，自己只管冷轧、热轧，而把煤气、切头、产品抽运都外包出去；在制管作业方面，自己只管成型、焊接，而把二次加工、非破坏性检查、管壁涂料都外包出去。同时原料和成品的厂内外运输，也都外包出去。机械、电气、仪表、水道的维修，自己只管一小部分，大部分也外包出去。全厂职工 7000 多人，40 个协作厂的职工 8000 多人）。而中小企业由于产品单一，也便于大批量生产，有利于革新技术，降低成本，提高劳动生产率。

企业间的协作关系，用合同的形式固定下来。通常先签订“作业承包基本合同书”，对双方应承担的权利和义务做出原则性的规定。然后还要签订“作业承包合同书”，把合同的条件进一步具体化。至于产品的规格、质量和数量，还要每月定一次，以适应市场的变化。为了衔接大公司和协作厂的生产，大公司还将年度生产推销计划送交协作厂参考。由于双方都很重视信用，违反合同的情况是很少的。我国在实现四个现代化的过程中，专业化协作将迅速发展。我们在组织专业化协作的时候，应当参考日本的经验，注意保持历史上形成的经济关系，并根据经济合理的原则，积极发展新的协作关系，既不要轻率地肢解那些多年来形成的协作关系，也不要硬把统一的工厂简单地分割成许多个“专业化”的厂子，然后再去组织它们协作。

（四）质量管理

经过这次考察，我们对日本质量管理有了新的认识。日本人把质量管理叫作“品质管理”。工业企业的一切经营管理活动和生产活动，都以提高产品质量为中心，各级管理人员和每个工人对此都有明确的认识，企业的各项规章制度，都是环绕着这个中心并为它服务的。他们强调，质量标准应以用户是否满意为唯一标准。各公司规定的质量标准，往往高于政府颁布的标准，而各工厂制定的标准，又高于公司的标准。随着经济的发展，用户的需要是不断发展变化的，要使用户满意，不仅要提高现有产品本身的质量，而且要不断发展新品种。日本质量管理的基本指导思想和制度，不仅大大提高了工业生产的效率，而且给国民经济带来极大的好处，整个社会的服务质量和社会风气，也随着发生了重大的变化。在国际激烈竞争的条件下，他们提出要“生产世界上知名的产品”。日本各公司都把不断提高产品质量当作生死攸关的问题，从上到下都有强烈的提高质量、发展新品种、加强竞争能力、争取企业生存和发展的紧迫感。对照我国一些企业严重存在的片面追求数量，不顾质量，许多产品几十年“一贯制”，对用户提出的要求置若罔闻等情况，感触颇深。

“好产品是生产出来的，不是检查出来的”，这是日本工业界一个流行的说法。他们注重在设计、工艺、设备、原材料和生产过程的各个环节上全面贯彻“质量第一”的思想，预先消除可能导致产生不合格品的各种因素。他们还通过先进的测试手段，检验各道工序的产品是否符合设计的要求。凡是不合格的零部件都不能进入下一工序；同时，对协作厂的设备、工艺、技术，也都有严格的要求和检查，所以最后装配的产品是高质量的。产品出厂后，还有一套完善的技术服务工作，发现问题，总结经验，及时加以改进。我们往往不注意预防性的质量管理，而用大量的检查人员进行成品检查，发现的不合格品已无可挽回，造成人力、能源和原材料的很大浪费。这种做法，是应当改进的。

日本人说，在国际竞争中，要靠高质量，要靠新品种。他们把提高质量和增加品种结合起来。日本市场上钢材、机器设备等生产资料，几乎达到要什么品种就有什么品种的程度，各种生活资料也品种齐全，花样翻新，汽车、自行车都有上百种，电视机几十种，手表就有机械表、自动上弦表、薄型表、装饰表、电池表、晶体表、超小型表、液晶显示器电子表等 20 多个品种，每种又有许多不同样式。他们根据用户的需要，经过深入细致的调查研究，不断设计和生产新品种，如东芝电器公司半导体工厂出售的产品，每年有一半是新品种。而大量新产品的上市，又刺激和创造了一系列新的需要。我们参观的东京三越百货商店，经营 50 万种商品，而我国在香港的百货商店，不到 3 万种，北京王府井百货大楼只有 2 万多种，差距实在太大了。

日本企业生产新产品时，都要考虑质量和性能更能满足用户的需要，价格基本保持原来的水平，甚至更低。每个大企业都集中许多优秀科学技术人员，拥有设备完善的研究设计机构。用于发展新产品的科研、试制费用一般占销售额的1%，这样巨大的开支，都分摊到正在生产的旧产品中去。我们的新产品试制费很少，不足的部分都打入新产品的成本，使新产品价格很高，工厂亏本，用户还买不起。我们这种办法如不彻底改变，新产品是很难发展起来的。他们生产新产品时，先定出有竞争能力、用户能接受的价格，然后制定成本目标，千方百计为降低成本而努力。这种新产品的定价办法，也值得我们借鉴。

“全员品质管理”，这个口号在日本工业界叫得很响。资本家很清楚，要提高质量，没有生产第一线有实践经验的广大职工经常提出改进工艺、技术的意见，没有一套科学的质量管理方法，是根本不可能的。他们在提出“全员品质管理”这个口号的同时，还制定了一整套具体的质量管理办法和奖励办法，使职工的个人物质利益同改进质量、提高企业经营管理水平直接联系起来，并且给积极参加质量管理的职工以各种荣誉，刺激全体职工参加质量管理的积极性。各工厂都普遍组织工人质量管理小组，经常讨论研究质量管理问题，对提高质量起了很大作用。日本一年一度的“质量月”活动，是全年坚持不懈的质量管理活动成果的总检阅，我们参加了他们“质量月”的一些活动，对我们很有启发。

（五）职工培训

日本各工业企业对培训人才十分重视，把它叫作“能力开发”。日本人根据他们国家的具体情况，经常说，在国际竞争中，要求确保国家和民族的生存，除了发展技术以外，别无他途。工业界普遍认为，“一个好的企业，首先是优秀的工人、优秀的技术人员、优秀的管理人员组成的优秀的技术集体”，都把努力培养人才作为自己的“战略”任务。他们说，没有先进设备可以购买，没有资金可以借贷，但是，没有人才就什么事情也干不成了。培养出好人才，是企业领导人的光荣，培养不出好部下，就不是好领导，已形成一种社会风气。各大公司的董事长，都以自己的公司培养和拥有大批的优秀技术人才和管理人才为骄傲。他们在培训人才方面是肯花大钱、下大力气的。

日本企业培训职工的办法，基本上有三种，即现场学习、业余学习和脱产学习，而以现场学习为主。在提高职工自觉性的基础上，把在现场实践中学同从课堂书本中学结合起来。对各级和各类人员都有不同的学习要求、学习内容和培训方法，还有成套的教材。

对工人的培训要求严格，新工人（一般是高中毕业）入厂后，至少要经过半年训练，专业性强的要经过 9 个月到 1 年的训练。除了安全、基础知识和专门技能的教育以外，还重视礼貌教育、纪律教育和企业的“传统”教育。如果调换新工种，还要重新培训。为了使工人获得必要的知识和技能，他们还把工人分成五“层”，入厂 1 年至 2 年的叫“新入层”，3 年至 5 年的叫“一般层”，6 年至 9 年的叫“中坚层”，10 年至 14 年的叫“棒心层”，15 年以上的叫“监督层”，相当于工长的水平。对每一

“层”的工人，都有不同的训练内容和要求，定期考核，同升级、涨工资联系起来。干什么就学什么，学不会，就不让他干。因此，他们从工人中选拔的工长，就没有不称职的。

对干部的培训，如对股长到部长（相当于处长）的领导人员，则强调全面管理技能的提高，实行定期调换岗位的制度，如管生产的，调去管销售；管劳动工资的，调去管生产，使干部取得管理工作的全面经验。只有搞科技的技术人员，才保持专业的稳定性。对董事长、总经理一级的领导干部的训练方法：一是请专家、教授讲课；二是参加各企业间的经验交流：三是在本企业的培训中心进行专题总结，并给课长以上干部讲课，要讲课，就得自己多学习；四是短期脱离工作，到休养地“务虚”，总结经验；五是出国考察。

日本的大公司都有设备先进、师资齐全、教材成套的培训中心。例如，新日铁公司八幡钢铁厂，19000 名职工，设有建筑面积 12000 平方米的培训中心，可同时培训 2000 人；还有一所培训中层干部的研修中心，建筑面积 2800 平方米，可同时培训 300 人。培训中心有带录像机的电视教室、自动控制的教学电影、外国语教室，以及幻灯教室，职工下班后，可随时去上课。打开录像机，就可以从自己座位上的电视机中看、听老师讲课；戴上耳机，可以选学外文。此外，他们还按照 13 个专业编有 13 门通用教材和 52 种专用教材。

我们为了加快社会主义现代化的步伐，从中央部门到各企业，都应当把培训技术人才和管理人才当作一项战略任务来抓，彻底改变多年来形成的那种鄙薄、歧视，以至打击技术人员和管理人员的错误做法。资本家很懂得培养“有文化的奴隶”的必要性。我们工人阶级更应当懂得培养本阶级的人才对我们事业的极端重要性，在培训职工方面要有气魄、下本钱。

我国正在大量引进外国的先进技术装备，同时也准备引进科学的管理方法。我们如果不立即切实地把培训工作抓紧抓好，那就不能很好地发挥引进技术的作用，也不能很好消化，更不能结合我们的革命传统创造出自己的一套来，势必大大延缓四个现代化的进程。

（六）日本企业刺激职工积极性的办法

日本的企业，十分重视刺激职工的积极性，许多大企业都把重视人的因素，发挥职工主动性，作为办好企业的“指导思想”。日本企业管理制度的一个显著特点，就是通过一整套办法把职工的利益和企业的利益拴在一起，使企业劳资全体人员结成日本人所说的“命运共同体”。这套办法主要如下。（1）“终身雇佣制”，只要企业不倒闭，一般就不解雇职工，使职工产生一种与企业“共存亡”的感情。（2）“年功序列工资制”，工资的一半取决于工龄，另一半取决于能力和贡献，工资逐年增长多少，取决于企业经营的成果。(3) 一年两次奖金制，奖金数额取决于企业盈利的多少，一般相当于3~6个月的工资，除倒闭企业外，所有企业、所有职工，都能得到奖金。还有“特别奖赏”，对贡献大的，一次可以得一辆汽车。此外，还有“提案奖”，即合理化建议奖。(4) 职工福利（医疗保险费的一半根据家庭人口由职工出，另一半由公司补助，职工看病不另花钱，家属交半费。日本的医药费较贵，在一般医院看一次感冒，拿些普通药品，要花两三千日元。职工上下班不开个人汽车，企业有免费交通车，买月票的全都报销。职工个人买地盖房子时，企业发3%的低息贷款，而一般贷款利率为5%~7%。企业职工住宅的房租也较便宜，三间一套的公寓住宅，实用面积68平方米，月租金7000日元，而同样房屋如果租市营的，就要2500日元至三万日元，私营的，要五六万日元。还有俱乐部和体育场。但是，资本10亿日元以上日本大公司和中小企业不仅在工资水平、奖金数额上有很大差别，而且在职工福利上也有很大差别）水平取决于企业经营的好坏，新日铁公司的福利费占整个劳务费（劳务费包括工资、奖金和福利费，其中工资占56%，奖金占23%，福利费占21%）的20%左右。再加上按企业组织工会，而不像欧美那样按产业组织工会，以及在企业内部提倡“家族主义”，企业领导人千方百计讨好职工，做人的工作，搞什么“家访”“祝贺生日”，举办“恳亲会”“野餐会”，等等，联络感情，笼络人心。

这些办法，在一定程度上缓和了阶级矛盾，并使不少职工以“爱厂如家”的精神为企业卖力，同时，也基本上杜绝了职工“跳厂”的现象，稳定了技术人员和技术工人，这对改善企业经营是很有利的。

日本公司把职工利益同企业利益直接联系起来的许多办法，是值得我们深入研究的。我们的社会主义制度，保障了就业，职工根本不存在失业问题，我们的制度与日本的“终身雇佣制”在性质上是根本不同的，职业安定性比他们更彻底。职工作为生产资料的主人，在本质上就有积极性和主动性，我们还有强有力的政治思想工作，这些都是资本主义社会不可能有的。但是，在社会主义制度下，把职工的积极性和创造精神充分调动起来，还必须有一套经济上的制度和办法。我们现行的工资制度，不能使职工的工资同职工所在企业的经营结果直接联系，奖金制度也不完善，评奖频繁，引起许多矛盾，不能使职工把个人利益和企业利益、国家利益很好地结合起来。看来，必须建立工资、奖金与企业经营结果发生直接联系的制度和办法，允许办得好的企业的职工有较高的工资和较多的福利。一年发两次奖金的办法，似可考虑采用。

二　需要改革的几个方面

通过这次考察，我们深深感到，要加快社会主义现代化建设，在指导经济工作的理论上，必须打掉一些框框，突破一些禁区；在管理体制上，必须做重大的改革。

（一）企业管理中的生产力合理组织和生产关系调整问题

长期以来，我们不敢接触资本主义国家的企业管理问题，因为这个问题被片面地认为只是资本主义生产关系问题，不能借鉴，不能学习，只能批判。这种认识，妨碍我们去学习资本主义企业管理中合乎科学的东西。因此，我们虽然引进了不少先进的技术装备，但是不能进行科学的管理，使许多先进设备不能充分发挥作用。不打破这个框框，不懂得“不向托拉斯的组织者学习就不能创造或实行社会主义”（《列宁选集》第三卷，第555页）的道理，不老老实实地向资本家学习企业管理的科学方法，实现四个现代化是很困难的。

多年来，在我们的文件和报刊上，片面强调企业管理问题是生产关系问题，企业管理的任务是调整人与人之间的关系，而忽视合理组织生产力这个极其重要的方面。马克思在《资本论》中说过，企业管理是社会化大生产“引起”的，它的基本任务之一，就是把劳动者、劳动手段、劳动对象科学地组织起来，使它们充分发挥作用，提高效率。在这方面，资本主义企业有很多先进的方法，完全有必要认真地去学习。

资本家在企业管理中，用了前边所说的许多办法来刺激职工的积极性，目的是获得更多的利润，这当然是生产关系问题。我们社会主义企业搞好管理、发展生产的目的，是满足劳动者物质和文化生活的需要，这和资本主义企业是根本不同的。但是，资本主义企业中调整人们之间的关系的一些办法，如把职工利益同企业利益直接联系起来的办法，我们也可以借鉴。

我们的企业是社会主义企业，职工应当是企业的主人，没有剥削和压迫，企业中领导和被领导，管理人员、技术人员和工人之间的关系应当是同志式的互助合作关系，在这样优越的条件下，我们的企业管理可以比资本主义搞得更好。新中国成立以来，我们把党的优良传统同管理社会化大生产相结合，创造了不少好的做法，积累了不少好的经验，有“鞍钢宪法”，有大庆这样的典型。有群众路线、生产民主、技术民主、管理民主；劳动竞赛、合理化建议、技术革新和技术革命；岗位责任制、经济核算制；实行两参一改三结合；等等。同时，我们也有不少失败的教训，其中之一，便是脱离职工的物质利益，空谈调整人与人的生产关系。在这方面，用了很多心思，花了很大力气，并未取得令人满意的结果。由于林彪、“四人帮”的干扰破坏，不好的东西被恶性地发展了，好的东西被抹黑、批判了，有些被“打入了冷宫”，有些未能坚持下来，弄得我们许多企业的管理工作混乱不堪，组织涣散，制度废弛，纪律松懈，从原来已经达到的水平大大倒退了。我们在日本看到，他们在企业管理中，有一些和我们相似的提法和口号，在他们的某些企业管理著作中，也很重视我们过去的一些经验。我们应当善于总结自己的经验，同时认真学习外国企业管理方面的科学成果，把两者很好地结合起来，就一定能够创造出适合我国情况的科学的企业管理制度和方法，把我们的企业管理得更好。

（二）高消费与高速度

像日本这样的资本主义社会，他们自己叫作“消费社会”，其实，它首先是个生产社会。日本是在生产发展的同时，实现了高工资、高消费、高积累、高速度。战后日本经济破坏严重，生产萧条，人民生活很苦。60年代初期，池田内阁采纳著名经济学家下村治的建议，提出“国民所得倍增计划”。这个计划的提出，接受了英国工党政府实行“勒紧裤带恢复经济”的政策遭到群众反对而失败的教训。它对群众有很大的吸引力，使群众从切身的物质利益上对实现计划发生兴趣，取得了很大的成功。实行这个计划，日本经济就从50年代低工资、低消费的基础上，进入了高工资、高消费，经济“高度成长”的时期。随着生产的发展，高工资导致高消费，高消费导致高生产，高生产导致高积累（在工资增长超过物价上涨的条件下，高工资还导致职工的高储蓄。日本职工的平均储蓄率达到20%，比欧美一些国家为高，这部分储蓄通过银行也转化为投资），高积累导致高速度，如此循环往复，使国民经济螺旋式上升。在国民生产总值、国民收入、职工实际收入都大幅度增长的同时，积累率（积累与国民生产总值之比）也大幅度提高，1955年到1975年平均为35%，其中1955年至1960年平均为29.8%，1970年上升到40%，经过“石油危机”，到1978年还达到32%，大大高于美（18.2%）、法（25.4%）、西德（25%）同期的积累水平。设备投资占国民收入的比重，1960年是12%，1970年上升到33%。日本的经验表明，高工资、高消费、高积累、高速度是相互促进的，在生产发展的基础上，是可以同时实现的。

过去我们通常强调消费与积累之间的对立，而忽视它们之间的统一。认为要增加国家的积累，就要限制群众消费，担心职工收入增加，生活资料的供应跟不上，造成市场紧张，引起通货膨胀。这种想法，表面上似乎有一点道理，但是从根本上来说是错误的。诚然，生产是决定消费的，我们应该强调在发展生产的基础上改善人民生活，但是，把人民消费看成消极的东西，把消费的增加看成势必妨碍积累的增加，认为要增加积累就得长期压低人民消费，20多年的经验证明，这种看法和做法是很不对的。在安排积累与消费的比例时，在保证扩大再生产的前提下，要考虑不断增加人民收入，提高消费水平，给人民看得见的物质利益。这样做，当年的积累也许会少一点，但由于人民积极性的提高、消费对生产的促进，最终积累绝不会是少了，而一定会越来越多。

资产阶级为了增加利润，他们还懂得生产与消费互相促进的关系。我们搞革命，搞四个现代化，最终目的都是满足人民的需要，更应当自觉地运用生产决定消费、消费反过来也对生产起促进作用的原理，处理好积累与消费的关系。随着生产的发展，人民生活应逐年有所改善。这一条，应当是我们制定国民经济发展计划的一个根本出发点。否则怎么能使广大群众从物质利益上关心四个现代化的伟大事业呢？

（三）计划经济与市场

日本的经济是资本主义的市场经济，经常受社会生产的无政府状态的困扰，日本政府作为资产阶级利益的代表者，力图通过对国民经济的“计划指导”来缓和企业生产有计划同社会生产无政府状态之间的矛盾，求得经济的发展。他们从 1955 年至 1976 年，先后提出过八次计划立法，其中除两次计划因“石油危机”没有完成外，其余的各次计划都提前实现了。日本政府的“计划指导”，充分利用经济手段，运用价值规律调节市场，虽然不能解决资本主义固有的矛盾，但还是收到了效果。

我们受斯大林关于社会主义制度下，生产资料不是商品，价值规律对生产不起调节作用的理论的影响，把计划经济同市场经济截然对立起来，生怕一沾市场经济的边，就会使社会主义公有制变质，总是想方设法划清二者的界限。其实，在社会主义现阶段，既然存在着商品生产和商品交换，价值规律就起作用，不仅在流通领域起调节作用，而且在生产领域也起调节作用。我们同斯大林的做法不同，一部分生产资料是商品，大部分不是。我们认为今后全部生产资料都应当作为商品来生产和交换。这样做，对发展我们的社会主义经济，可能更为有利；对解决产销脱节，解决生产资料调拨中经常出现的一方面大量积压，另一方面严重不足的问题，可能是一条出路。依据价值规律来制订计划、指导经济活动，对加强我们的经济核算制，克服浪费，提高经济效果，是很有好处的。我们的社会主义市场，没有资本家参加，并且在国家管理之下，是没有什么可怕的。

（四）公有制与竞争

日本资本主义财团、公司之间的竞争，是非常激烈的，同时也有不同形式的协调。这种协调虽然没有消灭竞争，但是对经济的发展确实起了不可忽视的作用。资本主义竞争，一方面，出现大鱼吃小鱼、中小企业倒闭的现象，日本每年都有 1 万多个中小企业倒闭，占全部中小企业的 3%以上（1977 年日本工交企业 51 万家，其中资本 10 亿日元以上的大企业 1281 家，全年倒闭的中小企业共 18000 多家）；另一方面，也使企业不断革新技术，提高质量，降低成本，改善服务，是它们发展的强大动力。

考虑到社会主义经济发展的历史经验，我们的公有制经济是不是也可以允许竞争，以避免一潭死水，缺少活力。当然，我们的竞争同资本主义的竞争，是有本质区别的。他们在竞争中，尔虞我诈，你死我活，力图打倒对方；我们在竞争中，可以互相促进，共同发展。我们通过竞争，使先进更先进，后进赶先进，同时淘汰极少数长期“吃”

社会主义，拖四个现代化后腿的企业，这有什么不好呢？

在社会主义全民所有制企业之间展开竞争，看谁生产上得快，产品质量高，生产成本低，利润增加多，看谁对现代化贡献大，使办得好的企业职工得到较高的物质利益，办得差的少得一些，这不是完全应该的吗？至于个别被淘汰企业的职工，也不会失业，国家会把他们安排到社会需要的岗位上去，这是同资本主义根本不同的。

要很好地实行竞争，就必须解决企业有无主动权，主动权是大是小，企业和职工的物质利益是多还是少的问题。要竞争，就必须赋予企业较大的权限，不能什么事都管得死死的。否则，要竞争也竞争不起来。反过来说，我们要扩大企业权限，同时就要考虑如何正确对待企业之间的竞争问题。

日本只用20年左右的时间就实现了国民经济的现代化，成为世界一流的经济大国，他们有许多重要的经验是值得我们借鉴的。但是，如果我们在管理体制上不做重大的改革，是很难汲取他们的经验的。中央已经决定，全党工作的着重点要转移到社会主义现代化建设上来，将采取一系列的重大措施，对经济管理体制着手进行认真的改革。但是，究竟从哪里改起呢？

看来，应当首先彻底改革我国全民所有制工业的组织管理形式，即把从苏联搬来的那一套行政的组织管理形式，改变为经济的组织管理形式。这种经济的组织管理形式，应当是供产销统一的、人财物统一的，权力比较大的，领导关系单一的各种公司。各公司的经营活动要对国家负责，各公司的领导人要对使用国家的生产资料和资金负经济责任和法律责任。

只有建立这样的组织形式，才能吸收资本主义多年积累起来的、高效率的、协调的组织经济活动的那些对我们有益的经验。只有建立这样的组织形式，才能真正用经济的方法，把我国几十万家工业企业的经济活动高度组织起来，向四个现代化进军。

实行这种组织管理形式的改革，就会使计划体制、财政体制、物资体制等经济管理体制的改革和国家经济行政机构的精简，有共同的语言和共同的路子，否则就会各说各的，互相扯皮，互踢皮球，或者你等我，我等你，坐而论道，不见行动，贻误时机。

过去，有人把组织这类公司，看作搞资本主义。毛主席早就明确说过，要学资本家用人少、效率高、会做生意的长处。欧美发达的资本主义国家采用这种组织管理形式，实现了现代化；后起的日本也采用这种组织管理形式，大大加快了现代化的进程；罗马尼亚和南斯拉夫也在采取类似的组织管理形式，已经取得了明显的成效，我们为什么不能毅然决然地采取这种组织管理形式呢？

日本政府对经济的指导和管理，一方面实行经济立法，另一方面又通过国家银行和政府掌握的资本，运用投资、利息、税率、价格等各种经济手段，来干预和调节国民经济的许多具体做法，是值得我们借鉴的，也正是我们所缺乏的。

我们有全国统一的国民经济计划，国家经济发展的目标可以直接落实到各个企业中去，如果能有相应的经济立法，使各个经济环节的活动和它们之间的衔接，都有章可循、有条不紊，再加上充分发挥各种经济组织和经济手段的作用，把各方面的积极因素都调动起来，我们的经济发展速度就一定能够大大加快，社会主义制度的优越性就更能够充分地显示出来。

我们在日本了解到，日本的资本家向银行借款时，都是精打细算，充分考虑投资效果和还本利息问题。同时，银行对借款人所经营的企业状况、新投资的用项、偿还能力，也进行详细的调查。因此，投资的使用是相当经济合理的。

我们的建设资金基本上都掌握在国家手里，本来可以比日本更合理地分配和使用，但是由于我们的建设拨款是无偿的，既不收利息，更不考虑偿还问题，于是一些部门和企业竞相争投资、争设备，而在资金使用上则很少考虑经济效果，造成巨大的浪费。这种情况，如果不彻底改变，尤其不能适应我们在建设中大量利用外资的新形势。如果我们在分配和使用国家投资时，也规定付息和偿还的期限，并规定使用资金的负责人应承担的经济责任和法律责任，同时赋予他们相应的权限，那么，就能更好地调动他们的主动性和积极性，就可以大大提高资金利用效果，加快实现现代化。

三　企业管理、质量管理当前要抓的几件工作

结合我们的考察，对我国企业管理、质量管理当前要抓的几件工作，提出以下建议。

（一）认真抓好试点

拟先在京津沪三市选少数基础较好的工厂，进行改革企业管理的试点。试点厂拟分别与日本对口厂挂钩，定期互访，交流管理技术和经验。1979 年要总结试点经验。

（二）下决心训练厂长，培训骨干

今年开始轮训，办训练班，以提高企业经理、厂长的管理能力。企业还要有计划地培训工人。编印日本和其他国家有关企业管理、质量管理的教材、手册，作为对干部、工人进行培训的参考资料。

（三）改进“质量月”活动，颁发质量奖

参考日本的经验，把“质量月”活动建立在加强日常质量管理工作的基础上，使“质量月”成为全年质量管理活动的高潮，进行总检查、总检阅。拟从今年起，设立国家质量奖，表彰在改进质量上有优异成绩的单位、个人和优秀著作，并在报上公布。

（四）打开眼界，加强企业管理经验国际交流

此次访日期间，已与日方达成关于中日企业管理、质量管理经验交流的协议。中日双方互派以厂长为主的考察团，并互相派人参加对方“质量月”活动。为了更好地吸取各国企业管理方面的有益经验，对不同类型管理方法进行比较、鉴别，拟以国家经委为主，以这次考察团为基础，继续组织考察团到美国、西欧、罗马尼亚、南斯拉夫进行企业管理考察，吸收各家长处，结合我国具体情况，加以研究，以便逐步形成一套适合我国情况的科学管理方法。

（五）建立企业管理协会

由有关工业部门、厂矿企业、研究单位、高等院校组织企业管理协会。研究国内外企业管理制度、方法和经验；协助有关部门交流、推广企业管理经验；组织有学者、教授参加的专家团，举办各种管理讲座，帮助企业运用科学方法改进管理和质量，培训企业的管理干部；出席有关的国际会议，进行国际交流；收集有关情报资料，出版有关杂志、书籍等。

通过以上工作，我们想在 1980 年，使我国企业管理、质量管理有一个较大的提高，逐步走上现代化的轨道。

最后，由于我们在日本考察的时间较短，接触的方面有限，对一些问题看得不够透、钻研得不够深，同时，日本是一个“贸易加工型（以进养出）”的资本主义国家，其经验也有一定的局限性，再加上我们的水平有限，提出的看法难免有不确切、不妥当的地方，仅供参考。

文稿解读

在邓小平同志结束访日之际，根据李先念同志的指示，1978 年 10 月 31 日至 12 月 5 日，国家经济委员会访日代表团随即抵达日本展开考察学习。国家经济委员会访日代表团，由国家经委副主任袁宝华同志担任团长，中国社会科学院副院长邓力群同志担任顾问，国家经委委员兼综合局局长张彦宁同志担任秘书长，代表团成员有国家经委副主任徐良图、北京市革命委员会副主任叶林、轻工业部副部长宋季文、天津市革命委员会副主任张淮三、上海市革命委员会工交办主任周壁、中国社会科学院工业经济研究所所长马洪、国家经委委员兼调查研究室主任刘昆、中国社会科学院经济研究所副所长孙尚清、中国社会科学院工业经济研究所吴家骏、国家经委秘书韩家增等，以及北京、上海、天津、辽宁等地方主管经济工作的负责同志，近 40 人。

访日回国后，袁宝华同志即向国务院副总理李先念同志汇报访日考察情况（与此同时，邓力群同志向邓小平、胡乔木等中央领导同志汇报）。在党的十一届三中全会召开前夕，国务院总理主持国务院会议（国务院领导同志们均出席）听取国家经委访日代表团考察情况和所提建议（包括发展商品经济，并提出进行企业改革、扩大企业自主权问题）的专题汇报，李先念同志在会上明确表态支持扩大企业自主权。在前述汇报之前，向国务院报送了国家经济委员会访日代表团考察报告，包括主报告《日本工业企业管理考察报告》，以及《日本企业的组织、计划、专业化协作》《日本的质量管理》《日本企业的职工培训工作》《日本企业刺激职工积极性的制度、办法和职工生活水平》《日本政府在经济发展中的作用》等 5 个专题报告。汇报之后，李先念同志在 1979 年 1 月初向袁宝华同志提出，要求国家经委研究扩大企业自主权问题。同时，根据国务院副总理康世恩、余秋里同志的批示，国家经委于 1979 年 1 月 20 日，将《日本工业企业管理考察报告》印发给各省、自治区、直辖市和国务院各部委。

1979 年 4 月，中国社会科学出版社将国家经济委员会访日代表团考察报告（主报告和 5 个专题报告）汇集出版。1979 年 10 月，参加国家经济委员会访日代表团的中国社会科学院四位同志，将在社科院内部会议的访日情况报告稿，也交由中国社会科学出版社整理出版发行《访日归来的思索》一书，包括邓力群的《访日归来的思索》、马洪的《日本资本家是怎样管理工业企业的》、孙尚清的《关于日本的技术引进和企业对职工的经济刺激问题》、吴家骏的《关于日本工业管理和企业管理的几个问题》。2009 年出版的《人民共和国是一切胜利之源：中国社会科学院庆祝新中国成立 60 周年离退休干部征文选集》收录的吴家骏纪念1978年访日的文章——《〈访日归来的思索〉——改革开放初期工业领域和科学管理领域的开山之作》，是当事人对此次访问和考察报告的历史回顾与评价。

为便于读者全面了解此次访问对我国改革开放实践、企业改革政策和经济理论研究的深远影响与历史意义，编者在《日本工业企业管理考察报告》之后，附录了《访日归来的思索》《日本资本家是怎样管理工业企业的》《〈访日归来的思索〉——改革开放初期工业领域和科学管理领域的开山之作》三篇访日代表团成员的学术文章。

文稿附录

附录1　访日归来的思索

附录2　日本资本家是怎样管理工业企业的

附录3　《访日归来的思索》——改革开放初期工业领域和科学管理领域的开山之作

附　录

附录 1

访日归来的思索*

邓力群

一　总的观感

日本从20世纪年代中期到1975年，20年中，经济发展很快。其中最快的是1960年到1970年这10年。有同志说，他们用十三四年的时间就实现了现代化。实际上，在这以前，还有50年代的准备时期。经过六七年的准备，才进入他们说的高度成长或经济起飞时期。只看到后来的发展，不看到准备时期，是不太合乎实际的。

日本的国民生产总值的内容和我们的工农业生产总值的内容不一样。他们扣除了重复的部分，加上了劳务收入的部分，类似我国的国民收入。据日本经济专家估计，他们计算的国民生产总值，要比我们计算的国民收入多20%左右。从1955年到1976年，日本国民生产总值增长4.8倍。工业生产发展最快的时候，每5年增长1倍，一共有3个5年。70年代遇到石油危机，速度减慢。如果算总账，工业大约六七年增长1倍。到1973年，工业生产总值占世界第3位。据说，到去年，国民生产总值已经超过苏联，仅次于美国，占世界第2位，总数约1万亿美元，按人口平均，达到每人8000多美元，已同美国接近，甚至相等了。日本国民生产总值的年平均增长率，大致是8%~10%。有5年达到11%，在资本主义国家中，长期保持第1位。20年来，日本国民收入增长6.4倍，平均每年增长10%左右。拿工人的收入来讲，他们说，扣除物价增长的因素，工人每年实际收入的增长率平均为6%。工人实际收入的增长要高于物价指数的增长。除每月工资之外，日本的企业每年分两次红，春秋各一次。每次分红，最少增发1个月的工资，最多增发3个月的工资。此外还有其他的福利补助。

---

* 本文作者邓力群同志是国家经委访日代表团顾问、中国社会科学院时任副院长。原文为邓力群同志向中央领导同志汇报访日情况和在中国社会科学院内部会议的记录稿，首发于邓力群、马洪、孙尚清、吴家骏：《访日归来的思索》（中国社会科学出版社，1979）。

由于实际收入增加，人民生活得到明显改善。1950年前后，日本人民生活非常困难，有大米饭、咸菜、大酱汤，就算不错了。日本朋友说，当时根本没有想到会有今天。和我们一道去的一位中国女翻译，是在日本长大的。她50年代回到天津，觉得比日本横滨的生活好。现在，日本的情况已经和那时大不相同。有一个在中国长大的年轻的日本人，1968年回到日本。中国话说得好，学了一段时间日本话，现在当翻译。他的工资，1968年一个月8万元，现在32万元，10年增加3倍。普通工人家庭，一般有四五十平方米的住宅。全国平均两户多有一辆汽车，95%以上的人家有电视机、电冰箱、洗衣机、电唱机、吸尘器、电气炊具这类耐用消费品。包括农民在内，一般都穿毛料子。服装样式很多。我们星期天到一条热闹的街上去，所看到的妇女，没有穿同样衣服的。接待我们的女工作人员，也是每天换衣服。衣服式样朴素大方，倒也不是什么奇装异服。

我们访问了一家农户，9口人，4个劳动力，33亩地。15亩种水稻，一年收入150万日元，其余种蔬菜、水果，一年种三四次，全年收入1000万元，共1150万元。去掉成本，净得800多万元。邻居们说，在这个地方，这家属于中上等的农户。他家里有3辆小汽车、3辆摩托车和全套的农业机械。这些农业机械，一年的收入就可以买齐。他们有两套沙发，三代人各有1部彩色电视机，还有一些其他耐用消费品。有个县叫茨城，据说那里农民的生活最差，一个农业劳动者一年收入150万日元，合人民币1万多元。日本人自己讲，一个农民和一个工人比，农民的收入不如工人多，一个农民家庭和一个工人家庭比，收入接近。原因是农民家庭的一些成员，还可以兼营其他。按户平均拥有的汽车，农村比城市多。还有工农差别。农村青年中，仍然有一个不安于农村的问题。一个重要原因是，农村的文化生活不如城市。

东京有个百货公司，按品种、规格来说，经营50多万种商品。我们王府井百货公司是22000多种。我们在香港的一家百货公司，有3万种以上。香港的日本百货公司，比东京的差得很远。我们的百货公司，除了绸缎、工艺品品种稍微多些外，其他都不如他们。

日本人民的精神状态值得我们注意。他们的事业心很强，尽管遇到石油危机，困难不小，人民还是精神振作，奋发向上，努力使日本的商品成为世界第一流的商品，具有很大的竞争力。新日铁钢的生产能力是4000多万吨，遇到不景气时，开工率只有70%。他们提出要在减产30%的情况下，降低成本，提高质量，增加盈利。去年果然实现了这个目标。

从我们接触到的情况看，日本的社会风气还不算坏。中学生一律穿制服。学校纪律规定，中学生不准到酒吧间、跳舞厅等娱乐场所。我们还没有见到有人不经过人行横道过马路的。他们的时间观念很严格。我们代表团23人，访问了好几个城市，43家企业，有时集体行动，有时分散行动。出发和到达，开始和结束，什么时候休息，什么时候转移安排得有条不紊，一环扣一环。主客双方讲话，都必须遵守时间。

关于社会秩序，可以举两个例子。日本还有一小部分人上下班骑自行车、摩托车。从郊区家里骑到地下铁路站或公共汽车站，把车子放在路旁，不上锁，下班以后再从这里骑回去。他们的工厂，不生产自行车、摩托车的锁。没有听说有偷自行车的。他们的商店，下班时候不上门板，也没有铁栅栏。透过玻璃窗，里面看得清清楚楚。有些拍卖品，摆在窗外的台子上，下班不收进去，也没有听说有人偷。大抢大劫是有的，对象一般是银行、珠宝店。他们的收入已经达到这样的水平，觉得偷个自行车、拍卖品之类的东西，是不值得的。整体来说，东京的社会治安状况比较好。

马克思主义认为，没有产品的极大丰富，就不能实现按需分配。从日本的情况来看，这并不是可望而不可即的。资本主义的日本，产品比我们丰富多了。我们是社会主义，在发展到他们那样的丰富程度后再继续前进，达到极大丰富，是完全可能的。

我们是主张消灭三大差别的。但是，消灭三大差别，只有在社会生产力极大发展的情况下才能真正实现。这绝不是靠几条行政命令可以奏效的。某些经济比较发达的国家，尽管是资本主义国家，三大差别，特别是工农差别和城乡差别，实际上是在逐渐缩小的。解决脑力劳动和体力劳动的差别问题，需要更长的时间。但是，归根结底，它也是由生产力的发展所决定的。人们的道德品质，可以随着生产力的发展，随着产品的日益丰富，逐渐变得好起来。一个资本主义社会，自行车不上锁，拍卖品不收起来，没有人偷，人与人之间很讲礼貌，说明日本人民的道德水平提高了。我们必须充分重视进步的社会制度、进步的思想对于人们的教育作用。但是，进步的社会制度和进步思想的教育作用，不能离开生产力发展的基础。日本人民公共道德水平的提高，不是靠说教而是靠生产力的发展、生活的改善取得的。

日本人说，他们能够这样发展，一靠天时，二靠地利，三靠人和。我们可以比较一下。

在日本，从西北来的寒流，有我们的东北挡着，再经过一个朝鲜海峡，到他们那里就减弱了。东边有太平洋的暖流。全国除北海道稍冷，大部分地方气候很好，温差很小，雨水调和，没有什么暴冷暴热，大旱大涝。我们 11 月底离开日本，还是遍山皆绿，橘子长在树上。最冷的时候，东京只有零下一二度。这种自然条件，有利于发展农业、林业、牧业。像这样的地方，中国有的是。

讲地利，他们最有利的是四面临海，海岸线长，便于海运，便于发展造船业，也可以搞填海工程。可是日本的资源少，除了一点煤，年产 2000 万吨，其他工业资源多靠进口。我们的海岸线也很长，资源比日本丰富得多，而且很多尚未开发利用。

讲人和，第二次世界大战以后，日本和其他一些资本主义国家，都接受过去的教训，采取一系列措施，缓和国内阶级矛盾。可是不管怎样，他们不能消除资本主义社会的固有矛盾。他们的企业倒闭年年发生。51 万家企业，每年大约倒闭 3%。我们在日本的时候，栃木县一个商店老板，就因为经营亏损，濒于破产，一家 9 口自杀，引起舆论震动。去年的失业人数，比前年增加，占要求就业人口的 2%以上。失业后第一年有救济，前半年由企业发 80%的工资，以后企业不管了，每月只能靠拿 45000 日元的社会救济，勉强维持吃饭。退休以后，工龄长的，最多是一次拿 33 个月的工资，以后也只有靠社会救济。退休的职工，都希望继续就业。日本人平均寿命越来越长，男性 74 岁，女性 76~77 岁。男性 55 岁退休，女性 50 岁退休。退休以后，还有 20 多年没有职业保障。还有一个妇女就业问题。

日本妇女高中或大学毕业，可以找到工作。日本人叫挣点嫁妆。结婚特别是生孩子以后，机关、企业不欢迎了，很多人也不愿再工作下去。欧洲妇女就业面较大。日本人说，他们的办法，比我们的双职工办法好。我不赞成他们的主张，但是我们自己也确有许多实际问题需要解决。总之，从根本上来说，资本家剥削工人剩余价值，资产阶级和工人阶级的矛盾，是他们无法根本解决的。

从根本制度上说来，我们比日本优越。1956年以前，我们社会主义制度的优越性，也曾经表现和发挥出来。当时，随着生产的发展和国家财政收入的增长，职工工资每年都有提高，农民生活也逐年有所改善。我们实现了生产增长，也实现了工资增长。我们不是从书本上，而是通过亲身经历，看到了社会主义制度的优越性。1958年，某些工作不顾客观规律，“不怕做不到，只怕想不到”，结果损失很大。那一次，大家好心好意，想搞快点，没有经验，发现问题以后，很快就着手纠正。虽然1959年以后继续犯错误不应该，但党是团结的，党的组织没有打散，同志们一道认真犯错误，也一道认真改正错误。1962年到1966年，经济情况重新好转。林彪、“四人帮”猖獗的10年，情况就大不同了。他们不是发挥社会主义制度的优越性，而是破坏社会主义制度的优越性。他们是社会主义制度的死敌。现在有些青年，没有经验，只看到林彪、“四人帮”的破坏，于是对社会主义制度的优越性发生怀疑。这是不对的。我们亲眼看到社会主义祖国好起来，也看到它被破坏。现在，林彪、“四人帮”被打倒了，社会主义制度的优越性可以得到恢复和大大发扬。我们的希望就在这里。

有的日本人说，你们有了社会主义制度，为什么要今天这样整，明天那样整呢？华国锋同志说，我们再也不要折腾了，再折腾下去，我们这个民族就要没有希望了。资本主义国家的政局也常常变。日本政局比较稳定，也有变动。内阁改组，党派斗争，屡见不鲜。可是这种变动没有阻碍经济的发展。我们党内、国内今后也还会有斗争。但是应当使这种斗争不是阻碍，而是有利于经济的发展。这是一个很值得研究的问题。

日本人说，他们的经济水平已经占世界第二位，尽管资源很少，但还有希望使经济发展得更快、更好。他们说，靠的是“高质量的人民”。日本人民文化水平、科学技术水平的确很高。他们钢的生产能力已经达到1.4亿吨。丰田一个汽车厂年产280万辆。他们第一步解决了吃饭问题，第二步靠维尼龙、合成纤维解决了穿衣问题，第三步普及了耐用消费品。现在城市居民不是买不起汽车，而是先要买一个放车的地方。东京等大城市，地皮之贵，不可想象。他们开玩笑说，银座街上一个脚踩下去的地皮，等于一个内阁大臣的工资。他们已经提出，下一步要实现一户一套住宅。

中国8亿人民勤劳勇敢，但是文化水平、科学技术水平低。邓小平同志说过，教育工作小见成效要5年，中见成效要10年，大见成效要15年。我们去年钢的产量才3100万吨，长春汽车厂年产不过七万辆。和日本比较，很多方面的差距很明显。赶超世界先进水平，不能靠1958年那种“放卫星”的办法，必须付出艰苦的劳动，进行扎实的工作。我们活着的这一代，要实现毛泽东同志、周恩来同志等老一辈无产阶级革命家的遗愿，就要按照党的十一届三中全会的决定，把全党工作的着重点转移到社会主义现代化建设上来。这样，到本世纪末，我们至少可以在总产量方面，居于世界第一流。

赴日考察的总的观感，可以归纳为两句话：我们的事业大有希望；达到目标必须花大力气。

二　国民经济中的积累和消费问题

在资本主义社会里，生产资料归资本家所有，生产是为了使资本家获得越来越多的剩余价值，或者说越来越多的利润。在存在着无产阶级和资产阶级这一根本矛盾的情况下，日本资产阶级采取了一些措施，在一定程度上，使工人、技术人员、管理人员，为提高产品的质量和竞争能力，共同进行努力。他们在企业里把这叫作“全员自主管理”。社会主义生产的目的，按照斯大林的说法，是保证最大限度地满足整个社会成员日益增长的物质和文化的需要。可是在我们这里，不少地区和单位，个人利益和集体利益、个人利益和国家利益，搞得并不一致。第一个五年计划期间行之有效的方针、政策、措施，被抛弃了。于是，生产不能正常发展，工人、农民的实际收入不能增加。这些问题并不是社会主义制度本身固有的，而是我们的某些做法，离开了客观规律，离开了社会主义的根本原则造成的。与此有关的一个重要问题，是如何处理国民经济中积累和消费的比例关系。

在日本考察期间，几乎每个人讲到他们经济高度成长的时候，都要提到池田内阁于1960年提出的“国民所得倍增计划”。池田接受了一位经济学家的建议。那位经济学家，是总结了英国工党政府失败的教训，提出这个建议的。战后初期，英国工党提出勒紧裤带，恢复经济。因而不能发动人民的积极性，计划没能实现。那位经济学家认为，不能采取英国人的办法，必须制订一个计划，并且向全国人民讲清楚，这个计划实现以后，每人的收入可以增加1倍，资本家、工人、农民、职员的收入，都可以增加1倍。计划能否实现，和每个人都有密切关系。它吸引了全国人民，提前完成了。大家的收入，也果然成倍增长。这个计划的实现，对于日本以后经济的高度发展，起了重要作用。

我们有两方面的经验，第一个五年计划有生产建设的指标，也有工资增长、人民生活改善的指标。后来这两类指标都完成了。1958年说，苦战三年，改变面貌。实际上有苦战，面貌却没有大的改变。贯彻调整、巩固、充实、提高的八字方针以后，情况好起来。后来这10年，根本无所谓计划不计划，即使有个计划，人民改善生活、增加收入的内容，也被一笔勾销。这是一个教训。资本家尚且懂得怎样使工人关心计划的实现。我们这里固然有林彪、“四人帮”的破坏，但是，也的确有一些同志，不懂、不愿或不能使我们的计划真正符合社会主义的基本经济规律。在口头上，谁也不反对这个规律。可是我们执行起来，就要打折扣，有些做法竟然与它相反。

日本执行池田计划，处理积累和消费关系的情况，很值得我们研究。资本家让工人的实际收入增加2.1倍，他们的积累是不是因此减少了呢？日本钢铁工业的投资，1950年到1955年，是1282亿日元；1955年到1960年，是6255亿日元，比前5年增加3.9倍，1960年到1965年，是11380亿日元，比第一个五年增加7.9倍；1965年到1970年，是23229

亿日元，比第一个五年增加 17.1 倍。[①] 这里有个物价上涨的因素，但是可以看出，资本家的积累，比工人工资增长的速度快得多。这个数字还不包括资本家分红和用于自己消费的部分。事实是，资本家增加了工人的工资，自己没有亏本，反而越赚越多。

生产、交换、分配、消费相互统一，任何环节受到损害，其他环节都不能协调地发展，整个生产过程就无法顺利进行，这是马克思已经从理论上阐述过的。我们多年来只搞生产计划，不搞消费计划，直接违背了马克思主义基本原理。马克思讲过两种消费。一是生产的消费。没有生产的消费，就没有生产。不消费原料，不转动和磨损机器，有什么生产？一是生活的消费，这也是生产。没有生活的消费，连劳动力的简单再生产都无法维持，更谈不上进行生产。这个道理，多年来，许多同志，包括一些担负领导工作的同志和专门搞经济工作的同志，或者不懂，或者忘记了。由于在计划中不去实际地考虑怎样改善人民的生活，我们受到了应有的惩罚。生活的消费，无非是吃、穿、住、行、用，还包括科学、教育、体育、卫生，以及文化娱乐如看戏、看电影、读小说等。在生活的消费不断增长的情况下，才能：一有越来越好的身体；二有越来越广博的知识；三有越来越强的工作能力；四有越来越健康聪明的后代。这些就是劳动力的扩大再生产。它有利于物质生产的发展，有利于资金积累的增加。这难道不是普通的常识吗？不按这个道理办事，有的人会想办法对付你。国家、集体不那么关心我，那好，我自己关心自己。于是，就有人磨洋工，把公家的材料拿回去做椅子、做沙发。这种危害国家和集体利益的做法，是错误的。但是，它之所以产生，并不是孤立的、个别的现象，却正应当引起我们的深思，推动我们按照客观经济规律办事。

看来，第二次世界大战以后，资本家比战前聪明多了。他们在想办法使工人增加知识，增进身体健康，提高工作能力。西方叫“智力投资”，日本叫“能力开发”。他们买机器、盖厂房，也下大本钱培养工人、技术人员和管理人员。这后一种投资，得益甚大。整个国民教育、科学研究事业，都属于“智力投资”。每个公司、企业，都为此投入大量资金。过去，资本家把工人当作机器的奴隶。现在，一些资本家和资产阶级经济学者，主张不要让工人当机器的奴隶，而是使工人掌握科学技术。日本人的提法是，发挥职工的主动性。他们说，一个企业，如果是由优秀的工人、优秀的技术人员、优秀的管理人员组成的“优秀的技术集团”，那么它的产品质量最高，竞争能力最强，它在市场上将是难以打败的。

资本家和封建地主不同。资本主义社会，像《共产党宣言》说的，处在恒久的动荡之中，为了生存，为了竞争，就要不断发展科学技术，否则，一旦停滞下来，企业就会亏损和倒闭。资本主义生产关系终究要阻止生产力的发展。但是，资本家事实上又不得不使工人掌握越来越多的技术和科学知识。地主阶级提倡愚民政策。资产阶级提出了普及国民教育的口号。在社会主义制度下，应当为提高人民的物质文化生活水平而发展生产。和资本主义企业相比，我们的企业，更加应当成为由优秀的工人、优秀的技术人员、优秀的管理

---

① 原稿数据有误，此处已调整。——编辑注

人员所组成的，技术上更加优秀的、政治上觉悟很高的生产集体。

三　关于农、轻、重

资本主义搞工业化，搞农业现代化，是经过了不同阶段的，现在有些现象，马克思在自己的时代没有遇到，这就是用工业的积累来实现农业的现代化。我们在日本考察的结果，也证明这种办法是对的。

我们知道，资本主义的原始积累，是使农民大量破产，脱离生产资料，变为一无所有的自由劳动者。斯大林说，我们搞工业化，不能走资本主义这条痛苦的道路，要搞农业集体化，使农民共同富裕，农业集体化要同工业化相适应。在集体化、工业化过程中，斯大林反对托洛茨基压榨农民的政策。不过，他还是讲，农民要为工业化提供“贡纳”。去年以前，我们的思想还停留在斯大林这个说法上。工业化靠农民“贡纳”，而且数量很大，时间很长。最近，党的三中全会原则通过的关于加快农业发展若干问题的决定（草案），已经在着手解决这个问题，争取逐步改变农民负担过重的情况。

我前面谈到的一户日本农民，水稻亩产不过600多斤，萝卜、白菜也并不是长得很好。他种的一种类似白兰瓜的水果，价钱很贵，他用1500日元一个的价钱卖给批发商，到市场上零售就是两三千日元一个。就产量来说，他的三十几亩地，和北京郊区的三十几亩地，不相上下。上海郊区、广东一带，也许产量还高些。他的产品，一共可以卖到1150万日元，约合人民币10万元。他用一年的收入，就可买齐全套农业机械。足见日本农产品价格高，工业品价格低。他们通过工业的积累，采取各种办法，扶助农业的发展，包括发展农业科学研究，发放农业生产资料的低利贷款，支付某些农产品的高价补助，等等。例如，日本稻谷收购价格，就比出口价格高一倍到两倍。

从日本的经验看，实现农业现代化，不一定要土地连片。他们土地改革以后，每户不准占有大量土地，一般是一二公顷，现代化搞得很好。我们一个生产队一二百亩地，或者还要多些，为什么不能实现现代化，而要搞什么“穷过渡”，非搞成大队规模不可呢？难道我们的农业没有现代化，只是因为生产队的规模太小吗？还有，日本根本不花费大量劳动力平整土地，就是在过去多少年代搞成的梯田上实行机械作业。他们全国各地包括穷乡僻壤，都被现代化的公路连接起来，交通运输很方便，电力供应很充分，水利能充分利用。农业机械小型、灵巧，适应当地条件。我们有些农田水利建设，一年上阵多少千万人，一部分有成效，一部分却只是多吃粮食，并没有收到应有的经济效果。

日本工资增长很快。如果没有生产的发展，只是增发钞票，那是毫无益处的。他们日用消费品的供应越来越充分。我们有些同志担心，增加工资，没有商品供应怎么办。其实，这正可以反过来促进我们多生产消费品，特别是耐用消费品。日本没有轻工业这个概念，只有重工业、化学工业、制造工业等这些概念。很多消费品，我们叫日用商品，在他们那里都是重工业部门生产的。按我们的分类，丰田公司属于重工业部门。它的产品，卡车用于生产，大量的小汽车是生活消费品，因此它主要是消费资料的生产部门。

我们的重工业部门，直到现在为止，只生产生产资料，不生产消费资料。国防工业设备好，技术力量强，职工人数多，多少年照发工资，照发管理费用，没有利用自己的条件，生产国内市场和出口需要的各种消费品，特别是耐用消费品。去年，中央已经要这些部门用一半左右的力量，生产民用产品。生产的发展，人们物质文化生活水平的提高，向重工业提出了新的任务。重工业为农业、轻工业服务，应当有新的内容。否则，年年增加工资，农业不能很快搞上去，轻工业不能满足市场需要，就有发生通货膨胀的危险。

斯大林主张重工业要按照自己的面貌改造轻工业、改造农业。按照他的说法和我们的理解，就是由重工业为轻工业提供现代化的技术装备，为农业提供现代化的生产资料。根据日本和西欧一些国家的经验，看来不能停留在这个阶段。重工业还要为轻工业提供越来越多的原料，如塑料、合成橡胶、合成纤维等。重工业本身也要提供消费品，首先是耐用消费品，这是重工业包括化工、机械工业向前发展中一个很重要而大有前途的任务，是重工业内部积累的一个广阔源泉。一定要认真改变重工业各部门只生产生产资料、不生产消费品的做法和观点。南斯拉夫有个经验，农产品在农村就地加工，农民得到农产品的收入，也得到农产品加工的收入。因此，重工业除了要为农业提供生产资料外，还要为农村提供农产品加工工业的现代化装备。总之，随着生产力的提高，我们的很多做法和观念都有必要相应地改变。

四　价值规律和计划性

马克思在《资本论》中提出，资本主义的基本矛盾，表现为各个企业内部的有组织与整个社会生产的无政府状态之间的矛盾。现在，日本资本主义企业内部的生产组织相当严密，生产的计划性，比马克思时代前进了很多。大型垄断公司，包括许多不同类型的单位，同样能够集中管理、高度统一、严格计划。他们靠的是认识和运用价值规律。他们的计划，叫作生产推销计划，这个用词反映了计划同市场的关系。计划从订货开始，到交货完成。没有订货，就从市场预测开始。日本每个公司、每个企业，都有广泛的情报组织，可以在几分钟内，了解某一产品在世界各地的价格和市场需求情况。它们根据订货、根据市场预测，大体确定某一产品需要生产多少，在品种、规格、质量方面达到什么要求，什么时间交货。计划下到基层，再根据基层的意见进行修订和协调。这样有下有上，然后按照合同，投入生产。在生产线上，又有月度计划、周计划甚至每天和每小时的计划。为了均衡生产，他们要求严格执行计划，不允许完不成，也不允许超额完成，不允许停工待料，也不允许节约材料而降低质量。每个企业同协作单位的关系，也有严格规定。每个企业都有一批“推销员”，而“采购员”相对来说少得多。企业吸收大学生做管理人员，必须先当一两年“推销员”。许多企业没有仓库，丰田公司只有一天的库存材料。这就要求必须按规定的时间把一定数量、规格的材料和零部件送到指定的生产线。日本全国去年生产钢材一亿零几吨，周转部分只有 600 万吨。我们自己生产的和进口的钢材加在一起，不到 3000 万吨，而库存积压竟达到 1600 万吨。

企业内部的计划，以价值规律为依据，充分考虑到供和求、产和销的结合，在这个范围内，计划性和价值规律并不相互排斥，而是协调一致的。对他们来说，不存在所谓按价值规律办事就无法计划、要计划就不能按价值规律办事的问题。

第一次世界大战以前和战后的一些年，资本主义国家大量销毁产品，反映了当时社会生产的盲目性和无政府状态。现在，比较准确地进行市场预测，产品一般是能够适应市场需要的。企业之间、垄断集团之间，竞争很激烈，同时，也出现了各种不同形式的调节。日本有个国际贸易促进会，是中小资本家的团体。它把许多同中国有联系的中小资本家组织起来，研究怎样和中国做生意，安排生产和销售额的分配。中日建交前，日本大企业组织了日中经济协会。我们这次考察，就是他们邀请和接待的。这个组织，在调节各个垄断集团之间的关系方面，起了不小的作用。例如，日本有五家钢铁公司，卖给我们钢材。他们共同组织代表团同我们谈判，商量每家公司承担多少，确定价格的幅度。日本还有一个经济团体联合会，是各经济团体的全国性组织。他们自己说，这个组织相当于日本的经济内阁，在垄断集团之间进行调节，决定经济发展的重要方针。

除了民间组织，日本的中央政府和地方政府，也对经济进行干预，办法之一，是制订经济指导计划。池田内阁的“国民所得倍增计划”，就属于经济指导计划。战后，日本政府做过 8 次计划。除两次因受石油危机的影响没有完成外，其他 6 次都完成了。政府制订计划之前，要找垄断集团的代表和学者征求意见。国家投资主要用于公用事业，如电力、公路、铁路、水利、地下管道、填海工程、港口码头、邮电等。资本家盖厂、开商店、办旅馆，按价购买地皮。地皮的售价，包括了政府投资的各项建设费用在内。我们的做法是，投资建厂，什么都得工厂自己干。由于计划不周到，常常浪费大量的人力、物力。地下管道挖了填、填了挖，电线架了拆、拆了架。这种情况到处可以看到。

日本政府的经济指导计划，不是作为行政命令下达的。它是采取经济的手段，来保证计划的实行。手段之一，叫经济立法。要办什么，怎么办法，如何奖励，如何限制，都通过经济立法做出规定。其中包括税收：该发展的就低税，该限制的就高税；税收成为调节经济生活、执行计划的重要环节。也包括银行的信贷。国家银行和私人银行，在日本经济生活中发挥着巨大作用。日本资本家，自有资金只占 15% 到 17%，80% 以上都是从银行借来的。换句话说，15 日元到 17 日元的本钱，可以做 100 日元的生意。另有一种说法是自有资金比上述比例大，但大部分资金是从银行借来，这是确实的。他们资金周转很快，流向也快。得知某个资本家要在什么地方办什么企业，银行往往主动上门贷款。银行也是各种各样的。开发投资银行，专门支援开辟新的生产部门，利息低，还有其他优惠条件。进出口贸易银行专门扶助进出口贸易，特别为某些需要打开销路的产品的进口和出口提供优惠条件。我们的银行，等着人家来存钱，借贷的项目也很少。日本银行的利率是定期公布的。

斯大林认为，在社会主义社会，价值规律和有计划按比例规律，是互相排斥的，价值规律只在流通领域起调节作用，在生产领域不起调节作用。他所谓流通领域，只限于消费品，生产资料不算商品。他肯定社会主义社会有商品生产、商品交换，这是对的。但是，这个商品生产、商品交换，是不是只限于消费品，还是应当包括生产资料？价值规律是不是只在流通领域，不在生产领域起调节作用，还是在这些领域都起调节作用？我们的企业、部门乃至国家的计划，是不是应当以价值规律作为依据，或者充分适应价值规律的要求？我们的计划体制、管理体制和工作方法，应当怎样遵守价值规律来促进生产的发展？这些问题，都需要我们今后在实践中进行深入的探讨。

我们这次访日所闻所见不全面也不深入。资本主义社会有它腐败的东西。我们要学习的是他们的先进经验。共产党人不怕承认自己的缺点，不怕承认别人的优点。日本的确在不少方面有比我们先进的东西。取得政权的无产阶级，必须把资本主义工业文明所积累的一切文化、科学、技术的知识接受过来，变成建设社会主义的工具。日本经济取得的成就，我们同样可以取得，而且可能更快地取得。这次考察，进一步坚定了我们这一信念。

附录 2

日本资本家是怎样管理工业企业的*

马　洪

1978 年 11 月，我参加国家经委代表团到日本考察工业企业管理问题。这次考察受到日方的友好接待，使我们直接地了解到日本工业发展和企业管理的一些情况。下面首先谈谈日本工业发展的概况，然后再讲到本题。

第一部分　从 1955 年到现在日本工业发展的情况

日本自 20 世纪 50 年代以来，工业和整个国民经济的发展速度是比较快的。从 1955 年到 1976 年，日本的国民生产总值一共增长了 4.8 倍，占资本主义世界的第 1 位。在这期间，日本职工的实际收入，在生产增长的基础上增长了 2.1 倍。日本的工业，在 60 年代初期，占世界的第 5 位，到 1973 年就上升为第 3 位，除了美国，苏联，再就是日本了。目前，按人口平均的国民生产总值，日本已接近美国的水平，就是说每一个人平均的国民生产总值，大体是 1 万美元。日本的经济为什么能发展得比较快呢？原因很多。根据我们考察得到的看法，大体有以下七点。

第一点，从 50 年代后期起，日本的政局比较稳定。

当然，我们也可以看到，这个内阁倒台，那个内阁倒台。如最近就是福田下台，大平上台。但它对经济并无多大的影响。掌权的都是自由民主党。这个首相、那个首相上台，不大影响政局，他们的基本方针没有什么大的变化。我们的经验也证明，政局稳定，经济就上得快；反之，经济就不可能上去。毛泽东同志晚年看到我国的政局不稳定，提出还是

* 本文作者马洪同志是国家经委访日代表团团员、中国社会科学院工业经济研究所时任所长。原文为马洪同志在中国社会科学院内部会议的记录稿，首发于邓力群、马洪、孙尚清、吴家骏：《访日归来的思索》（中国社会科学出版社，1979）。

安定团结为好。而“四人帮”是不让安定团结的。以华国锋同志为首的党中央一举粉碎了“四人帮”，获得了安定团结的局面，我们一定要珍惜、爱护和创造安定团结的政治局面，这是发展经济很重要的条件。

第二点，日本经济发展遇到了好时机，发了战争财。

朝鲜战争期间，美国在日本花了500亿美元。侵越战争期间，又在日本花了1000亿美元。美帝国主义为了进行这两次战争，不得不拿出巨额款项来花在日本，因而使日本得到了好处，得到了资金，刺激了经济的发展。1500亿美元，这不是小事情。看看我们的情况，就不同了。我们为了抗美援朝、抗美援越，花了几百亿元人民币。日本发了战争财，而我们做了很大牺牲，付出了很大代价。

第三点，日本有一个日美安全条约，所以它的国防费用很少。

由于有日美安全条约，日本的国防安全受美国军队的保护，因此它的国防费用很少，在世界经济发达的国家中是最少的，国防开支只占国民收入的1.1%。而在第二次世界大战以前，它的国防费用占国民收入的7%。它不养那么多军队，就可以把相当多的钱用来发展经济。这一点和我们不同。我们不得不将国民收入中一个相当的部分用来加强我们的国防，我们不得不这样做。这一点，我们和他们不同，和他们的条件不一样。

第四点，日本政府在各个时期都采取了有重点地发展经济的方针。

每一个时期有一个重点，通过重点把一般带动起来。例如，在第二次世界大战结束后，即1945年以后，日本战败，国民经济整个破产，人民生活非常痛苦，没有吃，没有穿，没有住，比我们打败日本帝国主义和国民党反动派后的情况更严重。在那时，他们提出要搞农业，要有饭吃。为了搞农业，就要搞化肥。那时生产化肥，不是用石油，而是用煤炭做原料，所以就要搞煤炭。要搞煤炭，搞化肥，就要搞电。从1945年到1950年，这几年主要搞这些东西。为了吃饱肚子，使国民经济恢复起来。结果，他们取得了成效。日本国内市场狭小，需要依靠对外贸易。为了解决本身的困难，要尽量扩大出口，这时主要靠纺织工业，靠轻工业。要发展轻纺工业，他们自己又没有原料，因他们不生产棉花，于是就搞合成纤维，什么维尼龙、涤纶、人造羊毛等。这就要搞石油化工。要搞这些东西，就要搞钢铁，因为这些东西需要用大量钢铁。这时的重点，他们叫作“重化工”即钢铁和石油化工。这就把钢铁、石油化学工业搞起来了，一直到60年代。60年代末到70年代，搞电子工业。电子工业是热门工业。不过，现在他们快到饱和了。今后怎么办？他们正在研究，还没有定论。他们的机械工业，是根据不同时期不同需要搞不同的机械。日本在每一个时期，都非常重视电力，使电力走在前面。一般工业增加12%，电力就要增加12%。我们因为电力工业不相适应，有30%的工厂开工不足或者不能开工。

实践证明，日本这套做法，起了积极作用。我们国家，在恢复时期和第一个五年计划时期，经济发展得比较快。1963年到1966年经济调整时期，讲究综合平衡，协调发展，经济发展速度也比较快。到了“文化大革命”时期，由于林彪、“四人帮”的干扰破坏，经济发展就慢了，甚至下降了。我们看看日本的情况，联系到我们自己的情况，他们的经验值得我们参考。

第五点，日本人非常强调，经济发展要注意良性循环，避免恶性循环。

日本人这样讲，当然是资产阶级吹嘘自己，可是也反映一些实际。一个是国内经济的良性循环，一个是对外贸易的良性循环。他们非常注意经济效果。大家都知道，资本家经营企业是为了追求最高利润，要做到这点，就要以最小的资本做最大的生意。我们要少花钱，多办事，我们社会主义，更要讲究经济效果。日本人是怎么做的呢？他们有些企业拿自己的1元钱，一年能做30元到40元钱的生意。日本的资本家，他的资本，自己只有17%，即做100元钱的生意，他只有17元钱的资本，剩下的30%多靠银行贷款，再剩下的40%多靠资本家互相挪用。在日本，如果把借银行的钱，借用别人的钱，自己的钱，加在一起，有些企业1块钱一年可以周转五六次。而我们把固定资产和流动资金加在一起，1块钱顶多一年只能周转1次。所以，毛泽东同志说，资本家，用人少，效率高，会做生意。而我们则不会这些。所以毛泽东同志要我们在这方面向资本家学习。

那么，他们的所谓良性循环是怎样循环的呢？日本这个国家资源缺乏，除了有些煤炭外，发展工业的其他资源基本没有。日本国土只有几十万平方公里，有1亿多人，人口密度比我国大得多。他们说，要利用人口多这个最好条件，来发展经济。第一，就是要提高人的劳动质量，“把人的能力开发出来”。我们听了这个口号感到新鲜。第二，就是进口原料，经过精度加工然后制成高级产品。第三，出口换外汇。为了实现这三点，他们采取两个办法：第一个办法，从欧美引进先进技术，主要是引进专利，而不是大量进口成套设备。而我们，一买就是成套，甚至几套、十几套。他们顶多买1套，也不是全部买，国内没有的才买，自己能制造的就不买。第二次买的更少，第三次就自己制造，甚至还要出口。在这方面，我们不会搞，吃了亏。第二个办法，日本人肯花很多钱培训工人、培训技术人员，使劳动质量有很大的提高。这样，他们就能提高产品质量，增加新的品种，降低成本，使产品在国际市场上有比较高的竞争力。比如说，丰田汽车，在美国市场上，比美国同样的汽车多卖1000美元，美国人还愿意买它，因为它比美国的汽车消耗汽油少，特别是这几年闹能源危机，汽油涨价好几倍。同时，日本的汽车，控制系统好，驾驶起来安全。在这样条件下，价格虽然高一点，人家也愿意买。再如彩色电视机，日本的比美国、西德的销售量大，竞争能力强。为什么竞争能力强？这和工人技术水平高有很大关系。最后的结果是，日本工业的主要原料几乎全部都从外国买进来，把这些原料，如煤、石油、铁矿石、有色金属等，经过多次加工，制成产品卖出去。国内销售70%，出口占30%。但这出口30%的产品价值，除可抵偿全部进口原材料和其他费用外，还可净赚几十亿美元的外汇。这样也就把国内生活搞好了。很明显，多出口就可以多进口，进口原料越多，就可以生产更多的产品，出口也就越多；出口越多，就可以赚取更多的外汇，更快地发展本国的工业。这就是他们所说的两个良性循环。这个问题，对我们也有启发。我们费了好大劲，出口这个，出口那个，一年不到100亿美元。又是猪、蛋、鸡，又是橘子，还有石油。这些东西没有加工，很不值钱，又是国内非常需要的。我们把裤带勒起来，可是换的外汇很少。我们一年出口的物资所换的外汇同香港差不多。我们有很多潜力可以挖。国家这样大，资源这样丰富，还有这样多勤劳勇敢的人民，如果我们把潜力挖掘出来，那可以换回多少外汇！我们完全可以比日本搞得更好。

第六点，就是日本的资本家采取各种各样的办法，来调和阶级矛盾，想方设法把职工的利益和企业的利益捆在一起，来刺激职工的生产积极性。

在这方面，日本资本家也取得了相当的效果。这也是日本工业发展比较快的一个重要原因。关于这个问题，后面还要专门介绍，这里就不多讲了。

第七点，日本人在引进先进技术的同时，非常重视引进先进管理方法。

应该说，日本人认识这个问题也是有个过程的。开始，他们也是注意引进国外先进技术，不太注意引进先进的管理方法。50年代初就是这样。当时，从美国引进不少东西，但劳动生产率、成本、质量都赶不上美国，竞争不过人家。后来，他们接受了这个教训，才重视这个问题，翻译人家的书，请人家的专家，派厂长、专家到国外考察、学习，很快提高了管理水平，才有今天的结果。这一点很值得我们学习。我们现在也有类似日本50年代早期那种情况。我们也引进了一些先进技术，但管理不行，劳动生产率很低。例如，从国外进口的30万吨合成氨厂，人家只要240人，我们要1500多人。这就是说，人家一个人能办的事，我们要用六个人。这样怎能赶上和超过外国。列宁说过："劳动生产率，归根到底是保证新社会制度胜利的最重要最主要的东西。资本主义造成了在农奴制度下所没有过的劳动生产率。资本主义可以被彻底战胜，而且一定会被彻底战胜，因为社会主义能造成新的高得多的劳动生产率。"我们现在这种状况，反映管理工作落后。如不大大改进管理工作，引进了先进技术装备，也不能达到真正先进的水平，特别是在劳动生产率方面。

日本经济发展快的原因，概括起来说就是以上讲的七点。

第二部分　日本资本家是怎样管理企业的

这次考察中，我们把管理问题作为考察的重点。我们一定要下大力气将我国工业企业的管理工作搞好，来加速社会主义现代化的建设。下面分几个问题讲一下。

第一个问题，谈谈日本企业采取的是什么样的组织形式。

日本的企业，主要是采取托拉斯的组织形式，在日本叫株式会社，也就是我们平常所说的公司。

据我们考察，这些株式会社基本上是三种形式，细分起来也可以说是四种形式。

第一种形式是统一核算，统一管理。最典型的是电力工业公司，产品单一，发电和供电同时进行。各发电厂的生产，由公司用电子计算机高度集中控制，严格地按照计划进行。各发电厂只管机组的安全运行，在经济上没有独立性。

第二种形式是统一核算，分级管理。如新日本制铁公司，下属10家钢铁厂，76000人，是日本最大的钢铁公司。又如丰田汽车公司，有10家工厂，5万人。这两家公司的产品也比较单一，所以工厂的生产指标和物资供应，都由总公司统一安排。但由于产品品种多（比如各种汽车、各种钢材），因此和第一种形式不同，各厂在组织生产、核算成本、外包作业、零星购置、任用厂内干部等方面，都有相当的权限，有相对独立性。

第三种形式是分级管理，分级核算盈亏，或称事业部制。这种形式是从美国学来的。事业部制是什么意思呢？事业部相当于分公司，一家大公司有若干个事业部，事业部下面还有许多工厂，这些工厂不独立核算，由事业部进行管理和计算盈亏。采取这种形式也是由生产特点决定的。如东芝电器公司、松下电器公司，它们的产品不是单一的，而是种类繁多，从电视机、电冰箱等家用电器，到成套发电设备等，差别很大。虽然这些产品之间也有一定的联系，但基本上是可以单独进行生产的，所以按产品分成了许多独立的事业部。

以上是日本企业管理的三种基本形式。但是，它们都有一个共同点，就是都实行了供、产、销、人、财、物六个统一，特别是财权，一律集中于公司。只有丰田财团是个例外，它将生产、销售分开来，成立了丰田汽车工业公司和丰田汽车销售公司。前者管生产，后者管销售，各自实行单独核算。二者之间签订有合同，要生产什么牌号，生产多少，由销售公司定，生产公司产出之后，就交给销售公司出售。这样，生产公司集中精力搞生产，销售公司千方百计扩大市场，增加销售，各负专责，互相促进。丰田财团所采取的这种产销分离的方式，就是我们所说的第四种形式。

日本的公司，许多是跨地区的，甚至是全国性的。所谓全国性，是指其下属企业分布在全国许多地方，而不是把全国同类企业都网罗在一家大公司之内。同一行业的全国性的大公司有许多家，如日本有五大钢铁公司，十大汽车公司，九大电力公司等。它们相互竞争，在竞争中发展。

下面谈谈在公司内部，总公司和工厂的职权范围。这个问题是企业管理的一个大问题。日本公司在这方面职责、权限很明确。无论实行哪种管理形式，总公司一般负责五件事情：（1）公司的经营方针和“战略性”决策；（2）产销计划；（3）设备投资和生产经营的财务预算；（4）科学研究和新技术的开发；（5）进出口贸易。总公司又是如何负责这五项任务的呢？总公司设有董事会，有几十名董事。董事中又有常务董事和董事长，还有社长，即总经理。这五项任务都由董事会讨论决定，总经理负责执行。总经理对董事会负责，董事会闭会期间，公司的首脑就是总经理。全公司都要听总经理的命令，这就叫首脑负责制。董事会一个月召开一次会议，常务董事会半个月开一次会议。总经理和一两个副总经理加上常务董事，一周开一次会议，都是抓大的事情。在日本的公司里，董事、总经理不一定拥有很多股票。有些人实际上是被资本家用高薪雇用的精明能干的技术专家和管理专家，是代替资本家来管理企业的。

工厂一级的职权是什么呢？丰田汽车工业公司的厂长们不约而同地对我们讲，他们主要是抓五件事情。一是质量。质量和品种、数量是不可分割的，所以抓质量，同时也必须抓品种、抓数量。二是交货期。这是一个很重要的指标，资本主义的厂子特别注重交货期，按期交货才能使各企业的生产衔接起来，既不导致停工待料，也不会造成半成品的积压。至于最终产品，更要求交货迅速。交货快，竞争力就强；交货晚了，不但少卖钱，还要赔钱。三是成本。四是安全。避免死人、伤人，伤了人、死了人都要赔偿；严重的，厂长还要坐牢。五是注意作业场地的清洁卫生。这一点人家做得比我们好。在日本钢铁厂参观，有的地方就像花园一样。这是值得我们借鉴的。

厂长和总经理的关系，是厂长对总经理负责，厂长又在厂里负全部责任。由于职权明确，所以各级干部都可在自己职权以内放手工作，该自己决定的事情就拿出主意来，用不着到处去请示，也没有人干涉他履行职责，更没有人代替他决断，替他承担责任。看看他们，想想我们，在这方面，我们有许多问题是需要认真解决的。有些日本朋友曾坦率地对我们说，中国工业企业领导人的职责权限是“暧昧”的，不知道党委书记、厂长、支部书记、车间主任各负什么责任，在这种情况下是无法做好企业管理工作的。我们应当认真地研究一下这个问题，搞清楚企业党委要做哪些事，厂长要负哪些责任，厂长和党委的工作关系如何正确处理，以彻底克服目前存在的严重的无人负责现象，使我们的企业工作尽快转移到社会主义现代化建设的轨道上来。

第二个问题，日本的企业是按什么原则组织起来的。

日本有 51 万家企业，其中大的企业有 1000 多家，大多数是中小企业。与我们比较，他们的企业规模小、数目多。这么多的企业，他们是怎样组织起来的呢？概括地说，他们是按专业化与协作的原则组织起来的。日本不少企业以前也是大而全、小而全的，后来随着现代化的进展逐步改变了这种现象，采用专业化和联合化相结合的方式组织了很多公司。同时，又采取合同制的办法把国内的其他企业逐渐组织到公司的周围进行有效的生产协作。这样一环套一环，形成了许多以大公司为中心的大大小小的协作网。比如，丰田汽车工业公司本身只有十家按专业化原则组织起来的工厂，而它周围却有 1240 家协作厂，这些协作厂，由于协作的程度不同，它们和丰田关系也就不一样。随着丰田汽车工业公司的发展，这些协作厂本身也在发展。例如，一个为丰田汽车工业公司生产安全带（日本的汽车行驶速度快，为安全起见，备有安全带）、打火机等零件的协作厂，原来全厂只有 20 人，现在它已发展到 2700 人，下属几个工厂，产品除了 57%供应丰田汽车工业公司外，其余 43%供应别的汽车公司。

日本企业专业化协作有哪些特点呢？根据我们的考察，主要有下列几点。第一，充分利用历史上形成的老关系，绝大多数协作厂都和大公司有几十年的协作与供销的经济关系。不像我们这样，用行政办法，把一些相互不熟悉，协作件也不完全对路的企业，强拉在一起，而且今天一改，明天一变，“朝秦暮楚”，很难搞好协作。第二，各家协作厂实行独立的经济核算，但在经济和技术上对大公司则有很大的依附性。有的协作厂由大公司直接投资兴办；有的是大公司派干部参与经营管理；有的由大公司派专家进行技术指导和工艺监督，以保证质量；有的由大公司解决部分资金和设备；还有的使用大公司的技术专利。第三，协作厂主要为一家大公司服务，但同时又和其他许多厂家建立协作关系。第四，绝大多数协作厂是中小企业，但也有少数较大的企业，这些大企业对某一家大公司是协作厂，但它下面又有许多协作厂，一个套一个地把许多很小的厂子组织在一起。还有些协作单位本身就是大公司，如运输公司、清扫公司等，它们同时为许多公司服务。专业化协作的发展，使得各大企业都能集中精力抓好关键性产品的生产，便于不断改进关键性技术和工艺。而中小企业也由于产品或作业单一，便于大批量生产，有利于革新技术，降低成本，提高劳动生产率。如新日铁公司君津钢铁厂，不但把厂内的清洁、绿化、食堂这一类生活服务工作完全外包出去，就连从高炉车间到转炉车间的铁水罐运输，也外包给运输公司。据说日本各大公司本身差不多都没有自备的运输汽车，基本上委托运输公司负责。在访问中，我们问丰田汽车工业公司零件配件储备量是多少，他们说丰田是采取“无库存轮动式生产”，一般只有半天，至多只有 1 天的储备量。又问如果停工待料怎么办呢？他们说不会停工待料的。因为协作厂和运输公司的效率非常高，只要订了合同，就按计划进行，每天需要什么，他们都能按时运来。这样谁还愿意将产品积压在仓库，而向银行借款交利息呢？丰田不到一分钟就出产一辆汽车，但他们没有仓库，他们的材料和零件、配件都是放在生产线上的，我们看到的生产线两边都备好所需的材料和零部件，随用随到，车辆来往不停。

企业间的协作关系，用合同的形式固定下来。通常先签订“作业承包基本合同书”，对双方应承担的权利和义务做出原则性的规定。然后还要签订“作业承包合同书”，把合同的条件进一步具体化。至于产品的规格、质量和数量，还要每月定一次，以适应市场的变化。为了衔接大公司和协作厂的生产，大公司还将年度生产推销计划送交协作厂参考。由于双方都很重视信用和相互承担经济责任，从而违反合同的情况是很少的。

第三个问题，日本的企业管理主要抓什么。

资本家抓管理，主要是抓利润。财务大权都集中在公司手里。为了抓利润，资本家采用了各种手段，但是能够把几万人参加的、十分复杂的生产销售系统的大公司经营得有条不紊，则主要是靠计划。这个问题马克思早就说过，在资本主义制度下，社会生产是无计划的，而在企业里边是有计划的。随着资本主义生产的发展，企业内部的计划越来越精密、越来越科学。这是现代化大生产所必需的，是资本主义已经做到的，并不是社会主义所独有的。在这方面，目前，他们比我们做得好。我们要搞好企业管理，还得向他们学习，而且应当做得比他们更好，因为我们除了有企业内部的计划以外，还有整个社会的计划，这是资本主义所不能比拟的。

要研究资本主义企业的计划，就要抓住它最根本的特点，即以销定产，产销结合。他们是根据销售进行生产，就是说，生产什么，生产多少，首先要看有没有销路，没销路就不生产，宁可不生产也不乱生产。他们的计划是产销计划，也叫生产贩卖计划。他们制订计划，根据两个原则：一个是订货单，没有订货单就不生产，特别是大型产品，像大的发电机、大型成套设备，如 30 万吨的化肥设备和 30 万吨的乙烯设备，没有订货单它根本不生产，否则生产出来卖给谁呢？如果长期积压，占着资金，还要付利息，他们宁肯不生产。有些搞到市场销售的产品，事先无法征得订货单，怎么办呢？他们就采用市场预测的方法。这对资本家来说是一个很大的学问。会经营的，预测得对，就捞一大笔钱；不会经营的，预测得不对，生产出来的东西没人要，造成积压、亏本甚至倒闭。

在资本主义条件下，要搞好企业产销计划和市场预测，的确是一门很大的学问。为了做好这项工作，各公司都设立了庞大的推销机构和现代化的商业情报中心。他们还同商社（主要是商品产销的中介，有的也承包工程，有的还经营某些简单的加工工厂）保持密切联系。各大商社都有非常现代化的世界性的情报网，如三井物产商社，在5分钟内，就可以把世界各地的商情收集起来。各公司不断按最新商情，争取扩大订货单，及时调整生产计划，力图使计划符合用户和市场的需要，使产销紧密结合起来，既避免短产和拖期交货，也避免盲目超产，造成积压。

为了使产销衔接好，他们在编制生产计划时，详细调查用户对产品品种、质量、规格的要求，研究如何改善自己的生产条件，改进设计和工艺。例如，为了预测未来市场对家具的需要情况，他们甚至要了解一个城市将有多少人要结婚，建立新家庭，还要了解其他家具工厂生产什么家具，家具的规格、成本与销价怎么样。在做了这些摸底预测后，再根据市场的需要制订生产计划、原材料供应计划、配套产品计划、劳动计划，以及财务计划等。日本公司制订的计划，都是经过反复计算，综合平衡，才最后形成的。他们很强调综合平衡，否则企业定了那么多产量，而没有原材料，没有电，没有煤，没有零配件，不能按期交货，那就吃不消了。因为各企业之间都订有合同，规定按天、按时、按质、按量在指定的机台和岗位交货（在50公里半径以内的，都是定时供货），不按合同交货，不但失掉信用，还要罚款，而且罚得很多。所以各企业都千方百计地来完成各自的计划，以避免失掉信用，避免罚款。

当然，资本主义公司内部的计划制度和计划方法也不是一下子形成的，而是经过二三百年的历史，在长期的竞争、危机过程中，逐渐形成和完善的。我们是社会主义的国家，实行生产资料公有制，前面说过，我们不仅各个企业有计划，而且全社会也是有计划的，这是我们比资本主义优越的地方。我们的社会主义经济制度，更应该按需要生产，以需定产，以产定供。但是我们过去缺乏经验，又受了苏联那一套办法的影响，往往造成产销脱节，不是供不应求，就是积压。我们要改变这种状况，需要把资本主义公司制订产销计划的方法中对我们有用的东西学过来，改进我们的计划工作。

第四个问题，日本是怎样以品质为中心抓生产管理的。

我们这次到日本考察，对质量管理有了一些新的认识。日本人不叫质量管理而叫“品质管理”。他们认为质和量是两个不同的概念，合在一起不科学，他们这个意见是值得考虑的。

日本企业的一切经营管理活动和生产活动，都是以品质为中心，各级管理人员和每一个工人对此都有明确的认识，企业的各项规章制度都是围绕着这个中心并为它服务的。因为越是价廉物美的产品，越有销路，越能获得最大的利润。所以他们强调，品质标准应以用户满意为唯一标准。公司规定的品质标准往往高于政府颁布的标准，各工厂制定的标准又高于公司的标准。随着经济的发展，用户的需要是不断发展变化的，要使用户满意，不仅要提高现有产品的品质，而且要不断发展新的品种。日本品质管理的基本指导思想和制度，不仅大大提高了工业生产的效率，而且给国民经济带来极大的好处，整个社会的服务质量和社会风气也随之发生重大的变化。在国际市场激烈竞争的情况下，日本提出要生产“世界上第一流的产品”。日本各公司都十分重视提高品质，发展新品种，加强竞争能力，有一种争取企业生存和发展的紧迫感。为了使用户满意，日本的企业经常在市场上调查对自己产品的意见，不仅如此，他们还召开消费者大会，让消费者公开评价自己的产品。这是一个严峻的考验，因为会议情况是要通过电视广播的，如果消费者说某个公司的产品品质不好，这个公司的信誉就会下降，产品就会卖不出去，甚至弄得非关门不可。

日本工业界有一个非常流行的说法：“好的产品是生产出来的，而不是检查出来的。”他们的一个口号是“品质第一，用户第一，预防第一”。怎样预防第一呢？他们注重在设计、工艺、设备、原材料和生产过程的各个环节都贯彻“品质第一”的思想，预先消除可能产生不合格产品的各种因素。他们通过先进的测试手段，检验各道工序的产品是否符合设计的要求。凡是不符合标准要求的零部件都不能进入下一道工序。哪里发生了这种情况，就在哪里将生产线停下来，这样全厂就都知道了。矛盾暴露了，解决起来就快而彻底，因此这种事情发生得很少。我们则不然，发现了不合格的零部件，总想换一个备用的，不使生产线停顿，这样做实际上就掩盖了矛盾，不易引起大家注意，所以问题也就得不到及时的解决。

日本人说，在国际竞争中，不仅要求高品质，还要不断增加新品种。他们把提高品质和增加品种结合起来。日本市场上钢材和机器设备等生产资料，几乎达到要什么品种就有什么品种的程度。各种生活资料更是品种齐全，花样翻新。汽车、自行车都有上百种，电视机几十种，至于它们的式样，更是多得不可胜数；手表就有机械表、自动上弦表、薄型表、电子表等 20 多个品种，每种又有许多不同的样式。他们根据用户的需要，经过深入细致的调查研究，不断设计和生产新品种。如东芝电器公司半导体工厂出售的产品，每年有一半是新产品。特别是制造衣服的工厂，一年至少要有 12 个品种，每一季度至少要有 3 个品种。我们在日本东京的街道上看到，日本妇女穿的衣着，各色各样，很少雷同的。而大量的新产品上市，又刺激了一系列新的需要。我们在东京参观了一个百货公司，它有一百五十年的历史，是东京最大的百货公司，在世界的许多大城市都有它的分公司。这个公司的经理领着我们从楼上到楼下参观了一遍，全程近 4 公里长，有 50 万种商品。

日本人对新产品都有个要求，就是产品的品质和性能要比原来的好，但价钱力求能维持原来的水平，甚至更低。为了实现上述要求，日本的大企业都集中了许多优秀的科学技术人员，拥有设备完善的研究设计机构。用于发展新产品的科研、试制费用，一般占销售额的百分之一。这样巨大的开支，都分摊到正在生产的产品中去。在生产新产品时，先定出有竞争能力、用户能接受的价格，然后制定成本目标，千方百计为降低成本而努力。这种新产品的定价办法，也值得我们借鉴。我们的不少产品，十年、二十年“一贯制”，没有什么改进。这种状况实在是应当改变了。

“全员品质管理”，这个口号在日本工业界叫得很响。他们想方设法要大家都来重视质量，成立了很多品质管理小组，这是一种群众性的活动。我们看到许多工厂都有这种小组，有的小组，还向我们介绍了他们小组活动的情况，画了许多图表，讲解的都是工人，有的还是女工，他们这方面的活动很活跃，收到了比较好的效果。除了要工人参加品质管理活动外，他们还制定了一整套具体的品质管理办法和奖励办法，给积极参加品质管理的职工以各种物质奖励和荣誉，以刺激全体职工参加品质管理的积极性。各工厂的工人品质管理小组，经常讨论研究品质管理问题，对提高品质起了很大作用。日本一年一度的“品质月”活动，是全年坚持不懈的品质管理活动成果的总检阅，我们参加了他们“品质月”的一些活动，对我们很有启发。

第五个问题，日本的企业是怎样培训职工的。

日本的企业很重视培训人才，把它看作一项战略任务，叫作“能力开发”。他们根据日本国土狭小、资源贫乏的具体情况，认为要在国际竞争中求得国家和民族的生存，除了发展技术以外，别无他途。在工业界有这样一种普遍的看法：“一个好的企业，首先是由优秀的工人、优秀的技术人员、优秀的管理人员组成的优秀的技术集体。”他们说，没有先进设备可以购买，没有资金可以借贷，但是，没有人才就什么事情也干不成了。培养出好人才，是企业领导人的光荣。培养不出好部下，就不是好领导。这已形成了一种社会风气。各大公司的董事长，都以自己的公司能培养和拥有大批的优秀技术人才和管理人才而骄傲。他们在培训人才方面是肯花大钱、出大力气的。

日本企业培训工人的办法，基本上有三种，即现场学习、业余学习和脱产学习，而以现场学习为主。对工人的培训要求是十分严格的，他们的工人一般是高中毕业生，这些人进厂后至少要进行半年的训练，专业性比较强的要进行 9 个月至 1 年的训练。训练内容除了安全、基础知识和专门技能的教育以外，还注意礼貌教育、纪律教育和企业的传统教育。如松下电器公司，原来只是一个小作坊，有十几个工人，现在该公司老板搞了一个陈列馆，把当时的一套东西摆在那里，以便对新入厂的职工进行传统教育。我们到日立电器公司参观，他们也搞了这样的纪念馆，凡是进厂的青年人都首先要到那里受教育，同时那里也是个相当阔气的训练中心。除了入厂教育外，如果调换新的工种还要重新培训。他们为了使工人获得必要的知识和技能，还把工人分成 5 “层”，入厂 1~2 年的叫“新入层”，3~5 年的叫“一般层”，6~9 年的叫“中坚层”，10~14 年的叫“棒心层”，15 年以上的叫“监督层”，这一层相当于我国工长的水平。每一层都有不同的训练内容和要求，定期考试。考试是和升级、涨工资联系在一起的。他们干什么学什么，学不会就不让干。从工人中提拔的工长都是精明能干的，车间主任不在时，工长照常可以把生产指挥好，因为他们一般都经过了 15 年的锻炼。

对干部的培训，根据不同情况，采取的办法、提出的要求也不一样。比如，对股长到部长（相当于我国的处长）一类的干部，强调提高管理技能，实行定期调换岗位的制度。如把管生产的调去管销售，管劳动工资的调去管生产，在取得全面管理经验后，再提上来当一个全面的领导干部。对于需要专门技术的，就进行专门的培养，同时，保持其专业的稳定性。而对董事、厂长一级的领导干部所采取的培养办法就是另一样了。第一请专家教授来讲课；第二参加各个企业之间的经验交流会；第三是在本企业的培训中心进行专题总结，并给课长（相当于我国的科长）以上的干部讲课，要讲课，就得自己多学习；第四是短期脱离工作，到休养地“务虚”，总结经验；第五是出国考察，日本大企业的董事长、总经理、厂长和生产技术负责人都到过外国，而且几乎去过所有经济发达的国家，对国外的情况很了解。

日本的大公司都有设备先进、师资齐全、教材成套的培训中心。例如，新日铁公司八幡钢铁厂，19000名职工，设有建筑面积12000平方米的培训中心，可同时培训2000人，还有一所培训中层干部的研修中心，建筑面积2800平方米，可同时培训300人。培训中心有带录像机的电视教室，自动控制的教学电影、外国语教室，幻灯教室，职工下班后，可随时去上课。打开录像机，就可以从自己座位上的电视机中看、听老师讲课；戴上耳机，可以选学外文。此外，他们还按照13个专业编订13种通用教材和52种专业教材。

第六个问题，日本资本家是如何把企业的利益和职工的利益捆在一起的。

我们在考察时看到这样一种现象，日本的工人干起活来是很紧张、很认真的。这和我们工厂现在存在的状况有些不同。我们是社会主义国家，工人阶级是解放了的工人阶级，是企业的主人。我们理应比他们干得更好。可是，与他们相比，我们有缺陷。这是不是我们的工人阶级不好呢？不是的！我们的工人阶级是很好的，是能为社会主义国家做出很大牺牲的。问题不在于工人方面，而是在组织领导、管理这些方面。看到日本这个情况，是不是说日本资产阶级真正把职工的积极性调动起来了呢？当然不是。为什么日本工人那样紧张那样认真地干活呢？道理很简单，因为不那样干，工厂就会倒闭，工人就要失业，就没有饭吃。这一点和我们不一样。我们的工人进了工厂就有了“铁饭碗”。日本工人目前的生活虽然比我们高，但他们非常羡慕我国工人阶级的“铁饭碗”。这说明社会主义制度比资本主义制度优越。日本工人阶级在企业中的地位和我国工人阶级相比是根本不一样的，对此要有明确的认识。尽管这样，日本资本家还是采取了各种办法，把企业利益和工人利益捆在一起，使职工产生与企业共命运的感觉，如日本资本家说的，形成“命运共同体”，即企业倒闭了，工人就失业；企业赚了钱，工人就能增加工资、增加福利。

日本的资本家怎样把企业利益和职工利益捆在一起呢？他们采取一些什么办法呢？根据我们的考察，主要有四种办法，或五种办法，四种是经济的，一种是政治的。

第一种办法，叫作“终身”雇佣制。当然，这个“终身”是打引号的。在日本，工厂只要不倒闭，一般不解雇工人，工人进了工厂就是工厂的人了。当然进厂是有严格的选择的。不像我们，工厂的负责人有很多苦恼；不管工人有残疾也好，眼睛不好也好，只要劳动部门给了，工厂就得要。日本不是这样，企业要吸收一个工人，要经过严格的考试，甚至厂长等负责人还要单独考一次。但一吸收进厂，只要企业不倒闭，就可以干下去。这样，就把工人命运与企业命运联系在一起了。在这种情况下，工人怕企业倒闭使自己失业，就拼命干。在日本，我们经常听到工人讲，我们的公司怎么样，好像还蛮有感情的。这是怎么回事？很值得引起我们思考。马克思主义者应该很好地考虑这种事情。日本这种办法，和西欧、美国不同。在欧美，工人可以随便跳厂，今天在这个公司干，明天到那个公司干。日本工人一般不跳厂，一进这个工厂，基本上就在这里干了，除非企业倒闭。当然，工人犯了法，坐了牢，那又是另外一回事。实际上，我们工厂的工人，才是真正的“终身制”，一进工厂就永远是国家的职工了。不过，我们可以调到这个工厂或那个工厂，当然也有调不动的。大庆工人是很好的，可以调到这里调到那里，国家哪里需要就到哪里去。不管调到这里或调到那里，仍是国家的职工。日本的工人失业后，一般很难再找到工作，如果去边疆地区能找到工作，他当然愿意去。我们有我们的好处，但没有发挥自己的优越性。

第二种办法，是“年功序列工资制”。什么叫“年功序列工资制”？这是日本的名词。它的意思是，工资的一半取决于工龄，另一半取决于技能和对企业的贡献。一般说来，日本每年涨一次工资。工资涨多少，取决于企业经营的好坏，经营得好就涨得多，经营得坏就涨得少。每一个企业、每一个工人的工资不一样，而且是保密的。你不能问我挣多少钱，我也不能问你挣多少钱。即使你本事没有提高，没有多大的贡献，过了一年也要涨一点工资。由于挣工资要看工龄，所以工人一般都不愿跳厂，如跳厂就又要重新计算工龄。这同我们计算工龄不同。我们从这个厂调到那个厂，工龄是连续计算的。而且，日本还有个社会舆论，认为跳厂的工人是不好的，好的工人为什么要跳厂呢！跳厂的人，厂方一般不愿意要。好像我们选择干部一样，看你可靠不可靠。

一个所谓“终身”雇佣制，一个所谓“年功序列工资制”，这两个东西结合起来，就把企业利益和工人利益捆在一起了。这种办法，很能迷惑工人，对调和阶级矛盾起了相当的作用，显然对资本家有利。当然，这不是说资本家和工人之间就没有矛盾了。矛盾不仅存在，而且是相当尖锐的。

总之，日本的工业企业把增加工人的工资同企业经营的好坏联系起来，经营得好，工资多增加；经营得不好，工资就少增加；企业倒闭，工人就失业，就没有饭吃。这就把工人的利益和企业的利益联结起来了。我们现在不是这样，企业经营不好，甚至亏本，工资和奖金照发，这怎么能让每个职工都关心企业经营的好坏呢？我们不是也要把企业的利益和工人的利益结合在一起吗？究竟怎么结合，需要认真研究。

第三种办法，实行一年发两次奖金的制度。每半年发一次，奖金的多少，看企业经营的情况。不像我们这样，奖金按工资总额的10%提取，不管企业经营好坏都一样。日本的企业，每次发奖金，最多的等于3个月的工资，最少的是1个月的工资。一年发两次奖金，就等于2~6个月的工资。如果一个企业连两个月的奖金都拿不出来，这个企业就要接近倒闭了。所以，日本经营好的企业，工人一年最多能拿18个月的工资，最少拿14个月的工资。日本工人讲，工资用于日常开销，奖金多数储蓄起来，买贵重的东西。所谓贵重的东西，就是高级消费品，或者是买房子，要单门独户、有空调设备的。当然，要买这样的房子是不容易的，一般没有20年、30年的积蓄是搞不到的。也有的把奖金储蓄起来，作为子女教育费用的（日本大学的学费是很高的），或者作为自己养老用的。

除了这种奖金外，还有一些特别奖。如“提案奖”，等于我们的合理化建议奖。我们在第一个五年计划时期，合理化建议风行一时，日本把这个学去了。日本搞这个东西，和我们不同，不管意见接受不接受，都给奖，这收到了很大效果。如果有突出贡献时，要给特别奖，有的给奖品，有的给奖金。资本家对这个工作做得很细致，给奖前要调查你缺什么，如你的汽车用了三五年，不时兴了，你想换辆新汽车，他就给你的工资袋里装上一张汽车奖赏票，你可拿着这张票到汽车销售公司去领取一辆时髦的汽车。还有投影电视机，这在日本是很时髦的，价格较贵，如果你得了特别奖，可给你工资袋里装一个投影电视机票。如果你女儿要出嫁了，需要些嫁妆之类的东西，他也会在你的工资袋里给装进买这些东西的票。如果他没有调查清楚，就给装上奖金。当然，不是对所有的人都这样。只是对特别有贡献的，才给这种奖。像前面讲的一年两次奖，企业的每个职工都一样，要是6个月都是6个月。但日本对奖金、工资是保密的。我们提升工资和发给奖金，都要群众评定。日本人说他们要采取这个办法，工厂就要散伙了，你提这意见，我提那意见，那还得了。他们实行首脑负责制，工资提升由该单位的首脑决定。例如，厂长的工资由总经理定，车间主任的工资由厂长定，工长的工资由车间主任定，班长的工资由工长定，工人的由班长定，当然都要经过上级领导同意。工人提升工资，班长要找工人一个一个谈话。他同你谈话时，同时把工资袋给你，你不能看，他同你谈得天花乱坠，表示对你非常关心，你回去一看工资袋才知道今年工资多少钱，或拿到了什么奖，各级的做法都是这样。日本资本家认为这个办法是好的，这样做，使每一个你所管的人对你有无限信仰。这和我们不同，我们讲群众路线，发扬民主。在社会主义制度下，当然要发扬民主，走群众路线，不能采取他们的办法。不过，我们应从此得到借鉴。我们也得考虑我们的工资和奖金评定的办法有没有缺陷。例如，有个工厂给一个班长发了质量奖50元人民币，班长拿到这些奖金，觉得很难办，因为产品质量好是大家的事，不是他一个人的事，他是很有共产主义精神的，说我不能拿这个钱。他便给全班每个人买了一双尼龙袜子，花了20多元，还剩20多元，想来想去，又请全班到饭馆吃了一顿饭，花了30多元，自己倒赔了几块钱。还有个例子，1978年底，上级决定，要奖励有特殊贡献的人，即在职工中提级2%，一定要职工讨论通过。这给每家工厂、每个干部、每个工人出了很大的难题。当然，最后还是找到了2%的人，提级的人当然很高兴，但压力也不小；而98%的人是否高兴呢？这是值得研究的。资本家的办法，我当然不赞成，但我们现在的办法是否就很好呢？是否不需要改进呢？

第四种办法，职工的集体福利，它的水平，也是取决于企业经营的好坏。就是说这个企业挣钱多，集体福利就办得多些；挣钱少，集体福利就办得少些。日本资本家花在工人身上的钱，通通称为劳务费。包括工资、奖金、福利三项。3项所占比例：工资占56%，奖金占23%，福利占21%。第一是工资，第二是奖金，第三是福利。工人的基本收入是靠工资的，这和我们一样。福利与我们相比，有的不如我们，有的办得还可以。福利方面，大的企业办得好些，小的企业办得不怎么好，各企业的情况也不一样。日本房租很贵，占收入的10%以上。我们的房费只占3%左右。但是，他们如果租工厂的房子，要比租市里公家的房子或私人的房子租金低得多，租市里的房子租金要高4~5倍，租私人的要高10倍。我们的职工福利，不管工厂赚钱赔钱，都是那么多，赚钱多的也不增加，赔钱的也不减少。日本不是这样，赚钱多的企业，福利就多。

以上四项都是把企业利益和职工利益捆在一起的，采取的都是经济办法。讲了这些，还要谈一下政治的办法。他们不叫政治，在我们看来是。他们也做人的思想工作，这也是出乎我们的意料的。我们到每一个工厂，他们介绍经验，第一条就讲做人的工作。开始时我们怀疑这可能是受我们的影响，因为过去我们天天讲政治挂帅，做思想工作。以为他们这样讲，可能是为了迎合我们，好像我们喜欢听这个。后来了解，不完全是这样。我们看了日本企业管理的书，知道现在日本的企业管理，很重视社会学、心理学，他们的管理包括社会学、心理学，也就是包括做人的工作。这一条，已不是什么新闻了。虽然生产发展得越来越现代化，但人在生产过程中始终是最重要的因素。资本家当然不是马克思主义者，但他为了追求高额利润也不得不承认这一客观事实，因为不把人的工作做好，企业就办不好。不能说资本家认识不到这一点，只有无产阶级才能认识这一点。当然立场是不同的。

那么，他们采取什么办法呢？他们是经常把经济工作与政治工作连在一起做的。我们过去曾讲“爱厂如家”，后来也不宣传这个了。日本资本家宣传“家族主义”，他们认为他们的一个公司（株式会社），就等于一个家族，进了这个公司，就等于进了一个大家庭一样，就是这个大家庭的成员。他们把公司的董事长、总经理比作父亲，干部比作长辈，一般工人、小职员比作一般家族成员。这就把阶级阵线模糊起来了，什么工人、资本家在“家族主义”掩盖下都分不清了。这与日本民族和社会的特点有关系。美国、西欧学者到日本考察，都说这是封建、落后的东西，过时的东西。日本资本家则认为这是比西方先进的东西，说你（指欧美）那里工人闹罢工，我这里就不怎么闹。怎样看待这个问题，我认为从马克思主义的观点看，这是利用民族形式散布改良主义思想，模糊工人阶级的意识，但又取得了相当的效果。当工人还没有觉悟到用马克思主义观点认识它时，容易上当受骗。所以资产阶级的政治和经济也是分不开的。

除此以外，日本资本家还做了好多就像我们所说的人的工作，最大量的是资本家对工人进行家访，某个工人住在哪个町（即街道），门牌几号，家里有几口人，老婆做什么，孩子在哪里上学，厂长都清楚。这一点引起了我们的注意。过去我也在企业待过，也曾到工人家里跑跑，但情况没人家了解得那么清楚。他们如不进行家访，就不可能了解得这样清楚，只有经常调查研究，才能做到这样。当然这与我们也不同，我们家访是为了帮助职工提高政治觉悟，发展社会主义生产，他们是为了自己赚钱。我们是社会主义国家，我们的书记、厂长应比他们做得更细致、更周到些。日本资本家对他们认为能为他卖力的工人，知道你哪一天过生日时就请你吃顿饭为你祝贺一番，当工人不觉悟时，就一辈子忘不了资本家的好处，拼命地给他干活。有时还办“恳亲会”，请职工和职工的老婆孩子一起去吃顿饭；或买些茶点到风景区搞个野餐会；或在过年时开一次“忘年会”。“忘年会”把很多人搞在一起，吃一次饭，表示慰劳，吃饭时恳谈，希望讲心里话，讲这一年相互间有什么不愉快的事情，吃这顿饭后，大家都忘掉它。他们的办法是蛮多的，我们是相当注意这些事情的。

从上面的情况可以看出，资本家为了调和阶级矛盾，费尽了脑筋，费尽了心机，当然，要达到一个根本目的，就是实现资本家的最大利润。我们可不可以为了社会主义搞得更好一点、更快一点，使共产主义早日实现，为了这一崇高目的，也想方设法尽力去干呢？

从这里可以看出，资本家根据几百年经验也越学越乖了。他们也认识到如果不把企业利益与工人利益捆在一起，不随着生产的发展适当地改善职工生活，不和工人拉关系，是不能刺激职工的积极性的，要获得更大利润是不可能的。我们为了把企业办得更好，为了使广大职工更关心生产和取得更好的效果，为了社会主义建设得更快、更好，难道不应当研究一下，不应当把社会主义企业利益与工人利益结合起来吗？何况我国的工人阶级就是企业的主人。而日本是生产资料资本家占有制，在那里工人与资本家是对立的。我们的生产资料和劳动者是真正结合起来的。在社会主义制度下劳动产品和劳动本身结合起来了，客观劳动条件和主观劳动力结合起来了。我们的条件比他们优越得多，但我们还没有使社会主义的优越性更好地发挥出来。我们应当认真研究解决这个问题。

第七个问题，日本企业经营的经济效果。

前面说过，资本家经营企业就是为了追求高额利润。而要做到这一点，就要以最少的资本，做到最大的生意。日本资本家用 1 元钱可以做 10 元钱甚至几十元钱的生意。例如，日本的日产汽车公司，1978 年的资本额只有 665 亿日元，但这一年它的销售量达到 22464 亿日元，等于它的资本额的 34 倍。这是大工厂。小工厂如芝浦钢板加工公司，1977 年它的资本额是 3 亿日元，但它经销的商品，竟达 115 亿日元，为资本额的 38 倍。如果把自有资金和贷入资金加在一起，则每年周转 5~6 次。而我们有不少企业用 1 元钱一年做不了 1 元钱的生意。这是很值得我们思考的。

根据日本兴业银行（这是日本最大的银行之一）1978 年 3 月对 874 家大中型企业的调查，企业自有资本只占全部资本的 16.4%，负债占 83.6%，其中向银行借款占 38.4%，其他都是企业之间相互拖欠。大家都很清楚：资金越少，营业额越多，成本就越低，利润就越大。

以上介绍了日本工业企业管理方面一些情况。这次考察时间短、接触面窄，而且考察的目的又主要是研究可以借鉴的东西，所以上面所谈的内容肯定是不全面的，即好的多，坏的少。但是，这绝不是说日本是个天堂。他们的资本主义制度所存在的固有的弊病，即使有先进的科学技术也是掩盖不了的。关于这方面，在考察过程中尽管没有专门去了解，但还是随时随地可以见到的，这里也简要地向大家介绍一下。

首先，日本是个资本主义国家，资源又异常缺乏，这就使得这个国家的经济非常脆弱，只要世界上一有风吹草动，他们就受不了。1973年的“石油危机”对他们影响很大，经济至今仍然很不景气，造船业、纺织业的开工率只有40%~50%，钢铁业开工率也只有70%。日本五大钢铁企业去年就减产30%，七大商社的销售额也在下降。一谈到“苏修”争霸、海上交通阻隔，日本资本家就“谈虎色变”，惊恐万状。

其次，日本社会固有矛盾不可克服的另一个表现，是失业率一年比一年上升，1965年是39万人，占要求就业人口的0.8%；1970年增加到57万人，占1.2%；1975年增加到100万人，占1.9%；1978年进一步上升到125万人，占2.2%。应当说明，这是对所有“要求就业”的人做对比的，实际上有工作能力而没有就业的人，远远大于这个比例。比如，日本妇女结婚生孩子以后，一般都离职回家带孩子去了。这么庞大的队伍，就没有列入要求就业的人数之中。而且失业的趋势还在发展。特别是每年都有19000家企业倒闭，企业倒闭，工人就失业了。日本的大学生毕业后找工作也很困难。找工作，必须经过考试，1978年只有51%的人经过考试找到工作；另外的49%，有的根本找不到工作，有的只能当当临时工或一般的工人。大学生如此，高中生就更不用说了。在就业人员中，男女也不能同工同酬。如大学毕业生参加工作，男的10万日元，女的9万日元；高中毕业生，男的8万日元，女的7万日元。

还有，日本的男职工到55岁时，就要强迫退休，退休金按参加企业工作的年数，每一年发一个月的工资，即如果工作30年，只领30个月的退休金，以后的生活企业就不管了。这些退休工人，还要养活老婆，而且寿命越来越长，因此大家都为晚年生活担忧。

至于资本主义腐朽的生活方式在日本的表现，大家知道得很多，这里就不一一列举了。

我们去日本访问期间还发生过这样一件事，栃木县佐野市有个自民党的县议员叫荻原平吉，经营了一个粮食、燃料公司，因经营不好，3年亏了7亿日元（约等于人民币近600万元），还不了账，于去年11月的一天，全家9口集体自杀了。其中有两个孕妇，还有两个小孩。这件事轰动了日本。这绝不是一件偶然的事情，在日本报纸上经常可以看到类似的报道。这是资本主义社会的一种典型事件。资本家都这样，普通老百姓就更可想而知了。

以上只是一些点滴见闻，但由此可见一斑，可以帮助我们从另一面认识资本主义社会。我们是社会主义社会，我们的制度比资本主义优越得多，但是由于缺乏经验，我们在社会主义建设过程中，存在一些缺点，社会主义的优越性还没有充分发挥出来。最近党的十一届三中全会总结了过去30年来我国社会主义建设的基本经验，同时提出要学习外国的先进经验。只要我们遵照党指出的路线和目标，努力奋斗，并将外国先进的技术和管理经验用来为我们的社会主义制度服务，我们就一定能够在本世纪末实现四个现代化的宏伟目标。

附录3

《访日归来的思索》

——改革开放初期工业领域和科学管理领域的开山之作*

吴家骏

一 高层的出访

党的十一届三中全会前夕，为研究借鉴国外经验，中央决定派高层代表团出国考察。最早出访的大型专业考察团，就是由国家经济委员会副主任袁宝华任团长、中国社会科学院副院长邓力群为顾问的“日本工业企业管理考察团”。这个团由23人组成，省、部级和大企业领导占很大比重，中国社科院除邓力群外，还有马洪、孙尚清和我参加。1978年10月底出发，12月初返回，在日本各地考察企业时间长达一个多月。这次考察，是在《中日和平友好条约》生效，邓小平访日圆满成功，日本掀起“中国热”之际进行的，日方对这次考察高度重视，各大企业也做了充分准备，详细介绍了企业经营管理的情况和日本经济高速发展的经验。考察团回国后，向中央做了详细汇报，反映了大量日本社会和企业的第一手材料。经过考察，研究分析了日本高速发展的经验，结合我国实际，代表团的全体同志有一个共同的感觉：我国加速实现四个现代化大有希望，但是要花大力气。

中国社科院的四个人作为经济学界人士，回国后都写了专题报告，由邓力群带头，每人在中国社科院做了一场报告。邓力群讲的题目是《访日归来的思索》，就宏观经济和日本社会做了总体的观察和分析；马洪和我主要讲日本的工业和企业管理；孙尚清主要讲日本的技术引进。当时，人们对外面世界的情况知之甚少，我们讲的很多见闻、故事，样样都很新鲜，场场爆满。四场报告下来，反应强烈，中国社会科学出版社要求出版这些报告向社会广泛宣传，于是就以邓力群的报告为题，出版了《访日归来的思索》一书。这本书篇幅并不长，但引起了很大反响，报刊评介很多，被舆论界誉为“改革开放初期工业领域和科学管理领域的开山之作”。

二 出访的背景

“文化大革命”结束后，全党都在思考着如何加快实现“四化”，当时对科学技术的重要性已经有所认识，但对管理的重要性认识很迟缓，肯花钱引进成套设备，却舍不得花钱

---

* 本文作者吴家骏是国家经委访日代表团团员、中国社会科学院工业经济研究所研究员。原文为吴家骏同志参加中国社会科学院庆祝新中国成立60周年离退休干部征文活动，回顾1978年访日情况的纪念文章，原载中国社会科学院老干部工作局编《人民共和国是一切胜利之源：中国社会科学院庆祝新中国成立60周年离退休干部征文选集》（世界知识出版社，2009）。

引进管理和技术诀窍，结果先进设备的作用不能充分发挥，企业的技术面貌也难以改变。例如，20世纪70年代，先后引进了13套大化肥厂的成套设备，按国外设计，年产30万吨合成氨、48万吨尿素的大化肥厂定员是240人，为我国设计时，考虑到“工厂办社会”的现状，同样的设备条件，定员加到800人，而建成投产后实际人员却高达1513人，比国外高出5倍多，管理人员更是高出16倍多。成套设备的引进，动不动就是几套、十几套，但不肯花钱购买技术专利和设计图纸，设备有了但自己不能维修更不能制造，不得不受制于人。

当时我们的许多企业，设备条件、厂房条件并不比国外差，但技术止步不前，生产效率比国外差得多。在旧体制下，企业资金实行统收统支制度，企业利润乃至设备折旧基金都要全部上缴，只有设备大修基金留给企业，但使用时又只允许通过大修恢复设备原样，不允许结合大修进行技术改造，正像孙冶方所说的，我们的企业是在复制古董，根本谈不上技术进步。日本著名经济学家向坂正男教授参观了长春汽车厂后感到非常惊讶，他说：你们1956年就建成了这样的汽车厂，比日本当时的水平高得多，丰田汽车工业公司在1960年才建成相当于长春汽车厂那样水平的汽车制造厂，但是丰田早已成为世界一流大公司，而长春汽车厂却20年如一日。

显然，这种落后与其说是技术问题，倒不如说是管理问题。这个团就是在这样的背景下，带着如何改变管理落后面貌的问题出访日本的。

三　观念的突破

这次考察主要是了解日本企业管理的经验，同时对日本的社会以及市场经济的运行情况、人们的精神风貌，也给予了极大关注。考察团的感受颇多，在观念上有了重要的突破。

第一个突破：“资本主义市场经济”并不像原来想的那样可怕。原来的观念，市场经济是和资本主义联系在一起的，是处于竞争与无政府状态的，生产的盲目性必然造成生产力的破坏。考察团在日本看到的情况完全不是这样。举例如下。

（一）市场繁荣，商品充裕，花色品种极多，和我们的短缺经济形成鲜明对比

东京的百货公司、超级市场比比皆是，商品琳琅满目，购物条件非常好。这些现在看起来并不稀奇，但我们当时根本没有超市的概念，大白菜连帮带土整车拉进城里，然后再把大批烂白菜帮子运出城去，根本不懂得什么叫精细分装；百货商场、副食商店的货架空空荡荡，柜台破破烂烂，简直无法与人家相比。问了东京的一家大百货公司，他们经营的商品有50多万种，而我们最大的百货公司王府井百货大楼当时只有2.2万多种，差距可想而知。

在日本各地，超市、24小时店密布社区，购物便利，实用的小商品种类繁多，有很好的创意。当时我们的罐头要用锤子和凿子开盖，有时瓶子打碎了盖子还牢牢地卡在上边，在东京见到开各种罐头的扳手觉得格外新鲜，还有像捣蒜的夹子、封裤口边的胶带、带套的指甲刀等数不胜数。这些东西现在已不算什么，但当时我们不但没有，连想都没想过。记得在那次访问归来之后，我专门组织了一批企业家访问日本，任务就是逛商场，长见

识，从人家的创意中吸取营养，回来后开发新产品。结果商场也逛了、样品也买了，眼界是开了，但一件新产品也没开发出来。归根结底还是机制问题、体制问题、管理问题。

这里，我联想到一个问题：改变观念，可以拓宽思路，发现很多商机。20 世纪 80 年代，我在云南认识了一个姓王的小伙子，是个个体户，当时他发现沿海一带批发服装很火，每件衣服都需要一个简易衣架，他就专门生产经营塑料衣架，每个只赚一分钱，很快就发财了。但很多人没有这样的观念和思路。30 年前我们从日本买回来的带套的指甲刀，直到现在我们这里也很少见有谁生产，人家的套是为防止指甲乱飞，做得又紧凑又方便、实用，我们有的企业嫌利小看不上眼，在指甲刀上装个放大镜追求增加值，但又笨又蠢，很少有人问津。

再从衣着上看市场，当时我们的服装很单调，一片灰、一片蓝，分不出男女装。在日本看到的完全不是这种景象。邓力群在报告中说："包括农民在内，一般都穿毛料子。服装样式很多。我们星期天到一条热闹的街上去，所看到的妇女，没有穿同样衣服的。接待我们的女工作人员，也是每天换衣服。衣服式样朴素大方，倒也不是什么奇装异服。"谈起服装，还有一些小插曲。我们当时工资很低，出国要发置装费，做一套西服、一套中山服。中山服做起来还顺手，西服就困难了，有经验的裁缝师傅很少。我们到红都服装店去定做，邓力群的西服是自己出的样子，把中山服的领子改为西服小翻领，能系上领带就不会失礼，再把扣子改成四个，中山服的框架西服的领子，我和孙尚清私下开玩笑，说老邓要搞发明创造，中不中西不西，可别弄出洋相来。出去一看，恰恰相反，外国人的西服各式各样，邓式西服一点也不显奇特，我那套西服反倒大吸眼球，又肥又短，袖子几乎没过了手指，比衣身还长，有位日本朋友开玩笑说我的西服像中式棉袄罩衣，弄得我哭笑不得。当时听说外国人用的领带很花哨，红都卖一种有大红大紫牡丹花的绸缎领带，我们有的人买了，到日本一看，根本戴不出去，像是用结婚的被面改的。原来人家不是这种花法。

（二）企业以销定产，产销衔接好，和我们产销脱节、停工待料与库存积压并存形成鲜明对比

日本企业安排生产要确切掌握两方面的依据：一是订单；二是市场预测资料。他们按订单组织生产，大型设备和专用设备、有特殊要求的产品以及固定协作的产品，通常是按订货单编制计划；没有订单直接在市场推销的产品，根据市场预测安排生产。企业之间既有专业化分工，又有稳定的协作关系，市场预测网络又很发达，所以产销衔接非常紧密，使经济能够按比例协调发展。听日本朋友介绍说，各大商社都有非常现代化的世界性的情报网，如三井物产，在 5 分钟之内就可以把世界各地的商情收集起来。在当时我们是无法想象的。

我们实行的计划经济，企业只负责按计划规定的指标生产，生产的产品属于生产资料的部分，按照政府物资管理部门批准的调拨计划以统一规定的价格卖给指定的用户；属于消费品的部分，由商业部门按计划收购，通过商业部门的批发和零售机构卖给消费者。与此相对应，企业生产所需要的设备和原材料，也由物资管理部门按计划供应。企业之间产

销不见面。这种计划方式，在我国第一个五年计划时期（1952~1957年），我认为还是成功的，实现了有计划按比例发展。但当时的经济规模毕竟有限，国家重点建设项目只有156项，计划的综合平衡相对比较容易，出现缺口政府及时调度也是能起作用的。后来随着经济规模的扩大，数十万企业产销计划根本无法衔接。计划本身就留有很多缺口，执行过程中又有很多预想不到的变化，临时调度无法奏效，经济领导机关成了“救火队”，出现很多让人哭笑不得的事情。比如说，企业每年都要编报物资供应计划，计划一旦定下来，就按计划调拨，不管情况发生什么变化，计划里没有的，你想要也搞不到，计划里有的，你不要也得要，造成一面停工待料，一面库存积压。更可笑的是乱点鸳鸯谱，山西有个煤矿，隔壁就有个发电厂，煤矿产的煤，按调拨计划运走，电厂发电需要的煤，又按调拨计划从别处运来，只一墙之隔，却不能就近供应。说起来是有计划按比例，实际上反复出现比例失调，不断进行调整但收效很少。

（三）人民生活明显改善，社会风气良好，和我们被“四人帮”搞乱了的社会秩序形成鲜明对比

计划和市场问题，从实践来考察，无非是看市场是否繁荣，商品是否丰富，生产过程能否按比例地衔接好。除此之外，当时在我们头脑里还有一个疑问：资本主义市场经济条件下，工农大众的生活状况怎么样，人们道德水平怎么样。

通过考察，我们看到日本社会安定，人民生活水平提高很快。20世纪50年代初期，日本人民生活非常困难，50年代中期以后，逐步进入高速增长时期，从1955年到1976年，国民生产总值增长4.8倍，平均每年增长8.7%，工业生产增长8.4倍，平均每年增长11.3%，职工实际收入增长2.1倍，平均每年增长5.6%。日本人民经过20年的奋斗，实现了现代化，那时的城乡差别已经不大，无论是工人或是农民，生活水平都很高。农村青年也有不安于农村的问题，但主要不是经济收入问题而是因为农村的文化生活不如城市。在接待人员中有一位翻译，是1958年从中国回去的日本孤儿，说他刚回去时日本人的生活水平和中国差不多，时隔20年，日本人的生活大为改观，而我们尚处在短缺经济之中。

邓力群在报告中用了很大篇幅讨论了日本社会风气和精神风貌，认为“日本人民的精神状态值得我们注意。他们的事业心很强，尽管遇到石油危机，困难不小，人民还是精神振作，奋发向上，努力使日本的商品成为世界第一流的商品，具有很大的竞争力”。当时我们正在拨乱反正，被“四人帮”搅乱了的社会秩序、治安状况、道德观念尚未理顺，被“四人帮”推向崩溃边缘的国民经济尚待调整，看到日本社会秩序良好，颇有感触。邓力群在报告中说，解决社会问题，归根结底要靠发展生产力，“日本人民公共道德水平的提高，不是靠说教而是靠生产力的发展、生活的改善取得的”。

总之，通过考察，我们觉得市场经济确实并不像原来想象的那样可怕。我们越来越感到我国经济体制上有很多弊端，不改革不行。那时关于计划和市场关系问题的讨论尚未提上日程，但在考察团的思想上已经产生了很大冲击，观念上已经有了很大的突破。在袁宝华团长主持完成的考察报告中专门提到：“通过这次考察，我们深深感到，要加快社会主

义现代化建设，在指导经济工作的理论上，必须打掉一些框框，突破一些禁区；在管理体制上，必须做重大的改革。”其中有一条专门讲“计划经济与市场”，指出：“我们认为今后全部生产资料都应当作为商品来生产和交换”，“我们的社会主义市场，没有资本家参加，并且在国家管理之下，是没有什么可怕的。”当时能明确提出这样的观点，也是难能可贵的。

第二个突破：资本主义企业管理的经验，并不是不可以学习借鉴的。

原来的观念，企业管理是生产关系，社会主义的生产关系与资本主义的截然不同，因此资本主义企业的管理是不能借鉴的。考察团在日本企业看到的管理理念、管理方法是科学的，对企业的发展起着很好的作用。其实企业管理既涉及处理经济关系问题，也涉及生产力的合理组织问题，在这两个方面，都有很多管理和组织的理念和方法可以学习借鉴。

在生产力的合理组织方面，最关键的是生产要素在时间和空间上的合理安排，衔接得好，生产过程才能顺畅进行。日本企业在这方面做得很好。例如，丰田汽车工业公司当时不到一分钟就生产一辆汽车，问他们那么多零部件，生产储备量是多少，仓库有多大。他们说根本不用仓库，各种材料、零件、配件只需半天到一天的周转量，而且都放在工作现场，随用随补充。能达到这么高的水平，原因是他们专业化协作组织得好。围绕丰田汽车工业公司的10个主体工厂，有1240家协作厂，事先把计划安排好，签订了合同，每天都能按规定的时间到货，既不会停工待料，又不会造成库存积压，听到这种介绍，真觉得不可思议。当时我们企业原材料、零配件、燃料等生产所需物资的供应，号称“三八式”，企业上报的物资需求计划，由于总量短缺，批复的计划被砍一刀，只能满足80%；拿到批复的指标到号称“骡马大会”的订货会议上去订货，能签上合同的又只有80%；订了合同能到货的最多也只有80%。三个八折打下来，只剩下差不多一半了，这样的计划经济怎能使生产持续发展呢？资本主义企业合理有效的生产力组织方法为什么不能学习借鉴呢？通过这次考察，这么多高层经济领导干部和企业家在观念上的确有了很大的突破，这对日后的改革，显然会有重要的促进作用。

上述这种组织管理方法，不只是用在生产管理上，而且渗透在各个方面的工作中。比如说这次考察团的接待，效率之高、节奏之快，也是我们事先没有想到的，颇有不适应的感觉。全团23人，访问了好几个城市，43家企业，有时集中行动，有时分组行动，时间长达一个多月，组织工作量非常大，但时间安排很紧凑，有条不紊。访问每个单位，什么时间到达、什么时间离开、宾主致辞，都是按分钟控制的。有时一个上午要去几个企业，这家谈完了，陪同人员宣布，下个企业路途要50分钟，中间不能停，现在请上卫生间，于是大队人马上厕所。人家办事一路小跑，我们若是慢腾腾地“迈方步”显然是不行了。整个访问过程，就像是被放到一条生产流水线上，一环扣一环，这样的节奏，一天下来感到很累，但大家都有一种清新的感觉。有一次到一个企业访问，因怕途中堵车，时间留了余地，提前了十几分钟到达，车队在企业大门不远处停了下来，接待人员解释说，今天贵宾来访，有夹道欢迎，欢迎队伍提前两分钟集合，如果我们提前进入就会乱了节拍。人家接待外宾，客人来了摇旗呐喊欢迎口号，客人进入，欢迎队伍散开，回各自的岗位继续工作，前后用不了五分钟。这种时间和空间的组织合理到了极致。这些看似小事，但都关系到工作秩序和效率，都反映了他们的组织管理水平。显然这都是可以和应该学习借鉴的。

在处理生产关系方面，同样有很多可以学习借鉴的地方。日本的企业非常关心人，充分调动人的积极性，想尽办法化解矛盾，构建“命运共同体”。日本企业的家族主义理念，以及号称日本企业管理的三大支柱：终身雇佣制、年功序列工资制和以企业为单位组织工会，都是处理企业内部经济关系的有效办法。在考察中还了解到日本企业非常重视把民族传统、民族习惯中良好的东西用于管理，有效地调动员工的积极性。对职工的思想教育，很少见千篇一律的形式主义的东西。例如，我在松下电器公司的一个干电池厂参观了一个“健康管理室”，是进行思想健康教育的场所。在职工之间发生冲突的情况下，就组织双方到这里来，沿着规定的路径走一遍，领导在终点等候。先是一间很大的房间，墙上挂一面大镜子，一般闹纠纷都很激动，面部表情很难看，但只能看到对方看不到自己，一照镜子就会发现自己失态，先使双方冷静下来，有了自责的感觉；然后进入第二间房子，墙上挂满各种变形的“哈哈镜”，启发双方都不要把自己看得很英俊、高大，把别人看得很丑陋、矮小，而要正确看待自己和别人；第三间房子是“弹力球室”，从屋顶到地面紧绷着一条松紧带，中间拴一个皮球，每人站在球前用力打三下，球弹回来打到自己脸上，启发对人要和，不要打击别人，否则自己倒霉；第四间房子是“傲慢相室”，中间摆放一个表情傲慢的人型，每人用木棒敲打人型三下，表示互致歉意，以后不用这种态度对人；然后进入一个走廊，墙上挂满青年人对待生活和工作正反两方面的照片，对照进行反省；走廊通向一间很雅致的小客厅，整个过程一句话不说，但能使吵架双方面红脖粗进去、心平气和出来。这时领导才和双方谈话，批评和鼓励一番，消除矛盾，好好工作。看了这样的事例，我的感触很深。思想工作号称是我们的看家本领，但日本企业能做得如此之细，我是万万没有想到的。他们通过这套办法，能够有效地增强企业的凝聚力，使企业充满生机，为什么我们不能学习借鉴呢？

四　深远的影响

总之，通过这次考察，学习借鉴日本的经验，对我国企业管理水平的提高产生了深远的影响。

这次访日归来后，代表团向国务院上报了《日本工业企业管理考察报告》，非常概括地介绍了日本的经验，同时附有《日本企业的组织、计划、专业化协作》《日本的质量管理》《日本企业的职工培训工作》《日本企业刺激职工积极性的制度、办法和职工生活水平》《日本政府在经济发展中的作用》等五个专题报告，对促进我国企业管理水平的提高起了积极作用。

考察报告还提出建议：由有关工业部门、厂矿企业、研究单位、高等院校组织成立企业管理协会。研究国内外企业管理制度、方法和经验；协助有关部门交流、推广企业管理经验；组织有学者、教授参加的专家团，举办各种管理讲座，帮助企业运用科学方法改进管理和质量，培训企业的管理干部；出席有关国际会议，进行国际交流；收集有关情报资料，出版有关杂志、书籍等。报告很快得到批准，于1979年3月3日在北京成立中国企业管理协会。经过广泛的协商酝酿，产生了第一届理事会，推选袁宝华同志担任协会会长，邓力群同志担任协会顾问，张彦宁同志任秘书长。

根据中央领导同志的指示和国家经委党组决定，为了贯彻党的十一届三中全会精神，适应全党把工作重点转移到社会主义现代化建设上来，提高经济管理干部的管理水平，切实改变企业管理的落后状态，协会成立后首先抓的就是干部培训，协助国家经委在北京举办企业管理研究班。第一期企业管理研究班开学典礼与协会成立大会同时举行，国务院副总理康世恩同志出席会议并讲话，提出了“解放思想、独立思考、研究问题、总结经验”的十六字办学方针。参加第一期研究班的学员110人，其中省、自治区、直辖市和主要工业城市经委（工交办公室）主任、副主任27人。此后又举办了多期这样的培训班，培养了大批管理干部，为推进企业改革、提高企业管理水平做出了突出贡献。

在1978年到日本考察后，紧接着于1979年又组织到美国考察、1980年到联邦德国、瑞士、奥地利考察。1983年袁宝华会长提出学习外国经验的十六字方针：“以我为主，博采众长，融合提炼，自成一家。”这是改革开放以后，我们进行国际交流的经验总结，也是我们学习外国先进经验的总结。多年来的实践证明这个方针是正确的。

中国企业管理协会成立至今已满30周年。这是光辉灿烂的30年、成绩卓著的30年，为我国企业改革与发展创造的丰功伟绩将载入史册。袁宝华会长已过90岁高龄，至今还活跃在我国企业管理战线，健康的身影经常出现在中企协（联）重要活动现场，继续贡献力量，成为我们的楷模。

我想用袁老作于2005年元月的《九十自嘲》的诗句作为本文的结语：

> 人生九十古来稀，而今百岁亦可期。步履蹒跚身犹健，耳目昏聩志不移。思路常新免痴呆，实事求是勿自欺。喜见神州正崛起，再披彩霞作征衣。

认真做好企业管理改革试点工作*

——在企业管理改革试点座谈会的总结讲话摘要

（1979 年 4 月 20 日）

这次会议，虽然时间很短，还是取得了很大的收获，达到了预期的效果，使企业管理改革的试点工作有了一个良好的开端。

这次座谈会的主要收获可以归纳为以下四点。（1）加深了对企业管理改革试点意义的认识。大家认识到，试点工作是具体实现全党工作着重点转移的一件大事，是对中央确定的三年调整方针，特别是对整顿和改革部分的具体落实，大家有决心、有信心把试点工作搞好。（2）试点的指导思想明确了。邓小平同志提出“四个坚持”，对全党全国人民统一思想、统一步调，共同搞好全党工作着重点的转移，搞好调整工作，具有重大意义。我们要坚持社会主义方向，贯彻“鞍钢宪法”，学习大庆基本经验，在总结我国企业管理经验的基础上，虚心学习外国的先进管理经验和科学管理方法；要从实际出发，通过不断的实践和考验，逐步总结出一套适合我国四个现代化需要的企业管理办法和制度。（3）试点的内容和任务明确了。这就是会议纪要中提出的整顿管理的内容，以及扩大企业经营管理自主权的改革试点。（4）有些企业提出了试点的初步打算，这有利于将来进一步制订规划。

下面就正确处理企业管理改革试点工作中的几个关系问题，讲几点意见。

一　整顿和改革的关系

无论是整顿企业还是扩大企业自主权的改革，都是调整的内容，都是企业管理改革试点的内容。主要是企业本身要做的；扩大企业自主权，更多地属于改革管理体制

---

* 本文是袁宝华同志 1979 年 4 月 20 日在国家经委召开的企业管理改革试点座谈会的总结讲话摘要，首发于《袁宝华经济文集》（中国经济出版社，1991）。

的范围。只有把企业整顿好，扩大企业自主权才有牢靠的基础。另一方面，只有加快改革的步伐，扩大企业自主权，才能使企业在整顿和加强管理方面有更多的主动权、更大的活动余地。企业主管部门和综合部门在扩大企业自主权的问题上，要相信企业，要放手一点，要体谅企业困难，帮助企业解决问题，大胆支持企业进行试验。改革搞好了，就能进一步推动管理工作，在这方面花点钱，就可能增加更多的收入。总之，整顿和改革这两个方面是互相依存、互相促进的。就企业来说，要更多地把力量放在整顿和加强管理方面，就主管部门和综合部门来说，就应当更自觉地积极做好管理体制的改革工作。

二　总结自己的经验和学习国外经验的关系

既要总结我们在企业管理方面过去积累起来的一套行之有效的好经验，又要虚心学习国外的好经验和科学管理方法。在这个问题上，既不要故步自封，也不要妄自菲薄。前几年，“四人帮”说什么达到了世界水平，是吹牛。那时谈外国好那还了得，可是现在有一个值得注意的苗头，什么都是外国的好，轻视或者贬低了自己的经验。有些单位引进国外项目，什么都要进口。长春第一汽车厂建设时60%的设备是自己做的，那时可以办到，现在为什么不能办到？这就值得我们注意。实际上我们自己有很多好的经验，特别是一些带有方向性、根本性的经验，如“鞍钢宪法”。办好社会主义企业要加强思想政治工作，这一条到什么时候也不能丢。还有党的领导。在《关于正确处理人民内部矛盾问题》中提出的六条标准，集中起来有两条，一条就是社会主义道路，一条是党的领导。还有群众路线。还有技术革新、技术革命、“两参一改三结合”、勤俭办企业等，都是我国优良传统，是我们特有的。尤其在这一阶段，如何把思想政治工作做好更加重要。在管理改革过程中，会出现许多新的情况和新的思想问题，假如思想工作跟不上，就会增加阻力或者走上邪路。思想政治工作跟得上就是动力，跟不上就是阻力。比如，有人根本不懂得什么叫发扬民生，把无政府主义误认为就是民主，这就要加强教育，让他们懂得如何正确使用民主权利。

另外，我们也应当看到，我们管理水平的确是落后了，外国的确有些好的科学的管理方法，如用图表统计方法分析质量，一目了然。我们必须虚心地去学习它、掌握它，才能把我们的管理水平提高到适应四个现代化的需要上来。外宾一再向我们提出，说我们厂房很好，设备也不错，可是生产水平低、管理水平不行，要有适应“四化”要求的管理水平。比如北京内燃机总厂推广的日本“小松”全面质量管理经验，是科学的东西，就应当老老实实地认认真真地学。当然我国在质量管理上也有不少好经验，如大庆有一套质量管理经验，清河毛纺厂也创造了一套科学的质量管理方法。我们应当把这些好东西结合起来，融会贯通，综合提高，使之更好地向前发展，而不应把两者对立起来。当然，把外国的东西中国化是最好的；但是，吸收一点外来语言也未尝不可。我们有很多名词都是从日本来的，日本的名词有许多是从我国和西欧去的。各国之间文化、技术的交流，互相吸收长处，是不可避免的、有利无弊的。把外国先进的东西拿过来，不要因为几个外来语阻挡我们，当然能通俗更好。学习别人的经验，学习国外的经验，一定要从实际出发，讲求实效，防止形式主义，生搬硬套。

三 试点和面上的关系，也就是点面关系

试点要放手一些，同时，试点要考虑到推广，否则，试点还有什么作用呢？改革试点涉及管理体制以及一些根本制度，问题复杂，牵涉面广，需要考虑得周到些、慎重些，是完全必要的。重大问题的改革，总要把它弄清楚，要多问几个为什么，在理论上能否说得通。当然出点毛病也不怕。思想上要敢于创新，态度上要坚决，步骤上要慎重。要实事求是，从实际出发，扎扎实实，看准一步走一步。既要看到需要，又要考虑到主客观的条件。现在不可能所有问题都解决。在今年内，能集中力量把扩大企业自主权搞起来，就算不错了。有的企业可以衡量一下自己的条件，如果不成熟，也可以先少试几条，成熟几条试几条。总之，试点工作大有可为、大有奔头。大家一定要有信心、有决心，把企业管理改革试点工作坚持下去。

文稿解读

1978 年 12 月 13 日，邓小平同志在中央工作会议上发表重要讲话——《解放思想，实事求是，团结一致向前看》，谈到经济和企业工作时特别强调：（1）我想着重讲讲发扬经济民主的问题。现在我国的经济管理体制权力过于集中，应该有计划地大胆下放，否则不利于充分发挥国家、地方、企业和劳动者个人四个方面的积极性，也不利于实行现代化的经济管理和提高劳动生产率。应该让地方和企业、生产队有更多的经营管理的自主权。（2）当前最迫切的是扩大厂矿企业和生产队的自主权，使每一个工厂和生产队能够千方百计地发挥主动创造精神。（3）为了保障人民民主，必须加强法制。国家和企业、企业和企业、企业和个人等等之间的关系，也要用法律的形式来确定；它们之间的矛盾，也有不少要通过法律来解决。（4）研究新情况，解决新问题。要向前看，就要及时地研究新情况和解决新问题，否则我们就不可能顺利前进。各方面的新情况都要研究，各方面的新问题都要解决，尤其要注意研究和解决管理方法、管理制度、经济政策这三方面的问题。我们要学会用经济方法管理经济。自己不懂就要向懂行的人学习，向外国的先进管理方法学习。不仅新引进的企业要按人家的先进方法去办，原有企业的改造也要采用先进的方法。在全国的统一方案拿出来以前，可以先从局部做起，从一个地区、一个行业做起，逐步推开。中央各部门要允许和鼓励它们进行这种试验。（5）在管理制度上，当前要特别注意加强责任制。

在党的十一届三中全会召开前夕，袁宝华同志向李先念同志汇报访日情况、向国务院会议专题汇报时和向国务院报送《日本工业企业管理考察报告》中提出，我们在引进先进技术的同时，必须强调引进先进管理方法。在管理体制上，必须做重大的改革。要实行企业竞争和专业化协作，扩大企业权限。引进管理方法并不需要花很多钱，却可以在经济上得到很大的效益。结合赴日考察情况，并与参团的京津沪分管经济工作领导同志商议，拟先在京津沪三市选少数基础较好的工厂进行改革企业管理的试点。试点厂拟分别与日本对口厂挂钩，定期互访，交流管理技术和经验。1979 年要总结试点经验。《日本工业企业管理考察报告》将此作为向国务院请示的第一条建议，表示认真抓好试点。

1979 年 1 月初，李先念同志在与袁宝华同志谈话时，要求国家经委认真研究扩大企业自主权的问题。1979 年 4 月 5~28 日，中共中央召开工作会议，李先念同志受党中央和国务院委托在会议上讲话，谈到“关于改革经济管理体制的问题”时强调：

“我们现行的经济管理体制，弊病很多，非逐步改革不可。比如，在国家同企业的关系上，统得太多，管得太死，企业在计划、生产、物资、劳动、财务等方面权力太小，缺乏应有的自主权”；要求“扩大企业的自主权，并且把企业经营好坏同职工的物质利益挂起钩来”，哪些事情应该由企业自己做主，还需要认真调查研究，搞好试点，做好准备，做出明确具体的规定，提出比较全面的改革方案，经中央批准后，到条件成熟时再着手进行。1979 年 5 月 11 日，中共中央批转《李先念在中央工作会议上的讲话》。该通知指出，李先念同志的讲话，全面地分析了当前经济战线的形势，充分阐述了调整国民经济的必要性、重大意义和方针任务，是当前一个时期搞好社会主义经济建设的一个极为重要的指导性文件。望各级党委认真组织学习，贯彻执行。

根据邓小平同志重要讲话精神，遵照李先念同志关于“认真研究扩大企业自主权”的指示，袁宝华同志安排国家经委调查研究室同一些地方经委的同志一起深入企业调查研究，起草扩大企业自主权政策文件（当时称为“扩权条例”草稿），先后到东北、华东等地区，深入大庆、鞍钢等国营大型特大型企业，召开一系列部门和企业参加的座谈会，形成“扩权十条政策建议”。1979 年 4 月 9 日，国务院批准国家经委成立（恢复设立）企业管理局（与“工业学大庆”办事室合署办公，对外两个名称，局长由原国家经委副主任赵荫华出任），与已成立的中国企业管理协会协同推动企业管理研究和改革等工作。1979 年 4 月 13~20 日，国家经委在北京召开企业管理改革试点座谈会，首都钢铁公司、北京内燃机总厂、北京清河毛纺厂、天津自行车厂、天津动力机厂、上海汽轮机厂、上海柴油机厂、上海彭浦机器厂八个试点企业的负责同志，京津沪三市的经委以及冶金、一机、农机、轻工、纺织等主管部门，外贸部、财政部、国家物资总局、国家劳动总局、中国人民银行等部门的负责同志，还有有关的科研单位、大专院校和新闻单位的同志 60 余人出席。座谈会重点讨论了“扩权十条政策建议”，明确了企业管理改革试点的重要意义、有关问题和试点规划，与会代表还交流了本企业、本行业、本地区前一段整顿企业管理的情况和经验，袁宝华同志在会议结束时做总结讲话。正在召开的中央工作会议审议并通过了国家经委提交的前述“扩权十条政策建议”。由此揭开了我国企业改革的序幕。

1979 年 5 月 25 日，《国家经济委员会、财政部、对外贸易部、人民银行、国家物资总局、国家劳动总局关于在京、津、沪三市的八个企业进行企业管理改革试点的通知》（经企〔1979〕148 号）明确，根据党的十一届三中全会精神和党中央提出的调整、改革、整顿、提高的任务，为了整顿好现有企业，努力提高管理水平，并适当地扩大企业的经营管理自主权，调动广大干部和群众大干四个现代化的积极性，以促进生产的发展，确定在前述八个企业进行企业管理改革的试点，为逐步地全面推行企业管理改革提供经验。同时下发了《企业管理改革试点座谈会纪要》请各单位抓紧研究执行。这一通知是改革开放之后国家经委第一份字头为“经企”的启动企业改革试点和政策的文件。

“扩权十条政策建议”是对旧管理体制的一次强烈冲击。由于研究出台“扩大企业自主权”政策是李先念同志的意见，中央工作会议也审议通过了，为此，财政部原则同意国家经委提出的“扩权十条政策建议”并会签了前述启动试点的经企〔1979〕148号文件。但是，对如何确定对企业“放权让利”的程度，财政部与国家经委的分歧很大。经激烈争论、反复协商、吸收意见、妥协让步，两部委形成并会签有关部委上报国务院的五个文件稿——《关于扩大国营工业企业经营管理自主权的若干规定》《关于国营企业实行利润留成的规定》《关于开征国营工业企业固定资产税的暂行规定》《关于提高国营工业企业固定资产折旧率和改进折旧费使用办法的暂行规定》《关于国营工业企业实行流动资金全额信贷的暂行规定》。

1979年7月13日，《国务院关于按照五个改革管理体制文件组织试点的通知》（国发〔1979〕175号），要求各省、自治区、直辖市和中央有关部门在工业、交通系统选择少数企业进行试点。1979年7月10~23日，国务院在成都召开全国工业交通增产节约工作会议，中央有关部门、各省、自治区、直辖市主管工交工作的书记、副省长、经委主任出席。还邀请各省、自治区、直辖市财政厅（局）长参加，财政部吴波部长亲自带队出席。会议由国务院副总理兼国家经委主任康世恩主持并做总结讲话。会议主题是落实中央工作会议的部署，重点是讨论扩大企业自主权政策问题和试点工作部署。1979年9月6日，财政部召开有《人民日报》《工人日报》《财贸战线》和新华社记者参加的记者座谈会，有关负责人就扩大企业自主权问题发表了看法，强调扩大企业自主权的试点必须按照国家的统一规定进行。

《国务院关于按照五个改革管理体制文件组织试点的通知》印发的《关于扩大国营工业企业经营管理自主权的若干规定》，是改革开放之后国务院印发的第一份关于企业改革的政策文件，全文附录本文之后。

1980年9月2日，《国务院批转国家经济委员会关于扩大企业自主权试点工作情况和今后意见的报告》（国发〔1980〕226号）明确，国务院同意国家经委《关于扩大企业自主权试点工作情况和今后意见的报告》，并转发各省、自治区、直辖市人民政府，国务院各部委、各直属机构。该报告认为，一年来，扩大企业自主权试点发展很快，现已具有相当规模，取得了显著的效果。各地区、各部门要加强对试点企业的领导，认真总结经验，及时解决试点中出现的问题。通过试点，要切实加强企业的经营管理，提高产品质量，增加上缴利润，认真解决工人参加管理的问题，促进我国工交生产的发展。

文稿附录

附录 1　国家经济委员会、财政部、对外贸易部、中国人民银行、国家物资总局、国家劳动总局关于在京、津、沪三市的八个企业进行企业管理改革试点的通知

附录 2　国务院关于按照五个改革管理体制文件组织试点的通知

附录 3　部署扩大企业自主权试点工作和讨论实施五个扩权文件——国务院召开全国工业交通增产节约工作会议

附录 4　扩大企业自主权的试点必须按照国家的统一规定进行——财政部就扩大企业自主权问题召开记者座谈会

附录 5　国务院批转国家经济委员会关于扩大企业自主权试点工作情况和今后意见的报告

附　录

附录 1

国家经济委员会、财政部、对外贸易部、中国人民银行、国家物资总局、国家劳动总局关于在京、津、沪三市的八个企业进行企业管理改革试点的通知

（经企〔1979〕148 号　1979 年 5 月 25 日）

根据党的十一届三中全会精神和党中央提出的调整、改革、整顿、提高的任务，为了整顿好现有企业，努力提高管理水平，并适当地扩大企业的经营管理自主权，调动广大干部和群众大干四个现代化的积极性，以促进生产的发展，确定在首都钢铁公司、北京内燃机总厂、北京清河毛纺厂、天津自行车厂、天津动力机厂、上海汽轮机厂、上海柴油机厂、上海彭浦机器厂等八个企业进行企业管理改革的试点，为逐步地全面推行企业管理改革提供经验。现将《企业管理改革试点座谈会纪要》发给你们请抓紧研究执行。

附：

企业管理改革试点座谈会纪要

（1979 年 4 月 20 日）

一

一九七九年四月十三日到二十日，国家经委在北京召开了企业管理改革试点座谈会。参加会议的有首都钢铁公司、北京内燃机总厂、北京清河毛纺厂、天津自行车厂、天津动力机厂、上海汽轮机厂、上海柴油机厂、上海彭浦机器厂等八个试点企业的负责同志，京、津、沪三个市的经委、冶金、一机、农机、轻工、纺织、外贸，财政部、国家物资总局、国家劳动总局、中国人民银行的负责同志，还有有关的科研单位、大专院校和新闻单

位的同志，共六十人。会议讨论了企业管理改革试点的重要意义和有关问题；各企业的同志介绍了前一段整顿企业管理的情况和经验，提出了试点工作的初步规划。会议期间，代表们还参观了北京内燃机总厂，听取了他们推行全面质量管理的经验介绍。

会议认真贯彻党的十一届三中全会精神，讨论了新时期的总任务对企业管理改革提出的要求，进一步认识到，生产技术的现代化和管理的科学化，是工业现代化建设不可缺少的两个方面。建国以来，我们在企业管理方面创造和积累了不少好的经验。但在林彪、“四人帮”的干扰破坏下，不少企业的管理制度被搞乱，一些好的经验被丢掉，企业管理水平下降了，同国外先进管理水平的差距拉大了。近两年来，我们在整顿企业管理方面虽然做了许多工作，但存在的问题仍然很多，和四个现代化的要求很不适应。现有工业企业是我们向四化进军的基础和出发点，积极提高管理水平，充分发挥现有企业的潜力，加速四个现代化的进程，是一个具有战略意义的重要任务。最近，党中央提出今后三年经济工作的主要任务是调整、改革、整顿、提高，要求整顿好现有企业，努力提高管理水平，以促进生产力的发展。我们要通过这八个企业的试点，为全面推行企业管理改革提供经验。

二

会议认为，进行企业管理改革试点必须坚持社会主义方向，加强党的领导，发扬独立自主、自力更生的精神，在总结我国企业管理经验的基础上，虚心学习外国的科学管理方法、手段，做到洋为中用。要继续贯彻“鞍钢宪法”，坚持学习大庆的基本经验，恢复和提高本企业行之有效的管理方法、制度。要解放思想、勇于实践、实事求是、稳步前进，要充分发动群众，按经济规律办事，逐步总结出一套适应中国式现代化要求的企业管理办法。八个试点企业要在今年增产节约运动中做出显著成绩，主要经济技术指标要有较大幅度的提高，不断赶超国内外先进水平。并在以下几个方面创造经验，作出成绩。

（一）在实行党委领导下的厂长负责制方面，要健全民主集中制。党委要认真贯彻党的路线、方针、政策，对企业的重大问题作出决策，做好政治思想工作，支持厂长行使职权。厂长领导企业的行政工作，对企业的经济活动负全部责任，在厂长领导下，建立统一的生产指挥系统。要认真总结经验，切实解决党政不分，以党代政的问题。

（二）在整顿产品质量方面，要认真学习和运用国内外的先进经验。严格实行全面的质量管理，创造更多的优质品和名牌产品，提高合格率，使废品率降到最低限度。同时，积极试制新产品，大力增加品种。

（三）在加强经济核算方面，要搞好清产核资、定员和燃料、原材料消耗定额、周转定额，健全计量、检验、原始凭证、记录和厂内计划价格等工作。实行专业核算和群众核算相结合的分级核算制，加强成本管理和资金管理，使企业的经营管理成果，有较明显的提高。

（四）在提高职工文化技术业务水平方面，要有计划地搞好职工培训和经济管理干部的培养。领导干部必须认真学习技术，钻研业务。通过各种方式培训，在两三年内使全厂职工都能熟练地掌握自己岗位的工作。

（五）在改进工资奖励制度方面，要贯彻精神鼓励和物质鼓励相结合，以精神鼓励为主的原则。职工的物质利益要同贡献大小、企业经营成果挂钩，真正体现各尽所能，按劳分配的原则，克服平均主义。

（六）在劳动保护方面，要有计划地改善劳动条件，建立、健全各项安全生产制度，加强安全技术教育，做到安全、文明生产。

（七）在加强民主管理方面，要充分发挥职工代表大会的作用。坚持“两参一改三结合”，在充分发扬民主的同时，要批判资产阶级派性、批判无政府主义思潮，加强组织纪律性。

（八）在加强企业的政治思想工作方面，要经常向职工进行四项基本原则的教育。要进一步肃清“四人帮”的流毒，恢复和发扬我党政治工作的优良传统，把政治思想工作做到生产业务中去。要正确对待民主与法制、纪律与自由、生产与生活、长远与当前、大局与小局的关系。

此外，在加强“三基”工作、精简机构、发展集体福利事业、改善职工生活服务工作等方面，也要不断创造经验。

以上这些问题，各试点企业，先抓什么，后抓什么，可根据实际情况确定，不强求一律。

三

改革企业管理，必须扩大企业经营管理的自主权。当前，要先解决以下一些问题：

（一）主管部门要在今年内对企业实行“五定”。首先把产品方向、生产规模、燃料动力和主要原材料来源以及协作关系尽快定下来。然后在清产核资的基础上，把固定资产需用量、流动资金定额定下来。对固定资产要开征固定资产税，流动资金要实行全额信贷，具体办法由财政部和中国人民银行规定。

（二）企业的人财物、产供销，要由企业主管部门综合平衡，统一安排。国家对企业主要考核产量、质量、利润和供货合同执行情况；承担出口任务的企业，出口产品主要考核履约率、收汇额。企业有权拒绝任何单位无偿抽调企业的人员、资金和物资、设备。

（三）主管单位安排生产建设计划时，对所需的物质条件必须保证。企业在完成国家计划、供货合同的前提下，燃料、原材料、动力有节余时，可以根据市场的需要，增产适销对路的产品。这些产品先由商业、外贸、物资部门选购，其余部分可以按照国家价格政策自行销售。企业生产能力有富余时，可以承担协作任务和进料加工、来料加工。企业多余劳动力可以外借，工资由借入单位支付。

（四）试行企业利润留成，具体办法按国务院关于国营企业利润留成办法的规定执行。企业用取得的利润留成建立发展生产基金、集体福利基金和职工奖励基金，并按照规定的开支范围，结合本企业的具体情况灵活运用。比如奖金的使用，在体现多劳多得、奖惩分明的原则下，具体的奖励办法可由企业自定。

（五）从今年开始，折旧基金 70%留给企业。明后两年，可在增加利润的基础上，每年提高固定资产的折旧率 0.5%。企业不能因提高折旧率而降低盈利水平，在保证设备大修的前提下，企业可以将折旧基金、大修理基金、利润留成的发展生产基金合理地结合使用。企业对多余、闲置的固定资产，可以出租，或有偿转让（重要的固定资产转让，要经过主管部门批准），其收入只限用于购置生产需要的固定资产。

（六）为了鼓励发展新产品，除重大新产品的试制费用由企业报请上级主管部门批准拨付以外，新产品试制费用可以根据各企业的实际情况，按一定的比例，从企业实现的利润中留用，企业成本和营业外支出中即不再开支这方面的费用。具体办法由财政部规定。新产品可以委托商业、外贸、物资部门代销，或由企业自行试销。在批准试销期间，利润过低，或有亏损的，可以申请减税或免税。

（七）企业有权申请产品出口，参与外贸部门同外商的谈判和附签合同，并按国家规定取得外汇分成（具体办法和比例按外贸部规定办理）。企业取得的外汇分成，用于进口必要的技术、设备材料和出国考察、实习。

（八）企业在招工计划内，按当地劳动部门指定的地区，可以根据本企业的考工标准，择优录用职工。

（九）职工提出合理化建议有明显经济效果的，在生产活动中有突出贡献的，企业可以给予奖励；职工严重违反劳动纪律，破坏规章制度，影响恶劣、屡教不改和造成重大经济损失的，企业有权给予必要的处分，直至开除。开除后也可留厂劳动，发给生活费。

（十）在企业经营管理好，经济效果和劳动生产率有显著提高，达到国内同行业先进水平的前提下，调整工资时，经上级机关批准，职工的升级面可以略高于同类企业平均水平。

（十一）在定员、定额内，企业有权根据精简、提高效率的原则和实际需要，决定自己的机构设置，并任免中层以下干部。

四

会议认为，企业管理改革是一场深刻的革命，必然会遇到各种困难和阻力，我们要有充分的思想准备。在试点工作中，态度要坚决，行动要积极，步子要稳妥。一切从实际出发，条件成熟的先办。各试点企业，要充分发动群众，依靠群众，制订改革企业管理的试点规划，逐步实施。

试点工作在京、津沪三市革委会领导下，由市经委会同有关部门具体负责进行。国家经委要会同有关部门积极协同三市抓好这一工作。中国企业管理协会、科研单位和大专院校要派出人员，帮助企业运用国内外科学的管理方法和管理手段，并帮助他们总结经验。试点企业和三市到会单位表示，一定要密切协作、共同努力，在企业管理改革的试点工作中抓出成果来。

附录2

国务院关于按照五个改革管理体制文件组织试点的通知

（国发〔1979〕175号　1979年7月13日）

现将《关于扩大国营工业企业经营管理自主权的若干规定》、《关于国营企业实行利润留成的规定》、《关于开征国营工业企业固定资产税的暂行规定》、《关于提高国营工业企业固定资产折旧率和改进折旧费使用办法的暂行规定》、《关于国营工业企业实行流动资金全额信贷的暂行规定》等五个改革管理体制文件，要求各省、市、自治区和中央有关部门在工业、交通系统选择少数企业组织试点。试点单位，必须是经过整顿，领导班子比较健全，生产秩序和管理工作已经正常的企业。试点企业不要铺开过多，在取得经验后，再积极、稳步地推行。试点企业名单，由各地区、各部门研究提出，报国家经委和财政部会同有关部门审查批准。各地区、各部门对试点工作要加强领导，随时研究解决试点中的问题，注意及时总结经验。

目前有的地区和部门正在按照自定的办法进行体制改革试点。本通知下达后，一律按照这五个文件的统一规定办理。今年国家财政收支平衡相当紧张，各地区、各部门在试点中要努力做到增产增收，不能减少国家财政收入。原定由中央财政集中的企业折旧费，今年仍应按照规定上缴。

附1：

关于扩大国营工业企业经营管理自主权的若干规定

（一九七九年七月十三日）

为了进一步调动工业交通企业的积极性，改善经营管理，提高经济效果，为社会主义现代化建设做出更大贡献，必须扩大国营工业交通企业经营管理自主权。为此，特作如下规定。

一、企业必须保证完成国家下达的各项经济计划。企业的各项经济计划，应由一个主管部门统一下达，并保证企业生产建设所必需的物质条件。国家下达的产品计划，要逐步建立在产销合同的基础上。在完成国家计划的前提下，允许企业根据燃料、动力、原料、材料的条件，按照生产建设和市场的需要，制订补充计划。企业按照补充计划生产的产品，首先由商业、外贸、物资部门选购，商业、外贸、物资部门不收购的，企业可以按照国家规定的价格政策自行销售，或委托商业、外贸、物资部门代销。企业的生产能力有富余时，可以承担协作任务和进料加工、来料加工。国家对企业主要考核产品产量、质量、利润和合同执行情况；对有出口任务的企业，出口产品主要考核履约率和收汇额。

二、实行企业利润留成。改变目前按工资总额提取企业基金的办法，把企业经营的好坏同企业生产的发展和职工的物质利益直接挂起钩来。根据不同行业、不同企业的具体情况，确定不同的利润留成比例。企业用利润留成建立生产发展基金、集体福利基金和职工奖励基金。具体办法，按国务院《关于国营企业实行利润留成的规定》执行。

三、逐步提高固定资产折旧率。按照不同的行业，不同的企业，由国家规定不同的折旧率。折旧率可以在增加盈利的基础上逐步提高，达到合理的比例。折旧基金大部分归企业支配，小部分按企业隶属关系，由企业主管部门调剂使用。具体办法，按国务院《关于提高国营工业企业固定资产折旧率和改进折旧费使用办法的暂行规定》执行。企业暂时不用的折旧费，应专户存入银行；挖潜、革新、改造费用不足时，企业可向银行申请贷款，用折旧基金和利润留成资金归还。企业在保证固定资产大修理的前提下，有权将基本折旧基金、大修理费、利润留成中的生产发展基金等合理地结合起来，用于挖潜、革新、改造。其所需的设备材料，要列入各级物资分配计划之内，保证供应，不能挤掉或挪用。同时应尽先利用库存积压物资。

四、实行固定资产有偿占用制度。企业对占用的固定资产，要向国家缴纳固定资产税。企业对多余、闲置的固定资产，有权有偿转让或出租，其收入只能用于购置需要的固定资产。

五、实行流动资金全额信贷制度。企业所需的流动资金，统由银行贷款。定额资金由财政部门会同主管部门核定，由财政拨款交银行贷放，收取低息；季节性临时周转所需的超定额资金，由银行根据企业的需要贷放，收取平息；超储积压资金，则收取高息。由于订货或供货单位不执行合同等原因而增加的流动资金的利息，由订货或供货单位承担。

六、鼓励企业发展新产品。企业有关新产品的试验研究、设计和试制等费用，除增添设备等措施所需的费用，仍由企业更新改造资金开支外，可以规定一定比例，从企业实现的利润中留用。留用比例和具体办法由财政部规定。实行这个办法后，企业成本和营业外支出中不再开支新产品试制费用。重大新产品试制所需的费用，由企业报请上级主管部门批准拨款。新产品可以委托商业、外贸、物资部门代销，或企业自行试销。在试销期间，成本高、利润过低或有亏损的，按照税法规定，经过批准可以减税或免税。

七、企业有权向中央或地方有关主管部门申请出口自己的产品，并按国家规定取得外汇分成。分成可用于进口必要的技术、设备、材料和派人出国考察、实习等方面的开支。企业应参与外贸部门同外商的谈判并附签合同。企业和外贸部门之间要加强联系，互通情况，企业应向外贸部门提供实际成本，外贸部门应向企业提供实际创汇率，密切合作，共同发展出口贸易。

八、企业有权按国家劳动计划指标择优录用职工。企业根据自己的实际情况制订考工标准，经过考试招收职工。企业有权根据职工的表现进行奖惩。对那些严重违反劳动纪律，破坏规章制度，屡教不改，造成重大经济损失的，可给予开除处分。开除后，可以留厂劳动，发给生活费。

九、企业在定员、定额内，有权根据精简和提高效率的原则，按照实际需要，决定自己的机构设置，任免中层和中层以下的干部。机构设置不必与上级主管部门对口。

十、减轻企业额外负担。除国家有明确规定的以外，任何单位和个人不得向企业摊派各种费用。不经上级主管部门批准，不得随意向企业抽调人员、设备、材料和资金。否则企业有权拒绝。经过批准的借调人员，由使用单位负担工资等费用。

十一、企业要在主管部门的领导下，在职工代表大会的监督下，正确使用自己的权限，严格履行以下的义务：

（一）认真贯彻执行国家的方针、政策和法令，保证完成国家计划。

（二）维护全民所有制的财产不受侵犯。

（三）按质、按量、按时履行经济合同，不断提高产品质量，对用户负责到底。

（四）节约燃料、动力、原料、材料，降低成本，加速资金周转，提高劳动生产率。

（五）按规定及时上缴税金、利润。严格遵守财经纪律。

（六）合理地使用基本折旧基金、大修理费和利润留成，有计划地进行挖潜、革新、改造，发展生产。

（七）积极采用先进技术和科学的管理方法，大力提高企业的技术水平和管理水平，不断发展新产品，努力培养人材。

（八）保证安全生产，搞好环境保护，提高职工健康水平。在生产发展的基地上，使职工生活福利逐步有所改善。

（九）加强政治思想工作，不断提高职工的思想觉悟和共产主义道德品质，充分调动他们建设社会主义的积极性。教育职工模范地遵守国家的法律、法令和劳动纪律。

扩大企业经营管理的自主权涉及面广，问题复杂，必须有领导有步骤地先在少数企业中进行试点，总结经验，逐步推广。

附 2①：

关于国营企业实行利润留成的规定

（一九七九年七月十三日）

为了适当扩大企业的财权，加强企业的经济责任，把国家、企业和个人三者的利益

① 附 2 内容为原文节选。

结合起来，以利于进一步调动企业和职工群众的主动性和积极性，切实搞好经济核算，挖掘增产节约潜力，为国家多积累资金，国家对企业逐步实行利润留成办法。为此，特作如下规定。

一、所有实行独立经济核算的企业，经营有盈利的，可以按国家核定的比例留用一部分利润，用于建立生产发展基金、职工福利基金和职工奖励基金。

二、企业利润留成的比例，按照各项费用与开支占利润总额的百分比，分别予以核定。

上述各项资金从利润中留用后，国家不再拨款，也不再在成本或费用中开支，国务院批转的《财政部关于国营企业试行企业基金的规定》（国发〔1978〕246号）停止执行。

三、利润留成比例的核定，采取分级审定的办法。利润留成比例核定以后，原则上三年不变。

四、企业对提取的利润留成资金和主管部门对统筹使用的利润留成资金，有权自行安排使用，但不得把生产发展基金和福利基金用作奖励。

五、利润留成资金的使用计划和使用情况，必须经职工代表大会讨论，充分听取群众意见，实行民主管理，接受群众监督。

附3①：

关于开征国营工业企业固定资产税的暂行规定

（一九七九年七月十三日）

现在我们实行的是固定资产无偿使用制度，企业占用固定资产，对国家不负经济责任。因此，企业多要固定资产，不积极处理多余固定资产的现象相当普遍。有些企业宁可让一些重要设备闲着，也不肯调出来，或者承担其它企业的协作任务。为了使工业交通企业对占用固定资产在经济上承担必要的责任，促进企业积极提高固定资产利用率，特作如下规定：

（一）国营工业交通企业的固定资产，实行有偿占用，向国家缴纳固定资产税。

（二）固定资产税按固定资产原值征收，税率按不同行业，每月定为千分之二至五。

（三）经过清产核资，企业多余的固定资产要规定处理期限，逾期工作处理的固定资产，应按规定税率加倍征税。

（四）在国家没有正式颁发国营企业固定资产税法以前，暂以固定资产占用费征收。具体办法由财政部规定。

---

① 附3内容为原文节选。

附4[①]：

关于提高国营工业企业固定资产折旧率和改进折旧费使用办法的暂行规定

（一九七九年七月十三日）

一、目前工业交通企业固定资产折旧率偏低，不利于老企业的挖潜、革新、改造和充分发挥现有企业的作用，不利于加速国民经济的发展。从1980年起，对工业交通企业固定资产折旧率，要在增加盈利的基础上逐步提高。

固定资产折旧率提高后，企业用于更新改造的资金增多了，上缴国家的利润减少了，国家财政用于基本建设的投资应当相应减少。

二、各行业、各企业固定资产的折旧率，由财政部和国家计委、国家经委及有关部门，根据不同行业、不同企业的实际情况确定。

三、企业提取的固定资产折旧费，70%由企业安排使用；30%按隶属关系上缴主管部门，由主管部门在企业之间有偿调剂使用，有借有还。

四、固定资产折旧费是企业进行挖潜、革新、改造的专用资金，要加强管理，专款专用，不得挪作其它开支。

五、企业用固定资产折旧费安排的挖潜、革新、改造计划，要经过职工代表大会讨论审查；重要项目，要经过中央或地方有关主管部门审查批准。

附5[②]：

关于国营工业企业实行流动资金全额信贷的暂行规定

（一九七九年七月十三日）

现在国营工业交通企业的流动资金，由财政和银行分别供应，分口管理。定额流动资金由财政部门核拨，作为企业的自有资金，无偿占用；超定额流动资金由银行信贷供应。这种办法，管理多头，调剂困难，而且占用资金多少与企业和职工的经济利益没有关系，不利于调动企业和职工管好流动资金的积极性。为了充分发挥银行信贷这个经济杠杆的积极作用，促进企业改善经营管理，减少物资积压，加速资金周转，国营工业交通企业（包括物资部门所属企业）的全部流动资金，逐步改由人民银行以贷款方式提供。

一、凡经主管部门和工商管理部门批准开设，实行独立经济核算，在人民银行开立帐

① 附4内容为原文节选。

② 附录5内容为原文节选。

户的全民所有制工业交通企业，都可直接向当地人民银行申请生产经营所需流动资产的贷款。

二、工业交通企业流动资金贷款，按照不同用途分为以下五种：

1. 定额贷款。企业生产经营正常周转所需的最低限额资金，经财政部门会同企业主管部门和人民银行核定定额后，由财政将应拨定额资金拨到人民银行，由人民银行以贷款方式供应，月息二厘一。定额资金的利息，全部上缴财政。

2. 超定额贷款。企业生产经营中季节性和临时周转所需的超定额流动资金，可向人民银行贷款。月息四厘二。

3. 超储积压贷款。企业由于生产经营管理不善造成的超储积压物资所占用的资金，银行按超定额贷款利率加倍计收利息。月息八厘四。

4. 结算贷款。凡属采用托收承付结算方式，所需在途资金，企业可向人民银行申请结算贷款。月息四厘二。

5. 大修理贷款。企业对固定资产进行大修理，已提存的大修理基金不足，可在企业当年提留大修理基金的额度内，向银行申请大修理贷款。月息四厘二。

三、除定额贷款按核定的定额发放外，其它各项贷款，企业必须按年、按季编制贷款计划，按计划逐笔向银行申请，说明贷款金额、用途、原因、归还日期和资金来源。

四、企业流动资金贷款，只能用于进行生产流通过程的周转，不得挪用于搞基本建设，不得用于采购非本企业生产经营所需的物资，不得用于垫交未实现的利润和弥补企业亏损等其它财政性开支。

附录3

部署扩大企业自主权试点工作和讨论实施五个扩权文件

——国务院召开全国工业交通增产节约工作会议

1979年7月10~23日，国务院在成都召开全国工业交通增产节约工作会议，中央有关部门、各省、自治区、直辖市主管工交工作的书记、副省长、经委主任出席。还邀请各省、自治区、直辖市财政厅（局）长参加，由财政部吴波部长亲自带队。会议由国务院副总理兼国家经委主任康世恩主持并做总结讲话。会议主题是落实中央工作会议的部署，重点是讨论扩大企业自主权政策问题和试点工作部署。会议中争论比较多的是扩大企业自主权会不会影响国家财政收入。四川、云南省和试点企业代表做了重点发言，特别是四川扩权试点在省委主要领导同志的支持下，100家企业扩权试点的实践证明，放权让利对企业增产、国家增收都有好处。四川的扩权试点经验，得到与会工业企业的热烈欢迎，但是，出席会议的各省区市财政部门的代表争论多、分歧比较大。田纪云同志（四川省财政局局长、党组书记）介绍四川省企业扩权试点情况时说，全省工业利润比去年同期增长17%，扩权试点的84家企业的利润比去年同期增长26%，扩大企业自主权是“水涨船高，发大财的还是国家”。逐步调整国家、企业、职工之间的分配关系，打破“统收统支”的局面，恢复社会主义企业作为相对独立的商品生产者的应有权益，这个方向是不可动摇的。

康世恩讲话的主要内容如下。（1）深入开展增产节约运动，确保今年（1979年）工业生产增长8%。（2）搞好扩大企业自主权试点，改进面上企业基金的提取办法，调动企业的积极性，保证完成国家下达的财政上缴任务。国务院1979年7月13日印发的关于改革管理体制的五个文件，是在各方面反复酝酿、征求意见，经过中央工作会议和五届人大二次会议讨论通过后下达的，一定要认真学习、全面理解、认真贯彻执行。（3）要认真推广会上介绍的好经验，进一步把经济工作做好。（4）搞好扭亏增盈、清产核资、清仓利库，坚决把库存物资压下来。1979年计划扭亏30%、降低成本4%的指标，要坚决完成。（5）抓紧制定工业交通三年调整方案和明后两年挖潜、革新、改造的规划。（6）继续抓好企业整顿工作。

附录4

扩大企业自主权的试点必须按照国家的统一规定进行*

——财政部就扩大企业自主权问题召开记者座谈会

1979年9月6日，财政部召开有《人民日报》《工人日报》《财贸战线》报刊社和新华社参加的记者座谈会，有关方面负责人就扩大企业自主权问题发表了看法。《财务与会计》1979年第10期对此所做报道如下。①

七月五日中共中央国务院中发〔1979〕48号文件，批转了财政部党组《全国财政工作会议汇报提纲》，七月十三日国务院发布了关于按照五个改革体制的文件组织试点的通知。在这期间和以后，人民日报和新华社陆续报道和刊登了一些地方扩大企业自主权的试点情况，不少基层同志来信，就这些报道中涉及同上述文件抵触的问题向财政部提出询问和意见。有的省财政局长也就县财税局提出的问题来信说：“所反映的问题可以说带普遍性，我们实在解答不了。近来有不少问题连我们自己也难理解。……下边工作实在难办呀！能否呼吁一下，统一统一口径呢”？为此，财政部于九月六日召开了有人民日报、工人日报、财贸战线和新华社参加的记者座谈会，有关方面负责人就这方面的问题发表了看法。现综合整理如下：

（一）扩大企业自主权，国家有哪些统一规定？

扩大企业自主权涉及的问题很广泛。这里只说一下有关扩大企业财权的问题。

---

* 本文为《财务与会计》1979年第10期的报道。

① 本段说明文字为编者所加。

财权是企业经营管理自主权的重要组成部分。目前，在扩大企业财权方面国家统一规定的试行办法有两种：一种是面上的，即大多数企业试行的是一九七八年十二月二十五日国务院批准颁发的企业基金制度。另一种是点上的，即在少数企业试点的是一九七九年七月十三日国务院关于按照五个改革管理体制文件组织试点的通知中规定的企业利润留成制度。利润留成制度比企业基金制度进一步扩大了企业的财权，同时也加强了企业的经济责任，把企业机动财力的多少同企业对国家贡献的大小挂起钩来，有利于进一步调动企业和广大职工改善经营管理的主动性和积极性。这个规定，在今年四月中央工作会议上讨论过，后来又在五届人大二次会议上征求了意见，最后才由国务院正式下达。应当说，它是全面考虑了客观的需要和国家财力、物力的可能，经过反复酝酿讨论制定的，是目前条件下比较可行的办法，也是改革管理体制迈出的重要的一步。

（二）扩大企业自主权的试点，为什么必须按照国家的统一规定办理?

这是因为扩大企业自主权的试点，涉及到企业和职工的切身利益，关系到国家财力的分配和平衡，企业分得多了，国家财政支配的就少了，而且财权和事权要统一，还有一个同下一步的体制改革创造条件和相互衔接的问题，因此，扩大企业自主权的试点，一定要在综合平衡和统一规划的前提下进行，一定要按照国家的统一规定办理，而不能各行其是。也正因为这样，国务院通知不仅规定了试点的范围（选择少数企业组织试点，不要铺开过多）和条件（必须是经过整顿，领导班子比较健全，生产秩序和管理工作已经正常的企业），而且规定，试点企业的名单，要报经国家经委和财政部会同有关部门审查批准。

国务院文件下达以前，有的地区和部门按照自定的办法进行试点，这种积极性是好的，但也暴露出一些问题，影响左邻右舍。

比如，按照统一办法，企业基金是根据主要经济指标完成情况，按照不超过工资总额百分之五计算提取的。当然，按工资总额提取不尽合理，应当逐步改按利润的一定比例提取。但是由于各个行业客观条件不同，利润水平悬殊，改按利润的一定比例提取，应当经过换算，不能简单地把按工资总额的百分之五改为按利润的百分之五。有的省试点办法规定，企业提取基金按工资总额或年度计划利润总额提取。从这个省看，工交企业的工资总额和计划利润总额大体接近（这是巧合），似乎问题不大，但分开企业来看，差别就大了，试点企业的利润总额超过工资总额的两倍，而非试点企业的利润总额只有工资总额的一半。所以，实际执行中必然是，工资多的按工资总额提，利润多的按利润总额提，怎么对自己有利就怎么办。结果必然是提高了企业的提取比例，相应地减少了国家的财政收入，而且在企业之间造成不应有的苦乐不均的现象。如果把它推行到全国，拿不同行业说，煤炭价格低、企业利润少；石油价格高、企业利润大。拿不同地区说，上海市工交企业的利润是工资总额的九倍，悬殊很大，这怎么能行呢?

又比如，按照统一办法，各企业主管部门按其直属企业汇总计算，盈亏相抵以后的利润，超过国家年度利润计划的部分，可分别行业按百分之五、十、十五提取企业基金。有的省的试点办法还把提取比例提高到百分之十五、二十、二十五，而且由企业提取，企业主管部门再另提一定比例的基金。另一个省的办法则把最高比例提高到百分之三十。如果再一个地方把提取比例提高到三十五或者更多呢？那就没有边了。

再比如，有的县试行按月提超计划利润奖，“月超，月提，月奖”。执行中，一是压低计划利润指标。今年地区下达的工业企业利润计划为三百万元，而县下达给企业的只有一百三十万元，比上年实际完成数还低百分之十。计划压低了，企业不用费力就提得多了。二是有的企业弄虚作假，把有利润的集中在一个月反映，把亏损放在另外几个月反映。结果就发生这样一种不合理的现象：从一个季度或半年看，企业没有完成计划，甚至发生计划外亏损，但由于某个月有超计划利润，企业却得了相当数量的奖金。这显然是不合理的。

当然，还有其他一些不合理规定，如有的地方规定：计划利润提一笔，超计划利润提一笔，比上年增长的部分再提一笔，一笔利润重复提取等等。总之，一些地区自定的试点办法，不是从挖掘潜力、增产节约中靠主观努力去取得机动财力，而是想从改变办法、提高比例、重复提取中多得好处，这种办法必然要不适当地分散国家财力，引起地区间、企业间的矛盾。

（三）有的地区和部门按照自定办法进行试点的怎么办?

国务院的通知规定：“目前有的地区和部门正在按照自定的办法进行体制改革试点。本通知下达后，一律按照这五个文件的统一规定办理。”当然，按自定办法进行试点的情况也不尽相同，要区别对待。所以，在今年七月在成都召开的全国工业交通增产节约会议上，康世恩副总理在总结讲话中指出：“五个文件下达前已试点的企业，要积极做好工作，创造条件，逐步改按五个文件的规定办。五个文件下达后新开的试点企业，一律按五个文件和补充的几个具体问题的意见执行。”事实上，许多地方如辽宁等，原来打算按自定的办法试点，国务院通知下达后，就改按统一规定试点了。现在多数省、市、自治区已按规定报来试点名单，有十七个省、市、自治区的试点名单已经批准，正按统一规定进行试点。

（四）目前企业财务制度是否仍有统得过多过死的缺点，改革的步子能否迈得再大一点?

粉碎“四人帮”以来，尽管在企业财务制度上已经作了一些改革，但某些方面统得过多过死的缺点是仍然存在的，这是事实。所以必须根据国家的统一部署对经济管理体制作进一步的改革。但是，这并不是说目前企业没有一点经营管理的自主权，更不是象有的同志所说的那样，“连盖个厕所的权也没有”。这种言过其实的说法，周总理生前已经批判过。不仅早在一九六五年财务制度中就明确规定企业修建一些简易建筑物（包括厕所）可以列入成本，而且目前企业基金主要用于职工集体福利事业，企业完全有权、也有钱解决这个问题。

这里需要回答这样一个问题：根据我们计算，目前留给企业自己支配的资金，包括折旧费在内，比历史上任何时期都要多，为什么企业还感到自主权很小呢？据了解，主要是企业“婆婆”太多，往往或者被“层层集中”，或者“点菜下锅”，或用“钓鱼”办法指定了项目，再加上一些硬性摊派，企业自然感到自己不能做主。另外，有的企业往往把企业基金当作奖金分光了，或者挪作它用，办正当的集体福利事业就感到没有钱花了。这就是说，企业自主权，不仅有一个适当扩大的问题，还有尊重和保护的问题，对企业来说还有一个正确行使的问题。因此，要在尊重和保护企业自主权以及正确行使自主权问题上做文章，不能光在扩大企业机动财力上打主意。要在广辟财源、增产增收上做文章，不能光在改变方法、提高比例上打主意。

改革企业财务体制能否迈的步子大一点？这个问题，并不取决于我们的主观愿望，而决定于客观条件。需要什么样的条件呢？一要看整个经济体制，包括计划、物资、基建体制的改革等能不能迈大步；二要看能不能通过价格、税收等经济杠杆，把企业盈利水平过分悬殊的状况基本调整过来，使所有企业能在合理的基点上起步赛跑；三要看当前国家财力、物力在保证国家重点建设和必不可少的开支的前提下有没有这个可能。这就是说，各种经济管理体制是互相配合、互相联系的，光改财务体制，光放财权，是不能解决问题的。改革管理体制是一个复杂的问题，我们还没有经验，所以态度要积极，步子要稳妥。

这里还要说明：集权和分权，是对立的统一，是经常矛盾的。这种矛盾只能根据生产力发展的要求和客观情况的变化，根据每个时期党的路线、方针和政策，有步骤有分别地加以调整。有的时候需要集中多一些，有的时候需要分散多一些，有的部门需要集中多一些，有的部门需要分散多一些。在不同时期，不同部门，各有侧重，不能千篇一律，也不能一劳永逸。因此，对待财务体制问题，不论是过去实行的，还是现在试行的，都应采取分析的态度，要历史地看问题，不要轻易做简单的绝对否定或绝对肯定的结论。为什么要试行？试行的过程就是通过实践进一步检验和探索的过程。现在有的地方按自定办法进行试点才搞了几个月，有了一点成果，这种成果是多种因素造成的，有的文章就作了绝对肯定的报道，完全归功于财权下放，并且夹杂一些不适当的政治断语，如说新的试点办法是“藏富于企业”，而原来的办法和过去的实践是“竭泽而渔”，“象古庙顶端涂着封建色彩的朽木断瓦”等，不少基层财税干部对此来信表示了他们正当的不满，这也是值得注意的。

（五）有的地方对集体企业采取“利润包干上缴”的办法，是否可行?

集体所有制企业对国家，只依法纳税，不上缴利润。因此对集体企业不产生“利润包干上缴”的问题。例如辽宁省金县对县办大集体企业铸造厂实行“财政上缴包干”，实质上指的是包所得税。包税的办法一般不宜采取。因为依法征税，依率计征，是国家税收的一个基本原则。集体企业有所得就征，无所得就不征，多得就多征，少得就少征。按包税的办法，如果企业所得超过了原来包干的数额，使国家少征了税，已经不合理了；如果企业所得达不到原来包干的数额怎么办呢？能否由企业用减发职工工资的办法来完成包干任务呢？恐怕不能这么办。

附录 5

国务院批转国家经济委员会
关于扩大企业自主权试点工作情况和今后意见的报告

（国发〔1980〕226号　1980年9月2日）

国务院同意国家经委《关于扩大企业自主权试点工作情况和今后意见的报告》，现转发给你们，望认真研究执行。

一年来，扩大企业自主权试点发展很快，现已具有相当规模，取得了显著的效果。扩大企业自主权，是整个经济管理体制改革的重要环节，对于发挥企业的内在动力，促进企业间的经济联合，挖掘我国的经济潜力具有重大的意义。各地区、各部门要按照国务院〔1980〕23号文件和国家经委报告中提出的意见，改进试点办法，扩大试点内容，把扩大企业自主权的工作进一步推开。其中，如按国家经委报告改进利润留成办法的，现在可着手做好准备，待新的年度再开始执行。

各地区、各部门要加强对试点企业的领导，认真总结经验，及时解决试点中出现的问题。通过试点，要切实加强企业的经营管理，提高产品质量，增加上缴利润，认真解决工人参加管理的问题，促进我国工交生产的发展。

国家经济委员会关于扩大企业自主权试点工作情况和今后意见的报告

一九八〇年八月九日

国务院：

党的十一届三中全会以后，国务院于一九七九年七月十三日下达了《关于扩大国营工业企业经营管理自主权的若干规定》等五个改革管理体制的文件，即国发〔1979〕175号文件。国家经委、财政部等六个部门先在京、津、沪选择首钢等八个企业进行了试点。接着又在成都召开的全国工交工作会议上，介绍了四川一百个企业试点的经验，扩大企业自主权的试点工作在全国逐步展开。一年来，在各省、市、自治区党委的领导下，试点工作进展很快，形势很好。

一、扩大企业自主权的基本情况

从一九七九年到今年六月底，据二十九个省、市、自治区和一些工交部（不包括军工）统计，试点企业总计为六千六百多个，这些试点企业约占全国预算内工业企业数的百分之十六左右，产值占百分之六十左右，利润占百分之七十左右。其中上海、天津试点企业利润已达到百分之八十以上，北京已达到百分之九十四。

一年来的实践说明，扩大企业自主权试点的方向是正确的，效果是显著的，对于调动企业和广大职工的积极性，搞好整顿，改善管理，发展生产，增加盈利，起了重要的推动作用。据各地上报的数字统计，一九七九年的试点企业完成工业总产值比一九七八年增长百分之十一点六；实现利润比一九七八年增长百分之十五点九；上缴利润比一九七八年增长百分之十二点六。一般试点企业的产量、产值、上缴利润增长幅度都超过试点前的水平，也高于非试点企业的水平。在增产增收的基础上，总的来看都实现了“三多”（即国家多收，企业多留，职工多得）。去年四千二百多个试点企业总的利润留成额为二十一亿三千万元，占全部实现利润的百分之八点五。按财政口径，即扣除试点前也应得的职工福利和奖励基金两项，企业所得为十四亿零四百万元，占增长利润的百分之四十点八。今年上半年，工业生产形势很好，试点企业的产值、利润继续大幅度增长。有些省、市试点企业利润增长幅度高于产值增长幅度。

随着试点工作深入发展，在利润留成的办法上，也创造了多种形式，绝大多数试点企业按国务院〔1980〕23号文件规定，实行基数利润留成加增长利润留成的办法，同时也有些地区和部门从实际情况出发，经过批准另订了一些试点办法。试点企业除了实行利润留成以外，在生产计划、产品销售、新产品试销、奖金分配、资金使用、机构设置和中层干部任免等方面，也不同程度地有了一些权利。扩大企业经营管理的自主权虽然只是初步的，但已经显示了党的政策威力，给企业带来了许多具有重要意义的变化。主要表现在：

第一，企业有了一定的经营管理自主权和独立的经济利益，开始成为一个具有内在动力的经济单位。扩大企业自主权，更好地把国家、企业、职工三者利益统一起来，把企业的经济责任、经济效果和经济利益结合起来，调动了企业的积极性。从领导干部到广大职工增强了责任感，提高了按经济规律办事的自觉性，促进了企业整顿和经营管理的改善。不少试点企业推行了全面质量管理和全面经济核算，使企业的经营管理水平有了显著的提高，促进了生产的发展。

第二，企业开始重视发挥市场调节作用，普遍增强了经营观念、市场观念、服务观念和竞争观念。广大干部和职工动脑筋想办法，广开生产门路，扩大财源，努力改变经营作风，进行市场调节。

第三，企业有了一定的发展生产的资金，可以用于挖、革、改，做到花钱少，收效快。如北京首钢、内燃机总厂、清河毛纺厂三个试点企业，去年利润留成总额中有百分之三十一点五，共八百零八万元，用于发展生产，他们把这笔钱同折旧费等合并使用，共有六千九百多万元，安排了一百二十六项重点措施，加快了企业改造。

第四，企业领导干部、管理人员和技术人员为四化建设发挥聪明才智，有了更宽广的用武之地。一批有经营管理才干的企业领导干部正在涌现，并得到锻炼。

第五，推动了企业的民主管理。许多试点企业建立和健全了职工代表大会制度，并开始行使了讨论企业规划、决定资金使用、选举基层干部等民主管理的权利。

第六，企业在发展生产的基础上，逐步地改善了职工生活。许多试点企业在职工宿舍、食堂、澡堂、幼儿园等集体福利设施方面，都有所改善。试点企业，去年一般都本着按劳分配原则，发了相当两个月左右标准工资的奖金。这些看得见、摸得着的职工福利和实际利益，调动了广大职工的积极性。

二、当前扩大企业自主权试点中存在的主要问题

（一）国务院《关于扩大国营工业企业经营管理自主权的若干规定》还没有全面落实。

一年来的试点，主要是试行了利润留成办法，其他方面的规定，总的说来还很不落实。根本原因是由于现行经济管理体制和上层建筑的某些环节还不能适应企业扩权的要求。试点企业反映比较突出的有以下几个问题：

第一，企业的产量、产值、利润、劳动、物资等计划指标仍然是分头下达，互不衔接，使企业领导干部要耗费大量时间和精力奔波于众多“婆婆”之间，求平衡，争发展。

第二，由于思想认识不统一，和受现行体制、制度上的限制，开展市场调节仍然有不少阻力。

第三，企业参与外贸和外汇分成的规定至今没有兑现。关于“四联合、两公开”（即联合办公、安排生产、对外洽谈及派小组出国考察；外贸出口商品价对工业部门公开，工业生产成本对外贸部门公开）、外汇分成、出口产品作价等有关规定都未落实。

第四，企业还没有支配利润留成资金的充分权利。不少企业反映，“自筹自筹，有了钱发愁”。搞挖、革、改的审批手续繁琐，所需物资设备不易解决。特别是建职工宿舍和必要的房屋更难。

第五，企业用人的权利也不落实。关于任免中层干部和招工择优录取的规定，企业很难执行。不少企业反映，企业不仅不能按需要招工，相反还要接受当地硬性摊派的大量待业人员。

（二）现行的《利润留成试行办法》还不够完善。

一是普遍反映利润留成比例偏低，生产发展基金太少。现行办法规定的生产发展基金，实际上就是新产品试制费一项，新产品试制费又只按利润总额百分之二左右核定的；而且规定油田、电站、矿山、森林等企业还不提取这项费用。二是规定计算增长利润采取“环比”办法，当年的增长额到第二年就变成了新的基数，基数年年加大，增长越来越难。这对于原来经营管理较好、盈利水平较高的企业是不利的，形成“鞭打快牛”，“先进吃亏”。三是目前有些企业任务不足，产品结构发生变化，执行这个办法有一定困难。四是这个办法对当前存在的一批微利或亏损的企业基本上不适用，特别是矿山企业。

（三）物价不合理，是扩大企业自主权的一大障碍。

由于价格不合理，再加上税率等因素，造成企业之间利润悬殊。上海十一棉纺织厂和二十八棉纺织厂，两厂生产规模、职工人数基本相同，十一厂生产纯棉纺织品，每百米利润九元；二十八厂生产涤棉混纺织品，每百米利润五十六元六角，二者相差五倍多。这种

情况在不同行业之间差别更大，如石油、化工行业的企业和煤炭、冶金的矿山企业利润悬殊，造成了企业之间的“苦乐不均”。

（四）企业的社会负担很重。

现在，企业社会负担很重，成本加大，利润减少，直接关系到企业的实际利益。实行利润留成后，矛盾更加突出了。特别是有的部门和单位，以各种名目向企业伸手，进一步加重了企业负担。北京市最近调查，企业负担有十几种之多，其中不少是很不合理的。这是造成有些企业增产不能增收的一个重要原因。

（五）矿山企业的扩权试点办法还没有很好解决。

矿山企业和其他工交企业相比，有不同的特点：地质、资源等条件变化大，不稳定的客观因素多；开拓延深、提升、运输、排水、通风、管线等费用逐年提高，加大成本；老矿山的资源和生产能力逐年递减，采掘失调严重，新井接续不上；过去开采一般是先富后贫，原矿品位逐年下降；矿产品价格太低。因此矿山企业亏损的较多，即使有盈利的企业，利润也是下降的趋势。所以普遍认为《利润留成试行办法》对矿山不大适合，靠有限的利润留成资金，无法实现“以矿养矿”的要求。

三、对进一步搞好扩大企业自主权试点的意见

要加强对扩大企业自主权试点工作的领导，深入调查研究，认真总结经验，扩大试点内容，及时解决前进中的问题。在此基础上，明年要把扩大企业自主权的工作，在国营工业企业中全面推开，使企业在人财物、产供销等方面，拥有更大的自主权，推动经济管理体制的进一步改革。具体意见如下：

（一）要改进现行的利润留成办法。

要把利润留成的办法搞得比较完善合理，最根本的是要对价格、税制进行合理的调整和改革。但在价格、税制没有全面调整以前，要从实际情况出发，采取不同的形式把利润留成的办法搞得相对合理一些，不搞“一刀切”。国务院〔1980〕23号文件下达的利润留成办法，基本符合多数企业的情况，因此仍要继续贯彻执行这个办法。少数企业，由于情况特殊，经过批准，可因地制宜采取一些变通办法：（1）为了解决“鞭打快牛”的问题，对少数经营管理好、盈利水平高、增长难度大、主要经济技术指标超过历史最好水平的企业，可采取利润留成基数一定几年不变，即“定比”的办法，也可以根据实际情况采取其他办法。（2）确因客观原因，生产任务不足、产品结构变化，造成利润大幅度下降的，可实行超计划利润分成办法，按下达的计划进行考核，超计划利润视同增长利润。（3）对微利和亏损企业，可采取利润包干或减亏分成的办法。（4）对矿山企业可本着“以矿养矿”的原则，采取全额利润留成的办法。根据矿山企业的开采程度和盈利水平，确定不同的留成比例，把利润大部分甚至全部留给企业，使矿山企业有一个稳定的资金来源，能够维持简单再生产和有计划地进行部分扩大再生产。（5）有条件的可按企业性公司进行扩权试点。主管部、局要适当放一部分权利给公司，公司必须注意以扩大基层企业的自主权为基

础。在公司内可实行内部结算价格，适当解决企业之间“苦乐不均”的问题。

（二）积极进行企业独立核算、国家征税、自负盈亏的试点。

这是从利润留成向前发展的必然趋势。目前只有个别省市在这方面进行了试点，四川的办法是企业向国家缴纳三种税，即工商税、固定资产税和所得税；上海的办法是企业向国家缴纳“五税、两费”，即工商税、收入调节税、房地产税、车船牌照税、所得税和固定资产、流动资金占用费；财政部税务总局在柳州试行的办法是，企业向国家缴纳增值税、资源税、级差收入调节税、所得税和固定资产、流动资金占用费。企业在上缴各种税款和归还贷款以后，所得收入可以自行支配，自负盈亏。各省、市、自治区，在今年内都要选择一、两个企业进行这方面的试点，作好准备，以便明年在一批企业中进行试点。试点的单位都要经过国家经委、财政部批准方能进行。

（三）试点企业在计划上要有一定的自主权。

试点企业有权根据国家下达的指令性计划、参考性计划和市场需要，以及本企业的生产能力编制自己的生产计划，经过自下而上、上下结合的综合平衡后，按隶属关系由一个主管部门统一下达，并保证相应的物质条件。在企业制订计划之前，国家计划部门、各级主管部门有责任向企业提供指导性的方针原则和市场供需预测，以及年度控制数字。在执行计划过程中，发现计划与实际情况不相符合，企业有权进行调整，并报主管部门备案或批准。除国家计划外，企业可以根据市场需要和自己的燃料、动力、原材料等条件，制订补充计划，广开生产门路，努力增产增收。

（四）要进一步扩大试点企业产品销售权。

企业在保证完成国家下达的计划任务和供货合同的前提下，有权销售超产的产品和自己组织原材料生产的产品，以及试制的新产品。其中属于国家短缺的统购统销或统配产品，首先由国家收购，也应允许企业按一定的比例自销一部分。棉纺织品的销售，要严格按国务院〔1980〕170 号文件规定执行。企业有权本着择优、竞争、联合的原则，打破地区和行业的限制，销售自销产品和择优购买生产所需的材料设备。

（五）试点企业在物价方面也要有一定的自主权。

试点企业有权根据国家的价格政策，对一些利润过高和供过于求的产品，以及超储积压物资，实行浮动价格，向下浮动。国家物价部门应当确定一批产品价格的浮动幅度，以便企业有所依据。为了保持市场物价的基本稳定，消费品的价格，一般不动。

企业自销的产品，国家有统一价格的要按照统一价格销售；没有统一价格的，可以按照优质优价、薄利多销、有利竞争的原则实行浮动价格。新产品的试销价格，由企业参照同类产品的市场价格自定。

对某些出厂价格突出不合理，造成工商利润悬殊的产品，国家物价部门可按照“工大于商”的原则，适当进行调整。

（六）要进一步落实企业出口产品和外汇分成的权利。

工贸双方要认真贯彻“四联合、两公开”的原则，密切协作，统一对外。

试点企业可以申请出口自己的产品，有权参与外贸部门同外商的谈判并附签合同。有条件的试点企业，经过国家有关部门批准，也可以直接经营出口业务；在财务上自负盈亏；可以委托有关外贸公司办理出口业务；当地外贸部门不收购的出口产品，企业可以按照国家统一的外贸价格政策到其他口岸洽商出口事宜。

工贸利润分配要合理。有些出口产品，国内出厂价格偏低，出口越多企业盈利越少，甚至发生亏损，严重影响企业生产出口产品的积极性。对这部分产品，有关部门应该按照生产企业有适当利润的原则，给予价外补贴或者适当提高出厂价格。

有出口任务的试点企业，有权按国家规定取得外汇分成。用外汇贷款所上项目，能够用国内材料、设备把所需进口的材料、设备顶替下来的，提供材料、设备的企业有权取得应得的外汇。

企业有权根据国家有关外汇管理的政策条令，使用自己的外汇。批准权限要适当下放，手续要力求简化。

（七）企业对留成资金的使用，要有充分自主权。

这部分资金，企业有权根据国家政策法令自行安排使用，有关部门不得平调和过多干预。企业主管部门和银行要加强指导和监督，引导企业把这部分资金用好，避免乱花滥用、盲目生产。企业可以把这部分资金同折旧基金、大修理基金等结合一起使用，搞挖、革、改，节约能源，降低消耗，扩大生产能力，搞“三废”治理和综合利用。为消除污染，治理“三废”、开展综合利用所产产品实现的利润，按照国家规定，五年内不上缴，留给企业继续用于这方面的开支。企业暂时不用的留成资金，可以存入银行，由银行付息。企业也可以把这部分资金按自愿互利的原则和协商的办法，由主管部门组织起来有偿调剂使用，或者采取合营、联营、“国内补偿贸易”等经济联合的形式，使这些资金充分发挥作用。

（八）实行固定资产和流动资金有偿占用。

实行固定资产和流动资金有偿占用，要按照财政部的具体办法执行。

企业缴纳固定资产和流动资金占用费，影响利润下降，可相应调整基数利润留成比例。

企业封存的设备不缴占用费，也不提折旧费。企业对多余、闲置的固定资产，有权出租或有偿转让，所得的收入，用于设备的更新、改造。

由于多年来固定资产折旧率偏低，许多企业厂房、设备陈旧，欠帐太多，影响了生产的发展。因此，要坚持在生产发展、降低成本的基础上，逐步提高固定资产折旧率的方针。

（九）试点企业有权决定自己的机构设置和人员配备。

企业可以根据生产需要和精简、效能的原则，有权决定自己的机构设置和各类人员配备，任免中层和中层以下的干部，有权根据国家下达的劳动计划指标，将招工改为招生。企业与学徒工要订立培训合同，学徒期间，可以发一些生活费，学业期满，经考试合格才能成为企业的工人，不合格的可以延长学习期限以至淘汰。企业要严格定员定额，对多余的职工，要组织学习培训。企业今后有权拒绝本单位并不需要而硬塞给的待业人员，有权对成绩优异、贡献突出的职工给予奖励，有权对严重违反劳动纪律，屡教不改的职工，根据情节轻重，给予处分，直至辞退。

（十）要减轻企业的额外负担。

除国家和省、市、自治区人民政府明文规定者外，企业有权拒绝任何单位和个人向企业摊派各种不合理费用，平调和索取各种产品、物资、设备和人员。今后要研究采取企业向当地政府缴纳地方税办法，加强城市建设，逐步减轻企业的负担。

（十一）要认真搞好民主管理。

试点企业要把职工代表大会制度建立健全起来，职工代表大会是企业实行政治民主、经济民主和生产民主的基本形式，是广大职工参加管理企业、监督各级干部的权力机构。

厂长要定期向职工代表大会作工作报告，接受职工代表大会的检查和监督。企业的重大问题，如重要规章制度的制定和修改，企业的长远发展规划、年度计划、生产技术改造规划，要经过职工代表大会讨论和审议；有关职工切身利益的问题，如职工福利基金和奖励基金的分配使用，调整工资的方案等，都必须经过职工代表大会讨论作出决定。

职工代表大会，有权监督企业各级干部贯彻执行党的路线、方针和政策，支持各级领导干部的工作；有权对领导干部提出表扬奖励和处分罢免的建议，提请上级领导机关审定。

企业车间、班组的主要领导干部要实行民主选举，有条件的试点企业，厂级领导干部也可以通过民主选举产生，报上级主管部门批准任命。

（十二）要改进各级领导机关的工作，推动扩权工作的深入发展。

扩大企业自主权是改革经济管理体制的基础。现在试点企业已具有相当规模，抓得好坏，对整个经济体制的改革和发展生产关系极大。试点工作涉及面广，政策性强，又有不少新课题需要在实践中摸索解决。为了保证试点工作顺利进行，希望各级领导机关，特别是各级计委、经委和物资、商业、外贸、物价、财政、银行、劳动等部门要加强领导，大力协同，密切配合，把扩大企业自主权的工作当作自己的责任，改进工作，转变作风，把工作逐步地转到“服务、协调、统筹、监督”方面来，深入试点企业，研究新情况，解决新问题，总结新经验，积极主动地改革本部门不能适应扩权要求的某些规章制度，保证试点工作健康发展，推动经济管理体制的进一步改革。

以上报告如无不妥，请批转各地区、各部门研究贯彻执行。

美国经济管理考察报告*

（1979 年 12 月 6 日）

国家经济委员会访美代表团，应美中贸易全国委员会的邀请，于 1979 年 11 月 5 日至 12 月 6 日访问了美国，引起美国政治界、经济界和学术界的重视，受到美国人民、美籍华人和旅美侨胞（包括台湾同胞）以及有关方面的热情接待。

此次考察，以美国经济管理、工业管理和企业管理为重点，分别访问了一些政府机构、工交企业、银行、研究机构、咨询公司和管理协会。

在美中贸易全国委员会的安排和有关方面的协助下，我们会见了一批老朋友，结识了各界几百名新朋友，和不少华裔、侨胞进行了亲切的交谈，对增进两国人民的了解和友谊，发展双方的经济技术合作关系，起了积极的作用。

通过这次考察，我们对美国的经济管理有了进一步认识。

近年来，美国经济增长率有下降的趋势，1976 年为 5.7%，1977 年为 4.9%，1978 年为 4%，今年第一季度只增长 1.1%，第二季度下降 2.3%，第三季度又上升 2.4%；劳动生产率增长缓慢，1975 年到 1978 年平均每年增长 1.3%。但是，美国 1978 年国民生产总值已近 2.1 万亿美元，按人口平均近 1 万美元。美国国民生产总值每年增长的绝对额是相当庞大的，预计 1979 年将比 1978 年增长 1000 多亿美元。

美国地理条件好，得天独厚，土地肥沃，森林覆盖面积大，矿产和人力资源丰富。发展经济的主要资源基本上能立足国内。美国虽然对外国石油的依赖日益增加，1978 年进口石油已占美国石油总消费量的 46%，但是他们为保护国内石油资源，在控制开采的情况下，仍生产石油 4.3 亿吨，能满足国内消耗的一半以上。美国总能源自给率达 80%左右，而日本则 90%依靠进口。

农业发达，生产率高。农产品不仅能满足国内需要，而且能大量出口。强大的农业，使美国发展工业和其他行业，免除了后顾之忧。

---

* 本文是袁宝华同志担任团长的国家经委访美代表团上报国务院的访美考察报告，原文首发于中国企业管理协会编《美国经济管理考察》（企业管理出版社，1980）。

美国不仅有传统的、强大的所谓经济发展的三大支柱，即钢铁、汽车和建筑业，而且在战后又发展起一批新兴的工业部门，特别是宇航、大型电算机、飞机制造业、石油和石油化工等，在国际上遥遥领先。

有庞大的国内市场和国际市场。国内市场销售的产品占80%左右。

生产的组织和管理较好，生产设备先进，科研技术力量强大，有完备的、成体系的研究发展机构。1978年美国各种专业技术人员达1370万人，比1958年增长97%，平均7个就业人员中，就有一个专业技术人员。现在大学里攻读管理硕士、博士学位的研究生就有10万人。

美国在财富积聚和生活富裕方面，都显著高于日本。但是，美国经济目前存在一系列的困难。通货膨胀的势头不断加剧。1978年通货膨胀率为9%，今年1~9月消费品物价上涨率达到13.2%，这是战后33年来的最高峰。美元已比12年前贬值45%。据美国总统经济顾问委员会的一位委员讲，当前美国经济处于进退两难的境地，如果进一步增加投资、增加生产、增加就业，会使通货膨胀更加严重；如果控制通货膨胀、紧缩银根，又会出现经济衰退。

失业率上升。随着经济衰退，1978年失业人数已达605万人，占有就业要求人口的6.1%，大大高于日本的2.3%、西德的3.8%，也高于美、日、西德、英、法、加拿大、意大利七国的平均数5.1%。美国经济专家预计，到明年年底失业率将进一步上升到8%，失业人数将达到800多万人。今年钢铁厂开工率为70%，已关闭钢铁厂的工人上街示威。

贸易逆差很大。1978年进出口贸易逆差394亿美元，今年略有缩小，但仅第三季度仍达70亿美元。

生产工人老化。我们参观的一些企业，生产工人的平均年龄高达45岁，从长远的观点看，这对美国经济发展极为不利。出现这种情况的原因，主要是青年人缺乏技术和经验，企业宁愿雇用中年人；政府取消了65岁强制退休的法令，在业工人中年纪大的人增加了；美国人口自然增长率已降低到6‰左右，青年人在人口构成中的占比减少了。

浪费性消费盛行。我们看到，他们在生产上精打细算，讲求经济，节约时间；而在生活消费上，既大量浪费物质财富，又大量浪费时间。能源浪费惊人，摩天大楼夜晚室内无人而灯火通明，正是“华灯万盏照空壁”。猫食、狗食消费一年竟达20亿美元。

美国政府、公司和家庭债台高筑。据统计，1978年美国家庭债务已达12337亿美元之巨，平均每个美国人有近6000美元的债务。美国企业也都互有债务，1978年达1.3万亿美元。各级政府债务已超过9000亿美元，接近联邦政府两年的财政收入。

对美国经济的前景，美国学术界有各种各样的看法。有些经济学家认为，美国经济已经“老化”，今后将陷入长期的低增长或不增长状态，失业率将继续上升。也有的经济学家认为，美国经济将继续增长到80年代中期，到那时才会发生“轻微的衰退”。美国商业周刊的负责人在和我们座谈时说，美国面临经济上的衰退，这个趋势是不可逆转的，但还没有达到灾难性的地步。美国经济是有弹性的，在走下坡路的过程中，有时还会复苏和发展。

随着资本主义世界经济危机的蔓延和发展，资本主义各国过剩的资金、技术和产品日益增多，美国政府和工商界的许多人士，都以急迫的心情发展对外贸易和经济技术合作。

现将我们考察的几个主要问题介绍如下。

一　关于企业管理

这次我们考察了美国福特汽车公司、通用电气公司、洛克希德飞机公司、柏克德工程公司、西艺内燃机工程公司、西屋电器公司、超群石油公司、孟山都化学工业公司、可口可乐公司、里维服装公司等一批大企业，也看了几家中小企业，对美国企业管理有了一个概貌的了解。

（一）企业的组织机构

美国公司的最高权力机构是董事会。董事都是本公司的股票持有者，但股票多寡不同。在董事中必须有一部分人不在本公司工作，以便客观地沟通情况和监督企业。董事会一般一个月开一次例会，特殊情况下董事长可临时召开。董事会讨论并决定经营方针和经营战略，决定重大的财务和人事问题。在董事会闭会期间，由总裁和副总裁领导企业工作。副总裁中有若干名执行副总裁，分管有关业务。总裁和执行副总裁一般都是董事会成员。各分公司的总经理和副总经理，负责分公司的全部经营活动，他们直接向有关的执行副总裁请示报告工作。分公司所属的工厂，只负责按下达的计划组织生产，进行成本核算。

总公司和分公司的权限和经济关系，是划分得很清楚的。以洛克希德飞机公司为例，总公司下属飞机制造、宇航火箭、电子、空中管制、海下石油等八个分公司，现有职工6.2万人，1978年销售额35亿美元。他们总的管理原则是“分散式的作业、集中式的控制和协调”。各分公司都在总公司的统一规划、政策、管理下，进行独立经营。总公司负责控制财务预算，分配资金和人员，处理公司与银行的关系，统一管理职工的级别、待遇、加薪和保险。分公司是利润、投资的中心，独立核算，自负盈亏，在总公司的预算范围内，有完全的经营和作业权，可以自行购买设备和物资，确定自己的科研发展项目，独立接受国内外订货单，向海外推销自己的产品，并自行向政府缴纳税款。总公司评价分公司的成绩，只看利润。分公司的全部利润都要上缴，由总公司进行调剂和分配，一时赔钱的分公司由总公司给予财政支援。分公司的财务预算，要由总公司审批。总公司制定预算时要与分公司商量。总公司不接受订货单，但各分公司的新产品生产要经总公司批准。总公司在国外设十三个办事处和一百多个服务点，供分公司在国外推销产品时使用。谈到总公司和分公司的关系，洛克希德飞机公司负责人形象地比喻说："总公司给八个分公司画了八个圆圈，在圆圈内，由分公司自己决定去填写什么。"他们的这些做法，是适应了商品经济发展的需要，赋予分公司以独立商品生产者的权限。这样，就能使分公司在总公司统一政策和预算控制下，充分发挥自己的主动性、灵活性和创造性，各显神通。

美国在企业管理方面，近年来新出现了一种组织机构，他们叫作"战略计划经营单位"（SBU）。美国通用电气公司在总裁、副总裁的领导下，设立了发电系统、蒸汽透平、燃气透平、中型工业燃气透平、电力传送、消费品等六个生产经营部门，每一部门下又设立七八个战略计划经营单位。每一个 SBU 管理若干分公司或工厂。SBU 负责制订多种产品的战略目标计划，包括市场预测、新产品的设计和试制、价格、利润、销售量、老产品的革新、提高劳动生产率、降低成本、技术改造和科研。这些计划，经总裁批准后实施。美国人说，SBU 与日本的事业部不同，事业部是以产品为中心的组织，SBU 是以经营为中心的组织，它是关键性的经营和核算单位，负责向总公司上缴利润和向政府缴税。通用电气公司一个家用电器 SBU，在国内管三个家用电器厂，其中一个专门生产有塑料壳的电器，一个生产带马达的电器，一个生产电熨斗。有些轻便、用工多的零部件，在东南亚的工厂生产，再运回装配。这样，不仅工厂能集中力量组织生产，而且大大提高了家用电器的质量和市场竞争力。在各个 SBU 之间，在 SBU 所属各分公司之间，在分公司所属各工厂之间，都严格实行经济核算制，供产销都按经济合同办事，如果产品质量不好或成本过高，各自有权向外公司采购，而不受任何限制。

各级组织及其负责人，分工明确，各负其责，工作有条不紊，效率很高。如"天美时"手表公司的总裁，只负责执行董事会的决定，管理公司的经营方针、分公司以上负责人的考核和预算控制，其他事务由各级分管。他只听取 6 个有关方面负责人的汇报。每天的工作都能在当天八小时内处理完毕。他说："公司领导人如果还要把工作带回家去，那就是不称职的。"福特汽车公司专门制定了公司职员的职权手册，明确规定各级负责人的职权范围，总裁可批准 500 万美元以内的开支，执行副总裁可批准 150 万美元以内的开支；总裁只听取下属 7 个负责人的报告，工厂厂长只听取 4~7 人的报告。他们认为，这样有利于提高效率，避免责任不清。

美国各大公司的组织机构是互有差异的。一般来说，组织机构的设置，是根据经济条件的变化、业务的发展和市场的需要来考虑的。从历史上看，在 20 世纪 20 年代前，他们在公司内部一般采用集权的管理体制，即所谓职能管理结构，各级都设立相同的职能单位，上下对口，许多问题都由总公司决断。后来，随着企业规模的不断扩大，领导层次越来越多，工艺技术日益复杂，产品种类不断增加，单纯采用集权的管理体制，已不能适应生产发展的要求。于是，许多公司逐渐改为分权的事业部管理体制，产品设计、原材料采购、产品的制造和销售、利润核算等，全由事业部独立经营。近年来，有些公司又在事业部的基础上，发展成为“战略计划经营单位”。目前，实行分权管理体制的公司，已占美国公司总数的90%以上。采用分权的管理体制，大大加强了企业的灵活性，提高了经济效果。美国企业领导人很强调组织结构的重要性，美国钢铁公司已故的创始人卡内基曾说过：“将我所有的工厂、设备、市场、资金全夺去，只要保留我的组织、人员，四年以后，我仍将是一个钢铁大王。”

（二）企业的经营战略计划

美国一些大公司，都制订长远的战略计划。除了年度计划之外，都有五年计划，甚至到本世纪末的计划。他们的五年计划，不是分段式地编制，每五年编一次，而是连续性地编制，每年都要编五年计划，执行一年再加一年，每个年度计划都直接成为五年计划的组成部分。这样，就不存在上一个五年计划与下一个五年计划的衔接问题。他们说，这种计划编制方法，有利于连贯地、一步一步地实现公司的战略目标。

公司制订战略计划包括哪些主要内容呢？据孟山都化学工业公司介绍，包括以下三项内容：一是“股东的目标”，即股票持有者对公司经营管理成果的要求，使股票价值长期保持出色的增长，超过其他几家大的竞争者。二是“社会责任目标”，即经营业务要对社会法律和道德负责，如环境保护、职工安全、产品品质、能源节约、教育基金、社会救济等。三是“劳资关系目标”，即通过提高工资福利水平，改善劳资关系，使劳资双方都能发挥自己的潜力，鼓励员工积极参加企业管理。

战略计划建立在对国内外市场的深入研究和科学预测的基础上，也考虑新技术的发展和产品周期。有的公司认为，“公司的成功，在于对市场需要的了解”，“客观地取得第一手的市场资料，是做出正确决定的关键”。有的公司以薄利多销、组织的灵活性和经营的多样性，来适应市场的需要。各大公司都认真研究每一种产品的使用寿命、市场饱和程度和消费者新的需要。比如，美国通用电气公司鉴于普通小型计算器在国内已经饱和，就大量缩减生产，而增加多种用途电算器的生产，保证了生产的发展和利润的增加。美国福特汽车公司根据市场调查、能源危机和对消费者心理的分析，现在已经生产出80年代的林肯牌豪华型汽车，耗油量比过去减少一半，又适应了美国人喜欢大型轿车的习惯。以生产牛仔裤著名的美国里维服装公司，为了使服装做到优美、合身、耐穿，压倒其他竞争者，他们在1978年访谈了3000名顾客，征求他们对服装的意见，还通过国内800多名推销员和3.5万个零售中心，进行市场调查，按照顾客需要，不断改进设计，使该公司的销售额由战后的800万美元，达到1979年的20亿美元以上。据对美国六家大公司的调查，他们成功的技术革新和新产品，60%~80%是来自用户的建议，或者吸取了用户在使用中的改革。因此，美国各大公司都配备了大量的市场情报人员、用户服务人员和推销人员。我们参观的门罗计算器公司共有4000人，其中制造工人只有300人，推销人员1200人，售后服务人员1500人，设计研究人员500人。美国公司推销产品的形式是多种多样的，主要有固定客户订货、批发商订货。有的自己也推销一部分产品，在自销产品中赊销占很大比重。如通用电气公司家用电器工厂的赊销产品占到一半以上，为此该公司专门设立了信用部。

目前，美国公司战略计划的研究和预测，已经扩展到经济领域以外，包括研究政治环境和社会环境的变化，以避免意料不到的非经济因素，影响企业的利润。

美国各公司每年都要根据政府的规定发布年报，向政府和股票持有者公布一年计划的执行情况和经营结果，同时与过去10年的经营情况进行对比。从福特汽车公司、通用电气公司和超群石油公司的年报看，主要内容包括：投资、销售额、成本、总收入、净收入、短期长期贷款、流动资金、股票增值、每股股息、毛利率和纯利率、经营状况和财务状况的回顾，并列出资产负债表。这些内容也反映了资本家在经营管理上最关心的一些问题。

（三）企业的研究发展

美国公司在研究新技术、创制新产品和基础理论研究方面，比日本投入的人力和资金更多。1978年各公司用于研究发展的费用，总数达150亿美元。我们所到的公司，都有研究发展中心，有先进的仪器设备和大批的专家。用于研究发展的费用，一般占总销售额的3.5%，有的更高，如通用电气公司1978年总销售额为196亿美元，研究发展费用为12.7亿美元，占6.4%。

为了适应市场的需要，获取利润，各公司都十分重视新产品的研制。在我们访问时，通用电气公司拥有的技术专利已达5万项。罗切斯特家用电器厂生产的家用电器，产品周期为3个月。他们有一套严格的新产品设计试制程序，首先研究技术的可行性和价格的适应性，并召集有技术人员、财务管理人员、市场推销人员和用户参加的会议，进行讨论。在这个基础上，再召集有关专业人员会议，着重研究本厂原有设备与生产新产品是否适应，还需增加什么设备，即生产的可行性、安全性和质量保证。通过上述两个程序，再审定设计图纸，并把图纸交给生产部门，由生产部门生产出样机，鉴定合格后，组织中间试验性生产，以考核新设备的运转情况、工艺过程是否合理。同时把新产品送到用户手中试用，并根据市场竞争情况标出价格，广泛听取用户反映，再经最后审核，才组织批量生产。他们通过这样严格、周密的程序，使新产品创制的成功率达到90%以上。他们从每100个新设计的产品中，只筛选出6个投入生产。由于他们有强大的技术后方，一种新产品刚试制，另一种新产品就开始设计了。

美国公司都把提高产品质量，作为研究发展的重要内容之一。除了研究改进产品质量的工艺技术外，有的公司还成立了由管理采购、制造、市场等有关副总裁组成的高级质量管理委员会，每月开一次会，专门研究国内外市场对本公司产品质量的反映和要求以及采取的对策，及时做出决定。至于生产过程中的质量控制，他们在生产的各个环节、各道工序上，一般都用现代化的测试仪器进行检验，从设计、制造、销售到技术服务，都实行全面的质量管理，并已形成一套完整的体系。因此，美国产品的质量，在国内外市场上的信誉较高。

（四）企业的职工培训

美国公司在培训人才上，比日本更舍得花本钱。在考察过程中，许多企业的领导人，一再向我们强调培养人才的重要性。门罗计算器公司的总裁说："我们公司最宝贵的是人，推销比制造重要，培训比推销更重要。"通用电气公司的副总裁说："我们的成功在于有高质量的职工。"美国钢铁公司的口号是"最好的人才，最好的培训，最好的待遇"。我们到过的各大公司，都设有比日本更加完善的培训中心，包括全套的录像、电视、电影、录音等电化教学设备。培训的形式有业余学习、脱产学习、现场学习和送大学培养。福特汽车公司采取业余培训办法，用三年半时间把普通工人培养为熟练的技术工人，其中一年时间上技术课，每天两小时，要学完 16 个科目；两年半时间在工厂实习，担负一定任务。学完三个科目的，可以得到相当于 90 个小时工资的奖励，工厂实习达到 1000 小时的，可以提高工资。毕业后，考核合格，就是技术工人，并可再进修成为工长或工程师。福特汽车公司现有经培训毕业的技工 24500 名，其中 35%都升到管理职位，该公司一名退休的副总裁和训练部负责人，都是工人出身。这种训练制度对福特公司的发展起了重要作用。洛克希德飞机公司选择有培养前途的技术人员，送到大学攻读博士学位，工资照发，毕业后一般回本单位工作。

美国公司在培养人才方面，与日本相比，有一个显著的特点，就是不仅重视培训本公司的职工，而且还为用户和协作厂培训人才，以便更有效地推销自己的产品。可口可乐公司有一个 1 万平方英尺、设施完善的培训中心，专门用以培训分布在 130 个国家（地区）的 700 个装瓶加工厂商的有关人员，还特地编制了一套装瓶厂管理、推销和技术方面的教材，1979 年已培训了 2600 人，完全免费。安德信会计公司的培训中心，建筑面积达 36500 平方米，有 600 个床位，50 个不同的教室，全套的电视、录像设备，还有电脑操作训练。他们既为本公司培训职员，也为用户培训管理人员，按每期 20 天计算，一年可以培训 4000 人。NCR 电子公司，在自己的培训中心专辟出一部分设施，为购买该公司生产的大型电算机的用户免费培训操作人员。该公司负责人认为，不这样做，用户购买贵重的大型电算机就有顾虑，或者买回去不会用，造成浪费甚至损坏，对用户不利，对推销产品也不利。

美国公司培训人才的另一个特点，是强调紧密联系实际，强调实用。教员绝大多数是本公司最有实际经验的技术人员和管理人员，也在外面请一些专家、教授。教材大多是培训中心根据培训需要自己编写的。我们参观普强医药公司的培训中心时看到，他们为了帮助推销人员提高业务能力，专门把推销员向医生推销新药品时的谈话，用录像机录制下来，再放给推销人员看，研究他的表达方式、表达能力和表情，以求在推销产品时收到最好的效果。新建的杰弗瑞发电站，有两台 70 万千瓦的发电机组，全部自动化控制，为使工人熟练地掌握自动化控制系统，专门做了全套的实物模型，并用电子仪器控制 24 个常见的事故，帮助工人练习排除故障。他们介绍，工人要经过两年的训练，才能全面熟练地掌握操作技术。

美国公司培养人才的第三个特点，是重视在本公司内部培养从基层管理人员到总经理的各级接班人，而且是从下而上，逐级培养，逐级选拔。据柏克德工程公司介绍，他们在公司内选拔经理人才，有一套程序和方法。他们从两万名专业管理人员中，选拔 5000 人作为基层领导的候选人，经过训练，选出 3000 名基层领导人员；从中再选 1100 人参加“经理工作基础”训练，挑出 600 人担任专业经理职务；最后再从这些经理中选拔 300 人，经过训练，作为选拔高级经理的对象。他们坚持按“台阶”步步上升，而且在一个“台阶”上，要担任几种不同工作，以培养全面的领导能力。这种打好基础、循序渐进的培训选拔干部方法，可以使选拔上来的干部胜任自己的工作，避免瞎指挥。

（五）劳资关系

在这方面，美国和日本有很大的不同。日本的企业管理，他们自称有“三大支柱”，即终身雇佣制、年功序列工资制和按企业组织工会。日本企业提倡“家族主义”，把劳资关系、上下级关系比喻为家长和家庭成员的关系。实行这些办法，就把职工的物质利益和企业的经营结果直接联系起来，使职工从物质利益上关心企业的发展和各项管理工作的改进。职工一旦受雇于某个企业，就很少跳厂，把自己的命运和企业的命运拴在一起，劳资双方形成所谓的“命运共同体”。而美国企业却提倡“能力主义”，实行能力工资制度和职务工资制度，工资多少与工龄没有直接关系。职工可以自由跳厂，按美国习惯，工人无论跳多少工厂，工龄都连续计算。当然，许多企业都采取高工资、高福利的办法，来吸引和稳定职工队伍，特别是技术骨干。尽管如此，有些企业的职工年流动率仍达 30%以上，甚至有些高级管理人员和技术专家也被其他企业挖走，福特汽车公司就有这种情况。

美国和日本在管理制度和劳资关系上的差异，除了反映各自的民族特点外，与两国工会的组织和作用不同，关系极大。日本按企业组织工会，劳资双方易于达成协议，不易长期发生罢工等对抗性事件。一旦罢工，谈判复工也较容易。而美国各产业工会一般都在各工厂有自己的组织，一个企业的工人通常参加三五个甚至十几个不同的产业工会，这就使劳资之间的谈判复杂化。美国的工会有长期劳工运动的基础，组织比较健全，政治力量比较强大。劳资关系和工人工资福利，由工会出面与资方两三年谈判一次，用书面合同形式固定下来，每年再根据通货膨胀情况进行谈判调整。这样，资方就感到不必要也不愿意给工人额外的物质刺激，工人一般也不要求合同外的待遇。

日本每个企业都有工会，而在美国，我们看到有极少数企业却没有工会，例如，西屋电器公司的叶片工厂就没有工会，杜邦化工公司除建筑工人外，其他工人也没有参加工会，因为在美国企业中建立工会，要经过半数以上工人投票通过。一些工资福利特别高的企业，工人往往就不参加工会。正如通用电气公司负责人所说：“没有工会的企业，几乎是工人要什么给什么。”

虽然美日企业对工人上班时间、工作定额、操作程序、劳动纪律等方面的要求都是严格的，但是美国人说，像日本企业那样，不论什么车间都穿统一的工作服，现场气氛紧张，那种军事化的管理方法是不能接受的。在美国企业，我们看到，除恒温防尘等特殊车间外，一般工人都不穿工作服，每个工人可以按自己的兴趣安排自己的工作环境。他们认为，这样可以松弛工人神经，有助于提高劳动兴趣和效率。由于美国受封建主义的影响很少，在上下级关系上，也不像日本那样等级森严，下级对上级唯唯诺诺、毕恭毕敬。

据介绍，美国企业界当前正在争论和研究的一个问题是，要不要吸收工人参加董事会。

（六）工资福利

美国企业中的行政管理人员，都实行年薪制，工人则实行小时工资制和计件工资制。过去我们听说，自动化程度高的企业，无法实行计件工资。但是这次看到，美国的个人计件和小组计件还是很盛行的，罗切斯特家用电器厂就有70%的工人实行计件工资。

美国工人工资全国平均每小时为6美元。政府规定的最低小时工资为2.94美元。在美国，中等家庭年收入为17500美元。年收入低于6000美元的四口之家，就算处于贫困线以下，可以享受政府救济。1977年，这类家庭有530万个，占美国家庭总数的9.3%。

各类人员在工资收入上差别很大。普通工人年收入1万美元左右，大学教授年薪一般是3万~4万美元，政府部长年薪7万美元，而某银行总裁年薪30万美元，外加活动费30万美元。

一般来说，由于美国工资比日本高，物价比日本低，美国职工平均实际收入比日本要高。美国在业职工家庭生活比较富裕，收入较多，开销也大，还要交所得税。他们实行累进个人所得税，年收入3400美元以下者免征，征税的比例大致是：1万美元者征18%，2万美元者征28%，4万美元者征40%，10万美元者征60%，20万美元以上者征70%。一般家庭交税以后的主要开支情况如下：食品、饮料占20%，住房占30%，空调和家具占15%，衣着占5%，交通占18%，医药占5%，娱乐费占4%。战后私人存款率平均约为6%，而日本却高达20%以上。美国工资水平比日本高，个人储蓄率比日本低得多，表明美国家庭生活开支很大。

美国的工人一般没有奖金。有些企业实行按工资的一定比例（如7%）储蓄，公司给一定比例（如3%）的储蓄补贴，这种存款有一部分要买本公司的股票，按股票领股息。只有领年薪的高级管理人员和技术人员才有奖金，一年一次，奖金多少取决于公司经营结果和本人贡献。通用电气公司对年收入3.5万美元以上的经理人员发给奖金，奖金额为工资的5%~100%。各公司的奖励办法差异很大。

在福利方面，一般比较优厚，各公司的福利保险费用约占工资总额的25%~35%，主要项目有：退休金、医疗保险、人寿死亡保险、旅行意外保险、家属保险、失去工作能力补助、假期工资，等等。福利保险金的一半由职工个人交付，另一半由企业交付。政府用征收的一部分所得税，发放失业救济金，具体条件由各州自定，失业工人平均每周领取的失业救济金，大体相当于正常工资的36%。政府还对贫困线以下的家庭给予补助。目前每个工人每年享受的基本福利金，从1960年的346美元，增加到2115美元。美国公司一般不修建职工宿舍，由工人自己租房或购房，在借款或分期付款购房时，公司提供信用担保。在福利项目的规定上，各公司也各不相同。可口可乐公司的员工退休养老办法规定，一般65岁退休，退休金按工龄和最后几年工资水平确定；有40年工龄的，退休金可占工资的40%；工作20年，年满50岁，可以提前退休；在本公司工作超过10年的职工，离开公司后，到退休时仍可回本公司领取退休金。如果按一定比例少领退休金，退休职工死亡后，其配偶可继续领取，直到配偶去世为止。

美国职工工资不低、福利不少，但是生活上普遍有不安定感。据一些美国朋友介绍，一般职员和工人有几怕。一怕失业，失业救济金只有工资的1/3，如果赡养几口之家，失业后收入大幅度降低，日子就很难过了。二怕生病，医药费用高得惊人，手被玻璃划破，上点药水，缠点纱布，要花50多美元；做一次人工流产、结扎手术，住院一天，要花1500美元；看一次感冒，也得100美元。三怕子女上大学，较好的大学，如哈佛大学，一年学费1万美元，州立大学也要2000美元，没有点积蓄是很难供子女念大学的，这也是许多大学生半工半读的原因。四怕年老，老年人多半老而无靠，靠退休金生活，日子过得很凄凉。此外，社会秩序不好，犯罪事件越来越多，也使人们感到人身不大安全，贵重财物不敢放在家里，住旅馆也要把钱存入保险柜，很有名的高级旅馆，小偷也照样光顾。所有这些，使普通美国人感到，虽然工资高，福利多，但开销大，物价又上涨，生活是很不安定的。

在生活不安定的美国社会里，一般职员和工人怕失业，又想谋取较高的职位和收入，再加上赊销成风，负有债务，所以职工都被拴住了，只能兢兢业业地、紧张而小心地工作，只要干得好，也有升迁的机会。在那里看不到“铁饭碗”养成的那种不负责任、拖拖拉拉、马马虎虎、敷衍了事的作风。

美国普遍实行信用卡制度，信用卡由职工工作单位所在地的银行，经过调查后，根据职工的信用发放，职工私人存款的银行按存款数额发放。信用卡的内容和使用范围多种多样，有的在指定的城市或商店中购买物品，有的专门用于购买机票、汽油、百货等，根据每个人收入的稳定性和信用情况，有的可以购买超过本人工资几倍的商品，在工资和存款中一次或多次扣除。信用卡和赊销，在一定程度上缓和了生产和销售的矛盾。

（七）老企业的改造

美国工业发展的历史久、基础大，两次世界大战的炮火都没有落到美国本土，企业没有遭到破坏。因此，除一些新兴工业部门外，其他工业部门都有一个老企业的技术改造问题，以适应生产和技术的发展。我们访问的工厂，绝大多数是老企业，有几十年甚至 100 多年的历史。他们进行技术改造的方式，大体上有三种。

一是把老设备联成生产线，增加少量关键性新设备，实行计算机自动控制，使生产效率和产品质量都得到大幅度提高。如西屋电器公司的汽轮叶片厂，厂房和设备同我国哈尔滨汽轮机厂不相上下，规模还小些，但是，它能造 130 万千瓦的发电机，我们只能造 20 万千瓦的；它一年生产大型叶片 15 万只，我们全国只能生产几万只。它的效率高、质量好，主要是在关键部位进行了技术改造，比如，用电算机控制叶片的设计和检验，有 60 部机器由计算机操纵；实行精密铸造，切削量不超过 10%；采用高级的自动焊接技术等。看来抓住工厂技术关键，用最新技术进行改造，是实现老厂现代化的一个捷径。

二是在发挥老设备作用的同时，在某些重要的生产工序采用新的设备，新设备与老设备并存，也达到很高的生产效果。戴顿米德造纸公司就是这样，他们从西德进口了 70 年代最新的切纸、整纸设备，从瑞士进口了自动控制设备，而该公司的打浆、烘干设备是四五十年代的，有些抄纸设备还是 20 年代的，经过改造，用得很好。这些新老设备配合使用，每天可生产高级纸 1000 吨。

三是把过于陈旧的厂房、设备淘汰掉，建设新的车间。孟山都化工公司的昆尼化工厂是 1901 年建厂的，当时只生产糖精，经过不断地改造，现在已发展到生产 120 种产品。目前正准备拆掉一个 70 多年前的装置改建新的车间。

美国老企业的改造进行得比较顺利，取得的经济效果较好，一个重要原因是，企业有完全的自主权，有技术改造的足够资金，可以根据自己的具体情况，有计划、有步骤、有重点地安排革新改造项目。

二　关于工业管理和经济管理

我们访问了联邦政府与经济发展关系最密切的商务部、财政部、能源部和总统经济顾问委员会、国会经济联合委员会，还访问了几个州政府和地方政府，与这些单位的负责人就美国工业管理、经济管理问题进行了座谈，并且与一些公司、企业的负责人和学者、教授进行了讨论，有以下几个问题给我们的印象较深。

（一）专业化协作和大中小企业

美国资本主义商品经济的发展，已经达到很高的程度，商品关系深深地渗透到社会生活的各个领域，各种产品，包括劳动力，都已经商品化了。为卖而买这样一个资本运动的公式，在美国已经普遍化了，资本主义的雇佣关系和租赁关系非常发达。所有这些，都是和社会分工的日益发展相联系的。在分工越来越细、市场不断扩大的条件下，生产专业化和协作社会化的程度也越来越高。正如恩格斯在谈到社会分工的发展时所说的，没有任何一个商品生产者能够说“这是我做的，这是我的产品”。在今天的美国，社会分工的发展程度已经远远超出了恩格斯当年的描述，可以说，任何一个产品都不是由几家企业，而是靠一批企业相互协作，才能生产出来。越是大的公司，需要协作的企业越多。因此，在美国这样的资本主义国家，存在大量的中小企业，绝不是偶然的，这是资本主义商品经济发展的一个必不可少的条件。

美国现有企业 1297.8 万家（包括工、农、商、服务、诊所、律师事务所等），其中股票上市交易的大公司约 4 万多家，最大的公司只有 1500 家左右；小企业（美国小企业的标准是：制造业从业人员在 250 人以内者；批发商连续三年的年销售额不超过 951 万美元者；服务零售商年销售额不超过 200 万美元者；建筑业年毛收入不超过 950 万美元者）有 1000 万家左右，其中雇用一个人或几个人的就有 550 万家左右。小企业占国内全部厂商的 97%，其国民生产总值占 30%，而 1500 家大公司的利润却占全部企业利润的 90%，雇员占全部雇员的 50%。

美国在 19 世纪时，只有 30 万家企业，其中绝大多数是小企业。近几十年来，小企业数量急剧增长，每年新出现 40 万到 50 万家，在竞争中倒闭和被大公司收买的约 25 万家。过去 8 年每年增加小企业约 20 万家。

美国的上述情况表明，资本主义进入帝国主义阶段以后，资本集中、大企业兼并小企业的过程，作为一种趋势，无疑是存在的。然而在形式上却有了改变。大资本家在实践中逐渐认识到，与其在竞争中把小企业吃掉，还不如使小企业依附自己，提供成本更低、技术更精、质量更高的协作产品，更为有利。资产阶级政府作为资产阶级利益的总代表，也考虑到，过分的资本集中和垄断，会阻止竞争和妨碍新技术的发展，对资本主义经济的发展不利。因此，一些主要资本主义国家，首先是美国，都颁布了保护自由竞争、反托拉斯法（所谓反托拉斯法，主要是指谢尔曼法案、克莱顿法案和联邦贸易委员会法案。这些法案规定，禁止两家或两家以上公司同谋控制贸易；禁止一家公司垄断或控制贸易；禁止几家公司行号合并以后成为一家垄断市场的公司；禁止使用不正当的竞争方法及商业上的欺骗行为，禁止使用骗人的广告。对违法者政府可以酌处罚金或判处经理人监禁，可以命令一个大垄断企业分为若干较小的公司等），反对一家或几家公司垄断生产和市场。美国政府鉴于 IBM 电子公司生产的大型电算机占美国国内市场的 80%，曾起诉该公司违法。虽然一些大资本家也想方设法钻反托拉斯法的空子，但是这一法律的存在，毕竟为中小企业的发展创造了机会。

美国政府和银行很注意资助小企业的发展，以保持自由竞争和更多的就业机会，使之对资本主义市场制度和社会秩序起某种稳定作用。美国政府 1953 年决定在商务部成立小企业管理局，在全国各地设立 100 个办事处。它的任务有五条：一是直接向小企业提供中期、长期贷款；二是帮助小企业改进经营管理、提高技术；三是为小企业争取政府订货；四是作小企业的代言人；五是研究小企业的发展，并为小企业提供经济情报。它还为小企业提供担保，使小企业从商业银行得到贷款。

随着生产专业化和协作的发展，美国小企业作为大公司的卫星企业的作用越来越显著，各大公司需要中小企业提供的零部件越来越多。洛克希德飞机公司外部协作的零部件，10 年前为 30%，现在已经达到 70%。福特汽车公司在国内外的协作厂商有 4 万家，供应 2000 种汽车配件和工作机具，每年用于外购协作件的款项达 200 亿美元。资本在集中，而零配件的生产却越来越分散，这是社会分工发展的必然结果。

由于小企业有更大的灵活性，产品单一，技术专门，有一些诀窍，便于在某一个产品上精益求精，能为大企业生产的高精尖产品提供优质的零部件。他们通过创制新产品，革新生产方法和提供新的服务，为自己的发展开辟道路。在美国科学技术发展成果中，一大半是中小企业创造出来的。丹佛市的丹克公司，只有 21 名职工，其中管理人员和技术人员 10 名，工人 11 名，专门生产家用负荷限电器，畅销国内外市场，年销售额 50 多万美元。丹佛市的另一个哈特威公司，100 多名职工，专门生产整流器，不仅供应国内，还占领相当一部分国际市场，年销售额为 1000 万美元。美国著名的垄断世界市场的牛仔裤和汉堡包公司，就是在专业化的基础上，由小到大发展起来的。

美国的大公司在生产上是专业化的，在经营上则是多样化的。他们除生产一种主产品外，还同时经营多种产品，这样就可以做到“东方不亮西方亮”，保持利润的稳定增长，对市场变化的适应性强。例如，美国钢铁公司除生产钢铁外，还经营化工、环保设备，以至经营饭店；孟山都化学工业公司，生产和经营从油漆、树脂化工原料、可塑性产品、耐火材料、橡胶化学产品到清除剂、食物附加剂、药剂、除草剂等120多种产品。越搞多种经营，需要的协作厂也越多。

大公司为了保证产品的高质量，对协作的中小企业，在技术上、成本上要求很严，有一套严格的科学技术标准，严密的审查程序，还有灵活的结算制度和及时、安全运输的要求。洛克希德飞机公司对800多家供应零部件的协作厂，都要派出技术专家，从产品设计、工艺到整个生产过程，进行审查，看协作工厂是否具备生产合格产品的工作系统，并且要经过试生产和严格的产品性能试验，审查合格后才签订合同。福特汽车公司对协作厂有五条要求：（1）产品符合质量标准；（2）价格有竞争力；（3）能按期交货；（4）操作方法和设备能适应福特公司的近期要求；（5）设计力量和创新能力能适应福特公司远期发展的需要。大公司对协作的中小企业，在经济上和技术上也给予一定的帮助。

福特汽车公司国际部负责人对我们说："中国许多省市，都搞自己的汽车厂，产量很低，这是很不经济的。一机部打算与我们合营年产25000辆卡车的工厂，生产从16吨到32吨的卡车，数量少，品种多，不会有竞争力。中国搞现代化，不能一个城市什么都搞，应该分工协作，比如上海造引擎，北京造车身，天津造零配件，然后装配，大量生产，才有竞争力。即使只为满足国内需要，也要考虑经济实用的原则。"这些话是很值得注意的。

（二）美国的产业结构和就业结构

去年，美国国民生产总值2100多亿美元，就业人员9400万人，其中妇女4200万人，全国固定资产和流动资金约32000亿美元。每个受雇人员平均利用3.2万美元的固定资产和流动资金，一年生产2.4万美元的国民生产总值。

随着美国经济的发展和生产领域劳动生产率的提高，美国的产业结构和就业结构都发生了重大变化。从产业结构上看，1968年，美国的第一产业（农、林、牧、水产）生产出来的国民生产总值占全国国民生产总值的3.2%，第二产业（制造业和采矿业）占35.9%，第三产业（运输、建筑、商业、金融、服务、旅游、公用事业等）占60.9%。1978年，第一产业占比为2.9%，第二产业为33.1%，第三产业为64%。

从就业结构上看，第二次世界大战前的1940年，第一产业的就业人数占全部就业人数的10%左右，第二产业占28%左右，第三产业占62%左右。1967年，第一产业为5.2%，第二产业为26%，第三产业为68.8%。1978年，第一产业为5%，第二产业为23%，第三产业为72%。由上可见，第一、第二产业无论是在国民生产总值上还是就业人口占比上都呈下降的趋势。而第三产业，由于为工业生产和为人民生活服务的行业越来越多，是上升的趋势。

战后美国在第三产业中，会计、经营管理方面的咨询公司和旅游业有了迅速发展，出现了许多经营这方面业务的大公司，比如旧金山的米切地尔兄弟会计公司承担大公司、跨国公司和外国政府在会计、审计、税收和企业管理方面的咨询业务，并培训财会人员。这家公司在世界上有300多家办事处，1633个合伙单位，有业务人员、合伙人2万多人，1978年的收入达6.75亿美元，是世界上规模最大的会计公司。芝加哥的安德信会计公司，在39个国家内，设了110个办事处，有16000名职员，他们除了一般会计、管理咨询业务和培训人员等业务外，曾受新加坡政府的委托，帮助设计对跨国公司的税收和管理办法，改变了新加坡以前受骗吃亏的局面。美国的旅游业组织也很庞大，收入是很惊人的，一年有一千几百万名旅游者，收入达1000亿美元，占国民生产总值的6%。其中94%是国内旅游，6%为国际旅游，每年国际旅游收入55亿美元，比出口钢、纺织品和棉花的收入还多。在美国的50个州中，有37个州的旅游业已成为主要产业之一。夏威夷州每年旅游收入22亿美元，成为州政府的首要收入。

产业结构和就业结构的变化，是和生产发展的水平相适应的，有一个发展的过程。就我国当前的情况看，就业人员主要还是应当首先分配在物质生产领域。但是问题在于，我们为生产服务的行业有大量空白，很多服务工作是分散在各企业、机关、学校自己搞，效率低，浪费大；为人民生活服务的行业也很不足，不利于生产发展，不便于群众生活，也不利于服务工作本身的专业化和社会化。要使这种状况有一个根本的改善，必须改变长期以来形成的某些传统观念和做法，如笼统地把服务行业一概说成是不创造价值的，把服务行业排除在产业之外，服务人员的社会地位和物质待遇也低人一等，大专院校不设服务方面的专业，等等。只有打破这些框框，服务行业才能随着社会主义经济的发展，相应地发展起来，并保证经济更好地向前发展。

在这里，顺便谈一下美国的阶级结构。据有关资料估计，1970年美国社会的阶级构成状况大致如下：美国人口总数为2.0488万人，大资产阶级5万多人，中等资产阶级3660多万人，小资产阶级5350多万人，无产阶级11700多万人。与1950年相比，大资产阶级在人口中的占比未变，都是0.025%，中等资产阶级由13.2%上升到16.4%，小资产阶级由25.9%上升到26.2%，无产阶级由60.9%下降为57.4%。无产阶级在人口中的占比略有下降，主要是因为各公司通过培训，把一部分工人提升为管理人员或技术人员，使他们进入小资产阶级的行列，如福特汽车公司建厂以来，已经把1万多名技术工人提升为管理人员；同时有极少数工人购买了较多的股票，从无产阶级队伍中游离出去。中等资产阶级在人口中的占比略有上升，主要是由于一部分知识分子和职员，合伙开办各种各样的公司，这类的小企业，每年要新成立四五十万个，其中一部分经营顺利的，就上升为中等资产阶级；另外一小部分高工资收入者持有的股票不断增加，也由小资产阶级变为中等资产阶级；极少数搞金融、股票投机的人，也有的成为中等资产阶级或大资产阶级。所以有人风趣地说：在美国行行都出资产阶级。

美国社会阶级结构的这种变化，丝毫也没有改变资本主义社会阶级剥削和阶级对抗的本质，没有改变少数大垄断资本在社会经济生活中的统治地位。现在，美国各种企业共有1290多万家，其中，个人独资经营、不售股票的企业占78%，占总销售额的11%；二人以上合股经营、不售股票的企业占8%，占总销售额的4%；出售股票的企业占14%，占总销售额的85%，其职工占全国雇佣人员的50%。全国雇佣人员总数为9400万人，其中，联邦政府雇员为200万人，州和地方政府雇员为1100万人，企业雇员为8000万人。美国1500家最大公司的销售额占所有出售股票公司总销售额的60%以上，其利润占全部企业利润的90%。在美国500家大工业公司中，100家最大的公司，就占了这500家公司总资产的65.4%，利润的71.9%，雇佣人员的57.2%。美国1.6%的大工业公司，控制了整个制造业的75%。美国4.4%的人口，占有公司股票的60%，占有全部的外国债券，占有州和地方政府债券的77%，联邦政府债券的71%，占有全国个人现金的1/3，占有全国不动产的1/4，占有非公司企业资产的40%。在美国3000多万股票持有者中，极少数企业家、银行家掌握绝大多数的股票。

（三）银行是调节美国经济的重要杠杆

我们在美国访问了大陆银行等5家银行，对美国银行的形式和在经济中的作用，做了一些了解。

美国银行可以分为国家银行和私人银行两大类。国家银行，即中央联邦储备银行及其所属的12个地区性银行；另外还有14500家私人商业银行。在私人银行中，有5500家参加了联邦储备系统。加入联邦储备系统的私人银行，被称为国民银行。法律规定国民银行把它们存款的一定数额（一般为10%左右），作为储备金存入联邦储备银行而不付利息。国民银行有权经营国际信贷业务，非国民银行的私人银行不能插手国际信贷业务。私人银行是否参加联邦储备系统，由它们自行决定。参加联邦储备系统的私人银行，在组织上也是独立的，有权随时退出。

在美国，银行独立于政府，私人银行不用说，即使联邦储备银行也是这样。联邦储备系统是按照国会章程建立的，并对国会负责。联邦储备银行的主席由总统聘请并任命，但它不是政府执行机构的组成部分，而是一个公共机构。

中央联邦储备银行虽然不是政府的一个部门，但是政府关于财务方面的许多事务，如发行货币、发行公债、税收、投资、拨款等，都交由银行办理。联邦储备银行还代理国库，它是全国唯一的发行银行，并为联邦政府财政开支筹划资金。政府的财政部门主要是研究并制定政策、监督执行。联邦储备银行及其所属的地区性银行，是金融领域中最重要的机构和控制力量。它通过控制货币发行量和贷款额、调整利率、提高或降低证券贴现率、提高或降低会员银行的储备金、在证券市场购进或售出公债，对金融实行控制。现在，银行在美国经济中发挥着越来越大的作用，它是调整经济发展方向、促进生产、刺激消费的有力杠杆。大陆银行的负责人说，美国经济好比一架大机器，银行是润滑油。这种比喻是有道理的。

美国银行能贷出的款项，往往高于股金几十倍。大陆银行是美国第七家大银行，1979 年 9 月 30 日的股金为 13 亿美元，而累计贷款却高达 342 亿美元。这些资金的来源是活期存款、定期存款和长期借款。此外，美国政府发行公债，都卖给银行，由银行再出售给个人，银行从中吃政府的回扣。这也是银行资金的来源之一。在美国由于银行与公司之间的辗转借贷，1 亿美元的流动资金贷款，可以发挥 6 亿美元的作用。

过去银行与大工商企业之间互相持有对方股票、互兼董事的那种控制关系，目前已有所改变。美国有关法令规定，银行不能长期大量持有某一家或几家企业的股票，不能向企业直接投资；对一个项目的贷款，不得超过银行股金的 1/10。所有这些规定，都是为了防止银行直接操纵企业。当然，这些规定并不能阻止银行资本与工业资本之间的互相渗透，互兼董事的情况还很普遍。

由于美国工商企业自有资金只占资金总额的 30%左右，所以在经营活动中离不开银行的大量贷款。银行向企业提供贷款的形式，包括直接贷款和银行承包企业债券的销售等。银行在贷款时，要对企业的经营状况和市场情况进行调查，决定给哪些企业贷款以及贷款多少；同时，对企业使用贷款的情况加以监督。为此，有的大银行专门聘请了一些经济金融专家和技术专家，着重就资金的运用和分配进行研究，寻求在各个市场进行投资的最佳方案，对企业的经营活动进行指导。这样，银行就通过贷款，对经济发展的方向起了重要的指导作用，扶持和促进新兴的、有前途的产业部门和企业的发展。

由美国政府提供资金的进出口银行和国民银行，有一套支持出口的方案和做法。它们通过卖方信贷、买方信贷和银行间信用等形式，支持美国向国外投资、转让技术和出口商品。

此外，美国银行还对个人开办业务。通过活期和定期存款吸收个人手中的游资，并对个人发放贷款，主要用于购买住宅、汽车等高值耐用消费品，这对刺激消费和通过刺激消费而刺激生产起了很大作用。

上述美国银行在美国经济中所起的巨大能动作用，有值得我们借鉴之处。在高度商品化的社会经济中，银行是调节社会经济生活，组织生产、流通和分配的重要机构，是经济的神经中枢，它的作用随着生产社会化的提高而日益显著。过去我们不大强调发挥银行调节国民经济的杠杆作用，银行对企业也往往是监督限制多、指导扶持少，只是算账、当会计，没有很好利用贷款、利率等经济杠杆对国民经济活动施以积极影响。我们的基本建设投资效果为什么越来越低？钢材等生产资料为什么大量积压？流动资金为什么占用很多、周转很慢？一个重要原因是基建投资、固定资金和流动资金都作为财政拨款，交给生产单位无偿使用。列宁早就指出：“没有大银行，社会主义是不能实现的”，“大银行是我们实现社会主义所必需的‘国家机关’”，“是全国性的簿记机关，全国性的产品的生产和分配的计算机关，这可以说是社会主义社会的一种骨干”。我们对银行的认识，远没有这样高，银行应起的作用也没有发挥出来。总结实践的经验，正确发挥银行的作用，对我国经济走上健全发展的轨道是十分迫切、十分重要的。

（四）美国政府在经济发展中的作用

资本主义进入帝国主义阶段以来，资产阶级政府对经济的干预有加强的趋势，国有化企业在经济中的占比有所增加。总体来看，美国也是这样。但是，与西欧、日本等17个资本主义国家相比，美国国有化企业的占比是较低的，仅邮政全部国营，电力和铁路国营占1/4左右，电信、煤气、石油产品、煤、航空、汽车、钢铁、造船等全是私营。

政府在经济发展中究竟起什么作用，这个问题在美国也有不同的看法。美国商务部负责人强调政府要少干预经济，他说，政府的基本出发点是：对经济干预越少越好，要创造和保障企业开展自由竞争的环境和条件，以保持经济发展的动力，一种以市场为基础的经济制度，比一种需要政府大力支援产业的方法，更能保持我们的经济健全有力。而马里兰州政府经济与社会发展部负责人说：在30年代之前，政府很少干预经济事务，自从30年代初期的经济危机以来，政府为了解决失业和通货膨胀问题，使经济重新增长，对经济的干预越来越多，达到了能影响差不多每一项经济活动的地步。在学术界，有人反对政府干预，主张经济自由发展；但也有人强调政府应多干预经济，认为经济的发展好比行船，自由竞争是“风”，政府计划干预是“舵”。实际上，随着资本主义经济的发展，各种社会矛盾日益暴露和激化，在经济上出现了许多新的矛盾需要解决，美国政府从资产阶级的根本利益出发，还是对经济进行了多方面的指导和干预的。

美国政府提出，它们干预经济，“是为了实现充分就业，稳定物价，达到经济平衡增长”。为此，美国政府采取了多种干预措施。

经济立法，是美国政府干预经济的基本方式。就立法的内容来看，大体可以分为三类。第一，调整和处理企业之间关系的法规。如保证竞争、反对垄断的谢尔曼反托拉斯法案、克莱顿法案和联邦贸易委员会法案。第二，调整和处理雇主与雇员之间关系的法规。如劳资关系法、最低工资法、限制雇用童工法等。第三，保障社会利益的法规。如环境保护法、消费者安全法等。联邦政府和州政府都有立法权，立法和执法总的说来也是严格的。美国的经济立法固然在一定程度上反映了群众的要求，但主要是反映资本家的意志。资本家通过他们在国会中的代表，对法律的制定和修改施加巨大影响。美国的许多资本家对我们说，不给中国以最惠国待遇，我们在贸易上就很难同西欧、日本竞争，因此，我们正在督促国会，尽快通过这个法案。

税收，是政府干预经济的一个主要杠杆。美国是世界上税种最多的国家，可统计的就有80多种，其中有个人所得税、公司所得税、国内消费税、销售税、遗产税和赠与税等。主要税法由国会制定修改，财政部颁布细则，税务署解释、执行。除联邦政府规定的税法外，各州和地方议会也可以规定自己的税种和征收办法。联邦政府的税收大约相当于州政府和地方政府税收的两倍，联邦政府每年要向州政府和地方政府提供财政援助。

联邦政府负责征收个人所得税、公司所得税、国内消费税、关税、遗产税、赠与税和社会保险税；州政府征收销售税和州政府单独规定的个人所得税、公司所得税、国内消费税、遗产税等；地方政府征收财产税和地方政府自己规定的销售税、个人所得税等。因此美国有三套税务官员，联邦政府有税务人员约8万人，州政府有4万人，地方政府有两三万人。

税收是美国政府财政收入的主要来源，占全部财政收入的90%左右。据1978年统计，三级政府税收总额为4677亿美元（不包括社会保险税1240亿美元），占美国国民生产总值的23%。在全部税收中，个人所得税占48.5%，居第一位；公司所得税占14.8%，居第二位；财产税占14%，居第三位。联邦政府、州和地方政府，通过税收所形成的财政收入，主要用于哪些方面呢？

联邦政府1980年财政年度的财政支出约5000亿美元，其中，社会福利费占39%，国防费占24%，对州和地方政府补贴占16%，国债利息支出占9%，政府部门的支出占12%。政府部门开支包括政府雇员的工资和办公费等，联邦政府有雇员200万人，州和地方政府有1100万人。联邦政府的社会福利费开支，主要用于失业救济、社会保险，如发放退休养老金、补助低收入家庭、救灾、粮食补贴、学龄儿童伙食补贴、医疗救济、房租补贴等。

州和地方政府的财政支出，主要用于教育，修建公路、港口和公共福利设施。美国公立大中小学都由地方经管，中小学实行义务教育，州和地方政府每年在教育方面的支出，约占财政支出的38%；用于公路、港口等交通方面的支出，约占10%；公共福利方面的支出，约占12%以上。

政府还从政治、经济的需要出发，通过税率的变动，限制某种经济活动，或者鼓励某种经济活动。譬如，目前为了鼓励个人投资，对纳税人新投资的股息收入减税10%；为了节约能源，对购置节约能源的新设备，可以减免部分税收。

政府的巨额订货或采购，是美国政府影响经济的一个重要渠道。美国政府手中握有能够左右经济发展的巨大财力，1978年，差不多有1/3的国民生产总值掌握在各级政府手中，而1929年只掌握11%。政府订货和采购的主要产品是所谓“公共货物”，即军火、救济物资、公用事业设施等。政府通过增加或减少向私营企业购买商品或服务，对经济活动有重大影响。

政府每年从财政预算中拨出一定的款项，用于公用事业和其他非营利性事业，如建筑公路、港口、码头、水库、运河、飞机场和某些大的电站，以及市政设施，为工农业和其他经济事业的发展创造条件。举办这些事业，往往不赚钱甚至赔钱，私人资本不愿意干，但这些事业又是资本主义经济发展所必需的，美国政府就把这些事业先办起来，有些建成后再卖给资本家经营。他们办这些事，为资本家在那些赚钱的产业上投资，创造了条件，有利于经济的发展。拿公路来说，三级政府投资修建的柏油路，在全国约有 490 万公里，其他公路 100 多万公里，还有 68000 多公里的州际高速公路，形成了全国四通八达的公路网，这对美国经济的发展起了巨大的促进作用。各州和地方政府，还竞相完善公路、铁路、航空、港口和其他公用设施，制定有利于私人企业的税法，来吸引投资，繁荣本地区的经济。

此外，联邦政府对那些具有战略意义、投资巨大而又不赢利的项目，下大力气加以发展。比如，50 年代苏联卫星上天后，美国为了超过苏联，花了 2000 亿美元的投资，集中了 40 万人，使宇航工业很快地居于领先地位。宇航工业的发展。不仅解决了大批人的就业问题，而且带动了电子、遥控、燃料、新型原材料等一大批新兴工业的发展。可见，美国政府一方面通过兴建各种公用设施，为资本主义经济的发展创造必要的条件；另一方面又通过发展新技术和新兴工业部门，来引导和推动整个工业向更高的水平前进。

美国政府还通过价格，对农业、公用事业、能源等部门的发展进行干预。例如，对农产品实行保护价格，在农产品滞销时，政府以高于国际市场的价格收购农产品，并对休耕土地实行补贴，向农场主提供各种贷款，以促进农业的发展。对石油、铁路、公路、水运、航空、管道运输等，实行控制价格，规定价格幅度。其他产品。实行自由价格。这样，就在一定程度上稳定了国计民生。

政府还控制某些产品的进出口。对一些重大新技术专利和新设备（如大型电子计算机）的出口，要经过政府批准。为了鼓励商品出口和资本输出，政府在财政、技术和情报等方面，向私人资本提供多方面的支持。为了保护国内某些产业部门，规定某些产品如纺织品的进口限额。同时，对国内某些企业由于进口产品的竞争而发生困难时，则给予贷款。

美国政府对那些由于经营不善、竞争不力而发生亏损，甚至倒闭的企业，一般不给予财政援助。但是，对个别濒于破产和倒闭的大企业，政府还是给予支援，以避免大量工人失业，引起经济混乱和社会动荡。例如，美国国会 1979 年 12 月 21 日通过一个提案，决定对美国第三家大汽车公司“克莱斯勒”汽车公司提供 15 亿美元的政府担保贷款，以防止该公司倒闭。这是美国历史上政府给私人企业数额最大的一次财政援助。

综上所述，美国政府对经济的干预，主要是通过法律手段、经济手段和各种价值杠杆来进行的。对于公司、企业的投资方向，产供销，生产规模，生产技术，科学研究，工资福利，利润分配，国内外的市场活动等，政府一般不加干预，统统由公司、企业自主，只要不违法就行了。

美国政府不设庞大的经济管理部门，也没有专门的工业部。他们对经济的管理，是与高度发达的资本主义商品经济相适应的。我国在所有制的性质上与美国有本质差别，但是在商品经济这一点上有共同性。因此，美国政府管理商品经济的一些做法和经验，是可供我们参考的。我们过去照搬苏联的一套，政府设立庞大的经济管理部门，应该由政府管的没有很好管，不应该管的如企业具体的经济活动，却管得过多、过严、过细、过死，使企业无法按照商品经济的原则，开展经营活动和必要的竞争。实践证明，这是不利于社会主义经济发展的，是违反客观经济规律的。

（五）能源危机和美国政府的对策

当前美国能源危机在进一步深化，主要表现在产需之间的矛盾日益扩大。以石油为例，1970 年原油年产量为 5 亿吨，这是美国历史上的最高产量，1977 年降至 4.3 亿吨，1978 年阿拉斯加油田开始供油，政府为保护国内石油资源，控制开采，加上老油田产量递减，产量仍维持在 1977 年的水平。而石油的消费量却从 1970 年的 7.6 亿吨上升到 1978 年的近 10 亿吨。因此，进口石油大量增加，对国外石油的依赖性越来越大。1967 年美国进口石油只占总消费量的 11.9%，1973 年达到 39%，1978 年又提高到 46%。进口石油价格，1979 年比 1978 年上涨 65%，这对美国经济是一个很大的冲击。

多年来，美国国内的石油价格，大大低于其他主要资本主义国家。1979 上半年，每加仑（2.8 公斤）汽油涨到 60 美分，目前又涨到 1 美元。政府希望进一步提价，但遭到公众的反对。国内石油价格低，鼓励了浪费性消费，1979 年汽车用油就占美国石油消费量的 1/3，平均每个美国人一年消耗石油 4 吨多。大量消费石油已成为美国生活方式的有机组成部分。

能源危机引起了美国政府的极大忧虑，他们公开承认，能源危机和通货膨胀是美国面临的两大难题。卡特总统今年 5 月说，美国的能源问题很严重，并且正在继续恶化，进口石油面临价格暴涨和供应中断的危险。因此，美国政府把解决能源问题作为经济政策的重点，并制定了一系列对策。

美国政府的对策，中心点是逐步地大幅度地提高煤炭在能源消费构成中的占比，降低石油、天然气的占比。美国目前的煤炭储量估计为 4 万亿吨，可开采储量为 3000 亿吨左右。美国政府打算，到 1990 年，使煤炭产量从现在的 6 亿吨增加到 12.6 亿吨；到 2000 年，增加到 19.5 亿吨。这样，能源消费构成将起较大的变化。1978 年，石油和天然气占能源总消耗量的 73%，其中石油占 48%；煤炭仅占 18%；原子能、水电、太阳能等其他能源占 9%。1990 年，油、气将下降为 58.6%；煤炭将上升到 26%；其他能源为 15.4%。到 2000 年，油、气将进一步下降到 45.8%，产量大致维持在 1979 年的水平；煤炭将进一步上升到 35.8%；其他能源为 18.4%。

为实现这个目标，1978 年美国国会通过了能源利用法，规定新建的发电站和大工厂禁止使用石油和天然气；现有使用天然气的发电站，到 1990 年不得再使用天然气。

同时，调整油、气的价格，加强煤的竞争性，在符合环保条例规定的范围内，发展更便宜的采煤方法。还强制规定各种耗油机械降低耗油指标。如规定汽车制造厂生产的小轿车，1985 年必须达到每加仑汽油行驶 44 公里，否则罚款。

美国利用煤炭的长远方向是搞煤的气化和液化，发展有利于环保的煤炭利用技术。他们打算到 80 年代中期，在煤的气化、液化方面做出成效，第一座世界上用煤生产高能天然气的示范性工厂，将于 1983 年正式投产；到 90 年代要使煤的液化、气化形成显著的生产能力。为了加快煤炭液化、气化的发展，美国政府对新建的这类工业项目投资 90%，建成后再卖给私人经营。西德和日本已向美国提出，希望各投资 25%，并派人参加煤炭液化、气化的研究发展项目。

美国政府估计，在本世纪内，煤炭的气化和液化不可能收到很大的成效，煤的直接燃烧仍将占煤炭消耗量的 90%，所以他们当前以很大的精力抓煤的直接燃烧及消除污染环境问题。

三　几点感想

根据在美国的所见所闻，结合我国的情况，我们有以下一些想法。

（一）关于计划调节和市场调节的有机结合问题

这次考察美国的企业管理，给我们最突出的印象是，美国公司的一切经营活动，都有严密的、科学的计划，而其计划又是建立在对市场需要的研究分析和预测的基础上，并根据市场变动随时调整计划。这虽然不能从根本上改变资本主义社会生产的无政府状态，但在某种程度上减少了生产的盲目性。看来，战后资本主义生产过剩危机形态的某些改变，除了与美国积极开辟国内外市场，提高市场预测的准确性之外，与企业计划性的加强也有一定的关系。

资本主义企业依据市场来制订和调整计划，是为了使产品尽快地销售出去，取得最大的利润。我们社会主义生产的根本目的是直接满足需要，我们的生产更应该适应市场的变化。因此他们制订计划的程序和方法，不仅我们的企业可以学习，而且我们在制订整个社会经济计划时也可以参考。党的十一届三中全会提出把计划调节和市场调节结合起来，是完全正确的。社会主义经济是计划经济，同时又是公有制基础上的商品经济，计划性和商品性的统一，应该是社会主义经济的根本特征之一。我们的计划，应当反映一定时期内生产发展的需要和人民生活水平提高的需要，在商品经济的条件下，这两种需要都表现为市场需要。因此，我们在制订计划、执行计划和调整计划时，都必须考虑市场的因素，我们的计划应当是与市场有机结合的。所以我们不能离开市场需要去讲计划调节，也不能离开计划指导去讲市场调节，更不能把两者截然对立起来。只有这样，才能从根本上避免为计划而生产、为生产而生产，所造成的大量积压和严重浪费。

社会主义生产既然是商品生产，价值规律就必然起调节作用。因此，我们在经济工作中，应该充分利用价值规律的作用和各种价值杠杆，这是实现计划调节和市场调节有机结合的关键。

看来，我们在经济体制改革中，应当特别注意解决价格问题。似可考虑除关系国计民生的主要产品由国家规定统一价格外，有些产品应实行浮动价格，更多的产品应允许企业根据实际成本和市场需要的变化，自由定价。这样才有利于企业之间开展必要的竞争，促进经营管理的改善，把企业搞活，把经济搞活。价格问题是关系国民经济各个方面的一个极其复杂的问题，也是体制改革中需要首先解决的问题。价格不合理，体制改革的许多问题就无从谈起。因此，我们应当尽快明确价格体制改革的方向，制订具体的改革方案积极稳妥地进行。

（二）关于扩大企业自主权问题

对于这个问题，国内已经有很多议论。国务院去年曾做出一些具体规定，各省、区、市也选择了一批企业进行试点，取得了初步的成果和经验。通过这次对美国企业的考察，我们深深感到，扩大企业权限，必须紧紧围绕市场这个中心，使企业的一切经营活动都与市场需要有机地联系起来。只有这样，才能适应社会主义商品经济发展的要求，发挥价值规律的调节作用。我们目前下放给企业的一些权限，还远未达到这个要求。

看来，企业首先应当有权按照市场的需要和变化，来制订和调整自己的生产计划，国家计划要以企业计划为基础，那种下达指令性指标的做法，应当加以改变。其次，还应当扩大企业的产品销售权，除国家计划收购的产品外，其他产品包括生产资料都应当允许企业以多种形式自行推销，真正做到生产者和消费者见面，防止产销脱节。再次，企业对自销产品，应当有权根据市场情况，按照优质优价、薄利多销的原则，自行定价销售，以便鼓励企业生产更多、更好、更便宜的产品，来满足社会需要。最后，在财务上要给企业以更大的机动，使他们能够掌握足够的资金，包括利润留成和折旧基金，有计划地用于本企业的挖潜、革新、改造。如果不给企业这些基本权限，企业就很难发挥主动性和灵活性，也不可能围绕市场需要组织生产，更谈不上制订自己的战略发展计划。

为了扩大企业自主权，各级政府和主管部门就要改变那种“保姆式”的管理方法，成天忙于生产调度等具体业务，给企业的经营活动画各种条条框框，在利润留成、折旧比例上搞许多烦琐规定，结果算得越细，矛盾越多，上面又忙又累，下面怨声载道。与其这样，还不如下决心把现行的利润留成制度改为税收制度。可以考虑由中央政府征收所得税，省、区、市、政府征收资产税，并在所得税中分成，企业所在地政府征收地皮税。废除现行的产品税，因为产品税不利于专业化和协作的发展。同时，把各级政府管经济，逐步改为由专业公司和联合公司等经济组织来管。采取这些措施，各级政府的经济管理部门就可以大大精简，经济主管部门的主要精力，就可以放在经济立法、制订规划、研究政策、交流经验上来。由于各级政府摆脱了日常经济管理的烦琐事务，就有可能把主要精力放在协调那些直接影响国计民生的各产业部门的发展关系上，放在研究各经济区、各地方如何发挥自己的经济优势，逐步形成全国合理的经济结构上，放在城市建设、公共设施、科学、教育、文化、卫生和各种服务事业的发展上，为企业和公司开展正常经济活动创造必要的条件。这样做，可能对我们经济的发展更为有利，社会主义经济制度的优越性就能更充分地发挥出来。

（三）关于培训管理干部和罗织人才问题

去年我们从日本考察回来后，成立了中国企业管理协会，抓了管理干部的培训。一年来，各级经委和工业部门举办了各种管理干部训练班、研究班，培训了46万多名各级管理干部，其中县以上企业领导干部15万名，这对改进我国的企业管理工作起了一定的作用。此次赴美考察，看到他们在培训人才上花那么大的力量，我们深感这方面的工作还需大大加强。

美国一些企业管理协会、基金会、服务团和大公司、银行都向我们表示，愿意为中国培训管理人员，并提出各种优惠办法。我们准备与有关方面协商后分别予以答复。

我们打算，今年内建立一个培训中心，在继续抓好国内培训工作的同时，采取派出去、请进来的办法，加强国际交流，扩大管理干部的眼界，提高他们的水平。中国企业管理协会已经和一些国家的有关团体和部门达成协议，今年将分几批派出200名到300名管理人员到国外短期学习，培训费用由他们负担，我们只承担来往旅费和一些零星费用。同时，拟分批邀请50名左右外国的管理专家、教授和有实际经验的管理人员来我国讲学，交流经验，并到一些企业考察。

我们所到的美国各公司，都有美籍外国技术专家工作，包括不少美籍华人。美国公司对这些人才不惜重金收聘，委以重任，用其所长，以利企业的发展。这些人对美国经济和技术的发展起了重要作用。我们在引进外国资金、技术和设备的同时，应当邀请一些有真才实学的美籍华人回国讲学或短期工作，使他们有机会把头脑中的知识贡献给祖国实现四个现代化的伟大事业。

美国有各种咨询公司，收罗大批专家，进行各种研究，提供咨询服务，出卖知识。从总统到各大公司的董事长、总经理，都有各种专门的顾问班子，为他们研究问题，出谋策划。这样，他们在做出决定时，可以有各种选择，避免纰漏。我们的各级领导机关，也可以考虑成立各种顾问委员会，邀请经济、技术、管理方面的专家参加，给他们出题目，请他们做各种专题研究，提出各种方案，比较利弊，以供决策参考。这样做，领导机关在讨论问题时，就可以不从 ABC 开始，避免可能产生的片面性和失算。

我们要强调培养干部，也要强调充分发挥现有专业技术人员的作用，用非所学是很大的浪费。据统计，我们现有翻译人员本来就不多，其中不搞本行的还有 4 万人，即使搞本行的，有些人也没有充分发挥作用。应该考虑，除各单位保留必要的外文人才外，把他们组织起来，成立各种企业化的翻译公司，以解决当前外文翻译力量严重不足的问题。

（四）关于军用工业和民用工业的关系问题

国民经济军事化，是美国经济的一个重要特点。美国是战后世界上最大的军火商，但是，专门的军工厂却较少。在美国，除极少数特殊的军品由专门的军事企业生产外，绝大多数军品都由民间企业生产。全国有 1/3 的工业企业参加军工生产，航空工业参加军工生产的占 80%，造船工业占 60%，电子工业占 40%，电机工业占 34%，机械工业占 28%，钢铁和石油工业占 10%。

我们在美国看到一些大的电器公司和飞机公司，都同时制造军用产品和民用产品。从上到下，对军品、民品生产的管理不分两套。各公司在军事订货多的时候，就多产军品，少产民品；在军事订货少的时候，就少产军品，多产民品，这就使企业能充分发挥生产能力。我们参观的飞机公司，同时生产民航客机、运输机、轰炸机、侦察机等多种类型的飞机，他们生产军品和民品在质量上都是同样严格要求，都是在同一条生产线上生产，只是军品增加某些特殊仪器、部件和性能。他们这样做的好处是，能经常保持大批量的生产，接受军民两方面消费者的检验和监督，有利于不断改进技术，提高产品质量，并且能获得很大的利润。

我国的军用工业和民用工业都自成体系，在管理上、原材料分配上，各搞一套，军民可通用的一些产品也是各搞各的。许多军工企业的优良设备和熟练技术工人，不能充分发挥作用。鉴于这种情况，可否考虑，现有军工企业，凡是有条件的，都要承担民用产品的生产任务，并实行独立的经济核算制。进一步地，在管理体制上进行调整和改革，真正做到军民结合，平战结合。

（五）关于外贸问题

我们在美国参观了一些百货公司，几乎看不到中国商品。纽约的一家大百货公司，最近从上海定制了室内穿的鸭绒套鞋几万双，每双售价30美元，到货后一售而光。这家公司的经理说，中国商品在美国市场上是有信誉的，问题是美国市场变化很快，中国对外国市场情况了解很少，所以商品往往不对路。这次鸭绒套鞋所以畅销，是因为适应了美国能源危机、家庭室内温度降低的情况。他们打算专门举办一个中国商品展览会，向消费者介绍中国商品。美国的大城市都有华人开的中国餐馆，他们反映，中国食品在国外是大有销路的，但质量差、包装不讲究，受到很大影响。他们用的酱油、醋等调料，本来应从中国进口，由于有杂质、沉淀，政府不允许进口，只得从日本买。我们回国途经日本时，参观了东京贸易中心的世界商品展览，几层楼的商品展览厅都没有我们的商品展出。

这些情况使我们联想到，我们对国际市场的需求，既不大了解，又未下功夫研究，更缺乏资本家那种灵活反应的经营体制和钻劲。同资本家打交道，就要学会资本家做生意的那一套。这个问题的道理大家都明白，但在实际工作中，我们并没有在国际市场的调查研究、广告宣传等方面下大功夫。为了改变这种局面、我们应当深入研究和了解外国经济发展和市场需求的现状和趋势。外贸部门、工业部门和生产出口产品的企业，应经常派精干人员到国外调查市场情况，积极参加各种国际贸易展览会，加强广告工作，在这方面花点钱是值得的。

许多美国朋友还善意地批评我们进口成套设备肯花钱，进口技术却不愿花钱，更不重视利用外国的人才。买外国设备，也只愿买新的，不愿买那些稍旧但质量很好、国内又适用的便宜货。这些意见，都很值得重视。

我们接触的许多外商反映，中国机关办事效率低。柏克德工程公司的负责人说，他们半年前向我国有关部门正式写过一封信，联系有关业务，至今没有得到任何答复。美国许多大公司，为了打开和中国做生意的门路，急于想派人到中国来，想在北京设立办事处，但长期不得解决。近几年来，我国和外国的联系越来越多，对外宾的接待工作有了很大进步，但是，我们通常重视接待外国政府官员而忽视接待企业家。在资本主义国家，企业家是实力派。加强和他们的联系，对于发展我国的对外经济关系，也是很重要的。

我们这次考察，时间有限，与上层人物接触多，与下层群众接触少，对一些问题的看法，难免有局限性，仅供参考。

文稿解读

1979年1月29日至2月5日，邓小平同志对美国进行国事访问。这是新中国成立后中国国家领导人第一次访问美国。此时，中国共产党十一届三中全会闭幕仅37天，中美两个大国正式建交仅27天。1979年1月31日下午，邓小平同志在出席两国科学技术合作协定和文化协定签字仪式时说："我们刚刚完成了一项有意义的工作，但是这不是一个结束，而是一个开始。我们曾经预期在中美关系正常化以后，两国的友好合作将在广泛的领域里迅速地开展。今天所签订的协定就是我们的第一批成果。在我们两国之间还有许多合作的领域有待我们去开辟，许多渠道有待我们去沟通，我们还要继续努力。"在《中美科技合作协定》框架下有能源、环境、科技信息和政策等近50个议定书，其中包括国家经委、国家科委、教育部与美国商务部在大连合作举办的"工业科技管理干部培训中心"（注：1980年8月18日正式启动；它与1985年实施的中欧管理合作项目，同为国家经委直属的中外合作经济管理和企业管理干部培训项目）。

1979年11月5日至12月6日，根据李先念同志的指示，国家经济委员会代表团应美中贸易全国委员会的访问邀请，以对美国的经济管理、工业管理和企业管理进行考察为重点，分别访问了美国的一些政府机构、工交企业、银行、研究机构、咨询公司和管理协会，并分成三个组分别实地考察了可口可乐公司、福特汽车公司、洛克希德飞机公司等大型企业集团。作为中国政府首个经济代表团访美，之所以引起美国政治界、经济界和学术界的重视，受到美国人民、美籍华人和旅美侨胞（包括台湾同胞）以及有关方面的热情接待，是因为恰逢邓小平同志访美的"九日旋风"余热不减，国家经济委员会访美代表团的考察自始至终处在邓小平同志访美引起的"中国热"的友好气氛之中。国家经济委员会访美代表团形成的《美国经济管理考察报告》，对美国的经济管理、工业管理和企业管理的概貌及其主要特点做了扼要的介绍，还联系我国的管理现状和存在的问题，提出了一些改进的建议。这份访美考察报告与1978年访日考察报告一样，报送国务院并向中央领导同志做了汇报，所提建议不仅在微观层面的企业管理基础上，而且关注中观层面的经济管理，包括关于计划调节和市场调节的有机结合问题、扩大企业自主权问题、军用工业和民用工业的关系问题、外贸问题等。

国家经济委员会赴美访问代表团，由袁宝华同志（国家经济委员会副主任、中国企业管理协会会长）担任团长，邓力群同志（中国社会科学院副院长、中国企业管理协会顾问）担任顾问，副团长有徐良图（国家经济委员会副主任）、叶林（北京市革命委员会副主任、中国企业管理协会副会长）、韩哲一（上海市革命委员会副主任）、张淮三（天津市革命委员会副主任、中国企业管理协会副会长），秘书长是张彦宁（国家经济委员会委员兼局长、中国企业管理协会秘书长），团员有王光中（辽宁省革命委员会副主任）、刘昆（国家经济委员会委员兼局长）、孙尚清（中国社会科学院经济研究所副所长、中国企业管理协会副秘书长）、康心浩（国家经济委员会副局长、中国企业管理协会副秘书长）、温厚文（国家经济委员会副局长、中国企业管理协会理事），工作人员和翻译有杨庆文（国家经济委员会副处长）、伍子杰（国家经济委员会副处长）、韩家增（国家经济委员会秘书）、常伦楷（冶金工业部翻译）、俞肇基（天津大学无线电系技术教研室主任）、和铭（中国企业管理协会秘书）。

1980年2月，根据国务院领导同志的批示，国家经济委员会赴美访问代表团的考察报告——《美国经济管理考察报告》，与美国联邦、州、市政府机构及金融机构、企业集团等提供给代表团的“美国政府和企业的关系”“美国经济特点和财政金融政策”“美国的能源”“美国州政府在经济领域中的作用”“美国市（地方）政府同工商业的关系”“美国银行在经济中的作用”“美国多家企业的经营管理”以及美国统计摘要等资料一起，由企业管理出版社结集出版《美国经济管理考察》一书。

（注：根据《日本工业企业管理考察报告》的建议，国家经委报经国务院批准，中国企业管理协会于1979年3月3日成立，袁宝华同志为中国企业管理协会会长，邓力群同志为中国企业管理协会顾问，张彦宁为中国企业管理协会秘书长。1999年4月22日，中国企业管理协会更名为中国企业联合会）

在第五届全国人民代表大会常务委员会第十三次会议的汇报*

——关于 1979 年工业交通生产情况和 1980 年任务设想

（企业改革部分的节选）

（1980 年 2 月 9 日）

委员长、各位副委员长、各位委员：

现在，我受国务院的委托，将 1979 年工业交通生产情况和 1980 年的任务，做一简要汇报。

一　1979 年工业交通生产情况

全国工业交通战线根据党的十一届三中全会和五届人大二次会议精神，在党中央和国务院的领导下，从去年开始，把工作的着重点转移到社会主义现代化建设上来，认真贯彻调整、改革、整顿、提高的方针，充分调动和依靠广大职工的社会主义积极性，深入开展增产节约运动，一面调整，一面前进，获得了可喜的成绩，夺取了四个现代化第一个战役的初步胜利。

……

6. 扩大企业经营管理自主权，把企业的经济责任、经营效果和利益结合起来，充分调动企业的积极性

去年，经国家批准进行扩大企业经营管理自主权的试点企业，全国已有 2000 家，连同省市自行试点的企业，总共达 3000 多家。这些企业都是经过整顿，生产和管理工

* 1980 年 2 月 5~12 日，第五届全国人民代表大会常务委员会举行第十三次会议。本文是袁宝华同志 1980 年 2 月 9 日在会议上汇报内容的节选。原文全文首发于《袁宝华文集（第一卷）》（企业管理出版社，1999，第 175-182 页）。第五届全国人民代表大会常务委员会第十三次会议情况，请参见全国人大常委会办公厅研究室编著《全国人大及其常委会大事记（1954~1987）》（法律出版社，1987，第 280-281 页）。

作比较正常的。从去年短短几个月的试点情况来看，效果是显著的。主要是促进了生产发展，增加了利润收入，加快了技术改造的步伐，改善了企业经营管理，扭转了干多干少一个样，干好干坏一个样，盈利亏损一个样的状况；把国家、企业和职工个人三者的利益更好地结合起来，做到了“三多”，为国家做出了更大的贡献。四川省试点的 84 家地方工业企业，工业总产值比 1978 年增长 14.7%，上缴利润增长 19%。在增长利润中，国家所得占 64%，企业所得占 36%，职工每人平均得到的奖金相当于两个多月的标准工资，体现了国家多收、企业多留、职工多得的要求。云南省试点的 100 家企业，生产发展和利润增长的速度都大大超过了全省的平均水平，实现利润比去年增长 44.9%，预计国家将比 1978 年多收 7000 多万元，企业将多得 3000 万元，职工全年可多得 30 元左右。全国扩大企业经营管理自主权的试点，去年一般还只是搞了利润分成，今年将按照国务院五个文件的规定，逐步扩大其他经营管理自主权的试点内容。

以上这些情况说明，工业交通生产的调整工作，起步是好的，变化是大的，成效是显著的。但是，按照三年调整、改革、整顿、提高的要求，任务还很艰巨，必须继续抓紧工作，进一步统一认识，统一计划，统一步调，加快前进的步伐，把调整工作做得更好。

二　1980 年工业交通生产的任务

1980 年是国民经济调整的第二年。今年的工作，对于夺取四个现代化第一个战役的胜利，具有重要的意义。我们工业交通战线一定要坚持党的领导，巩固和发展安定团结的政治局面，发扬艰苦奋斗的创业精神，建立一支坚持社会主义道路的、有专业知识的干部队伍，继续认真贯彻调整、改革、整顿、提高的方针，广泛深入地开展增产节约运动，确保完成和超额完成今年的国家计划。

……

第九，继续搞好扩大企业自主权的试点，进一步搞好工业改组和企业性公司的试点工作。

目前，全国正在进行扩大企业自主权试点的 3000 多家企业，占全国预算内工业企业总数的 7%，工业总产值的 30% 以上，工业利润的 45% 左右。这些企业，对于全国是举足轻重的。要加强对试点工作的领导，把企业的经济责任、经营效果和经济利益结合起来，做到增产增收。今年内，要按照国务院五个文件的规定，逐步在计划、产销、物资、价格、劳资、人事等方面扩大试点内容，并进一步总结经验，为明年全面推广做好准备。

关于工业改组和组织企业性公司，今年主要抓好各地区、各行业改组工业的规划，继续抓好去年确定的35家企业性公司的试点工作。

第十，认真整顿企业，继续坚持工业学大庆。

目前，全国县以上工交企业共11.1万家，其中大庆式先进企业1.4万家，占13%；大中型工交企业6600家，其中大庆式2700家，占40.9%。从全国大多数工业交通企业特别是大中型企业来看，恢复性的整顿工作已经基本完成。随着全党工作着重点的转移，企业整顿的重点应当转到按现代化建设的要求，以生产为中心，以提高经济效果为重点，提高生产水平、技术水平和管理水平上来。工业学大庆，要学习大庆的好经验，还要学习本地区、本行业的先进经验，广泛开展比学赶帮超活动，评选出一批向现代化进军的先进单位和个人，迎接全国劳模大会的召开。

今年，我们要花大力量来抓企业整顿，一是要按照中央的要求，在企业中建立一个团结一致搞四化的、精干的领导班子。凡是不符合这个要求的，主管部门要负责进行调整。对于至今还在那里闹派性的人，要坚决调离领导岗位。要把那些坚持社会主义道路、年富力强、懂业务技术、有干劲的优秀干部提拔到领导岗位上来。二是要建立严格的责任制度。在党委领导下，生产的组织指挥由厂长全权负责；生产技术工作由总工程师负责，财务工作由总会计师负责。各级、各个环节以及各个岗位、各道工序，都要有明确的责任制。坚决改变那种名义上谁都负责、实际上谁也不负责的状况。三是要普遍实行厂内经济核算制，开展经济活动分析，要抓好各项基础工作，逐步建立起质量管理体系、能源和原材料管理体系、经济核算体系。四是整顿和改进奖励办法。企业内部的奖励制度要整顿。要制止滥发奖金，克服平均主义。对严重违反财经纪律的，要追查责任，严肃处理。五是要结合企业整顿，办好技工学校、业余教育和各种训练班，开展岗位练兵活动，大力加强职工培训，提高干部的管理业务水平，提高工人的文化知识和技术熟练程度。

工业交通战线1980年的任务是十分艰巨的。我们一定遵照党中央、国务院的指示，兢兢业业地做好工作，切切实实地、一个一个地解决实际问题，一天也不放松。我们要认真地研究解决工业交通生产中的经济政策问题，协调好各方面的关系，促进工业交通生产的调整和增产节约运动的深入发展，保证完成和超额完成1980年的国家计划。

文稿解读

1980年2月9日，第五届全国人民代表大会常务委员会第十三次会议，听取国家经委副主任袁宝华《关于1979年工业交通生产情况和1980年任务设想》的汇报。这是新中国成立以来，也是改革开放之后，全国人大常委会首次听取全国经济工作（工交生产和企业改革）年度情况汇报。

1954年9月28日，第一届全国人民代表大会第一次会议决定，李富春为国务院副总理兼国家计划委员会主任。1956年5月12日，第一届全国人大常委会第四十次会议决定，薄一波为国家经济委员会主任（此前先后任财政部部长、国家建设委员会主任。1956年11月16日，第一届全国人大常委会第五十一次会议决定薄一波为副总理）。

1958年之前，每年的全国人大年度会议，是由国家经委主任受国务院委托作年度国民经济计划情况报告。1959年之后，改由国家计委主任受国务院委托作年度国民经济计划情况报告。如：1957年4月18日，第一届全国人大常委会第六十六次会议，听取国务院副总理兼国家经委主任薄一波《关于1957年度国民经济计划的说明》。1957年7月1日，第一届全国人大第四次会议，国务院副总理兼国家经委主任薄一波作《关于1956年度国民经济计划的执行情况和1957年国民经济计划草案的报告》。1958年2月1日至2月11日，第一届全国人大第五次会议，国务院副总理兼国家经委主任薄一波作《关于1958年国民经济计划草案的报告》。1959年4月21日，第二届全国人大第一次会议，国务院副总理兼国家计划委员会主任李富春作《关于1959年国民经济计划草案的报告》。

除了每年例行的国民经济计划报告和国家财政预决算报告之外，全国人大常委会还听取过部分省有关农业等方面的汇报，部分工交商贸等部委的行业报告。如：1955年4月8日，第一届全国人大常委会第十次会议，听取四川省省长李大章关于四川省农业生产和农村工作的报告。1955年4月9日，第一届全国人大常委会第十一次会议，听取广东省省长陶铸关于广东省农业生产和华侨问题的报告。1955年5月4日，第一届全国人大常委会第十四次会议，听取国务院第四办公室主任贾拓夫关于全国轻工业生产方面情况和问题的报告。1959年2月至1966年4月26日，全国人大常委会多次会议先后听取冶金工业部、轻工业部、煤炭工业部、石油工业部、商业部、冶金工业部、水利水电部、农垦部、化学工业部、纺织工业部、邮电部、农业机械部、铁道部、交通部、地质部、第一机械部、林业部、对外贸易部等的行业年度工作和任务情况的报告。

西德、瑞士、奥地利经济管理考察报告*

（1980 年 6 月 4 日）

国家经济委员会访西欧代表团在袁宝华团长的率领下，应欧洲管理论坛的邀请，于 1980 年 4 月 30 日至 6 月 4 日，访问了西德（即联邦德国，本书遵照原文）、瑞士和奥地利，此行主要考察西欧的企业管理、工业管理和经济管理，而以企业管理为重点。

这三国的经济发展水平都较高，按人口平均的国民生产总值，瑞士和西德都在 1 万美元以上，超过了美国；奥地利差些，但也超过 6000 美元。三国都是联邦制，在经济管理上有许多共同之处，特别是德、奥两国尤其相似，瑞士在企业组织上受英美影响多些。由于我们在西德的考察时间较长，因此这个考察报告以西德情况为主。

一　关于企业经营管理的特点

同美、日相比，西德企业经营管理的主要特点如下。

（一）企业的所有制形式比较复杂

虽然都是资本主义企业，但具体形式却有多种，具体如下。（1）由一个或几个家族所有，对外不出售股票。（2）由一个或几个资本家和银行家掌握主要股份，其余的股份分散在较多的股票持有者手中。这类企业大型的较多，其股票进交易所。（3）政府和私人合资经营，有的政府占有主要股份，有的私人占有主要股份，出售股票。（4）联邦政府和州政府合营，不售股票。（5）完全国营，不售股票。

西德的国营经济，在 11 个主要工交行业中，邮政、电信、铁路、航空行业全为国营；电力行业国营部分约占 3/4；煤气和煤炭行业约占 1/2；石油产品、汽车和造船行

* 本文是袁宝华同志担任团长的国家经委访西欧代表团上报国务院的访西欧考察报告，原文首发于《西德、瑞士、奥地利经济管理考察》（企业管理出版社，1981）。

业约占1/4；钢行业全部私营。国营部分的占比，西德和瑞士差不多，奥地利多些。

（二）国营企业，都按私人资本主义经营原则进行管理

国营企业在组织上、经营管理的原则和方法上都和私人资本主义企业一样，除了铁路、高速公路等企业由政府垄断外，其余的都和私人企业在市场上竞争。我们访问私人公司时，他们也认为，自己同国营企业处于平等地位。

虽然如此，国营企业的经营管理水平一般的还是低于私人企业，原因是有些国营企业如铁路，历来就是赔钱的，在公众反对提高运价的条件下，很难转亏为盈；管理人员的个人积极性和责任心也差些。

（三）职工在企业经营管理方面起较大的作用

西德法律对企业的监督委员会、管理委员会和工人委员会的组织和职责，都有明确的规定。

监督委员会，类似美、日的董事会，但它的成员一半是股东代表，另一半是职工代表。监委会的主席一般由股东代表担任，副主席由职工代表担任，但必须取得2/3以上委员的同意。监委会表决问题时，如双方票数相等，主席有最后决定权。监委会讨论并决定企业经营管理的重大方针政策，控制预算，决定管理委员会的人选。凡2000人以上的企业，必须成立监督委员会。

管理委员会，负责企业的日常经营管理工作，管理委员会的主席就是总经理。管委会成员一般都是管理和技术方面的专家，有的是有专长的股东，有的是雇用的专家。

工人委员会，是由全厂职工选举产生，凡雇用5人以上的企业都必须成立。它的主要任务是维护工人的工资、福利、安全等权益，每二年改选一次。工人委员会和企业中的工会是两回事，非会员也有选举权和被选举权。工人委员会的委员数取决于职工人数。法律规定，300人以下的企业，委员人数不得超过7人，并且不设脱产人员；300人以上的企业，委员和脱产委员的人数都相应增多。工人委员会对管理委员会涉及工人权利的某些决定，如解雇工人、调整工资等，有否决权。但不能干预企业的生产经营活动，在这方面只有了解情况和提意见的权利。一般企业，管理委员会为了处理好同职工的关系，在生产经营方面，如购置新设备、增加新品种、改变经营方式等问题，通常都与工人委员会商量。我们在访问奔驰汽车公司等企业时，都有工人委员会代表同管理委员会负责人一起参加接待。

西德工人在企业中的权利较大，并有法律保证。这除了社会民主党的影响较深外，还与德国的特殊历史条件有关。战后，原国营企业被占领军控制，它们要依靠职工恢复生产，给职工代表以较大的经营管理权。私人企业的资本家因与战争有牵连，许多人逃往国外，职工为了生活，组织起来护厂，恢复生产，进行经营活动。后来这些资

本家陆续返回，也不得不照顾已经形成的现实。

（四）管理机构的设置灵活多样

西德企业在经营多样化、生产专业化和协作社会化方面，同美、日没有多大差别。但是，在管理机构的设置上，美国和日本都大体有一个格式，大中小企业的管理机构基本相同。而西德各企业的管理机构却差别很大，企业都根据自己的需要设置相应的机构，而不彼此模仿。如奔吉色化学公司，在管理委员会下设四个管理部门：营业部，负责国内外市场调查、产品推销和原材料采购；技术部，负责研究发展、组织生产、质量控制；财会部，负责经济核算；人事福利部，负责劳动工资、职工福利、职工培训。而普发夫缝纫机公司，由于它们的产品销往130个国家和地区，因而单独设立了由350人（其中包括80名工程师）组成的庞大的技术服务部门。克虏伯电子公司则根据自己的情况，把环境保护、财务管理、成本控制、原材料采购等都划归商务部门管理。奔驰汽车公司认为搞好现代化管理可以归结为“五个M”，即管理、人、钱、设备、原材料（这五个词的英文字头都是M），他们认为好的管理会带来好的技术和好的经济效果，不好的管理可以破坏企业的一切。因此，15个副总经理中有10人分别负责抓这“五个M”，另外5人分别管计划、销售、发展和产品质量。它们的管理机构又有自己的特点，它们按照企业的特点设置相应的管理机构的做法，使管理部门的效率更高，又可避免机构臃肿的毛病。

（五）在技术改造中充分利用旧设备，重视传统的手工技巧

它们在对老企业进行技术改造的过程中，比美国更加重视旧厂房、旧设备的利用，还特别注意发挥传统手工技巧的优势。例如，西德奥尔德分离器公司是1892年建立的老厂，战后陆续购置了一批现代化的数控机床和电子检查设备，但同时保留着战前使用过的一些旧式机床，还专门保留一个手工车间，有一批技术熟练的50岁左右的老工人，专门用不锈钢片镶包分离器的生铁铸件，这种技术可以使分离器的铸铁缸体同全部用不锈钢制造的缸体发挥同样的效用，而成本却大为降低了。在工厂培训的青年工人中还有一批专门学习这种手工技巧的。又如奥地利安德利兹机械公司是1852年建立的，他们把1900年修建的木结构厂房，与50年代扩建的钢筋混凝土结构的厂房连接起来，又同70年代新建的钢结构玻璃厂房连接起来，在现代化生产线的旁边配置有战前使用过的皮带车床，水轮机叶片用手工打磨，他们的口号是“传统加进步”。他们说，木结构的老厂房还能继续使用，并且噪声较现代化钢结构厂房小。旧的16米立式车床采用“三班”生产方式，产量并不比新式自动车床“两班”生产低，质量也不差，如果用新式设备取代，需投资200万美元。由于他们采用这种方法，产品成本比10年前降低了30%，因而竞争力提高了。

（六）劳资关系和工资福利

西德、瑞士、奥地利三国实行自由雇佣制度，企业招工时，劳资双方在工会介入下签订合同。他们对日本的终身雇佣制度不以为然，也不赞成美国那种不稳定的雇佣关系，其职工流动性太大。

三国的工资制度基本上是一样的，工人实行小时工资制和集体计件或超额计件工资制，职员、工程技术人员和管理人员实行月工资制。美国工人的工资形式与西欧相同，但职员、工程技术人员和管理人员则实行年薪制，日本工人和职员一般都实行月工资制，政府官员才实行年薪制。西德和美国都实行能力工资制度，即按技术和实际工作成果拿工资，日本则实行年功序列工资制，只有少数大的电子公司才实行能力工资制。西德人认为，能力工资制更能调动人们的积极性，便于发现人才，使能干的年轻人有充分的用武之地。而日本人认为年功序列工资制符合他们的国情，又能稳定职工在一个企业里长期安心工作。

西德职工平均月工资约 2500 马克，实际工资水平高于日本，与美国相仿。西德按人口平均的居住面积每人在 30 平方米以上，美国不到 30 平方米，日本只有 14 平方米。福利和各种社会保险，美国和日本都相当于工资总额的 30%左右，而西德则达到 50%左右。

西德在福利方面还有以下特点。第一，养老金一律由政府发放，这样，在各个企业工作的工龄都被承认；而不像日本养老金由企业发放，只承认在本企业的工龄。美国也由企业发放，却承认在其他企业的工龄。西德养老金一般占正常交税后工资的 80%。第二，每年除 115 个法定假日外，还有六周的假期，这六周假期工资照发，还要加发 66%（有的企业说是 35%）的工资，用以补贴职工的旅游，这在美、日都是没有的。第三，西德 40%的家庭有私人住宅，企业修建的职工宿舍尽管房租比市价低 50%，本国工人仍很少租用，多半是外籍工人居住。西德职工 2300 万人，外籍工人 200 多万人，有些企业的外籍工人超过一半，外籍职工也享受同样福利。企业职工食堂供应的午饭相当于市价的 30%~40%。第四，根据企业经营情况，除每年给职工多发 1~2 个月工资作为奖励外，一般没有奖金。但对企业有重大贡献的职工，公司以赠送礼物的形式发给奖金，有的可以得到一辆汽车，还有些公司用打折扣的价格每年向职工出售一次股票，这实际上也是一种奖励。

二　关于职业教育和职工培训

西德的职业教育有较长的历史传统。19 世纪末，为适应工业发展的需要，工业界开始对青年工人进行大规模培训。到 19 世纪 20 年代时，学徒工在企业和学校同时培训的双轨制，以及各种职业学校已经很普遍了。战后，职业教育作为重建经济的一部分，受到极大重视。国家规定了受训的专业，联邦各部也制定了各类工作的培训标准；建立了联邦职业教育研究所，负责研究和制定有关政策；全国从联邦科教部、各州政府一直到企业，都有专管职业教育的机构和人员。近几年，各州政府一年用于职业教育的经费达40亿马克，企业用于学徒工培训和职工再教育的费用一年近200亿马克，职业教育与正规教育平行地迅速发展起来。1979年，西德已有各类学校3.5万所，其中普通中小学和正规大学2.6万所，有大学生100万人，中小学生1200万人；各类职业学校9000所，有学生240万人。在15岁到18岁的青年中，每两人就有一人在职业学校学习。全国从学徒工培训到中等、高等职业教育，形成一个完整体系，各州、各市已形成职业教育网。可以说，西德不仅普及了普通中学的义务教育，在某种程度上也普及了职业教育。这对西德经济的发展、技术水平的提高和提高青年就业率、稳定社会秩序，都起了重大的作用。西德朋友一再讲，战后西德经济受到巨大破坏，但是技术人才大部分保留下来了，正是依靠这批技术力量，加上不断培养出大批的熟练技术人才，才能有战后的“经济奇迹”，使西德成为西方生产效率和工资水平最高的国家之一。他们说，“职业教育是西德经济发展的柱石”，“是一个民族能否存在的基础”，这些话是很有道理的。

西德的职业教育和职工培训，在西方国家中是比较突出的，与我们在美国和日本看到的情况相比，有很大不同，其主要特点如下。

（一）国家对职业教育有专门的立法

美国和日本企业也都很重视职业培训，有设备完善的培训中心，花费大量的人力和资金。但是，国家对此并没有专门的立法。西德联邦政府于1969年综合以往有关的立法内容，制定了统一的联邦职业培训法，该法详尽地规定了学徒工与企业签订合同的内容，以及培训师傅的资格、培训车间的性质、国家承认的13类450项培训专业的课程内容和教学时间、对学徒工的考试和对培训的监督检查、对职工进行再教育的培训，等等。各有关方面必须严格执行，违法者要加以追究。

（二）学校、企业对学徒工培训各自负有明确的责任

美国和日本的学徒工培训，都是局限于企业内，招收学徒工后其就作为企业的一员，至于培训内容和怎样培训，完全由企业自定，国家和社会并不干预。在西德，学徒工培训统一实行双轨制教育，即在企业里学实际操作，在职业学校里学理论知识，平行进行，在三年学徒期间，每周三天半到四天在企业学习，一天到一天半在学校学习，双方共同负责培训。学徒工生活费由企业开支，但并不算企业正式人员，毕业后，既可留在本企业，也可到其他企业工作。因此，企业把培训学徒看作对社会承担的义

务之一。

双轨制教育要求各个方面密切配合，互相支持。州政府要根据本州企业有多少学徒工、企业的性质、专业的内容，来确定建立多少和包括哪些专业的职业学校。企业凡是有条件的都要建立学徒工培训车间，每15~20名学徒工，要配备一名专职的培训师傅。有14万名职工的奔驰汽车公司，就有6000名学徒工学习3个专业，由400名专职培训师傅和2500名兼职师傅分别指导。据介绍，目前西德共有学徒工155万人，占就业职工总数的6%。企业在三年内培训一名学徒工，包括工资和教学经费，约需5万马克，培训费约占一些大公司销售额的2%。另外，全国还有400所超企业培训中心，专为缺乏培训能力的中小企业培训学徒工。

（三）对学徒工培训的检查和考核十分严格

在美国和日本，学徒工是否达到技术标准，由企业负责考核，而在西德，却实行严格的社会监督，由西德工商联合会及其在各地的69个基层组织具体负责。所有学徒工与资方签订的培训合同，都要经当地工商联合会审查批准。它们有权到企业检查学徒工培训情况，包括教材内容和教学计划是否适当，学徒工的学习时间、待遇和休假是否得到保证，企业是否有能力培训学徒工等。学徒三年学习期满，由工商联合会组织学校、企业共同考试，合格者发给毕业证书。这个证书不仅在西德，在西欧也都是被承认的，是合格技术工人的文凭。如果由于企业未尽到责任而学徒工不及格，企业要依法赔偿学徒工不能按期成为技术工人的工资差额，其承担培训的资格也会被取消。这种严格的统一的检查考核制度，保证了学徒工培训的质量，使各个行业培训出来的学徒工有大体一致的水平，从而满足了工业部门对技术工人的需要。

（四）对企业在职职工的进修和深造，已形成一个庞大的职业教育网

目前，西德全国共有学徒工职业学校2321所、职业补习学校2862所、中等专科学校956所、高等专科学校165所，这些学校为企业职工进修深造提供了广泛的机会。学徒工毕业工作两三年后，可以考中等专科学校，学习两年，毕业后为技术员；还可以再进入高等专科学校，学习三年，毕业后为助理工程师。在西德有相当一部分技术人员，是通过各级职业学校培训的。这部分学员由于理论与实践结合紧密，专业知识比较扎实，深受企业欢迎，许多大企业的中级领导人员就是高等职业学校毕业生。此外，还有各种业余大学，有一定学历和实践经验而又立志深造的职工，可以利用业余时间进修，学习三年至四年毕业，通过考试可得学士学位。许多州的雇主协会，为培养企业领导人员和管理人员，还开设了设施先进的培训中心，会员企业都可派人去学习。他们对职员进行再教育的形式是多种多样的，有为适应工作要求、形势变化而进行的进修教育，有为调整行业和工作而进行的改行教育，也有为交流同行业经验、提

高水平而举办的各种短期培训。时间可长可短，形式灵活多样，既可为许多企业组织同一专业的学习班，也可为某个企业解决某个问题在企业里举办专题学习班。

（五）对职工中残疾人员进行改行教育，是西德职业教育的一大特色

我们在西德参观了两所残疾人员再就业职业学校，留下了很深的印象。凡企业在职职工由于各种事故、职业病或其他原因，造成某种残疾，不能从事原来职业的，都可以申请接受改行教育。通过18个月的训练，掌握一门新的力所能及的专业。这两所学校都有第一流的教学设施，所设的专业又是社会上急需的，因而学员毕业后能很快找到新的工作。据介绍，全国有21所这类学校，1.5万个学习岗位，基本上能满足需要。平均一个残疾者，在一年半学习期间，需要花8万马克（包括赡养家属费用），这笔钱在州的社会保险费内开支。在美国和日本，虽然也有社会保险，残疾后一般是靠养老金过活，但还没有像西德这样，把社会福利和职业教育结合起来，使残疾者尽可能重新恢复工作。

三　关于税收制度

西德、瑞士、奥地利的财政收入同美、日一样，主要也是靠税收。1980年西德联邦政府财政预算收入为2144.8亿马克，其中税收为1780.1亿马克，占83%，其余的17%是向银行贷款、发行公债和其他收入。税收是政府干预经济的重要杠杆，又是政府活动的重要经济来源。因此，这些国家对税收非常重视。

（一）实行多税种，多次征收的复税制

这种复税制是资本主义国家税收制度的一个共同特点，税种大同小异，所不同的主要是税率的高低和税收的管理与分配。西德共有50多种税，其中占收入比重较大的，只有四五种。

1. 个人所得税

个人所得税约占全国税收总数的43%，按累进税率征收，起征点为年收入3029马克，最低税率为22.5%，年收入在13万马克以上者，按最高税率56%征收。个人收入的计算范围，包括工资和分得的股息、红利，个人经营收入，各种佣金、稿酬等。

2. 公司所得税

公司所得税约占全国税收总数的6%，按比例税率（即个税率）征收，税率为56%，由公司按其实现的利润在规定的期限内交纳。无论国营企业、私营企业，或国家同私人合营企业，都征这种税。

3. 增值税

增值税即销售税，约占全国税收总数的21%以上。凡属工商企业活动的业务收入，

不管经营目的和经营效果怎样，都要按产品销售或经营业务收入征收。按企业商品或劳务销售收入中的增值部分（即在销售收入中减去为生产和经营这种产品而购入的原材料、燃料、动力、低值易耗品、零配件和其他外购件的费用以后所余的部分，计算税额。税率为6.5%和13%两种。除生活、新闻、报纸等行业按6.5%的税率征税外，其余行业都按13%的税率征税。在按产品具体计算税额时，还要扣除该项产品在生产过程中已交的税款。例如，一辆小汽车出厂价为1万马克，按13%的税率征收增值税，税款应为1300马克，可是汽车厂生产这辆汽车时外购零部件5000马克，这部分已按13%的税率交过增值税650马克了，因此，汽车厂就在应交的1300马克中扣除已交的部分，再交650马克就行了。企业外购的零部件，在发货票上都明确记载货款多少，税款多少，以此作为扣除已交税款的依据。增值税由购买者交给销售者，再由销售者上交税收部门。

这种增值税，实行最早的是法国，已有20多年的历史。欧洲经济共同体各国都实行了这种税，其他比较发达的资本主义国家也有的试行，有的正在研究。按这种办法征税，一个产品最后销售时只交一次税，避免征几次税，这就有利于专业化的发展和扩大商品流通。

4. 消费税

消费税约占全国税收总数的11%，是国家为限制某些商品的过多消费而征收的，如对矿物油、卷烟、茶叶、酒等产品，在零售时向消费者征收消费税。税率按单项商品制定，如矿物油每百公升税额为44马克，茶叶每公斤税额为4.15马克，甜菜糖每百公斤税额为6马克。

5. 营业税

营业税属于地方税收，约占全国税收总数的8%。对一切营业机构都征这种税，按工商企业利润、资本总额（包括固定资本和流动资本）和支付工资总额三个方面分别计算，对利润征5%，对资本总额和工资总额征2%。但各州政府可以规定起征点和改变税率，如不来梅州就规定对利润额按12%征收。

以上五种税收，占全国税收总数的90%左右。此外，还有关税、财产税、继承税、土地买卖税、汽车税、彩票税、交易所税、保险税、汇兑税等。

西德的税收，按纳税人划分，主要是两大类：一类是直接税；另一类是间接税。直接税占税收总数的60%，间接税收占40%。全国税收占国民生产总值的25%左右。我们在考察时，听到一些企业职工讲，一般企业的利润约有2/3交了税，一般职工个人收入约有20%交了税。

（二）税收立法权集中在联邦政府，收入由三级政府分配

西德是联邦制，有11个州，州下面设区。三级政府的权限按宪法规定执行。财政

上也分为三级预算，各级预算由各级政府按规定程序确定，地方政府的独立性较大。联邦政府的财政预算，不包括地方两级预算。

税种、征税对象、税收分配，都由联邦议会统一立法，具体的税收条例、细则、法令，则由联邦财政部制定。州和区政府在执行全国统一的税收政策和法令时，按规定也有一定的机动权。地方有权对某些地方性税收根据实际状况规定起征点和加成；有权开征某些特殊捐税，如娱乐税、狗税等；有权对地方性税收采取某些临时性减免措施等。

在税收管理上，则把各项税收分为三级政府的共享税收和各级政府的固定税收。重要的、大宗的税收，包括个人所得税、公司所得税、增值税、营业税（属地方税收），约占全国税收总数的72%，统称为共享税，由三级财政分成。分配比例是：个人所得税，联邦和州各为43%，区为14%；公司所得税，联邦和州各为50%，区没有；营业税，联邦和州各为20%，区为60%；增值税，联邦为67.5%，州为32.5%，区没有。联邦从分得的增值税中要拿出1.5%补助经济条件差的州。上述个人所得税、公司所得税和营业税的分配比例，固定若干年不变，增值税的分配比例，每两年由联邦和州协商调整一次，据说争吵很凶。

各级政府还有各自的固定的税收。属于联邦的有：关税、资本流动税、保险税、汇兑税、消费税、一次征收的财产税等。这部分税收占全国税收总数的12%。属于州的有：财产税、继承税、土地经营税、机动车税、啤酒税、彩票税、防火税、赌博税等。这部分税收占全国税收总数的5%。属于区的有：营业税（留60%）、土地税、地方消费税（如狗税、饮料税）等。这部分税收占全国税收总数的11%。

从预算收入上看，各级政府分得的共享税，再加上自己的固定税收，占全国税收总数的比重是：联邦为48.7%，州为34.7%，区为13.6%。此外，欧洲经济共同体抽去3%。据西德财政部讲，税收在各级预算分配多少，主要是根据各级预算承担的支出确定的，划给的收入基本上可以解决支出的需要。

各级预算的支出项目是：联邦支出，包括国防费、外交费、重大的建设投资（如铁路、公路、航运、国有企业）、国家对社会经济的干预拨款和津贴、联邦行政事业费、社会安全费、国债还本付息以及对地方的补贴等。州和区的支出，包括文教卫生经费、市政建设等公共工程投资、社会福利事业、地方治安、公用事业、地方行政机构经费以及地方债务的还本付息等。

为了保证税收任务的完成，各级政府的税务机构都比较健全，征收力量比较强。联邦财政部设关税司、税务司。关税司有140人，负责关税、进口增值税、消费税的征收工作，在各地设有直属机构，具体办理这几种税的征收业务。税务司有130人，负责起草税收法令、条例、方针、政策等文件，掌握各地税收情况，搞好地区间的协调工作，对州和区税务局不是直接领导关系，不能直接发文件和部署工作。各州财政部设税务局，下面有直属税务所，负责征收属于州的固定税收、共享税收和联邦的部分固定税收。区的税务局只负责征收区的固定税收。州税务局和它领导的税务所，对区税务局也没有领导关系，而是相互联系，互通情报。

西德各地根据政府法令，成立了300多家托管公司，这是种私营的股份公司，类似美国的会计、簿记公司。它们的任务是，对企业的账目、财务情况和年终会计报表进行审查鉴定，主要是审查资产和财务状况是否实在，经营活动是否符合国家法令。鉴定后，写出鉴定报告，由企业监督委员会向股东大会报告。托管公司里有近三万名税收顾问，帮助企业按照政府税收法令纳税，解答有关税收问题，并协助企业在不违法的前提下，寻找少纳税的办法。托管公司不直接监督企业交税，但在审查企业结算时，如发现有不按规定交税的问题，也有责任提出质问，因而起间接的监督作用。

（三）运用税收的杠杆作用，贯彻经济政策

西德各级政府不仅把税收视为保证财政收入的工具，而且看成重要的经济政策，利用税收的征免和税率的增减进行鼓励与限制，使税收发挥调整国民经济的杠杆作用。

联邦政府财政部的负责人介绍他们制定税收政策的出发点是：一要保证国民经济适度发展；二要保证充分就业；三要保证有比较稳定的价格；四要保证有比较稳定的货币。为了实现这四条，需要各方面的配合，税收起重大作用。根据经济形势的变化及时确定多征或少征，有助于避免经济大起大落，如增值税，十多年来曾几次提高税率，由10%以下已提高到现在的13%；而为了鼓励投资，公司所得税曾几次降低。联邦经济部的负责人讲，在制定税收政策时，要有利于生产，合理负担，不能挫伤私人积极性，更不能因企业增加生产就过多加税，使他们受到惩罚，要使他们在增加生产中得到更多收益。企业经济情况好时，可适当多征一些，经济困难时，就减少税收。

目前西德在税收上采取的主要奖限措施如下。

（1）为鼓励企业节约能源，改善环境，消除污染，对企业在这方面的投资，给予减税或免税优待。

（2）为鼓励企业增加投资和资本输出，对企业的新投资，给予减免税照顾。如企业用利润在发展中国家投资，可免税；在非发展中国家投资也可减税。

（3）为鼓励企业发展对外贸易，对出口商品免征增值税。

（4）为鼓励私人建房，对私人新建房屋，在税收上有所减免。如果私人向银行贷款建房，对银行的这部分业务收入，税收上也给予优惠。

（5）为鼓励试制新产品，对一些新产品实行免税，如对“空中客车”飞机。

（6）为限制某些商品过多消费，就提高消费税，如提高赌博税和狗税等。

（7）对外国人在本国办的企业，同本国企业一样，一律按照本国的税收法令征税。在国外投资办的企业，则按所在国税收法令纳税。如果有些总公司对国外分公司

的利润统一核算，在国内征收所得税时，则扣除在国外交纳的那部分税款。西德还同一些国家（如美国）签订了避免双重课税的协定，有的还实行互免税收。

四　关于银行和有价证券交易所

西德、瑞士、奥地利等三国的银行都是多样化的，大体上分为：联邦银行（国家银行）、商业银行、专业银行等几大类。随着经济的增长，银行的数目不断增加，西德目前已有各类银行和信贷机构 6000 多家，加上他们的分支机构，达 4 万家以上。

（一）联邦银行

联邦银行是国家银行，却又独立于政府，银行有支持政府工作的一般义务，但政府不能对银行发布指示。联邦银行对金融政策和货币发行有决定权，政府如有不同意见，可在联邦银行做出决定后的 14 天以内提出，如政府没有不同意见，14 天后即执行。

联邦银行的资本归政府所有，但不受国家财政需要的束缚。财政如需要向银行借短期贷款，或发行债券时，也和一般债务人一样，要按照严格的规定，向银行提供资料，履行债务手续，支付利息，承担义务，到期结算。

联邦银行是根据法律运行的。法律对联邦银行的职责范围及其独立性，都有明确规定，如保卫通货，调节货币流通，保证各银行在国内和国外的正常收付等。议会有权修改法律，但不能干预联邦银行的工作。法律还授权联邦银行在规定的限额内对联邦政府和州政府，对铁路、邮政等特定机构发放短期贷款。

联邦银行负责发行纸币，但发行铸币的权力归联邦政府。铸币发行总量按人口计算，每人平均不得超过 20 马克。法律规定，政府不得用大量铸币代替纸币，侵犯联邦银行的职权。

联邦银行的领导机构为联邦银行理事会，由 19 个理事组成，其中 11 个理事是各州的银行行长，8 个理事是西德联邦银行的领导人。理事会是联邦银行的最高权力机构，理事会的决定由行长、副行长负责执行。行长、副行长由政府提名，议会通过，总统任命，任期 8 年。据说任期长，是为了保证联邦银行的独立性。

西德联邦银行是在 1957 年由各州银行和德意志银行合并而成（原来这些银行是在 1948 年货币改革时建立的）的，至今仍保持联合组成的特色，以各州银行作为区域性机构，但各州银行在处理本州业务方面有相当的独立性。

各州银行的业务活动，过去只限于本州的范围，但实际上早已突破，现在基本上无地区性限制，可以把业务扩展到全国及国外，以便配合自己的客户在全国和国外开展业务。

（二）商业银行和其他各类银行

这些银行有的是股份公司性质的大银行，有的是以公共经济单位投资为主的专业银行。它们也都是独立的金融企业，联邦银行只是在金融政策、贴现率、存储准备金等方面对它们施以影响，以控制金融市场，而不能干涉它们的业务。它们的业务活动根据法律规定进行。有关法律的主要内容大致如下。

（1）银行经理必须是学过银行专业的；

（2）银行贷款有限额规定，以保持信贷平衡；

（3）银行要保证一定的现金储备，以保证存款的提取，法定储备金存联邦银行；

（4）银行不能对一个企业贷款过多，防止垄断和控制；

（5）政府不能直接指挥银行；

（6）各银行的存贷款利率，参照联邦银行的贴现率，自行规定，联邦银行加以监督。联邦银行贴现率的确定，一般是在市场资金紧缺、经济衰退时，就降低一些，以放宽信贷；当经济扩张，资金充足时，就提高一些，以紧缩信贷。基尔市德意志银行目前的私人存款年利率为5%~8%，私人贷款年利率为13.5%，公司贷款年利率为12.5%，联邦银行对他们的贴现率是年利率7.5%。

这些银行对贷款的发放和监督是非常严格的。特别是投资性贷款的条件相当苛刻，贷款企业必须：一是可靠，领导人有管理经验和信誉，投资中有20%以上的自有资本；二是符合国家经济发展方向；三是能赢利，并有按期偿还贷款的能力。具有这些条件的企业，还要履行下列手续，接受银行的审查。

（1）要提供最新的资产负债表，经过审查认为这个企业的现有经营情况是好的，而且前景也乐观，才给贷款。

（2）审查企业原有生产能力的发挥情况，新投资所增加的新生产能力能否发挥作用，有无原料来源和动力保证，国内同行的生产情况、国际市场情况，有无市场和竞争能力。

（3）了解新产品的技术、质量、成本和利润等。

（4）确认企业的管理人员特别是领导人员是否善于管理企业。

经过审查，认为有条件贷款时，方与企业商谈贷款数额、利率和期限。贷款合同签署后，企业还要继续向银行提供有关报表。如经营情况恶化，银行有权要求企业提出抵押保证，用产品销售收入归还银行贷款；如企业破产，银行有权拍卖企业的财产，抵偿银行贷款。银行的这种权利，受法律保障。

各银行在实际信贷活动中，也有一定的灵活性，如对有信誉的老客户和有基础的大企业，资金或经营一时出现困难，贷款的条件相应放宽。对一些有老关系，且经营好的企业，给予优惠利率，一般比正常利率低1/3或1/4。

随着社会经济的发展，各类银行的业务活动已没有明显的划分。原来的商业银行，专门吸收工商企业和民间储蓄，并发放短期周转性贷款。专业银行，则专门从事投资贷款业务。现在，除了联邦银行的任务未变以外，其余各类银行已区别不大。它们既吸收存款，又发放贷款；既放短期贷款，又放中长期投资性贷款；既从事货币信贷业务又从事证券交易和各种抵押贷款。同时各地银行也打破了区域界限，既在本地进行信贷业务，又在外地以至国外贷款和投资。银行通过股票和证券交易，占有不少工业企业的股份，工业企业也大量占有银行的股份，金融资本和产业资本互相渗透的趋势不断加强。此外，通过国际证券交易，不少企业和银行还握有国外资本，他们也直接向国外投资，资本国际化的势头也在发展。

（三）有价证券交易所

有价证券交易所是资本主义社会不可缺少的经济活动场所。西德共有八个有价证券交易所，分布在各大城市。在交易所里进行交易的有两种证券：一种是大股份公司的股票；另一种是通过银行发行的固定利息的各种有价债券票证。股票和债券有西德国内的，也有外国的。

交易所是由有资格的银行和经纪人作为会员组成的，只有本所会员才能在本交易所进行买卖。企业和私人如买卖证券，都要通过银行和经纪人进行。参加交易所买卖股票的公司，必须向交易所董事会申请，并提供经营情况，经审查批准。西德有 20 万家较大的股份公司，其中 2000 家的股票允许进交易所。

交易所开放时间较短，如我们访问的法兰克福和杜塞尔多夫股票交易所，每天从 11：30 到 13：30 开放两小时。全国 8 个交易所保持密切联系，每日开盘价格尽量取得一致，两小时内票证价格大约波动 2%~10%。法兰克福交易所两小时内成交 1 万~2.5 万笔买卖，价值约 4 亿马克。

据介绍，交易所的作用主要是：（1）给投资者提供投资的机会；（2）把社会上的闲散资金集中起来，提供给大企业，保证大企业有足够的资金；（3）保证投资者随时抽回投资，选择新的投资对象。

交易所作为“银行的市场”，对经济活动起着重要的作用，它同时也是资本家投机、冒险的乐园。

五　对西欧盛行的所谓“社会资本主义”的剖析

我们在访问三国的过程中，特别是在西德和奥地利，政府官员、经济学教授、银行家和企业家都异口同声地宣传“社会资本主义”。他们说，“社会资本主义”也可以叫作“资本社会主义”，或“人道的社会主义”。按照一些教授和某些资本家的讲述，其主要内容可以归纳如下。

第一，企业经营的目的改变了。企业是社会中的一个小集体，它与政府、用户、股票持有者、银行、原料提供者、外国、企业周围的居民和企业职工等八个方面发生密切的联系。因此，企业经营管理的首要任务或目的，就是处理好这种“社会伙伴关系”，使各方面的利益和要求得到平衡，只有在这个前提下，才能谈利润问题，利润只是企业活动的目的之一，而不是唯一目的。

第二，政府对经济适度干预。经济的发展，不能绝对放任自流，政府应起一定的管制作用。反对政府对经济进行任何干预，或者过分强调政府对经济的直接控制，都是对经济发展不利的。但政府对经济的干预主要应限于收税和使用税收方面。

第三，实行资本分散化。这是刺激人们关心经济发展和提高投资积极性的重要手段，也是使“财富平均化”、保持社会安定的一个条件。目前，西德 2300 万职工中，近 20%的人持有股票；在 500 多万名股票持有者中，有 75 万是工人，约占股票持有者的 15%；西德 1/3 的家庭有股票。

第四，推行劳资合作制度。为此，政府颁布了雇佣者与被雇佣者“共同决定法”和其他有关法律。企业有工人委员会，以维护被雇佣者的权益；企业的监督委员会，对企业的重大问题实行劳资双方的“共同决定”。

第五，建立全社会性的社会保险网。通过法律强制性地建立包括养老、失业救济、医疗等名目繁多的社会保险，以及各种津贴和各种奖学金等。还规定经济衰退时期企业不得解雇工人，如果企业倒闭，必须负责给将要离厂的职工找工作，在等待工作期间企业要负责进行技术培训。

实际上，所谓“社会资本主义”就是战后流行一时的“人民资本主义”，它是社会民主党一向鼓吹的“阶级调和”“阶级合作”思想在新条件下的变种。现代资本主义企业的终极目的就是追逐最大限度的利润，否则就不成其为资本主义企业了。尽管平均利润率有下降趋势，社会福利支出也越来越多，但资本家获得的利润额仍在不断增多。德、奥政府对经济的干预比美、日要大些，但这丝毫也不能改变资本家所有制，从而也不能改变资本主义生产的目的。至于所谓“资本分散化”和“财富平均化”，带有更大的欺骗性。西德 75 万名工人手中的股票，仅占全部股份的 5%，只能起些点缀作用，根本不可能起任何决定作用。企业中的工人委员会虽然在维护工人的福利和正当权益方面有一定作用，然而对于企业的投资方向和重大的经营管理方针还是无权过问的。监督委员会中的职工代表，可以提出各种意见，但最后决定权还是掌握在由股东代表担任的监委会主席手中。这些国家工人的工资福利水平较高，并不是资本家发善心，而是工人阶级长期斗争的结果。各种福利，实质上无非是把工人创造的剩余价值的一小部分，用各种福利的形式还给工人罢了。西德社会秩序比美国好些，犯罪率比美国低，但 1978 年每 10 万名公民中仍有 2000 人被判刑，高达 2%。可见，“社会资本主义”的宗旨，就是为了模糊无产阶级和资产阶级的界限，麻痹工人的觉悟，维护资产阶级的统治，为垄断资产阶级的利益服务。

“社会资本主义”的泛滥，还有其深刻的经济上和政治上的原因。西德的经济发展速度较快，1950年工业生产就超过了战前水平，1977年工业产值已居西方第三位，仅次于美、日。1978年与1970年相比，国民生产总值增长88.9%，同期职工工资增长近一倍。通货膨胀率1979年为4.5%，今年将上升到5.8%；失业率去年为5%，今年略有下降，约为3.8%。通货膨胀率和失业率比其他发达资本主义国家为低，工资福利水平较高，从而社会秩序较为安定，罢工事件也很少。这就为社会资本主义思潮的蔓延，提供了较为有利的社会经济条件。而社会民主党长期执政，则是“社会资本主义”盛行的政治条件。

有些经济学家和企业家对我们说，福利主义已走进了死胡同。失业救济金太多，不是鼓励勤劳，而是鼓励懒惰，人们不愿干脏活、累活，有的人领救济金却住到西班牙去当“寓公”。高工资和多福利还吸引南斯拉夫、西班牙、希腊、摩洛哥等国的工人大量涌入，外籍工人的不断增加已经成为一个严重的社会问题，是政府的沉重包袱。

六　几点想法和建议

西德、瑞士和奥地利都是资本主义国家，社会制度与我们根本不同，但它们的经济管理方法中，却有许多是科学的，是适应社会化大生产要求的东西，值得我们借鉴。

（一）关于老企业技术改造问题

我们在西欧三国看到，它们在实现工业现代化的过程中，在发展某些尖端技术和新兴工业部门的同时，主要依靠原有工业企业的技术改造，从而大大加快了整个国家工业现代化的进程。他们强调，这样做资金省，见效快，工人易于掌握，管理人员易于管理，并且可以保持就业的规模，避免引起社会动荡。曾到中国访问过的奥地利安德列兹机械公司总经理说，大型的现代化的成套设备，如果不能充分发挥作用，那就要积压很多资金，因此在引进大型先进技术设备的同时，也应引进必要的“中等程度技术”。中国劳动力多，技术基础还不强大，用中等技术改造原有的工厂，会取得较大的经济效果。

这些话很中肯。其实，任何时候，任何国家，技术的先进、中等和落后都是相对的，在工业发达国家，最先进的技术也是少量的，中等技术则是大量的。我国搞工业现代化，资金不足，技术水平起点低，但已建设起来的工业基础却相当庞大。在这种情况下，用先进技术和中等技术改造老企业，对加速工业现代化具有特别重要的意义。过多地引进先进的成套设备，建设大规模的现代化企业，不仅财力负担不起，在组织生产和经营管理方面也会出现许多困难，不易迅速取得经济实效，这方面我们是有深刻教训的。特别是在调整时期和今后一个相当长的时期内，在积累率逐步降到25%的情况下，似应下决心砍掉一些新摊子，把引进的技术和设备主要用在原有企业的技术改造上。如果能从2000多亿元的流动资金中挤出一些油水，也应考虑主要用于老企业的技术改造，而不应用于基本建设。同时应很好地总结“挖、革、改”的经验，加强指导，提倡职工把关。

（二）关于联合化和经济核算问题

西德、瑞士、奥地利和其他发达的资本主义国家一样，许多公司、工厂、银行之间都存在资本交叉和各种形式的联合。这是在自由竞争推动下，顺应社会化大生产的要求，必然出现的现象；也是为了适应瞬息万变的国内外市场的情况，发展企业经营多样化的需要。他们有的实行企业合并性的联合，有的只有资本的交叉，企业各自仍保持原来的独立性。任何形式的联合，都实行公司内部的权力分散化，各生产单位和经营单位独立核算，自负盈亏。有的按产品进行核算，类似美、日的事业部制；有的按生产厂核算。核算单位如连续三年赔本，就要撤换经理或关闭。

他们的这些做法，使我们联想到，在社会主义制度下，有计划地引导和发展各企业、部门、地区之间的联合，既是生产社会化的要求，又是提高经济效果的一项重要措施。中央及时提出保护竞争、促进联合的方针，是完全正确的。我们有可能避免资本主义制度下那种自发的联合所带来的某些混乱和损失，但是现行的经济管理体制，却给联合化造成了各种障碍。看来，在扩大企业自主权试点的基础上，打破行政区划、部门和所有制的界限，按经济区划、用经济办法搞各种形式的联合，是完全必要的。在联合的时候，应当强调各生产、经营单位的独立核算和自负盈亏，以避免“大锅饭”的弊病。

（三）关于城乡差别和工业分散布局问题

人们都说西德的城乡差别较小，我们看了以后也有同感。西德100万名人口以上的城市只有汉堡、慕尼黑和西柏林，绝大多数工业企业分散在中小城镇，工业较集中的鲁尔地区，也是分散在该地区的中小城镇，而中小城镇又是较现代化的。城乡差别主要在精神文化生活方面。

这种状况是长期形成的，从根本上说是生产力高度发展的结果。我们过去把城乡差别问题通常首先当作社会制度问题和生产关系问题，这种认识有很大的片面性。在西德，随着生产力的不断发展，交通运输业，特别是公路非常发达，又大兴莱茵河、易北河等大水系的舟楫之利，再加上战后在重建和发展工业的过程中，为避免大城市的迅速扩大所带来的住房、交通、污染、服务等方面的困难，他们逐步在广大中小城镇创造了发展工业的各种有利条件，如交通、输电、公用事业、服务事业、教育、卫生等。西德实行联邦制，各州竞相吸引投资，以便有更多的税收，求得本州的繁荣，这无疑也促进了工业的分散化。

我们现在已经深受大城市不断膨胀之苦，近几年来虽然不断强调控制大城市的进一步发展，但收效甚微，其原因是多方面的，最根本的原因，可能是我们未能有计划地创造工业分散化的各种社会经济条件。在这种情况下，即使强令某些工业在边远地区建厂，也不能很好地发挥经济效果。至于人心思城，更是因为外地的工作和生活条件比大城市相去甚远造成的。因此，在我国现代化建设的今天，西德这方面的经验是很值得我们注意的。

（四）关于职业教育和学徒工制度问题

在西德，小学四年毕业后（即10岁）考虑选择发展方向，成绩优异的上9年制中学，准备将来升大学；大多数上五六年制普通中学，再通过各种职业学校，学习专业，准备就业。这种教育与就业相结合的体制，有很大优越性。我们今后在城市中也应只普及初中教育，少数成绩好的学生上重点高中，升入大学；同时把相当一部分普通高中改为各种专科学校、技工学校，加上企业办的以及企业与地方合办的各种职业学校，招收初中毕业生，进行职业教育。这样就可为企业需要的技术工人开辟广阔的来源。实行这种改革，必须先从思想上打破那种正规教育高于职业教育并将两者截然分开的传统观念，把职业教育纳入正规教育，并从计划上、经费上加以支持。这将有力地促进我国职工队伍文化技术素质的迅速提高，也有利于安排青年就业。

我国工业企业现有学徒工158万人，占全民所有制工业职工的5%，现行的学徒制度有不少弊病：一是学徒进厂就成了“铁饭碗”，不论学习好坏，三年期满，按期转正，不利于学徒工钻研技术；二是缺乏明确的技术标准和严格的考核，出徒水平悬殊，不能保证质量；三是企业没有明确责任，有的企业把学徒工单纯当劳动力使用。今后可否逐步将企业招工改为招生，学徒与企业订立培训合同，学徒期间不算就业，学业期满，考试合格，才能成为企业一员，不合格的要延长学习时间或加以淘汰。同时，主管部门应制定本行业学徒工的培训内容和标准，毕业考试要由主管部门和工会、共青团联合主持。大企业要建立徒工培训车间，中小企业可联合举办培训中心。同时建议由有关部门选择几个有条件的企业，搞“双轨制”教育试点。

（五）关于税收制度问题

税收的杠杆作用本身，既可以为资产阶级服务，也可以为无产阶级服务。我国的税收，在三大改造时期和社会主义建设时期，都发挥过重要作用。但是，由于林彪、“四人帮”的干扰破坏，前些年有人主张取消税收，目前有些人仍然存在“厌税”情绪。

看来，为了更好地发挥税收的杠杆作用，应当逐步建立一套适合我国具体情况的税收制度。西德等资本主义国家税制非常烦琐，而我国目前的税制又过于简单，对国营企业只征一种工商税，对集体企业除征工商税外，再按利润征一种所得税。而且国家的收入主要靠利润上交，而不是靠税收。这种做法不可能适应复杂的经济情况，不利于发挥税收的杠杆作用，特别是在开展对外经济交往中，人家税种多，我们税种少，经济上吃亏。因此，我们似应适当增加一些新的税种，譬如用增值税来解决现存的重复征税从而不利于专业化协作发展的问题；用资源税来解决级差收入的问题；用国营企业所得税来逐步取代利润上缴制度等。税制改革，可考虑先定个范围进行试点。

（六）关于外贸问题

在我们同西欧三国有关人士的接触中，他们提出以下一些具体问题值得我们注意。

（1）西德联邦政府外交部、财政部和经济部的负责官员都向我们提出，为了进行长期合作，希望尽快签订政府间的投资协议，以便为私人在华投资提供政府担保，免除私人投资者的顾虑。据说西德政府提出的协议草案已交我国政府，希望尽快答复。

（2）西欧三国的企业家普遍反映，想同中国做生意，但对中国情况了解太少，不得其门而入。有人提出，想进口中国草药，不知找哪个部门联系。有的沥青公司想同中国订合同，也不知找谁。他们希望中国提供各外贸公司的业务范围、组织情况和具体地址的宣传材料。

（3）他们对我国合资经营法的细则和有关的税法等非常关心，希望尽早公布。

由于考察时间较短，反映的情况和提出的建议，可能有片面性，仅供参考。

附：国家经济委员会访西欧代表团名单

团　　长　袁宝华（国家经济委员会副主任、中国企业管理协会会长）

顾　　问　马　洪（中国社会科学院副院长、中国企业管理协会副会长、北京大学教授）

副 团 长　徐良图（国家经济委员会副主任）

　　　　　郝田役（天津市人民政府副市长、中国企业管理协会副会长）

秘 书 长　张彦宁（国家经济委员会委员兼局长、中国企业管理协会秘书长）

团　　员　孙尚清（中国社会科学院经济研究所副所长、研究员，中国企业管理协会副秘书长，北京大学教授）

　　　　　牛立成（财政部税务司副司长）

　　　　　邱　晴（中国人民银行总行计划司副司长）

　　　　　温厚文（国家经济委员会副局长、中国企业管理协会理事）

潘承烈（中国企业管理协会副秘书长）
李廷武（国家经济委员会处长）
工作人员　韩家增（国家经济委员会秘书）
翻　　译　常伦楷（冶金部翻译）
王志佑（北京大学西语系讲师）
詹　颖（国家经济委员会工作人员、中国企业管理协会秘书）

文稿解读

1980年4月30日至6月4日，国家经济委员会访西欧代表团，应欧洲管理论坛[①]的邀请，访问了瑞士、西德和奥地利。此行主要考察西欧的企业管理、工业管理和经济管理，而以企业管理为重点。在上报国务院的调查报告中，着墨较多的是关系企业发展的宏观经济体制，如社会保障、税收制度、财政体制、金融体系、外贸体制、职业教育以及经济布局等。同时，考察报告从我国实际情况出发，借鉴这些西欧国家的经验，针对现实问题并结合此前访日和访美情况，提出具有前瞻性的关于我国经济体制改革和企业改革的一系列建议。1978~1980年三年三次访问考察，国家经委代表团的人员构成，由国家经委、中国社科院和部分省市主管经济工作的负责同志，到包括财政部、中国人民银行等部门有关负责同志参加，这一变化也反映在考察报告的主题和基调逐步由微观的企业层面、中观的产业层面到宏观的体制层面。这些考察报告特别是关于经济体制和企业改革的政策建议，对我国改革开放和经济发展的深远影响与历史意义是不言而喻的。

《西德、瑞士、奥地利经济管理考察报告》与国家经委代表团访日、访美考察报告一样，从经济管理、经济理论等方面分别向中央领导同志做了汇报。考察报告在报送国务院之后，根据国务院领导同志的批示，与欧洲管理论坛以及联邦德国、奥地利、瑞士等国政府部门或机构提供给代表团的“欧洲工业竞争性”“德意志联邦共和国社会市场经济三十年”“德意志联邦政府1980年度预算报告”“关于提高中小企业的效率和竞争力问题”“德意志联邦企业法”“德意志联邦职工共同决定法”“奥地利经济和社会的伙伴关系”“德意志联邦、瑞士联邦、奥地利统计摘要”等资料一起，汇集成册由企业管理出版社出版发行《西德、瑞士、奥地利经济管理考察》一书。

在西欧三国访问考察中，欧洲管理论坛还安排了代表团到基尔世界经济研究所（注：该所下设四个研究室，分别研究经济增长和经济预测、发展中国家的经济发展及

---

① 欧洲管理论坛亦称达沃斯论坛，由施瓦布教授创办于1971年，1986年举办第16届年会时改称世界经济论坛。中国第一次派代表钱俊瑞出席达沃斯论坛是1979年1月的第9届年会；不久，应中国社科院世界经济研究所所长钱俊瑞同志之邀，施瓦布到访中国社科院，经中国社科院副院长邓力群同志安排，欧洲管理论坛与刚刚成立的中国企业管理协会建立合作关系，由此中国一直出席每年一度的欧洲管理论坛。1980年6月3日，袁宝华同志率领国家经委访西欧代表团到瑞士日内瓦访问欧洲管理论坛总部，袁宝华与施瓦布达成共识，自1981年开始，由中国企业管理协会与欧洲管理论坛在中国共同举办“企业管理国际研讨会”，即后来在大连、天津举办的“夏季达沃斯论坛”。

其对世界经济活力的影响、发达国家的经济结构和经济增长、包括欧共体在内的世界各区域经济发展问题等）等著名经济研究机构访问。1980 年 6 月 2 日，袁宝华和施瓦布在维也纳共同主持欧洲管理论坛与国家经委访西欧代表团举行的“德语国家研究与中国经济合作讨论会”，国家经委访西欧代表团顾问、中国社会科学院副院长马洪同志，受袁宝华同志的委托，介绍了代表团访问西欧三国的观感。为此，在本文文后将马洪同志的《西欧三国工业管理观感》、孙尚清同志的《西欧经济管理考察札记》等经济理论专家文章作为附录，以便读者从学术角度了解这三次访问考察对我国经济理论的重要影响。

2018 年 12 月出版的《见证重大改革决策——改革亲历者口述历史》收录的张彦宁同志纪念改革开放 40 周年的《亲历国有企业改革的决策过程》一文，就当年参加的袁宝华同志带领的国家经委代表团，分别考察日本、美国和西欧的深远影响和历史意义，写道：“那时候，中央提倡领导人多出去看一看，看到了差距，大家就容易统一思想。不然，我们想了半天，想不出路子在哪，方向在哪？许多东西，理论上没有说过，大家都不知道。我们是经委代表团，所以几个报告里都建议要抓企业改革试点，扩大企业经营自主权。代表团里几个省市的同志和我们经委的同志认识很统一。报告送上去后，有了回馈，在这期间，经委就按照这个要求，搞扩大企业自主权的试点，选了八个企业，包括首钢。”

文稿附录

附 录

附录 1

西欧三国工业管理观感*

马 洪

根据欧洲管理论坛安排，我受国家经委访问代表团的委托，谈谈我们访问三国的观感。首先要感谢施瓦布教授，由于欧洲管理论坛的周到安排，我们对瑞士、西德、奥地利三国做了一次极为有益的访问，给我们留下了深刻的、美好的印象。我们对于以施瓦布教授为首的欧洲管理论坛的诸位先生，对于以赛福尔先生为首的奥地利的接待单位，对于三国接待过我们的所有单位的女士们、先生们表示衷心的感谢！

我们在 3 个国家，访问过 35 家公司，也访问过银行、经济研究单位、政府部门和大学共 56 家单位，同各界人士，包括工人委员会的代表、企业家、学者、政府负责人进行了广泛的接触。所到之处，都受到热烈欢迎，各单位负责人士亲自接待，亲自带领我们参观，亲自介绍情况并进行友好的交谈。所有这一切，充分体现了三国人民对中国人民的友好感情。同样，中国人民对三国人民也怀着深厚的感情，我们是带着中国人民的友谊而来的，现在是带着三国人民对中国人民的友谊回国的。

诸位很了解，中国人民要争取在本世纪末实现四个现代化。要实现现代化，一方面要总结我们自己的经验；另一方面要向已经现代化了的国家学习。一年多来，我们像蜜蜂采蜜一样，先后访问了日本和美国，现在又到了现代文明发祥地的欧洲，我们是很高兴的。

诸位一定会问：你们访问了许多国家，你们认为西欧和你们已经访问过的国家有什么不同？

同我们已经访问过的美国和日本比较，这次访问的西欧三国，在经济上有以下一些不同点。

（1）通货膨胀率较低。

---

* 本文作者马洪同志是国家经委访西欧代表团顾问、中国社会科学院时任副院长。原文原载《马洪文集（第 3 卷）》（中国社会科学出版社，2010）。

（2）失业率较低。

（3）大规模罢工事件较少。

（4）注意环境保护。

此外，对民族、文化传统都比较重视。虽然三个国家的经济发展是不平衡的，但大体相似。

这是与三国广大的体力劳动者和脑力劳动者的辛勤努力分不开的。

这三个国家都比较注意在维护现制度下调整劳资之间、政府和人民之间、中央政府和地方政府之间的矛盾，使社会经济生活得到相对的安定。在这方面，引起我们兴趣的有以下几点。

（1）比美、日等国重视工人阶级的经济、政治、社会作用，大的企业成立工人委员会，并派一定比例的代表参加监委会。

（2）比较注意社会福利。

（3）比较重视发挥州政府的作用，州有相当大的自治权。

（4）国家通过国家银行和税收机关，对经济的影响较大。

在工业管理和企业管理方面，引起我们重视的有以下问题。

（1）经营的多样化、生产的专业化、协作的社会化。

（2）重视青年徒工的培训，有一套制度，这是保证产品高质量的一个基本条件。

（3）重视老设备、老厂房的充分利用。

（4）大企业都有比较强的科研设计机构做开发工作。

（5）企业的管理机构根据需要设置，灵活多样，不千篇一律。子公司和工厂都是独立核算单位，自负盈亏，有很大的自主权。

这五点，在经济体制的改革中，都是值得我们借鉴的。

我还想提到一点，虽然第二次世界大战对西欧经济的破坏很大，但在经济复兴过程中，美国曾经产生很大的影响。但是，从我们访问的三国来看，都重建了并且大大地发展了自己的经济，并没有美国化，而是保持了自己的传统。正如奥地利的安德列兹总经理舍里奥先生所说：你们是传统加进步。我们认为这是一种好的做法。同样，中国实行现代化，当然要向已经现代化的西方学习，学习你们对我们有益的东西，也要同西方进一步进行经济合作（如合资经营等），但这绝不是西方化。有的人有这种担心，有的人有这种希望，这都是不切实际的。我们的现代化是中国式的，是社会主义的。正如邓小平副总理所说的：我国的现代化是中国式的社会主义现代化。

我们相信，通过欧洲管理论坛两次对中国的访问和我们这次访问，我们同欧洲管理论坛的关系将会更加密切，同三国的经济、技术、思想的往来将会进一步发展。

我已经占用了诸位许多宝贵的时间，现在应当结束我的讲话了。

谢谢各位。

附录2

西欧经济管理考察札记*

孙尚清

一 西德经济发展概况

战后，西德经济发展速度较快。1950年工业生产就超过了战前水平，1977年工业产值已达西方第三位，仅次于美、日。1978年与1970年相比，国民生产总值增长88.9%，同时职工工资增长近一倍。1979年按人口平均计算的国民生产总值已有1万美元以上，超过了美国。

西德的产业结构（产值%）按第一产业（农林牧渔）、第二产业（包括采矿、制造业、建筑业）、第三产业（包括交通运输及邮电、银行、保险、商业、劳务等）来看，1960年为5.7、53.3、41.0；1970年为3.4、53.1、43.5；1980年为2.3、43.0、54.7。

西德农业产值只占国民生产总值的2.3%，但农产品的自给率高达86%，农业机械化，按单位面积拥有的马力计算，居世界第一位（每公顷约400马力）。小麦平均亩产300多公斤。从事农业的劳动力占就业人口的5%，平均一个农民供养28人。

工业生产的发展，大致经历了两个时期。

西德是1949年9月20日成立的。由于第二次世界大战的破坏，又加上美、英、法占领军拆走了697家重要工厂的设备作为战争赔偿，1946年的工业产值还不到战前的1/3，钢产量只有320万吨。

从1948年到1950年为恢复时期。主要的措施有二。一为币制改革，1948年6月20日取消旧币，每人发40新马克，原有私人不动产权不变，这是一次大规模的所谓“财富平均化”措施。同时90%的物价实行自由价格。德国人说，这次货币改革，是西德经济发展的转折点。另一措施是，由于德国一分为二，原有工业体系分裂，出现了缺门和薄弱环节，把它们加以填平补齐。

1950年至1977年为发展时期。重点发展了煤炭、电力和钢铁等基础工业，相应地发展石油工业、石油化工、电子工业、机器制造业、汽车工业等。1948年，西德工业仅占资本主义世界的3.6%，到1960年占比已上升到9.6%，居世界第二位。到70年代初被日本赶过，退居第三位。

西德工业生产的年平均增长率，50年代为9.5%，60年代为5.8%，近些年为2.3%。

---

* 本文作者孙尚清同志是国家经委访西欧代表团团员、中国社会科学院经济研究所时任副所长。本文原文是孙尚清同志在中国社会科学院经济研究所内部会议报告稿，载于《经济学动态》1980年第8~10期。

目前，西德国民生产总值约占世界的7%，仅次于美国（25%）、苏联（14%）、日本（8%），居世界第四位。主要工业品产量，机床占世界第一位，汽车占第三位，发电、钢、煤、化工产值均占第四位。出口贸易居第二位，黄金外汇储备居第一位。

有些西德经济学家指出，1978年以来，西德进入了一个新的衰退时期。取得新的发展，困难重重。西德传统工业必须进行改组，转入复杂产品和复杂设备的生产，用劳动和资本密集型产品谋取新的出路，如生物化工、计算机工业、宇航工业、航运、煤的气化液化工业等。此外，服务行业包括国际保险、财务、设计、咨询也将进一步发展。

由于资本主义固有的矛盾，战后，西德先后发生五次经济危机。目前的能源危机对西德经济也是很大的冲击。目前西德通货膨胀率和失业率较其他发达资本主义国家低，因而社会较为安定。但西德经济的衰退趋势将是不可逆转的。

二　关于工业现代化道路的观察

报告人对比了日本、美国和西欧三国实现工业现代化的道路，强调了在发展某些尖端技术和新兴工业部门的同时，主要依靠原有工业企业的技术改造，是加速工业现代化的必由之路。这样做，资金省，见效快，工人易于掌握，管理人员易于管理。因此，建议今后我们引进的先进成套设备应主要用于原有工交企业的技术改造。过多地引进先进的成套设备，建设大规模的现代化企业，不仅财力负担不起，在组织生产和经营管理方面也会出现许多困难，不易迅速取得经济实效，这方面我们是有深刻教训的。报告还分析了提高管理水平对加速工业现代化的重要意义。

三　关于城乡差别问题

人们都说西德的城乡差别较小，我们看了以后也有同感。和美、日相比，西德大城市很少，100万人口以上的城市只有汉堡、慕尼黑和西柏林，波恩才30万人口。工业大量分散在中小城镇，特别集中在西部的鲁尔地区，而中小城镇又是较现代化的。

这种状况是长期形成的，从根本上说是生产力高度发展的结果。我们过去把城乡差别问题通常首先当作社会制度问题和生产关系问题，这种看法有很大片面性。实际上城乡分工在历史上的出现和将来城乡差别的消灭，主要是生产力发展的问题。离开生产力的发展，企图人为地缩小和消灭城乡差别，是不行的。西德城乡差别的逐步缩小，主要是在生产力不断发展的基础上，交通运输业，特别是公路建设为西方国家之冠，大兴莱茵河、易北河等大水系的舟楫之利，再加上战后在重建和发展工业的过程中，他们有意识地采取分散的方针，以避免大城市的迅速扩大所带来的住房、交通、污染、服务等方面的困难。他们逐步在广大中小城镇创造发展工业的各种有利条件，如交通、输电、各种公用事业和服务事业以及教育、卫生等。由于西德和瑞士、奥地利一样都实行联邦制，各州竞相吸引投资，以便有更多的税收，求得本州的繁荣，这无疑也促进了工业的分散化。正如西德联邦政府财政部的负责人所说，了解战后西德经济发展的各个方面，必须注意到联邦制给它带来的影响。

我们现在已经深受大城市不断膨胀之苦，近几年来虽然不断强调控制大城市的进一步发展，但全国百万人口以上的大城市仍在不断膨胀。其原因是多方面的，最根本的原因，则是我们未能有计划地创造工业分散化的各种社会经济条件。在这种情况下，即使强令某些工业在边远地区建厂，也不能很好发挥经济效果。至于人心思城，更是因为外地的工作和生活条件比大城市相去甚远。因此，在我国现代化建设的今天，西德这方面的经验是很值得我们借鉴的。

四　工人阶级的状况

职工在企业经营管理方面起较大的作用。西德法律对企业的监督委员会、管理委员会和工人委员会的组织和职责都有明确的规定。

监督委员会类似美日的董事会，它的成员一半是股东代表，一半是职工代表。监委会的主席一般由股东代表担任，副主席由职工代表担任，但必须取得 2/3 以上委员的同意，如不能得到 2/3 的票数，那就由股东委员单独选出一人，职工委员单独选出一人，分别担任主席和副主席。监委会表决问题时，如双方票数相等，主席有最后决定权。监委会讨论并决定企业经营管理的重大方针政策，控制预算，决定管理委员会的人选。

管理委员会负责企业的日常经营管理工作，管理委员会的主席就是总经理。成员一般都是管理和技术方面的专家，有的是有技术管理专长的股东，有的是雇用的专家。西德一些大公司的领导人认为，把企业监督和管理的职能在组织上截然分开，这种办法比较好。

工人委员会由全厂职工选举产生，主要任务是维护工人的工资、福利、安全等权益，每二年改选一次。工人委员会和企业中的工会是两回事，非会员也有选举权和被选举权。工人委员会的委员数取决于职工人数。法律规定，300 人以下的企业，委员人数不得超过 7 人，不设脱产人员。301 人至 600 人的企业，工人委员会由 9 名委员组成，1 名委员可以脱产。15000 名职工的企业，工人委员会的委员 35 人，可以有 15~18 名脱产委员。工人委员会对管理委员会的某些决定，如解雇工人、调整工资等，有否决权。但不能干预企业的生产经营活动，在这方面只有了解情况和提意见的权利。一般企业，管理委员会为了处理好同职工的关系，在生产经营方面，如购置新设备、增加新品种、改变经营方式等问题，通常都与工人委员会商量，有时工人委员会和管理委员会意见分歧，无法统一，则上报监督委员会决定，或请另一个单位仲裁。我们在访问奔驰汽车公司等企业时，都有工人委员会代表同管理委员会负责人一起参加接待。

与美日相比，西德工人在企业中的权利较大，地位较高，并有法律保证。这除了社会民主党的思想影响较深外，还与德国的特殊历史条件有关。第二次世界大战后，德国国营企业被占领军控制，它们要依靠职工恢复企业生产，给职工代表以较大的经营管理权。私人企业的资本家因与战争有牵连，许多人逃往国外，职工为了生活，组织起来护厂，恢复生产，进行经营活动。后来这些资本家陆续返回，也不得不照顾已经形成的现实。

瑞士、西德、奥地利三国都实行自由雇佣制度。西德 BASF 化学工业公司负责人说，我们没有日本那种终身雇佣制，也不能随便解雇工人，工资福利高于日本，职工流动率也不高。他们不赞成终身雇佣制，也不赞成美国式的自由雇佣制，因为职工流动率太高。

三国的工资制度基本上是一样的，工人实行小时工资制和集体计件或超额计件工资制，职员、工程技术人员和管理人员实行月工资制，美国工人的工资制度也是这样，但职员、工程技术人员和管理人员则实行年薪制。日本工人和职员都实行月工资制，政府官员才实行年工资制。西欧和美国总的说都实行能力工资制度，即按技术和实际工作成果拿工资，日本则实行年功序列工资制，只有少数大的电子企业才实行能力工资制。按年功序列工资制，工龄和资历大体占工资的50%。德国人认为，能力工资制度更能调动人们的积极性。

德国职工平均月工资约2500马克，实际工资水平高于日本，与美国相仿。居住条件西德按人口平均每人在30平方米以上，美国不到30平方米，日本只有14平方米。福利和各种社会保险，美国和日本都相当于工资总额的30%左右，西德则达到50%左右。

瑞士、西德、奥地利还普遍实行自由上班制度，一般是上午9时至下午3时为必到时间，但每天必须干8小时。他们说，实行这种办法，有效地缓和了交通拥挤，并且使职工有较多的机动时间。去年我们在美国考察时，发现美国许多企业已经取消自由上班制。据他们说，这种办法使生产计划的安排大大复杂化了，与其这样搞，还不如实行6小时或7小时工作制。

西德在福利方面还有以下特点。第一，养老金由政府发放，在各个企业工作的工龄都被承认；日本养老金由企业发放，只承认职工在本企业里的工龄。美国虽然也由企业发放，却承认在其他企业的工龄。西德养老金一般占正常交税后工资的80%。第二，每年除115个法定假日外，还有6周的假期，这6周假期除照发工资外加发66%（有的企业说是35%）的工资，用以补贴职工的旅游，这在美、日都是没有的。第三，企业修建的职工宿舍房租比市价低50%。企业职工食堂供应的午饭只相当于市价的30%~40%。第四，根据企业经营情况，职工除每年多发1~2个月工资外，一般没有奖金。但有重大贡献的职工，公司以送礼形式给予奖励，有的可得1辆汽车。此外，有些公司用折扣价格每年向职工出售一次股票，实际上也是一种奖励。

五　对“社会资本主义”的剖析

我们在访问三国的过程中，特别是在西德和奥地利，政府官员、经济学教授、银行家和企业家都异口同声地宣传所谓“社会资本主义”，声称这一理论是他们从事社会经济活动的重要指导思想，在社会资本主义理论指导下，国家的经济迅速地得到了重建和发展，比较好地处理了各种复杂的社会经济问题。

根据他们的讲述，“社会资本主义”也可以叫作“资本社会主义”，它意味着实行“社会市场经济制度”，这种制度是区别于战前那种“资本主义市场经济制度”的。他们强调在社会经济活动中必须处理好“社会伙伴关系”，使各阶级、各阶层、各集团的不同利益，得到调和和折中，他们之间的各种矛盾得到妥协和平衡。有人甚至说，“社会资本主义”实际上就是“人道的社会主义”。按照他们的说法，所谓社会资本主义的主要内容可以归纳如下。

第一，企业经营的目的改变了。以往那种为股票持有者提供最高的利润，已经不是瑞士、西德、奥地利等国企业活动的唯一目的。企业是社会中的一个小集体，它与政府、用户、股票持有者、银行、原料提供者、外国、企业周围的居民和企业职工等八个方面发生密切的联系。一家企业从这些方面得到支持和帮助，又要为所有这些方面提供服务，这些方面对企业都有自己的要求和希望，而他们的要求和希望有时又是互相矛盾的。因此，企业经营管理的首要任务或目的，就是处理好这种“社会伙伴关系”，使各方面的利益和要求得到平衡。只有在这个前提下，才能谈利润问题，利润只是企业活动的目的之一，而不是唯一目的。

第二，政府适度干预经济。自由竞争虽然是不断改进技术、提高质量、降低成本、改善服务的强大动力，但经济的发展，不能绝对放任自流，政府应起一定的管制作用，把社会利益和个人利益结合起来。反对政府对经济进行任何干预，或者过分强调政府对经济的直接控制，都是对经济发展不利的。政府对经济的干预主要应限于收税和使用税收方面。历史遗留下来的国营企业应逐步实行私有化，如西德大众汽车公司已将股票的60%卖给私人。

第三，实行资本分散化。这是刺激人们关心经济发展和提高投资积极性的重要手段，也是使“财富平均化”、保持社会良好秩序的一个条件。目前西德2300万职工中，近20%的人持有股票；在500多万股票持有者中，有75万是工人，约占股票持有者的15%；西德1/3的家庭有股票。如普发夫缝纫机公司，60%的工人有股票；大众汽车公司的股票，分散在56万个股票持有者手中；西门子公司股票的持有者达45万人。

第四，推行工人和资方的合作制度。为此，政府颁布了雇佣者与被雇佣者“共同决定法”和其他有关法律。按照这些法律，雇用5人以上的企业，必须成立工人委员会，以维护被雇佣者的权益；雇用2000人以上的企业，必须成立监督委员会，对企业的重大问题实行劳资双方的“共同决定”。处理好人与人之间的关系，特别是劳资之间的关系，是经济发展的一个最重要的条件。

第五，建立全社会性的社会保险网。通过法律强制性地建立包括养老、失业救济、医疗等名目繁多的社会保险，以及各种津贴和各种奖学金等。还规定经济衰退时期企业不得解雇工人，如果企业倒闭，必须负责给将要离厂的职工找工作，在等待工作期间，企业还要负责进行技术培训。这些措施旨在使各种人和各种家庭减少或免除后顾之忧，以保持社会的安定。

他们还说，西德实行社会市场经济制度是从1948年6月20日货币改革开始的。当时商品缺乏，物价飞涨，通货膨胀严重，失业率很高，经货币改革，取消旧币，发行新马克，每人发40新马克，原有私人的不动产权不变，这是一次大规模的“财富平均化”措施，同时90%的物价实行自由价格。他们强调这是西德战后经济的一个重要转折。从此，资本主义市场经济就开始转为“社会市场经济”了，“社会资本主义思潮”便越来越广泛地影响到社会生活的各个方面。

实际上，所谓“社会资本主义”就是战后风行一时的“人民资本主义”，它是社会民主党传统的“阶级调和”“阶级合作”思想在新条件下的变种。它鼓吹的资本主义生产目的改变论，是根本站不住脚的。现代资本主义企业的终极目的仍然是追逐最大限度的利润，否则就不成其为资本主义企业了。尽管平均利润率有下降趋势，社会福利支出也越来越多，但资本家获得的利润额仍在不断增多。关于政府在经济发展中的作用问题，他们的提法同美日无大差别，但由于历史的原因，主要是传统的国营企业较多，从立法方面、投资和津贴方面，政府对经济的干预比美日要大些。然而，资产阶级政府对经济的干预丝毫也不能改变资本家所有制，从而也不可能改变资本主义生产的目的。至于所谓“资本分散化”和“财富平均化”，带有更大的欺骗性。西德 75 万工人手中的股票，仅占全部股份的 5%，只能起点缀作用，根本不能起任何决定作用。企业中的工人委员会虽然在维护工人的福利和正当权益方面有一定作用，但对于企业的投资方向和重大的经营管理方针还是无权过问的。监督委员会中的职工代表，占委员人数的一半，可以提出各种意见，但最后决定权还是掌握在由股东代表担任的监委会主席手中。西德、奥地利等国从法律上确定了工人有权参与一定的企业管理工作，在这一点上和美、日不同，但生产资料资本家所有制决定的剥削关系和工人的无权地位，并没有根本的变化。所以，“劳资合作”云云，纯属欺人之谈。这些国家工人的工资福利水平较高，这是事实，但这并不是资本家发善心，而是在劳动生产率不断提高的基础上，工人阶级长期斗争的结果。同时资本家在斗争中也不断总结经验，变得聪明了些，为了维护现存制度，平息工人斗争，采取了一些“开明”的剥削办法，实质上无非是把工人创造的剩余价值的一小部分用各种福利的形式还给工人罢了。西德社会秩序比美国好些，犯罪率比美国低，但 1978 年每 10 万名公民仍有 2000 人被判刑，高达 2%。

可见，“社会资本主义”的主要内容都是为了模糊无产阶级和资产阶级的界限，麻痹工人的觉悟，维护资产阶级的统治，为垄断资产阶级的利益服务。

应当指出，“社会资本主义”思潮在西欧泛滥，还有其深刻的经济上和政治上的原因。

西德的经济发展速度较快，1950 年工业生产就超过了战前的水平，1977 年西德工业产值已居西方的第三位，仅次于美国、日本。1978 年与 1970 年相比，国民生产总值增长 88.9%，同期职工工资增长近一倍。战后西德先后发生过五次经济危机，目前的能源危机对西德经济也是一个很大的冲击。西德每年消耗的 1 亿多吨石油，有 95%靠进口，因石油涨价就要多开支 650 亿马克，使 1980 年度的财政预算出现 200 亿马克的赤字。近年来经济增长率明显下降，1979 年为 4.4%，今年预计只能达到 2.5%；通货膨胀率 1979 年为 4.5%，今年将上升到 5.8%；失业率 1979 年为 5%，今年略有下降，为 3.8%。虽然如此，西德的通货膨胀率和失业率仍比其他发达资本主义国家为低，工资福利水平较高，从而社会秩序较为安定，犯罪率比美国低得多。类似去年美国休斯敦发生的谋杀案，平均每 10 万人中有 42 起；西德汉堡每 10 万居民中只发生 2 起。罢工事件也很少。这就为社会资本主义思想的进一步蔓延，提供了较为有利的社会经济条件。

"社会资本主义"思想的流行与这些国家社会民主党长期执政也是分不开的。西德社会民主党建立于1875年，希特勒时期被解散，战后又重建，1959年宣布为全民党，党员的主要成分是工人和职员。1966年参加执政，1969年成为主要执政党至今。瑞士社会党也长期参加执政。奥地利社会党也是执政党。这是社会资本主义思想得到广泛传播的一个政治条件。

在西欧，由于社会资本主义思潮的泛滥，由于社会民主党的改良主义在普通职工中有广泛的影响，以及工人阶级物质生活条件的改善，马克思主义在劳动群众中的传播遇到了相当大的阻力，看来，西欧目前没有革命形势。我们应密切注视"社会资本主义"的发展趋势，并加以深入的研究。

附：《访西德基尔世界经济研究所》（孙尚清）

1980年5月16日，我们访问了著名的基尔世界经济研究所。该所副所长法尔斯教授（西德政府5人经济顾问委员会成员）、4个研究室的主任参加接待，向我们介绍了该所的情况，并进行了热烈的座谈和讨论。

这个研究所是国立研究机构，成立于1914年。现有工作人员300多人，其中研究人员70人，图书馆工作人员150人，藏书160万册。

研究所下设4个研究室：

第一研究室，主要研究经济增长和经济预测；

第二研究室，主要研究发展中国家的经济发展及其对世界经济活动的影响；

第三研究室，主要研究发达国家的经济结构和经济增长；

第四研究室，主要研究世界各区域包括欧洲共同体的经济发展问题。

研究课题由研究所独立确定，也接受政府、联合国有关组织的委托进行专题研究，起咨询、顾问作用。

在西德，除了这个研究所外，还有4个较大的经济研究机构，即德国经济研究所（DIW），侧重研究东西方经济关系；埃森经济研究所（RWI），侧重研究采矿业和钢铁工业；慕尼黑经济研究所（IFO），侧重研究工业经济；汉堡经济研究所（HIVWA），侧重研究国际经济。

基尔世界经济研究所以经济预测见长。据介绍，他们搞预测主要是近期的（6个月），最长为15个月。预测的准确率极不稳定，例如，1974~1975年的危机，他们未能预报；1974年秋预报1975年西德国民生产总值将增长2.5%，实际上不但未增长，反而比上年下降2.5%；1976年的增长率预报是成功的；而1978年的通货膨胀率预报又比实际情况低了许多。经济预测不准确的主要原因有二：一是政治因素及其对经济的影响，很难准确估计；二是统计数字不准确，如1975年曾公布经济危机使西德经济增长率下降3.2%，但到1980年又公布核实的数字是下降2.5%。这就说明，当年公布的统计数字误差是很大的。在资本主义国家，企业为了偷税，数字往往不实。

他们预测的主要项目有：经济增长率；通货膨胀率；国民生产总值的投资、消费；进出口比重；失业率；税收变动；收入分配等。

他们认为，今后一段时间搞经济预测必须充分注意以下五个问题：（1）石油价格变动情况；（2）新的经济技术苗头；（3）货币政策的变化；（4）税收政策的变化；（5）消费者的态度。

他们说，关于经济结构改变的效果，必须经 4~5 年才能显示出来，因此这方面的预测，短时期内无法判断其准确性。该所一些专家对西德经济结构改革的建议是，为了适应日益激烈的国际竞争，国内投资应转向复杂产品的生产，即资本密集或技术密集型生产，传统工业要改组，经济上才能有更多出路。他们提出应重点发展生物化工、数据情报、处理设备、宇航、航运、新型原材料、能源节约设备等。

在座谈中，沙茨博士谈了他对一些国家经济管理的看法。他说，西德和美国起用很多经济学家、技术专家领导经济工作，使经济发展较快，而英国则有很多律师出身的人居于经济工作的领导地位，很少用技术人员充当领导，对其经济发展十分不利。

在企业管理方面，英国强调集中，而西德强调公司内部的权力分散化，各级都各负其责，各级决定应由他们决定的问题。在这方面西德近似美国而不同于英国。

西德和美国，人们凭能力比较容易由低级职位向高级职位升迁，而英国强调身世和家族关系，因而西德经理人员的积极性比英国高。

西德的国营公司，虽然一般地不如私人公司经营得好，但政府人员作为股东代表，要参加企业监督委员会，了解公司的具体情况。英国的国有公司，政府代表不参加董事会，不了解经营管理的具体情况，国营企业经营管理不善。

需要重申和明确的几个经济政策问题*

——在全国工业交通工作会议上的讲话摘要

（1981 年 4 月 15 日）

同志们：

国务院召开的这次全国工业交通工作会议，有三个议题：一是工业结构、产品结构和组织结构的调整与改革；二是增产节约、增收节支，提高经济效益，特别是大力增产消费品和节约能源；三是加强工交企业的思想政治工作。会议之前，国务院领导同志听取了国家经委党组的汇报，对如何开好这次全国工交会议和会议要讨论的问题，做了重要的指示。我们要结合实际，认真讨论，贯彻执行。

……

切实抓好企业整顿，提高经营管理水平

当前工交企业浪费大，潜力大。国务院领导同志一再强调，要抓好企业整顿，通过整顿提高效益，增收节支。整顿企业，重点是建立健全生产技术责任制，加强民主管理，实行按劳分配，整顿劳动纪律，搞好各项经济技术基础工作。关于这个问题，在《国务院批转国家经济委员会、国务院体制改革办公室关于工业管理体制座谈会汇报提纲的通知》中，已有具体安排，请大家认真落实。

……

需要重申和明确的几个经济政策问题

党的十一届三中全会以来，中央在经济调整和改革方面，提出了一系列具体政策，调动了企业和广大职工的积极性，有力地推动了工业生产和交通运输的发展。在实行进一步调整中，应当注意处理好疏与堵、开源与节流、调整与增产、宏观经济上的集

---

* 本文是袁宝华同志 1981 年 4 月 15 日在全国工业交通工作会议上的讲话关于企业改革内容的节选。原文首发于《袁宝华文集（第一卷）》（企业管理出版社，1999，第 214~223 页）。

中统一与微观经济上的继续搞活的关系。对于那些有利于经济调整、提高经济效益、促进生产发展的政策必须坚持，不够完善的要加以补充，有些问题则需要从政策上加以明确规定，并要保持政策的连续性和稳定性。这是把今年工交生产搞上去的关键所在。

从当前的情况看，需要重申和明确以下几个政策问题。

一　坚持国家计划指导下的市场调节，搞好工业与商业、外贸之间的衔接与协作

近两年来，实行国家计划指导下的市场调节，经济逐步活跃起来，效果是显著的。当前，在经济调整中，大力发展消费品生产已经成为关系全局的问题，加强工业与商业、外贸之间的衔接与协作，进一步搞好市场调节，就显得更加重要。去年5月《中央、国务院批转国家经委党组〈关于全国工业交通增产节约增收节支工作会议的报告〉》，对于搞好工业与商业、外贸的协作，加强市场调节的领导，所提出的若干政策性规定，仍然是适用的，应当继续执行。同时，根据新的情况，还需要做一些补充。主要有以下四条。

（1）所有企业，都必须把完成国家计划放在首位。按照商业部门现行的统购统销、计划收购、订购、选购四种购销形式，工业企业自销产品的范围是：新产品、超计划生产的产品、自己组织原材料生产的产品，以及商业、物资部门不收购的产品。企业必须按照规定范围和统一的价格政策自销产品，实行单独核算，照章纳税，严格遵守国家财经纪律，不准擅自提价，偷工减料，以次充好，以及采取其他不正当手段牟取非法收入。

（2）工业和商业双方要密切协作，互相支持，严格执行国家计划，认真履行购销合同。工业部门要按质量按计划提供适销对路的产品。商业部门要充分利用现有经营机构、传统流通渠道和批发零售网点，积极收购产品和组织推销，并向工业部门及时提供市场需求变化的情报，支持企业按规定自销一部分产品，做到支持生产，扩大购销，稳定物价，货畅其流。

（3）积极进行工商产销联营的试点。把工商双方的经济利益捆在一起，充分发挥各自优势，促进工业生产，扩大产品销售。

（4）工业和外贸双方要大力协作，扩大出口。工业部门要积极发展出口产品，完成外贸收购计划。凡是当地外贸部门不收购的出口产品，经过当地政府批准，工业企业可以按照国家统一的外贸价格政策，到其他口岸商洽出口事宜。要防止为了争生意任意抬高进口价格，压低出口产品价格。工贸联合扩大出口是成功的好经验，要坚持按这个方向走下去。已经批准的工贸联合试点的企业，要认真搞好，进一步发展提高。

同时，还要研究落实工贸“四联合、两公开”的具体措施和办法。

建议各级政府成立工商协调领导小组或类似的组织。在主管经济工作的领导同志主持下，经委、工业、商业、外贸、物资、物价、财政、银行等部门参加，负责协调和解决工业与商业、外贸、物资部门之间的计划衔接、物资供应等方面的问题。

二　进一步落实二轻集体所有制企业的政策

二轻集体企业有它的特殊性，在政策上不能照搬全民所有制企业的一套办法。要在兼顾国家、集体和职工个人三者利益的原则下，使企业本身具有发展生产和改善职工生活福利的能力。参照各地的成功经验，目前要着重解决好以下几个问题。

（1）要把统负盈亏逐步改为独立核算、自负盈亏。企业经营好、收入多、贡献大，职工的工资收入和福利待遇可以等同于或高于同行业同工种的国营企业。要切实保障企业的所有权和自主权，不能随意改变企业的所有制性质和隶属关系，平调企业的资金、物资和劳动力。对二轻集体企业应当保持经济政策稳定、管理机构稳定、职工队伍稳定。

（2）企业税后利润的留成比例，一般不应少于50%~70%，主要用于扩大再生产和补充流动资金，部分用于集体福利和职工奖励。至于每个企业留多少，可根据当地实际情况灵活掌握。

（3）为了有利于集体企业积累资金，发展生产，有些省区市实行确定企业税后利润留成基数，一定几年不变，每年增长部分实行“双减半”的办法，即：增长利润所得税减半计征，“合作事业基金”减半上缴。这个办法，更多地调动了二轻集体企业的积极性。各地经省、自治区、直辖市批准，可以参照实行，增长部分减征、减缴的比例由各地根据具体情况确定。

（4）根据二轻集体企业职工收入偏低的情况，恢复年终劳动分红制度。年终劳动分红是集体企业职工工资的补充形式，不能视同奖金。年终劳动分红从企业利润留成用于职工奖励的基金中提取，每人平均所得以不超过当年一个月平均标准工资为宜。

（5）二轻生产所需的一二类原材料，要逐步建立正常的供应渠道，纳入各级计划。物资分配指标要划给二轻工业主管部门逐级下达到企业。下达给企业的原材料，任何部门不得挤占和挪用。废旧物资和大工业的边角余料、废品废料，本着经济合理、“先利用后回炉”的原则，由集体企业优先选用。

（6）大力培养技术人才，有条件的地方要举办工艺美术、服装加工等各种专业训练班和专业学校，解决后继乏人问题。同时，大专毕业生的分配要给予适当照顾。要改革和提高集体所有制企业技术干部的待遇。

上述几条，原则上也适用于一轻、纺织、电子行业的集体企业。

三　抓好轻纺工业所需农业原料的生产和供应

为保证轻纺工业生产能够得到质量优良、数量充足的农业原料，当前需要采取以下一些措施。

（1）搞好计划衔接。对于大宗农业原料，凡是纳入国家计划的，比如烤烟、棉花、糖料等，农业部门按照工业生产要求的数量和质量，因地制宜，适当集中种植，稳定经济政策；供销部门要按质按量收购，按国家计划调拨供应。没有纳入国家计划的，比如啤酒花、香精香料原料、蔬菜、水果、芦苇等，工业部门要与农业部门主动配合，积极发展原料基地，由工农双方签订长期的经济合同。

（2）工业部门建立原料基地，要实行划片定点，厂社挂钩，互相支援。工厂积极协同社队选育良种，改进栽培技术，扶植农业生产；可以按照合同直接从基地收购原料，不再经过商业部门转手调拨。社队要按照合同要求，确保原料供应；超产部分应优先供应对口工厂。合同协议具有法律效力，单方面不得中途毁约。

（3）按照具体情况，确定原料产地的调出基数，超调部分由加工地区给原料产地返还部分利润和产品。今年内，国家经委打算会同有关部门在调查研究的基础上，组织上海、天津、北京三市轻纺工业同边远省、区农牧业原料产地之间的经济协作，首先从羊毛、山羊绒抓起。

（4）组织林纸联合建设造纸林基地的试点。根据党中央、国务院关于保护森林、发展林业若干问题的决定，煤炭、造纸和其他以木材为原料的大型企业，都应提取一定数量的育林费，建立原料林基地。按此精神，先选择少数有条件的企业，从今年起进行建立造纸林基地基金的试点。具体办法由有关部门另定。

（5）调整和整顿原料基地社队企业的经营方向。农牧业原料基地的社队企业，有条件的可以同大工业联营，从事农牧业原料的初加工。凡是同大工业争原料的加工工业，要限制发展。

四　认真抓好现有企业的技术改造

坚决依靠现有企业，是我们必须长期坚持的方针。当前要着重解决以下几个问题。

（1）老企业的技术改造，要采取“养鸡下蛋”的方针。目前许多老企业特别是轻纺企业，设备陈旧，危房严重，生产生活欠账很多。解决这些紧迫问题，不可能都靠国家投资，技措资金也有限，应该主要靠企业自己的力量加以解决。在工交企业里，要分别不同情况，采取四条办法：第一，已经实行扩权试点的企业，继续按照试点办法实行利润留成，总结经验，巩固提高；第二，亏损企业、微利企业实行减亏包干或利润包干，超亏不补，盈余留用；第三，小企业要提前一步实行自负盈亏，以税代利，今年开始选择若干中小城市进行试点；第四，有计划有步骤地在大中城市按行业、按公司实行利润包干，和技术改造结合起来。事实证明，像农村实行的家庭联产承包责任制一样，这是工交企业实行经济责任制，改变吃“大锅饭”，发挥企业和职工积极性、主动性，改造老企业的有效办法。如重庆市冶金局过去连续9年亏损，去年实行利润包干360万元，实现利润1175万元，上缴466万元，企业有了发展生产的内在动力，积极性很高。但是今年不再实行包干，全局又由盈变亏，到2月底亏损23万元。这说明，实行不实行利润包干大不一样。对这个问题，一定要作为一项重大政策贯彻执行。

（2）在现有企业技术改造方面，当前要解决几个具体问题。第一，企业资金的解冻问题。国务院领导同志指出，在紧缩财政开支的同时，企业资金要继续搞活。企业在购买国库券后剩余的资金，应允许使用。对资金的使用方向，要按照国家规定，经过批准，分批安排。第二，挖潜、革新、改造资金要有固定渠道。按照先生产后基建的方针，今后基建投资应首先保证老企业的“挖、革、改”项目。至于当前国家重点安排的“挖、革、改”项目，所需资金仍由财政拨款、上交部分折旧基金和银行发放中短期专项贷款来解决。第三，抓紧编制现有企业“挖、革、改”的5年规划，逐年滚动。建议各级计委、经委和其他部门一起，今年下半年提出规划草案。第四，继续实行资金统筹管理。由各工业交通部门提出“挖、革、改”方案，国家经委会同国家计委、机械委、能源委统一审定，综合平衡，安排下达。第五，企业在保证简单再生产的前提下，允许继续把大修理基金、折旧基金和生产发展基金捆起来用于“挖、革、改”。

（3）在技术改造中，要根据需要和可能，尽量采用新技术，包括引进技术的消化和设备的翻版，加速技术进步。

五　把工业改组、联合与企业的关停并转结合起来

在调整期间，如何进一步推进工业的改组和联合，国务院已批转了《国家经济委员会、国务院体制改革办公室关于工业管理体制改革座谈会汇报提纲的通知》。这里再讲四点意见。

（1）以工业城市为中心，围绕轻纺工业和名牌产品，打破部门、地区所有制的界限，把企业合理地组织起来。国务院领导同志已明确指示，这项工作在京、津、沪三市，由市里拍板。我们已向国务院做了汇报，哈尔滨、长春、沈阳、大连、无锡、杭州、广州、青岛、武汉、西安、重庆、兰州等12个中心城市，也采取这个办法，经过协商，由省里确定，定不下来的，报国务院审批。这件工作，请国务院各部门大力支持。

（2）取消企业性公司内部协作配套产品的重复征税。近两年来，有些省区市对少数企业性公司和协作中心取消了内部重复征税，效果很好。经与财政部商定，凡是经国务院和省、自治区、直辖市批准的独立核算的企业性公司、总厂，改由公司统一缴纳增值税。

（3）实行少关停，多并转，尽可能走合并、联营、转产的道路。企业并转所需措施费用，已同人民银行总行商定，由各级经委审查同意，向人民银行申请贷款解决。

（4）严格执行五届人大常委会关于防止关停企业和停建、缓建工程国家财产遭受损失的决议、国务院关于停缓建项目和关停企业职工安置的通知以及有关部门的规定，做好关停企业的善后处理工作。第一，领导班子要负责到底。领导班子瘫痪或带头搞歪风邪气，使国家财产受到严重损失的，要追究法律责任。第二，职工队伍不能“放羊”。并转企业职工由接收单位包下来；关停企业职工由本系统安置，暂时不能安排的照发基本工资，组织学习或其他劳动，不要“放长假”。第三，关停企业的设备物资，要按照国务院有关文件办理，防止遭受损失。

六 采取各种有力措施，大力发展新产品，加快产品的升级换代

要加快工业结构、产品结构的调整，从根本上改变消耗高、效益低的状况，必须更多地着眼于发展新产品，加快产品的升级换代。

（1）要明确新产品的概念和范围。新产品必须是在结构、性能、材质、技术特征等方面比老产品有显著改进或提高，在一个省、自治区、直辖市范围内是第一次试制成功的产品，并经过有关主管部门鉴定确认。

（2）新产品试制费用要有渠道。纳入各级计划的新产品，所需经费由下达任务的部门解决；所需原材料和其他物资，主管部门和物资部门应优先安排，保证供应。企业自行安排的试制项目，所需费用由企业利润留成开支，不足部分，可报请主管部门给予补助。

（3）新产品研制成功，经过鉴定确认后，才能批量生产，允许企业试销。试销期一般定为一年，最多不得超过二年。新产品在试销期间，成本高、利润过低或有亏损的，经过省、自治区、直辖市财税部门审查，由政府批准，可以减税或免税。

（4）要大力提倡科研单位与生产企业实行技术协作、技术转让、技术联营，加快新产品的发展。科研单位向工厂提供技术、咨询服务，收取一定的工料费和技术服务费。工厂向外转让科研成果，应事先征得科研单位的同意，双方共同分享经济利益。这样做，有利于促进新产品、新技术的发展，迅速把科研成果转化为生产力。

七　在保证市场物价基本稳定的前提下，区别不同情况适当调整某些工业产品的价格

在调整时期，价格要保持基本稳定，不可能大动。为了有利于工业生产的发展，经过物价部门审查、政府批准，进行某些小的调整，还是必要的。但在价格的调整上，必须采取十分慎重的态度。

（1）企业要努力改善经营管理，降低消耗，杜绝浪费，尽量减少由原材料、燃料提价所造成的影响。

（2）凡属长线滞销产品，允许价格向下浮动，但下降幅度不得超过有关部门的规定，以免过多影响财政上缴。

（3）为鼓励企业提高产品质量，增加花色品种，要实行按质论价的原则，优质优价，劣质劣价。去年3月国务院领导同志已原则批准对优级防缩棉织品实行优质优价，请有关部门提出具体实施方案，尽快实行。

（4）对某些由于出厂价格不合理造成商盈工亏或工盈商亏的产品，在当前零售价格不变的情况下，由国务院有关部门和省、自治区、直辖市政府按照利润分配“工大于商”的原则调整解决，以调动工商企业改善经营管理的积极性。

（5）为解决企业利润水平高低悬殊、苦乐不均的问题，在公司、总厂或主管局所属企业之间可实行内部结算价格。行业内部产品之间利润悬殊的，可在不减少国家税收总额、不提高零售价格的前提下，调整税率，由主管部门提出方案，报税务部门批准。

八　坚持按劳分配，控制奖金总额

两年多来，工交企业实行奖励办法，对调动广大职工积极性，促进生产，起了好的作用。但是，在相当一部分企业里，发放奖金没有和责任制结合起来，存在着平均主义，搞得好的企业没有多发，差的企业没有少发，这是工业上的一个大问题。国务院领导同志要求我们在这次会上好好讨论一下，如何在控制奖金总额的同时，解决好按劳分配问题，使奖金更好地起到鼓励先进、促进生产的作用。下面提出几点初步意见，供大家研究讨论。

（1）贯彻国务院要求，对奖金发放进行一次认真检查和整顿。一是凡巧立名目，乱摊成本，滥发资金、津贴、补贴和实物，搞邪门歪道的，要坚决纠正和制止。二是今年实发奖金总额必须比去年有一个显著的降低。三是去年奖金总额不到一个半月的地区，应维持在去年水平内，不能再增加。四是个别地区确因情况特殊需要超过奖金

控制额的，必须经国家劳动总局、财政部、国家经委批准。

（2）企业对职工发放奖金，要在加强思想政治工作的同时，贯彻按劳分配原则，克服平均主义。在建立责任制、考核制度和健全定额管理的基础上，凡有条件实行计件的尽可能实行计件工资，不发奖金；不能实行计件的，实行记分计奖。要提倡上海纺织系统的经验，推广以生产小组或一条龙生产机台为单位，实行小集体超额计件奖；在小集体内部，再把生产指标分配到个人，体现多劳多得的原则。

（3）扩权试点企业仍按规定从利润留成中提取奖励基金，但发放额按主管局（公司）的核定额发放。奖励基金如有多余，可多搞些集体福利。

文稿解读

1981年4月1日，《国务院批转国家经济委员会、国务院体制改革办公室关于工业管理体制改革座谈会汇报提纲的通知》（国发〔1981〕48号）明确，国务院同意国家经委、国务院体改办关于《工业管理体制改革座谈会汇报提纲》及三个附件（《关于工交企业改组、联合的情况和今后的意见》《关于在调整中把扩大企业自主权试点工作进一步巩固提高的意见》《关于在调整中进一步抓好企业整顿、改善经营管理的意见》），望结合各地区、各部门实际情况认真研究和贯彻执行。执行中有何问题和经验，请报告国家经委。

1981年4月15~25日，国务院在上海召开全国工业交通工作会议，国家经委主任袁宝华主持会议并做工作报告，会议提出组织1981年工业交通生产的指导思想，是要根据中央工作会议精神，在调整和改革中，走出一条发展我国经济的新路子，使我国工业逐步由重型结构转到轻型结构；由“小而全”“大而全”转向专业化协作和经济合理的社会化大生产；从消耗高、质量低、效果差转向产品适销对路、讲求经济效益。工交企业也要像农村搞家庭联产承包责任制那样实行经济责任制。

1981年5月5日，《国务院关于抓紧今年工交生产努力增产增收，保证完成国家计划的通知》（国发〔1981〕75号）指出，最近国务院召开了全国工业交通工作会议，讨论了工业结构、产品结构、组织结构的调整和改革，安排了今年增产节约、增收节支的主要任务，研究了加强企业思想政治工作问题。各地区、各部门要尽快把会议报告和总结的精神传达下去，抓紧第二、第三季度的有利时机，发动群众，同心协力，把生产组织好、安排好，努力完成全年的生产计划和财政上缴任务。

文稿附录

附录1　国务院关于抓紧今年工交生产努力增产增收，保证完成国家计划的通知

附录2　国务院批转国家经济委员会、国务院体制改革办公室关于工业管理体制改革座谈会汇报提纲的通知

附录3 国家经济委员会、国务院体制改革办公室、国家计划委员会、财政部、商业部、外贸部、国家物资总局、国家劳动总局、国家物价总局、中国人民银行关于印发《贯彻落实国务院有关扩权文件，巩固提高扩权工作的具体实施暂行办法》的联合通知

附　录

附录 1

国务院关于抓紧今年工交生产努力增产增收，保证完成国家计划的通知

（国发〔1981〕75 号　1981 年 5 月 5 日）

今年以来，各地区、各部门贯彻一九八〇年十二月中央工作会议精神，全国的形势是好的。在经济上，调整的方针正在逐步落实。但是从全年来看，要实现财政平衡、信贷平衡、物价稳定，任务还是很艰巨的，决不能掉以轻心。千万不能因为一季度形势比较好，就忘记了在经济上还存在着潜在的危险。应当看到，中央工作会议的精神，现在刚刚开始在全国范围内贯彻，还要兢兢业业，扎扎实实，埋头苦干，做大量艰苦的工作。能否在今年基本上做到财政平衡、信贷平衡、物价稳定，这是关系到我国经济上的稳定和政治上的安定团结，以及进一步鼓舞全党全国人民信心的大问题，关系到国际上的影响，我们必须坚定不移地努力实现。

继续贯彻执行调整方针，要在宏观经济上坚持集中统一、紧缩开支的同时，把微观经济搞活，首先要把生产搞活。工业交通部门在增加收入、回笼货币、稳定市场、稳定经济中，负有重大的责任。一定要努力增产消费品和短线原材料，特别是根据农村市场的变化，组织更多的适销对路的消费品、建筑材料和农业生产资料下乡；要大力抓好能源的生产和节约；要加强交通运输组织工作，挖掘内部潜力，切实保证重点物资和外贸物资的运输。最近国务院召开了全国工业交通工作会议，讨论了工业结构、产品结构、组织结构的调整和改革，安排了今年增产节约、增收节支的主要任务，研究了加强企业思想政治工作问题。姚依林同志和袁宝华同志在会上讲了话。各地区、各部门要尽快把会议报告和总结的精神传达下去，抓紧二、三季度的有利时机，发动群众，同心协力，把生产组织好、安排好，努力完成全年的生产计划和财政上缴任务。为此，特作如下通知：

一、工业企业要逐步实行经济责任制。根据企业的不同情况，分别采取以下办法：（1）已经实行扩权试点的企业，继续按照试点办法实行利润留成。（2）亏损企业实行亏损包干，超亏不补，减亏留用。微利企业也可按此精神，实行利润包干。（3）小企业提前一步实行自负盈亏，以税代利。各省、市、自治区可选择若干城市进行试点。（4）有计划有

步骤地在大中城市按行业、按公司试行利润包干。工业企业像农业实行联产责任制一样实行经济责任制，是改变“吃大锅饭”，调动企业和职工的积极性、主动性，加快现有企业技术改造和增加财政收入的重要政策。实行这些办法，既要积极又要稳妥，注意发挥经济杠杆、经济立法和经济监督的作用，加强管理。

二、切实抓紧企业整顿。企业整顿要围绕改善经营管理，实行经济核算，提高经济效果进行。当前，要建立、健全各项规章制度，着重抓好生产技术责任制和岗位责任制。先从厂长责任制抓起，逐步把车间主任、班组长，以及每个环节、每道工序、每个工人的责任制都建立、健全起来。要整顿和加强各项经济技术基础工作，特别要搞好定员定额、整顿劳动纪律。要逐步完善企业的民主管理，发挥职工代表大会的作用。

要继续推行全面经济核算和全面质量管理，开展全员培训。今年内要搞好厂部、车间、班组三级经济核算，加强企业的成本管理和财务管理。要树立质量第一和对消费者负责到底的思想，切实抓好质量管理工作。要十分重视职工的培训，认真贯彻《中共中央、国务院关于加强职工教育工作的决定》（即中发〔1981〕8号文件），真正做到思想落实、计划落实、组织落实、措施落实，逐步建立起正规的培训制度。通过以上工作，使产品质量和经济效益有明显的改善，使职工队伍的政治素质和文化技术素质逐步提高。

企业整顿要从实际出发，首先抓好六千多个扩权试点企业特别是大中型企业。要摸清企业的现状和存在的问题，逐个分析排队，实行分类指导，对后进企业要重点帮助，限期改变面貌。

在企业整顿中，要认真整顿财经纪律，堵塞各种漏洞。所有企业都必须按规定上缴税利，不准偷税、漏税和坐支、截留国家利润。要减轻企业负担，不得随意向企业摊派费用。今后对就业人员的安排，要重点转向手工业和服务性行业，转向组织自负盈亏的集体所有制经济和个体经济，不要都压到全民所有制企业里面去。

三、在调整中搞好工业改组和企业联合。要以工业城市为中心，围绕重点产品，打破部门、地区的界限，逐步把企业合理地组织起来。这项工作，已经确定北京、天津、上海由市里负责统筹规划，组织实施。对哈尔滨、长春、沈阳、大连、无锡、杭州、广州、青岛、武汉、西安、重庆、兰州等十二个城市，也采取这个办法，由省里负责统筹规划，组织实施。地区和部门之间经过协商定不下来的，报国务院审定。国务院各部门都要大力支持这项重大改革。

为有利于按照专业化协作的原则改组工业，凡经国务院和省、市、自治区批准的独立核算的企业性公司、总厂，取消内部协作配套产品的重复征税，改由公司、总厂统一缴纳增值税。具体实施办法，由财政部另行下达。

要加强原料产地和加工地区的经济联合和协作。原料产地除应搞好生产外，对京、津、沪等大城市以及各省、自治区的经济中心所需的原料，要坚决按计划调拨供应。超计划调拨的原料，加工地区要按照合同给原料产地返还一部分税利和产品。

四、坚持国家计划指导下的市场调节，搞好工业与商业、外贸之间的衔接与协作。工业和商业双方要密切配合，互相支持，严格执行国家计划，认真履行购销合同。工业企业自销产品的范围是：新产品、超计划生产的产品、自己组织原材料生产的产品，以及商业、物资部门不收购的产品。工业企业必须按照规定范围和统一的价格政策自销产品，实行单独核算，照章纳税。商业部门要支持生产，按计划、按合同积极组织收购和推销。工业和外贸双方要大力协同，继续搞好工贸联合直接对外进出口的试点。凡是当地外贸部门不收购的出口产品，经过当地政府批准，工业企业可以按照国家统一的外贸价格政策，到其它口岸商洽出口事宜。

五、进一步落实二轻集体所有制企业的政策。要把按地区、行业统负盈亏逐步改为各企业独立核算、自负盈亏。要切实保障企业的所有权和自主权，不能随意改变企业的所有制性质和隶属关系，平调企业的资金、物资和劳动力。企业税后利润的分配，实行“多留少缴”的原则，税后利润留成比例一般不应少于百分之五十至七十，具体留成比例可根据当地情况灵活掌握。经省、市、自治区人民政府批准，可以实行确定企业税后利润留成基数，一定几年不变，每年增长部分按一定比例减征所得税和减少上缴合作事业基金。各地可以恢复二轻集体所有制企业年终劳动分红制度。年终劳动分红从企业职工奖励基金中提取，每人平均所得以不超过当年一个月平均标准工资为宜。上述精神，原则上也适用于一轻、纺织、电子行业的集体所有制企业。

六、大力发展新产品，加快产品的升级换代。新产品必须是在结构、性能、材质、技术特征等方面比老产品有显著改进或提高，在一个省、市、自治区范围内是第一次试制成功的产品，并经过有关主管部门鉴定确认。纳入各级计划的新产品，所需经费由下达任务的部门解决；所需原材料和其它物资，主管部门和物资部门应优先安排，保证供应。企业自行安排的试制项目，所需费用从企业利润留成中开支；不足部分，可报请主管部门给予补助。企业试销新产品，期限一般定为一年，最多不得超过二年。试销期间，经省、市、自治区财税部门审查、人民政府批准，可酌情减税或免税。

七、用好管好企业资金。为了有利于生产发展和搞活经济，企业冻结的资金，在完成购买国库券任务以后，可以逐步解冻。解冻的资金，要明确使用方向，主要用于增产消费品、短线原材料，节约能源和提高运输能力的挖革改措施，用于科研经费和职工住宅建设，但要经过批准，分批安排。

要用好今年的银行中短期贷款、拾遗补缺贷款和挖革改资金。这些资金是在三百亿元基本建设投资之外，要尽可能少搞基建，多用于技术措施和设备更新。凡属于基建性质的挖革改项目，应按照《国务院关于加强基本建设计划管理、控制基本建设规模的若干规定》（即国发〔1981〕30号文件）办理。

要把挖掘企业资金潜力作为增产节约、增收节支的一项重要内容，大力处理库存积压物资，制止盲目生产，积极清理拖欠货款。同时，要尽可能把企业更新改造资金、生产发展基金、地方自筹资金和银行贷款结合起来使用，把有限的资金用在刀刃上。

八、坚持按劳分配，控制奖金总额。两年多来实行奖金制度，总的来说，调动了广大职工的积极性，促进了生产，起了好的作用，主流是好的。同时，也确有滥发奖金的问题，确有平均主义的倾向，应当认真纠正。总的原则是：（1）凡是巧立名目的、滥发的奖金，必须取消；（2）今年实发奖金总额要比去年有显著降低；（3）去年奖金总额不到一个半月平均标准工资的地区，应维持在去年水平，不要再增加；（4）个别地区确因情况特殊，需要超过奖金控制额的，必须经过有关部门批准。各地要做好工作，严格按照这四条原则办。只要进行认真整顿，制止了乱挤成本发放的“补助金”和滥发的奖金，克服平均主义，奖金总额会比去年显著下降。要把奖金发放与建立责任制结合起来，在健全定额管理的基础上，凡能实行计件的要实行计件工资，不发奖金；不能实行计件工资的，可实行记分计奖或小集体超额计件奖，贯彻按劳分配，体现多劳多得，使奖金真正起到鼓励先进、促进生产的作用。

九、有计划有组织地把上海和沿海地区的先进技术和经营管理经验移植到内地。学上海、学沿海、学先进，要采取多种多样的形式，坚持从实际出发，讲求实效，不要搞运动，不要搞形式主义。国家经委要会同工交各部门，协调、组织上海同有关省、市、自治区签订学帮协议，今年先重点组织好轻工、纺织、电子三个行业的学上海活动。各省、市、自治区，各行业以及企业事业单位到上海学习的，只能是少数单位，要有先有后，人数必须控制，防止一哄而起，一拥而上。学上海和沿海地区的先进经验要同学本地区先进经验结合起来，基础较好的企业学赶上海和沿海地区，一般企业学赶本地区先进企业，后进企业要限期搞好整顿。要开辟多种学上海、学沿海的渠道，可以举办各种研究班、学习班，编印经验材料。上海等地也可以成立咨询机构，为各地提供技术服务。

十、切实加强企业的思想政治工作。要坚持思想领先的原则，发扬我党思想政治工作的优良传统，不能用奖金来代替思想政治工作。当前，工交系统思想政治工作的中心任务是，加强形势教育，使全体干部和职工全面地正确地理解和贯彻国民经济调整方针，振奋精神，搞好生产。企业党组织要把做好思想政治工作，作为一项重要任务。企业各级干部和工会、共青团组织都要把做好思想政治工作、加强职工队伍建设作为自己的重要职责。要在职工中特别是在青年工人中，有针对性地进行坚持四项基本原则教育、社会主义精神文明教育、反对资产阶级思想腐蚀教育、法制和纪律教育，广泛开展“为四化立功”活动。

要加强政治工作队伍的建设。政治工作人员要努力学习党的十一届三中全会以来的路线、方针、政策，学习各种业务知识，使自己的思想和工作方法适应目前政治工作的要求。政治工作干部要严格要求自己，和群众打成一片。各省、市、自治区要加强对思想政治工作的领导，管理工交企业思想政治工作的机构组织形式由各地自定。

在工交系统清理“左”的流毒和影响，要采取科学的实事求是的态度。克服经济建设中“左”的指导思想是必要的，但是必须注意不要搞上挂下联，层层检讨。特别要注意不要搞到基层单位中间去。我们讲经济建设上“左”的错误是主体的错误，主要是指经济建设的指导思想，是指高级领导机关的决策。不要把一些具体问题都挂到“左”的上面，不要一讲纠“左”，就什么都是“左”的。要提倡辩证唯物主义，不要搞形而上学。有些具体问题是受“左”的影响，也要从总结经验出发，具体问题具体分析，目的是为了弄清思想，团结同志。广大基层干部和职工实干苦干的精神是好的，一定要加以鼓励和保护。

各省、市、自治区人民政府要加强对工业生产和交通运输的领导。搞好工业生产和交通运输，涉及的方面比较多，关系比较复杂，需要各地区、各部门密切协作。凡是有利于国民经济调整和生产发展，在国家的统一方针、政策和法律、条例的范围内，各省、市、自治区人民政府有权从当地的实际情况出发，进行统筹和协调，制定有关的具体政策，及时解决经济工作中的问题。国务院各主管部门在处理和决定问题时，要注意听取和尊重各省、市、自治区人民政府的意见，尽量防止片面性，避免一刀切。各省、市、自治区人民政府要在主管经济工作的领导同志的主持下，组织有关部门成立工商协调领导小组或其他类似组织，负责协调和解决日常生产工作中各部门之间的产供销衔接问题。

今年时间已经过去三分之一了。工业交通战线广大职工要积极行动起来，争分夺秒，抓紧时机，努力增产节约、增收节支，把生产搞活，把财政收入抓上去，为全面完成今年国家计划多做贡献。

附录 2

国务院批转国家经济委员会、国务院体制改革办公室关于工业管理体制改革座谈会汇报提纲的通知

（国发〔1981〕48号　1981年4月1日）

国务院同意国家经济委员会、国务院体制改革办公室关于《工业管理体制改革座谈会汇报提纲》及三个附件，现发给你们。望结合各地区、各部门实际情况认真研究和贯彻执行。执行中有何问题和经验，请报告国家经济委员会。

前两年，围绕调整进行的工业管理体制的改革，开始突破了一些现行管理体制的束缚，调动了企业和广大职工的积极性，促进了生产，活跃了经济。实践证明，改革的方向是正确的，效果是好的。

在当前调整中，一定要处理好调整和改革的关系。在调整时期，调整是中心，改革要服从调整，促进调整。有利于调整、有利于搞活经济的改革必须坚持进行。各地区、各部门要切实加强领导，抓紧调整的有利时机，大力推进工交企业按专业化协作原则进行改组和联合，下决心在五年内逐步做好工业组织结构的调整。扩大企业自主权，要集中精力抓好现有六千多个试点企业，总结经验，巩固提高，除再选择少数矿山和交通运输企业扩权试点外，试点面不再扩大。要进一步抓好企业的整顿和提高，搞好领导班子建设，加强思想政治工作，搞好职工培训，使现有企业在经营管理水平、生产技术水平和经济效果等方面，有一个显著的提高。同时，还要继续推广广东省清远县的经验，搞好县（市）工业管

理体制的改革。所有这些任务，都必须积极进行。同时，工业体制改革是一件十分复杂的工作，牵涉到许多方面，计划、财政、税务、银行、物资、劳动、物价、商业、外贸等部门要大力协同，密切配合，保证调整、改革工作的顺利进行，促进生产更好地发展。

国家经济委员会、国务院体制改革办公室关于工业管理体制改革座谈会汇报提纲

一九八一年三月十四日

为了搞好调整，继续进行有利于调整、有利于搞活经济的改革，经国务院批准，从二月二十六日至三月十二日，国家经委和国务院体制改革办公室联合召开了工业管理体制改革座谈会。各省、市、自治区经委，国务院工交各部门的负责同志和经济理论、新闻等单位的同志，共二百七十人出席了会议。座谈会期间，传达学习了中央、国务院领导同志最近的重要讲话。到会同志根据中央工作会议的精神，结合各地区、各部门实际情况，讨论了工交战线如何贯彻调整方针和国家经委《关于一九八一年工业交通工作要点（征求意见稿）》；回顾了两年来工业管理体制改革工作。上海、北京市，四川、辽宁、黑龙江省，沙市市、清远县、临汝县、安阳钢厂、上海第十七棉纺厂、南京第二机床厂、闽东电机厂等单位在会上介绍了经验。会议着重讨论了在调整时期继续搞好工业企业改组和联合，扩大企业自主权试点的巩固提高工作，整顿和加强企业管理，以及县（市）工业管理体制改革等问题。到会同志认为，这次会议开得是适时的，必要的。现分三个问题汇报如下。

（一）

座谈会上，首先讨论了工交战线的调整问题。大家认为，搞好调整，要解决好以下问题：

第一，要正确理解和全面贯彻调整方针。当前，各地区、各部门正在认真贯彻中央工作会议精神，对调整工作进行具体部署。但是大家也反映，有些单位对调整方针的积极意义认识不足，在进行调整时还有一定的阻力。例如，按照调整方针有些该下的长线产品，有的企业顶着不下，说“宁在竞争中垮台，不在调整中下马”。有的机械企业任务严重不足，让它转产轻工产品，就是不转。有些短线产品，社会急需、也有条件上的，也不积极创造条件上。大家表示，一定要正确地、全面地贯彻调整方针，立足于现有企业，搞好挖潜、革新、改造，加强企业的各项管理工作，真正转到提高质量、降低消耗、提高经济效益的路子上来，努力增产节约、增产增收，为实现今年财政和信贷基本平衡、物价基本稳定、繁荣市场、回笼货币多做贡献。

第二，认真搞好工业结构、产品结构和组织结构的调整，千方百计把轻工生产搞上去。两年来，进行了一些调整，轻工生产已有很大增长。今年要继续贯彻“六个优先”的原则，组织一切有条件的重工业包括军工部门，与轻工业部门联合、协作，积极增产质量

好、花色品种多、适销对路的轻工市场产品，特别是要抓好城乡市场急需的量大面广、回笼货币多的重点产品，使消费品的生产有一个大幅度的增长，使轻重工业的比例关系，继续向着协调的方向发展。同时，要抓好产品结构改革，压缩长线，增产短线，发展品种，提高质量，坚持按需生产，不增加新的积压产品。要加强工业交通内部的薄弱环节，搞好矿山的调整和建设。

为了搞好工业结构和产品结构的调整，必须首先抓好组织结构的调整，通过工业改组和联合，把企业合理地组织起来，更好地对企业进行技术改造。

第三，积极搞好企业的关停并转。前两年，关停并转了一些企业，但同时又盲目发展了一批新厂。在调整中，对于那些与大工业争原料、以落后挤先进的小烟厂、小棉纺厂等，要坚决关停。其他一些盲目办起来的小厂，也要按照调整方针实行关停并转，重点是并转。这项工作要同工业改组和联合结合起来进行。

第四，加强规划，上下结合，统一行动。大家认为，搞好工业调整，需要加强规划工作，特别是行业规划，以便上下协调动作。但是，在全面规划没有搞出来以前，调整工作不能等。要按照中央工作会议精神，结合各地具体情况，抓紧进行调整。当前工业的调整、改组工作，先从工业比较集中的中心城市搞起。京、津、沪三市的工业调整、改组工作，由市统一规划、安排；各省、自治区也要先搞主要城市，以省、自治区为主，同中央有关部门协商定案。

第五，要有统一的、强有力的调整工作机构。大家反映，现在不仅工业部门的企业管理分散，其他非工业部门也办了不少工业企业，建议各省、市、自治区也要设立调整办公室，由主要负责同志统一抓起来，以推动调整、改组工作顺利进行。

（二）

这次会上，大家回顾了两年来的改革工作：在国家计划指导下，发挥了市场调节的作用；进行了扩大企业自主权的试点；搞了工业改组和联合；抓了企业的整顿和提高；不少地区进行了县（市）级工业管理体制改革的试点；选择了少数企业进行领导制度改革的试点等。在计划、财政、税务、银行、物资、劳动、物价、商业、外贸等部门的大力支持和协同配合下，取得了成效，开始突破了一些现行管理体制的束缚，调动了企业和广大职工的积极性，促进了生产，活跃了经济。实践证明，改革的方向是正确的，效果是好的。大家认为，在这次调整中，一定要处理好调整和改革的关系，改革要服从调整，促进调整。对于有利于调整、有利于搞活经济的改革，必须抓紧进行，不能走回头路。要把对宏观经济的集中统一计划指导同把微观经济搞活结合起来，既要堵，又要疏；既要节流，又要开源。把生产搞上去，实现增产增收，才是克服困难，稳定经济的根本出路。

根据两年的经验和各地区、各部门的意见，我们草拟了推进改组和联合、搞好扩权试点、进一步整顿企业三个文件，会上进行了讨论，请国务院连同《汇报提纲》审批下发。

第一，巩固提高扩大企业自主权的试点工作。

两年来，全国各种类型的国营工业试点企业已发展到六千多个，占全国预算内工业企业四万二千个的百分之十五，产值占百分之六十，利润占百分之七十。利润留成办法不断完善，试点内容逐步扩大。一九八零年以来，一些省、市、自治区选择少数企业进行了在国家计划指导下，“以税代利、独立核算、自负盈亏”的试点，经财政部批准进行试点的已有一个市（柳州市）、一个公司（上海轻机公司）和八十多个企业，共计二百多户。

扩权试点企业取得显著经济效果。据二十八个省、市、自治区（西藏无试点企业）五千七百七十七个地方工业试点企业（不包括中央部属企业和以税代利试点企业）的初步统计：一九八零年完成工业总产值一千六百五十三亿五千万元，比一九七九年增加一百零五亿五千万元，增长百分之六点八；实现利润三百三十三亿六千万元，增加三十五亿二千万元，增长百分之十一点八；上交利润二百九十亿元，增加二十亿元，增长百分之七点四。在实现的三百三十三亿六千万元利润中，上交国家二百九十亿元，占百分之八十七；企业利润留成额为三十三亿三千万元，占百分之十；其余百分之三属于归还贷款等。同实行企业基金办法比较，这些试点企业实际多得十二亿四千万元，占增长利润的百分之三十五点二。

扩权试点企业发生了深刻的变化。许多同志说，最本质的变化是把国家、企业、职工三者利益结合起来了，广大职工当家作主了，开始把企业搞活了。

两年来的扩权试点工作形势很好。但在前进中也存在一些问题和矛盾。一是思想认识不统一，改革不配套，同现行管理体制的矛盾没有解决，企业应有的权限还很不落实，现在企业很担心把已扩大的一点权限再收回去。二是现行利润留成办法还不够完善，企业之间存在着苦乐不均的问题。三是宏观计划指导工作没有跟上，有的企业在留成资金使用上出现了一些盲目性，少数企业也有违反财经纪律、滥发奖金和补贴的现象。

一九八一年扩权试点工作，要集中精力抓好现有试点企业的巩固提高，试点面不再扩大。把重点放在进一步加强民主管理，搞好产需结合，健全各种责任制，改善经营管理上，以取得更好的经济效果。没有进行扩权的大量企业，要继续实行企业基金制度，或实行不同形式的利润包干和亏损包干等办法，促使企业把生产搞活。要认真抓好现有少数企业和个别城市进行的“以税代利、独立核算、自负盈亏”的试点，以取得经验。除拟批准重庆市轻工、仪表两个行业进行试点外，一般不再扩大。

扩权试点的巩固提高，主要抓以下几点：

（1）各地区、各部门、各试点企业都要对两年来扩权试点工作认真进行一次总结，发扬成绩，克服缺点，继续前进。凡是没有进行总结的，要尽快作出总结。

（2）继续贯彻执行国务院〔1980〕23号文件批转的《国家经委、财政部关于国营工业企业利润留成试行办法》、226号文件批转的《国家经委关于扩大企业自主权试点工作情况和今后意见的报告》等有关文件的规定，进一步把企业搞活。实践证明，一些行之有效的作法，应该继续坚持实行，发展完善。有的省、市、自治区已根据上述文件的规定，提出了具体的实施办法，希望其他省、市、自治区也要结合实际情况尽快制定出具体办法来。我们还拟邀请计划、财政、税务、银行、物资、劳动、物价、商业、外贸等有关部门，参照各地的做法，研究制订出落实国务院〔1980〕226号文件规定的具体实施办法。

（3）企业的主管部门，要加强对试点企业的计划指导和监督。工交各部门，要把向企业提供经济情报、市场预测的任务承担起来，搞好产需协调。

（4）企业要根据调整方针，管好用好利润留成资金。企业的生产发展基金，主要应用于节约能源，降低消耗，提高质量，试制新产品，治理“三废”和安全措施上。企业用生产发展基金搞技措项目，须按国务院〔1980〕162号文件批转的《关于加强现有工业交通企业挖潜、革新、改造工作的暂行办法》，报上级有关部门审批或备案。

（5）进一步完善利润留成办法。既要执行统一办法，又不搞“一刀切”，处理好国家、企业、职工三者利益关系。

（6）要选择少数矿山和交通运输企业进行扩权试点工作。

第二，关于推进工业交通企业的改组和联合。

两年来，不少省、市、自治区和工业交通部门，结合国民经济的调整，开展了按专业化协作原则改组工业的试点工作，组建了一批专业公司、总厂和工艺协作中心。据全国二十八个省、市、自治区最近统计，已组建各种专业公司、总厂一千九百八十三个（包括试点的企业性公司二百三十六个），组织起来的企业有一万九千三百三十六个，占企业总数的百分之五点一三（其中京、津、沪参加公司的企业占三市企业总数的百分之三十）。此外，有些省、市、自治区还打破地区、部门、行业、所有制的界限，组织了联营、合营、国内“补偿贸易”等多种形式的经济联合体三千四百多个。从各地的实践来看，按专业化协作原则改组工业，走联合之路，既是调整，又是改革。对于调整工业结构、产品结构和组织结构，改变“大而全”、“小而全”，加快技术改造，挖掘现有企业潜力，提高经济效果，起了重要作用。同时，也为进行经济管理体制的改革探索了道路。

为了贯彻中央领导同志关于抓紧调整的有利时机，认真搞好工业改组和联合的指示，今明两年内要抓好以下几项工作：

（1）进行工业组织结构的调整，大力推进工业的改组和联合。当前的重点，要从全国着眼，从中心城市着手。京、津、沪要以市为主，首先抓好。各省、自治区也要把重点放在主要城市。在此基础上，建立行业组织的试点。工交各部门要大力支持和协同配合中心城市的改组和联合。对于全行业性的改组，可以先在汽车、造船、卷烟等少数行业，由国务院有关部门直接领导，组织全国性的或跨地区的公司进行试点。改组和联合，要围绕国内外市场有竞争力的名牌优质产品，打破行业界限，有步骤地组织公司、总厂或联合体，实行专业化协作生产，尽快地把这些产品搞上去。

（2）建立公司、总厂，要有利于发展适销对路产品的生产和专业化协作，要处理好公司和工厂的关系。公司要维护所属工厂应有的自主权和经济利益，充分发挥工厂在经营管理上的积极性和主动性；工厂也要服从公司的统一领导。在确定公司、总厂统一管理的内容、范围和程度时，要考虑到公司、总厂现有的管理水平和物质条件，以管得了、管得好为原则，具体分析，区别对待，不强求一律。经过省、市、自治区批准，可按公司、总厂为单位扩大自主权，统一提取和分配利润留成，集中一部分生产发展资金，有计划、有重点地统筹安排挖、革、改，对“大而全”、“小而全”的企业，逐步进行合理改组，以利于专业化协作，组织社会化大生产。公司成立后，主管局要放权，局的机构要逐步缩小、合并。已建立的公司、总厂，要在认真总结经验的基础上，区别不同情况，进行改组、整顿、提高，有条件的要逐步办成独立核算的经济组织。

(3) 工业集中的城市，要有计划、有步骤地把分散生产的热处理、电镀、铸锻等工艺性厂、点组织起来，建立工艺协作中心或专业厂。

(4) 在符合国民经济调整方向的前提下，继续推进各种形式的联合和协作。重点是：合理组织机械等企业同轻纺、电子等企业搞联合或协作；推进工业城市、加工企业同原料产地的联合；组织交通运输的联合；大力提倡和发展生产企业同科研部门、大专院校的联合或协作。在组织联合中，要把自下而上的协商、互利同自上而下的规划、协调结合起来。

(5) 在推进工业改组、联合中，要上下结合，按行业组织力量，在调查研究、摸清情况的基础上，抓紧制订改组、联合的规划。机械、电子工业要先走一步。需要全国配套的少数重要产品以及严重重复生产的产品，由有关部门与地方协商提出行业改组规划；一般产品，有关部门要尽快提出轮廓设想，由工业城市根据有关部门的设想，制订改组规划。规划确定后，要采取经济手段和行政干预组织实施。

(6) 公司、总厂和其他经济联合体，要加强领导班子的建设，建立严格的责任制度，提高组织指挥能力和经营管理水平。管理机构一定要精干，尽量节约开支。

第三，进一步抓好企业整顿提高工作。

去年，整顿企业取得了新的成绩。主要是：调整和加强了企业领导班子，据北京、天津、上海、辽宁、四川、湖北等省、市不完全统计，重点企业的领导班子中懂技术、会管理的干部平均约占一半，平均年龄由原来的五十五岁下降到五十三岁左右，大学、中专文化水平的平均占三分之一左右。在整顿各项基础工作的基础上，有四千四百多个企业推行了全面质量管理，普遍加强了经济核算。全员培训工作有所加强，县属以上企业的领导干部已轮训了三十二万八千人，大中型企业的办学面达百分之五十，参加学习的职工约有百分之二十。经营工作开始得到重视和加强，许多企业广泛开展了多种形式的产销直接结合的经营活动。主要技术经济指标有所提高，十个工业部门主要产品质量指标，平均有百分之八十比上年同期有提高；主要物资消耗指标，有百分之六十八比上年同期降低；全民所有制工业企业全员劳动生产率比上年提高百分之三点一。

大家认为，一九八一年要把整顿、提高和调整、改革紧密结合起来，向改善经营管理要潜力、要经济效果。企业的整顿提高，也包含着企业内部的调整和改革，调整服务方向，调整产品结构，改革经营管理制度。

今年企业整顿提高工作的主要任务是：进一步抓好领导班子的整顿和建设，加强政治思想工作，以提高经济效果为重点，全面地整顿和改善经营管理。经过整顿，要达到：有一个坚持社会主义道路，懂生产技术，会经营管理，坚强有力的领导班子；有一支政治思想好，技术业务精的职工队伍；有一套科学的经营管理制度；主要技术经济指标有一个大的提高。

为了实现上述目标和要求，要着重做好以下几项工作：

（1）整顿和建设领导班子。今年要着重抓好大中型企业的领导班子，懂生产技术、会经营管理、年富力强的干部，一般应达到三分之二。还要整顿好三类班子。要注意充分发挥老干部的作用。要选配强手当厂长，建立健全以厂长为首的强有力的生产指挥系统，实行生产技术专责制。

（2）要切实整顿基础工作，重点是抓责任制和定额管理。要把经济核算作为社会主义企业管理的一项基本制度，分期分批地在所有国营企业实行，今年要达到三分之一以上。要推行全面质量管理，努力提高产品质量，已推行的四千四百多个企业要进一步巩固提高，今年要着重在扩权试点企业中继续推开。

（3）努力抓好经营工作，转变经营作风。要扭转过去那种只管生产、不问销售，只抓管理、不顾经营的状况，逐步建立相应的经营管理制度。要搞好市场调查和预测，健全销售机构，加强产品的科研、设计和试制力量，改进产品设计，大力研制新产品。建立为用户服务的制度，保证按质、按量、按时履行经济合同，讲究信誉。

（4）整顿企业管理，要同实行合理的奖励制度结合起来。要在建立职工的责任制、考核制和健全定额管理的基础上，根据按劳分配原则，实行记分计奖，把职工的奖金同企业的生产、经营成果和职工的劳动贡献紧密地挂起钩来，坚决反对平均主义。要认真贯彻国务院〔1981〕10号文件，即《关于正确实行奖励制度、坚决制止滥发奖金的几项规定》，控制奖金发放额，奖金多余时，可适当多搞一些集体福利。要整顿奖金制度，严格财经纪律，坚决纠正那种巧立名目、滥发奖金和补贴以及其他搞邪门歪道的现象。

（5）大力开展全员培训，提高职工的文化技术业务水平。要按照中央〔1981〕8号文件《中共中央、国务院关于加强职工教育工作的决定》的精神和部署，利用经济调整的有利时机，大力开展职工培训工作。企业要严格按照定额定员组织生产，分期分批轮训职工，加强智力开发工作。

（6）加强和改进政治思想工作。这次会上初步讨论了这个问题，提出了一些原则意见。按照中央宣传部要求，国家经委准备在四月份召开的全国工业交通工作会议上把这项工作作为一个重要内容，进一步研究部署。

（7）要认真开展学上海、学先进的活动。各地区、各部门都涌现了一些先进典型，要组织学习和推广。特别要认真学习上海的经验，把上海的工业管理、企业经营管理、生产协作、扩大出口、试制新产品等方面的经验和先进技术学到手。可以采取办训练班、对口帮促、联合办厂、技术合作、经验交流、技术输出等形式，有计划、有步骤地进行，防止一哄而起，一拥而上。

第四，稳定企业领导制度，抓好改革试点。

按中央指示已在一些企业进行的领导制度改革试点，要认真抓好，取得经验。所有面上企业仍然实行党委领导下的厂长负责制。着重解决好三个问题：一是切实改善和加强党的领导，党委要发挥核心领导作用，集中主要精力抓好党的建设，做好政治思想工作，讨论企业的生产建设计划和重大经营决策，从制度上克服党政不分、党委包揽行政事务的现象。二是厂长对企业的行政工作要全面负责，有职有权，副厂长按各自的分工对厂长负责，有条件的企业要建立健全总工程师和总会计师的责任制。三是搞好民主管理，建立健全职工代表大会制度，充分发挥职工当家作主的权利。

第五，进行县级工业管理体制改革的试点。

一九七九年，广东省清远县对县级工业管理体制进行了改革。过去这个县只有国营工业企业十七个，职工六千人，设八个局分管。管生产的经委和各局不管人财物，管人财物的其他综合部门又不管生产。这种头重脚轻、权责脱节的体制，严重束缚了生产发展。后来，他们撤销了局，由县经委直接管理所属企业的人财物、产供销，上级各部门向企业布置任务，统由经委一个口下达；县经委相应地把一部分权限下放给企业。从而克服了多头领导，明确了经济责任，改善了经营管理，效果显著。河南省临汝县发展了清远县的经验，改革后，县经委不仅管所属企业的人财物、产供销，还统管干部配备、机构设置、劳动工资等，有权有责。经过改革，也取得了显著的效果。目前，据不完全统计，全国有一百二十五个县（市）也进行了改革。实践证明，这种改革不仅有利于提高工作效率，提高经济效果，而且有利于调整工作更好地进行。到会同志表示要参照他们的经验，加强领导，逐步推广。没有试点的省、市、自治区，要选择有条件的县（市）积极进行试点；已取得试点经验的地区，今年要在三分之一以上的县（市）推开。

（三）

与会代表普遍反映，这次来开会，一不要钱，二不要物，三不要劳动指标，就是要搞活经济的政策。大家提出了一些问题和建议。

（1）大家认为，国务院〔1980〕226号文件，即《国务院批转国家经委关于扩大企业自主权试点工作情况和今后意见的报告》，体现了党把企业搞活的政策。这个文件除原要求今年把扩权工作在国营工业企业中“全面推开”暂缓执行外，其他规定都应继续贯彻执行。

关于利润留成办法。大家认为，全国几十万个企业，情况千差万别，不能搞“一刀切”。去年各地区对情况特殊，执行统一办法有困难的少数企业，采取了一些适当变通办法，起了很好的作用，原则上应允许继续执行下去，保持政策的稳定性。

关于企业的生产计划。大家反映，现在是长线产品、无任务的企业没人管；短线产品、任务饱满的企业不留余地。建议给企业下达计划时要留有余地，使企业有产可超，允许企业对超产产品和自己组织原材料生产的产品、试制的新产品进行自销。企业自销产品，要严格执行国务院〔1980〕226号文件规定的自销范围和价格政策。

关于新产品。国务院〔1979〕175号文件，即《国务院关于按照五个改革管理体制文件组织试点的通知》，规定生产新产品的企业可以自行试销，在试销期间成本高、利润过低或有亏损的，经过批准可以减税或免税。问题在于各地对新产品的解释不一。新产品应是在产品结构、性能、原材料、工艺方法上比老产品有明显改变或提高，在一个省、市、自治区范围内是第一次试制生产的，并经过有关部门鉴定确认。大家认为，这样掌握比较合适。

关于外贸。企业迫切要求能够落实关于"四联合、两公开"的规定，密切配合，统一对外。特别是许多机械企业吃不饱，扩大出口是一条重要出路。希望简化手续，提高效率，不要坐失良机。

（2）关于改组、联合中重复纳税的问题。大家认为，要推进工交企业的改组、联合，现行的征税办法要进行必要的改革。凡是经过国务院或省、市、自治区批准试点的实行独立核算的企业性公司、总厂，其所属工厂之间的内部配套协作，可试行增殖税，由公司按增殖额统一交税，但总的税负不减少。请财政部会同有关部门尽快制订具体办法，以利改组、联合的顺利开展。

（3）关于价格问题，当前采取稳定物价的方针是十分必要的。但对长线、积压产品的生产资料价格应允许按规定向下浮动。对个别优质、短线产品必须适当提价时，在目前物价冻结期间，应报国务院批准，然后执行。公司、总厂对外实行国家统一价格；对内，为了加强经济核算和解决所属企业之间的苦乐不均问题，可以实行内部结算价格。

（4）关于经委工作任务问题。我们在会上传达了国务院领导同志对经委工作的指示后，大家感到责任重大，一致表示要努力搞好工作。与会同志希望进一步明确各级经委同各委、办的关系和分工，并给以必要的人财物手段。这个问题，建议请各省、市、自治区根据实际情况研究解决。

《关于工交企业改组、联合的情况和今后的意见》（附件一）指出，据全国28个省区市1980年的统计，已组建各种专业公司、总厂1983家（包括试点的企业性公司236家），组织起来的企业有19336家，占企业总数的5.13%。此外，还打破地区、部门、行业和所有制的界限，组织了联营、合营、国内"补偿贸易"等各种经济联合体3400多家。该意见强调，搞好改组联合，必须坚持以下原则。（1）要坚持专业化协作的原则；（2）要讲求经济效果；（3）要从实际出发；（4）要统筹兼顾，调动各方面的积极性；（5）要打破地区、部门和所有制的界限，有计划、有领导地推动改组和联合，把自下而上的互利、协商同自上而下的规划、协调结合起来，把行政干预和经济手段结合起来。该意见明确，为推进工交企业的改组和联合，今明两年内要抓好以下几点。（1）明确改组的重点；（2）制定改组规划，进行行业组织的试点；（3）积极办好专业公司、总厂；（4）积极建立各种工艺协作中心或专业厂；（5）在符合国民经济调整方向的前提下，继续大力推进各种形式的联合和协作；（6）改组和联合的有关政策；（7）必须下决心切实加强领导。

《关于在调整中把扩大企业自主权试点工作进一步巩固提高的意见》（附件二）强调，需要进一步解决如下问题。(1) 按国务院文件规定应该扩给企业的各项权限还没有完全落实；(2) 利润留成办法还不完善；(3) 搞活微观经济的同时，宏观经济上加强计划指导的工作没有相应跟上，缺乏明确的规定和有效的监督办法。另外，少数试点企业违反国家政策法令和财经纪律，截留税利，乱摊成本，滥发奖金和补贴。对1981年扩权试点工作巩固提高提出以下几点意见。(1) 各地区、各部门、各试点企业都要根据中央工作会议精神，对两年来扩权试点工作认真进行一次总结；(2) 继续贯彻执行国务院关于扩大企业自主权的试点工作和进一步把试点企业搞活的有关文件规定；(3) 加强对试点企业的计划指导和监督；(4) 改进完善利润留成办法，正确处理国家、企业、职工三者利益关系；(5) 加强经营管理，提高经济效果；(6) 加强对扩权试点工作的具体领导。

《关于在调整中进一步抓好企业整顿、改善经营管理的意见》（附件三）指出，当前存在的主要问题如下。(1) 有些同志对在新的形势下进一步抓企业整顿、提高工作的重要性认识不足，抓得不力；(2) 在企业领导班子的整顿和建设上，有的同志对中央政策缺乏正确的理解，安排老干部和选拔中青年干部等政策落实得还不够；(3) 职工政治思想工作普遍有所放松和削弱；(4) 少数企业存在追求多发奖金，甚至违反财经纪律，巧立名目，滥发奖金的现象。该意见明确，1981年企业整顿提高工作的主要任务是：进一步抓好领导班子的整顿和建设，加强政治思想工作，以提高经济效果为重点，全面地整顿和改善经营管理。经过整顿，要达到：有一个坚持社会主义道路，懂生产技术，会经营管理，坚强有力的领导班子；有一套科学的经营管理制度；主要技术经济指标有一个大的提高。为此，要着重做好以下几项工作。(1) 有计划地积极稳妥地整顿和建设领导班子；(2) 切实整顿基础工作，积极推行全面经济核算和全面质量管理；(3) 努力抓好经营工作；(4) 实行正确的合理的奖励制度；(5) 大力开展全员培训；(6) 加强政治思想工作；(7) 稳定企业领导制度，抓好改革试点。

附录3

国家经济委员会、国务院体制改革办公室、国家计划委员会、财政部、商业部、外贸部、国家物资总局、国家劳动总局、国家物价总局、中国人民银行关于印发《贯彻落实国务院有关扩权文件，巩固提高扩权工作的具体实施暂行办法》的联合通知

（经企〔1981〕181号　1981年5月20日）

国务院多次指示，在当前国民经济调整中，要以调整为中心，改革要服从调整，凡是

有利于调整，有利于搞活经济的改革要抓紧进行；在加强宏观经济集中统一的同时，要进一步把微观经济搞活，把生产搞活；各有关部门要密切配合，共同努力，使扩权改革工作能够同步配套，不断巩固提高，取得更好的经济效益。为了更好地贯彻执行这些指示，我们根据国务院有关扩权文件的规定和最近召开的全国工业交通工作会议精神，制订了《贯彻落实国务院有关扩权文件，巩固提高扩权工作的具体实施暂行办法》，现发给你们。请你们认真贯彻执行，以保证调整、改革工作的顺利进行，促进生产更好地发展。

贯彻落实国务院有关扩权文件
巩固提高扩权工作的具体实施暂行办法

一九八〇年十二月中央工作会议对三中全会以来的经济体制改革作了充分肯定，明确指出改革的方向是正确的，效果是显著的。同时指出，当前经济工作要以调整为中心，改革要服从调整，有利于调整。对于已经从各方面证明行之有效的改革措施，要继续坚持，不能走回头路。改革的成果要巩固和发展，少量的新的改革的试点也要有领导有步骤地进行。最近国务院领导同志又指出，要看到改革对调整的促进作用，许多调整措施必须与改革配合才能奏效；有些改革是与调整密不可分的，有利于调整、有利于搞活经济的改革必须积极进行。

两年多来扩大企业自主权试点的实践证明，国务院〔1980〕23、226号文件体现了党的政策，是符合我国工交企业的实际情况的，对于保证国家计划的完成，对于搞活经济，提高经济效益起了积极的作用。但是，当前扩权企业（包括扩权试点的公司、总厂）主要是实行了利润留成，其他改革内容还不落实。为了把应该扩大给企业的自主权进一步得到落实，使各项改革能够同步配套地进行，以利于扩权试点工作的巩固提高，充分发挥六千多个扩权企业的潜力，做到在加强宏观经济计划指导的同时，进一步把微观经济搞活，国家经委、国务院体制改革办公室、国家计委、财政部、商业部、外贸部、物资总局、劳动总局、物价总局和人民银行，根据中央、国务院有关指示的精神和各地区、各部门改革实践的经验，共同拟定了进一步贯彻落实国务院〔1980〕23、226和〔1981〕48号文件的具体实施暂行办法。现发给各地区、各部门在扩权企业中贯彻执行。

一、计划问题

（一）企业的计划，应根据国家下达的指令性指标、指导性指标和市场所需要，本企业的生产能力和燃料、原材料的可能来编制。经过自下而上、上下结合、综合平衡、互相衔接后，作为企业计划，按隶属关系由一个主管部门统一下达。属于国家下达的生产计划和调拨计划，企业必须保证完成。下达生产计划的部门必须相应安排企业完成国家计划所必需的生产条件。市场适销对路的轻纺产品、能源及短线原材料，企业要千方百计地增产；计划规定限产的产品，企业不得超产，并且要根据限定的产量控制能源及原材料的供应。主管部门下达的生产计划既要积极可靠，又要留有余地，以便企业调节品种，试制新产品，搞好产需结合。在执行计划过程中，发现计划指标不符合实际情况时，对于指令性计划，企业可以向下达计划的部门报告，提出修改建议；对于指导性计划，企业有权作适当调整、补充，并报主管部门备案。关于指令性指标和指导性指标的划分，从一九八二年起，先在某些部门、某些产品开始试行。

（二）各级计划部门，在制订计划时，要贯彻择优安排、择优收购的原则。同一个产品，对消耗少、成本低、质量好的企业，要优先安排、优先收购。

（三）扩权企业必须保证完成国家计划任务（包括生产和供销任务）。在确保完成国家计划任务的前提下，可以根据燃料、动力、原材料的条件，努力增产国家和市场需要的短线产品、轻纺产品和出口产品；搞好来料加工、装配业务、技术服务；以及采取合营、联营等多种形式，发挥生产能力。

（四）为了明确经济责任，列入国家计划和订购的产品，产、供、销、运各方都要签订并严格履行合同。企业要按照计划与供货合同规定的质量、数量、品种和交货期组织生产，按月、按季交货；物资、商贸、运输部门要按照计划和合同的规定做好原材料供应、产品收购和运输工作。违反合同的一方要承担经济责任。修改合同要双方协商同意。在执行计划、合同中发生争议时，双方应从大局出发协商解决。协商不一致时，按照一九七九年八月八日国家经委、工商行政管理总局、中国人民银行《关于管理经济合同若干问题的联合通知》的规定办理。

（五）各级计划部门要定期向企业通报国民经济的发展情况和趋势。工交各部要把向企业提供经济情报、市场预测的任务承担起来，指定专门的机构和人员，采取有效的形式和办法，定期向企业提供本行业各种主要产品的生产能力、产量、主要经济技术指标、价格、销售、库存以及社会需求变化的信息。企业也应主动了解社会需要，共同搞好产需协调。

二、利润留成问题

（六）国务院〔1980〕23号文件规定的利润留成办法，要继续贯彻执行。各省、市、自治区要对过去已经实行的自订办法认真进行一次总结，对某些企业留利过高的，应在做好工作的基础上，适当调整。

（七）对少数任务严重不足、利润大幅度下降的扩权企业，首先要进行调整、改组和联合，调整产品结构，把生产搞上去。经过努力，仍不能保证正常的职工福利和最低奖金水平的，可采取适当办法予以照顾，不要退出试点，又去吃“大锅饭”。

（八）由于国家调整原材料、产品价格等因素，影响企业利润大幅度变化的，应按国务院〔1980〕23号文件的规定，对企业的基数利润留成进行调整。

（九）为了适当解决企业之间由于客观条件造成的苦乐不均，主管局（公司）可以根据本行业内各扩权企业管理水平的高低，客观条件的优劣，增产增收的难易和对国家贡献的大小等情况，进行适当调剂。但这种调剂，要从主管局（公司）留下的机动数或从企业利润留成中集中一部分财力进行，不能增加财政支出。有条件的可实行内部结算价格。

（十）要把扩大企业自主权同工业改组和联合结合起来。各地区、各部门应选择一些具备条件的企业性公司，经过批准，按公司为单位进行扩权试点。按公司试点的单位，要处理好公司与工厂集权和分权的关系，合理分配公司内部的经济利益。公司要维护所属工厂应有的自主权，着眼于把基层企业搞活；工厂要尊重公司的统一领导，服从公司的统筹安排，积极支持搞好专业化改组。公司内部要严格实行分级核算，不搞平均主义。公司可集中一部分生产发展基金，有计划、有重点地进行技术改造。基层企业也要保持一定数量的生产发展基金。职工福利基金和奖励基金，原则上要留给企业，公司也可适当集中一部分，以便调剂使用。

（十一）为了促进企业加强经营管理，提高企业的经济责任感，扩权企业要实行固定资金和流动资金有偿占用，其办法按财政部有关规定执行。对资金使用的经济效果，要进行定期考核。

（十二）面上没有扩权的企业，要继续实行企业基金制度。对微利和亏损企业，可分别采取利润包干、超收分成和亏损包干、超亏不补、减亏留用等办法，以利于调动他们的积极性，把生产搞活。

在大中城市，可以有计划有步骤地按行业试行利润留成的办法。

小企业可以逐步实行以税代利、自负盈亏的办法。

（十三）对二轻集体所有制企业，要逐步把统负盈亏改为独立核算、自负盈亏；税后利润留给企业的比例，一般不应少于百分之五十到七十。经省、市、自治区人民政府批准，可以实行以企业一九八〇年课税所得额为基数，一定几年不变，每年增长部分按一定比例减征所得税和减少上缴合作事业基金的办法。

三、利润留成资金使用问题

（十四）企业对利润留成资金拥有自主权。企业要根据国家计划、政策法令和调整方针，合理使用留成资金。在保证设备更新和大修理的前提下，企业可以把生产发展基金同折旧基金、大修理基金和中短期设备贷款等结合起来使用。要接受主管部门的指导和监督，防止重复建设。企业的生产发展基金，主要应用于节约能源，降低消耗，提高产品质量，试制新产品，治理“三废”和安全生产措施，围绕这些进行工艺上的改造和设备的更新；以及为适应生产发展需要补充流动资金的不足，使有限的资金发挥更大的经济效益。企业按照地方或部门规划的要求，用生产发展基金等搞的项目，须向地方或主管部门备案；重大项目要按国务院〔1980〕162 号文《国务院批转关于加强现有工业交通企业挖潜、革新、改造工作的暂行办法》的规定，报上级有关部门审查批准。

（十五）为消除污染、治理“三废”而开展综合利用所产产品实现的利润，按照国家规定，五年内不上交，留给企业继续用于这方面的开支。

（十六）企业用历年的折旧基金和利润留成资金安排的挖、革、改结转项目，需要动用上年结余存款继续完成的，各省、市、自治区应由财政局（厅）、经委、计委等有关部门组成联合审查小组，抓紧进行清理。对于轻纺、节能和为轻纺、节能服务的项目，即应优先解控。

（十七）为了更好地贯彻国务院〔1981〕10号文件，扩权企业要对奖金的发放认真进行一次总结和整顿。对合理的、有利于调动职工积极性和促进生产的，要继续坚持；巧立名目，乱摊成本，滥发奖金、津贴、补贴和实物，搞歪门邪道的，要坚决纠正和制止。企业的福利基金和奖励基金，一定要严格按照国家给企业核定的留成比例提取，正确合理地使用。奖金要按主管局（公司）核定的控制额发放，留有余地，以丰补欠。要多挤出一些奖励基金用于修建职工宿舍和食堂、浴室、托儿所、阅览室、文化娱乐等集体福利设施。要坚决贯彻按劳分配的原则，反对平均主义。制订和完善奖金分配办法，把责任制、考核制和奖惩制结合起来，坚持实行记分计奖，或推行以生产小组、一条龙生产机台为单位的小集体超额计件奖，按经济效果的优劣分配不同的奖金额，使奖金真正起到奖励先进的作用。生产正常、任务饱满、管理健全、定额先进和适宜计件的企业，经过劳动部门批准，尽可能实行计件工资，不发奖金。

（十八）要加强对企业的财务监督工作。各主管部门要会同财政部门，对企业的财经纪律执行情况，一年至少检查二次，坚决反对违法乱纪的行为。

四、产品销售问题

（十九）商业、物资、工业部门，及其所属企业之间，要互相支持，密切配合，共同搞好产、供、销的衔接。商品流通领域购销形式和流通渠道的改革，要继续坚持和完善。积极试行工商联营，厂店直挂，选样定产，以及非计划产品的采购、供应、批发、零售一条鞭等多种形式，扩大流通渠道，减少中间环节，加速商品流转，繁荣市场。

（二十）工业企业在保证完成国家计划和订购合同以后，可以按国家规定的不同产品的自销范围，自销一部分产品。自销范围是：按规定分成的产品、超计划生产的产品（除国家另有规定者外）、自己组织主要原材料生产的产品、试制的新产品，以及物资、商业部门不收购的和超储积压的产品。物资、商业部门要积极组织收购，并向工业部门和企业及时提供市场需求变化的情报，支持企业按规定自销一部分产品。企业不完成国家计划而自销的，不按规定范围自销的，要追查责任。

（二十一）对商业部门经营的工业品，实行四种购销形式：（1）统购统销（统配）商品，由商业部门统一收购和经营（已经国家批准的服装面料直供试点不在此限），其中新产品企业可以在试销期试销。（2）计划收购商品，按照国家规定的收购计划，企业按计划交货，商业按计划收购，超产部分企业可以自销，商业可以协商收购。其中个别严重短缺的计划收购商品，如食糖、卷烟、火柴、肥皂、铅笔等，在目前市场供应不足的情况下，超产部分，应首先由商业部门收购，商业不收购的，企业可以自销。（3）订购商品，根据市场需要，由工商双方进行产销衔接，生产计划由工业部门下达，订购合同由工商双方协商签订。（4）选购商品，工业可以自销，商业可以选购。在具体执行中，工商有争议的，由省、市、自治区人民政府解决（四种购销形式的具体商品分类目录附后）。

（二十二）属于国家统一分配的生产资料产品中，原油、成品油、木材、锡及火工产品，企业不能自销。煤炭、铜、铝、铅、锌、锡、镍、镁、钨精矿、钼精矿、水泥、平板玻璃、硫酸、烧碱、纯碱、橡胶和钢材中的短线品种，拟实行全额分成和增长分成办法，具体办法由国家计委、国家经委和国家物资总局另行研究制订下达。分成产品，只能在国内自销，如果要求出口，须报国家物资总局和外贸部批准。

（二十三）企业可以按规定向工商行政管理部门登记设立自销门市部，也可以采取厂店挂钩、委托代销、经销、展销、试销等多种方式自销。自销产品要照章纳税、收取票证，不准擅自提价、偷工减料、以次充好，以及采取其他不正当手段谋取非法收入。企业自销产品所获利润要单独核算，并纳入企业利润总额，统一提取利润留成，应上交的利润不得截留。

（二十四）直达供应的物资，由供需双方直接结算，物资供销部门不得收取任何费用；物资供销部门只办理结算，不经物资仓库的，只能收取管理费，不准收进货费。

五、新产品问题

（二十五）扩权企业都要积极增加产品的花色品种，试制和推广新产品，搞好产品的更新换代，以适应国内外市场的需要。

（二十六）新产品必须是：在结构、性能、材质、技术特征等某一方面或几方面比老产品有显著改进和提高，或有独创的；具有先进性、实用性，能提高经济效益，有推广价值的；在一个省、市、自治区范围内是第一次试制成功的产品，并经有关主管部门鉴定确认。产品的结构、性能等没有改变，只是在花色、外观、表面装饰、包装装潢等方面改进提高的，不应列为新产品。

（二十七）新产品要按分级管理的原则，根据其重要程度和技术水平等情况，分别由中央与地方的科委、经委和主管部、局等部门组织鉴定确认。企业、研究院（所）等基层单位不得自行确定新产品。

（二十八）新产品的试制费用，属于国家或主管部门计划安排的重大试制项目，由下达任务的部门拨款；属于企业自行安排的试制项目，所需费用由利润留成资金开支。试制新产品所需的材料、设备，主管部门和物资部门应予大力支持，优先安排解决。

（二十九）新产品必须经过鉴定确认后，才能投入生产，进行试销。试销期由主管部门会同有关部门根据具体产品确定，一般为一年，最多不超过二年。

（三十）新产品的试销价格，由企业根据生产成本，参照同类产品的价格制订，报物价管理部门备案。其中重大的新产品要由省、市、自治区物价部门审批。试销期满投入批量生产，即应报有关部门制订正式价格。

（三十一）财税部门对企业试制新产品应采取积极扶植政策。新产品在试销期间，成本高、利润过低或有亏损的，经过省、市、自治区财税部门审查批准，可以减税或免税。

六、扩大出口和外汇分成问题

（三十二）扩权企业有条件的，均应努力扩大出口产品的生产，为国家多创外汇。工贸双方要认真贯彻“四联合、两公开”的原则（即联合办公、联合安排生产、联合对外洽谈及联合派小组出国考察；外贸出口商品价格对工业部门公开，工业生产成本对外贸部门公开），密切协作，统一对外。外贸部门要积极支持扩权企业参与外贸活动，并向企业提供国外技术经济情报和市场动态，使企业及时按照国际市场的需要和变化改进产品，增强出口产品的适应能力和竞争能力。

（三十三）扩权企业有权申请出口自己的产品，在对外成交时参与附签合同，也可以委托有关外贸公司办理出口业务。具备条件的扩权企业，经过国家进出口委员会和外贸部批准，在办理登记注册后，可以直接经营出口业务，在财务上独立核算、自负盈亏，并承担相应的出口计划任务和收汇任务。有关作法，按国家进出口委员会和外贸部的规定办理。有条件的企业，可以同外贸部门搞联合，实行“工贸合一”。凡是当地外贸部门不收购的出口产品，经省、市、自治区人民政府主管部门同意后，企业可以按照国家统一的外贸价格和规定，到其他口岸洽商出口供货等事宜。外贸部门要减少中间环节，简化批准手续，提高效率。

（三十四）出口产品的国内作价要合理。根据国务院〔1979〕206号文《国务院批转国家物价总局关于出口工业品供应作价几个问题的请示报告》的规定，基本原则仍然是以内销工业品的价格为基础，同质同价，优质优价，但必须充分考虑出口工业品的某些特点。有些产品，工业利润大，出厂价格高，出口有发展前途，外贸部门在合理经营的情况下，仍然出口高亏的，有关部门要共同协商，应当降低供应出口部分的出厂价格；有些产品，工业利润不大，但税率较高，致使出厂价格高，出口亏损大的，由外贸部门或工业部门根据国务院有关规定，提出对出口部分减税或免税的申请，报请财政部或省、市、自治区人民政府批准执行；有些工业品，国外市场适销，出口换汇率高，但国内出厂价格偏低，生产企业在正常生产、合理经营的情况下，只能保本、微利甚至发生亏损，而内销价格一时又不宜提高的，或者内销价格基本合理，但供应出口的部分，由于小批量、多品种等特殊要求而使工业企业的生产成本提高的，工业部门与外贸部门要共同协商，对于供应出口部分，按照生产企业有适当利润的原则，经过批准，给予价外补贴或者适当提高出厂价格。

（三十五）有出口任务的扩权企业，有权按国家规定取得外汇分成。分成办法，按国务院〔1979〕202号文《国务院颁发关于大力发展对外贸易增加外汇收入若干问题的规定的通知》执行。用外汇贷款建设的项目，凡能够用国内材料、设备把所需进口的材料、设备顶替下来的，在保证完成国家计划的前提下，经过批准，提供材料、设备的企业有权取得应得的外汇。

（三十六）企业有权根据国家有关外汇管理和进出口管理的政策、条令，使用自己的分成外汇，委托有关外贸公司办理进口业务。但使用外汇要按规定经过有关部门批准，避免盲目进口。批准手续要力求简化，便利基层。企业的分成外汇，主要用于发展出口产品的生产，引进一些必需的先进技术、材料、零配件、测试仪器、技术专利和书刊资料等，也可以用于必要的出国考察。

七、价格问题

（三十七）扩权企业要严格执行国家价格政策，保持物价的基本稳定。国家计划调拨的工业品生产资料及一、二类日用工业品，和国家或地方物价部门有统一定价的三类工业品，包括超产部分和自销部分，都必须执行国家规定的价格，不准议价。要贯彻按质论价的原则，优质优价，劣质低价。实行浮动价格销售的产品，企业要严格按照物价管理部门规定的品种和价格浮动的幅度执行。超过规定范围的，必须报原规定部门批准。

（三十八）对一些利润过高、供大于求的长线产品，以及超储积压物资，经过物价部门批准，可以降价，但降价幅度不宜过大。

（三十九）对一些产品由于出厂价格不合理，形成商盈工亏或工盈商亏的，在当前市场价格不宜变动的情况下，由国务院有关部门和省、市、自治区人民政府调整解决，工商双方都亏损、而又必须生产的产品，工商企业都应努力改善经营管理，降低成本，扭亏为盈。经过努力仍有亏损的，应由财政部门按照政策给以适当补贴，以调动工商企业生产和经营的积极性。

（四十）企业自销产品，必须执行国家规定的价格。国家没有规定价格的，参照同类产品的价格制订，并按物价管理权限经物价部门核定。

八、以税代利试点和有关税收问题

（四十一）已经财政部门批准进行“以税代利、独立核算、自负盈亏”试点的企业，各地区、各部门一定要加强领导，坚决试出成效，试出经验来。除现有试点单位外，今年一般不再扩大。个别要按行业试点的，须报经财政部批准。

（四十二）企业试行以税代利，要按财政部〔1981〕财税改字第1号文规定办理。已经按照地方规定进行以税代利试点的企业，为了便于总结经验，向国家缴纳的税率、费率和缴纳形式可暂不改变。个别税后留利水平过高，影响财政收入的，要在做好工作的基础上进行必要的调整。

（四十三）企业上交利润改为上交税、费后，成本开支范围、费用开支标准和营业外收支等，仍按现行财务会计制度规定办理。企业原在成本中列支的职工福利基金、奖励基金、新产品试制费、科研经费都应在税后留利中开支，不再计入成本或冲减课税所得额。已纳入企业留利基数的固定资金占用费和流动资金占用费，应在税后留利中缴纳。

（四十四）为了推进工业改组和联合，凡是经国务院和省、市、自治区批准试点的实行独立核算的企业性公司、总厂，其所属工厂之间的内部配套协作（包括工艺协作中心的协作件），取消重复纳税，试行增值税或其他办法。具体办法由财政部另文下达。已经省、市、自治区人民政府批准的试行办法，可继续试行，以取得经验。

（四十五）为了支持专业化协作，公司及其所属企业向本公司以外的企业扩散协作产品，接受加工的企业，以协作价格向原扩散单位提供产品的，可以享受两年的免税待遇。

九、银行贷款问题

（四十六）银行要运用信贷、结算等经济手段，支持并监督扩权企业发展生产，合理使用资金，改善经营管理，提高经济效益。根据“区别对待、择优扶植”的原则，发放贷款，调整利率，使企业的活动符合经济调整的要求。组织好中短期设备贷款和流动资金贷款，积极支持轻纺、建材，以及为轻纺服务的企业搞好挖、革、改，大力增产城乡市场需要的消费品和出口产品。

（四十七）企业贷款要订立合同，确定期限，按期归还。逾期贷款，积压物资和财政性开支占用贷款，要加付利息。加付的利息应从利润留成中开支。银行如发现贷款不符合合同规定的，可提前收回或停止贷款。

（四十八）企业利用中短期设备贷款建设的项目，投产后新增加的利润，是企业职工劳动成果的组成部分，应按核定的基数留成比例提取福利基金和奖励基金。贷款本息一定要用本项目投产后新增加的利润归还，不得挤占原应上交的利润。轻纺专项贷款用新增利润按期归还贷款不足时，可根据国务院〔1980〕9 号文件《国务院批转国家经委、中国人民银行等单位关于请批准轻工、纺织工业中短期专项贷款试行办法的报告》中的规定办理。

（四十九）为了疏通渠道，搞活经济，在征得银行同意后，对长期积压的机电产品，企业确实需要，而资金又一时无来源，在不拉长基建战线的原则下，一、二年内能够付清贷款的，可以用赊销或分期付款的办法处理；生产周期长的大型机电设备和专用设备，允许企业预收定金或按生产进度分期收款。

（五十）实行“以税代利、独立核算、自负盈亏”的试点企业，要积极参加财产保险。

十、机构设置及人事劳动问题

（五十一）扩权企业有权根据生产需要和精简、效能的原则，在定员编制范围内，决定企业的机构设置和各类人员配备。在保证完成任务的前提下，可以不同上级主管部门的机构完全对口。

（五十二）扩权企业有权任免中层及中层以下干部，并报上级主管部门和当地人事部门备案。在编制允许、不增加工资总额，或有自然减员指标的前提下，企业可以通过考核、考试招聘录用确有需要的科技人员和管理人员。工人被选举、任命为中层干部的，在任职期间享有国家脱产干部的同等政治待遇，并可根据企业的条件，试行职务津贴；免职后仍回原工作岗位。

（五十三）扩权企业可以根据国家下达的劳动计划，按照企业的用工条件，在同劳动部门商定的地区范围内，通过德智体的全面考核，择优录用职工。企业要与学徒订立培训合同，学徒期间，可以发生活费。学业期满，经考试合格才能成为企业的工人；不合格的可以延长学习期限以至淘汰。按需要分配给企业的部队复员转业人员，要经过集中专业培训后再具体安排工作岗位。各级劳动部门要在当地人民政府领导下，广开就业门路，妥善安排待业人员。不能把企业不需要的人员硬塞给企业。

（五十四）扩权企业要搞好定员定额，严格按照定员定额组织生产，提高劳动生产率。对职工要分期分批地进行脱产轮流培训，学政治、学文化、学技术、学管理，提高职工队伍的政治素质和文化技术水平。

（五十五）扩权企业有权对成绩优异、贡献突出的职工给以记功、奖励、升职。有权对严重违法乱纪、屡教不改的职工，根据情节轻重给以不同的处分，直至开除留用或开除。受到开除留用处分的，酌情降低原工资，不发奖金。经过一段劳动确有悔改的，可以重新定级，发给工资和奖金。

十一、减轻企业额外负担问题

（五十六）除国家和省、市、自治区有明文规定的以外，企业有权拒绝任何单位和个人向企业摊派各种费用，平调和索取各种产品、物资、设备。

（五十七）未经上级主管部门批准，不得向企业抽调人员、设备、材料和资金；经过批准抽调的设备、材料、资金要有偿调用，借调人员的工资等项费用均由借用单位开支。

十二、民主管理问题

（五十八）扩大企业自主权，实质上是扩大广大职工管理企业的权力。扩权企业必须搞好民主管理，建立健全在党委领导下的职工代表大会制度，并真正发挥其作用。要坚持四项基本原则，加强思想政治工作，处理好国家、企业、职工三者利益关系，提高广大职工的主人翁责任感，以保证企业各项任务的完成。

（五十九）要继续坚持党委领导下的厂长负责制。厂长对企业的生产、经营和行政工作负全面责任。厂长要定期向职工代表大会报告工作，接受检查和监督。企业的长远规划、年度计划、财务决算、生产技术改造规划、重要规章制度的制订和修改等重大问题，都要经过职工代表大会讨论和审议。有关福利、奖励基金的分配和使用等职工切身利益的问题，都要经过职工代表大会讨论作出决定。

（六十）职工代表大会有权监督企业各个部门、各级干部贯彻执行党和国家的方针、政策，并支持他们的工作；有权对企业领导干部提出表扬、奖励和处分、罢免的建议，提请上级领导机关审定。

上述具体实施暂行办法，随着扩权工作的发展，需要在实践中不断补充和完善。请各地、各部门在执行中，认真进行调查研究，及时总结经验。并望将扩权中出现的新情况、新问题和对本办法的意见，及时报告国家经委和国务院体制改革办公室。

附件：商业部系统工业品四种购销形式的分类目录

一、统购统销（统配）商品（十一种）：

棉纱、棉布、棉花化纤混纺布、汗衫背心、棉毛衫裤、卫生衫裤、床褥单、汽油、煤油、柴油、润滑油。

二、计划收购商品（二十四种）：

食糖、卷烟、化纤布、呢绒、绸缎、毛巾、毛线、胶鞋、火柴、肥皂、香皂、洗衣粉、保温瓶、缝纫机、手表、机制薄纸、铅笔、煤炭、元钉、镀锌铁丝、自行车、普通灯泡、硫磺块、松香。

三、订购商品（五十八种）：

糖精、奶粉、名酒、啤酒、木纱团、线袜、锦纶袜、棉毯、胶工作服雨衣、全塑料鞋、布鞋、牙膏、缝衣针、铝锅、搪瓷口杯、搪瓷面盆、钟、电筒、电池、机制板纸、钢笔、印相纸、胶片、胶卷、油墨、窗纱、暗门锁、木螺丝、锉刀、活扳手、合页、插销、马铁零件、秋皮钉、钢丝钳、台案秤、自行车外胎、自行车内胎、自行车零件、打气筒、补胎胶水、花线、胶质线、日光灯管、胶木电料、镇流器、黑胶布、半导体收音机、电视机、电度表、石蜡、明矾、硫酸铝、红矾钠、四氯化碳、保险粉、染料、油漆。

四、除以上三类，其余为选购商品。

工业企业推行经济责任制要注意解决的几个问题*

——在体制改革工作座谈会上的讲话

（1981年8月5日）

今天，就工业企业推行经济责任制问题讲一些意见，同大家商量。工业企业推行经济责任制是全国关心、整个经济部门都关心的一个重要问题，特别是工交部门和工交企业尤其关心。今年4月在上海召开的全国工交会议结束后，国家经委研究室的同志到山东、江苏对经济责任制等问题做了一些调查研究，写了一个调查报告，对山东省广泛推行经济责任制，满腔热情地给予肯定、歌颂和赞扬。赵荫华同志带着企业局的几位同志到中南广东省进行调查。广东省在中央对它实行特殊政策、灵活措施的情况下，解放思想，搞活经济，做了大量工作，在推行经济责任制方面也有很大进展，有不少好的经验。最近我们找北京市的一些企业座谈过几次。北京市在上海工交会议以后，在这方面进展也比较大。在最近召开的企业整顿座谈会上，我们也和15个省市的同志就这个问题交换了意见。在向国务院领导同志汇报座谈会情况时，国务院主要领导同志明确提出要把推行经济责任制作为整顿企业的突破口，充分肯定了推行经济责任制的重大意义。现在我就以下几个问题讲一些意见。

一　对工业企业推行经济责任制发展过程的回顾

经济责任制是从农业开始搞起来的。这是十一届三中全会以来在解放思想、实事求是的思想路线指导下，对农业确定的重要政策。农业政策的落实，使农业生产力得到进一步的解放，农村生产面貌有了显著变化。十一届三中全会后，在1979年4月中央工作会议上，根据中央和国务院领导同志的指示，国家经委和有关部门协同起草了

* 本文是袁宝华同志1981年8月5日在国家经委、国务院体制改革办公室、国家计委、财政部、劳动总局、人民银行、全国总工会召开的京、津、沪、辽、鲁五省市经济责任制座谈会上的总结讲话。原文首发于《袁宝华文集（第一卷）》（企业管理出版社，1999，第232~238页）。

扩大企业自主权的十条意见，也就是扩大企业十个方面的权力。现在看来，这十方面的权力还没有全部落实。但是，在当时各方面阻力较大的条件下，提出扩大企业这些权力仍然是起了积极的作用。根据这十条原则规定，国务院领导同志指示有关部门起草相应的具体文件，这就是1979年7月国务院下发的《关于按照五个改革管理体制文件组织试点的通知》及《关于扩大国营工业企业经营管理自主权的若干规定》等五个文件，即国务院〔1979〕175号文件。当时在成都召开的全国工交会议上讨论企业利润留成办法时争论很大。最后请财政部负责同志到会听取了大家提出的意见，商定由国家经委和财政部起草一个补充规定。

回过头来看，在当时的情况下，能做出对企业实行利润留成试点的决定，也是一个很大的进步。尽管当时的改革还是小改小革，但在性质上却是一个重要的变革，对上层建筑怎样适应经济基础、生产关系怎样适应生产力的发展开始进行探索，这是进行改革很重要的一步。从实际情况来看这一步迈得也不算小。这两年来扩权试点企业很快增加到6000多家，这是很大的进展，也取得了明显的经济效果。但扩权试点企业实行的利润留成办法有两个问题没有解决好。一是利润留成办法划一了。对于办法划一这一点，当时就有不同意见，不少同志不同意用一种办法试点，认为既然搞试点，就应该采用不同的办法去试，以便有所比较，扬长避短，闯出路子。就是说，目标一致，方法可以不同。如果只用一种办法，那还叫什么试点？看来试点办法“一刀切”，是这个文件主要的缺点，这说明当时思想还是不够解放。

1979年五个文件下发后，很多地方在按照文件规定开展企业扩权试点的实践中，解放思想，冲破框框，创造了一些新的办法，不管文件规定搞扩权试点要怎样审查、批准，但最终还是要承认各地试点办法的现实。在这方面，四川省思想解放，自己动手改革，带头冲破框框，创造出了一些改革的新经验。不少好办法是大家根据客观需要和群众意愿闯出来的，创造出来的。

1980年9月在总结扩权试点经验的基础上，国务院颁发了〔1980〕226号文件，提出企业利润留成办法要从实际出发，不搞“一刀切”，可以采取必要的变通办法，推动扩权试点工作的更好发展。两年多来，扩权试点企业迅速扩展到6000多家。在全民所有制工业企业里面，扩权企业占预算内企业的15%，产值占60%，利润占70%，京、津、沪三大城市占80%~90%，占有举足轻重的地位，对于促进生产发展、提高经济效果起了重要的作用。原来扩权办法的另一个问题是“环比”的问题。“环比”的办法当时就有许多同志不赞成。后来我们想先突破一个口子，“环比”办法也可以先试行一下。“环比”办法在一定条件下有其积极作用，但整个来说有它的局限性，就像山东同志所说的，第一年有甜头，第二年吃苦头，第三年没干头；四川同志所说的，第一年吃肉，第二年啃骨头，第三年喝汤。看来这个办法不能促使我们的经济更好地发展。

1980年是很重要的一年，是个大发展的一年，不仅有6000多家企业参加了扩权试点，规模扩大了，而且采用了多种多样的形式进行扩权试点。除企业利润留成办法外，有的地区试行了利润包干的办法。上海市冶金局实行增长利润留成包干，纺织局实行全额利润留成包干，都是一定5年。河北省冶金局、重庆市冶金局等都采取了包干办法，军工企业也是采取包干办法，效果都比较显著。同时还搞了以税代利、自负盈亏的试点。根据国务院主要领导同志的指示，去年8月，国家经委发了个文件，传播一些地区和单位实行"以税代利、独立核算、自负盈亏"的经验。当时有些同志顾虑重重，怕企业得的多了，国家得的少了，但实际结果完全不是那么回事。去年在全国共搞了200多个企业"以税代利、独立核算、自负盈亏"的试点。此外，还有其他各种类型的试点，如有些地区搞亏损包干，有些地区在二轻行业集体企业把原来的统负盈亏改变成为自负盈亏。

总之，1980年在1979年扩权的基础上，进行了多方面的探索和实践，取得了多方面重要的实践经验。原来大家都要求改革，但因缺乏实践经验，不知怎么改革好，心中没有底。有了1980年这一年的探索和实践，今年大力推行经济责任制，就有了经验，有了基础。

中央工作会议以后，今年2月国务院主要领导同志在天津开了一系列的座谈会，对许多重要问题做了指示。2月底至3月上旬，我们和国务院体制改革办公室一起召开了工业管理体制改革座谈会。这是一次重要的会议。在向国务院领导同志汇报这一座谈会情况时，国务院主要领导同志和国务院其他领导同志做了重要讲话，指出要全面地正确地理解中央的调整方针，正确处理好调整与改革的关系，提出不利于调整的改革步子要放慢，有利于调整的改革要积极抓紧进行，这就为我们指明了方向，坚定了改革的信心。这次座谈会上搞了推行工业改组与组织联合、继续巩固提高扩权试点、加强企业整顿等几个文件。

4月在上海召开的全国工交会议，根据国务院领导同志的指示，明确地提出了在工业企业中推行经济责任制的四种形式，这是1980年进行了一年改革的探索和实践的成果。这四种形式，一是继续搞好企业利润留成，但办法要有所改进、有所完善；二是企业搞利润盈亏包干（包括微利、亏损企业）；三是小型企业逐步实行以税代利、自负盈亏；四是推行行业包干。明确提出推行经济责任制的这四种形式很重要，实际上是把我们两年多来的改革实践经验做了一个总结，作为政策肯定下来。国务院主要领导同志在今年4月14日国务院全体会议上的讲话中明确指出，工业企业要推行经济责任制，这样全国各个地区就比较大胆放手地推行开来。

去年耀邦同志有个批示给我，说他考虑了很久，农业政策落实，农村面貌的变化振奋人心，什么时候你们工业也能有个振奋人心之举呢？也就是说，什么时候才能有较大的突破呢？当然不能说利润留成不是个突破，但还不是个大的突破。因为在搞利润留成的同时，还搞了一个企业基金办法，这一办法不能说不好，但它毕竟还是变相地吃“大锅饭”。原来规定是完成计划就可以提取企业基金，但计划指标是活的东西，到年终完不成时，调整调整都可以完成，实际上还是吃“大锅饭”。按照工资总额多少提取奖金，这还是个平均主义的办法。为什么发那么多的奖金，作用却并不很显著呢？因为奖金实际变成了附加工资。耀邦同志提的这个问题，正是我们工业部门同志头脑里长期转动、考虑的问题，总是不甘心，总想有个突破，总想像耀邦同志讲的那样有个振奋人心之举。但我们改革起来，确实阻力不小，困难重重，步履艰难。

1981 年计划调整下来之后，财政任务实际上超过了生产任务，迟迟落实不下去，可是财政任务还必须落实下去，因为中央确定今年基本上要做到“两平一稳”。对这一点大家不含糊，提到要和中央在政治上保持一致的高度，任务是非完成不可的。但是好多地方一直到 4 月还没有将财政任务落实下去。因此，要完成财政任务，必须使工业生产上超一大截子才行。虽然上半年轻工业有较大幅度的增长，但因原材料提价、企业费用增加，利润增长并不多。利润主要靠重工业。但重工业生产下降，利润也相应下来了。这样就增加了完成财政任务的困难。财政任务完不成怎么办？逼着我们想办法，坏事变成了好事。前几天，我给苏毅然同志（山东省时任省长）打电话，他说，今年搞经济责任制是逼上梁山的。今年财政任务落实不下去，最后逼着我们非依靠广大群众不行。要发展经济，发展生产，就要依靠广大企业和群众的积极性，这是毛主席早就讲过的。因此，在当前经济形势发展的需要和农村经济责任制推动的影响下，经济责任制便在工业企业很快地发展起来了。

回顾一下过去这两年多工业方面进行改革的过程，可以清楚地看到，现在推行经济责任制确实是形势有需要，群众有要求，农村有样子，工业有路子，并且已显示了明显的经济效果。在工业战线上全面推行经济责任制的条件已经成熟，只要我们高度重视，加强领导，就一定能够使经济责任制得到更好的推行，促进工业生产的发展。

二 目前工业企业推行经济责任制的形势

工业企业经济责任制，由于符合群众的要求，适应形势发展的需要，又有了农村经济责任制的借鉴和两年来扩权试点的基础，所以近几个月来，以利润包干为主要形式的经济责任制蓬勃发展，形势很好。从国营企业到集体企业，从大型企业到中小企业，从盈利企业到亏损企业，从单个企业发展到按行业、按地区（地、市、县经委）包干。有的一层包一层、一层保一层。例如，济南市搞“上五包，下五保”（市包局，局包企业，企业包车间，车间包班组，班组包个人，一层层包下来；下面再层层予以保证，保证任务的完成）。北京市 969 家工业企业，已全部实行了各种形式的经济责任制。山东省 13 个地市 1850 家县属以上国营工业企业，已落实各种盈亏包干任务的有 1641 家，占 88.7%。四川省工交企业推行经济责任制的占 86%。河南省占 50%。辽宁省二轻集体企业，普遍实行了独立核算、自负盈亏，占全省二轻集体企业总数的86%。

从这一段实践来看，各地推行经济责任制，有以下几个明显特点。一是指导思想明确。凡是搞得好的地方，思想都很明确。推行经济责任制的目的是要打开一个突破口，解决在企业中长期存在的“大锅饭”、平均主义的顽症，充分调动企业和广大职工的积极性，挖掘企业的潜力。8月3日，国务院主要领导同志在听取财政部汇报时，明确指出当前一方面财政困难，另一方面浪费很大。理财之道，究竟是就财政论财政，还是靠发展生产来解决财政困难？要想把浪费消除掉，把潜力挖掘出来，不去依靠和发动广大企业和职工的积极性做不到。而经济责任制就是调动企业和职工积极性的最好办法。二是突出一个“包”字。在有些人思想犹豫不定的时候广东省领导同志思想非常明确，提出在改革上要突出一个“包”字。各地也从落实今年国家财政计划入手，实行包干。这种办法简便易行，责任明确，利益直接，动员力大，受到普遍欢迎。一句话，就是千斤重担大家挑，企业的担子不是仅仅放在书记、厂长肩上，而是还放在各厂成百上千人的肩膀上。大家动脑动手把潜力挖掘出来。三是推行经济责任制的两个环节紧密衔接。第一个环节是实行国家对企业的经济责任制，把企业的经济利益同经营成果挂起钩来，用包干的办法去解决国家和企业的关系，解决过去管得过死和吃“大锅饭”的问题。第二个环节是建立企业内部的经济责任制，把职工个人收入同劳动成果挂起钩来，解决企业内部吃“大锅饭”的问题。抓好两个环节，解决两个平均主义和吃“大锅饭”的问题，两者配套，相辅相成。搞得比较好的地方，上下结合，纵横连锁，形成工业经济责任制的体系。四是方法灵活多样，不搞“一刀切”。这和1979年开始贯彻那五个文件时完全不一样，那时是习惯于老一套的“一刀切”的办法，只能按我的道走，不能另外搞一套。我们坐在北京的人总怕下面违法乱纪。确有违法乱纪的人，但总是少数，绝大多数企业的干部和职工真是在那里勤勤恳恳地为国分忧，任劳任怨，努力完成国家交给的任务。我们总要立足于相信群众的大多数。如果我们不相信这些同志，只给他们一条道、一座独木桥，最后势必限制大家的积极性。如有违法乱纪要加强财政监督。记得薛暮桥同志说过，要搞市场调节，同时就要加强市场管理，否则非乱不可，什么违法乱纪的事都会出来。出来以后，有两种态度，一种是我看你就不行，要收兵，这是消极态度。另一种是积极的态度，在计划经济指导下，开展市场调节，同时要加强市场管理。对建立经济责任制也要采取这种态度。现在各地注意从实际出发，因地制宜，采取不同形式，进行分类指导，打破了只能按一个模式搞的限制和框框。

工交企业推行经济责任制，时间虽然不长，但已取得明显的效果。用群众的话说是：一包就灵，一包就活，一包就变。

首先，调动了企业和职工的积极性，促进了增产增收，保证了国家财政收入任务的落实。

今年国家财政计划普遍高于生产任务，加上企业减利因素很多，社会负担较重，财政指标落实不下去。山东省初步统计，向企业不合理摊派的任务有7000多万元，其中从上面摊派下去的任务就有13项。实行包干以后，盈利企业，利润继续增长；亏损企业，亏损减少或扭亏为盈，财政任务也就很快落实下去了。天津市工业，今年下达的财政计划为19.5亿元，开始只能落实17.4亿元，差2.1亿元。通过对各工业局实行包干，财政计划全部落实下去。胡启立同志说，不是这个办法，根本落实不下去。北京市工业，去年上缴利润27.1亿元，今年财政下达计划27.2亿元，由于各种减利因素影响，有6亿元落实不下去。经过对15个工业局实行包干，财政任务基本落实下去。5月实行包干，6月就实现利润2.13亿元，创造了上半年的最好水平。首钢，去年上缴利润2.4亿元，今年钢、铁限产，生铁减少29万吨，钢减少12万吨，由于对企业实行了包干，企业内部又实行权责利相结合的责任制，调动了广大职工的积极性，狠抓了开源节流的一系列措施，找出了减产增收的路子，预计全年实现利润3.12亿元，保证上缴利润2.7亿元，比去年增长12.5%。山东省煤炭系统，今年一季度亏损1357万元，3月下旬实行行业亏损包干，全年计划亏损2000万元，4月就扭亏为盈，实现利润57万元，5~6月，又盈利902万元，真是一包就灵。去年省委发了8号文件，对济南市二轻系统实行超定额计件工资制，经济效果比较显著。今年年初，发了省委18号文件，又把8号文件收回去了，规定了职工奖金限额。一季度全系统实现利润比去年同期下降20%。今年4月开始省委决定重新恢复去年8号文件的规定精神，推行经济责任制。在全系统80%以上单位又恢复了超定额计件工资制，职工的生产积极性重新被调动起来，生产经营成果逐月提高，第二季度实现利润841.5万元，比第一季度提高67.2%。广东清远县17家国营工业企业，1977年亏损31万元，1978年推行超计划利润留成的经济责任制以后，扭亏为盈，实现利润121万元，上缴34.6万元。1979年实现利润353万元，上缴109.7万元。1980年实现436万元，上缴150万元。今年预计可实现利润750万元。百元产值提供的利润，由1978年的3.5元增长到1980年的14.6元，今年上半年已达到22.5元。

第二，有效地克服了分配中的平均主义。

过去企业中实行计时工资加奖金的办法，往往是把奖金按人头平分，或者是一、二、三等，轮流坐庄，体现不出按劳分配的原则。实行计件工资、超定额计件工资、浮动工资或记分计奖等办法，做到了多劳多得，少劳少得，不劳不得。烟台鞋厂，今年1~5月，每人每月平均得超额计件工资14.74元，其中最高的每月60元，最少的只得3分钱，个别完不成定额的，还被扣了基本工资。工人们说："现在是喜煞勤的，治了懒的，'铁饭碗'保不住了，'大锅饭'吃不成了，再不好好干不行了。"有些同志却只看到工人多得了，忘记了国家多收了，忘记了工人多得了之后，发展了生产，活跃了经济，方便了人民生活。我们这些同志的思想方法，什么时候才能有所改变？毛主席过去讲形而上学盛行，我们还不大理解，现在是越来越理解了。黑龙江鸡西矿务局正阳煤矿，今年在全矿工人中实行浮动工资，对井下工人实行全浮动、联产计酬，对辅助工人实行部分浮动，对科室职工实行记分计奖，极大地调动了职工的生产积极性，出现了全矿争出勤、找活干，人人关心经营管理，事事讲究经济效果的新气象。3月以来，全矿产量、利润逐月上升，各项工作比较主动，到6月上旬，全矿已补上了以前的欠产，实现了盈利。新华社记者反映了以后，耀邦同志专门有段批示，他认为在企业里应该推行这样的浮动工资制度。

第三，推动了企业整顿，加强了企业管理。

企业实行经济责任制后，对生产、经营、计划、劳动、财务等各方面的管理工作都提出了更高的要求，加重了企业的责任，使企业的整顿工作有了内在的动力。过去在整顿中出现过不少形式主义，也是因缺乏内在动力而产生的，是上级让搞的，比较被动；推行经济责任制使经济核算、统计、计量、定额管理、考核制度等各项基础工作，普遍得到了加强。过去企业整顿工作，是上级催着搞，现在是企业主动搞；企业的经济开支，过去是花了算，现在是算了再花。这是推行经济责任制带来的一个明显的变化。

第四，有利于老企业更新改造、休养生息。

多年来，我们的许多老企业一直处于设备陈旧、技术落后、厂房失修、职工福利设施积欠很多的状况。企业过去没有一点自主权，没有机动的余地，生产生活上都有不少欠账，很难得到解决。同农业一样，工业企业也有一个休养生息的问题。马洪同志到鞍钢看过之后，说现在再不动手更新设备，十年后鞍钢会成为一堆废铁。这并不是危言耸听。我国的第一汽车制造厂等老企业都是如此。机床的导轨都磨过几次了，不可能生产出有竞争力的产品。靠国家投资，每年全国基建资金只有几百亿元，争不到投资，设备都是20年一贯制，产品也就没有竞争能力。所以，工业企业必须像农业一样，通过推行经济责任制，达到休养生息的目的。利润包干后，企业只要经过认真努力，就可以从增产增收中得到更多利益，就会有更多的自有资金，来逐步解决这些迫切问题，改善生产和生活条件，为我们今后发展生产打下基础。

实践证明，实行经济责任制，从微观上来看，是激励企业奋发上进，挖掘企业潜力，改善经营管理，提高经济效益的有效办法，为克服两个平均主义打开了一个突破口。从宏观来看，更有力地推动着我国经济管理体制的改革，有可能为发展我国经济闯出一条新的路子。归根结底，实行经济责任制，能够使生产关系更加适应当前生产力发展的要求。农业上生产责任制的实践已经证明了这一点，工业上的经济责任制也将证明这一点。

三　推行经济责任制中要认真注意解决的几个问题

工业企业推行经济责任制的时间不长，经验不足，办法还不完善，包干以后还会引起许多新的矛盾、新的问题。同时也要看到工业和农业不一样，社会化的程度更高，牵涉的面更广，问题更加复杂。因此，我们要认真加强调查研究，不断总结经验，热情支持，因势利导，既积极又稳妥地推动经济责任制健康地向前发展，避免一哄而起。一哄而起，搞不好往往就是一哄而散，这是多年的经验教训。要避免盲目性，就必须提高自觉性。经济机关要负经济责任。我们要认真引导，既要满腔热情，又要头脑冷静，再不要折腾了，再不要打“摆子”了，再不要走“回头路”了。1958 年“大跃进”，有些人头脑过热，搞高指标，当然我们现在不是这种情况，我们不是太热了，而是困难重重，阻力不小。要鼓足勇气，去开辟一条新路子。从当前来看，有以下几个主要问题，需要认真研究，解决好。

第一，指导思想。

一是要继续清除“左”的思想影响，下决心解决吃“大锅饭”的问题。这个问题不解决，整个工业就没有出路，整个经济就没有出路。现在还有不少人把“大锅饭”、平均主义误认为是社会主义优越性，不承认客观上存在着的企业与企业之间、职工与职工之间利益上的差别，不敢坚决贯彻按劳分配的原则。

二是要破除旧的习惯势力。现在平均主义司空见惯，天经地义，而要搞按劳分配则别别扭扭，甚至好像大逆不道。所以要进一步解放思想，勇于实践，大胆探索，不能过去没有干过的就不敢干，别人没有做过的就不敢做。不打破老的框框，就走不出新的路子来。有些人吃“大锅饭”吃惯了，对搞经济责任制，怕麻烦，怕担风险，怕负责任，安于现状，精神不振。这种情况必须改变。

三是具体政策不“卡富”“限富”。企业和职工的积极性调动起来，企业经营得好，经济效果显著，在为国家多做贡献的基础上，企业多留，个人多得，这种合理的权益应该保护，应该鼓励，应该提倡。不能怕先进的企业富起来，不能怕优秀的工人“冒尖”，不能一看企业钱多了就“眼红”、不认账、“抹胡子”。企业和工人就怕这一手。要让企业和职工放手干，政策就得要兑现。企业富了，群众富了，社会财富增加了，解决国家财政困难也就有了基础。这是个基本的观点。大量事实也说明，推行经济责任制，是补了国家财政，而不是挖了国家财源。

四是要着眼于挖掘企业的潜力，找出提高经济效益的新路子。现在，一方面财政困难，另一方面浪费惊人，企业的潜力很大。要挖潜如何挖？就是要靠调动企业和职工的积极性，推行经济责任制，与“大锅饭”决裂，向浪费开战，提高经济效果，努力增产增收，发展生产，解决困难。调整期间工业上要有一个令人满意的速度，速度不要过高，但要积蓄力量，以图将来有个较大的发展。如果长期没有一定的发展速度，经济就会萎缩，又会出现新的恶性循环。所以必须要有一定的速度。“又要马儿跑，又要马儿不吃草”，这种事情世界上是没有的。一方面我们企业的潜力很大，另一方面企业又欠账太多，要把潜力挖出来，就要采取“养鸡下蛋”的方针，使企业有一个休养生息的机会，要保证企业有一定的机动财力进行更新改造，提高效益。推行经济责任制，就是要为企业创造这种条件。如果“竭泽而渔”，老企业不积蓄力量，不打基础，依靠现有企业实现四化也就成为一句空话了。

这些思想认识不解决，经济责任制就很难推开，工业就没有出路。

第二，经济责任制的具体形式，要在实践中不断发展完善。

六中全会通过的《关于建国以来党的若干历史问题的决议》中指出，“社会主义生产关系的发展并不存在一套固定的模式，我们的任务是要根据我国生产力发展的要求，在每一个阶段上创造出与之相适应和便于继续前进的生产关系的具体形式”。搞经济责任制，不能搞一个模式。各地区、各行业、各企业的情况千差万别，生产发展的水平和管理状况很不一样，绝不能搞“一刀切”、绝对化。每一种办法，都有它的特点和适应的条件。每一家企业，采取什么样的经济责任制形式合适，要从实际出发，要通过实践检验，不宜过早定型，要允许有一个发展和完善的过程。

企业实行经济责任制，各地已经创造了许多形式，大体可以归纳为三种基本类型：一是利润留成；二是利润包干；三是以税代利、自负盈亏。从发展来看，可能是这样一个趋势，就是从利润留成发展到利润包干，进而过渡到以税代利、自负盈亏（包括小企业和二轻集体企业实行的以税代利、自负盈亏）。以税代利、自负盈亏，可以使企业真正成为一个相对独立的经济实体，做到政企分开，改变企业成为行政机关附属物的弊病；能比较彻底地解决“统收统支”财政体制对企业的束缚和企业之间的平均主义；也有利于打破部门和地区的界限，促进工业改组和联合。但从当前的条件看，各种利润包干应该是主要形式。因为它灵活性大，适应性强。亏损企业可以搞“亏损包干、定额补贴、超亏不补、减亏留用或分成”；微利企业可以搞“基数包干、超收留用、短收自负”；盈利企业也可以搞利润包干，有的可以搞“基数递增包干，增长比例分成”，有的可以搞“基数包干，增长分档分成”等办法。这些包干办法，既能保证国家财政收入逐年有所增长，又能促进企业改善经营管理，在挖掘企业潜力上狠下功夫，从增产增收中得到好处。从包干对象来看，可以按企业包干，也可以按行业（局、公司）包干。各地实践说明，按行业或按公司包干有它的优越性：有利于调节行业内部的“苦乐不均”；有利于全行业的统筹规划，推动改组、联合；有利于按照调整的要求，合理使用资金，有重点地进行技术改造，防止盲目发展；有利于克服多头指挥，减少官僚主义。但是，有些企业担心“雁过拔毛”“花钱买婆婆”。这些问题必须注意解决，以局或公司包干一定要维护和尊重所属基层企业的自主权。

企业内部的经济责任制，是整个经济责任制的基础。必须从领导到每一个科室、车间、班组、工人建立起一整套纵横连锁的责任制，把每个岗位的责任、考核的标准、经济效果同职工的收入挂起钩来，实行联产联利计酬，贯彻按劳分配的原则，多超多得，少超少得，完不成定额的扣发工资，有奖有罚。从各地经验来看，比较有效的办法有：(1) 计件工资制，包括超额计件工资和小集体超额计件奖；(2) 浮动工资制：(3) 超产奖；(4) 指标分解记分计奖；(5) 包产制，即包产到车间、班组、个人。实践证明，计件、超定额计件和浮动工资制有较大的优越性。有条件的企业应该积极推行这种办法。但是，实行这种办法最关键的是要搞好定额管理，制定平均先进定额，加强经济核算，不能由于计件而提高单位产品成本中的工资含量。要防止只顾数量不顾质量，拼设备，拼体力。

第三，摆正国家、企业、职工个人三者利益的关系，合理确定经济利益分配的水平。

不论采取哪一种包干形式，都有一个经济利益如何合理分配的问题。在当前情况下，国家和企业的利益分配究竟放在一个什么样的水平上比较合适，这是需要认真研究的问题。总的原则是在保证国家多得的前提下，兼顾三者利益，合理地确定包干基数和留成比例。要包得住、包得好，就要定得合理。所谓合理，一是要能够调动企业和职工的积极性；二是要保证国家财政收入逐年有所增长。如果包干基数定得太高，企业费力而得不到好处，就不能调动积极性，潜力也就挖不出来，最终也要影响收入；如果包干基数定得太低，企业唾手可得，没有风险，压力不大，就不能促进企业加强管理，提高效益，也就失去了实行经济责任制的意义。

确定包干基数，一般应考虑以下几个因素。一是包干基数应参照包干前两三年利润的平均数，避免某一年度的偶然性。二是企业的留利水平，应能逐步满足维持简单再生产和企业内涵的挖潜、革新、改造，以及教育、福利、奖金等的最低需要量。三是要考察不同行业、企业之间客观条件的优劣、管理水平的高低、增产增收的难易和对国家贡献的大小等情况，采取行政手段或经济办法统筹平衡，适当调剂，解决“苦乐不均”，起到鼓励先进、鞭策后进的作用。四是有奖有罚，完成或超额完成包干任务，企业就得好处，并保证兑现；完不成包干任务，企业就要用自有资金来补偿，保证国家财政收入。这样才能包得住，保得死，奖罚分明。包干时间一般以三年为好，以便使企业心中有数，有一个较长远的打算。但是，对变化因素大的企业，可以一年一包，也可以实行三年滚动包干的办法。

第四，要加强计划指导和国家监督。

实行经济责任制以后，企业的积极性起来了，又会出现一些新的盲目性。比如有的企业不顾国家全局利益，搞本位主义，片面追求利润，利大大干，无利不干，不全面完成国家计划，忽视品种、质量；在资金使用上，不符合国民经济调整的要求，重复建设，盲目发展；有的只顾行业和地区的眼前利益，不积极推行工业改组和经济联合，继续搞分割、封锁；有的甚至违背国家政策法令和违反财经纪律；等等。对这些错误倾向，我们必须相应采取有效措施加强计划指导，搞好经济立法，实行严格监督。正如国务院主要领导同志指出的，要搞活一个什么东西，同时就要有一个相应的制约的东西，既不能把企业卡得过死，又不能放手不管。

我们所讲的经济责任制，不光是经济利益分配的问题，而且是一个广义的概念，包括生产、交换、流通、分配。企业的一切经济活动，都要保证从国家的全局利益出发，对国家计划负责，对消费者负责，符合社会需要，体现社会效益。所以实行利润包干，不仅要考核利润，同时必须同产量、质量、品种、成本、消耗、安全等指标结合起来考核。

实行经济责任制，不仅要明确企业的经济责任，同时也要相应地明确上级主管部门应当承担的经济责任。有关主管部门，要搞好计划综合平衡、生产调度、物资供应、产销衔接等工作。上下之间、企业之间、企业内部各环节之间的经济联系，都要签订并严格履行经济合同，违反合同的要承担经济责任，甚至法律责任。

第五，要把推行经济责任制同认真抓好企业整顿结合起来。

搞经济责任制，给企业整顿提供了新的动力，提出了更高的要求。企业整顿好了，实行经济责任制才有一个可靠的保证，才能发挥经济责任制的更大威力，达到应有的效果。所以，要把推行经济责任制作为整顿企业的突破口，推动企业经营管理的改善与企业领导班子的整顿和建设。搞好民主管理，建立健全各项规章制度，加强计量、统计、经济核算、质量检验、设备维修等各项基础工作，把企业的队伍建设好，把企业的生产技术、管理水平大大提高一步。

第六，各部门管理体制的改革要和推行经济责任制同步配套，进一步落实企业的自主权。

企业实行经济责任制，就是企业在一定程度上的自负盈亏，必须扩大企业自主权。过去那种“上面有权无责，企业有责无权”，权、责、利脱节的现象必须改变。只有权、责、利紧密结合，经济责任制才能贯彻得好。现在的问题是，国务院明文规定企业应有的自主权并没有完全落实，影响了企业和职工的积极性。凡是推行经济责任制的企业（局、公司），都应该享有国务院体制改革办公室、国家经委、财政部等十个部门联合下达的“扩权六十条”规定的权限，有所改革，有所前进。因此，各地区、各部门要把支持企业搞好经济责任制和扩权作为统一的过程抓在手上，结合具体情况，认真贯彻落实，使各项改革能够同步配套地进行，促进生产发展，取得更大的经济效果。

各级经济领导部门，要把推行企业经济责任制作为自己应尽的职责，大力协同，密切配合，深入基层，研究新情况，解决新问题，总结新经验，主动改革本部门不适应实行经济责任制要求的某些规章制度，解决改革的新要求和老办法、老规定之间的矛盾，保证经济责任制的健康发展，推动经济管理体制的进一步改革。

文稿解读

1981 年 8 月 5~15 日，国家经委、国务院体改办在北京召开工业经济责任制座谈会，参加会议的有北京、天津、上海、山东、辽宁等省市经委、财政、银行、劳动、工会等方面的负责同志。会议由国务院体改办副主任周太和与国家经委副主任赵荫华主持。会议交流了五省市推行经济责任制的经验，分析了当前推行经济责任制过程中出现的新情况和新问题，研究了如何进一步正确理解和推行经济责任制，并使之完善的问题。会议期间，国务院副总理万里同志听取了会议代表的情况汇报。会议结束时，国家经委主任袁宝华同志以“工业企业推行经济责任制要注意解决的几个问题”为题讲话时强调，一是端正指导思想，下决心解决吃“大锅饭”的问题。二是经济责任制的具体形式，要在实践中不断发展完善。三是摆正国家、企业、职工个人三者利益的关系，合理确定经济利益分配的水平。四是加强计划指导和国家监督。五是把推行经济责任制同认真抓好企业整顿结合起来。六是各部门管理体制的改革要和推行经济责任制同步配套，进一步落实企业的自主权。

1981 年 9 月 23 日，《人民日报》发表社论《实行经济责任制，注意解决新问题》。社论认为，实行经济责任制，实质上就是解决国家与企业的关系，实行盈亏责任制；解决企业与个人的关系，实行按劳分配，即把责任和经济利益联系起来，做到权责利统一。

1981 年 10 月 29 日，《国务院批转国家经济委员会、国务院体制改革办公室〈关于实行工业生产经济责任制若干问题的意见〉的通知》（国发〔1981〕159 号）强调，实行工业生产经济责任制，对改善工业管理和企业管理是一个很大的推动，调动了广大职工的积极性，使工业生产等方面发生了明显的变化，总的来看，方向是对的，效果是好的。实行经济责任制的目的，是要在国家计划的指导下，搞好企业的经营管理，把企业和职工的经济利益同他们所承担的责任和实现的经济效果联系起来，使广大职工以主人翁的态度，用最少的人力物力消耗取得最大的经济效益。《意见》共六条，其中一条分析了必须注意解决好的八个主要问题。

1981 年 11 月 11 日，《国务院批转关于实行工业生产经济责任制若干问题的暂行规定的通知》（国发〔1981〕166 号）明确，国务院同意《关于实行工业生产经济责任制若干问题的暂行规定》，请结合《关于实行工业生产经济责任制若干问题的意见》这一文件，一并认真贯彻执行。各地区、各部门过去的规定，凡与本规定相抵触的，均应在做好工作的基础上，按本规定改过来。该规定共15条。

1981年12月26日，《财政部、国家经济委员会颁发〈关于国营工交企业实行利润留成和盈亏包干办法的若干规定〉的通知》（〔81〕财企字第563号）明确，根据国发〔1981〕159号和166号文件关于实行工业生产经济责任制的有关规定，经国务院批准，财政部和国家经委制定印发了《关于国营工交企业实行利润留成和盈亏包干办法的若干规定》，对企业和主管部门，根据不同情况，实行多种形式的利润留成和盈亏包干办法做了规定。

文稿附录

附录1　国务院批转国家经济委员会、国务院体制改革办公室《关于实行工业生产经济责任制若干问题的意见》的通知

附录2　国务院批转关于实行工业生产经济责任制若干问题的暂行规定的通知

附录3　财政部、国家经济委员会颁发《关于国营工交企业实行利润留成和盈亏包干办法的若干规定》的通知

附　录

附录 1

国务院批转国家经济委员会、国务院体制改革办公室《关于实行工业生产经济责任制若干问题的意见》的通知

（国发〔1981〕159 号　1981 年 10 月 29 日）

现将国家经委、国务院体制改革办公室《关于实行工业生产经济责任制若干问题的意见》转发给你们，望结合各地区、各部门的具体情况研究执行。

实行工业生产经济责任制，对改善工业管理和企业管理是一个很大的推动，调动了广大职工的积极性，使工业生产等方面发生了明显的变化，总的来看，方向是对的，效果是好的。

实行经济责任制的目的，是要在国家计划的指导下，搞好企业的经营管理把企业和职工的经济利益同他们所承担的责任和实现的经济效果联系起来，使广大职工以主人翁的态度，用最少的人力物力消耗取得最大的经济效益当前在工业企业中实行的经济责任制主要是从利润留成和盈亏包干入手的。应当看到，由于价格、税率不尽合理等各种复杂原因，企业创造利润的多少不能完全反映企业的经营水平，如果只把利润留成．盈亏包干作为经济责任制的主要内容，停留在这个水平上，就会产生许多弊病。因此，工业生产经济责任制必须进一步发展和完善，不仅要和利润挂钩，而且要和产量、质量、品种、成本等挂起钩来。这就要求企业在生产、技术、经营等方面建立健全明确而又具体的岗位责任制，实行全面经济核算，改善经营管理，实现各项技术经济指标，全面完成国家计划。要使企业的领导和职工真正理解责任制的全部内容和要求，明确责任制既是经济责任，又是政治责任。广大职工是国家的主人，应当为四化建设发挥自己的聪明才智，把主要精力放在发展生产上。要正确处理国家、企业、个人三者利益的关系，摆正当前利益和长远利益、局部利益和全局利益的关系。在当前国民经济调整任务还很重的情况下，个人所得部分不可能也不应该过多。国家提出对个人所得部分实行控制，是从国民经济全局出发，为了从根本上巩固和发展工人阶级的经济利益和政治利益。企业的生产、技术、经营活动，都必须符合党和人民的利益，要以正当的办法、正当的途径取得实实在在的经济效果，为社会创造

出日益增多的物质财富。

实行经济责任制，目前还处在探索阶段，各地区、各部门要加强领导，要摸着石头过河，水深水浅还不很清楚，要走一步看一步，两只脚搞得平衡一点，走错了收回来重走，不要摔到水里去。这样才能使经济责任制健康地向前发展。

国家经济委员会、国务院体制改革办公室
关于实行工业生产经济责任制若干问题的意见

一九八一年九月二十四日

今年四月国务院召开的全国工业交通工作会议，明确提出了建立和实行经济责任制的要求。半年来在省、市、自治区党委和人民政府的领导下，工业生产经济责任制在全国许多地方迅速展开，形势很好，效果显著。

一、工业生产经济责任制的内容、原则和形式

经济责任制是在国家计划指导下，以提高社会经济效益为目的，实行责、权、利紧密结合的生产经营管理制度。它要求企业的主管部门、企业、车间、班组和职工，都必须层层明确在经济上对国家应负的责任，建立健全企业的生产、技术、经营管理各项专责制和岗位责任制，为国家提供优质适销的产品和更多积累；它要求正确处理国家、企业和职工个人三者利益，把企业、职工的经济责任、经济效果同经济利益联系起来，认真贯彻各尽所能、按劳分配的原则，多劳多得，有奖有罚，克服“吃大锅饭”和平均主义；它要求必须进一步扩大企业经营管理自主权，使企业逐步成为相对独立的经济实体。

实行经济责任制一定要遵循以下几个原则：一是必须全面完成国家计划，按社会需要组织生产，不能利大大干、利小不干，造成产需脱节，特别要保证市场紧缺的微利产品和小商品的生产；二是必须保证产品质量，不能粗制滥造，向消费者转嫁负担；三是成本只能降低，不能提高；四是要保证国家财政收入逐年有所增长；五是职工收入的总水平，只能在生产发展的基础上稳定增长，个人收入不能一下子冒得过高，要瞻前顾后，照顾左邻右舍；六是必须奖惩分明，有奖有罚；七是必须加强领导，加强国家监督，要有强有力的政治思想工作作保证。

实行经济责任制要抓好两个环节。一个环节是国家对企业实行的经济责任制，处理好国家和企业之间的关系，解决企业经营好坏一个样的问题；另一小环节是建立企业内部的经济责任制，处理好企业内部的关系，解决好职工干好干坏个小样的问题。前者是前提，后者是基础，互相结合，相辅相成。

国家对企业实行的经济责任制，目前在分配方面可以基本归纳为三种类型：一是利润留成，二是盈亏包干，三是以税代利、自负盈亏。具体形式主要有以下几种。

（一）基数利润留成加增长利润留成：这种办法适用于增产增收潜力比较大的企业。

但确定每年利润的基数，也可将原来的“环比”办法改为按前三年平均利润数来计算。

（二）全额利润留成：这种办法适用于生产正常、任务饱满、利润比较稳定的企业。留成比例按照前三年企业实际所得（包括基数利润留成和增长利润留成）占利润总额的比重来确定。

（三）超计划利润留成：这种办法适用于调整期间任务严重不足、利润大幅度下降的企业。

（四）利润包干：其中有“基数包干，增长分成”；“基数包干，增长分档分成”；“基数递增包干，增长留用或分成”等。这些办法一般适用于潜力比较大的微利企业。有些增收潜力不大的微利企业可实行“基数包干、超收留用、短收自负”的办法。

（五）亏损包干：对亏损企业实行“定额补贴、超亏不补、减亏留用或分成”和“亏损递减包干、减亏留用或分成”的办法。

（六）以税代利、自负盈亏：这种办法适用于领导班子比较强，管理水平比较高，生产比较稳定，有盈利的大中型企业，经过财政部批准在少数企业中试行。

国营小型企业，包括县办工业交通企业和城市国营小型企业，参照集体所有制企业纳税的办法，改上交利润为上交所得税和固定资金、流动资金占用费，实行自负盈亏。

（七）二轻集体所有制企业，由统负盈亏改为自负盈亏的办法：经省、市、自治区批准，在今后几年内确定一个合理的课税所得额为基数，增长部分按一定比例减征所得税，税后利润大部分留给企业。

上述这些办法，有条件的应按行业（局、公司）实行，有的县（市）经委直接管工交企业的，也可以按县（市）经委包干。

企业内部实行经济责任制，要把每个岗位的责任、考核标准、经济效果同职工的收入挂起钩来，实行全面经济核算。目前在分配上大体有以下几种形式：（一）指标分解，计分计奖；（二）计件工资，包括超额计件工资和小集体超额计件；（三）超产奖；（四）定包奖；（五）浮动工资，等等。

实行经济责任制，究竟采取哪种形式，由各省、市、自治区从实际出发，实事求是地确定。不搞“一刀切”，不急于定型，要在实践中不断总结经验，改进完善。

二、必须注意解决好的几个主要问题

当前工业生产经济责任制已经推开，但是，实行的时间不长，经验不足，办法还不完善，特别是工业和农业不同，各方面的关系比较复杂。随着经济责任制的深入发展，会遇到许多新的问题和矛盾。因此，对实行经济责任制的方向要肯定，态度要积极，步子要稳妥；对已经出现和可能出现的问题，必须要有清醒的认识和足够的估计。企业积极性调动起来了，就要注意防止和解决不顾国家利益搞本位主义，只顾追求利润，忽视质量、品种，以及违反国家政策、法令和财经纪律等，必须加强领导和监督，引导经济责任制健康地向前发展。

（一）要进一步提高认识，统一思想。

要提高对实行经济责任制根本目的和重大意义的认识。要下决心解决长期以来存在的，“吃大锅饭”、搞平均主义的问题；要破除旧的习惯势力，改变不敢跳出老框框，不敢闯新路子，安于现状的精神状态；要教育职工在改善企业经营管理，提高经济效果上狠下功夫，发展生产，扩大财源，为国家多做贡献。

（二）要正确处理国家、企业、职工个人三者利益的关系。

在国家和企业的分配关系上，关键是确定合理的包干基数和利润留成比例。基数定得过高，企业经过努力还得不到好处，就不能调动企业和职工的积极性，潜力就挖不出来；基数定得过低，企业垂手可得，没有风险，压力不大，就不能促进企业加强管理，提高效益。因此，一是要保证国家财政收入逐年有所增长，在一般情况下，企业逐年利润增长部分，国家所得比例要不低于百分之六十；二是要保证企业维持简单再生产，并在挖掘潜力、增产增收的基础上，适当解决技术改造、设备更新、发展新产品所需要的资金。一般来讲，利润包干基数应高于前期水平，亏损包干定额应低于前期水平。一个企业只能实行一种形式的利润留成或盈亏包干办法，不能兼用两种办法。实行盈亏包干的企业，不再提取利润留成和企业基金。利润留成比例和包干基数确定以后，除遇国家调整价格、税制，以及国家投资新增生产能力，影响企业利润升降幅度较大，可作适当调整外，一般要相对稳定。生产正常和比较稳定的企业，以一定三年（或四年）为宜。对那些由于客观因素影响，生产很不稳定、变化大，以及管理差、潜力大的企业，可以一年一定。完不成利润包干任务的，要用企业留用的资金补足。领导班子问题较大，管理混乱的企业，要经过认真整顿，才能实行经济责任制。

要严格技措贷款审批手续，并按规定在项目投产后用新增加的利润按期归还，不得用拖欠或套取贷款的办法虚增利润，多得好处。违者要追究经济责任。

企业的留成资金，必须建立生产发展基金、职工福利基金和奖励基金，有条件的，还应建立后备基金。留成资金要大部分用于发展生产和职工集体福利设施，具体比例要经过职工代表大会认真讨论，报由主管部门核定批准。

奖金的增长速度应低于利润增长的速度。生产下降、利润减少的，职工奖金也应相应减少。奖金要严格按国务院〔1981〕10号文件和补充规定核定的控制额发放。节余奖金可用于职工集体福利设施或作为后备基金，以丰补歉。企业的福利基金，除按国家规定发给个人的（如困难补助费等）以外，主要用于职工的集体福利事业，不能巧立名目，滥发福利产品和各种津贴、补助。

实行计件工资、超额计件工资的，要掌握以下几点：（1）必须是领导班子比较好，生产任务比较饱满，供销正常，管理有基础的企业。（2）必须有平均先进定额。定额要参照全国和本地区同行业的平均先进水平以及本企业的历史最好水平，在科学测定的基础上制定。（3）必须有合理的计件单价，单位产品成本中的工资含量只能减少不能增加。(4)必须建立定额管理制度。定额开始要半年修订一次，正常情况下一年修订一次。具备这些条件的，经过上级劳动部门和主管部门严格审查批准方可实行。凡不符合上述条件，已实行计件和超额计件工资的要停止实行，认真进行总结和调整。

实行计件工资和超额计件工资的，都不得再重复提取和发放奖金。在当前定额不准，还达不到平均先进水平的情况下，必须规定计件限额，多得的部分不能超过标准工资的百分之二十五到三十，实行超额计件完不成定额的要适当扣发基本工资。同时还要处理好前方和后方，主要工种和辅助工种，青年工人和老工人，干部和工人之间的关系。

(三)要同企业整顿紧密结合，重点抓好企业内部的经济责任制。实行经济责任制，必须把群众的积极性引导到搞好企业整顿，改善经营管理，搞好技术改造上来，不断提高经济效益。要以实行经济责任制为动力，认真整顿和建设好企业的领导班子，抓好职工队伍的建设，搞好民主管理。要根据实行经济责任制的要求，扎扎实实地把原始记录、各项定额、计量统计、质量检验、设备维修等各项基础工作，各项规章制度和考核办法，一项一项地建立健全起来，加强经济核算，提高生产、技术和管理水平。要严格按照定员定额组织生产，多余职工可分期分批组织学习，搞好职工技术培训。要严格整顿财经纪律，反对一切歪门邪道，对违反财经纪律的要严肃进行处理。要认真整顿劳动纪律，对小别严重违反纪律、屡教不改的职工，经过职工代表大会讨论和上级主管部门批准，可以辞退或开除。

(四)要加强计划指导和监督，讲求社会经济效益。

一是对企业的经营成果要全面进行考核，不仅要考核利润，同时还要考核产量、质量、品种、成本及供货合同。根据企业的不同特点和不同的任务要求，考核的指标可作适当增减。完不成考核指标的，要按照国务院〔1980〕23号文件的规定，相应扣减企业的留成资金或超收分成资金。

二是采取经济办法和行政干预，促进产需结合。有条件的主管局和公司，可用内部价格的办法适当调节企业之间的“苦乐不均”。对于少数生产低利短线产品和小商品的企业，在核定其利润留成比例、包干基数和超收分成比例时，可给以适当照顾。

三是指导和监督企业资金的使用。企业的生产发展基金可以同折旧费、大修理费结合起来使用，在保证正常设备维修的前提下，重点用于技术改造、设备更新，节约能源，治理“三废”等。重要的技术改造项目，要列入国家和地方计划，保证必要的物质条件。分散在企业里暂时不用的资金，银行要通过各种办法筹集起来，有计划地支持企业的技术改造，发挥更大的经济效益。企业要定期向主管部门和财政、银行等部门报送自有资金使用的情况。

四是要加强财经纪律的检查和监督。主管部门要配合财政部门每年至少检查两次。对大中型企业要尽快派驻财政驻厂员。对企业违反财经纪律所取得的非法收入，一律追回，并根据情节轻重，处理有关人员。

（五）要继续抓好扩大企业自主权的试点工作。

六千多个扩大自主权试点的企业，大都是重点骨干企业，对于国民经济的发展具有举足轻重的作用。在实行经济责任制中，必须首先抓紧抓好这批扩权企业，进一步扩大试点内容，完善试点办法，发挥它们更大的作用。原定利润留成办法已经到期的企业，可以按原定办法执行，也可由主管部门和财政部门研究制定新的办法继续试点。尚未到期的企业，原则上应继续按原定办法执行，情况有较大变化的，由主管局商同级财政部门，根据实际情况，采取变通办法妥善处理。

目前面上实行经济责任制的企业，主要是在分配上扩大了企业的财权，这些企业凡是条件具备的，经过有关主管部门批准，可以按照国务院有关扩权文件和国家经委、国务院体制改革办公室等十个部门联合通知的规定，逐步扩大其它方面的权限。

（六）要促进工业改组和联合。

企业的潜力很大，但是更大的潜力还在于把企业合理地组织起来，实现工业组织结构的合理化。实行经济责任制，不能只顾本地区、本部门、本企业的眼前利益，继续搞部门分割、地区封锁。要从全局出发，积极推进工业改组和联合。

按局、公司为单位实行利润留成或包干的，对所属的基层企业采取哪一种形式，可由局、公司确定。行政性公司要积极创造条件，通过实行经济责任制，向企业性公司过渡。主管局要把一些权力下放给公司，局的主要任务是搞好统筹、协调、服务、监督工作。要解决好局、公司、基层企业的经济利益关系。公司内部要严格实行分级核算，避免“吃大锅饭”。公司必须维护和尊重基层企业的自主权，基层企业要服从公司的统筹安排和专业化改组，以利提高综合生产能力和经济效益。

（七）改革要同步配套，有关主管部门也要建立相应的责任制。

实行经济责任制，实质上是使生产关系进一步适应生产力发展的一场变革。各经济管理部门，要主动改革本部门的管理体制和规章制度，以适应实行经济责任制形势发展的要求。随着经济责任制的深入发展，企业定员定额工作的加强，各工业部门要尽快提出本行业主要产品的平均先进定额，为各地区、各企业制定平均先进定额提供依据。

实行经济责任制，企业主管部门，也要建立相应的责任制。搞好综合平衡，帮助企业解决好人、财、物、产、供、销等各方面的衔接和生产关键问题，为企业完成国家计划提供必要的外部条件。上下之间、部门之间、企业之间的经济关系，要尽可能用经济合同的形式联系起来。经济合同一经签订，即应具有法律的效力，违反合同的，应负经济和法律的责任。

（八）要大力加强思想政治工作。

实行经济责任制，更需要加强思想政治工作，把精神鼓励和物质鼓励更好地结合起来。不能用物质利益代替思想政治工作，不能单靠奖金调动职工的积极性。要坚决改变当前企业思想政治工作软弱涣散状态。对职工要进行坚持四项基本原则的教育，提高思想政治觉悟，热爱党，热爱社会主义，建设高度的精神文明，增强组织纪律性。要教育职工正确认识实行经济责任制的意义和目的，摆正国家、企业和个人三者利益的关系，摆正当前利益和长远利益、局部利益和整体利益的关系，树立全局观念，增强主人翁责任感，为四化建设多作贡献。

三、要加强领导

实行经济责任制是一项牵涉面广，政策性强的工作，涉及到许多方面的管理权限和经济利益的调整，需要协调动作、互相配合。同时在理论上、实践上都面临着许多新课题，有待进一步探索和解决。这就需要各级人民政府高度重视，统一领导。主要领导同志要亲自动手，把实行经济责任制作为经济管理体制的一项重要改革；作为搞活经济，发展生产，增产增收的关键措施，切实抓紧抓好。各地人民政府要把计委、经委、财政、劳动、物价、物资、商业、外贸、银行等部门组织起来，统一思想，统一行动，通力合作。有了矛盾，及时协调，看准了的就要拍板定案，不能久拖不决，贻误时机。

要改进领导作风，讲究工作方法。各地区、各部门要由领导同志带队，组织力量深入基层，调查研究，总结经验，对出现的新问题，及时加以解决。要认真抓一批大型骨干企业和重点企业，进行综合治理，提高经济效益，并以点带面，使经济责任制不断改进和完善，促进生产的发展。

附录 2

国务院批转关于实行工业生产经济责任制若干问题的暂行规定的通知

（国发〔1981〕166 号　1981 年 11 月 11 日）

国务院同意国家经委、国务院体制改革办公室、国家计委、财政部、劳动总局、人民银行、全国总工会召开的京、津、沪、辽、鲁五省市经济责任制座谈会上讨论制订的《关于实行工业生产经济责任制若干问题的暂行规定》。现发给你们，请结合国务院〔1981〕159 号文件《关于实行工业生产经济责任制若干问题的意见》，一并认真贯彻执行。

推行经济责任制的方向是正确的，效果是好的。同时必须看到，工业的情况比农业复杂得多，各省、市、自治区和各部门对可能和已经出现的问题一定要有清醒的头脑和足够的重视。要切实加强领导，认真总结经验，并加强宏观指导和必要的监督，使工业生产经济责任制不断完善，以促进工业生产的发展。

各地区、各部门过去的规定，凡与本规定相抵触的，均应在做好工作的基础上，按本规定改过来。

关于实行工业生产经济责任制若干问题的暂行规定

近两年来，工交战线逐步实行了工业生产经济责任制，方向是正确的，效果是显著的。但是，是由于实行经济责任制的时间不长，经验不足，办法不够完善，还存在不少有待解决的问题。现根据中央、国务院的有关指示精神和各地的实践经验，对进一步实行和完善经济责任制需要注意解决的若干问题，作出以下具体规定：

（一）对工业生产经济责任制必须要有全面的理解。经济责任制是在国家计划指导下以提高经济效益为目的，责、权、利紧密结合的生产经营管理制度。它要求企业的主管部门、企业、车间、班组和职工，都要层层明确各自在经济上对国家应负的责任，建立健全企业的生产、技术、经营管理各项专责制和岗位责任制，为国家提供优质适销的产品和更多的积累：它要求正确处理国家、企业和职工三者利益关系，把企业、职工的经济责任和经济效果同经济利益联系起来，认真贯彻各尽所能、按劳分配的原则，多劳多得，有奖有罚；它要求进一步扩大企业经营管理自主权，保证企业生产、经营所必须的条件，使企业逐步成为相对独立的经济实体。

（二）实行经济责任制的单位，必须保证全面完成国家计划，按社会需要生产，不能利大大干、利小不干，造成产需脱节。要不断提高质量，降低成本，提高经济效益。要进行全面考核，不仅要考核上交利润，同时还要考核产量、质量、品种、成本等指标。主管部门根据本行业不同企业的特点，确定考核指标时，可以有增有减，有所侧重，并制订具体的考核标准。全面完成考核指标的，按规定提取利润留成或超收分成；每少完成一项，参照国务院〔1980〕23号文件的规定，扣减一定比例的利润留成（分成）额。

（三）对于生产市场短缺的低利产品和小商品的企业，要采取鼓励和扶植的政策。主管部门和财政部门在核定这些企业的利润留成比例、包干基数和超收分成比例时，应当给予适当照顾。计划、物价、税收、银行等部门要认真研究制订扶植小商品生产的政策，发挥经济杠杆的作用。

（四）对于企业单纯追求利润，不按国家计划、供货合同和限产规定，自行超产造成积压的产品，有关部门可拒绝收购，银行不予贷款，多占用的贷款要按银行规定加收利息。不允许用不正当手段转移积压产品。如有转移的，虚增的这部分利润应予扣除，不得提取利润留成或分成。

（五）所有企业都必须首先保证财政上交任务的完成，使国家财政收入能够逐年有所增长。实行经济责任制的单位，每年增长的利润，国家所得比例要高于企业。

实行利润留成和盈亏包干的单位，留成比例、包干基数和超收分成比例，都要订得合理，要与国家下达给本地区、本部门的生产计划和财政任务相适应。

实行基数利润留成加增长利润留成办法的企业，其留成基数由上年实际利润，改为按前三年平均利润计算。

生产正常的盈利企业的利润包干基数，一般要高于上年，并根据增产增收潜力的大小，确定不同的递增速度；亏损企业的亏损包干基数一般要低于上年，并逐年递减。原来规定的包干基数偏低的，应由主管部门和同级财政部门进行适当调整。

盈亏包干的超收或减亏分成比例，上交国家部分一般不能低于 60%，留给企业部分一般不超过 40%。有些生产日用品的微利企业，分成比例可以适当大一些。完不成包干基数的单位，要用自己留用的专项资金补足。

（六）实行利润留成的扩权企业和以税代利、自负盈亏的试点单位，原则上应当继续执行原定试点办法。原定留成办法到期的企业，由财政部门和主管部门商定，可以继续实行原定办法或另行制订办法，继续试点，以便取得经验。有些企业因经济调整，生产和利润大幅度下降，执行原办法所得留成资金不能保证其职工正常福利的，由主管部门商同财政部门采取适当办法予以照顾；有的企业由于调整产品结构，生产不减而利润大幅度下降的，除保证其职工正常福利外，还可以核定适当奖金。

（七）一个企业只能实行一种形式的利润留成或盈亏包干办法，不能兼用两种办法。实行利润留成的单位，不再提取包干超收分成；实行盈亏包干的单位，不再提取利润留成或企业基金。凡是重复提取的要改过来，多提的部分要退回。

今后，有条件的应积极推行按行业实行全额利润留成。企业实行哪一种利润留成或盈亏包干办法，由财政部门同主管部门根据企业的具体情况商定。企业利润留成或包干办法确定后，要相对稳定，一般三年或四年不变。生产不正常，变化较大的，包干时间可一年一定。

（八）企业各项技术措施贷款，必须用本项目投产后新增加的利润归还。不能用原有的利润归还；也不能有了新增利润拖延不还，虚增利润，多分留成。

（九）企业的奖金水平，应当随着生产和利润的增减、产品质量的提高或降低、生产成本的降低或提高，有升有降。生产和利润下降的，质量降低和成本增加的，奖金水平也要相应降低，或者不发奖金。

（十）奖金的发放要有所控制，必须严格按照国务院〔1981〕10 号文件及其补充规定执行。各地区和部门，要根据各行业、各企业的经营好坏和贡献大小，层层核定奖金发放限额，企业之间要有高有低，不能经营好坏一个样。企业要在主管局核定的限额内，对职工实行按劳分配，多劳多得，少劳少得，不劳不得，有奖有罚，不搞平均主义。已按上述国务院规定核定了奖金发放限额的，不得突破。提取的奖励基金，按规定发放后有节余的，可以用于集体福利设施、劳动保护设施，或建立储备基金，以丰补歉。凡是尚未核定的，必须尽快予以核定。已核定但不符合国务院规定的，必须纠正过来。确因情况特殊，需要超过规定水平的省、市、自治区和工交各部，要报国务院批准。

（十一）奖励基金要严格按规定提取，不得重复提取。每月已按核定的限额发放了奖金的，到年终时不得再用超收分成资金和其他资金加发奖金。

（十二）实行计件工资要有控制，要在总结经验，搞好各项基础工作的前提下，严格按照条件，经过审查批准，有计划有步骤地推行。

实行计件工资的条件是：企业领导班子健全，生产任务饱满，产供销比较正常，产品可以计件计量、有平均先进定额、合理的计件单价和比较健全的科学的管理制度。必须严格审批手续，未经主管部门批准，不得实行。

已经实行计件工资的，要按照上述条件进行总结、整顿和调整。凡是不符合上述条件的，以及降低了产品质量，提高了成本，增加了单位产品成本中的工资含量（绝对额），不与最终产品挂钩，造成生产不均衡、产品不配套，完不成全厂生产任务的，要停止实行，认真进行整顿。整顿好了，经过审查批准，可以再实行。

已经实行计件工资的，要按照上述条件进行总结、整顿和调整。凡是不符合上述条件的，以及降低了产品质量，提高了成本，增加了单位产品成本中的工资含量（绝对额），不与最终产品挂钩，造成生产不均衡、产品不配套，完不成全生产任务的，要停止实行，认真进行整顿。整顿好了，经过审查批准，可以再实行。

鉴于当前多数企业的劳动定额不准，或达不到平均先进水平，一般计件的超额工资应限制在企业平均标准工资的30%以内。实行超额计件的，完不成定额应适当扣发基本工资。煤矿井下采掘工人和海港码头装卸工人，在有平均先进定额和搞好设备维护、注意安全生产的前提下，计件超额工资可以不予限制。

计件单价应该按照标准工资来确定，不能包括标准工资以外的因素。已经包括其他因素的，应当改过来。

实行计件工资的工人，不再提取生产综合奖金。除了在法定节假日经过批准加班的以外，其余加班时间，不得发加班工资。

（十三）企业的福利基金，除国家规定发给个人的（如困难补助费等）以外，主要用于职工的集体福利事业。

要保障职工正当的劳保福利待遇和劳动保险条例等法令所规定的职工个人待遇，除国家明令修改者外，不得自行变动。有些规定根据当前情况需要改进的，经过省级主管部门批准，可以进行个别试点。

今后有关福利开支的项目和标准，要由有关主管部门统一制订，并经省、市、自治区人民政府批准。国家已有统一规定需要改变的，要报经国务院批准才能执行。不能乱开口子，不得巧立名目滥发“福利产品”、加班费和各种津贴、补助。各级财政、银行、劳动部门和工会，应会同企业主管部门，对企业福利基金的使用情况进行检查和监督。对于擅自扩大范围、提高标准的，滥发和私分福利基金的，必须坚决制止和纠正，情节严重的，要追究有关人员的责任。

（十四）实行经济责任制的单位，要严格执行国家经济政策和财经纪律。财政、银行部门要会同企业主管部门，加强对企业的财务监督，对企业执行财经纪律的情况进行定期检查，一年至少检查两次。企业的正当权益要保护，遵纪守法的要表扬；违反财经纪律，弄虚作假，隐匿、截留、虚增利润，搞偷工减料、降低质量、偷税漏税、擅自提价、私分产品等歪门邪道的，除追回不正当的经济所得，减发或停发利润留成或分成外，还应视情节轻重，追究企业领导人和有关人员的经济责任，直至法律责任。

（十五）实行经济责任制，要加强党的领导，坚持思想领先，坚决改变思想政治工作软弱涣散的状况。要切实加强思想政治工作，教育职工树立全局观念，摆正国家、企业和个人三者的关系，摆正当前利益和长远利益的关系，增强主人翁责任感，为国家多作贡献。要相信群众，依靠群众，切实加强民主管理，充分发挥职工代表大会的作用。要认真贯彻精神鼓励和物质鼓励相结合的原则，把广大职工的积极性引导到加强企业整顿，改善经营管理，提高生产水平、技术水平和管理水平上来，使经济责任制不断改进和完善，从而持久地提高经济效益，加快四化建设。

附录 3

财政部、国家经济委员会颁发《关于国营工交企业实行利润留成和盈亏包干办法的若干规定》的通知

（〔81〕财企字第 563 号　1981 年 12 月 26 日）

根据国务院国发〔1981〕159 号和 166 号文件关于实行工业生产经济责任制的有关规定，我们制定了《关于国营工交企业实行利润留成和盈亏包干办法的若干规定》，经国务院批准，现发给你们，请认真贯彻执行。执行中有什么问题，请及时告诉我们，以便改进。

关于国营工交企业实行利润留成和盈亏包干办法的若干规定

为了促进企业改善经营管理，挖掘内部潜力，使经济责任制健康地发展，现根据国务院〔1981〕159 和 166 号文件规定的原则，对国营工交企业实行利润留成和盈亏包干办法的有关问题，作如下具体规定：

一、国家对企业和主管部门，根据不同情况，实行多种形式的利润留成和盈亏包干办法，即“基数利润留成加增长利润留成”，“全额利润留成”，“上交利润包干，超收分成或留用”，“亏损补贴包干，减亏分成或留用”和“超计划利润留成”。

凡是有条件按部门（包括公司）实行利润留成或盈亏包干办法的，由各级财政部门商得主管部门同意后，从上述五种形式中确定一种办法试行。主管部门在财政部门核定的留成比例或包干指标的范围内，对所属企业（包括亏损企业）实行不同形式的利润留成或盈

亏包干办法。暂时没有条件按部门试行的，经财政部门同主管部门商定也可以按企业为单位实行利润留成或盈亏包干办法。但是，不论按部门或者按企业实行，一个部门、一个企业只能采用一种办法，不能兼用两种办法，重复提取留成。实行盈亏包干的单位，不再提取利润留成和企业基金。已经重复提取的，应当坚决纠正过来，并退回多提的利润留成和企业基金。经过管理体制改革，取消了工业局的县（市），也可以采取由财政部门对同级经委试行利润留成或盈亏包干办法。

二、对于生产正常、利润比较稳定的部门和企业，应当实行基数利润留成加增长利润留成的办法或全额利润留成的办法。全额利润留成办法，能更好地体现国家、企业和职工三者的利益，简便易行，应当积极推行。

实行基数利润留成加增长利润留成办法的部门和企业，基数利润留成的范围和增长利润留成的比例，应当严格按照国务院〔1980〕23号文件的规定执行。但是，为了比较合理地确定基数，应当将原来规定按上年利润（指利润总额扣除归还技措贷款和按规定留给企业治理三废利润等以后的余额，下同）确定基数，改为按前三年平均利润滚动计算。企业当年利润高于前三年平均利润的，其中：相等于前三年平均利润的部分，按核定比例提取基数利润留成资金；比前三年平均利润增长的部分，另按国家规定比例提取增长利润留成资金。企业当年利润低于前三年平均利润的，则按当年利润和核定的比例提取基数利润留成资金。今后新批准试行基数利润留成加增长利润留成的部门和企业，其基数利润留成比例应按前三年纳入利润留成的几项资金与同期利润总额计算。

实行全额利润留成办法的部门和企业，其全额利润留成比例，按照前三年应得的基数利润留成和增长利润留成之和，占前三年利润总额的比例，予以核定。

三、有些部门和企业，因情况特殊，实行上述两种利润留成办法确有困难的，也可以根据不同情况，分别实行以下办法：

1. 对因调整期间生产任务不足，利润大幅度下降的部门和企业，可以实行超计划利润分成的办法。年度的利润计划，由财政部门根据国家分配的收入任务，结合生产计划和增产挖潜的要求，具体核定。超计划利润视同增长利润，大部分上交国家，小部分留给部门和企业。留给部门和企业的利润应控制在国务院〔1980〕23号文件规定的增长利润留成比例的范围内。

2. 对潜力比较大的微利的部门和企业，可以实行上交利润包干、超收分成或留用的办法。其中，有的可以实行“基数包干，超收分成”的办法；有的可以实行“基数递增包干，超收分成或留用”的办法。上交利润包干基数一般应高于上年，超收部分国家所得一般不得低于百分之六十，部门和企业所得一般不得高于百分之四十。对个别增产增收潜力小的微利企业，也可以实行“基数包干，超收留用，短收自负”的办法。

3. 对于确因客观原因发生亏损的部门和企业，可以实行亏损定额补贴包干的办法。其中，有的可以实行“亏损基数包干，超亏不补，减亏分成”的办法；有的可以实行“亏损递减包干，超亏不补，减亏留用或分成”的办法；有的可以实行“定额补贴包干，超亏不补，减亏分成或留用”的办法。亏损补贴包干基数一般应低于上年，减亏部分国家所得一般不得低于百分之六十，部门和企业所得一般不能高于百分之四十。个别企业减亏难度较大或者减亏数额不大的，经过同级财政部门批准，减亏部分企业可以多留一些或全部留用。

四、原经批准试行利润留成的扩权企业和部门，凡试点没有到期的，原则上仍应继续实行原来的办法。试点已到期的，经过财政部门批准，可以继续实行原来的办法，也可以改用其它适当办法。

五、中央各部门的利润留成比例和盈亏包干基数、分成比例，由财政部核定。地方各级企业主管部门的利润留成比例和盈亏包干基数、分成比例，北京、天津、上海三市和财政体制实行中央和地方总额比例分成办法的省、自治区，应由地方财政部门审查汇总后，报财政部核定；其余地区均由省、市、自治区财政部门自行核定。

各地区已定的盈亏包干基数不合理的，要作适当调整；包干分成比例过高的，要降下来。

六、利润留成比例和盈亏包干基数确定以后，除了实行超计划利润分成办法的企业以外，一般应当三年或四年不变，以利于部门和企业作长期安排。对于少数生产、利润不稳定的部门和企业，其盈亏包干基数，也可以一年一定。

七、实行基数利润留成加增长利润留成和全额利润留成的企业，职工福利基金和职工奖金，应当在留成的利润中支付，不能列入产品成本；按规定应支付的计件超额工资，可以计入产品成本，并在核定奖励基金的留成比例时，将这部分工资总额剔除计算。

实行盈亏包干和超计划利润留成的企业，按规定开支的职工福利基金和奖金，可以计入产品成本，但计入产品成本的奖金，只限于按标准工资总额10—12%提取的部分，按核定发放奖金数额高于标准工资10—12%的部分，应当从超收分成中列支。

八、为了发挥价格、税收的经济杠杆作用，实行利润留成和盈亏包干办法以后，除因国家规定调整产品价格和改革税制以及国家投资新增生产能力而影响企业利润增减幅度较大的以外，利润总额、留成比例或包干基数，一律不作调整。

九、实行利润留成和盈亏包干办法，要坚持有奖有罚。对部门和企业，除考核利润指标外，还要考核产品产量、质量、品种、成本等项指标。全面完成上述指标的，可以按照规定提取利润留成或超收分成。五项指标中每少完成一项，扣减其应提利润留成或超收分成的百分之八。个别情况特殊的，其考核指标可以有增有减；扣减比例，也可视指标的重要程度不同而有高有低，但考核指标全部没有完成的，应扣减其应提利润留成或超收分成的百分之四十。完不成盈亏包干任务的，应当用部门或企业的各项专用基金补足。当年不足以弥补的，由下年补足。

铁道、交通运输、邮电、民航等部门和企业的考核指标，由各主管部门和财政部另行商定。

十、企业用提取的利润留成资金和包干、超收分成资金，要分别建立生产发展基金、职工福利基金和职工奖励基金。新产品试制任务较多的行业，也可以用利润留成资金或超收分成资金单独建立新产品试制基金。企业的增长利润留成资金或超收分成资金，应当大部分用于发展生产，小部分用于职工福利和奖金。提取奖金的增长幅度应低于利润增长幅度。发放奖金要严格按照国务院国发〔1981〕10号、94号文件和同年十月二日《关于控制奖金发放问题的通知》的规定执行。各项基金的具体比例，由各地区、各部门自行规定。

职工福利基金和职工奖励基金，原则上由企业自行安排使用。必要时，主管部门可以适当集中一部分职工福利基金，统建企业的职工宿舍或其他集体福利设施和劳动保护设施，但不得用于主管部门本身的奖金和福利。企业主管部门可以根据行业特点，掌握一部分生产发展基金，用于重点措施项目和全行业技术改造。

各项基金的使用计划，主管部门要汇总报同级财政部门备案。年终应将使用情况，随同决算一并上报。

十一、为了促进企业节约使用国家资金，提高资金使用效率，从一九八二年起，所有工交企业都要按照国家规定交纳固定资金占用费和流动资金占用费。企业交纳占用费，可视同利润提取利润留成，暂不调整利润留成比例。新批准试点的企业，核定利润留成比例时，原则上也应当包括资金占用费在内一并计算。企业由于减少固定资产和流动资金，节约的占用费而增加的利润，可按财政部（81）财企字第49号文件的规定提取30%的分成。

十二、实行利润留成和盈亏包干办法的部门和企业，必须认真执行党和国家的方针政策，遵守财经纪律和各项财务制度，保证完成国家财政收入任务、各项计划指标和经济技术指标，并向同级财政部门报告利润留成资金和超收分成资金的使用情况和经济效果。严禁乱摊成本，截留利润，弄虚作假，转嫁负担和损害国家利益。各级财政部门要加强监督检查。对于违反国家规定的，应按情节轻重，扣减、停止应提的利润留成和超收分成。

认真搞好工业生产经济责任制、企业整顿和现有企业的技术改造*

——在全国工业交通工作座谈会上的总结讲话

（1981 年 9 月 1 日）

同志们：

国务院召开的工业交通工作座谈会，8 月 22 日开始，今天就要结束了。这次会议分两段进行，第一段在济南，第二段在北京。会议首先传达了这个期间中央领导同志关于经济工作方面的一系列重要指示，然后座谈讨论了如何抓好今年后 4 个月的生产和今明两年的工作衔接问题、工业生产经济责任制和企业整顿问题，以及现有企业技术改造问题。山东等 14 个省、区、市的同志介绍了实行工业生产经济责任制的经验，各地区和各部门的同志就工交生产和现有企业技术改造以及企业整顿等问题发表了许多好意见。会议特邀抚顺市财政局长田欣毅同志，介绍了财政部门帮助企业搞活经济、搞好管理、增加收入的经验，受到了与会代表的欢迎。会议期间，国务院主要领导同志和国务院其他领导同志听取了会议情况的汇报，耀邦同志专门找了各省、区、市的同志进行座谈，他们都做了重要的指示，会上已经进行了传达、讨论，并按这些精神对有关文件做了修改。刚才国务院主要领导同志又做了重要讲话，希望大家认真贯彻执行。

这次座谈会的中心议题，是要把工业生产搞上去。这是继 4 月在上海召开全国工业交通工作会议以后的又一次重要会议。时间虽然比较短，但经过到会同志的共同努力，达到了预期目的，会议开得是好的。

现在，我受国务院的委托，就会议讨论的几个主要问题，讲一些意见。

---

* 本文是袁宝华同志 1981 年 9 月 1 日在全国工业交通工作座谈会上的总结讲话，原文首发于《袁宝华文集（第一卷）》（企业管理出版社，1999，第 246~249 页）及《袁宝华文集（第二卷）》（中国人民大学出版社，2013，第 96~104 页）。

一　关于抓好后4个月生产和今明两年衔接问题

今年前7个月，全国工业总产值完成2900亿元，比去年同期增长0.8%。其中，轻工业增长11.7%，重工业下降8.3%；全民所有制工业下降1.5%，集体所有制工业增长10.1%。交通运输完成计划比较好，铁路客货运量、民航和邮电业务量、交通部直属水运货运量、港口吞吐量都超过了年计划进度，沿海港口压船压货的紧张情况有所缓和。总的来看，工业生产和交通运输在调整中有所前进，但发展不平衡。从搞得好的地区、部门、企业来看，它们的主要经验，一是对调整方针理解得比较全面，对纠“左”的政策界限掌握得比较好，思想不摇摆，工作不松劲，改革不停步；二是一手抓生产，一手抓调整，对调整和生产的关系处理得比较好，抓调整促进了生产；三是把着眼点放在挖掘企业内部潜力上，在整顿企业、改善经营管理上下功夫，而不是转嫁负担，在消费者身上打主意；四是领导干部深入第一线，调查研究，解决问题，支持基层干部大胆工作。

工业生产存在的主要问题是：增长速度缓慢，经济效果不够好，不少产品质量指标下降，库存增加，许多产品消耗升高，企业亏损面扩大，上缴利润减少。出现这些问题，有客观的原因，调整时期生产任务减少、部分原材料提价、产品降价等。也有思想和工作上的原因，对调整方针理解不够全面，企业整顿工作有所放松；今年计划下达得晚，计划规定的生产任务和财政上缴任务脱节；组织轻工增产所需的外汇和原材料一直没有完全落实下来，对重工业生产下降估计不足，又缺乏有效的措施；有些政策和规定一度搞得偏死一些，给组织生产带来了一定的困难。

这次会议在检查、总结前7个月工作的基础上，着重讨论了后4个月的生产要求，主要是抓好以下几方面的工作。

（一）继续抓好消费品的生产

要积极增产轻工和纺织产品，把优质名牌“十大件”抓上去，安排好纯棉布的生产，解决市场脱销问题，努力增产农村和少数民族需要的产品。食品工业生产要有一个较大的增长，重点发展儿童食品、方便食品、啤酒饮料、糕点糖果、优质白酒等；要把增拨的100亿斤粮食落实和安排使用好，解决好价格问题，促进生产的发展。为尽快改变传统小商品、小农具和水泥、玻璃供不应求的状况，准备召开专门会议研究解决组织生产和有关政策问题。

（二）抓好煤炭的生产和节约，组织好交通运输

煤炭部已经开了全国统配煤矿生产会议，万里同志到会讲了话。会议决定，统配

矿今后 4 个月保证平均日产 94 万吨。希望各地多产多用一些地方煤，以减轻对统配矿的压力，价格补贴按将来的规定执行。在抓好煤炭增产的同时，还要大抓煤炭和其他能源的节约。要组织好交通运输，加强组织调度，把生产的煤炭及时运出来，保证生产、生活过冬需要。同时要安排好重点物资（包括进出口物资）和旅客的运输。

（三）进一步调整重工业的服务方向和产品结构

要完成今年的工业生产计划，关键在于重工业生产不再下降，而且有所回升。特别是机械工业和一些军工企业，要在国家计划指导下，充分发挥市场调节的辅助作用，面向市场，面向农村，面向出口，多揽活干，多搞些技术服务。同时，国家经委准备会同国家计委、机械委、银行，用贷款的办法，提前给机械工业安排一批技术改造和设备更新的生产任务。

（四）采取紧急措施，解决工业用水紧张问题

目前，全国许多城市用水紧张，特别是天津、青岛、大连等重点工业城市尤为严重，已成为影响工业生产和人民生活的紧迫问题，希望各地作为一件大事来抓。一要开辟新的水源，在研究明年的基本建设计划时要作为一个重点来安排，现在就应当考虑上一批紧急措施；二要狠抓节约用水，这是最现实有效的办法。

（五）狠抓产品质量、品种

所有生产单位都要树立为人民服务、对消费者负责的观点，生产的产品必须保证质量，适销对路，不能单纯追求产值，不能造成新的积压，不允许向消费者转嫁负担。这个问题希望大家认真抓一下。此外，还要抓好安全生产、设备维修等。

（六）搞好工商衔接，加速资金周转

请各省、区、市的工商协调领导小组，抓好产销计划的衔接，对某些产品工商利润分配不合理的要及时进行调整。出口产品外贸部门认为高亏不经营的，地方可以经营，自负盈亏。要用好今年的中短期贷款和流动资金贷款，减少物资积压。

明年工业生产水平，各地已有预测数字，昨天下午耀邦同志也讲了中央、国务院领导同志的想法，我们大家从现在起就要为此而努力奋斗。首先要搞好今明两年的衔接，对明年的生产准备工作要抓早、抓落实。工业生产、交通运输连续性强，所需的原材料、燃料等生产条件一般变化不大，百分之六七十的生产任务可以提早安排，不必都等计划会议。特别是重大技措项目和轻纺工业所需的原材料，要争取在 10 月底前大部分安排下来。需要进口的原材料和单机，外汇要早落实，轻工、纺织、化工、电子等部门要在 9 月把第一批货单提交给外贸部。国内供应的物资，也要早做安排。这样，我们的生产就能够正常地不间断地进行下去，不致放空生产能力。同时，为了保持政策的连续性和稳定性，现在就出“安民告示”：《国务院关于抓紧今年工交生产努力增产增收，保证完成国家计划的通知》中的十条政策和规定，继续贯彻执行，让大家放心地抓生产，使明年有一个扎扎实实的令人满意的速度。

二 关于工业生产经济责任制问题

今年4月全国工业交通工作会议以来，各种形式的工业生产经济责任制比较普遍地推开，形势是好的。据这次会上初步统计，全国县属以上工业企业实行经济责任制的已占企业总数的65%以上。山东省县属以上国营企业实行盈亏包干的占88%，实行计件或超额计件工资的占35%。工业生产经济责任制之所以发展比较快，一是上面有方针，还有两年多来扩权试点经验和进行其他改革的基础；二是农业生产责任制带来的巨大变化，给工业战线以很大的鼓舞和启发；三是企业和广大职工迫切要求尽快改变吃“大锅饭”、搞平均主义的状况；四是今年财政上缴任务压力较大，不搞经济责任制就难以落实下去，用山东同志的话来说，这是“逼上梁山”。现在看来，工交战线实行经济责任制，势在必行，这是适应我国当前的生产水平、管理水平和广大群众的觉悟程度的一项重大改革，对于克服长期以来吃“大锅饭”和平均主义的弊病，调动企业和广大职工的积极性，千斤重担大家挑，改善经营管理，搞好生产，提高经济效益，落实财政任务，起了积极的作用，效果是好的。

最近，中央领导同志指出，在经济责任制已经大面积推开的情况下，要注意实行责任制的条件和可能出现的问题。当前要特别注意：一是防止利大大干，利小不干，生产与社会需要脱节；二是保证产品质量，反对粗制滥造，要加强监督；三是职工多得的部分（包括奖金和多得的计件工资），要瞻前顾后，照顾左邻右舍。就一个企业来说，职工收入的平均水平不能一下子冒得太高。企业留成中用于职工奖励基金部分多了，要说服职工留一部分作为后备基金。当然，留成少的企业就不一定搞后备基金了。

经过这次会议讨论，大家认为，遵照中央领导同志指示精神，搞好工业生产经济责任制，要掌握以下几个基本点。

（1）抓好两个环节，克服两个平均主义。一个是搞好层层包干，一直包到班组，有的还要包到个人，处理好企业和国家的关系，解决企业经营好坏一个样的问题；另一个是实行按劳分配，处理好企业和职工的关系，解决干好干坏一个样的问题。

（2）保证实现“三多”（国家多收、企业多留、职工个人多得）。在国家和企业的关系上，关键是确定合理的包干基数和分成比例；在企业内部的分配上，关键是制定平均先进的定额和合理的计件单价。这里的重要标志是，单位产品成本中的工资含量应当下降，不能增加。

（3）实行利润包干，必须保证全面完成国家计划，把利润同产量、质量、品种、消耗、成本、安全等挂起钩来，全面考核，防止片面追求利润的倾向。

（4）具体形式和做法，要从实际出发，因地制宜，不搞“一刀切”，也不要一哄而起，条件不具备的不要勉强搞。实行计件或超额计件工资的企业，要具备以下条件：领导班子比较好，生产任务比较饱满，原材料有来源，产品有销路，各项基础工作和管理制度比较健全。

（5）实行经济责任制要同整顿企业密切结合起来。要把经济责任制作为企业整顿的突破口；同时要扎扎实实地抓好企业整顿，在改善经营管理上下功夫，使经济责任制健康地向前发展。

（6）要以强有力的思想政治工作做保证，特别是要反复进行正确处理国家、集体和个人三者利益关系的教育，进行各尽所能、按劳分配的教育，帮助职工树立全局观念，为国家多做贡献。

（7）加强对企业经济活动的监督、检查。既要保护企业正当的权益，又要防止企业采取不正当手段谋取非法收入，逐步制定和完善各项经济法规。

（8）在省、区、市范围内实行行业或公司包干，经由主管部门或公司再落实到企业。这样做，有利于调动主管部门和企业的积极性，有利于调节行业内部的“苦乐不均”，有利于全行业的统筹规划，推动改组联合，防止盲目发展，有利于克服多头指挥，减少官僚主义。这种形式应当提倡。

总之，实行工业生产经济责任制，方向要肯定，态度要积极，步子要稳妥，方法要灵活。请各级党委加强领导，及时研究解决可能出现的问题，在实践中不断总结和完善。明年的包干要在年前定下来，工作可以分期分批进行。请各省、自治区、直辖市根据不同情况做出具体安排。

三　关于现有企业技术改造问题

搞好现有企业的技术改造和设备更新，是一项战略性的任务。这是因为：调整期间要保持一定的发展速度，并为今后发展积蓄力量；我国大多数工业企业，设备陈旧，技术落后，有休养生息的紧迫需要；要保持轻工业增长的势头，扭转重工业特别是机械工业生产停滞、萎缩的状况，促成国民经济的良性循环。所有这些，都必须依靠现有企业的技术改造。当前值得我们注意的是，一方面“外延”大大压缩，另一方面“内涵”缺乏具体安排，这样下去，可能两头落空，过几年还要被迫进行调整。

搞技术改造，也有一个解放思想、跳出老框框的问题。多年来，我们总是习惯于在技术落后的基础上增加产量，单纯靠“外延”和“厂内外延”，只注意量的增加

（建设规模的扩大），不注意质的提高（工艺的改革、设备的更新、产品的换代）。这种老框框已经形成了一种习惯势力，搞“外延”、搞新建，钱和物比较容易解决；搞“内涵”、搞技术改造，就困难重重，很难办成一件事。我们要在指导思想上来一个转变，真正把主要力量放到现有企业技术改造上面来，使工业走上新的路子。

技术改造要从我国实际出发，选择好突破口，有计划有步骤地进行。重点要放在更新设备、改进工艺、革新技术上，以提高产品质量，增加品种，降低消耗，特别是节约能源和综合利用资源。特别要注意抓好花钱少、收效快的项目。在技术改造中，要注意不搞“大而全”“小而全”，要结合我国国情，采用“适用技术”，把知识密集和劳动密集结合起来。

现有企业的技术改造、设备更新，长期得不到落实，主要是认识不统一，资金、物资渠道不畅通，管理体制方面也有问题。为此，国务院准备 9 月专门进行研究。这次会上大家提了很多很好的意见，我们将汇总整理上报。但是这件事不能等，为了大家回去就能够着手工作，先提出以下几个办法：（1）用企业自有资金和银行贷款安排的项目，可以及早着手进行；（2）省、区、市能集中掌握的资金，各地可先进行安排；（3）安排的项目首先是今年未完的结转项目，以及从这次带来的方案中挑选一批花钱少、见效快的项目。

现有企业的技术改造，要同工业改组和企业联合结合起来考虑，这样才能取得更好的经济效果。今年 7 月，在国务院主要领导同志亲自过问下，上海高桥地区开始组建以石油化工为中心的联合企业，这对于合理利用资源、提高经济效果是一个重大的突破，也给我们一个启示：搞改组联合，既要坚持自愿原则，又要有必要的行政干预，特别是对关系国计民生的大企业，要及时做出正确的决断。关于改组联合问题，会议发了个材料，我就不多讲了。

四　关于企业整顿问题

这几年各地区各部门在整顿企业方面做了大量工作，是有成绩的。从企业的现状来说，好的和比较好的属大多数，各地都有一批领导班子强、经营管理好、经济效果高、对国家贡献大的企业。但是也应当看到，还有一部分企业，管理混乱，浪费惊人，经济效果很低，有的甚至违法乱纪，化大公为小公，化公为私，损害国家利益。在调整和改革中，特别是实行工业生产经济责任制，对企业提出了更高的要求。希望各地区各部门继续把整顿企业作为一项重要而紧迫的任务，认真地抓紧抓好。整顿企业要同学习上海的先进技术和经营管理经验结合起来，提高生产、技术、管理水平，提高经济效果。在做法上，要实行分类指导，分级负责，先从大中型企业抓起。

（一）整顿和建设企业的领导班子，逐步做到革命化、年轻化、知识化、专业化

今后几个月要着重抓好大中型企业领导班子的调整和配备，使这些企业的领导干部中，懂得业务、年富力强的干部，由现在的1/3，增加到一半以上。对于少数领导班子中派性严重的人，要坚决进行调整。

（二）健全领导制度

主要是认真执行党委领导下的厂长负责制、党委领导下的职工代表大会制，真正发挥党的领导作用，特别是要加强党对企业的方针政策和政治思想的领导，实行民主管理，发挥职工当家做主的积极性，企业的生产行政工作由厂长统一指挥。办好企业，一定要配备一个比较强的同志当厂长。要真正把生产行政指挥权交给厂长，使厂长权、责一致，对企业生产行政和经营管理全面负责。这次会议，讨论了《厂长工作试行条例》，待修改后报国务院批准试行。

（三）加强基础工作

重点抓好“三基三全”，即基层建设、基础工作、基本功训练和全面质量管理、全面经济核算、全员培训。要把提高产品质量、增加品种、降低消耗和安全生产，作为整顿企业、加强基础工作的主要内容和要求。要搞好定员、定额，把多余的人员组织起来脱产轮训。从1978年陆续开始的“质量月”“节能月”“安全月”活动，取得了较好的效果，要在总结提高的基础上，扎扎实实地继续搞下去。

（四）按照思想先进、技术熟练、纪律严明的要求，加强职工队伍建设

有针对性地进行思想政治工作，加强坚持四项基本原则、遵纪守法和精神文明的教育。通过各种形式的培训，提高领导干部和职工的文化、技术、业务和经营管理水平。

（五）大力整顿财经纪律

我们是社会主义国家，必须在公有制基础上实行计划经济，同时辅以市场调节。所有企业都要有全局观念，也就是国家观念和计划观念。弄虚作假、乱摊成本、坐支截留、偷税漏税、行贿受贿等违法乱纪、损害国家利益的行为，必须坚决反对。要加强经济监督，加强经济立法，做到活而不乱。此外，还要下决心减轻企业负担，会议已提出了一个文件，会后即可报国务院审批。

企业整顿已经制定了六条标准（第一，有一个坚持四项基本原则、党风端正、团结战斗、精干有力、年富力强的领导班子。正、副厂长懂生产技术，会经营管理。第二，建立、健全党委领导下的厂长负责制和党委领导下的职工代表大会制。党委核心领导强，职工民主管理好，生产行政指挥系统工作效率高。第三，有一支觉悟高、技术精、纪律严、作风强的职工队伍。第四，建立各级责任制，完善企业管理的各项基础工作，推行全面质量管理、全面经济核算、全员培训。第五，全面完成国家计划，产量、质量、成本、利润等主要技术经济指标接近或达到本省、自治区、直辖市内同行业先进水平。第六，在发展生产的基础上，职工集体福利及物质和文化生活得到改善）。希望各地按照这六条标准的要求，定期检查评比，评选先进企业，把比学赶帮超的活动恢复起来。

同志们！各地区、各部门在党中央、国务院的领导下，做了大量的工作，克服了许多困难，工作是有成绩的。各地经委在地方党委和政府的领导下，工作很努力，大家都很辛苦。当前，摆在我们面前的任务仍然是很重的，需要我们进一步把劲鼓起来，再接再厉，扎扎实实地做好工作。我们要认真学习和贯彻六中全会的精神，统一思想，增强团结，切实加强思想政治工作，把严格的责任制同高度的责任心结合起来，把广大干部和职工的积极性，引导到全面完成国家计划上面来。要进一步解放思想，在党中央、国务院总的方针政策指导下，深入实际抓问题，破除框框走新路，主动地有效地进行工作。情况在不断地变化，我们要勇于实践、勇于探索，不断总结经验。许多事情往往是从下面突破的，请国务院有关部门对下面的工作多加支持。总之，我们要振奋精神，实事求是，组织好工交生产，为不断提高经济效果、实现增产增收多做贡献。

希望大家回去以后，把中央领导同志的指示以及这次会议的精神，向省、区、市党委和政府汇报，向各部门党组汇报，取得领导的支持，尽快把这次会议精神贯彻下去。

文稿解读

1981年8月22日至9月1日，国务院分两段在济南和北京召开全国工业交通工作座谈会，9月1日在北京结束。会议期间，党中央、国务院领导同志分别听取了汇报，国务院主要领导同志在会议总结时做了重要讲话。会议中心议题是把工业生产搞上去，讨论了后4个月的工作重点，会议要求工业企业从提高经济效益的角度来研究如何挖掘企业潜力，减少浪费，节约消耗，降低成本，为国家创造更多的财富。会议还讨论了技术改造、企业管理议题。

受国务院委托，国家经委主任袁宝华同志做会议总结，强调要抓好后4个月生产和今明两年衔接问题，搞好工业生产经济责任制，搞好现有企业的技术改造和设备更新，并进一步做好企业整顿工作。

1981年10月28日，《国务院批转国家经济委员会〈关于加强领导抓好企业整顿工作的意见〉的通知》（国发〔1981〕158号）明确，整顿企业是挖掘企业潜力，提高经济效益，增加财政收入最现实的办法，各级人民政府和有关部门应重视这一工作，全面规划，统一部署，狠抓落实，定期检查。各地区和国务院有关部门领导同志要有计划、有步骤地抓一批重点企业，亲自下去，深入群众进行调查研究，进一步完善经济责任制，改善经营管理，加强思想政治工作，以提高经济效益为目的，对企业进行全面治理，切实抓出成效。

1982年1月2日，《中共中央、国务院关于国营工业企业进行全面整顿的决定》（中发〔1982〕2号）强调，企业全面整顿是建设性的整顿。要求从1982年起，用2~3年时间，有计划有步骤地、点面结合地、分期分批地对所有国营工业企业进行全面的整顿工作，包括整顿领导班子、职工队伍、管理制度、劳动纪律、财经纪律、党的作风和加强思想政治工作等一系列的工作。

1982年1月2日，《中共中央、国务院关于颁发〈国营工厂厂长工作暂行条例〉的通知》（中发〔1982〕3号）明确，《国营工厂厂长工作暂行条例》和已经颁发的《国营工业企业职工代表大会暂行条例》以及即将颁发的《中国共产党工业企业基层组织工作条例》，共同遵循的根本原则是党委集体领导、职工民主管理、厂长行政指挥。这些原则，是根据多年来的经验对我国工业企业内部的领导制度和管理制度所做出的新概括，无论现在仍然实行党委领导下的厂长负责制和党委领导下的职工代表大会制的大多数企业，还是试行其他形式的领导制度和管理制度的少数试点单位，都要遵循这些根本原则，并且在此基础上结合整个经济体制和管理体制的改革，逐步制定出一种与之相适应的新制度。《通知》指出，国营工业企业实行党委集体领导的原则，工厂党委主要是对贯彻执行党的方针、政策和思想政治工作方面实行领导。厂长行政指挥的原则，就是党委要把工厂的生产经营活动，交给厂长统一指挥，全面负责。厂长应自觉地维护党委的领导，接受群众的监督。《通知》强调，办好一个工厂，关键之一是要有一个比较好的厂长。我们必须大力培训和认真挑选既懂经济，又懂政治，熟悉本行业生产经营业务，知人善任，有一定组织能力，富有艰苦创业的实干精神，善于走群众路线，并且能够坚持在生产第一线工作的同志去担任厂长。中共中央、国务院要求所有工厂的厂长都要以《条例》的规定严格要求自己，模范地执行条例，履行自己的职责。

1982 年 1 月 18 日，《国务院关于对现有企业有重点有步骤地进行技术改造的决定》（国发〔1982〕15 号）指出，新中国成立以来，经过全国各族人民的努力，我国已建立起一个独立的、比较完整的工业体系和国民经济体系。但是，长期以来，我们在生产建设中偏重于建设新企业，忽视已建成企业的技术改造。设备老化，技术陈旧，计量测试条件差，产品落后的状况相当严重。这对实现社会主义现代化事业极为不利。为此，国务院做出对现有企业有重点、有步骤地进行技术改造的决定。

1982 年 2 月 5 日，根据党中央关于中央党政机关机构改革的决定，新组建国家经委（由国家经委、国家农业委、国务院机械委、国家能源委、国务院财贸领导小组和国家建委等单位的部分机构合并）。1982 年 4 月 24 日，中共中央任命国务委员张劲夫兼任国家经委主任、党组书记，副主任、党组副书记为吕东、袁宝华。

1982 年 10 月 27 日，《国务院颁发关于解决企业社会负担过重问题的若干规定的通知》（国发〔1982〕133 号）指出，企业是从事生产经营活动的独立核算的具有法人地位的经济实体。当前，许多单位加给企业的社会负担名目繁多，使企业负担过重，严重地影响了企业的经济核算和正常生产，侵占了企业应当上交各级财政的利润，许多地区和企业迫切要求采取有力措施加以解决。《通知》强调，解决企业负担过重问题，是一项涉及面广而又艰巨复杂的工作，各地区、各部门一定要高度重视，加强领导，组织有关单位对企业负担的各种收费项目和摊派人员、物资等问题进行一次认真的整顿，切实落实各项规定，及时研究解决存在的问题，把这项工作做好。

文稿附录

附录 1　国务院批转国家经济委员会《关于加强领导抓好企业整顿工作的意见》的通知

附录 2　中共中央、国务院关于国营工业企业进行全面整顿的决定

附录 3　中共中央、国务院关于颁发《国营工厂厂长工作暂行条例》的通知

附录 4　中共中央、国务院关于转发《国营工业企业职工代表大会暂行条例》的通知

附录 5　中共中央关于颁发工业企业、财贸企业基层党组织工作两个暂行条例的通知

附录 6　国务院关于对现有企业有重点有步骤地进行技术改造的决定

附录 7　国务院颁发关于解决企业社会负担过重问题的若干规定的通知

附　录

附录 1

国务院批转国家经济委员会《关于加强领导抓好企业整顿工作的意见》的通知

（国发〔1981〕158 号　1981 年 10 月 28 日）

各省、市、自治区人民政府，国务院各部委、各直属机构：

国务院同意国家经委《关于加强领导，抓好企业整顿工作的意见》，现发给你们，请研究执行。

整顿企业是挖掘企业潜力，提高经济效益，增加财政收入最现实的办法，各级人民政府和有关部门应重视这一工作，全面规划，统一部署，狠抓落实，定期检查。各地区和国务院有关部门领导同志要有计划、有步骤地抓一批重点企业，亲自下去，深入群众进行调查研究，进一步完善经济责任制，改善经营管理，加强思想政治工作，以提高经济效益为目的，对企业进行全面治理，切实抓出成效。

国家经济委员会关于加强领导抓好企业整顿工作的意见

一九八一年九月二十四日

根据中央和国务院领导同志关于企业整顿工作的多次指示，国家经委在今年七月的企业整顿座谈会和八月全国工业交通工作座谈会上，研究了在当前形势下，如何抓紧落实企业整顿工作。现对加强领导抓好企业整顿工作提出以下意见。

一、要进一步提高思想认识，抓紧把企业整顿好

整顿企业是关系到经济建设走新路子的一件大事，也是提高职工社会主义积极性，加速四化建设的一件大事。今后发展国民经济，主要依靠发挥现有企业的作用。如果不抓紧整顿企业，依靠现有企业就会成为一句空话。整顿企业是当务之急，是挖掘企业潜力，提

高经济效果，增加收入，减少财政困难最现实的办法。

前几年整顿企业是有成绩的。粉碎“四人帮”以后，进行了恢复性的整顿。党的十一届三中全会以来，在贯彻调整、改革、整顿、提高方针中，由于逐步扩大企业自主权，在国家计划指导下发挥市场调节的作用，推动了企业整顿。最近一个时期，许多地区推行不同形式的经济责任制，同整顿企业紧密结合起来，促进了生产的发展。

但是，对企业整顿的成绩，不能估计过高。真正整顿得好的，经济效果明显的企业是少数。多数企业整顿虽有一定基础，但工作不够扎实，成果不够巩固。还有一定数量的企业管理混乱，经济效果很差。当前存在的主要问题：一是企业领导班子不适应新的形势，二是经营管理水平低，三是思想政治工作软弱、涣散，队伍建设不够有力。这些问题不解决，就难于提高经济效果，使生产保持一定增长速度，并为今后经济发展积蓄力量。因此，整顿企业确是当前一项重要而迫切的任务。

二、整顿企业的标准

企业整顿工作内容较广，国务院〔1981〕48、75号文件已有比较全面、系统的部署，应当认真贯彻执行。今年企业整顿座谈会上，讨论提出了整顿企业的标准，可作为调整时期整顿企业的奋斗目标。

（一）有一个坚持四项基本原则，党风端正，团结战斗，精干有力，年富力强的领导班子。正副厂长懂生产技术，会经营管理。

（二）建立健全党委领导下的厂长负责制和党委领导下的职工代表大会制。党委核心领导强，思想政治工作有力，职工民主管理好，生产行政指挥系统工作效率高。

（三）有一支觉悟高，技术精，纪律严，作风好的职工队伍。

（四）建立了各级责任制，企业管理的各项基础工作比较完善，推行全面质量管理、全面经济核算、全员培训取得了显著成绩。安全生产和文明生产搞得好。

（五）全面完成国家计划，产量、质量、成本、利润等主要技术经济指标接近或达到本省、市、自治区内同行业先进水平。

（六）在发展生产的基础上，职工的集体福利和物质文化生活得到了改善。

各工业部门应当根据这六项标准，制订本行业整顿企业的具体要求。

三、当前要着重抓的主要工作

（一）认真整顿、建设好企业领导班子。

实践证明，不抓住领导班子这个关键，整顿企业是很难奏效的。一定要按照中央提出的“革命化、年轻化、知识化、专业化”的要求，对企业领导班子有计划、有步骤地进行调整。今年首先把大中型企业领导班子调整配备好，这些企业领导班子中懂生产技术、会经营管理、年富力强的干部，要由去年年底的平均占三分之一提高到一半以上，条件好的要力争达到三分之二。当前突出的是要解决领导班子精干的问题。要有进有出，只进不出不行。要搞好人才选拔工作，把在生产、技术、经营、管理上确有成就的同志选拔到领导岗位上来。要进一步落实年老干部的离职和退休政策。超过退休年龄、具备条件的可以当顾问，使他们在四化建设中继续发挥作用。同时，对至今还留在企业领导班子中那些紧跟林彪、“四人帮”造反起家的、帮派思想严重的人和打砸抢分子，要坚决尽快地清除出去。对调配好了的企业领导干部，尤其是在厂长岗位上的专业干部，应该保持相对稳定，不要改行，不要轻易调动。对部队转业干部要进行专业训练，分配到工厂领导岗位的，要经过考核。

要认真实行党委领导下的厂长负责制和党委领导下的职工代表大会制。当前要注意解决好党政分工问题；一定要把生产行政指挥权交给厂长，使厂长权责一致，对企业生产行政和经营管理全面负责；要加强民主管理，发挥职工当家作主的积极性。

抓好企业领导班子的思想建设，是一项十分重要的任务。要认真学习贯彻党的十一届六中全会决议的精神，统一思想、加强团结、振奋精神、努力工作。要解决好有些干部精神状态不振和思想僵化问题。要坚决贯彻《关于党内政治生活的若干准则》，切实搞好党风，不把党风搞好，办好企业没有希望。

（二）建立健全经济责任制，切实抓好企业经营管理工作，提高经济效果。

实行经济责任制给整顿企业以很大的内在动力，同时也对整顿企业提出了更高的要求，如果不扎扎实实地整顿企业，经济责任制就难以顺利推行和持久奏效。

首先要切实整顿基础工作，积极推行全面经济核算、全面质量管理。当前，许多企业缺乏一套平均先进定额，定额管理没有建立起来。这个问题不解决，搞经济责任制，对企业进行考核就没有根据和基础。要把原始记录、统计、计量、检验，以及劳动定额和物资消耗定额（特别是能源消耗定额）等基础工作，一项一项地整顿健全起来。要积极推行全面经济核算，逐步建立全厂的、全员的、全生产过程的核算体系和制度。今明两年内在所有国营企业中要分期分批推行，今年要达到三分之一以上。要发动和组织职工，人人当家理财，充分挖掘企业潜力，实现增产增收。有些企业实行的内部包干、内部合同和内部价格、内部“货币”、内部结算等行之有效的办法，要在总结经验的基础上进行推广。要继续推行全面质量管理，逐步建立质量保证体系，努力提高产品质量，尽快扭转有些企业产品质量下降的状况，使全面质量管理稳步前进。

二是要加强民主管理。推行经济责任制，贯彻按劳分配原则，广大职工关心企业管理、关心经济效益的积极性大为提高，这就要求我们认真贯彻中共中央〔1981〕24号文件精神，切实保障职工当家作主的民主权利。工业交通部门要协同工会和组织部门订出规划，积极推行党委领导下的职工代表大会制，认真总结民主选举基层领导干部试点的经验，有步骤地逐步推广。

三是要认真整顿财经纪律。推行经济责任制，给企业以应有的经济利益，企业要在搞好经营管理、提高经济效果上狠下功夫，做到用正当的方法，正当的手段去取得正当的利益。必须加强计划指导和监督，加强财务管理，严格财经纪律。对有些企业巧立名目，滥发奖金，化大公为小公，损公肥私，坐支、截留上缴利润，互相拖欠货款等歪门邪道要坚决纠正。对偷税、漏税、贪污受贿、盗窃国家资财的行为，要进行严肃处理。

(三) 加强思想政治工作，搞好职工队伍建设。

要加强坚持四项基本原则的教育，抓好党的六中全会精神的学习和贯彻，提高广大职工的思想觉悟和主人翁责任感，正确处理好局部和整体、当前和长远利益的关系，坚持社会主义方向，识大体、顾大局，振奋精神，为四化建设多作贡献。企业要对职工进行遵纪守法和精神文明的教育，制订职工精神文明守则，严格整顿劳动纪律，认真整顿厂规，搞好厂风，教育职工敢于同各种错误思想和不正之风作斗争。

要认真贯彻中共中央〔1981〕8号文件，搞好职工培训，提高技术、业务素质。要严格按照定额定员组织生产，尽快把窝在企业里没有活干的人员抽出来，分期分批轮流组织学习，开展培训。这项工作，目前没有完全落实，存在问题较多，劳动部门和工业交通主管部门要认真抓起来。各地区要先抓好一批试点，取得经验后逐步推开。今后不要把企业不需要的人硬塞给企业。

四、加强对企业整顿工作的领导

企业整顿工作涉及面广，只靠各级经委抓是比较困难的，要依靠各级党委和人民政府加强领导，统一部署，狠抓落实。

（一）要正确处理好调整、改革和整顿的关系，企业整顿要同调整、改革结合起来，统筹规划，综合治理，具体指导，定期检查，狠抓落实。负责同志要深入基层，调查研究，抓好典型。

（二）要从实际出发，实行分类指导。管理比较先进的企业要狠抓提高，积极搞好“三全”（全面质量管理、全面经济核算、全员培训），努力探索管理现代化，进一步在提高生产技术、提高经营管理水平和提高经济效果上下功夫。一般企业着重提高领导班子的战斗力，把基础工作搞扎实，巩固整顿成果，逐步推行“三全”，搞好经营工作。管理混乱的企业要从整顿领导班子入手，建立正常生产秩序，限期改变面貌。

整顿企业，一定要重点抓好大中型企业、重点企业。

（三）要根据整顿企业的六条标准，定期检查分析，每年进行一次检查评比。对达到整顿标准的企业，可由省、市、自治区和国务院有关部门在适当时机评选先进企业、先进集体，进行表彰。表彰先进，以精神鼓励、发荣誉奖为主。

（四）要制订规划。既要有比较长远一点的规划，也要有近期的具体部署。

（五）整顿企业要同学习上海先进技术和经营管理经验紧密地结合起来。

当前，企业整顿的有利条件很多，党的十一届六中全会的决议是统一思想、推进工作的强大思想武器，实行经济责任制给企业整顿以很大的内在动力，各地区、各部门现在都有一批先进企业作为学习的典型。只要我们对这项工作认真重视起来，结合调整、改革，统筹规划，加强领导，就一定能够把企业整顿抓出成效来。

附录2

中共中央、国务院关于国营工业企业进行全面整顿的决定

（中发〔1982〕2号　1982年1月2日）

一

为了进一步贯彻执行党的国民经济调整，改革、整顿、提高的方针，充分发挥现有国营工业企业的潜力，提高经济效益，促进我国国民经济状况的根本好转，中共中央，国务院决定：从一九八二年起，用两三年时间，有计划有步骤地，点面结合地、分期分批地对所有国营工业企业进行全面的整顿工作。

国营工业企业是国民经济的命脉。职工队伍精神面貌的好坏，生产经营经济效益的高低，对我国社会主义现代化建设关系极大。党的十一届三中全会以来，各地区、各部门贯彻执行党的国民经济调整、改革、整顿、提高的方针。在整顿企业领导班子，扩大企业自主权，实行职工民主管理、建立经济责任制、改善经营管理、培训职工队伍等方面，做了大量工作，并且在真正从我国实际情况出发，走发展国民经济新路子方面有了一个良好的开端。但是，企业整顿工作的进展是不平衡的，整顿得好的是少数，处于中间状态的是多效，没有认真进行整顿、管理混乱、存在严重问题的也是少数。即使整顿工作搞得好的企业，距离社会主义现代化企业管理的要求，也还有很大差距。目前相当多的企业，程度不同地存在着领导班子软弱涣散，精神不振，思想政治工作薄弱，机构臃肿，人浮于事，劳动纪律松弛，产品质量低，浪费严重，经济效益很差等现象。少数企业领导班子不纯，受资本主义思想侵蚀，搞不正之风，违反财经纪律，甚至弄虚作假，偷税抗税，截留上缴利润，营私舞弊，贪污受贿，等等。不认真解决这些问题，就不可能争取国民经济状况的根本好转，更不可能把我们的企业真正建设成为社会主义现代化企业。因此，根据企业的具体情况，采取分类指导的原则进行全面整顿，是今后两三年内党和政府的一项重要任务。要加强领导，充分发挥企业领导干部和广大职工的积极性、主动性，扎扎实实地进行这项工作，圆满地完成任务。

二

企业的全面整顿，是对企业工作进行综合治理，包括整顿领导班子、职工队伍、管理制度、劳动纪律、财经纪律、党的作风和加强思想政治工作第一系列的工作。通过整顿，把这些工作互相结合起来，根据各个企业的具体情况，分别轻重缓急，有步骤地加以解

决，使企业各项工作得到落实，真正走上发展国民经济的新路子。当前要围绕提高经济效益，着重做好以下五项工作。

第一，整顿和完善经济责任制，改善企业经营管理，搞好全面计划管理、质量管理和经济核算工作。

实行经济责任制的目的，是要在国家计划指导下，搞好企业经营管理，把企业和职工的经济利益同承担的经济责任和实现的经济效果联系起来，使广大职工以主人翁的态度，在生产经营活动中取得最好的经济效益。它是调动企业与职工的积极性，解决企业与企业之间、企业内部职工之间吃大锅饭问题的有效途径，是整顿企业的关键的一环。要在企业的全面整顿中进一步总结经验，不断地完善经济责任制，明确企业对国家的经济责任，并赋予企业一定的经济权限，使企业的经济利益与企业生产经营成果好坏直接联系，把责、权、利三者统一起来。

不能把经济责任制仅仅看成是一个利益分配问题。企业的责任首先是要按照国家计划要求和市场需要，生产出适销对路、价廉物美的产品，满足社会需要，提高经济效益。企业创造的经济收益，首先要为国家作贡献，使国家增收；其次才是企业多留、职工多得。为此企业必须在国家计划指导下，实行企业内部的全面计划管理，把生产、技术、供销、财务等各方面工作，落实到每一个岗位、每一个人。在实行全面计划管理的同时，要继续推行全面质量管理和全面经济核算，以保证品种增加、质量提高、成本降低、利润增长，实现全面的经济效益。

在企业内部实行经济责任制，同样要按照责、权、利相结合的原则，从科室、车间到班组、个人，建立和健全岗位责任制，使个人经济利益与集体成果、个人劳动贡献相联系，贯彻按劳分配的原则。要健全原始记录、计量、统计、核算等基础工作，制定生产与消耗的平均先进定额，加强定额管理；总结现行的按劳分配经验，探索更加合理的分配办法；结合生动的思想政治工作，把职工群众的积极性引导到改进生产技术、不断创新、改善经营管理、提高全面经济效益的正确轨道上来。

第二，整顿和加强劳动纪律，严格执行奖惩制度。

现代社会化的大生产，不能没有严明的劳动纪律。十年内乱期间无政府主义盛行，流毒至今尚未完全肃清。要大力加强对职工群众的主人翁思想教育，建立自觉遵守劳动纪律的风尚。为了加强劳动纪律，必须建立严格的奖惩制度。对劳动态度好、遵纪守法、成绩卓著的职工要给予表扬和奖励；对严重违反劳动纪律的，企业有权按照有关规定给予经济或行政的处分，屡教不改的，要加重处分，直到辞退和开除。

一些企业的经验证明，制定《职工守则》是教育职工加强劳动纪律的有效措施。为此，中华全国总工会要会同有关方面，认真总结这方面的经验，起草一个全国通行的《职工守则》，报国务院审批后颁布执行。在《守则》颁布之前，各企业可以制定本企业的《职工守则暂行规定》，经职工代表大会审议通过施行。各企业还应该根据《守则》的要求，制定相应的奖惩制度，以保证《守则》的贯彻执行。

第三，整顿财经纪律，健全财务会计制度。

国营工业企业的全部固定资产和流动资金都是国家的财产，任何人不得侵占。企业的盈利要按规定进行分配，不允许化大公为小公，更不允许化公为私。一切违法和违反财经纪律的行为，必须坚决制止和予以制裁。

要对执行财经制度的情况进行一次认真的清查，健全财务会计制度，严格执行财经纪律，对犯有一般错误的人员，要进行批评教育；对犯有营私舞弊、贪污盗窃等罪行的人员，要分别予以惩处。企业领导干部和财务人员要以身作则，模范地遵守财经纪律。如果违反，要加重处罚，追究经济责任直至法律责任。全体职工都要敢于同损害国家财产、侵占国家利益的坏人坏事作斗争。对于模范遵守财经纪律和保护国家资财有功的人员，要给予表彰和奖励。

第四，整顿劳动组织，按定员定额组织生产，有计划地进行全员培训，坚决克服人浮于事、工作散漫的现象。

整顿劳动组织要同建立岗位责任制结合起来进行。岗位责任制的核心是工作责任心，要在提高职工思想觉悟的基础上，明确每一生产岗位和工作岗位的职责，并根据生产技术和业务工作的要求，规定配备人员的质量和数量标准，逐步做到严格按标准配备合格的人员。努力做到人尽其才，各尽所能。要有计划地、分期分批地对职工进行轮训，不断提高职工的思想政治和技术业务水平。这要成为一个长期坚持不懈的制度。

凡由于技术、年龄、健康等条件，不适于本岗位工作的人员，可以改任其他工作，或经过其他专业训练后，转到其他岗位工作。凡符合退休、离休条件的，要妥善安置。今后凡是新入厂的或改变工种，工作的职工，都必须经过训练和考核合格，才能上岗工作。

全员培训要同人事考核、晋升、提拔和工资调整等相结合，建立和健全一套全面的人事管理制度。

抽调轮训的职工，在轮训期间发给基本工资，不发奖金。对于学习态度好、学习成绩优良的，可以发给奖学金。

为了认真做好全员培训工作，大企业要建立培训中心，中小企业单独建立有困难的，可以联合建立或由上级主管部门统一建立。要抽调得力干部负责培训中心的领导工作。可以脱产或半脱产培训，也可以业余培训，凡是完成了规定的学业，考试合格的，发给结业证书。

企业按定员、定额整顿劳动组织和管理机构，有富余的人员，除了组织轮训外，一部分可以充实生活服务机构，一部分可以参加劳动服务机构，开辟和发展新的生产门路。

为了逐步实行生产经营与生活服务的分工，有条件的企业，可以设生活服务公司，统一管理宿舍、食堂、托儿所、医务室、澡堂等生活福利设施，做好为职工的生活服务工作。生活福利工作要逐步实行企业化、社会化。

为了安排暂时富余的职工和待业青年就业，企业可以单独或联合举办劳动服务公司，从事社会所需要的生产或劳动服务。劳动服务公司作为企业附属的集体所有制单位，可以为本企业服务，也可以为社会服务。但必须独立经营、独立核算、自负盈亏，不允许和企业混在一起，吃大锅饭。

企业要选派工作积极负责、任劳任怨、作风正派的同志到生活服务公司和劳动服务公司担任领导职务。由企业调到劳动服务公司工作的职工，保留全民企业职工的身份。

第五，整顿和建设领导班子，加强对职工的思想政治教育。

围绕以上各项整顿工作，要进一步整顿和建设企业的领导班子，克服某些领导班子存在的涣散、软弱、臃肿、老化以及官僚主义等现象，要把优秀的、懂技术业务的中青年干部选拔到领导岗位上来。

所有的企业都要遵循党委集体领导、职工民主管理、厂长行政指挥的根本原则。要认真贯彻执行《国营工业企业职工代表大会暂行条例》和即将颁发的《国营工厂厂长工作暂行条例》、《中国共产党工业企业基层组织工作条例》，在党委领导下，建立和健全厂长负责制和职工代表大会制，使企业逐步建设起一个既有民主、又有集中的领导体制。少数经过批准进行改革领导制度试点的企业，要继续进行试点，以便探索能够更好地体现党的领导，体现民主管理和加强厂长统一指挥的新的领导制度。

为了提高工作效率，企业生产行政的领导班子要精干。厂级领导干部要逐步实现革命化、年轻化、知识化、专业化。厂长（经理）要由能够坚持四项基本原则，坚决实行党的方针政策，懂得生产技术和有关的经济法规，善于经营管理，为人正派，联系群众，身体健康，能胜任繁重的领导工作的同志担任。主要领导干部年轻化暂时有困难的企业，要选拔四十五岁以下，思想品德好，年富力强，具有专业知识，能联系群众的干部，担任副厂长（副经理）或其他副职，加以培养。

在调整企业领导班子的时候，一部分厂级干部，可以根据专长，安排到研究室、顾问室、监察室、职工培训中心，担任领导工作或顾问，政治与生活待遇不变。体弱多病不能担任工作的，可以安排退休、离休、在政治和生活待遇上要妥善照顾。一切对革命有过贡献的年老体弱的同志都应该懂得，积极地推荐、提拔、支持对党忠诚、年轻有为的同志来接班，是自己义不容辞的光荣任务。

整顿企业必须加强和改善党对企业的领导。企业党组织与企业行政组织要逐步实行分工，除重大方针和决策要由党委讨论决定外，企业的日常生产行政工作由厂长（经理）负责，党委的主要精力要用到抓思想政治工作和党的建设上，通过党的组织工作和宣传教育工作，通过党员的模范带头作用，切实加强党对企业的思想政治领导，监督和保证企业坚持社会主义方向，严格执行党和政府的各项方针、政策、计划、遵守国家的制度、法令，保护国家和人民的利益，保证企业各项政治任务和经济任务的完成，正确处理国家、企业和职工个人三者的利益关系。

经过整顿的企业，要把企业党委建设成为一个能够团结企业全体职工，贯彻执行党的方针、政策，坚持民主集中制原则的，坚强有力的领导核心。党委书记应当由党性强，作风正派，坚决并善于执行党的路线、方针、政策，有一定的生产和管理知识，能密切联系群众和掌握全面工作的党员担任；另外，配备一名德才兼备、年富力强的副书记，作为书记的助手。

企业党组织要大力加强职工代表大会的工作，要充分发挥工会、共青团组织的作用。

企业党组织要经常联系实际，对职工进行坚持四项基本原则的教育、形势教育和爱国主义教育。特别要加强对青年职工的教育，提高职工的政治素质。对职工进行脱产或不脱产的培训，除了上文化课、技术或业务课外，也要上政治课，并严格考核学习成绩。

三

企业的整顿工作，要在企业党组织的领导下依靠现有的领导班子和职工群众进行。对那些存在严重问题，不能胜任工作的领导班子，要采取调动工作的办法，适当调整。至于领导班子的进一步加强和充实，应该在企业整顿过程中逐步解决。企业主要领导干部的人选，要采取上级调配与民主选举相结合的办法，认真选定。党委书记要在党内充分酝酿，并广泛征求党外群众的意见，经党的委员会选举产生，报上级党委审批。厂长除在必要时由上级调配以外，要在实行经济责任制和整顿企业的基础上，积极创造条件，逐步实行民主选举，并按照干部管理权限，报请上级机关批准任命。

四

企业全面整顿是建设性的整顿，除了当前首先要做好前述围绕提高经济效益的五项工作外，还要有一个系统的、全面的建设规划。要认真总结和吸取过去建设“五好”企业、“大庆式”企业等一切行之有效的经验，把企业的整顿和建设紧密结合进行。企业在整顿中进行建设的基本要求，可以概括为：搞好三项建设，达到六好要求。“三项建设”即通过全面整顿，逐步地建设起一种又有民主、又有集中的领导体制，逐步地建设起一支又红又专的职工队伍，逐步地建设起一套科学文明的管理制度；“六好要求”即通过“三项建设”使企业能够正确地处理国家、企业、职工个人三者的经济关系，出色地完成国家计划，达到三者兼顾好、产品质量好、经济效益好、劳动纪律好、文明生产好、政治工作好，成为“六好企业”。

有关“三项建设”的具体内容、“六好要求”的具体标准，各工业部门和各地区可以根据自己的特点和具体情况，参照最近经委提出的整顿企业的要求，分别作出规定。

五

企业的全面整顿，要点面结合进行。各工业部门要根据当前围绕提高经济效益的五项工作和“三建”、“六好”目标，制定一个适合本部门特点的全面整顿规划，对不同类别和不同水平的企业，规定不同的要求和整顿的步骤，进行分类指导。所有企业都要结合自己的具体情况，制定本企业的整顿规划。

面上企业的整顿工作，必须抓紧。各企业首先要按照中央转发国家经委党组《关于工业学大庆问题的报告》的通知精神，进行深入细致的思想教育工作，讲清中国工人阶级的优秀品质、光荣革命传统和伟大历史使命，使广大职工以国家主人翁的态度，积极参加和做好企业的整顿工作。要引导大家向先进地区、先进行业、先进单位、先进人物学习，向先进科学技术和经营管理学习，向科学要本领，拜行家做老师，把广大职工充分发动起来，在每个企业中形成比先进、学先进、赶先进、帮后进、创造“六好企业”的热烈气氛，以推动企业的整顿工作和其它各项工作。

为了使整顿企业的工作做得更好，国务院各主管部、委要会同各省、市、自治区派出负责干部，并配备一些熟悉生产、技术、经营管理、劳动工资、财务会计等业务干部和党群工作干部，组成蹲点调查组，在地方党委和政府的统一领导下，分期分批到骨干企业调查研究，进行必要的指导，帮助解决问题，及时总结经验，指导面上的整顿工作。同时，吸取实践经验，不断提高领导水平。每个行业首先要挑选几个对国计民生有重大作用的骨干企业，作为第一批蹲点调查单位。这些重点企业可以是基础好的先进单位，也可以是问题较多的后进单位，以便取得先进更先进和后进赶先进的两种经验，并及时宣传推广。

中央要求，在两三年内，全国两千个骨干企业，能够在国务院各主管部、委和省、市、自治区直接帮助下，扎扎实实地、分批地完成整顿任务。地区和县市也要根据实际情况，在所属企业中选择重点，组织蹲点调查组去进行帮助。以点带面，做好整顿工作。

凡是上级主管部门未派蹲点调查组协助整顿的企业，都要按本决定的精神，自行整顿，不要等待；凡能解决的问题，要主动地、及时地解决。有关主管部门在第一批重点企业整顿工作结束以后，要从取得整顿工作经验的蹲点调查组中，选拔精干力量，组织巡回检查组，到上述企业进行检查，凡达到整顿标准的，即可验收；不符合标准的，要派蹲点调查组予以协助，继续进行整顿。

所有企业，在整顿完毕之后，都要由上级主管部门检查验收。衡量企业整顿成功与否的主要标志，是看产品质量的优劣，产量的多少，经济效益的高低，对国家贡献的大小。

党中央、国务院充分相信，我们的企业经过全面整顿以后，必将出现一个崭新的面貌。希望工业战线上的全体干部和职工奋发努力，完成企业整顿的各项任务，搞好“三项建设”，达到“六好要求”，为建设具有高度物质文明和精神文明的、具有中国特色的社会主义现代化企业的伟大目标而奋斗。

附录 3

中共中央、国务院
关于颁发《国营工厂厂长工作暂行条例》的通知

（中发〔1982〕3 号　1982 年 1 月 2 日）

现将《国营工厂厂长工作暂行条例》发给你们，望结合本地区、本部门的具体情况，

在所属工厂中认真贯彻实施。

《国营工厂厂长工作暂行条例》和已经颁发的《国营工业企业职工代表大会暂行条例》以及即将颁发的《中国共产党工业企业基层组织工作条例》，共同遵循的根本原则是党委集体领导、职工民主管理、厂长行政指挥。这些原则，是根据多年来的经验对我国工业企业内部的领导制度和管理制度所作出的新概括，无论现在仍然实行党委领导下的厂长负责制和党委领导下的职工代表大会制的大多数企业，还是试行其他形式的领导制度和管理制度的少数试点单位，都要遵循这些根本原则，并且在此基础上结合整个经济体制和管理体制的改革，逐步制定出一种与之相适应的新制度。

国营工业企业实行党委集体领导的原则，工厂党委主要是对贯彻执行党的方针、政策和思想政治工作方面实行领导。厂长行政指挥的原则，就是党委要把工厂的生产经营活动，交给厂长统一指挥，全面负责。工厂的副厂长、总工程师、总会计师等是厂长的助手，他们的工作受厂长领导，对厂长负责。工厂党委要支持和保障以厂长为首的全厂统一的生产经营指挥系统行使职权。厂长应自觉地维护党委的领导，接受群众的监督。

办好一个工厂，关键之一是要有一个比较好的厂长。我们必须大力培训和认真挑选既懂经济，又懂政治，熟悉本行业生产经营业务，知人善任，有一定组织能力，富有艰苦创业的实干精神，善于走群众路线，并且能够坚持在生产第一线工作的同志去担任厂长。中共中央、国务院要求所有工厂的厂长都要以《条例》的规定严格要求自己，模范地执行条例，履行自己的职责。

《国营工厂厂长工作暂行条例》准备公开发表。各新闻单位对有关内容要进行宣传。

国营工厂厂长工作暂行条例

第一章　总则

第一条　为明确厂长的职责，保障厂长行使国家规定的职权，搞好工厂的经营管理，促进社会主义建设事业的发展，特制定本条例。

第二条　工厂实行党委（独立核算工厂的总支部、支部，下同）领导下的厂长负责制。厂长是工厂的行政负责人，受国家委托，负责工厂的经营管理。除本条例第十条、第十一条规定的以外，生产经营方面的问题，由厂长全权决定。

第三条　工厂实行党委领导下的职工代表大会制（或职工大会制，下同）。厂长要尊重职工代表大会的职权，支持职工代表大会的工作，接受职工代表大会的监督。

第四条　厂长对工厂的生产经营活动实行集中统一指挥，对工厂党委和上级主管单位直接负责。

第二章　厂长的任免

第五条　厂长应当具备以下条件：

（1）拥护中国共产党的领导，坚持社会主义方向，维护国家全民的利益；

（2）具有相当于中等以上文化科学知识和五年以上企业经营管理经验，熟悉本行业生产经营业务，懂得有关的经济法规，善于经营管理；

（3）有组织领导能力，知人善任，能密切联系群众，发扬民主作风和艰苦创业的实干精神；

（4）年富力强，身体健康，能坚持在第一线工作。厂长年龄，大型工厂一般不要超过六十岁，中小型工厂一般不要超过五十五岁。

第六条　厂长，在必要时按照干部管理权限，由上级机关委派。委派单位应规定厂长任职的期限，一般为四年。厂长任职期满前三个月，由委派单位征求职工代表大会意见，经过职工代表大会同意的可以连任。

所有的工厂，应在实行经济责任制和整顿企业的基础上，根据主管单位的部署，积极创造条件，由本厂职工代表大会制订具体办法民主选举厂长，按照干部管理权限，报上级机关审批任命。

厂长在任职期间，如力不胜任，可以向委派或选举单位提出辞职。

第七条　在职工代表大会做出要求罢免厂长的建议或厂长要求辞职时，原属上级委派的厂长，由委派单位调查处理；原属职工代表大会选举产生的厂长，任期未满者，由任命单位调查处理。委派或任命单位必须在三十天内调查处理完毕，不得拖延。在调查处理期间，由主管单位指定代理厂长行使厂长职权，但厂长应协助工作，直至处理完毕。

第三章　厂长的责任

第八条　厂长必须贯彻党和国家的方针、政策，遵守法律、法令，执行主管单位的指令、决定和工厂党委以及职工代表大会的有关决议，在坚决维护国家全民利益的前提下，正确处理国家、企业和职工个人三者关系。

第九条　厂长要依靠群众，调动广大职工的积极性，努力改善经营管理，全面完成主管单位下达的计划，履行合同，在国家计划指导下，注意发挥市场调节的辅助作用，取得最好的经济效果。

第十条　厂长要自觉地接受和维护企业党委的领导，定期向党委报告工作。

下列问题，由厂长拟订方案，提请党委讨论决定或者审议后报请上级批准：

（1）经营决策、长远规划、年度计划、重大技术改造计划、职工培训计划和工资调整方案；

（2）机构变动，重要规章制度的建立、修改和废除；

（3）副厂长，总工程师、副总工程师，总会计师、副总会计师的人选；行政职能科（室）科长、副科长（主任），车间主任、副主任的人选；

（4）厂长认为必须提交党委讨论决定的其他问题。

党委对生产行政工作的决议，由厂长组织实施。厂长对党委的决议如有不同意见，可以提请复议；如对复议结果仍有不同意见，允许保留，并在执行的同时向主管单位报告，主管单位应及时作出裁决。

第十一条 厂长要按照《国营工业企业职工代表大会暂行条例》的规定，定期向职工代表大会报告工作。

职工代表大会作出的有关生产行政工作的决议，由厂长组织实施。厂长对职工代表大会的决议如有不同意见，可以提请复议，如对复议结果仍有不同意见，报请工厂党委裁决。

第十二条 厂长要注意改善职工的劳动条件，做好生产安全工作，在发展生产的基础上，逐步改善职工生活。

第十三条 厂长要带动各级行政干部深入群众，结合生产业务，主动做思想政治工作。

第四章 厂长的职权

第十四条 厂长对工厂生产经营活动行使统一指挥权。

第十五条 在国家规定的范围内，厂长对工厂的人员、资金、物资有调度处置权。

第十六条 行政职能科（室）科长、副科长（主任），由厂长任免。

车间主任一般由车间职工大会选举，厂长任命。不具备选举条件的，由厂长任免。车间副主任由厂长任免。

第十七条 厂长有权按照国家规定的人事管理权限和审批程序以及职工代表大会讨论决定的职工奖惩办法，对职工进行奖励和惩罚。对有特殊贡献的职工有权晋级，但每年受晋级奖励的职工不得超过职工总数的百分之一；对违犯纪律的职工，有权处分，直至开除。

第十八条 厂长有权拒绝工厂外部无偿抽调工厂的人员、资金和物资，以及对劳务、费用的不合理摊派。

第十九条 厂长在紧急情况下，对不属于自己职权范围而又必须立即决定的生产行政方面的问题，有临机处置权，但事后应向有决定权的单位报告。

第二十条 厂长要积极支持工厂工会委员会、共青团委员会的工作和活动，在决定同广大职工利害有关的问题时，要取得工厂工会委员会的同意和合作。

第五章 指挥系统及其责任制

第二十一条 工厂要建立和健全以厂长为首的统一的生产指挥系统。一般地分为三级：厂部、车间（分厂）、班组（工段）。工厂的主要管理权力，集中在厂部。要明确各级行政领导和每个职工的职权范围，建立严格的岗位责任制，做到人人有职、有权、有责，并且把责任和经济利益联系起来。

第二十二条 工厂应根据规模大小和生产经营工作的需要，设副厂长一至五人，并可设总工程师、总会计师等厂一级经济，技术负责人。副厂长具体人数，由厂长提议，报上级主管机关决定。

工厂的副厂长、总工程师、总会计师、行政职能科（室）科长（主任）和车间主任，在厂长的领导下进行工作，对厂长负责。

厂长因故不能执行任务时，必须指定一名副厂长代理厂长职务。

第二十三条 厂长要定期召开由副厂长、总工程师、总会计师和其他有关人员参加的厂务会议，讨论和研究生产经营活动中的问题。讨论结果，由厂长作出决定。

第六章 对厂长的奖惩

第二十四条 厂长在工作中做出显著成绩，具有下列情形之一者，按照干部管理权限，报经上级机关批准，给予荣誉奖励或者物质奖励：

（1）主要技术经济指标在全国同行业、同类企业中达到先进水平；

（2）产品进入国际市场，有竞争能力，为国家创汇做出较大贡献；

（3）生产连续三年以上持续增长，对国家贡献较大；

（4）有重大技术突破；

（5）由于改善经营管理，使长期亏损的企业改变落后面貌，由亏变盈满一年以上。

对有特殊贡献的厂长，经职工代表大会建议，按照干部管理权限，报上级机关批准，可予以晋级。

第二十五条 厂长工作失职，具有下列情形之一者，按照干部管理权限，报经上级机关批准，给予经济处罚或者行政处分：

（1）违反国家的政策、法令和有关工厂的规章制度，损害国家全民利益；

（2）由于经营管理不善，连续两年完不成计划或者连续两年造成企业严重亏损；

（3）违反合同，给国家或集体财产造成严重损失；

（4）产品质量低劣，多次造成产品质量事故；

（5）明知故犯，违反财经纪律；

（6）严重污染环境，在物质、技术条件许可的情况下，拒不治理；

（7）造成重大安全事故，使人民生命、财产遭到严重损失；

（8）犯有其他严重错误。

如果触犯刑律，由司法机关依法惩处。

第二十六条 对厂长的奖惩，应通过职工代表大会讨论，按干部管理权限，报上级机关批准。

第七章 附则

第二十七条 本条例原则上也适用于国营矿山、交通运输、邮电、电力、地质、森工、建筑施工企业和独立核算的工业公司。

第二十八条 各地区、各主管部门可根据本条例的各项原则，结合本地区或本行业的实际情况，制订本条例实施细则。

附录4

中共中央、国务院关于转发《国营工业企业职工代表大会暂行条例》的通知

（中发〔1981〕24号　1981年7月13日）

中共中央、国务院同意中华全国总工会、国家经委、中央组织部制定的《国营工业企业职工代表大会暂行条例》，现发给你们，望结合本地区、本部门的具体情况，在所属企业认真贯彻实施。

改革企业的领导制度，是改革党和国家领导制度的一个重要组成部分。这一改革的基本内容是：发挥党的领导作用，特别是加强和改善党对企业的思想政治和方针政策的领导；发扬职工群众主人翁的责任感和当家作主的积极性，实行民主管理；企业的生产、行政工作由厂长（经理）负责统一指挥。这是一项牵动全局的艰巨任务，应该经过试点、认真总结经验、有步骤地加以实施。邓小平同志在一九八〇年十二月的中央工作会议上指出："基层单位领导制度的改革，要先在少数单位进行试点。没有制定和颁布完善的条例以前，一切非试点的基层单位，一律执行原来的制度。"因此，除了少数试点单位以外，所有企业仍应实行原来规定的党委领导下的厂长负责制和党委领导下的职工代表大会制。

职工当家作主，民主管理企业，是社会主义企业同资本主义企业的根本区别之一。职工代表大会正是提高职工群众主人翁责任感，发挥当家作主的积极性，办好社会主义企业的基本组织形式。每个企业必须按照《条例》的规定，有准备地、切实地把职工代表大会制度建立起来。已经确定进行企业领导制度改革的试点企业，可以不受《条例》的限制，在试点中创造新的经验。

推广和完善职工代表大会制，关键在于加强和改善党的领导。企业党委要积极领导和支持职工当家作主，保障职工代表大会行使规定的权力。各级工会要把搞好职工代表大会制作为自己工作的重点，协助党委做深入细致的群众工作。为了使企业基层工会能很好地承担起职工代表大会工作机构的任务，要选调相当于企业党委副书记、副厂长一级的干部担任企业基层工会的主席。

推行职工代表大会制度是党的一项重要政策，各地区、各部门的党委（党组）要统一部署，组织各方面的力量，通力合作，采取切实可行的办法，指导和督促所属企业贯彻实施《国营工业企业职工代表大会暂行条例》，并且不断总结和创造经验，使职工代表大会制度进一步完善和提高，为今后全面开展企业领导制度的改革准备条件。

《国营工业企业职工代表大会暂行条例》应公开发表。各新闻单位要进行有关企业民主管理、建立和健全职工代表大会制度的宣传。

国营工业企业职工代表大会暂行条例

第一章　总则

第一条　根据中华人民共和国宪法第十七条“国家坚持社会主义的民主原则，保障人民参加管理国家，管理各项经济事业和文化事业，监督国家机关和工作人员”的规定，所有企业必须在实行党委领导下的厂长负责制的同时，建立和健全党委领导下的职工代表大会制，发扬职工群众主人翁的责任感，保障职工群众当家作主管理企业的民主权利。

第二条　职工代表大会（或职工大会）是企业实行民主管理的基本形式，是职工群众参加决策和管理、监督干部的权力机构。

第三条　职工代表大会遵照党的方针、政策和国家的法律、指令，在党委领导下行使职权，正确处理国家、企业和职工个人三者利益关系，协调企业内部矛盾，保证完成国家计划和各项任务，办好社会主义企业。

第四条　职工代表大会的组织原则是民主集中制。

第二章　职权

第五条　企业职工代表大会根据国家的政策、法令和计划要求，行使下列职权：

（一）讨论审议厂长的工作报告、生产建设计划、财务预决算，以及重大挖潜革新改造方案和经营管理方面的重大问题，并作出相应的决议。

（二）讨论决定企业劳动保护措施资金、职工福利基金、奖励基金的使用，以及职工奖惩办法、职工住宅分配方案等有关职工切身利益方面的问题。

（三）讨论通过企业体制改革事项、工资调整方案、职工培训计划和全厂性的重要规章制度。

（四）监督企业各级领导干部和工作人员。对工作一贯努力并卓有成绩的干部，提请上级机关予以表彰、奖励；对有特殊贡献的干部，建议上级机关予以提职、晋级。对不负责任、造成损失的干部，建议上级机关予以批评、处分或罢免；对严重失职和违法乱纪的干部，建议党的纪律检查机关和国家政法机关严肃处理。

（五）根据企业主管机关的部署，选举企业行政领导人员。民主选举产生的干部，要依照干部管理范围报主管机关审批任命。

第六条　厂长要定期向职工代表大会报告工作，负责执行和处理职工代表大会有关企业生产、行政方面的决议和提案，并接受职工代表大会的检查和监督。职工代表大会要支持厂长行使职权，维护生产指挥系统的高度权威，教育职工不断提高主人翁责任感，自觉遵守劳动纪律，严格执行各项生产、技术责任制。

第七条 职工代表大会对企业主管机关的决定和指示，有不同意见时可以提出建议。如经主管机关审议后仍维持原有的决定和指示，职工代表大会必须贯彻执行。

第三章 职工代表

第八条 职工代表大会的代表，以班组、工段或车间（科室）为单位，由职工直接选举产生。凡是本单位享有公民权的正式职工，均可当选为代表。

职工代表实行常任制，每两年改选一次，连选得连任。职工代表受选举单位职工的监督，原选举单位的职工有权依照规定的程序，撤换本单位的职工代表。

职工代表大会的代表应有工人、科技人员、管理人员、领导干部和其他工作人员，其中工人代表一般不得少于职工代表总数的百分之六十。科技人员、管理人员、青年职工和女职工代表，应各占一定比例。

职工代表按车间、科室（或若干科室）组成代表团（组），推选团（组）长、副团（组）长若干人。

第九条 职工代表的权利：

（一）在职工代表大会上，有选举权、被选举权和表决权。

（二）有权参加检查企业内有关单位执行职工代表大会决议和提案落实情况，有权参加对企业领导人员的质询。

（三）因参加职工代表大会的活动而占用生产或工作时间，有权按照正常出勤享受应得的待遇。

（四）因行使正当民主权利而遭受打击报复时，有权向有关部门申诉、控告。

第十条 职工代表的义务：

（一）模范地遵守党的方针、政策和国家的法律、指令，严格地遵守劳动纪律、规章制度，做好本职工作。

（二）积极宣传和带头执行职工代表大会的决议，做好职工代表大会交给的各项工作。

（三）正确代表群众利益，密切联系群众，如实反映群众意见。

（四）努力学习，不断提高政治觉悟、业务技术水平和管理能力。

（五）模范地遵守社会公德，带领群众树立社会主义的新风尚。

（六）帮助、教育和督促不守厂规厂法、违反劳动纪律的职工，自觉地改正缺点、错误。

第四章 组织制度

第十一条 召开职工代表大会时，选举大会主席团主持会议。主席团成员应包括工人、科技人员、管理人员、党政工团主要领导干部。工人一般应占多数。职工代表大会一般不设常设机构。大会主席团实行常任制。

第十二条 职工代表大会至少每半年召开一次。每次会议必须有三分之二以上的代表出席。遇有重大事项，经三分之一的代表提议，可以召开临时会议。职工代表大会进行选举和作出决议，必须有全体代表的过半数通过方为有效。

第十三条 职工代表大会的议题，要广泛听取群众意见，经大会主席团审议后，提请职工代表大会通过。

第十四条 职工代表大会根据需要组织若干专门工作委员会或小组（不脱产）。其主要任务是：对职工代表大会要讨论的重大问题，进行调查研究，提出建议；搜集、核实有关提案；检查、督促有关部门贯彻执行职工代表大会决议。

第十五条 职工代表大会闭会期间，需要临时解决的重要问题，可由常任主席团召集职工代表团（组）长和有关职工代表参加的会议，进行处理。

第五章　工作机构

第十六条 基层工会委员会承担职工代表大会工作机构的任务，会同有关部门进行大会的筹备工作、会务工作以及大会闭会期间的日常组织工作，办理职工代表大会或主席团交办的事项。

第六章　附则

第十七条 各企业根据本条例结合实际情况制定本单位的职工代表大会（或职工大会）实施细则。

第十八条 本条例原则上也适用于交通运输、基本建设、国营农场林场、水利设施、商业、外贸等企业单位。科研、教育、文化等事业单位也要依靠群众，实行民主管理，可以参照这个条例的精神，结合各自的实际情况，制定各自的职工代表大会暂行条例。

附录 5

中共中央关于颁发
工业企业、财贸企业基层党组织工作两个暂行条例的通知

（中发〔1982〕28 号　1982 年 6 月 3 日）

中央同意中央组织部拟定的《中国共产党工业企业基层组织工作暂行条例》和《中国共产党财贸企业基层组织工作暂行条例》，现发给你们，望结合本地区、本部门的具体情况，组织所属企业的党委、总支部、支部认真讨论，切实贯彻实施，并在实践中不断总结经验，使之逐步完善。

办好社会主义企业，关键在于加强和改善党的领导。首先，要健全和完善企业领导制

度，遵循党委集体领导、职工民主管理、厂长行政指挥的根本原则，实行党政分工。企业党委主要是认真贯彻执行党的路线、方针、政策，掌握企业的社会主义方向，凡涉及党的路线、方针、政策的重大问题，应由党委讨论决定；至于企业的日常生产行政工作，由厂长（经理）统一指挥，全面负责，党委加以监督检查。企业党委要切实加强思想政治工作，对党员和全体职工进行爱国主义、集体主义和共产主义的教育，批评纠正各种不正之风，正确处理国家、企业、职工三者之间的利益关系，使企业成为建设社会主义高度物质文明和精神文明的坚强阵地。企业党委要坚持群众路线，采取从群众中来到群众中去的领导方法，广泛听取群众意见，充分发挥职工群众当家作主办好社会主义企业的积极性和创造性。企业党委要加强党的思想建设和组织建设，坚持党的民主集中制，健全党的组织生活，认真开展批评与自我批评，搞好党风，严肃党纪，发挥党员的先锋模范作用，提高党组织的战斗力。

去年下半年以来，中央和国务院先后颁发了《国营工业企业职工代表大会暂行条例》、《国营工厂厂长工作暂行条例》，现在中央又颁发了《中国共产党工业企业基层组织工作暂行条例》、《中国共产党财贸企业基层组织工作暂行条例》。这几个条例是健全和完善企业领导制度不可分割的组成部分，要同当前的企业整顿和健全经济责任制结合起来，全面贯彻实施。

中央认为，这几个条例的颁发，对克服目前企业存在的某些混乱状况，对我国社会主义建设事业的发展，县有重要意义。中央希望，通过这几个条例的贯彻实施，把企业的领导水平和经营管理水平提高一步，把广大职工的政治素质和技术水平提高一步，把生产、建设、流通等各个领域的经济效益提高一步，为国家的社会主义现代化作出更大贡献。

附 1：

中国共产党工业企业基层组织工作暂行条例

第一章　总则

第一条　为了加强和改善企业中党的领导，恢复和发扬党的优良传统作风，提高党组织的战斗力，促进社会主义现代化建设事业的发展，根据党章规定的原则和党中央的有关指示，结合工业企业的实际情况，特制定本条例。

第二条　在社会主义工业企业中，实行党委领导下的厂长（经理，下同）负责制和党委领导下的职工代表大会制。按照党委集体领导，职工民主管理，厂长行政指挥的根本原则，不断改善和加强党对企业的领导。

第三条　企业中的党委（独立核算企业的总支部、支部，下同）是企业的领导核心。党委对企业的生产行政组织，职工代表大会，以及工会、共青团、民兵等群众组织，实行统一领导。

车间党的总支部、支部，对工会、共青团、民兵等群众组织和职工的思想政治工作实行领导，对车间的生产行政工作实行保证和监督。

科室的党组织，对党员、干部进行教育和监督，保证各项任务的完成。

第四条 企业中的党组织，要全面执行党章规定的基层组织的基本任务。要对全体职工进行坚持社会主义道路，坚持人民民主专政即无产阶级专政，坚持共产党的领导，坚持马克思列宁主义、毛泽东思想的教育。要认真贯彻执行党的路线、方针、政策，坚持集中领导和民主管理相结合的原则，以四化建设为中心，做好职工的思想政治工作，加强党组织的建设和职工队伍的建设，正确处理国家、企业和职工个人三者利益的关系，不断提高企业的生产技术和经营管理水平，保证生产建设和各项任务的完成，在生产发展的基础上，遵照国家有关规定逐步改善职工生活。

第二章　党代表大会、党员大会和党的委员会

第五条 企业中的党代表大会或党员大会，必须根据党章规定按期召开。党的各级委员会要按期改选。党代表大会和党的委员会，要切实保障党员的各项权利。

党的委员会由党代表大会或党员大会采取差额选举的办法，用无记名投票的方式选举产生。党员数量少的单位，也可不实行差额选举。党的委员会对党代表大会或党员大会负责并报告工作。党代表大会或党员大会的决议，党的委员会和党员必须认真贯彻执行。

第六条 党的委员会的成员，应由能够坚持四项基本原则，坚决执行党的路线、方针、政策，全心全意为人民服务，办事公道，作风正派，具有一定的专业知识和组织领导能力，年富力强的党员来担任。党委班子要精干，委员人数不宜太多，支部委员会三至七人，总支部委员会五至九人，党委会七至十一人。企业的党委会，一般不设常委会。大型联合企业的党委会，如工作需要，经上级党委批准，可以选举常务委员会，但人数不要超过九人。设立常委会的企业党委，委员不要超过二十五人。

党的委员会选举书记一人，副书记一至二人。党委书记一般不兼任厂长，厂长一般也不要兼任党委书记或副书记。党委会中，行政领导干部不宜太多。

根据工作需要和企业规模的大小，党的委员会设组织、宣传、纪检、办公室等精干的工作机构或负责这些方面工作的人员，要明确职责范围，建立岗位责任制。

第七条 党委会讨论和决定以下问题：

1. 贯彻执行党的路线、方针、政策和上级指示、决定的主要措施；
2. 企业生产行政工作中的重大问题；
3. 职工代表大会的重大问题；
4. 党的建设工作；
5. 思想政治工作；
6. 企业中层干部和报请上级审批的企业领导干部的任免、奖惩和考核；

7. 工会、共青团、民兵等群众组织工作中的重大问题；

8. 党委认为必须讨论和决定的其他重大问题。

第八条 党的委员会必须坚持民主集中制的原则，实行集体领导和个人分工负责相结合的制度。凡属重大问题，都要由党的委员会集体讨论决定。已经决定的问题都要有专人负责组织实施。在党委内部，书记同委员是平等的关系，在讨论决定问题时都要遵循少数服从多数的原则。书记又是“班长”，对党委的工作负主要责任。书记要注意发挥委员的作用。委员要尊重和支持书记的工作，积极参加和维护集体领导，执行集体的决议，主动做好自己分管的工作。

第九条 企业的党委书记，应由党性强、有一定思想政策水平和党的领导工作经验、熟悉生产管理、作风民主、善于团结同志、密切联系群众的同志担任。

党委书记负责主持党委的日常工作，其主要职责是：

1. 主持开好党委会，组织决议的贯彻和检查决议的执行情况；

2. 带头执行民主集中制，搞好领导班子的建设和团结；

3. 以主要精力抓好党的建设和思想政治工作；

4. 支持以厂长为首的生产行政指挥系统行使职权；

5. 协调好党、政、工、团之间的关系；

6. 深入群众，搞好调查研究，抓好典型，总结推广先进经验。

党委副书记要做好自己分管的工作，并协助书记做好党委日常工作，书记不在时代行书记的职责。

第十条 党的委员会的成员，都要参加所在党支部、党小组过组织生活。每半年至少还要单独开一次民主生活会，开展批评与自我批评，互相帮助，增强团结。

第三章　党委对企业生产行政的领导

第十一条 党委对企业生产行政的领导要抓重大问题，不要直接指挥生产和包揽行政事务。企业的经营决策，长远规划，年度计划，重大技术改造计划，职工培训计划，工资调整方案，机构变动，重要规章制度的建立、修改和废除等重大问题，由厂长提出方案，提交党委会讨论，决定后由厂长负责组织实施。厂长对党委的决议如有不同意见，或在组织实施过程中，遇到问题需要改变原来的决定时，厂长可以提请党委会复议；如对复议结果仍有不同意见，允许保留，并在执行的同时向主管上级报告，主管上级应及时作出裁决。在紧急情况下，厂长有权临机处置，事后报告党委。属于职工代表大会职权范围内的问题，要提交职工代表大会审议或决定。

第十二条 党委要支持企业行政建立以厂长为首的生产行政指挥系统，建立和健全各项责任制，支持厂长对生产行政工作统一指挥、全面负责，教育干部和职工服从厂长的指挥。厂长要自觉地接受和维护党委的领导，在党委领导下独立负责地抓好生产行政工作。

第十三条 党委书记和厂长是企业的党政主要领导人，工作中要互相支持，互相谅解，经常通气，密切配合。

企业为国家做出了显著贡献，对企业领导人员应根据其贡献大小，分别给予表扬、奖励；由于责任过失，造成重大损失，对企业领导人员应按照分工不同和责任大小，分别追究其应负的责任。

第十四条 车间的生产行政工作，在厂长的统一指挥下由车间主任负责。车间党的总支部、支部实行保证和监督。保证和监督的主要内容是：认真贯彻党的路线、方针、政策，正确执行党委的决议和厂部的指示、命令，全面完成生产计划。主要方法是：围绕生产、技术、经营活动做好思想政治工作；讨论车间生产行政工作的重要问题，研究党组织保证完成任务的措施；领导车间的职工大会听取和讨论车间主任的工作报告，提出表扬、批评和建议；教育党员以自己的模范行动，团结带领群众完成生产任务；教育职工服从行政领导的指挥，遵守劳动纪律和规章制度；召开党政工团联席会议，协调相互关系，统一工作步调。

车间支部书记和车间主任，要紧密团结，互相支持，共同搞好工作。

第四章　党委对职工代表大会的领导

第十五条 职工代表大会是企业实行民主管理的基本形式，是职工群众参加决策和管理、监督干部的权力机构。党委要加强对职工代表大会的领导，教育干部牢固树立全心全意依靠职工群众办好企业的思想，不断提高广大职工的主人翁责任感，支持和组织职工群众正确行使当家作主的民主权利。

第十六条 党委对职工代表大会的领导，主要是思想政治和方针政策的领导。向职工代表大会宣传解释党的路线、方针和政策，并通过代表中党员的活动，把党的方针、政策变成群众的自觉行动；教育和引导职工代表和群众，正确处理国家、企业、职工三者利益的关系；通过党员的先锋模范作用，保证大会决议的贯彻执行。

第十七条　党委要讨论职工代表大会的重要报告和决议，保障职工代表大会行使规定的权力。并通过职工代表大会，听取群众意见，接受群众监督，不断改进党的工作和作风。

第十八条 党委要协调好厂长和职工代表大会的关系。厂长要自觉接受职工代表大会的监督，诚心诚意地依靠职工群众管理好企业。职工代表大会要维护和支持厂长行使生产行政的指挥权，动员职工服从行政领导的指挥。厂长和职工代表大会在工作上发生矛盾时，党委要根据党的政策和上级指示及时妥善处理。

第五章　党员、干部的教育和管理

第十九条 企业的党组织，必须加强党的思想建设和组织建设。经常对党员进行马列主义、毛泽东思想的教育，党的路线、方针、政策和形势、任务的教育，共产主义理想和怎样做一个共产党员的教育。教育党员树立全心全意为人民服务的思想和共产主义的世界观，加强组织纪律性，充分发挥党组织的战斗堡垒作用和党员的先锋模范作用，不断提高党的战斗力。

第二十条 健全党的组织生活，坚持“三会一课”制度。支部党员大会至少每季度开一次，支部委员会要向党员大会报告工作，接受党员的批评监督。党小组的民主生活会每季度至少开一次。党课每一、两个月上一次，党组织的负责人要亲自讲党课。重要文件要按照上级的规定及时传达学习。

党员定期向党小组汇报工作和思想情况。建立党员分工联系群众的制度，每个党员都要做群众的思想政治工作。

党组织要熟悉每个党员的基本情况，掌握他们的思想动态，了解他们在生产和工作中的表现，帮助他们解决各种思想问题和可能解决的实际困难。开展表彰先进党支部和优秀党员的活动，及时宣传党员的模范事迹。对犯有错误和消极落后的党员要及时教育和处理。

第二十一条 按照积极慎重的方针，做好发展党员的工作。要认真培养和考察积极分子，坚持党员条件，严格履行入党手续，成熟一个，发展一个，保证党员质量。

加强对预备党员的教育和考察，按期讨论他们能否转为正式党员。

第二十二条 坚持党管干部的原则。干部的提拔、任免、奖惩，要认真走群众路线，经过组织、人事部门考核了解，由党的委员会集体讨论决定。企业的正副科长，车间正副主任，经党委讨论决定后，按《国营工厂厂长工作暂行条例》规定，由厂长任免。

按照中央提出的在坚持革命化的前提下，逐步实现各级领导人员的年轻化、知识化和专业化的要求，建设好领导班子。选拔使用干部，必须坚持任人唯贤的干部路线和德才兼备的标准。

建立和健全干部考核制度。领导考核和群众评议相结合，平时考察和定期考核相结合。

加强干部的培训工作。有计划地培养、轮训干部，组织他们学习马列主义、毛泽东思想，学习经济理论、经营管理知识和科学技术，以适应四化建设的需要。

民主选举干部是干部制度的一项重要改革，要积极创造条件逐步实行。对车间主任和厂长的民主选举，要按照上级主管机关的部署，在企业党委领导下进行。

第二十三条 认真地切实地搞好党风，同一切违反《关于党内政治生活的若干准则》的现象作坚决的斗争，保持党组织的先进性和纯洁性，每个党员特别是党员干部，要把恢复和发扬党的优良传统作为自己的光荣职责，要在党的组织生活会上经常检查贯彻执行《准则》的情况。

第二十四条 党委要加强对纪律检查工作的领导，教育党员、干部遵纪守法。对违犯党纪的党员，要按照党章、党的政策及时严肃处理。对触犯国法的党员，要提请司法机关依法处理。

第六章　思想政治工作

第二十五条　思想政治工作是经济工作和其他一切工作的生命线，是完成生产和其他各项任务的坚强保证。做好思想政治工作，是企业各级党组织的主要任务。

第二十六条　企业中思想政治工作的基本任务是：宣传马列主义、毛泽东思想，宣传党的路线、方针、政策，教育职工坚持四项基本原则，提高广大职工的政治觉悟，树立革命人生观，增强主人翁责任感，切实加强对职工进行反腐蚀斗争的教育，抵制、克服资产阶级腐朽思想和各种非无产阶级思想，建设社会主义的精神文明；教育职工遵纪守法，反对无政府主义，提高革命警惕，坚决揭露和打击反革命分子、刑事犯罪分子和严重违法乱纪分子；认真解决职工中的各种思想问题，把思想政治工作同关心群众生活、解决实际问题结合起来，正确处理长远利益和眼前利益的关系，充分调动各方面的积极性和创造性，保证生产建设和各项任务的完成。

第二十七条　新时期的思想政治工作，要紧紧围绕四化建设这个中心，恢复和发扬党的思想政治工作的优良传统，并在实践中努力摸索新形势下的特点和规律，使思想政治工作进一步科学化。

1. 坚持思想政治工作和经济工作相结合，和实行按劳分配政策相结合，把思想政治工作渗透到生产、分配等各个领域中去。

2. 坚持疏导的方针，正确处理人民内部矛盾。思想政治工作要深入细致，循循善诱。凡属思想认识问题，都要按照团结——批评——团结的公式，摆事实讲道理，以理服人，达到既弄清思想又团结同志的目的。对于极少数严重违犯纪律的职工，应由企业行政给予应得的纪律处分，以制止歪风邪气。

3. 思想教育要形式多样，方法灵活。以表扬为主，鼓励先进。注重实效，不搞形式主义。对于青年工人的教育，要根据青年的特点，力求生动活泼，寓教育于各种有意义的活动之中。

4. 既要做好生产、技术、经营活动中的思想政治工作，又要善于把思想政治工作做到职工的业余生活中去，用无产阶级思想武装全体职工。

5. 建立政治工作会议制度，定期分析职工的思想动态，研究、部署思想政治工作任务。各级领导干部要带头做思想政治工作，党、团员要成为做思想政治工作的骨干。发动职工群众人人做思想政治工作。

第二十八条　加强政工队伍的建设。政治工作是一门专业，政工干部要充分认识政治工作的地位和自己担负的重要责任，振奋精神，努力学习，积极工作，不断提高政治水平和业务能力，模范地执行党的方针政策，遵守纪律，做职工的表率。党委要重视政工干部的选拔和培养，关心他们的思想、工作、学习和生活，积极帮助他们解决工作中的实际问题。

第七章　党委对工会、共青团的领导

第二十九条　工会是党领导的工人阶级自愿结合的群众组织，企业基层工会委员会承担职工代表大会工作机构的任务。党委要加强对工会的领导，配备好工会干部，经常了解他们的工作情况，讨论和研究工会工作中的重大问题，支持工会独立负责地开展各项工作，充分发挥工会组织的作用。

第三十条　共青团是党领导的先进青年的群众组织，是先进青年在实践中学习共产主义的学校。党委要加强对共青团的领导，选拔优秀青年干部做团的工作，支持团组织根据青年的特点开展各项活动，充分发挥其党的助手作用和在新长征中的突击队作用。

第八章　工作作风和工作方法

第三十一条　坚持实事求是，深入调查研究，从企业的实际情况出发贯彻执行党的方针、政策和上级的指示、决议，注意总结经验，不断研究新情况、解决新问题。

第三十二条　把一般号召和具体指导紧密结合起来。对企业中的重大问题，既要提出切合实际的主张和办法，发动大家去干，又要深入车间、班组，通过抓典型，推动全面工作。

第三十三条　坚持群众路线，充分发扬民主，全心全意依靠职工群众办好企业。企业中行之有效的工程技术人员、工人、干部“三结合”，开展劳动竞赛，开展技术革新和合理化建议活动，干部参加劳动，科室工作面向车间等群众路线的方法，都要坚持实行，并在实践中不断完善和发展。

第三十四条　发扬对党和人民高度负责的精神，自觉地执行各项责任制，大胆工作，讲究实效，坚持真理，修正错误，坚决克服官僚主义，抵制各种不正之风。

第三十五条　发扬艰苦奋斗、勤俭办企业的优良传统和作风。各级领导干部要以身作则，廉洁奉公，吃苦在前，享受在后，不搞特殊化，坚决抵制各种不良倾向。

本条例适用于国营和集体所有制的工业企业、交通运输企业、基本建设企业。

附 2：

中国共产党财贸企业基层组织工作暂行条例

第一章　总则

第一条　为了加强和改善企业中党的领导，恢复和发扬党的优良传统作风，提高党组织的战斗力，促进社会主义现代化建设事业的发展，根据党章规定的原则和党中央的有关指示，结合财贸企业的实际情况，特制定本条例。

第二条 在社会主义财贸企业中，实行党委领导下的经理负责制和党委领导下的职工代表大会制。按照党委集体领导，职工民主管理，经理（厂长、主任）行政指挥的根本原则，不断改善和加强党对企业的领导。

第三条 独立核算企业的党委、总支部、支部是企业的领导核心，对企业的行政管理组织、职工代表大会（职工大会，下同），以及工会、共青团、民兵等群众组织，实行统一领导。

几个小型独立核算企业联合建立的支部，对行政业务工作实行保证和监督。

第四条 独立核算企业的所属单位（例如门市部、商品部、仓库、车间等）的支部，对本单位的思想政治工作和工会、共青团实行领导，对行政业务工作实行保证和监督。

科室的党组织，对党员、干部进行教育和监督，保证各项任务的完成。

第五条 企业中的党组织，要对全体职工进行坚持社会主义道路，坚持人民民主专政即无产阶级专政，坚持共产党的领导，坚持马列主义、毛泽东思想的教育，要认真贯彻党的路线、方针、政策，执行党章规定的基层组织的基本任务。要以四化建设为中心，做好思想政治工作，加强党的思想建设和组织建设，充分调动职工群众的积极性和创造性。要贯彻执行“发展经济，保障供给”的财经工作总方针和有关经济政策，坚持政治观点、生产观点、群众观点，发挥财贸工作的桥梁和纽带作用，为工农业生产服务，为人民生活服务。

第二章　组织设置和组织制度

第六条 独立核算企业中，有正式党员三人以上五十人以下的建立支部，超过五十人的可建立总支部，超过一百人的可建立党委。在特殊情况下，因工作需要，党员不足一百人或不足五十人的，也可以建立党委或总支部。

独立核算的小型企业中正式党员不足三人的，可与业务性质相近的企业联合建立支部，或者加入邻近的支部过组织生活。

建立党的基层组织或改变党的组织形式，都要经上级党组织批准。

第七条 企业中的党组织应当按照党章规定，定期召开党员大会或代表大会。党员大会、代表大会要充分行使党章规定的职权，并采取差额选举的办法按期改选党的委员会。党员少的单位也可不实行差额选举。党的委员会向党员大会或代表大会负责并报告工作，接受党员监督。党员大会、代表大会的决议，党的委员会和党员必须贯彻执行。

第八条 党的委员会的成员，应由能够坚持四项基本原则，坚决执行党的路线、方针、政策，全心全意为人民服务，办事公道，作风正派，具有一定业务知识和组织领导能力，年富力强的党员来担任。领导班子要精干，委员人数不宜过多，支部委员会三至七人，总支部委员会五至九人，基层委员会七至十一人。基层党委一般不设常委。

党的委员会中，行政领导干部不宜太多。书记和经理一般不要由一人兼任。

党员不足七人的支部，一般不设支部委员会，由党员大会选举产生书记一名，必要时增选副书记一名。

党组织可根据工作需要和企业规模的大小，设必要的办事人员或精干的办事机构，并明确职责，建立岗位责任制。

第九条 独立核算企业的党的委员会讨论和决定以下问题：

1. 贯彻党的路线、方针、政策和上级指示的主要措施；
2. 业务经营和行政管理中的重大问题；
3. 职工代表大会的重大问题；
4. 党的建设工作；
5. 思想政治工作；
6. 企业中层干部和报请上级审批的企业领导干部的任免、奖惩和考核
7. 工会、共青团等群众组织工作中的重大问题；
8. 党委认为必须讨论和决定的其他重大问题。

第十条 党的委员会必须坚持民主集中制的原则，实行集体领导和个人分工负责相结合的制度。凡是重大问题，都应由委员会集体讨论决定。决定后，要明确分工，专人负责实施。在集体领导中，书记同委员是平等的关系；在分工负责中，书记担负着组织党委会的活动和处理日常工作的主要责任。书记要注意发挥委员的作用。委员要尊重和支持书记的工作，积极参加集体领导，遵守集体决定，主动做好自己分管的工作。

没有条件设支部委员会的支部，应经常召开党员大会讨论决定重要问题。

第十一条 书记应由党性强，有一定思想政策水平和党的领导工作经验，熟悉经营业务，作风民主，善于团结同志，密切联系群众的同志担任。

书记主持党的委员会的日常工作，主要职责是：主持开好党的委员会，组织决议的贯彻和检查决议的执行情况；带头执行民主集中制，搞好领导班子的建设和团结；抓好党的建设和思想政治工作；协调企业内部党、政、工、团各方面的关系；深入群众，搞好调查研究，抓好典型，总结推广先进经验。

副书记要做好自己分管的工作，并协助书记抓好党的委员会的日常工作，书记不在时代行书记的职责。

第三章 对行政业务工作的领导

第十二条 独立核算企业的党的委员会对行政业务工作的领导，主要是思想政治和方针政策的领导，讨论和决定工作中的重大问题。这些问题是：

企业经营决策和长远规划，年度和季度业务经营计划；

利润留成资金的使用方案；

执行财经政策的重大措施；

网点设置和重要规章制度的建立、修改；

劳动工资方案、职工培训计划和奖惩办法；

重大的生活福利措施。

第十三条 企业实行党政分工。党组织不要直接指挥日常行政业务，要支持行政建立以经理为首的行政业务指挥系统，建立和健全各项责任制，支持经理充分行使对行政业务工作的统一指挥权。

第十四条 经理应自觉接受党的委员会的领导。凡属行政业务工作中的重大问题，经理要主动提出方案，交党的委员会讨论决定，然后由经理负责组织实施。经理对党委的决议如有不同意见，或执行中遇到问题需要改变原来决定时，要报请党的委员会复议。在紧急情况下，经理有权临机处置，事后报告党的委员会；如对复议结果仍有意见，允许保留，并在执行的同时向主管上级报告，主管上级应及时作出裁决。属于职工代表大会职权范围内的问题，要提交职工代表大会审议或决定。

第十五条 书记和经理是企业中党政的主要领导人，工作中要互相支持，互相谅解，经常交流情况，紧密联系。在小型的独立核算企业中，书记和经理既要明确分工，更要密切配合，共同搞好工作。

企业为国家做出了显著贡献，对企业领导人员应根据贡献大小，分别给予表扬、奖励。由于责任过失，造成重大损失，要按照分工不同和责任大小，对企业领导人员分别追究其应负的责任。

第十六条 独立核算企业所属单位的行政业务工作，由该单位行政领导人负责。这个单位的党支部实行保证和监督，主要是：

讨论行政业务工作的重要问题，研究党支部保证完成任务的措施；围绕业务经营活动做好思想工作；教育党员以自己的模范行动，团结和带动群众完成任务；支持本单位的职工参加民主管理、监督干部；教育职工服从行政领导的指挥，遵守劳动纪律和各项规章制度。

没有条件单独成立支部的小型独立核算企业的行政业务工作，实行企业行政领导人负责制，联合支部实行保证和监督。上级党组织要加强对联合支部的领导。

第四章 对职工代表大会的领导

第十七条 党委领导下的职工代表大会，是企业实行民主管理的基本形式，是职工群众参加决策和管理、监督干部的权力机构。党组织要加强对职工代表大会的领导，教育干部树立全心全意依靠职工办好企业的思想，提高广大职工的主人翁责任感，支持和组织群众正确行使当家作主的民主权利。

第十八条 企业党组织对职工代表大会主要是思想政治和方针政策的领导，保障职工代表大会行使规定的权力。讨论职工代表大会的选举方案、重要报告和决议；向职工代表大会宣传解释党的路线、方针和政策，并通过代表中党员的活动，把党的方针政策变成群众的自觉行动；教育和引导职工代表和群众，正确处理国家、企业、职工三者利益的关系；通过代表中党员的模范作用，保证大会决议的贯彻执行。

第十九条 企业党组织要协调好经理同职工代表大会的关系。经理和职工代表大会在工作上发生矛盾时，党组织要根据党的政策和上级指示妥善处理。

第五章 对党员、干部的教育和管理

第二十条 加强企业党组织的思想建设和组织建设，充分发挥党组织的战斗堡垒作用和党员的先锋模范作用，是企业党组织的基本任务，是团结群众完成企业各项任务的重要保证。

第二十一条 经常对党员进行马列主义、毛泽东思想的教育，党的路线、方针、政策和形势、任务的教育，共产主义理想和怎样做一个共产党员的教育。教育每个党员，树立全心全意为人民服务的思想和共产主义的世界观，保持和发扬为社会主义事业而献身的革命精神。

教育党员积极学习科学文化和业务技术知识，努力成为本职工作的内行和能手。

第二十二条 健全党的组织生活，严格党员管理制度。

1. 坚持“三会一课”。定期召开党员大会、支部委员会和党小组会。党小组的民主生活会一两个月召开一次，认真开展批评和自我批评。党课一两个月上一次，党组织负责同志要亲自讲党课。

党员领导干部要以普通党员身份，编入党的支部、小组，按时参加组织生活，接受监督，并完成党组织分配的任务。党的委员会的成员每半年至少还要单独召开一次民主生活会，认真开展批评与自我批评，交流思想，增强团结。

2. 经常了解和检查党员的工作和思想情况，积极帮助他们解决各种思想问题和实际困难。党员要定期向党组织汇报工作和思想。

3. 认真听取党内外群众对党员和党组织的批评意见，接受群众监督，密切党群关系。建立党员分工联系群众的制度，了解群众情绪和意见，做好思想政治工作，帮助群众解决实际困难。

4. 大力表彰先进，帮助后进。对党员的模范事迹和工作上的突出贡献，及时宣传、表扬。对消极落后和犯有错误的党员，及时批评、教育或处理。在具备条件的单位，可以开展表彰先进支部和优秀党员的活动。评选活动要注重实效，防止形式主义。

第二十三条 按照积极慎重的方针，做好发展党员工作。坚持党员条件，严格履行入党手续，保证党员质量。在认真做好对积极分子的培养教育和考察的基础上，成熟一个，发展一个。加强对预备党员的教育和考察，按期讨论他们能否转为正式党员。

第二十四条 坚持党管干部的原则，对干部的提拔、任免、奖惩，要认真走群众路线，经过组织、人事部门考察了解，由党的委员会集体讨论决定。企业的中层行政干部，经党委讨论决定后，由经理任免。

按照任人唯贤的干部路线和德才兼备的标准选拔干部，做到知人善任。在坚持革命化的前提下，逐步实现领导班子的年轻化、知识化和专业化。

加强对干部的培养教育，认真做好政治、业务培训工作。建立和健全干部考核制度，领导考核和群众评议相结合，平时考察和定期考核相结合。

根据上级主管机关的部署，在党组织领导下，积极创造条件，对部主任和经理逐步实行民主选举。

第二十五条 认真地、切实地搞好党风，自觉地遵守《关于党内政治生活的若干准则》，每个党员要把恢复和发扬党的优良传统当作自己的光荣职责。领导干部要带头坚持好传统好作风，模范地遵守党规党法。要在党的组织生活会上经常检查贯彻执行《准则》的情况。

第二十六条 加强对纪律检查工作的领导，严格党的纪律，坚决同一切违犯党的纪律的不良现象作斗争，坚决制止经济领域中的不正之风，对违犯党纪国法的要认真检查处理。

第六章 思想政治工作

第二十七条 思想政治工作是经济工作和其它一切工作的生命线，是做好财贸工作的坚强保证。党组织要把加强思想政治工作作为加强和改善党的领导的主要内容。

第二十八条 企业中思想政治工作的基本任务是：宣传马列主义、毛泽东思想，宣传党的路线、方针、政策，教育职工坚持四项基本原则，提高广大职工的政治觉悟，树立革命人生观，增强主人翁责任感，切实加强对职工进行反腐蚀斗争的教育，抵制、克服资产阶级腐朽思想和各种非无产阶级思想，建设社会主义的精神文明；教育职工全心全意为人民服务，不断改善服务态度，提高服务质量，遵纪守法，反对无政府主义，坚决抵制“走后门”等歪风邪气，揭露和打击贪污盗窃、投机倒把等严重违法乱纪分子；认真解决职工中的各种思想问题，关心群众生活，调动各方面的积极性和创造性，保证企业经营计划和各项任务的完成。

第二十九条 党组织要把强有力的思想政治工作渗透到经营活动中去。要教育干部、职工提高政治责任感，坚持社会主义经营方向，遵守财经政策和纪律，兼顾国家、企业、职工和消费者的利益。

第三十条 新时期的思想政治工作，要紧紧围绕四化建设，恢复和发扬党的思想政治工作的优良传统，并在实践中努力摸索新形势下思想政治工作的特点和规律，使思想政治工作进一步科学化。

1. 贯彻思想领先的原则。党政领导干部都要带头做思想工作。思想政治工作要结合业务经营一起做，结合实行按劳分配政策一起做。

2. 坚持疏导的方针。凡属思想认识问题，都要说服教育，按照团结——批评——团结的公式，摆事实讲道理，以理服人，达到既弄清思想又团结同志的目的。

3. 按照实际情况做思想工作。根据财贸企业网点分散、经手大量商品货币、直接与广大群众接触的特点，及时掌握和具体分析职工的思想动态，实事求是地、有针对性地做好思想政治工作。

4. 思想教育要形式多样，方法灵活，注重效果。把普遍教育同个别教育，解决思想问题同解决实际问题，精神鼓励同物质鼓励结合起来。坚持表扬为主，支持和鼓励先进耐心做好后进同志的转化工作。注意掌握青年职工的特点，力求生动活泼，寓教育于各种有意义的活动之中。对于坚持革命原则，勇于同歪风邪气作斗争，积极工作的同志，要给予支持和表扬；对于极少数严重违纪的职工，由行政给予应得的纪律处分。

5. 逐步建立政治工作会议制度，定期研究、部署思想政治工作任务。党小组、行政和工会的组长，以及党、团员要成为做思想工作的骨干。

第三十一条 加强政工队伍的思想建设和组织建设。政治工作是一门专业。党组织要重视政工干部的选拔和培养，关心他们的思想、工作和学习，教育他们充分认识自己担负的重要责任，振奋精神，努力学习，积极工作，提高他们的政治水平和业务能力，帮助他们解决实际工作中的问题。政治工作干部，要模范执行党的方针政策，遵守纪律，做职工群众的表率。

第三十二条 关心职工生活，支持和督促行政、工会根据条件认真解决职工的住房、托儿、食堂、劳动保护、女工保健等各种实际问题，使职工减少后顾之忧，安心工作。同时要教育职工懂得努力发展生产才能逐步改善生活的道理，体谅国家和企业的困难。

第七章 对工会、共青团的领导

第三十三条 工会是党领导的工人阶级自愿结合的群众组织，企业基层工会委员会承担职工代表大会工作机构的任务。党组织要加强对工会的领导，配备好工会干部，经常了解他们的工作情况，讨论和研究工会工作中的重大问题，支持工会独立负责地去开展工作，究、充分发挥工会组织的作用。

第三十四条 共青团是党领导的先进青年的群众组织，是先进青年在实践中学习共产主义的学校。党组织要加强对共青团的领导，选拔优秀青年干部做团的工作，支持团组织根据青年的特点开展各项活动，充分发挥共青团党的助手作用和在新长征中的突击队作用。

第八章 工作方法和工作作风

第三十五条 坚持实事求是，一切从实际出发。要结合企业的实际情况，贯彻党的方针政策和上级指示；要经常调查研究，注意总结经验，不断发现新情况，解决新问题；要如实反映情况，反对弄虚作假。

第三十六条 把一般号召和具体指导紧密结合起来。对企业中的重大问题，既要提出切实可行的主张和办法，发动大家去干，又要深入店堂、车间，进行试点，以点带面，推动全盘。

第三十七条 坚持群众路线，充分发扬民主，全心全意依靠职工群众办好企业。企业管理机关要为第一线服务。干部要经常深入群众，参加集体生产劳动。发动群众开展社会主义劳动竞赛和合理化建议活动。定期召开居民群众代表会或消费者座谈会，宣传党的财经政策，听取群众意见，克服“官商”作风，不断改善服务态度，提高服务质量。农村供销社定期召开社员代表会和监督委员会，征询意见，接受监督检查，不断改进工作。

第三十八条 振奋革命精神，发扬艰苦奋斗的优良传统和作风。各级领导干部要敢于负责，大胆工作，认真克服官僚主义，提高工作效率，切实解决实际问题。要廉洁奉公，与群众同甘共苦，不开“后门”，不走“后门”，不搞特殊化，坚决抵制各种不良倾向，勤勤恳恳地办好企业。

本条例适用于商业、服务、饮食、供销、粮食、银行、外贸企业。小型商办工厂执行本条例，大型商办工厂可参照执行《中国共产党工业企业基层组织工作暂行条例》。

附录 6

国务院关于对现有企业有重点有步骤地进行技术改造的决定

（国发〔1982〕15 号　1982 年 1 月 18 日）

建国以来，经过全国各族人民的努力，我国已建立起一个独立的、比较完整的工业体系和国民经济体系。国营工业交通企业拥有四千多亿元的固定资产，一部分技术设备是比较先进的，为实现四个现代化奠定了比较雄厚的物质技术基础。

但是，长期以来，我们在生产建设中偏重于建设新企业，忽视已建成企业的技术改造。设备老化，技术陈旧，计量测试条件差，产品落后的状况相当严重。这对实现社会主义现代化事业极为不利。对现有企业有重点、有步骤地进行技术改造已成为发展我国国民经济的一项迫切任务。为此，国务院特作如下决定。

（一）改变过去以新建企业作为扩大再生产主要手段的作法，实行以技术改造作为扩大再生产主要手段的方针。在我国奠定工业化基础的时期，扩大再生产主要依靠新建企业是必要的。现在，我们已经有了四十万个工业交通企业，今后的扩大再生产，主要应该依靠技术改造，充分发挥现有企业的作用。由于过去我们对现有企业偏重要求提高产量，增加产值，使企业不愿意积极进行技术改造，甚至把技术改造的资金也用于单纯扩大生产能力。只有迅速改变这种状况，真正在发挥现有企业的作用上下功夫，充分调动企业对技术改造的积极性，才能摆脱过去那种花钱多、效果差的老路，走投资省、见效快、经济效益高的新路。对现有企业进行技术改造，既能改变当前重工业任务不足的状况，使我国经济的发展保持一定的速度，并增加新的生产能力；又能使我国生产技术达到一个新的水平，为今后国民经济的现代化创造条件，积蓄力量。这是争取我国财政经济状况根本好转，促进现有企业的现代化，把整个国民经济逐步转移到新的技术基础上来，发展我国经济的一项战略措施。各级干部和广大职工对此必须有充分的认识，共同努力，实现我国经济发展的这一战略转变。

（二）技术改造必须从我国实际情况出发，走自己的路。根据我国人力资源丰富、资金不足和技术落后等具体情况，应该采用适合我国资源条件、科技水平和管理水平，又能带来良好经济效益的先进技术，不能统统要求最新技术，片面求洋、求新。我们采用适合我国具体情况的先进技术，并不是一概排斥最新技术，使我国的技术水平永远落在工业先进国家之后。应该根据需要与可能，在某些部门、某些企业、某些技术领域，采用一定数量的最新技术，以带动整个技术水平的提高。我们要制定符合我国国情的技术装备政策。

（三）技术改造要以提高社会经济效益为目标，不仅要考虑本企业、本行业、本部门的效益，而且主要应当考虑国民经济全局的效益。要坚决改变那种追求形式，不讲实效的做法。当前的技术改造要从以下几个方面进行：（1）节约能源，节约原材料，降低消耗，降低生产成本；（2）改革产品结构，使产品升级换代，提高性能和质量，满足国内外市场的需要；（3）合理地利用资源，提高综合利用水平。此外，还要注意促进安全生产，改进环境保护，减轻繁重体力劳动。

设备更新，包括生产设备、工艺装备和计量测试手段的更新，是技术改造的一项重要内容。应根据需要和可能，量力而行，讲求实效。一般来说，凡属下列情况的设备，应该优先予以更新：（1）损耗严重和性能、精度已不能满足工艺要求，造成严重不利的技术经济后果的；（2）大修在经济上不如更新合算的；（3）两三年之内浪费能源和原材料的价值，超过购置新设备费用的。设备是否需要更新，不仅仅是根据设备的新旧程度或役龄长短，而主要应看经济效果，认真进行经济技术评价。设备更新不是原样翻版，而要尽可能用先进的设备代替原有的落后设备。

工艺落后，是产品质量低、性能差、消耗高的一个重要原因。各企业要根据自己的具体情况和可能的条件，采用经过鉴定、行之有效的新的工艺方法和工艺流程，生产优质产品，降低能源和原材料消耗。

要维修改造厂房建筑和公用工程。采取必要措施加固、翻修危险厂房建筑，并按照工艺、设备和荷重等级等要求，对厂房进行局部的改造，根据工艺流程调整工艺布局。

（四）技术改造要不断用新技术改造落后技术。为此，必须充分发挥科学技术的重要作用，加强研究、设计工作，用质量高、性能好、寿命长、消耗低的新产品及时替换过时产品。必须组织好科学技术从实验室向生产的转移，单纯军用向军民兼用转移，沿海向内地转移，国外向国内转移。

科研、设计和科技情报单位要把力量组织起来，努力为企业的技术改造服务。工业部门的科研、设计单位，要把企业的技术改造作为自己的主要任务。设备制造部门和使用部门的技术力量应当紧密配合，协调一致，搞好新产品设计、试制和采用新技术、新工艺、新材料等工作。重大的技术改造课题要组织攻关。为企业技术改造服务成绩卓著者，应给予精神和物质奖励。

（五）要从我国技术改造的迫切需要出发，积极利用外资，引进适合我国情况的先进技术和自己还不能制造的某些关键设备、仪器仪表，包括少量局部生产过程的系列设备。要做好引进技术的掌握、消化、发展工作。尽量少引进甚至不引进成套设备。引进技术，切记不要重复引进，引进技术后，自己能制造的设备，就不要再引进，以保护我国工业的发展。上海、天津等地采取中外合资经营、合作生产、合作开发、补偿贸易、对外加工装配等办法，引进一些先进技术，改造中小企业，取得良好效果。这些经验应该推广。

（六）技术改造是一项长期任务，必须全面规划，有重点、有步骤地进行，要防止不做调查研究，不讲经济效果，一哄而起，盲目上马的偏向。现有企业的技术改造，要和新建企业统一考虑，一并纳入国家计划。

当前企业的技术改造，应当同经济调整、工业改组和企业整顿结合起来，同充分发挥现有设备的潜力结合起来。选择技术改造的重点，要服从经济调整的全局，有利于解决国民经济中最迫切的问题。因此，要首先选择那些对国计民生影响大的、有现实可能的、花钱少见效快的项目作为重点。要把节约和开发能源的技术设备的更新改造，轻纺工业技术设备的更新改造，交通运输和邮电技术设备的更新改造，放在重要地位。机械工业以及相应的金属材料工业的技术改造，应该先行一步，以便及时给其它部门供应先进的技术装备。要集中力量抓好工业发达的中心城市和一批骨干企业的技术改造。

技术改造的规划应该是多层次的，既有全国的，也有地区的、行业的和企业的。技术改造规划中应该明确规定改什么，怎么改法。技术改造应成为国家和各级计划的重要组成部分。重大的技术改造项目，必须做可行性研究，方可列入计划。

总体规划应该包括：涉及国民经济全局的重大技术改造项目；重大基础设施的技术改造项目；主要部门、主要行业和重点企业技术改造任务的协调和衔接；资金、物资和技术力量的综合平衡等。

行业规划，要根据总体规划和工业改组的要求制订。包括：本行业的技术发展方向和改造的重点项目，重点企业的技术改造等。要使技术改造促进专业化协作的发展，并处理好完成当前生产任务和技术改造的关系。准备关停并转的企业，不准擅自进行技术改造。

技术改造要从国民经济全局着眼，从中心城市或工业基地着手。中心城市的技术改造规划，要在总体规划和行业规划的指导下制订，把条条块块结合起来，具体安排重点企业和重点项目，协调各方面的关系，并把技术改造同城市的改造和发展结合起来。

中心城市和各行业的领导机关要选择几个重点企业和重点项目，亲自抓起来，搞好技术改造的规划并组织实施，以取得经验。

企业规划要按照中心城市规划的具体要求，在企业整顿的基础上制订。要选好重点，抓住关键。企业技术改造规划，必须发动广大职工认真讨论，形成方案，经主管部门批准后实施。

（七）若干具体措施

（1）关于资金的筹集和使用。

国家应该逐步地提高固定资产投资中用于原有企业技术改造部分的比重。目前国家的基本建设投资基本上用于在建的成套引进项目，难以很快提高这个比重，国家在财政上又有困难，因此，要充分利用企业、地方和部门的自有资金，包括折旧基金、大修理费、企业利润留成中的生产发展基金，以及国家预算拨款、银行贷款和外资等等。规定用于技术改造的资金，不得挪作他用。银行要通过合理的利率集中资金，用于技术改造，并监督技术改造资金的使用方向和经济效果。要管好用好国家财政拨付的技术改造资金。

为了促进现有企业的技术改造，可以选择少数产品，例如节能的新锅炉、新汽车等，试行“一条龙”的办法，把研究、设计、试制、生产的资金和使用单位购买这些设备的资金，包括拨款和贷款，统一交由生产主管部门统筹安排，以保证生产单位的新产品能够及时销售出去，使用单位的设备能够及时更新。

（2）关于折旧率。

折旧率太低不利于设备更新和技术改造，应该创造条件，逐步提高折旧率。折旧基金原则上应该全部由企业支配，但是，目前我国财政情况不允许普遍地提高折旧率，国家有计划地集中一部分折旧基金调剂使用，有利于重点企业的技术改造，便于安排某些投资较多，技术改造周期较长，地方和企业没有积极性，而从全局看又必须搞的重要技术改造项目。因此，现行折旧基金管理办法目前不宜轻易作大的变动。对于确实难以维持简单再生产的行业和企业，可以个别地调整折旧率或留成比例。有关部门要通过调查研究，按行业拟订比较符合实际情况的折旧率和折旧管理办法，经国务院批准后实行。

（3）关于新产品试制费。

企业必须通过技术改造，有计划地研制新产品，使产品不断地升级换代。新产品试制费可以分批摊入老产品的成本，试制新产品必须经过技术经济论证，选择把握比较大、效果比较好的成熟技术。有关部门要制订具体规定，既要保证新产品试制费有来源，又要防止盲目试制。

为了鼓励企业进行技术改造，不断生产新产品，要根据优质优价的原则，合理规定新产品价格。在税收和信贷方面，也应给予适当的优待。

（4）关于培训技术队伍。

要加强职工的技术培训，通过灵活多样的教学形式，提高各类人员的技术知识和操作技能。要充分发挥专业技术队伍的作用，用非所学的要归队。同时，要适应技术改造的要求，提高各级管理人员的业务水平。

（5）关于发动群众提合理化建议。

要重视过去行之有效的经验，广泛发动职工讨论本企业技术改造的规划，经常组织群众提合理化建议。要做好接收、审查、采纳、实施合理化建议的工作，抓紧实行那些花钱不多、效果明显的小改小革。

(6) 技术改造资金作为固定资产投资的一个重要组成部分，在各级计划中应开列户头，所需的设备和材料，要分别纳入各级的物资分配计划，切实保证供应。

(7) 关于制订废旧设备的处理办法。

目前对废旧设备的处理无章可循，相当混乱，不利于企业技术改造。设备的修复、改装、转让、退役报废等都要从经济效果上考虑，制订出一套办法。转让下放设备一般应予以禁止。要制订合理的废钢价格和运费负担办法，鼓励废旧设备回炉炼钢。

(八) 要加强对技术改造的领导。技术改造是涉及国民经济各部门和各企业的大事，各级政府必须切实加强领导，列入重要议程。技术改造牵动面广，必须统筹兼顾，加强协调，协同动作。要制定有关法规和审批程序，认真贯彻执行，加强检查监督。要认真进行调查研究，不断发现新情况，解决新问题，总结新经验。技术改造工作由各级计委、经委统一管理。

国务院相信，各地区、各部门、各行业在进一步做好调整、改革、整顿、提高的工作中，一定能够把技术改造扎扎实实地推向前进，有条不紊地把我国国民经济转移到新的物质技术基础上来，尽快地迎来经济振兴的新时期。

附录 7

国务院颁发关于解决企业社会负担过重问题的若干规定的通知

(国发〔1982〕133 号　1982 年 10 月 27 日)

当前，许多单位以各种名目向企业摊派费用、索取物资的情况越来越多，造成企业负担过重，严重影响了企业的经济核算和正常生产，侵占了企业应当上缴国家财政的利润。为了解决企业负担过重问题，国务院制定了《关于解决企业社会负担过重问题的若干规定》，请各地区、各部门认真贯彻执行。

解决企业负担过重问题，是一项涉及面广而又艰巨复杂的工作，各地区、各部门一定要高度重视，加强领导，组织有关单位对企业负担的各种收费项目和摊派人员、物资等问题进行一次认真的整顿，切实落实各项规定，及时研究解决存在的问题，把这项工作做好，以促进企业实行严格的经济核算，不断提高经济效益，增加资金积累，为加快四化建设作出贡献。

国务院关于解决企业社会负担过重问题的若干规定

(一九八二年十月二十七日)

企业是从事生产经营活动的独立核算的具有法人地位的经济实体，应抓住技术进步这个环节，努力改善经营管理，生产物美价廉产品，按规定缴纳税金和上交利润，在各方面受国家法律的保护。

当前，许多单位加给企业的社会负担名目繁多，使企业负担过重，严重地影响了企业的经济核算和正常生产，侵占了企业应当上交各级财政的利润，许多地区和企业迫切要求采取有力措施加以解决。今后随着经济管理体制的改革，在安排年度和长远计划中，对城市、矿区、林区各项建设事业要进行综合平衡，统筹解决。根据当前实际情况，为了适当解决企业社会负担过重问题，特作以下规定：

一、对国家或中央主管部门有明文规定的收费，要根据减轻企业社会负担的精神，研究改进原有规定，有的要制定统一办法。

1. 财产保险问题。财产保险要坚持自愿原则，不准搞变相强制保险。在当前国家财政困难的情况下，保险公司对保险基金的积累要注意控制，应适当降低企业财产保险的保险费率，以减轻企业的经济负担。

2. 排污收费问题。国务院已正式批准国务院原环境保护办公室和财政部拟订的收费办法和标准，各地都要按新的统一办法逐步实行。收取的排污费应按规定将大部分返还给企业用于治理污染，小部分用于综合治理项目，不得挪作他用。

3. 公路养路费问题。各地要认真按照国务院批转国家计委、交通部、财政部《关于整顿公路养路费征收标准的报告》（国发〔1978〕158 号）以及国家计委、交通部、财政部、人民银行一九七九、一九八一年的两次联合通知的规定征收。今后需要提高收费标准的，需报请国家计委、财政部、交通部从严审查批准。各地对公路养路费的使用，要切实加强管理，严格控制使用范围，防止挪用和浪费，以保证公路养护的需要。除了执行上述规定外，对不出厂区的汽车，交通部门要免收养路费。对未交养路费而上公路行驶的车辆，要处以罚款。

4. 人防工程费用问题。人防工程建设当前主要搞好已开挖工程的维护，原则上不开新工程。人防公用工程的维护，原则上动员城镇职工参加义务劳动，按城镇职工总数的百分之一至百分之二掌握。企业抽调参加人防施工义务劳动人员的工资、福利、劳动用品、零星工具等四项费用，由原单位负责。但人防部门不得以任何名义向企业收取代工费或摊派资金。

5. 人民银行手续费问题。鉴于人民银行实行企业经营，从一九八一年起办理结算业务收取手续费，为了减轻企业负担，银行可适当降低结算贷款利率。

6. 教育经费问题。企业已办的中小学，除企业加强领导外，各级政府的教育部门，要加强统一领导和管理，提高教育水平和教学质量，使学生在德、智、体方面得到全面发展。由于向企业摊派教育经费的问题比较复杂，由教育部会同有关部门迅速进行调查并提出解决意见。在没有解决以前，学校不得采取各种形式拒收职工子弟入学。

二、对城市维护和建设方面的开支，国家已安排了专项基金，包括国家预算拨款，工商税附加，公用事业附加和八十四个城市（截止一九八二年十月份已经批准的）试行的从工商利润中计提百分之五作为城市维护和建设的资金。各地财政部门、城建部门要按照中央和国务院的规定，切实把现有的城市维护和建设资金用好、管好，充分发挥现有资金的作用，不准挪作他用。属于不合理的摊派，都应整顿、取消。为了解决多年欠帐问题，除了国家有计划安排外，省、市、自治区的基本建设投资和机动财力应有计划地安排一部分用于城市建设。

城市住宅建设的区内配套项目，由国家计委、城乡建设环境保护部研究具体办法，进一步规定合理的统一分担标准，报国务院批准，以保证城市新建住宅能够及时交付使用，发挥投资效益。

企业占用土地的作价，严格按照国家的统一规定执行。不得任意加价和索要财物。

三、对于向企业收取的回扣，及其它不合理摊派，应予取消。

1. 国务院关于制止商品流通中不正之风的通知（国发〔1981〕114 号）已明确规定："一切社会主义的企事业单位、经济单位之间的购销活动，一律禁止提取回扣"。各地区、各部门应当认真遵照执行。中转物资的收费应按国家计委〔73〕计物字第 73 号和一九八一年国家物价总局〔81〕价字 103 号规定执行。如进行调整，需按规定报经批准。

2. 企业主管部门和其它部门的各项未经财政部门批准的不合理摊派，如会议费、去国外学习参观费、办报费和向企业提取专项基金、长期借调企业人员、无偿调用企业物资、修建文化卫生机构的摊派，以及学会、协会过高的不合理收费、公安部门的办案费等，应予取消。

3. 需要在企业增设商业售货点时，除房屋由企业与商业部门协商解决外，不得向企业摊派资金（补贴）、人员和运输工具等。

四、为了减轻和控制企业的社会负担，各地区、各部门要结合企业的整顿工作，在今年内对企业负担的各种收费项目进行一次认真的清理和整顿。各省、市、自治区以经委和财政厅（局）为主，工业主管部门积极配合，做好这项工作。除本文已提到的收费项目要清理整顿外，对其他收费项目也要进行整顿。对于国家或省、市、自治区人民政府有收费规定的，严格按规定收费，不得任意提高收费标准；对于一时不能取消的收费项目，要研究妥善办法加以改进，在一、二年内，逐步解决；一切不合理的收费要予以取消。各地对于部门之间出现的不一致的看法或纠纷，要报省、市、自治区经委和财政厅（局），经过协商提出解决意见，报人民政府裁决。今后各级人民政府对企业负担过重问题要定期进行检查，严格管理。

五、今后中央部门规定对企业收费或增加企业负担时，须经国家经委、财政部审查同意，并报国务院批准。各地的规定，必须经过省、市、自治区经委和财政厅（局）审查同意，并报请省、市、自治区人民政府批准。

六、企业对于未经国务院和省、市、自治区人民政府批准的各项摊派，有权拒付。对于已按规定收费而不按规定为企业办事的，或因企业拒付不合理的摊派而对企业进行要挟、刁难的，企业有权提出控告。

抓好生产、提高效益、搞好整顿，加强企业思想政治工作*

——在全国工业交通工作会议上的讲话

（1982年2月20日）

同志们：

国务院召开的这次全国工业交通工作会议，根据国务院领导同志的意见，主要任务是围绕着提高经济效益，研究解决搞好今年工业生产和交通运输工作的几个关键问题，保证全面完成国家计划。现在，我受国务院的委托，就去年的情况和今年要着重抓好的几项工作讲一些意见。供大家讨论。

一

1981年，工业交通战线认真贯彻执行中央关于在经济上实行进一步调整、政治上实现进一步安定的重大决策，在调整中稳步前进，总的形势是好的。主要表现如下。

（1）工业交通生产在调整中保持了一定的增长速度，形势一季比一季好。全年工业总产值比上年增长4%，超额完成了国家计划。在产品结构、工业结构发生较大变化的情况下，工业上缴利润和税金也相应地发生了变化，利润减少，税金增加，两者合计，仍然接近1980年的水平，占全国财政收入的85.6%，为实现国家财政收支基本平衡做出了贡献。

（2）工业调整取得了新的进展。轻工业生产在前两年大幅度增长的基础上，增长速度仍然达到了13.6%，花色品种有较多增加，丰富了城乡市场。重工业生产，围绕发展消费品、支援农业、增加出口，扩大服务领域，扭转了生产大幅度下降的情况，

---

* 本文和下一篇文章是袁宝华同志1982年2月20日、3月3日在天津召开的全国工业交通工作会议上的工作报告和总结讲话，标题为编者所加。原文首发于《袁宝华文集（第一卷）》（企业管理出版社，1999，第277~280页）及《袁宝华文集（第二卷）》（中国人民大学出版社，2013，第134~155页）。

四季度生产开始有所回升。能源的生产和节约也取得了成绩。轻重工业比例关系继续向合理的方向发展。

（3）在调整中进行了必要的改革。在扩大企业自主权的基础上，从落实财政任务入手，推行了工业经济责任制，把工人的利益同企业的经营成果挂起钩来，进一步调动了企业和职工的积极性，对挖掘企业潜力，提高经营管理水平起了推动作用，涌现了一批像首钢那样的好企业。同时，围绕着资源综合利用和生产名牌产品，工业改组和企业联合也取得了进展。

（4）经营管理搞得比较活了。各地区、各部门在加强行政管理的同时，开始注意运用经济办法来推动生产的发展。这几年，我们在发展消费品生产、扶植二轻集体所有制企业、在国家计划指导下发挥市场调节的辅助作用、开展地区之间的经济协作以及发展对外经济技术联系等方面，初步总结和制定了若干行之有效的经济政策与措施，使整个工业生产逐步活跃起来。

（5）加强了生产的组织和调度工作。在能源生产没有什么增加、运输能力严重不足的情况下，各地区、各部门都做了大量的工作，使工业交通生产计划能够顺利执行。交通运输部门保证了煤炭、外贸和其他重点物资的运输，扭转了港口压船压货的严重局面，迅速修通了遭到洪水严重破坏的西南、西北主要铁路干线。多次遭受洪水袭击的四川，工业生产不仅没有下降，反而有所增长；缺水严重的天津，工业生产取得了全年增长 6.3%的好成绩。

上述成绩的取得，是广大职工辛勤劳动、艰苦奋斗的结果，是各经济部门大力协同、密切配合的结果，特别是各省、自治区、直辖市党委和政府加强对工业交通工作领导的结果。

总的来说，去年的成绩是很大的，工作也比过去做得扎实一些。但是，从工业交通生产要走上新路子的要求来看，经济效益差仍然是一个突出的问题。

（1）部分产品积压过多，流动资金占用量增加。涤纶混纺布，1981 年末商业部门库存达到 18 亿米，比年初增加了 8 亿米。钢材，去年计划利用库存 300 万吨，结果库存不但没有减少，反而增加了 100 万吨，达到 2060 万吨。全国国营工业企业每百元产值占用的流动资金为 31.3 元，比上年增加 0.9 元。

（2）一些产品质量不稳定，有的甚至下降。据 12 个工业部门对 54 项产品的考核，1981 年达到或超过历史最好水平的只有 29 项，占 53.7%，比 1980 年还少了 2 项。轻纺产品质量出现波动和下降的多一些，特别是一些名牌产品和畅销产品的质量不够稳定。交通运输货损货差也比较严重。

（3）能源单耗高的情况还没有明显好转。在节能总量中，属于工业结构、产品结构变化而少用能源的占 80%左右；属于降低单耗的只占 20%左右。

（4）可比产品成本上升，亏损企业增加。可比产品总成本，比上年增加 15 亿元，上升1%。亏损企业由1980年的9660家增加到11924家；亏损面由上年的22.4%上升到27.1%；亏损额为43亿元，比上年增加11亿多元。

这些问题是从全国的综合情况来说的，实际上在地区、行业和企业之间差别比较大，发展很不平衡，当然，有的比过去是有提高和改进的。但是，正像前面讲的，经济效益差仍然是一个突出的问题。

经济效益不高，原因是多方面的，情况比较复杂。有的是过去“左”的指导思想带来的后果还没有完全消除，有的是在调整过程中暂时难以避免的问题，有的是企业经营管理不善造成的，有的则是我们组织领导方面的责任。这都是前进中的问题。希望在这次会上，各地区、各部门结合自己的实际，共同分析造成经济效益不高的原因，着重找一下主观方面的原因。今年，我们必须把提高经济效益作为工作的根本出发点。切实采取有力措施，使工业生产和交通运输在这方面有一个显著的变化。

二

今年的工业生产和交通运输工作，各地区、各部门都已经按照省、区、市第一书记座谈会精神做了具体部署。现在，大政方针已经定了，关键是狠抓落实，保持政策的连续性和稳定性，扎扎实实地实现今年“保四争五”的目标。今年要突出抓好以下三项工作。

（一）生产的增长要真正建立在提高质量、增加品种、降低成本、适销对路的基础上

千方百计提高经济效益，这是发展消费品生产，调整重工业服务方向，组织交通运输工作的核心问题。今年能不能搞一个没有水分或者水分很少的速度，使我们的指导思想和工作有一个根本的转变，这是摆在我们面前迫切需要解决的重要课题。现在，不少企业忽视社会需要，片面地追求产值和利润、一边生产一边积压，搞了不少无效劳动。我们必须严格按照国家计划组织生产，按国家计划调拨产品。要坚持速度与效益统一、数量与质量统一，在提高产品质量、增加花色品种、降低成本、产品适销对路的前提下增加产量，讲求生产的有效性。凡预测不准、计划不当的、要根据社会需求情况及时调整计划；产值、利润计划和经济效益发生矛盾的时候，要服从经济效益。

1. 大力增产适销对路的产品

根据城乡购买力的增长和人民群众需求的变化，使耐用消费品、纺织品、服装、食品饮料、小商品、中小农具、日用化工、民用家具、文体保健用品以及少数民族和旅游特需用品的生产，在数量上有较大增长，质量上有明显提高，花色品种上有显著增加。特别是要增产名牌、畅销产品和农村需要的生产资料与消费品。继续调整重工

业服务方向，为农业、轻工业、现有企业技术改造，提供更多适用的原料、材料和性能好的设备。根据国际市场需求，积极增加出口产品的生产。

2. 坚决把长线产品的生产指标调减下来

涤纶混纺布今年生产计划安排32亿米，产销平衡初步估计多6亿米；从1月的生产势头来看，如果不采取果断措施，把生产计划调下来，今年可能生产超过37亿米，积压将继续增加。国家计委、国家经委、纺织部、财政部、商业部共同提出了一个调减涤纶混纺布生产计划和相应增产纯棉布的方案，已在纺织部召开的厅局长会议上做了初步落实，希望各地切实贯彻执行。生产计划调整后，同时调整财政上缴任务。生产计划调减下来，还要积极提高产品质量、增加花色品种、疏通流通渠道，打开销路。电视机、收音机、手表、电风扇、洗衣机等耐用消费品，各地要按照全国日用机电产品规划定点方案，进行一次认真的检查，加以调整和整顿，质量不好、粗制滥造的要限产、停产。今后生产这一类产品，应执行统一税率，不能使那些落后企业从减免税收中得到好处。

3. 打破地区之间的互相封锁，保护正当的竞争

现在地区之间经济封锁很厉害，有的限制外地产品入境，有的不准本地企业到外地采购，人为地割断了地区之间正常的经济联系，使一些质量好、效率高、耗能低的产品，不能货畅其流；而那些质量差、消耗高、技术落后的产品，在地区保护政策下照常生产，严重阻碍全社会经济效益的提高和技术的进步。这些做法，实际上是经济生活中的一种不正之风。必须维护全国统一市场，保护正当的竞争，不能滥用行政手段，画地为牢，以落后挤先进。各地区应当认真清理一下，凡是带有地区封锁性质的规定，应当停止执行。国务院准备就这个问题发一个文件，我们已经拟了一个草稿。请大家讨论修改。

4. 开展技术协作，搞好技术转让

近几年来，企业之间实行技术封锁的情况也是很突出的，使某些具有较大经济价值的新技术、新工艺不能迅速推广。解决这方面的问题，主要是发扬社会主义协作精神，打破技术垄断；同时，还应当采取一些经济办法，给转让技术的单位一定的报酬，使先进的科技成果能在更大范围内应用于生产，减少和避免重复研制，盲目仿造，以节省人力、物力和财力。在科研设计单位之间、工厂之间，按照自愿、互利、协作的原则，签订科技成果转让和技术服务合同，明确规定双方承担的义务和技术经济责任、转让成果的费用和支付办法、工作的进度和要求，以及赔偿经济损失等。我们起草了《关于技术协作和技术转让的暂行规定》草稿，请大家讨论修改。

5. 围绕技术攻关，加强科研与生产的结合

技术攻关可以分国家、部门、地方三个层次加以组织，国家一级由国家科委、计委、经委负责。这项工作上半年就要行动起来。一是要以增产节约能源、提高产品质量和性

能、提高运输效率、降低消耗为重点，选择一批具有重大经济价值的新技术、新工艺、新产品、新材料，制订出各级的攻关计划。国家重点掌握的攻关项目，经与各有关部门协商初步选定20项。二是按项目组织协调小组，负责制订计划，督促检查。技术攻关，要从研究、设计、试制直到工业生产一贯到底，切实抓出成效。所需物资、资金，要按现有渠道优先安排。基层单位组织技术攻关，有关的科研单位、大专院校与生产企业可以采取合同制，开展技术联营，可以组成科研、生产联合体等多种组织形式。

6. 对消耗高、质量差、产品不对路的企业，继续进行关停并转

国务院体制改革办公室已经起草了一个文件，准备在这次会上讨论。对社队企业，也要根据调整和整顿的要求，积极加以引导，加强管理。对于从事养殖、种植、采集和直接为农业生产服务的企业，要继续加以扶植；对于农副产品加工企业，根据情况，区别对待；对于生产耐用消费品和同大工业争原料的加工企业，要同城镇集体所有制工业企业实行统一税率。财政部起草了一个文件，也准备印发会议征求意见。

7. 加快资金周转，减少流动资金占用量

要处理好老的积压，避免新的积压。要求今年流动资金占用量减少2%~3%，钢材库存压缩5%，机电产品库存压缩3%。对1980年底以前超储积压的钢材和机电产品要积极处理。凡性能很差、能耗很高、技术很落后的机电产品，要报废处理；还可以使用的，按国务院1981年70号文件的规定降价处理。

8. 充分发挥省、区、市工商协调领导小组的作用

要坚持这几年把经济搞活的各项行之有效的政策，把工、商、财、贸、银行、物价等部门组织起来，协调各方面的关系，解决品种、质量、价格、税收、利润等方面的矛盾。要按年、按季落实国家计划，搞好产、供、销、运的衔接与平衡。

为了互通情况，促进地区、行业和重点企业之间的比学赶帮，从今年开始，定期检查通报主要经济效益指标的执行情况。对省、区、市，主要是通报能源消耗指标、主要产品质量和可比成本、期末产品库存、流动资金周转天数、市场销售情况、出口商品履约率以及产值、利润和税金等。一个季度公布一次，按经济效益高低排列名次。行业和重点企业的检查、通报内容，由主管部门确定，也要定期通报。

（二）从提高综合经济效益出发，安排好能源的生产、节约和煤炭的调拨运输

能源的生产、节约和煤炭的调拨运输，是完成今年国家计划、提高综合经济效益的重要保证。今年一次能源生产计划折合标准煤为6.254亿吨，比去年实际减少200万吨；煤炭社会库存量比去年年初减少1000万吨；西北地区和山西省矿存煤炭比较多，运不出来。另外，今年增加出口石油200万吨，煤炭70万吨。产、供、运之间矛盾比较突出。为了缓和这一情况，解决的办法如下。

1. 按计划均衡生产和调运

运输条件比较好的煤矿要力争增产；运输条件困难的煤矿，只能以运定产，避免

造成新的积压。煤炭的调拨、运输要保重点。总的要坚持先完成计划内的任务，优先保证重点单位的需要，按运输计划首先发运发电、机车、城市人民生活用煤和保证完成国家批准的煤炭出口计划。对通过铁路限制区段的煤炭，要按月度运输计划，每日均衡发运。产煤省只有在保证完成调出计划的前提下，才能与其他省、区、市搞协作。协作煤实际上是国家计划的补充，有些也是国家计划中考虑了的，要尽量纳入铁路每月安排的运输计划，争取多运一些。

2. 电力供应，按省、区、市实行计划包干的办法

严格按计划均衡发电和供电，加强电网调度工作，严格调度纪律，不准超计划用电，确保电网安全经济运行。各省、区、市要在电网分配的用电指标内进行综合平衡，安排生产，不得超指标向下分配用电。在分配供电指标时，也要先保重点，兼顾一般。对生产同类产品的企业，要按照择优供电的原则，优先安排耗电少、质量好、成本低、产品适销对路的企业用电。对供电紧张、电价偏低的东北地区，应适当调高工业用电的价格，以促进企业节约用电。华东、京津唐地区应取消大工业优待电价。电力部已经拟订了个办法，这次会上要征求大家的意见。

3. 搞好地区能源平衡

能源供应紧张的华东、东北地区，土焦炉、小炼油厂、小电石厂、小铝厂、小铁厂、小铁合金厂要停下来。对耗能高的铁合金、电解铝、电石等产品，东北、华东地区今年的计划已经做了调整。铁合金产量准备在今年计划比 1981 年实际产量减少 23% 的基础上，再压缩 3 万吨，其中吉林厂 1.5 万吨，上海厂 1 万吨，地方小厂 5000 吨。同时要限制生铁、铁合金等耗能高的产品出口。在电力紧张的地区，一般不得用电炉生产普通钢，对耗电高的社队工业也应加以限制。缺煤地区，要积极扶植地方煤矿多产煤。

4. 加快运煤线路、港口的建设和改造，提高运煤能力

重点抓好山西煤炭外运通路的建设和改造，要加速邯（郸）长（治）铁路的配套工程，要求 7 月 1 日投入临时运营；加快丰（台）沙（城）大（同）铁路的电气化，建成石太线石家庄至阳泉间电气化工程，争取 7 月 1 日自动闭塞投产，增加通过能力；并抓紧进行津浦、胶济、陇海等铁路和秦皇岛八号码头、武汉港的技术改造，使之尽快发挥运输效益。在铁路限制区段采用双机牵引和超轴等措施，增大列车重量，提高货物通过量。港口要大力开展过驳作业，增开作业舱口，以扩大吞吐能力。同时，要求运输部门合理组织运输，搞好铁路、水路、公路联运，力争多完成一些煤炭等重点物资的运输任务。

5. 狠抓能源和用水的节约

去年国家经委、计委、能委提出的 58 条节能措施，要继续落实。今年节能 2000 万吨标准煤的任务，要尽快落实到企业。要降低能源单耗，按行业制定耗油、耗煤、耗电、用水的平均先进定额，按定额进行考核。要切实加强管理，搞好设备的维护保

养，堵塞“跑、冒、滴、漏”。各省、区、市特别是华北地区和辽宁、山东等地，必须像抓节能那样狠抓节约用水。要推广天津、大连、青岛、上海等城市节约用水的经验，实行工业用水的循环使用和回收利用，提高重复利用率；按计划限额供水；利用海水冷却；并且注意防止水源污染，治理“三废”（是对工矿企业排放的废气、废水、废渣等废物料的合称。“三废”是造成环境污染的主要污染源。治理“三废”是我国国策。通过“三废”治理，为人民创造优美适宜的生产和生活环境）和增加水源。对生活用水，要坚决取消包费制，普遍安装水表。

（三）有计划有步骤地分期分批地搞好企业的全面整顿

中央和国务院对整顿企业工作已经做了决定。这是为了进一步贯彻执行调整国民经济的方针，充分发挥现有企业的潜力，提高经济效益，促进国民经济状况根本好转的一个重大战略部署。我们要切实把这项工作抓好。这次会议，要具体部署和落实第一批企业的整顿工作。

1. 研究确定第一批整顿企业的名单

第一批整顿的企业，应当选择那些生产任务比较饱满，产品适销对路，管理比较有基础，对完成今年“保四争五”、保证财政上交任务关系重大的企业。工交各部门和地区要共同协商，尽快把第一批整顿企业的名单定下来，并把蹲点调查组负责人的名单定下来，报国务院备案。整顿企业要有责任制，地区、部门各负其责。国家经委、各工交部门和各地经委，都要指定专人抓这项工作。

2. 面上的企业要从自己的实际情况出发，主动搞好整顿，解决自己的问题

各级工业交通主管部门要按照革命化、年轻化、知识化、专业化的要求，认真抓好企业领导班子的整顿和建设。要表扬那些好的班子，介绍他们的先进思想和先进经验；对于那些实在不行的班子，要及时加以调整，尽可能采取把不适当的人加以调动的办法来解决；“三种人”（指“文化大革命”中追随林彪、江青反革命集团造反起家的人、帮派思想严重的人，以及打砸抢分子）不能进领导班子。所有企业都要认真贯彻《国营工业企业职工代表大会暂行条例》《国营工厂厂长工作暂行条例》和即将颁发的《中国共产党工业企业基层组织工作条例》，更好地体现党委集体领导、职工民主管理、厂长行政指挥的根本原则。

3. 无论是点上的企业还是面上的企业，都要把完善经济责任制作为整顿的一项重要内容

一定要把实行经济责任制和加强计划管理结合起来。不论采取哪种形式的责任制，都要把利润指标同质量、品种、产量、成本、消耗、安全、供货合同等指标联系起来，全面考核，防止企业单纯追求产值、利润，保证全面完成国家计划。

实行经济责任制还要同加强经营管理结合起来。在企业内部要建立各级领导人员

的责任制、职能人员的责任制和工人的岗位责任制；建立生产、技术和经济等各项管理制度，特别要加强定额管理和成本核算；把职工的利益同企业的经营成果挂起钩来，引导企业和职工更好地挖掘企业的内部潜力，提高经济效果，而不要去搞歪门邪道。

实行经济责任制一定要正确处理国家、集体和职工个人三者利益的关系。在我们国家现有的生产水平下，职工个人所得不能增加太多。今年的奖金总额，要稳定在1981年的水平上，企业内部可以在这个范围内进行合理分配。已经实行计件工资的要整顿，实行面不要再扩大。同时，要整顿劳动组织、劳动纪律和财经纪律。企业财务大检查要继续搞下去，有始有终。

要认真贯彻执行中央《紧急通知》，坚决打击经济领域中的犯罪活动，对查实的重大经济案件，要从严从快依法惩处。

4. 广泛深入地开展比、学、赶、帮、超的群众活动和社会主义劳动竞赛

要按照中央转发国家经委党组《关于工业学大庆问题的报告》的通知精神，大张旗鼓地表扬先进单位和先进人物，把学习先进的风气发动起来，向先进地区、先进单位、先进人物学习，向先进的科学技术和经营管理学习，积极开展同行业的对口学习。所有企业都要结合自己的实际情况，学先进，找差距，认真学习上海的先进技术和经营管理经验，学习大庆自力更生、艰苦创业的革命精神和其他先进单位的好经验。

关于职工培训问题，包括干部培训，已经专门开了会，希望认真落实。此外，结合整顿，还要抓好企业改组、联合和技术改造工作。

三

加强企业的思想政治工作，也是我们这次会议的一项重要议题。今年1月，国家经委请了部分省市的同志在天津开了一个座谈会，拟了一个《加强企业思想政治工作的若干意见》，为这次会议做了一些准备。希望各地区、各部门主管政治工作的同志集中几天时间专门议论一下这个问题。我们就是要根据中央的指示，今年要“两手抓”，在抓好物质文明建设的同时，抓好精神文明建设，使我们的党风、厂风有一个根本的转变。

1. 要坚持政治挂帅、思想领先的原则，把思想政治工作做到经济工作中去

要把做好思想政治工作同贯彻按劳分配原则结合起来。要教育职工坚持四项基本原则，振奋革命精神，树立爱党、爱国家、爱社会主义、爱企业、爱集体、爱本职工作的好思想，自觉做到个人利益服从集体利益，局部利益服从整体利益，眼前利益服从长远利益，为国家分担困难，多做贡献。还要把开展“五讲四美”活动作为企业思想政治工作的一项重要内容。全国总工会根据中央指示，起草了一个《职工守则》草稿，请大家讨论。

2. 要进行生动具体的经济形势教育，使党的路线、方针、政策变为广大职工的自觉行动

粉碎“四人帮”以后，特别是十一届三中全会以来，国家在经济还比较困难的情况下，为改善人民的生活做出了巨大的努力。不仅广大农民的生活有了不同程度的改善和提高，城市大部分职工也从提高工资、实行奖金制度、扩大住宅建设、增加劳动就业，以及国家采取的各种财政补贴中得到了实惠。由于这些情况没有及时向群众讲清楚，在一部分职工中有一股“无名之火”，这对安定团结和调动职工群众积极性是不利的。各地都要学习天津、辽宁等地的经验，领导干部亲自出面讲形势，引导群众用算细账的办法，使更多的人了解，我们国家的经济情况确有好转，人民生活水平确有提高，但我们的国家底子薄，生活水平不能一下提高太多，要懂得“一要吃饭，二要建设”的道理，只有发展生产才能逐步改善生活。要使老工人、老模范敢于讲话，把正气扶起来。希望新闻单位进一步加强经济形势教育方面的宣传报道。

3. 要加强对企业思想政治工作的领导

全党都要做思想政治工作，党团员要带头，要发挥工会、共青团和妇女组织的作用。思想政治工作要有战斗性，坚决克服软弱涣散的状况。领导干部要敢抓敢管、赏罚分明，对好人好事要及时表扬，对各种不良倾向要敢于批评，对一切违法乱纪行为要严肃处理。要纠正某些领导干部迁就少数人的落后意见，迎合他们的不正当要求，损害国家和集体利益的错误倾向。

为了加强对企业思想政治工作的领导，要稳定政工干部队伍，加强政治工作机构。机构怎么设置，请各省、区、市党委决定。

同志们！党中央指出，我们国家总的情况是一年比一年好，相信今年定比去年强。今年要成为大长志气的一年，奋发图强的一年，积极进取的一年，取得更大成就的一年。我们工业交通战线广大职工一定要坚决响应党中央的号召，把工作做得更好、更扎实、更有成效，为全面完成国家计划，努力提高经济效益，实现国民经济情况的根本好转，做出更大的贡献。

附文

在全国工业交通工作会议上的总结讲话

（1982 年 3 月 3 日）

同志们：

全国工业交通工作会议，从 2 月 20 日开始，到今天已经开了 12 天，就要结束了。现在我就会议讨论的几个问题，做总结发言。

这次会议，是在国务院直接领导下召开的。会前和会议中间，国务院常务会议听取了我们两次汇报，做了重要的指示。国务院总理还准备亲自到会讲话。这次会议，根据国务院领导同志的意见，围绕着提高经济效益，着重讨论了三个问题：一是今年怎样实现一个没有水分的增长速度；二是怎样使今年的能源生产、节约、调运和交通运输工作切实有所前进；三是怎样把企业整顿好。同时讨论了加强企业思想政治工作问题。经过大家共同的努力，完成了预定的任务，会议开得是好的。大家认为，这次会议比往年开得早，指导思想明确，重点突出，对全面完成国家计划，实现一个实实在在的、经济效益比较好的增长速度，将起到推进作用。下面讲五个问题。

一　关于提高经济效益问题

我们把提高经济效益，作为会议中心议题，进行了比较充分的讨论。大家认为，今年以来，政策比较稳定，职工精神状态比较好，计划下达得也比较早，各地对工业生产和交通运输工作都做了具体部署，生产保持了稳步增长的好势头。在这种情况下，国务院领导同志提醒我们，现在大家的劲头很大，今年的危险，不是速度问题，可能发生不注意经济效益的问题，产值不要层层加码，要压缩空气，但不能泄劲。这个意见针对性很强。把硬功夫下在提高经济效益上，这对全国工交战线从指导思想到具体工作实现根本性的转变，具有重要意义，这样抓下去，工业生产和交通运输工作将会出现一个新的局面。

在讨论中，大家对什么是经济效益，如何提高经济效益，发表了很多好的意见。大家认为，提高经济效益必须坚持以计划经济为主、市场调节为辅，从宏观经济的决策到微观经济的管理，从生产过程到流通过程，进行综合治理。没有宏观经济的正确决策，就不能把微观经济活动引上健康发展的轨道；没有微观经济的具体效益，提高宏观经济效益就失去了基础。两者发生矛盾，微观要服从宏观。大家认为，效益和速度是统一的，讲效益不能没有速度，关键是要实事求是，防止不讲实际效益，忽视质量、品种，片面追求产值。大家还认为，要强调全国一盘棋，局部服从全局，按计划和合同组织生产、调拨物资，加强宏观经济的集中统一；同时，还必须继续把微观经济搞活，坚持这几年行之有效的经济政策，不断总结完善，保持政策的连续性和稳定性。稳定政策，就是稳定人心，稳定生产秩序。这样才能稳步提高经济效益。

关于经济效益的概念和理论问题，可以继续研究和探讨。但是，这个问题是很具体、很现实的，不能停留在口头上，而要落脚到实际行动上。譬如，调减某些长线产品的生产指标，看起来将会对产值和利润产生影响，但实际上这些产品卖不掉，产值和利润也是空的。在目前管理体制、工业结构、价格体系不尽合理的情况下，如果效益和速度的关系摆得不正，处理不好，就容易出现只顾局部利益、不顾整体利益的问题。目前解决这个问题，还是要强调全局观念，加强行政干预，对那些明显不合理、不正当的积极性要干涉，要限制。要全面地提高经济效益，从全国来说，要在国家计划指导下，把工、农、商、交、财、贸、银行、科研等各方面组织起来，搞好统筹协调。从一个地区、一个部门来说，要自觉地服从全局利益，协调各方面的关系，发扬自己的优势，挖掘内部潜力，做好自身的工作。从一个企业来说，就是要用最少的消耗生产出更多的质量好、成本低、适销对路的产品。

组织今年的生产，实现全年“保四争五”的速度，一定要坚持振奋精神、实事求是的原则，做好产、供、销、运和能源的综合平衡工作，不要片面地追求产值，层层加码，而要把主要精力放到提高经济效益上来。

二　关于搞好当前生产需要解决的几个政策问题

根据提高经济效益的要求，针对当前存在的问题，会议讨论了调整涤纶混纺布生产指标、打破地区和部门经济封锁、开展技术协作和技术转让、组织技术攻关、实行计划包干用电、调整工业企业和社队企业实行统一税率等问题，都有专门的文件，准备根据大家的意见修改后，有的报请国务院审批，有的由有关部委下达。下面有几个问题，我再讲一下。

（一）调减涤纶混纺布生产指标问题

这次会上对调减6亿米涤纶混纺布、增产6亿米纯棉布分省、区、市的指标，经过讨论已经落实。希望各地坚决执行。国务院还将正式批转国家计委、经委、纺织部、财政部、商业部及人民银行的报告。各地在有能力时要多增产纯棉布。组织涤纶混纺布的生产，要注意多品种、小批量，这样做成本可能高一点，但综合经济效益是好的，对国家是有利的。

在调减生产任务指标的同时，还要在疏通销售渠道上下功夫，要加强市场预测，密切工商联系，使生产单位知道哪些品种畅销，哪些品种积压，哪些品种短缺，以便更好地安排生产。工业企业也要主动地了解市场变化情况，根据市场需求及时调整生产。

类似涤纶混纺布这种长线产品的盲目生产情况，在耐用消费品和某些机电产品中也存在，请主管部门和各地区加强市场预测，采取措施加以引导。

（二）打破经济封锁问题

现在地区之间、部门之间经济封锁的情况很严重，干扰经济调整工作的顺利进行，阻碍全社会经济效益的提高和技术的进步。不打破这种经济封锁，就会影响工业改组、企业联合和企业整顿的顺利进行。打破经济封锁，维护全国一盘棋，要采取强有力的行政手段。要讲真理，不要讲面子。今后，凡是按照国家标准生产的合格的产品，按照国家计划定点生产的产品，特别是机电产品、耐用消费品和医药品，在全国范围内销售，不准封锁；国家计划规定调出的工业品原料和农副产品，必须按照国家规定的价格，保质保量及时调出。凡是各地自行做出的不准外地产品入境、不准企业到外地采购的规定，应当停止执行。在坚持打破经济封锁的同时，还要坚决刹住流通领域中的不正之风，如果发现采取擅自降价、减免税收等不正当手段推销产品，以及哄抬物价、抢购套购物资的，要坚决制止，情节严重的要从严处理。对于边远省区能够生产、质量又是合格的产品，在生产任务的安排上应给予照顾：适合这些地区发展的工业要给予扶植，有些工厂还要帮助它们搞好技术改造。同时，还要打破技术封锁，发扬社会主义协作精神，沿海要支援内地，先进地区要帮助后进地区。派人去边远省区搞技术服务，索取过高报酬的做法应当纠正。

（三）社队企业实行统一税率问题

财政部代国务院起草的《关于调整农村社队企业工商税收负担的补充规定》，对于经济调整、引导社队企业健康发展是有好处的。经过讨论，将由财政部修改后报国务院批准下达。

（四）扶植二轻集体企业问题

二轻工业对发展日用消费品、中小农具、小商品，起着重要作用。这几年国家制定了一系列行之有效的政策，要继续贯彻执行。同时，要稳定二轻的管理机构，稳定职工队伍，并根据各地的实际情况，将二轻工业的产供销尽可能逐步纳入计划。北京、上海等地今年给集体企业分配了一些大学生，大家都很满意。今后大学生的分配，应该多给二轻一些。

会上我们提出一个定期公布各省、自治区、直辖市主要经济效果指标执行情况的办法，目的是为了互通情报，促进比、学、赶、帮，提高经济效益。根据大家的意见，先试行一段时间，在试行中进一步完善。

三　关于能源的生产、节约和煤炭运输问题

与会同志对能源问题都很关心，普遍反映能源供应很紧。今年只能按计划分配的能源指标来组织生产，电不能超发超用，煤和油不能“寅吃卯粮”，要从工业调整和节能上多想办法。各地都要贯彻执行国务院主要领导同志 2 月 22 日在电力部简报上的批示。有几个问题再强调一下。

（一）要建立煤炭的调运责任制

今年 1~2 月计划内的煤炭调运任务完成得不够好。凡欠发的应尽快补上。要克服煤炭调运中的不正之风。对行贿受贿、破坏国家煤炭调拨计划的要给予纪律处分。请煤炭部检查一下，向国务院写出报告。请煤炭部尽快恢复和健全煤炭调运组、站的制度，加强监运工作，保证按计划调运煤炭。

（二）落实地方煤矿的建设和改造资金问题

地方煤矿的建设和技术改造工作必须抓紧，国家准备在今年上半年安排 2.5 亿元，其中动用预备费 1.5 亿元，从技术改造资金中调剂安排 1 亿元。具体分配方案，待国务院审批后下达。目前国家财政困难比较大，希望地方尽可能多拿出一些钱来用于地方煤矿建设和改造。

（三）调整部分地区工业电价问题

为了缓和华东、京津唐、东北三大电网电力供应的紧张情况，节约用电，对华东、京津唐地区的电解铝、电石等 11 种工业产品，从今年第二季度起取消优待电价；从今年第三季度起，将东北地区冶金、化工、石油 3 个行业 30 个耗能大户和小铁合金、小电石、小烧碱、小铝厂的电价调高到关内的水平。具体方案将由电力部会同物价总局参照大家的讨论

意见，进一步研究修改后，报请国务院审批。

（四）能源紧张地区要坚决压缩耗能高产品的生产

东北、华东地区铁合金、电石等产品必须按调整后的计划组织生产，不得超产；未经国家批准禁止出口。甘肃、青海的同志提出，把铁合金等产品多往他们那里安排一些，同时希望把电价调低一点，会后再由有关部门具体研究安排。此外，社队工业用电也要适当控制。

（五）降低能源单耗问题

今年要求节约和少用2000万吨标准煤的指标要坚决完成。会后我们准备组织有关部门对节能工作进行一次检查。降低能源单耗，除了继续加强管理，堵塞“跑、冒、滴、漏”之外，应该把重点放在更新耗能高的设备上，要下决心逐步把陈旧落后的设备更换下来。对耗能高、效率低的老设备要采取鼓励更新的经济政策；允许企业把生产基金、大修理基金、折旧基金这三笔钱捆起来用，换下来的设备要报废，不准转到其他单位使用。新设备节省下来的能源指标，在一定时间内不扣减，留给企业使用；准备从技措费中拿出一些钱来，给指定的设备制造厂，再从银行贷一部分款，用卖方贷款的办法，组织设备生产和更换。要根据企业的具体情况，有的先从风机、水泵做起，有的可以先从变压器、锅炉做起。要积极研究利用新能源，技术成熟、行之有效的，要大力推广。

四　关于整顿企业问题

中央2号文件《关于国营工业企业进行全面整顿的决定》下达后。各地都做了具体部署，制订了分期分批进行企业整顿的规划，并且确定了1982年整顿企业的名单。这次会上，经过各部门和各地区共同商定，1982年计划整顿的大中型骨干企业共1265家。其中：国务院各工交部门负责整顿的133家；以部为主、地方协助的128家；地方负责整顿的877家；以地方为主、各部协助的127家。各部门、各地区已经确定派出蹲点调查组协助企业整顿。辽宁、河南、湖南、黑龙江、云南、湖北、陕西、北京、贵州等省市行动较快，蹲点调查组已经下到企业开展工作：其他地区也正在集训干部，2月底或3月初都可以进点。请各部委和各地区的蹲点调查组，至迟在3月中旬全部进点。

搞好企业整顿，当前需要注意解决好以下几个问题。

（一）进一步组织学习中央2号、3号文件，提高干部对整顿企业的认识

据一些省区市的同志反映，大多数同志对整顿企业是重视的，但也有部分干部认识不足，态度不够积极：任务不足的没心整；问题太多的不敢整；任务重的顾不上整；有自满情绪的认为没有必要整；作风不正、手脚不干净的害怕整。一些参加蹲点调查组的同志也有思想顾虑：怕进点容易出来难；怕矛盾多解决不了问题；怕得罪了人，将来政策一变，又要平反；怕改革机构以后自己回不来；等等。这些思想问题，必须认真加以解决。

严格按照中央2号文件的精神搞好第一批企业的整顿，不仅关系取得经验，指导下一批企业整顿工作，而且关系能否实现今年计划、提高经济效益的问题。因此，一定要把端

正干部思想、提高自觉性，作为一项重要任务抓细抓好，使企业整顿工作顺利进行，防止走过场。

（二）企业多余工人的安置问题

要坚决搞定员定额。定员之后的多余人员，除了按规定退休和组织培训以外，还可以学习首钢的办法，成立服务公司，开辟多种途径加以安排。大型骨干企业的多余人员，应当尽量自行安置；城市中小企业的多余人员，可以按行业归口调剂和安置。有的也可以考虑由劳动部门统一组织服务公司加以安置，在一定时间内，这些职工的工资、福利费用由原工厂拨给劳动部门。劳动总局提出的《关于在企业整顿中搞好定员定额工作的意见》，对多余人员的安排提出了一些办法；全国职工教育委员会等单位提出的《关于企业职工培训的几点补充规定》，对多余人员的培训也提出了一些意见。这两个文件，准备根据讨论意见修改后报国务院审批。

（三）上层机构的改革问题

不少省区市反映，企业的同志提出“我要整顿，你要改革，上下同步进行”。他们要求国务院各部门和省、自治区、直辖市的厅局要转变作风，面向基层，为基层服务，帮助企业解决外部条件问题，只有这样才能整顿出好的效益来。同时还要切实减轻企业负担。对这些合理的要求，我们应当在机构改革中切实加以解决。

（四）完善经济责任制问题

首钢和山东等地在会上介绍了经验，反映是好的。许多地区的同志表示，要学习首钢的经验，今年在落实企业内部责任制上狠下功夫。

从会上反映的情况看，大部分地区今年对企业的利润留成和盈亏包干指标已经落实下去了。还没有完全落实的，要按照国务院去年 166 号文件有关规定尽快落实。

（五）企业财务检查要有始有终

对检查出来的问题，财政部起草了一个针对各种违纪事项的财务处理意见，将由国务院审批后下达。同时，要认真贯彻中央《紧急通知》，坚决打击经济领域中的犯罪活动，对查实的重大经济案件，要从严从快，依法惩处。

要加强对整顿企业的领导。对企业进行综合治理、全面整顿，是各级党政的一项重要任务，各地都要加强对这项工作的领导。辽宁、云南等省在省委领导下，成立了整顿企业领导小组，负责具体领导工作。对企业整顿工作全面规划，统筹安排，分期分批进行。这个做法，可供参考。

为了使企业整顿工作取得更好的经济效益，企业内部要切实加强基础工作，搞好全面经济核算、全面质量管理和全员培训等工作；同时要把企业整顿同工业改组、企业联合和技术改造密切结合进行。

五　关于加强企业思想政治工作问题

这次会议，专门讨论了加强企业思想政治工作的问题。根据大家讨论的意见，需要再明确以下几点。

第一，要教育干部充分认识新时期思想政治工作的重要性，坚持思想领先的原则，把加强物质文明建设与加强精神文明建设结合起来，把加强思想政治工作与实行按劳分配结合起来。

第二，当前，各级工业、交通部门和企业，要把加强经济形势的宣传教育作为思想政治工作的重要内容。会上印发了上海第二织布厂的经验。辽宁、天津也在会上介绍了这方面的经验。它们的做法，各地可以参考。搞好经济形势的宣传教育，主要领导干部要亲自到群众中去宣讲，使大家了解这几年国家在经济还比较困难的情况下为人民办了不少好事；结合职工生活的变化，用算账对比的办法，宣传国家的、地区的、企业的好形势；实事求是，既讲成绩，也讲困难，要承认有些问题还没有解决，有些职工的生活还没有大的改善；讲形势是为了引导群众向前看，使大家懂得“一要吃饭，二要建设”的道理，改善生活要靠发展生产。

第三，政治工作机构要继续加强。现在，有的省、区、市设置了工交部，有的在经委设置了政治部、处。不论采取哪种形式，政治工作机构都应加强。在这方面，可以继续总结经验，不一定强求一致。

第四，各地区、各部门都要切实加强对企业思想政治工作的领导，要发动全党都来做思想政治工作。思想政治工作要结合经济工作一道去做，把思想政治工作做到经济工作中去。要监督企业严格执行国家计划，遵守党和国家的政策法令，坚持社会主义方向。

企业的党委、行政、工会、共青团都要根据当前职工的思想状况、组织状况以及实行对外开放政策带来的新问题等，切实加强对职工特别是青年职工的思想教育。

第五，今年工交企业的思想政治工作任务，可参照《工交企业思想政治工作座谈会纪要》的精神，结合各地的实际情况，做出具体安排。

第六，《关于加强工交企业思想政治工作的若干意见》和《职工守则》，拟根据大家的意见修改后，报请中央、国务院审批。

同志们！以上我就会议讨论的几个具体问题讲了一些意见。明天国务院主要领导同志还要给我们做报告。大家回去，就按照国务院领导同志的指示向党委和政府汇报。这次会议很重要，要尽快地把会议精神传达到基层企业，贯彻到工作中去，要讲求实效，扎扎实实地解决问题。至于采取什么办法传达，各地区各部门可以根据自己的情况确定。总之，我们要振奋精神，实事求是，依靠广大职工，在提高经济效益方面做出新的成绩，努力完成今年的工业生产和交通运输计划，保证工业生产和交通运输在调整中继续稳步前进！

文稿解读

1982年2月20日至3月4日，国务院在天津召开全国工业交通工作会议，提出工业生产要以提高经济效益为中心，结构不合理，用调整的办法来解决；体制不合理，用改革的办法来解决。国务院总理到会以“关于当前经济工作的几个问题”为题做重要讲话，国家经委主任袁宝华同志主持并受国务院委托做工作报告和总结讲话。

1982年3月4日，《关于当前经济工作的几个问题》指出，国务院认为，当前有必要强调端正工业生产上的指导思想，就是说，要讲求经济效益，有一个扎实的没有水分的速度。不仅工业生产上是这样，在基本建设、流通领域，以至整个经济工作中，都有个端正指导思想的问题。邓小平同志曾经指出，注意经济效益是各项工作的一条十分重要的方针。我们应当在提高经济效益上挖潜力，求速度。去年在五届人大四次会议上，国务院提出经济建设的十条方针，其核心就是提高经济效益。既然全国人民代表大会批准了这个方针，我们在行动上就要体现这一方针，不能停留在口头上。今年我们一定要在提高经济效益上有个大的转变，开创出一个新局面。提高经济效益，除了企业要改善经营管理、提高科学技术水平等以外，从根本上讲，牵涉到经济体制、经济结构的问题，要靠调整经济结构、改革经济体制来解决，否则没有出路。要尽快把经济体制改革的总体规划搞出来，使改革有个长远的打算。

《关于当前经济工作的几个问题》指出，要提高经济效益，必须下功夫把企业整顿好。否则，一切工作都没有基础。关于企业的全面整顿和企业的调整问题，关于整顿的目的、要求、方针、政策，党中央和国务院已经做了明确规定。着重强调以下几点。(1) 今年第一批整顿的，要选择那些问题比较多、潜力大、急迫需要整顿的大中型骨干企业。(2) 要着重抓好企业领导班子的配备和领导制度的改革。从国务院这次机构改革的情况看，调整充实企业领导班子的步子可以迈得大一些，搞得精干有力一些。中央机关一改，对企业会有很大推动。企业里人才很多，年纪在四十岁左右、熟悉业务、德才兼备的干部和技术人员大有人在，应选拔一批进领导班子，使领导班子能够向年轻化、知识化、专业化、革命化方面大进一步，有个明显的变化。为达到这个目的，在这次整顿中，选配企业的正副经理、正副厂长，应该有一个年龄限制。在这次整顿中把企业领导班子配好，企业的面貌才可能有大的变化。(3) 认真实行定员定额和职工轮训。在这次整顿企业中，随着经济责任制的落实，要下决心把多余的职工调出来学习，坚持搞下去，几年后我们整个职工队伍的水平就会发生变化。把多余的人都泡在车间、班组里，弊病很多，一定要改。(4) 切实加强领导。各级党委和政府要把全面整顿企业的工作列入议事日程，领导同志要亲自抓，各级经委和工业交通各部、各厅局要具体抓，蹲点组要真正蹲下去抓。中央决定，各省区市今年暂不进行机构改革，以便集中精力做好企业的整顿和其他各项工作。我们一定要扎扎实实地搞两三年整顿，把企业的各项基础工作做好，达到中央的要求，使企业的经济效益大大提高，出现一个崭新的面貌。(5) 与此相联系的，还有个企业调整问题。关停并转那些产品不符合社会需要、耗能很多、长期亏损的工业企业，制止盲目地新办工业企业，这是提高社会综合经济效益，实现企业结构合理化、工业布局合理化的一项积极措施。要组织力量对企业摸底排队，制定调整企业的规划和关停企业的具体处理办法，为明年有计划地开展这一工作做好准备。同时，还要注意有步骤、有重点地抓好企业的技术改造。

《关于当前经济工作的几个问题》指出，解决财政问题，从根本上讲，是要努力发展生产，提高经济效益，搞好增收节支。除了已经部署的要继续大力发展消费品生产，改变重工业服务方向，认真整顿企业等以外，还应重点抓好以下几个问题。(1) 稳定农副产品的收购价格。(2) 奖金的发放要加以控制。(3) 严肃财政纪律，加强监督检查，堵塞跑冒滴漏。(4) 基本建设投资一定要控制。

《关于当前经济工作的几个问题》强调，在新的形势下，思想政治工作绝不应当削弱，而应当加强。多年来我们的政治机关忙于搞运动，如何做好经济领域的思想政治工作还缺乏一套完整的经验。我们应当下功夫研究总结这方面的经验。思想政治工作，应当根据四个现代化建设的要求，同经济工作结合起来，同职工思想实际结合起来，做到有的放矢，真正解决问题。我们要通过细致的思想政治工作，使坚持四项基本原则，兼顾国家、集体、个人三者的利益，“一要吃饭，二要建设”等根本指导方针和原则，在职工思想上扎根，在工作中落实。

1982 年 7 月 10~17 日，国家经委召开全国企业整顿工作座谈会。会议指出，以提高经济效益为目标的企业全面整顿工作已在全国范围内展开。全国列入第一批整顿的工业企业共 9155 家，总产值占预算内工业企业总产值的 55.9%，上交利润占 65.3%，税金占 58.4%。其中第一批整顿的大中型骨干企业共 1834 家，总产值、利润、税金分别占预算内企业总额的 42.5%、59.9%和 44.6%。这批企业整顿好了，对促进国民经济状况的根本好转将起到重要作用。会议总结了半年来，各地区、各部门整顿企业的基本做法。(1) 明确以提高经济效益作为企业整顿的指导思想，把提高经济效益作为企业整顿的出发点和落脚点。同时，实行几个转变：从重点抓产值、产量，转向注意抓品种、质量、消耗、成本；从主要抓增产增收，转向既抓增产增收，又抓节支增收；从主要抓外延扩大再生产，转向注意抓内涵扩大再生产；从不大重视科学技术的作用，转向注意抓科学技术工作；从只抓生产管理，转向生产、经营一起抓。(2) 坚持从实际出发，从解决影响经济效益的主要矛盾入手，不搞“一刀切”。(3) 抓重点，抓典型，以点带面，分类指导。（4）依靠企业自我整顿，同时注意发挥蹲点调查组的作用。

会议提出，在整顿中要认真解决好如下几个主要问题。（1）整顿和建设好企业领导班子，建立健全企业领导制度。（2）认真整顿和完善经济责任制。（3）整顿劳动组织，按定员定额组织生产。（4）加强思想政治工作。会议明确下一步工作部署意见。（1）根据中央要求，1982 和 1983 年集中精力，把 2000 多家骨干企业基本整顿好，其他企业在 1984 年以前基本整顿完。（2）要加强思想领导，不断提高对企业全面整顿的重大意义的认识。（3）企业整顿工作要始终围绕提高经济效益来进行。（4）在近两三年内，企业要把各项工作纳入整顿工作中去，把整顿同当前生产、调整、改革、技术改造和打击经济领域犯罪活动的斗争结合起来。（5）关于上下同步整顿的问题，各省、区、市只要有条件的都可以搞，只要能提高工作效率，克服官僚主义，看准了就可以一个一个地干。（6）整顿企业要坚持高标准、严要求，要严格进行检查验收。（7）进一步加强对企业整顿工作的领导。

1982 年 7 月 19 日，国务院总理在听取全国企业整顿工作座谈会情况汇报时强调，这次企业的全面整顿，是要进行综合治理，是建设性的整顿，要同调整、改革结合起来进行。对前一段行之有效的改革，一是要坚持，二是要完善。对新形势下出现的一些问题，要认真研究，逐步解决。不要一有问题就想退回去，走老路。

1982 年 8 月 7 日，《国家经济委员会、中共中央组织部、劳动人事部、财政部、中国人民银行关于贯彻执行〈当前国营工业企业全面整顿若干问题的意见〉的联合通知》（经企〔1982〕233 号）明确，为了进一步贯彻执行《中共中央、国务院关于国营工业企业进行全面整顿的决定》（中发〔1982〕2 号）文件，及时解决企业在整顿中存在的主要问题，我们拟定了《当前国营工业企业全面整顿若干问题的意见》，经最近召开的全国企业整顿工作座谈会讨论修改后发布。通知指出，最近，党中央、国务院领导同志强调指出：整顿企业必须抓住主要矛盾，不敢触及和解决主要矛盾，整顿就会流于形式。只要领导坚决，敢于碰硬，这些问题是可以得到解决的，这是对领导的一个考验。这些问题解决了，其他问题也就迎刃而解。因此，希望你们要下大决心，加强领导，一定要在这些关键问题上进行突破，打开局面，并注意及时总结经验，保证企业全面整顿工作深入健康地发展。

1982 年 9 月 2 日，《国务院批转国家经济委员会关于全国企业整顿工作座谈会情况的报告的通知》（国发〔1982〕117 号）明确，对企业进行全面整顿、综合治理是为了进一步贯彻国民经济调整、改革、整顿、提高的方针，充分发挥现有企业潜力，提高经济效益，促进国民经济状况根本好转的重要措施，也是为今后经济振兴打好基础，积蓄力量。在今后两三年内，企业要以整顿为中心，各级人民政府和有关部门要切实加强领导，不断总结经验，认真抓好企业的全面整顿工作。今年下半年要集中力量，坚持高标准严要求，把第一批整顿的企业切实整顿好，取得更好的经济效益，并积累经验为明年企业整顿工作做好准备。

1982 年 10 月 29 日，《国家经济委员会关于在整顿企业中要重点抓好一批大企业问题的通知》（经企〔1982〕471 号）要求，必须把抓大企业作为经济工作的重点，把企业整顿、体制改革、技术改造和制定发展规划紧密结合，成龙配套，走出一条提高经济效益的新路子。该通知认为，抓大企业就是不断提高大企业的领导水平、经营管理水平、技术水平，以达到提高经济效益的目的。

1982 年 9 月 18 日，国务院常务会议讨论经济问题时强调，要认真抓一批大企业，大的抓住，小的放开。1982 年 10 月 16 日，国务院常务会议听取国家经委副主任袁宝华同志关于抓好一批大企业问题的汇报。国务院总理强调，抓大企业包括大企业的领导水平、管理水平和技术水平要有个大的提高，经济效益也要有个大的提高。第一件事，要抓企业整顿；另一件事，要抓技术改造规划；还要给企业一个好的政策，促使企业有个动力。大企业抓得好，就会使我们的经济很快地上去，因为大企业、大城市构成我们工业的主体。会议明确：一要在本世纪末实现工农业总产值“翻两番”，不能离开抓好现有 1000 多家大企业；二要注意把国家计划指导和扩大企业自主权的关系处理好；三是推行首钢递增包干的办法，步子要稳，不搞“一刀切”。1982 年 12 月 10 日，第五届全国人民代表大会第五次会议审议通过的《关于第六个五年计划的报告》强调，在对现有企业进行整顿的过程中，必须首先抓好大企业，使它们在提高经营管理水平、技术水平和经济效益方面走在前列。各部门和各省、区、市，都要由主要负责同志亲自动手，认真抓几个关系国民经济全局、生产潜力大的大企业，一个一个地进行综合治理。

文稿附录

附录 1　国家经济委员会、中共中央组织部、劳动人事部、财政部、中国人民银行关于贯彻执行《当前国营工业企业全面整顿若干问题的意见》的联合通知

附录 2　国务院批转国家经济委员会关于全国企业整顿工作座谈会情况报告的通知

附录 3　国家经济委员会关于在整顿企业中要重点抓好一批大企业问题的通知

附　录

附录 1

国家经济委员会、中共中央组织部、劳动人事部、财政部、中国人民银行关于贯彻执行《当前国营工业企业全面整顿若干问题的意见》的联合通知

（经企〔1982〕233 号　1982 年 8 月 7 日）

为了进一步贯彻执行中共中央、国务院《关于国营工业企业进行全面整顿的决定》（中发〔1982〕2 号文件），及时解决企业在整顿中存在的主要问题，我们拟订了《当前国营工业企业全面整顿若干问题的意见》，经最近召开的全国企业整顿工作座谈会讨论修改，现发给你们，请结合实际情况认真贯彻执行。

最近，党中央、国务院领导同志强调指出：整顿企业必须抓住主要矛盾，不敢触及和解决主要矛盾，整顿就会流于形式。只要领导坚决，敢于碰硬，这些问题是可以得到解决的，这是对领导的一个考验。这些问题解决了，其他问题也就迎刃而解。因此，希望你们要下大决心，加强领导，一定要在这些关键问题上进行突破，打开局面，并注意及时总结经验，保证企业全面整顿工作深入健康地发展。

这个《意见》的精神，也适用于财贸、建筑、农垦等企业，请有关部门结合行业特点参照执行，并作出具体部署，加强具体指导。

附：

当前国营工业企业全面整顿若干问题的意见

今年以来，各地区、各部门贯彻执行中共中央、国务院《关于国营工业企业进行全面整顿的决定》（中发〔1982〕2 号文件），企业全面整顿工作有了一个好的开端，取得了一些经验，有些企业初步提高了经济效益，目前已进入“五项工作”的系统整顿阶段。但

是，在整顿中也遇到了一些亟待解决的问题。现根据党中央、国务院领导同志的指示精神，经全国企业整顿工作座谈会讨论，对一些带有政策性的问题提出以下意见。

一、关于整顿和建设企业领导班子

1. 在这次企业全面整顿中，一定要抓住有利时机，按照中央提出关于干部“革命化、年轻化、知识化、专业化”的要求，有计划地搞好现有企业领导班子的思想整顿和组织调整。对那些领导班子问题较多、难以挑起整顿重担的企业，在整顿中要先解决班子的问题。

2. 目前企业干部由于多头分管，对干部的调整往往认识不一致，步调不统一，手续繁杂，久拖不决。为了消除这种现象，可以参照有的地区的经验，对企业领导班子的调整，由上级党委直接领导，组织部、工交部（工交政治部）、经委、主管局一起，并吸收蹲点调查组参加，共同研究调整方案，统一认识，统一步调，统一审批解决。中央部属企业领导班子的整顿，以部为主提出调整方案，与地方协商确定。

3. 整顿班子时，企业领导干部的人选，可采取上级考核与群众推荐相结合的办法。

4. 企业的正副厂长（正副经理）应该有一个年龄限制。除了特大型企业和全国性公司（如鞍钢、中国船舶总公司等）以外，正副厂长（正副经理）尽量配备五十岁以下的，最多不超过五十五岁。企业党政领导班子的大部分成员应是中青年干部。要特别注意挑选一批四十岁左右、德才兼备、熟悉业务、有组织领导能力的专业人员进领导班子。要选配那些拥护和贯彻三中全会路线、有干劲、有创新精神、能打开局面的同志担任厂长。

企业党委书记，需要思想政治水平较高、有经验的同志担任，年龄可稍高于五十五岁。

5. 副厂长（副经理）的人数，应按中共中央国务院颁发的《国营工厂厂长工作暂行条例》（中发〔1982〕3号文件）规定，设一至五人。根据企业规模大小和生产经营工作的需要，小型企业一般为一人，中型企业不超过三人，大型企业不超过五人。

6. 选拔年轻干部一定要按照“四化”要求，以革命化为前提，全面衡量。革命化的主要要求是：①坚持党的四项基本原则，认真贯彻党的各项方针、政策，在政治上同中央保持一致；②积极学习马列主义、毛泽东思想，理论联系实际；③有强烈的革命事业心和政治责任感，能吃苦，干劲大；④全心全意为人民服务，作风正派，不谋私利，敢于支持正气，反对邪气；⑤密切联系群众，民主作风好，善于团结同志，不搞派性和小圈子活动，有批评与自我批评精神。

7. 今后从工人中民主选举产生的领导干部，经上级批准，在任职期间，可以按其职务给予相应的干部待遇，期满不连任的仍回原岗位，或分配其他工作，恢复原来待遇。原来是领导干部，民主选举后不再担任领导职务的，根据能上能下的原则，安排其他工作。

过去的“以工代干”，要经过严格考核，对那些有文化、有技术、会管理、具有实践经验，具备干部条件的可以转为干部；不符合条件的仍应回去当工人。今后不能再搞“以工代干”。解决“以工代干”问题的具体办法将由中共中央组织部和劳动人事部拟订专门文件，另行下达。

8. 企业领导班子已经调整安排好的，原则上不应再调进军队转业干部担任领导职务。因工作需要安排到企业的，应当热情接收，把家庭生活安排好，分别进行培训（大企业可以以企业为单位，小企业可以以市为单位）以后，再根据工作需要和本人情况进行适当安排。对那些脱产学习有困难的同志，可不进领导班子，不担任实职，或安排较低的职务。凡安排低于原职别的干部，其原职别应享受的政治生活待遇不变。

今后要按中央3号文件规定的条件配备厂级干部，工厂干部主要从本厂提拔，除转业干部和工厂之间调剂外，企业领导干部一般不从企业外调进，不要从农村调进干部。不论从哪方面转到工业的，都要由主管单位进行考核和专业培训。

9. 调整领导班子时，有一部分厂级干部要退下来，安置他们的主要办法是：①符合离休退休条件的老同志要办理离休退休手续，党委和人事部门对他们应设专人管理；②根据本人的特长，作调查研究和咨询等二线工作；③因为文化水平、工作能力所限，难以胜任现职的同志，可到下属单位担任力所能及的工作。对年龄较轻的，按其具体情况，创造必要的学习锻炼机会，继续增长才干。

10. 有的同志虽然年龄较大，但政治思想水平较高，有经验，有威望，或有一定的科学技术专长，可以当顾问，规模较大的企业可设一至二名顾问。顾问的主要职责是：①帮助新领导班子工作，进行传帮带；②协助党委选拔、培养年轻干部，做思想政治工作；③调查研究，总结经验，企业决定重大问题时当参谋。

二、关于健全和完善企业领导制度

1. 去年下半年以来，中共中央和国务院先后颁发了《国营工业企业职工代表大会暂行条例》、《国营工厂厂长工作暂行条例》、《中国共产党工业企业基层组织工作暂行条例》和《中国共产党财贸企业基层组织工作暂行条例》。贯彻执行这几个条例是健全和完善企业领导制度不可分割的组成部分，要在企业整顿中，认真地全面地贯彻实施，要遵循党委集体领导，职工民主管理，厂长行政指挥这一根本原则，从指导思想上、组织上、工作制度和方法上进行相应的转变和改革，使企业领导制度逐步完善。

2. 当前要着重解决好党政分工问题。要改善和加强党的领导，企业党委主要是认真贯彻执行党的路线、方针、政策，掌握企业的社会主义方向，讨论决定企业的重大问题，加强党的建设，着重做好思想政治工作。工厂的生产经营活动，由厂长（经理）统一指挥，全面负责。要切实改变有些企业多年来形成的党政不分、党委包揽行政事务的习惯和厂长不敢大胆负责的现象。为了有利于党政分工，要执行今年中央28号文件规定：党委书记一般不兼任厂长，厂长一般也不要兼任党委书记或副书记。党委会中，行政干部不宜太多。

3. 厂长暂行条例规定，厂长对有特殊贡献的职工拥有不超过职工总数1%的晋级权，为了更好地贯彻落实，可按以下几条办法执行：

①管理混乱、有经营性亏损的企业和关停企业均不得实行。

②晋级人数全年累计最多不超过上年度末固定职工总人数的1%，可以低于这个比率。1%的晋级指标可以一次或几次使用，也可以跨年度累计使用。晋级的人数，在国家统一调资时，从国家下达企业的正式调资面的指标中扣除。

③所谓有特殊贡献的职工，条件必须从严掌握，不得低于《企业职工奖惩条例》第五条规定的条件。要实事求是，确有符合条件的，就晋级，没有就不晋级。

④这种晋级的工资，列入职工工资总额，按财务制度规定处理，计入成本或由其他基金开支。

⑤得到这种晋级的职工，不影响国家统一调资时应享有的晋级权利。

4. 按厂长工作暂行条例规定，厂长有权开除职工，但要从严掌握，要慎重。厂长开除职工时，应按《企业职工奖惩条例》的规定办理。地方的公安部门、街道和农村社队，要积极支持这项措施。

5. 对企业领导干部的奖惩，由上级主管单位提出，征得职工代表大会讨论同意。也可以由企业职工代表大会提出，但必须报上级主管单位批准。

三、关于整顿劳动组织，按定员定额组织生产，搞好职工全员轮训

1. 整顿劳动组织，按定员定额组织生产，妥善安排企业多余人员，这项工作必须认真做好。各地区、各部门要加强领导，知难而进，及时总结经验和解决工作中遇到的问题。要根据国家经委、劳动人事部《关于在企业整顿中加强定员定额工作的通知》的精神和要求，切实把这项工作搞好。

在整顿企业中要注意挑选一批觉悟高、年纪轻、身体好的人员充实生产第一线，迅速改变许多企业一方面人浮于事，一方面一线人员不足的状况。

2. 企业各类人员的定员，凡生产和工作正常，任务饱满的单位，根据已定的生产和工作任务来确定；生产和工作不够正常、任务不饱满的单位，按上级确定的生产规模和编制确定。

3. 企业机构改革要贯彻“精简、统一、效能、节约和反对官僚主义”的原则，克服机构臃肿，人浮于事和无人负责的现象。企业应根据生产经营管理工作的实际需要和主管部门的要求设置机构，不必强求一致和上下对口。企业的机构改革方案应报主管部门备案。

企业的科室、车间行政领导干部一般配备一人，副职一至二人，要配备年富力强、懂业务、具有实践经验的干部。

4. 企业定员定额后的多余人员要坚决抽出来，除了上级主管部门和当地劳动部门统一调剂、老弱病残人员按规定安置外，要按定员不定人的原则，组织轮训和参加城市建设等项劳动。

要广开生产门路，安置多余人员。办好劳动服务公司和生活服务公司。这两个公司经济上实行独立核算，自负盈亏；管理上要自成系统，同企业的生产经营分开，不要混在一起吃“大锅饭”。原在生产车间“混岗”，目前又不能划出企业的家居城镇的人员，可划归

劳动服务公司管理，变为企业同这个公司之间的劳务关系。在创建阶段，这两个公司的创办资金可由企业予以适当资助。资助的资金在企业利润留成或企业基金中开支。

安排到集体所有制企业的全民所有制职工，仍应保留他们的全民制职工身份，退休时，按全民制职工对待。

5. 要建立培训中心，搞好职工全员轮训，积极进行智力开发。企业的培训中心要根据当前生产和长远发展需要，统筹规划，采取脱产和业余相结合，短期训练和系统提高相结合等多种方式，组织职工进行政治、文化、业务技术和管理知识等内容的学习。企业整顿期间要安排好对多余人员的培训。企业要抽调具有专业知识的得力干部担任专职领导工作。各单位要制订各类人员的培训规划，提出明确的目标和要求。当前，除了着重抓好青壮年职工的政治学习和文化补课外，还要狠抓专业管理人员的培训工作，尽快改变目前不少管理人员不懂业务，不适应四化要求的状况。

举办培训中心和两个服务公司，必须本着勤俭办一切事业的精神，因陋就简，艰苦奋斗。大中型企业可以自己办，小企业可以由主管单位或公司统一办，或几家联合举办，或由当地政府部门统一组织，分片联办。属于几家联合举办和上级统一组织的职工培训中心的开办费用，原则上按企业各自的职工人数分摊，不足时可由主管部门予以补助。

6. 企业实行定员定额后，要注意巩固整顿成果，今后不要分配给企业不需要的职工。

①企业确需招收新职工时，必须通过考试，择优录取。

②职工子女就业要遵照 81 年中共中央 42 号文件的精神，采取多种就业渠道办理。企业应当积极地办好劳动服务公司，广开就业门路。有些地区和企业对职工子女就业实行本单位包干的办法应予废止。

③按国家规定允许退职退休工人有一名子女就业和补充企业自然减员的，应由当地劳动部门和主管部门根据需要统筹安排，企业招收时，必须全面考核，坚持招工条件。

④上级统一分配复员转业军人时，应由上级主管部门进行培训和考核（大企业也可以自己培训和考核），按工作需要和考核的结果分配适当工作。

四、关于企业整顿蹲点调查组的任务和要求

1. 蹲点调查组要在地方党委和政府的领导下，依靠企业领导班子和职工进行工作。它的主要任务是：调查研究，帮助企业出主意，当参谋，进行指导；协助企业制定规划，做好五项整顿工作，帮助解决企业自身难以解决的问题。

2. 蹲点调查组要实行责任制，必须协助企业把“五项工作”搞好，特别是要把班子整顿好，把经济责任制完善好，并且帮助制订出“三建”、“六好”的规划，在企业经济效益有明显提高以后才能撤出。

3. 蹲点调查组的人员组成要保证质量，少而精，要注意和培养、选拔干部结合起来，可以把企业的一批后备干部或刚提拔的中青年领导骨干充实到蹲点调查组中去进行锻炼培养。

4. 蹲点调查组成员一定要摆脱机关日常工作，真正蹲下来，参加蹲点调查组的领导干部一定要带头蹲下去。

5. 要注意从政治上、生活上关心蹲点调查组的人员。有的地区实行定期评比、表彰先进的办法，在政治上对他们给予鼓励；有的地区采取适当措施解决他们生活上的实际困难。这些做法各地可根据自己的情况加以运用。

五、整顿标准和验收

1. 企业的整顿一定要坚持高标准，严要求，防止赶时间，走过场。验收标准最重要的是要讲究经济效益，就是物美价廉，适销对路。商业还有一个提高服务质量的问题。

2. 各省、市、自治区，国务院有关各部门，都要按照中央 2 号文件的要求，制订出“六好企业”的具体标准和五项整顿工作的具体要求，以便有比较统一的尺度，进行检查验收。有关行业性的技术经济指标、标准、要求，以部门制订的为准；共性的标准、要求，以地区制订的为准。在制订标准、要求和检查验收时，有关企业财务会计工作要按照国务院批转财政部《关于加强国营企业财务会计工作的报告》中提出的六条标准执行。

3. 企业经过整顿，无论是点上的或是面上的，都可以申请上级主管部门验收。经验收达到“六好”企业标准的，评为“六好”企业；没有达到或没有完全达到“六好”标准，但已符合“五项工作”整顿验收要求的，经济效益有了显著提高，经过验收即可定为整顿合格。并继续进行整顿和建设，争取建成“六好”企业。

4. 企业整顿的验收和“六好”企业的评比，原则上按企业隶属关系由主管单位负责。六好企业的命名，中央部属企业由主管部负责，并应征求企业所在地的省、市、自治区政府的意见；地方企业由省、市、自治区负责，其中省属大中型企业的命名要与国务院主管部门进行协商。

“六好”企业不搞“终身制”。在评定后如发现有严重虚假现象，或再次评定时，不符合“六好”标准，均应取消其荣誉称号。

5. 表彰与奖励。对“六好企业”的表彰，由命名的领导机关负责。表彰以精神鼓励为主。

附录 2

国务院批转国家经济委员会
关于全国企业整顿工作座谈会情况报告的通知

（国发〔1982〕177 号　1982 年 9 月 2 日）

国务院同意国家经济委员会《关于全国企业整顿工作座谈会情况的报告》，现发给你们，请研究执行。

对企业进行全面整顿、综合治理是为了进一步贯彻国民经济调整、改革、整顿、提高的方针，充分发挥现有企业潜力，提高经济效益，促进国民经济状况根本好转的重要措施，也是为今后经济振兴打好基础，积蓄力量。在今后两三年内，企业要以整顿为中心，各级人民政府和有关部门要切实加强领导，不断总结经验，认真抓好企业的全面整顿工作。今年下半年要集中力量，坚持高标准严要求，把第一批整顿的企业切实整顿好，取得更好的经济效益，并积累经验为明年企业整顿工作作好准备。

企业整顿必须抓住企业的主要矛盾，不敢触动主要矛盾，解决主要问题，整顿就会流于形式。各地区、各部门领导必须下定决心，敢于碰硬，充分相信和依靠群众，抓住几个地区和企业，在领导班子、经济责任制、财务管理、劳动组织等几个问题上进行突破，取得经验，打开局面，只要这些问题得到解决，其他问题也就会迎刃而解，从而保证企业全面整顿工作深入地健康地向前发展。

国家经济委员会关于全国企业整顿工作座谈会情况的报告

一九八二年八月二日

全国企业整顿工作座谈会，从七月十日开始，至十七日结束。会议着重分析了当前企业整顿的形势和存在的问题，交流了半年来企业整顿工作的经验，研究了下一步企业整顿工作的部署意见和需要解决的若干政策性问题。国务院领导同志听取汇报时作了重要指示。经过大家共同努力，会议开得是比较成功的。现将会议讨论研究的几个主要问题报告如下：

一、半年来企业整顿工作进展情况和基本估计

中共中央、国务院颁发《关于国营工业企业进行全面整顿的决定》（中发〔1982〕2号文件）以来，各地区、各部门对企业整顿工作都很重视，主要领导同志亲自抓，有十三个省、区成立了由党政负责同志为主组成的企业整顿领导小组。各地区、各部门已派出蹲点调查组四千六百一十二个，共二万五千多人。以提高经济效益为目标的企业全面整顿工作已在全国范围内展开。按预算内工业企业统计，全国列入第一批整顿的工业企业共九千一百五十五个，总产值占预算内工业企业总产值的55.9%，上缴利润占65.3%，税金占58.4%。其中第一批整顿的大中型骨干企业共一千八百三十四个，总产值、利润、税金分别占预算内企业总额的42.5%、59.9%和44.6%。这批企业整顿好了，对促进国民经济状况的根本好转将起重要作用。

从点上企业和面上一些进展较快的企业来看，这几个月来，经过学习文件，思想发动，训练骨干，调查研究，制订规划，解决“入手”问题等步骤，作为“起步”的阶段基本上已经过去了，目前已进入了中央二号文件规定的“五项工作”的系统整顿阶段。半年

来，各地区、各部门的基本做法是：

（一）明确以提高经济效益作为企业整顿的指导思想，把提高经济效益作为企业整顿的出发点和落脚点。围绕提高经济效益这小目标，实行几个转变：从重点抓产值、产量，转向注意抓品种、质量、消耗、成本；从主要抓增产增收，转向既抓增产增收，又抓节支增收；从主要抓外延扩大再生产，转向注意抓内涵扩大再生产；从不大重视科学技术的作用，转向注意抓科学技术工作；从只抓生产管理，转向生产、经营一起抓。各企业认真调查分析企业现状，对比中央文件的要求，对比本单位历史最好水平，对比全国同行业先进水平或国际先进水平，并选准先进对口厂进行经济效益的对比，找出思想和工作上的差距，以缩小这个差距、赶上或超过先进水平，作为整顿规划的主要内容和目标，动员职工全力为之奋斗。

（二）坚持从实际出发，从解决影响经济效益的主要矛盾入手，不搞“一刀切”。大体有以下几种情况：（1）管理基础比较好的企业，一般从学首钢，完善经济责任制入手。（2）领导班子问题多，难以挑起整顿重担的，就先调整领导班子。（3）浪费严重的企业，一般从反浪费入手。（4）生产任务不落实的企业，一般从加强市场调查，广开门路，增加品种，开展增产节约、增收节支入手。（5）产品质量差的从整顿质量入手。（6）劳动纪律松弛、厂风不正的企业，一般从整顿劳动纪律入手。（7）也有不少企业是从打击经济领域犯罪活动和整顿财经纪律入手的。

（三）抓重点，抓典型，以点带面，分类指导。各地区、各部门都重点地抓了一批骨干企业，有的还按“五项工作”分别抓了试点，用点上的经验，指导面上的工作。部分省、市采取了同时起步，抓住重点，点面结合，分批验收的办法。有的对工作基础不同的企业提出不同的要求，实行分类指导。

（四）依靠企业自我整顿，同时注意发挥蹲点调查组的作用。整顿工作主要依靠企业的领导班子和广大职工去做，坚持走群众路线，充分发挥职工代表大会的作用。蹲点调查组的工作好坏，直接影响企业整顿的效果。因此，蹲点调查组要实行责任制，处理好与企业的关系，向基层学习，帮助企业搞好整顿，依靠企业党委进行工作。

从工作进展比较快，抓得比较好的一些单位来看，效果比较明显。可以概括为五点：一是有些企业初步整顿了领导班子，使企业领导有所加强。二是企业的劳动纪律和财经纪律有了加强。三是完善了经济责任制，经营管理工作特别是基础工作有了加强。四是许多企业职工的精神面貌有了明显的改变。五是经济效益有所提高，点上企业普遍高于面上企业。但是，对前段整顿工作的成绩绝不能估计过高，当前还存在不少问题：（1）发展不平衡。在第一批整顿的企业中，指导思想明确，领导抓得有力，工作已经上路的只占30%左右；还有20%左右的企业对这项工作不够重视，工作进展缓慢，还没有上路；其他多数企业处于中间状态。（2）对一些难度大、政策性强的工作，如调整领导班子，整顿劳动组织，按定员定额组织生产，企业机构改革等，只是少数单位有所突破，大多数企业进展不大。（3）有些单位有降低标准、急于求成的倾向。（4）有的地区、部门的领导对整顿工作的重点意义认识不足，抓得不够有力，工作一般化。因此，认真总结经验，研究解决存在的问题，把企业整顿工作引向深入，是当前面临着的一项重要任务。

二、在整顿中要认真解决好的几个主要问题

（一）整顿和建设好企业领导班子，建立健全企业领导制度

企业领导班子的整顿和建设，是全面整顿企业的关键。企业的改革、整顿、提高效益、扭转不正之风，无一不与正确解决干部问题有关。在这次企业整顿中，一定要吸收一大批拥护党的路线、有知识、有闯劲、年富力强的干部参加领导班子，即按革命化、年轻化、知识化、专业化的要求和精干有力的原则，把企业领导班子整顿配备好。人数要按规定配备不能超过，年龄要按规定执行。特别要选那些符合上述条件、能打开局面的人当厂长。

为了减少层次，简化手续，及时调整企业领导班子，可采取由上级党委统一领导，有关部门协同配合，共同考察，共同协商，共同确定，统一审批的办法。选配行政领导干部要坚持组织考察和群众推荐相结合的原则，广泛听取各方面的意见。有条件的单位要进行民主选举。

要认真搞好企业领导班子的思想整顿和建设。要端正思想路线，坚持四项基本原则，搞好班子的团结，增强班子的战斗力。要认真执行《准则》，开展批评与自我批评，纠正一切不正之风。要有计划有领导地开展业务培训工作，提高文化知识和专业化水平。

要在企业整顿过程中认真地全面地贯彻《国营工业企业职工代表大会暂行条例》、《国营工厂厂长工作暂行条例》、《中国共产党工业企业基层组织工作暂行条例》、《中国共产党财贸企业基层组织工作暂行条例》，建立和健全党委领导下的厂长负责制和党委领导下的职工代表大会制，根据党委集体领导、职工民主管理、厂长行政指挥的根本原则，使企业逐步建立起一个既有民主、又有集中的领导体制。当前一个主要的问题是解决好党政分工问题。工厂的生产经营活动，要由厂长统一指挥，全面负责，充分发挥生产指挥系统的作用。同时要按照《国营工业企业职工代表大会暂行条例》落实好职工参与经营决策、生产管理和监督干部等项民主权利，加强民主管理，充分发挥职工的主人翁作用。

（二）认真整顿和完善经济责任制

在企业整顿中，一定要紧紧抓住整顿和完善经济责任制这一关键环节。要认真学习首钢经验，结合本单位情况，加以运用和发展，真正达到提高经济效益的目的。完善经济责任制，要着重抓好以下几个方面的工作：

第一，要有一条明确的指导思想。在过去几年体制改革中，给了企业必要的经营管理自主权和一定的利益，使企业有了用武之地，这是十分必要的，必须坚持。另一方面对企业要严格要求，使企业感到有压力，才能看出企业经营的好坏。给企业的利益要有适当的限度，企业如不努力改善经营管理，挖掘潜力，就得不到这个利益。要把企业领导干部和职工的注意力真正转到改善经营管理，挖掘内部潜力，提高经济效益上来，不能让企业躺

在优越的条件上吃“大锅饭”。要奖勤罚懒，不能“旱涝保收”。

第二，要在层层落实企业内部经济责任制上下功夫，坚持责、权、利的统一，把经济责任放在首位。企业要根据国家计划的要求和市场需要，制订出提高经济效益的总目标，并对各项经济技术指标，逐项分解，层层落实到每个科室、车间、班组和职工，形成一个目标明确、职责分明、纵横连锁的岗位经济责任制体系。要坚持责，权、利的统一，把“责”放在首位，要坚持指标、定额的先进性和合理性，进行严格的考核。

第三，要正确处理国家、企业、职工个人三者关系，坚持把国家利益摆在第一位，克服奖金分配上的平均主义。做到：企业收入增长的部分只有在确保国家多收的前提下，企业才能多留，职工个人才能多得；严格遵守国家政策法令，用正当的手段，正当的途径，取得正当的利益。在奖金分配上，要贯彻各尽所能，按劳分配的原则，上级核定的发放限额不突破，企业内部单位之间不拉平，个人所得有高低，超额劳动多的多得，没有超额劳动的不得奖。实行计件工资的企业，要做到定额先进、单价合理。

第四，认真整顿企业管理的基础工作。在企业整顿中，要下决心集中一定力量和时间，认真整顿和强化这方面工作。当前要着重整顿和加强原始记录、统计、计量、检测等数据管理，做到准确、及时、齐全；健全各项定额，加强定额管理；建立健全岗位责任制、技术管理、设备管理等基本制度。国务院各有关部门要尽快制订和颁发产品技术标准。要采取多种形式，培训专业管理人员。

第五，要抓好典型。首钢在完善经济责任制方面起到了很好的示范作用。国家经委、冶金部、北京市先后组织了一批大中型骨干企业的成套班子，对首钢经验进行了学习研究。各地区、各部门应以学习过首钢经验的企业为“种子”，在总结本单位经验的基础上，从自己的实际出发，培养出各行各业、不同类型的典型，把经济责任制一步一步地完善起来。

（三）整顿劳动组织，按定员定额组织生产

目前，企业机构庞大、人浮于事、非生产人员过多的问题，在这次整顿中一定要加以解决。领导干部能不能以身作则，敢不敢于碰硬，是整顿劳动组织这个难点能不能突破的关键。国家经委、国家劳动总局已颁发《关于在企业整顿中加强定员定额工作的意见和试行办法》，各地区、各部门可参照执行。在整顿企业中，应注意挑选觉悟高、年纪轻、身体好的人员充实生产第一线，迅速改变许多企业一方面人浮于事，另一方面一线人员不足的状况。严格按照定员定额组织生产，多余人员要坚决抽出来组织学习和安排搞城市建设等其他劳动。

搞好全员培训，积极进行智力开发。大型企业要建立自己的培训中心，中小企业可以联合建立或由主管部门统一建立。各单位都要制订各类人员的培训规划，提出明确的目标和要求，除了着重抓好青壮年职工的政治训练和文化技术补课外，要狠抓专业管理人员的培训工作，尽快改变目前不少管理人员不懂业务，不适应四化要求的状况。

广开生产门路，安置多余人员。企业的多余人员除主管部门和劳动部门尽可能进行余

缺调剂外，要依靠企业自己安排，主要是办好生活服务公司和劳动服务公司。有关部门和地方政府要加强领导和给予支持。

要认真进行企业的机构改革。企业的机构要从实际情况出发，合理设置，不要求同上级机关上下对口，做到组织合理、机构精干、职责分明、工作效率高。

（四）加强思想政治工作

在企业的各项整顿工作中，有许多内容涉及到人的安置和党的有关政策的落实，必须始终坚持思想领先的原则，进行强有力的思想政治工作，才能保证整顿工作的顺利进行。要围绕提高经济效益这个中心，结合企业整顿的每项工作和每个步骤，针对干部和职工中出现的各种思想问题，有的放矢地做好深入细致的思想教育工作，要从建设职工队伍和从根本上提高职工的觉悟着眼，采用多种形式，向职工特别是青年职工系统灌输共产主义思想，使他们认识工人阶级的历史使命，抵制资产阶级思想、封建残余思想和其他错误思想的侵蚀，树立起共产主义世界观和人生观，逐步培养造就一支具有革命理想、革命道德、革命纪律，掌握现代文化技术，团结协作的工人阶级队伍。要教育干部贯彻执行党的方针政策，遵纪守法，加强全局观念，树立全心全意依靠工人阶级办好企业的思想。为了加强对思想政治工作的领导，必须建立健全政治工作机构，提高政治工作队伍的政治素质和业务能力。要有计划地对政工干部进行培训，使政工干部振奋精神，解决好安心、专心和做好政治工作的信心问题。

整顿党的基层组织既是企业全面整顿的重要组成部分，又是搞好企业整顿的组织保证。在企业整顿中，要按中央组织部《整顿党的基层组织工作座谈会纪要》的要求，认真把企业党的基层组织整顿好。

三、对下一步工作部署的意见

（一）总的部署和时间要求。根据中央提出的用两三年时间对所有国营工业企业进行全面整顿的要求，我们设想，今明两年要集中主要精力，把两千多个骨干企业基本上整顿好，这是提高经济效益加快四化建设的关键所在。其他企业在一九八四年以前基本整顿完。今年要下大决心，把第一批企业切实整顿好，使经济效益有显著提高。经过验收，凡达到中央二号文件规定“五项工作”具体要求的即为整顿合格。其中一些原来基础较好、经过整顿又有新的发展和提高的，要争取建成“六好”企业，作为样板，但不追求数量。

（二）要加强思想领导，不断提高对企业全面整顿的重大意义的认识。企业全面整顿是从指导思想、组织体制到经营管理制度和方法的一场深刻的改革，没有坚强的革命事业心，高度的责任感，勇于实践的革命精神，是不可能搞好的。对一些难度大、政策性强的问题，必须振奋革命精神，敢于冲破阻力，依靠群众，突破难关，一个一个地加以解决。目前部分干部思想不稳定，需要注意做好思想工作，使他们正确对待整顿，正确对待改革。

（三）企业整顿工作要始终围绕提高经济效益来进行。整顿的效果，最终要以综合经济效益的好坏来衡量，做到物美价廉、适销对路，也就是质量好、消耗少、成本低、适合社会需要。

（四）在近两三年内，企业要把各项工作纳入整顿工作中去，把整顿同当前生产、调整、改革、技术改造和打击经济领域犯罪活动的斗争结合起来。在整顿中，要开展学赶先进的活动，明确提出自己的奋斗目标和赶超对象，制订规划，提出措施，限期达到。

（五）关于上下同步整顿的问题，各省、市、自治区只要有条件的都可以搞，只要能提高工作效率，克服官僚主义，看准了就可以一个一个地干。

（六）整顿企业要坚持高标准、严要求，要严格进行检查验收。要防止赶时间、走过场，降低标准。时间要抓紧，工作要做细，要讲求实效，在这个前提下，进度服从质量。

（七）进一步加强对企业整顿工作的领导。企业全面整顿成败的关键在于各级领导能否真正克服软弱涣散状态。要有很大的决心敢于碰硬，敢于触及主要矛盾。要抓住领导班子，完善经济责任制，劳动组织，全民、集体混岗和关停并转等主要问题，在若干企业真正加以突破，打开局面。这样，整个整顿工作就会势如破竹，其他问题就会迎刃而解。因此各级领导一定要把企业整顿工作列入重要议事日程，把有关综合部门组织起来，及时研究解决问题，促进企业整顿工作的顺利开展。

各地区、各部门在抓好工业企业整顿的同时，应按照中央二号文件和这次会议精神，对施工企业、商业企业、农垦企业的整顿，加强领导，统一规划，有计划有步骤地进行。有关部门应结合行业特点，作出具体部署，加强具体指导。

附录3

国家经济委员会关于在整顿企业中要重点抓好一批大企业问题的通知

（经企〔1982〕471号　1982年10月29日）

国务院有关部、局，中国人民银行，各省、市、自治区经委：

一九八二年十月十六日上午，国务院常务会议听取了国家经委袁宝华同志关于抓好一批大企业问题的汇报。现根据国务院领导同志的指示精神，对在整顿企业中要重点抓好一批大企业的有关问题，通知如下：

一、抓好大企业具有重要的战略意义

国务院领导同志多次指示，要提高经济效益，加快经济建设步伐，必须认真抓好一批关系国民经济全局的大企业。这个指示非常重要。对我们做好经济工作具有重要的指导意义。

据国家统计局一九八〇年统计，全国38万个工业企业中，年税利在1000万元以上的大企业有1020个，占工业企业总数0.27%，总产值占全部工业总产值的31.2%，但税利额却占

工业总税利的51.7%。其中，年税利在3000万元以上的大企业有369个，占工业企业总数的0.097%，总产值占工业总产值的22.5%，税利额占工业总税利的41.4%。还有一些企业。如机械、电子、建材等行业中的一些企业，由于国民经济调整，生产任务不足等原因，现在的税利虽然不到1000万元，但它们在国民经济中占有重要地位，也应列为要抓的大企业。

这批大企业主要是从“一五”时期的156项开始，逐步兴建起来的，技术装备比较先进，技术力量比较雄厚，企业管理水平与生产技术水平一般都比较高。三十多年来，它们为我国经济建设事业的发展作出了重大贡献，是国民经济的命脉，这批大企业的潜力又是非常大的。首钢等先进企业的经验表明，只要国家有一套正确的政策，企业又有一个好的坚强有力的领导班子，善于经营管理，处理好国家、企业和职工的三者关系，加强技术改造，就能充分调动企业和广大职工的积极性，把潜力不断挖掘出来，为国家作出更大贡献。同时还要看到，有大量的中小企业，为大企业配套协作，大企业的迅速进步和发展必然带动中小企业的生产发展和技术进步，从而推动整个国民经济的发展。因此，大企业是我们进行经济决策的基础，是国民经济振兴的基础。切实抓好大企业，使它们在管理水平、技术进步和经济效益等方面走在国民经济发展的前列，这对于实现党的十二大提出的宏伟目标，全面开创社会主义现代化建设的新局面，实现国家财政经济状况的根本好转，在本世纪内实现工农业总产值“翻两番”的计划，都具有重大的战略意义。因此，我们必须把抓大企业作为我们经济工作的重点，企业整顿的重点、技术改造的重点和体制改革的重点。总之，要作为重中之重来抓，把企业整顿、体制改革、技术改造和制定发展规划紧密结合，成龙配套，走出一条提高经济效益的新路子。只有这样，才能真正做到“大的抓住，小的放开”，打开经济工作的新局面。

二、抓好大企业应当达到的目标

抓大企业就是要不断提高大企业的领导水平、经营管理水平、技术水平，以达到提高经济效益的目的。

1. 在技术进步方面，要逐步达到世界先进水平，首先要在新产品研制上下功夫，尽快实现产品更新换代，要逐步采用先进的设备、新的工艺和新型材料，有计划地更新和改造那些能耗高、效率低的旧设备、旧工艺，力争经过一段时间（例如五年、十年或十五年）的努力，把发达国家现在已经普及的技术，首先在大企业广泛采用，使大企业实现生产技术的现代化。要彻底改变那种一讲现代化，就只想建新厂的旧观念，要把“翻两番”、实现现代化建立在现有的企业技术进步的基础上。

2. 在企业领导水平和经营管理水平上要有一个大的提高，实现经营管理的现代化。大企业要认真贯彻国家计划为主、市场调节为辅的方针，使企业的生产经营活动符合客观经济的要求，做到既服从国家计划指导，又能满足社会需要；要围绕提高经济效益的要求，进一步完善经济责任制，坚持贯彻按劳分配的原则，充分调动企业和职工的社会主义积极性；要加强目标管理、全面质量管理等科学管理方法，在经营思路、经营方式、组织结构、管理制度、工作方法等方面，进行相应的改革，把生产与经营紧密结合起来。

3. 经济效益要有较大幅度的提高，达到先进水平。大企业通过全面整顿、技术进步和实现科学管理，要切实做到主要产品质量符合国际标准，能源和主要原材料消耗赶超国内和国际先进水平。花色、品种、质量和成本在国际市场上有充分的竞争能力。上缴利润在今后五年、十年内要保持逐年有一个稳定的递增幅度，产值利润率、销售利润率、资金利润率都创出新水平。这样，在资金积累上，除为国家多做贡献以外，又能为本企业的技术改造和生产发展创造条件。

三、抓大企业主要抓什么

1. 首先要抓好大企业的整顿。中央二号文件要求，利用二、三年的时间，把 2000 个大中型骨干企业整顿好。年税利在 3000 万元以上的大企业，基本上都在 2000 个大中型骨干企业里。每个大企业都要认真贯彻中央二号文件的要求，通过五项工作整顿，进行三项建设，力争尽快达到六好要求。企业整顿的关键是按照“四化”要求，配备好企业的领导班子，特别是要选配好党委书记和厂长。各部门、各地区经委和企业主管部门要会同组织部门，下大力量，力争在今年把大企业的领导班子配备好。我们应当象五十年代初期挑选最好的干部去抓 156 项那样，下决心从本企业、本行业挑选一批优秀的、懂行的、能够打开局面的干部，配备好大企业的书记和厂长。

2. 继续推广首钢经验，完善经济责任制。三年来的事实证明，中央和国务院关于扩大企业自主权，把企业搞活的一系列方针、政策是正确的，对于争取国民经济情况好转起了重大作用。政策的核心就是落实经济责任制，首钢就是一个突出的典型。各地区、各部门都要在总结自己经验的基础上，吸取首钢有益的经验，进一步把大企业的经济责任制完善起来。

根据大企业的不同特点和管理基础，逐个确定他们利润留成、上缴利润递增包干、以税代利自负盈亏等办法，并要一定几年或更长一些时间，保持政策的相对稳定。这样更有利于调动企业和广大职工的积极性，更有利于企业自主地有计划地安排技术改造和制订长远发展规划。对领导班子强，经营管理水平高，技术改造任务重的大企业，经过国家批准，可以象首钢那样，实行上缴利润递增包干的办法。它的特点是能够保证国家财政收入稳定增长，对企业的压力大，动力也大，有利于促进企业千方百计提高经济效益。但要严格掌握条件，成熟一个，批准一个，不能一哄而起。

要给大企业以必要的自主权。一九七九年以来，国务院多次下达文件，对扩大企业自主权问题做出了明确规定。这些规定的权限，在扩大自主权的或经过整顿的大企业中都应当得到认真落实。

3. 要抓大企业全面规划。首钢通过完善经济责任制，狠抓生产组织合理化和经营管理合理化，做到了在为国家多做贡献的同时，又为企业本身积累了技术改造资金，通过采用新技术、节约能源，正在根据冶金行业发展要求制订十五年实现“翻两番”的计划和在发展生产的基础上改善职工生活的规划。首钢走的这条路子，即符合宏观经济的要求，又能够把企业搞活。要求每个大企业的领导，学习首钢的精神，通过改善经营管理、技术进步和完善经济贫任制来自筹全部或部分资金，制订出中长期发展规划，发动群众，逐步实现。

四、具体工作安排的意见

1. 首先要明确和落实要抓的大企业名单。经与有关部门研究，拟首先抓好年税利在3000万元以上的，加上一部分税利不足3000万元，但在国民经济中占有重要地位的工交企业，总计为500个。这些企业一九八〇年税利为500亿元，占全部工交企业税利总额的45%。各地区、各部门根据这个初步名单，结合自己的实际情况，可以进行调整，可增可减。原则上中央企业以国务院各主管部为主，会同各地方来抓。地方企业以地方为主来抓，国务院主管部门协助。抓大企业不能一下抓得太多，如果明年全国真正抓出30多个象首钢那样的典型企业，就是很大成绩。为了积累经验，真正见效，各地区、各部门明年都要认真抓一、二个企业进行试点，培养出自己的典型来。试点名单确定后，连同调整后要抓的大企业名单（包括一九八一年企业完成的主要经济技术指标），一并于十一月十五日前报国家经委。

2. 各地区、各部门要会同组织部门，集中力量力争在年底前把确定要抓的大企业领导班子选配好。

3. 今冬明春，我们拟会同各部门，分批组织已选定进行试点的一批大企业负责干部，到北京来参加学习研究首钢经验的座谈会。重点学习研究首钢在完善经济责任制的基础上，进一步实行经营管理合理化、生产组织合理化和制订五年、十年及远景生产发展、技术改造规划的经验，推动大企业更有效地进行整顿和制定规划的工作。

4. 各地区经委、各主管部要会同财政部门，对已选定试点大企业的利润留成办法进行审定。凡原办法适当的，要继续执行。要改为上交利润递增包干办法的大企业，要报国家经委和财政部审查批准。

5. 对大企业的生产条件要给予保证。目前，存在一种不合理的现象。一方面是有些管理有基础、经济效益好的大中型骨干企业，由于能源和原材料供应得不到保证，生产能力不能充分发挥；另一方面是一些技术上不过关、经济效益差的小企业，仍在盲目发展和生产。这种小挤大，落后挤先进的状况急需改变。经济领导机关和企业的主管部门，对大企业生产所需要的原材料，必须按照计划保证供应。对大企业生产所需要的能源，要采取包干办法，节约归己，以鼓励企业节约能源。

6. 要采取有效的政策和措施，鼓励企业采用新技术，加快技术改造的步伐。为了鼓励开发新产品，要实行优质优价政策；要切实解决科研经费、新产品试制费和新技术推广费；在坚持统一计划、统一政策和联合对外的原则下，要鼓励和支持大企业面向国际市场。上海、天津等沿海城市有条件的大企业经过批准可以有出口权，鼓励大企业用进口原材料制造有竞争能力的出口产品，以增加外汇收入。

按照党的十二大精神和要求，进一步完善工业经济责任制*

——在十一个省市工业经济责任制座谈会上的讲话

（1982年10月23日）

国务院领导同志对这次座谈会很重视，会前国务院主要领导同志、一波同志亲自过问，中央财经领导小组又听了会议汇报，做了重要指示，特别是国务院主要领导同志的讲话语重心长。我们要认真学习，悉心领会，使我们今后的工作不犯或少犯错误，犯了错误也容易改正。领导同志的指示，就是我们这次会议的总结，志文、太和同志还要我再讲讲，我补充几点意见。

工业企业从扩大自主权到实行经济责任制，经过了三年的实践和探索，工作已经铺开，正在完善和发展，特别是党的十二大对工业经济责任制做了充分的肯定和提出了更高的要求。我们的座谈会就是在这个新的形势下召开的。所以，这次会议很适时，很重要，是贯彻党的十二大精神的一次会议，也是按照十二大的要求总结经验，把经济责任制继续推向前进的一次会议。

会议一开始，大家听了国务院领导同志讲话的传达，听了太和同志的开幕报告。几天来，交流了经济责任制的经验，对经济责任制的发展形势做了实事求是的估计，讨论研究了进一步完善经济责任制的意见。大家畅所欲言，集思广益，发表了许多好意见。经过这次会议，对进一步完善经济责任制提高了认识，明确了方向和任务。我相信，在1983年我们再次召开经济责任制座谈会的时候，工业经济责任制一定会有一个新的更大的进步，企业的经济效益会有新的更大的提高。会议即将结束了，我讲以下几点意见。

---

* 本文是袁宝华同志1982年10月23日在十一个省市工业经济责任制座谈会上的讲话原文全稿，首发于《企业全面整顿经验选编》（企业管理出版社，1983，第117～127页）。1983年1月4日，《经济日报》以《不断完善和发展工业经济责任制》为题，发表了讲话摘要。

一　把对工业经济责任制的认识提高到十二大的精神上来

工业经济责任制和其他事物一样，在它的发展中，有一个从不完善到逐步完善的过程。而人们的认识随着实践的发展，也有一个逐步提高、不断深化的过程。所以我们要经常回顾我们的工作，总结群众的实践经验，不断提高自己的认识水平。

1981 年 8 月和 10 月，我们先后召开了两次经济责任制专题座谈会，1981 年 9 月在济南召开的全国工交工作座谈会上也重点讨论了在工业企业推行经济责任制的问题。那几次会，开得很好，初步统一了我们对经济责任制的认识，形成了两个重要文件，这就是大家所熟悉的国务院〔1981〕159 号和 166 号文件。这两个文件对经济责任制的含义、目的、意义和内容，以及必须遵循的原则和政策界限，都做了比较明确的规定。这两个文件来自群众的实践，又回到实际中经受检验。一年来的实践证明，这两个文件对于把经济责任制引向健康发展的轨道起了重要的作用。

在 1981 年 8 月北京西山会议上，也正是经济责任制在部分地区蓬勃兴起的时候，我做过一个发言，对经济责任制的发展过程做了简要的回顾。我觉得回顾一下这一段历史，对于我们进一步提高认识，坚定改革的决心和信心是有好处的。

工业经济责任制是怎么来的？它同农业生产责任制一样，是广大干部和群众认真贯彻执行党的十一届三中全会精神，贯彻执行党的调整、改革、整顿、提高方针，进行伟大实践的产物。从 1979 年在国营工业企业中进行扩大企业自主权试点，到 1981 年普遍推行经济责任制，考察它产生和发展的全过程，不难看出它不是偶然的，而是在党的三中全会解放思想、实事求是的思想路线指引下，广大干部和群众认真总结 30 年来经济工作上的经验和教训，纠正“左”的错误，从实际情况出发，为了解决现行管理体制上的弊病，摸索出一条加快我国经济发展的新路子而进行的一系列探索的必然结果。

为什么经济责任制发展这么快？虽然当时的出发点可能不完全一样，认识也不像今天这样，但从主流来看，首先是因为党的十一届三中全会的精神深入人心，大家迫切要求改革。对于那种束缚生产力发展，造成产需脱节，阻碍技术进步，影响企业和职工积极性、创造性的弊病，感到非改不可。扩大企业自主权，实行经济责任制之所以得到广大企业和职工的拥护，发展这么快，也正是大家要求改革，为四化闯新路、多做贡献这种强烈愿望的反映。

其次是农业生产责任制的启发和推动。农业实行多种形式的生产责任制，比较好地解决了原来严重存在的“吃大锅饭”、平均主义的问题。几亿农民的积极性真正调动起来了，进一步解放了生产力，使农业的面貌发生了深刻变化，呈现出一派喜气洋洋、生机勃勃的景象。这对我们工业战线的广大干部和群众是一个极大的鼓舞和启发，也促使我们思考如何改变工业的面貌。农民讲，合作化以后，我们在农村啥法都用过，都不灵，唯有责任制这个法灵了。这是因为农业生产责任制，把发挥集体的优越性同发挥个人积极性真正结合起来了，从而迸发出了无穷的力量。我认为这个根本的道理，工业和农业是一样的。当然，工业比农业情况复杂得多。工业和农业的不同特点，国务院主要领导同志讲的两条很好。

再次，经济责任制是扩大企业自主权的继续和发展。1979 年试点取得突破，1982 年在面上展开，无论是在试点的办法和内容上、分配的形式上，还是组织领导上，都为经济责任制提供了经验，为进一步改革创造了条件。针对过去对企业集中过多、统得过死的弊病，从扩大企业自主权入手，进行改革，打开局面，是完全正确的。“责”是前提，“权”是条件，“利”是动力。从扩大企业自主权发展到实行经济责任制，都要求把国家、企业、职工三者利益紧密地结合起来；要求责、权、利更好地结合起来。但是，经济责任制更加强调把企业对国家承担的责任放在首位，这是在实践中逐步明确起来的。

除了上面讲的原因外，1981 年各地区为了落实财政任务，被“逼上梁山”，也是一个重要原因。总之，还是那几句话：中央有方针，群众有要求，形势有需要，农业有榜样，工业也有扩权试点的基础。归根结底，是人心所向，势在必行。由于它符合广大企业和职工的意愿，符合形势发展的要求，尽管遇到各种困难，改革还是胜利地前进，取得了好的成效，显示了强大的生命力。

认识往往落后于实践。现在回过头来看，路是这样走过来的。但我们对它的深远意义认识还是不够的。老实讲，当时我们心里并没有很大的把握，只是感到它的方向是对头的，担一点风险也要坚持下去，否则不可能找到一条出路。经过三年的实践，尝到了改革的甜头。党的十二大报告中，对经济责任制做了充分的肯定，这对我们是很大的鼓舞。我们要认真学习领会，把我们对经济管理体制的改革，对经济责任制的认识提高到和统一到党的十二大精神上来，更加坚定进行改革的信念和决心，加快完善经济责任制的步伐。

党的十二大报告明确指出：“为了发挥企业和劳动者的积极性，无论在国营企业或集体企业中，都必须认真实行经营管理上的责任制。”“工商业同农业有很大不同，但是实行经济责任制，包括对一部分国营企业实行盈亏责任制，同样有利于贯彻马克思主义的物质利益原则，增强劳动者的主人翁责任感，推动生产的发展。”这就是我们党对十一届三中全会以来工业企业管理体制进行的初步改革做出的高度概括的结论。在党的十二届一中全会上，中央主要领导同志在讲话中又指出，要认真抓好企业整顿，继续推行经济责任制，以提高经济效益。总书记的讲话，是把推行经济责任制作为调动企业和职工积极性，充分发挥企业潜力，实现伟大战略目标的一项重大政策提出的，并且和实现“翻两番”的战略目标，全面开创社会主义现代化建设新局面的历史任务联系在一起了。

中央主要领导同志的这些讲话，一方面给我们指明方向，给我们鼓劲、壮胆；另一方面也给我们增加了压力，对我们提出了更高的要求。我们一定要通过反复实践和总结，“寻找和创造出一套适合工商企业特点的、既能保证国家统一领导又能发挥企业和职工积极性的具体制度和办法”。这就是我们在进行经济体制改革、完善经济责任制工作中，必须完成的一个光荣而艰巨的任务。现在的问题是，要进一步提高我们各级领导的认识。对于实行经济责任制，不能再局限于或停留在只为解决财政问题的权宜之计那种狭隘认识上了，也不能把经济责任制单纯看作“分利法”“分奖法”，更不能错误地从本位出发与国家争利；而要把我们的认识提高到和统一到党的十二大精神上来，从实现战略目标的高度充分认识它的重大而深远的意义。有了这样的认识，才能坚持改革，勇于实践，脚踏实地，从实际出发，不断研究新情况，总结新经验，解决新问题，在推进、完善经济责任制方面，打开新的局面。

二　对工业经济责任制发展形势的基本看法

从 1981 年国务院发出关于推行工业生产经济责任制的两个文件以来，又经过了一年的实践，总的形势是好的。可以说这一年是经济责任制开始走上健康发展道路的一年，开始从全面铺开转入深入发展、完善提高的新阶段。1982 年初，中央发出 2 号文件，把整顿和完善经济责任制作为企业全面整顿的关键环节，作为五项整顿工作的重要内容。各地区、各部门在企业整顿中，对完善经济责任制做了大量的工作，出现了以首钢为代表的一批好典型。1982 年上半年，国家经委举办了四期学习研究首钢经验座谈会，各省、区、市经委，国务院工交部门有关负责同志和 131 家企业的配套班子共 880 人参加了学习，培训一批骨干和“种子队”。北京市和冶金部也分别举办了学习班，分期分批组织 111 家企业、2847 人学习了首钢经验。这对于完善经济责任制起了很大的作用。这次会上，省市和一些企业介绍的经验充分说明，在完善经济责任制方面，1982 年的确有了新的变化、新的进步和新的提高。表现在：广大干部和工人对经济责任制的认识更加全面了；以提高经济效益为中心的指导思想更明确了；把工作重点转到抓好企业内部这个环节上来了；从实践中逐步找到了更加能够调动企业和职工积极性的有效形式，因而收到明显的效果。

这次会上，大家用许多生动的事例和大量的数据，有力地说明了推行经济责任制的方向是正确的，效果是显著的。集中表现在企业有了“四个力”。过去长期以来集中过多、统得过死的管理体制有了突破，企业有了一定的自主权，获得了活力；由于企业的经营成果、职工的劳动成果同经济利益挂起钩来了，在一定程度上克服了“吃大锅饭”、平均主义，这就给企业增添了动力；同时，承担的责任大了，增加了压力，激发了广大职工的主人翁责任感，更好地挖掘了企业的潜力。这“四个力”就汇集成为企业发展生产、加强管理、技术进步、提高效益的强大推动力。可以说，通过推行经济责任制，我们开始找到一条既服从国家计划的指导，又把企业搞活，发展我国经济的新路子。

实行经济责任制，促进了调整。在经济调整时期，特别是1981年，重工业任务不足，面临很大困难。正是由于实行经济责任制，发挥了企业的主观能动性，许多企业积极主动地根据市场的需要，千方百计扩大生产门路，改变服务方向，调整产品结构，截长线，补短线，为轻工市场服务，为技术改造服务，开拓国际市场，终于打开了局面。这几年日用消费品的生产有很大发展，产品质量提高，花色品种增加，市场供应紧张的状况得到缓和，开始出现了买方市场，这是近30年来从未有过的现象。消费品生产出现的这个好形势，是贯彻执行党的“八字方针”的结果。显然，推行经济责任制调动了企业的积极性、主动性也是一个重要原因。

实行经济责任制对于稳定经济，实现“两平一稳”起了积极作用。王丙乾同志的报告中谈道，1981年财政收入情况是好的，达到1004亿元，赤字从上年127亿元减到25亿元。在分析原因时他说，扩大企业自主权、实行经济责任制调动了积极性，促进增产增收是重要原因之一，不然困难还要大，不会有今天这样好的形势。但是，总体来说，工业企业经济效益还不高，还存在一些问题。对于这个问题，太和同志的报告中有详细的分析说明，讲得很全面，很有说服力，我就不重复讲了。

实行经济责任制，发展也不平衡，还存在不少值得重视的问题，所以完善经济责任制的任务还是很艰巨的。究竟什么是我们所提倡的经济责任制，怎么样才能搞得完善？根据大家介绍的经验和首钢等先进企业的实践，有这样几点共同认识。

（一）实行经济责任制，必须贯彻责、权、利相结合的原则，把责放在首位

这个“责”就是把全面完成国家计划、满足社会需要、提高经济效益、为国家提供日益增多的积累，作为企业对国家义不容辞的责任。为了更好地使企业履行自己的责任，国家同时又必须赋予企业必要的经营管理权限和经济利益。否则，企业缺少一定的经营决策自主权，处在被动无权的地位上，就不可能调动积极性，不可能使企业对社会需求和技术进步做出积极的灵活的反映。所以责、权、利是紧密结合不可分割的，这是社会主义企业的性质和地位所决定的。责、权、利结合的原则，必须贯彻在国家与企业和企业内部关系的各个环节上。是否真正做到责、权、利结合起来了，这是完善经济责任制最基本的要求。

（二）实行经济责任制要以提高经济效益为目的

这是我们社会主义企业一切生产经营活动的出发点和落脚点。什么是经济效益？

国务院主要领导同志在1982年全国工交会议上做了明确的阐述，这就是用尽量少的劳动消耗和物质消耗生产出更多的适合社会需要的产品。怎样才能做到这一点呢？根据首钢和各地的经验，一要在指导思想上解决“转轨”的问题，使企业内部各个部门、各个环节都围绕着提高经济效益这个中心来运转，经营思想、经营作风、组织结构、管理制度都要进行相应的改革。二要树立全国一盘棋的思想，坚持在国家计划指导下，把企业生产经营搞活，凭自己的真本事、硬功夫取得正当的收益，不搞歪门邪道。三要全面考核，坚持价值和使用价值的统一，不盲目追求产值、产量，在增加品种、提高质量、适销对路上下功夫，不图虚名，讲求实效。四要不断地改善经营管理，搞好技术改造，逐步向生产组织合理化、经营管理合理化和生产技术现代化的方向发展。经济效益有没有提高，这是衡量经济责任制搞得好不好的一个根本标志。

（三）完善经济责任制的重点要放在抓好落实企业内部经济责任制这个环节上

这就是要围绕企业生产经营的总目标，把企业对国家承担的经济责任，按照责、权、利结合的原则，层层分解，层层落实，直到每个岗位的职工。全面包，全面保，包保结合；并且从制度上把这种包、保和协作关系固定下来，从而在企业内部形成一个纵横连锁、互相协调、严格考核、奖罚分明的岗位经济责任制体系。这是符合工业社会化大生产的特点的，也体现了提高综合经济效益的要求。这样，才能使企业的生产经营目标，变成全体职工的共同奋斗目标，增强职工的主人翁责任感。在讨论中，有的同志讲，如果不在企业内部层层落实经济责任制上下功夫，那么，企业对国家承担的经济责任就难以落实，经济责任制就变成了“空中楼阁”。这个话讲得很好。

（四）实行经济责任制的办法，要体现奖勤罚懒的原则

国家赋予企业权限的大小、留利的多少，以及采取哪种形式最有效，必须坚持因地制宜，不搞“一刀切”。三年来，我们已经实行的三种类型七种留成形式，都有它的适应范围和条件，都有一定的效果，要继续执行下去。同时要在总结经验的基础上，不断发展完善。

从实践来看，按上交利润包干，特别是递增包干的办法有更大的优越性。这种办法的基本特点：一是“把保险交给了国家，把风险留给了企业”，能够确保国家财政收入的稳定增长；二是责任明确，利益直接，对企业的压力大，激励作用也大；三是能够直接体现奖勤罚懒的原则，有利于促进企业和职工千方百计挖掘潜力；四是一定几年不变，可以使企业“三年早知道”，能够制订一个中长期的技术改造规划，确定五年、十年提高经济效益的目标。正如有的同志形容的那样：“不包不操心，谁包谁操心，人人都操心，厂厂拣黄金。”这一点已被首钢、上海冶金局、河北冶金局、安阳钢铁厂以及其他许多企业单位的实践所证明。它们具体条件各不相同，但都是在困难的

情况下，挖掘企业内部的潜力，实现减产增收的，而且生产技术面貌也发生了显著的变化。这里说明了一个道理：一个生产单位没有一定的经济利益，劳动者的主人翁责任感就会变得抽象；当找到一种合适的形式，把企业的经营成果和经济利益挂起钩来，就会产生一种动力。包干这种形式。可以使国家同企业和劳动者的利益结合得更直接更紧密。但是，实行上交利润递增包干办法是有条件的，必须按照国务院主要领导同志的指示严格加以掌握。

（五）实行经济责任制，必须加强思想政治工作

实行经济责任制不能只讲一个经济动力，要坚持抓好精神文明建设，大力加强思想政治工作，从根本上提高广大职工的思想觉悟，增强主人翁责任感，把严格的责任制同高度的责任心结合起来。要动员鼓舞广大职工为全面完成国家计划，为争取我国经济状况的根本好转，为实现党的十二大提出的宏伟目标，为全面开创社会主义现代化建设新局面而忘我劳动。这应当成为广大职工力量的源泉，也是搞好经济责任制的重要保证。

以上这些是我们在实践中得来的十分宝贵的经验，也是我们进一步完善经济责任制必须坚持的正确方向和原则。

三　完善工业经济责任制中要注意解决的问题

在这次会上，大家认为，1981 年是工业经济责任制蓬勃发展的一年，1982 年是开始走上健康发展的一年。那么，1983 年应该是完善提高经济责任制具有决定性意义的一年。各省、区、市，各部门要花大力气、下大功夫，按照十二大的精神，在整顿企业过程中，扎扎实实地抓好完善经济责任制的工作，进一步学习推广首钢的经验，使经济责任制发挥更大的威力，在经济效益上有一个明显的提高。

怎样完善经济责任制，要抓好哪几项工作，这个问题太和同志开头的报告、会上讨论的文件稿，特别是国务院领导同志在听取汇报时的指示，都讲得很明确了，大家回去以后要认真研究贯彻执行。当然，在实践中肯定还会遇到不少困难，但是，只要是改革，就不可能是一帆风顺的。我想有以下几点再强调一下。

（一）要保持政策的连续性和稳定性

党的十一届三中全会以来，党中央和国务院制定了一系列正确的方针、政策，党的十二大都做了充分的肯定和总结。我们要坚持这些行之有效的改革政策和措施。我们相信，“对外开放、对内搞活”的政策不会变；发挥中央、地方、企业几方面积极性，让地方和企业都拥有一定的机动财力这个政策不会变；要扩大企业必要的经营管

理自主权这个政策不会变；贯彻马克思主义的物质利益原则，增强劳动者的主人翁责任感这个政策不会变；在生产发展的基础上继续改善人民生活的政策不会变；扩大企业在计划管理方面的权限，在坚持国家统一计划的同时，注意发挥市场调节作用这个政策不会变；等等。这些重要的政策都要保持相对稳定，在贯彻执行中不断完善。但是，在实践中出现了新情况、新问题，也要进行必要的调整。比如为了保证国家重点建设的需要，今后一个时期必须适当集中财力，这就要求我们树立全国一盘棋思想，在国家和企业的利润分配上，采取适当的办法进行必要的调整。为了使这种调整能够保持政策的相对稳定，不影响企业和职工的积极性，国务院已经决定采取征收能源交通建设费的办法。总之，要在总结群众实践经验的基础上进行适当调整，目的是使原来的办法更加趋于完善，使改革的措施更加符合实际情况，更加合理和可行，以便逐步找到既保证国家计划的统一性又能发挥企业和职工积极性的具体经营管理制度。

（二）要积极为企业创造搞好生产经营的条件

作为企业，必须把工作的重点放在完善企业内部经济责任制上来，但是作为经济工作领导部门和企业主管部门，则应当主动改革不适应生产力发展的某些规章制度，积极帮助企业解决遇到的困难，按国务院规定的政策，落实企业必要的自主权，为企业创造生产和经营的条件，不这样企业内部经济责任制也难以落实得好。国务院关于扩大企业自主权的文件，以及后来10个部门共同制定、联合下达的关于扩权的暂行具体措施（即“扩权六十条”），今后仍然要继续贯彻落实。

（三）要认真抓好一批大企业

国务院主要领导同志多次指示，要提高经济效益、加快经济建设步伐，必须认真抓好一批关系国民经济全局的大企业，这是全面开创社会主义现代化建设新局面，迎接国民经济振兴的一项基础工作。我们的大企业，一般来说，管理基础比较好，技术力量比较雄厚，潜力比较大。切实抓好一批大企业，使它们在管理水平、技术进步、经济效益等方面都走在前列，这对于实现党的十二大的宏伟目标具有重大的战略意义。各地区、各部门都要确定一批大企业的名单，把它们作为本地区和本部门企业整顿、完善经济责任制、技术改造的重点来抓，真正抓出成效来，使这批大企业达到首钢那样的水平，对国民经济的发展做出更大的贡献。要抓紧把这些大企业的领导班子在年底前后整顿配备好，这是抓大企业的关键。要帮助这些大企业尽快制订出一个符合国家统一计划要求的、符合行业改造规划的技术改造规划来。领导班子整顿好的、管理水平高的、产供销正常的、技术改造任务重的少数大企业，经过国家经委和财政部审查批准，可以实行上交利润递增包干的办法。但要成熟一个搞一个，不能一哄而起。

（四）要进一步加强对完善经济责任制工作的领导

各级领导干部要通过学习党的十二大精神，进一步加深对实行经济责任制重大意义的理解，提高认识，统一思想。各省、区、市和各部门要把这项工作作为企业整顿的一项重要内容列入议事日程，要有主要领导同志亲自动手，每年抓一两次，进行检查督促、总结交流经验。同时要经常组织干部深入实际，调查研究，及时了解情况、解决问题。要下力量抓出一批本地区、本部门的先进典型，特别是抓好学习首钢经验的“种子队”，以点带面，使经济责任制在每一个企业都能得到真正的落实。这次会上有的同志说得很好，如果我们领导同志认识上去了，思想重视了，像抓农业生产责任制那样去抓工业经济责任制，那么完善经济责任制的阻力就小，问题就比较容易解决，进展就快，效果就大，我们工业像农业那样出现一个生机勃勃、欣欣向荣的景象也就指日可待了。我们大家要共同努力，把 1983 年的工作部署好、抓好，取得更大的成绩。

文稿解读

1982年10月15~23日，国家体改委、国家经委、财政部在京联合召开11个省市“工业经济责任制座谈会”，会议讨论提出《关于当前完善工业经济责任制的几个问题》稿。

1982年11月8日，《国务院批转国家体制改革委员会、国家经济委员会、财政部关于当前完善工业经济责任制几个问题的报告的通知》（国发〔1982〕134号）指出，一年多来，工业企业推行经济责任制，取得了较好的效果。当前完善经济责任制，要把工作重点放在落实企业内部经济责任制上面。特别要注意抓好大型骨干企业完善经济责任制的工作。要采取积极的态度，认真总结经验，寻找和创造出一套适合工业企业特点的，既能保证国家统一领导、又能发挥企业和职工积极性的具体制度和办法。工业是社会化的大生产，企业之间、部门之间，以及其他各个环节之间，密切联系、互为条件。完善经济责任制是各有关部门的共同责任，各部门要面向企业，密切配合，帮助企业解决实际困难和问题，为企业创造必要的外部条件，使工业经济责任制逐步完善起来。

1982年11月17日，《人民日报》发表社论——《不能再吃“大锅饭”》。社论指出，在“六五”期间要把全部经济工作转到以提高经济效益为中心的轨道上来，任何形式的“大锅饭”都不能再吃了，各种“旱涝保收”、平均主义的现象，都应该逐步地加以解决。对企业的管理体制进行改革，要有明确的指导思想，这就是一方面要给企业必要的经营管理自主权和经济利益，使企业有用武之地，有挖掘潜力的内在动力；另一方面又要向企业提出严格要求，奖勤罚懒，使企业感到有压力。企业经营好的，对国家贡献大的，企业和职工个人应该得到较多的利益；经营一般的，对国家贡献小的，只能得到较少的利益；经营差的，对国家没有贡献的，理所当然地不应得到利益，企业领导干部和其他失职人员甚至还要受到适当处分。

1982年5月5日至6月25日，国家经委在北京先后举办了四期关于学习研究首都钢铁公司实行经济责任制的经验座谈会，旨在推广首都钢铁公司实行经济责任制的经验，推动工交企业进行全面整顿工作，进一步完善经济责任制。参加座谈会的有28个省、区、市经委主管企业整顿的副主任、企业处长，18个大中城市的经委副主任，国务院26个部级单位有关司局长、处长，地方和部属的131家大中型骨干企业（包括79家列入1982年第一批整顿的大中型骨干企业）的党委书记、局长、经理、厂长和主要科室负责人，以及国务院有关部门、全国总工会、中国企业管理协会和清华大学、中国人民大学等一些院校的同志，共880人。

1982年6月5日，国家经委副主任袁宝华同志与出席第三期座谈会的省区市经委负责同志座谈，在听取同志们的情况汇报后指出，中央发出2号文件以后，很多省、区、市和工业城市都先后召开了企业整顿座谈会，第一批整顿的企业工作已经全面铺开，蹲点调查组已经下去工作了一段时间。现在的问题是要加强领导。希望省、区、市经委和各厅局的负责同志，要有一部分同志亲自蹲点，在学习首钢基本经验的同时，抓住自己的典型，用三五个月或更多一点时间，真正蹲下去，总结出自己的经验。有些可以总结出比较全面的经验，有些可以总结出单项经验，如整顿领导班子、整顿劳动组织、整顿财经纪律等，以提高领导水平。袁宝华同志要求，整顿企业要坚持高标准，严要求，讲求实效。既要抓紧时间，又不要急于求成；既要有声势，又不要搞形式主义。总之，要保证整顿的质量，不要走过场。五项工作、三项建设都做好，要有一个过程。但是，只要认真把第一批整顿的企业搞好了，第二批可能就快了。党委领导下的厂长负责制和职工代表大会制，是企业的两项根本制度，这次整顿企业，要认真贯彻落实。先抓好几个重点，总结出一些好的经验。这样以后的工作就好办了。错过了企业整顿这个大好时机，工作难度就大多了。袁宝华同志强调，新的国家经委成立后，对企业整顿工作很重视，张劲夫同志在新经委成立大会上也着重讲了这个问题。经委党组最近研究决定成立全国企业整顿领导小组，加强对整个企业整顿工作的领导。7月下旬，国家经委还要召开全国企业整顿工作座谈会，专门讨论加强企业全面整顿工作问题。

文稿附录

附　录

附录 1

国务院批转国家经济体制改革委员会、国家经济委员会、财政部关于当前完善工业经济责任制几个问题的报告的通知

（国发〔1982〕134 号　1982 年 11 月 8 日）

现将国家体改委、国家经委、财政部召开十一个省、市、自治区工业经济责任制座谈会讨论提出的《当前完善工业经济责任制的几个问题》转发给你们。根据党的十二大的精神，请你们结合本地区、本部门具体情况研究执行。要采取积极的态度，认真总结经验，寻找和创造出一套适合工业企业特点的，既能保证国家统一领导、又能发挥企业和职工积极性的具体制度和办法。

一年多来，工业企业推行经济责任制，取得了较好的效果。当前完善经济责任制，要把工作重点放在落实企业内部经济责任制上面。特别要注意抓好大型骨干企业完善经济责任制的工作。现在企业的潜力还很大，通过完善经济责任制，可以进一步调动企业和职工的积极性，改善经营管理，降低成本，反对浪费，提高经济效益，把企业的潜力挖掘出来，为实现国家财政经济状况根本好转，作出更大贡献。

工业是社会化的大生产，企业之间、部门之间，以及其它各个环节之间，密切联系、互为条件。完善经济责任制是各有关部门的共同责任，各部门要面向企业，密切配合，帮助企业解决实际困难和问题，为企业创造必要的外部条件，使工业经济责任制逐步完善起来。

国家经济体制改革委员会、国家经济委员会、财政部关于当前完善工业经济责任制几个问题的报告

一九八二年十月三十日

党的十一届三中全会以来，我国经济管理体制进行了初步的改革。工业方面的改革是

从扩大企业自主权试点开始的。经济责任制是扩权的继续和发展。一九八一年，在国营工业企业中普遍推行了各种形式的经济责任制。今年，各地区、各部门，按照中央关于整顿企业的要求，把实行经济责任制作为企业全面整顿的关键环节来抓，同时总结推广了首钢实行经济责任制的经验，使经济责任制又有了新的发展。主要表现在：对经济责任制的认识有了提高；经济责任制的内容和形式有了发展；特别是工作重点转到了建立和健全企业内部的经济责任制上来；从单纯抓生产，转向重视经营和经济效益，并且开始重视新产品开发和技术改造。

经济责任制是在国家计划指导下，以提高社会经济效益为目的，实行责、权、利紧密结合的生产经营管理制度。实践证明，这一改革方向是正确的，效果是显著的。实行经济责任制，使长期以来管理体制过分集中、统得过死的状况有所改变，企业有了一定的经营管理自主权。贯彻物质利益原则，调整了国家、企业、职工三者的利益关系，在一定程度上克服了吃“大锅饭”、平均主义的弊病，调动了企业的积极性，增强了职工的主人翁责任感。许多企业职工的精神面貌和生产技术状况发生了较大的变化，改善了经营管理，提高了经济效益。对于促进国民经济的调整、争取实现财政状况的好转起了积极作用，同时，为工业管理体制的改革探索到一条途径。

工业是社会化的大生产，企业与企业、部门与部门之间互相依存，问题比较复杂，实行经济责任制工作难度比较大。由于时间短，经验不足，改革不配套，在工作中还存在不少问题：实行经济责任制与计划管理还没有结合好；多数企业内部经济责任制还落实得不好；企业应有的经营管理自主权还没有完全实现；分配上的平均主义问题还比较严重；对国家、企业、职工三者利益关系的处理还需要进一步改善，等等。我们必须实事求是地估价成绩和问题，按照党的十二大的精神进一步统一思想和行动，认真总结经验，研究新情况，解决新问题，使经济责任制得到进一步完善和提高。

为了完善工业经济责任制，当前，要着重研究解决下列几个主要问题。

一、认真贯彻计划经济为主、市场调节为辅的原则

党的十二大报告指出：正确贯彻计划经济为主、市场调节为辅的原则，是经济体制改革中的一个根本性问题。并且指出，在计划管理上需要根据不同情况，采取指令性计划、指导性计划和允许企业根据市场的供求变化灵活地自行安排生产等不同形式。完善经济责任制必须在上述原则指导下进行。

实行经济责任制，首先要明确企业对国家的经济责任，并赋予企业一定的自主权限，使企业的经济利益与企业生产经营成果直接联系，把责、权、利三者统一起来。其中责是第一位的。企业的责任，首先是全面完成国家计划。企业要顾全大局，勇于承担任务，不仅要完成国家利润指标，而且要完成产量、质量、品种、消耗、成本等各项技术经济指标。对短线产品要积极增产，对限产产品不准超产。计划管理部门要努力提高计划的科学性，搞好综合平衡，逐步做到各项计划指标互相衔接，由一个部门下达。

根据不同的计划管理形式，企业应有不同程度的计划管理方面的自主权限。对指令性计划要严格执行，发现计划与实际情况不完全符合，或者由于主要原材料、能源供应不足，企业经过努力仍然解决不了时，可以向上级计划部门提出修改计划的建议，经过批准，进行调整。企业在完成国家计划的前提下，有权根据市场需要和能源、原材料的可能，挖掘生产潜力，增产适销对路的产品，弥补计划的不足。在执行指导性计划时，企业有权根据市场的供需情况，制订具体计划，报计划主管部门备案，组织生产。对国家规定市场调节的商品，允许企业根据市场供求变化自行安排生产，但必须遵守国家的政策法令。不论实行哪一种计划管理形式，供产销各部门之间，都要逐步建立合同制，严格按合同办事。

为了把经济搞活，必须给企业一定比例的产品自销权，以利于企业了解市场，及时调整产品结构，主动按照市场需要，生产紧缺产品，开发新产品，更好地满足社会需要。除国家特殊规定不准自销的产品外，包括统配、统购包销和紧缺产品，都要允许企业有一定比例的自销权。自销产品的比例，由有关主管部门按照不同产品，分别研究确定。自销产品的价格，要严格执行国务院关于发布《物价管理暂行条例》的通知（国发〔1982〕106号文）的规定。

各有关领导部门一定要注意研究实践经验，总结出一套既坚持计划经济为主，又能充分调动企业和职工的积极性，提高社会经济效益的办法来。

二、努力搞好企业内部的经济责任制

当前完善经济责任制，要把工作重点放在落实企业内部经济责任制上面。根据一些先进单位的经验，要抓好下列工作：

（一）企业要根据国家宏观计划的要求和对国家承担的经济责任，制定一个以提高经济效益为中心的奋斗目标。按照责、权、利相结合，责字当头的原则，逐项分解，层层落实到科室、车间、班组直到个人。建立起一套纵横配套、上下结合的比较完整的岗位经济责任制。

（二）切实加强企业的各项基础工作和专业管理工作，特别要健全定额管理、计量检验、原始记录和考核制度。各项定额指标要先进合理，考核要严格认真，坚持按照标准和用数据进行考核。

（三）整顿奖励制度，在严格考核的基础上，克服奖金分配上的平均主义，真正使奖金起到鼓励先进、鞭策落后的作用。要做到限额不突破，单位不拉平，个人能升降。

（四）认真整顿劳动组织。现在不少企业超员太多，要逐步把岗位上多余人员抽出来。从岗位上下来的人，有的可以组织轮训，有的可以通过生活服务公司或劳动服务公司进行安排。各级领导部门和企业要作出计划，逐步实施。

（五）加强民主管理。要依靠广大职工当家作主办好企业。对企业的重大生产经营决策、自有资金的分配和使用、管理体制和规章制度的改革、职工的福利事业等，要发动广大职工讨论，提交职工代表大会审议，由职代会监督执行。

（六）坚持思想领先的原则，做好深入细致的思想政治工作，把严格的经济责任制同高度的政治责任心结合起来。

（七）按照“四化”要求调整好领导班子。这个班子要有革命事业心，有为国家多作贡献，努力提高经济效益的指导思想，能够认真执行党的政策，年富力强，有知识、懂业务、会管理、善经营。这是搞好企业整顿和完善经济责任制的决定性条件。

三、正确处理国家、企业、职工三者利益的关系

在分配上，一定要做到国家多收，保证国家适当集中财力，进行重点建设。企业和职工所得的增长，要通过改善经营管理，挖掘企业内部潜力来实现。

实行利润留成办法已经三年，明年大部分企业原定试点办法已经到期。为了保持政策的稳定性和连续性，一九八三年要继续执行国务院批转国家经委、国务院体制改革办公室关于实行工业生产经济责任制若干问题意见的通知（国发〔1981〕159 号文）和国务院批转关于实行工业生产经济责任制若干问题的暂行规定的通知（国发〔1981〕166 号文）规定的利润留成原则和办法。各地区、各部门要在总结经验的基础上，对企业目前实行的利润留成办法、留成比例、包干基数进行一次整顿。凡是不符合国务院规定，包干基数偏低，留成比例过高，重复提取，拿双份钱的，都应加以调整；对于违反财政纪律、截留利润、偷税漏税、乱摊成本，采取不正当手段挤占国家财政收入的，必须加以纠正。未经国家或省、市、自治区批准，任何单位不得向企业摊派费用。通过整顿，既要保证国家财政收入有较多的增加，支持重点建设；又要保护企业正当的利益，使之有条件进行技术改造和改善职工生活，以进一步调动企业的积极性。

利润留成形式，必须从实际出发，不搞一刀切。各地区、各部门根据所属企业的实际情况，可以按照国发〔1981〕159 号和国发〔1981〕166 号文件规定的七种利润留成形式和原则，选择一种办法实行。从各地的初步实践情况看，实行全行业利润留成，有利于明确企业主管部门的责任，调整企业之间的苦乐不均，推动行业内部的技术改造；经过机构改革、取消了工业局的县，也可采取以县经委为单位实行统一利润留成或利润包干的办法，以利于减少管理层次，调剂企业之间盈利的多寡；对于那些生产任务稳定，领导班子强，工作基础好，技术改造符合国家发展需要并纳入国家计划的大型企业，按照国务院文件规定的原则，部分省、市、自治区和主管部门可以选择两三个企业，报请国家经委和财政部批准，试行上交利润递增包干，一定几年不变。但不论采取什么形式，一个单位只能实行一种办法，并且必须保证国家多收。

对企业实行利润留成，要进一步贯彻奖勤罚懒的原则。在国家规定的总的留成水平范围内，各主管部门对那些特别努力、各项主要技术经济指标达到同行业先进水平、经营好、对国家贡献大的企业，利润留成比例可以适当高一些；经营差的企业，留成比例就应低一些。

根据当前财政经济状况，各省、市、自治区要做好工作，使职工的奖金明年继续维持在一九八一年的总水平上，总额不要突破。各级领导部门和企业要努力改进奖金的分配，克服平均主义。

四、把完善经济责任制和企业技术改造结合起来

开创社会主义现代化建设的新局面，实现本世纪末的战略目标，主要应依靠技术进步，依靠对现有企业的设备更新和技术改造。企业实行经济责任制以后，要完成对国家承担的经济责任并实现自己的经济利益，必须积极进行技术改造，提高经济效益。

企业生产发展基金、更新改造资金的使用，应当坚持正确方向，主要用于技术进步、技术改造和新产品试制。财政、银行要加强对企业资金使用的检查监督。防止盲目扩建和新建，避免重复建设。

在奖励基金中，应有一定份额，专门用于奖励对技术进步作出贡献的职工。

企业主管部门要制订行业技术改造的规划，指导企业合理使用资金，有计划、有重点、分期分批地搞好行业和企业的技术改造。企业要重视开展群众性的合理化建议和发明创造活动。要简化技术改造项目的审批手续，有关主管部门可采取定期联合办公等办法，加快对技术改造项目的审批。在保证国家计划统一领导下，要给主管局和企业一定的灵活机动权。

要实行产品的优质优价，鼓励企业提高产品质量，发展新产品，加快技术进步。

对分散在企业的结余资金，要研究采取适当的方式调剂使用，促进行业内部重点项目的改造。可以由银行设立信托部门，负责这项工作。银行贷款也应优先安排用于技术革新和技术改造。

五、统筹规划，加强领导

实行经济责任制是一项新的工作，我们要充分认识它的艰巨性和复杂性。还要看到，在国民经济调整时期，实行经济责任制受到许多外部条件的制约，工作上的困难会更多一些。我们应当知难而进，采取积极的态度，坚定不移地把工业经济责任制推向前进。

由于工业的门类多，不同行业、不同企业的情况千差万别，各地区、各部门在完善经济责任制工作中要统筹规划，分类指导。按照各类企业在国民经济中的地位和作用，正确地确定它们在生产、流通、分配等环节上的自主权限，提出不同的要求。首先要重点抓好大型企业完善经济责任制的工作，一个一个地研究落实，制定规划，使它们努力改善经营管理，加速技术革新、技术改造，尽快地把潜力发挥出来。同时，对一部分小型企业，可以实行上交所得税、自负盈亏，逐步放开，具体办法由财政部另行规定。

要总结经验，抓好典型。结合本地区本单位的情况，继续学习首钢的经验，同时也要总结推广本地区的经验，以点带面，推动经济责任制向前发展。

形势的发展，要求经济管理部门必须改进自己的工作。各级领导部门要结合行政机构

改革，逐步建立管理部门的责任制。要认真帮助企业解决完善经济责任制中的实际问题和困难，各有关部门要互相配合，通力合作，根据实际情况为企业创造必要的外部条件，力争在今后两三年内，使工业经济责任制逐步健全和完善起来。

附录2

工业经济责任制是企业依靠群众提高经济效益的新路子

（中共首都钢铁公司委员会　1983年1月10日）

首钢在中央、国务院领导同志的关怀指导下，从1979年开始进行工业管理体制改革的试点，实行了经济责任制。

工业经济责任制，是在社会主义条件下和宏观经济指导下，以责、权、利相结合为特点，以提高经济效益为中心，发挥社会主义公有制的优越性，依靠广大职工当家作主办好企业的新路子。它是对工业管理体制、制度、方法的一个重大改革。

三十多年来，我们在旧中国遗留下来的极端贫困落后的基础上，建立了一个比较完整的工业体系和国民经济体系，国民经济有了比较雄厚的物质基础，这是主要的。但是，由于我们工业管理体制上存在着统得过多、过死和吃大锅饭两大弊端，我们的成就应该说还没有达到应该达到的水平，社会主义制度的优越性，还没有充分发挥出来。党的三中全会以来，从根本上扭转了“左”倾错误方向，制定了一系列正确的路线、方针和政策，提出了调整、改革、整顿、提高的方针，要通过调整与改革，走出一条适合我国国情的发展国民经济的新路子。首钢实行工业经济责任制，就是对这条新路子的探索。

经济责任制调动了企业、个人的积极性

实行工业经济责任制，必须扩大企业自主权，在企业与国家的关系上实行经济责任制，发挥企业的积极性；同时，在企业内部层层实行经济责任制，充分发挥广大职工当家作主的积极性，这互相联系的两个方面，构成了一个不可分割的整体。在这两方面都贯彻责、权、利相结合的原则。

企业是国民经济的细胞，是创造财富的源泉。可是，过去把企业捆得太死了。像首钢这样一个年产值10亿元以上的大企业，连买个价值400多元的7.5kW的马达都没有权。1979年开始扩权，虽然办法一年一变，而且往往要到年末才定下来，但是，毕竟是比过去活得多了。企业有了利润留成，并且能与折旧费捆起来用，打破了“打油的钱不许买醋”的限制，可以上一些急需而又见效快的措施了。比如，首钢选矿厂实现磁滑轮新工艺，可剔出占原矿10%的废石，投资308万元，一年就增产精矿粉18万吨，收益500万元。首钢实行经济责任制后，在保证国家增收的前提下，做到了企业多留。

在宏观经济指导下，企业活起来，并逐步富起来，这是工业管理体制改革的一大收获。国民经济的发展要走以内涵为主的道路，必须使企业有一定的经营自主权和机动财力，活才能富，富才能更活，不断扩大经济效益。

有人担心，企业扩权以后会冲击计划经济。从首钢情况看，扩权以来，确保了国家下达的指令性计划的全面完成，计划调拨量一吨也不少，调拨不出去的，企业及时调整产品结构，做到适销对路，弥补了国家计划对企业生产安排的不足；重大改造项目都报国家批准；销售价格和奖励标准都执行国家统一规定。这就把宏观经济的指导与把微观经济搞活有机地结合起来。至于有的企业钱多了，就重复建设，乱发奖金，这同扩权没有必然的联系，不过是经济立法不完善，执行纪律不严格而已。

把工业经济责任制完整地建立起来，还必须把企业内部的经济责任制搞好。

在我们社会主义国家里，广大职工是企业的主人。在扩权之后，企业领导人的责任加重了，积极性提高了；但是，怎样体现广大职工当家作主，发挥每个人的积极性，这个问题并没有解决。我们的改革，与苏联和一些东欧国家有相同之处，都是扩大企业自主权，但也有根本的区别。他们是把权扩大给企业领导。苏联 1974 年颁布的《企业条例》就明确规定："企业经理是实行一长制的全权领导人。"匈牙利部长会议副主席蒂马尔在《匈牙利的经济改革》一书中说他们的改革是："采用大大削弱中央权限的管理办法，允许各级领导发挥主动性和创造性。"而我们则是把权扩大给广大职工，继承党的优良传统，依靠广大群众建设社会主义。国务院主要领导同志曾经指出："扩大企业自主权，从实质讲就是扩大职工管理企业自主权，使职工真正成为企业的主人。"因此，必须把企业对国家承担的经济责任，层层落实到人，实行责、权、利相结合的原则，建立企业内部的经济责任制。

搞好企业内部经济责任制，必须抓住"包""保""核"三个基本环节。

一是全面包，层层包，包到人。包的内容并不只是指标的分解，企业的全部业务工作和规章制度的执行，都要层层分解落实到人。要通过建立逐级的直到每个人的岗位经济责任制，把每项指标、每项业务、每件工作的量的、质的和时限的要求，包括表现为货币的指标与不表现为货币的操作要求、工作要求，一项不漏地层层包到人。这就把企业对国家应负的经济责任，和职工参与决策制定的企业经营目标，都落在每一职工的肩上。

二是把单位之间、岗位之间互为条件的具体协作要求，也作为逐级一直到人的经济责任制的另一项重要内容。工业不同于农业，它是社会化的大生产，每时每刻都有千百万件工作在进行。企业每项工作都有个上下左右之间的协作关系，这些协作任务也要一件一件地落实到人，同样作为经济责任，保证完成。这样，包、保结合，才能形成多工种、多专业的相互协作的劳动集体，推动生产、技术、经营、管理工作的协调开展，保证企业总体规划与经营目标的实现。

三是对每个单位、每一岗位的每条包、保责任，都要严格考核，与分配挂钩，对失职者进行处理。严格的考核是贯彻经济责任制的保证，按劳分配是经济责任制不可缺少的经济动力。在考核上，我们坚持指标要先进合理，工作要高标准。这是关系是否把国家利益放在第一位的关键。指标过低，任务轻而易举，奖金垂手可得，就失去了实行经济责任制的意义。正如斯大林指出的：技术定额是一种巨大的调节力量，它能在生产中把广泛的工人群众组织在工人阶级先进分子的周围。所以，落实到人的各项包、保指标和工作要求，既是先进的，又不能超过客观可能，而是经过艰苦努力能够达到的。用工人的话说，就是要“跳着够”，不能“猫腰拣”。考核标准定下来，就要坚持不讲情面，不讲客观原因，不搞“好人主义”，做到严格考核，赏罚严明。

以上三条任何一条不落实，经济责任制就不能真正落实。包、保、核落实到人，就把企业里各方面的业务工作，包括计划管理、技术管理、质量管理、经济核算、人事劳动等，都层层分解落实到人，是专业管理与群众管理的有效结合和全面加强。包、保、核本身就体现了人人核算、全面核算。

4 年来，特别是 1981 年下半年层层落实经济责任制后，企业里每个职工都明确了自己对国家、对企业应负的具体责任和应做的具体贡献，不仅使企业的各项工作得到真正的落实，也引起了人们精神面貌的变化。广大职工都尽主人之责，处处精打细算，人人当家理财。初轧厂的均热炉，要从里面把热钢锭夹出来放在轧机上轧制，以前的操作方法是先把均热炉的炉盖打开，然后开来吊车夹钢锭。工人们算了一笔账，炉盖每敞开一分钟，要散失 6 万大卡热量，等于白白损失 6 公斤重油。于是他们想办法先把吊车开来，然后再揭开均热炉盖，每次可缩短半分钟，节省重油 3 公斤。经济责任制冲击了“大锅饭”，懒人变勤快了，后进变先进。有一名工人，过去为了泡病假不上班，曾用砖头把自己的手砸伤。现在抢挑重担，工休日也来加班，还被评为先进职工，当上了炉前班长。他在接待记者采访时说：过去我是三个看不到，看不到自己的前途、企业的发展、国家的希望，三中全会以后，实行经济责任制，自己生活改善，企业蒸蒸日上，国家前途似锦，浑身有使不完的劲。这些事例层出不穷。正是广大职工这种强烈的主人翁责任感和高涨的劳动热情，使各方面的潜力不断挖掘出来，经济效益不断提高。

1981 年实现了减产增收。1982 年，利润又提高到 4.1 亿元，按同口径比较比 1981 年增长 20%。

实行经济责任制以来，首钢的经济效益连年大幅度增长。1982 年，产值利润率达到 35.5%，资金利润率达到 32.3%，销售利润率达到 33%，均为全国钢铁联合企业的先进水平。

能耗创造了历史新水平。每炼一吨铁的焦炭消耗，1982 年降到 409 公斤，达到国际先进水平；每炼一吨钢的可比能耗，1980 年为 1121 公斤，1981 年降为 993 公斤，1982 年又降到 980 公斤，达到全国最好水平。

品种增加，质量显著提高。1982 年优质产品的产值占总产值的比重达到 81.31%，并消灭了二类、三类产品。

1982 年在 55 项可比技术经济指标中，有 32 项居全国领先地位。

实行经济责任制以来，随着经济效益的增长，在保证国家收入逐年增加的前提下，企业自有资金也多了。几年来，我们除了进行26项重大项目的更新改造外，还对工厂环境进行了有效的治理。目前，首钢的粉尘放散率比三年前减少了70%，水的循环利用率达到89.5%，绿化覆盖面积达到24.1%（1978年为7%），使厂区已初具公园化气息。此外，我们还自筹资金，四年建设职工住宅36万平方米。广大职工从实践中体会到经济责任制确实是一条富国利民、兴旺发达之路。

首钢实行经济责任制的经验证明：耀邦同志提出的要发挥中央、地方、企业、个人四个积极性这一指导方针是完全正确的。把企业和个人这两个积极性充分发挥出来，职工真正当家作主，企业活了起来，就可以创造更多的社会物质财富。按照这条路子坚定不移地走下去，将推动我国国民经济的蓬勃开展，我们的事业大有希望！

经济责任制是对企业全面的、建设性的整顿

实行经济责任制和企业整顿是一致的。经济责任制推动了企业整顿，把企业整顿到提高经济效益的新路子上来。

一是经济责任制推动企业进行正确的决策。过去企业与市场隔绝，奉命行事，吃大锅饭，无须做多少重大决策。实行经济责任制扩大了的自主权就是决策权，如何运用好决策权，则是摆在企业和广大职工面前的新课题。

决策是否正确，决定着企业经济效益的有无和大小，决定着企业各方面的发展。任何一个企业，要把自己的工作推向前进，都必须做出正确的决策，全面规划，统筹安排。

决策是一项技术性、业务性、政策性很强的工作。它包括投资方向的选择、时间的争取、重大新技术的采用；根据社会和市场需要，调整产品结构和服务方向；根据工作的发展，改革管理机构、制度，调整经营方针；按照国家政策，掌握发展生产与改善生活的比例关系，以及处理好宏观经济与微观经济的关系；等等。

正确的决策，来源于对情况的正确判断。为此，企业要做好大量的外部和内部的调查研究工作；要依靠广大职工和各方面专家的集体智慧，并由企业党委作为对重大问题进行集体决策的中心。

首钢经营管理重大问题的决策，包括企业中长期发展规划、年度计划、自有资金的使用、奖励制度的改进等，都是先由党委常委会同有关方面专家提出初步方案，然后召开职工代表大会常任主席团扩大会、党委扩大会，并传达到全公司职工进行讨论，集思广益，献计献策，吸收群众直接参与决策，最后召开职工代表大会，正式形成决议。

企业里任何一项重要的工作，都有个决策问题，都应当经过周密的调查研究，搞出方案来，提出明确的目标、要求，动员大家为之奋斗。

二是经济责任制推动了责任制的发展。责任制和数据管理是企业管理的两大基础。企业一切工作的开展都必须通过责任制去进行。每项工作、每件事情没有纳入有关人员的责任制，就无人负责。任何单位、任何部门没有明确的责任制，必然陷入混乱状态。这是办事效率低、互相扯皮、互相推脱的根本原因。正如列宁所说："管理的基本原则是，一定

的人对所管的一定的工作完全负责。”他又说“对各项职务建立极严格的责任制”。几年来，首钢在建立和健全责任制方面，做了一些工作。层层实行经济责任制后，把企业对国家的经济责任，按照责、权、利相结合的原则，层层包到班组、岗位和个人，纳入责任制，并且与分配挂钩，出现了各就其位、各司其职、各尽其责的新局面。

三是经济责任制推动了数据管理。数据管理是企业管理的又一大基础。数据不只是定额，它是一切需要用数字表现的范畴。企业的一切活动都要以一定的数据为依据，一切活动过程又要用一定的数据来控制，最后还要用数据反映成果。没有数据就不能决策；没有数据就不能指挥；没有数据就不能控制；没有数据就不能判断成果。没有数据，对任何人的工作、任何一种产品的状况，都不能判定。

实行经济责任制后，经营管理更细、更严了，更讲究效益、效率、时间了，对数据管理要求也就更高了。经济责任制本身，就包括一场大规模的数据建设。

过去传统的概念，企业里的各种技术经济指标和各种人力、物力、财力的利用、消耗定额，就是数据管理的范围。实行经济责任制之后，这个传统概念打破了。因为层层包、保到人的数据，不仅包括各种指标、定额的层层分解，还包括大量的不是直接从指标、定额分解出来的数据，如每个岗位的工艺标准、技术要求、操作要求、协作要求等，也都数据化了。像为了保证实现技术经济指标，对每台设备的温度、压力、速度等方面的控制，都有明确的数据要求。又如，企业的各项管理业务要求，虽然不是指标、定额，也都数据化了。上边这些数据，同层层分解落实到人的指标、定额一起，都纳入了包、保、核体系，这就使指令性数据体系的范围大大扩展了。而且，过去在“大锅饭”的旧体制下，经济效益与经济利益脱节，对指标、定额的考核不严，数据的反馈体系很不健全。实行经济责任制之后，从企业生产经营活动的控制与调节、到经济效益的分析与考核、到经济利益的分配，都要根据指令性数据的执行结果来判定，这样，数据反馈体系也就迅速健全了起来。现在仅首钢计划部门每天涉及的数据就上百万。类推到各个专业、各个部门，将以亿计。对这些浩繁的数据的采集、整理、传递、分析、储存、反馈，只靠人工处理是难以办到了，迫切要求采用电子计算机现代管理手段；同时，数据管理的健全也为电子计算机应用于管理创造了条件。

四是经济责任制推动了专业管理工作和规章制度的改革。企业的各项规章制度，是各项工作必须遵循的轨道和准则，是国家有关方针、政策的具体化，是企业的法律，必须人人遵守。如经营调度制度、设备管理制度、质量检验制度、工资奖励制度等等。没有制度一切工作都无所遵循。

实行经济责任制以后，企业由单纯生产型变为生产经营型，各项规章制度和专业管理都进行了相应的改革。例如，计划管理从过去的生产技术财务计划，发展为全面的经营计划；调度工作从单纯的生产调度，变为产、销、运、收统一的经营调度，保证经营目标的实现。各项规章制度都要按照经济责任制的要求进行改革，用制度把改革的成果固定下来。

五是经济责任制推动了严格考核。企业有了责任制、数据管理两大基础工作，如果没有严格的考核，这个基础必然会逐步瓦解。过去考核不严是个通病。企业实行经济责任制后，严格的考核，不仅是领导者的职责，也成为群众的普遍要求。那种对人、对事态度暧昧、功过不分、老好人式的领导，群众已经不欢迎了。同时，由于逐级逐人都有了明确的经济责任与考核标准，也使严格的逐级考核成为可能。

严格考核就要对每个单位、每个部门直至每个人的每项经济责任、每条包保任务、每项制度的执行情况，坚持按标准考核。并且把考核的结果积累起来，作为奖惩的依据。不能强调客观原因而降低考核标准，只要国家没有得到经济实惠，企业和职工就不能得到经济利益。这样做可以更好地促使大家发挥主观能动性，千方百计克服困难，完成自己对国家承担的经济责任。

严格考核必须从各级领导严起。这是坚持经济责任制的一个中心环节。对各级领导干部严了，才能逐级严格要求下级，不搞“关系学”，克服好人主义。要做到无论领导还是群众，在考核标准面前人人平等。

六是经济责任制推动了按劳分配原则的贯彻。按劳分配是社会主义的大原则。马克思在论述巴黎公社经验时就指出，公社制度是“使劳动在经济上获得解放的政治形式”，否则就“是一个骗局”。劳动在经济上的解放，包括在改变资本家所有制的同时，把按资分配变为按劳分配。

实行经济责任制之后，按劳分配原则得到进一步贯彻。职工得奖的多少，不仅取决于个人贡献的大小，还取决于集体的劳动成果和企业对国家的贡献，这和过去的计件、计时奖励制度不相同，它不仅打破了平均主义，调动了职工个人的积极性，而且培养了集体主义精神。

我们的奖金分配原则是：总额不超过，单位不拉平，个人不封顶。

“总额不超过”，就是全部奖金支出绝不超过国家规定的水平。1982 年上级核定首钢总的奖金水平为三个月平均标准工资，实际支出为 2. 96 个月。

“单位不拉平”，就是在企业内部，对各厂矿处室、车间科室及班组岗位，根据其工作的重要程度、技术繁简和劳动条件好坏的差别，规定不同的奖金水平和奖励系数，在奖励标准上拉开差距。“个人不封顶”，就是对于完成经济责任制保包任务特别出色的个人，允许奖金冒尖。对去年 10 月全公司 73524 名职工得奖情况的调查，平均每人得奖为 12. 1 元，其中月奖在 35 元以上的“冒尖户”（最高者 66. 2 元）245 人，占 0. 33%；月奖满 20 元以上的占 11. 97%；月奖满 10 元以上的占 55. 88%；月奖在 10 元以下的 22. 43%；但是也还有 6884 人占 9. 36%完全没得奖。

七是经济责任制推动了劳动纪律的整顿和加强。纪律是提高效率和效益的保证；是贯彻规章制度的保证；是执行责任制的保证。过去普遍存在的问题是纪律松弛。企业是按照分工与协作进行的共同劳动，没有严格的纪律是不可想象的。任何一个细微环节的失误，都可能牵动全局。我们发生过这样一次事故：电力厂的一条线路出了问题，自动复合闸本来可以自动倒向另一条线路，但由于一根保险丝断了，事前没有检查出来，发生了断电事故。断电影响到动力厂供水车间的水泵停止运行，司机开另一台水泵时，却又因电钮故障，开动不起来，造成了鼓风机自动断水停机；事故又发展到炼铁厂，使高炉风口灌渣，停产八小时，减产生铁1200吨。这次断电事故还影响到铸管厂停电25分钟，少产铸管49吨。两项共计损失利润9万余元。可见，工业企业大生产的特点，客观上要求每一个职工都必须兢兢业业、准确无误地完成他的每项任务。劳动纪律决不仅仅是不迟到、不早退，它是企业完成一切工作的保障。正如恩格斯所说："至少就劳动时间而言，可以在这些工厂的大门上写上这样一句话：进门者请放弃一切自治！"

实行经济责任制，明确了每一个职工的经济责任和必须遵守的规章制度，严格考核、严明奖惩，这本身就是对劳动纪律最有效的整顿和加强。纪律的概念不再仅是不迟到、不早退，而是自觉地遵章守纪、严格要求。目前，首钢职工队伍中，遵章守纪、严格按规程制度办事的好风气正在逐渐形成，坚持"三个百分之百"（百分之百地执行规章制度；违规违制百分之百地登记；违规违制者，不论是否造成后果，都要百分之百地扣发当月奖金），正在成为群众的自觉行动，安全生产出现了前所未有的新局面，出现连续20个月未发生工业人身死亡事故的好成绩。

八是经济责任制推动了各级企业领导班子的整顿。政治路线确定之后，干部就是决定因素。一个单位、一个部门工作的好坏主要决定于领导班子的状况。经验证明：一个落后的单位，只要把班子调整好了，没有不在几个月之内发生变化的。实行经济责任制，随着企业经济效益的不断提高，技术改造规模不断扩大，生产力将日益现代化，这就给企业各项工作提出了越来越高的要求。领导班子同不断变化着的新要求之间，将会是一个不适应—适应—再不适应—再适应的矛盾发展过程。不适应主要是发生在政治思想水平、精神状态、工作能力和精力这四个方面。因此，要在加强教育和培训的基础上，按照革命化、年轻化、知识化、专业化的要求，不断整顿和调整各级领导班子，把那些符合干部四化条件，又有组织能力、能够打开新局面的同志提拔到主要领导岗位上来。我们坚持干部能上能下的原则，教育干部，能干就干，一定干好；干不好就学，努力进取；不行，就自动让贤，到自己能胜任的岗位上去。

1978年以来，我们提拔任命了厂处级干部140名，占现职厂处级干部的35.7%，其中高中以上文化程度的占87.1%，有技术职称的占77.9%，1978年以来调整下去的厂处级干部达210人，占现职厂处级干部的53.6%。厂矿班子党政一把手中高中以上文化程度的占62.1%，有技术职称的占65.2%。其他学历不高、没有职称者，多数也是懂生产、会管理的。经过不断整顿，一支思想解放、立志改革、精神振奋、年富力强、熟悉业务的领导骨干队伍正在形成，推动着首钢各项工作的前进。

经济责任制对企业各方面工作的推动作用，说明实行经济责任制的过程，也就是对企业进行全面的、建设性整顿的过程。

一靠政策，二靠科学，实现十五年内总产值翻两番

实行经济责任制以后，广大职工的主人翁积极性日益高涨，集中表现在人人关心企业

的经营成果，都在认真思考怎样用合理的技术工艺和经营管理，持续地、大幅度地提高经济效益。

国务院主要领导同志多次强调，要把实行经济责任制同搞好企业技术改造和改善经营管理结合起来。企业提高经济效益，要靠“三个正当”，即正当的途径、正当的手段、取得正当的收益。那么，最主要的正当途径和正当手段，就是在生产技术和经营管理这两大领域里，掌握和运用先进的科学，也就是向科学技术和科学管理要效益。在完善经济责任制的基础上，开展生产组织合理化与经营管理合理化，就是靠政策加科学，不断提高经济效益。科学是无止境的，两个合理化的潜力也是无穷无尽的，它是企业以内含为主扩大再生产的必由之路，是永不枯竭的财富的源泉。

生产组织合理化，主要是通过技术改造，广泛地采用新技术、新设备、新工艺、新材料，把生产转到新的先进的技术基础上来，使新的科研成果尽快地转化为现实的生产力。生产组织合理化同50年代的合理化建议活动相比，内容丰富，范围广泛，经济效益更加突出。它不只是对生产过程的某个环节进行局部的、单体的小改小革，而是从提高综合经济效益出发，对长期沿袭下来的旧的技术、旧的工艺、旧的设备大胆地进行改革。去年，公司组织实施的较大的生产组织合理化项目125个，一批收益大、见效快的技术改造项目，包括650轧机改造、三铸管改造、轻苯搬迁、粗蒽工程、水厂铁矿磁滑轮措施等，对提高经济效益起了重大作用。还实现了从锭到材定尺轧制、控制轧制、提高热锭温度、提高铁水的温度、降低风口破损，提高500/400轧机机时产量等合理化项目，取得经济效益共达2300余万元。

经营管理合理化，就是按照党的三中全会以来的各项方针、政策，以提高经济效益为中心，对企业管理的体制、机构、制度、方法，对生产、流通、分配各个领域中不适应生产力发展的环节，不断进行改革，广泛采用先进的、科学的管理方法，逐步实现企业经营管理的现代化、科学化。去年，各厂矿、处室提出340项建议和课题，公司集中了40个课题进行研究，已经取得经济效益440万元。例如，对指令性指标体系进行了改革，按照提高综合经济效果的要求，对一批技术经济指标的最佳值进行了优选。又如，对科技人员，按照技术改进成果的大小，实行了科技成果奖。再如，我们在建立“宝塔”形指令数据体系和数据反馈系统的基础上，逐步扩大了电子计算机应用于管理的范围，包括生产经营日报、销售合同、财务报表、工资计算以及当天和累计利润的测算、按旬进行生产成本和占用流动资金的测算等。

两个合理化与完善经济责任制是相辅相成、互相推动的。经济责任制推动着两个合理化不断地向纵深发展；而两个合理化又为完善经济责任制不断增添新的内容、提出更新的要求。企业生产技术经营管理上出现的这一良性循环，是经济效益持续提高的重要保证。

实行经济责任制后就有了更加充分的条件，可以依靠自己的力量制订中长期规划。

去年四月，国务院主要领导同志批准首钢实行上交利润逐年递增6%包干，而且一定几年不变。这是在不断完善经济责任制的实践中摸索出来的一个好办法。这个办法把企业对国家承担的经济责任（上交利润部分），用包干的形式明确起来，固定下来，企业实现的利润在完成了上交任务之后，余额归己。这就使企业有条件制订中长期发展规划，依靠自己的力量积累资金，有计划、有步骤地对企业进行技术改造。

批准首钢实行上交利润逐年递增包干后，去年5月，我们曾经讨论制订了到1985年的发展规划，确定了"十大目标"。党的十二大提出到本世纪末使我国工农业总产值翻两番的宏伟目标后，我们在学习、贯彻党的十二大文件的过程中，从首钢的实际出发，在三年规划、十大目标的基础上，又进一步提出靠企业自己积累的资金进行全面技术改造，在15年内，也就是到1995年，实现工业总产值比1980年翻两番，把首钢改造成现代化、公园化的钢铁联合企业的规划。翻番步骤如下。

第一步，到1987年止，用8.7亿元改造资金，实现产值翻一番，即由1980年的9.6亿元增加到1987年的19.2亿元。工作重点放在节约能源方面，改造锅炉、安装发电机、回收转炉煤气，以便腾出能源为下一个翻番打下基础。同时，采取措施对烧结、焦炉、高炉、炼钢进行改造、大修或移地大修，把目前的三座30吨氧气顶吹转炉改造为120吨的炉子，同时上铁水预处理、化合金电炉和真空脱气、吹氩装置，并上连铸机；改造试验厂形成以转炉生产合金钢的生产试验基地，上化合金电炉、真空精炼设备、模锻等，使炼钢能力由目前的140万吨扩大到300万吨，向多生产低合金钢、合金钢发展。改变产品结构，增加球墨铸铁管、石油管，生产多品种的中型材、小型材、线材、冷拔材和电焊管，建成1.7米热轧中板线，生产中板。

第二步，到1995年止，再用17.3亿元改造资金，实现第二个翻番，即使产值由1987年的19.2亿元，增加到1995年的38.4亿元。重点是建成1.7米热轧板机、冷轧板机和不锈钢板、硅钢片、涂层板系统，生产镀锡、镀锌、涂层、不锈钢板和硅钢片，发展优质合金钢材，以及易拉罐头盒、金属制品等。

企业的改造、翻番规划，要符合国家计划的宏观要求，讲求社会的经济效益，同国民经济调整的步调相一致，同国家经济建设的战略重点相一致。在这方面，我们坚持做到以下几点。

（一）保证国家财政收入的稳收增收

耀邦同志在党的十二大报告中指出："要实现今后二十年的战略目标，必须由国家集中必要的资金，分清轻重缓急，进行重点建设。"企业的改造、翻番必须服从这个宏观经济的全局，不能挖国家重点建设的资金，而且，还要确保国家财政的逐年增收。首钢的改造、翻番规划是靠实行经济责任制，提高经济效益，创造更高的增长率，从超出正常增长率那部分中多留，积累技术改造的资金。这样，既保证财政稳收增收，又筹集了企业的改造资金，有了一定的机动财力。首钢实行的上交利润逐年递增6%包干，就是按照这个原则确定的。这种做法是把"保险"让给国家，"风险"留给自己。到1995年的13年，首钢累计上缴利润将达到63亿元，加上能源、交通重点建设费，国家共实收相当于现在首钢固定资产净值10.5亿元的6倍，等于每两年向国家上缴一个首钢。而且，这是实收，因为包干之后，国家不再给企业返回基建和专项基金了。企业留用的资金，2/3 用于技术改造，15 年可新增固定资产 20 余亿元，这也是为国家增加了财富。

（二）坚持自力更生，做到“四个不要”

当前能源和交通的紧张是制约我国经济发展的一个重要因素。我们在制订改造、翻番规划时，充分考虑了这一点，提出了“四个不要”，即：不要国家投资，不向国家多要能源，不多用水，不增加外部运输量。

不多要能源，靠改造设备、提高能源利用率增加电力来求得解决。规划中优先安排了节约能源的项目，如把耗能高的 22 台小工业锅炉全部拆掉，建三座 220 吨的大锅炉，并配备两台抽气式和一台背压式发电机组。锅炉更新后热效率可从原来的 20%提高到 50%左右，并先以高压汽发电，后以中、低压汽供应各处使用，除保证厂区全部蒸汽供应外，每小时还可白赚电力 9 万~10 万千瓦，每年可节煤 30 万吨。此外，还要利用高炉的高压煤气，上压差发电设备；利用轧钢加热炉余热发电；上干熄焦措施，用熄焦余热发电；结合炼钢移地改造，回收转炉煤气；把全部水泵换成节能水泵，广泛采用可控硅供电，可使生产用电节约 1/4。由于千方百计地节约能源，1995 年以前全公司的可比吨钢能耗可由目前的 980 公斤降到 800 公斤以下，节约出相当于 46 万吨标准煤的能源，并增加每小时 17.8 万千瓦的电力，新建的深加工项目所需的能源可全部满足。

不多用水，靠提高水的循环利用率满足实现翻番的需要。目前工业用新水补充量为 1.627 立方米/秒，外排量 1.517 立方米/秒，1995 年做到新水补充量不增加，并建污水处理厂，做到水不外排，水的循环利用率由目前的 89%提高到 95%以上。新建项目用水净增 1.2 立方米/秒，可从回收外排水中解决。

不增加厂外运输量，是由于保持 300 万吨铁的规模不扩大，靠内部深加工搞翻番，所以外部运输的吞吐量没有增加。

不要国家投资，是以提高经济效益为前提，在自有资金运用上，采用“驴打滚”的办法。例如，今年上半年首钢对初轧机进行了技术改造，在 650 轧机后部加了两座机架，全部改造投资 1300 万元，一年可增产小方坯 30 万~40 万吨，增利 1400 万元，不到一年就可收回。而且，今后年年都可有 1400 万元的收益，用于新的改造项目。1983 年到 1995 年，首钢将完成 26 项重点技术改造工程，总投资共 34 亿元，除按国家规定提取的更改资金以外，主要就是靠上述“驴打滚”的办法，加速自有资金的增值，使资金越滚越多。规划中对实现利润的安排是 1983~1985 年平均每年递增 15%，1986~1988 年平均递增 9%，1989~1995 年平均递增 7%，预计到 1995 年实现利润总额 113 亿元，上交利润后，尚余 45 亿元，即可用来解决改造所需的资金。

（三）积极采用新技术、新设备、新工艺、新材料，提高技术装备的现代化水平，向科学技术要效益

首钢实现改造、翻番规划以后，技术装备将达到国际先进水平。主要生产系统采用的新技术有 120 项。如铁系统，把目前新二高炉已经采用的新技术，包括无钟炉顶、汽化冷

却、运料皮带化和自动控制上料、环保除尘设施等推广应用到其他三座高炉上；焦炉上干法熄焦、成型炼焦等新工艺；炼钢推广炉外精炼、真空脱气、复合吹炼、钢包吹氩、板坯连铸等新工艺；轧钢系统采用45°轧机、切分轧制、无头轧制、活套控制、钢板尺寸自动测量等新技术。这些措施上去以后，将使我公司产品的性能和精确度大大提高，做到全部产品质量达到国际标准，并创出一大批名牌产品。规划中，还包括从矿到材全部生产过程实现电子计算机控制和经营管理工作电子计算机化，建设一个能源控制中心，形成三级计算机管理网。

（四）服从宏观经济要求，为提高社会经济效益做贡献

按照中央书记处的四项指示，首都的重工业要充分利用现有基础，进行技术改造，向产品深加工发展，提高质量，增加品种，提高经济效益。我们的改造、翻番规划，正是贯彻了这个精神。规划是在保持现有300万吨铁的规模的条件下安排的，提高经济效益主要靠通过对钢和材的生产系统进行改造、配套，把厂区的生铁变成钢；对炼钢的改造是把大力发展合金钢、低合金钢的生产，作为技术改造的方向，逐步使钢的产量中低合金钢占30%~35%，合金钢占10%或更多一些，逐步做到转炉能基本上生产全部钢种；进而再深加工成各种社会需要，特别是首都建设需要的钢材，增产一大批高档产品、优质产品和尖端产品，包括高层建筑用的电梯钢，优质线材，低合金型材农村建房用的Z型钢，煤矿建设急需的π型钢，为能源建设服务的石油管，城市建设需要的镀锌管、球墨铸铁管，为交通运输和轻工生产服务的汽车板、造船板、深冲板、镀锌板、镀锡板、彩色涂层板、不锈钢板以及易拉罐头盒、矽钢片等。北京市所需的钢材，除重轨、厚板、大型型钢、大口径钢管之外，均可全部或部分自给，自给率将由目前的36%提高到80%以上。首钢的生铁全部深加工后，为了不甩掉商品铁的老用户，我们打算帮助涉县铁厂提高生产水平，以满足用户需要。

改造规划还特别重视按照国家规定标准治理污染，绿化、美化厂容，使首钢成为首都对外开放的一个橱窗。列入规划中的一烧改造、炼钢移地大修、焦炉干熄焦等重大项目实现以后，主要污染源就可以全部消除。到1995年厂区地面和立体绿化面积将达到50%以上，并在厂内建成石景山公园、炉前公园、水上公园和月季园，使首钢成为一个无公害、风景宜人、可供观赏的公园化工厂。

规划中还包括为城市建设服务的项目。如每天供应市区煤气80万立方米，可解决25万~30万户的生活用气。减少城区烟尘污染。把第一轧钢厂迁建到石景山厂区后，不仅消除了市区污染、噪声点，而且在原址建设食品厂、餐厅等，为发展首都的食品服务业贡献力量。规划中还安排建设冷藏库、水果和蔬菜保鲜库以及增建同住宅建设相配套的商店、学校、邮局、托儿所等。

（五）在发展生产的同时，逐步改善职工的物质、文化生活

首钢的规划，不仅包括生产建设的内容，还包括改善职工的物质、文化生活，使规划成为一个经济技术和社会发展的全面规划。这样，就更好地贯彻了物质利益原则，体现国

家、企业、职工三者利益的一致性，使广大职工直接看到自己创造的企业的未来，同自己生活的改善是紧密联系在一起的。

到 1995 年，首钢的总产值翻两番，职工生活也要提前五年达到小康水平。1995 年以前，企业留用利润的 1/3 用于改善职工生活。

在总产值翻两番的同时，职工人数不增，到 1995 年劳动生产率比 1980 年提高 3 倍；在此基础上，职工平均工资可比目前的 53 元翻一番，实现收入倍增。

生活福利事业将有一个较大的发展。规划前期要优先解决职工生活中最为迫切的实际问题，然后由低到高逐步实现向小康水平迈进。今后 13 年内要新建和改造老区住宅 200 万平方米，计划到 1985 年，1975 年以前入厂的职工可全部住上公房，老职工中的特殊挤住户可得到全部解决；到 1987 年，1982 年以前入厂职工可全部住上公司公房。1988 年开始按照小康标准建造新的职工住宅，人均居住 10 平方米左右，并使职工有条件购置电冰箱、彩色电视机、洗衣机、沙发床等高档消费品。同时，还要逐步建设一批文化福利设施，如体育馆、游泳池、旱冰场、图书馆，在职工生活区建剧场、俱乐部、公园，还要建休养院，改造和扩建医院等。

我们在制订规划过程中，坚持了领导与群众相结合，充分发挥广大职工当家做主的积极性，集中群众的智慧。党的十二大之后，我们在组织广大职工认真学习党的十二大文件的基础上，引导大家认真思考：到本世纪末，全国工农业总产值要翻两番，我们首钢怎样做贡献？怎样开创新局面？对首钢的中长期发展规划，进行了热烈讨论，职工群众表现出空前的社会主义积极性。参加讨论的人数比平时出勤的人还多，连许多轮休、病休在家的职工也赶来参加讨论，人人献计献策，提合理化建议，在短短 20 天的时间里，提出各种合理化建议和修改、补充意见两万多条。许多职工兴奋地说："这个规划，既有中长期奋斗目标，又有近期的工作要求；既有生产建议的部署，又有物质、文化生活的安排；既能看到美好的未来，又有当前的干头，真是鼓舞人心！"职工群众感触很深，他们讲："有了规划方案，感到党的十二大提出的战略目标更近了，小康水平看得见了，实现共产主义的信心更足了。"这个规划经过修改、充实，已经职工代表大会正式审议通过，成为 7 万人的共同行动纲领。广大职工决心用自己辛勤的劳动去创造自己规划的美好未来，许多老工人表示要抓紧时间为实现规划多做贡献，为子孙后代造福，退休后才能问心无愧；许多青工表示：我们是规划的主要受益者，更应当好好干！中年职工表示要挑重担，让规划的蓝图在自己手中实现。全公司出现了 7 万人同心协力开创新局面的动人景象。

工业经济责任制的威力所在

首钢实行工业经济责任制之后经济效益提高幅度之大，出乎人们的预料。

实行经济责任制后的 1979 年到 1982 年，同实行经济责任制前的 1975 年到 1978 年相比，生产规模基本没变，平均每年实现利润由 1.46 亿元增加到 3.05 亿元，提高 1.09 倍；平均每年上交利润由 1.44 亿元增加到 2.54 亿元，扣除预算拨款后，平均每年国家实收额由5610万元增加到2.23亿元，提高2.97倍。

实行经济责任制后的四年，实现利润平均每年递增20%，实现利润四年翻了一番，四年累计上交利润10.16亿元，相当于首钢现有固定资产的净值，等于4年上交了一个“首钢”。另外，首钢还留用自有资金1.76亿元，用于生产发展基金、福利基金和奖励基金。4年来，国家收入的增长大于企业利润的增长，企业利润的增长又大于产量的增长，产量的增长又大于固定资产的增长，实现了投入少、产出多、效益高。

现在看来，首钢大幅度提高经济效益的势头还在继续发展。

首钢的经济效益能够持续地、大幅度地提高，是有什么特殊的优惠条件吗？不是，1981年在国民经济进一步调整的情况下，同样遇到了任务不足的困难，钢铁减产36万吨，但实现利润仍然增长9%；1982年，虽然钢坯增税、原材料调价、外销矿粉运不出去等减利因素共达2300余万元，可是，实现利润仍然比上一年增长20%。

是首钢搞了什么“小名堂”吗？也不是。上级机关经过检查一致认为：首钢是“通过正当的途径，采用正当的手段，取得的正当收益”。

那么，经济责任制为什么会有如此巨大的威力？我们体会，主要在以下两个方面。

（一）工业经济责任制是对生产力的解放

生产力是最活跃的，工业企业是生产力诸要素的结合点，解脱对企业和职工手脚的束捆，把积极性充分发挥出来，使企业真正活起来，生产力才能蓬勃发展。这是国民经济发展的源泉。

直接发挥生产力作用的是企业。使企业真正成为在宏观经济指导下，具有活力的经济细胞，应当是工业管理体制的根本立足点。可是，过去总怕企业活了就会脱离计划经济的轨道，甚至把企业为履行自己的职责所必需的权力也统了上去，连维持简单再生产的固定资产折旧费也要上交，压抑了企业、职工的积极性和智慧。阻碍了企业的技术进步。对企业统得过多过死，不仅是个管理方法问题，实质上是生产关系严重地束缚了生产力的发展。

在企业和国家的关系上实行经济责任制，改善了生产关系，解放了生产力。主要表现在企业有了一定的自主权和机动财力，有可能随时运用职工在生产技术、经营管理上的智慧和创造，推动生产力的发展。首钢实行经济责任制后，广大职工在革新技术、改进操作、提高效率、提高质量、扩大品种、节约能源、降低消耗、综合利用等方面，提出大量积极的建议，由于有了自主权，及时采纳并实现了12477项，这是首钢经济效益持续、大幅度提高的重要原因。用自有资金进行的投资百万元以上的重点技术改造项目就有20个，共投资1.3亿元，其中18个已投入使用、发挥效益，大多数项目一年左右就建成投产，投产后一两年内就可收回投资。这些项目4年来又创利2亿元，其中一部分留给企业，又用于新的改造项目。正如马克思所说的：资本只有在生产过程中才能增殖，“它所以获得创造价值的奇能，是因为它是价值。它会产仔，或者说，它至少会生金蛋。”使企业活起来的意义就在这里。企业活起来，才能富起来，国家才能集中更多的建设资金。所以，应当藏富于企业。藏富于企业并不是使国家少收，其结果是国家会收得更多。唐朝的李翱说过：“人皆知重敛之可以得财，而不知轻敛之得财愈多也。”我们的社会主义企业，更应当有一定的机动财力。

企业实行经济责任制，就是实现经济建设新的战略转移，从建新厂、以外延扩大再生产为主，转移到主要靠发挥现有企业作用，也就是依靠现有企业的广大职工，充分利用已经形成的技术物质基础，能动地、最大限度地创造积累，走以内涵扩大再生产为主的道路，开创社会主义建设的新局面。如果全国38万家企业都活起来，8000多万职工都忘我劳动，即使每家企业只多创利1万元，也就是38亿元。靠经济责任制发挥现有企业和广大职工的积极性和主观能动性，其威力是不可估量的。

经济责任制最重要的是解放了生产力中最宝贵的因素——劳动者。工业管理体制改革的实质就在于充分发挥社会主义公有制的优越性，让广大职工当家做主。扩大企业自主权是前提，在企业对国家实行经济责任制的基础上，再实行内部经济责任制，才能体现改革的这一实质，才能把国家扩大给企业的权力扩大给全体职工，使每个职工都直接承担主人的责任，行使主人的权力，才能充分发挥主人翁的作用。这是党的群众路线在工业战线上的真正体现。列宁说过：“不吸引新的人民阶层参加社会建设，不激发到现在为止还没有觉醒的广大群众的积极性，就谈不上什么革命改革。”工业经济责任制就是这种革命的改革，是社会主义建设中的人民战争，是社会主义制度无比优越的表现。首钢实行工业经济责任制之后，群众的社会主义积极性迸发了出来，大家争尽主人之责，为缩短每一秒钟的轧钢时间、改进每一个操作动作、强化每一个零部件，为节省一滴油、一块煤、一度电、一把棉丝，都在操心。每个干部、每个技术人员、每个工人，都在发挥自己的聪明才智，为国家前途和自己物质文化生活水平的提高而自觉地进行创造性劳动，这是一种伟大的力量，是什么奇迹都可以创造出来的！

工业经济责任制把国家、企业、职工三者利益紧密地结合起来，促使广大职工把关心国家和企业的利益同关心个人物质利益联系在一起，这就使企业能够妥善地处理发展生产与改善职工生活的关系。例如，首钢在完成上交利润递增包干任务后，超额部分留给企业，其中2/3用于发展生产，1/3用于福利和奖励；企业经济效益越好，福利、奖励基金就越多；超额部分每增加一元，职工的福利和奖励基金就会增加0.33元；每增加100万元，就是33万元。这样，就把生产的发展、效益的提高同职工个人收入的增加、物质文化生活的改善融合在一起。4年来，首钢职工个人平均收入增长30%，新盖职工宿舍36万平方米，相当于前30年职工住房面积的80%。毛泽东同志说过：“马克思列宁主义的基本原则，就是要使群众认识自己的利益，并且团结起来，为自己的利益而奋斗。”工业经济责任制体现了这一马克思主义的物质利益原则，使国家的富强、企业的发展和职工个人生活的改善都取决于职工群众自己的创造，这正是工业经济责任制强大威力之所在。

（二）工业经济责任制既是依靠群众的“人民战争”，又是企业科学管理的新发展

有人说经济责任制并没有什么新内容，只不过是在责任制的前边，加上了“经济”二

字。其实由责任制发展成经济责任制，这是一个质的变化，它使企业和职工都转到以提高经济效益为中心的轨道上来。企业是经济组织，不是什么“大学校”，必须出经济效益。经济责任制就是人人都要对经济效益承担经济责任，并且和经济利益挂钩，这正是过去的岗位责任制所没有解决的。它克服了企业不讲效益、不讲效率、不计成本、不关心技术进步的弊病，促使人人围绕提高经济效益，钻研技术、业务，精打细算，当家理财，完成自己的经济责任。层层包保到人的经济责任制建立之后，经济核算越做越细。过去的班组核算是“奉命算”，现在是主动算，人人算，“算”“管”结合，大家都找生财、聚财、节财之道。企业的潜力越挖越多，效益越来越大。吨钢可比能耗逐年下降：1978 年为 1274 公斤，1979 年降为 1177 公斤，1980 年又降为 1121 公斤，1981 年破千斤大关，降为 993 公斤，1982 年预计为 972 公斤；高炉入炉焦比：1980 年为 443 公斤，1981 年降为 412 公斤，1982 年预计为 409 公斤。实行经济责任制以后四年同 1978 年相比，节约的能源折合标准煤为 250 万吨。可比产品成本不断下降，1982 年在上年成本降低 2.4%的基础上，又降低 5%，仅降低成本节约价值就达 3579 万元。这就是责任制加上“经济”二字的效果。列宁说过“建立全民计算和监督”是个“具有全世界历史意义的伟大斗争”，工业经济责任制就是全民的计算与监督，这是资本主义国家的企业管理所根本无法比拟的；有人说工业经济责任制就是泰罗制，这是毫无根据的。

经济责任制与过去责任制不同，还在于它不但把经济责任包到人，还增加了一个“保”字。包、保结合，层层到人。“包”是科学地、严密地组织劳动。责任包到人丝毫也不会改变企业全民所有制的性质。“保”是把企业内部单位、部门、岗位之间的协作关系，作为互保条件，一条一条地纳入有关岗位的经济责任制。这是过去的责任制中所没有的。通过“保”，把成千上万人的共同劳动，协调成一个有机的统一体，以实现共同的奋斗目标——提高经济效益。在社会化大生产条件下，协作关系千丝万缕，没有互相保证，经济责任就包不下去，个人包的任务也难以实现。“保”是把生产过程中人与人的关系规范化。在互保条件的制定、平衡、协调、仲裁中，发挥企业各个专业管理部门的职能作用是很重要的，这是专业系统经济责任制的一项重要内容。把“保”搞好了，就可使企业里上下左右、纵横交错的复杂关系，变得有条不紊、井然有序，做到像列宁所说的：“真正能象钟表一样工作。”这是不需要任何投资就可以形成的巨大生产力。例如，首钢在钢材系统实行了“定尺轧制”，根据用户要求的钢材长度，确定合理的钢坯长度、钢锭高度，从炼钢、开坯到成材十几个岗位，都把最佳工艺要求列为互保条件，结果从增加产量、节约能耗中，一年就可取得经济效益上百万元。

过去责任制只规定了职责分工，考核没有明确的标准。经济责任制则有明确的考核标准并与分配挂钩，实现了严格的考核、严明的奖惩。考核首先是考核每个单位、每个部门直到每个人对国家承担的经济责任，然后根据责任和贡献的大小进行分配。是从责任入手，以责定利，而不是从分配入手。如果从分配入手，以利定责，必然会同国家争利，经济责任制就会走上邪路。但是，搞好分配也是很重要的。首钢现在实行的是经济责任制考核奖，它和过去的奖励办法有很大不同，比计件工资和计时奖要优越得多。计件工资适用于简单手工劳动方式，它鼓励个人奋斗；在工序复杂、连续性强的大生产中实行计件工资，会破坏协作关系，还往往单纯追求数量，影响质量和成本，损害综合经济效益。计时奖对单个工艺有集体考核的综合指标，但对每个人没有详细的考核条件，是按出勤多少计奖，个人奖金分配上带平均主义，即使分等级也是评出来的，往往是轮流坐庄，不能充分调动每个人的积极性。而经济责任制考核奖，是在保国家、保集体的条件下，根据每个人详细的包、保条件完成情况的数据，考核计奖，自然地拉开差距。企业没有完成经济责任，所属单位不能得奖；单位没有完成包、保任务，个人完成再好也不能得奖。而且，在考核到人的经济责任中，“保”的内容也是保国家和集体。首钢实行了上交利润逐年递增包干后，企业对国家承担的经济责任一年高于一年，企业内部逐级到人的包、保任务也一年比一年重。这就保证了职工奖金是在国家多收、企业多留的前提下才取得。经济责任制考核奖，避免了计件工资、计时奖的弊病和修改定额的困难，更好地实现了按劳分配。

工业经济责任制还把过去的定额管理发展为数据管理。在过去那种单纯生产型的管理体制下，只有定额管理就行了。实行经济责任制之后，企业以提高经济效益为中心，转向生产经营型，扩大了决策权，生产技术、经营管理水平不断提高，使用数据的要求急剧增加，不仅需要大量的指令性数据，还需要大量的反馈性数据，因此，原有的定额管理就完全不适应了。这就形成了数据管理这个新概念。数据管理包括了定额，而定额则仅仅是指令性数据中的一部分。首钢实行经济责任制之后，一个科学的数据管理体系正在健全起来，落实到岗位的各种指令性数据就有 23 万个，落实到人的（三班倒的岗位三个人）多达上百万个。数据管理是现代化大生产的基础，也是企业实现生产控制与经营管理计算机化所必备的前提条件。

小平同志指出：社会主义制度并不等于建设社会主义的具体做法。怎样搞社会主义，我们确实还缺乏经验，也许现在我们才认真地探索一条比较好的道路。工业经济责任制，就是对这条道路的探索。工业经济责任制的威力，就是社会主义公有制的威力。问题在于过去这种威力发挥得很少，国营企业的职工感受不到自己是生产资料的主人。好像只有国家才代表“公”，职工个人则代表“私”，被排除在“公”之外。工业经济责任制通过责权利结合，把“公”“私”融为一体，使每个职工都以社会一员的资格，真正成为公有化了的生产资料的主人，公有制的优越性才得到真正的体现，使社会主义事业真正成为职工群众自己的生气勃勃的、创造性的事业。职工群众不仅关心个人物质生活的改善，而且以主人翁的态度关心决定这一改善程度和快慢的企业的生产经营，特别是企业的技术改造、技术进步和经济效益的提高。广大职工自己规划自己的未来，自己创造自己美好的未来，自己掌握了自己的命运，社会主义积极性空前高涨。

在中央、国务院的关怀、指导下，首钢在实行经济责任制方面取得了一些成绩。但是同党的十二大精神相对照，我们各方面工作的差距很大；落实改造翻番规划任务十分艰巨，还要做大量、艰苦的工作。1983 年是我们实现改造翻番起步的一年。今年的经济效益能否再爬一个高坡，对今后几年的生产发展速度和改造翻番的进程关系极大。我们要进一步完善经济责任制，大力推进“两个合理化”，向科学技术要效益，努力赶超国内外先进水平，使企业的生产技术、经营管理水平提高一大步，使经济效益继续大幅度增长。实现利润要在已连续几年递增20%的基础上，今年确保完成47150万元，比去年增长15%；力争实现49200万元，比去年再增长20%。我们一定要继续深入学习、贯彻党的十二大文件，扎扎实实地努力工作，为开创社会主义现代化建设的新局面做贡献！

企业技术进步要给予动力才能增其压力*

——在全国技术改造工作座谈会上的讲话

（1982年10月23日）

技术改造会议是个很重要的会议。对于技术改造的安排，关系到今后若干年的生产形势，关系到今后若干年的产品质量、品种，能源节约，等等。所以，国务院领导同志非常关心这项工作，在很紧张的日程里面，安排开这个会议。国家计委领导同志也非常关心这个会议，因为要开计划会议，有好多关于技术改造方面的问题需要落实。

第一个问题讲讲经济形势。

今天上午刚讨论了全国计划会议向国务院常务会议的汇报提纲，第一部分就是当前的经济形势，材料是计委同志整理的，概括得很好。

已经到10月下旬了，应该对全年的经济形势做一番估计。从1982年国民经济计划的预计完成情况来看，整个经济形势是相当好的。农业、轻工业持续发展，重工业、基本建设、财政收入也开始回升，市场商品供应比较充裕，物价基本稳定。

在国民经济前进中，产业结构、产品结构的不合理，经营管理中的弊端和弱点，也日益明显地暴露出来，在生产建设、流通领域，都提出许多新的问题亟待解决。要保证国民经济继续稳步前进，争取国家财政经济状况的根本好转，还有大量的艰苦细致的工作要做。下面分头来说。

第一，农业。粮食预计比去年增产200亿斤，总产量达到6700亿斤。多数地区增产，一部分地区平产，少数地区减产。棉花播种面积8800万亩，比去年增加1000万亩，产量预计增加665万担，总产量达到6600万担。油菜籽丰收，花生、葵花籽减产，油料总产量预计增产590万担，达到2.1亿担。烤烟播种面积达到1740万亩，比去年增加570万亩，产量预计达到4000万担，比去年增产1400万担。糖料、茶叶、肉类、水产品的总产量，都将比去年增产。农村的农副业将比去年增产7%。整个农业

---

* 本文是袁宝华同志1982年10月23日在全国技术改造工作座谈会上的讲话，标题是首发于《袁宝华文集（第一卷）》（企业管理出版社，1999，第117~127页）时所加。

总产值，按照1980年不变价格预计，比去年增长4%。

第二，轻工业。一些耐用消费品的产量继续大幅度上升，预计自行车比去年增长33%，缝纫机增长21%，洗衣机增长一倍。布、毛线、啤酒、糖、塑料制品等的增长速度将比较大。化学纤维、化纤布、卷烟、日用陶瓷、收音机等产品产量将有所减少。整个轻工业产值预计比去年增长5%。

第三，重工业。原煤产量预计达到6.5亿吨，比去年增长4.6%。其中统配矿3.25亿吨，比去年增长5.1%。原油预计生产10180万吨。发电量3250亿度，比去年增长5.1%。钢材、木材、水泥、玻璃、酸、碱、化肥、塑料、手扶拖拉机、发电设备、汽车、机车、货车、船舶、医疗器械等，预计都比去年增产。整个重工业的产值，预计比去年增长7%。去年重工业还是任务不足，生产下降，今年这么大幅度上升，有好多问题，如运输紧张、能源紧张、原材料供应紧张，都是随着重工业的上升而来的。

轻重工业加在一起，总产值预计比去年增长6%左右。

年初，国务院主要领导同志就提出，指导思想要转到注意提高经济效益的轨道上来。产品质量和消耗情况，12个工业部75项质量指标，1~8月统计，和去年同期比较，提高的24项，持平的31项，下降的20项。在105项消耗指标中，49项比去年同期下降，28项持平，28项上升，还是有问题的。

第四，固定资产投资。全国基本建设投资，预计达到525亿元，比去年增加82亿元。其中，国家预算内的投资，预计完成162亿元，比去年增加16亿元；地方、部门、企业预计完成178亿元，比去年增加30亿元。一些骨干项目的建设进度、部分建设项目的投资效果，有所提高。但是全国固定资产交付使用率和房屋面积的竣工率下降。全国更新改造投资，预计达到265亿元，比去年增加40亿元。基本建设和更新改造加在一起，全国固定资产投资将达到790亿元，超过了历史上最高年份1980年的水平。投资在10万元以上的基本建设项目约有44000个，12000个今年竣工。今年固定资产的投资规模确实不小。

第五，市场供应。社会商品零售总额，今年预计达到2560亿元，比去年增加8.9%。消费者对不少商品有了更多的选择余地，有些日用消费品出现了滞销积压，有些消费品开始出现竞相降价推销的情况。全国零售物价持平，大体保持在去年底的水平上，略高于去年全年的平均水平。国营牌价没有大的变动，集市贸易价格略有上升的趋势。消费品生产出现的新的形势，确实是很好的。

9月18日在国务院常务会议上，研究当前经济工作中应该解决的新问题时，国务院主要领导同志讲，总的来看，我国现在经济上出现了一个很好的形势。市场上不仅农副产品比较丰富，而且日用消费品变化很大，市场供应紧张的状况基本上得到了缓和，现在消费品出现了买方市场，这是我国从1953年以来没有过的。实行计划经济的国家，除了小国以外，没有哪个国家出现过这种形势，这是两年来认真执行“调整、改革、整顿、提高”方针的结果。但是也带来了一些新问题，一个是，今年上半年以来，日用消费品滞销积压，轻工业的增长速度一个季度比一个季度下降。今年1~8月，轻工业比去年同期增长8.5%，1~9月，轻工业比去年同期增长7.5%。而重工业则增长9.8%，增长势头没有降下来。在今后的发展中，轻重工业比例调整到什么程度比较恰当，很值得研究，这是国务院主要领导同志给国家计委提出的题目。国务院主要领导同志要求找出一个客观的比例。第二个新问题就是，有些消费品越多、越滞销，群众“持币选购”的心理就越严重。一方面东西卖不出去，另一方面城乡居民的储蓄又直线上升。到8月底已经是620亿元了，到9月底是628亿元，比年初要增加160亿元。第三个新问题是，消费品开始出现竞相降价推销的情况。据反映，在上海已经出现了内地产品削价倾销，同上海争夺市场的现象。大城市和中小城市、沿海城市和内地之间商品推销上的矛盾在增加。国务院主要领导同志讲，面对着当前形势，我们应当正确地进行指导，使这种好的势头能健康地发展下去。为此，必须对发生的新问题认真研究，采取正确的政策，要看到消费品生产和销售中出现的问题，并不简单是消费品工业本身的问题，而是涉及经济工作的一系列问题，需要系统地研究解决。这里边有消费品工业本身的问题，那就应当千方百计地提高产品质量，增加花色品种，降低成本，真正做到物美价廉，适销对路。至于在流通环节上，必须解决堵塞的问题，特别是要研究如何组织工业品下乡，在农村打开销路，要趁现在这个机会，认真解决商业流通领域推销工业品问题和相应的管理体制改革。国务院决定，改变过去工业品流通按城乡分工的体制为商品分工、城乡通开的新体制。有些地方和单位认识上不一致，要继续做工作，消除阻力。另外，还有一级、二级、三级站的问题，商品推销的体制等问题，一定要解决。不久以前，国务院主要领导同志给陈云同志讲了这个问题，陈云同志认为这个意见讲得很对，关键还在于打开农村的销售。但另外推销还有个价格问题，还有税收的问题，都需要统一研究解决。特别要注意利用税收杠杆，对于那些高利产品，把一部分利润转成税收来上交。刚才说的，上海已经出现了内地产品削价倾销与上海争夺市场的现象，这是过去想象不到的事情。这道理很简单，说明利润太大。一般来说，在同等条件下，内地是竞争不过上海的。可是它的利润大，就可以削价倾销。上海基本是中央财政统收统支的体制，不能够削价。所以要采用税收杠杆，把一部分利润当作税收上交。这样有利于改善经营管理，有利于提高质量，有利于限制盲目发展。盲目发展是因为有利可图，没有那么大利，就不去盲目花钱了。

第六，关于对外贸易问题。今年进出口总额要达到400亿美元，和去年不相上下。出口总额210亿美元，可以完成计划，比去年有所增长。进口总额192亿美元，比去年要下降1.3%。这里体制比较复杂。有个赔钱不赔钱以及谁来负担这个损失的问题。当前的外汇收支，收大于支。加上上年的结转，到年末国家结存的外汇，包括现汇，可达几十亿美元。

第七，财政和信贷。财政收入比去年要增加39亿元。其中。企业收入减少38亿元，各项税收增加45亿元，企业里边有一部分增支减收的因素，由于整个生产发展了，所以税收还是增加了。中央集中的折旧基金和其他收入减少了8亿元。发行的国库券已经超额完成了任务。财政支出比去年增加43亿元，其中科学、教育、文化、卫生事业变出增加了24亿元。行政管理费增加了7亿元，其他的开支有增有减。收支相抵，赤字为30亿元。需要增加的支出，像文教、卫生、科学实验都得增加。中央和国务院领导同志一再讲，今年的赤字无论如何不能超过30亿元。全年的货币增发量，可以控制在计划安排的数字之内。

第八，教育、科学事业继续发展，全国高等学校招生31万人，比去年增加3.1万人，职业中学、农业中学，招生都比去年有所增加。科技成果增多，推广应用的工作有所加强，科技成果报纸已登了，推广应用还是落后的，有些科技成果还不能转化为生产力。

第九，城乡人民的生活继续有所提高、农民向国家出售的农业产品总值增加100亿元，职工的工资总额比去年增加60亿元，城乡居民的银行储蓄存款增加。

从九个方面总起来说，1982年出现了以下好形势。

（1）农业、轻工业、重工业在继续调整中全面上升，煤炭、重工业下降的局面已经扭转过来。

（2）人民意见比较多的市场物价上涨问题得到了缓和，人民的生活水平继续有所提高。

（3）财政信贷继续保持了收支基本平衡，经济生活进一步稳定。

（4）人民普遍关心的科学、教育、文化、卫生事业所需要的经费有较多的增加，这部分经费占国家财政支出的比重，由1978年的10%上升到18%，绝对额三年增长了70%以上。

这些是进一步贯彻执行“调整、改革、整顿、提高”方针取得的积极成果。党的十二大精神的宣传贯彻，1982年计划的顺利执行，经济形势一年比一年好，对增强人民的信心，调动人民建设社会主义的积极性将起到重大的作用。

当前经济中出现的值得注意的问题，主要是下面几个。

（1）1982年固定资产投资增长过猛，总规模已超过历史最高水平。投资结构也不合理，用于能源、交通、重点建设的投资少，用于其他方面一般建设的投资多。这种结构如不加以调整，一方面是能源交通上不去，另一方面是消耗能源和增加运力的工业不断增加，能源、交通供需矛盾将会越来越尖锐。现在中央已确定每年要集中60亿元的资金用于能源、交通重点建设。如果其他方面的投资，特别是自筹投资降不下来，就会使基建规模更加膨胀，“三材”供应将更加紧张。结果，就会使一般挤重点，计划外挤计划内，降低整个投资效果，重犯过去拉长基本建设战线的错误，使这几年调整基本建设的成果重新失掉，这是一种情况。

（2）再一种情况是，有些轻纺产品出现了滞销积压的现象，反映了有些消费品生产不能适应社会的现实需要和居民消费构成的变化，反映了流通渠道不畅以及周转环节过多，也反映了价格不合理。销路打不开，农业生产、轻工业生产的发展都会遇到障碍，财政收入也将受到很大的影响。

（3）无论是生产、建设还是流通领域的经济效益都还有问题。1982 年生产增长了，但如果不发国库券，财政收入还是达不到上年的水平，主要是因为补贴增加，工业上交利润减少，外贸亏损有所扩大。现实的情况是，农业原料的价格提高了，燃料的价格也将逐步提高，而有些消费品价格又不降不行，不降就销不出去。

要做好三个方面的工作：一是全面地整顿现有企业；二是大力推行企业的技术进步；三是继续进行经济体制改革。如果不在这三个方面做出切实的成绩，使经济效益显著提高，要实现财政经济状况的根本好转是不可能的。这些问题，也就是我们要认真考虑和研究解决的问题。

第二个问题讲讲技术进步、技术改造。

国务院主要领导同志最近有一系列讲话都讲到这个问题。国务院主要领导同志在 9 月 18 日的讲话中指出：我们提出要开创社会主义现代化建设的新局面，到 2000 年要使工农业的年总产值翻两番，究竟靠什么？翻两番不能建立在旧设备、旧技术、旧工艺、旧产品的基础上，不能建立在“四旧”的基础上，必须主要靠技术进步，这是思想上、工作上必须明确的问题。如果我们的能源和原材料消耗还是现在的水平，设备技术还是老样子，光是所需要的能源就没有办法解决，翻两番就翻不起来。我们要实现翻两番，一半要靠科学技术的力量。到 2000 年，如果把发达国家 70 年代和 80 年代初已经普遍采用的技术在我国普及，那么，我们就完全有把握翻两番。要把企业的巨大潜力挖掘出来，一靠政策，二靠技术进步。多年来形成的，要增产就要靠建厂子扩大生产能力的传统观念，一定要彻底改变。当然，今后根据国民经济发展的需要，适当建一些新厂，也是必要的。但是，在新的形势下，各级领导一定要把技术进步摆在重要位置，下力量抓好。

我国旧的管理体制的一个根本弊病，是妨碍技术进步，一系列规章制度都不利于技术进步。在现行体制下，搞新产品，采用新技术，企业费力气，担风险。所以，迫切需要进行必要的改革，使企业对生产新产品，使用新技术、新设备、新工艺有兴趣，有实惠，也有压力。要使企业感到非这样不可，就需要我们对一系列的规章制度进行改革。看起来，既要有点动力，又要有点压力，还要有点实力，这是在“质量月”活动中张劲夫同志讲的，要想促使企业技术进步，要有点压力，要让它觉得过不下去；也要有点动力，与它的利益结合起来；另外，还要有点实力，没有一点机动的财力，没有一点物力是不行的。在首钢举行的经济责任制座谈会上，有的同志还提出三个力不够，要有四个力：除了压力、动力、实力以外，还有个潜力，就是把潜力挖出来。

国务院主要领导同志讲，在技术进步、技术改造、科学技术工作中，还有一个很大的问题，就是如何把我们的科学家，把科研力量、科研机构组织投入到经济建设的实践中去。最近，国务院召开的科学技术奖励大会，特别注意奖励那些在现代化建设中真正做出重大贡献的人。现在，我们一方面人才不够；另一方面又积压人才，浪费人才。要号召科技人员投身到现代化建设的伟大实践中去，为四化做出贡献，办法就是把各个科研单位的科技人员组织起来参加攻关，参加搞规划。

搞大规模集成电路、电子计算机要像在五六十年代攻“两弹”一样，高度集中，组织攻关，各部门要予以支持，军工部门也要参加；要建立一个强有力的领导机构，国务院直接抓，万里同志挂帅。五六十年代攻“两弹”组织了一个委员会，尽一切力量，使我们在尖端技术方面有了个比较大的发展，不久以前，还从水下发射了运载火箭。日本人集中力量组织攻大规模集成电路的关，花了很大力气，他们那个经验值得我们借鉴。我们攻“两弹”关，就是采取这种办法。

10 月 16 日向国务院汇报关于抓大企业问题时，国务院主要领导同志提出要抓大企业，包括大企业的领导水平、管理水平和技术水平要有个大的提高，经济效益也要有个大的提高。第一件事，要抓企业整顿；另一件事，要抓技术改造规划；还要给企业一个好的政策，促使企业有个动力。国务院主要领导同志说，大企业抓得好，就会使我们的经济很快地上去，因为大企业、大城市构成我们工业的主体。他说，我们要真正使现有企业实现技术进步，不能离开现有大型企业的现代化。大型企业的现代化、技术进步，首先要有一个生产发展和技术改造规划，另外，也要有个改善生活福利方面的规划。就像国民经济计划，要包括经济、技术、社会三方面的内容。首钢就是这样做的。

技术改造规划必须符合国家总的规划、行业的发展规划，行业要统一考虑哪些地方怎样改法；从整个国民经济来说，也有各行各业按比例和综合平衡问题。所以，国家要有个比较有条理的技术改造规划，使企业的规划同整个行业的规划统一起来，行业规划同整个国家的规划统一起来。

国务院主要领导同志提出，机械工业（包括电子工业）在技术改造中要先行一步。因为各个工业部门要想现代化，首先要使制造装备的部门先行一步，要对这些行业加以技术改造，使它们生产的产品首先达到优质低耗。像沈阳水泵厂生产的节能水泵和沈阳风机厂生产的节能风机，一下子就节约了 20%的能源。这方面需要解决按质论价、优质优价的价格政策问题。质量提高了，花了力气了，成本也提高了。不能优质优价，企业就没有提高产品质量的积极性了。

昨天我们汇报经济责任制时，国务院主要领导同志又讲到给企业自主权的问题。企业有了自主权，有了机动财力，就可以按照自己的实际情况，根据行业规划的要求，来搞好自己的技术改造。国务院主要领导同志讲，把资金都集中到财政部手里，再把钱拨给企业，这种做法，和实行利润留成或者采取其他利润提留办法把钱留在企业手里，由它们自己规划使用相比，效果是完全不一样的。同样是企业积累的资金，把它收走后再给企业，企业就不认为是自己的，而认为反正是国家的，因此，年年争项目，年年要投资，花钱的时候就不那么心疼。真正是它自己的钱，它就省吃俭用，考虑钱该不该花，怎样花最合算，该动的地方就动，该省的地方就省，因此要给企业自主权，给机动财力。

国务院主要领导同志还讲到，要把企业整顿、技术改造和体制改革结合起来。比如首钢，一是有好的领导班子，二是政策对头，三是搞了切合实际的规划，也就是有了个技术改造、挖掘潜力的规划，而且这个规划符合国家通盘的要求；落实了经济政策，通过包干和一些符合群众经济利益的措施，调动了企业的积极性；另外，进行了企业整顿和充实了领导班子。这样，就可以通过挖潜、改造、整顿、改革，为国家多做贡献，把企业的潜力挖掘出来，这对稳定财政收入有着重大意义。

现在让大家集中一段时间，进一步学习和领会中央领导同志在这方面的指示；通过这次会议，要把技术改造的规划，首先是明年的项目提出来议论一番，能肯定的就肯定下来，提前一步做工作，早一点得到效益：还要讨论一下如何把技术改造工作做得更好，使我们能够适应党的十二大以后所面临的新形势、新任务的要求。

文稿解读

1982年10月23日至11月6日，国家经委会同国家计委、对外经贸部、中国人民银行在京召开全国技术改造工作座谈会，这次会议是中国历史上第一次全国技术改造工作会议。出席会议的有各省、区、市经委、计委、进出口委、人民银行分行和国务院有关部门代表共340人。这次会议主要学习贯彻中央和国务院领导同志关于引进技术和改造中小企业的指示精神，总结交流现有企业进行技术改造的经验，研究讨论企业技术改造的政策措施，商定了1983年技术改造规模和第一批项目的安排意见。1983年更新改造措施资金总规模为240亿元，国家直接安排为64亿元，其中国家集中的企业折旧基金18亿元，财政补助5亿元，银行贷款41亿元。经过省区市和各部门反复交换意见，初步选定3790多个技术改造和技术引进项目，总金额为44亿元。择优选定第一批项目2390个，总金额26亿元。会议强调技术改造应建立在技术进步的基础上，以提高经济效益为中心，实现以内涵为主扩大再生产。会议期间，国家经委副主任袁宝华、马仪，国家经委委员兼技术改造局局长朱镕基，中国人民银行副行长朱田顺，对外贸易部技术进出口局副局长曹家瑞等负责同志在会上做了讲话，会议代表们对讲话进行了认真讨论并提出了许多建议。

1982年10月23日，国家经委副主任袁宝华同志在全国技术改造工作座谈会讲话中指出，开创社会主义现代化建设的新局面，本世纪末工农业总产值要翻两番。翻两番不能建立在旧设备、旧技术、旧工艺、旧产品的基础上，主要要靠技术进步。这是思想上、工作上必须明确的问题。因此，要把企业的巨大潜力挖掘出来。

1982年10月28日，国家经委委员兼技术改造局局长朱镕基同志讲话要求，以提高经济效益为中心安排好1983年的技术改造计划。第一，总结经验，贯彻中央领导同志的指示，在技术改造的指导思想上来个比较大的转变，转变到搞真正的技术改造的轨道上来。当前的形势对技术改造提出了迫切的要求，如果不能真正在质量、品种、消耗、成本等方面来个突破，真正在技术上来个突破，日子就会越来越难过，党的十二大的战略目标就很难保证实现。第二，认真编好多层次的技术改造规划。编规划要搞真正的技术改造，在促进技术进步的前提下，以提高经济效益为中心，提高产品质量，发展品种、花色，降低原材料和能源的消耗，降低成本，促进产品的升级换代，最后实现以内涵为主的扩大再生产。第三，加强计划管理，调整经济政策，用好技术改造资金。首先要引导企业把自有资金用到技术改造上来，其次是把贷款用好，国家拨款只能给予适当补助。关于1983年计划安排，强调：（1）要在技术进步的前提下搞改造，这条一定要抓住，这是我们指导思想的一个根本转变；（2）技术改造要结合生产，结合工业调整，结合改组联合，结合企业整顿来进行，领导班子没有整顿好，没有几个“明白人”就不要搞大的项目；（3）认真贯彻中央领导同志关于引进技术改造中小企业的指示。

1982年11月6日，在国家经委党组听取全国技术改造工作座谈会情况汇报时，国家经委副主任吕东同志指出：（1）这几年的挖、革、改，技术引进工作有成绩，问题是还未全部转到技术进步的轨道上来，要很好地总结一下前段工作；（2）力争翻两番，必须两手抓，一手抓重点建设，主要是能源、交通，一手抓技术改造；（3）要用“四新”改造现有企业，把生产转到先进技术基础上来，要上水平，不能单纯上能力；（4）要抓规划，企业、行业、中心城市规划明年要有个眉目；（5）要在技术引进上下功夫，特别是沿海各省市步子要迈大一些；（6）要清理技术改造项目，上新项目要慎重，认识要一致、可行；（7）关于鼓励技术政策方面的问题，我们要与有关部门协商、落实；（8）组织技术改造的工作原则已定，具体方案可商量。

1982年10月29日，《国家经委、财政部关于印发五省市引进技术改造中小企业座谈会会议纪要的通知》（经技〔1982〕480号）指出，1982年9月21~28日，国家经委、对外经济贸易部会同国务院有关部门召开了北京、天津、上海、江苏、辽宁等五省市引进技术改造中小企业座谈会。参加会议的有五省市的经委、计委、进出口委和国务院有关部门的代表共98人。会议期间，国务委员兼国家经委主任张劲夫同志会见全体代表，听取了会议总结汇报。座谈会的主要内容：（1）在总结经验的基础上，研究贯彻落实邓小平同志以及国务院主要领导同志关于引进技术、改造中小企业的指示；（2）在各地区、各部门规划的指导下，商定一批投资少、见效快、效益大的项目，迅速开展工作；（3）研究提出一些鼓励性的政策措施，调动企业追求技术进步的积极性。这是第一次明确引进技术、进行技术改造的重点是中小企业。

1983年6月20日，《国家计划委员会　国家经济委员会　国家统计局下达〈关于更新改造措施与基本建设划分的暂行规定〉的通知》（计资〔1983〕869号）明确，为了加强固定资产投资计划的管理，准确反映基本建设和更新改造措施投资的规模及构成，指导各类资金的使用方向，搞好国家重点建设和现有企业单位的技术改造，促进社会经济效益的提高，根据工程性质并结合计划管理要求和资金来源，对更新改造措施和基本建设的政策与统计划分标准做出了具体规定。这一规定第一次明确了技术改造与基本建设的统计分类。

文稿附录

附录 1　国家经委、财政部关于印发五省市引进技术改造中小企业座谈会会议纪要的通知

附录 2　国务院批转国家经济委员会关于全国技术改造工作座谈会情况报告的通知

附录 3　国务院办公厅转发国家计委、国家经委关于技术改造和技术进步工作分工意见的通知

附录 4　国家计划委员会　国家经济委员会　国家统计局下达《关于更新改造措施与基本建设划分的暂行规定》的通知

附　录

附录 1

国家经委、财政部
关于印发五省市引进技术改造中小企业座谈会会议纪要的通知

（经技〔1982〕480 号　1982 年 10 月 29 日）

国务院有关部、局，北京、天津、上海市，辽宁、江苏省经委、计委、进出口委（办）：

现将五省、市引进技术改造中小企业座谈会会议纪要发给你们，对新定的项目，要进一步做好落实工作并抓紧开展对外工作。

五省市引进技术改造中小企业座谈会会议纪要

九月二十一日至二十八日，国家经委、对外经济贸易部，会同国务院有关部门召开了北京、天津、上海、江苏、辽宁等五省、市引进技术，改造中小企业座谈会。参加会议的有五省、市的经委、计委、进出口委和国务院有关部门的代表共 98 人。

九月二十八日下午，国务委员兼国家经委主任张劲夫同志会见全体代表，听取了会议总结汇报。参加会议的还有经委副主任吕东、袁宝华、马仪，国家计委副主任甘子玉，对外经济贸易部副部长魏玉明，财政部副部长迟海滨和有关单位负责同志。

这次座谈会的主要内容：一是，在总结经验的基础上，研究贯彻落实小平、国务院主要领导同志关于引进技术，改造中小企业的指示。二是，在各地区、各部门规划的指导下，商定一批投资少、见效快、效益大的项目，迅速开展工作。三是，研究提出一些鼓励性的政策措施，调动企业追求技术进步的积极性。

经过与会同志的认真讨论和协商，达到了预期的目的。

一、深入领会中央领导同志指示精神，端正指导思想，开创引进技术、改造中小企业工作的新局面。

三中全会以来，五省、市，引进技术和进口设备近 12 亿美元。这些项目，经济效益是

比较显著的，对于促进生产发展，提供市场商品，增加出口创汇收入，起了很大作用。有些技术引进项目花钱少，效果很大。例如，天津机械密封件厂，仅花69万美元从英国引进9个系列的制造技术，在消化的基础上又发展了4个系列，为全国831个工厂生产密封件，每年为国家节约外汇200多万美元；上海电焊机厂引进的S系列电焊机，使用范围大，起动快、耗电少，体积和重量只有老产品的四分之一；北京东风电视机厂，花了317万美元，改造12吋黑白电视机生产线，生产工人由245人减到126人，班产由200台增加到600台，所需元件共326件，已有280件实现国产化，今年底将达314件，国产化占96.3%；沈阳水泵厂，引进西德锅炉给水泵生产技术，两年多就达到国际水平，为比利时生产的30万千瓦发电机组配套；江苏无锡彩印厂，引进超薄薄膜、照像制版、彩印复合薄膜等生产技术和关键设备，薄膜新品种由4个发展到7个，并增加5种复合软塑包装材料。

大家认为，这些成绩和小平同志要“成千上万项地”搞起来的指示、国务院主要领导同志关于“真正的”技术改造的要求相比，还仅仅是开始起步。

当前，经济形势很好，超过了原来的预计，同时也出现了一些新问题。轻纺工业这几年生产能力搞上去了，保证了市场稳定供应，但是很多产品质量上不去，花色品种单调，出现了滞销积压现象，轻工业发展速度下降；重工业生产增长很快，能源、交通很紧张。解决的办法就是要“抓两手”，一是能源、交通等重点建设，一是企业的技术改造。从长远看，到本世纪末实现两个倍增的奋斗目标，靠什么，主要靠科学技术进步。两个倍增中，一半以上要靠老企业的技术改造。如果我们不能尽快使企业的技术面貌有个改变，工艺、设备还是那个老样子，产品不能升级换代，还是那个老面孔，能源和原材料消耗还是那么高，经济振兴就没有希望，两个倍增也不可能。我们的领导精力要迅速转到抓企业的技术进步和技术改造方面来。

首先要在指导思想上来一个转变。技术改造是在技术进步的前提下，采取新工艺、新设备、新材料、新技术，提高产品质量，发展品种花色，促进产品升级换代，降低能源和原材料消耗，提高综合社会效益，实现以内涵为主的扩大再生产。技术改造同基本建设不同，不以扩大生产能力为主要目的。我们的目标是要把七十年代和八十年代初，发达国家已经普遍采用了的、适合我国需要的、先进的生产技术，到本世纪末在我国现有企业中基本普及，并形成具有我国特色的技术体系。因此，必须把技术改造同技术攻关、技术引进结合起来。

引进技术是促进技术进步的一个重要方面。为了增强我国自力更生的能力，引进方式应该着重“软件”，重点采用许可证贸易、技术服务、顾问咨询、合作生产等，必要时可进口样机、关键设备或必要的生产线，并注意实行技贸结合和工贸结合。引进技术要考虑多个国家、多种渠道，既要考虑日本、欧美，也要考虑东欧等其他国家。

引进技术，改造中小企业的重点行业是轻工、纺织、食品、包装、机械、电子工业以及精细化工、医药、建材和一部分配套的原材料工业。要特别重视引进节约能源和发展资源综合利用的新技术。

资金来源应立足于本地区、本部门和企业的自有资金。有偿还能力的用银行贷款；有的可以用一部分贷款，补助一部分拨款；对那些搞基础元器件，上质量、品种，短期内利润增加不多，缺乏偿还能力的企业，国家给以必要的外汇和人民币补助。

各地区、部门和企业应该在调查研究的基础上，在国家计划和正确的市场信息指导下，围绕产品的改进，制订自己的技术引进规划。同时选择一批投资少、见效快、效果大、条件好的项目，先行起步。以后分期分批，成熟一批，安排一批，逐步扩大，滚动前进，边干边总结，并对规划进行补充、修订。

二、经过充分协商，初步选定了一批技术引进项目。

这次会上，五省、市提出841个项目（加上各部门提出的项目共为1,078项），需要外汇10亿美元，配套人民币32亿元，其中要求国家补助外汇6.5亿美元，配套人民币5亿元。

根据择优选点和成熟一批定一批的原则，经过反复交换意见，充分协商，初步选定了一批条件好、投资少、见效快、经济效益大的项目，共有118个，需要外汇6,412万美元，配套人民币24,904.5万元（贷款17,337.1万元，自筹3,719.3万元，要求国家补助2,773.1万元）。这些项目均为限下项目，包括两部分：①新定的项目51个，需要外汇3,490万美元（国家补助2,882万美元），配套人民币13,252.4万元（国家补助1,703.2万元）。其中上海12个，天津16个，北京7个，辽宁11个，江苏5个。这些项目，在进一步做好落实工作的基础上，由对外经济贸易部会同有关省市统一组织开展对外工作，同时由省、市编制可行性研究报告连同进口设备清单报国家经委和对外经济贸易部在国家计划规定的额度范围内审批。②只进口单机的项目67个，需要外汇2925万美元，配套人民币11,502.1万元。这类项目，请五省、市利用自有资金或向银行申请贷款直接办理，项目报国家经委和对外经济贸易部备案。如确有困难，再报国家经委和对外经济贸易部申请国家补助。

另外，还有109个结转项目，需要外汇12,062万美元，配套人民币45,743.2万元。这些项目，已由对外经济贸易部（包括原国家进出口委）和各部门、各省、市在自己的权限内审批了项目建议书，有的已开展了对外洽谈、考察工作，应继续抓紧进行。如有问题，可同原批准部门联系解决，解决不了的，由国家经委负责协调。

其他一些项目，大家认为符合行业和地区规划要求，经济效益也比较好，但是有些情况还不太清楚，条件还不够成熟，需要进一步抓紧做好落实工作，待条件成熟后再行研究安排。

三、认真讨论了鼓励引进技术，改造中小企业的有关政策、措施问题。

这次会上，有关部门和五省、市同志进行了多次座谈，专题讨论了一些政策问题，提出了以下一些意见，供主管部门研究修订政策参考。

第一，关于改进进口设备审查工作的问题。五省市同志对进口设备的审查，要求进一步简化手续，下放审批权限。会议原则商定：①凡需要报批的项目，需要进口的设备，事先要搞好设备选型，在可行性报告中附进口设备清单。国家经委在审批可行性研究报告的同时一次审批进口设备。②由各部门、各省市区审批的项目，国家经委机械办准备专门研究提出进一步放宽进口设备审批权限和简化审批手续的办法。

第二，关于进口设备减免关税和工商税问题。为了鼓励和支持引进技术，改造中小企业，海关总署已经草拟了办法，正在商同有关部门修改后报国务院审定。

第三，关于综合偿还问题。为了支持综合社会效益高而还款能力不足的技术改造项目，全部由企业自借自还有困难的，经过批准，可由主管部门的自有资金或由地方集中的折旧和机动财力给以补助，还可以区别不同情况，由银行酌情延长还款期限。新产品，按照国家标准，在一定时间内可以考虑免税。

第四，关于解决情报、咨询、培训工作的资金来源问题。今后，制订技术改造规划和审定重要的技术改造项目，都要请专家参加研究，请咨询部门提出意见。国家经委准备从技术改造资金中安排一定的额度，做为咨询、培训的经费。各省、市、自治区也要考虑这样做。

张劲夫同志指示，有关财政、税收问题，请财政部牵头，经委、计委、对外经贸部等有关部门参加，组成专门小组，尽快研究，提出方案，报国务院审批。希望上海、天津就促进技术进步和加快技术引进，改造中小企业工作带头提出办法来。也欢迎北京、辽宁、江苏提出办法来。

附录 2

国务院批转国家经济委员会关于全国技术改造工作座谈会情况报告的通知

（国发〔1983〕19 号　1983 年 2 月 6 日）

国务院同意国家经委《关于全国技术改造工作座谈会情况的报告》，现发给你们，请参照执行。

国家经济委员会关于全国技术改造工作座谈会情况的报告

一九八三年一月二十四日

国家经委会同国家计委、财政部、对外经贸部、中国人民银行召开的全国技术改造工作座谈会，于一九八二年十月二十三日至十一月六日举行。出席会议的有各省、市、自治区经委、计委、进出口委、人民银行分行和国务院有关部门代表共三百四十人。

现将会议情况报告如下：

一、通过学习领会中央领导同志关于技术进步的指示精神，进一步明确了技术改造的方向、目标和任务

中央领导同志指出，到本世纪末，力争使我国工农业年总产值翻两番，一半要靠技术进步。这为今后的技术改造工作指明了方向。现在我们面临着能源、交通紧张，资金、原材料不足的矛盾。如果我们在老技术、老工艺、老设备、老材料的基础上，按照目前的技术经济指标来搞建设、搞改造，经济振兴确实有落空的危险。如果我们在抓紧能源、交通等重点建设的同时，又紧紧抓住技术进步这个环节，用“四新”改造现有企业，把生产转到先进技术基础上来，那我们就有把握实现翻两番。

会议通过总结技术改造工作的经验，肯定了成绩，找出了差距，促进了指导思想的转变。

党的十一届三中全会以来，贯彻中央确定的加强现有企业挖潜、革新、改造工作的方针，取得了很大的成绩，这对于调整时期保持一定的工业发展速度，改变轻重工业的比例关系，保证市场的稳定供应和增加财政收入，都起了积极的作用。

在肯定成绩的同时，也应该指出，前几年的技术改造工作，仅是开始，还没有真正转到技术进步的轨道上来。主要问题是：资金分散，管理多头，缺乏统筹规划和严格的项目审批制度；偏重于搞“厂内外延”，扩大生产能力，相对忽视质量、品种和技术进步，就全局来说，企业的落后技术面貌没有显著变化；有些项目，由于前期准备工作不够，致使工期拖得太长，经济效益不好。这些都需要在今后工作中加以改正。

二、讨论了如何编好多层次的技术改造、技术引进规划

大家认为，必须编好行业的技术改造规划，确定本行业的方向、重点和技术政策、装备政策，并且在它的指导下编制地区规划、中心城市规划和企业的总体规划。行业规划要和地区、中心城市以及企业的规划衔接起来，搞好综合平衡。中心城市的规划应该及早着手。重点骨干企业的改造要分期分批进行。编制规划要有重点、有步骤，注意切实可行，搞大了不易实现。

技术改造要以提高经济效益为中心，实现以内涵为主的扩大再生产，采用各方面的先进技术：（1）国内已有的科技成果，要纳入新技术推广计划；（2）正在研究和“攻关”的科技项目，要纳入新技术开发计划，与技术改造规划相互衔接；（3）组织各地区、各部门、各行业的技术转移和技术转让，特别是搞好军工新技术向民用行业的转移；（4）已经引进的先进技术，要定期通报全国，并且纳入消化、吸收、推广、创新的计划；（5）积极引进适合我国需要的先进的生产技术。特别是沿海中心城市中小企业的技术引进，步子要迈大一些，迅速打开局面。编制企业的总体改造规划要请各方面的专家参加，请咨询单位

进行技术、经济论证和方案对比。企业的技术改造不能走大拆、大改、大翻建的道路，主要是对现有设备进行改造，采用新技术、新工艺，同时要加速更新能耗高、效率低的落后设备，并且增加必要的关键设备和检测手段，达到提高技术水平，促进产品升级换代，提高质量，增加品种，降低能源和原材料消耗，最终提高社会综合经济效益的目的。

资金来源主要是企业的折旧基金，其次是本地区、本部门和企业的其他自有资金、银行贷款，以及少量的国家拨款，这些都要在国家计划确定的额度内进行安排。要引导企业把分散的资金真正用在以内涵为主的技术改造上，不能把规划建立在国家拨款上面。

会议要求各部门、各地区要在一九八三年下功夫把“六五”后三年的技术改造规划和一九九〇年以前的设想搞出来。规划不一定要一次求全，需要在年度计划执行中，边干边总结，根据情况的变化，不断地进行修订和完善，使之更加符合实际。

三、初步确定了一九八三年技术改造计划的资金规模，在提高认识、协商一致的基础上，择优安排了第一批技术改造和技术引进项目

国家计委提出的一九八三年更新改造和其他措施投资总规模，已在会上征得各省、市、自治区同意，由国家计委下达。

国家直接安排的拨款和专项贷款额度，已在会上作了分省、市、自治区的初步安排，以便于国家物资局分配补助材料和各省、市、自治区综合平衡，具体项目将由国家经委、国家计委会同各部和人民银行审批，分批下达。由于一九八三年资金没有增加，分给各地区的额度，除有个别调整外，一般只能维持一九八二年水平。总理在五届人大五次会议上的报告指出：“第六个五年计划期间现有企业技术改造的重点，是节约能源和原材料，改进产品结构，提高产品性能和质量，增加社会急需而又短缺的某些产品的生产能力。”根据这个精神，我们提出一九八三年在三个方面需要调整加强：一是纺织、轻工加强后整理，提高质量、发展品种，要增加拨款，配合贷款使用；二是机械、电子工业的技术改造先行一步，特别是高效、省能设备要重点加强，资金要有较大幅度增加；三是相应的配套原材料工业以及与引进技术配套的国内资金也要增加一点。有增就要有减，这方面还需要进一步商量解决办法。

这次会上，经过各地区、各部门反复交换意见，共同选定了技术改造项目，这些项目占全年国家拨款和轻纺、机械、节能贷款及低息贷款资金总额的三分之一左右（国家拨款已安排百分之六十以上）。

技术引进项目，这次重点审查了需要国家外汇和国家补助人民币的项目，对于利用地方外汇、自筹外汇的项目也交换了意见。商定了一批过去已经批准项目建议书和可行性研究报告，具备了成交条件的引进技术和进口设备项目。这批项目，列入一九八三年技术改造措施计划，随同第一批技术改造项目下达，并由对外经贸部组织开展对外工作和签订合同。

另外，还商定了一百八十四个技术引进和设备进口项目。这些项目，在进一步落

实国内条件后，由对外经贸部会同有关省、市、自治区进出口委统一组织开展对外工作。然后由省、市、自治区编制可行性研究报告，连同进口设备清单报国家经委和对外经贸部，在国家计划规定的额度范围内审批。限额以上项目，要报国家计委，会同国家经委、对外经贸部等有关部门审批。

这次商定的项目有以下两个特点：一、开始注意搞真正的技术改造。在第一批下达的项目中，提高产品质量的占29.7%，增加品种的占23%；二、大部分项目采取自有资金、银行贷款和国家补助拨款相结合的集资方式，有利于节约使用资金，提高资金使用效果。在第一批项目总金额中，自有资金占20%，银行贷款占42.5%，这是过去几年没有过的。

会议要求各地区、各部门，对于在建项目，要进行彻底清理，对经济效益差，能源和主要原材料不落实，以及产品不适销对路的项目，要区别不同情况进行处理，对确需续建的项目，一定要在资金、材料、设备和施工力量上给予保证，抓紧发挥经济效益；新上项目要十分慎重，要按建设性质划分，严格把关，强调做好项目的前期准备工作；第一批下达的项目，要迅速落实各方面条件，以缩短工期，提高经济效益。

四、讨论研究了鼓励企业技术进步的一些政策措施

这次会议组织有关部门和各地区同志进行了专题座谈，提出了以下一些意见，请主管部门研究修订政策时参考。

第一，关于企业合理使用折旧基金搞好技术改造的问题。

为了合理使用企业的折旧基金，保证实现以内涵为主的扩大再生产，企业存入银行的折旧基金，可以按规定提取一定比例用于维持简单再生产和小改小革或厂房、宿舍的更新改造；其余部分，必须有经过批准的企业技术改造规划，才能提取用于技术改造。银行要充分发挥监督作用。这个比例由各省、市、自治区根据企业的具体情况分别核定。

第二，关于人民银行贷款问题。

为了支持企业的技术进步，保证贷款优先用于内涵为主的技术改造项目，要适当调整信贷政策。

（1）贷款要与企业、地方自筹资金或国家拨款结合使用，以利于减轻企业的还款负担和更好地发挥资金的使用效果。

（2）贷款利率，除节能、交通买船等专项贷款实行优惠利率外，其他中短期设备贷款实行浮动利率。对社会综合经济效益高而缺乏还款能力的技术改造项目和用于新技术开发的项目，应该给予优惠，按现行利率向下浮动。具体办法由中国人民银行另订。

（3）还款期限，对于社会综合经济效益高而还款能力差的项目，经过批准可适当延长，除个别情况外，不超过五年。

（4）还款办法，为了促使企业承担经济责任，贷款应用企业的自有资金归还一部分。对社会综合经济效益高，而还款能力差的贷款项目，用自有资金归还贷款的比例可以小一

些，其余项目的比例可大一些。具体办法由财政部、中国人民银行另行下达。

一九八三年要从集中的折旧基金中拿出四亿元用于技术开发，同时增加四亿元低息贷款用于技术改造，各省、市、自治区意见，这笔贷款的利率，最高不要超过节能贷款的利率，即二厘一，还款期限延长至五年。具体办法由中国人民银行制定。

第三，关于提高折旧率问题。

遵照国务院领导同志指示精神，提高折旧率要根据国家财力可能，有计划、有步骤地进行，第一步，先从上海市和国务院批准的机械工业首批改造企业做起。请财政部会同机械主管部门和有关省、市、自治区，在调查研究的基础上，提出分类折旧年限，按行业对企业进行逐个核定，在不减少上缴利润的前提下，经过批准，逐步提高，从一九八三年开始平均每年提高折旧率1%左右。其他行业，对那些设备过于陈旧，改造任务重，折旧率又太低的企业，经财政部会同主管部门批准后，也可以从一九八三年开始进行提高折旧率的试点。另外，对新增固定资产的折旧率应该提高，以免今后还要重新核定，建议由国家计委、国家经委和财政部共同研究提出具体办法。

第四，关于技术改造的物资供应问题。

建议国家物资局根据计划会议确定的分地区的国家拨款（含新增加的四亿元低息贷款）和轻纺、节能等专项贷款（机械贷款也应列为专项贷款）的资金额度，按照合理定额，给予“三材”补助，纳入分配计划，于订货会议前专项下达，地方和部门不得挪用。使用自筹资金的技术改造项目，部门和地方的物资部门应该根据“先生产、后基建”的原则，在物资分配上给予优先考虑，切实保证供应。

第五，关于加强技术改造项目的前期准备工作。

制订技术改造规划、编制项目建议书和进行可行性研究，要请专家参加，请咨询单位提出评价。技术改造项目的前期准备工作，包括咨询论证费用，允许从技术改造资金中列项支付。

以上报告，如无不妥，请批转各省、市、自治区人民政府，国务院各部委、各直属机构参照执行。

附录3

国务院办公厅转发国家计委、国家经委关于技术改造和技术进步工作分工意见的通知

（国办发〔1983〕17号　1983年3月15日）

各省、市、自治区人民政府，国务院各部委、各直属机构：

国家计委、国家经委《关于技术改造和技术进步工作的分工意见》已经国务院批准，

现转发给你们，请按此执行。

国家计划委员会、国家经济委员会关于技术改造和技术进步工作的分工意见

为了加强现有企业的技术改造和技术进步工作，经过国家计委与国家经委共同研究，对技术改造计划的程序、方法作以下具体规定。

一、计划程序。

根据国民经济计划总的要求，由国家计委会同国家经委提出整个技术改造（包括设备更新、技术引进和技术开发）计划的资金总规模、使用方向和重点，由国家经委组织各部门、各地区作出安排，经国家经委汇总，国家计委综合平衡后，纳入国民经济计划。具体项目由国家经委组织分批下达。

中长期规划以国家计委为主组织编制。近期计划和实施方案以国家经委为主组织各地区、各部门制订。

各省、市、自治区技术改造计划的制订，可以参照这一程序办理，也可以根据各自的情况自行确定，但均应综合平衡后，纳入地方计划。

二、项目管理。

根据综合平衡、统筹安排、分级管理的原则，组织项目的审批。

技术改造项目要编制设计任务书或项目建议书。限额以上技术改造项目（资金在一千万元以上），必须编制设计任务书，由国家计委会同国家经委审批，未经批准不得列入计划。限额以上项目的初步设计由国家计委会同国家经委（或委托主管部门）组织审批，未经批准，不得施工。

限额以下的技术改造项目，也要根据不同情况，编制不同要求的项目建议书（附可行性研究报告），按照分级管理的权限进行审批，然后列入计划。

凡是用部门、地方、企业自有资金或贷款（不含国家直接安排的专项贷款资金）安排的限额以下项目，分别由各部门或各省、市、自治区自行组织审批下达。五百万元以上的项目，要报国家经委、国家计委备案，属于地方项目，还应抄送国务院主管部门。国家经委、国家计委对备案项目如有意见，必须在收到备案文件后一个月内通知部门和省、市、自治区进行复审。

凡是全部或部分用国家拨款、集中的折旧基金安排的限额以下项目，由国家经委负责组织审批下达。

使用人民银行轻纺、机械、节能等专项贷款的技术改造项目，由各省、市、自治区在国家经委、人民银行分配的贷款额度内负责审定，其中轻工一百万元、纺织二百万元以上的项目和机械、节能项目，由国家经委和国务院主管部门联合审批下达；轻工一百万元、

纺织二百万元以下的项目报主管部备案。

三、与现有企业技术改造和技术进步有关的使用国家外汇的限额以上的技术引进项目（限额按技术改造项目的规定，即总投资为一千万元人民币），其项目建议书和可行性研究报告，由国家计委会同国家经委、国家科委、对外经济贸易部等有关部门审批。限额以下项目的建议书和可行性研究报告（有的项目可以简化），由国家经委会同对外经济贸易部审批。

四、国家统一掌握的技术开发费用（包括由国家经委承担的国家重点攻关项目费用），由国家经委根据国家计委规定的使用方向和重点，负责具体组织安排。其中，由国家经委承担的国家重点攻关项目由国家经委组织审批，纳入国家计划下达；技术开发项目（包括新产品试制、新技术推广、引进技术的消化、吸收等），由国家经委在国家计委规定的资金计划额度内，负责组织审批下达。

五、有关现有企业技术改造和技术进步的具体管理办法和实施细则，由国家经委根据以上规定组织制订。

六、过去有关规定与本文件不一致的，按本规定办理。

附录4

国家计划委员会　国家经济委员会　国家统计局
下达《关于更新改造措施与基本建设划分的暂行规定》的通知

（计资〔1983〕869号　1983年6月20日）

国务院各有关部门，各省、市、自治区计委、经委、统计局：

根据国务院领导同志的指示精神，我们在征求各省、市、自治区计委、经委和国务院有关部门意见的基础上，制定了《关于更新改造措施与基本建设划分的暂行规定》，现发给你们，请认真贯彻执行。

关于更新改造措施与基本建设划分的暂行规定

为了加强固定资产投资计划的管理，准确反映基本建设和更新改造措施投资的规模及构成，指导各类资金的使用方向，搞好国家重点建设和现有企业单位的技术改造，促进社会经济效益的提高，现根据工程性质并结合计划管理要求和资金来源，对更新改造措施和基本建设的划分标准，作如下具体规定。

一、更新改造措施

更新改造措施是指利用企业基本折旧基金、国家更改措施预算拨款、企业自有资金、国内外技术改造贷款等资金，对现有企、事业单位原有设施进行技术改造（包括固定资产更新）以及相应配套的辅助性生产、生活福利设施等工程和有关工作。其目的，是要在技术进步的前提下，通过采用新技术、新工艺、新设备、新材料，努力提高产品质量，增加花色品种，促进产品升级换代，降低能源和原材料消耗，加强资源综合利用和治理污染等，提高社会综合经济效益和实现以内涵为主的扩大再生产。具体包括以下几个方面：

1. 为了挖掘国民经济各部门潜力，提高综合经济效益，对现有企、事业原有车间、生产线的工艺、工程设施和技术装备进行技术改造或设备、建筑物更新，以及与生产性主体技术改造相应配套的辅助性生产、生活福利设施；

2. 为了改善原有交通运输设施、港口码头的运输条件，提高运输、装卸能力，而进行的更新改造工程；

3. 为了节约能源和原材料，治理“三废”污染或综合利用原材料而对现有企、事业进行的技术改造工程；

4. 为了防止职业病和人身事故，对现有建筑和技术装备采取的劳动安全保护措施；

5. 对城市现有供热、供气、供排水和道路、桥涵等市政设施的改造；

6. 现有企、事业单位由于城市环境保护和安全生产的需要，而进行的迁建工程。

更新改造资金不得用于基本建设。凡使用更改资金搞基本建设工程的，应追查有关方面负责人的责任。

为使更改资金真正用于以内涵为主的技术改造上来，要掌握以下两条：

1. 要尽量少搞土建，单项工程新增建筑面积不能超过原有面积的30%；用于土建工程量的资金，一般不得超过资金总额的20%。个别项目确实需要超过以上规定的，必须按照项目分级管理的规定报批。经批准列入更新改造措施计划的项目和建筑面积要报国家经委备案；省、市、自治区和各部门用于土建工程量的资金不得超过当年更新改造计划资金总规模的15—20%。

2. 工程内容，主要是用新设备、新工艺、新技术，对现有设施进行技术改造，而不是搞“厂内外延”。

限额以上的技术改造项目，必须按基本建设办法进行管理，并在更新改造措施统计中单独立项。

限额以下技术改造项目，单项工程新增建筑面积超过单项工程原有面积30%的（属于扩建性质），应按基本建设办法管理。

二、基本建设

基本建设是指利用国家预算内基建拨款、自筹资金、国内外基本建设贷款以及其他专项资金进行的，以扩大生产能力（或新增工程效益）为主要目的的新建、扩建工程及有关工作。

具体包括以下几个方面：

1. 为经济、科技和社会发展而平地起家的新建项目；

2. 为扩大生产能力（或新增效益）而增建分厂、主要生产车间、矿井、铁路干支线（包括复线）、码头泊位等扩建项目；

3. 为改变生产力布局而进行的全厂性迁建的项目；

4. 遭受各种灾害，毁坏严重，需要重建整个企、事业的恢复性项目；

5. 没有折旧基金或固定收入的行政、事业单位增建业务用房和职工宿舍的项目。

基本建设应严格控制规模，要集中使用资金，用各种资金安排的基本建设大中型项目一律由国家计委审批，小型项目一律由省、市、自治区计委和国务院有关部门审批，并纳入国家计划确定的基本建设投资规模以内。不经过国家计委和省、市、自治区计委综合平衡，任何单位和个人都不得搞计划外工程，资金不得挪作他用。否则，应追查有关方面负责人的责任。

三、更新改造措施投资与基本建设投资确有必要结合使用的项目，凡是在现有企、事业单位基础上进行改建、扩建的，列入更新改造措施项目计划，但新增加的生产能力（或效益）相当同类产品中大中型基建项目的，应列入基本建设计划。但其投资仍应按规定报批并分别列入更新改造措施和基本建设投资计划。

四、下述内容，不包括在固定资产投资计划（更新改造措施和基本建设）范围之内。由各地方、各部门安排，报中央和省、市、自治区两级计委、经委、财政和统计部门备案。其中属于固定资产建造和购置的按统计制度规定的办法单独统计。

1. 现有企、事业、行政单位零星购置单台设备和建造单项工程，投资在5万元以下的（不含5万元）；

2. 设备大修，房屋翻修、加固和拆迁工程（指为建设工程腾出建设场地，拆除原有房屋而另行建设的一般民用建筑和房屋工程）；

3. 小型农田水利工程；堤防、水库的岁修和加固；油田维护；采掘采伐工业的开拓延伸工程（指用油田维护费和煤炭、矿山、森工等开拓延伸费，按国家规定的使用范围安排的建设工程）；

4. 市政设施工程维护（指对城市现有道路、桥涵、防洪堤坝、上下水道工程进行修理、维护和必要的改善）；

5. 铁路大修及水毁工程的修复（包括加固和原地更新），航道、渡口维修和公路桥涵养护；

6. 商粮贸、供销部门搞的简易仓棚等建筑。

以上不纳入固定资产投资计划范围内的工程，应按工程性质划分，而不按资金来源划分。

五、按上述划分规定安排的建设项目，都应分别列入各级基本建设计划和更新改造措施计划。同时将计划抄送同级统计局和有关银行。各级计委、经委要切实加强管理，认真考核其经济、社会效益。各级统计部门对于违反批准权限安排的计划外建设项目，要如实统计上报，各级领导不得阻挠。

以我为主，博采众长，融合提炼，自成一家*

——学习借鉴外国企业管理经验应采取的方针

（1983 年 1 月 7 日）

学习借鉴外国企业管理经验，这在旧中国有人就提出来过。鸦片战争前，我国长期闭关锁国，资本主义以大炮打开了中国的大门。有些人想搞实业救国，提出向西方学习，可是老师总欺侮学生。直到毛主席领导中国人民推翻了三座大山，新中国成立，才真正为发展经济创造了条件。三年恢复得很快。第一个五年计划是集中力量打歼灭战，第一汽车制造厂那么大的厂，只用了三年时间建成投产。武钢 1954 年开始搞设计，1958 年一号高炉投产，用了四年时间。后来我们在建设中经过了波折，也吸取了正反两方面的经验。经过了波折，走了一些弯路。经验是丰富的，也来之不易。

粉碎“四人帮”后，大家都感到不能长期关门过日子，要出去看看。1977 年我们访问了英国和法国。1978 年我们又访问了日本，系统地考察了日本的企业管理。从英国、法国、日本回来，我们向党中央、国务院做了系统汇报。汇报强调了发展商品生产和市场调节，强调了如何调动职工的积极性，强调了投资要付利息等观点。

1979 年初，成立了中国企业管理协会，开办了第一期企业管理研究班。从那时起到现在将近四年来我国企业管理有了很大变化。1979 年冬我们访问美国。战后日本学美国，加上东方特点（他们说是什么“儒家教义”）。他们还一再强调，日本企业管理经验集中到一点，即十分重视发挥人的作用，而美国对人却不够尊重。日本有守纪律的传统，美国就差一些。

1980 年，我们又去欧洲三个讲德语的国家（联邦德国、瑞士、奥地利）考察。企业管理大体上差不多。联邦德国与美、日相比，有自己的特点，非常重视基础工作。

---

* 本文是袁宝华同志 1983 年 1 月 7 日会见“借鉴外国企业管理经验座谈会”部分代表时的谈话摘要，原文首发于《袁宝华经济文集》（中国经济出版社，1991，第 150~152 页），标题为“学习借鉴外国企业管理经验应采取的方针”，1999 年收入《袁宝华文集（第一卷）》时标题改为“以我为主，博采众长，融合提炼，自成一家”。本文最后一段是新补充的《企业管理》1983 年第 3 期报道的袁宝华同志谈话内容。

把技工培训放在就业之前，强调职业教育，采取双轨制，企业和学校挂钩，学习理论在学校，学习操作在企业，固定协作关系，国家法律规定，工商联组织负责全国的双轨制培训。这些国家社会民主党执政，在工厂管理上也采取了调和劳资矛盾的路线，建立监督委员会，政府规定工人代表在监督委员会中占 1/3，后来又增为 1/2。监督委员会做决定必须得到 2/3 通过才有效，这使资方代表必须和工人妥协。工厂有管理委员会，管理委员会的成员必须是专家，讲学历和资历。管理委员会由厂长、总工程师等组成。同时，企业还有工人委员会，工人当了委员可以脱产。联邦德国一个大化学公司（BASF）有 50 名脱产委员。董事长说，50 人白拿钱，专门来找毛病。管理委员会的决定，工人委员会有否决权，迫使资方与工人妥协，其结果是使联邦德国的罢工率大大降低。法国管理与联邦德国不同，我到过法国三次，两次都赶上机场罢工。但是瑞典社会民主党当政多年，搞福利政策，1981 年还是爆发了全国大罢工，因为劳资矛盾总是存在的，总是要爆发的。

总之，各国企业管理有共同之处，但又各有特点。

粉碎“四人帮”以后，我们学习外国经验已有五年了，现在来总结一下十分必要，总的来说，我们学习别人的经验，要采取“以我为主，博采众长、融合提炼、自成一家”的方针，像曹禺对吉剧讲的那几句话一样，学习外国企业管理经验也应采取这一方针。

学习外国经验，原原本本学很重要。不能学皮毛，一知半解，只有从头到尾，原原本本学通了，才能从中吸取有用的东西，至少在专家范围内应该这样。大连培训中心开始时美国人就提出，教材如何与中国实际结合，我们经过研究，回答他们，美国怎么干，你就怎么讲，不要保留。这样才能把美国东西学通，才有分辨能力，才能消化吸收。外国方法值得借鉴，是采取比较的方法进行学习。我们想再办一些培训中心，就采取这个办法，来专门研究这些国家的经验。要“为我所用”，没有捷径，只有勤奋地学习，不把“众长”学透，就不能“博采”。要想“自成一家”，就得学透百家，行为科学也要有人研究。凡能成为一门科学的，一定有它的道理。我们思想政治工作经验丰富，但系统化、理论化还不够。毛主席说过，解放军把传统的思想政治工作系统化了。不系统，零零星星，就不能成为科学。要总结出一套经验。现在正委托四川写一本思想政治工作教材。过去凡是毛主席没有说过的我们就不敢说，成了禁区。1964 年刘少奇同志给江渭清同志的一封信，批评他全用毛主席、马列的话，没有自己的话，这样如何指导自己的工作。长期受此影响，就无人敢总结一套经验。党的十一届三中全会以来，提倡解放思想，实事求是，这个力量是不可估量的。小平同志讲，改革要坚决，经济要抓紧。农业方面的改革已经解决农民的温饱问题，生产发展了就有联合的要求，专业户有分工，就必然会有联合。农民现在怕变，工业上同样有这样的问题。哪儿有一批思想较解放的领导，哪儿经济发展就较快。所以还是要继续解放思想。

我们学习、借鉴外国企业管理的经验，目的是要做好我们自己的工作。中央领导同志指示我们：改革要坚决，经济要抓紧。在企业整顿和体制改革中，我们的企业要善于结合自己的实际，借鉴外国的经验，采用科学的方法和手段，搞好全面计划管理、全面质量管理和全面经济核算，不断提高领导水平和管理水平，实现经营管理的科学化、现代化。根据当前的情况，要实现这个要求，需要抓住三个环节。一是企业必须拥有必要的经营管理自主权，这样，企业才能有“活力”“动力”，对企业才有“压力”。像大企业实行递增利润包干、中型企业逐步推行以税代利、国营小企业试行集体承包以及提高固定资产折旧率等问题，都应当有步骤地加以解决。二是克服吃“大锅饭”、平均主义。北京光学仪器厂、云南易门铜矿、黑龙江向阳煤矿等单位，实行厂内浮动工资取得了很好的经验，真正做到了各尽所能、按劳分配。在工资制度全面改革以前，对于厂内实行浮动工资这一类局部性的改革措施，应当积极创造条件，在更多的企业里试行。三是加强民主管理。日本把“终身雇佣制”、“年功序列工资制”和“企业工会”等，看作企业管理的支柱。这在资本主义社会不过是缓和阶级矛盾的一种手段。我们是社会主义国家，工人是企业的主人，这是由我们的社会制度所决定的。我们一定要充分发挥职工群众参与经营决策、参加经营管理和监督干部的作用，使他们真正能够当家做主。

文稿解读

1983 年 1 月 4~8 日，中国企业管理协会与国家经委企业管理局、经济干部教育局、经济干部培训中心，在京联合召开“借鉴外国企业管理经验座谈会”（即第一次全国企业管理现代化工作座谈会），对几年来学习、借鉴外国企业管理经验，努力实现管理现代化问题进行了讨论。来自有关科研单位、大专院校、省区市企业管理协会、经济管理干部培训中心等单位的 60 多名代表出席会议。会议研究确立了结合我国实际，学习应用国内外先进管理思想方法，探索有中国特色的企业管理现代化道路的指导思想和基本原则。会上还综合整理出当时在全国企业已经应用较多的全面质量管理、价值工程、网络技术等 18 种现代化管理方法。会议期间，国家经委副主任袁宝华同志会见了出席会议的部分代表，听取了意见，并做了重要讲话；提出了借鉴外国经验，要“以我为主，博采众长，融合提炼，自成一家”的方针。国家经委批转了这次会议纪要。

1984 年 1 月 17~21 日，国家经委企业管理局、中国企业管理协会秘书处、国家经委经济管理研究所、中国社会科学院工业经济研究所、机械部管理科学研究所，在京联合召开企业管理现代化工作座谈会（第二次全国企业管理现代化工作座谈会）。参加会议的有 10 个省、直辖市和 7 个工业城市经委、企协的负责同志，30 家企业的厂长、经理以及有关部门、研究单位、高等院校的同志共 90 人。会议着重研究了企业管理现代化体系的构成，总结出企业管理要从思想、组织、方法、手段及人才五个方面实现现代化。国家经委副主任袁宝华同志出席会议并讲话。

会议指出，到 1983 年底，全国已有 1 万多家国营工业企业整顿验收合格。为了巩固全面整顿的成果，必须把企业管理现代化提到重要日程上来，在企业素质上狠下功夫。近几年来，我国企业管理现代化已经出现了可喜的苗头，仅就管理方法来讲，运用较多，并已取得一定效果的有 18 种。大体有三类情况：（1）应用范围较广，效果较显著，并已与日常生产管理工作紧密结合的有 6 种，即全面质量管理、目标管理、价值工程、市场预测、网络技术、ABC 管理法等；（2）部分企业开始应用于实践，初见成效的有系统工程、正交试验法、全员设备管理、滚动计划等；（3）处于试点和准备研究应用的有决策技术、成组技术、看板管理、回归分析等。

会议强调，我国企业管理现代化虽已出现了可喜的苗头，但也还存在一些问题，在一些管理干部中，主要表现为三重三轻，即：重生产、轻效益；重技术，轻管理；

重传统，轻现代化。这与当前面临的世界工业技术革命是格格不入的。通过座谈，与会代表认识到我们搞管理现代化，必须从中国的实际出发，根据中国的国情和实际需要，大胆创新。同时要认真学习借鉴外国的先进管理经验。在这方面，必须贯彻执行“以我为主，博采众长，融合提炼，自成一家”的十六字方针。针对目前我国企业管理的现状，力争在1990年，初步建立起我国社会主义企业管理现代化体系，还必须采取一些有力的措施。（1）要大力开展宣传教育，提高干部特别是各级领导干部的认识，要继续克服“左”的思想影响，克服怕麻烦、怕搞乱的保守思想。（2）要全面规划，有重点有步骤地进行，用堆宝塔、滚雪球的办法从少到多，从易到难，逐步发展。（3）要建立相应的制度，领导部门不但要抓技术成果还要抓管理成果。（4）要积极开展咨询活动，注意总结这方面的经验。（5）要抓紧培训人才，这是推进管理现代化一项重要而紧迫的任务。同时，要注意处理好以下几种关系。（1）管理现代化要与企业全面整顿相结合；（2）管理现代化要同改革相结合；（3）管理现代化要同技术进步相结合；（4）管理现代化要做到总结国内先进管理经验和借鉴国外先进管理经验相结合。会议确定了拟推广的18项现代化管理方法和全国重点抓的管理现代化试点企业名单。

1984年2月23日，《国家经济委员会关于转发〈企业管理现代化座谈会纪要〉的通知》指出，企业管理现代化是改善企业素质、提高经济效益的一条重要途径，也是企业全面整顿的必然发展趋势。我们要在推进技术进步的同时，把企业管理现代化摆到重要议程上来。各地区经委、各有关部门参照《纪要》提出的内容和要求，结合企业整顿、创“六好”企业，逐步推进企业管理现代化。首先要认真抓好试点，以便取得经验。《纪要》指出，会议讨论研究了以下几个主要问题。（1）企业管理现代化是开创社会主义现代化建设新局面的一项重要任务。（2）推行企业管理现代化的基本指导思想。（3）要正确估计我国企业管理的现状，明确企业管理现代化目标。（4）企业管理现代化的内容是体系化的，不断发展的。（5）推行企业管理现代化必须正确处理好几个方面的关系。（6）推行企业管理现代化必须采取的措施。

附：拟推广的18项现代化管理方法

（1）经济责任制：用以解决国家与企业在责、权、利上的相互关系以及建立企业内部的岗位经济责任制、专业经济责任制体系。

（2）全面计划管理：用于建立企业的总体经营目标，并使总目标在企业内部各个环节上做到综合平衡、衔接配套、全面落实。

（3）全面质量管理：用于提高产品质量、工程质量和工作质量。

（4）全面经济核算：用于核算、分析生产、经营各个环节上影响经济效益的各种因素，并对这些因素进行系统控制。

（5）统筹法（网络技术）：用于工程施工、新产品研制、组织生产、设备大修等方面。

（6）优选法（正交试验法）：用于在质量、生产、技术、环保、综合利用等方面，选择正确的试验方法和最佳方案，减少试验次数。

（7）系统工程：用于生产、技术、管理等各项工作，进行全面分析和组织协调。

（8）价值工程：用于制定新产品开发、老产品改进以及对工艺、技术方案，从技术与经济统一的观点进行评价与选择。

（9）市场预测：为经营决策提供依据。

（10）滚动计划：用于保持计划的衔接、稳定与均衡。

（11）决策技术：为经营决策与管理决策提供科学方法。

（12）ABC管理法：用于物资、设备、在制品、资金等方面的管理，确定重点管理对象。

（13）全员设备管理：用于对设备的研究、设计、制造、使用、维修、保养、报废等方面进行全面管理。

（14）线性规划：为运输、生产任务分配、生产计划安排、资源利用等问题提供解决方案，以取得最优效果。

（15）成组技术：用于零部件制造过程的生产组织管理。

（16）看板管理：用于生产、运输、材料供应等方面，提供作业指令和反馈指令的执行情况，使各作业环节紧密衔接。

（17）量本利分析：用于制定合理的产量、成本目标、提高生产利润。

（18）微型电子计算机（辅助企业管理）：广泛应用于企业的各项专业管理，进行数据处理，为决策提供信息。

1985年3月5~9日，国家经委在辽宁省抚顺市召开第三次全国企业管理现代化工作座谈会。来自28个省、自治区、直辖市和8个工业城市经委及企协的负责同志，36户试点企业的负责人，以及国务院有关部门、科研单位、新闻单位的代表共166人出席了会议。会议着重研究了围绕增强企业活力，在改革中大力推进企业管理现代化的问题，拟定了《关于调查起草“工业企业管理现代化纲要”的工作安排意见》，在1984年已有20家试点企业的基础上新增16家试点企业。国家经委副主任袁宝华、张彦宁等领导同志出席并讲话。会议由国家经委经济管理研究所、中国企业管理协会、中国社会科学院工业经济研究所和机械工业管理科学研究所共同主办。

1985年3月9日，袁宝华同志在第三次全国企业管理现代化工作座谈会讲话时指出，第一，企业管理现代化要有中国特色。邓小平同志多次提出要把马克思主义的普遍真理同我国的具体实践结合起来，走自己的路，建设具有中国特色的社会主义。“中国特色”，或者说“中国式”，就是要从中国实际情况出发，同中国的具体实际相结合。邓小平同志的这个思想已经成为我们建设现代化国家的总的指导方针。要有中国特色这个问题，也应当成为我们推进企业管理现代化的指导方针，这不是一个小问题。什么是中国企业管理现代化的特色呢？根据同志们讨论的意见，我初步归纳出下面这几条，请大家继续研究探讨。（1）在以生产资料公有制为主体、多种经济形式并存的条件下，企业经营方式灵活多样。（2）按照有计划的商品经济的原则进行经营管理。企业既要服从国家计划的指导，又要根据市场需要，自主经营。（3）集中指导和民主管理相结合。既要有领导权威，又要保障职工的主人翁地位，实行领导干部、技术人员和工人的三结合。（4）实行国家、企业和个人三者利益的结合，即在企业经济效益不断提高的前提下，保证国家、企业和职工个人收入的合理分配和不断增长。（5）坚持思想政治工作与贯彻按劳分配相结合，充分调动职工的积极性。（6）以责权利相结合为特点的经济责任制，也应当是中国企业管理的一个特色。第二，企业管理现代化就是一项改革工作。我想强调一点，推进企业管理现代化就是对管理思想、组织、体制、方法、手段等方面的改革。因此，企业管理现代化应当说是整个经济体制改革的一个重要内容，一个重要的组成部分。第三，企业管理现代化成败的关键是人才问题。邓小平同志一贯强调要尊重知识、尊重人才。去年10月，他在谈到关于经济体制改革决定时指出“事情成败的关键就是能不能发现人才，能不能用人才”。邓小平同志最近在会见全国科技工作会议代表时又一次指出，改革科技体制，最重要的、我最关心的是人才。善于发现人才、团结人才、使用人才，是领导者是否成熟的主要标志之一。邓小平同志关于人才问题的一系列重要讲话非常重要，我们一定要深刻领会，作为一项重大的战略任务去努力实现。现代化的企业管理，是建立在社会化大生产和科学技术日新月异的基础上的。如果我们没有足够的掌握科学技术和管理本领的人才，就不可能实现企业管理现代化。因此，培养人才、发现人才、团结人才、使用人才的问题，是决定企业管理现代化成败的关键。第四，加快推进企业管理现代化的步伐。管理是一种重要的资源，充分开发、利用这种资源，可以用较小的代价获得较大的利益。长期以来，人们对管理的重要性认识不足。这个问题至今还没有完全解决。实践证明，如果管理不能相应地跟上去，再好的技术也不能充分发挥作用。我们各级经委和企协，都要把推进企业管理现代化作为一项重要任务，在各级党委和政府的支持下，认真抓紧抓好。（1）要认真总结经验，搞好典型示范。（2）要组织起来，通力合作。（3）要扩大宣传，引起重视。（4）各级经委要加强同计划、财政、劳动等有关部门的合作，在技术改造、人员培养、人才引进、管理咨询等方面，给企业以切实的支持、帮助、做好引导和服务工作，以利于更好地推进企业管理现代化。

1986年3月4日，《国家经济委员会关于颁发〈企业管理现代化纲要〉（草案）的通知》（经企〔1986〕123号）明确，为了在“七五”期间有领导有步骤地推进我国企业管理现代化，提高企业的经营管理水平，适应经济体制改革发展的需要，保证

“七五”计划的实现，为90年代经济的振兴和繁荣创造条件，国家经委遵照中共中央、国务院有关指示精神制定了《企业管理现代化纲要》（草案），发给各省、自治区、直辖市、计划单列市经委，国务院各有关部门，请按照《纲要》的要求，结合本地区、本部门的实际情况，制定推行企业管理现代化的规划和措施，有领导、有步骤地组织实施。

1986年4月26~29日，国家经委在北京召开第四次全国企业管理现代化工作座谈会，国家经委主任吕东、副主任袁宝华出席并讲话。国家经委副主任张彦宁在工作报告中指出，今年是贯彻执行“七五”计划的第一年，我们要以经济体制改革作为动力，遵循“巩固、消化、补充、改善”的方针，围绕开展企业“抓管理、上等级”工作，认真地贯彻执行《企业管理现代化纲要》。为把企业管理现代化工作向纵深推进，1986年要着重抓好以下几项工作：（1）进一步加强领导，提高认识，制定贯彻落实《企业管理现代化纲要》的具体方案；（2）认真抓好企业管理组织现代化和现代化管理方法、手段的运用；（3）大力加强企业管理基础工作；（4）各地区各部门要继续深入抓好试点企业的工作，适当扩大试点企业的范围；（5）加强人才培训，组织各方面力量，推进企业管理现代化。

1986年6月28日，《国家经委关于扩大全国重点抓的企业管理现代化试点的通知》明确，为了发挥典型示范作用，决定将全国重点抓的企业管理现代化试点扩大到60家企业，名单如下。

1984年确定的20家试点企业名单：首都钢铁公司、北京光学仪器厂、北京电冰箱厂、天津第二自行车厂、天津国棉一厂、沈阳水泵厂、大连冷冻机厂、佳木斯造纸厂、哈尔滨轴承厂、上海国棉十七厂、上海机床厂、上海无线电二厂、南京电影机械厂、无锡油泵油嘴厂、青岛锻压机械厂、沙市床单厂、宁江机床厂、西北国棉一厂、第一汽车制造厂、第二汽车制造厂。

1985年增加的16家试点企业名单：北京开关厂、燕山石油化学工业公司、北京内燃机总厂、北京油泵油嘴厂、天津新港船厂、华北制药厂、鞍山钢铁公司、瓦房店轴承厂、江西氨厂、醴陵国光瓷厂、长岭炼油厂、洛阳玻璃厂、徐州矿务局、江苏望亭电厂、济南铁路局、大连港装卸联合公司。

1986年增加的24家试点企业名单：北京第一棉纺织厂、天津港务局、吉林化学工业公司、嘉兴民丰造纸厂、杭州机床厂、芜湖光华玻璃厂、宜春第一机械厂、太原矿山机械厂、兰州炼油厂、兰州石油化工机器厂、广东玻璃厂、深圳华强电子工业公司、株洲硬质合金厂、福建船舶工业公司、重庆特殊钢厂、贵州钢绳厂、昆明机床厂、柳州第二空压机厂、新疆水泥厂、大庆石油管理局、江南无线电器材厂、上海沪东造船厂、戚墅堰机车车辆厂、武汉钢铁公司。

企业管理现代化应用和试点工作的成效，可以从典型企业经验介绍得到验证，如附录三的北京内燃机总厂的先行实践，无锡油泵油嘴厂的积极试点，张家口探矿机械厂的专项应用。北京内燃机总厂的时任厂长是沙叶同志［先后担任国家经委企业管理局局长、委秘书长、委党组成员和纪检组长，中国厂长（经理）研究会会长、中国企业家协会常务副会长等，并创办《中国企业家》杂志］。无锡油泵油嘴厂的时任厂长是李荣融同志（先后担任国家经贸委技改司司长、委秘书长、委副主任，国家发展计划委员会副主任，国家经贸委副主任和党组副书记，国家经贸委主任和党组书记，国务院国资委主任和党委副书记，国务院国资委主任和党委书记）。

文稿附录

附录 1　借鉴外国企业管理经验座谈会（第一次全国企业管理现代化工作座谈会）会议纪要

附录 2　国家经济委员会关于颁发《企业管理现代化纲要》（草案）的通知

附录 3　企业管理现代化应用和试点工作典型情况介绍

附　录

附录 1

借鉴外国企业管理经验座谈会（第一次全国企业管理现代化工作座谈会）会议纪要

我国的历史经验已经证明，闭关锁国，拒绝学习外国经验，只会窒息经济的发展；实行开放政策，吸取外国先进经验，为我所用，则对振兴经济大有益处。在认真总结我国自己 30 多年经验的基础上，借鉴外国企业管理经验，可以少走弯路，或不走弯路，加速现代化的进程。

近几年来，我们坚决贯彻执行中央制定的对外开放政策，通过多次派人出国进行深入系统地学习、考察，聘请外国专家来华讲学，开展企业管理咨询，我们了解了国外的许多情况，引进了一些企业管理经验和管理技术、管理方法，有的通过运用，取得了不同程度的成效，对提高我国企业管理水平起到了良好作用。但是，在如何对待外国企业经营管理经验问题上，我们的同志在思想认识上仍然不很统一。有的思想还不够解放，盲目排斥外国经验；有的对外国经验囫囵吞枣，不注意结合我国国情，有照抄照搬的现象；有的仍心有余悸，怕打棍子，怕戴帽子，不敢大胆研究外国那些科学的东西。

针对上述情况和问题，与会代表进行了认真讨论。特别是认真学习讨论了袁宝华同志会见部分代表时，所强调的学习、借鉴外国企业管理经验，要“以我为主，博采众长，融合提炼，自成一家”的意见。大家一致认为，这四句话较准确地反映了正确有效地学习、借鉴外国企业管理经验的客观过程，是学习、借鉴外国企业管理经验应遵循的原则。“以我为主”，这是我们的出发点，就是要在重视并认真总结我国传统的企业管理好经验的基础上，从我国国情出发，学习、研究外国经验，达到洋为中用的目的；“博采众长，融合提炼”，是正确的学习、借鉴方法，就是要广泛收集、了解各国管理经验和管理技术、管理方法，研究各个管理学派、各个学科的理论，取其精华，去其糟粕，集百家之长，为我所用；“自成一家”，是我们的目标，就是要通过总结自己的经验和借鉴外国经验，为建立具有我国特色的社会主义企业管理科学服务。

为了更好地学习、借鉴外国企业管理经验，会议提出了以下具体步骤。

第一，了解和学习。对外国企业管理方面的资料要广泛搜集。当前我们对日本、美国的情况搜集得多一些，但还很不够，对其他发达国家、发展中国家的情况搜集得很少。要组织力量从事这方面的工作。对外国的经验，要做到原原本本地了解，既了解基本理论，也了解方法；既了解历史，也了解现状；既了解成功经验，也了解失败的教训。这种了解和学习，可以在研究人员范围内进行。

第二，研究和筛选。研究的一个重要方法是进行比较。要在广泛搜集、了解和学习的基础上，对世界各国的管理经验进行比较，也要拿外国的管理经验同我国的管理经验进行比较。通过比较，把有可能在我国推广应用的经验筛选出来。

第三，试点和鉴定。任何一项外国管理经验在我国推广、应用之前，都要进行试点，并组织专家对试点结果进行鉴定。鉴定的标准，就是要看是否有利于提高经济效益，是否有利于提高我国企业管理水平。

第四，总结和推广。经过试点和鉴别，对在我国企业里应用成功，并有普遍意义的经验，要进行认真总结和推广。总结，要反映外国经验应用情况和取得的效果，包括如何将外国经验进行加工改造，以适应我国具体情况的要求。推广，要因时、因地、因厂制宜，不搞一刀切，但要做好宣传工作。要通过报刊、书籍、电视、电台等宣传工具造舆论；发挥各培训机构的积极性，培训人才，尤其要注意培训各级领导干部，提高他们推广应用先进经验的自觉性；通过企业管理咨询活动，具体指导企业推行先进管理经验。总之，要通过各种促进活动，使更多的企业，更多的人，都乐于应用先进经验。

第五，创新和发展。一项外国企业管理经验经过试点和总结、推广，取得了一定成效后，要进一步研究、创新和发展，使其更加完善，成为具有中国特色的社会主义企业管理科学的一个组成部分。

学习、借鉴外国企业管理经验，建立具有我国特色的社会主义企业管理科学的工作还处在开创局面的阶段，从学术界到实际工作部门，以至工业企业，都要注意总结经验，以在学习、借鉴外国企业管理先进经验，实现管理现代化中，做出自己应有的贡献。

附录2

国家经济委员会关于颁发《企业管理现代化纲要》（草案）的通知

（经企〔1986〕123号　1986年3月4日）

各省、自治区、直辖市、计划单列市经委，国务院各有关部门：

为了在“七五”期间有领导有步骤地推进我国企业管理现代化，提高企业的经营管理水平，适应经济体制改革发展的需要，保证“七五”计划的实现，为九十年代经济的振兴和繁荣创造条件，国家经委遵照中共中央、国务院有关指示精神制定了《企业管理现代化纲要》（草案），现发给各省、自治区、直辖市、计划单列市经委，国务院各有关部门，请按照《纲要》的要求，结合本地区、本部门的实际情况，制定推行企业管理现代化的规划和措施，有领导、有步骤地组织实施。国家经委拟于今年四、五月间召开全国第四次企业管理现代化座谈会，总结交流经验，研究《纲要》的贯彻落实工作，请抓紧作好准备。

简要说明

《企业管理现代化纲要》（草案）是根据中共中央《关于经济体制改革的决定》和“七五”计划建议的精神，为适应企业全面整顿后进一步推进企业社会主义现代化建设而制定的。

一、《纲要》是推行企业管理现代化的指导性文件，它具有以下特点：

1. 有明确的时间观念。它主要适用于“七五”时期。

2. 有特定的目的性。它主要解决如何推行企业管理现代化的问题，突出企业管理的“现代化”内容，省略一般性的经营管理工作的内容。它主要是按照经济体制改革的要求，在扩大企业经营管理自主权，逐步解决企业外部条件的前提下，解决如何完善微观经济活动和机制的问题。属于宏观经济管理和企业外部条件方面的问题，按中共中央、国务院有关文件执行。

3. 着重于战略性。《纲要》主要解决企业管理现代化的一些战略性问题，包括管理现代化的前进方向、奋斗目标、基本途径、政策措施等。从大的方面勾画出企业管理现代化的蓝图，起到启发思想、指明方向的作用。属于战术性问题，由各地区、部门、企业在今后实践中取得经验，逐步解决。

4. 注意实效性。《纲要》是我国企业管理实践经验的总结提高，又是用于指导今后实践的。它不承担论文和教科书的任务，不作管理现代化的理论阐述，不传授管理现代化的一般知识。提出的目标和要求，既不是高不可攀的，也不是轻易可以做到的。

5. 强调针对性。即针对我国企业管理的现状和主要矛盾，突出重点，不面面俱到。《纲要》的实施对象主要是全民所有制大中型工业企业。

二、《纲要》力求体现“七五”计划的战略方针，重点考虑了以下四个方面：

1. 力求与经济体制改革的方向、目标和步骤相适应。《纲要》提出：以大中型企业为骨干的、具有中国特色的社会主义现代化企业管理体系，要在“七五”期间基本上奠定基础。这是同中央关于争取在今后五年基本奠定有中国特色的新型社会主义经济体制的基础的要求相适应的。

为了适应中央在“七五”计划建议中提出的三个方面的改革任务，《纲要》要求在企业管理现代化方面做到：（1）引导企业从人才、思想、组织、方法、手段等几个方面，按照现代化的要求，系统地进行改革，提高自主经营能力；（2）增强企业对市场体系的适应能力；（3）适应以间接控制为主的宏观经济管理的要求，努力完善微观经济活动和机制。

2. 以中共中央关于“七五”计划建议中指出的生产建设的两个“关键”和经济工作的两个“致命弱点”，作为推行企业管理现代化的战略重点和主攻方向。《纲要》中着重提出：（1）大中型工业企业在“七五”期间一定要从根本上改变产品质量低、物质消耗高的落后状态，分别达到国内外同类企业的先进水平；（2）在经营管理上要建立和完善以提高产品质量、降低消耗为重点，确保提高经济效益、增强出口创汇能力，使生产经营逐步实现良性循环的现代化管理体系；（3）要围绕上述战略重点，结合企业实际，配套运用现代管理方法，并逐步应用现代管理手段，形成网络，使之在现代化管理体系中发挥其特殊的作用。

3. 企业管理现代化要起到适应和促进技术进步的作用。《纲要》讲了三点：（1）要提高企业技术进步的决策水平；（2）要运用现代化的管理思想和技术，来保证技术改造项目获得最佳经济效益；（3）在规划和实施技术改造的同时，要相应地统筹考虑管理现代化的内容，使技术与管理同步前进。

4. 体现“两个文明”一起抓，重视精神文明建设。

三、《纲要》的内容和结构是针对我国的实际情况和管理现代化的内容，有重点、有层次地展开的。

有些内容是为了突出中国企业管理的特色，或突出它在企业管理现代化工作中的地位和作用，而单独成章的。如经济责任制、管理基础工作，等。

关于《纲要》如何突出中国企业管理特色的问题，是从《纲要》的整体来反映中国特色，并把有关中国特色的内容分别写到有关章节中去，还是集中概括地写几条为好？经研究采用了前一种办法。如果要集中概括中国企业管理的特色又如何表达？初步归纳为：在生产资料公有制为主体、多种经济形式并存的条件下，企业经营方式灵活多样；国家计划指导与企业自主经营相结合；集中领导与民主管理相结合；实行责、权、利相结合，国家、企业和职工个人三者利益相统一的经济责任制；坚持思想政治教育和按劳分配相结合，等等。但是，这几条还需要在进一步实践中加以探讨，暂未写进《纲要》。

随着经济体制改革的深入发展，宏观经济管理的逐步完善，势必对企业管理现代化提出新的要求；特别是由于我国经济形势的发展，国内外市场的变化，生产经营实践中的新情况、新问题不断出现，企业管理必将相应地有新的发展，因此，作为“七五”这个历史时期推行企业管理现代化的《纲要》（草案）也有待在实践中逐步总结经验，进行修改、完善。

《企业管理现代化纲要》（草案）

（1986 年 3 月）

一、重要的战略任务

（1）党的十一届三中全会以来，我国企业贯彻执行对内搞活经济，对外实行开放的一系列方针政策，又经过一九八二年以来为期四年的分期分批的全面整顿，企业的管理工作正在经历着一个历史性的转变——由过去高度集中体制下形成的封闭式的单纯生产型，逐步转变为开放式的生产经营型。随着中共中央《关于经济体制改革的决定》在全国各地深入贯彻，企业管理的这种转变正在进一步深化。因势利导，采取措施，促使我国的企业管理沿着社会主义现代化的轨道前进，这项十分重要而迫切的战略任务已经历史地摆在我们的面前。

技术必须同管理相结合。现代化的技术，必然要求有现代化的管理与之相适应，才能变为先进的生产力。我国现有不少企业已拥有比较先进的技术装备，但是由于管理落后，没有发挥其应有的作用。今后还有大量的企业要有计划地进行技术改造，如不相应地推行管理现代化，技术改造的效益也就不可能正常地发挥出来。

推进企业管理现代化，既是经济体制改革的客观需要，它本身又是一场深刻的改革。中央提出，要争取在今后五年或者更长一些的时间内，基本上奠定有中国特色的、充满生机和活力的社会主义经济体制的基础。这就要求企业必须从旧的经济体制所形成的僵化模式中解放出来，按照现代管理的思想原则对传统的管理进行改革和提高，形成自主经营的能力，使之能适应社会主义有计划商品经济的要求。特别是要从根本上改变我国企业素质低、产品质量差、物质消耗高的落后状态，只靠加强传统的一套管理是难以奏效的，必须在推进技术进步的同时，在企业经营管理的人才、思想、组织、方法和手段等方面逐步实现现代化，使提高产品质量和降低物质消耗的工作真正建立在科学、可靠的基础上。

特别应当指出的是，目前我国技术落后，管理更落后，要适应国际市场的激烈竞争和世界新技术革命的严重挑战，必须在积极推行技术进步的同时，狠下功夫，推进企业管理现代化，大力提高经营管理水平。

我们要坚决响应党中央的号召，以改革创新和开拓前进的精神，积极投入到第七个五年计划时期的伟大实践中去，加快企业管理现代化的步伐，提高经营管理水平，更好地保证“七五”计划的实现为九十年代经济的振兴和繁荣创造条件。

二、指导原则与奋斗目标

（2）推进企业管理现代化，就是要求企业适应现代生产力发展的客观需要，按照社会主义经济发展规律，积极应用现代科学技术成果，包括现代经营管理的思想、理论和技术，有效地进行管理，创造最佳经济效益，达到国际先进水平。

（3）企业管理现代化必须遵循的原则是：

——坚持四项基本原则，坚决贯彻党的十一届三中全会以来的路线、方针、政策；

——坚持按照马列主义、毛泽东思想的立场、观点、方法运用系统论、信息论、控制论等现代科学理论，指导企业管理现代化实践；

——贯彻“七五”计划战略方针，坚持把改革放在首位，正确处理管理现代化与经济体制改革、与技术进步的关系；

——坚持“两个文明”一起抓，使社会主义的物质文明建设和精神文明建设同时进行；

——坚持“以我为主，博采众长，融合提炼，自成一家”的方针，在汲取中华民族的文化精华，认真总结建国以来企业管理经验的基础上，借鉴外国先进的管理经验；

——坚持从实际出发，讲求实效，防止形式主义。

（4）要根据我国企业的实际情况，按照系统的观念，在管理人才、管理思想、管理组织、管理方法和管理手段等方面实现现代化，并把它们同各项管理功能有机地结合起来，形成具有中国特色的社会主义的现代化企业管理体系。

建立和完善这个体系必须基本做到：具有正确的经营思想和能适应企业内外环境变化，推动企业发展的经营战略：建立起集中与民主相结合、适应现代化生产要求的领导制度；培养出一支符合干部“四化”要求、熟练地掌握现代管理知识和技能的管理干部队伍；有一套符合本企业特点、保证生产经营活动高效率运行的组织机构和管理制度；在主要生产经营环节普遍地有效地使用现代管理方法和手段；精神文明建设搞得好，为社会提供高水平的产品和服务，树立起企业的优良信誉。

在“七五”计划期间，我国要以大中型企业为骨干，初步奠定具有中国特色的社会主义现代化企业管理体系的基础。

（5）“七五”期间推行企业管理现代化总的目标是，我国企业主要是全民所有制企业，要正确运用国家赋予的经营管理自主权，按照现代管理的思想原则，基本完成企业内部的配套改革，不同程度地建立起使生产经营各个环节逐步进入良性循环的社会主义现代化管理体系；各行业都要有一批骨干企业在经营管理上、主要产品的质量和物质消耗上达到七十年代末八十年代初的国际先进水平。

实现这个总目标的具体要求是：

技术水平和管理水平目前已经在全国同行业中处于领先地位的企业，特别是其中的大中型企业，在1990年以前，要率先实现管理现代化。它们的现代化管理的体系要建立得比较完善，具有较强的自我改造、自我发展的能力，有出口任务的企业还要有较强的创汇能力，主要产品质量、物质消耗等主要经济技术指标达到七十年代末八十年代初的国际先进水平，有的要达到当时的国际先进水平。

其他企业都要积极努力为实现管理现代化创造条件，打好基础。大体上可分为两种情况：

一是，技术水平和管理水平目前在本省、自治区、直辖市处于领先地位的企业，到1990年，要基本形成现代化管理体系，具有一定的自我改造、自我发展的能力；主要产品质量、物质消耗等主要经济技术指标要达到全国同行业1985年的先进水平．主要产品具有较强的竞争能力。

二是，目前基础比较薄弱的企业，必须积极做好管理现代化的起步工作，主要是切实加强各项管理的基础工作，努力学习掌握现代化管理知识和技能，在一定范围内推广应用现代管理方法和手段；主要产品质量、物质消耗等主要经济技术指标要达到和超过本省、自治区、直辖市1985年的先进水平。

各地区、各部门都要根据所属企业的实际情况。按照上述要求，进行全面规划，订出切实可行的措施以及逐年的进度，促使企业在今后五年内有计划有步骤地推进企业管理现代化。

三、管理思想与经营战略

（6）正确的经营管理思想是实行企业管理现代化的先导。企业管理要向开放式的生产经营型转变，广大经营管理干部首先是企业领导者，必须摆脱长期形成的某些不切实际的固定观念和旧的习惯势力的影响，树立起以提高经济效益为中心的指导思想，以利于把全部经营管理工作真正转到有计划的商品经济的轨道上来。必须做到：

树立经济效益观念。自觉遵守国家政策、法令和法律，服从国家计划指导和宏观经济管理，服从全局利益，把企业的经济效益和社会经济效益一致起来，力争以尽可能少的人力、物力、财力和时间的投入，获得尽可能多的产出。

树立质量第一和市场竞争观念。调查了解市场需求情况和用户要求，积极参与国内、国际市场的竞争，为用户提供优质产品和良好的服务，特别是要根据市场的需求和自身的条件，及时开发新产品，自觉运用价值规律，不断开拓市场。

树立时间与信息观念。明确认识时间与信息是两类重要资源，并充分发挥它们的作用。要具有对国内外经济科技信息的高度敏感、迅速收集分析、正确处理并及时作出相应对策的能力。

树立利息和资金周转观念。要善于利用信贷等多种渠道筹集资金，善于使用和管理资金，重视资金的时间价值，加快资金周转，提高投资效益。

树立人才开发观念。首先要特别重视人的因素的作用。要善于发现人才，培养人才，合理使用人才，要能吸引人才，并用有效的办法激励人才成长。

（7）企业经营战略是企业经营管理思想的综合体现。制定正确的企业经营战略，是企业完成国家和人民所赋予的使命，并在激烈的竞争中求得生存和发展的根本保证。企业要根据国家的要求和自己的中长期战略目标，从经营管理、技术进步、人才开发等方面认真分析自身的条件和优势，面临的环境和困难，以敢于面对强手，敢于承担市场风险的精神，扬长避短，制定企业的中长期经营战略。并且根据经营战略的需要，相应制定营销、财务、品种开发等方面的分战略，以保证总战略的实现。有条件的企业，还要与其他有关企业、科研院所、高等院校建立横向联系，制定联合经营、协作生产、共同开发等战略，做到取长补短，共同为发展经济、对外出口作出贡献。企业要根据市场需求和环境变化，及时调整自己的经营战略，以保证企业经营战略的正确性。

四、管理体制与组织

（8）要随着经济体制改革的深入开展，逐步改革企业管理体制、领导制度、组织机构和经营管理制度。为了充分调动基层单位和广大职工的积极性。要改变我国企业长期形成的那种高度集中的管理体制，建立集权与分权相结合的新体制。较大型的企业应从实际需要和可能出发，合理划小内部核算单位，在保证全厂性的经营决策权和管理权集中到厂部（总厂）的前提下，让下属单位有一定的经营管理自主权，以利于把经济搞活。

联合经营的企业（公司）也要按照集权与分权结合的原则进行管理体制的改革，给所属企业更多的生产经营自主权，使其能更好地适应外界条件和市场需求的变化，取得更好的经济效益。

（9）要普遍推行厂长（经理）负责制，并建立统一的、强有力的、高效率的生产指挥和经营管理系统。要在厂长的领导下，充分发挥总工程师在加强企业技术管理、推动技术进步等方面的作用，总经济师在加强企业经营、提高企业综合经济效益等方面的作用，总会计师在维护财经纪律、精打细算、开辟财源等方面的作用。大中型企业要建立工厂管理委员会等组织，协助厂长决策；凡属重大决策必须经过一定的程序，以保证决策的正确性。

要在实行厂长（经理）负责制的同时，切实加强党的组织在企业中的保证和监督作用，做好职工思想政治工作；要建立健全职工代表大会（职工大会）制度，切实保障职工的民主权利，充分发挥广大职工的主人翁精神和聪明才智。

实行厂长负责制的企业，要建立厂长任期目标责任制，主管部门对厂长任期目标应定期进行检查考核，据以确定对厂长的奖惩。

（10）要根据企业的中长期战略目标和经营战略。按照适当的管理幅度，合理的管理层次，统一指挥与专业分工相结合，纵向管理与横向管理相协调等原则，改革现有的组织机构。组织机构的设置，应因企业的行业特点、规模大小、产品结构的差异，而有所不同，可以有多种模式。要注意加强经营、开发性的机构。提倡设置综合性机构，以免分工过细，机构臃肿。在保证做好各项工作的前提下，不要强求“上下对口”。企业的内外环境发生重大变化。经营战略作出调整时，要及时调整机构，使之具有高度灵活性和有效性。

（11）不断健全和完善企业的规章制度。特别要注意建立和健全市场预测、经营决策、技术开发、质量管理、售后服务以及产品出口、技术引进等方面的制度。

五、经济责任制

（12）为了提高广大职工的责任心和充分发挥他们的主动性、积极性、创造性，要按照责、权、利相结合，国家、集体、职工个人利益相统一，职工劳动所得同劳动成果相联系的原则，进一步完善和发展企业内部经济责任制。

首先要明确企业对国家、职工对企业的责任，坚持把实现对国家的责任和保证国家利益摆在首位。要在国家计划指导下，根据企业的方针目标和经营战略，进行经济责任制的总体设计，抓好责任落实、权力划分和严格考核、合理奖惩等四个环节。强化专业经济责任制和岗位经济责任制，建立起全企业范围的适合自己特点的经济责任制体系。

（13）要紧密结合行业特点与企业实际，分别采用承包等多种形式的企业内部经济责任制，并把主要经济技术指标和工作指标，纳入经济责任制体系，以产品质量（工作质量）、物质消耗为重点，严格进行考核和奖惩。

（14）完善企业内部经济责任制，要同改革分配制度结合起来。在明确和稳定企业与国家利益分配关系的前提下，采取适合本企业情况的工资形式，使职工劳动所得同劳动成果直接联系起来。要制定不同职务（岗位）的工资、奖金和津贴标准，适当拉开档次，以充分体现奖勤罚懒、奖优罚劣、多劳多得、少劳少得的分配原则。

六、专业管理与综合管理

（15）要按照现代管理的思想原则，逐步改革在旧经济体制的僵化模式下形成的只重生产，忽视经营和分工过细、互相分割的企业内部各项专业管理，以充分发挥其在合理利用人、财、物、信息等各种资源，有效地组织供、产、销等生产经营活动中的职能作用。

为了适应社会主义有计划商品经济发展的需要，在加强生产管理的同时，要注意强化企业的经营开拓职能，主要是强化市场调查和预测，营销管理，科技和新产品开发，质量管理，成本、资金和价格管理，以“节能降耗”为中心的物资管理，设备管理，安全生产和环境保护，会计和审计，“外引内联”以及法律顾问等方面职能。随着对外出口和技术引进的发展，企业要注意加强掌握和研究国外市场信息和科技信息，提高谈判能力和签约质量．保证交货期，提高履约率。

在上述各项管理中，企业还应根据需要，有重点地建立健全全面质量管理等各项责任保证体系。

（16）要注意加强各项专业管理的横向联系和综合协调，以提高企业管理的整体功能。按照“全面”、“全员”、“全过程”的要求。和以预防为主进行过程控制等科学原则，逐步建立健全各项综合性管理制度。主要是：建立健全以运用科学的方法，提高产品质量和工作质量，提供用户以最满意的产品和服务为目标的全面质量管理；以保证实现企业经营战略，搞好综合平衡，协调好企业各项生产经营活动为目标的全面计划管理；以增收节支，加速资金周转，降低成本为目标的全面经济核算：以激励人才上进，提高职工队伍素质为目标，按照各种职务、岗位的人员素质标准，把对职工的培训、使用、考核、晋级、奖惩密切结合起来的全面人事劳动管理；以管好、用好设备，使之获得最高综合效能为目标。把设备选型、使用、维修、保养直到改造、报废、更新的全过程的管理统一起来的综合设备管理，等等。要以全面质量管理为基础，全面计划管理为主导，按照各项综合性管理的内在联系，把它们协调地组织起来。

现代企业的各项管理有向综合性管理发展的趋势。综合性管理建立以后，哪些可以代替原有的专业管理，哪些只是对有关专业管理起综合协调作用，但还不能代替它。这都需要在管理现代化的工作实践中逐步总结经验，根据不同企业的实际情况合理解决。

（17）企业的上述各项管理都要扎根于职工群众之中，建立在广泛而坚实的民主管理的基础上。要特别注意总结和发展各种行之有效的有利于吸收广大群众参加管理的经验。如领导干部、技术人员和工人三结合，群众性的合理化建议活动和社会主义劳动竞赛，专业人员与群众相结合的经济核算，班组民主管理，等等，都要按照现代管理的思想原则。继续加以巩固、发展和提高。

七、管理基础工作

（18）要实现企业管理现代化，管理基础工作也必须现代化。今后五年的重点是：

——标准化工作要形成包括技术标准、产品标准、管理标准在内的完整的标准化管理体系。要把主要产品采用国际标准作为赶超国际水平的重要内容。批量生产的产品，要按国际标准或国家标准进行设计和组织生产。

——逐步实现检测手段和计量技术的现代化。要严格按照《全国工业企业计量工作定级、升级标准》的要求，做到计量器具、手段齐全完备，计量工作准确、完善。

——要坚持定额水平的平均先进性，积极采用科学方法制订、修订和完善各类定额，提高定额管理工作的水平。

——建立和完善管理信息系统。要从各种原始凭证、台帐和统计报表抓起，把生产经营全过程的信息工作，经济与科技的信息工作，扎扎实实地建立和健全起来。信息的收集、处理、储存、检索等工作，要逐步纳入电子计算机管理的轨道。企业内外各种信息渠道要联成网络。

——建立、健全各项规章制度，特别是要充实、强化企业管理“转轨变型”所必需的规章制度。

——进一步加强企业管理基础教育，重点要抓好职业道德教育，法制与厂风、厂纪教育，推行管理现代化的基础知识和技能的教育以及技术与业务的基本功训练。

——逐步建立与价格、金融以及人事、劳动工资等项改革相适应的各项管理基础工作。

各项管理基础工作都要落实到班组，因此一定要按照现代化管理的要求，切实搞好班组建设。

(19) 要大力加强对基础工作的组织管理，健全其机构，充实其人员，配置必要的设备器具，尽快使管理基础工作达到先进、准确、齐全、配套的水平。

八、现代管理方法

(20) 现代管理方法是现代科学技术成果包括自然科学和社会科学的某些成果在管理上的具体应用。积极应用现代管理方法并和以电子计算机为主的现代管理手段相结合，将从根本上改变我国传统管理技术的落后状况。

要按照各项现代管理方法的特性和作用范围，因地制宜地把它们有机地加以组合，在有关各项管理中配套应用，以增益其综合功能。可以按企业各项专业管理或综合管理配套地应用，也可以按照生产经营全过程的各个环节（或经营管理工作程序）配套地应用。具体配套方法可以根据企业的实际情况和工作需要灵活运用。

(21) 要围绕提高经济效益，特别是围绕提高产品质量、降低物质消耗，有重点地选择一批综合性较强、适用面广而且经过试点确系行之有效的现代管理方法。如市场预测、决策技术、目标管理、全面质量管理、价值工程等，应普遍推广应用，狠抓几年，务必抓出成效。已推行多年的统筹法（网络技术）、优选法（正交试验法），要总结经验，进一步推广应用。

一些带有专业性或适用范围有一定局限性，但确系行之有效的现代管理方法，如 ABC 重点管理法、线性规划、量本利分析等，可以结合不同行业、企业的特点和不同管理专业的需要，有组织、有步骤地积极推广应用。

(22) 对国外引进的现代管理方法，首先要经过认真研究、筛选，确系适合我国国情的，要选择试点进行实践，取得成效，总结经验后再普遍推广。对我国自己创造的并行之有效的科学方法要认真总结经验，并和国外引进的同类管理方法科学地融合起来，加以创造提高。

凡是实践效果显著的现代管理方法，要注意纳入企业规章制度，使之得到巩固，并不断发展、提高。

九、现代管理手段

(23) 在企业管理中应用以电子计算机为主的现代管理手段，可以大大加快整个企业管理现代化的进程。

“七五”期间，各主要行业，各省、自治区、直辖市，特别是工业基础较好的城市，都要有一批企业（主要是具备条件的大中型企业），建立起不同水平的计算机管理信息系统。管理现代化试点企业和“七五”期间列为重点技术改造的企业，从现在起到 1987 年前后，要在现有的基础上完成系统设计，分步实施，到 1990 年，初步建立起相对完整而有效的管理信息系统，关键装置和环节要实现计算机（包括微机、单板机）控制。

其他大中型企业，包括部分有条件的小型企业，在“七五”期间要完成应用电子计算机的系统设计方案，并在一部分重要管理领域的子系统（如财务、计划、统计、物资等）中应用，取得实效。

除上述两类之外的其他企业，“七五”期间先重点抓好管理基础工作，根据需要和可能制订目标规划，抓紧培训计算机应用的专业人员，积极开发和推广一些急需的微型机和单板机的应用项目。

（24）电子计算机应用于企业管理，必须坚持把加强和改善管理基础工作放在首位；坚持人才培训工作先行；坚持先论证后买机，避免造成浪费；坚持系统开发、重点突破，使应用逐步向深入发展。

（25）除电子计算机以外，企业还可根据需要，创造条件，积极推广应用其它现代管理手段，包括各种先进的检测手段，显示、监控装置，通讯设施和办公自动化设备，等等。

十、人才培训与智力开发

（26）要贯彻执行中共中央《关于经济体制改革的决定》，在不太长的时间内，初步建设起一支包括厂长（经理）、总工程师、总经济师、总会计师和党委书记在内的，门类齐全、成龙配套的社会主义经济管理干部和技术干部的宏大队伍。在管理现代化方面，要逐步做到：

——现有全民所有制企业，特别是大中型企业的厂长（经理），经国家考试合格，要继续培训，到1990年都要具有较全面的现代经营管理知识和实践经验以及决策能力。大中型企业要逐步配齐总工程师、总经济师和总会计师。“三总师”要分别达到国家规定的同类高、中级专业职称的水平，熟练地掌握与本职有关的现代经营管理知识和相应的领导能力。党委书记也要经过有关院校的专业培训，学完有关现代经营管理的必修课程。

——大中型企业的专业管理干部，到1990年都要熟练地掌握本专业的现代经营管理知识和技能．并全部经过管理现代化应知应会考试合格。有条件和有需要的企业还要注意培养一批外经、金融、审计、应用电子计算机等专门人才。

——要加强对生产工人特别是班组长和关键岗位上生产骨干的培训，使他们了解、掌握企业管理现代化的基本知识和技能。

（27）各企业特别是大中型企业，要根据本企业经营管理人才的现状和今后发展的需要，制定“七五”期间各类人才的培训规划，并切实组织实施。要根据国家有关政策和本企业的专业特点以及各类岗位、职务要求，制定各类人员的素质标准（包括政治、文化、技术、业务），并根据素质标准对各类人员分别进行培训、考核、调配、晋升和奖惩，形成人才开发与使用各个环节的良性循环。

（28）除了国家有计划培养人才以外，各企业特别是大中型企业要根据自己的条件，逐步建立人才培训和智力开发的教育机构。包括自办或与有关单位合办职工大学、大专、中专和各类专业培训班，也可委托有关院校代培，或有计划地组织去先进企业和科研单位进修。同时，要建立健全企业内智力开发的规章制度。

要加强智力引进工作，结合技术引进、合资经营、友好活动等渠道，有计划地选拔一批优秀管理人员出国考察、进修。同时要有重点地聘请一批外国经营管理专家到企业帮助工作。在这些方面，企业管理现代化试点单位享有优先权。

十一、技术进步的决策与管理

(29) 为了提高技术进步的经济效益，企业要加强对技术开发、技术引进、技术推广、技术改造的决策和管理。重点技术改造项目，从项目选定直至投产使用的全过程，都要积极地推行管理现代化。

要在宏观经济政策指导下，提高对企业技术进步项目的决策水平。要坚持技术先进性和经济合理性相结合的原则，按照企业的战略目标，处理好长远发展与近期需要、单项改造与整体规划之间的关系，运用成本——效益分析、货币时间价值等理论和方法，动态地核算项目的经济效益，搞好技术经济可行性分析与论证。要善于利用国内外市场信息，以及咨询机构提供的咨询服务，进行多方案比较择优选用。要善于借助信贷手段和筹集社会闲散资金，利用国内外各种形式的集资渠道，加快技术进步的步伐。

(30) 要运用系统工程的原理，对技术改造的设计、设备采购、制造以及施工安装全过程进行项目管理。积极采用价值工程、目标成本管理、网络技术等现代管理方法和电子计算机等现代管理手段进行辅助设计、辅助制造、辅助管理，加强对技术改造项目的计划、组织与控制，以取得最佳投资效益。

(31) 在确定技术改造项目时，不仅要安排有关技术设备项目的资金，也要统筹安排管理项目的资金；不仅要进行技术设计，也要进行相应的管理设计；不仅要培训技术人员，也要同时培训管理人员；引进技术设备时，也要同时引进必要的管理方法和管理手段。项目投产使用时，管理工作必须相应跟上，使先进的技术与先进的管理结合起来，同步发展，最大限度地发挥技术改造项目的作用和潜力。

(32) 要努力增强自主开发能力和对引进技术的消化、吸收能力。要把对引进技术的消化吸收工作作为管理现代化的一项重要内容来抓。要管好、用好引进的先进技术设备，使之得到充分利用，并在消化、吸收的基础上实行国产化，进一步加以创新、提高。

十二、职工思想政治工作

(33) 社会主义精神文明建设是社会主义现代化建设的重要组成部分，是物质文明建设的重要保证。要通过强有力的思想政治工作，树立艰苦奋斗、勤俭建国、奋发图强、献身“四化”的企业精神，培养“三老四严”、良好职业道德、文明办厂的厂风厂纪，树立注重质量、讲究服务、赢得社会广泛承认的企业信誉，创造整洁优美的厂容，从而形成社会主义现代化的企业形象。精神文明建设的成果应当充分反映在物质文明建设上，最终表现为对人民、对国家所作的贡献。

（34）在改革、开放的新形势下，要切实加强形势、政策教育，有计划地系统地对职工深入进行爱国主义、集体主义、社会主义、共产主义的思想教育，进行有理想、有道德、有文化、有纪律的教育，反对和抵制资产阶级自由化，反对和抵制资本主义、封建主义和其它腐朽思想的侵蚀和影响。

（35）要适应新形势的需要，改进思想政治工作的方式方法，特别要适应青年职工的特点，广泛开展丰富多彩、有益职工身心健康的群众性的政治、文化、体育、艺术等活动。

十三、领导与措施

（36）推进企业管理现代化是一项涉及面广、政策性和科学性都比较强的新工作，各省、自治区、直辖市，国务院有关各部门，各企业，都要把企业管理现代化摆到重要议事日程上来；要加强这方面工作的机构和力量；要提高对企业管理现代化的认识。切实加强思想领导，及时解决推行企业管理现代化中出现的思想认识问题。同时，要大力培养一支推进企业管理现代化的骨干队伍。各级经委要做好具体组织和综合协调工作。要建立分工负责制。

要加强企业管理现代化的宣传、教育工作，充分发挥报纸、书刊、广播、电视、讲座、展览等宣传工具的作用，不断增强广大职工对推行企业管理现代化的自觉性和紧迫感，逐步普及现代管理知识。

要认真抓好管理现代化的试点工作，发挥其典型示范作用。

每个试点企业都要选择一个具有国际先进水平的国外同类企业作为赶超对象，制定规划和措施，努力组织实现。

企业推行管理现代化必需的经费、物资，应纳入技术进步项目，统筹解决。

各地区、各部门、各企业要制定“七五”期间推行企业管理现代化的规划和分年度的实施目标和进度，并采取有力的措施保证实现。

（37）要注意加强企业管理现代化的研究工作和咨询工作。各级经委要组织、推动企业管理协会、厂长（经理）工作研究会和各专业协会、学会、研究会等社会团体开展各项学术活动。各级有关科研单位和高等院校，要在推行企业管理现代化特别是在研究工作中发挥积极的作用，有计划地进行重点课题的研究。

同时，要重视和支持企业管理咨询这项新兴事业的发展，把它作为实现企业管理现代化的一项重要措施来抓，要组织充实咨询机构的力量，积极开展企业管理现代化的咨询工作，更好地为企业服务。

（38）国务院有关各部门要根据“七五”期间企业管理现代化目标，制定符合本行业实际需要的各级领导干部与管理人员对企业管理现代化的“应知应会”标准，编写相应的教材，并建立培训和考试制度。工业企业集中而又有条件的地区也应这样做。

（39）各省、自治区、直辖市和各部门要根据《纲要》提出的目标要求和各自的实际情况，制定《企业管理现代化先进企业考核标准》，在企业自我评价的基础上，有领导有组织地逐年进行考核。全国统一的考核标准在条件成熟后再制定。

（40）建立企业管理现代化的成果奖励制度。对取得突出成绩的企业和作出卓越贡献的个人，应给予精神鼓励和物质鼓励。全国统一的奖励办法暂按《合理化建议和技术改进奖励条例》执行。各省、自治区、直辖市和各部门可以根据自己的条件制定奖励办法。

要研究、建立企业管理现代化成果鉴定办法，以利于正确确定其经济价值，合理进行奖励。

本《纲要》主要适用于全民所有制工业企业，其他企业也可参照执行。各地区、各部门应制定自己的企业管理现代化纲要或实施细则。

附录 3

企业管理现代化应用和试点工作典型情况介绍

典型一：北京内燃机总厂从全面质量管理到全面经济核算

北京内燃机总厂（简称“北内”，原为北京农业机械厂），是全国 36 个管理现代化试点企业之一。自 1978 年下半年以来，引进并推广了全面质量管理和建立了全面经济核算制，取得了较好的经济效果，工厂面貌发生了很大变化。

统计的质量管理（SQC）对北内并不生疏，20 世纪 50 年代初生产双轮双铧犁时就使用过波动图来控制质量。但后来就不用了。1977 年两机批量已经很大，虽多次进行工艺整顿。质量仍不稳定。请了刘源张同志到北内讲学，并在小件车间搞试点。效果显著。汽油机挺杆过去废品达到 20%，采用管理图控制后，做到 40 万件无废品。我（北内厂长沙叶，下同）本人虽然也听过课，但并没有引起充分的重视。翌年，即 1978 年，机械部决定让我随同其他 6 位同志去日本小松制作所学习并引进全面质量管理后，才使自己开阔了眼界，懂得了全面质量管理。我很佩服日本人认识自己的弱点和虚心向别国学习的精神。在日本，我们到处听到他们介绍“日本国土狭窄，资源贫乏，人口众多，要靠搞好产品质量，在世界市场上竞争取胜，维持生存”。因此，他们虚心地学习美国的固有技术和管理技术，结合日本的实际，搞出了日本式的全面质量管理。他们和美国的最大不同是群众性，特别强调现场的工人要掌握质量管理方法，独立地解决质量问题。日本最早向美国学习质量管理的先驱人物石川馨等人，从 20 世纪 60 年代起，就大力倡导现场工人开展质量管理小组活动。他公开承认是受“鞍钢宪法”中“两参一改三结合”的影响。人家的科学技术和科学管理远远地走在我们的前边，还能够学我们的长处，我们为什么不能学人家呢？在回国的路上，我就下定决心引进日本的全面质量管理。我当时的想法是，人的一生是短暂的，哪怕只干好一件事也体现出价值。在上级的关怀下，引进成功了。全面质量管理的引进，不但改变了北内的面貌，促进了生产的大发展（从1977年的年产231万马力，提高到1981年的415万马力，提高了79.6%），质量大有进步（从1977年的两机均为不合格品，提高到1981年柴油机成为部优质产品，汽油机成为一级品），效益大有提高（利润三年提高了79.6%）。更重要的是对全国企业起到了示范的作用。全国慕日本质量管理之名，来北内参观学习者一年高达9万人次，后来许多厂比北内学得好。这里。为了用我们的语言和逻辑把全面质量管理解释清楚，我和北内的同志是下了一番功夫的，这就是“五个一切”的观点：一切要为用户服务；一切以预防为主；一切要全员管理；一切要按科学程序办事，即P（计划）D（实施）C（检查）A（处置）循环：以及一切要用数据说话，即使用7种工具。

还应该提到的是，北内把全面质量管理的思想和方法运用到经济核算上，这就是后来的全面经济核算。

日本有些全面质量管理学者把其他现代化管理也包括到全面质量管理中，如工业工程（IE）、价值工程（VE）、目标管理，等等。所谓目标管理。就是一个工厂必须确立一个大的目标，然后层层分解，落实班组、个人。为了完成目标，上级赋予下级一定的权力，根据目标完成的情况给予表扬、奖励、提升等待遇。简言之，也可以叫作指标分解，责、权、利相结合。早在20世纪60年代，吉林辽源发电厂就曾搞过指标竞赛，指标分解并不新鲜，问题是能不能把8项指标全部分解为小指标。经济核算制是中华人民共和国成立以后从苏联引进的，但8项指标中的流动资金、成本和利润是不能完全分下去的，只能由厂级负责。因为如果分下去，就要考核，而考核就要相应地进行核算。当时车间一级没有核算，怎样能考核车间？北内为了解决这一问题，就设立二级核算，把车间视同厂，要进行资金、成本和利润的核算。并和总厂是一本账，也就是说．是真账真算，不是假账假算。车间之间、车间与总厂之间都要结算。为此，总厂必须设银行组（注：指“厂内银行”），代银行的职权。北内把全面经济核算的做法，概括为20个字，即“指标分解、核定资金、内部结算、自计盈亏、结合奖励”。这样，就变过去“千斤担子一人挑（厂长挑）”为“人人肩上有指标”，这种提法，最早见于1979年全国工交会议（成都会议）上北内的经验介绍。北内从1978年下半年进行准备，用了大约40天的时间建立账本，训练会计人员，从1979年1月1日起实行经济核算（当时北内叫厂内经济核算制）。过去只能下达考核车间产量、质量指标，不能考核资金、成本、利润指标，现在都能考核，而且和奖励密切联系起来，实行百分计奖。从而大大调动了职工的生产积极性和干部的管理积极性，北内能够在4年中迈了四大步，从外部来讲，国家经委确定北内为全国最早的8个扩权试点厂之一，给了北内以活力，极大地激发了职工积极性；从内部管理来讲，和推行全面质量管理以及全面经济核算有非常重要的关系。

和全面质量管理一样。许多兄弟厂在扩权试点和建立经济责任制上，走在北内的前面。首钢就是这样。我本人是非常钦佩首钢的。首钢在建立经济责任制上下的功夫大，工作扎实。“三老四严”的作风好，特别是三个百分之百，现在看来，只有严，才能出人才、出效益。从管理科学的角度来看，首钢的经验有3个来源：1. 国家扩大企业自主权，给了首钢以活力，当然这和首钢积极主动争取到压力大、活力也大的递增包干分不开；2. 责任制，我国责任制首例是大庆，首钢是学得好的，这就为今天的经济责任制打下了好的基础；3. 目标管理，首钢指标层层分解的做法是受目标管理的影响的。可以说，首钢在自力更生的原则下，学习和吸取国内外先进技术和先进管理上，是做出突出成绩的。

（注：此为沙叶《厂长三十二年》一文的摘要，见《沙叶文选》第14~17页，可参阅《探索有中国特色的企业管理现代化之路》第35~38页）

典型二：无锡油泵油嘴厂管理现代化调查

无锡油泵油嘴厂是机械工业部定点生产柴油机高压油泵、油嘴的骨干企业，是全国36个管理现代化试点企业之一。该厂自1982年以来，先后被部、省、市授予各种荣誉称号63项，连续三年被评为省、市先进企业，荣获省企业管理优秀奖和市全面质量管理奖。随着企业整顿的深入和管理现代化的推进，全厂发生了深刻变化，主要表现在：

1. 经济效益好。从1980至1984年的五年间，工业总产值平均递增率为7.57%，实现利润平均递增率为13.71%，效益增长速度超过产值增长速度将近一倍。1984年的主要经济指标比1983年有较大幅度增长，创造了历史最好水平。同时，供货合同履约率连年100%，赢得了用户好评。

2. 产品质量高。主导产品ZS4SIA喷油嘴偶件获国家质量银牌奖；4135合成泵获部优质产品奖；PB35喷油器总成获省优质产品奖。优质产品产值逐年提高，1982年为25.35%，1983年为31.28%，1984年为51.39%，1985年上半年为58.48%。

3. 技术进步快。产品规格从1979年的73个发展到169个，新制工装3393种，新产品利润占利润总额的40%。在新产品开发的同时，主要产品全部进行了更新换代。

当前，企业政通人和，职工奋发，形势很好，领导班子心齐劲足，致力开拓；通过管理现代化，促进企业持续稳步地发展，努力把工厂建设成具有中国特色的社会主义现代化企业。

该厂在推进管理现代化的实践中，主要经验有以下五点：

一、目标明确

该厂有一个较为长期的发展战略。为保证这个战略的实现，结合企业实际，制订了管理现代化规划，提出了明确的目标，即：到1990年，建成高水平的、有本行业特色的、针对本厂实际的现代化管理体系。这个体系的模式就是“二制、四全、计算机网络”，即：以厂长负责制为核心，以经济责任制为保证，以全面计划管理、全面质量管理、全面经济核算、全面劳动人事管理为总框架，把现代化管理方法配套应用于企业的各个领域，用

《分布式微机网络辅助企业管理系统》串联成全厂范围的网络。

按照这个目标，企业制订了实施计划，进行了与其相应的机构调整，规划了微机辅助管理的总系统和8个子系统。其中，《质量管理信息系统》已于1985年11月完成并通过省级鉴定。推行了全面质量管理、价值工程、ABC分类管理等10余种现代化管理方法，并取得了明显效果。

二、基础扎实

提高管理水平的关键是搞好管理基础工作。几年来，这个厂围绕着“三性”，即系统性（按系统管理的要求整理内容）、准确性（要求定量和定性的内容合乎科学、符合实际）、实效性（求实际效用，不搞形式主义图虚名），扎扎实实地抓了“五个结合”：一是结合企业整顿健全管理基础工作，二是结合推行经济责任制考核管理基础工作，三是结合全面质量管理进一步完善管理基础工作，四是结合使用电子计算机辅助管理革新管理基础工作，五是结合抓班组建设巩固管理基础工作。企业管理的坚实基础在班组，管理基础工作的持久巩固靠班组。该厂采用“升级”的形式，随着产品质量升级对管理基础工作的要求也在升级。如4135工号系列泵在部优基础上争创银牌需从设计、工艺、检测、制造等方面采取36项措施，这些措施基本都是技术标准、计量工作、规章制度等管理基础工作。目前以标准、计量、定额为主体，以责任制为核心，基础教育为保证，通过管理信息反映动态情况，已形成一个全厂性的基础工作整体结构。

三、方法对头

该厂在推行管理现代化中，十分重视方法，做到了两个结合、五个同步。

两个结合是：博采众长，学、用、创结合，扎扎实实推行现代化管理方法；系统开发，专群结合，积极实现计算机辅助管理。

五个同步是：推行管理现代化与经济体制改革同步进行，与技术进步同步进行，与完善企业管理的基础工作同步进行，与加强班组建设同步进行，与普及管理知识同步进行。

四、领导重视

该厂厂长（注：时任厂长李荣融）对推行管理现代化的目的和目标十分明确。他认为，提高企业素质，挖掘企业潜力，需要通过管理现代化实现。因此，在管理现代化上肯花本钱，在企业留利低、福利待遇低、职工奖金低的情况下，投资60万元，搞微机辅助管理。他说：“我在任期内不光是为职工谋福利，而是为实现企业的战略目标打基础。我所做的事情在近期虽然见效不大，但为下一任厂长准备了条件。不应该出现下任厂长接班后，又要重新整理、从头起步的局面”。因此，有的同志称赞他是：“投资厂长，有远见的厂长”。

五、搞好培训

该厂十分重视教育培训工作，把现代化管理教育作为职工教育，提高素质的重要内容和主要措施来抓。把教育培训中心转入以现代化管理教育为主，采取多层次、多渠道、多种形式办学，使领导骨干、管理人员和助理工程师以上技术人员分期分批进行了轮训。1985 年以来，已举办两期培训班，每期一周，对业务干部、技术干部进行培训，进行“应知应会”考试。

无锡油泵油嘴厂在企业整顿验收合格以后，由于领导重视，目标明确，方法对头，加强对职工普及教育，把企业管理推进到一个新阶段，跨上了一个新台阶，企业素质有了显著提高，促进了技术进步、生产发展，使企业的管理现代化工作充满了生机和活力。

（此文原载《探索有中国特色的企业管理现代化之路》第 232~235 页）

典型三：张家口探矿机械厂应用 ABC 分析法搞好企业重点物资管理

张家口探矿机械厂 1986 年在物资管理工作中推行 ABC 分析法，集中力量狠抓了重点物资——A 类物资的管理，保证了全厂生产经营的需要，在储备资金管理方面取得了明显的经济效益。

一、推行 ABC 分析法的措施与工作步骤

我厂是生产地质钻探设备的大型制造厂，每年生产的产品在 50 种以上，就物资管理而言，具有物资种类多、型号规格繁杂、数量分布不均匀、材料价格高低悬殊、储备资金占用多的特点。为此，我们在 1985 年应用了 ABC 分析法管理物资。1986 年为进一步完善 ABC 分析法在物资管理中的应用，我们从组织、措施等方面作了更加扎实的工作。

1. 加强组织领导，用现代管理理论武装职工队伍。年初，我厂成立了 ABC 分析法应用领导小组，并确定专人负责，组织编写了 ABC 分析法应用讲座，使全体物资管理人员掌握了分析法的基本原理和工作步骤。

2. 根据分析法的基本原理，联系我厂管理现状等情况，确定了以 A 类物资控制为重点的应用方针。从年初开始，对全部库存近 9000 种物资进行了普查，对 35200 个数据进行了核算，结合本厂生产经营、物资来源和库存物资特点，采用了大排列分析法。其步骤是：（1）计算各种物资的年消耗量和全部库存物资占用的资金总额：（2）按物资种类进行排列，制成大排列的“库存物资 ABC 分类表”；（3）在“分类表”上计算各类物资的品种和资金比例，并将品种约占 14%、资金占用约 78% 的物资列为 A 类；（4）根据“分类表”，作出“库在 A 类物资明细表”。对 A 类物资，核定其最低、最高储备定额，并绘出“1986 年 A 类物资储备资金控制图”，如图 1 所示；（5）根据各类物资品种数占全部物资品种数的比重，以及各类物资库存资金占全部库存储备资金的比例，制成“库存物资 ABC 分类汇总表”，如表 1 所示，并绘出“ABC 分类曲线图”，如图 2 所示。

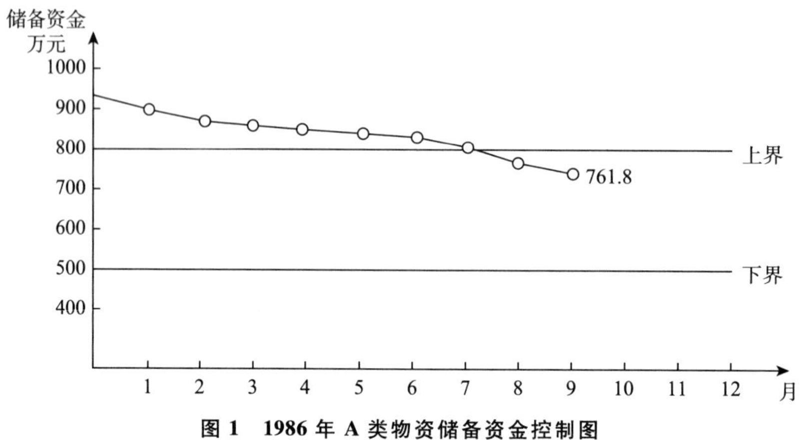

图 1　1986 年 A 类物资储备资金控制图

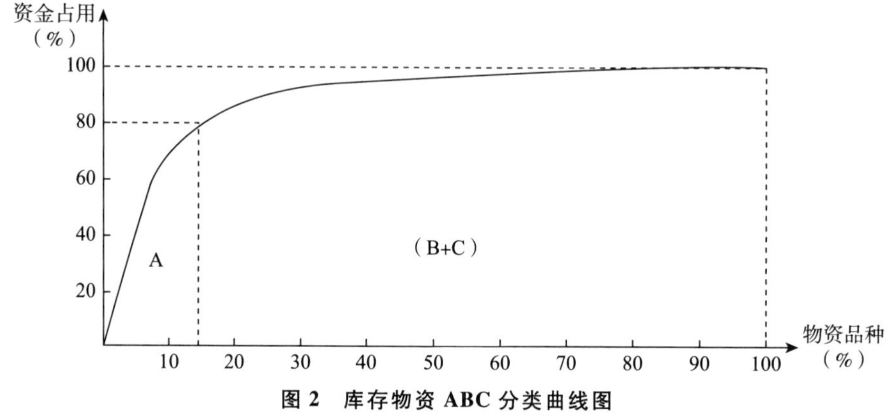

图 2　库存物资 ABC 分类曲线图

3. 制定 ABC 分类管理制度和控制标准，确定分类管理方法。A 类物资品种虽不多，但占用资金多，对整体储备资金占用状态影响很大，因此把 A 类物资定为重点管理对象，实行定期订购的控制方式，对库存盘点、来料期限、领发料都要严格要求。具体是：计划员要以生产经营为依据来确定物资需要量，计算采购量；采购员要严格按计划采购，努力降低采购费用，保管员要按计划和储备定额收料，按计划和消耗定额发料并经常盘点；核算员要对储备资金进行监控；验收员要及时通报下期到货计划并把好质量关；车间材料员要严格把好使用关，积极降低物耗。为此，我们修订了有关规章制度，制定了“A 类物资控制试行标准”、奖惩条例、A 类物资报警单、A 类物资月动态报表，并将控制图用于 A 类物资控制（见图 1）。同时，对 B、C 两类物资仍实行定量订购控制方式，定期进行盘点，适当增大保险储备量，以防止缺料现象的发生。

4. 加强 ABC 分析法应用的表、单、帐的处理及仓储管理工作。在完成以上应用基础工作以后，便进入表、单、帐务处理阶段。我们本着简化工作程序、提高工作效益的目的，完成了 A 类库存物资明细帐、A 类物资动态日报表、A 类物资核算单、A 类物资月报资金台帐和 A 类物资计划的编制，以及仓储货位 A 类标志的制作等工作，同时在实际中使用。

二、应用 ABC 分析法的效益分析

我厂在物资管理中应用 ABC 分析法后，通过加强 A 类物资的重点管理，保证了生产经营的需要，同时减少了储备占用，降低了积压，加快了储备资金周转，取得了较好的经济效益，见表 2 所示。

表 1　库存物资 ABC 分类汇总表（1986 年初）

分类	品种数	占全部物资品种数比例（%）	占用储备资金（元）	占全部储备资金比例（%）
A 类物资	1226	13.8	9315433	78.1
其中				
钢材	190	2.1	4782301	40.1
炉料	80	0.9	1924831	16.1
机电配套	565	6.4	2146787	18
电器、水暖	391	4.4	461.514	3.9
B 类物资 C 类物资	7676	86.2	2618304.84	21.9
合计	8902	100%	11933737.84	100%

注：低值易耗品、在途材料未包括在内。

表 2　ABC 分析法应用效益分析表

项目	单位	1985 年	1986 年（按三季推算）	1986 年与 1985 年比
		①	②	③=②-①
储备资金（财务决算数据）	万元	1409	1593.9	+184.9
储备资金（扣除，计划和价格变动）	万元	1409	1329.1	-79.9
储备比（储备资金占定额流动资金）	%	48.77	38.63	-10.14
百元产值占用储备资金	元/百元	32.64	30.87	-1.77
储备资金周转期	天	226	223	-3
储备资金利润率	%	46.88	71.18	+24.3

注：2—6 次指标均扣除计划变更和价格变动影响

从表 2 可知，1986 年与 1985 年相比，储备资金占用减少了 79.9 万元，储备资金周转天数加快了 3 天。如果按预计储备资金占用 1738 万元计算，则减少了 1738-1593.9=144.1 万元的储备资金占用。如果运用“投入产出”观点进行分析：应用 ABC 分析法，共投入 700 元的普查及标志制作费，经过努力取得减少储备资金占用 369.9 万元的效益，仅从利息一项看，就减少 369.9 万元的储备资金占用，可节约支

出30.38万元。可见，我厂物资管理应用ABC分析法后，收到了事半功倍的效果。

我厂在物资管理中应用ABC分析法仅仅是走了第一步（主要抓了A类物资的重点管理），今后还需进一步加强。就企业内部来讲，ABC分析法的应用，需要计划、生产、技术设计、财务、物资管理等职能部门之间加强配合，并努力提高计划的准确性、生产的均衡性和产品设计的经济性，从而为ABC分析法应用于物资管理提供可靠的依据和保障。

（此文原载《物资管理》1987年第2期第23~24页）

以十二大精神为指针，开创企业思想政治工作新局面*

——在全国职工思想政治工作会议上的讲话

（1983 年 1 月 8 日）

同志们：

党的十二大制定了全面开创社会主义现代化建设新局面的伟大纲领和一系列方针政策，五届全国人大五次会议又通过了新宪法和第六个五年计划。我们紧接着开这次会议，对于加强和改进党在企业职工中的思想政治工作，动员工人阶级站在改革的前列，保证党的十二大纲领和“六五”计划的胜利实现，有着重要的意义。提交这次会议讨论的《中共中央关于加强和改进企业职工思想政治工作的决定（草案）》，是一个十分重要的文件，经过会议讨论修改后，将报请中央审定颁发。我们各级经委和企业要认真学习和贯彻这一重要文件，认真学习和贯彻这次会议的精神，努力开创企业思想政治工作的新局面。

现在，我想就以下几个问题讲点意见，供同志们讨论时参考。

一　新时期的新形势、新任务对企业职工思想政治工作提出了更高的要求

党的十一届三中全会以来，党中央领导全党和全国人民，进行全面的拨乱反正，清理“左”的错误，提出了把党的工作着重点转移到社会主义现代化建设方面来的重

* 本文是袁宝华同志 1983 年 1 月 8 日在全国职工思想政治工作会议上的讲话，原文首发于《袁宝华经济文集》（中国经济出版社，1991，第 153～170 页）时标题为“努力开创企业思想政治工作新局面”。此次会议及成立“中国职工思想政治工作研究会”，中央批转《国营企业职工思想政治工作纲要（试行）》和《中华全国总工会、国家经济委员会关于加强工业企业班组建设的意见》都是我国企业精神文明建设的开拓之举。

大决策和对国民经济实行“调整、改革、整顿、提高”的方针，并采取了一系列调动人民群众社会主义积极性、促进经济建设健康发展的具体政策和措施，使我国整个经济形势不断地向好的方向发展。刚刚过去的1982年是进行经济调整以来形势最好的一年，农业生产全面丰收，比1981年增长7%，粮、棉、油料、糖料等主要农产品的产量都超额完成国家计划，并且超过了历史最好水平；工业生产增长7.4%，一些主要工业产品的产量也超过了历史最好水平，大多数经济技术指标比1981年好；国家财政收支和信贷收支基本平衡，物价基本稳定；市场繁荣兴旺，人民生活水平有了进一步提高。关于三中全会以来的经济形势，以及今后20年和“六五”时期的经济任务，党的十二大报告和五届全国人大五次会议政府工作报告中，已经做了全面的阐述。我们要认真学习领会，坚决贯彻执行。我在这里就不再重复讲了。

这个大好形势的出现，最根本的是由于党中央集中了人民群众的意志，制定了正确的路线和一系列方针政策；同时，这也是同广大干部群众，包括广大政治工作干部，认真贯彻执行党的路线、方针、政策，积极的创造性的劳动，兢兢业业的工作分不开的。

当前，我国正处在一个新的历史时期，党在现阶段的总任务是：团结全国各族人民，自力更生，艰苦奋斗，逐步实现工业、农业、国防和科学技术现代化，把我国建设成为高度文明、高度民主的社会主义国家。这就要求不仅要建设高度的物质文明，而且要建设以共产主义思想为核心的高度的精神文明。在这一新的历史条件下，我们的思想政治工作同经济工作一样，面临着许多新情况和新问题，担负着保证两个文明建设的十分艰巨的任务。

（1）由于十年内乱，林彪、江青反革命集团造成的干扰破坏，把人们的是非、善恶、美丑的标准搞乱了。要消除它在精神方面造成的严重后果，比消除它在物质方面造成的后果要艰难得多。因此，还要做大量的拨乱反正的工作，要继续肃清长期以来“左”的指导思想的影响，同时又要防止和克服右的倾向。

（2）党和国家的工作着重点转到了经济建设上来，使思想政治工作从指导思想到内容、形式、方法也发生了一系列变化。在过去相当长的一段时间内，由于党在指导方针上的严重失误，提出了“以阶级斗争为纲”的方针，特别是“文化大革命”中提出了“无产阶级专政下继续革命”的口号，使企业的思想政治工作受到了深重的“左”的影响。在工作着重点转移以后，企业的思想政治工作，转到以生产建设为中心，同经济工作密切结合，做到生产经营活动中去，做到职工生活中去，为四化建设服务。而我们有些同志对此很不适应，仍然习惯于过去一套“左”的做法。也有些同志认为既然以经济建设为中心，思想政治工作就不重要了，不起作用了，只靠经济办法就行了。如何全面认识“重点转移”的意义，把思想政治工作同经济工作紧密结合起来，成为经济工作的强大动力，并且保证它的社会主义方向，就成为新时期摆在我们面前的一个重要课题。

（3）当前我国正在经济领域和其他方面进行全面而系统的改革，改革的根本目的是进一步解放生产力，推动社会前进，建设有中国特色的社会主义。正如没有拨乱反正就不会有今天的局面一样，不进行一系列改革就不可能有现代化建设的胜利。小平同志曾经指出，改革要贯穿四个现代化的整个过程。目前，农村的改革已经取得了明显的效果，城市工商业和整个经济管理体制的改革，以及各级机构和干部制度的改革正在逐步展开。由于这场改革要求多方面地改变同生产力发展不相适应的生产关系和上层建筑，改变一切不适应新形势的管理方式、活动方式和思想方式，改革各种不合理的体制和规章制度，因而是一场广泛、深刻的革命。这就必然会在干部和群众的思想上引起各种不同的反应，出现革新与守旧、先进与落后的矛盾，遇到各种各样的思想问题。这就需要通过深入细致的思想政治工作，使广大干部和群众进一步解放思想，敢于和善于破旧创新，推动各项改革健康地、顺利地向前发展。

（4）实行对外开放政策，按照平等互利的原则扩大对外经济技术交流，这是我们党根据社会主义现代化建设需要和国际形势所采取的正确方针。但是，在从“闭关锁国”转为对外开放这种新的历史条件下，国外资本主义的腐朽思想和资产阶级生活方式对我国社会生活、对职工队伍思想的影响和侵蚀必然会增加起来，某些崇洋媚外、怀疑社会主义制度优越性的现象也会随之出现。加上十年“文化大革命”所造成的思想政治方面的消极影响，历史上遗留下来的剥削阶级和其他非无产阶级的思想影响，使我们不可避免地面临着一场反对资本主义思想腐蚀的长期的、艰巨的斗争。这就要求我们一方面坚持对外开放政策，加强同各国的经济技术交流和合作；另一方面又要开展积极的思想斗争和做好细致的思想政治工作，提高广大党员、干部和群众的思想觉悟和识别能力，保持共产主义的纯洁性，自觉地抵制资本主义思想和其他腐朽思想的侵蚀。

（5）工人阶级队伍的构成发生了很大变化。建国三十多年来，随着我国社会主义建设事业的发展，工人阶级队伍发展很快，特别是青年工人所占比重越来越大，一般占职工总数的60%左右，绝大多数处于生产一线，他们已经成为生产建设的骨干和主力。这些青年工人的本质和主流是好的，是大有作为的一代，也是我们的希望所在。但是由于各种社会的、历史的原因，在部分青年中也还存在着一些比较明显的缺点和弱点。如何针对青年职工的特点，通过教育，克服他们各种非无产阶级思想和生活习气，培养造就有理想、有道德、有文化、守纪律的新的一代工人阶级队伍，就成为企业思想政治工作的一项重大任务。

（6）大力推进科学技术进步。开创社会主义现代化建设的新局面，振兴经济，实现翻两番的战略目标，必须把整个经济从落后的技术基础转到先进的技术基础上来，而企业的技术进步和技术改造必须依靠知识分子、科技人员。目前，党内和社会上仍然存在着轻视知识与歧视知识分子的错误观念，这就要求通过党的思想政治工作，提高大家的觉悟，统一思想认识，深入宣传和落实党的科学技术政策与知识分子政策，清除轻视科学文化知识和歧视知识分子的偏见，加强工人阶级内部（包括知识分子和工人群众）的团结与协作，充分发挥知识分子在社会主义现代化建设中的作用。

所有这些，都说明新时期企业思想政治工作的任务更重了，要求更高了，涉及的领域更宽了。因此，思想政治工作不仅不能削弱，而且必须大力加强，把它提高到一个新的水平。各级党组织和政工干部要坚决、勇敢地把党交办的这一光荣而艰巨的任务担当起来，努力开创企业思想政治工作的新局面。

二　三中全会以来企业职工思想政治工作的基本情况和主要经验

三中全会以后，在党中央正确的路线、方针、政策的指引下，企业思想政治工作逐渐冲破了长期“左”倾错误的严重束缚，开始转上了为社会主义现代化建设服务的正确轨道。企业各级党组织和广大政工干部，根据党的“解放思想，开动脑筋，实事求是，团结一致向前看”的指导方针，在开展真理标准讨论，清理“左”的思想影响，落实各项政策，平反冤假错案，宣传贯彻四项基本原则，宣传贯彻党的工作着重点转移和“调整、改革、整顿、提高”的方针，打击各种破坏社会主义建设的犯罪活动，端正党风，以及结合企业实际、建设社会主义精神文明，宣传贯彻十一届六中全会决议和十二大精神等方面，都做了大量的、艰苦细致的思想政治工作。特别是1980年以来，党中央针对一些企业和单位思想领导上的软弱涣散状态与某些资产阶级自由化的倾向，召开了多次会议，发出了一系列文件、指示，反复强调要加强党的思想政治工作，加强社会主义精神文明建设，反对资产阶级和一切剥削阶级思想的侵蚀，批判资产阶级自由化思潮。十一届六中全会决议还重新肯定了“思想政治工作是经济工作和其他一切工作的生命线”这个马克思主义的论断。许多地区、部门和企业健全与充实了政治工作的机构、人员，召开了政治工作会议，总结交流了经验，采取了许多加强企业思想政治工作的有效措施。1981年8月，中央思想战线问题座谈会后，原国家经委、建委和财贸小组分别召开了全国工交、基建和财贸企业的思想政治工作座谈会。特别是1982年4月耀邦同志亲自主持召开了座谈会做了关于思想政治工作问题的重要讲话。所有这些，对各地区、各部门都是有力的推动。近两年来，企业思想政治工作普遍有了改善和加强，广大党员、干部和群众的思想觉悟有了比较明显的提高，精神状态有了较大的变化，党风和社会风气有所好转，党的威信正在恢复和提高。总的看来，这一时期企业思想政治工作的形势和主流是好的。在全党实现历史性的伟大转变过程中，企业思想政治工作也从过去“以阶级斗争为纲”转到以四化建设为中心、保证经济建设任务的完成上来，从过去主要搞政治运动转到经常性的思想政治工作上来，发生了根本性的变化，发展到了一个新的阶段。

但是，我们对于已经取得的成绩决不可估计过高。从目前情况来看，正如耀邦同志所指出的，不重视思想政治工作、不会做思想政治工作的现象，还普遍存在。有相当一部分同志把思想政治工作看成是“软任务”和“权宜之计”，或者“说起来重要，干起来次要，忙起来不要”；不少企业党政不分，党委还没有把主要精力转到思想政治工作和党的建设上来；企业政治工作队伍的状况与新的形势、任务的要求还很不适应；一部分政工干部和行政干部还不善于结合新时期的特点，进行有针对性、有说服力和感染力的思想政治工作；等等。这就需要我们在认真、系统地总结过去经验的基础上继续前进。

近几年，各地在实践中涌现了一批在新形势下做好职工思想政治工作的企业、单位和优秀政工人员，积累了不少好的经验。在这里，我想着重就以下四个大家体会比较深的问题讲一讲。

（1）企业思想政治工作必须紧密结合经济工作一道去做。

从这几年的实践来看，在处理政治工作和经济工作的关系上，一定要坚持思想政治工作紧密围绕经济建设这个中心任务来进行，为这个中心任务服务，并且结合经济工作一道去做。思想政治工作是一切经济工作的“生命线”，是经济工作和技术工作的保证。党在企业的思想政治工作的主要任务是：保证企业的社会主义性质和方向，保证企业和职工正确贯彻执行党和国家的方针、政策，推动企业生产建设任务的完成和经济效益的提高，促进工人阶级各部分成员思想觉悟、道德情操、智慧才能的多方面发展。正如毛主席所说：“只要我们的思想工作和政治工作稍为一放松，经济工作和技术工作就一定会走到邪路上去。”要防止和克服两种错误的倾向：一种是片面强调和夸大思想政治工作的作用，鼓吹政治可以决定一切，精神万能，忽视和脱离为经济建设服务这一前提，否定按劳分配，忽视行政管理；另一种是片面强调和夸大经济手段与行政管理手段的作用，忽视或否定思想政治工作，或者把思想政治工作对经济工作的保证作用理解得过于狭隘，仅仅局限于解决当前生产中的某个思想问题或保证某项具体生产任务的完成，而忽视要保证企业的社会主义性质和方向，要对广大职工进行共产主义的思想教育。总之，思想政治工作和经济工作要统一地抓起来，两者不可偏废。

如何把企业思想政治工作和经济工作结合起来一道去做？各地已经摸索到了一些好的经验。比如，进行经济工作指导思想和经济建设方针、政策的教育，使企业的全部工作转到以提高经济效益为中心的轨道上来；围绕经济调整、改革和整顿，针对职工的思想认识问题进行教育；不断端正企业经营思想，明确生产目的，抵制资本主义思想的腐蚀，坚持企业的社会主义性质和发展方向；思想政治工作要和经济手段、行政手段、法律手段互相配合，贯穿到其他手段中去，并保证这些手段的正确运用；把思想政治工作渗透到生产、建设、流通、科研和各项经济活动中去，掌握人们在经济活动中思想变化的规律，把思想问题解决在萌芽状态；把思想政治工作做到每个职工的生产岗位和工作岗位上去，教育他们以高度的主人翁责任感和高尚的道德情操对待本职工作；把解决思想问题同解决实际问题结合起来，特别是要关心职工生活，解除他们的后顾之忧；开展以学先进、赶先进为主要内容的各种形式的社会主义劳动竞赛；等等。我们要不断总结、推广这方面的好经验，使思想政治工作同经济工作更紧密地结合起来，更好地为社会主义现代化建设服务。

（2）企业思想政治工作最根本的内容，是向职工特别是青年职工进行共产主义思想教育，把系统灌输马克思主义理论同日常的思想政治教育结合起来，同群众性的自我教育结合起来。

社会主义社会在向共产主义社会高级阶段不断前进的过程中，不能仅仅依靠物质财富的增长，还必须依靠人们共产主义思想觉悟的不断提高和革命精神的不断发扬。在生产建设中，我们不仅需要创造更多更好的物质产品，而且需要培养一代又一代的社会主义新人。不断向广大职工特别是青年职工进行系统的共产主义思想教育，这是我们党在新的历史条件下加强职工队伍思想建设的一个战略任务。这几年我们对青年职工的教育，做得较多的是针对现实思想问题进行日常的思想政治教育，虽然取得了一定的效果，但还不能从根本上解决问题。近两年来，不少地方和企业开始探索如何从根本上提高广大职工特别是青年职工的政治素质，初步总结了一些成功的经验。上海市在短短几个月内，就有 100 多个单位、16700 名青工参加了短期脱产政治轮训；北京市纺织局系统，从近代史教育入手，已轮训了 11000 名青工，占 1978 年后进厂青工总数的 40%；江苏省扬州纱厂等单位，举办政治学校，分批分期地对青年职工进行系统教育，取得的效果都比较好，许多青年职工经过轮训，提高了主人翁责任感，增强了对祖国、对社会主义、对党的热爱，初步树立了革命人生观，精神面貌焕然一新。一批后进青年经过轮训和深入细致的思想政治工作，提高了觉悟，成了先进生产者，入了团、入了党。实践证明，正规办学、脱产轮训是对青年职工进行系统的共产主义思想教育的一种重要形式，是我们党对职工思想政治教育的一项重大改革；同时也表明，新一代工人是能够接受系统的共产主义教育的，是能够接受马列主义、毛泽东思想基本理论的，确实是大有希望的一代。

进行共产主义思想教育，必须同坚持现阶段的各尽所能、按劳分配和党的其他经济政策结合起来。要注意掌握它们之间的区别和联系，特别是对党员、团员和先进分子的要求同对一般职工的要求应当有所区别。不能只强调一面，忽视另一面。同时，在进行日常的思想政治教育时，也不要就事论事，而要就事论理，做到既解决他们的现实思想问题，又能提高他们的共产主义觉悟和精神境界。

为了使共产主义思想教育取得更好的效果，还要把系统的理论灌输和群众性的自我教育结合起来。北京化工三厂等单位，针对职工普遍关心的一些问题（如社会主义制度优越性的问题），采取民主讨论的方法，引导群众敞开思想，畅所欲言，各抒己见，经过充分的讨论和必要的辅导，自己去寻找正确的答案，以达到自己教育自己的目的。他们的体会是：马列主义是能够吸引青年的，但是马列主义的原理一定要紧密联系青年的思想实际，才能发挥巨大的威力；进行共产主义教育，不能靠强迫命令，而要以平等的态度，充分调动受教育者的积极性，才能收到好的成效。

（3）教育者必须先受教育。要做好职工的思想政治工作，重点必须抓好党员和干部的思想政治工作。

耀邦同志指出，我们党执政以后，有一段时间，在“左”的错误影响下，逐渐地把思想政治工作变成领导者用来对付普通工人、农民、战士和知识分子的一种方法，败坏了思想政治工作的声誉，结果很坏。许多单位的经验证明，要使职工思想政治工作有号召力和说服力，必须首先做好党员和干部特别是各级领导干部的思想政治工作。因为党员、干部的觉悟高不高，作风好不好，对党的事业和党在群众中的威信影响极大；而且党对广大职工的思想政治工作，也是要通过他们来进行的。只要把党员、干部的思想觉悟提高了，错误思想和不正之风纠正了，积极性调动起来了，模范作用发挥出来了，特别是各级领导干部以身作则，言行一致，作风端正，在各方面起表率作用，这就是“无声的命令”，就是最有效的思想政治工作，就可以带动、影响和教育周围的群众，自觉地为实现党提出的纲领、任务，为贯彻党的路线、方针、政策而奋斗。因此，我们一定要把思想政治工作的重点放在党员和干部身上。在这方面天津市总结了“四个首先”：统一对党的路线、方针、政策的认识，首先要统一干部、党员特别是各级领导的认识；要求人人做思想政治工作，首先要干部、党员带头做；要求群众做到的事情，首先要求干部、党员做到；对不良倾向敢抓敢管，首先要抓干部、党员中的不良倾向。煤炭部系统的思想政治工作做得比较好，很重要的一条经验就是领导干部转变作风，起模范带头作用。他们突出地抓了群众反映最强烈、影响最大的三件事：一是领导干部带头动员倒流到井上的子弟、亲属返回井下采掘第一线；二是做出煤炭系统各级干部跟班劳动的决定；三是从解决领导干部多拿奖金的问题人手，纠正一些煤矿滥发奖金的问题，整顿干部特殊化作风。这三件事一抓，在群众中震动很大。干部的精神状态转变了，群众的积极性也就调动起来了。各地都有一批这样的企业，在那里干部和群众的关系正在形成一种团结一致、友爱互助、共同奋斗、共同前进的新型的社会关系，从而激发了广大职工心情舒畅、全力以赴地投入四化建设的积极性。

（4）党委亲自动手，建设一支有战斗力的政工队伍，是做好企业思想政治工作的组织保证。

加强和改进思想政治工作，不仅要解决如何做的问题，而且要解决谁来做的问题。

实践证明，凡是党委重视，政工机构健全，有一支有战斗力的政工队伍，坚持思想政治工作的正常运行和健康发展，并发动群众，人人都来做思想政治工作的，企业职工的精神面貌就好，政治觉悟就高，企业各项经济任务就完成得比较出色；反之，企业的思想领导就涣散软弱，歪风邪气上升，经营管理混乱，经济效益就差。这是一条值得我们注意的经验。四川省经委在过去一年多的时间里，先后轮训了地、市工交部长和大型、重点企业的政工领导干部共 1146 人，预计今年可将全省厂矿企业党支书以上的政工干部基本轮训一遍。通过轮训，提高了学员的思想理论水平和业务能力，加强了政工队伍的建设，推动和促进了各单位的思想政治工作。其他一些地区和企业在这方面也都积累了不少好的经验。所有这些经验都应当认真进行总结和推广。总之，各级党委要把健全政工机构、提高政工队伍的素质，当作一项重大的政治任务，予以高度重视。

三　深入贯彻十二大精神，努力开创企业思想政治工作新局面

耀邦同志指出，我们党的十二大提出要全面开创社会主义现代化建设的新局面，这是我们今后五年到十年的总方针。我们各个方面，各条战线，各个地区，各个部门，都要根据自己的情况落实这个总方针。在关于 1983 年的工作讲话中，他又指出，1983 年是十二大提出的全面开创社会主义现代化建设新局面的头一年，又是实施新宪法为国家的长治久安而奋斗的头一年。……无论哪条战线，哪个地区，哪一单位，哪级干部，都要给自己提出这样的任务：新的一年要有点新气象、新成就、新贡献，都要给我们伟大事业增添新的光彩。

根据耀邦同志的这些指示，我们要进一步解放思想，深入实际，联系群众，了解新情况，研究新问题，提出新办法，努力开创企业思想政治工作的新局面。这个新局面的主要标志应该是：把企业广大干部、群众的思想提高和统一到十二大精神上来，保证十二大的路线、方针、政策在企业中得到认真的贯彻落实；按照干部“四化”要求把企业的领导班子整顿和建设好，使其真正成为带领职工开创新局面的带头人；党政有了明确分工，党委集体领导、职工民主管理、厂长行政指挥的根本原则得到贯彻执行；按照新党章的要求，把企业各级党的组织整顿好、建设好，企业各级党组织的战斗堡垒作用和党员的先锋模范作用得到更好的发挥，党风有了根本性的好转；职工队伍的共产主义觉悟和文化、技术素质有了显著的提高；在发扬优良传统、创造新鲜经验，特别是在政治工作和经济工作紧密结合等方面取得新的突破，保证企业经济效益不断得到新的提高；企业政治工作机构精干健全，政工队伍素质有了明显提高，并建立起一支群众性的思想政治工作骨干队伍。

目前开创企业思想政治工作新局面有着许多有利的条件。首先，党的十二大报告

对以共产主义思想为核心的社会主义精神文明建设，从理论和政治的高度做了精辟的阐述。这对于统一全党的思想，使人们从战略高度认识新时期思想政治工作的重大意义，起着巨大的作用。其次，近几年来党中央对加强和改善思想政治工作发出了一系列重要文件、指示和条例，特别是这次全国职工思想政治工作会议的召开，中央关于加强和改进职工思想政治工作的决定下达之后，对于开创企业思想政治工作的新局面必将起重大的推动作用。再次，经过这几年的实践，企业政治工作队伍已经逐步有了加强，而且积累了不少做好新时期思想政治工作的经验。

在新的历史时期，企业职工思想政治工作的根本任务，就是对广大职工进行共产主义思想教育，使他们逐步树立革命的人生观和世界观，克服非工人阶级思想和各种错误倾向，提高他们认识世界和改造世界的能力，提高他们贯彻执行党的路线、方针、政策的自觉性，使他们和全国人民一道，为完满实现党的十二大提出的伟大纲领，开创社会主义现代化建设新局面而努力奋斗。

下面我想就如何以十二大精神为指针，开创企业思想政治工作新局面的问题，讲几点意见。

1. 继续深入学习十二大文件，紧密联系实际，进一步理解十二大制定的纲领和方针、政策

学习十二大文件，要同学习新宪法和国务院关于第六个五年计划报告结合起来。在学习中，要结合干部、职工的思想和工作实际，着重解决好以下几个问题。一是正确理解物质文明建设和精神文明建设的关系，以及以共产主义思想为核心的社会主义精神文明建设的重大意义，把对新时期企业思想政治工作的地位作用的认识提到一个新的高度。二是坚定对马克思列宁主义、毛泽东思想和共产主义的信仰，对党、对中央领导的信任，做到在政治上同中央保持一致。三是坚定对 20 年内翻两番和 5 年内实现三个根本好转的信心与决心，增强开创新局面的责任感和紧迫感，以新的精神面貌和新的思想作风来适应开创新局面的需要。四是把经济工作的指导思想，真正转到以提高经济效益为中心的轨道上来，教育干部、群众正确认识和处理当前利益与长远利益、局部利益与全局利益、改善人民生活与集中资金进行重点建设的关系，以及速度和效益、数量和质量、生产和经营、经济发展和技术进步等的关系，坚持把国家利益、全局利益放在第一位，保持和发扬艰苦奋斗的精神。五是把干部、群众通过学习十二大文件焕发出来的革命热情和积极性，及时引导到开创新局面的实际行动中来。要使广大干部思想再解放一点，改革步子再大一点。要打破一切不适合四化建设新情况的老框框，研究贯彻执行十二大精神的措施和办法。

2. 围绕企业的改革和整顿，做好思想政治工作

目前，工交、基建、财贸等企业正在按照中央的统一部署进行各项改革，包括机构和干部制度的改革，以税代利的改革，推行各种形式的生产经营责任制，进行劳动

制度和工资方面的改革，等等。我们要对广大干部和职工群众不断进行改革的目的、意义和方针、政策的教育，使他们认清改革同四化建设、同实现共产主义远大目标的关系，并针对改革中的思想问题，做好深入细致的思想政治工作。要教育、动员工人阶级站在改革的前列，支持改革，参加改革，领导改革。今年企业整顿中要贯彻改革的精神。大企业既是整顿的重点，又是改革的重点。思想政治工作要跟上去，保证改革和整顿的顺利进行。当前要着重抓住以下几个环节。一是结合整顿和建设领导班子，进行建设“四化”班子的重要性、迫切性和新老干部合作交替的教育，要坚决把一大批德才兼备、年富力强、有科学知识、敢于创新、能打开局面的中青年干部选拔到各级领导班子中来，搞好传帮带。新进入领导班子的同志要尊重老同志，向老同志学习，又要敢于开创新局面。二是结合整顿和完善提高经济责任制，进行“三兼顾”的思想教育，教育干部和群众发扬共产主义精神，正确地处理国家、企业和个人三者利益的关系，自觉地把国家利益放在首位，坚决纠正损害国家和社会利益的错误做法。三是结合整顿劳动纪律和整顿劳动组织、按定员定额组织生产，进行思想教育。在这个问题上，首先要求企业领导干部敢于“碰硬”，秉公办事，以身作则，不徇私情，不走后门，顶住四面八方的压力。同时，要对职工进行主人翁教育和遵纪守法教育，使他们自觉遵守国家法令和劳动纪律。

3. 对广大职工特别是青年职工进行爱国主义和共产主义教育

关于这一教育的必要性和重要性、内容、形式、原则、方法，《中共中央关于加强和改进企业职工思想政治工作的决定（草案）》已做了详细的阐述，这里我想补充几点。一是要把系统的基本理论灌输同群众性的自我教育结合起来，把共产主义理想、道德和纪律教育同各行各业的职业责任、职业道德、职业纪律教育结合起来，把脱产轮训同各种生动活泼、为群众所喜闻乐见的教育形式，同丰富多彩的职工业余活动结合起来，使整个教育搞得既有说服力，又有感染力。二是要坚持不懈地开展“五讲四美三热爱”活动，大张旗鼓地表彰、宣传闪耀着共产主义思想光辉的先进人物，宣传他们的先进思想、先进事迹，深入开展学先进赶先进的立功创模活动，开展争当劳动模范、新长征突击手、三八红旗手的活动，用榜样的力量和学先进的舆论教育群众，这些都是在实践中对职工进行共产主义教育的好形式。三是共产主义思想教育要同文化科学技术教育结合起来。现在许多企业生产技术、经营管理非常落后，很多职工缺乏必要的科学文化知识和操作技能，必须抓紧对青壮年职工的文化技术补课，这也是为进行系统的政治理论教育打基础、创造条件。如果不加强共产主义思想教育，职工没有树立革命的人生观和世界观，文化、技术教育也搞不好或不能持久。为此，要统筹安排，有计划、有步骤地对职工特别是青年职工进行包括思想政治和文化技术两方面内容的正规的全员培训，使越来越多的职工成为有理想、有道德、有文化、守纪律的社会主义新人。

4. 整顿和建设好党的基层组织，努力实现党风的根本好转

加强和改进企业的思想政治工作，搞好各项改革，关键是搞好基层党组织的建设，充分发挥各级党组织的战斗保垒作用和党员的先锋模范作用。党中央已决定从今年下半年开始，用 3 年时间自上而下地、分期分批地对党的作风和党的组织进行一次全面整顿，并确定用 5 年时间力争实现党风的根本好转。作为全面整党的必要准备，凡是今年进行全面整顿的企业，都要按照当地党委的统一部署，抓紧抓好党的基层组织的整顿，解决好领导班子的整顿和党员队伍中的一些突出问题，将其作为企业全面整顿的一项重要内容，进行统一规划，统一部署，统一组织力量，统一检查验收。在工作安排上，要抓住重点，着重抓好大型骨干企业和少数问题多而严重的单位。凡是整顿工作结束了的单位，要加强经常性的建设，使整顿的成果得到巩固和提高。少数企业具备条件的，在上级党委统一部署和加强领导下，可以按全面整顿的要求进行整党试点。所有面上的企业，都要贯彻全国党员教育会议精神，以十二大报告和新党章为主要内容，对党员普遍进行一次轮训。党员领导干部要比一般党员先走一步，学得更好，而且要以身作则，起表率作用。

5. 充分调动知识分子、科技人员的积极性

要向广大干部和群众进一步宣传科学文化知识和知识分子在社会主义现代化建设中的重要作用，切实落实党的知识分子的政策，形成尊重知识，尊重科学，尊重、爱护和关心知识分子的新风气。各级党组织和企业领导要从政治上、工作上、生活上关心他们，为他们创造必要的条件。同时，鼓励和支持他们到群众中去、到实践中去、到生产第一线去，让他们充分发挥自己的聪明才智，施展自己的抱负，为建设社会主义祖国多做贡献。

6. 继续搞好思想政治工作的基础建设，加快建设一支强有力的企业思想政治工作队伍

1982 年 2 月，胡乔木同志指出，政府系统特别是财经企业系统思想政治工作由谁来做、怎样做的问题，已到了非解决不可的时候了，这是整顿党风的关键所在。应该肯定，全国的企业政工队伍是一支好的队伍，这几年在全党实现历史性伟大转变中，是发挥了重要作用的。但是对这支队伍目前存在的同新形势、新任务很不适应的情况，特别是后继乏人的情况，我们也不能忽视。为了开创企业思想政治工作的新局面，必须采取坚决有效的措施，切实解决当前政工队伍建设中一系列亟待解决的问题，逐步实现政工干部队伍的革命化、年轻化、知识化和专业化。首先要下决心通过各种渠道、采用各种形式对企业政工干部进行培训，大大提高他们的思想理论水平、文化知识水平和业务能力，提高思想政治工作的效果；要把这项工作纳入各地区、各部门干部正规培训规划之内，加以统筹安排，解决好培训基地、经费、师资教材等问题。要在今后三至五年内，把所有企业政工干部轮训一遍，经过轮训和必要的调整，逐步地使政

工干部普遍达到高中以上文化水平并掌握马列主义基本理论和必要的政工专业知识。要结合当前的机构改革和企业整顿，下决心选拔一些年富力强、有较高文化和专业知识、有创新精神、适合做思想政治工作的干部充实各级政工领导岗位，并对极少数不适宜做政治工作的人进行调整或清理。今后基层政工干部的来源，主要应从有符合国家规定的相当文化水平的优秀生产工人和干部中选拔。国家也将有计划地分配一些合乎条件的大学毕业生从事企业思想政治工作。为了从思想上、政治上充分调动政工干部的积极性，一方面要加强对政工干部自身的思想教育，鼓励他们树立坚强的革命事业心，以自己的模范行动和优异成绩来赢得群众的信任与拥护，恢复和提高思想政治工作的威信；另一方面还要教育企业干部和群众从加强两个文明建设的战略高度充分认清新时期思想政治工作的重要地位与作用，尊重和爱护政工干部，支持他们的工作。要逐步解决企业政工干部的业务职称和待遇等问题，还要建立和健全政治工作的基本制度。

在这里我想多讲几句关于思想政治工作也是一门科学、一门专业的问题。在什么叫专业化的问题上，现在确实存在着一些糊涂观念。有些人以为只有做经济工作、技术工作的人员才算专业化，而把政治工作干部看作“万金油”。耀邦同志指出，党务工作也好，思想政治工作也好，各行各业都要有自己的基础知识和业务专长。思想政治工作是一门治党、治国的科学。它的对象是人，它是研究人们的思想、观点、立场的形成和发展、变化规律的，是为了解决人们的思想政治观点问题和改造人们的世界观的。这是一项需要进行艰苦的、创造性劳动的工作。我们有许多优秀的政工干部、宣传能手，把这项工作做得卓有成效，能做到“拨动人们的心弦”的程度。他们无愧于“灵魂工程师”的光荣称号。现在，全国企业专职政工干部据粗略估计有100多万人。从各级党组织来说，要大力抓好企业政工干部的培养、教育和训练工作，在全国逐步形成一个初级、中级和高级的政工干部的教育、训练体系。从企业政工干部本身来说，则要开展一个学习竞赛，看谁学得更多、更好些，以适应新形势和新任务的需要。不但要学政治，学文化，学政工专业知识，学企业管理和有关的经济业务知识，还要学点哲学、心理学、教育学、文学、历史，等等。要在全体政治工作干部中，形成一个人人奋发努力学习、刻苦钻研思想政治工作业务的风气。这样，若干年后，在我们的企业政工干部队伍中，一定会涌现出一大批精通思想政治工作的专家，党的思想政治工作必将出现一个崭新的局面。

7. 进一步加强党对企业思想政治工作的领导

各级党委要把企业思想政治工作列入重要议事日程，定期布置、检查、总结，不断研究新情况，解决新问题，及时总结新经验。各企业要结合全面整顿，认真贯彻落实“四个条例”，切实按照党委集体领导、职工民主管理、厂长行政指挥的根本原则，建立和健全企业的领导体制，使党委从大量的行政事务中解脱出来，集中主要精力抓党的路线、方针、政策的贯彻，抓党内外干部和群众的思想政治工作，抓党的建设，抓政工队伍的建设，切实改变党政不分、党不管党的现象。这本身就是党的建设中的一项重要改革。要有精干健全的思想政治工作机构，配备必要的专职政工干部；要充分发挥工会、共青团、职代会等组织的作用，形成一个群众性的思想政治工作网，人人都来做思想政治工作。

四　各级经济部门要坚持“两个文明建设一起抓”

继续毫不动摇地贯彻执行“调整、改革、整顿、提高”的方针，以提高经济效益为中心，扎扎实实地打基础，保证实现“保四争五”的目标。要着重抓好以下几个方面的工作：一是按照党中央、国务院的决定，继续全面整顿现有企业；二是完善和提高经济责任制；三是推进企业的技术进步；四是进一步搞好企业的调整、改组和联合；五是放宽政策，搞活流通，发挥商业对工交生产的促进作用；六是大力加强干部教育和职工培训。企业职工思想政治工作，要努力做好上面讲的开创思想政治工作新局面所提出的各项任务，确保今年经济计划的完成和国民经济综合发展水平的提高，在争取国家财政经济状况的根本好转上有新的进展；同时，要在提高职工的思想政治觉悟，争取党风、厂风的好转上，做出显著成绩。

关于各级经委（工交、基建、财贸部或政治部）如何在各级党组织和政府的领导下，协同有关部门切实抓好企业思想政治工作的问题，我在这里提几点具体意见。

1. 一定要做到“两手抓、三同时”

经委是管理经济工作的一个综合部门，任务很重，业务很多，容易产生忽视思想政治工作的倾向，思想政治工作往往列不上议事日程。耀邦同志在十二大报告中明确指出，经济战线的各级领导干部，在制定和执行政策中，在进行一切工作中，都不仅要考虑生产的发展，而且要考虑到社会主义精神文明的建设。并指出，今后党中央和各级党委检查一个地区、一个部门、一个单位的工作，除了检查物质文明建设的情况以外，一定要检查精神文明建设的情况。我们一定要坚决贯彻执行这一指示，坚持“两个文明建设一起抓”，在研究、布置、检查经济工作的同时，也要研究、布置、检查企业思想政治工作；在召开有关经济工作的会议时，不仅要讨论、部署经济工作，还要讨论、部署企业思想政治工作，把二者紧密结合起来。

2. 要充实、加强经济部门和企业的思想政治工作机构

针对当前思想政治工作任务繁重，而政工机构很不健全的状况，在企业整顿和机构改革中，不论采取何种形式，思想政治工作机构都只能加强，不能削弱。1982 年全国工交会议对此已经提出了明确的要求，各地区、各部门都要继续贯彻执行。

3. 经济工作干部和政治工作干部要互相支持，共同提高

企业职工思想政治工作，不能光靠政工干部来做，而是要发动全体党员、干部和

职工一起来做。要教育做经济、行政、技术工作的干部重视和学会做思想政治工作，把它当作自己的一项重要职责；教育政治工作干部努力学习经济业务，紧密围绕生产建设这个中心做好思想政治工作，在企业里形成一个人人都关心生产、人人都做思想政治工作的好风气。

4. 把政治工作干部的培训认真抓起来

企业政工干部是党的干部队伍的一个重要组成部分，又是经济战线的一支重要力量。各级经委要像抓经济管理干部的培训一样，切实把企业政工干部的培训抓起来，作为自己的一项重要任务。无论是部门、地区或者企业，都要把政工干部的培训纳入整个干部正规培训规划之内，统筹安排，统一领导，避免多头管理。

最后，为了组织和推动思想政治工作者与理论工作者加强对新时期职工思想政治工作的科学研究，系统总结建国以来这方面的经验，国家经委打算协同中央书记处研究室、中央宣传部、全国总工会和社会科学院等单位，筹备成立全国性的职工思想政治工作研究会。各地区、各部门和有条件的企业也可以根据实际需要，成立群众性的思想政治工作研究组织。

文稿解读

1983 年 1 月 7 至 22 日，中央书记处委托中央宣传部、中央组织部、中央书记处研究室、国家经委、全国总工会、共青团中央、全国妇联，在北京联合召开全国职工思想政治工作会议，研究制定了《国营企业职工思想政治工作纲要（试行）》，组建成立了中国职工思想政治工作研究会。会议期间，讨论了新的历史条件下职工思想政治教育的内容、方法、教材，企业思想政治工作队伍的建设以及加强和改善党对企业思想政治工作的领导等问题，交流了做好职工思想政治工作的经验，团中央还介绍了张海迪的事迹。这是新中国成立后首次全国职工思想政治工作会议，来自各省、市、自治区党委组织、宣传部门，经委，工会、共青团、妇联，以及中央党政有关部门、国营企业负责同志等 900 余人参加了会议。

1983 年 1 月 7 日，中共中央总书记胡耀邦同志出席会议做题为“四化建设和改革问题”报告时指出，要搞四个现代化建设必须进行一系列的改革，改革要贯穿四个现代化建设的整个过程，这应该成为党领导四化建设的一个极为重要的指导思想。中央书记处书记、中宣部部长邓力群主持会议并讲话。会议期间，各有关部门领导同志分别在会上讲话。

1983 年 1 月 8 日，国家经贸委副主任袁宝华同志以“以十二大精神为指针，开创企业思想政治工作新局面”为题在会议上讲话，介绍了近几年企业职工思想政治工作的 4 条主要经验，提出做好企业职工思想政治工作的 7 项要求。

1983 年 1 月 18 日，根据全国职工思想政治工作会议期间，中宣部、中央书记处研究室、国家经委、全国总工会四个单位的代表联名发出成立“中国职工思想政治工作研究会”的倡议书及初步方案。经中央领导同志及国家经委、全国总工会负责同志同意，宣布成立“中国职工思想政治工作研究会”。会议选举产生了理事会。聘请邓力群、袁宝华、曾志、林涧青、马洪为顾问。选举顾大椿为会长，赵荫华为副会长兼秘书长，曾群为副会长。“中国职工思想政治工作研究会”挂靠国家经委（秘书处与国家经委基层政治工作办公室合署办公）。

1983 年 7 月 1 日，《中共中央关于批转〈国营企业职工思想政治工作纲要（试行）〉的通知》（中发〔1983〕26 号）指出，前不久，中央书记处委托中央宣传部、中央组织部、中央书记处研究室、国家经委、全国总工会、共青团中央、全国妇联联合召开了全国职工思想政治工作会议，制定了《国营企业职工思想政治工作纲要（试行）》。中央认为，这个《纲要（试行）》是我国社会主义现代化建设时期加强和改进企业职工思想政治工作的一个很好、很重要的文件，其基本精神、基本原则和基本方法具有普遍指导意义。

1983年12月2至8日，国家经委在京召开部分省市企业思想政治工作座谈会。参加会议的有12个省市经委（党委经济部、工交部）、国务院11个有关经济部门分管企业政工的同志。会议内容：以党的十二届二中全会精神为指导，总结交流各地企业贯彻执行中央批转的《国营企业职工思想政治工作纲要（试行）》的情况和经验；研究讨论如何进一步加强企业思想政治工作和职工队伍建设，抵制和清除精神污染。中共中央书记处书记、中共中央宣传部部长邓力群同志在会上就贯彻十二届二中全会精神、清除精神污染问题讲话。国家经委副主任、党组副书记袁宝华同志做会议报告。国家经委基层政治工作办公室主任（原国家经委副主任、党组成员）赵荫华同志做总结发言。

1984年11月26至30日，国家经委在北京首都钢铁公司召开部分省、自治区、直辖市企业思想政治工作座谈会。国家经委主任吕东、副主任袁宝华同志出席并讲话。吕东同志讲话时强调，我们在经济部门工作的同志，不论是直接从事经济工作还是从事政治工作，都要坚持不懈地贯彻执行党的十二大确定的两个文明建设一起抓的战略方针：（1）对企业思想政治工作形势的估计；（2）进一步端正思想政治工作的指导思想；（3）企业思想政治工作的一项主要任务，是建设一支革命化、现代化的职工队伍；（4）要有一批很得力的政工干部，特别是要选配好政治工作领导班子；（5）领导方法问题。袁宝华同志讲话时要求：（1）进一步端正企业思想政治工作的指导思想；（2）认真进行关于经济体制改革的理论和政策的教育；（3）改革教育要紧密结合中央确定的改革措施和步骤来进行；（4）教育职工尊重知识，尊重人才；（5）抓紧建设一支开拓型的政工干部队伍；（6）企业思想政治工作本身要进一步改进和改革；（7）领导机关要更好地为基层企业服务。

1985年11月18至25日，中央宣传部、国家经委、全国总工会在第二汽车制造厂（湖北省十堰市）联合召开了全国企业思想教育工作座谈会。会议的主要议题是，贯彻党的全国代表大会精神，讨论研究在干部职工中如何加强形势政策教育和理想纪律教育，加强和改进企业思想政治工作，以争取党风和社会风气的根本好转，保证经济改革和经济建设顺利进行等问题。会议还交流了一批典型单位的经验。中共中央书记处书记、中央宣传部部长邓力群、中央宣传部副部长曾德林、国家经委副主任张彦宁、中华全国总工会书记处书记于庆和等领导同志到会并讲话。第二汽车制造厂厂长陈清泰以"企业领导者既要调动物质力量，也要调动精神力量"为题在全国企业思想教育工作座谈会上发言。

1986年1月25日，《中央宣传部、国家经委、全国总工会关于印发〈全国企业思想教育工作座谈会纪要〉的通知》（中宣发文〔1986〕3号）指出，企业的形势、政策教育，争取党风和社会风气根本好转的教育，一定要认真贯彻执行党的全国代表会议的精神，认真贯彻执行中央领导同志在中央机关干部大会和国务院全体会议上讲话的精神，要同经济体制改革，同经济生活中各种实际问题的解决密切结合起来。当前，特别要同物价改革和企业工资改革的实际密切结合起来。各级党政领导同志，应该像前一段抓高等学校中的思想工作那样，深入到职工群众中去，和群众座谈、谈心，听取群众的意见，宣传解释工资改革等工作的目的、意义和方针政策，引导职工顾全大局，克服互相攀比的思想，保证改革工作的顺利进行。要引导职工发扬愚公精神，在第七个五年计划的头一年中，为推动企业改革与两个文明建设的发展努力做出贡献。

1986年9月15至18日，中华全国总工会、国家经济委员会联合在京召开全国班组工作会议叠表彰大会。会议期间，国务委员张劲夫到会讲话，中央书记处书记郝建秀等领导同志向出席会议的64名先进班组长代表分别颁发了全国五一劳动奖状、奖章和证书。会议由国家经委副主任张彦宁主持。全国总工会副主席罗干同志在会议讲话中指出，我们必须用战略眼光看待班组建设，把班组建设作为企业的一项重要任务抓紧、抓实、抓好。班组建设是企业的“细胞”，是企业一切工作的落脚点。只有班组这个“细胞”具有强大的生命力，才能使企业的“肌体”充满勃勃生机。加强班组建设是我国经济发展的战略要求，是完成“七五”计划和实现改革任务的重要保证。国家经委副主任袁宝华同志在会议讲话中指出，班组是企业最基层的生产和经营管理组织，提高产品质量、改善经营管理、降低物资消耗、改善服务态度、提高经济效益等，最终都必须落实在班组。要使班组建设适应新形势的要求，就必须积极探索班组建设的新路子。在新形势下，企业有一个转轨变型的问题，班组建设也同样有一个转轨变型的问题。这种转轨变型从一定意义上讲，就是优良传统和新鲜经验的结合。

1986年12月3日，《中华全国总工会、国家经济委员会关于加强工业企业班组建设的意见》（工总生字〔1986〕31号）指出，我国工业企业经过全面整顿和初步改革，开始有了活力，逐步走上发展社会主义商品经济的轨道。班组建设也有了加强和发展，在“两个文明”建设中起到了重要作用。但是，从总的情况看，企业管理特别是班组工作仍然是薄弱环节，这也是影响企业提高产品质量、降低物质消耗、增加经济效益的一个重要原因。为了适应改革深入发展的要求，全面提高企业素质，增强企业活力，促进企业升级，全面完成“七五”计划，必须切实加强工业企业的班组建设。

1987年1月28日，《中共中央关于当前反对资产阶级自由化若干问题的通知》（中发〔1987〕4号，下文简称《通知》）指出，搞资产阶级自由化，即否定社会主义制度、主张资本主义制度，核心是否定党的领导。这一斗争关系到党和国家的命运，关系到社会主义事业的前途。各级党组织必须充分认识反对资产阶级自由化斗争的重要性和长期性。但这场斗争严格限于党内，主要在政治思想领域内进行，着重解决根本政治原则和政治方向问题，要始终坚持以正面教育为主，团结绝大多数的方针，不搞政治运动。《通知》特别强调，坚持四项基本原则，坚持改革、开放、搞活，是党的十一届三中全会以来的路线的两个基本点，两者互相联系，缺一不可。

1987 年 3 月 6 日，中共中央书记处书记邓力群同志在中国企业管理协会第八次年会开幕式讲话时强调，在企业里要进行正面教育，不搞反对资产阶级自由化的斗争。他指出，去年是国内资产阶级自由化思潮泛滥非常厉害的一年。1984 年资产阶级自由化思潮泛滥，涉及的主要还是思想理论问题和文艺问题。1986 年就不限于这个范围，已经扩展到政治领域，矛头直接指向四项基本原则，全面否定四项基本原则。问题发展到了极为严重的地步。反对资产阶级自由化，是当前我们国内两大任务中的一大任务。在反对资产阶级自由化问题上，我们还需要做很多的工作。企业不搞反对资产阶级自由化的斗争，进行正面教育。正面教育究竟怎么搞，是个新课题，我们还没有多少经验。有些企业几年来一直搞得比较好，要发现、总结、推广他们的好经验。

文稿附录

附录 1　中共中央关于批转《国营企业职工思想政治工作纲要（试行）》的通知

附录 2　中央宣传部、国家经委、全国总工会关于印发《全国企业思想教育工作座谈会纪要》的通知

附录 3　中华全国总工会、国家经济委员会关于加强工业企业班组建设的意见

附录 4　中共中央关于加强和改进企业思想政治工作的通知

附　录

附录1

中共中央关于批转《国营企业职工思想政治工作纲要（试行）》的通知

（中发〔1983〕26号　1983年7月1日）

前不久，中央书记处委托中央宣传部、中央组织部、中央书记处研究室、国家经委、全国总工会、共青团中央、全国妇联联合召开了全国职工思想政治工作会议，制定了《国营企业职工思想政治工作纲要（试行）》，现发给你们。

这个《纲要（试行）》是在对当前我国工人阶级状况和企业职工思想政治工作状况作了大量调查研究的基础上，经过较长时间的准备、几下几上多次讨论修改而制定的。中央认为，这个《纲要（试行）》是我国社会主义现代化建设时期加强和改进企业职工思想政治工作的一个很好、很重要的文件，其基本精神、基本原则和基本方法，具有普遍指导意义。但是，不同地区、不同部门、不同行业、不同企业单位所承担的具体任务很不相同，职工的觉悟程度和组织程度有很大差别，思想政治工作的水平也参差不齐，实施的进展将有快有慢。因此，在执行这个《纲要（试行）》时，首先要组织各级思想政治工作干部认真学习领会，然后研究、制订本单位加强和改进思想政治工作的措施和步骤，先做什么，后做什么，不同时期抓什么重点，都必须从本单位的实际情况出发，做出具体规定，真正落到实处。决不可照本宣科，应付了事，或者千篇一律，生搬硬套。希望你们在执行中，发挥创造精神，不断总结新的经验，以便在适当的时候对《纲要（试行）》再加以补充修改。

为了协调各有关方面的力量，加强对企业职工思想政治工作的领导，中央责成中央宣传部牵头，中央组织部、中央书记处研究室、国家经委、全国总工会、共青团中央、全国妇联参加，组成全国职工思想政治工作领导小组，在中央书记处领导下工作。各省、市、自治区和国务院有关经济部门，应在党委统一领导下，因地制宜建立和健全对职工思想政治工作的领导和管理。

国营企业职工思想政治工作纲要（试行）

（一九八三年六月二十日）

工人阶级的历史地位和历史责任

（一）我国工人阶级，是先进生产力和先进生产关系的代表，是国家的领导阶级，是现代化建设的主力军，在发展和完善社会主义制度，把我国建设成为高度文明、高度民主的社会主义国家，并进一步向共产主义伟大目标前进的历史过程中，始终起着主导作用。工人阶级的政治觉悟高不高，组织性纪律性强不强，是否精通本职业务、掌握现代科学技术，决定着现代化建设的成败。工人阶级的每个成员都必须十分明确：工人阶级对国家的前途和命运肩负着重大的历史责任。

（二）在我国现阶段，工人阶级内部包括：工人（包括产业工人和商业、服务业等非产业工人）；工程技术人员；科研人员；教职员工；文化、卫生、体育工作者；干部和其他国家职工。企业职工是工人阶级的主要部分。工人阶级为了实现自己的历史使命，在内部必须加强体力劳动者和脑力劳动者之间兄弟般的团结合作，互相尊重，取长补短，共同提高，携手并进。只有这样，现代化建设才有保证。相互轻视、歧视和排斥是错误的，对现代化建设不利。

（三）当前，工人阶级热爱祖国、热爱社会主义、热爱共产党的实际行动，就是积极参加两个文明建设，为完成党的十二大提出的实现三个“根本好转”，即实现国家财政经济状况、社会风气和党风的根本好转而努力奋斗。在物质文明建设中，广大职工要努力发展生产，创造先进的劳动定额，降低能源和原材料消耗，提高产品质量，不断提高经济效益。为了达到这个目的，必须刻苦学习文化，钻研科学技术，提高自己的文化技术水平，并且坚决反对一切浪费行为。在社会主义精神文明建设中，广大职工要树立社会主义和共产主义的崇高理想，抵制和反对“一切向钱看”，改进劳动态度、工作态度和服务态度，遵纪守法，带头维护社会秩序，促进社会风气的根本好转。为了达到这个目的，必须关心国家大事，踊跃参加政治学习，并且勇敢地同损公肥私、损人利己的丑恶现象以及各种危害社会主义事业的坏人坏事作坚决斗争。

（四）改革要贯穿四化建设的全过程。工人阶级最有远见，最大公无私，最少保守思想，最富于革新精神。在我们党所领导的、为完善社会主义制度和发展四化建设所必需的一系列改革中，工人阶级要充分发挥自己的历史主动性，站到改革的前列，支持改革，参加改革，领导改革。在整个改革过程中，广大职工要把革命热情和科学态度密切结合起来，严格按照客观规律办事，既敢于改革，又善于改革，保证各项改革有成效地、健康地向前推进。

（五）工人阶级为了担负起自己的历史责任，必须在改造客观世界的同时加强自己主观世界的改造。

党的十一届三中全会以来，我国工人阶级有了很大的进步。目前广大职工坚决拥护和执行党中央的路线、方针和政策，全面开创社会主义现代化建设新局面的信心更加坚定；学文化，学技术，为国争光、为社会主义作贡献的积极性正在高涨；组织性纪律性也有所加强；特别可喜的是，一大批一心为公，忘我劳动，立志改革，勇攀高峰，献身四化的先进模范人物正在茁壮成长。所有这些都表明，当前职工队伍的主流是健康的、向上的。但是，由于种种原因，在许多地方和企业的一些干部、共产党员、共青团员和职工中，仍然程度不同地存在着思想涣散、纪律松弛、工作消极、损公肥私等不健康的现象。而某些领导干部利用职权谋取私利和官僚主义等恶劣作风，又助长了这种消极现象的蔓延。对于这种消极现象的存在及其带来的危害决不可低估。我们必须采取一系列措施，特别是大力加强职工思想政治教育，改变上述消极现象，进一步发挥工人阶级在社会主义现代化建设中占主导地位的积极作用。

工人阶级必须清醒地认识到，我们是在实行对外开放和对内搞活经济这种新的历史环境下工作的。由于十年内乱所造成的思想政治方面的消极影响，特别是“左”的流毒和影响，不可能在短时间内清除干净；由于历史上遗留下来的剥削阶级和其他非工人阶级思想的影响，还会在我国社会生活的各个领域长期地发生作用；由于实行对外开放政策，国外资本主义腐朽思想、腐朽生活方式，对我国社会生活的影响和侵蚀也不可避免地会增加起来；由于在社会主义计划经济的指导下大力发展商品生产和商品交换，与此同时资本主义社会常见的那种一切都商品化，连人格、良心、荣誉、人与人的关系都商品化的丑恶现象，以及其他资本主义腐朽思想，有可能在一部分人中泛滥起来；由于阶级斗争仍在我国社会的一定范围内长期存在，并且在某种条件下有可能激化；等等，在新的历史条件下，工人阶级更加需要认真接受共产主义思想体系的教育，抵制和反对资产阶级思想、封建残余思想和其他腐朽思想的侵蚀，把自己锻炼成为一支有理想、有道德、有文化、守纪律的坚强队伍。这就是工人阶级在改造客观世界的同时改造自己主观世界的一个长期而艰巨的任务。这个任务由于近年来职工队伍的大规模更新而更加突出了。我们工人阶级必须完成这个任务，也一定能够完成这个任务。

加强企业职工思想政治工作是发展社会主义经济的重要保证

（六）社会主义政治是社会主义经济发展的重要保证。“政治工作是一切经济工作的生命线。”毛泽东同志这个论断形象地概括了政治工作在经济建设中的重要地位和作用，在现代化建设时期仍然具有普遍的指导意义。职工思想政治工作，主要是指职工的思想政治教育，它是党的政治工作的一个重要组成部分，但不是政治工作的全部。所谓“生命线”的作用，是指思想政治工作的保证作用。在企业，就是保证企业的社会主义性质，保证企业的社会主义方向，保证企业和职工正确地贯彻执行党的路线、方针和政策，严格遵守国家的宪法和法律，坚决执行政府的法规、决定和命令。在此基础上，推动企业生产建设任务的完成和经济效益的提高，促进工人阶级各部分成员思想觉悟、道德情操、智慧才能的多方面发展。

（七）各级党委特别是担负各级经济领导工作的干部必须十分明确：我国社会主义企业，既担负着建设高度的物质文明的任务，又担负着建设高度的社会主义精神文明的任务。这是我们的企业区别于资本主义企业的标志之一。建设现代化的社会主义企业，需要现代科学技术，需要先进的管理制度和管理方法，这是不容置疑的。但是，如果没有强有力的思想政治工作，并通过思想政治工作，把共产主义思想体系贯注于职工队伍之中，就不可能最大限度地激发广大职工的社会主义积极性，因而一切先进的技术、先进的管理制度和管理方法，都不可能在先进的思想基础上充分发挥它们应有的效力，我们的企业也就不可能建设好。

（八）在整个社会主义历史阶段，共产主义思想体系的教育必须同实行马克思主义物质利益原则紧密结合，必须同现阶段坚持按劳分配和其他社会主义原则相结合。只有在共产主义思想体系的指导下，才能使各项社会主义原则和制度得到充分的和正确的实行，才能从认识上和实践上为社会主义制度的不断完善和发展开辟道路。

建国以来曾经有过两种错误的倾向：一种是片面夸大思想政治工作的作用，鼓吹政治可以决定一切、精神万能，否定马克思主义物质利益原则和按劳分配原则；一种是片面强调和夸大物质鼓励的作用，忽视或否定思想政治工作。实践表明，这两种错误倾向，都会严重妨碍社会主义企业的发展，甚至会把企业引向邪路。我们必须随时警惕和坚决克服这两种错误倾向，哪个地方哪种错误倾向严重，就着重纠正哪种错误倾向。

（九）在有领导有步骤地进行经济体制改革的过程中，从领导机关到基层都必须紧紧抓住思想政治教育这个中心环节，使全体职工首先是各级干部正确认识改革的意义、目的和方法，自觉执行党和政府的改革方针和政策。经济体制改革涉及千家万户的利益，涉及如何正确处理国家、地方、部门、企业、个人之间的利益关系。因此，要紧密结合各项改革，加强共产主义思想体系的教育，引导职工发扬工人阶级集体主义精神，把国家利益放在首位，时时处处为人民服务、对消费者负责，坚决克服个人主义和本位主义。只有这样，才能保证经济体制改革沿着社会主义的方向发展，既出物质成果，又出精神成果。

企业职工思想政治工作的内容和方法的改革

（十）企业职工思想政治工作的根本任务，是通过对企业全体职工进行共产主义思想体系的教育，提高他们对本阶级所处的历史地位和历史责任的正确认识，增强他们认识世界和改造世界的能力。进行思想政治教育必须密切联系实际，由浅入深。要有计划地通过爱国主义、集体主义、社会主义、共产主义的教育，使广大职工对社会主义制度的优越性充满信心，对党的领导充满信心，对马克思主义充满信心，对我国由穷变富、必将成为世界第一流的现代化国家充满信心；增强做一名伟大的社会主义中国公民的自豪感，做中国工人阶级光荣一员的自豪感，做现代化建设主力军的自豪感。

（十一）党的十一届三中全会以来，各级党组织和广大干部，认真执行中央关于加强思想政治工作的一系列重要指示，做了大量有益的工作，创造了一些新鲜经验，涌现出了一批做好企业职工思想政治工作的先进集体和优秀思想政治工作者，从而有效地保证了我们党的历史性转变的胜利实现。但是，应当看到，当前企业职工思想政治工作的状况，与我们党所面临的形势和任务还很不适应。不重视思想政治工作的现象，不会做思想政治工作的现象，还普遍存在。特别是思想政治工作在相当一段时间内，是在“以阶级斗争为纲”的错误方针指导下进行的，在教育的内容和方法上不可避免地打上了“左”的烙印。现在我们已经进入了新的历史时期，只有在继承和发扬党的思想政治工作优良传统的同时，继续认真清理过去“左”的错误影响，努力探索新时期职工思想政治工作的规律，改革职工思想政治工作的内容和方法，才能开创企业思想政治工作的新局面。

（十二）当前我国工人阶级队伍正处在新老交替的重要历史时期。三十五岁以下的青年职工约占全国职工总数的三分之二，他们大部分处在生产建设第一线，已经成为生产建设的骨干和主力，现代化工业建设的重担，已经落到了他们的肩上。他们是大有希望的工人阶级新一代，这个基本估计应成为我们党在工人阶级中进行一切工作的基本出发点。各级领导应把对职工群众的思想政治工作的重点放到青年工人方面来，了解他们的心理、思想和感情，熟悉他们的喜怒哀乐，针对他们的特点来确定教育内容和教育方法，使党对工人阶级新一代的思想政治工作大大加强起来。

当前全国女职工总数已超过四千万，比解放初期增加了六十多倍。但是现在女工工作中也出现了许多新情况、新问题。许多企业拒绝接受女职工，或者不重视保护女职工的权益的现象相当突出，必须切实纠正。在思想政治工作中要特别注意女工的特点，维护女工的权益，真正实现男女平等、同工同酬，保护女工的特殊利益，解决好她们的特殊困难，提高她们的思想政治觉悟，向一切歧视、排斥、甚至虐待妇女的恶劣行为进行坚决的斗争。

（十三）企业职工思想政治工作的基本内容，大体上可以分为两个部分：一是比较系统的爱国主义、集体主义、社会主义、共产主义的思想教育；二是日常的思想政治教育。这两部分教育，都应遵循四项基本原则，相互联系，紧密配合。

系统教育，是为了从根本上提高工人阶级的阶级觉悟。为了实现这一要求，在近三年内，各企业应采取脱产轮训的形式，首先组织青年职工学习以下三门课程：(1)《中国近代史》（这门课程应是中国近代史、中国革命史和中国共产党党史的统一），进行热爱祖国、热爱社会主义、热爱共产党的教育；(2)《科学社会主义常识》，进行社会主义制度优越性和社会主义各项原则的教育；(3)《中国工人阶级》，进行中国工人阶级的历史地位、历史责任和优良传统的教育，进行做一个有觉悟的工人阶级成员的教育。

在完成上述三门课程教育的基础上，各企业可根据本单位的实际情况，再组织职工有计划地学习如下课程：《马列主义、毛泽东思想基本知识》；《社会主义民主与社会主义法制》；《共产主义道德》（包括职业道德）；《马克思主义审美观》（审美教育的目的，主要是帮助人们在一切生活领域中善于区别美丑善恶，追求高尚美好的东西，这对于深入开展

“五讲四美三热爱”活动，将起重要的作用）；《中华人民共和国在世界上》；《当代科学技术最新成就》。这些课程应根据职工文化程度和思想理论水平的高低，分别提出不同层次的要求，通过多种形式和渠道分若干年学完。

由中央宣传部、中央书记处研究室、国家经委、教育部、中国社会科学院、全国总工会、共青团中央、中国科协主持编写上述课程的教学大纲。各省、市、自治区有关部门要根据全国的教学大纲，结合当地的具体情况和需要编写教材。每一种教材，都应该有适应不同层次要求的几种版本。全国各地有关社会科学和自然科学工作者、思想政治工作者，都可以参照教学大纲各自编写教材，并且力争有丰富的内容和较高的思想理论水平，供各企业和其他单位择优采用。在全国的教学大纲编成以前，各省、市、自治区党委和中央经济主管部门可自行编写教学大纲和教材。全国总工会也可从现有的教材中，选出若干种最好的，向各地推荐使用。

（十四）正规办学，脱产轮训，应逐步成为对企业职工进行系统的共产主义思想教育的一种主要形式。现在已经有不少企业和行业采取这种形式，得到了显著的效果。企业或企业的上级主管机关，要积极创造条件举办脱产、半脱产或业余的职工政治学校（包括企业培训中心），举办短期脱产的政治轮训班或学习班，分期分批地轮训职工。各经济主管部门，各省、市、自治区要在各级各类学校中，指定一批学校承担对职工政治培训的任务。企业要通过整顿劳动组织，合理地定额定员，从本《纲要（试行）》下达之日起，在几年内逐步做到每个职工每年有不少于半个月的时间脱产参加思想政治轮训。也可以抽出一部分职工，较为长期的（一年、两年或更长一点时间）脱产接受政治和文化、技术的轮训。他们的学习成绩应作为晋级的主要依据之一。

职工的文化教育和技术教育，同职工的思想政治教育要统筹兼顾，不可偏废。青年职工文化程度低于初中的，可以脱产参加政治轮训，也可以先组织他们补习文化，待文化程度达到一定的要求以后再组织他们学政治和理论。

各级各类的职工政治轮训，应采取积极的态度，在准备好教材、教员、教学场所和其他必要教学设备的条件下来进行。进行此项教育所必需的经费、师资及教学设施等，建议由财政部、教育部、劳动人事部等有关部门统筹解决，务必落实。

除脱产轮训外，还应鼓励职工通过业余自学来学完上述课程。近年来兴起的职工业余读书活动，适应面广，吸引力强，效果很好，应大力提倡和推广，使之成为系统教育的一种重要形式。

脱产轮训，系统教育，是我们党对企业职工思想政治教育的一项重大改革。我们要经过若干年的努力，逐步地形成一个较为完备的企业职工共产主义思想教育体系，使广大职工从入厂的第一天起，在不同时期，都能够受到同他们的文化程度和思想水平大体上相适应的爱国主义、集体主义、社会主义、共产主义的教育。对于这样一项在新的历史条件下重新向工人阶级进行科学共产主义教育的战略措施，各级领导务必高度重视，切实抓好。工人阶级只有在取得政权以后，才能在全国范围内和全体规模上使自己能够接受这样的系统教育。广大职工一定要珍惜自己接受这种系统教育的权利，积极努力地参加学习。

（十五）为了切实加强党对职工的思想政治教育，在中央各部委和省、市、自治区一级，地委一级，县委一级，包括相当于上述各级的企业党组织中，设立党的政治思想报告员制度。政治思想报告员，一般是兼职的，由同级党组织任命确有相当的政治水平、思想水平、理论水平和口头表达能力的党员干部来担任，并报上级党委批准。党的政治思想报告员，是党的任务、方针、政策和理论的宣传者，是人民群众的思想向导。报告员在阅读与他们工作有关的文件方面，可以享受同级党委成员的待遇。他们应及时、深入地接触群众和实际，定期（至少每季度一次）到工厂、学校、商店、机关和其他基层单位，直接向群众作报告；或者在企业党委的领导下，组织职工讨论当时需要解决的思想问题和理论问题，然后由他们理论联系实际地作总结报告。他们的工作成绩要记录在案，不能继续胜任的应随时更换。党的政治思想报告员接受他所隶属的党委宣传部领导。

（十六）企业职工日常思想政治教育的基本内容主要是：（1）国内、国际形势教育；（2）党和政府的方针、政策教育；（3）厂规厂纪教育；（4）配合企业完成生产任务、提高经济效益及其他中心工作的宣传动员教育；（5）先进模范人物事迹教育；（6）其他根据职工的思想情况而进行的个别教育。

（十七）班组是企业的细胞，是职工日常教育的重要阵地。班组的思想政治工作加强了，形成了正确的集体舆论，好人好事就会大量涌现，歪风邪气就不容易抬头。目前企业班组工作普遍薄弱，亟需加强指导。要注意充分发挥工会组织在这方面的作用。

要继续培养、提高活跃在生产第一线的群众宣传队伍。工会、共青团可以在职工群众中组织宣传员、辅导员、故事员、书评员等，及时针对群众的思想实际，进行生动有力的宣传活动。

谈心，家访，党团员或干部与群众交知心朋友，开展五好家庭、文明宿舍等活动，是行之有效的日常教育方法，应继续提倡。

（十八）企业职工思想政治教育，要同开展健康、愉快、生动活泼、丰富多采的业余文化体育活动结合起来。

一条新闻、一部电影、一出戏剧、一支歌曲、一本小说，或好或差，往往会产生不可低估的潜移默化的作用。我们应当充分重视文学、艺术、电视、电影、广播、出版、体育等社会教育手段在职工思想政治工作中的重要作用。主管这方面工作的部门，应把如何更好地向工人阶级提供优秀的作品和表演以及其他文化艺术成果的问题，提到重要议事日程上来，切实改进工作，提高质量，迅速改变目前有些作品思想水平和艺术水平很低，甚至粗制滥造的状况。

要努力办好工人报刊，出版好工人读物。

各有关部门、各大型企业，应该逐步创造条件，建立本行业和本企业的博物馆。县以上城镇和大中型企业，都要办好职工俱乐部、文化宫、图书馆、广播站，开辟职工体育场地。工会和共青团要成立球类、田径、体操、游泳、拳术等各种职工业余体育活动组织，成立文学创作、电影评论、名作欣赏、美术、书法、摄影以及无线电、剪裁缝纫、刺绣、烹调、园艺等各种职工业余活动组织，有组织地开展健康的舞蹈、歌咏、音乐、棋艺等娱乐活动，使广大职工在紧张劳动之余，得到高尚趣味的精神享受，养成社会主义的生活方式，并以此来抵制和反对那些不健康的或低级趣味的活动。

（十九）系统教育和日常教育，都必须在有利于生产建设的前提下进行，路子要搞得宽一点、活一点，要努力创造和善于运用各种竞赛的形式来进行教育。共产主义思想体系的理论教育，应同开展各种形式的社会主义劳动竞赛（如争当劳动模范、新长征突击手、三八红旗手的活动）结合起来，同开展“五讲四美三热爱”活动结合起来，同认真贯彻执行职工代表大会制度结合起来。

企业职工思想政治工作必须遵循的原则

（二十）理论联系实际的原则。近几年来，思想政治教育中那种“假大空”的恶习已有了很大的改变，但是回避群众思想上的尖锐问题，不敢接触群众思想实际，空洞说教，照抄照转等弊病仍然存在。这些弊病的存在，大大削弱了思想政治工作的战斗力。今后，无论是系统教育还是日常教育，都必须依据党的方针、政策，紧密联系职工的思想实际。对于职工中带有倾向性的思想问题，不要采取回避态度，不要泛泛地抓，在一段时间内要有重点地抓住一两个问题，认真加以解决。每一项教育，都要力求收到实效，积小胜为大胜。在运用马克思主义基本理论解决思想认识问题时，要注意到各部分人实际接受能力，因人制宜，循序渐进，不搞倾盆大雨和“一刀切”。对文化水平比较高、有较强的阅读和理解能力的职工，要根据他们的特点来确定教育内容和方法。

（二十一）民主的原则。教育者对被教育者应采取平等的态度，不要以势压人，不要板起面孔训人。正象毛泽东同志讲到军队政治工作时所说的：“很多人对于官兵关系、军民关系弄不好，以为是方法不对，我总告诉他们是根本态度（或根本宗旨）问题，这态度就是尊重士兵和尊重人民。从这态度出发，于是有各种的政策、方法、方式。离了这态度，政策、方法、方式也一定是错的，官兵之间、军民之间的关系便决然弄不好。”对待职工内部的思想认识问题和不同见解，只能说服，不能压服。决不允许重复十年内乱中那种把同志当敌人，无限上纲等“左”的做法，要坚决反对一切简单、粗暴的做法。要充分相信群众，善于发动群众自己教育自己。近几年来，一些单位发动群众采取算账、对比的办法，进行经济形势教育，收到了消气、明理、鼓劲的效果；一些单位引导群众摆自己身边的共产主义因素，对坚定职工群众的共产主义信仰起了好作用，等等。这些方法群众之所以乐于接受而又行之有效，原因就在于较好地体现了民主原则。随着实践的发展，社会主义民主作为群众自我教育的原则，必定会出现更多更好的形式，发挥越来越重要的作用。

（二十二）思想政治工作要结合经济工作一道去做的原则。企业职工许多思想问题，是在生产和管理的过程中产生的。在经营作风、指标定额、相互协作、劳动报酬等问题上，经常存在着正确与错误、先进与落后的矛盾，存在着工人阶级集体主义同个人主义、本位主义的矛盾，等等。只有坚持思想领先，正确有效地解决这些矛盾，才能充分调动职工的积极性和创造性，保证经济工作的健康发展，促进经济效益的不断提高。离开这些矛盾，思想政治工作就成了无的放矢，或者隔靴搔痒。当前思想政治工作与经济工作相脱节的现象仍然存在，应继续认真加以克服。思想政治工作干部，都要深入生产第一线，熟悉生产和管理，仔细倾听广大职工的呼声，把爱国主义、集体主义、社会主义、共产主义思想教育渗透到企业的生产、管理、分配、科研、整顿、改革等活动中去。生产管理干部和科学技术干部，也要克服忽视思想政治工作的单纯业务观点，在做好业务工作的同时做好思想政治工作。

（二十三）表扬和批评相结合、以表扬为主的原则。旗帜鲜明地表扬先进，是思想政治工作有战斗力的一个重要标志。思想政治工作者的天职，首先是善于发现工作对象的优点和长处，善于把工作对象身上的消极因素转变为积极因素，而不能仅仅把自己的注意力放在工作对象的缺点和错误上。鉴于目前职工队伍中“好人”主义、明哲保身的错误思想比较普遍，要注意引导职工掌握好批评和自我批评的武器，使正气压倒邪气。

（二十四）提高思想认识同关心、解决职工生活问题相结合的原则。在思想政治工作中，应充分发扬我党关心群众生活的优良传统，做群众的贴心人，把党的温暖送到每一个职工的心坎上。虽然职工生活近几年有了明显的改善，但是他们还有一些实际困难。各个企业也都存在不少有待解决的问题，如切实搞好安全生产，改善和改进伙食、居住、文化学习、体育娱乐等条件，各级党委都应认真研究，采取有效措施加以解决。离开解决这些实际问题去讲思想政治工作，必定软弱无力。对于一时难于解决的困难和问题，应向职工交底，作耐心解释，使他们体谅国家和集体的困难，同时指明前景，给他们以信心和希望。

（二十五）身教同言教相结合，身教重于言教的原则。教育者必须先受教育，虚心向群众学习。要求群众做到的，自己首先做到；要求群众不做的，自己首先不做，言行必须一致。这是我们党的思想政治工作人员的本色。

一切领导干部和思想政治工作人员必须十分明确：当前加强和改进企业职工思想政治工作，最根本的一条是要整顿好党风。党风不正，无论领导说什么、怎么说，工人都不会信服；只有整顿好党风，各级领导干部，共产党员、共青团员，都能以身作则，他们说话工人才愿意听，思想政治工作才有说服力。

认真做好后进向先进转化的工作

（二十六）在工人阶级队伍内部，有一些人处于后进状态，甚至有极少数人已经成为失足者或已经到了失足边缘。这些人在整个工人阶级队伍中所占的比例虽然很小，但是绝对数却不少，影响着社会治安和社会风气的根本好转。我们必须采取正确的方针，经过坚持不懈的努力，把这部分消极因素转化为积极因素。

工人阶级以解放全人类为己任。对于那些被革命浪潮卷进革命队伍内部的非工人阶级分子，包括某些流氓无产者，我们党能够通过革命斗争实践和强有力的思想政治教育，使他们锻炼成为坚强的无产阶级革命战士；建国以后，大批农民、市民、学生参加了工人阶级队伍，我们党也能够通过现代化大生产的实践和强有力的思想政治工作，使他们转化为当之无愧的工人阶级成员。这些都早已为我国工人阶级发展的历史所证明。目前，工人阶级内部有一些人之所以处于后进状态甚至失足，是有特殊历史原因的。只要整个社会都来关心他们，只要主管部门发扬我们党教育人、改造人的优良传统和丰富经验，只要针对每个人思想的症结，真正做到“一把钥匙开一把锁”，绝大多数人经过教育是能够转化为积极力量，以至成为先进分子的。转化一个，就会教育一大片。对此，我们应当有足够的信心。

（二十七）对待犯有这样或那样错误的职工，必须采取“惩前毖后，治病救人”的方针。职工群众，不管是谁，犯了错误，都应根据情节轻重，给以必要的教育、批评、处分直至开除。但在处分前后，应进行深入细致的思想政治教育，启发他们认识自己的错误，帮助他们找出犯错误的根源以及消除这些根源的途径和方法，使他们感到有出路。职工群众有了错误，该批评的不批评，该处分的不处分，这是错误的；一有错误，不调查不研究，不作具体分析，不进行细致的思想政治教育，就轻率地加以训斥、处罚、开除等处理，这样做也是错误的。即便是犯了严重错误的人，只要不是不可救药，就要耐心地教育和挽救，不要采取简单粗暴的态度和方法，不要重复惩办主义的错误，不要滥用行政强制手段，更不要人为地把矛盾激化。

（二十八）要用辩证唯物主义和历史唯物主义的观点看待后进职工。后进者并非一切都落后。有的人在某方面表现差，但在另一方面表现较好；有的人在本单位表现不那么好，但往往在社会上做了一些好事；有的人现在表现不好，但过去曾有过一段较好的表现。我们应当有分析地看待他们，实事求是地肯定他们的优点和长处，真正深入了解他们的内心世界，关心他们，亲近他们，善于引导他们发挥自己的积极因素，克服消极因素，求得进步。在他们有了进步以后，更不应另眼看待，而应充分信任他们，鼓励他们继续前进。

对失足青年，不应歧视和孤立他们。他们由于心灵上受过严重创伤，精神受到许多污染，思想感情上与周围的人们往往处于一种对立的状态。他们特别需要得到领导和周围同志的关心、温暖和信任。因此，各级领导干部，共产党员，共青团员，有觉悟的职工，都要主动热情地接近他们，和他们交朋友，向他们伸出阶级友爱之手，动之以情，晓之以理，把党的温暖送到他们心上，这是做好思想转化工作的一个重要条件。在此基础上，向他们灌输革命道理、进行法制教育，启发他们的自尊心和上进心，使他们逐步地走上正路。

（二十九）做好后进向先进转化的工作，必须综合治理。企业（特别是后进职工所在的车间和班组）、家庭、街道、公安等各方面，要密切配合，步调一致，前后一贯，坚持到底，避免互相脱节，彼此抵销。只有这样，才能增强教育、转化的效果。

建设一支革命化、年轻化、知识化、专业化的企业思想政治工作干部队伍

（三十）目前全国工交、财贸、基建系统的思想政治工作干部约有一百多万人。从总体上来说，这是一支经过考验、值得信赖、大有前途的队伍。但是，由于种种原因，这支队伍在许多方面还远远不能适应新形势、新任务的需要。主要是年龄偏大，文化水平偏低（约有三分之二的干部文化程度在初中或初中以下），思想政治工作必须具备的专业知识不够。为了加强党在企业职工中的思想政治工作，必须在思想政治工作干部队伍建设方面实行必要的改革，逐步实现革命化、年轻化、知识化和专业化的要求。

（三十一）对现有的思想政治工作干部，要着眼于培养提高，同时要结合当前的机构改革和企业整顿，进行必要的调整和充实。对一部分年老体弱、文化水平偏低，难以继续胜任思想政治工作的老同志，要根据有关规定，安排离休、退休或退居二线。对一部分思想作风有严重毛病或者业务能力很低、不适合做思想政治工作的，要动员他们回到生产岗位上去或改做其他工作。对那些在“文化大革命”中跟随林彪、江青一伙造反起家的人，帮派思想严重的人和打砸抢分子，要彻底清理；对反对党的十一届三中全会以来中央路线的人，以及在经济领域内和其他方面严重违法乱纪的人，要严肃处理，并调离思想政治工作岗位。近年来职工人数增加较多，思想政治工作任务繁重，再加上思想政治工作干部队伍力量薄弱、后继乏人的现象比较突出，应适当充实思想政治工作干部队伍的力量。要把那些年富力强、适合做思想政治工作、有创新精神的干部，选拔到各级思想政治工作领导岗位上来。今后要从大学毕业生和研究生中挑选一批合乎条件的人，充实各级思想政治工作机构。基层思想政治工作干部（例如脱产的党支部书记），除国家分配的以外，主要从具有高中或相当于高中文化水平的优秀生产工人和干部中选拔。企业思想政治工作干部的录用，要经过严格的考核。

（三十二）为了提高广大思想政治工作干部的政治素质和业务能力，在抓紧思想政治教育的同时，必须有计划地加强对他们的专业训练。

省、地、市、县，中央各经济部门及其所属的局、公司，大型骨干企业，要分级举办正规化的政治干部学校，培养中、初级思想政治工作人员。在此以前，要本着分级负责的原则，分期分批选送思想政治工作干部到党校、团校、工会和妇联的干部学校以及其他干部教育机构进行培训，着重学习与思想政治工作有密切关系的基础知识和专业知识。在三至五年内，要把所有的思想政治工作干部轮训一遍。

中央和地方要筹办以培养思想政治工作的领导干部为目标的政治院校。现有的全国综合性大学、文科院校，各部、委、总局所属的大专院校，有条件的都要增设政治工作专业或政治工作干部进修班，地方、部门和大企业可选送优秀职工，经过考试入学，教学所需经费由原单位负担，毕业后回原单位工作。此事由中央宣传部、国家经委会同国家计委、教育部，作出实施的规划。

要在中央宣传部、中央组织部和省、市、自治区党委宣传部、组织部的指导下，由中央和地方的教育部门负责，办好以培训思想政治工作干部为主要对象的电视大学、函授大学、夜大学。要鼓励广大思想政治工作干部通过在职学习或其他自修形式，在若干年内完成大专文化和思想政治工作专业的训练。

今后，无论通过何种途径、何种学校完成专业训练，在学习结束后，都应进行正规的考试。考试合格的，发给文凭，承认其相当于中专、大专、大学本科或研究生院毕业的学历，并把它作为使用和提拔的一项依据。

要经过若干年的努力，在全国形成一个初级、中级和高级的政治工作干部的教育训练体系，在全体政治工作干部中造成一个人人奋发学习、刻苦钻研的好风气，努力造就一大批思想政治工作能手，一大批精通思想政治工作的专家。

（三十三）思想政治工作是科学性、政治性、政策性很强的工作，思想政治工作干部是专业干部。建议中央组织部和劳动人事部尽快制定企业思想政治工作干部的职称和评定的办法。在此以前，应采取适当的办法，在工资、住房、解决夫妻两地分居以及其他生活待遇方面，使从事思想政治工作的干部与从事工程技术、行政管理的干部享有同等的权利。

（三十四）向工人阶级传播科学共产主义思想，是一项崇高而艰巨的事业。广大思想政治工作干部，特别是基层思想政治工作干部，他们的辛勤劳动和创造性工作，对于提高工人阶级的思想觉悟、道德品质和认识水平，从而推动我们社会的进步，促进我国物质财富和精神财富的增长，作出了重要贡献。他们同教师、作家和艺术家一样，都应该成为“人类灵魂的工程师”。我们一定要在全社会范围内，造成一种尊重和爱护思想政治工作干部的良好社会风尚。一切思想政治工作干部，一定要树立坚强的革命事业心，立志把做好思想政治工作当作自己的光荣职责而奋斗不息。

加强党对企业职工思想政治工作的领导

（三十五）党对本阶级成员的思想政治工作，是党的头等重要的工作。党的各级组织，都应当把思想政治工作放在重要地位，切实加强领导。

毛泽东同志曾经指出：“各地党委的第一书记应该亲自出马来抓思想问题。”我们应继续发扬我党这一优良传统。今后在县及县以上各级党委中，应有一名书记或副书记专管或分管思想政治工作。企业党组织的组织、宣传、纪律检查工作和工会的负责人，一般应由党委成员担任，这些负责人不是党委成员的，可列席党委会议。共青团书记，按党章规定办。

不论采取何种领导体制和组织形式，必要的职工思想政治工作机构只能加强，不能削弱，更不能取消。

（三十六）职工群众有着广泛的社会交往和社会联系，影响职工思想的渠道和因素是多方面的、复杂的，并且许多因素交互起作用。职工思想政治教育就其过程来说，必然涉及多方面，不应局限于企业内部。企业党组织在组织、协调企业内部（党、政、工、团）

力量的同时，要积极主动争取企业外部（家庭，学校，社会团体，经济、教育、文化、政法机关等）力量，共同作好企业职工思想政治教育工作。

企业党组织认真实行党政分工，是加强和改善对职工思想政治工作领导的关键。企业党组织的负责同志，特别是党委书记，应切实改变党政不分、包揽行政事务的状况，把主要精力和时间集中到抓好党的建设，抓好党和国家各项方针政策的贯彻执行，抓好企业职工思想政治工作上来。

（三十七）要充分发挥党支部的战斗堡垒作用。党支部是职工日常教育的组织者，首先要抓好党员教育，发挥党员的先锋模范作用；要及时掌握本单位职工的思想动态，通过深入细致的个别教育，帮助职工解除各种精神负担。共产党员，共青团员，生产班组长，工会小组长，职工代表大会代表，优秀老工人等，他们与群众有着天然的密切联系，党支部应把他们组织起来，大家动手，共同做好思想教育工作。

（三十八）领导机关要切实改进领导作风和领导方法，深入基层调查研究，善于运用典型示范来指导基层思想政治工作。在教育的内容、方法、时间的安排上，上级机关应给基层单位一定的机动权，以便基层单位能够充分发挥其主动性和创造精神。

（三十九）有关党组织要动员和组织社会科学工作者参与职工思想政治工作，充分发挥社会科学在职工思想政治工作中的作用。要组织社会科学工作者，围绕职工系统教育和日常教育的有关课题，开展理论联系实际的研究，并且把研究成果写成通俗易懂的著作。社会科学工作者还应当深入到工人群众中去，和基层思想政治工作者一道，调查工人阶级的思想政治状况，运用马克思主义的立场、观点和方法，吸收现代心理学、教育学、社会学中的科学成果，对职工的思想、行为发展变化的规律和其他有关问题展开研究，提出有科学根据的完善职工思想政治工作的建议。各级党委特别是企业党委，要为他们的调查和研究创造方便条件。

（四十）本《纲要（试行）》的基本精神、基本原则和基本方法，适用于国营企业事业单位。集体所有制的企业事业单位，可以参照本《纲要（试行）》中适合自己情况的内容，加强和改进本单位的职工思想政治工作。

附录 2

中央宣传部、国家经委、全国总工会
关于印发《全国企业思想教育工作座谈会纪要》的通知

（中宣发文〔1986〕3 号　1986 年 1 月 25 日）

各省、自治区、直辖市党委宣传部、经济（企业）工作部（或经委政治部）、总工会，国务院有关部委，总政宣传部，中央宣传系统各单位党委、党组：

现将《全国企业思想教育工作座谈会纪要》印发给你们，请结合各地、各部门的实际情况参照执行。

企业的形势、政策教育，争取党风和社会风气根本好转的教育，一定要认真贯彻执行党的全国代表会议的精神，认真贯彻执行胡耀邦等中央领导同志在中央机关干部大会和国务院全体会议上讲话的精神，要同经济体制改革，同经济生活中各种实际问题的解决密切结合起来。当前，特别要同物价改革和企业工资改革的实际密切结合起来。各级党政领导同志，应该象前一段抓高等学校中的思想工作那样，深入到职工群众中去，和群众座谈、谈心，听取群众的意见，宣传解释工资改革等工作的目的、意义和方针政策，引导职工顾全大局，克服互相攀比的思想，保证改革工作的顺利进行。要引导职工发扬愚公精神，在第七个五年计划的头一年中，为推动企业改革与两个文明建设的发展努力作出贡献。

在进行形势政策教育中有些什么新的情况，望及时告诉我们。

全国企业思想教育工作座谈会纪要

经中央书记处批准，中宣部、国家经委和全国总工会于1985年11月18日至25日在湖北省十堰市第二汽车制造厂联合召开了全国企业思想教育工作座谈会。会议的主要议题是，深入贯彻党的全国代表会议和中发〔1985〕19号文件的精神，讨论研究在企业职工特别是各级干部中如何加强形势、政策教育和理想、纪律教育，加强和改进企业思想政治工作，以争取党风、社会风气的根本好转，保证经济改革和经济建设顺利进行的问题。参加会议的有各省、自治区、直辖市党委宣传部、经济工作部（或经委政治部）、总工会的负责同志，国务院有关部委政工部门的负责同志，以及部分大中城市和部分企业党委的负责同志二百多人。

中央书记处书记邓力群同志到会并作了重要讲话。中宣部、国家经委、全国总工会的领导同志作了讲话。会上交流了一批典型单位的经验。

一

会议学习了党的全国代表会议的有关文件，认为党的十一届三中全会以来，党中央坚持以四项基本原则为基础，制定、丰富和发展各项对内对外政策，使我们的各项工作取得了巨大的成绩。安定团结的政治局面日益巩固，国民经济持续、稳定、协调地发展，人民的生活有了很大改善，我们已开始找到了一条建设有中国特色的社会主义的路子。会议认为，“十一届三中全会以来的近七年，是建国以来最好的、关键性的时期之一。”这个结论是完全符合实际的，是对当前形势的科学概括。这是全党全军全国各族人民包括从事思想政治工作的同志共同努力的结果。

会议指出，当前工交、财贸系统广大职工的思想是稳定的、积极的、向上的。但是，也有一部分企业干部和工人，在对当前形势、政策以及党风和社会风气等问题上，存在着一些模糊认识。会议强调，在全国工交、财贸系统职工特别是各级干部中，进行广泛、深入的形势、政策教育，并把它作为统一思想、统一意志、坚定信念、鼓舞斗志的一件大事来抓，是十分必要的。

进行形势、政策教育，目的是要把人们的认识统一到党的全国代表会议精神上来，充分认识当前的大好形势，正确理解和执行党的改革政策，正确看待前进过程中出现的一些问题，进一步巩固和发展安定团结的政治局面，同心同德，振奋精神，为推动改革，实现“七五”计划，加强两个文明的建设，团结奋斗，再展宏图。

与会同志认为，邓小平同志关于“在坚持四项基本原则的基础上，集中力量发展社会生产力”和我们党的各项“政策的基础，就是四项基本原则”这两段重要讲话，科学地阐明了四项基本原则同党的现行政策的关系，既反对了“左”的错误，又反对了资产阶级自由化，充分地体现了党的十一届三中全会以来各项工作的指导思想，是我们学习、理解和掌握党代表会议精神的一把钥匙，也是我们搞好形势、政策教育、统一人们思想认识的一把钥匙。抓住这个要点进行形势、政策教育，就可以提纲挈领，高屋建瓴，融会贯通。

与会同志还就如何进行形势、政策教育的问题交换了意见，认为：

（一）当前首先要抓好企业各级干部、特别是领导干部的学习讨论。大中型企业科室、车间以上干部、特别是厂级领导干部，要分批采取小集中的办法脱产或半脱产学习，学习时间由各地自定。学习内容包括：各位中央常委在党代表会议上的讲话，《中共中央关于制定国民经济和社会发展第七个五年计划的建议》，同时还应重新学习十二届三中全会《决定》，学习胡耀邦同志在中央党校所作的《谈谈形势、理想、纪律和作风》以及其他重要讲话。要把这一学习同马克思主义基本理论学习结合起来，敞开思想，深入讨论，真正从思想上搞清楚坚持四项基本原则同执行改革、开放、搞活政策的关系，学会运用辩证唯物主义的观点和方法来观察形势、理解政策。在搞好干部学习的同时，要有计划有准备地对职工群众进行形势、政策教育。

（二）形势、政策教育要同经济体制改革、同经济生活中各种实际问题的解决密切结合起来，不同时候应有不同的侧重点。当前特别要注意同企业工资改革和物价改革结合起来。工资改革是关系到企业职工切身利益的大事，要认真重视，不能掉以轻心。要使广大职工了解国家经济形势，了解这次工资改革的目的、意义和具体政策，树立全局观念，克服相互攀比的思想，使这次企业工资改革，真正有利于调动职工的积极性。

（三）要认真搞好调查研究，了解人们最关心、最敏感、有误解、有疑虑的问题，做到心中有数，使教育既有系统性，又有针对性。各级领导干部要像前一时期抓学生的思想工作那样，到基层去，同职工群众座谈、谈心．这本身就是改进领导作风、密切联系群众的一项重要措施；同时要组织、训练专业和群众相结合的宣讲队伍到群众中去宣讲，力求有说服力地回答人们提出的各种问题。

（四）要坚持实事求是。既要充分肯定成绩，使职工看到当前的大好形势，坚定继续前进的信心和决心，也不回避问题，同时要分析问题产生的原因，帮助人们认清主流与支流、现象与本质、局部与全局、个人利益与集体利益、眼前利益与长远利益的关系。

（五）在职工中组织学习、宣讲的基础上，也可有准备地开展讨论，结合算企业发展和生活改善帐，做社会调查，进行十一届三中全会以来的回顾总结，让群众自己现身说法，引导群众用自己的生活实践教育自己。

（六）要把形势、政策教育和“四有”（有理想、有道德、有文化、有纪律）教育结合起来，把“四有”教育贯穿在形势、政策教育的全过程，引导职工从根本上提高思想觉悟和精神境界，正确对待形势发展和政策执行中的各种问题。

（七）要切实关心群众生活，帮助职工解决必须解决而又可能解决的一些实际困难。对于一时不能解决的问题，要向群众做好耐心细致的解释工作。同时也要防止因为领导上的官僚主义而诱发或激化一些可以解决的矛盾。总之，要通过教育，使干部和群众认清形势、明确政策、看到大局，把企业的改革和生产建设等各项工作切实做好。

二

会议认为，当前在企业中加强理想纪律教育和争取党风、社会风气根本好转的教育，关键是要加强企业领导班子的思想作风建设。

与会同志指出，工交、财贸战线是社会整体的一个重要组成部分，对于实现党风和社会风气的根本好转负有重大责任。十二大提出的争取五年内实现党风和社会风气的根本好转，现在剩下不到两年了，工交、财贸系统的各级党组织应当有一种紧迫感。工人阶级是国家的领导阶级，在工交、财贸系统的广大干部、党员和职工中首先形成优良的党风和良好的厂风、路风、店风，这对于促进整个社会风气的根本好转，必将产生巨大的作用和影响。

与会同志指出，工交、财贸系统中确有一批领导班子有理想、守纪律、党性强、党风正的优秀企业。他们能够正确用权，把国家和人民的利益放在第一位，不以权谋私，处处以身作则。这样的领导班子，办事就有威望，讲话就有人听，对职工的理想纪律教育搞得很有成效。要大唱“正气歌”，大力表彰、宣传这样的优秀企业。与此同时，要结合有关部门处理一些违法乱纪的典型案例，进行对比教育，以起到扶正祛邪的作用。

会议认为，加强企业领导班子的思想作风建设，要认真抓好党性、党风、党纪教育。所有企业的党组织，无论是整过党的，正在整党的，还是尚未开始整党的，都要把这项教育搞好，把思想作风整顿好。在当前新的历史时期，如何做到既要开放、搞活，又要把人们的精神状态和作风、纪律搞好，作为企业领导班子和党员干部，应当注意解决好以下几个问题：

（一）要坚持改革的社会主义方向，树立正确的生产经营思想和企业经营目标，正确使用国家赋予企业的自主权。要把企业的自主权用在搞活企业、提高经济效益上，用在为消费者（用户）服务、为国家多作贡献上，而不能滥用职权，搞歪门邪道，以权谋私。

（二）要正确对待国家。在生产经营和利润分配上，要坚持国家、企业、职工三者利益兼顾的原则，要有全局观念、政策观念、法制观念，绝不做违法乱纪的事。厂长首先应当是国家利益的代表，坚持把国家利益放在第一位。微观搞活要在宏观控制下进行。

（三）要正确对待个人物质利益。承认和照顾企业经营者适当的利益是必要的，但作为党员干部仍要发扬“吃苦在前，享受在后”的精神。在目前条件下，领导干部在工资、奖金、福利等方面与职工群众的差距不可过大，以免造成干群关系紧张。企业领导干部晋级、调资要经过职代会讨论同意，主管部门审批。乱发补贴、实物、小“红包”等做法，要切实纠正，该清退的要清退。

（四）要正确对待群众。企业领导干部要尊重职工的民主权利，发挥职代会的作用，接受工会组织和职工代表的监督，建立职工评议干部的制度。对违章违纪的职工要在耐心教育的基础上给予适当的处分，不能“不教而罚”，甚至乱扣乱罚。遇有发生少数工人停工、怠工等行为，要弄清情况，说服疏导，不能简单粗暴，激化矛盾。同时，领导者要从中接受教训，克服官僚主义，改进工作。

（五）要正确对待自己。刚走上领导岗位的同志尤应注意加强马克思主义基本理论学习，谦虚谨慎，戒骄戒躁，实事求是，艰苦奋斗。要增进新老同志之间的团结，增进厂长与党委书记之间的团结，理顺党、政、工三者的关系，健全党的组织生活，开展批评与自我批评。对于以权谋私、假公济私、违法乱纪的干部，要及时严肃查处。企业主管部门要把企业领导班子思想作风建设、争取党风根本好转作为自己的重要职责，抓紧抓好。

与会同志认为，只要各个企业以端正党风为目标，切实加强领导班子的思想作风建设，处处发挥领导干部的表率作用，并认真实现理想、道德、纪律教育在全体职工特别是青年职工中的普及，就一定能用好的党风带出好的厂风、店风、路风、队风，进而促进社会风气的根本好转。

三

会议还就加强和改进企业思想政治工作问题进行了讨论。与会同志指出，当前不仅是经济、政治形势越来越好，思想政治工作的形势也是越来越好。这几年来，企业党的思想政治工作是有很大成绩的。特别是中央下发了《国营企业职工思想政治工作纲要〈试行〉》以后，各地在发扬党的优良传统的基础上，创造了不少新鲜经验。但是，当前企业思想政治工作中也存在不少问题，例如，有些企业的领导对精神文明建设没有重视，存在着“埋头经济工作，忽视思想工作”的倾向；思想政治工作和经济工作“两张皮”的问题在一些企业内仍然存在；有些企业和主管部门在改革中不恰当地砍掉或合并、紧缩政工机构，使思想政治工作受到削弱等等，这些问题都要认真解决。根据已有的经验，与会同志认为，加强和改进企业的思想政治工作，要注意以下几点：

一是要坚持“两个文明一起抓，两个任务一起下，两副重担一起挑，两个成果一起要”，把思想政治工作和经济改革、经济建设密切结合起来，使思想政治工作更好地为实现党的总任务、总目标服务，为两个文明建设服务。

二是要大力开展自建和共建各种文明单位的活动，这是加强企业思想政治工作，把两个文明的建设落实到基层的基本形式，要切实抓紧抓好。

三是要把发现和表扬各种先进典型，组织先进人物演讲报告和学习先进的活动，当作一件大事来抓，广泛开展“向英雄模范学习，为振兴中华立功”的活动。

四是要坚持办好以脱产轮训为主要形式、以业余培训和个人自学为辅助形式的职工政治学校，加强马克思主义基本理论的学习和共产主义思想体系的系统教育，并且与已经广泛开展的“振兴中华”读书活动和自学成才活动密切结合起来，这是从根本上提高干部和职工思想觉悟的有效方法。

五是要寓教育于各种活动之中。如开展各种健康、丰富多彩的文体活动，组织各种兴趣小组等等。这是从不同对象、不同层次、不同爱好的人们的实际出发，潜移默化，陶冶情操，进行经常性的思想政治工作的好方法，群众喜闻乐见，有吸引力。

六是不仅要搞好各项政策的宣传教育，而且要关心、研究政策的贯彻落实，特别是关系到职工切身经济利益和民主权利的政策的贯彻落实，把加强思想政治工作和解决实际问题结合起来，以充分调动企业各类人员的积极性、创造性。

七是党政分工以后，企业党委和党委主要负责人，应以主要精力抓好党的思想政治工作，厂长和其他行政领导干部，也要坚持思想领先，做好思想政治工作。在党委统一领导下，党政工团要围绕中心，密切协作，发挥特色，做好工作。

八是要逐步建立一支群众性的思想政治工作队伍，并把专业队伍和群众队伍很好结合起来。目前有些企业通过职工思想政治工作研究会，一些地方和企业采取职工学习辅导员、宣讲员、工人理论组等形式组织思想政治工作骨干队伍，以及建立报告员、宣传员制度，都收到很好的效果。

会议认为，以上这些以及其他一些行之有效的经验，各地都应认真总结，加以推广，并在实践中创造更多更好的经验，把企业思想政治工作做得更深、更细、更活，在推动企业改革和两个文明建设中发挥更大的作用。

附录3

中华全国总工会、国家经济委员会关于加强工业企业班组建设的意见

（工总生字〔1986〕31号　1986年12月3日）

各省、自治区、直辖市总工会、经委，国务院各有关部委、各全国产业工会，计划单列城市总工会、经委：

现将《关于加强工业企业班组建设的意见》发给你们。这个文件，集中地反映了全国班组工作会议的精神，是当前加强班组建设的指导性文件，希望你们结合本地区的具体情

况认真贯彻落实。

关于加强工业企业班组建设的意见

一九八六年十二月三日

我国工业企业经过全面整顿和初步改革，开始有了活力，逐步走上发展社会主义商品经济的轨道。班组建设也有了加强和发展，在“两个文明”建设中起到了重要作用。但是，从总的情况看，企业管理，特别是班组工作仍然是薄弱环节，这也是影响企业提高产品质量、降低物质消耗、增加经济效益的一个重要原因。为了适应改革深入发展的要求，全面提高企业素质，增强企业活力，促进企业升级，全面完成“七五”计划，必须切实加强工业企业的班组建设。

一　进一步提高加强班组建设的认识

班组是企业组织生产经营活动的基本单位，是“两个文明”建设的第一线，是企业活力的源头。只有把班组工作抓好，企业才能稳步发展；只有班组充满生机，企业才会有活力和后劲，才能发掘出蕴藏在广大职工群众中的积极性、智慧和创造力，在国内、国际市场的激烈竞争中才能立于不败之地。

加强班组建设，是我国经济发展的战略要求，是改革顺利进行，经济稳步发展的重要保证。加强劳动纪律，培养良好的职业道德，推进技术进步和管理现代化，都要靠班组来实现。因此，各级领导必须充分认识加强班组建设的重要性和必要性，增强加强班组建设的紧迫感，努力把班组建设提高到一个新的水平，创建具有中国特色的社会主义企业管理的新路子。

二　对新时期班组建设的基本要求

新时期对班组建设的基本要求是，班组不仅要组织好生产劳动，而且要懂技术、会管理，认真执行职业道德规范，能从事一定的技术革新和技术开发，以及一定范围的经营活动。非生产性企业的班组，要着重摸索服务工作的规律，学会一套优质服务的本领。逐步使班组由“单纯生产型”转变为“生产、管理结合型”，由“体力劳动型”转变为“智力、体力结合型”，以适应改革要求，建设“四有”队伍，做到高效、优质、低耗、安全和文明生产。

三　围绕企业升级加强班组管理

企业应根据“抓管理、上等级、全面提高素质”的要求，紧紧围绕提高产品质量、降低物质消耗和增加经济效益，加强班组的各项管理工作。着重搞好班组质量管理，班组经济核算，强化经济责任制。严格执行各项标准，加强定额和计量管理；严格执行工艺纪律和技术操作规程；自觉遵守劳动纪律，严格执行规章制度；认真做好原始记录、凭证、台帐、报表和信息反馈工作。从实际出发，积极推行现代化管理方法和手段，把学、用、改、创结合起来，不断提高班组管理水平。切实做到质量逐年提高，消耗逐年下降，效益逐年增长。

四　广泛开展班组竞赛活动

为提高班组建设水平，不断扩大先进班组队伍，确保企业升级，各企业要广泛开展以提高产品质量、降低物质消耗为主要内容的创“三组”和多种多样的班组竞赛活动。竞赛目标要同企业升级目标一致起来，通过竞赛，使班组的生产技术和管理水平，符合企业的等级要求。有条件的地方和产业也可以制订统一的班组竞赛条件、等级标准、升级考核和奖励办法。无论采取何种竞赛形式，都要强调“两个文明”建设一起抓。评选先进班组工作，全国大体上二至三年进行一次。对先进班组的评选要坚持高标准、严要求、不照顾、不凑数，要考虑时代特点，要真正有代表性。被评上的也不搞“终身制”，达不到条件要求，不起模范带头作用了，就不要再评为先进班组。

五　加强班组的思想政治工作

班组的思想政治工作，是企业精神文明建设的重要内容，也是群众性的自我教育工作。企业要以理想教育、职业道德教育、社会主义民主和法制教育、纪律教育等为基本内容，认真组织职工学习党的方针和政策，结合职工的思想实际，依靠班组骨干做好一人一事的思想政治工作。破除旧观念，树立新观念，把职工对建设具有中国特色的社会主义和共产主义远大理想的追求，引导到“爱国家、爱企业、爱本职工作”上来，要充分发挥班组中党员、团员和先进分子的先锋模范作用，组织职工学文化、学技术、学管理，使班组成为具有高度主人翁责任感、良好的职业道德、严格的劳动纪律、技艺高超、团结协作的劳动集体。加强班组思想政治工作，要坚持疏导和说服教育为主的方针，要同培养、开发和发展每一个职工的才智相结合；要把思想政治工作同关心职工生活，解决实际困难相结合，并渗透到生产、经营、管理、技术等各项工作中去，创造民主、团结、互助、和谐的良好环境。

六　抓好班组长的选拔和培训

提高班组建设水平，关键是选拔和培养具有一定文化程度（初中以上）、年纪较轻、责任心强、技术熟练、会管理、能团结人的班组长。特别是厂长、车间主任和企业的工会组织，要重视和加强对班组长的选拔和培训工作。班组长可以由行政指定，也可以民主选举。无论采取何种方式，都必须坚持群众路线，把群众拥护的人选拔出来。并且还要注意从优秀班组长中培养选拔企业基层干部。要制定培训规划，通过各种形式对班组长进行系统的班组工作基本知识教育，尽快把他们培养成为合格的、优秀的班组活动的组织者。要创造条件，逐步实行班组长职前培训教育制度。经培训不合格的，就不能担任班组长。对已培训过的班组长，要经常组织知识更新的短期培训，不断提高他们的素质。工会小组长、党团小组长以及工管员等班组的骨干，都应纳入培训计划。

班组长和班组骨干在培训期间，工资、奖金和生活福利待遇不变。

七　明确班组长的责任和权限

班组长的责任是：按照企业经营目标的要求，根据车间主任的指令，做好本班组的生产、经营和管理的组织工作，确保完成各项生产技术指标和工作任务。

班组长有以下权限：

1. 有权组织指挥和管理本班组的生产经营活动；
2. 有权根据生产经营活动的需要调整本班组的劳动组织；
3. 有权根据本厂的规章制度制定班组工作的实施细则；
4. 有权拒绝违章指挥和制止违章作业；
5. 有权向上级提出对本班组职工的奖惩建议；
6. 有权按照企业内部经济责任制的规定，对本班组的奖金进行分配；
7. 有权推荐本班组优秀职工学习深造、提拔和晋级；
8. 有权维护班组职工的合法权益。

对认真履行上述责任和权限的班组长，企业领导应予支持、鼓励，并酌情予以物质奖励。

八　健全班组民主管理制度

班组实行班组长责任制同班组民主管理相结合的制度，把班组的行政管理同民主管理、专业管理、群众管理紧密结合起来，发挥每个职工当家作主、民主管理的作用。

班组民主管理的基本组织形式是班组民主会。其目的是发挥群体作用，保证完成各项任务。班组民主会可按月由工会小组长和职工代表组织召开。会议的内容是：贯彻和落实职工代表大会决议；讨论审议班组作业计划、承包方案和生产技术、管理、安全等措施；讨论通过本班组贯彻本厂规章制度的实施细则、经济责任制方案和分配以及关系职工切身利益的问题；通过对本班组职工奖惩建议；评议企业各级领导干部。

九　充分发挥工会小组在班组建设中的作用

工会小组工作是班组建设的重要组成部分。加强班组建设是班组长和工会小组长的共同任务。工会小组在班组建设中要积极发挥作用，参与制定班组升级规划；组织开展合理化建议、技术革新和劳动竞赛；树立先进榜样，推广先进经验；组织开好班组民主会，搞好班组民主管理工作；做好班组思想政治工作以及搞好安全生产的监督检查工作和生活互助工作等。

十　企业要加强班组建设的领导

班组建设，是企业综合性的基础建设，既涉及行政各业务部门，又涉及党群组织，党政工团应分工负责，通力合作，共同抓好班组建设工作。具体工作由谁主管，企业可根据自己的具体情况而定，不搞一刀切。无论由谁主管，厂长都要重视，都要按照厂长负责制的要求，切实加强班组建设工作。为了做到统一思想、统一规划、统一部署、统一行动，企业可定期召开有党政工团和有关业务部门负责人参加的班组工作会议，沟通情况，研究解决班组建设中遇到的问题，作出决定，分头执行。要注意总结经验，抓好典型，加强班组建设的理论研究，重视在生产第一线发展党团员。

本《意见》，其它行业、企业、事业单位亦可参照执行。

附录 4

中共中央关于加强和改进企业思想政治工作的通知

（1988 年 9 月 30 日）

一　加强和改进企业思想政治工作是现代化建设和改革开放顺利进行的重要保证

（一）我国人民正在按照党在社会主义初级阶段的基本路线，以经济建设为中心，坚持四项基本原则，坚持改革开放，建设有中国特色的社会主义。推进这一宏伟而艰巨的事业，全党必须高度重视和大力加强思想政治工作，这是一个长期的战略方针。用实现四化、振兴中华的精神支柱，去凝聚全民族的力量，激发全体人民的劳动热情，改革开拓，艰苦创业，为建设富强、民主、文明的社会主义现代化国家而奋斗，是时化赋予全党的重大使命，也是思想政治工作的崇高任务。

十三届三中全会确定了治理经济环境、整顿经济秩序、全面深化改革的指导方针，要求把明后两年改革和建设的重点，突出地放到治理经济环境、整顿经济秩序上来。要完成全面深化改革关键时期的各项艰巨任务，必须充分发挥我们党的政治优势，统一思想，统一行动。党的每一个基层组织都应该成为坚强的战斗堡垒，每一个共产党员都必须在群众中起先锋模范作用。要用生动的强有力的思想政治工作，动员和团结全国人民，振奋精神，顾全大局，克服困难，夺取全面深化改革和现代化建设的胜利。

（二）企业思想政治工作是企业现代化管理不可缺少的重要组成部分，是实现企业各项任务的重要保证。经济振兴的基础在于企业进步，企业的进步取决于技术进步、管理完善和职工素质的提高，而职工素质的提高又同职工的精神状态、教育培训密切相关，企业思想政治工作对此负有重要的任务。目前，我国许多企业产品质量和经济效益不高，职工的劳动积极性未能充分发挥，除了企业新的机制没有完全形成，社会的改革措施还不配套，企业技术和管理落后等原因外，企业思想政治工作薄弱也是一个重要原因。这就迫切需要大力加强企业的思想政治工作。那种认为思想政治工作万能的观点固然是不对的，但认为在发展商品经济条件下思想政治工作已经过时、可有可无的观点更是错误的。

（三）要加强思想政治工作，必须改进思想政治工作。思想政治工作历来是革命和建设不断取得胜利的重要保证，无论在革命战争年代还是社会主义建设时期，都发挥过极其重要的作用。但在“左”的指导思想影响下，思想政治工作也出现了一些弊端，十一届三中全会以后虽进行了纠正，总的看，这些弊端还没有完全消除。与此同时，又出现了相当普遍的软弱涣散、不敢严格要求的现象。在许多企业中，思想政治工作与生产经营“两张皮”的状况仍然存在，思想政治工作从内容到方式方法，都与新的形势和任务的要求不相适应，缺乏应有的凝聚力和吸引力。这种状况不改变，思想政治工作就无法担负起它的历史重任。

现在，我们国家正处在一个全面而深刻的伟大变革时期。思想政治工作面临着空前严峻的挑战：全党中心任务的历史性转变，要求思想政治工作必须更加自觉更有成效地服从、服务于社会主义现代化建设；产品经济向社会主义商品经济的转变，要求思想政治工作必须树立一些新观念：企业领导体制从党委“一元化”领导向厂长全面负责转变，要求思想政治工作必须建立新的体制和工作秩序；社会主义民主政治建设的推进和职工队伍结构的变化，要求思想政治工作必须注入新的内容，采取群众乐于接受的方式方法；各种思想文化的交汇，要求思想政治工作既积极吸收有益成果，又注意抵制错误思想；现代大众传播工具的日益普及，要求思想政治工作要善于运用这些手段。目前的思想政治工作远远不适应这些要求，必须大力改进。思想政治工作的“改进”、“改造”、“改革”，目的都是为了更有力、更有效地得到加强。

（四）改进思想政治工作应从两方面入手：一方面，要继承、恢复和发扬思想政治工作的优良传统，包括紧紧围绕党的中心任务的传统、实事求是的传统、群众路线的传统、平等待人的民主传统、干部以身作则的传统、全党做思想政治工作的传统，摒弃那些历史上形成而至今仍有影响的错误观念和不适当的做法。另一方面，要根据全面改革和对外开放的要求，从体制、内容、方法等方面改进思想政治工作，使之成为社会主义商品经济新秩序的组成部分和重要保证。通过改进，逐步形成以马克思列宁主义、毛泽东思想为指导，继承优良传统又充分体现时代精神，与社会主义商品经济和民主政治发展相适应的新时期思想政治工作的新观念和新方法。

（五）加强和改进企业思想政治工作要促进两个文明建设，把是否有利于生产力的发展作为根本标准。社会主义企业不仅要创造更多更好的物质产品，而且要培育一代又一代的社会主义新人。人是生产力中最活跃的因素。企业要生产出更多更好的产品，就需要有良好技术业务素质和思想道德素质的职工队伍。思想政治工作对于提高职工素质有着极其重要的作用。因此，企业思想政治工作必须立足于造就有理想、有道德、有文化、有纪律的职工队伍，促进生产的发展和经济效益、社会效益的提高。

二　建立在厂长（经理）全面负责下的企业职工思想政治工作的新体制

（六）按照《企业法》的规定，厂长作为企业的法人代表，对企业的物质文明和精神文明建设负全面责任。为了与企业新的领导体制相配套，厂长必须对企业职工思想政治工作全面负责。这种体制适应了思想政治工作是整个企业管理工作的重要组成部分的要求，为改变思想政治工作与生产经营“两张皮”的状况，为思想政治工作和经济工作的密切结合、融为一体，提供了组织和制度的保证。根据十三大通过的党章部分条文修正案和中央关于贯彻《企业法》的通知的规定，企业党组织应行使保证监督职能，把思想政治工作作为自己的工作重点。一般地说，党委书记可以兼任主管思想政治工作的副厂长，以适应厂长全面负责思想政治工作新体制的要求。

（七）厂长在企业思想政治工作方面的主要职责是：1. 从企业发展和培养“四有”职工队伍的要求出发，确定思想政治工作的总思路，制定思想政治工作的总体规划和各种制度；2. 负责企业各级行政领导班子的思想建设；3. 推动各行政业务部门、车间班组结合生产经营活动去做思想政治工作，把思想政治工作与承包经营责任制的检查考核、干部的奖惩升降结合起来；4. 健全民主管理，加强班组建设，支持职代会的工作，保障职工民主权利，发扬职工的主人翁精神；5. 改善企业精神文明建设的物质条件。

（八）党组织在企业思想政治工作方面的主要职责是：1. 抓好党的思想建设，加强对党员特别是党员干部的教育和监督，发挥党支部的战斗堡垒作用和党员的先锋模范作用，发动全体党员做好职工的思想政治工作；2. 组织干部职工进行党的路线、方针、政策和理论学习，保证党的方针政策和国家的法律政令的贯彻执行；3. 密切联系群众，经常了解掌握职工的意愿、要求和思想情况，主动做好群众工作；4. 支持职代会和指导工会、共青团做好职工的思想政治工作。

（九）企业工会和共青团组织在职工思想政治工作中担负着重要责任。工会要广泛组织职工开展自我教育和自我管理活动，参与企业的民主管理和民主监督。共青团组织要按照青年的特点，采取生动活泼的形式，通过开展吸引青年和为青年服务的各项活动，培育新一代职工队伍。

（十）企业职工思想政治工作机构纳入行政序列。企业党的组织机构和干部配备，按照《中共中央关于贯彻执行〈中华人民共和国全民所有制工业企业法〉的通知》中对大、中、小型企业的不同规定执行。

（十一）做好企业思想政治工作只靠少数人不行，要建设一支包括专职干部和广大行政业务干部，以及党员、团员、先进模范人物、班组长和工会、妇女工作积极分子组成的宏大队伍。还要注意邀请有学识、有威信、善于做思想政治工作的各方面专家和社会活动家来参与企业思想政治工作。要注意发挥企业职工思想政治工作研究团体的作用。

思想政治工作是一门科学。从事思想政治工作是一项十分光荣而重要的事业。要注意挑选一批优秀的同志作为思想政治工作的骨干。所有从事思想政治工作的人员包括行政业务干部，都要以高度的责任感和饱满的政治热情，努力提高自身素质，学习用马克思主义说明实际问题的本领，学会运用社会学、心理学、行为科学和现代管理科学等知识做人的工作。对于专门从事思想政治工作的人员合理的切身利益应当给予关怀和保障。对于他们的待遇，应当同本企业的其他干部一视同仁，妥善解决。他们的职称问题，由党中央、国务院有关部门尽快研究提出意见。

三　从实际出发确定思想政治工作的任务和内容

（十二）企业思想政治工作的任务是：按照党的基本路线的要求，从实际出发，培养与社会主义现代化生产相适应的“四有”职工队伍，调动职工从事建设和改革的积极性、创造性，不断提高企业的经济效益，促进生产力的发展。

（十三）企业经常性的思想政治工作的主要内容和要求是：1. 大力培育富有特色的企业精神，把实现四化，振兴中华的共同理想同企业承担的特定任务结合起来，把爱国与爱厂紧密联系起来，以国家大局为重，处理好个人利益与企业利益、国家利益的关系；2. 按照建设“四有”职工队伍的要求，制定职业理想、职业道德、职业纪律、职业技能的具体规范，加强对职工基本行为的训练；3. 围绕生产经营中心，对职工在生产、经营、管理、分配过程中反映出来的思想问题，适时加以正确引导；4. 根据建设和改革不同时期的实际情况，有的放矢地进行形势政策教育。

（十四）当前，要以治理经济环境、整顿经济秩序、全面深化改革为中心内容，进行广泛深入的形势教育。要结合实际，有说服力地宣传十一届三中全会以来建设和改革的巨大成就，实事求是地分析存在的问题和一些消极现象，同群众一起商量克服困难的办法，根据党的方针政策认真解答群众的疑问。通过形势教育，提高职工执行党和政府的方针、政策和措施的自觉性，积极投身改革事业。

（十五）企业思想政治工作要根据职工中的不同对象分层次地提出要求。对广大职工，应要求他们树立主人翁思想，热爱集体，服从全局，遵守纪律，诚实劳动，提高技能，恪守职业道德，做一个好职工。对共产党特别是党员干部，则应要求他们坚定共产主义信念，实践为人民服务的宗旨，奋力开拓，廉洁奉公，发挥先锋模范作用。要把先进性的要求同广泛性的要求结合起来，把教育的目标同具体的行为规范结合起来。

（十六）思想政治工作的具体内容和安排，原则上由企业从实际出发自行确定。上级部门对企业的思想政治工作，主要是加强宏观指导和舆论引导，抓好干部的培训。重大的问题需作统一的宣传教育部署，统一认识，统一步调。一些共同性、基础性的教育，包括基本路线教育，爱国主义、集体主义、革命传统、理想道德和纪律、民主法制、国防等教育，在具体组织实施时可由企业自主地安排教育的时间和重点，采用适合企业情况的步骤和做法。

四　采取正确的方针和方法，注重思想政治工作的实际效果

（十七）要把尊重人、理解人、关心人作为思想政治工作必须遵循的一个基本指导原则。思想政治工作是做人的工作，要以诚待人、以理服人、以情感人。要积极开发人的潜

力，调动人的积极性。要真心实意地爱护职工，关心群众生活，尽力为他们排忧解难，增强他们对企业的向心力。不应把职工看成单纯受教育的对象，要相信群众，依靠群众，鼓励职工进行自我教育，在思想政治工作中发挥他们自身的能动作用。

要把尊重人、理解人、关心人和严格要求统一起来。目前企业中存在的纪律松弛、管理不严的状况必须切实改变。要综合运用经济的、行政的、法律的、教育的手段，进行有效的管理。要坚决反对“好人主义”，改变思想政治工作软弱涣散的状况，敢于批评不良倾向，抵制封建主义、资本主义腐朽思想对职工队伍的影响，在全体职工中形成健康的舆论，树立严格遵章守纪的良好风气。

（十八）广泛开展民主协商对话。要及时地向职工介绍党和政府的政策、主张、通报企业的重大情况和解决重要问题的方案，让职工对企业的重大决策充分发表意见。要经常通过协商对话进行双向交流，在企业领导人和职工之间、职工和职工之间架起相互理解、相互信任的桥梁。对话、交流贵在讲事实，讲真话，平等相待，坦诚相见，不要搞形式主义。要支持群众批评工作中存在的缺点错误，反对官僚主义，同各种不正之风和腐败现象作斗争。对职工提出的不正确的意见不能迁就附和，而要耐心疏导，做好工作。

（十九）寓教于文，寓教于乐，寓教于各种健康有益的活动之中。要办好职工业余学校、图书馆、俱乐部、文化室，开展学习研讨、读书演讲、知识竞赛、心理咨询、社会调查、影评书评、文艺演出、体育锻炼等活动，满足职工开眼界、得信息、学技术、求新知等要求，充实、丰富职工的业余文化生活。思想政治工作借助生动活泼的文化形式，采取群众喜闻乐见的方法，会显著增强吸引力和感染力。

（二十）全党全社会都应关心、支持、配合企业做好职工思想政治工作。报刊、电视、广播等舆论工具，信息量大，时效性强，覆盖面广，党要加强领导并善于运用这种重要手段和渠道来做思想政治工作。一切新闻、出版、文化、理论等精神产品的生产和传播部门，都要以坚持党的基本路线和实现四化、振兴中华为基调，积极宣传广大职工在改革和建设中的贡献，表扬他们当中的先进人物和先进事迹，反映他们的呼声，正确回答他们关心的问题。这些部门必须增强社会责任感，把社会效益放在首位，提供更多健康有益的精神食粮，充分发挥引导舆论和教育职工的作用。

（二十一）严于律己，以身作则，言教与身教相结合，身教重于言教，这是我们党的思想政治工作者的本色。企业领导干部和所有思想政治工作者都要坚持全心全意为人民服务的宗旨，做群众的表率，从自己做起。凡是要求群众做到的，自己必须带头做到；凡是要求群众抵制的，自己必须首先抵制。这种“无声”的思想政治工作是最有说服力的。思想政治工作者要以自己的模范行动影响职工，成为受群众信赖的知心人。

五　积极稳妥地向新体制过渡，不断总结企业思想政治工作的新经验

（二十二）贯彻《企业法》，建立企业职工思想政治工作的新格局，要坚持既积极又稳妥的方针。厂长要把思想政治工作列入自己的工作日程，负起全面责任。党委书记更应责无旁贷地把自己的工作重点放到思想政治工作上，主动与厂长密切配合，积极做好工作，

保证不出现“空档”现象。

（二十三）地方党委要切实加强对企业思想政治工作的领导，各级党委宣传部门要负起指导、协调、服务的责任。经济主管部门要积极配合地方党委和宣传部门，推动企业做好思想政治工作。

（二十四）企业的机构的人员调整，要按照《企业法》的规定进行，从实际出发采取多种形式。除了党委书记兼任主管思想政治工作的副厂长这种基本形式外，有的企业如条件适宜也可以由厂长兼任书记，还可以采取企业认为合适的其它形式，不搞“一刀切”。对不再专门从事思想政治工作的干部，要分别情况安排好他们的工作。

我们的企业思想政治工作干部过去做了大量的工作，付出了辛勤的劳动，作出了宝贵的贡献。这些同志无论是继续专门从事思想政治工作还是改做别的工作，都要以党和国家的大局为重，努力学习，提高素质，熟悉经济，增长才干，在加强和改进企业思想政治工作中，在改革和现代化建设事业中，作出新的贡献。

（二十五）企业思想政治工作要不断进行新的探索。实行厂长负责制已经几年，但企业思想政治工作的新格局还处在初创阶段，有待于进一步实践、充实、发展。全党同志和全体思想政治工作者，要进一步解放思想，大胆实践，加强研究，总结经验，逐步完善思想政治工作新体制。

本通知在全民所有制企业中试行。集体所有制企业可参照本通知的精神，采取适合自己情况的做法。

以提高企业素质、提高经济效益为目标，进一步搞好企业的全面整顿*

——在全国工业交通工作座谈会上的讲话

（1983 年 8 月 5 日）

同志们：

我们这次全国工交工作座谈会，经国务院批准，今天在这里开幕了。这次会议是在六届全国人大一次会议和中央工作会议这两个具有重大意义的会议之后举行的。六届全国人大一次会议对发展国民经济、提高经济效益，提出了明确的任务和要求。中央工作会议适时地做出了集中财力物力，保证重点建设的决定。小平同志最近指出，要尽快整顿好企业。国务院领导同志针对我国企业的现状，明确提出我们企业面临着一场严重的挑战，面临着一个如何提高素质的新的转变。这些，都对企业全面整顿工作提出了更高的要求和新的课题。我们这次会议的中心任务，就是要认真学习和贯彻这两个会议精神，研究解决如何以提高经济效益为目标，进一步搞好企业整顿，提高企业素质的问题。我们要在领会中央精神，提高思想认识的基础上，总结交流经验，制定办法和措施，把企业整顿工作推进到一个新的阶段。会议过程中，我们还准备向国务院领导同志汇报，今天我先讲几点意见，供大家讨论参考。

一　当前企业整顿工作的形势

今年上半年，特别是 3 月全国工交会议以后，工业生产和交通运输的发展形势总的说来是好的。工业生产稳步上升，销售收入同工业产值基本上同步增长。上半年预算内国营工业企业总产值比去年同期增长 7%，销售收入增长 6%，产销结合还比较

* 本文是 1983 年 8 月 5 日袁宝华同志在全国工业交通工作座谈会上的讲话，标题为编者所加，原载《袁宝华经济文集》（第 201~205 页）、《袁宝华文集（第二卷）》（第 337~351 页）。

好。1~6月份，流动资金周转天数为111.8天，比去年同期加速2%，劳动生产率提高5.4%，产品质量、品种有新的进步，消耗有所下降，工业亏损情况有所好转，到6月底，亏损面由去年同期的28.9%下降到24.2%，亏损额由20.5亿元减少到17.7亿元，下降13.7%。交通运输也相应有了进展。但是工业生产存在着一个突出的矛盾，就是工业企业实现税利的增长速度低于生产的增长速度。1~6月，预算内国营工业企业实现利润下降0.6%，上缴利润下降7.8%，就是算上烧油 特别税、原油提高税率，还有棉花差价转由工业负担等因素，上缴也只比去年同期增长1.4%。生产增长的幅度比较大，而国家财政收入没有增加多少。许多企业包括管理基础较好的企业，在原材料、燃料涨价，某些产品限产、降价的新情况下，生产经营不适应，应变能力差，利润大幅度下降。应当指出，有的地区和部门贯彻全国工交会议精神与落实提高经济效益的具体要求，采取有力的措施，逐渐把工作重点转到提高经济效益方面来了，取得了比较好的效果。但有的地区和部门，由于种种原因，行动迟缓，经济效益没有明显改善，有的甚至还有所下降。

整顿推动了生产，生产中出现的新问题又给企业整顿增加了压力。今年上半年的企业整顿工作就是在这种形势下开展的。总的来说，取得了较大进展。

1. 企业整顿工作由点到面全面展开

为了保证3年内把现有国营企业整顿一遍，全国企业整顿领导小组根据各地的经验，从今年起，采取“全面安排，突出重点，分类指导，分批验收”的办法进行部署。各地区、各部门已据此规划和安排了从今年到后年三年的整顿工作，据初步汇总，全国预算内国营企业50359个（包括工交、商业、农垦、施工），1983年计划达到验收标准的15393个，占总数的30.6%。其中大中型骨干企业1970个，占总数的63.3%。目前，绝大多数地区和部门已做出了具体安排，行动比较快的，蹲点调查组已经下去了，大多数靠自行整顿的企业也制定了规划，开展了整顿工作。截至今年6月底，全国预算内国营工业企业已经完成五项整顿工作并验收合格的企业为4329个，占第一批整顿企业的40%，占国营工业企业总数的8.6%。其中大中型骨干企业整顿验收合格的有600个，占第一批整顿的大中型骨干企业的45.5%，占总数的23.2%。

2. 整顿企业领导班子的工作取得了新的成绩

全国工交系统2000多个大中型骨干企业，截至6月底已调整了62%。一般都坚持了“四化”要求，注意了班子的结构合理和专业配套。为了适应加快调整领导班子的需要，不少地区组成了负责审批的专门班子，简化了审批手续，组织部门和有关主管部门合理分工，适当下放审批权，采取了由有关部门联合考察、民意测验、共同审定和民主选举等办法，既保证了质量，又缩短了班子调整时间。在调整领导班子的同时，注意贯彻关于企业领导制度的几个条例，抓紧进行了组织建设和思想建设。

3. 整顿劳动组织有一定进展

在全国整顿企业劳动组织座谈会后，有些地区、部门党政领导亲自抓，发挥了劳动部门的主动性、积极性，用敢于“碰硬”“动真”的精神，把对劳动组织的整顿和劳动制度的改革紧密结合起来，从而使这项工作取得了较大的进展。全国第一批整顿的企业，已进行劳动组织整顿的约有70%，验收合格的约占40%。如辽宁省重点抓的91个大中型企业，全部进行了劳动组织的整顿，其中80%已验收合格。江苏省第一批整顿的823个企业，验收合格的占48.3%，其中大中型骨干企业87个，已验收合格55个，占63.2%。凡是认真进行“双定”的，效果都比较好。（1）精简了机构，压缩二、三线人员，充实了生产第一线。（2）扩大了“定额面”，定额水平一般提高了10%左右。（3）精减了富余人员，并做了妥善安置。如吉林省去年整顿的242个企业，划出富余人员26888人，占职工总数的8.7%，已安置79.1%。（4）清退了计划外用工，混岗人员也得到了初步清理。据北京市对已验收的63个企业的统计，计划外用工1700多人，已清退1500多人，占88.2%；混岗人员2200多人，已清理1800多人，其中一半已撤离原岗位。（5）提高了出勤率、工时利用率和劳动生产率。江苏省无锡、苏州、常州、南通四个市185个验收合格的企业，出勤率普遍超过了95%，比整顿前提高2%~3%，工时利用率一般提高3%~5%，达到80%左右，劳动生产率一般提高10%左右。

4. 经济责任制进一步完善

在去年抓的131个学首钢“种子队”的推动下，各地区、各部门都有一批企业健全了内部经济责任制，取得了新的成绩。突出的变化是：从过去单纯包利润指标发展到各项经济技术指标全面包保，层层分解，落实到人，体现了国家计划第一、国家利益第一的原则；从过去把经济责任制单纯看成“分奖法”“分利法”，只奖不罚，发展到“责”字当头，按责定权，由责联利，有奖有罚，严格考核，做到了责权利紧密结合；从过去主要是经济责任落实到一线职工发展到包括领导干部、科室干部在内的全体职工都建立了经济责任制。首钢的经济责任制有了发展，今年着重建立了专业经济责任制。大庆不仅有了纵向的“包保核”体系，而且在企业内部各单位的横向联系上建立了经济合同制。

5. 企业内部的改革推动了整顿工作的深入发展

有的地区出现了一些好的典型。如首钢、黑龙江阿城继电器厂、上海彭浦机器厂、上海国棉十七厂、天津新港船厂、山东塑料实验厂和北京市的光学仪器厂等改革试点企业，它们不同程度地在企业领导制度、组织机构、经营管理、劳动人事制度和工资奖励制度等方面进行了一些改革的尝试，使企业面貌发生了新的变化，适应能力增强了，经济效益提高了。它们正确处理整顿与改革的辩证关系，用改革促进整顿，用整顿巩固改革成果。领导班子立志改革，勇于实践，敢于打破旧的传统观念和习惯势力；在干部制度上，克服对知识分子的偏见和论资排辈的思想，不拘一格选人才，有的已初步实现干部“能上能下”；积极改革企业内部的组织机构和管理制度，转变经营思想和经营作风，主动调查研究市场变化，从增加品种、提高质量、扩大服务领域、挖掘内部潜力上下功夫，从而提高了企业对市场的适应能力和产品的竞争能力；在完善企业经济责任制的基础上，改革工资奖励制度，初步克服吃“大锅饭”、搞平均主义的弊病，进一步贯彻了按劳分配原则；坚持“以我为主，博采众长，融合提炼，自成一家”的方针，积极应用国外现代化管理方法，进一步提高企业经营管理水平；重视人才开发，积极开展全员培训，健全培训制度，改善办学条件，落实培训规划，还围绕整顿的需要，积极进行专业培训，取得了成效。

6. 坚持整顿标准，保证整顿质量，促进了企业经济效益的提高

各地区、各部门都根据1982年中共中央2号文件《关于国营工业企业进行全面整顿的决定》的要求，制定了五项整顿工作验收标准，一般都有明确的质量要求和严格的考核办法，并采取了工厂自检、专业部门预检、验收组正式验收的方法，对不合格项目及时进行整改，从而保证了整顿验收质量。有的地区和部门对验收合格企业还组织了复查，进行补课，巩固整顿成果。有些地区为了调动企业和职工自觉整顿的积极性，采取政治鼓励和经济鼓励相结合的办法，收到了好的效果。

从验收合格的企业来看，经济效益都有明显的改善和提高。据北京市对已验收合格的63个企业的统计，1982年与1981年相比，工业总产值增长5.6%（面上企业增长4.1%），销售收入增长6.4%（面上增长2.6%），实现利润增长4.7%（面上下降2.3%），上缴利润增长0.6%（面上下降6.3%）。无锡市第一批整顿合格的55个企业，去年都完成了各项技术经济指标，其中实现利润达到三超（超当年计划、超上年水平、超历史最好水平）的有20个企业，达到二超（超当年计划、超上年水平）的有24个企业。一些亏损企业经过整顿，提高了经营管理水平，克服了管理混乱现象，实现了扭亏为盈。如吉林省把整顿与调整紧密结合，通过给压力、给政策、给出路等办法，1982年159户扭亏为盈，258户减了亏，全省扭亏26.3%，比上年减亏6535万元。今年上半年亏损企业由年初的488户下降到331户，亏损面由41.3%下降为28.1%，比去年同期减亏5197万元，扭亏48.4%。

从全国来看，企业整顿工作取得了一定的进展，出现了一些好的典型和先进经验，应该充分肯定。但是在新的形势下，企业整顿工作还不能适应，主要存在四个方面的问题。

一是围绕提高经济效益搞整顿的指导思想没有完全树立起来。不少地区和部门在具体工作中仅停留在一般号召，缺乏明确的目标和有力措施，各项整顿工作和提高经济效益的目标挂得不紧。有的企业虽然进行了整顿，但没有抓住要领，没有在影响经济效益提高的关键问题上下功夫，收效不显著。

二是企业整顿工作进展迟缓，质量不高。原定今年底大中型骨干企业要验收70%左右，今年上半年只达到23.2%；原定今年底其他中、小企业验收合格20%~30%，

目前只达到8.6%。原要求全国大中型骨干企业的领导班子要在今年上半年整顿完，最迟不超过第三季度，现在只达到62%，其中还有一部分需要补课。劳动组织的整顿更为迟缓，有的畏难不前。进展不快的原因，一方面是缺乏敢于“碰硬”、勇于改革的精神，另一方面是有些地方由于机构改革、地市合并的影响，对整顿工作的领导有所放松，有的一度处于停顿或半停顿状态，有的验收合格的企业还出现了“回生”现象。

三是企业职工思想政治工作薄弱的状况没有得到根本转变。部分职工思想涣散，纪律松弛，存在“一切向钱看”的思想。特别是当前在机构改革和整顿工作深入发展的情况下，有些职工思想动荡，这些问题没有得到及时解决。

四是企业整顿工作发展不平衡，真正搞得好的只是少数。

当前企业大体有三类情况。

第一类，应变能力比较强，在市场、价格、税率和资源发生变化的情况下，生产和经济效益持续增长。例如首钢、大庆、二汽、上海机床厂等。这类企业是少数。

第二类，整顿虽有成效，经济效益也有所提高，但由于外部条件变化大，增长的效益抵消不了减利因素，利润下降幅度较大。这类企业比较多，如纺织行业的一些企业。

第三类，整顿质量不高，经济效益差，这部分企业至今管理还很混乱，消耗无定额，成本无核算，领料不计量，花钱大撒手，浪费十分严重，有的一直处于亏损状态。

此外，还有一些企业，基建已报投产，但由于资源不落实，工程不配套，技术不过关，管理跟不上，或者产品无销路，因而长期不能发挥应有的经济效益。

二　新形势下企业整顿面临的新课题

为了实现90年代的经济振兴，从现在起就要抓紧重点建设。当前面临的一个最突出的问题是国家财力不足，资金严重分散。为此，各地区、各部门和企业，都要坚决执行中央关于集中财力物力，保证重点建设的决定，做出积极的贡献。

解决重点建设资金问题最根本的是要发展生产，提高经济效益，增加上缴税金和利润。国家财政收入80%以上靠工业企业。但是，近几年来工业企业经济效益不高，虽然生产有发展，但成本增加，收入减少。这对国家财政收入不能不产生很大影响。

国务院主要领导同志在最近召开的中央工作会议上指出，我们的企业，过去是靠低价的原材料、廉价的农副产品和较低的工资支出维持生产的，所得的利润，大部分是原材料和农副产品价值的转移。这种情况，掩盖了企业的落后面貌。现在情况发生了很大变化，农副产品价格提高了，有些原材料价格也提高了，职工的工资支出也增加了。因此，造成成本上升，亏损增加，靠减少上缴利润来过日子。今后能源和原材料的价格将逐步提高，职工工资还会继续调整，这是总的趋势。客观形势向所有的工业企业尖锐地提出了这样一个问题：靠老办法，靠现有企业的水平混不下去了。如果我们的企业不来一个根本的转变，不在质量上、素质上有一个显著的提高，在国内就没有生命力，在国际上就没有竞争力，就没有出路。一句话，不前进，就无法生存。这番话，深刻地揭露了我们工业企业经济效益不高、长期落后的根本症结。这个问题，必须引起我们各级经济部门和企业领导者的高度重视，自觉地抓紧企业整顿工作，努力改善企业的素质，切实把工作转到以提高经济效益为中心的轨道上来。

造成当前企业经济效益差的原因是多方面的。提高企业经济效益，从宏观上说，要进一步改革经济管理体制和调整产业结构、企业组织结构；从企业内部来说，经营管理落后和技术落后，职工队伍的政治素质和技术素质不高，则是造成经济效益差的主要原因。根据国家统计局资料分析，1982 年影响经济效益的突出问题是：工业生产中成本支出比较多，主要是物耗增高，原材料和燃料动力在总成本中的比重上升，使总成本多支出 47 亿元。其中有价格上升的因素，但主要是物耗增高，单位产品的能源和原材料消耗比上年回升。在重点企业的 230 项单位产品的物耗指标中，比上年回升的为 90 项，占 39%。同国外比，差距更大，以能源消耗为例，我国能源消费量占世界第三位，而单位国民生产总值的能耗占 113 位，不仅大大高于发达国家，甚至比印度也高 2.6 倍。全国国营工业企业 1982 年亏损总户数有 10898 户，亏损面为 25.5%，亏损总额高达 42 亿多元，今年上半年仍没有多大的好转。我们的产品质量也很差，1982 年许多质量指标还低于 1981 年，低于历史较好水平。有些出口产品，在国内产品中质量、包装都是比较好的，但在国际市场上只能摆地摊，当低档货卖。上述落后状况，同我们企业在社会主义现代化建设中所承担的任务是很不相称的。如果我们的企业领导者还不觉悟，仍然是一味强调客观，安于现状，指望国家的补贴、照顾，留恋于吃“大锅饭”，而不是眼睛向内，在努力提高产品质量、增加品种、降低消耗、降低成本上下功夫，今后肯定是存在不下去的。这不仅是关系到企业本身存亡的问题，而且是影响现代化建设目标能否实现的大问题。

要提高企业素质，重要的一环，就是要抓好企业的全面整顿。通过整顿，提高企业人员的素质，包括企业领导班子和职工的政治素质与技术业务素质，使之适应现代化大生产、进行科学管理的需要；通过整顿，要提高企业的技术素质，包括设计、工艺和工具、设备等，使之适应开发新产品、产品更新换代、提高产品质量的需要；通过整顿，要提高企业经营管理的素质，包括领导制度、决策能力、基础工作、组织机构等，使之适应外部环境条件变化的需要。我们应当看到，改善企业素质，提高经济效益，不是无能为力，而是大有作为的。从以下几个数字可以看出，我们企业的潜力很大，我国工业企业的资金利税率 1965 年为 30.4%，而 1981 年只有 24.4%，百元产值占用的流动资金 1965 年是 28 元，1981 年增高到 32 元，如果和历史较好水平的差距缩短一些，利税就可以大大增加，资金占用也可以大大减少。拿能源消耗来讲，我们和国外先进水平比，差距太大。据国家统计局资料，1980年每亿美元国民生产总值消耗的标准煤，苏联为12.6万吨，美国为9.8万吨，日本为3.74万吨，我国为21.11万吨，分别比其他国家高出1~4倍。这里尽管有经济结构的差异，但差距确实太大了。差距就是潜力，差距也可以看出素质的高低。总之，只要我们扎扎实实抓好企业整顿，就可以提高经济效益，就可以早日实现财政经济状况的根本好转。如果我们进一步把企业的素质改善了，几十万个经济细胞新陈代谢的活力增强了，经济振兴就大有希望。

三　进一步搞好企业全面整顿的几点意见

以提高经济效益为目标，改善企业素质，这是新形势下进行企业全面整顿的中心课题。最近，中共中央办公厅、国务院办公厅批转了全国企业整顿领导小组《关于用改革的精神搞好企业全面整顿的意见》和中央组织部、国家经委《关于坚持标准，加快企业领导班子整顿步伐的意见》，这两个文件对有关企业全面整顿的方针、任务、目标、要求等都有了明确的安排，各地区、各部门要结合实际情况狠抓落实。这次会议我们仅着重研究解决新形势下进行企业整顿的几个突出问题。

（一）围绕提高经济效益搞好企业各项整顿工作

1. 要牢牢树立以提高经济效益为目标搞好整顿的指导思想

当前有不少单位指导思想上仍然存在着片面追求速度、忽视经济效益的倾向；在新形势下有的看客观困难多，看有利因素少，对企业潜力估计不足，有畏难情绪；在提高经济效益主攻方向上，从增产增收方面下功夫多，在增加品种、提高质量、降低能源和原材料消耗等方面缺乏有力措施；有些企业甚至靠削价让利推销产品，或者扩大议价范围，乱收各种费用，掩盖了经营管理上的落后状态。因此，一定要从指导思想到具体工作上努力实现“转轨”“变型”，即通过整顿，把企业各项工作转到以提高经济效益为中心的轨道上来，由单纯生产型转变为生产经营型。这必须在领导班子素质、职工队伍素质、经营管理素质和技术素质等方面来一个新的转变与提高。从许多企业的经验来看，提高经济效益的有效途径是：搞好经营决策，从产品适销对路上求效益；坚持数量与质量的统一，从提高产品质量上求效益：加强经济核算，降低物耗，节省费用，加速资金周转，从增收节支中求效益；加强定额定员管理，从降低劳动消耗中求效益；搞好产品更新换代和新产品开发，从技术进步中求效益。通过这些，真正做到优质、适销、低耗、高效、安全，使企业面貌发生一个新的根本的变化。实践还证明，提高经济效益，只停留在一般号召和笼统要求上是不行的，还必须有明确的目标、具体的措施、强有力的组织保证，把工作落到实处，贯彻到整顿工作的全过程。

2. 改善企业领导班子素质，提高经营决策水平

小平同志最近指出，搞好企业经营管理的关键是领导班子，领导班子不行的要坚决撤换。小平同志这个指示非常重要。经营决策是企业经济活动的先导，提高经营决策水平决定于领导班子的素质。当前，企业领导班子的素质很不适应。为此，第一，要进一步清除“左”的思想影响，坚决贯彻干部的“四化”标准，尊重知识，尊重人才。在这个前提下要注意选拔有组织领导能力、懂得生产技术和经营管理、能打开局面的干部组成班子，特别要配好厂长、书记，让“明白人”当家。第二，使用人才要注意扬长避短，用其所长，现在有些科技干部担任行政领导后，忙于事务，不能发挥专长，存在“当厂长的烦恼”，这个问题要注意解决。第三，注意搞好新老交替和合作，保证工作的连续性。第四，要抓紧对新班子成员进行培训提高，加强思想建设和业务建设。国务院主要领导同志今年 5 月提出要对骨干企业的经理、厂长进行一次国家统考，这是促进干部学习，推动干部提高理论政策水平和技术业务水平的一项重大措施。今年拟先在调整好领导班子的骨干企业中进行摸底测验，然后分三批进行考试，1984 年底考试完毕。关于如何进行统考问题，请同志们提出具体意见。从已经调整后的企业领导班子的状态来看，文化程度和专业技术水平是提高了，但大多数缺乏经营管理知识，要下决心补上这一课。同时还要大力加强对中青年后备干部的培训，为经济振兴准备一批合格的经理、厂长。

3. 加强企业管理的基础工作，认真搞好“双定”，进一步完善企业内部的经济责任制

根据北京、上海等地的经验，在企业领导班子整顿好之后，要集中一段时间整顿劳动组织和劳动纪律。在此基础上，进一步完善经济责任制，以此带动各项管理基础工作的整顿和健全。关于整顿劳动组织和完善经济责任制，在中办发〔1983〕47 号文件和今年初的《全国整顿企业劳动组织工作座谈会纪要》中都有了明确规定，要继续贯彻执行。这里，强调一下整顿企业管理的基础工作。企业管理基础工作的完善程度，直接决定着经济效益的好坏。当前，加强基础工作的重点是：（1）加强标准化工作，包括技术标准和管理标准，都要保证标准先进性，要积极采用国际标准或国外先进标准，使企业在国内外市场上有较强的竞争力；（2）整顿定额工作，包括人力、物力、财力等各个方面，凡是能够实行定量的，都要制定定额，并坚持定额水平的平均先进性；（3）健全计量工作，有计划地配齐配好计量测试手段，改革落后的计量测试技术；（4）加强信息工作，搞好原始记录，加强统计分析，进行数据管理，搞好科技、经济档案工作；（5）健全以责任制为核心的规章制度；（6）加强基础教育工作，主要是本职业、本岗位必需的思想道德教育和技术业务教育，如《职工守则》和应知应会等基本功训练。有关部门对这些基础工作，要结合行业特点，制定具体要求和措施。

要把加强企业管理基础工作所必需的资金、器具和物资纳入技术改造规划，并认真做好计量测试等器具的科研、生产和供应工作。

4. 抓大企业，抓亏损户

国务院主要领导同志多次提出，要提高经济效益，加快经济建设步伐，必须认真抓好关系国民经济全局的大企业。各地区、各部门一定要采取措施，要重点地把工交2000多个大中型骨干企业力争在今明两年整顿好，使它们在管理水平、技术进步和经济效益等方面有一个新的提高。在指导思想上一定要明确，抓大企业是我们搞好经济工作、提高经济效益、增加财政收入的重点，要在企业整顿、技术改造、体制改革等方面都当作重点来抓，使各项工作配合起来。

要大力抓好扭亏增盈工作，特别要抓亏损大户。请各地区、各部门对预算内的亏损企业，要逐户分析解剖，制定扭亏规划，明确扭亏目标，把措施落实到户，限期完成。吉林省的经验是，对亏损企业一是要“逼”，二是要给政策、给出路。凡完不成扭亏计划的企业，不准提取减亏分成，不发奖金；对到期不能扭亏的企业，坚决关停并转，不再给亏损补贴，职工不得调资，书记、厂长要自动辞职或就地免职；对限期扭亏的企业，在限期内提前扭亏的，给予必要的鼓励；对有的企业实行亏损递减包干；对有些企业按产品实行定额补贴等，使企业扭亏增盈有内在的动力。我们认为，吉林省的这些经验很好，关键是省委决心大，领导同志亲自抓。各地区、各部门都要在这方面采取有力的政策措施。对经营性亏损企业一定要严格要求，不能迁就原谅，那种一边亏损，一边奖金照发，补贴照给，贷款照放，没有一点压力，靠吃“大锅饭”混日子的状况一定要扭转过来。

5. 把整顿同调整、改革、技术改造紧密结合起来

各地的经验证明，要把企业的全面整顿同调整、改革、技术改造结合起来，进行综合治理，才能更大地提高经济效益。这就需要在企业整顿的过程中，立足全局，按行业、按产品，从经济区和中心城市着手进行规划、改组、联合和改造，对那些物质消耗高、产品质量差的企业，生产供过于求、产品大量积压的企业，与先进企业争能源、争原材料、争运输能力、争市场的落后企业，特别是那些盲目发展起来的以劣挤优的企业，实行关停并转。各地区、各部门要采取坚决有效的措施，毫不动摇地把这个问题解决好。

企业整顿还要同改革相结合，把改革贯穿在整顿的全过程，以改革促整顿，通过整顿为改革创造条件，打好基础，做到整中有改，整中有创。提高经济效益，必须给企业以活力。我们要进一步实行并逐步完善利改税的改革，企业内部的组织机构、干部制度、劳动人事制度、工资奖励制度等也要积极进行改革的试点，使企业内有动力，外有压力。

提高企业素质，提高经济效益，必须依靠技术进步。每个企业都要结合整顿，制

定出以提高产品的性能和质量，降低能源和原材料的消耗为中心的技术改造规划，广泛开展群众性的合理化建议和技术革新活动，广泛采用新技术、新设备、新材料、新工艺，重点放在开发新产品，逐步把生产从老的技术基础转到新的技术基础上来。

6. 严格整顿财经纪律，坚决制止和纠正乱涨价、乱摊派的歪风

这是在新形势下整顿财经纪律的一项重要内容。一方面要尊重企业的自主权，减轻企业不合理负担，防止企业利润的流失。另一方面要加强对企业的监督，对乱摊成本、截留利润、滥发奖金、乱发实物、偷税漏税等现象，认真进行整顿和制裁。要健全财务管理规章制度，加强经济核算，搞好成本管理和资金管理。

（二）五项整顿工作验收合格的企业要进一步推进“三项建设”，争创“六好企业”

企业五项整顿工作验收合格以后，不能停顿下来，必须继续巩固提高。要按照中央提出的要求，把“三项建设”推进到一个新的阶段，争创“六好企业”。为此，要着重从以下几个方面做好工作。

1. 要提出更高的奋斗目标，瞄准国内国外先进水平，制定赶超规划

在经济效益方面要能够持续地提高，能经得起各种外部因素变化影响的考验；主要产品质量符合国际标准或达到国外先进标准，在国内外市场有竞争能力；主要技术经济指标达到国内同行业先进水平，并赶超国际先进水平。

2. 要进一步搞好企业内部各项改革工作

要有计划有步骤地在企业的经营思想、经营方式、组织结构、干部制度、劳动制度、工资奖励等管理制度和方法上进行改革。在实行利改税的同时，还要相应地扩大和落实企业经营管理自主权。

3. 积极推广应用现代化管理方法，逐步使企业经营管理现代化

应积极推行全面计划管理、全面质量管理、全面经济核算、全面劳动人事管理，并根据企业的实际情况，推广运用统筹法和优选法，市场预测和经营决策、目标管理、系统工程、价值工程等方法，采取学创结合的办法，不断总结经验，不断发展提高，走出一条具有中国特色的现代化管理的新路子。

五项整顿工作验收合格的企业在“三项建设”中成效显著，达到“六好企业”标准的可以授予“六好企业”的称号。为了鼓励进步，各地区、各部门可以先开展一些单项评比竞赛活动，形成几个“台阶”，逐步达到“六好企业”标准。全国“六好企业”的标准和评选办法已经发了一个初稿，请同志们讨论修改。

（三）加强企业职工队伍建设，提高队伍素质

企业素质的提高是多方面的，关键的一条是要提高人的素质。人的素质提高了，

才能带动其他素质的提高，也才能更有效地发挥作用。

1. 切实加强和改进企业职工思想政治工作，提高职工队伍的政治素质

最近中共中央26号文件批转的《国营企业职工思想政治工作纲要（试行）》，是我国社会主义现代化建设时期加强和改进企业职工思想政治工作的一个很重要的文件，要在思想上、工作上、组织上认真落实。耀邦同志最近对抓好队伍建设问题做了多次批示，强调各部门都要抓队伍的思想建设、作风建设、组织建设。他指出，不抓队伍建设，只单纯抓业务，这种办法不行；要把搞好队伍建设，争取党风的根本好转，作为观察各部门是否打开了新局面的一个很重要的内容。我们要认真贯彻执行这些批示精神。

当前在整顿和改革中，干部和群众的思想问题较多，要有针对性地做好思想政治工作，进行整顿、改革的必要性和有关方针、政策的教育，着重宣传小平同志提出的改革对与不对的“三条标准”（即是否有利于建设有中国特色的社会主义，是否有利于国家的兴旺发达，是否有利于人民的富裕幸福），认清改革的性质与方向；处理好国家、集体、个人之间的利益关系，坚持把国家利益、全局利益、长远利益放在第一位，坚决克服个人主义、本位主义、分散主义和“一切向钱看”等错误思想，保证整顿和改革的健康发展。对职工特别是青年工人要按照《纲要》的要求，逐步进行系统的爱国主义、集体主义、社会主义、共产主义的思想教育，从根本上提高工人阶级的思想觉悟。

2. 要进一步整顿党的基层组织，认真抓好党员干部的教育，整顿好党风

企业党的基层组织进行整顿后要能够充分发挥党委的核心领导作用、党支部的战斗保垒作用和党员的先锋模范作用。要认真实行党政分工，企业党委要把主要精力集中到抓好党的建设、加强思想政治工作和队伍建设上来。要认真学习《邓小平文选》，对党员搞好以新党章为主要内容的教育，为全面整党做好准备。各级领导干部、党员、团员，都要以身作则，带头纠正不正之风。要通过干部、党员的模范作用，进一步带动广大职工树立一个良好的厂风。

3. 认真进行智力开发，加强培训，提高职工队伍的政治、文化、技术业务素质

当前职工队伍的政治、文化、技术业务水平低，专业技术人员少的问题十分突出，如果再不引起重视，从思想上、组织上、具体工作上狠抓落实，就会贻误时机，影响党的十二大战略目标的实现。为此，各地区、各部门要制定职工队伍建设的长远目标和近期要求。建设一支在数量上能满足四化建设需要，质量上能掌握现代化科学技术和经营管理知识，专业配套的干部队伍，以及以中级技术工人为主体，技术等级比较合理，具有较高文化、技术素质的工人队伍。大中型骨干企业要积极创造条件，建立自己的培训中心，中、小企业可根据需要与可能，由企业主管部门统一组织，联合建立，担负起职工的政治、文化、技术业务培训任务。各省、自治区、直辖市，国务院

各经济部门和有条件的工业城市，要有计划地建立管理院校。抓紧解决校舍、教师、教材和资金等问题。研究制定调动企业办学、教师教学和职工学习积极性的政策，加强专业人员特别是财会人员、定额管理人员、经销人员的培训，改变专业管理落后的局面。对工人要继续完成“双补”任务，并及时开展中级技术培训工作，经过几年的努力，使中、高级技术工人的比重有较大的增长，改变现在技术等级结构不合理的状况。

总之，要通过整顿和建设，建成一支有理想、有道德、有文化、守纪律的职工队伍。

（四）进一步加强对企业整顿工作的领导

今年是企业整顿关键的一年。只有加快步伐，提高质量，才有可能如期完成3年内把现有企业整顿一遍的任务。为此，必须进一步加强对这项工作的领导。

1. 各地区、各部门的党政领导，都要把企业全面整顿作为一件大事，认真地扎扎实实地抓紧抓好

要健全企业整顿领导小组的力量及其办事机构。为了坚持不懈地抓好企业整顿工作，各地区在地方机构改革的同时，要对企业整顿领导小组做相应的调整。企业整顿领导小组要把工交、商业、建筑、农林等各行业的企业整顿工作统一抓起来，既要抓方针政策等大事，又要担负实际领导工作，既务虚又务实，要坚持经常的会议制度，及时研究整顿工作中存在的问题，积极进行工作部署和督促检查。领导小组的成员要实行分工负责制。

2. 要建立分级负责制和有关部门分工负责制

大中型骨干企业由国务院各部门和省、区、市分工直接抓。其他的按隶属关系分工负责。党委组织部门、政工部门，政府的经委、劳动人事、财政等部门，都应按各自分工发挥部门的职能作用，及时交流情况和经验，解决遇到的新问题。

3. 企业整顿验收必须坚持高标准、严要求

一是坚决按照五项整顿工作的标准进行验收，经济效益没有提高的，不能认为整顿合格，一定要把住这一关；二是企业进行自检，必须经过职工代表大会讨论通过；三是要减掉与五项整顿无关的其他附加条件，不搞烦琐哲学；四是工作要扎扎实实，讲求实效，不搞形式主义，不搞临时突击，更不准弄虚作假；五是验收要进行复查、整改、补课，巩固整顿成果。

4. 要制定企业整顿验收的严格考核、奖惩结合的办法。要以精神鼓励为主

对整顿工作搞得好、经济效益高的企业及其领导干部和有关人员给予表彰、记功、晋级，并在不突破奖金限额的前提下给予适当的经济上的鼓励。

以上仅就如何以提高经济效益为目标，进一步搞好企业全面整顿讲了一些初步的

看法和意见，希望大家结合交流经验，展开座谈，各抒己见，提出更好的意见和办法来。通过这次会议，把企业全面整顿工作推向一个新的阶段，提高到一个新的水平，为提高企业素质，提高经济效益，早日实现财政经济状况的根本好转，加快四化建设的进程，做出更大的贡献。

文稿解读

1983年5月30日，国务院主要领导同志致信吕东、袁宝华同志："今日广播，波兰对企业经理进行统一考试，我认为我国也应进行此项工作。如你们也认为有此必要，请进行部署，争取在今年内，由经委负责对全国骨干企业（1000多个）经理进行一次国家统考。然后再普及到一般大中企业"。1983年7月26日，国务院主要领导同志在《国家经委关于对企业经理、厂（矿）长进行国家统考的请示报告》（1983年6月7日上报）上批示：同意。1983年9月5日，国务院召开会议听取国家经委国家统考方案（根据国务院主要领导同志批示的请示报告形成）。1983年9月28日，国务院成立以张劲夫同志为主任委员，袁宝华、吕枫、何光、彭珮云、刘国光、张彦宁等同志为副主任委员的"经济管理干部国家考试指导委员会"，负责研究制定国家对经济管理干部进行统考的政策和措施，组织编写全国统考的统一教学大纲、统一教材以及统一命题、统一评卷标准等工作。

1983年6月18日，《中共中央办公厅、国务院办公厅转发〈全国企业整顿领导小组关于用改革的精神搞好企业全面整顿的意见〉和〈中央组织部、国家经济委员会关于坚持标准，加快企业领导班子整顿步伐的意见〉的通知》明确，1983年是企业整顿关键的一年，要用改革的精神切实抓好整顿工作，步伐要加快，质量要提高。

1983年8月5至10日，国家经委、全国企业整顿领导小组联合召开全国工业交通工作座谈会。会议主要内容是贯彻学习中央工作会议和六届全国人大一次会议文件，总结交流整顿企业和提高经济效益的经验，研究以提高经济效益为目标，进一步搞好企业全面整顿，提高企业素质的问题。国务院副总理姚依林同志出席闭幕会议，国务委员兼国家经委主任张劲夫同志在会议做总结讲话，国家经委副主任、全国企业整顿领导小组组长袁宝华同志做工作报告。

1983年8月10日，国务委员兼国家经委主任张劲夫同志在会议总结讲话时指出，今年是企业整顿关键的一年，要把这项工作抓得很紧很紧，一定要抓出成效来，在提高企业素质和提高经济效益上做出新贡献。企业在改善企业素质的严重挑战面前，要增强信心，树立大有作为的思想。认真吸取整顿抓得好、管理水平不断提高、经济效益明显改善的先进单位的经验，在挖掘潜力上实实在在地下点功夫。同时，要狠抓扭亏为盈，加强领导，建立企业整顿责任制。各地政府、各级经济领导机关和部门要通力合作，帮助企业解决实际困难、为企业搞好整顿工作创造外部条件。

1983 年 8 月 5 日，国家经委副主任、全国企业整顿领导小组组长袁宝华同志在会议开始时做报告指出，这次会议是在全国六届人大一次会议和中央工作会议这两个具有重大意义的会议之后举行的。会议的中心任务就是要认真贯彻这两次会议精神，研究解决如何以提高经济效益为目标，进一步搞好企业整顿，提高企业素质的问题。这是在新形势下进行企业全面整顿的中心议题。

全国工业交通工作座谈会期间，国务院、中央财经领导小组领导同志听取了国家经委、全国企业整顿领导小组关于这次会议情况的汇报并做了指示。国务院领导同志谈到提高工业企业素质问题时指出，我国工业面临着一场严重的挑战，面临着一个如何提高素质的新的转变。如果我们的企业不来一个根本的转变，不在质量上、素质上有一个显著的提高，在国内就没有生命力，在国际上就没有竞争力，就没有出路。我们讲要使企业实现一个新的转变，要提高素质，就是要把工作转到以提高经济效益为中心的轨道上来，降低物质消耗，提高产品质量，这是整个工业非常关键的问题。我们现在的工作，一方面要从宏观上为实现本世纪的战略目标做好安排，搞好布局，把关系全局的重大骨干项目建设好，搞好综合平衡，避免出现大的曲折；另一方面就要考虑把作为国家经济细胞的几十万个企业的基础工作真正搞好，把经济效益搞上去。这样，我们国民经济的振兴就大有希望。今后 20 年，我们要抓紧两件事，一个是重点建设，再一个就是提高企业素质。如何提高企业的素质、质量，这是个总题目。要理出一个纲要来。企业的现状如何，今后 20 年，路子怎么走，出什么样的产品，什么样的效益，都要调查研究，做出分析。有经营管理问题，有技术进步问题，有职工队伍包括领导干部的水平问题。要解决这些问题，势必涉及整个经济工作的各个方面，涉及体制改革、企业结构调整、企业整顿、技术改造、智力投资，等等，这是一项大工程，要组织一个超越部门的班子，用系统工程的方法，通盘研究，用半年时间，搞出一个提纲挈领的文件来，列入长期规划，有了这个东西，就有方向了，今后该采取哪些大的政策、措施、步骤，心里就有数了。

1983 年 8 月 12 至 17 日，遵照国务院领导同志的指示，全国工业交通工作座谈会结束后，国家经委随即召开提高企业素质座谈会。来自部分省市、部委、大型企业、研究机构、大专院校的 40 多位同志出席并发言。国家经委副主任吕东、袁宝华、张彦宁同志以及国家经委秘书长沙叶、中国社会科学院院长马洪等出席会议并讲话。座谈会分析了我国企业的现状和内外部环境，以及影响企业素质提高的种种矛盾，并就组织企业素质调查和起草提高企业素质文件等做了安排。

1983 年 8 月 31 日至 9 月 28 日，遵照国务院领导同志的指示和“提高企业素质座谈会”提出的安排，国家经委（企业管理局）会同国家计委、国家体改委、国务院经济研究中心、技术经济研究中心、中央书记处研究室、中国社会科学院（工业经济研究所）七个单位组成联合调查组，就提高企业素质问题到上海、无锡、南京等地进行调查。联合调查组形成《关于提高企业素质问题的调查报告》，并提出了《提高全民所有制工业企业素质工作纲要（草案）》。1983 年 10 月 29 日，国家经委上报《提高企业素质调查汇报座谈会情况反映》及前述报告和草案。经国务院领导同志同意，1984 年 5 月 31 日，国家经委将《提高全民所有制工业企业素质工作纲要（草案）》印发国务院各部门、各省、自治区、直辖市人民政府和经委征求意见。

1983 年 10 月 26 日，国家经济委员会和经济管理干部国家考试指导委员会印发《关于对企业经理、厂（矿）长进行国家统考的实施方案》（考委发〔1983〕1 号）明确，国务院决定对企业经理、厂（矿）长进行国家考试。为此，提出有计划、有步骤地进行这项工作的实施方案。

1983 年 11 月 14 日，厂长（经理）国家统考学习试点班举行开学典礼，袁宝华同志讲话指出，这几年许多企业经济效益差，归根到底是管理水平差，也就是企业素质差。企业素质有三个要素，即技术装备、职工素质、管理水平，归结到一点就是人的素质。在全国工交工作座谈会上，有同志提出两个 70%，一个是经济干部中，文化程度在初中和初中以下者占 70%，说明管理水平低；另一个是技术工人中，3 级及 3 级以下者占 70%，说明职工技术水平低。提高人员素质，光靠学校培养是不能满足企业需要的。过去几年，我们开办了许多短训班，但企业一二把手由于重任在身，往往不能丢开事务去学习。这次对厂长（经理）实行国家统考是牵了“牛鼻子”。就是要帮助他们从繁杂的事务堆里摆脱出来，学点知识，使他们站得高点，看得远点，变被动为主动，减少决策的盲目性。从另外一方面看，厂长学好了，副厂长也会好好学习，并且带动科长以及全体职工好好学习，这就不仅可以提高干部管理水平，而且可以使整个企业的人员素质来一个大提高。另外，考厂长（经理）是一个开端，将来还要考其他干部，比如考党委书记，还要考可能提拔到领导岗位上来的人。现在，从工人中提干叫以工代干，以后，将考试制度化、正规化，建立考试提拔制，打破工人、干部的界限，从工人的优秀分子中提拔、配备干部，这对提高企业素质也是很重要的。

1983 年 11 月，《企业管理》开辟“如何提高企业素质”专栏。袁宝华同志在首发文章——《大家都要关心提高企业素质》中指出，《企业管理》杂志发起讨论如何提高我国企业素质的活动，并为此开辟了专栏，我认为这是一项十分有意义的工作。为什么要提出提高企业素质这个问题呢？目的就是要使企业把工作真正转到以提高经济效益为中心的轨道上来，认真改善经营管理，提高产品质量，降低物质消耗，降低成本，实现一个新的转变。文章强调，提高企业素质，是扩大企业自主权，推行经济责任制、全面整顿企业的继续和发展，是贯彻执行调整、改革、整顿、提高八字方针的重要内容。所有企业都要切实认识到提高企业素质是一项非常紧迫的任务，要下大功夫从内部提高自己的素质，把力量转到改善经营管理，推动技术进步，降低物质消耗和提高产品质量上来，迎接新形势下的严重挑战。同时，要提高企业素质，势必要涉及整个经济工作的各个方面，涉及体制改革、企业结构的调整、企业整顿、技术改造、智力投资，等等，需要用系统工程的方法进行综合治理。这就要求我们从实际出发，解放思想，坚持改革的精神，总结经验，揭露影响企业素质的内部和外部矛盾，积极探索解决矛盾的办法。

1983 年 12 月 20 日，全国企业整顿领导小组和国家经委召开国务院各部门第 18 次企业整顿工作例会。会议明确，到 1984 年底，大中型骨干企业基本整顿验收合格，2/3 的中小企业完成整顿任务。国家经委副主任、全国企业整顿领导小组组长袁宝华在会上讲话指出，目前，我国企业正面临着一场严重的挑战，面临着一场必须迅速提高企业素质、提高经济效益的转变。企业整顿是提高企业素质、提高经济效益的重大步骤，一定要抓紧抓好。如果放松领导，贻误时机，将直接影响到 1985 年前能否保质保量地完成中共中央、国务院指示的要把现有企业整顿一遍的任务；直接影响到能否提高企业素质、提高经济效益，争取经济状况的根本好转；直接影响到今后企业整党的顺利进行。1984 年企业整顿工作的指导思想是：以提高企业素质、提高经济效益为目标，全面规划，加强领导，提高整顿质量，加快整顿步伐。袁宝华同志强调，（1）整顿和建设好企业领导班子是搞好企业全面整顿、提高企业素质的关键和前提，必须首先抓好；（2）深入贯彻《国营企业职工思想政治工作纲要（试行）》，加强社会主义精神文明建设，提高职工队伍素质；（3）认真整顿和健全各项管理基础工作，积极推行现代化管理，提高企业管理素质；（4）要把整顿企业同整党统筹安排好，做到整顿企业和整党两不误；（5）继续抓好亏损企业的整顿，在扭亏增盈上取得更大的成绩；（6）坚持整顿同调整、改革、改造相结合，对企业实行全面整顿，综合治理。

1984 年 8 月 3 至 5 日，第一批厂长经理全国统考。张劲夫同志到北京考场视察。参加第一批统考的有工业、商业、外贸、施工、邮电、铁路运输和交通运输等七个行业的厂长（经理），共 9000 多人。

1984 年 9 月 7 日，国家经济委员会、经济管理干部国家考试指导委员会向国务院报告了第一批企业经理、厂长国家统考情况。1984 年 9 月 27 日，《国务院办公厅转发国家经委等单位关于第一批企业经理、厂长国家统考情况的报告的通知》（国办发〔1984〕90 号）。

文稿附录

附录 1　中共中央办公厅、国务院办公厅转发关于企业整顿的两个文件

附录 2 关于提高企业素质问题的调查报告（摘要）

附录 3 国家经济委员会关于印发《提高全民所有制工业企业素质工作纲要（草案）》征求意见的通知

附录 4 国家经济委员会关于对企业经理、厂（矿）长进行国家统考的实施方案

附录 5 国务院办公厅转发国家经委等单位关于第一批企业经理、厂长国家统考情况的报告的通知

附　录

附录 1

中共中央办公厅、国务院办公厅转发关于企业整顿的两个文件

（1983 年 6 月 18 日）

全国企业整顿领导小组《关于用改革的精神搞好企业全面整顿的意见》和中央组织部、国家经济委员会《关于坚持标准，加快企业领导班子整顿步伐的意见》，均已经中央书记处、国务院同意。现发给你们，请参照执行。

中央书记处、国务院认为：一九八三年是企业整顿关键的一年，要用改革的精神切实抓好整顿工作，步伐要加快，质量要提高。只有把今年的整顿工作搞好了，才有可能如期完成三年内把现有企业整顿一遍的任务。今年的工作如抓得不紧，就可能走过场，所谓提高经济效益，学会现代化经营管理，也就成了空话。因此，各地区、各部门都要切实加强领导，要有专人负责，把搞好企业全面整顿、提高经济效益作为企业的中心任务，扎扎实实地抓紧、抓好，为实现国民经济的根本好转，为后十年的经济振兴打好基础。在企业整顿中，整顿和建设企业领导班子是关键，要组织必要的力量，首先把企业的领导班子整顿建设好，充分依靠新班子搞好企业的全面整顿工作。

全国企业整顿领导小组
关于用改革的精神搞好企业全面整顿的意见

（一九八三年五月十一日）

一九八二年以来，各地区、各部门认真贯彻执行《中共中央、国务院关于国营工业企业进行全面整顿的决定》（中发〔1982〕2 号文件），做了大量工作，取得了一定的成效和初步经验。经过整顿的企业，领导班子普遍得到了加强，经济责任制得到了进一步整顿和完善，劳动组织的整顿有了进展，执行劳动纪律和财经纪律的状况有了改善，经济效益有了提高。全国列入第一批整顿的一万零八百八十三个预算内国营工业企业，到一九八二年

底，已有五百九十九个完成五项整顿工作，并经验收合格，占第一批整顿的企业百分之五点五。其中大中型骨干企业验收合格的八十二个，占第一批整顿的一千三百二十个大中型骨干企业的百分之六点二。商业、施工、农垦等企业的整顿工作也都取得了新的进展。

但是，从全国看，整顿工作的发展很不平衡，效果不够理想。不少单位缺乏改革精神，沿用老一套办法搞整顿，进展不快；少数单位整顿工作有走过场的危险；有些单位对企业全面整顿的重要性认识不足，抓得不紧，对解决企业的主要矛盾还不敢“碰硬”。因此，企业整顿工作的任务还是十分繁重的，必须下决心抓紧抓好。

一　一九八三年企业整顿工作的指导思想和工作部署

今年是企业整顿工作关键的一年。根据党中央、国务院的指示精神，企业整顿的指导思想是：以提高经济效益为目标，用改革的精神进行全面整顿，步伐要加快，质量要提高，抓住“三条关键”，达到“四个标志”，在三年内把现有企业整顿好。当前，特别要正确处理好整顿与改革的关系，既不能用改革来代替整顿，也不能只搞整顿不抓改革，改革要贯穿于整顿的全过程，以改革促整顿，通过整顿为改革打下基础，创造条件，做到整中有改，整中有创。

今年企业整顿工作要采取全面安排，突出重点，分类指导，分批验收的办法进行。要坚持两个文明建设一起抓，把企业整顿同整顿党的基层组织统一进行，同改革、调整以及技术改造等工作密切结合起来。

今年企业整顿工作的具体要求是：1. 一九八二年开始的第一批整顿的企业尚未达到验收要求的，应在第三季度内达到验收标准；2. 到今年年底累计要有百分之七十左右的大中型骨干企业、百分之二十至三十的中小企业的五项整顿工作达到验收标准；3. 已验收合格的要进一步巩固、提高，推进“三项建设”，争取在年底以前创建一批“六好企业”。达不到验收标准的，要补课；4. 重点抓好九十七个大企业，使它们在经营管理、生产技术和经济效益等方面走在前列，作出表率；5. 验收的企业，整顿后的经济效益要有明显的提高，并在企业内部经营管理方式的改革等方面要有新的进展，取得新的经验。

今后三年企业整顿的进度要求是：二千多个大中型骨干企业必须在一九八四年整顿完，到一九八三年年底累计验收合格的要达到百分之七十左右。面上的中小型企业，包括工交、商业、施工和农垦企业等，分三年搞完。其进度是，一九八三年（含一九八二年）验收合格百分之二十至三十，一九八四年百分之五十，一九八五年百分之二十至三十。各地区、各部门应按照这个进度要求，结合自己的实际情况制定具体规划，加以落实。

二　一九八三年要重点抓好以下几项工作

（一）整顿好企业领导班子，健全企业领导制度。整顿和建设好企业领导班子，一是要解放思想，破除论资排辈、干部终身制和轻视知识、轻视知识分子的思想，把大批德才兼备、有组织领导能力的中青年知识分子选拔到各级领导岗位。二是在坚持“革命化、年轻化、知识化、专业化”的原则下，注意结构合理，专业配套，特别要注意配备立志改革、有组织领导才干、有大专文化程度、熟悉经营管理、能开创新局面的干部当党委书记和厂长。三是要调整好科室、车间和工段的各级领导干部，选配好班组长。四是企业领导班子要精干，人数不能超过规定。五是在干部管理制度上进行必要的改革，减少管理层次，简化审批手续，采取联合考察，民意测验，民主选举等办法，试行干部录用、考核、奖惩、晋升相结合的制度。六是对配备好的新班子要有计划地做好培训工作，加强思想建设，使新班子有新的思想、新的作风，打开新的局面。

要全面贯彻企业领导制度的《国营工业企业职工代表大会暂行条例》、《国营工厂厂长工作暂行条例》、《中国共产党工业企业基层组织工作暂行条例》和《中国共产党财贸企业基层组织工作暂行条例》。当前要着重解决好党政分工，切实改变党委包揽行政事务的现象，党委要把主要精力转到抓党的方针政策、党的建设和思想政治工作上来，真正加强和改善党的领导。要明确党委、厂长、职代会各自的责任，建立起相互协调配套的工作系统和制度，形成一个精干有力、指挥灵活、信息灵敏的生产经营指挥系统。要实行民主管理，加强班组建设，保障职工当家作主的民主权利。

（二）进一步完善企业经济责任制。一是按照国务院规定，积极实行以税代利的改革。二是搞好企业内部经济责任制，要把企业对国家承担的经济责任，层层分解，落实到车间、班组和个人，形成一个责权利相结合的“包、保、核”相联系的经济责任制，三是改革工资、奖励制度，进一步体现按劳分配原则。

（三）改革劳动人事制度，下决心整顿好企业的劳动组织。在整顿中，要在平均先进定额的基础上搞好定员。对定员后的富余人员、“混岗”人员，要妥善进行安排，办好劳动、生活服务公司，广开生产服务门路，大力发展集体经济。要改革企业内部组织结构，加强经营、新产品开发、技术进步和培训机构，减少管理层次，不强求上下对口。要改革现行劳动制度，企业用工试行劳动合同工制度，坚持择优录用的原则，同时试行招聘办法，并允许专业技术人员在一定范围内进行流动。

（四）扎扎实实地整顿和加强各项管理基础工作。主要是把定额管理（包括劳动定额、消耗定额、资金定额等）、信息和数据管理（包括原始记录、统计分析、经济技术情报、科技档案等）、各项技术标准、计量测试、基础教育和管理规章制度等一项一项地建立和健全起来。

（五）认真搞好党的基层组织的整顿，主要是整顿好党的各级领导班子，搞好党员教育，解决好党员队伍中的一些突出问题以及改善和加强企业党组织的领导。整顿党的基层组织是紧紧围绕企业全面整顿总的要求进行的，它不能代替全面整党，但也不要等到全面整党的时候再来整顿党的基层组织，必须把党的基层组织的整顿纳入企业全面整顿中，统一规划部署、统一组织力量，统一检查验收，以党内整顿推动企业整顿，保证企业全面整顿的顺利完成。

要充分发挥党组织和工会、共青团组织在企业整顿中的作用。

（六）企业整顿要同调整和技术改造结合进行。对那些物资消耗高、产品质量差、生产供过于求和经营管理不善而长期亏损的企业，要分别实行限期整顿、限产整顿、停产整顿和关停并转。对建立起来的企业性公司，要一个一个地进行全面整顿，使之巩固、提高。

6. 企业整顿要同调整和技术改造结合进行。对那些物资消耗高、产品质量差、生产供过于求和经营管理不善而长期亏损的企业，要分别实行限期整顿、限产整顿、停产整顿和关停并转。对建立起来的企业性公司，要一个一个地进行全面整顿，使之巩固、提高。

所有整顿的企业都要制定出以节约能源、原材料为重点的符合宏观要求的技术改造规划，确定合理的产品发展方向，各地区、各部门要加强组织领导，根据企业整顿情况，提出行业规划，有计划有重点地进行现有企业的技术改造。

（七），加强精神文明建设。开展整顿的企业，都要认真贯彻全国职工思想政治工作会议的精神，密切结合经济工作，大力加强企业职工思想政治工作，对职工有计划地系统地进行以共产主义教育为核心的思想教育，从根本上提高职工的政治觉悟，教育职工树立全心全意为人民服务的劳动态度和工作态度，钻研业务技术，搞好团结协作，遵守职业道德，一切生产经营劳动，都要以国家利益为重，对人民负责。要认真贯彻执行《职工守则》和《企业职工奖惩条例》，树立良好的厂风和严明的厂纪，有计划地开展职工培训，不断提高职工的思想政治水平和文化技术业务水平，逐步建设一支有理想、有道德、有文化、守纪律的职工队伍。

（八）五项整顿工作已验收合格的企业，要按照“三项建设”、“六好要求”，结合改革，把建设性整顿推向一个新的阶段，逐步实现管理现代化。首先要加强领导班子的思想、组织和业务建设，逐步减少行政副职，由总工程师、总经济师、总会计师行使副厂长（副经理）职权。要加强对班子成员的培训，着重提高其经营管理和组织领导现代化生产的能力，争取到一九八五年大中型骨干企业的厂长，基本上达到大专文化程度和取得经济技术职称，党委书记也要力争达到这个目标；要有计划有步骤地进行经营管理制度和方法的改革，大力采用现代化管理方法。当前的重点是搞好全面计划管理、全面质量管理、全面经济核算以及包括职工培训的全面人事劳动管理，进一步实现生产组织合理化，经营管理合理化，使各项经济技术指标达到国内同行业先进水平，并赶超世界先进水平。

三　提高认识 加强领导

第一，加强领导。各地区、各部门的党政主要领导一定要亲自抓，建立健全企业整顿的领导组织和办事机构，把工交、商业、施工、农垦企业以及相应的设计、科研事业单位的整顿工作统一管起来，定期研究，督促检查，交流经验，掌握新情况，提出新办法。要建立企业整顿的分级分工责任制。各级专业职能部门也应按业务分工承担起相应的企业整顿任务。

第二，全面规划，突出重点。各地区、各部门都要根据企业整顿的总目标，制订本地区、本部门今后三年和一九八三年的企业整顿规划，提出分批验收名单并组织实施。重点是抓好大中型骨干企业，各地区、各部门主管经济工作的负责同志对大企业要有专人分工抓，取得经验，指导工作。

第三，分类指导，严格验收。各地区、各部门要根据各类企业的不同情况，提出不同的要求、不同的整顿步骤和进度，分别进行有针对性的，适时的指导。要抓好典型，抓点带面，点面结合，按企业隶属关系实行分片包干。企业整顿的检查验收，要坚持高标准，严要求，严格按照“五项工作要求”和“四个标志”进行，不要随意附加其他验收条件。验收组人员要精干，既要有领导干部，更要有专业人员。经过检查验收，不合格的必须补课。

第四，在政策上鼓励和提高企业自行整顿的自觉性和积极性。从现在起，每个企业都要按照中发〔1982〕2号文件的精神，不等、不靠，尽快起步，自行整顿，争取提前验收。各地区、各部门和各级企业主管单位，要积极支持和鼓励企业自行整顿。凡是整顿验收合格、经济效益好的企业，在不超过国家核定的总的留利水平前提下，经过上级有关部门批准，税后留利水平和奖金限额可略高于一般企业；有条件的可优先进行自费浮动升级和浮动工资。验收不合格的企业，停止厂长使用百分之一晋级权，并限期补课。经过补课仍然达不到要求的，厂级领导应停发奖金，职工应减发奖金，并再限期整顿，仍不合格者，应对企业主要领导进行组织处理，直到撤换。确因经营管理不善造成严重亏损的企业，经过限期整顿，仍不能扭亏为盈的，企业主要领导人应自动辞职或就地免职，并不得调到其他单位担任同级职务。由于上级主管部门的原因，不能按期完成企业整顿任务的，要追究上级主管部门的责任，有关人员要进行相应的组织处理。

第五，以帮助企业调整好领导班子和制定整顿规划为主要任务的蹲点调查组，可以采取四种形式：1. 参加五项整顿工作全过程的蹲点调查，主要对重点企业和问题多的后进企业，目的是为了系统地取得经验；2. 解决专项整顿任务；3. 巡视、“诊断”；4. 检查验收。不论采取哪种形式，一定要做到人员精干，可以吸收退居二三线的经验比较丰富的同志参加，包括企业退居二线的领导干部。还要充分发挥各种专业管理协会和各类研究团体的作用，组织专家有重点地帮助企业进行“诊断”，为企业提供咨询服务。总之，要善于把传统的调查研究和国外引进而又证明是可行的“企业诊断”办法结合起来，争取取得更好的效果。

中共中央组织部、国家经济委员会
关于坚持标准，加快企业领导班子整顿步伐的意见

（一九八三年五月十一日）

一年来，各地区各部门认真整顿了企业的领导班子。整顿后的班子一般比较精干，干部“四化”程度有较大的提高；一批年轻的科技干部和经营管理干部进入领导岗位，改善了企业领导干部的结构；党政分工和领导制度的建立，进一步明确了各自的职责。许多企

业在新班子的领导下，思想政治工作得到加强，生产有所发展，经营管理有所改善，经济效益有所提高，企业面貌发生了变化。

但是，从整顿企业领导班子的全面情况来看，发展是不平衡的。据统计，截至一九八二年年底，列入第一批整顿的企业。完成领导班子调整工作的，约有百分之六十（大中型骨干企业接近百分之八十），其中有一半左右没有完全达到标准，主要问题是领导班子成员文化程度和业务水平偏低，专业人才不够配套，年龄结构不够合理，缺乏开创新局面的才能和干劲，致使调整后的企业仍无大的起色。这些班子，今年需要继续加以充实，少数同干部“四化”要求差距甚大的，还要重新整顿。

一九八三年，是整顿企业关键的一年。实践证明，整顿好领导班子，是搞好企业其他整顿工作的前提。特别是整顿好大中型骨干企业的领导班子，更为重要。

国家经委编列的大中型骨干企业，全国有二千三百多个（不包括部分军工企业）。这些企业的领导班子尚未进行整顿和已经整顿没有达到标准需重新整顿的，仍有一千五六百个。根据国家批准的企业整顿的安排，要求在今年上半年，力争把这些大中型骨干企业的领导班子基本上调整完。现在各地正忙于机构改革，任务比较繁重。如何作出妥善安排，坚持标准，加快领导班子整顿步伐，是今年企业整顿中急待解决的一个大问题。为此，特提出以下几点意见：

一、健全和落实整顿企业领导班子的组织领导。今年需要整顿的大中型骨干企业，有百分之八十以上是省、市、自治区直属企业和双重领导、以地方管理为主的企业。各地要把主管这方面工作的人员、组织和领导尽快落实和健全起来。凡是已设立企业整顿领导小组和干部考察审批小组的省、市、自治区，应充实和加强领导，不论在职或退下来的干部，都要切实负责到底，不要因机构调整而削弱了领导力量；尚未建立的，要尽快建立起来，可由在职的或退下来的原分管工交工作的党政负责同志和组织部（工交部）、经委以及其他企业主管部门的负责人，组成专门班子，统管企业班子的整顿、配备工作。在摸清班子现状的基础上，按所属系统进行分类指导。原任党委书记和厂长（经理）不需要变动的，或因年龄过线退下来但精力还比较充沛又有事业心的，就依靠他们充分走群众路线，提出调整方案，报上级审批。需要派调查组进厂蹲点的，调查组的主要任务是协助企业党组织开展民主推荐，发现人才，酝酿好调整方案，报上级审批。在配备好领导班子，建立起领导制度，明确划分党政分工，制定出全面整顿的规划后，调查组一般可撤离或调到其他企业继续帮助开展工作。

中央各部门的直属企业和双重领导、以部管理为主的大中型骨干企业，约有百分之二十（包括国防工业）。鉴于部机关机构改革的第一步工作已经完成，有条件组织更多的在职和退下来的干部参加企业整顿工作，不但要如期完成部属企业班子的整顿任务，而且还要帮助地方完成本系统内双重领导、以地方管理为主的企业班子调整工作。

二、整顿企业领导班子要坚持标准。选拔干部时，必须把好政治关、年龄关、文化关，首先是政治关，即在革命化的前提下，坚持年轻化、知识化、专业化的要求。不能让

“三种人”以及反对党的十一届三中全会以来中央路线的人和有各种严重违法乱纪行为的人进入领导班子，一旦发现，就坚决清除出去。经过整顿，企业领导班子的成员不仅政治条件和人数、年龄、文化程度应符合要求，还要做到专业比较配套，既有科技干部，也有经营管理和做后勤工作的干部，科学地把人才组织起来，建立起一个真正有强烈事业心的、有组织领导才干、能开创新局面的搞四化建设的“四化”班子。有些部门和企业，没有充分走群众路线，没有全面考察干部的“四化”条件，只是简单地留下原班子中适龄的人，或增加个别科技人员以补足缺额，就算领导班子调整好了。这样做，往往不能达到干部“四化”标准，难以改变企业面貌。

在少数班子中个别需要留下过渡一段时间的老同志，要着重选拔和培养好接班人。过渡时间不宜过长，一般可定为一至二年。组织部门和上级主管单位要不断督促检查接班对象的培养工作，保证新老按时交替。

由于名额限制退出领导班子还不到离休退休年龄，但身体较好，有实践经验，革命事业心强的同志，一定要安排好他们的工作，继续发挥他们的作用。对离休退休的老同志，也要安排好。从一九八二年开始第一批企业整顿后，符合离休条件而退下来的干部，在一九八三年企业调整工资时，应按规定列入调资范围。

三、整顿企业领导班子，要用民主推荐、民意测验和职工代表大会评议干部等多种形式，广泛走群众路线，核心是选配好党委书记和厂长。在坚持干部“四化”标准的基础上，要着重注意选拔熟悉经营管理、有组织领导能力和改革精神，能够开创新局面的干部来担任。党委书记还要有善于把思想政治工作与经济工作紧密结合的才能。党政副职的选配，要听取党委书记和厂长（经理）的意见。

一九八五年前，大中型骨干企业的厂长经理，要基本上达到大专文化程度，并具有相应的科学技术和经济管理能力，取得经济技术职称，党委书记也要力争达到这个目标。这些企业分管生产、技术、经营等副厂长（副经理）和生产、计划、设计、工艺、质量、设备、供销等职能部门的负责人，都应尽量选拔具有大学、中专文化水平的科技干部和经济管理干部或自学成才、具有同等知识水平的人来担任。要选拔一批党性强，办事公道，作风正派，思想解放，具有大专文化水平，年轻、优秀的经济、科技干部到组织、人事、宣传等党务部门担任领导工作。中层干部的年龄，原则上不超过厂级领导干部的年龄，力争更年轻一些，但不要规定层层递减的年龄界限。

四、当前，选拔专业技术人员进领导班子还有阻力，有些专业技术人员比较密集的企业，厂级和中层干部中，初中以下文化程度的仍然占了大部分。对此，各级党组织要认真组织广大干部学习胡耀邦同志在马克思逝世一百周年纪念大会上的重要讲话，克服“左”的影响，坚决把优秀的专业技术人员提拔到领导岗位。经过这次整顿，要使大中型骨干企业领导班子中，具有大学、中专文化程度和相应专业技术的人员达到百分之五十以上。年龄在五十岁以下，没有达到高中文化的，通过脱产学习或培训，达到高中或中专水平；三十岁左右的青年干部对象，则应坚决把他们送到学校培养三五年，达到大专以上文化程度。

有的省、市、自治区和部门，根据干部队伍的“四化”要求，结合本地区和本部门的实际情况，对领导班子中具有大中专文化水平和懂专业的技术人员应占的比例，年轻干部的人数等规定了必须达到的更为具体的“硬杠杠”。实践证明，这对提高领导班子“四化”水平是有效的。

五、简化干部审批手续，是加快企业领导班子整顿步伐的重要环节。在干部管理体制和管理方法没有作出全面改革以前，为适应企业整顿的需要，根据一些地区的做法和经验，建议采取以下临时特殊措施：1. 对选拔的干部对象，由有关部门共同组织力量，主管干部的部门和领导牵头，进行联合考察，统一认识，共同审定。2. 在目前省、市、自治区正在进行机构改革的情况下，省、市、自治区管理的干部，授权专门班子代批，报主要领导和干部主管部门备案。3. 下放权力。部分企业领导干部分系统归口审批，报上级干部管理部门备案。在企业领导班子整顿好以后，企业的中层干部，由企业党委自行调整审批和管理。4. 报请中央审批的企业干部，在中央没有批准前，有关省、市、自治区和各部的党组织，可先宣布为代理职务，待中央批复后，再宣布正式任职。5. 中央各部门和各省、市、自治区双重领导的企业，以及省和市交叉管理的企业，确定领导班子人选时，尽量相互协商，取得一致看法。在认识不一致时，应尊重企业管理为主一方的意见，或将两种意见同时上报，由干部审批部门研定，防止因认识不一而久拖不决。

六、企业领导班子调整好以后，要遵循改革精神，加强思想建设和业务建设，新班子要有新思想、新作风、新面貌，开创企业的新局面，巩固和发展整顿的成果。首先，要健全和完善领导制度，坚决克服党委包揽行政事务、放弃或削弱思想政治工作和行政领导过多依赖党委、不勇于承担独立指挥生产行政工作的两种现象。第二，努力钻研业务、技术，制定相应的规划，做好培训工作，保证每年有一定的时间脱产学习经济管理知识，不断提高企业现代化管理水平。第三，要建立定期召开民主生活会和接受群众监督的制度，经常开展批评与自我批评，警惕和防止不正之风，维护一班人的团结。第四，对新提拔的干部不仅在政治上、思想上严格要求，还要关心他们的生活，爱护他们的身体，对确有困难者，要帮助解决。

附录 2

关于提高企业素质问题的调查报告（摘要）

（国家经委等七部门“提高企业素质问题”联合调查组）

1983 年 8 月 31 日至 9 月 28 日，由国家经委、计委、体改委，国务院经济研究中心、技术经济研究中心，书记处研究室和中国社会科学院工业经济研究所七个单位组成的调查组，到上海、无锡、南京等地就提高企业素质问题进行了调查。

党的十一届三中全会以来，实行了对外开放、对内搞活经济的方针，扩大企业经营自主权，推行经济责任制，进行全面整顿，给企业带来了一定的动力和活力。特别是中央提出经济工作要转到以提高经济效益为中心的轨道上来以后，许多企业已在指导思想和实际工作上开始“转轨”“变型”，经济效益有所提高。但是，随着企业生产的外部条件发生了一些变化，企业素质差的问题就明显地暴露出来。以下为当前企业素质的现状。

1. 职工队伍的状况

提高企业素质的决定因素是提高人的素质，而其中关键又是提高领导班子的素质。从上海、江苏等地来看，经过企业整顿，领导班子的状况虽然有所改善，但班子的“四化”问题还需要进一步解决，特别是缺乏系统的现代化企业管理知识，已成为目前企业领导干部智能结构中突出的薄弱环节。职工队伍政治、文化、技术业务水平低，技术人员和经济专业人员少的状况比较突出。

（1）职工队伍中党员比例下降。江苏省 3524 个全民所有制企业，48.7%的班组没有党员。

（2）职工队伍的政治、技术素质都有不同程度的下降。江苏省近年来退休职工达 60 万人，子女顶替的约占 2/3 以上。不少青年工人劳动纪律松弛，缺乏钻研技术、学习文化的积极性。新工人增加较多，也带来了生产工人的技术结构不合理。从上海、无锡的情况来看，一至三级工约占 60%~70%，七、八级工只占 2%~3%。

（3）工程技术人员数量少。现在国外一般企业工程技术人员占职工总数的 15%左右。江苏省工程技术人员只占职工总数的 2.75%，上海市只占 4.13%。

（4）经济专业人员严重缺乏，水平低。目前企业突出的是缺乏受过专业教育的计划、会计、统计人员。上海市纺织工业系统，平均 3 个企业才有 1 名会计师；无锡市工业企业中，统计、财会和计划人员仅占职工总数的 1.6%。

（5）政工干部理论水平低、缺少专业知识。

2. 设备和工艺状况

目前企业的技术素质不高，突出地表现在：一是设备老化、性能差、效率低，从江苏几个主要行业看，解放前的设备占 20%左右，具有 70 年代水平的不到 10%；二是装备结构不合理，工艺落后，上海机电一局现有金属切削机床中，精密、数控机床很少，可调性生产线基本是空白。许多企业反映，其产品比世界先进水平大致落后 15~20 年。

3. 经营管理状况

当前比较突出的问题，一是经营管理上还没有真正实现“转轨”“变型”，企业面貌变化不大；二是基础工作薄弱，主要表现在定额管理不善，定额水平低，产品质量标准下降，甚至还有一些企业没有产品质量标准。据江苏省标准化部门对 11 个市的企业统计（包括社队企业），没有标准的达 33%。

调查中，工业部门和企业的同志提出，提高企业素质，主要应当在企业内部下功夫。

但是，企业的经济活动，必然要受到宏观经济的制约，希望能从外部给企业提供必要的条件。需要研究解决的主要有以下几个问题。

1. 利改税问题

江苏省财政部门的同志反映，实行利改税后，保证了国家得大头，有利于奖勤罚懒，鼓励企业多盈利。但是，现在的办法还不完善。当前企业最关心的是两个问题：（1）实行第二步利改税之后，企业留利要能有自我发展的能力，做到自负盈亏；（2）实行第二步利改税之后，给企业多大的经营自主权。

2. 计划管理问题

当前，企业对计划工作反映最突出的是两个问题。一是生产计划与物资、财政和商业收购计划不配套，给企业组织生产带来许多困难。上海市反映，1982 年与 1978 年相比，全市工业生产增长 24.3%，而同期国家分配的煤炭减少 4.2%，钢材减少 41.3%，木材减少 19.4%。1981～1983 年，国家下达给上海市产量计划的产值分别下降 7.9%、5.2%、4.3%，而财政收入计划分别要求增长 4.2%、2.4%、4.6%，结果年年完不成财政计划。二是计划指标和考核办法越来越繁杂。过去主要考核 8 项指标，现在变为 16 项。地方和企业建议，对企业主要考核产品产量、质量、纯收入、成本（不是可比成本）降低率、资金周转等 5 项指标；有的同志还建议考核产值利润率、资金利润率和商品销售率。

3. 企业内部领导制度问题

目前企业里正在试行三个《条例》，党政分工真正搞得好的仍然是少数。据常州市对 214 个企业分析，解决比较好的只占 12%。对怎样保证厂长指挥权与决策权的统一，大体有四种主张：（1）继续贯彻执行“三个条例”，在实践中逐步完善；（2）厂长、书记一人兼；（3）对不同的企业实行不同的领导制度：鉴于企业的生产规模和在国民经济中的地位、作用不同，有的厂可以实行党委领导下的厂长负责制；小厂可以采取厂长、书记一人兼；（4）实行厂长为首的工厂管理委员会制度，工厂管理委员会是企业经营决策机构，厂长是企业的法人代表，厂长对工厂管理委员会做出的经营决策有最终裁决权。

4. 技术改造和技术进步问题

地方和企业普遍反映，现行的某些经济政策不利于促进企业的技术进步。需要研究解决的问题有以下几点。（1）解决企业更新改造资金不足问题：一是在保证增加国家财政收入的前提下，适当提高固定资产折旧率；二是将现有折旧基金全部留给企业使用，设备更新免征能源交通费；三是允许企业的更新改造资金在公司内部调剂使用；四是重点改造项目由国家投资或拨款，一般技术改造主要靠自有资金和贷款解决。（2）实行鼓励企业开发新产品的经济政策。对新产品尽快实行产品优质优价、低质低价以及对落后产品实行惩罚价格的办法。（3）加快引进新技术和搞好消化、吸收、仿造、推广工作。

5. 分配制度问题

企业普遍赞成实行“两级分配”的办法，不少同志还就以下问题提了一些设想和建议。（1）关于企业工资总额包干基数问题。比较一致的意见是，确定企业工资总额包干基数时，应当考虑行业和产品特征，企业的有机构成，定员定额水平，平均技术标准和工资标准，生活必需品价格增长指数。（2）关于企业工资总额增减同哪些考核指标挂钩的问题。多数企业认为在全面利改税完成以后，工资总额与利润挂钩较好。（3）关于企业可分配的工资总额和职工工资构成问题。有些企业建议，职工工资由基本工资、奖金（分红）、津贴和生活费用指数补贴等四部分构成。（4）做好工资制度改革的基础工作。（5）关于提高职工在最佳劳动年龄期间的工资待遇问题。企业建议，国家在制定新的工资标准时，应当加大四至六级工的工资级差，以调动青壮年职工的劳动积极性。

6. 劳动管理问题

当前企业反映比较突出的问题是合格的人进不来，多余的人出不去。企业富余人员一般占职工总数的15%，多的达到33%。大家建议：（1）必须给企业择优录用和辞退职工的权力；（2）实行多种用工形式；（3）实行劳动预备制，废除学徒制；（4）建立社会劳动保险制度。

7. 工商、工贸关系问题

总的意见是，工商双方都要严格执行生产、收购计划和合同，搞好衔接。工业部门要提供适销对路的商品；商业部门要及时组织收购，发挥蓄水池的作用。工贸关系必须改革现行外贸管理体制，走工贸结合的路子。具体建议是：（1）工贸双方实行“四联合两公开”；（2）对技术力量较强、生产能力较大、经营管理较好的企业，可以组织工贸合一的公司，赋予直接对外出口贸易权；（3）建立工贸合营工厂；（4）扩大厂商挂钩。

8. 智力投资问题

上海、无锡等地的同志主要提出以下几点意见：（1）教育部门要按社会需要培训人才，目前教育结构上存在着工程技术专业多、经济管理专业少，大专院校多、中专和职业中学少的问题，希望教育部门尽快加以调整；（2）社会教育要为企业输送合格的劳动者，职工教育主要以提高专业技术水平为主，不能初、高中毕业生进厂后再由企业补文化课；（3）要把职工教育纳入各级国民经济和社会发展计划；（4）切实解决职工教育经费问题，除了国家规定提取的职工教育经费以外，不足部分由企业生产发展基金补充。

附录3

国家经济委员会关于印发《提高全民所有制工业企业素质工作纲要（草案）》征求意见的通知

（经企〔1984〕384号　1984年5月31日）

各省、自治区、直辖市人民政府、经委，国务院各部委、各直属机构：

遵照国务院领导同志的指示，去年八月以来，由有关部门组成调查组，在有关地区的协同下，对提高企业素质的问题进行了系统调查研究，提出了《提高全民所有制工业企业素质工作纲要（草案）》。经国务院同意，现将这个草案发给你们，请研究提出修改意见，于今年七月底以前送国家经委企业管理局。

提高全民所有制工业企业素质工作纲要（草案）

（一九八四年五月十五日）

一　提高企业素质是实现社会主义现代化的重要保证

（一）现有全民所有制工业企业是我国国民经济的主导力量，是社会主义计划经济的基础，是提供国家财政收入、保证重点建设和改善人民生活的主要源泉，是全面开创社会主义现代化建设的新局面，迎接世界新的技术革命的前进基地。提高现有企业的素质，是关系到现代化建设成败的大事，对于实现党的十二大提出的到本世纪末全国工农业年总产值翻两番，人民的物质文化生活达到小康水平的宏伟目标，具有十分重大的意义。

（二）企业素质是构成企业生产力诸要素的质量和企业组织管理水平的综合表现。提高企业素质，就是要提高企业的技术装备素质、经营管理素质和职工队伍素质，使企业能按社会需要不断发展提高，在国内外市场中具有较强的竞争能力，生产经营活动经常处于良性循环的状态，经济效益不断提高。

（三）我国工业面临着一场严重的挑战，面临着一个如何提高素质的新的转变。经过三十多年的建设，全民所有制工业企业已经有了一个相当大的规模，对国民经济的发展作出了重大贡献。由于过去在经济建设的指导思想上长期存在着“左”的错误和十年内乱的严重破坏，造成企业经营管理、生产技术落后，职工队伍的思想和技术素质下降，纪律松弛，经济效益很差。党的十一届三中全会以来，经过一系列的调整、改革和整顿，企业面貌有所变化。但从社会主义现代化建设需要和新的技术革命迅速发展的形势来看，我国企业素质差仍然是当前亟待解决的严重问题。在这场挑战中，如果不尽快把现有企业整顿好、改造好，使企业素质有一个显著提高，我国社会主义现代化建设的宏伟目标就有落空的危险。

（四）提高企业素质是一场深刻的改革，一定要遵循马克思主义的基本原理，从我国实际情况出发，在坚持四项基本原则，对外开放、对内搞活经济的方针指导下，采取系统工程的方法，把综合治理同有计划地组织重点突破结合起来，对影响企业素质的各类问题进行有效的改革。不但要解决企业的内部问题，还应相应地解决企业必需的外部条件问题。使企业外有压力，内有动力，充分调动企业和劳动者的积极性和主动性。经过长期艰苦的努力，使企业素质有一个新的转变。

二　要正确处理国家和企业的关系

（五）全民所有制工业企业是社会主义的经济组织，是进行商品生产和商品交换的经营单位，实行在国家政策法令和统一计划下的自负盈亏。

（六）全民所有制工业企业具有与国家的统一性相联系的独立性。统一性主要表现为：企业是社会主义国民经济组织的基本单位，由国家经济管理机关主管，厂长（经理）由国家任命；企业的生产资料和劳动产品属于全民所有；企业必须严格遵守国家的方针、政策和法律、法规，执行国家的指令性计划，接受指导性计划的指导；企业必须维护国家与人民的利益。

企业在国家领导下的独立性主要表现为：企业对生产资料有使用权；对产品有一定的自销权；对劳动人事、经营决策和经营管理有一定的自主权；在保证国家利益的前提下，有独立的经济利益。

（七）全民所有制工业企业必须对国家承担以下责任：

1. 按照国家计划，努力生产、提供符合社会需要的产品和劳务，并努力提高产品质量，降低成本，提高劳动生产率，增加盈利。

2. 在国家政策、法令和计划指导下，承担经济责任，依法缴纳税利，自负盈亏。

3. 全心全意为用户服务，决不允许采取不正当的手段损害国家与消费者的利益。企业应对造成国家与消费者严重损害的行为承担经济与法律责任。

4. 推动企业的技术进步，按照国家规划进行技术改造。

5. 在努力提高经济效益和劳动生产率的前提下，逐步增加职工收入，提高职工的物质、文化生活水平。

6. 努力提高职工的思想、技术、文化水平，造就一支有理想、有道德、有文化、守纪律的职工队伍，适应社会主义现代化建设和新的技术革命的需要。

7. 企业必须管好用好国家财产，遵守财经纪律，接受审计机关和财经部门的监督。

8. 严格执行环境保护、安全生产的政策和规定，保证职工的劳动安全和身心健康，维护社会利益。

（八）全民所有制工业企业具有以下基本权限：

1. 要求主管单位解决指令性计划中部分物质条件得不到保证、产品销售得不到安排的问题；主管部门不能解决时，企业在征得主管部门同意后，可将这部分指令性计划改按指导性计划执行。在完成国家指令性计划的前提下，按照社会需要自行安排其它产品的生产。

2. 按照国家分配的指标，择优选择供货单位，购进自己需要的生产物资。

3. 在完成国家指令性收购计划和调拨任务后，自行安排其它渠道销售自己的产品。

4. 按照国家规定的价格政策和浮动幅度，制订新产品的价格和一般产品的浮动价格。重大新产品价格的制订，须经国家批准。

5. 统筹安排、合理使用企业留用的折旧基金、大修理基金及生产发展基金。在国家规定限额内的技术改造项目，企业可以自主进行。较长期的技术改造规划经上级主管机关审查批准后，对具体项目的实施，企业可以根据实际情况具体安排。

6. 按照实际需要决定企业的机构设置，任免中层行政领导干部，对职工进行奖惩。

7. 在国家下达的劳动计划内，按照企业的需要择优录用职工（长期工、轮换工、临时工、季节工），有权拒绝接受企业不需要的人员。

8. 按照国家的工资制度，在国家核定的工资总额及其增减幅度范围内，选择适合本企业特点的工资、奖励形式。

9. 出租、转让闲置和多余的固定资产，所得收入仍属全民所有。其中属于上级主管机关管理的精密、大型、稀有设备的出租或转让，要报请上级机关批准。

10. 根据行业发展规划，可以在自愿、平等、互利的原则下，同其它企业进行多种形式的经济联合，准许向其它企业投资。

11. 根据工贸结合、技贸结合的原则，直接参加外贸谈判、签约，按照国家规定提取和使用分成的外汇。有大宗出口任务的企业，可派员出国，开展技术服务和市场调查。

12. 除法律、法令规定者外，拒绝任何方面对企业人力、物力、财力的平调和摊派。

（九）全民所有制工业企业经国家有关部门批准设立，在法律上具有企业法人地位。厂长（经理）是企业法人的代表。厂长（经理）代表企业承担对国家的责任和行使企业享有的权利。国家依法保障企业的合法利益，同时监督企业履行应尽的义务与责任。

三　全民所有制工业企业实行在国家政策法令和统一计划下的自负盈亏

（十）全民所有制工业企业在国家统一领导下，建立责、权、利相结合的经营责任制，实行在国家政策法令和计划指导下的自负盈亏。企业按税法或其它规定向国家缴纳税金（利润）后，余利按规定比例设置生产发展基金、新产品试制基金、职工福利基金、职工奖励基金和后备基金，全部归企业支配使用。企业用自留资金形成的固定资产仍属全民所有。企业发生经营性亏损，首先用后备基金弥补；后备基金不足，减发领导干部和职工一定比例的基本工资，减发的数额以职工基本工资的百分之二十为限。经采取整顿措施仍不能扭亏的企业，实行关停，职工待业享受社会保险。企业亏损不得动用全民所有的固定资金弥补。

（十一）全民所有制工业企业实行自负盈亏的主要形式是企业依法纳税，税后留利归企业支配，税后亏损除政策性亏损外，由企业自负。亏损企业、微利企业实行亏损包干、定额包干后的自负盈亏。

产、供、销由市场调节或提供劳务的小型企业，由集体或职工个人承包、租赁，依法纳税并向国家缴纳资金占用费、承包费或租赁费后自负盈亏。

此外，对少数技术改造任务大的骨干企业，经国家批准，作为一种特殊政策，实行上缴利润递增包干，完成包干任务后自负盈亏。

四　大力推进企业的技术进步

（十二）所有工业企业，特别是大、中型骨干企业，到本世纪末，要把世界上七十年代或八十年代初已经普遍应用的、适合我国需要的先进技术在企业中普及。某些行业、企业的产品和工艺，要达到当时世界最先进水平。

（十三）企业的技术进步要以开发新产品、提高产品质量、提高经济效益为目标，以产品为“龙头”，以工艺为基础，把技术攻关、技术改造、技术引进结合起来；把发展生产与降低消耗、改善环境结合起来；把专业技术人员的研制与群众性的技术革新结合起来；把本企业的力量与社会力量结合起来，共同促进技术进步，逐步把生产建立在现代化的技术基础上。

（十四）要加强企业的技术基础工作，建立健全设计图纸、工艺文件、技术资料档案的管理制度，严格设计程序和工艺纪律，确保企业的技术工作科学地、有秩序地开展。

（十五）加强企业科研机构的建设。大、中型企业都要集中必要的技术人员和物力、财力，建立科研中心和新产品开发机构。小型企业可按行业、按地区组织联合的科研机构。

（十六）要积极采用和推行国际技术标准。新制订的国家标准，都要具有七十年代和八十年代初的国际标准水平。企业要努力创造条件按国际标准组织生产。

（十七）要加快技术引进的步伐。积极引进新技术，这是缩小我国同国际先进技术水平差距的重大方针。技术引进要十分重视“软件”技术，同时要注意引进关键设备、科研和测试手段。引进技术要利用工贸结合、技贸结合等多种形式，广开渠道。要按行业、按地区组织好引进技术的消化、吸收和创新的工作。

五　实现企业管理的科学化现代化

（十八）要总结推广我国建国以来积累起来的企业管理经验，并按照“以我为主，博采众长，融合提炼，自成一家”的原则，从我国实际出发，积极学习和运用国外现代化管理的方法和手段，走出具有中国特色的现代化企业管理的新路子。

（十九）要依靠广大职工，扎扎实实做好各项管理的基础工作，重点是做好标准、定员、定额、计量、财务会计、信息（包括原始记录、统计分析、科技与经济情报等）、以责任制为核心的规章制度和基础教育等工作，为实现企业管理现代化创造条件。

（二十）根据企业组织结构和生产技术条件的实际情况，确定本企业的现代化管理形式。可以实行企业内部经济责任制的形式；可以实行全面计划管理、全面质量管理、全面经济核算、全面劳动人事管理为内容的“四全管理”形式；也可以实行以计划、生产、技术、设备、物资、劳动、财务、销售等各项专业管理形式。企业的现代化管理体系，不限于一种模式，不搞一刀切和形式主义，要在实践中不断探索、完善。

（二十一）企业应根据需要与可能，积极采用微型、小型电子计算机，逐步实现管理手段现代化。

六　建设一支又红又专的职工队伍

（二十二）加强智力开发，建立又红又专的职工队伍，是提高企业素质的根本。企业要有职工培训的长远规划。有条件的企业要建立培训中心，有些企业也可以和其它企业联合建立，或由主管部门按行业建立培训中心。

（二十三）企业领导班子要由符合革命化、年轻化、知识化、专业化的要求，有较高的思想政治水平，善于经营管理，有组织领导能力，能开创新局面的干部组成。要经常保持企业领导班子比较合理的专业结构、知识结构和年龄结构。大、中型企业要注意把符合“四化”要求的四十五岁左右的干部提拔到领导岗位上来。要加强对企业领导干部的培训。厂长（经理）必须通过经济管理干部国家考试指导委员会的考试。大、中型骨干企业的厂长（经理），一九八五年前都要达到大学以上文化水平，一九九〇年前必须取得高级或中级技术业务职称。厂长（经理）都要逐步学会使用电子计算机。

（二十四）加强对企业各类专业人员的培训。在“七五”期间，各类专业人员的文化程度要分别达到大专或中专以上水平。企业要建立定期轮训专业人员的制度，不断进行知识更新，提高专业人员的业务技术水平，适应企业管理现代化的需要。

（二十五）加强工人的培训。新入厂或改变工种的生产工人，都必须经过训练和考核，要达到应知、应会的要求才能上工作岗位。企业在完成青壮年职工的文化、技术补课任务后，主要应抓好工人的技术培训，并把培训和考核升级结合起来。在“七五”期间，大、中型企业关键岗位上的技术工人应达到中专水平；少数技术密集型和知识密集型企业关键岗位上的技术工人应达到大专水平。企业要形成一个与生产发展相适应的比较合理的工人技术等级结构。

（二十六）加强思想政治工作，不断提高职工的思想觉悟，是提高企业素质、实现企业现代化的政治保证。要经常对职工进行爱国主义、集体主义、社会主义、共产主义的教育，广泛深入开展“五讲四美三热爱”活动。为了加强对企业职工思想政治工作的领导，省、自治区、直辖市党委要分别建立主管国营工业企业的政治工作机构。大、中型企业的主要政工干部都要经过政治学院或有关院校政治专业的系统培训。

七　建立企业内部经济责任制

（二十七）经济责任制，是在企业内部使职工个人的经济利益与集体劳动成果、个人劳动贡献相联系的生产经营管理制度。所有企业都要在实行定员定额的基础上，结合自己的实际情况，建立起严格的内部经济责任制。

（二十八）企业内部经济责任制包括岗位经济责任制和专业经济责任制两个方面的内容。企业根据国家计划和社会需要制定出生产经营总目标后，按照责、权、利相结合的原则，把总目标层层分解和落实到各职能部门、车间、班组和个人，逐级建立起岗位经济责任制；同时，把企业的各项专业管理工作同经济指标一起层层落实到人，逐级建立起专业经济责任制。通过经济责任制，使全体职工都相应地承担起各自的经济责任，同企业的生产经营成果挂起钩来。

（二十九）责、权、利相结合，承包、保证、考核到人，是落实经济责任制的保证。“承包”是把责任（包括指标、技术、业务）包到人，科学地、严密地组织劳动，使每个职工明确自己承担的任务和经济责任。“保证”是确定生产过程中各部门、车间和职工之间的协作关系，作为承担经济责任的互相保证条件。“考核”是在承包、保证条件逐项考核的基础上，实行按劳分配，有奖有惩。通过承包、保证、考核，使企业内部形成一个上下结合、纵横连锁的经济责任制体系，做到企业管理业务指标化、管理工作程序化、协作关系规范化、专业管理系统化。

八　改革企业内部的领导体制

（三十）企业实行厂长（经理）负责制。厂长（经理）对企业的生产经营和行政管理工作，统一领导、全面负责。厂长（经理）由企业的主管部门任免。副厂长（副经理）、总工程师、总经济师、总会计师受厂长（经理）领导，对厂长（经理）负责。

（三十一）大、中型企业要建立管理委员会。企业管理委员会是在厂长（经理）主持下，讨论研究有关企业生产经营重大问题的机构。成员由厂级领导干部、工程技术人员及生产工人代表组成，人数根据企业规模确定，最多不超过十五人。厂长（经理）、党委书记和工会主席是当然成员，其它成员由厂长（经理）决定。

（三十二）厂长（经理）行使以下权限：

1. 对企业的生产经营活动和行政工作实行集中统一指挥。

2. 决定企业的规章制度的建立、修改和废除。

3. 向企业主管部门提出副厂长、总工程师、总经济师、总会计师等干部的任免名单，管理、考核、任免中层行政干部。

4. 按照国家规定的人事管理权限，对职工进行奖励和惩处。对有特殊贡献的职工有权晋级，对违反纪律的职工有权处分，直至开除。

（三十三）厂长（经理）履行以下责任：

1. 遵守宪法、法律和法令，贯彻执行国家的方针、政策和上级主管部门的指令。

2. 保证国家指令性计划的完成，充分发挥企业的综合生产能力，努力改善经营管理，提高经济效益，对企业盈亏负责。

3. 对社会负责，履行合同，保证产品质量和使用安全，改善环保工作。

4. 改善职工的劳动条件，做好安全生产工作，在发展生产、提高劳动生产率的前提下，逐步提高职工的生活水平。

（三十四）企业职工代表大会是职工当家作主、实行民主管理的基本形式。它的职能是：

1. 定期听取厂长（经理）的经营决策方案和工作报告，并提出意见和建议。

2. 评议、监督企业各级领导干部，并提出任免和奖惩建议。

3. 讨论决定有关职工生活福利事项。

（三十五）企业党组织的主要任务是，负责领导企业党的建设工作和思想政治工作，对企业的各项工作进行保证监督。

九　为提高企业素质创造必要的外部条件

（三十六）充分发挥国家计划对企业生产经营的指导作用。国家下达的指令性计划，必须逐步做到产、供、销综合平衡，物资、运输等部门要按计划保证生产企业所需原材料、能源、交通运输等物质条件；商业、物资部门要按计划收购产品。

国家对企业，特别是大、中型骨干企业要逐步实行以五年滚动计划为主的计划制度，使企业的生产建设、经营活动有长远发展目标。

国家对企业只考核指令性计划指标，包括调拨、收购产品的质量、数量、利润、成本、物资消耗、工资总额及其增长幅度等。国家按行业确定评价指标，包括净产值增长率、资金税利率、产值税利率、优质品率、以净产值计算的劳动生产率等。

（三十七）国家控制的物资，应当在计划中划出一部分由商业、物资部门投放市场，并规定生产企业有一定的自销产品比例以补充企业执行指令性计划以外生产所需物资及其它方面的需要，搞活经济和市场。

（三十八）正确发挥经济杠杆作用。税种、税率的设置，要有利于企业推动技术进步，改善经营管理，促进生产的发展。价格的制定要有利于企业开发新产品、提高产品质量、增加花色品种，保护消费者和用户的利益。

（三十九）制定促进技术进步的政策。要使企业有技术改造的资金来源，大型骨干企业的技术改造资金要列入国家计划，由国家拨款；一般大、中型企业技术改造的资金来源可从四个渠道筹集：企业自筹、银行贷款、提取折旧和固定资产变价收入。折旧基金原则上应全部留给企业使用，折旧率应逐步提高。中心城市也可以按照自愿、互利的原则，通过银行，按行业把分散在各企业的自留资金集中起来，根据行业技术改造的要求，借贷给急需改造而又资金不足的企业使用，但资金的所有权不变，实行有偿使用，有借有还。凡经国家批准的技术改造项目，所需物资应分别不同情况给予全部保证或部分补贴。

要使企业有技术开发的能力，所需费用除按《国营企业成本管理条例》摊入成本外，要有计划、有步骤地按销售额的一定比例，提取新产品研制费。对电子等新兴行业提取的比例要适当大一些。重大的新产品试制费由国家拨款。

要积极组织好科学技术由实验室向生产转移，军用向军民兼用转移，沿海向内地转移，国外向国内转移。要本着互利的原则，合理分配产值、税收和利润。按照《专利法》、实行技术有偿转让。

（四十）改变多头领导企业的体制。要按照下述方向逐步合理调整企业的隶属关系：除少数全国性的工业公司、需要集中管理的铁路、民航、邮电、电力、军工等企业和特大型企业由国务院有关部门直接管理外，大量的企业应该由中心城市管理。国务院其它工业主管部门和省、自治区的工业厅、局原则上不直接管理企业，它们的任务主要是，在国家方针、政策和计划指导下，作好本行业的统筹、协调、服务、监督和行业管理工作。对企业下达人、财、物、供、产、销的指令，一律由企业的主管机关下达，实行一个头领导。企业在经济上直接对主管机关负责。

企业主管机关的主要权限是：确定企业的发展方向，监督企业贯彻执行国家的政策、法令；审定和下达经过综合平衡的国家计划，包括生产、基建和技术改造计划，检查指令性计划的执行情况；任免企业的主要领导干部；决定对企业的奖惩。

企业主管机关的主要责任是：保证企业执行国家指令性计划所必需的物质条件；协助企业协调经济活动中的外部关系，推动企业的调整、改组和改造；做好为企业服务的各项工作；承担由于决策失误给企业造成经济损失的责任。

财政、税务、价格、银行等经济部门或其它行政部门，依法与企业建立业务指导关系，并监督企业执行有关法令。

（四十一）加强行业管理。行业管理要以提高经济效益为目标，按照专业化协作、经济合理的原则，打破部门和地区界限，从行业和产品的特点出发，统筹规划，推动企业的调整、改组和改造，促进技术进步。

行业管理的主要内容是：研究制定本行业的技术政策和技术装备政策；提出本行业的发展规划和设想；拟定本行业企业的合理规模、经济批量、产品成本、技术标准和各项定额；建立与健全行业的科研中心，研究新产品、新工艺、新技术的开发与应用；组织市场调查与预测，向企业提供技术、经济情报；帮助企业培训各种专业人员；对企业的经营管理进行咨询和指导；开展行业的评比、竞赛活动和做出技术经济评价，交流推广先进经验。

除了政府主管部门要抓好行业管理外，建立行业协会也是加强行业管理的重要措施。由同行业的企业，按照自愿的原则组织起来的行业协会，是技术经济咨询和协调组织。它可以是全国性的，也可以是地域性的，或由同行业的重点企业组成。

（四十二）要充分发挥中心城市在组织经济方面的作用。按行业以名牌产品为“龙头”，组织跨地区、跨部门的专业化协作，促进生产的发展；广泛开展技术协作活动，充分调动科研、院校、厂矿企业的技术力量，推动技术进步；有计划有步骤地建立工业品贸易中心，打破地区界限，按照经济活动的流向组织生产和流通。

（四十三）全面贯彻择优录用职工的原则。采取多种用工渠道，统筹安排劳动就业。改变现行的招工制度，由行业或企业制定招工标准，实行公开招考、定向培训、择优录用。

在用工制度上，按照行业的不同特点和需要，采用长期工、轮换工、临时工、季节工等多种用工形式，逐步实行劳动合同制。矿山主要用轮换工。

国家要逐步建立劳动预备制度。教育部门和劳动部门，要采取多种形式进行就业前培训，为企业输送合格的劳动者。

要允许企业精简多余职工，允许职工在一定条件下的合理流动。

（四十四）要建立社会劳动调节和社会劳动保险机构。劳动部门要普遍建立各级劳动服务公司，把社会劳动力的培训、输送、调节、储备的职能全部承担起来。同时，成立各级社会劳动保险公司，全面承担劳动保险，变企业劳动保险为社会劳动保险。

（四十五）实行工资分级管理制度。国家核定企业工资总额，企业对职工进行按劳分配，使职工的收入同企业的经济效益和职工的劳动贡献直接联系起来。国家负责制定方针、政策，编制工资计划，规定大体统一的工资和某些必须统一的津贴标准，核定企业的工资总额及其增减幅度。企业的工资总额随同企业经济效益的好坏上下浮动。为了防止消费基金增长失去控制，保障职工的基本生活条件，应规定企业工资总额上下浮动的最高、最低限额，超过最高限额的征收调节税；奖金实行不封顶、超额向企业征收奖金税的办法。企业在不超过核定的工资总额及其增减额的范围内，依据国家政策和大体统一的工资标准，自行选择适当的工资形式。

（四十六）逐步实现各种服务事业社会化，现由企业举办的各种社会服务事业，包括文教、卫生、商业、公用等企事业以及企业生活服务事业及其设施，除远离城市的工矿区、林区外，都应逐步由企业所在地政府统筹建设和管理。

（四十七）建议国家立法机关尽快制定《国营工业企业法》或有关经济法规，保障企业的合法权益。同时，要加强司法工作，建立与健全各级经济法庭，依法处理各种经济纠纷和违法案件。

十　提高企业素质工作的实施步骤

（四十八）提高企业素质首先要依靠企业自身的努力。在部署上大体可分两步走：第一步，一九八五年以前，要按照中共中央、国务院《关于国营工业企业进行全面整顿的决定》，对所有国营工业企业分期分批进行整顿。第二步，企业在整顿验收合格的基础上，要继续深入开展“三项建设”“六好”活动，并按照本纲要规定的目标和要求，把重点放在抓好技术进步、经营管理和职工队伍的现代化上来，全面提高企业素质。

（四十九）要坚持改革，从外部为提高企业素质创造必要的条件。今明两年，要全面推行第二步利改税，解决好国家与企业的关系，为企业实行自负盈亏创造条件；同时，落实奖金不封顶、超额征税的办法，进一步扩大企业自主权，更好地调动企业和广大职工的社会主义积极性。到“七五”期间，要在完善税制改革和计划体制、劳动工资制度与价格体系改革的基础上，使企业素质有显著的提高，做到有相当数量的产品在技术上和质量上达到国际先进水平，在国际市场上具有竞争能力，经济效益有较大的增长，达到效益与速度的统一，实现良性循环，为后十年的经济振兴，为实现党的十二大提出的宏伟目标做出更大的贡献。

（五十）提高企业素质涉及各个方面的工作，要全面规划，分类指导。国务院责成国家经委会同有关部门根据本纲要的精神，制定分阶段的具体实施办法，认真贯彻执行。

附录 4

国家经济委员会
关于对企业经理、厂（矿）长进行国家统考的实施方案

（考委发〔1983〕1号　1983年10月26日）

国务院决定对企业经理、厂（矿）长进行国家考试。为了有计划、有步骤地进行这项

工作，特制定实施方案如下：

一、考试目的：促进干部学习，提高干部素质，从而加强企业经营管理，提高经济效益。这也是考核干部的一个重要方法，是干部制度改革的一个重要步骤。

二、考试对象：国营工业（含军工）企业的正副经理、厂（矿）长；商业系统县局、县公司以上企业；粮食系统县局以上企业；供销系统县公司、县联社以上企业；外贸、铁路运输、公路运输、水运、海运、邮电和基建系统县团级及其以上企业的正副经理（局、处长）。大型企业超过五十五岁，中小型企业超过五十岁的正副经理、厂（矿）长免试。集体企业的正副经理、厂（矿）长的考试，由各地区、各部门根据实际情况决定。

三、考试内容：党的十一届三中全会以来我国社会主义经济建设的基本方针和政策；企业管理基本知识。试题着重于考察企业经理、厂（矿）长分析问题和解决实际问题的能力。

四、考试方法：由经济管理干部国家考试指导委员会统一命题，统一考试时间，统一评卷标准。各省、市、自治区考试领导小组分别组织实施。有关各项考务的具体细则，由经济管理干部国家考试指导委员会办公室另行制定。

五、考试步骤：首先做好考试准备工作，主要是编写好复习大纲和确定学习文件、资料。委托中国社会科学院工业经济研究所编辑《三中全会以来经济政策文献选编》，并编写三中全会以来我国社会主义经济建设的基本方针和政策复习大纲。委托中国人民大学工业经济系编写工业企业管理基本知识复习大纲，编写《工业企业管理纲要》，并编辑《工业企业管理文件选编》。国家经委组织编写的《工业企业生产经营管理》一书作为学习的参考资料。商业、外贸、基建、邮电、交通和铁道运输企业管理复习大纲另行组织编写。复习大纲和学习书目由《企业管理》杂志和《经济日报》、《工人日报》发表，供应试干部学习、复习之用。

今年十一月，在北京、沈阳、上海、南京、广州、武汉、重庆、昆明、西安、乌鲁木齐十个工业城市，各选择一批领导班子已调整完毕的大、中型企业正副经理、厂（矿）长进行摸底测验（每个企业一人），以了解企业领导干部实际水平，更好地组织培训，出好统考试题，并为正式考试积累经验。摸底测验结果，仅供命题小组参考，不公布，不入档。

正式考试原则上分四批在已经整顿完毕的企业中进行。第一批考五千个大、中型企业的经理、厂（矿）长，考试时间为 1984 年 6 月。第二、三、四批考大、中型企业的副经理、副厂（矿）长和小型企业的正副经理、正副厂（矿）长，考试时间分别为 1984 年 12 月、1985 年 6 月、1985 年 12 月。

六、考试成绩评定：考试结束后，由省、市、自治区考试领导小组组织本地区大专院校、干部院校和有关科研单位的专家、学者，根据统一的评卷标准进行评卷判分。成绩合格者，由国家考试指导委员会发给合格证书。考试不合格的限期补考。考试成绩存入干部档案，作为考核使用干部的依据之一。

七、把考试和培训结合起来，加强干部培训工作。今年下半年开始，各地区、各部门要根据考试复习大纲，采取脱产办班、专题辅导、组织自学等形式组织应试干部学习，各级干部院校（干训班）应以主要力量组织应试干部学习。组织应试干部学习按隶属关系安排，中央所属企业由国务院有关经济部门组织培训，省、地（市）、县属企业分别由省、地（市）、县经委和有关厅局组织培训。

为了解决干部院校教师力量和培训要求不相适应的矛盾，并为经理、厂（矿）长自学提供方便条件，国家经委举办一期试点班，并录制磁带，供各干部院校转录。

考试结束后，要根据考试结果，有针对性地进一步组织企业领导干部系统学习现代化管理知识。

八、安排好生活。考试期间对应试干部的生活要妥善安排，要有适当的休息场所，要配备医务人员到考场和住所服务，要办好伙食。

九、经费。全国统考必须贯彻勤俭节约原则。所需经费，由考试指导委员会办公室和省、市、自治区考试领导小组分别编造预算，报请财政部和省、市、自治区财政厅局予以解决。编写复习大纲、命题、印刷试卷、考试合格证和有关统计表所需经费由中央财政解决，租用考场、监考教师和评卷教师补贴等费用由地方财政解决。应试干部在外地考试的按出差办理，由原单位报销。

十、组织领导。成立经济管理干部国家考试指导委员会，由中央组织部、中央宣传部、全国总工会、国家计委、国家经委、国防科工委、财政部、商业部、对外经济贸易部、林业部、水利电力部、城乡建设环境保护部、地质矿产部、冶金工业部、机械工业部、核工业部、航空工业部、电子工业部、兵器工业部、航天工业部、煤炭工业部、石油工业部、化学工业部、纺织工业部、轻工业部、铁道部、交通部、邮电部、劳动人事部、教育部、中国社会科学院、中国人民大学的负责同志组成。其成员和主任、副主任委员已经国务院批准，并已转发。

考试指导委员会的主要任务是研究制定国家对经济管理干部统考的方针政策和实施方案，组织制订考试复习大纲和统一的评卷标准，研究解决考试中的有关问题。国家经委经济干部教育局为其办事机构。各省、市、自治区成立经济管理干部考试领导小组，具体组织考试和评卷工作，其日常工作由各省、市、自治区经委教育处承担。省、市、自治区经济管理干部考试领导小组应将干部对考试的反映，复习、考试情况，考试成绩统计及其经验教训等，及时报告经济管理干部国家考试指导委员会。

对企业经理、厂（矿）长进行国家统考在我们国家还是第一次，一些同志对统考的重要意义还认识不足，我们也缺乏组织考试的经验。希望各地区、各部门加强对统考的组织领导，加强对应试同志的政治思想工作，妥善安排他们的工作和学习，及时研究解决统考中存在的问题，并注意总结经验，把这次统考工作搞好。

附录5

国务院办公厅转发国家经委等单位关于第一批企业经理、厂长国家统考情况的报告的通知

（国办发〔1984〕90号　1984年9月27日）

经国务院同意，现将国家经委、经济管理干部国家考试指导委员会《关于第一批企业经理、厂长国家统考情况的报告》转发给你们，对报告中所提的各项总见，请各地区、各部门贯彻执行。

国家经济委员会、经济管理干部国家考试指导委员会关于第一批企业经理、厂长国家统考情况的报告

（一九八四年九月七日）

根据国务院领导同志指示，对企业经理、厂（矿）长实行国家统考的工作，经过近一年的准备，第一批考试已于今年八月三日和五日进行，评卷工作于二十四日结束。现将考试情况和需要请示的问题报告如下：

一　参加统考的人员情况及考试成绩

这次统考的科目主要是十一届三中全会以来我国社会主义经济建设的基本方针、政策（以下简称方针政策）和企业管理基本知识。总的来看，考试的成绩是比较好的，基本上反映了经理、厂（矿）长的实际水平。参加统考的有工业、商业、外贸、施工、邮电、铁道运输和交通运输等七个行业的经理、厂（矿）长，共九千零一十九人；方针政策平均分为75.78分，及格率为99.3%；企业管理基本知识平均分为74.05分，及格率为94.47%；两门考试成绩均在85分以上的“双优”者二百零七人；考试成绩“双优”，又答了企业管理附加题的“特优”者十五人。各行业企业管理基本知识成绩如下：

工业企业经理、厂（矿）长参加考试的共七千三百七十三人，平均分为73.5分，及格率为94.19%；“双优”的一百五十七人，“特优”的九人。

商业企业经理参加考试的共四百九十三人，平均分为75.74分，及格率为95.7%；“双优”的十一人。

外贸企业经理参加考试的有一百四十五人，平均分为81.26分，及格率为99.31%；“双优”的七人，“特优”的二人。

施工企业经理参加考试的共七百七十七人，平均分为77分，及格率为96.65%；“双优”的二十八人，“特优”的二人。

铁道运输企业经理（局长）参加考试的四十人，平均分为80.8分，及格率为100%；“双优”的三人，“特优”的二人。

交通运输企业经理（站、队长）参加考试的一百七十三人，平均分为72.19分，及格率为87.28%。

邮电企业经理参加考试的十八人，平均分为71.48分，及格率为100%；“双优”的一人。

从考试成绩看，文化程度高的成绩要好些。“双优”的二百零七人中，大专文化程度的占75.85%；高中、中专文化程度的占19.8%；初中和初中以下文化程度的占4.35%。工业企业管理基本知识考试不及格的四百二十八人中，初中和初中以下文化程度的二百一十一人，占49.3%，高中和中专文化程度的一百三十一人，占30.6%；大学文化程度的八十六人，占20.1%。

二　这次统考调动了经理、厂长学习的积极性

国务院关于企业经理、厂（矿）长进行统一考试的决定，对企业经理、厂（矿）长震动很大，在社会上也引起了强烈的反响。

大家认为考厂长是促进干部学习、提高干部素质的重要措施，是完全必要的。一些新进领导班子的理工科大专毕业的厂长说：“我们在技术上是内行，在管理上是外行，以前没有学过管理知识，对企业经营和财务管理一窍不通，一见财务报表就头痛。”有的同志说：“我们技术人员，对党的方针政策是拥护的，但过去对这方面学习不大重视。现在当了厂长，要我们系统地宣传和贯彻党的方针政策，就觉得力不从心了。通过这次系统地学习，对党的方针政策理解加深了，觉得胆子大了，方法多了。”有的同志说：“这次统考是改革的需要，是提高经济效益的重要措施。我们要变压力为动力，把‘要考我’，变为‘我要考’。”绝大多数同志在培训和统考中，表现出了强烈的责任心和高度的自觉性。有些同志带病参加学习，带病参加考试。

统考的实践证明，抓住了一个“考”字，推动了干部学习的开展。过去举办厂长培训班，参加学习的是正职少，副职多；年富力强的少，年老体弱的多。有的变成了学习“常委”，而单位的骨干却舍不得抽出来学习。这次统考培训，彻底改变了过去的状况，是先考正职，后考副职；凡是应试的都参加培训学习。在学习中，大家勤奋刻苦，晚上学习到深夜，甚至星期天也不回家。

国家统考经理、厂长也推动了工人群众的学习。有的工人说，过去是官考兵，现在是官兵都考，不认真学习不行了。有的经理参加统考后，回到公司立即对中层干部进行考试，有力地推动了全公司职工的学习。

三　认真抓好考前的培训工作，为统考打下坚实基础

为了搞第一批统考，我们认真抓了经理、厂（矿）长的培训工作。首先，组织中国社会科学院和人民学等高等院校的学者和教授，编写了一套统考复习大纲和教材。其次，为

各地区培训师资，举办了师资培训班，同时举办了经理、厂长试点培训班，为培训经理、厂长积累经验。在这个基础上，各省、自治区、直辖市经委以及各部门分别在经济管理干部学院和一些高等院校举办了一百二十多个统考培训班，参加培训的近万人。

这些培训班，一般学习三个月。在学习中，紧紧围绕统考复习大纲和统编教材进行教学，使应试者加深了对党的十一届三中全会以来党的方针政策的理解，掌握了企业管理的基本理论和基本方法。在此基础上引导经理、厂长联系本单位实际，分析本单位在执行党的方针政策和企业管理上存在的问题，并提出改进方案，以提高分析和解决问题的能力。通过系统的培训，为统考打下了良好的基础。

这次统考实践证明，抓好考前培训，是搞好统考的关键。上海有一百三十五名大专文化程度的经理、厂长，没有经过培训就参加了统考，结果有9.3%不及格。北京建材局系统有七人只听讲课，没有人辅导，结果五人不及格。这说明培训不培训，培训质量高低，和考试成绩有很大关系。在第二批统考前，各地区和各部门一定要大力举办培训班，使每个应试的经理和厂长都参加培训。

四　需要解决的几个问题

（一）关于正确处理考和不考、考试成绩优劣的问题。为了调动企业经理、厂长参加学习和考试的积极性，我们意见：凡是应该参加考试未经批准无故不参加，经过教育仍不考的予以免职；两科考试成绩均及格，实际工作又有成绩的，虽然没有大专学历，也可继续留在领导班子内，在评定经济师职称时，企业管理课准予免试，并承认其企业管理单科大专水平；根据考试成绩，分别发给特优、优秀、合格证书。对特优和优秀者，主管部门可酌情给予一定的奖励，并根据需要给予重用；考试不及格的，准予补考一次，仍不及格的，予以免职。

（二）关于扩大考试范围问题。为了改善企业领导班子的知识结构，有利于第三梯队的建设，对青年后备干部，建立先考试后任命的制度，经过国家考试合格，再作为预选人员进入领导班子。对后备干部的考试拟于一九八六年开始进行。

（三）关于改进统考办法的问题。根据“简政放权”的原则，拟从第三批统考开始，实行统一命题、分级考试的方法进行统考。即对三千多个大中型骨干企业的经理、厂长由国家统一命题，并组织统一考试；其他一般中小型企业的经理、厂（矿）长。由国家统一命题，由省、自治区、直辖市组织考试。

（四）关于加强经济管理干部学院建设问题。这次统考，各地区、各部门的经济管理干部学院都承担了培训经理、厂（矿）长的任务，发挥了重要作用。当前突出的问题是经济管理干部学院的师资力量不足，校舍紧张。为了使经济管理干部学院继续担负今后几批经理、厂（矿）长的统考培训和大规模培训干部的任务，各地区、各部门要增加必要的投资，加速经济管理干部学院的建设，并充实师资，提高师资水平，使其充分发挥培训干部基地的作用。

以上意见当否，请批示。

中国的经济发展与对外合作问题*

——在欧洲管理论坛达沃斯讨论会上的讲话

（1984 年 1 月 28 日）

首先感谢论坛为我们安排了这次专门讨论会，使我们有机会同各国经济界、金融界和企业界、新闻界的朋友们聚在一起，交换意见和看法。论坛同中国企业管理协会之间的友谊和合作，已经进入第五个年头，随着时间的推移，这种友谊和合作正在不断深化。

中国历届代表团来到达沃斯，都是为寻求友谊而来，为学习经验而来，也是为谋求同西欧以及其他地区进一步发展经济技术合作关系而来的。为了使在座的朋友们了解这种合作的前景，我想先介绍一下中国当前的经济形势。

我可以高兴地告诉朋友们，我国的经济正在稳定健康的轨道上前进，一年比一年好。

去年，我们取得的最突出成绩，是在许多地区遭到自然灾害的情况下，农业获得了大丰收。1983 年，全国粮食产量达到了创纪录的 3.7 亿吨以上，比上一年增产 5%；棉花产量达到 400 万吨以上，比上一年增产 10%；全国农业总产值比上一年增长 5%，农民的收入也比上一年有较大的增长。我国农业近几年，特别是去年，所以取得这样好的成就，主要是靠政府正确的农村政策，在农村中建立并且不断完善各种形式的经济责任制，调整了农业的生产关系和生产结构，使得农民的生产积极性极大地迸发出来。

我国的工业生产去年超额完成了计划。1983 年，全国工业总产值比上一年增长 10%，其中，轻工业增长 8%，重工业增长 12%。经过连续几年的经济调整，又由于强调了以提高经济效益为中心，许多工业部门的经济效益有所改善。生产发展了，人民

---

* 本文是袁宝华同志率国家经委代表团于 1984 年 1 月 26 至 2 月 2 日赴瑞士达沃斯出席第十四届欧洲管理论坛年会期间，在欧洲管理论坛主席施瓦布专门举行的中国经济情况报告会上的讲话，原文首发于《袁宝华经济文集》（中国经济出版社，1991，第 225-229 页）。

也得到了实惠，1983年，全国社会商品零售总额比上一年增长10%左右，物价基本稳定，市场购销两旺，呈现欣欣向荣的景象。1983年，我国的国际贸易也有发展。进出口贸易总额超过400亿美元，比上一年增长2.2%。

我国1981~1985年国民经济和社会发展的“六五”计划规定工农业总产值平均每年增长4%，头三年计划执行的结果达到了7.1%，大大超过了原计划。“六五”计划规定的工农业生产指标，去年就已经基本达到。这就为“七五”计划期间国民经济和社会发展奠定了良好的基础。

以上成就表明了我国政府这几年采取的一系列方针政策是正确的，人民是拥护的。但是，我国人口多、底子薄，还有许多困难摆在面前，有待我们去克服。我们坚信，我们的目标一定能够实现，前途是光明的。

朋友们都知道，我们举国上下正在全力以赴地进行农业、工业、国防和科学技术四个方面的现代化建设。我国目前的生产技术水平，总体来说大大落后于世界的先进水平。因此，我们必须大力推进现有企业的技术进步和技术改造。“六五”计划规定大幅度增加这方面的投资，五年内国家总共拿出1300亿元（相当于650亿美元）用于现有企业的设备更新和技术改造，改造的重点是节约能源和原材料，改进产品结构，提高产品性能和质量，增大社会急需而又短缺的产品的生产能力。

在现有企业的技术改造中，我们注重抓两个方面。

一方面抓重点骨干企业的改造。五年内，要对一批大型钢铁联合企业、汽车制造厂、动力设备制造基地、煤矿、重化工厂等进行改造。机械工业是为各个方面提供技术装备的部门，技术改造要先行一步。五年内要对生产量大、使用面广的机电产品，特别是耗能多的汽车、拖拉机、内燃机、工业锅炉、水泵、风机、中小型电动机等进行技术改造；要研制一批精密高效机床、仪器仪表等关键设备；抓紧一大批工具、元器件、基础件的升级换代；发展一批农、牧、渔业、林业和轻纺工业需要的新设备；努力提高发电、轧钢、采掘、洗煤、运输、海上石油勘探和石油化工等方面的大型成套设备的制造技术。实现了这些要求，国民经济的生产技术面貌将会发生巨大的变化。

另一方面抓成千上万个中小型企业的技术改造。改造的企业涉及国民经济各部门、各行业，特别是工业部门的近45万个企业。当然，改造要有计划地分批进行，改造的目标是提高产品质量，增加花色品种，降低物质消耗，提高经济效益。

在进行四个现代化建设，推进国民经济各部门技术进步和技术改造时，我们十分重视国际经济技术方面的合作。在这一方面，我们面临着缺少资金和技术落后两大困难问题。因此，我们把利用外资和引进先进技术作为经济建设的一项重要方针。利用外资、引进技术来发展本国经济，这是国际上许多国家的重要经验。20世纪后期，世界性的科学技术发展日新月异，远远超越了国界，在国与国之间形成把资本、技术和技术服务以各种方式结合起来的格局。因此，在我们的工作中，利用外资和引进技术是密切联系的。

在重点建设方面，近几年来不断扩大国际合作关系。我们用外资，修建铁路、港口、机场，开矿山，进行石油勘探，建造该电站，开辟经济特区等，规模是不小的。我们不仅在“六五”期间这样做，“七五”期间还要这样做，而且规模还要有所扩大。

在中小企业改造方面，我们利用国内资金和吸引外资，灵活采用国际上通用的合作方式，引进适用于我国的先进技术和设备。国家经委马仪副主任去年在论坛宣布了我国在“六五”计的后三年将引进 3000 项先进技术改造我国现有企业。一年过去了，我可以高兴地告诉朋友们，1983 年我们同外国公司签订了近 700 项技术转让和设备进口合同，数量相当于上一年的数倍，目前还有许多项目正在进行洽谈。我们期望，1984 年能够成交 1000 项，1985 年规模还要扩大，可能达一千几百项。为了实现三年引进 3000 项先进技术，我们除在资金上做了安排外，在管理方法上也正在进行改革。比如，我们扩大了上海和天津两个沿海中心城市在技术引进工作方面的自主权，它们对外洽谈和签约的进度大大加快了。

在引进技术方面，我们十分重视技术贸易同一般商品贸易相结合。凡是在转让技术方面持积极态度并给我国优惠的企业，我们也将在进口其商品方面给予相应优惠。

我们欢迎各国的实业家到中国投资举办合资经营、合作生产企业，更欢迎举办生产性项目的合资、合作企业。我国政府正在采取措施改善投资环境，打开这方面的局面。我们将保证合资、合作企业行使在我国法律规定范围内的自主权。政府已经做出决定：（1）放宽税收政策，如减免所得税、减免工商税，抓紧同有关国家谈判签订避免双重征税协定；（2）增加合资企业生产的产品在国内市场销售的比例；（3）放宽对合资企业进口设备、材料以及产品出口的限制；（4）指令中国银行改进服务和扩充服务项目；（5）对合资企业的价格政策，与国营企业同样对待等。我们还准备用两年左右时间把一些重要的、急需的外资法规制订出来。立法中坚持平等互利的原则，并遵循国际惯例。

我国实行对外开放政策的时间还不长，我们在同外国企业开展经济技术合作方面还缺乏经验，同时法律还不够完备，因此，有些朋友难免有所担心，这种担心是可以理解的。合作中也可能出现这样那样的问题，但是请相信，这些问题是可以得到解决的。我们的对外经济技术合作方针是真诚的，要长期实行下去。

我们认识到，对外合作政策要取得成功，就要使外国合作者能够从合作中获得合法的利益，否则政策就没有生命力，就会夭折。按中国的一句老话来说，那就叫“一锤子买卖”，人家今后就不再来了，生意就做不成。所以，相互了解，平等互利，就是我们工作的出发点。

西欧地区在历史上曾经是第一次工业革命的发祥地，当今，在许多科技领域它仍旧处在世界的先进行列。多年来，我们同这个地区的经济技术合作不断发展，富有成果。我们衷心希望，通过各种合作渠道，其中也包括我们同论坛合作的纽带，使我们同这个地区的经济界、金融界、企业界的合作有新的发展，出现一个新的前景。

中国企业管理协会与欧洲管理论坛之间的友好合作近年来得到不断发展与加强。我们派团参加达沃斯会议，同时“论坛”组织西方主要企业家在北京和我们共同举行企业管理国际讨论会，就是这种友谊与合作已进入具有经常性基础的标志。我们高兴地看到，自1981年开始的每年一次的北京国际讨论会，正在引起世界各国的企业界人士的广泛兴趣，越来越具有国际性。我在这里高兴地宣布，第四次企业管理国际讨论会（我们把英文名字改了，不再冠以“中国欧洲”字样，以说明其广泛的国际性）将于1984年10月15至19日在北京举行。

文稿解读

达沃斯论坛每次年会都邀请世界各国政界、企业界、金融界、学术界及国际组织负责人参加，共同讨论世界经济形势及科技与管理方面最新动态。达沃斯论坛受到世界各国的普遍关注，被西方称之为“非官方的世界经济最高级会议”。

施瓦布先生首次邀请中国代表出席达沃斯论坛，缘于他看到《中国日报》关于《中国共产党第十一届中央委员会第三次全体会议公报》的报道。1979 年 1 月末，中国应邀派出代表（中国社会科学院世界经济研究所所长钱俊瑞一行）首次出席沃斯论坛年会。1979 年 4 月，施瓦布先生应钱俊瑞所长邀请来华访问中国社会科学院，中国社会科学院副院长、中国企业管理协会顾问邓力群同志安排其与国家经委及刚刚成立的中国企业管理协会（1979 年 3 月 3 日成立）会谈合作事宜，这是施瓦布先生与袁宝华同志首次见面会谈。1979 年 10 月 14 日，应国家经委和中国企业管理协会邀请，施瓦布一行 22 人的欧洲管理论坛代表团来华访问，与袁宝华、张彦宁同志会谈，康世恩副总理接见代表团全体成员。由此，形成中国代表出席历届达沃斯论坛年会、中国企业管理协会作为与达沃斯论坛合作的中方窗口的惯例。

1980 年 4 月 30 日，国家经委副主任袁宝华同志率团访问欧洲管理论坛总部时，与施瓦布先生达成中国企业管理协会与欧洲管理论坛于 1981 年共同在北京举办中国西欧企业界领导人“企业管理国际讨论会”的意向，由此，中欧合作举办的“企业管理国际讨论会”逐步形成在华每年举行一次的“夏季达沃斯论坛”。

1981 年 6 月 23 至 26 日，中国企业管理协会与欧洲管理论坛共同组织的中国西欧企业界领导人首届企业管理国际讨论会在北京举行，中欧双方共 63 人出席会议。国务院副总理万里、国家经委主任袁宝华会见了来北京出席“企业管理国际讨论会”的 22 位西欧八国的代表。会议期间，徐良图（国家经委副主任）、房维中（国家计委副主任）、季崇威（外资委委员）、马洪（中国社科院副院长）等中方代表，就中国工业、经济状况、发展战略、长期规划等；施瓦布（欧洲管理论坛主席）、加瑞利（欧洲管理论坛副主席）等欧方代表，就欧洲工业的特点、管理体制、欧洲企业、技术管理、技术转让、老设备改造以及中国西欧企业合作的前景等，做了会议报告。双方还在小组会进行了广泛的交流。在华期间，欧方企业家还与国家经委、轻工业部、冶金部、北京市经委等部门探讨了合作的可能性。

1984 年 1 月 26 至 2 月 2 日，国家经委副主任、党组副书记、中国企业管理协会会长袁宝华，率国家经委代表团一行6人，赴瑞士达沃斯出席第十四届欧洲管理论坛年会（国际讨论会）。1984年1月28日，欧洲管理论坛主席施瓦布专门举行中国经济情况报告会，袁宝华同志做了题为“中国的经济发展与对外合作问题”的报告，系统地介绍了我国“六五”计划期间的经济形势和政策，以及引进技术的重点和方针。报告结束后，还回答了与会人士提出的各种问题。1984年3月，《国家经委代表团参加欧洲管理论坛达沃斯国际讨论会的情况报告》上报国务院领导同志后，国务院办公厅以参阅文件〔1984〕7号转发给各省、区、市人民政府和国务院各部门领导同志参阅。

1984年10月15至19日，会议名称由“中国西欧企业界领导人企业管理国际讨论会”调整为“企业管理国际讨论会”的第四次会议在北京举行。来自五大洲24个国家和地区重要企业的80多位企业领导人，同中国80多位代表出席了会议。国务委员宋平会见了中外会议代表。袁宝华同志在开幕致辞时说，这次国际研讨会是在我国面临经济体制进行全面改革的新的形势下举行的，对外开放是我们的长期基本国策，改革将会有力地促进对外开放。我们这次讨论会，有这么多来自世界各国的朋友们欢聚一堂，真正是具有全球性的企业家集会，共同商讨和我们发展经济合作的可能性、交流管理经验、洽谈技术引进项目，这就是我们对外开放的一个积极体现。在国家经委副主任张彦宁、欧洲管理论坛主席施瓦布分别做主旨演讲之后，国家计委副主任房维中介绍中国的第七个五年计划设想、国家经委副主任朱镕基介绍中国的老厂改造与技术引进、中国国际经济咨询公司总经理经叔平介绍中国对外经济技术合作的现行政策，广东省省长梁灵光、上海市市长汪道涵、大连市市长魏富海分别介绍经济发展和对外开放情况，中外会议代表进行了发言和交流。

1986年1月29日至2月2日，由“欧洲管理论坛”改称为“世界经济论坛”的达沃斯论坛第16届年会，朱镕基同志（时任国家经委副主任、党组副书记）率中国代表团出席。2月1日，朱镕基同志在年会做题为“新的五年计划，新的合作机会”演讲，介绍了我国开展对外经济技术合作的现状与前景，重点介绍了中国引进技术改造现有企业的情况和合作机会，欢迎国外厂商来我国举办合资企业、合作企业和独资企业，特别是举办那些技术密集型企业和出口创汇型企业。演讲结束后，还回答了与会各国各界人士提出的各种问题。

1988年2月7日，国务院经济技术社会发展研究中心总干事马洪作为中国代表率团到达沃斯出席“世界经济论坛”第18届年会之后，在撰写的《国际会议得来的信息》一文中指出，达沃斯会议由于它的非官方性质，使到会的各国各界代表可以畅所欲言，自由交换意见，共同探讨目前世界经济发展的重大趋势，这一年一度的会议越来越具有吸引力，成为相互沟通，共商世界大计，以利于制定本国和本公司发展战略的一个重要信息来源。文章建议，今后要进一步加强与发展和世界经济论坛的联系，重视一年一度的达沃斯会议，派负责同志率团参加宣传我国的对外开放政策、收集世界的经济信息并加以研究，提出对策。

文稿附录

附录 1　国家经委代表团参加欧洲管理论坛达沃斯国际讨论会的情况报告

附录 2　中国当前的经济形势和经济政策——张彦宁同志在企业管理国际讨论会第四次会议上的讲话

附录 3　中国的老厂改造与技术引进——朱镕基同志在企业管理国际讨论会第四次会议上的讲话

附录 4　新的五年计划，新的合作机会——朱镕基同志在世界经济论坛第十六届年会的演讲

附录 5　国际会议得来的信息——马洪同志率团出席世界经济论坛第十八届年会的会后记述

附　录

附录 1

国家经委代表团参加欧洲管理论坛达沃斯国际讨论会的情况报告

（国务院办公厅参阅文件〔1984〕7 号转发）

1984 年 1 月 26 日至 2 月 2 日，国家经委代表团参加了欧洲管理论坛在瑞士达沃斯举行的第十四届国际讨论会。这是一年一度的非官方集会，有各国政治家、经济界与财政金融界人士和许多重要企业的领导人参加。

今年是我国第五次派团参加。近年来，达沃斯会议已从西欧走向全世界，国际性一年比一年广泛，重要性也一年比一年增加，是我们了解当今世界情况的重要场所。现将参加本届会议的情况报告如下。

一

对外实行开放，是我党长期的坚定不移的政策。要认真贯彻执行这一政策，既需要及时地了解当今世界的现实和发展，也要使世界能够正确地了解我们。达沃斯会议正是在这两个方面可以起到积极作用的重要窗口，是我们与世界各国取得广泛联系的有效渠道。

通过这次会议，代表团对当前世界在经济、政治、技术和管理等方面的最新动向和发展趋势有了一定了解，掌握了一些第一手情况。

1. 关于经济发展动向

今年达沃斯会议的主题是“经济复苏的管理”。这同去年开会时西方经济不景气、找不到出路的情况相对照，反映了资本主义世界经济经过多年衰退之后，开始由谷底回升的新趋向。但是，这种复苏是不平衡的。世界银行行长克劳森在报告中谈到，经济合作与发展组织的 24 个国家，1984 年增长率预计为 3.5%（1983 年为 2.25%）。这主要是由于美国的复苏，欧洲 1984 年预计增长率为 1.5%，而发展中国家预计今年增长率为 3%~3.5%（去年不到 1%）。会议主席、法国前总理巴尔在开幕式上就提到，美国巨额预算赤字对美国和其他国家的经济增长都是一种威胁，因此当前的经济复苏是不稳定的。美国 2000 亿美元的赤字、高利率及其保护主义政策，在这次会议上受到不少国家代表的攻击。美国财政部副部长麦克纳马尔对此进行了辩解，声言巨额赤字是由于巨大军费开支造成的，而对付苏联扩张正是为了西方和世界的安全。

第三世界一些国家债台高筑是会上关注的另一问题。到 1983 年末，发展中国家的外债总额已高达 8100 亿美元。有的银行界人士指出，现在债务国每年偿付的利息，已超过向银行的借贷，要求重新安排偿还借款期限的呼声很高。发达国家代表中一些较明智的人士也认为，西方市场对发展中国家应更加开放，才能有利于发展中国家的生产与贸易的增加，从而提高其偿还债务的能力，因此必须反对保护主义。

克劳森在报告中特别提到，中国和印度由于继续进行改革和经济合理化，而保持着高增长率。巴尔在会议总结时强调，经济界与实业界只有提高适应明天世界的能力，才能保持其竞争性。

2. 关于政治动向

欧洲管理论坛主席施瓦布在开幕词中说，实业界如没有政治家的介入就将一事无成。会议在各种发言中也多次反映，加强国际合作，必须从全球角度着眼去考虑问题，要求发达国家和发展中国家改变其某些现行政策。会议还用半天时间，在全体大会上专门讨论了 1984 年的世界安全问题。加拿大总理特鲁多说，东西方关系近一年多来更紧张了。去年夏天加拿大提出倡议，要求核大国重新回到谈判桌旁，恢复东西方对话。马来西亚总理马哈蒂尔说，东西方之间的斗争与争夺，把第三世界当作它们的角逐场所。超级大国把第三世界作为它们新式武器的试验场。第三世界国家一旦依附于某一超级大国，也就不再是独立的了。土耳其总理奥扎尔强调了中东局势的重要性，由于中东地跨欧亚非三大洲，是国际贸易的重要通道，又是主要石油生产基地，因之中东就成为超级大国争霸的焦点。应把停止两伊战争放在首位，而缓和整个中东紧张局势的关键又是正确解决巴勒斯坦问题。

美国副国务卿达姆说，对苏谈判是美国政策的组成部分，但只有自信和坚定，才能使东西方之间的谈判成为可能。他又强调威慑力量的作用，战后虽然各种冲突不下 100 次，但北约还是度过了长期的和平繁荣时期。这要归因于北约保持实力与强大。

这些，反映了不同国家对当今世界安全问题的不同看法。

3. 关于技术动向

这次讨论会，对新的产业革命给社会生活各个方面可能带来的影响议论较多。在开幕词中，施瓦布教授就提到，学会与计算机打交道，是将来进行联系和通气的一项基本功。会议主席巴尔在闭幕式的总结时再次提出，新技术将在明天的世界中占主导地位；现在新的技术革命就是以利用信息来提高生产力作为标志的。美国和法国两个权威研究机构就新技术会引起什么变化做了专题报告。它们认为，微处理机的非凡能力，正在改变着我们的生活与环境，而这方面的知识具有渗透到各个方面的特点，这是今天新的知识迅猛发展的主要标志。同时，我们正在经历着三个方面的过渡：一是由资金密集的、集中的、以能源为主的工业社会，过渡到信息密集的、分散的、以人为主的通讯社会；二是由宏观的、自上而下的工程技术（由整台机器到各个零部件）过渡到微观的、自下而上的工程技术（由分子结构的研究开始）；三是从分层次的多级组织过渡到分布式的网络。这些变化将导致教育、环境、工业等在组织上、工作方式上和消费模式上的一系列深刻变革。

在会议组织的专题讨论中，有一个专题是探讨“为公元2000年做准备，需要什么样的教育制度”，其中强调，为了使学生有丰富的知识，应该有效地利用新技术，例如计算机辅助教学、各种视听教学设备，等等，提倡学生在受教育的早期阶段就开始接触和熟悉这些新技术。

在一次“信息工业”的专题发言会上，通讯与计算机行业的代表，介绍了信息工业的现状与前景，谈到移动式电话，文字处理、声音、图像等合一的计算机终端的发展等，以及信息工业对社会的影响。

4. 关于管理动向

大会上，有三家大企业（英国帝国化学工业公司、瑞士雀巢乳制品公司、美国霍利特·派卡特计算机公司）的领导人介绍了他们企业获得成功的经验。他们强调信息的作用，认为人们往往只注意产品质量的重要性，没有看到信息失误所造成的损失比生产废次品的损失更大。在企业组织上，趋向于内部小巧灵活，按产品品种形成各部门独立核算的利润中心；有的公司把机构层次砍去一半，把公司最高一级的人员也减少一半，以利于迅速做出反应。面对外部市场，要眼观六路，耳听八方，认真研究顾客在想什么，希望你提供什么，这样才能把握住公司的发展方向；对公司内部，强调调动职工积极性，领导人要经常到生产现场去关心职工、了解生产，鼓励大家提合理化建议。在一切成功的因素中，人是最主要的。由于产品生产周期日益缩短，新技术层出不穷，有的公司对职工进行连续不断的轮训，并把晋升与学习联系起来。

从几天会议中，能对国际上经济、政治、技术、管理等几个方面取得较丰富的最新信息和第一手资料，说明达沃斯国际讨论会是有其独到之处的。

二

参加今年达沃斯讨论会的正式代表有550人，来自五大洲51个国家和地区。加拿大、马来西亚、土耳其、葡萄牙、瑞士、南斯拉夫六国派了总理或副总理级领导人参加，联邦德国、英国、瑞士、荷兰、美国、加拿大、墨西哥、巴西、日本、印尼、菲律宾、巴林、澳大利亚、津巴布韦和中国，派了部长级领导参加，国际劳工局、世界银行、联合国贸发会议、欧洲共同体、欧洲议会、经济合作与发展组织、联合国发展与国际经济合作组织等9个重要国际组织的负责人也出席了会议。会议期间，共有136人在各种会议和专题报告会上讲了话。世界各大报纸、杂志、通讯社、电台的141名记者采访报道会议情况。日本过去没有重视这个会议，后来了解到各国参加这个会议的领导人很多，是一个重要的国际活动场所，所以今年由外务省次官率团参加。南斯拉夫也第一次参加。据了解，达沃斯会议历年都没有苏联和东欧代表参加，不是他们不想出席，而是由于一直没有受到东道主的邀请。

为什么欧洲管理论坛这个非官方组织在瑞士山间小镇召开的讨论会，能越来越多地吸引各国领导人和各界人士光临呢？据我们观察，主要有以下原因。

一是会议讨论的问题广泛，同时也是大家所关心、迫切需要了解的。这个会议每年在1月末召开，以当今世界经济形势与发展趋向为主线，对新的一年做出估计，交换看法，展开讨论。在为期一周的会议上，能对世界经济、政治、技术、管理等多方面的动向得到这么多最新信息，这是其他国际会议不易做到的。

二是会议的非官方性质为各国领导人提供了一个可以广泛交换看法的场所。会议单独组织了三次部长级以上领导人的会见，不做记录，不让记者参加，也不发表任何公报。这样就使出席会议的领导人可以不受拘束地彼此交谈，了解各方观点，这对他们制定本国政策、发展对外关系无疑是大有裨益的。

三是会议活动形式多样，与会人员均能各取所需。今年会议安排了6次全体大会、8个专题分组讨论会、31个专题报告会、6个技术经济新动向报告会，以及一些领导人的专场报告。除了各种会议外，还组织代表们进行社交活动和业务洽谈，这对企业家具有更大吸引力。会议事先印发了代表们提交的准备在会上洽谈的项目232项，谁对某个项目有兴趣，可以通过会务组与该项目的业主面谈。代表之间这类双边具体洽谈业务，在会议期间共达522次，为以后进一步签订协定合同创造了条件。

三

我们参加达沃斯会议，也是让世界了解我们，进行对外宣传的一次很好的机会。十一届三中全会以来，我国各条战线都取得了巨大成就，实现了历史性的伟大转变。在实践中，我国对外开放的各项具体政策不断充实、不断完善。但是对于这些情况，广大国际友人并不是十分清楚的。达沃斯会议正可以为我们提供一个对外宣传的良机。这里，一方面可以让到会代表了解我国近几年经济建设的成绩，以及对外经济技术合作的方针政策；同时，也可以通过各种接触，使我们听到外商在同我交往中遇到的问题或产生的疑虑。这种信息的反馈，有利于我们进一步完善对外开放的某些具体政策，使之与国际惯例得以合拍。

会议期间，专门组织了一次中国经济情况报告会。袁宝华同志做了题为“中国的经济发展与对外合作问题”的报告，系统地介绍了我国“六五”计划期间的经济形势和政策，以及引进技术的重点和方针。原来预计，星期六下午开会，到会代表不会超过100人，但实际到会的达140人。报告结束后，又回答了与会人士提出的各种问题，会场气氛十分活跃。会后，美国《纽约时报》、英国《金融时报》《国际先驱论坛报》等几家世界大报，都在头版刊登了报告会的消息，着重报道了中国在1984年计划与国外签订技术引进合同1000项，价值约10亿美元的内容。许多代表说，听了报告，增强了与中国进行贸易的信心。不少代表对这次报告会的评价是“开诚布公”“真诚坦率”“引人入胜”，等等。值得我们重视的是，从有些人提出的问题看，国外不少人对我们在对外合作方面已经采取的一系列放宽政策还一无所知或知之不详，说明我们的对外宣传还跟不上形势的需要。

代表团通过会议期间的活动，达到了同各国经济界、政界人士建立联系与友谊，学习其他国家的先进技术和管理方面的经验，以及与西方及其他国家发展经济技术合作等预定目的，胜利完成了这次出访任务。

此外，派团出席像达沃斯讨论会这样的世界性会议，使我们的干部有机会与国际上各界人士广泛接触，也是培养锻炼干部的极好方式。但是，我们现在的干部在对外交往的素质方面离要求还有很大差距，特别是外语运用能力差，限制了积极主动开展活动。我们要走向世界，首先就要有一大批能够走向世界的干部，这是对外开放的需要，是实现四个现代化的需要。只有利用各种机会，投身到国际活动的实践中去，才能使我们扩大眼界并逐步得到锻炼。

四

通过参加1984年达沃斯会议，我们提出如下几点建议。

1. 要注意和重视达沃斯会议的发展动向

这一会议随着国际性的逐渐扩大，已越来越引起各国政界与工商界的注目，参加的领导人也在不断增加。由于中国企业管理协会与欧洲管理论坛自1979年以来就建立了友好合作的双边关系，我们参加这一会议具有一定的有利条件，每年都受到论坛的盛情邀请和接待。我们要充分利用这一机会了解情况、开展活动、锻炼干部。我们的驻外使馆、驻外记者也应积极参加。建议1985年开会时国务院派一位负责同志前往，并有一批企业领导人参加，后者以掌握外语、具备独立活动能力为条件，可先由已扩大自主权的沪、津、粤、闽等省、市选择企业参加。事先要做好充分准备，为技术引进物色合作对象。

今年10月，我们与欧洲管理论坛要在北京召开第四次企业管理国际讨论会，一定要把这次会开好。我们拟请沪、津两市及粤、闽两省领导到会向外国代表介绍经济合作与引进计划，并用报名申请办法吸收部分有引进任务的企业负责人参加。事先要准备好几百项条件成熟的引进项目清单以供会上洽谈。

从达沃斯会议的情况看，我们感到，今后对这类国际会议我们应采取积极态度，主动参加，利用这种良好机会了解别人、宣传自己，使我们的经济管理干部有更多的机会“走出去”，在国际环境中得到锻炼。

2. 要加强和改进我们的对外宣传工作

随着我国经济建设的进展和对外开放政策的贯彻执行，我国已越来越引起世界各国的重视，10亿人口的潜在市场更引起无数外国企业家的注意与兴趣。但是我们的对外宣传工作还太少、太死板、太陈旧，缺乏新意，起不到应有的作用，因此还远跟不上形势的需要。例如，我们已经制定颁发的法律、条例，放宽了的政策，由于没有及时宣传或宣传不力，往往未被关心这方面情况的国际友人所了解。

3. 培养干部掌握外语要舍得下本钱

在达沃斯会议上，和在其他任何国际会议上一样，到会代表，包括各国领导人和工商界人士，都能用英语自由交谈。组织现有涉外干部学习掌握外语，现在非下决心不可了，否则我们在国际交往中会遇到不少困难。在科学技术不断发展、知识不断更新的形势下，不掌握外语，要想及时了解新的专业知识，也是不容易的。建议各级经济部门积极创造条件，对涉外干部和其他必须掌握外语的经济管理、技术干部进行脱产培训，并坚持高级职称的评定和考核必须包括掌握外语方面的要求。

附录 2

中国当前的经济形势和经济政策

——张彦宁同志在企业管理国际讨论会第四次会议上的讲话

（1984 年 10 月 15 日）

中国企业管理协会和欧洲管理论坛共同发起和组织的第四次企业管理国际讨论会开幕了，为了更好地探讨我们双方之间发展经济技术合作的潜力，借此机会，我愿向大家介绍一下我国当前的经济形势和经济政策。

中国共产党十一届三中全会以来，由于全党工作着重点实现转移，贯彻执行“调整、改革、整顿、提高”的方针，和对外开放、对内搞活经济的政策，经济形势发生了深刻的变化。

1984 年年初以来，整个国民经济出现了稳定、协调、全面增长的好形势。从农村到城市呈现一派欣欣向荣、兴旺发达的景象。

（1）农村经济持续全面发展。对农村政策进一步放宽，极大地调动了农民种地、养地和进行开发性建设的积极性。目前农村经济正朝着专业化、商品化方向前进，继 1983 年又获得了丰收。

（2）工业生产大幅度增长。1～9 月，工业总产值比 1983 年同期增长 12.5%；轻重工业协调发展，轻重工业产值在工业总产值中的比重大体各占一半。能源生产情况和交通运输完成较好。工业生产实现了速度和效益的同步增长。1～8 月，预算内国营工业企业产值比 1983 年同期增长 10.7%，销售收入增长 9.9%，实现利税增长 12.7%，上缴利税增长 7.6%。这是多年来少有的好形势。

（3）基本建设投资结构趋于合理，重点建设进度加快。到 8 月底，全国累计完成基本建设投资，比1983年同期增长15.2%。投资贯彻了集中资金保证重点建设的方针。

（4）城乡市场更加繁荣活跃，商品购销两旺。随着商业体制的改革和农副产品购销政策的调整，流通渠道发展，贸易成交额大幅度增加。1~8月，内贸工业品收购额比1983年同期增长12.4%；社会商品零售额比1983年同期增长12%。

（5）进出口贸易大幅度增长。1~9月，进出口贸易总额比1983年同期增长11.2%，其中出口增长12.6%，进口增长9%。与1983年同期比，出口商品增长较多的是石油、纺织品、粮油等。在进口商品中，新技术成套设备、钢材、木材、化工原料等增长幅度较大，粮、棉、油、糖进口显著减少。

（6）职工生活水平进一步提高。人民群众的消费结构发生了变化，市场上对吃的、穿的、用的中高档、质地优良商品的需求不断增加；对耐久消费品的需求已由手表、自行车、缝纫机转向电视机、录音机、照相机、洗衣机、电风扇、电冰箱。家用电器虽然产量成倍增长，仍供不应求，群众持币待购。

为了保持我国经济发展的好势头，实现整个国民经济的良性循环，争取国家财政经济状况的根本好转，我们正集中精力抓好体制改革和对外开放两件大事。

体制改革是党的十一届三中全会从抓农村的改革做起的。农村改革已有了重大突破，效果越来越明显。这对搞活经济起到了重大作用。当前正在进一步稳定和完善各种形式的家庭联产承包责任制，积极发展专业户和各种形式的经济联合体，继续改善农业结构，支持农民积极扩大商品生产。

现在，我们的改革从农村转到城市全面改革。城市改革的目的是发展生产力，改革的核心是将几十万个企业搞活，把企业和职工积极性充分调动起来。这一改革，今年已有了新的进展。如改进现行计划体制，适当缩小指令性计划范围，扩大指导性计划和市场调节的范围；改革财政体制，正确处理国家和企业分配关系，实行利改税，变税利并存状况为以税代利；改革地区分割、部门分割的状况，发挥中心城市的作用；改革工业的体制，扩大企业的生产经营自主权，改革企业的工资、奖励制度，试行厂长负责制，进一步完善企业内部经济责任制度；改革商品流通体制，建立多渠道、少环节、开放式的流通渠道；改革建筑业和基本建设管理体制等。

城市改革的新发展，是实现企业现代化的推动力。我国许多企业正在努力探索实现技术现代化、管理现代化、人才现代化，从而提高企业的素质。

在实现技术现代化方面，我们的方针是，一方面要抓重点项目，特别是能源、交通项目的建设，一方面要抓现有企业的技术改造。要继续遵循量力而行的原则，严格控制基本建设的规模，集中财力、物力，加强重点建设，搞好现有企业的技术改造，并力争用较少的投资和较短的时间取得更大的经济效果。

现有企业的技术改造，要在坚持技术进步的前提下进行。我们要加快工业技术改造和技术进步的步伐，加速把世界新的技术成果运用到我国来，为90年代新的经济振兴打好坚实的物质技术基础。

在管理现代化方面，我们要坚持“以我为主，博采众长，融合提炼，自成一家”的方针，在认真总结我们自己的企业管理经验的基础上，注意研究、借鉴、吸取外国的管理经验，逐步实现管理思想、管理组织、管理方法和管理手段现代化，走出一条中国式的、社会主义的、现代化的企业管理路子来。

在人才现代化方面，我们要把人才培训放到战略位置上，下决心培养出一批具有良好的政治素质和技术素质的人才来。同时，在企业里要认真解决一方面感到人才匮乏，另一方面有些人才还没得到合理使用的现象，做到善于识别人才，合理使用人才，人尽其才，才尽其用。

对外开放是我国的长期基本国策。我国是人口众多、资源丰富的大国，但又是个经济不发达、技术比较落后、正在发展中的国家。我国进行社会主义建设，主要依靠本国的人力、物力和财力，坚持自力更生的方针；与此同时，我们也欢迎国外的资金，欢迎国外的先进技术和科学的管理经验，需要以此作为辅助手段来加快发展速度。最近五年来，我们实行对外开放，扩大技术经济交流，进出口贸易总额翻了一番，引进的外国资金共120多亿美元，吸收的国外直接投资兴办了约2000个项目和企业。为了加强对中小企业的技术改造，我国确定在“六五”计划后3年（1983~1985年）引进3000项先进技术，1983年一年签约666项，1984年上半年又签约400余项，总成交额9亿多美元。随着中国现代化建设的展开，中国同外国的经济技术交流越来越向深度和广度发展。我们将进一步扩大利用外资的规模，在利用外资、引进先进技术方面更开放一些，步子迈得更大一些，形式也可以多种多样。

为了进一步开创对外经济技术交流的新局面，1984年4月，我国政府做出决定，在进一步办好深圳、珠海、厦门和汕头4个经济特区同时，逐步开放大连、秦皇岛、天津、烟台、青岛、连云港、南通、上海、宁波、温州、福州、广州、湛江、北海等14个沿海城市和海南岛。厦门经济特区的范围也有所扩大。在这些城市，我国政府将实行经济特区的某些特殊政策，扩大这些地方的权力，鼓励外商在中国办独资、合资和合作生产企业，为中外合资和外资企业提供优惠条件，对技术先进的产品，允许有一定比例的内销量。国家对这些城市兴建基础设施所需的进口的机器、设备、运输卡车和其他物资，1990年以前一律免征关税和工商统一税，国家还将为之提供低息长期贷款。对这些城市中的经济技术开发区，将实行从批准兴办时起5年内免除财政上缴任务。

上面我介绍了中国当前经济形势和经济政策。这次会上，还将有国家计委和广东省、福建省及上海市、天津市、大连市等部门和省、市的领导人介绍情况。我们双方之间合作的领域是相当广阔的。我们希望通过广泛、友好的接触，在增进互相了解的同时，探讨具体合作的可能性和合作的方式、方法，争取比往年讨论会取得更加丰硕的成果。

附录3

中国的老厂改造与技术引进

——朱镕基同志在企业管理国际讨论会第四次会议上的讲话

（1984 年 10 月 15 日）

（一）

从 1979 年以来，中国实行了对外开放，对内搞活经济的方针，这是我国在新的历史时期发展经济的重大战略决策。技术引进工作从此进入了一个新阶段。

几年来，陆续推行了一系列鼓励利用外资、引进技术的政策。

（1）建立了经济特区，在广东、福建实行特殊政策，灵活措施，最近又决定进一步开放 14 个沿海港口城市，以优惠条件吸引外资。

（2）对引进技术改造现有企业实行减免关税和工商税，在上海、天津进行扩大引进技术自主权的试点，后来又扩大到大连、青岛、重庆等城市。

通过这个正确方针和鼓励政策的执行，中国与世界各国发展了广泛的经济技术合作关系。1983 年全国成交 666 个引进技术改造老厂的项目（金额 6 亿多美元），比前 4 年成交的项目总和还多。1984 年已批准技术引进项目 2000 多个，上半年已签约 478 项，成交额 4.5 亿美元。1984 年预计成交 1000 多项，1985 年可以如期完成原订 3 年引进 3000 项技术的规划。从引进规模（成交额）来说，1984 年几乎将比 1983 年翻一番，1985 年比 1984 年又可能翻一番。老厂改造的技术引进已经达到相当大的规模。加上能源、交通、电信等方面大规模的基本建设，表明中国的技术引进工作出现了一个崭新的局面。

（二）

外国企业家关心的一个问题是，中国的老厂改造需要引进哪些技术？可以在哪些领域进行经济技术合作？

我愿明确回答，我们合作的领域遍及中国现有企业的各个领域。我们党的十一届三中全会以来，邓小平同志多次指出，要大胆利用外资，引进技术，改造现有企业，要“成千上万项”地搞起来。最近，国务院主要领导同志考察了许多工厂，进一步强调老厂改造的战略意义。我们的目标就是要用新技术改造老企业，以提高质量、增加品种、降低消耗，逐步使我国企业在生产技术和管理上达到经济发达国家 70 年代或 80 年代初的水平。

由于我们长时期热衷于铺新摊子，忽视老厂的更新改造，许多企业技术落后，设备陈旧，几乎每个行业都要求引进国外先进技术。

（1）随着近几年国民经济以 8 %以上的速度（1984 年 1~9 月工业生产增长 12.5%）持续增长，投资规模不断扩大，生产资料和机电设备的需求处于高点，如发电设备（包括水电、火电和核电）、输变电设备（包括直流高压输电）、冶金设备（包括矿石直接还原炼钢、转炉顶底复合吹炼、连铸、轧机等技术设备）、矿山采掘设备、石油化工装置、交通运输设备（包括各种铁路机车、车辆和汽车）和工程机械、通讯设备（包括数字通讯、光导纤维）、机械电子一体化技术（包括柔性生产线、智能化仪表）、新型建筑材料、化肥、农药、染料、助剂等各种化工产品……我们需要引进这些产品的生产技术和设备。

（2）根据党的使人民逐步富起来的政策，人民购买力迅速提高，市场消费品需求不断扩大，例如，1983 年生产彩色电视机 53 万台，1984 年 1~9 月生产 82 万台，进口上百万台投放市场，目前仍然供不应求。为了适应这个广阔市场的需求，我们将大力发展轻纺电子工业，需要引进棉、毛、麻、丝、化纤的纺织和针织机械，特别是染整等后处理设备，以生产各种高档纺织品。需要引进各种食品、饮料、乳制品、肉类加工机械、塑料、皮革、饲料加工机械、家用电子、电器产品生产线、包装机械等。

（三）

外国企业家关心的另一个问题是，最好采取什么方式同中国进行经济技术合作？权益是否能得到充分保护？

我愿回答，你们可以选择任何一种你们认为最方便而有利的方式，同时得到你们应得的合法利益。近几年我们采用过的技术引进方式有：许可证贸易、合作生产、技术咨询、来料加工、补偿贸易、购买设备或生产线、合资经营以致外商独资经营等。

今后我们将有更多的重大骨干企业进行技术改造。这些项目投资都相当大，希望能找到有经验的长期合作伙伴，提供咨询，转让技术，提供设备和帮助培训人员。

我们还愿意以技贸结合的方式进行合作。对于愿意以优惠条件向我转让技术的外国厂商，我们将在贸易上给以优先和优惠的照顾。

不论采用何种技术转让的方式，我们都将按照国际惯例，尊重关于保护知识产权和工业产权的国际协议。尽管我国对外开放政策执行不久，有关经济立法还正在完备之中，但是我们通过信守双方签订的合同，有效地保护了外国企业家的合法权益。现在，我国已经制定了《中华人民共和国专利法》，1985 年 4 月 1 日实施。国务院即将颁布《技术有偿转让条例》，今后还要制订其他保护知识产权的法律和条例。总之，我们保护知识产权的诚意是可以信赖的，中国恪守合同的信誉也是举世皆知的。我们希望同外国企业家、投资者在互惠互利的原则基础上，广泛开展经济技术合作。

（四）

外国企业家可能还有一个问题，通过什么窗口，同谁打交道？总的说来，我们在利用外资，引进技术方面，正在下放权限，简化程序，把引进工作搞活。国家对各省（自治区、直辖市）审批利用外资项目的限额做了不同的规定。如天津、上海市对3000万美元以下，北京、大连、广州市和辽宁省对1000万美元以下的利用外资项目可以自行审批和对外洽谈。而对其他省（区）和沿海开放城市以及重庆、武汉、沈阳市，这个限额为500万美元。对于使用国家外汇的技术引进项目，由国家计委、国家经委组织各工业部门进行审批，由对外经贸部归口管理对外工作。除了经贸部系统的专业技术贸易公司和一些工业部门（机械、电子、化工）的工贸公司，还有中国国际信托投资公司、中国光大实业公司，和上海、天津两个扩权城市的外贸公司能承担对外技术贸易外，最近又陆续批准纺织部、轻工部、包装公司等部门的一批公司可以经营技术进出口贸易业务。

在项目审批权限下放以后，国家要加强宏观指导。国家计委、国家经委负责组织编制技术改造和技术引进的中长期和近期计划，各工业部负责本行业的管理。国家经委对各部门、各地区之间的问题，进行协调和仲裁。

为了加强信息交流和咨询服务，改进技术引进工作，我们正在认真建立各种咨询公司和信息中心，提供信息服务，同时沟通中国用户和外国客商之间的关系。

中国实行对外开放政策，是国际经济关系中的一件大事。她以蕴藏丰富的自然资源、无比广阔的潜在市场、勤劳智慧的雄厚人力，恪守信用的良好传统，为各国有事业心的企业家，提供了富有吸引力的投资场所和商品、技术市场。在这里是可以做大生意的。生意越大，越有利于增进各国人民之间的相互了解，从而有利于维护世界和平，促进经济发展和社会进步。

附录4

新的五年计划，新的合作机会

——朱镕基同志在世界经济论坛第十六届年会的演讲

（1986年2月1日）

主席先生、女士们、先生们：

我和我的同事们十分高兴有机会参加1986年的达沃斯会议。世界经济论坛基金会和我国国家经济委员会与中国企业管理协会之间富有成果的友好合作，已经发展了好几年，今天我能和到会的各国企业界、金融界、经济界的朋友们在一起共同探讨双方感兴趣的问题，我要对主人提供的这一难得的机会表示赞赏。这里我想向大家首先介绍一下我国开展对外经济技术合作的现状与前景。

刚刚结束的1981~1985年的第六个五年计划，使我国国民经济开始出现持续、稳定、协调发展的新局面，工农业生产都以平均每年增长10%的高速度向前发展，同时这五年也是我国对外经济技术合作发展很快的五年。我们在自力更生为主的基础上，大力提倡利用外资，引进技术，开展多种形式的对外合作，并且在广东、福建建立了四全经济特区，开放了14个沿海城市。与此同时，我们逐步在改进和完善对外合作的各种法规和制度，制订了优惠的税收制度和保护知识产权的专利法，等等。迄今为止，我们与外商合办的合资企业以及外商的独资企业已超过2000家，而且从服务业逐步扩大到制造业和其他行业。

在对外合作方面，我想特别提一下技术引进问题。我国现有工业企业约有40万家，这是我们实现现代化建设的物质基础。为了使这些企业充分发挥作用，需要对它们进行分期分批的技术改造和改建扩建。在“六五”的后三年，即1983~1985年，我们拟定了引进3000项技术的计划，有重点地改造现有企业，这个计划在两年半的时间里就提前完成了，其中以引进软件技术为主的近1/3，以进口生产线和关键设备为主的占2/3，现在我们每年使用各种集道的外汇资金，从国外引进技术改造现有企业的规模，达到50亿美元左右。这些技术的引进，对于我国工业提高质量，增加品种，降低消耗，提高经济效益，起到有力的推动作用。

从近几年的引进实践中，我们也初步摸索到一些经验，使技术引进工作有了一些变化。

一是由重点引进大型成套设备搞基本建设，扩大到引进先进技术和关键设备改造现有企业，特别是中小企业；

二是引进规模逐步扩大，从行业看涉及国民经济各个部门，从地区看主要在沿海，而内地、边疆也开始起步了；

三是引进形式趋于多样化，除了许可证贸易外，还采取了补偿贸易、合作生产、合资经营、外商独资经管以及技术咨询服务等方式；

四是把技术引进同消化、吸收、创新和自主开发结合起来。

实践证明，引进技术改造现有企业，可以迅速提高技术进步的起点，缩小与国际水平的差距，增强自力更生的能力。

在新的1986~1990年的第七个五年计划期间，我们要根据独立自主、平等互利的原则，进一步加强同世界各国包括发达国家和发展中国家的经济贸易往来和技术交流，争取到1990年进出口贸易总额比1985年增长40%~50%，同时积极扩展利用外资和引进先进技术的规模，以加速我国社会主义现代化的进程。

为了把引进技术改造现有企业的工作，在新的五年计划期间继续向前推进，我们正在安排1986~1988年新的引进3000项技术的计划。根据我国的现状和技术进步的需要，今后引进的重点，从企业来说，要放在大中型企业和出口创汇的企业。大中型企业是国民经济的命脉，它们多是生产能源、原材料和制造装备的企业，它们的技术水平上不去，整个国民经济的技术水平也难以提高。而要发展对外贸易与经济合作，保持外汇平衡是个关键，因此只有提高我国企业的出口创汇能力，才能在平衡外汇的基础上使对外合作不断发展。

从引进的内容来说，要放在引进软件技术和必需的关键设备上，要引进缺门产品的生产技术，特别是原材料、基础件、元器件的生产技术和基础工艺技术；促进轻纺、机电产品更新换代、增加出口创汇能力的技术；加强质量检验、品质控制、标准计量、测试等技术。

与此同时，我们还将通过多种形式，尽可能多利用一些国外资金，来加快我国的经济建设。国外的优惠贷款，重点将用在能源、交通、通信等基础设施的建设。对国内经济比较发达的地区，以及经济效益好、创汇能力强或产品能替代进口的那些项目，可以多利用一些国外商业贷款。我们欢迎国外厂商来我国举办合资企业、合作企业和独资企业，特别是举办那些技术密集型企业和出口创汇型企业。我们将进一步完善涉外法律和法规，加强基础设施，提高工作效率，为国外投资者创造更好的投资环境。

女士们、先生们，对外开放是我国的基本国策。经过长期的闭关锁国以后，上一个五年是我们在对外开放方面进行学习、探索和积累经验的过程，从中也使我们看到在我们的机构体制、涉外法规、工作方法、作风、效率等方面还有很多有待进一步改进和完善的地方。而其中关键问题是要使我们的整个经济体制通过改革以适应对内搞活经济、对外实行开放的总方针的要求，而我们的“七五”计划坚持把改革放在首位，就正是为搞活、开放创造更为有利的条件。

拥有10亿人口的中国是一个尚未充分开发的潜在巨大市场，只要我们彼此都本着平等互利的原则，增进了解，发展友谊，我们之间就有范围广泛、形式多样的开展经济技术合作的可能性，而中国的经济发展了，也会对世界经济做出较多的贡献。这次达沃斯会议，正是为我们的接触交流，从而为今后的友好合作提供了优越的环境，对此我再次向世界经济论坛基金会，向主席先生，表示诚挚的感谢！谢谢大家！

下面我愿意回答大家感兴趣的问题。

附录5

国际会议得来的信息

——马洪同志率团出席世界经济论坛第十八届年会的会后记述

（1986年2月1日）

一

今年达沃斯会议的主题是“世界经济的新形势”。会议在主题之外，提出了一句格言式口号叫做“做生意的生意经，不仅仅是做生意”，意思是说，世界发展的大趋势使相互依存的关系日益密切，而技术的进步又日益深化地改变着世界的面貌，因此企业经营，即所谓做生意，已不是一个孤立的问题，而涉及生态、伦理、道德，以及人类今后生存与发展等多方面的复杂问题。今日的决策不能不考虑到既对当前，又对长远可能产生的影响。有人在会上提出，目前能源造成大气二氧化碳的增加，导致臭氧层破坏，以及森林覆盖率的不断减少，沙漠化的日益严重，等等。这些危害可能都要在几百年后才能更明显地威胁人类，但如果我们现在还不警觉并采取得力措施，就会贻害子孙后代。有人认为，技术是一把双刃剑，既可危害人类，也可造福人类，像核能就是个典型。关键是我们如何正确对待、正确利用。日本索尼公司董事长也在会上就经营的伦理道德问题发表了意见，认为不能把职工仅看作企业盈利的工具，而要看作公司最宝贵的财富，这样才能从公司和职工双方的长远利益着眼，做出妥善安排，包括职工的培训与调动积极性，使企业能长期得到发展。

我们认为，大会提出这样“格言”式的口号确实反映了当前西方企业经营面临的种种弊端。企业作为一个国家经济活动的细胞，的确不能仅从一个企业本身的眼前利益出发，损害社会的公共利益，而需瞻前顾后，从纵向和横向，从当前和未来，做系统的考虑，把企业的活动放到整个国内和国际环境的背景上去权衡利弊，这样才能做出既符合眼前也符合将来利益的正确决策。从这一点来说，这个口号提醒我们要建立系统论的观点，不但是对企业的经营，而实际上对待全体事物，对待我们当前改革开放所采取的各项措施，如都能瞻前顾后，从系统的各个方面、各个角度，周密地考虑到其后果与影响，则决策的正确性、可行性与权威性必将大为提高。因此，从这一句话中，我们还是可以得到某些启迪的。

二

这次会议虽以世界经济问题为主，但到会的有些企业家也谈到了一些管理问题，其中令人印象深刻的是，大家都强调要把满足用户需要放在企业发展的首要地位，因为产品与服务的高质量是满足用户需要的前提条件。日本企业特别强调，要克服企业的短期行为，不能只着眼于股东红利的逐年增加而损害企业的发展后劲。欧洲企业也重视向美、日购买高技术，以提高其竞争能力。一些成功的企业都在两个方面不惜成本地投资：一是在研究开发费用上，二是在人才培训上，这是有战略眼光的。会上还提到，知识的价值对提高企业的国际竞争能力有着特殊的重要意义，因为知识不像别的物资，它极易转移，且不受国界或地域的限制。由于技术进步的加速，知识的更新过程也在加快，就整个产业结构而言，知识密集、技术密集型产业占的比重正在不断增加，产品的增值今后更多的不是主要靠投入更多人工、材料，而主要靠投入知识与技术。而就企业而言，需要使职工不断更新知识，开展“终身教育”，以适应使用新技术的要求。

福特汽车公司每年有2%的中、高级管理人员接受提高领导水平的培训，重点是三个方面，即信息、创造性与性格。信息是指善于利用外界信息，加以“加工改造”后“为我所用”，使企业能获得新的机会、开发新的市场，获得新的顾客。创造性是指能从别人看不到的东西中“独具慧眼”，从而获得别人意想不到的机会与结果。性格是指企业领导人的性格，要具有勇气、热情、为人公正坦率，并能平等地对待下级。

国外企业在这些方面的观点与经验，如企业以质量求生存、求发展，不仅对中小企业，而且像索尼这样的国际大型企业也同样适用，同样重要；又如企业必须克服短期行为，必须在培训人才与科研上下功夫。这对提高我国企业素质，造就新一代社会主义企业家，也是有借鉴意义的。

三

达沃斯会议由于它的非官方性质，使到会的各国、各界代表可以畅所欲言，自由交换意见，共同探讨目前世界经济发展的重大趋势，因此使这一年一度的会议越来越具有吸引力，各国的政界与商界首脑人士每年年初共聚一堂，相互沟通，共商世界大计，会议成为制定本国和本公司发展战略的一个重要信息来源。

我们要走向世界，必须及时掌握世界经济变化的最新动态。达沃斯会议正是提供这方面综合性资料的百家争鸣之地，对我们了解人家、宣传自己提供了一个极好的场地与讲坛。中国企业管理协会与世界经济论坛的合作与友好往来到今年正好进入第十个年头，在这一基础上，我们建议，今后要进一步加强与发展和世界经济论坛的联系，重视一年一度的达沃斯会议，派负责同志率团参加宣传我国的对外开放政策、收集世界的经济信息并加以研究，提出对策。

关于《国营工业企业法》调查情况的汇报提纲*

（中央书记处会议听取袁宝华同志汇报　1984年4月2日）

国营工业企业法（国营工厂法）调查组在彭真同志亲自领导下，从2月8日到25日到浙江、上海两地，就制订国营工业企业法特别是关于改革企业领导体制的问题进行了调查，现汇报如下。

第一，调查组由全国人大财经委员会、中央政法委员会、中央书记处研究室、中央组织部、全国总工会、国务院经济法规研究中心、全国人大常委会法制工作委员会、农牧渔业部和国家经委等9个单位的29人组成（其中正副部长级干部10人），主要任务是研究制订《国营工厂法》的问题。关于制订工厂法，1978年小平同志就提出了，彭真同志从1978年开始抓，到现在五年多了，还没有搞出来，主要问题是国营工厂内部实行什么样的领导体制没有定下来，同时也涉及企业外部关系问题。这次调查组着重就这方面的问题进行调查研究。在浙江、上海听了省、市负责同志的情况介绍，先后邀请国营工厂厂长、党委书记、工会主席56人和省市有关部门的负责同志12人进行了座谈。上海市委和市人大常委会还事先召开了有厂长、党委书记26人和有关部门同志参加的多次座谈会，提出了有关制订《国营工厂法》的意见和建议。从调查的情况看，经过这几年的酝酿和实践，制订《国营工厂法》的条件已逐渐成熟。

在调查过程中，彭真同志就草拟《国营工厂法》，特别是有关企业领导体制的一些问题，同地方和企业的领导干部以及调查组的同志做了多次谈话。他指出，现在国营工厂领导体制没有解决的问题，主要是党委、厂长和工会职责不明，生产管理多头领导，党不管党，这个问题要抓紧解决。现在中央倾向于国营工厂实行厂长（经理）负责制（怎样称呼确切，可以考虑），明确一点说，工厂任务、计划的贯彻执行和生产指挥、经营管理工作由厂长（经理）负责。实行厂长负责制，不是不要党的领导或削弱党的领导，也不是原样恢复“一长制”，而是要把党、政、工的职责划分清楚，

* 本文是袁宝华同志代表《国营工厂法》调查组，1984年4月2日在中央书记处专题会议上的汇报稿，原文收录在中央批准的大连、常州等“进行改革工厂领导体制”的试点城市工作文件汇编中。

以便各司其事、各尽其责，使各方面的工作在党（包括上级党委和工厂党委）的领导下都得到加强，大家同心同德、群策群力，共同完成厂矿的任务。他还指出，国营工厂领导体制，不仅涉及企业内部党、政、工之间的关系，还涉及许多外部关系。《国营工厂法》不可能把这些问题全部解决，但是必须解决一部分，否则厂长负责制也无法实行。彭真同志的这些谈话，不但为调查组的同志明确了指导思想，而且对于帮助各地干部提高思想认识，正确理解中央精神，共同搞好这次调查，起了十分重要的作用。

第二，国营工厂内部实行什么样的领导体制，是这次调查的重点。参加座谈的地方和企业的同志，在听了彭真同志的讲话和调查组的说明后，一致认为目前国营工厂的领导体制确实需要改革，中央领导同志提出这个问题很重要、很及时。座谈中，大家都能畅所欲言，各抒己见，提出了不少好的意见和建议，同时也提出了一些需要研究的问题。

1. 国营工厂领导体制的改革势在必行

大家回顾了新中国成立30多年来企业领导体制的演变，分析了近几年执行“四个条例”的情况和遇到的问题。普遍认为，这几年国营工厂实行“两项制度”（党委领导下的厂长负责制和党委领导下的职工代表大会制），贯彻“四个条例”，对改进企业的领导和管理、克服企业中存在的混乱现象，搞好生产建设，都起了好的作用。但是，也存在不少问题，主要是：党政不分，职责不清，多头领导，责权分离。因而导致企业的生产经营管理工作决策慢，效率低，厂长办一件事在厂内就要过“三关”（厂务会议、党委会、职工代表大会），一个会卡住，就办不成事；党委陷入繁重的日常生产行政事务，调工资、分房子、子女就业等难办的事，都要找党委、找书记，要推也推不出去，不仅分散了党委的精力，而且严重地削弱了党的建设和思想政治工作；出了事故找不着头，名义上集体负责，实际上谁也不负责或负不了责，只好不了了之。大家通过座谈讨论认识到，要开创现代化建设的新局面，国营工厂的领导体制必须进一步改革，并用立法形式固定下来，否则就要贻误时机，拖四化建设的后腿。

2. 绝大多数同志赞成实行厂长负责制

大家对党委领导下的厂长负责制，职工代表大会领导下的厂长负责制和厂长负责制这三种领导体制做了对比。除了现行的党委领导下的厂长负责制存在上述问题外，对职工代表大会领导下的厂长负责制，绝大多数同志都不赞成。他们认为，职工代表大会是职工群众实行民主管理、监督干部的好形式，但不宜作为企业的权力机构或决策机构。实行职代会领导下的厂长负责制，既同国营工厂的全民所有制性质相矛盾，又难以对生产行政工作的重大问题进行正确的决策。

经过反复讨论，绝大多数同志赞成实行厂长负责制，由厂长对生产行政工作实行统一领导、全面负责。他们认为，管理现代化的国营工厂，需要对生产技术和市场信息反应灵敏、决策果断、行动迅速。特别是在世界新技术革命的重大挑战面前，要想打开新局面，就要果断地实行厂长负责制，这不是由谁的主观意志决定的，而是现代化大生产的客观要求。也有少数同志仍主张实行党委领导下的厂长负责制。他们认为，四个“条例”颁发以后，党政不分的状况开始有所改变，党委、厂长、工会三者关系正在开始理顺，只要书记和厂长配合得好，工作是可以搞好的。厂长与工会发生矛盾时，党委出面协调，问题比较容易解决。

3. 多数同志不赞成国营工厂选举厂长

主要理由是：国营工厂厂长是国家在企业的代表，应该由上级任命，对国家负责，而由选举产生的厂长，容易片面强调本厂的局部利益，只对本单位职工负责，容易使“老好人”上台；一些大厂职工人数多，互不了解，也很难选得准。

对此也有不同看法。有的工会干部认为，在有条件的工厂选举厂长，可以发挥职工群众当家作主的积极性，也使厂长行使职权有群众基础。

4. 实行厂长负责制要具备一定的条件，要有领导、有步骤地进行

座谈中，大家认为，实行厂长负责制是工厂领导体制的一项重大改革，要充分估计在党内外可能引起的思想波动和推行中可能遇到的问题，把工作做在前头。一是要统一思想。不少同志对实行厂长负责制有担心、有顾虑：有的担心厂长个人独断专行；有的担心党、政、工三者关系搞不好，变成“三驾马车”；有的担心工厂的矛盾都集中到厂长，使厂长更难办；有的担心政治工作与经济工作更加成为“两张皮”。为此，必须要做好广泛的宣传酝酿和深入细致的思想工作。二是配备好厂长，加强培训，提高他们的素质，这是实行厂长负责制的一个关键问题。三是要明确党委、厂长、职代会和工会的职责，搞好协调配合，把各方面的积极性都调动起来。四是党委、厂长、工会在工作作风上、工作方法上，都要有相应的转变。五是要加强对厂长的监督，防止独断专行。六是要积极稳妥地解决工厂自主权问题，使厂长真正有职有权有责。上级主管部门的领导体制也必须相应改变。

5. 对实行厂长负责制以后，党委、行政、职代会和工会的职责、权限的初步意见

（1）厂长对生产行政工作实行统一领导、全面负责。厂长受国家委托，对国家负责，有以下职责、权限：贯彻执行党和国家的方针、政策，执行国家的法律、法规，保证国家计划的完成；对生产行政工作的重大问题进行决策；对生产经营活动实行集中统一指挥；管理、考核行政干部，任免中层行政干部；结合生产行政工作，做好职工的思想政治工作；向党委和职代会报告工作并听取意见。

（2）党委在思想政治方面负领导责任，对生产行政工作起保证监督作用。它的职责、权限：保证监督党的路线、方针、政策和国家法律、法规得到贯彻执行，坚持企业的社会主义方向；提出或参加决定工厂行政的主要领导人，搞好党的建设，加强对党员的教育和管理；切实加强职工思想政治工作；协调厂长和群众组织之间的关系，领导工会、共青团、民兵等群众组织和职代会的工作。

（3）职工代表大会（小型工厂为职工大会）是职工群众实行民主管理、评议监督干部的组织。它的职权：定期听取厂长关于生产行政工作的报告，并提出意见和建议；讨论决定职工生活福利方面的事项，负责管理集体福利基金；民主评议、监督工厂各级领导干部和管理人员，并提出奖惩建议。

（4）工会除做好职代会的组织工作外，它的主要职责：组织职工进行政治、文化学习；组织职工开展劳动竞赛，动员职工完成各项生产任务；关心职工生活和劳动条件的改善，协助监督行政，办好职工生活福利事业；维护职工的合法权益。

6. 需要研究的几个问题

（1）实行厂长负责制后，党委还是不是工厂的领导核心？党章关于企业党委“领导本单位的工作”“应对重大原则问题进行讨论和做出决定”的规定是否需要修改？

（2）对生产行政工作重大问题的决策，要不要设立以厂长为首的工厂管理委员会一类组织（由行政、党委、工会负责人及职工代表组成）？

（3）企业内部各方面关系和工作部署的协调，主要由谁负责，要不要设立一定的机构？

（4）中层行政干部的考核、任免，由党委负责，还是由厂长负责？多数同志主张由厂长负责，并在厂长领导下设立人事管理机构。问题是党委和职代会在这个问题上如何起作用。

（5）职代会是不是职工群众参加决策的权力机构？厂长是否要由职代会选举产生？意见还不完全一致。

第三，企业外部关系问题，座谈中反应十分强烈。大家说，现在企业是“权力小、责任大、婆婆多、负担重”。企业外部关系的一些问题对生产力的束缚，比企业内部领导体制的影响更严重。这个问题如果不解决，厂长的手脚仍被绳索捆绑着，厂长负责制也难以实行得好。反映比较普遍的有以下一些问题。

1. 企业自主权的问题仍然没有解决

座谈中，有些同志反映，现在上级主管部门把“权力”高度集中，把“责任”大量下放，企业解决许多细小问题都要经过上级主管部门批准。《国营工业企业暂行条例》规定的企业自主权，很多都像“玻璃橱窗里的蛋糕”，看得见，摸不着。有的同志说，企业如果没有一定的自主权，也就无法对自己的经营管理效果负责，只有压力，没有动力。

2. 婆婆多，管得细

大家反映，现在从部、局、公司到地方政府，以及计划、财政、银行、劳动人事等综合部门，都可以向工厂发号施令，都有权“卡”工厂，但都不承担责任，工厂对哪家也不敢得罪。由于上面多头领导，政出多门，工厂的厂长、书记不得不用很大精力来应付上级领导。有的厂长说：现在不是上层建筑为经济基础服务，而是经济基础为上层建筑服务。

3. 工厂办社会，摊派多，负担重

有的同志说，现在是党政军民学，工农商学兵，生老病死，吃喝拉撒睡，从节育环到骨灰盒，都要工厂负责。拒绝不合理的负担，《条例》虽有明确规定，但工厂不敢顶，也顶不住。

大家提出，要把企业搞活，把经济搞活，必须在解决企业内部领导体制问题的同时，认真解决企业外部条件的问题，使企业真正做到在人财物、产供销方面有必要的自主权。特别是小企业，在计划控制上放宽一些，使之有更大的灵活性、机动性。这就必须把实行厂长负责制同整个城市经济体制改革紧密结合，统筹规划，同步进行。上级主管部门也要同步进行改革，进一步精简机构，减少层次，下放权力，转变作风，建立责任制。

第四，根据彭真同志的意见，结合这次初步调查了解的情况，我们已在国务院颁发的《国营工业企业暂行条例》的基础上，修改草拟了一个《国营工厂法》初稿，并已与国务院有关部门座谈讨论，准备进一步加以修改，再下去继续调查和征求意见。《国营工厂法》原则上也适用于小型国营工厂，但小工厂与大、中型工厂相比，有许多不同的特点，在进一步修改时要充分考虑到小工厂的实际情况。

为了更好地解决企业外部关系问题，我们建议，国家体改委、国家计委、财政部、劳动人事等综合部门派人参加下一阶段的调查工作。

文稿解读

1984年1月16日，全国人大常委会委员长彭真同志召集袁宝华（国家经委副主任、党组副书记）、顾明（国务院副秘书长兼国务院经济法规研究中心总干事），以及王汉斌（全国人大常委会秘书长、全国人大常委会法制工作委员会主任）、宋汝棼（全国人大常委会法制工作委员会副主任、党组书记）等开会，研究落实邓小平同志有关厂长负责制的意见。要求国家经委、国务院经济法规研究中心和全国法工委，组织力量对《国营工厂法》立法的有关问题进行深入调查研究。袁宝华同志就组织调查组建议增加中央组织部和全国总工会，由五家（国家经委、国务院经济法规研究中心和全国法工委，中央组织部和全国总工会）组成三个混合调查组。

彭真同志同意袁宝华同志的建议，并表示亲自参加一个调查组。彭真同志提出三个调查组有三个地区应该去：以上海为中心的江浙一些工业城市，有英美的经验；以重庆为中心的西南地区，有抗战时搬迁去的老实业家；以沈阳为中心的东北地区，有日、俄和苏联的管理经验。下去要多开一些调查会，要找几位厂长座谈2~3次，找几位工会主席座谈2~3次，找党委书记座谈2~3次，也要找一些老的工商业者座谈1~2次，每次下去2~3个星期，回来讨论总结，然后第二次再下去，顶多下去3次，争取5月间拿出草案提交全国人大讨论。彭真同志强调《国营工厂法》要放在全国人民代表大会上讨论，因为这是一个基本法。

1984年3月23日，彭真在浙江、上海调查期间，就草拟《国营工厂法》的问题，同省、市委负责同志，部分国营工厂的党委书记、厂长、工会主席等有关同志，以及调查组的同志多次谈话的要点，形成《关于草拟国营工厂法的问题》稿（关于草拟《国营工厂法》的谈话要点），报送胡耀邦、叶剑英、邓小平等中央领导同志。1984年3月25日，邓小平同志批示：赞成，工厂法最好早点搞出来。

1984年4月2日，中央书记处听取起草《国营工厂法》的情况汇报，袁宝华同志汇报了四个问题：一是这次调查浙江、上海的活动情况和收获；二是国营工厂内部实行什么样的领导体制；三是企业同外部的关系（在座谈当中大家反应非常强烈，主要就是管得太多，婆婆多、摊派多、负担重）；四是根据彭真的意见，结合这次调查初步了解的情况，在国务院已经颁发的《国营工业企业暂行条例》的基础上，搞出的《国营工厂法》初稿。

胡耀邦同志听了袁宝华同志的汇报后说：这回我明白了，过去实行的党委领导下的厂长负责制，实际上是无人负责，无法负责，厂长也无力负责。

1984年5月10日，《国务院关于进一步扩大国营工业企业自主权的暂行规定》（国发〔1984〕67号）明确，随着利改税制度的完善，有效地解决了国家和企业的分配关系。为了进一步调动企业的积极性，把经济搞活，提高企业素质，提高经济效益，国务院决定在生产经营计划、产品销售、产品价格、物资选购、资金使用、资产处置、机构设置、人事劳动管理、工资奖金、联合经营等十个方面扩大企业自主权。要求各地区、各部门要认真贯彻执行。强调过去规定与本规定不符的，以本规定为准。

1984年5月18日，《中共中央办公厅、国务院办公厅关于认真做好国营工业企业领导体制改革试点工作的通知》（中办发〔1984〕15号）并附《国营工业企业法（草案）》。

1984年8月25日至9月4日，中共中央组织部在北京召开全国企业领导班子建设工作座谈会。中共中央总书记胡耀邦，中央政治局委员、中央书记处书记习仲勋，中央政治局委员宋任穷，中央书记处书记胡启立，中央书记处候补书记兼中央组织部长乔石等中央领导同志会见了与会代表并讲话。胡耀邦同志会见讲话时说，要明确一个指导思想，即实现四个现代化是我们的总目标、大前提，一切部门所有战线都要紧紧围绕它进行工作。要按照革命化、年轻化、知识化、专业化的要求选干部，让这样的干部到第一线挑重担。要充分重视智力劳动的价值，对智力劳动成果突出的人、有重大贡献的人，要敢于重奖，敢于提级。组织部门要挺身而出，敢于为他们说话。乔石同志在会议讲话时说，从明年起，首先在全国3000多个国营骨干企业实行厂长负责制，然后逐步在其他企业推广。1984年8月29日，国家经委副主任袁宝华同志在会议上就当前城市经济体制改革情况和需要注意的问题讲话。

1984年10月20日，中国共产党第十二届中央委员会第三次全体会议通过的《中共中央关于经济体制改革的决定》强调，增强企业活力是经济体制改革的中心环节；实行政企职责分开，正确发挥政府机构管理经济的职能；建立多种形式的经济责任制，认真贯彻按劳分配原则。

1984年10月24日至11月3日，国家经委在北京先后两次召开部分大企业负责同志座谈会，研究如何进一步增强大型企业活力问题。全国20多家大型工业、交通运输企业的负责人参加会议并发言。国家经委主任吕东、副主任袁宝华、张彦宁同志分别主持会议，国务院有关部、委、局有关负责同志参加会议。

大家一致认为，大企业虽然数量少，但在国民经济中的作用举足轻重。全国1700多个固定资产1000万元以上的企业，占独立核算工交企业上缴税利40%以上，是财政收入的主要来源。大型企业搞活了，对工交企业的全局、财政收入的好转关系重大。大型企业搞活了，还可以带动一大批中小企业及集体企业，推动技术进步和社会化大生产的合理组织。因此，搞活大企业，是一个既重要又紧迫的问题。

座谈会结束时，国家经委领导同志指出，搞活大企业确实存在一些客观问题需要解决。对此，国家已经并将继续采取一些措施，给大企业搞活创造条件。但是，大企业也不能坐等国家支援，不能把希望寄托在国家减税让利上。必须看到，在新的经济条件下，大企业的最终出路仍在于解放思想、开动脑筋，在经营战略上想办法。国务院关于扩权的十条规定已经给大企业搞活创造了条件，切实落实这十条，相当数量的企业还是可以基本上活起来的。每个企业都要面向自己，挖掘潜力，充分运用自己的经营自主权，主动地研究采取什么样的经营决策、经营战略，使产品有竞争力，经济效益不断提高，真正使企业活起来。

1984 年 10 月 29 日，中央书记处第二次听取袁宝华同志关于国营工业企业法调查组的汇报，汇报 5 个问题，明确 4 点意见。此前，1984 年 7 月 14 日至 8 月 3 日，彭真同志亲自带队到辽宁、吉林、黑龙江调研。6 月 29 日，袁宝华带领调查组调查厂长负责制试点情况。9 月 20 日，彭真同志在各省自治区直辖市人大常委会负责同志座谈会上讲话，提出 11 月或 12 月拿出草案，交全国人大常委会审议。

1985 年 1 月 10 日，中央书记处第三次听取袁宝华同志关于国营工业企业法调查组的汇报，提出 3 个问题，明确 4 点意见。（1）充分肯定关于改革企业领导体制、实行厂长负责制的调研和试点工作。（2）经验说明，实行厂长负责制比较符合我国工业企业的实际情况。（3）实行厂长负责制后还需要进一步解决存在身份等问题。（4）决定将《中华人民共和国国营工业企业法（草案）》提交全国人大常委会审议征询意见，暂不要求提请正式审议。此前，1984 年 11 月 5 日至 13 日，袁宝华同志受彭真同志委托，组织三组赴华东、中南、西南继续调研。1984 年 11 月 17 至 22 日，在常州召开企业改革试点工作会议，听取各地试点工作情况，逐句讨论修改工厂法讨论稿。

1985 年 1 月 13 日，《国务院关于建议讨论、修改〈中华人民共和国国营工业企业法（草案）〉给全国人民代表大会常务委员会的函》：为保障国营工业企业的合法权益，明确其职责、任务，增强其活力，发挥国营工业在国民经济中的主导作用，促进社会主义建设，国家经委和有关部组成联合调查组，经过广泛调查研究，反复讨论、修改，草拟了《中华人民共和国工业企业法（草案）》。国营工业企业领导体制的改变，是个重大的问题。在新的经济体制改革的进程中，很多问题基本明确了，如党委与厂长、厂长与职代会的关系等。但是鉴于经济体制改革正在深入发展，还会出现一些新问题，建议全国人大常委会讨论后，将《中华人民共和国国营工业企业法（草案）》发给各省、自治区、直辖市及国务院各部门和国营工业企业，广泛征求意见，待讨论、修改成熟后再行批准颁布。

1985 年 1 月 15 日，受国务院委托，国家经委副主任袁宝华在第六届全国人大常委会第九次会议上，就《中华人民共和国国营工业企业法（草案）》做了说明。全国人大常委会委员长彭真在讨论时讲话指出，《企业法》是我国经济领域中一部极重要的基本法，从1980年算起，调研起草已经五年。中共中央、国务院都做了充分调研，经济体制改革还在深入，目前赋予企业多大权力、实行怎样的领导体制还有不同意见。法工委早已参与，这是一件大事，不能盲目地做决定。此次列入全国人大常委会议程，即为提前参与之意。会后，根据全国人大常委会的决定，由全国人大财经委、全国人大法工委、国家经委、全国总工会一共十几个单位组成一个《企业法》调查组进行调查。

文稿附录

附录1　彭真同志关于草拟《国营工厂法》的谈话要点

附录2　中共中央办公厅、国务院办公厅关于认真搞好国营工业企业领导体制改革试点工作的通知

附录3　国营工业企业法（草稿）

附录4　国营工业企业暂行条例

附录5　国务院关于进一步扩大国营工业企业自主权的暂行规定

附录6　国务院批转财政部关于在国营企业推行利改税第二步改革的报告的通知

附录7　中共中央关于经济体制改革的决定

附录8　国务院关于国营企业厂长（经理）实行任期制度的通知

附录9　中华人民共和国国营工业企业法（草案）

附　录

附录1

彭真同志关于草拟《国营工厂法》的谈话要点

（1984 年 3 月 23 日）

彭真同志从 2 月 8 日至 22 日，在浙江、上海作调查期间，就草拟国营工厂法的问题，同省、市负责同志，部分国营工厂的党委书记、厂长、工会主席等有关同志，以及调查组的同志，作了多次谈话。现将谈话要点整理如下。

我们管大工厂有 30 多年了，如果从东北接管日本人留下的工厂算起，将近 40 年了。几十年来，我们已有很多经验，已有了比较完整的一套管理办法，但总觉得工厂的领导体制还不很理想，主要是党、政、工三者的关系、分工如何摆得更合适的问题还没有完全解决，还需要继续探索。解放初期，我们学习苏联，在东北搞了五六年"一长制"，其他少数地方也实行过。"一长制"是十月革命以后列宁提出来的。当时列宁提出这样的领导体制是基于以下的情况：一方面，工厂中共产党员不多；另一方面，资本家的工厂收归国有以后发生无人负责现象，工作很混乱。我们实行这种领导体制，在当时起过好的作用，但也有缺点，有不尽合理的地方，即党的领导作用有所削弱或没有充分发挥。后来中央决定改为党委集体领导下的厂长负责制，加强了党的领导，改进、提高了对工矿企业的经营管理，实行的时间很长，积累了丰富的经验，同时也发生了党政职责不明，党委陷于繁重的日常行政事务的现象，严重地分散了党委的精力，削弱了党自身的工作，同时，又使工矿企业的生产指挥管理工作实际上无专人负责，领导涣散，办事拖拉，效率不高，出了事故找不着头。"文化大革命"期间实行革委会领导，实际上没有什么章法。粉碎"四人帮"以后，又恢复党委集体领导下的厂长负责制。这几年，在一些地方的少数企业（绝大多数是中小企业）试行职工代表大会领导下的厂长负责制。这对于探索职工如何参加企业的民主管理、监督企业的行政领导，是有意义的，但是也有问题。国营企业总得有个上级主管机关。重大问题由职工代表大会决定，职工代表大会的上级是谁？如果是全国总工会，它怎么决定和下达计划、分配资金和调拨物资，以及确定工厂的重大经营决策？如果它的上级是国务院，职工代表大会不就成为国务院的分支机构，同有关部委职责混淆了吗？经验证明，这种领导体制也不行。现在要正式制定《国营工厂法》，必须先把党委、厂长、工会的职责划分清楚，以便各司其事，各尽其责。

如何解决呢？

从 1979 年以来，中央有关部门吸取过去经验，经中央批准，先后颁发了四个条例。这四个条例都起了好的作用，有效地改变了由于“文化大革命”的破坏所造成的企业管理混乱的状况，同时也为我们制定国营工厂法提供了新的经验和条件。但是，四个条例中的规定有不一致的地方，执行起来遇到困难，最主要的是党政工职责不明、工矿生产管理多头领导和党不管党的问题仍然没有解决。现在中央倾向于实行厂长（经理）负责制（怎样称呼比较确切，可以考虑），明确一点说，工厂任务、计划的贯彻执行和生产的指挥、经营管理工作由厂长负责。我们接触到的同志绝大多数都赞成这样做，也有些同志持有不同的看法或者有这样那样的顾虑。

实行厂长负责制当然不是不要党的领导。党的领导是四项基本原则的核心，在《宪法》的序言里做了明确的肯定并贯穿于全文之中。整个国家的一切工作都是在党的领导之下进行的，国营工厂是社会主义经济的主导，怎么能不要党的领导？问题是，怎样实行党的领导？领导什么？首先应该明确，工矿企业生产的指挥和经营管理工作，由厂长（经理）负责，决不能误解为工矿企业可以不要党的领导或削弱党的领导，而是明确职责，使党、政、工三者的工作在党（包括上级党委和工厂党委）的领导下，都能加强。事实上，国营工矿企业有些重大问题是由上级决定，企业要贯彻执行的；有些是必须由党委讨论决定或向上级提出建议的；但也有许多重大问题如企业的长远规划和年度计划、重大经营决策，包括重大的技术改造方案、劳动工资制度，等等，都不是企业党委、厂长或职工代表大会所能单独决定的，必须由有关方面（上下级）反复商议、考虑才能定案。工厂的基本任务是把上级规定的计划和经营决策加以具体化，全面完成和顺利实现。厂长指挥全厂生产，负责经营管理，企业的生产经营由一个头来抓，这样就能克服谁都负责、实际上谁也不负责或负不了责的现象，使企业的管理工作大大加强。

党委在思想政治方面负领导责任，这包括：提出或参加决定工厂行政的主要领导人；保证党的路线、方针、政策得到贯彻，保证企业的生产和经营不偏离社会主义方向；结合经济工作对党员和职工群众进行爱国主义、集体主义、社会主义和共产主义教育，提高他们的思想觉悟和劳动积极性，使他们成为有理想、有道德、有文化、守纪律的劳动者；监督厂长在生产和经营中遵纪守法，坚持原则。保证、监督这是工厂党委的主要任务，此外还有经常性的党的建设工作。目前正在进行的整党工作，任务也是很繁重的。毛泽东同志曾多次批评过党不管党的现象。邓小平同志再三指出，加强党的领导，必须改善党的领导。党为什么不管党？在国营工厂中，主要是因为党委的绝大部分时间和精力陷于生产经营和行政管理的日常工作。有的厂的党委书记说，书记很难当，连吃饭、睡觉时都有人找。按照党章的规定，工厂党委要做的工作很多，党委不从繁忙的日常行政事务中摆脱出来，就无法做好这些工作。因此实行厂长负责制也是改善和加强党的领导的措施。

目前我国工人阶级队伍已发生极大的变化。解放初期全国产业工人不到1000万人，现在国营企业职工是8000多万人。亲身受过资本主义剥削和压迫的老工人已经没有多少了。例如，上海解放初期有100万产业工人，几十年来陆续退休的就有120万。现在的职工队伍基本上是解放后成长起来的，他们受旧思想的影响较少，文化水平较高，接受新鲜事物较快，精力旺盛，进取心强，但多数没有经受过资本的剥削和压迫，50年代末以后，没有系统地受过马列主义基本知识和党的观念的教育，“文革”中却在思想上、政治上受了林彪、“四人帮”的毒害和摧残，不少人对资本主义和新旧社会对比的认识是抽象的、模糊的，对社会主义制度下自己是主人翁的认识也是抽象的、模糊的。他们在生活中具体感觉到的是，你是厂长、我是工人，我干活、你发工资等现象。多数老工人特别是工厂的老党员，在建国以后学习过社会发展史和马列主义的基本知识，大体知道社会发展的必然规律和历史自己要走的道路，树立了初步的共产主义的理想和信念。这样，他们就能够抵制资产阶级思想的侵蚀。可惜的是，我们没有把这种教育工作坚持下来。现在职工队伍思想上、政治上存在的问题，迫切需要抓紧系统地解决。这是目前摆在党和工会面前的迫切任务。对此再不能忽视了，工会要抓紧，党委更要抓紧。为此，必须尽快使工矿企业党委从繁忙的日常事务中解放出来，这是百年大计。这项工作抓好了，我们的职工队伍就能成为像钢铁一般坚强的产业大军，发挥为国为民的积极性，社会主义四化建设就能顺利前进了。

总起来说，实行厂长负责制，不是削弱党的领导，也不是原样恢复“一长制”，而是要党、政、工三家搞好分工，各尽其责，同心同德，群策群力，在党的领导下，共同完成厂矿的任务。

另外，许多同志提出，国营工厂领导体制，不仅涉及企业内部党委、行政、工会之间的关系，还涉及许多外部关系，比如同国务院主管各部门（计划、财政、银行、劳动工资、价格等），同地方政府、同其他企业、同社会之间的关系（在此次调查座谈会中听到的事例很多）。《国营工厂法》不可能把企业外部存在的复杂关系和问题全部解决，但是必须解决，也应该能解决一部分，否则因为缺少外部条件，厂长负责制也无法实行。企业同外部（包括同上级）的关系，国务院正在进一步研究解决。

工业企业的领导体制，到了必须解决的时候了。这个问题我们已经搞了五六年了。希望通过这次调查研究，能大体解决这个问题。但结论是产生于调查研究的末尾。希望大家打破框框，实事求是地各抒己见，畅所欲言，以便搞出一个比较好的《国营工厂法》草案，报请中央原则批准后，提交全国人大常委会审议。

我的话，仅供同志们参考。

附录 2

中共中央办公厅、国务院办公厅
关于认真搞好国营工业企业领导体制改革试点工作的通知

（中办发〔1984〕15 号　1984 年 5 月 18 日）

中央书记处最近在听取国营工业企业法调查组汇报时指出：当前我国国营工业企业存在的一个突出问题是无人负责，实际上是无权负责，无法负责，无力负责。为了改变这种状况，必须在解决国家与企业的关系，适当扩大企业自主权的同时，积极改革国营工业企业领导体制，实行生产经营和行政管理工作厂长（经理，下同）负责制。这是整个经济管理体制改革的一个重要组成部分。为了制定好国营工业企业法，决定选择一百多个工业企业和一两个中等城市进行改革工厂领导体制的试点。现根据中央书记处和国务院的指示，将有关事项通知如下：

一、确定在辽宁省大连市和江苏省常州市的国营工业企业普遍进行这项改革，同时在北京、天津、上海、沈阳等四市选择一批企业进行试点。选多少、选哪些企业由当地人民政府确定。选点不宜太散，可以适当集中在一两个行业。其他省、自治区有条件的也可自选少数企业进行试点。

二、进行试点的企业必须是整顿验收合格、领导班子得力、生产情况正常的。主要选择大中型骨干企业，也可以选择一些小型企业。

三、改革试点先按《国营工业企业法（草稿）》进行，在实践中不断地探索和完善，也可以有所突破。要从实际出发，防止“一刀切”，比如，厂长对企业生产经营和行政管理工作中重大问题进行决策时采取的组织形式，可以是厂务会议，也可以是工厂管理委员会或别的形式；企业内部各方面关系和工作的协调，可以由企业党委负责，也可以由工厂管理委员会负责，或采取党政工团碰头会等形式；厂长、党委书记可由两人分别担任，也可由一人兼任。

改革试点中，要特别注意总结实行厂长生产经营和行政管理工作负责制和发挥企业党委、职工代表大会的作用的经验，总结正确处理厂长、党委、职代会之间的关系的经验。

四、企业领导体制的改革试点必须和扩大企业自主权结合进行。责、权、利必须是统一的，不扩大企业的自主权，厂长就没有相应的权力，厂长负责制也难以实现。扩大企业自主权，工作重点首先要使企业有活力。全国国营工业企业即将进行第二步利改税，国务院关于进一步扩大国营工业企业自主权的暂行规定和关于国营企业发放奖金有关问题的通知已经下达，各试点企业必须把这几个方面的工作紧密结合起来，在完善企业内部经济责任制、提高企业素质、提高经济效益上下功夫。

五、企业领导体制改革不仅涉及企业内部各方面的关系，还涉及许多外部关系，省、

市党委和人民政府一定要加强领导，有关部门也要大力支持配合。具体组织工作由全国企业整顿领导小组和国营工业企业法调查组负责。各试点省、直辖市可组织有关方面的同志建立专门领导小组或由企业整顿领导小组负责。但不管采用哪种形式，都必须有一位省（直辖市）的领导干部负责这项工作。

以上各项，请认真研究执行，并将领导小组名单、试点企业名单、工作规划和部署，于六月十五日前报送全国企业整顿领导小组。

附：《国营工业企业法（草稿）》

附录3

国营工业企业法（草稿）

（第三稿　1984年5月18日）

第一章　总则

第一条　为保障国营工业企业的合法权益和正常的生产经营活动，明确其应尽的责任，以加快工业的发展，促进社会主义现代化建设，特制定本法。

第二条　国营工业企业（简称企业，下同）是社会主义全民所有制的经济组织，在国家计划指导下，从事工业生产经营，实行独立经济核算。

企业的根本任务是：全面完成国家计划，为社会生产工业产品、提供劳务、为国家积累资金，为满足人民日益增长的物质和文化生活需要做出贡献。

第三条　企业必须坚持党的领导，坚持社会主义道路，贯彻执行党的路线、方针、政策。

第四条　企业必须遵守宪法、法律和法规，服从国家的统一领导。

第五条　企业实行厂长（经理，下同）负责制。

企业通过职工代表大会（职工大会，下同）和其他形式，实行民主管理。

第六条　企业是法人，厂长是法人代表。

第七条　企业经营管理的财产，属国家所有，任何组织和个人不得侵犯。

第八条　企业必须不断推进技术进步，改善经营管理，提高经济效益。

第九条　企业必须实行经济责任制，兼顾国家、企业和职工个人利益。

企业对职工实行按劳分配的原则。

第十条　企业必须坚持在建设物质文明的同时建设高度的社会主义精神文明，不断地对职工进行政治思想教育、科学文化教育、技术业务教育，不断提高职工的政治、文化、技术素质。

第二章　企业的开办和关闭

第十一条　开办大、中型企业按隶属关系由国务院主管部门或省、自治区、直辖市人民政府提出审查意见，报国务院批准。地方开办大、中型企业，凡供产销涉及全国平衡的，上报审批前应当征求国务院有关部门的意见。

开办小型企业，按隶属关系由国务院主管部门或省、自治区、直辖市人民政府批准，其中地方开办的小型企业凡原材料涉及全国平衡的，应当征得国务院主管部门的同意，原材料在本地区范围内解决的，由当地县以上人民政府审批。

大、中、小型企业的划分标准，由国务院统一规定。

第十二条　申请开办企业的单位，必须如实向国家审批机关提出可行性分析报告，不得虚报、谎报。

第十三条　批准开办的企业，凡有基本建设任务的，在动工建设之前，必须办理基本建设审批手续。

第十四条　获得批准开办企业的单位，必须向企业所在地的工商行政管理机关办理开办企业的登记手续，经核准后，领取筹建许可证或营业执照，取得法人资格。

第十五条　企业必须接受工商行政管理机关对核准登记事项的监督，改变生产经营范围和改变生产经营方式的，必须向工商行政管理机关进行变更登记。

第十六条　企业的关闭、合并或分立由原审批机关批准或决定。

企业的停业、转产或迁移由主管单位或原审批机关批准或决定。

第十七条　关闭、停业、合并、分立、转产或迁移的企业，必须向工商行政管理机关办理变更登记或歇业注销手续。

第十八条　企业关闭办理注销手续后，主管单位必须指定专人负责保护好企业的一切财产，会同当地劳动人事部门做好人员的安置工作，并负责处理善后事宜。

企业关闭后，企业原订的合同和原有的债权、债务关系的变更或解除，按国家有关规定办理。

第三章　企业的责任和权限

第十九条　企业必须全面完成国家计划，接受审计机关的监督。

第二十条　企业必须保证产品质量，对用户负责。

第二十一条　企业必须遵守财经纪律，向国家缴纳税金和利润。

第二十二条　企业必须做好环境保护和劳动保护工作，做到文明生产、安全生产。

第二十三条　企业必须在发展生产的基础上，办好集体福利事业，改善职工的物质和文化生活。

第二十四条　企业必须做好保密工作和治安保卫工作，切实保守国家秘密，保护国家财产。

第二十五条 企业必须完善计量、检测手段，健全原始记录，如实填报各项统计、会计和财务报表。

第二十六条 企业必须保障和维护职工的合法权利，教育职工履行法律规定的义务。

第二十七条 企业有权在保证完成国家计划的前提下，自行安排生产社会需要的产品。

第二十八条 企业有权拒绝或要求调整没有必需的物质条件保证和产品销售安排的国家计划。

企业有权拒绝任何部门在国家计划外安排的生产任务。

第二十九条 企业在完成国家计划和供货合同的前提下，有权自销国家计划外超产产品和计划内分成的产品，计划内产品的自销范围和比例由国务院规定。

第三十条 企业有权按照国家分配的指标，在主管订货部门的组织下自行择优，就近选择供货单位和直接签订供货合同，购进生产需要的物资。

第三十一条 企业有权按照国家的价格政策，自行确定新产品的试销价格；有权按照国家规定的浮动幅度，确定其他自销产品的浮动价格。

第三十二条 企业有权参加外贸单位与外商的谈判和合同的签订；有权提取和使用分成的外汇。

第三十三条 企业有权自行支配使用按国家规定比例建立的生产基金、新产品试制基金、后备基金、职工福利基金和奖励基金。企业有权把生产发展基金、新产品试制基金、后备基金同折旧基金、大修理基金统筹使用。

第三十四条 企业有权出租、有偿转让闲置、多余的固定资产，其所得收益必须用于设备更新和技术改造，并报主管单位备案。

第三十五条 企业有权在国家核定的工资总额范围内，确定本企业的工资、奖励形式。

第三十六条 企业有权根据国家下达的劳动力计划和本行业招工标准，公开招工，择优录用。有权拒绝接收企业不需要的人员。

第三十七条 企业有权对职工实行奖惩，包括晋级奖励和开除处分。

第三十八条 企业有权按实际需要决定机构设置和人员配备。

第三十九条 企业有权任免副厂长以下（含副厂长，下同）各级行政干部，并报主管部门备案。

第四十条 企业有权拒绝任何单位和个人在国务院或省、自治区、直辖市人民政府明文规定以外对人力、物力、财力的平调和摊派。

第四十一条 企业有权在自愿、平等、互利的原则下，通过不同途径筹集生产发展基金，有权向企业外投资。

第四十二条 小型企业要有更多的经营管理自主权，具体办法由国务院另行规定。

第四章　厂长、企业党组织的职责和权限

第四十三条　厂长对企业的生产、经营和行政工作，统一领导，全面负责。

第四十四条　厂长受国家委托，行使以下职权：

1. 对企业的经营决策、长远规划、年度计划、重大技术改造计划提出建议方案报主管单位审批或作出决定；

2. 对企业的生产、经营和行政工作实行统一指挥；

3. 对生产、经营和行政方面的规章制度的建立、修改和废除，作出决定或提出建议；

4. 对生产经营和行政工作机构的设置、调整和撤消，作出决定；

5. 任免、管理、考核副厂长以下各级行政干部，行使企业对职工的奖惩权。

厂长对生产、经营和行政工作中的重大问题进行决策时，应召开厂务会议进行讨论，听取意见。

第四十五条　厂长对国家负责，履行以下的职责：

1. 贯彻党的方针、政策，遵守国家的法律、法规，执行主管单位的指令、决定；

2. 保证国家计划的完成；

3. 结合生产、经营和行政工作，做好职工的思想政治工作；

4. 关心职工生活，负责办好职工生活福利事业；

5. 向企业党组织和职工代表大会报告工作，并听取意见，接受监督；

6. 支持职工代表大会的工作和工会、共青团等群众组织的工作，执行职工代表大会在其职权范围内作出的有关决定。

第四十六条　企业中的党组织要全面完成党章规定的党的基层组织的基本任务，在思想政治方面负领导责任，对党群工作和思想政治工作实行统一领导，对生产、经营和行政管理工作起保证监督作用。其职、权是：

1. 保证监督党的路线、方针、政策和国家法律、法规的贯彻执行，坚持企业的社会主义方向；

2. 听取厂长关于生产、经营和行政工作重大问题的报告，讨论并提出意见、建议和保证完成的措施；

3. 教育职工服从厂长的指挥，支持厂长对生产、经营和行政工作的统一领导，保证厂长行使职权；

4. 对厂长任免行政干部的有关事项提出意见和建议，考核、任免、管理党群干部；

5. 加强党的建设，搞好对党员的教育和管理，健全党的生活和组织制度，做好发展党员工作和统战工作，充分发挥党支部的战斗堡垒作用和党员的先锋模范作用；

6. 负责领导并做好职工的思想政治工作，加强职工队伍的建设，充分调动职工的社会主义积极性和创造性；

7. 领导职工代表大会的工作，领导工会、共青团、民兵等群众组织，协调厂长和各群

众组织之间的关系；

8. 监督各级领导干部。

第五章 职工的民主管理

第四十七条 职工代表大会是企业实行民主管理的基本形式，行使以下职权：

1. 定期听取厂长的工作报告，讨论年度计划，增产节约计划和重大技术改造计划等，并提出意见和建议，必要时可以作出发动职工群众实施计划的决议；

2. 讨论通过企业工资调整方案、奖金分配方案、职工培训计划和重要的规章制度；

3. 讨论、决定集体福利基金使用方案、职工住房分配方案及其他集体福利事项；

4. 评议、监督企业各级领导干部和工作人员，并提出任免和奖惩建议；

5. 小型企业可以根据主管单位的部署选举企业领导人员。

职工代表大会在决定本条第一款第三项时，须经三分之二的代表同意。

职工代表大会不同意厂长在职权范围内决定的问题，可以向上级报告，厂长对职工代表大会在职权范围内讨论通过或决定的问题有不同意见，可以暂缓执行，报上级主管单位裁决。

第四十八条 车间通过代表小组或职工大会实行民主管理，工人直接参加生产小组的日常管理。

第四十九条 职工代表大会的工作机构是工会。工会的职责任务是：

1. 会同有关部门进行职工代表大会的筹备工作、会务工作以及大会闭会期间的日常工作，办理职工代表大会交办的事项；

2. 动员和组织职工学习政治、文化、科学技术和经营管理知识，提高职工队伍的素质；

3. 组织职工开展社会主义劳动竞赛和合理化建议、技术革新技术协作活动，教育职工服从行政指挥，遵守劳动纪律，保证完成生产和其他任务；

4. 关心职工生活，做好职工互助互济和生活困难补助工作，协助、监督行政办好生活福利事业；

5. 组织职工开展业余文化娱乐和体育活动；

6. 关心职工劳动条件的改善，监督有关劳动法律、法规的贯彻执行；

7. 维护职工的合法权益，代表职工参加制定企业的规章制度、工资奖励及其他关系职工切身利益的规章制度；

8. 同企业行政密切合作，支持行政领导人充分行使其职权。

第五十条 企业领导应当发动和组织职工讨论生产计划、全厂性规章制度以及职工福利基金、奖励基金的使用、住房分配方案等有关职工切身利益的问题，广泛听取意见。

第五十一条 企业领导应当创造条件支持职工进行科学研究、发明创造、技术革新和提出合理化建议。

第五十二条 企业各级领导干部应该听取职工的批评和意见，自觉接受职工的监督，严禁打击报复。

第五十三条 职工应当以主人翁的态度对待自己的劳动，服从领导，听从指挥。遵守劳动纪律，执行操作规程和其他规章制度，保证完成生产和工作任务。

第六章　企业与主管单位的关系

第五十四条 企业的主管单位由开办企业的审批机关确定。

第五十五条 企业在生产、经营和行政工作上受直接隶属的一个主管单位领导。国家计划必须由该主管单位向企业统一下达。

第五十六条 企业的限额以上的技术改造计划和技术引进计划，必须报主管单位批准后执行。

第五十七条 企业主管单位负责厂长的任免、培训、考核和奖惩，国家另有规定者除外。

第五十八条 企业主管单位必须保证供应企业按照国家计划生产经营所需的统配物资，做好产品的销售安排，并协助企业解决生产经营中的问题。

第七章　企业与其他企业、事业单位的关系

第五十九条 企业在处理与其他企业、事业单位之间的经济业务关系时，应遵守平等互利的原则。

企业与各方面的经济往来，应当依法签订并履行经济合同。

第六十条 企业与其他企业、事业单位之间，可以按照经济合理、平等互利的原则组织专业化协作生产或组成公司等不同形式的经济联合体。

组成各种不同形式的经济联合体，不受地区、行业、所有制和隶属关系的限制，但不得改变联合各方的所有制性质。

第六十一条 联合组成企业性公司的企业、事业单位，可以不保留法人地位，也可以保留法人地位。保留法人地位的企业、事业单位，在生产、经营和行政工作上受公司领导，它们与公司之间的权利、义务关系，由联合协议书或公司章程规定。

第六十二条 国家保护企业与其他企业、事业单位之间的合法竞争。

第八章　企业与地方人民政府的关系

第六十三条 企业必须执行地方人民政府发布的决议和命令。

第六十四条 地方人民政府领导企业的治安、消防和人民武装工作，保护企业的合法权益和属于企业经营管理的国家财产和资源不受侵犯。

第六十五条 地方人民政府对企业所需的由地方管理的生产和生活物资，应当纳入计划，保障供应。

第六十六条 地方人民政府负责协调企业和当地其他单位之间的关系。

第六十七条 企业职工的公共福利事业，根据具体情况，分别由地方人民政府负责统筹办理、组织联办或由企业自办。

第九章　法律责任

第六十八条　违反本法规定，开办企业时虚报、谎报情况，或未经审核批准，擅自动工建设的，对有关领导人员和直接责任人员给予行政处分。

第六十九条　厂长由于失职，使企业连续两年完不成国家计划主要指标的，由企业主管单位给予行政处分。

第七十条　企业主管单位违反本法规定，给企业造成经济损失，情节严重的，由其上级机关查明情况，进行处理，并追究有关领导人员和直接责任人员的行政责任。

第七十一条　企业违反本法规定，生产不符合标准的产品，给用户造成经济损失的，应赔偿经济损失，造成严重经济损失或人身伤亡等重大事故的，对企业有关领导人员和直接责任人员比照刑法第一百八十七条追究刑事责任。

第七十二条　企业职工违反本法规定，不遵守劳动纪律、操作规程或玩忽职守，造成事故，致使财产损失和人身伤亡的，由企业给予行政处分或罚款；情节严重的，比照刑法第一百一十四条规定追究刑事责任。

第七十三条　违反本法规定，私分、挪用国家财产情节严重的，比照刑法第一百五十五条规定追究刑事责任。

第七十四条　违反本法规定的行为，凡在其他现行法律中已明确规定法律责任的，分别按照有关规定追究行政责任或刑事责任。

第十章　附则

第七十五条　本法原则上亦适用于国营交通运输、地质、建筑施工企业。

第七十六条　国务院根据本法制定实施细则。

第七十七条　本法自×年×月×日起施行。国务院颁发的《国营工业企业暂行条例》即行废止。

附录4

国营工业企业暂行条例

（国发〔1983〕54号　1983年4月1日）

第一章　总则

第一条　为保障国营工业企业的合法权益和正常的生产经营活动，明确其应尽的责任，以加快工业的发展，促进社会主义现代化建设，特制定本条例。

第二条 国营工业企业（简称企业，下同）是社会主义全民所有制的经济组织，是在国家计划指导下，实行独立经济核算、从事工业生产经营的基本单位。

企业的根本任务是：在不断提高技术、劳动生产率和经济效益的基础上，全面完成国家计划，为社会生产工业产品，为国家积累资金，为满足人民日益增长的物质和文化生活需要做出贡献。

第三条 企业要坚持社会主义道路，贯彻执行国家的方针、政策，遵守法律、法规。

第四条 企业实行党委领导下的厂长（经理，下同）负责制。

企业实行党委领导下的职工代表大会制（职工大会制，下同）。

企业在生产经营活动中实行党委集体领导、职工民主管理、厂长行政指挥的根本原则。

第五条 企业在生产行政上受直接隶属的主管单位（简称企业主管单位，下同）领导。

第六条 企业经营管理的财产，属于国家所有，任何单位和个人不得侵犯。

第七条 企业的生产经营活动，在国家计划指导下进行，同时发挥市场调节的辅助作用。

第八条 企业是法人，厂长是法人代表。企业对国家规定由它经营管理的国家财产依法行使占有、使用和处分的权利，自主地进行生产经营活动，承担国家规定的责任，并能独立地在法院起诉和应诉。

第九条 企业在生产经营活动中必须讲求社会经济效益，要以最少的劳动和物质消耗，生产更多的符合社会需要的优质产品。

第十条 企业要不断地采用先进技术和新的国际标准，发展新产品，逐步淘汰落后产品。

第十一条 企业要实行经济责任制，改善经营管理，正确处理国家、企业和职工个人利益的关系。

第十二条 企业对职工的劳动报酬，实行“各尽所能，按劳分配”的原则。

第十三条 企业同其它企业、事业单位之间，可按照经济合理、平等互利、等价有偿的原则，自愿或在国家有关领导机关统筹安排下，组织专业化协作或经有关部门审核批准后，实行各种形式的经济联合。

第十四条 企业要加强对职工的政治思想教育、科学文化教育、技术业务教育，搞好全员培训。要通过脱产、半脱产、业余等多种培训形式，不断提高职工的政治、文化、技术素质，以适应社会主义现代化建设的需要。

第二章 企业的开办和关闭

第十五条 各级人民政府有关部门和其它全民所有制单位，均可按本条例规定的条件申请开办企业。

第十六条 申请开办的企业必须全面具备以下十项条件：

（一）产品先进或适用，为社会所需要，并为法律规定所允许；

（二）原材料、能源、水资源和交通运输有保证，并且不中断其它企业国家计划内的原材料、能源供应及协作配套关系；

（三）产品的原材料和能源消耗符合国家规定的设计标准；

（四）有必要的合法资金和设备；

（五）资源开发和土地征用符合国家规定；

（六）厂址符合国家建设规划、布局和设计技术要求，符合经济合理的原则，生产工艺比较先进合理；

（七）环境保护、劳动安全、卫生和消防安全设施方案符合国家规定的标准；

（八）领导人员、管理人员、技术人员和技术工人的数量和质量有保证；

（九）职工必要的生活设施有相应安排，符合国家规定；

（十）有开办企业的可行性分析报告和必要的经济技术资料。

上述各项，申请开办企业的单位要向国家审批机关如实报告，如有虚报、谎报情况者，要追究有关人员的法律责任。

第十七条 凡新建、改建和扩建企业，均须按照国家基本建设管理有关规定办理审批手续。

第十八条 申请开办企业，必须按本条例第十七条规定，持批准的计划任务书，向企业所在地工商行政管理机关办理开办企业登记手续，经核准后，领取筹建许可证或营业执照，取得法人资格。

第十九条 凡经工商行政管理机关核准发照的企业，要按核准的生产经营范围和生产经营方式从事生产经营，接受工商行政管理机关对核准的登记事项的监督检查。

第二十条 已经开业的企业，凡有下列情况之一者，应按照关于开办企业批准权限的分工，由有关单位责令或根据企业申请批准其关闭、停业、合并、分立、转产或迁移：

（一）产品长期无销路的；

（二）工艺技术落后，经济效益差，没有发展前途的；

（三）因经营管理不善，限期整顿后无明显好转，仍连续两年以上亏损的；

（四）原材料、能源来源断绝的；

（五）产品质量和原材料、能源消耗不符合国家规定标准，限期整顿无效的；

（六）违反国家环境保护法规，严重污染环境，无法治理的，或经限期治理不见成效的，或在物质、技术条件具备的情况下，拒不治理的；

（七）劳动安全和卫生条件不符合国家规定，人身安全、国家财产得不到保障的；

（八）国家认为需要关闭、停业、合并、分立、转产或迁移的。

第二十一条 批准关闭、停业、合并、分立、转产或迁移的企业，必须切实管理和保护好企业的厂房、设备、工具、原材料、燃料、产品等国家财产。企业主管单位要负责检查监督。对盗窃、私分、哄抢、挪用或破坏国家财产者，要依法惩处。

批准关闭、停业、合并、转产或迁移的企业，要采取措施，做好人员的安置工作。本企业无法安置的多余人员，由上级主管单位会同当地劳动人事部门负责安置。

企业关闭后，其善后事宜，由企业主管单位负责处理，企业原订的合同和债务关系的维持、变更或解除，按国家有关规定办理。

第二十二条 批准关闭、停业、合并、分立、转产或迁移的企业，必须按国家规定，向所在地工商行政管理机关办理开业登记、变更登记或歇业注销手续，并将变更或注销情况抄报有关部门。

第三章 企业的权限和责任

第二十三条 企业在保证完成企业主管单位下达的计划任务的前提下，如原材料、能源有保证，有权根据国家有关政策和市场需要，编制自己的生产经营补充计划，并报主管单位备案。

第二十四条 企业有权拒绝计划外没有必需的物质条件保证和产品销售安排的生产任务。

对主管单位下达的指令性计划，如果计划供应的物资得不到保证，产品销售得不到安排，企业有权要求主管单位解决上述问题或适当调整计划。

第二十五条 企业在法律、法规和国家政策许可的范围内，有权自行选购计划分配以外的物资。

第二十六条 企业按计划完成国家订货任务后，有权在国家规定范围内自销产品。

第二十七条 企业有权在国家规定范围内，制定和议定产品的价格。

第二十八条 企业有权向中央或地方业务主管部门申请出口自己的产品。有出口产品任务的企业，有权按国家规定参加外贸单位与外商的谈判、签订合同、提取外汇分成。

第二十九条 企业有权按国家规定将自己的发明创造、科研和技术革新成果，在国内有偿转让，或经国务院有关主管部门批准，向国外有偿转让或申请专利。

第三十条 企业对经过注册的产品的商标，享有专用权。

第三十一条 企业有权按照国家规定提取和使用企业基金或利润留成资金。

第三十二条 企业有权按照国家规定出租、转让闲置、多余的固定资产，并把所得收益用于企业的技术改造。

第三十三条 企业有权根据国家有关政策确定本企业的计时工资、计件工资等工资形式和分配奖金、安排福利等事项。

第三十四条 企业有权根据本企业定员编制、国家下达的劳动力计划和本行业招工标准，在国家规定的招工范围内公开招考，择优录用新职工，拒绝接收不符合条件的人员。

第三十五条 企业有权按国家规定对职工实行奖惩。

要坚持教育为主，惩罚为辅。即使对犯有严重错误的职工，也要给予改过的机会和生活的出路。

第三十六条 企业有权根据精简、效能的原则，按实际需要决定自己的机构设置。

除国家另有规定外，企业有权任免企业行政职能科（室）科长、副科长（主任、副主任），车间主任、副主任等中层干部，并按干部管理权限上报备案。

第三十七条 企业有权拒绝任何单位和个人在国务院或省、自治区、直辖市人民政府明文规定以外摊派费用和无偿劳动，以及无偿抽调人员、物资和资金。

第三十八条 企业必须全面完成企业主管单位下达的计划，按计划签订并履行经济合同，接受国家有关部门的监督。

第三十九条 企业必须根据国家的技术政策，结合实际制定本企业的以节约能源、原材料，增加品种、改进质量和提高经济效益为重点的技术改造规划，有条件的也可引进必要的国外先进技术，使产品达到和超过国内外先进的技术标准，并具有更大的竞争能力。

第四十条 企业必须保证产品的质量。

企业必须建立严格的全面质量管理制度，做好对原材料、燃料、备品、备件和产品的质量检验工作，使产品达到规定的质量标准。不合格的产品不准以合格品出厂；已经出厂的产品，企业要实行包修、包换、包退制度；对可能危及人身健康、安全以及国家有特殊规定的产品，不合格的一律不准出厂；对仍有使用价值又无事故隐患、不影响人身健康和安全的不合格产品，可经企业主管单位批准后，作削价处理。

因产品质量不合标准给用户造成经济损失的，企业要负责赔偿；因产品质量不合标准造成人身伤亡等重大事故的，要追究企业的经济责任和直接责任者的法律责任。

第四十一条 企业要实行全面的独立经济核算，合理使用资金和劳动力，节约能源、资源和各种物资，不断提高劳动生产率，降低成本。

第四十二条 企业必须遵守财经纪律，接受审计机关、财政部门和各级银行的监督，按照国家规定缴纳税金、利润和其他费用。

第四十三条 企业必须依照法律规定做好环境保护和劳动保护工作，努力改善劳动条件，做到安全生产、文明生产。

第四十四条 企业要在发展生产的基础上，逐步改善职工的物质和文化生活，办好集体福利事业。

第四十五条 企业要根据法律、法规，结合实际情况，制定本企业的厂规厂纪、操作规程和岗位守则。

第四十六条 企业必须贯彻执行国家保密制度，负责对职工进行保密教育，并结合企业特点建立健全本企业的保密制度，切实保守国家秘密。

第四十七条 企业要做好治安保卫工作，保护其经营管理的国家财产不受侵犯。

第四十八条 企业必须按规定准确填报各项统计、会计报表，如实反映情况。

第四章　职工的权利和责任

第四十九条　职工要以国家主人翁的态度对待自己的劳动，服从领导，听指挥，自觉地完成生产和工作任务。

职工有领取劳动报酬和在法定时间内获得休息、休假和参加文化娱乐、体育活动的权利。

女职工有按国家规定享受特殊保护的权利。

第五十条　职工要爱护企业的各种设备和设施，节约使用原材料、能源和资金，敢于同浪费国家资源、破坏和侵占国家财产的行为作斗争。

第五十一条　职工有向上级领导机关反映真实情况，对各级领导人员提出建议、批评、控告的权利。

职工的合法权益受到侵犯时，有向有关主管机关提出控告，或为自己进行辩护和申诉的权利。

第五十二条　职工必须遵守安全操作规程、劳动纪律和其它规章制度。

在国家规定范围内，职工有要求在劳动中保证安全和健康的权利。

第五十三条　职工要努力学习，不断提高政治、文化技术水平，熟练掌握业务本领。

职工有按照生产、工作需要获得职业培训的权利。

第五十四条　职工必须遵守保密制度，保守国家的机密。

第五十五条　职工有进行科学研究、发明创造、技术革新和提出合理化建议的权利。

第五十六条　职工在年老、疾病或丧失劳动能力时，有按国家规定享受退休、离休、退职的福利待遇和获得物质帮助的权利。

第五章　企业的组织领导

第五十七条　企业的生产行政工作，实行统一领导、分级负责。企业要建立和健全以厂长为首的集中统一的生产行政指挥系统。一般分为厂部、车间（分厂）、班组（工段）三级。主要管理权力，集中在厂部。

第五十八条　企业根据规模大小和生产经营需要，设厂长一人，副厂长一至五人。

大、中型企业可设总工程师、总会计师（以及其他厂级经济技术负责人，下同）。

副厂长、总工程师、总会计师在厂长领导下进行工作，按照各自的分工完成厂长交给的任务，对厂长负责。

第五十九条　厂长是企业的行政领导人。厂长对企业的生产经营活动和行政工作统一指挥，全面负责。

厂长的权限和责任，按《国营工厂厂长工作暂行条例》的规定执行。

第六十条　企业的职工代表大会行使民主管理和监督的职权。

职工代表大会的权限和责任，按《国营工业企业职工代表大会暂行条例》的规定执行。

第六章　企业与主管单位的关系

第六十一条　企业必须接受企业主管单位的领导，全面完成由企业主管单位综合平衡统一下达的各项计划指标。

由国务院主管部门与省、自治区、直辖市双重领导的企业，应由国务院主管部门与省、自治区、直辖市协商，按照分工的主次，确定一个主要的企业主管单位。

第六十二条　企业的长远规划、年度计划、重大技术改造计划和引进国外先进技术的计划，要报企业主管单位批准后执行。

第六十三条　企业作出的决定，不得与企业主管单位的决定相抵触。

企业对企业主管单位的决定如有异议，可以提出意见或建议，如果这些意见或建议未被采纳，企业仍须执行企业主管单位的决定。

第六十四条　企业主管单位负责确定企业的产品方向和生产规模。

第六十五条　企业主管单位要统一下达各项计划指标，考核企业的各项计划指标完成情况。国家其它部门给企业下达计划指标时，必须经企业主管单位综合平衡，统一下达。

企业主管单位要保证企业按照国家计划生产经营所必需的计划供应的物资，做好产品的销售安排，并协助企业解决生产经营中的问题。

因企业主管单位的过错使企业造成损失的，企业主管单位要承担经济责任，并负责处理，直接责任者要承担法律责任。

第六十六条　企业主管单位按照干部管理权限，负责对厂长、副厂长和总工程师、总会计师等厂级经济技术干部的任免、培训、考核和奖惩。

第六十七条　企业主管单位要负责向企业提供有关的国内外技术经济情报。

第七章　企业与其它企业事业单位的关系

第六十八条　企业与其它企业、事业单位之间的经济业务关系，是平等互利的关系。

企业同有关各方的经济往来，应依法签订经济合同。

第六十九条　企业与其它企业、事业单位之间，依据本条例第十三条规定，组成各种形式的经济联合体，不受行业、地区、所有制和隶属关系的限制，但不能随意改变联合各方的所有制性质和财务关系。

参加经济联合体的各方，必须遵守共同签订的章程、合同或协议。

第七十条　国家保护企业同其它企业、事业单位之间的合法竞争。

国家禁止企业采用下列不正当手段进行竞争：

（一）冒充、伪造其它企业的商标、标记或盗用其它企业的名义；

（二）违反国家物价管理规定，任意抬高或降低价格，销售产品；

（三）弄虚作假，蒙蔽用户，或用损害其它企业信誉的手段，销售产品；

（四）用行贿、变相行贿手段推销产品；

（五）其它非法手段。

第八章　企业与地方人民政府的关系

第七十一条　企业必须执行地方人民政府发布的有关决议和命令。

第七十二条　地方人民政府负有保护企业的合法权益和属于企业经营管理的国家财产和资源不受侵犯的责任，领导企业的治安保卫、消防和人民武装工作，以维持企业正常的生产秩序。

第七十三条　企业所在地人民政府应按国务院或省、自治区、直辖市人民政府批准的建设计划和国家有关规定，负责协调解决为企业征用土地事项。

第七十四条　地方人民政府对企业所需的由地方管理的生产和生活物资，应纳入计划，组织供应。

第七十五条　地方人民政府负责协调企业和当地其它单位之间的关系，依法处理它们之间的纠纷。

第七十六条　企业职工的社会服务事业，原则上应由地方人民政府负责统筹办理。地方人民政府确实无力解决而企业又有条件办的，可根据具体情况，通过协商，组织联办或由企业自办。

第九章　奖励与惩罚

第七十七条　对贯彻执行本条例和在生产、工作上有显著成绩的企业，由人民政府或企业主管单位给予荣誉奖或物质奖。

第七十八条　对违反本条例，损害国家、企业、职工或其它企业、事业单位利益的企业，要按照情节轻重，追究经济责任或进行行政处理。

第七十九条　对职工的奖励和惩罚，按《企业职工奖惩条例》的规定执行。

第八十条　对违反本条例，侵犯企业、企业职工的合法权益，或者严重妨害企业领导人员行使职权的任何单位或个人，要按照情节轻重，分别追究经济责任或行政责任，对触犯刑律的人，要依法追究刑事责任。

第十章　附则

第八十一条　本条例适用于国营工厂（工业公司）和国营的矿山、交通运输、邮电、电力、地质、森工、建筑施工企业。

第八十二条　自本条例施行之日起，国务院、国务院各部门和地方各级人民政府以前颁发的有关国营工业企业的规定，凡与本条例有抵触的，按本条例执行。

第八十三条　国务院有关部门和各省、自治区、直辖市人民政府，可以根据本条例结合本部门、本地区的实际情况，制定具体实施办法，报国务院备案。

第八十四条　本条例自颁布之日起施行。

附录5

国务院关于进一步扩大国营工业企业自主权的暂行规定

（国发〔1984〕67号　1984年5月10日）

随着利改税制度的完善，有效地解决了国家和企业的分配关系。为了进一步调动企业的积极性，把经济搞活，提高企业素质，提高经济效益，现对扩大企业自主权方面的若干问题作如下规定：

一、在生产经营计划方面。企业在确保完成国家计划和国家供货合同的前提下，可以自行安排增产国家建设和市场需要的产品。在执行国家计划中，如遇供需情况发生重大变化时，企业有权向主管部门提出调整计划。

二、在产品销售方面。除国家特殊规定不准自销者外，以下产品都可以自销：企业分成的产品，国家计划外超产的产品，试制的新产品，购销部门不收购的产品，库存积压的产品。

对国家统配的几种主要产品的自销作如下规定：钢材，属于国家计划内的部分可自销2%，超计划生产的全部可以自销；生铁、铜、铝、铅、锌、锡、煤炭、水泥、硫酸、浓硝酸、烧碱、纯碱、橡胶等产品，属于国家计划内的不能自销；超计划生产的全部可以自销；机电产品，除由国家安排原材料生产的由国家调拨分配外，其余的可以由企业自销。

企业自销产品，必须单独核算、照章纳税，并严格遵守国家价格政策和财经纪律。

三、在产品价格方面。工业生产资料属于企业自销的和完成国家计划后的超产部分，一般在不高于或低于20%幅度内，企业有权自定价格，或由供需双方在规定幅度内协商定价。属于生活资料和农业生产资料，要执行国家规定价格（包括国家规定的浮动价格），但企业可用计划外自销产品与外单位进行协作。

四、在物资选购方面。对于国家统一分配的物资，在订货时企业有权选择供货单位。主管订货的部门要充分考虑生产企业的要求，根据资源与运输条件进行平衡，合理安排。企业可以和供货单位签订合同，直达供应，直接结算。

五、在资金使用方面。企业可将留成所得的资金，按主管部门规定的比例，分别建立生产发展基金、新产品试制基金、后备基金、职工福利基金和奖励基金，并有权自行支配使用。前三项基金可以同折旧基金、大修理基金结合起来，统筹安排，合理使用。

企业折旧基金的分配，从一九八五年起，企业留用70%；其余30%，由有关部门和省、自治区、直辖市掌握。具体办法另订。

企业暂时不用的生产发展基金，可以按自愿互利的原则，通过合营、联营、补偿贸易等形式，向企业外投资，以利于把资金用活。

企业有安排技术改造项目的权力。具体办法，由省、自治区、直辖市本着管理权限逐级下放的精神制订。

六、在资产处置方面。企业有权把多余、闲置的固定资产出租和有偿转让。其中属于上级主管部门管理的高、精、尖设备，在出租或转让时，要报经主管部门批准。出租转让所得的收益，必须用于技术改造和设备更新。

七、在机构设置方面。企业在主管部门核定的定员编制范围内，有权按照生产的特点和实际需要，自行确定机构设置和人员配备。有关部门可以根据业务工作的需要向企业提出要求，但是任何部门都不得硬性规定企业上下对口设置机构和人员配备比例。

八、在人事劳动管理方面。厂长（经理）、党委书记分别由上级主管部门任命；厂级行政副职由厂长提名，报主管部门批准；厂内中层行政干部由厂长任免。

企业可以根据需要从外单位、外地区招聘技术、管理人员，并自行确定报酬。

企业可根据需要从工人中选拔干部，在任职期间享受同级干部待遇，不担任干部时仍当工人，不保留干部待遇。

厂长（经理）有权对职工进行奖惩，包括给予晋级奖励和开除处分。

企业有权根据生产需要和行业特点，在劳动部门指导下公开招工，经过考试，择优录用。有权抵制任何部门和个人违反国家规定向企业硬性安插人员。

九、在工资奖金方面。企业在执行国家统一规定的工资标准、工资地区类别和一些必须全国统一的津贴制度的前提下，可以根据自己的特点自选工资形式。

厂长有权给有特殊贡献的职工晋级，每年的晋级面，可以从目前实行的1%增加到3%。这部分工资开支计入成本。

企业对提取的奖励基金有权自主分配。

十、在联合经营方面。在不改变企业所有制形式，不改变隶属关系，不改变财政体制的情况下，企业有权参与或组织跨部门、跨地区的联合经营；有权择优选点，组织生产协作或扩散产品。

上述规定，各地区、各部门要认真贯彻执行。过去规定与本规定不符的，以本规定为准。

附录6

国务院批转财政部
关于在国营企业推行利改税第二步改革的报告的通知

（国发〔1984〕124号　1984年9月18日）

国务院同意财政部《关于在国营企业推行利改税第二步改革的报告》和《国营企业第二步利改税试行办法》，现转发给你们，从今年十月一日起试行。

利改税第二步改革，是城市经济体制改革的一个重要组成部分。通过这次改革，把国家与企业的分配关系用税的形式固定下来，较好地解决企业吃国家“大锅饭”的问题，为落实企业自主权提供了必要条件，使企业逐步做到“独立经营，自负盈亏”，调动企业和职工的积极性。可以预料，这对理顺经济，搞活经济，推动城市经济体制改革，提高社会经济效益，必将发挥重大作用。

利改税第二步改革，涉及面广，政策性强。各地区、各部门一定要加强领导，组成精干的办事机构，把这件事切实办好。各级领导要深入调查研究，及时发现和解决执行中出现的新情况、新问题。重大问题要随时向上反映，有关部门要抓紧研究解决办法。调整税率和增加新税，这是税、利之间的转移，不牵涉物价的变动。所有企业都要努力挖掘内部潜力，增产增收，绝不能以增税为由，自行提高物价或变相涨价。

财政部关于在国营企业推行利改税第二步改革的报告

按照国务院的决定，利改税第二步改革将于今年十月一日起在全国试行。在六月底召开的全国第二步利改税工作会议上，详细讨论和修改了《国营企业第二步利改税试行办法》和产品税、增值税、盐税、营业税、资源税、国营企业所得税等六个税收条例（草案），以及国营企业调节税征收办法。现将试行办法报请审批，并就几个主要问题报告如下：

一、暂缓开征地方税。根据国务院领导同志指示精神，确定对城市维护建设税、房产税、土地使用税、车船使用税等四个地方税，保留税种，暂缓开征。何时开征，另行报批。在未经正式颁发以前，除了个别地区在一九八三年已经试行开征的以外，各地都不得开征，也不得以收费等形式变相征收。

二、对已经实行利润递增包干等办法的企业，要区别情况进行处理。国务院办公厅已于今年七月十三日发出了《关于今后不再批准企业实行利润递增包干等办法的通知》，各地区、各部门应当严格按照通知的各项规定办理。

三、要加强对这项改革的领导。利改税第二步改革，涉及面广，政策性强，各地区、各部门要加强领导，建议各级政府要有一位领导同志负责抓这项工作。要广泛宣传利改税第二步改革的重大意义，进一步统一思想，提高认识。各地区、各部门要从财政、税务机关抽调精干人员组成利改税办公室，负责办理日常工作。要及早制定本地区、本部门的具体实施方案。企业的调节税税率，要在今年十一月底以前，汇总上报财政部核批。

四、要严格执行国家的价格政策，防止物价波动。这次利改税第二步改革，调整了部分产品的税率，并开征了一些新税，是为了解决国家与企业的分配关系。要向企业讲清楚，这是税、利之间的转移，不牵涉到价格的变动。任何企业都不准以国家增税为由，自行提高物价，降低产品质量，缺斤少两，变相涨价，损害群众利益。

五、要帮助企业推行内部经济责任制。利改税第二步改革，能不能达到预期目的，还要看国家与企业之间的分配关系问题解决之后，企业能不能在内部认真实行经济责任制，调动广大职工的积极性，解决职工吃企业“大锅饭”的问题。希望各级经委、企业主管部门和财政部门，结合企业整顿，督促企业实行不同形式的经济责任制，在提高经济效益上下功夫。要鼓励企业挖掘内部潜力，增产增收，为企业求发展，为国家作贡献。

六、要严格财政、税务监督。通过这次改革，进一步扩大了企业自主权，国家对企业不必要的行政干预可以大大减少。企业依法纳税后，利润归企业支配。但是，不能认为实行利改税以后，国家就可以不再进行财政监督了。各级财政、税务机关应当根据《国营企业成本管理条例》和国营企业财务会计制度，对企业成本列支范围和成本、利润的计算，进行严格检查监督，防止偷税、漏税等损害国家利益的行为。

以上报告，请审议。如无不妥，请连同《国营企业第二步利改税试行办法》批转各地区、各部门，从一九八四年十月一日起试行。

国营企业第二步利改税试行办法

为了促进城市经济体制改革，进一步搞活经济，调整和完善国家与企业之间的分配关系，保证国家财政收入的稳定增长，并使企业在经营管理和发展上有一定的财力保证和自主权，调动企业和职工的积极性，特制定本办法。

一、第二步利改税，将现行的工商税按照纳税对象，划分为产品税、增值税、盐税和营业税；将第一步利改税设置的所得税和调节税加以改进；增加资源税、城市维护建设税、房产税、土地使用税和车船使用税。国营企业应按照国务院颁布的有关税收条例（草案）和征收办法执行。

（一）产品税。对生产应纳产品税产品的国营企业，在应税产品销售后，应按照规定计算缴纳产品税。

从一九八四年十月一日起，卷烟提价收入部分，也按规定缴纳产品税。原由预算拨补的烟叶提价补贴和名牌烟价外补贴，同时取消。

（二）增值税。对生产应纳增值税产品的国营企业，在应税产品销售后，应按照规定计算缴纳增值税。通过实行增值税，避免重复纳税，促进专业化协作生产的发展，适应调整生产结构的需要。

计算缴纳增值税时应扣除的项目，应按照国家统一规定办理，不得任意扩大或缩小范围。

（三）盐税。对生产、经营和进口盐的国营企业，在销售或进口盐时，应按照规定计算缴纳盐税。

（四）营业税。对从事商业、物资供销、交通运输、建筑安装、金融保险、邮政电讯、公用事业、出版业、娱乐业、加工修理业和其他各种服务业的国营企业，在商品销售或取得营业收入后，应按照规定计算缴纳营业税。

国营商业批发环节的营业税，先在石油和五金、交电、化工行业征收；国营商业其他行业以及物资、供销、医药、文教和县以上供销社等批发环节的营业税，暂缓征收。

国营建筑安装企业承包工程的收入，暂缓征收营业税。

（五）资源税。对从事原油、天然气、煤炭、金属矿产品和其他非金属矿产品资源开发的国营企业，在应税产品销售后，应按照规定计算缴纳资源税。

目前先对原油、天然气、煤炭征收资源税，其余的暂缓开征。

对合理开发资源的矿产企业（包括小煤窑），国家需要扶植发展的，可以给予减税照顾。

（六）城市维护建设税。凡缴纳产品税、增值税、营业税的国营企业，应按照规定计算缴纳城市维护建设税。

（七）房产税。对拥有房产的国营企业，应按照规定计算缴纳房产税。

（八）土地使用税。对使用属于国家所有土地的国营企业，应按照规定计算缴纳土地使用税。

（九）车船使用税。对拥有行驶车船的国营企业，应按照规定计算缴纳车船使用税。

（十）所得税。对盈利的国营大中型企业，应按照55%的固定比例税率计算缴纳所得税；对盈利的国营小型企业，应按照新的八级超额累进税率计算缴纳所得税。

（十一）调节税。盈利的国营大中型企业在缴纳所得税后，应按照核定的调节税税率，计算缴纳调节税。

上述城市维护建设税、房产税、土地使用税和车船使用税，保留税种，暂缓开征。另外，国营企业缴纳的屠宰税、烧油特别税、农（牧）业税、建筑税以及奖金税等，仍按原有规定征收。

二、核定调节税税率时，以企业一九八三年实现的利润为基数，在调整由于变动产品税、增值税、营业税税率以及开征资源税而增减的利润之后，作为核定的基期利润。基期利润扣除按55%计算的所得税和一九八三年合理留利后的部分，占基期利润的比例，为核定的调节税税率。

在核定国营卷烟企业的调节税税率时，企业一九八三年实现的利润还应加上卷烟提价收入，再扣除卷烟提价收入应纳产品税、烟叶提价补贴、名牌烟价外补贴后的余额，作为核定的基期利润。

凡与其他单位联营的企业，在核定调节税税率时，还要加上按规定从联营单位分得的利润，或减掉分给联营单位的利润，作为核定的基期利润。

核定的基期利润扣除按55%计算的所得税后，余利达不到一九八三年合理留利的大中型企业，不征调节税，并在一定期限内，经过批准，减征一定数额的所得税。

企业的调节税税率和上述减征的所得税，由财税部门商企业主管部门核定。各省、自治区、直辖市财税部门核定的企业调节税税率和减征的所得税，要汇总报财政部批准。

企业当年利润比核定的基期利润增长部分，减征70%调节税。利润增长部分按定比计算，一定七年不变。对物资、供销、金融、保险企业，不实行减征70%调节税的办法。

核定的调节税税率，自一九八五年起执行。

三、国营小型盈利企业，按新的八级超额累进税率缴纳所得税以后，一般由企业自负盈亏，国家不再拨款。但在核定基数时，对税后利润较多的企业，国家可以收取一定数额的承包费，具体办法由各省、自治区、直辖市人民政府确定。税后不足一九八三年合理留利的，经过批准，可在一定期限内减征一定数额的所得税。

京、津、沪三市，固定资产原值不超过四百万元，年利润不超过四十万元，两个条件同时具备的，为国营小型工交企业；其他地区，固定资产原值不超过三百万元，年利润不超过三十万元，两个条件同时具备的，为国营小型工交企业（包括城市公用企业和商办工业、粮办工业、饲料工业、储运企业）。

以独立核算的自然门店为单位，京、津、沪三市，年利润不超过二十万元，职工人数不超过六十人；各省省会、自治区首府所在城市和重庆市，年利润不超过十五万元，职工人数不超过六十人；其他城市，年利润不超过八万元，职工人数不超过三十人的，均为国营小型商业零售企业。小型商业零售企业的标准，利润额的条件必须具备，是否要同时具备职工人数的条件，由各省、自治区、直辖市人民政府自行确定。

各省、自治区、直辖市人民政府可根据本地实际情况，在上述标准范围内，作适当调整。个别城市需要放宽标准的，要报财政部批准。

物资部门所属生产资料服务公司或门市部、煤建公司、废金属回收公司和县物资企业，可比照其他城市小型商业零售企业的标准，划分小型物资企业。

商办农牧企业，一律视为小型企业。

商业批发企业、贸易中心、贸易货栈、侨汇商店、友谊商店、石油商店（包括加油站）、外轮供应公司、自选商店、食品购销站、物资企业（不包括上述划为小型企业的物资企业）和供销企业，不论利润、固定资产和职工人数多少，一律视为大中型企业。

对文教企业，可分别比照小型工交企业和小型商业零售企业的标准，划分小型企业。

小型企业一律按一九八三年的有关数据划分。但对一九八三年实现的利润，应相应调整由于变动税率和开征新税而增减的利润。上述小型企业划分标准和新的八级超额累进所得税税率，均从一九八五年起执行。小型企业划定后，一定七年不变。

四、营业性的宾馆、饭店、招待所和饮食服务企业，都按新的八级超额累进税率缴纳所得税。企业缴纳的所得税，比第一步利改税办法多缴的部分，由同级财政列作预算支出，拨给主管部门用于网点建设、技术改造和重点扶持。

五、军工企业、邮电企业、民航企业、外贸企业、农牧企业和劳改企业，以及少数经批准试行上缴利润递增包干等办法的企业，暂不按本办法缴纳所得税和调节税，但应按有关规定缴纳其他各税。其利润和资金占用费的上缴以及职工福利基金、奖金的列支办法，仍按原规定执行。

六、对亏损企业的微利企业的补贴或减税、免税，按以下办法处理：

（一）凡属国家政策允许的亏损，实行计划补贴办法，超亏不补，减亏分成。补贴数额和减亏分成比例，可一年一定，也可以一定三年不变。

（二）凡属经营管理不善造成的亏损，由企业主管部门责成企业限期扭亏。在规定限期内，由财政部门适当核定亏损补贴，超亏不补，减亏分成；超过限期的，一律不再补贴。到期扭亏为盈的，按本办法实行利改税。

凡在规定扭亏期限内提前扭亏为盈的，当年的亏损补贴照拨，盈利留用；第二年实现的利润，视同减亏，按规定分成。

（三）一九八三年的盈利企业，由于调增税率和开征新税使一九八三年由盈变亏的或利润不足一九八三年合理留利的，可在三年内减征产品税、增值税和营业税。这些企业可视为微利企业，不缴所得税和调节税。在实际执行中，实现利润超过合理留利的，可由国家与企业分成，分成比例一定三年不变。

上述企业一九八三年合理留利和减征各税数额，由财税部门商企业主管部门核定。各省、自治区、直辖市财税部门核定企业的减税数额，要汇总报财政部批准。

七、国营企业的职工福利基金和奖金的列支办法，按照《国营企业成本管理条例》及其实施细则执行。建筑工人、煤矿井下采掘工人和铁路、港口码头装卸工人的计件超额工资，应计入成本。

八、国营企业在申请技措性借款时，借款项目所需资金的10%～30%，要用企业专用基金自行解决。在归还技措性借款和基建改扩建项目借款时，经过财政部门批准后，可在缴纳所得税之前，用借款项目投产后新增利润归还。

企业用利润归还上述借款的，可提取职工福利基金和职工奖励基金。

在计算增长利润时，为使口径一致，原则上基期利润可扣除一九八三年归还上述借款的利润和企业单项留利。具体扣除数额，由财政部门批准。

九、实行第二步利改税以后，遇有价格、税率调整，除变动较大，并经国务院专案批准允许适当调整基期利润和调节税税率的以外，一律不作调整。调整基期利润和调节税税率，要按本办法第二条规定报经批准。

企业新建车间投产或全厂性技术改造完成，生产能力扩大，必须报主管部门和同级财政部门，相应调整核定的基期利润。如是借款项目，可在还清借款时进行调整。

十、企业留用利润应合理分配使用。要建立新产品试制基金、生产发展基金、后备基金、职工福利基金和职工奖励基金。职工奖励基金占企业留利的比例，由财政部与各省、自治区，直辖市和企业主管部门商定，并由各地区、各部门层层核定到所属企业。企业从增长利润中留用的利润，一般应将50%用于生产发展，20%用于职工集体福利，30%用于职工奖励。

十一、在本办法颁发以前，已经实行利润递增包干等办法的企业，应区别情况，按下列规定进行处理：

（一）经国务院或财政部、国家经委批准试行利润递增包干等办法的企业，凡是已经到期的，应改按本办法执行；尚未到期的，继续试行原办法，但到期后必须改过来。

（二）各省、自治区、直辖市人民政府批准试行利润递增包干等办法的企业，各地要进行一次清理。已经到期的，应改按本办法执行。尚未到期的，如果搞得比较好，国家与企业的分配关系比较合理，到期后再改过来，但要补报财政部、国家经委批准；如果分配不合理，各方面看法又不一致的，应当尽快改过来，按本办法执行。

（三）行署和市、县人民政府自行批准搞利润递增包干等办法的，应当坚决改过来，按本办法实行利改税。

（四）凡是经过批准继续实行利润递增包干等办法的企业，从今年第四季度起，都应按照新的税收条例（草案），缴纳产品税、增值税、营业税和资源税。

十二、实行第二步利改税以后，企业主管部门仍可适当集中一部分留利，用于重点技术改造和商业网点、设施的建设，但不得用于主管部门本身的支出。企业主管部门集中的留利，可自行从企业集中，也可采用退库办法解决。

十三、按照《中华人民共和国民族区域自治法》第三十五条的规定，民族自治地方在执行国家税法时，除应由国家统一审批的减免税收项目以外，对某些属于地方财政收入，需要从税收上加以照顾和鼓励的，经省、自治区人民政府批准，可以实行减税、免税。

西藏自治区对本办法如何执行，由自治区人民政府决定。

十四、试行本办法的具体规定，由财政部制定。

十五、本办法自一九八四年十月一日起试行。过去颁布的有关规定与本办法有抵触的，一律以本办法为准。

附录 7

中共中央关于经济体制改革的决定

（中国共产党第十二届中央委员会第三次全体会议通过　1984 年 10 月 20 日）

中国共产党第十二届中央委员会第三次全体会议，分析了我国当前的经济和政治形势，总结了我国社会主义建设正反两方面的经验，特别是这几年城乡经济体制改革的经验，一致认为：必须按照把马克思主义基本原理同中国实际结合起来，建设有中国特色的社会主义的总要求，进一步贯彻执行对内搞活经济、对外实行开放的方针，加快以城市为重点的整个经济体制改革的步伐，以利于更好地开创社会主义现代化建设的新局面。

一　改革是当前我国形势发展的迫切需要

我国经济体制的改革，已经经过了几年的酝酿和实践。十一届三中全会在决定把全党工作重点转到经济建设上来的同时就着重指出，为了实现社会主义现代化，必须对经济体制进行改革。那次全会以后，全党在拨乱反正和调整国民经济方面进行了大量工作，改革主要在农村进行。在完成指导思想上的拨乱反正、实现历史性伟大转折的基础上，党的十二大明确提出了有系统地进行经济体制改革的任务，并且指出这是坚持社会主义道路、实现社会主义现代化的重要保证。近两年来特别是今年以来，党中央、国务院又作出了一系列重要决策和指示，推动了各项改革的广泛深入发展。

我国经济体制改革首先在农村取得了巨大成就。长期使我们焦虑的农业生产所以能够在短时期内蓬勃发展起来，显示了我国社会主义农业的强大活力，根本原因就在于大胆冲破“左”的思想束缚，改变不适应我国农业生产力发展的体制，全面推行了联产承包责任制，发挥了八亿农民的巨大的社会主义积极性。目前农村的改革还在继续发展，农村经济开始向专业化、商品化、现代化转变，这种形势迫切要求疏通城乡流通渠道，为日益增多的农产品开拓市场，同时满足农民对工业品、科学技术和文化教育的不断增长的需求。农村改革的成功经验，农村经济发展对城市的要求，为以城市为重点的整个经济体制的改革提供了极为有利的条件。

这几年以城市为重点的整个经济体制改革也已经进行了许多试验和探索，采取了一些重大措施，取得了显著成效和重要经验，使经济生活开始出现了多年未有的活跃局面。但是城市改革还只是初步的，城市经济体制中严重妨碍生产力发展的种种弊端还没有从根本上消除。目前，城市企业经济效益还很低，城市经济的巨大潜力还远远没有挖掘出来，生产、建设和流通领域中的种种损失和浪费还很严重，加快改革是城市经济进一步发展的内在要求。城市是我国经济、政治、科学技术、文化教育的中心，是现代工业和工人阶级集中的地方，在社会主义现代化建设中起着主导作用。只有坚决地系统地进行改革，城市经济才能兴旺繁荣，才能适应对内搞活、对外开放的需要，真正起到应有的主导作用，推动整个国民经济更好更快地发展。

还应该看到，正在世界范围兴起的新技术革命，对我国经济的发展是一种新的机遇和挑战。这就要求我们的经济体制，具有吸收当代最新科技成就，推动科技进步，创造新的生产力的更加强大的能力。因此，改革的需要更为迫切。

当前我国安定团结的政治局面日益巩固，经济调整工作取得了重大成绩，国民经济持续增长，第六个五年计划的主要指标提前完成，国家财政状况逐步好转，全党同志和全国各族人民对社会主义现代化建设的信心大为增强，加快经济体制改革的愿望更加强烈。特别是中央和省、自治区、直辖市一级全面整党的健康发展，已经和正在端正各条战线现代化建设的业务指导思想，明确改革的方向。现在，全面改革经济体制的条件已经具备，我们有必要也有可能比较系统地提出和阐明改革中的一系列重大问题，以利于统一和提高全党同志特别是领导干部的认识，使改革更加卓有成效地进行，使社会主义优越性进一步得到发挥。中央希望并且相信，如同十一届三中全会在实行拨乱反正，提出改革任务，推动农村改革方面起了伟大的历史作用那样，十二届三中全会在制订全面改革蓝图，加快改革步伐，推动以城市为重点的整个经济体制的改革方面，也必将起到伟大的历史作用。

二 改革是为了建立充满生机的社会主义经济体制

中华人民共和国的诞生，社会主义制度的建立，结束了半封建半殖民地旧中国一百多年人民灾难深重的历史，消灭了剥削制度，我国各族人民真正成了国家的主人。在中国共产党领导下，全国人民艰苦奋斗，建立了独立的比较完整的工业体系和国民经济体系，取得了旧中国根本不可能取得的巨大成就，为我们建设富强、民主、文明的现代化的社会主义国家奠定了必不可少的物质基础。我国各族人民从长期的历史经验中深切体会到，只有社会主义才能救中国。

马克思主义的创始人曾经预言，社会主义在消灭剥削制度的基础上，必然能够创造出更高的劳动生产率，使生产力以更高的速度向前发展。我国建国三十五年来所发生的深刻变化，已经初步显示出社会主义制度的优越性。但是必须指出，这种优越性还没有得到应有的发挥。其所以如此，除了历史的、政治的、思想的原因之外，就经济方面来说，一个重要的原因，就是在经济体制上形成了一种同社会生产力发展要求不相适应的僵化的模式。这种模式的主要弊端是：政企职责不分，条块分割，国家对企业统得过多过死，忽视商品生产、价值规律和市场的作用，分配中平均主义严重。这就造成了企业缺乏应有的自主权，企业吃国家“大锅饭”、职工吃企业“大锅饭”的局面，严重压抑了企业和广大职工群众的积极性、主动性、创造性，使本来应该生机盎然的社会主义经济在很大程度上失去了活力。

建国初期和第一个五年计划期间，我国面临着实现全国财政经济统一、对资本主义工商业进行社会主义改造和开展有计划的大规模经济建设的繁重任务，逐步建立起全国集中统一的经济体制。那个时候，在许多方面还没有统得很死，而且在社会主义改造的方法和步骤上坚持了从中国实际出发，有很大的创造。但是，随着社会主义改造的基本完成和我国经济发展的规模越来越大，原来为限制和改造资本主义工商业所采取的一些措施已不再适应新的形势，经济体制方面某些统得过多过死的弊端逐渐显露出来。一九五六年，在党的第八次全国代表大会上和大会前后，党中央特别是中央主持经济工作的同志已经觉察到这个问题，并提出了某些改进措施。但是，由于我们党对于如何进行社会主义建设毕竟经验不足，由于长期以来在对社会主义的理解上形成了若干不适合实际情况的固定观念，特别是由于一九五七年以后党在指导思想上的“左”倾错误的影响，把搞活企业和发展社会主义商品经济的种种正确措施当成“资本主义”，结果就使经济体制上过度集中统一的问题不仅长期得不到解决，而且发展得越来越突出。其间多次实行权力下放，但都只限于调整中央和地方、条条和块块的管理权限，没有触及赋予企业自主权这个要害问题，也就不能跳出原有的框框。

为了从根本上改变束缚生产力发展的经济体制，必须认真总结我国的历史经验，认真研究我国经济的实际状况和发展要求，同时必须吸收和借鉴当今世界各国包括资本主义发达国家的一切反映现代社会化生产规律的先进经营管理方法。中央认为，按照党历来要求的把马克思主义基本原理同中国实际相结合的原则，按照正确对待外国经验的原则，进一步解放思想，走自己的路，建立起具有中国特色的、充满生机和活力的社会主义经济体制，促进社会生产力的发展，这就是我们这次改革的基本任务。

社会主义社会的基本矛盾仍然是生产关系和生产力、上层建筑和经济基础之间的矛盾。我们改革经济体制，是在坚持社会主义制度的前提下，改革生产关系和上层建筑中不适应生产力发展的一系列相互联系的环节和方面。这种改革，是在党和政府的领导下有计划、有步骤、有秩序地进行的，是社会主义制度的自我完善和发展。改革的进行，只应该促进而绝不能损害社会的安定、生产的发展、人民生活的改善和国家财力的增强。社会主义的根本任务就是发展社会生产力，就是要使社会财富越来越多地涌现出来，不断地满足人民日益增长的物质和文化需要。社会主义要消灭贫穷，不能把贫穷当作社会主义。必须下定决心，以最大的毅力，集中力量进行经济建设，实现工业、农业、国防和科学技术的现代化，这是历史的必然和人民的愿望。全党同志在进行改革的过程中，应该紧紧把握住马克思主义的这个基本观点，把是否有利于发展社会生产力作为检验一切改革得失成败的最主要标准。

三　增强企业活力是经济体制改革的中心环节

城市企业是工业生产、建设和商品流通的主要的直接承担者，是社会生产力发展和经济技术进步的主导力量。现在，我国城市企业，包括工业、建筑业、交通业、商业和服务业的企业，已有一百多万个，职工共达八千多万人。仅城市工业企业提供的税收和利润，就占全国财政收入的百分之八十以上。这些情况表明，城市企业生产和经营的积极性、主动性、创造性能否充分发挥，八千多万职工的积极性、主动性、创造性能否充分发挥，就是说城市企业是否具有强大的活力，对于我国经济的全局和国家财政经济状况的根本好转，对于党的十二大提出的到本世纪末工农业年总产值翻两番的奋斗目标的实现，是一个关键问题。具有中国特色的社会主义，首先应该是企业有充分活力的社会主义。而现行经济体制的种种弊端，恰恰集中表现为企业缺乏应有的活力。所以，增强企业的活力，特别是增强全民所有制的大、中型企业的活力，是以城市为重点的整个经济体制改革的中心环节。

围绕这个中心环节，主要应该解决好两个方面的关系问题，即确立国家和全民所有制企业之间的正确关系，扩大企业自主权；确立职工和企业之间的正确关系，保证劳动者在企业中的主人翁地位。

过去国家对企业管得太多太死的一个重要原因，就是把全民所有同国家机构直接经营企业混为一谈。根据马克思主义的理论和社会主义的实践，所有权同经营权是可以适当分开的。为了使各个企业的经济活动符合国民经济发展的总体要求，社会主义的国家机构必须通过计划和经济的、行政的、法律的手段对企业进行必要的管理、检查、指导和调节，通过税收等形式从企业集中必须由国家统一使用的纯收入，委派、任免或批准聘选企业的主要领导人员，并且可以决定企业的创建和关、停、并、转、迁。但是，由于社会需求十分复杂而且经常处于变动之中，企业条件千差万别，企业之间的经济联系错综繁复，任何国家机构都不可能完全了解和迅速适应这些情况。如果全民所有制的各种企业都由国家机构直接经营和管理，那就不可避免地会产生严重的主观主义和官僚主义，压抑企业的生机和活力。因此，在服从国家计划和管理的前提下，企业有权选择灵活多样的经营方式，有权安排自己的产供销活动，有权拥有和支配自留资金，有权依照规定自行任免、聘用和选举本企业的工作人员，有权自行决定用工办法和工资奖励方式，有权在国家允许的范围内确定本企业产品的价格，等等。总之，要使企业真正成为相对独立的经济实体，成为自主经营、自负盈亏的社会主义商品生产者和经营者，具有自我改造和自我发展的能力，成为具有一定权利和义务的法人。这样做，既在全体上保证整个国民经济的统一性，又在局部上保证各个企业生产经营的多样性、灵活性和进取性，不但不会削弱而且只会有利于巩固和完善社会主义的全民所有制。

企业活力的源泉，在于脑力劳动者和体力劳动者的积极性、智慧和创造力。当劳动者的主人翁地位在企业的各项制度中得到切实的保障，他们的劳动又与自身的物质利益紧密联系的时候，劳动者的积极性、智慧和创造力就能充分地发挥出来。我国农村改革的经验生动有力地证明了这一点。城市经济体制改革中，必须正确解决职工和企业的关系，真正做到职工当家做主，做到每一个劳动者在各自的岗位上，以主人翁的姿态进行工作，人人关注企业的经营，人人重视企业的效益，人人的工作成果同他的社会荣誉和物质利益密切相连。现代企业必须有集中统一的领导和生产指挥，必须有高度严格的劳动纪律。因为我们的现代企业是社会主义的，在实行这种集中领导和严格纪律的时候，又必须坚决保证广大职工和他们选出的代表参加企业民主管理的权利。在社会主义条件下，企业领导者的权威同劳动者的主人翁地位是统一的，同劳动者的主动性创造性是统一的。这种统一，是劳动者的积极性能够正确地有效地发挥的必要前提。

确立国家和企业、企业和职工这两方面的正确关系，是以城市为重点的整个经济体制改革的本质内容和基本要求。要实现这个基本要求，势必牵动整个经济体制的各个方面，需要进行计划体制、价格体系、国家机构管理经济的职能和劳动工资制度等方面的配套改革。中央认为，这些改革，应该根据国民经济各个环节的内在联系和主客观条件的成熟程度，分别轻重缓急和难易，有先有后，逐步进行，争取用五年左右的时间基本实现。达到这个目标的步骤，另行部署。

四　建立自觉运用价值规律的计划体制，发展社会主义商品经济

社会主义社会在生产资料公有制的基础上实行计划经济，可以避免资本主义社会生产的无政府状态和周期性危机，使生产符合不断满足人民日益增长的物质文化生活需要的目的，这是社会主义经济优越于资本主义经济的根本标志之一。建国以来，我们实行计划经

济，集中大量财力、物力、人力，进行大规模的社会主义经济建设，取得了巨大成就。同时，历史的经验也告诉我们，社会主义的计划体制，应该是统一性同灵活性相结合的体制。尤其是考虑到我国幅员广大、人口众多，考虑到交通不便、信息不灵、经济文化发展很不平衡的状况在短期内还难以完全改变，考虑到我国目前商品经济还很不发达，必须大力发展商品生产和商品交换的实际情况，建立这样的计划体制的需要就更加迫切。如果脱离现实的国情，企图把种种社会经济活动统统纳入计划，并且单纯依靠行政命令加以实施，忽视经济杠杆和市场调节的重要作用，那就不可避免地会造成在计划的指导思想上主观和客观相分离，计划同实际严重脱节。列宁在十月革命后，曾经在制订电气化计划的时候产生这样的思想："现在对我们来说，完整的、无所不包的、真正的计划＝'官僚主义的空想'。""不要追求这种空想"。今天我国同当时俄国经济十分困难的情况已大不相同，但是我们的实践经验证明列宁的这个思想不仅适用于当时条件下的俄国，而且具有长久的意义。必须实事求是地认识到，在很长的历史时期内，我们的国民经济计划就总体来说只能是粗线条的和有弹性的，只能是通过计划的综合平衡和经济手段的调节，做到大的方面管住管好、小的方面放开放活，保证重大比例关系比较适当，国民经济大体按比例地协调发展。

改革计划体制，首先要突破把计划经济同商品经济对立起来的传统观念，明确认识社会主义计划经济必须自觉依据和运用价值规律，是在公有制基础上的有计划的商品经济。商品经济的充分发展，是社会经济发展的不可逾越的阶段，是实现我国经济现代化的必要条件。只有充分发展商品经济，才能把经济真正搞活，促使各个企业提高效率，灵活经营，灵敏地适应复杂多变的社会需求，而这是单纯依靠行政手段和指令性计划所不能做到的。同时还应该看到，即使是社会主义的商品经济，它的广泛发展也会产生某种盲目性，必须有计划的指导、调节和行政的管理，这在社会主义条件下是能够做到的。因此，实行计划经济同运用价值规律、发展商品经济，不是互相排斥的，而是统一的，把它们对立起来是错误的。在商品经济和价值规律问题上，社会主义经济同资本主义经济的区别不在于商品经济是否存在和价值规律是否发挥作用，而在于所有制不同，在于剥削阶级是否存在，在于劳动人民是否当家做主，在于为什么样的生产目的服务，在于能否在全社会的规模上自觉地运用价值规律，还在于商品关系的范围不同。在我国社会主义条件下，劳动力不是商品，土地、矿山、银行、铁路等等一切国有的企业和资源也都不是商品。

根据历史的经验和十一届三中全会以来的实践，应该对我国计划体制的基本点进一步作出如下的概括：第一，就总体说，我国实行的是计划经济，即有计划的商品经济，而不是那种完全由市场调节的市场经济；第二，完全由市场调节的生产和交换，主要是部分农副产品、日用小商品和服务修理行业的劳务活动，它们在国民经济中起辅助的但不可缺少的作用；第三，实行计划经济不等于指令性计划为主，指令性计划和指导性计划都是计划经济的具体形式；第四，指导性计划主要依靠运用经济杠杆的作用来实现，指令性计划则是必须执行的，但也必须运用价值规律。按照以上要点改革现行的计划体制，就要有步骤地适当缩小指令性计划的范围，适当扩大指导性计划的范围。对关系国计民生的重要产品中需要由国家调拨分配的部分，对关系全局的重大经济活动，实行指令性计划；对其他大量产品和经济活动，根据不同情况，分别实行指导性计划或完全由市场调节。计划工作的重点要转到中期和长期计划上来，适当简化年度计划，并相应改革计划方法，充分重视经济信息和预测，提高计划的科学性。

五 建立合理的价格体系，充分重视经济杠杆的作用

我国现行的价格体系，由于过去长期忽视价值规律的作用和其他历史原因，存在着相当紊乱的现象，不少商品的价格既不反映价值，也不反映供求关系。不改革这种不合理的价格体系，就不能正确评价企业的生产经营效果，不能保障城乡物资的顺畅交流，不能促进技术进步和生产结构、消费结构的合理化，就必然造成社会劳动的巨大浪费，也会严重妨碍按劳分配原则的贯彻执行。随着企业自主权的进一步扩大，价格对企业生产经营活动的调节作用越来越显著，建立合理的价格体系更为急迫。各项经济体制的改革，包括计划体制和工资制度的改革，它们的成效都在很大程度上取决于价格体系的改革。价格是最有效的调节手段，合理的价格是保证国民经济活而不乱的重要条件，价格体系的改革是整个经济体制改革成败的关键。

当前我国价格体系不合理的主要表现是：同类商品的质量差价没有拉开；不同商品之间的比价不合理，特别是某些矿产品和原材料价格偏低；主要农副产品的购销价格倒挂，销价低于国家购价。必须从现在起采取措施，逐步改变这种状况。

价格体系的不合理，同价格管理体制的不合理有密切的关系。在调整价格的同时，必须改革过分集中的价格管理体制，逐步缩小国家统一定价的范围，适当扩大有一定幅度的浮动价格和自由价格的范围，使价格能够比较灵敏地反映社会劳动生产率和市场供求关系的变化，比较好地符合国民经济发展的需要。

改革价格体系关系国民经济的全局，涉及千家万户，一定要采取十分慎重的态度，根据生产的发展和国家财力负担的可能，在保证人民实际收入逐步增加的前提下，制定周密的切实可行的方案，有计划有步骤地进行。改革的原则是：第一，按照等价交换的要求和供求关系的变化，调整不合理的比价，该降的降，该升的升；第二，在提高部分矿产品和原材料价格的时候，加工企业必须大力降低消耗，使由于矿产品和原材料价格上涨而造成的成本增高基本上在企业内部抵销，少部分由国家减免税收来解决，避免因此提高工业消费品的市场销售价格；第三，在解决农副产品购销价格倒挂和调整消费品价格的时候，必须采取切实的措施，确保广大城乡居民的实际收入不因价格的调整而降低。同时，随着生产的发展和经济效益的提高，职工工资还要逐步提高。必须向群众广泛宣传，我们在生产发展和物资日益丰富的条件下，主动改革价格体系，解决各种比价不合理的问题，决不会引起物价的普遍轮番上涨。这种改革，是进一步发展生产的迫切需要，是符合广大消费者的根本利益的。一切企业都应该通过大力改善经营管理来提高经济效益，而决不应该把增

加企业收入的希望寄托在涨价上。决不允许任何单位和任何人趁改革之机任意涨价，人为地制造涨价风，扰乱社会主义市场，损害国家和消费者的利益。

在改革价格体系的同时，还要进一步完善税收制度，改革财政体制和金融体制。越是搞活经济，越要重视宏观调节，越要善于在及时掌握经济动态的基础上综合运用价格、税收、信贷等经济杠杆，以利于调节社会供应总量和需求总量、积累和消费等重大比例关系，调节财力、物力和人力的流向，调节产业结构和生产力的布局，调节市场供求，调节对外经济往来，等等。我们过去习惯于用行政手段推动经济运行，而长期忽视运用经济杠杆进行调节。学会掌握经济杠杆，并且把领导经济工作的重点放到这一方面来，应该成为各级经济部门特别是综合经济部门的重要任务。

六　实行政企职责分开，正确发挥政府机构管理经济的职能

在无产阶级和全体人民掌握了国家政权以后，领导和组织经济建设就成为国家机构的一项基本职能。建国三十多年来，总的来说，我们的国家机构履行了这方面的职责，起了重大的作用。但是，国家机构特别是政府部门究竟怎样才能更好地领导和组织经济建设，以适应国民经济和社会发展的要求，还是一个需要认真加以解决的问题。过去由于长期政企职责不分，企业实际上成了行政机构的附属物，中央和地方政府包揽了许多本来不应由它们管的事，而许多必须由它们管的事又未能管好。加上条块分割，互相扯皮，使企业工作更加困难。这种状况不改变，就不可能发挥基层和企业的积极性，不可能有效地促进企业之间的合作、联合和竞争，不可能发展社会主义的统一市场，而且势必严重削弱政府机构管理经济的应有作用。因此，按照政企职责分开、简政放权的原则进行改革，是搞活企业和整个国民经济的迫切需要。

根据多年来的实践经验，政府机构管理经济的主要职能应该是：制订经济和社会发展的战略、计划、方针和政策；制订资源开发、技术改造和智力开发的方案；协调地区、部门、企业之间的发展计划和经济关系；部署重点工程特别是能源、交通和原材料工业的建设；汇集和传布经济信息，掌握和运用经济调节手段；制订并监督执行经济法规；按规定的范围任免干部；管理对外经济技术交流和合作，等等。这些职能，需要各级政府付出极大努力来履行，而过去有些没有做好，有的还没有做。但就政府和企业的关系来说，今后各级政府部门原则上不再直接经营管理企业。至于少数由国家赋予直接经营管理企业责任的政府经济部门，也必须按照简政放权的精神，正确处理同所属企业的关系，以增强企业和基层自主经营的活力，避免由于高度集中可能带来的弊端。全国性和地区性的公司，是在国民经济发展的需要和企业互有需要的基础上建立的联合经济组织，它们必须是企业而不是行政机构，不能因袭过去的一套办法，而必须学会现代科学管理方法。

实行政企职责分开以后，要充分发挥城市的中心作用，逐步形成以城市特别是大、中城市为依托的，不同规模的，开放式、网络型的经济区。在进行这种改革的时候，有必要提起各城市的领导同志们注意，城市政府也必须实行政企职责分开，简政放权，不要重复

过去那种主要依靠行政手段管理企业的老做法，以免造成新的条块分割。城市政府应该集中力量做好城市的规划、建设和管理，加强各种公用设施的建设，进行环境的综合整治，指导和促进企业的专业化协作、改组联合、技术改造和经营管理现代化，指导和促进物资和商品的合理流通，搞好文教、卫生、社会福利事业和各项服务事业，促进精神文明的建设和创造良好的社会风气，搞好社会治安。同时，城市政府还应该根据国民经济发展的总体要求和当地的条件，做好中长期的经济和社会发展规划。

社会主义企业之间的关系，首先是互相协作、互相支援的关系，但这种关系并不排斥竞争。长期以来，人们往往把竞争看成是资本主义特有的现象，其实，只要有商品生产，就必然有竞争，只不过在不同的社会制度下竞争的目的、性质、范围和手段不同。社会主义企业之间的竞争，同资本主义条件下的弱肉强食根本不同，它是在公有制基础上，在国家计划和法令的管理下，在为社会主义现代化建设服务的前提下，让企业在市场上直接接受广大消费者的评判和检验，优胜劣汰。这样做，有利于打破阻碍生产发展的封锁和垄断，及时暴露企业的缺点，促使企业改进生产技术和经营管理，推动整个国民经济和社会主义事业的发展。竞争中可能出现某些消极现象和违法行为，各级有关领导机关对此必须保持清醒头脑，加强教育和管理，认真注意解决好这方面的问题。

经济体制的改革和国民经济的发展，使越来越多的经济关系和经济活动准则需要用法律形式固定下来。国家立法机关要加快经济立法，法院要加强经济案件的审判工作，检察院要加强对经济犯罪行为的检察工作，司法部门要积极为经济建设提供法律服务。

实行政企职责分开、简政放权，是社会主义上层建筑的一次深刻改造。体制改了，组织机构和思想作风也要改。要坚定不移地按照为人民服务和精简、统一、效能的原则，改造机关作风，提高工作人员的素质。要改变那种长期形成的领导机关不是为基层和企业服务，而是让基层和企业围着领导机关转的局面，扫除机构重叠、人浮于事、职责不明、互相扯皮的官僚主义积弊，使各级领导机关把自己的全部工作切实转移到为发展生产服务，为基层和企业服务，为国家的繁荣强盛和人民的富裕幸福服务的轨道上来。

七　建立多种形式的经济责任制，认真贯彻按劳分配原则

这几年城市改革的试验充分表明，农村实行承包责任制的基本经验同样适用于城市。为了增强城市企业的活力，提高广大职工的责任心和充分发挥他们的主动性、积极性、创造性，必须在企业内部明确对每个岗位、每个职工的工作要求，建立以承包为主的多种形式的经济责任制。这种责任制的基本原则是：责、权、利相结合，国家、集体、个人利益相统一，职工劳动所得同劳动成果相联系。在把农村经验运用到城市中来的时候，必须考虑城市企业的特点，不应该也不可能照搬农村的具体做法。由于行业性质、企业规模和生产条件各不相同，城市企业实行责任制也不可能有划一的模式。这就要求我们的同志，特别是企业的领导同志，坚持一切从实际出发，在实践中逐步创造出适合自己情况的具体形式，使承包责任制在城市生根、开花、结果。

现代企业分工细密，生产具有高度的连续性，技术要求严格，协作关系复杂，必须建立统一的、强有力的、高效率的生产指挥和经营管理系统。只有实行厂长（经理）负责制，才能适应这种要求。企业中党的组织要积极支持厂长行使统一指挥生产经营活动的职权，保证和监督党和国家各项方针政策的贯彻执行，加强企业党的思想建设和组织建设，加强对企业工会、共青团组织的领导，做好职工思想政治工作。在实行厂长负责制的同时，必须健全职工代表大会制度和各项民主管理制度，充分发挥工会组织和职工代表在审议企业重大决策、监督行政领导和维护职工合法权益等方面的权力和作用，体现工人阶级的主人翁地位。这是社会主义企业的性质所决定的，绝对不容许有任何的忽视和削弱。

随着利改税的普遍推行和企业多种形式经济责任制的普遍建立，按劳分配的社会主义原则将得到进一步的贯彻落实。这方面已经采取的一个重大步骤，就是企业职工奖金由企业根据经营状况自行决定，国家只对企业适当征收超限额奖金税。今后还将采取必要的措施，使企业职工的工资和奖金同企业经济效益的提高更好地挂起钩来。在企业内部，要扩大工资差距，拉开档次，以充分体现奖勤罚懒、奖优罚劣，充分体现多劳多得、少劳少得，充分体现脑力劳动和体力劳动、复杂劳动和简单劳动、熟练劳动和非熟练劳动、繁重劳动和非繁重劳动之间的差别。当前尤其要改变脑力劳动报酬偏低的状况。国家机关、事业单位也要改革工资制度，改革的原则是使职工工资同本人肩负的责任和劳绩密切联系起来。在企业、国家机关和事业单位改革工资制度的同时，还要加快劳动制度的改革。

长期以来在消费资料的分配问题上存在一种误解，似乎社会主义就是要平均，如果一部分社会成员的劳动收入比较多，出现了较大的差别，就认为是两极分化，背离社会主义。这种平均主义思想，同马克思主义关于社会主义的科学观点是完全不相容的。历史的教训告诉我们：平均主义思想是贯彻执行按劳分配原则的一个严重障碍，平均主义的泛滥必然破坏社会生产力。当然，社会主义社会要保证社会成员物质、文化生活水平的逐步提高，达到共同富裕的目标。但是，共同富裕决不等于也不可能是完全平均，决不等于也不可能是所有社会成员在同一时间以同等速度富裕起来。如果把共同富裕理解为完全平均和同步富裕，不但做不到，而且势必导致共同贫穷。只有允许和鼓励一部分地区、一部分企业和一部分人依靠勤奋劳动先富起来，才能对大多数人产生强烈的吸引和鼓舞作用，并带动越来越多的人一浪接一浪地走向富裕。与此同时，我们必须对老弱病残、鳏寡孤独等实行社会救济，对还没有富裕起来的人积极扶持，对经济还很落后的一部分革命老根据地、少数民族地区、边远地区和其他贫困地区实行特殊的优惠政策，并给以必要的物质技术支援。由于一部分人先富起来产生的差别，是全体社会成员在共同富裕道路上有先有后、有快有慢的差别，而绝不是那种极少数人变成剥削者，大多数人陷于贫穷的两极分化。鼓励一部分人先富起来的政策，是符合社会主义发展规律的，是整个社会走向富裕的必由之路。

艰苦奋斗、勤俭建国是我们在长期革命和建设中形成的优良传统，任何时候都不能丢掉这个传统。在新时期坚持这个传统，主要是发扬不怕任何困难，为祖国为人民顽强奋斗的献身精神，在各项生产和建设事业中十分注意节约，反对挥霍国家资财的行为，力求避免造成浪费的决策错误，而不应该把坚持这个传统错误地理解为可以忽视人民消费的应有增长。按照马克思主义的基本原理，生产是整个经济活动的起点和居于支配地位的要素，它决定消费，而消费的增长又是产生新的社会需求，开拓广阔的市场，促进生产更大发展的强大推动力，在这个意义上，消费又决定生产。我们一定要在生产发展、经济效益提高、国家财政收入稳定增长和正确处理积累消费关系的前提下，使我国职工的工资收入逐步有较大的提高，使人民的消费逐步有较大的增长。不顾生产发展的可能提出过高的消费要求，是不对的；在生产发展允许的限度内不去适当增加消费而一味限制消费，也是不对的。

八　积极发展多种经济形式，进一步扩大对外的和国内的经济技术交流

我们要迅速发展各项生产建设事业，较快实现国家繁荣富强和人民富裕幸福，必须调动一切积极因素，在国家政策和计划的指导下，实行国家、集体、个人一起上的方针，坚持发展多种经济形式和多种经营方式；在独立自主、自力更生、平等互利、互守信用的基础上，积极发展对外经济合作和技术交流。

全民所有制经济是我国社会主义经济的主导力量，对于保证社会主义方向和整个经济的稳定发展起着决定性的作用，但是全民所有制经济的巩固和发展决不应以限制和排斥其他经济形式和经营方式的发展为条件。集体经济是社会主义经济的重要组成部分，许多领域的生产建设事业都可以放手依靠集体来兴办。我国现在的个体经济是和社会主义公有制相联系的，不同于和资本主义私有制相联系的个体经济，它对于发展社会生产、方便人民生活、扩大劳动就业具有不可代替的作用，是社会主义经济必要的有益的补充，是从属于社会主义经济的。当前要注意为城市和乡镇集体经济和个体经济的发展扫除障碍，创造条件，并给予法律保护。特别是在以劳务为主和适宜分散经营的经济活动中，个体经济应该大力发展。同时，要在自愿互利的基础上广泛发展全民、集体、个体经济相互之间灵活多样的合作经营和经济联合，有些小型全民所有制企业还可以租给或包给集体或劳动者个人经营。坚持多种经济形式和经营方式的共同发展，是我们长期的方针，是社会主义前进的需要，绝不是退回到建国初期那种社会主义公有制尚未在城乡占绝对优势的新民主主义经济，决不会动摇而只会有利于巩固和发展我国的社会主义经济制度。

马克思、恩格斯早在《共产党宣言》中就指出，由于资本主义的发展开拓了世界市场，过去那种地方的和民族的自给自足的闭关自守状态已经被各民族的各方面的互相往来所代替，一切国家的生产和消费都已成为世界性的了。在当代，生产力和科学技术的发展更加迅速，尽管国际关系错综复杂，矛盾重重，但从总的方面来说，国际性的经济技术联系仍然很密切，闭关自守是不可能实现现代化的。十一届三中全会以来，我们把对外开放作为长期的基本国策，作为加快社会主义现代化建设的战略措施，在实践中已经取得显著成效。今后必须继续放宽政策，按照既要调动各方面的积极性又要实行统一对外的原则改革外贸体制，积极扩大对外经济技术交流和合作的规模，努力办好经济特区，进一步开放

沿海港口城市。利用外资，吸引外商来我国举办合资经营企业、合作经营企业和独资企业，也是对我国社会主义经济必要的有益的补充。我们一定要充分利用国内和国外两种资源，开拓国内和国外两个市场，学会组织国内建设和发展对外经济关系两者本领。

对外要开放，国内各地区之间更要互相开放。经济比较发达地区和比较不发达的地区，沿海、内地和边疆，城市和农村，以及各行业各企业之间，都要打破封锁，打开门户，按照扬长避短、形式多样、互利互惠、共同发展的原则，大力促进横向经济联系，促进资金、设备、技术和人才的合理交流，发展各种经济技术合作，联合举办各种经济事业，促进经济结构和地区布局的合理化，加速我国现代化建设的进程。

九　起用一代新人，造就一支社会主义经济管理干部的宏大队伍

经济体制的改革和国民经济的发展，迫切需要大批既有现代化的经济、技术知识，又有革新精神，勇于创造，能够开创新局面的经营管理人才，特别是企业管理干部。现在的问题是，我们的经济管理干部队伍的状况同这个要求很不适应。这支队伍中的大批老同志，在长期的艰苦奋斗中，为我国社会主义经济建设作出了重大贡献。他们表现出来的优良作风、组织才能和恪守党内生活准则的坚定性，教育和影响着广大中青年干部。但是，他们大都已到老年，不能要求他们再担负繁重的领导工作。当前的迫切任务是，大胆起用和积极培养成千上万中青年经济管理干部。

应该看到，在经济建设的实践中，特别是在整党中，在经济体制改革中，已经和正在成长大批优秀人才。各级党委一定要细心地深入地去发现和考察他们，务必不要为那些过时的老观念老框框所束缚，务必不要搞烦琐哲学、求全责备，务必不要受派性和种种闲言碎语的干扰。只要我们这样做了，大批优秀干部就会出现在我们面前。当然，中青年干部有缺乏领导经验的问题，但这种经验可以而且必然能够在实际锻炼中逐步取得，决不能以缺乏经验为理由压抑年轻干部。对经验应该采取分析态度。我们的同志在过去革命和建设中积累起来的正反两方面的丰富经验是十分宝贵的，但是在新时期的崭新任务面前，不论老中青干部，总的来说都缺乏现代化建设所需要的新知识新经验，都要重新认识自己，都要重新学习。那种抱残守缺，老是停留在过了时的经验上的态度，是不对的。

中央要求，在一九八五年底以前完成企业领导班子特别是骨干企业领导班子的调整任务，并且订出规划，采取切实措施，在不太长的时间内，造就出大批能够卓有成效地组织和指挥企业生产和经营的厂长（经理），能够有力地加强企业的技术管理、推动技术进步的总工程师，能够切实加强企业经营、提高经济效益的总经济师，能够严格维护财经纪律、精打细算、开辟财源的总会计师，能够坚持正确的政治方向、团结企业广大职工的党委书记，形成一支包括这些人才在内的，门类齐全、成龙配套的社会主义经济管理干部和技术干部的宏大队伍。

中央已经多次指出，进行社会主义现代化建设必须尊重知识、尊重人才，同一切轻视科学技术、轻视智力开发、轻视知识分子的思想和行为作斗争，坚决纠正许多地方仍然存

在的歧视知识分子的状况，采取有力措施提高知识分子的社会地位，改善他们的工作条件和生活待遇。我们的一切改革，都必须有利于促进科学技术的进步，有利于调动各地区、各部门、各单位和个人进行智力开发的积极性，有利于鼓励广大青少年，广大工人、农民和知识分子加速提高文化技术水平。对有重大发明创造和特殊贡献的，要给以重奖。

科学技术和教育对国民经济的发展有极其重要的作用。随着经济体制的改革，科技体制和教育体制的改革越来越成为迫切需要解决的战略性任务。中央将专门讨论这方面的问题，并作出相应的决定。

十　加强党的领导，保证改革的顺利进行

我国经济体制的改革，将在相当广阔的领域内和相当深刻的程度上展开。这个改革，关系国家的前途，关系亿万工人、农民、知识分子的切身利益，全党同志要站在改革这个时代潮流的前列。改革是极其复杂的、群众性的探索和创新的事业。以城市为重点的整个经济体制改革总的说来还处在积累经验的过程，广大干部不是都很熟悉，这就要求党和政府的各级领导机关保持清醒头脑，进行精心指导。要解放思想，实事求是，一切从实际出发，把党的方针政策同各地区、各部门、各单位的实际密切结合起来，创造性地贯彻执行。各少数民族地区的经济体制改革如何进行，尤其应该充分考虑本地区的特点。改革中的一切做法都要接受实践的检验，并在实践中总结出新的经验。失误总是难以完全避免的，但是要尽一切努力去避免那些可以避免的失误。当发生失误的时候，必须力求及时发现，坚决纠正，吸取教训，继续前进。改革的步骤要积极而稳妥，看准了的坚决改，看准一条改一条，看不准的先试点，不企图毕其功于一役。全国性重大改革的实施，由国务院统一部署。要鼓励各地区、各部门和各单位进行改革的探索和试验，但一切涉及全局或广大范围的改革要经国务院批准才能进行。

明年将有更多地方和大批企业的党组织进入整党。改革工作要与整党密切结合起来，以整党促进经济，以经济检验整党。在进行改革的同时，必须加强对整党的领导，切实保证整党不走过场。越是搞活经济、搞活企业，就越要注意抵制资本主义思想的侵蚀，越要注意克服那种利用职权谋取私利的腐败现象，克服一切严重损害国家和消费者利益的行为，就越要加强党风党纪的建设，维护和健全党内健康的、正确的政治生活。在新的时期，党的思想工作和组织工作必须坚定地贯彻执行为实现党的总任务、总目标服务，密切结合经济建设和经济体制改革的实际来进行的指导方针。对于锐意改革的干部和群众，要采取积极支持的态度。对于在改革中出现的偏差和错误，除了严重违法乱纪者必须依法处理外，都要采取疏导的方针，批评教育帮助的方针，而不要戴政治帽子。改革问题上的不同主张和不同理论观点，可以展开讨论。不要在干部和群众中分什么“改革派”、“保守派”，要相信思想一时跟不上形势的同志会在改革的实践中提高认识。农村经济体制改革经过五年时间，许多原来抱怀疑态度的同志都在事实的教育下转变过来。中央在指导农村经济体制改革中坚持耐心教育的方针，保证了改革的顺利进行。这是在重大政策问题上解

决党内思想认识问题的极为宝贵的经验，今后一定要坚持这样做。要结合改革的实际，对广大党员和群众进行关于改革的理论和政策的生动教育，使他们充分认识具有中国特色的社会主义应该充满活力，既区别于过去那种僵化的模式，又与资本主义根本不同，加深对社会主义的科学理解，自觉投身于改革的伟大实践。

经济体制的改革，不仅会引起人们经济生活的重大变化，而且会引起人们生活方式和精神状态的重大变化。社会主义物质文明和精神文明的建设要一起抓，这是我们党坚定不移的方针。在创立充满生机和活力的社会主义经济体制的同时，要努力在全社会形成适应现代生产力发展和社会进步要求的，文明的、健康的、科学的生活方式，摒弃那些落后的、愚昧的、腐朽的东西；要努力在全社会振奋起积极的、向上的、进取的精神，克服那些安于现状、思想懒惰、惧怕变革、墨守成规的习惯势力。这样的生活方式和精神状态，是社会主义精神文明建设的重要内容，是推进经济体制改革和物质文明建设的巨大力量。毛泽东同志说过：人类总是不断发展的，自然界也总是不断发展的，永远不会停止在一个水平上。人类总得不断地总结经验，有所发现，有所发明，有所创造，有所前进。停止的论点，悲观的论点，无所作为和骄傲自满的论点，都是错误的。其所以是错误，因为这些论点不符合人类社会发展的历史事实，也不符合自然界发展的历史事实。毛泽东同志的这段话，生动地表达了马克思主义的世界观和历史观的一个根本观点。中国共产党人以不断推动社会发展和进步为自己的历史使命。在反动统治下，我们党领导广大人民群众进行革命，为推翻旧制度而奋斗；在人民当家作主的社会主义制度下，我们党领导广大人民群众自觉地进行改革，为建设高度文明、高度民主的社会主义现代化强国而奋斗。

当前改革的形势很好。广大群众在改革的实践中有伟大的创造。依靠群众的智慧和力量，坚持四项基本原则，我们的改革一定能够取得成功，党的十二大确定的总任务和总目标一定能够胜利实现。

附录8

国务院关于国营企业厂长（经理）实行任期制度的通知

（国发〔1984〕173号　1984年12月8日）

党中央、国务院一九八二年颁布的《国营工厂厂长工作暂行条例》曾明确规定实行厂长任期制，由于当时企业正在进行全面整顿，没有普遍推行。现在企业领导班子已进行过调整，实行厂长任期制的条件已经成熟，因此，国务院决定从一九八五年一月一日起，实行厂长（经理）任期制度，现将有关问题通知如下：

一、凡是由上级任命的国营企业的厂长，一律实行任期制。

二、厂长的任职期限，应根据企业的规模和生产经营的特点，确定不同的任期，每届任期最多为四年，在规定的任职年龄内，可以连任，但不得超过三届。

三、现任厂长，任期自何时计算，由各省、自治区、直辖市和国务院各部门自行确定。一九八五年一月一日以后任职的，按批准之日计算。

四、厂长在任期内，可以辞职。辞职前，必须正式向上级任免机关提出报告，陈述理由，经批准后生效。

五、上级任免机关有权免除任期内厂长的职务。

附录9

中华人民共和国国营工业企业法（草案）

（国务院函送全国人大常委会　1985年1月13日）

第一章　总则

第一条　为保障国营工业企业的合法权益，明确其职责、任务，增强其活力，发挥国营工业在国民经济中的主导作用，促进社会主义现代化建设，特制定本法。

第二条　国营工业企业（简称企业，下同）是社会主义全民所有制的相对独立的经济实体，是自主经营、独立核算、自负盈亏的社会主义商品生产和经营的单位。

第三条　企业的根本任务是：在服从国家计划和管理的前提下进行商品生产，提供技术和劳务，为国家积累资金，满足社会日益增长的物质和文化生活的需要。

第四条　企业必须贯彻执行党和国家的方针、政策，遵守宪法、法律和法规，坚持社会主义方向。

第五条　国家保障职工在企业中的主人翁地位，发挥职工的主动性、积极性、创造性。

第六条　企业实行厂长（经理，下同）负责制。

第七条　企业通过职工代表大会（职工大会，下同）和其他形式，实行民主管理。

第八条　企业是法人，厂长是法人代表。

第九条　企业必须不断推进科学技术进步，重视智力开发，改善经营管理，提高经济效益。

第十条　企业必须实行经济责任制，贯彻按劳分配的原则，兼顾国家、企业、职工三者的利益。

第十一条　企业必须坚持在建设物质文明的同时建设社会主义精神文明。

第二章　企业的开办和关闭

第十二条　申请开办企业，必须按照国家有关规定，分别报请各级人民政府或国务院有关部门审查批准并确定其注册资本，然后向当地工商行政管理机关申请办理注册、登记手续，领取筹建许可证或营业执照。

企业的主管机关由开办企业的审批机关确定。

第十三条 企业的关闭、停业、合并、分立、转产或迁移，按照国家规定，由有关机关批准或决定。

关闭、停业、合并、分立、转产或迁移的企业，必须向工商行政管理机关办理变更登记或歇业注销手续。

第十四条 企业关闭办理注销手续后，主管机关必须指定专人负责保护好企业的一切财产，会同当地劳动人事部门做好人员的安置工作，并负责处理善后事宜。

企业关闭后，企业原订的合同和原有的债权、债务关系的变更或解除，按照国家有关规定办理。

第三章　企业的责任和权限

第十五条 企业必须全面完成国家指令性计划。

第十六条 企业必须保证产品质量，对用户负责。

第十七条 企业必须遵守财政制度，依法向国家缴纳税金或按国家规定上缴利润，接受审计机关的监督。

第十八条 企业必须做好生产经营管理的基础工作。

第十九条 企业必须做好劳动保护和环境保护工作，做到安全、文明生产。

第二十条 企业必须在发展生产的基础上，办好集体福利事业，改善职工的物质和文化生活。

第二十一条 企业必须对职工进行政治思想教育、科学文化教育、技术业务教育，提高职工队伍的素质。

第二十二条 企业应当支持职工进行科学研究、发明创造、技术革新和提合理化建议。

第二十三条 企业必须保护国家财产，保守国家机密。

第二十四条 企业必须保障和维护职工的合法权利，教育职工履行法律规定的义务。

第二十五条 企业有权在保证完成国家指令性计划的前提下，自行安排生产社会需要的产品。

第二十六条 企业有权拒绝没有必需的物质条件保证或产品销售安排的国家指令性计划。

企业有权拒绝任何部门在国家指令性计划外安排的生产任务。

第二十七条 除国家规定不准自销者外，企业在完成国家指令性计划的前提下，有权自销超产产品和计划内分成的产品。计划内产品的自销范围和比例由国务院规定。

第二十八条 企业有权按照国家分配的指标和有关规定，自行选择供货单位，购进生产需要的物资。

第二十九条 企业有权按照国家规定自行确定产品价格。

第三十条 企业有权按照国家规定与外商谈判并签订合同，有权提取和使用分成的外汇。

第三十一条 企业有权按照国家规定自行支配使用自有资金。

第三十二条 企业有权出租、有偿转让闲置、多余的固定资产，其所得收益必须用于设备更新和技术改造，并报主管机关备案。其中属于上级机关管理的设备应按照规定报批。

第三十三条 企业有权在国家允许的范围内，确定本企业的工资形式和标准。

第三十四条 企业有权按照国家规定，自行决定用人办法，公开招收，择优录用，拒绝接收企业不需要的人员。

第三十五条 企业有权依法对职工实行奖惩，包括晋级奖励和开除处分。

第三十六条 企业有权按照实际需要决定机构设置和人员编制。

第三十七条 企业有权按照国家规定任免本企业的中层行政领导干部。

第三十八条 企业有权拒绝任何单位或个人平调、摊派企业的人力、物力、财力。

第三十九条 企业有权按照国家规定将自己的发明创造、科学技术研究成果向国内外有偿转让或申请专利。

第四章　厂长的权限和责任

第四十条 厂长受国家委托，对本企业的生产指挥和经营管理工作统一领导，全权负责，有以下权限：

1. 对经营方针、长期计划、年度计划、重大技术改造计划，在企业权限的范围内作出决定，或提出方案报主管机关审批；

2. 对规章制度的建立、修改或废除，作出决定或提出建议；

3. 对管理机构的设置、调整或撤销作出决定；

4. 提名副厂级行政干部，任免、管理、考核中层行政干部；

5. 依法对职工进行奖惩。

第四十一条 厂长的责任是：

1. 贯彻党和国家的方针、政策，遵守国家的法律、法规，执行主管机关的命令、决定；

2. 在国家计划指导下，全面完成企业生产经营任务；

3. 结合生产经营活动，对职工进行思想政治工作；

4. 关心职工生活，办好职工生活福利事业；

5. 搞好职工教育，加强职工培训，提高职工队伍的素质；

6. 向本企业党组织和职工代表大会报告工作，听取意见，并接受监督；

7. 支持职工代表大会的工作和工会、共青团等群众组织的工作，执行职工代表大会在其职权范围内作出的有关决定。

第四十二条 企业设立管理委员会或通过其他形式，协助厂长进行决策。

管理委员会由行政领导干部，党、工、团主要负责人和职工代表组成。

厂长任管理委员会主任，定期主持召开管理委员会会议，在充分听取意见的基础上，对讨论的问题作出决定。

第五章 企业的民主管理

第四十三条 企业必须健全职工代表大会制度和各项民主管理制度，发挥工会组织和职工代表在审议企业重大决策、监督行政领导和维护职工合法权益等方面的作用。

职工代表大会是企业实行民主管理的基本形式，是职工行使民主管理权力的机构。

第四十四条 职工代表大会的职权是：

1. 定期听取厂长的工作报告，审议本企业长期计划、年度计划、增产节约计划和重大技术改造计划，提出意见和建议，并作出贯彻实施的决议；

2. 通过本企业工资调整方案、经济责任制方案、奖金分配方案、职工培训计划、奖惩办法和其他重要的规章制度；

3. 决定集体福利基金使用方案、职工住房分配方案和其他集体福利事项；

4. 评议、监督本企业行政领导干部并提出奖惩和任免建议；

5. 有条件的小型企业可以选举厂长，并由主管机关批准任命。

厂长对职代会通过和决定的问题有不同意见，可提出复议或暂缓执行，同时报上级主管机关裁决。

第四十五条 职工代表大会的工作机构是企业的工会委员会。

第四十六条 车间通过职工大会、职工代表小组或其他形式实行民主管理；工人直接参加生产小组的日常管理。

第四十七条 职工应当以主人翁的态度对待自己的劳动，服从领导，听从指挥，遵守劳动纪律，执行操作规程和规章制度，保证完成生产和工作任务。

第六章 企业与主管机关的关系

第四十八条 企业受一个主管机关领导。国家计划必须由主管机关统一向企业下达。

第四十九条 企业的长期计划、国家规定限额以上的重大基本建设、技术改造和技术引进计划，必须报主管机关批准。

第五十条 企业主管机关负责厂级行政干部的任免、培训、考核和奖惩。

第五十一条 企业主管机关向企业下达指令性计划，必须保证供应生产所需的统配物资，协助企业解决生产和销售中的问题。

第五十二条 主管机关不得干涉企业的日常生产经营工作，不得平调企业的人力、物力、财力。

第七章　企业的联合和协作

第五十三条　企业可以在平等互利和自愿的原则下，与其他企业事业单位或其他经济组织实行联合经营、合作生产、经济和技术协作。

企业与其他企业、事业单位或其他经济组织的联合经营、合作生产、经济和技术协作，不受地区、行业、所有制和隶属关系的限制，但不得改变联合各方的所有制性质。

第五十四条　企业与其他企业、事业单位或其他经济组织实行联合经营、合作生产、经济和技术协作，可以以资金、房屋、设备和技术作价入股，可以依法签订经济或承包合同。

第五十五条　企业与其他企业、事业单位或其他经济组织需要组织公司或其他形式的联合体时，必须经有关主管机关审批。

参加公司或其他形式的联合体的成员单位，有权根据章程或协议的规定退出。

第五十六条　联合组成的公司、合股开办的工厂或其他形式的联合体，其领导体制另行规定。

第五十七条　联合组成公司的厂、矿同公司之间的权利、义务关系，由公司章程或协议书规定。

第八章　企业与地方人民政府的关系

第五十八条　企业必须执行地方人民政府发布的决议和命令。

第五十九条　地方人民政府必须保护企业的合法权益，不得干涉企业的日常生产行政工作，不得平调企业的人力、物力、财力。

第六十条　地方人民政府对企业所需的由地方管理的生产和生活物资，必须纳入计划，保障供应。

第六十一条　地方人民政府负责协调企业和当地其他单位之间的关系。

第六十二条　有关企业职工的公共福利事业，根据具体情况，分别由地方人民政府负责统筹办理、组织联办或由企业自办。

第九章　法律责任

第六十三条　违反本法规定，开办企业时虚报、谎报情况，或未经审核批准，擅自动工建设的，追究有关领导人员和直接责任人员的行政责任。

第六十四条　企业主管机关违反本法规定，给企业造成经济损失，情节严重的，由其上级机关进行处理，并追究有关领导人员和直接责任人员的行政责任和经济责任。

第六十五条　企业违反本法规定，生产不符合标准的产品，给用户造成严重经济损失的，应当赔偿经济损失；造成人身伤亡等重大事故的，比照刑法第一百八十七条追究企业有关领导人员和直接责任人员的刑事责任。

袁宝华 - 著

企业改革政策研究史库 - 编

突破

BREAKTHROUGH

〖下册〗

中国企业改革政策史稿（1978～2003）

Historical Documents and Collected Works of China's Enterprise Reform Policies (1978-2003)

社会科学文献出版社
SOCIAL SCIENCES ACADEMIC PRESS (CHINA)

2024 年是袁宝华同志逝世 5 周年、诞辰 108 周年，

谨以此书纪念他。

目　录

在全国厂长负责制试点工作座谈会上的讲话*

（1984 年 11 月 17 日）

企业的领导体制改革，是一件大事情。党的十二届三中全会《关于经济体制改革的决定》（以下简称《决定》）明确指出，增强企业活力是经济体制改革的中心环节。《决定》要求，围绕这个中心环节，要解决好两个方面的问题：一是要确立国家和全民所有制企业之间的正确关系，扩大企业自主权；二是要确立职工和企业之间的正确关系，保证劳动者在企业中的主人翁地位。就是说，企业领导体制既体现国家和企业之间的正确关系，又体现职工与企业之间的正确关系。要建立具有中国特色的社会主义，企业领导体制确实是需要我们认真探索的重要课题。《国营工业企业法》是国家的一个基本法，按我们的习惯说法，它是工厂的“宪法”，是国家的大法。这次大家在一起开会，不仅互相交流经验，更利于我们修改和提出一个《国营工业企业法》的送审稿来。今天我想给大家介绍一下我国企业领导体制变化的历史情况和我们调查组在彭真同志直接领导下进行的一些调查工作，以及各地进行试点的情况。党中央、国务院和人大常委会领导同志对《国营工业企业法》的起草和厂长负责制的试点，都有不少重要指示，借这个机会也给大家通通气。

一　我国工业企业领导体制变革的历史情况

厂长负责制作为企业领导体制，早在第二次国内革命战争时期，我苏维埃革命根据地办的企业就曾推行过这一制度。据当时红色政权中华苏维埃共和国人民委员会 1934 年颁布的《苏维埃国有工厂管理条例》中规定：国有工厂的负责者为厂长，厂长由各该隶属的上级苏维埃机关委任，对于厂内一切事务，有最后决定之权，并向苏维

---

* 本文是袁宝华同志 1984 年 11 月 17 日、22 日在常州主持召开全国厂长负责制试点工作座谈会时的开幕式讲话和总结讲话，亦称“常州会议讲话”，在《袁宝华文集（第二卷）》（第 82~92 页）的原文基础上，编者根据原讲话记录稿做了补充。

埃政府负绝对的责任。《条例》规定，在厂长之下，设工厂管理委员会，在委员会内组织以厂长为首的“三人团”。“三人团”由厂长、支部书记和工会委员长（主席）组成，厂长对企业管理有最后决定权。在抗日战争和解放战争时期，我根据地和解放区的工业企业仍继续实行厂务委员会领导体制。在厂务委员会里，由厂长主持决定行政工作。就是说，新中国成立前我们根据地的企业，实际上就已采取了不同形式、不同程度的厂长负责制。东北解放后，东北的一些企业学习中长路的企业管理经验（即中国长春铁路公司的管理经验。公司成立于 1950 年 5 月 1 日，解体于 1952 年 12 月 31 日。所谓中长路管理经验，即苏联“一长制”管理经验），推行苏联的“一长制”。这是中共中央东北局于 1951 年 5 月召开的城市工作会议上做出的决定，这个决定是经过中央批准的。决定明确提出，企业在民主改革的基础上实行厂长负责制。因为刚刚接收国民党的企业、伪满遗留下来的企业，首先要实行的是民主改革，所以，决定提出要在民主改革的基础上实行厂长负责制。之后，1954 年 4 月，华北局召开城市工作会议，也提出了要实行厂长负责制，会议通过的文件也是经中央批准的。对此，当时中央第三办公室（即工业办公室）于 1955 年 8 月向中央报告，提出要在全国企业中建立严格的厂长负责制，要求各个企业的党组织把确立厂长负责制作为自己的一个基本政治任务。中央批转了这个报告。直到 1956 年 9 月党的第八次代表大会上批判了“一长制”，才确定全国国营企业实行党委领导下的厂长负责制，这是第一个阶段。在这个阶段里，不只是在东北推行了厂长负责制，在华北也推行了一段时间的厂长负责制，其他地区也进行过试点。

第二个阶段是八大以后，在企业里普遍实行了党委领导下的厂长负责制。当然，在第一个阶段也有一些地区和企业实行党委负责制，或党委领导下的厂长负责制。1959 年，毛主席批转鞍山市委报告，即“鞍钢宪法”的五项原则，企业领导体制叫作党委领导下的分工负责制，或党委领导下的厂长分工负责制。一直到“文化大革命”开始，这是第二个阶段。无论是第一阶段的厂长负责制，还是第二阶段党委领导下的厂长负责制，对当时恢复和发展生产，加强民主管理，发挥党在企业里的作用，协调各方面关系，应该说都发挥了积极作用。

第三个阶段是“文化大革命”时期，上述曾实行过的两种制度一扫而光，连党组织活动也停止了，成立“革命委员会”，实际上是革命委员会主任一个人在那里说了算，有些地方是军代表说了算。这 10 年，企业领导体制遭到了彻底的破坏，没有什么积极作用可言。

第四个阶段是粉碎“四人帮”以后。粉碎“四人帮”以后，企业领导体制经过了一番议论，先是在中共中央《关于加快工业发展若干问题的决定》（“工业三十条”）中提出恢复党委领导下的厂长分工负责制，后又在中央和国务院陆续颁发的《国营工业企业职工代表大会暂行条例》《国营工厂厂长工作暂行条例》《工业企业、财贸企业基层党组织工作两个暂行条例》《国营工业企业暂行条例》四个条例中都明确实行党委领导下的厂长负责制。应该说，“工业三十条”和“四个条例”的颁发和执行，对于企业拨乱反正、恢复秩序、发展生产都起了积极的作用。随着“对外开放，对内搞活经济”政策的实施，人们也越来越感觉到企业现行领导体制的不适应。所以，邓小平同志早在1979年就委托彭真同志着手组织起草《国营工厂法》，酝酿改变企业领导体制。《国营工厂法》几年拿不出来，主要问题也是企业领导体制的意见一时难以统一。

二　目前厂长负责制试点工作中的一些情况

此次试点工作，是先从调查开始的。今年年初，彭真同志带领调查组先后在浙江、上海、南京等地，就实行厂长负责制分别听取了省市领导同志和企业各方面负责同志的意见，绝大多数同志赞成。回京后，彭真同志把他在上述省市讲话的要点整理出来报告给中央常委，中央常委表示赞成，邓小平同志还亲自做了批示。调查组又将调查情况向中央、国务院送交了汇报提纲。4月2日，书记处由胡耀邦同志主持汇报会，讨论了厂长负责制的一些问题。确定在一两个城市和一批企业里先行试点。汇报中，胡耀邦同志提出，现在企业里存在的问题，从表面上看是无人负责，实际上是无权负责、无法负责、无力负责。5月，中央办公厅和国务院办公厅联合转发了《国营工业企业法（草案）》，两办通知要求，依照草案内容在各地试点。根据中央的指示，选择了六个城市作为我们直接抓的试点城市。6、7月间，彭真同志又带领调查组在东北调查。8月，调查组向中央和国务院写了第二个汇报提纲。接着调查组又在北京和天津进行了调查。10月，中央书记处听取了调查组第三次汇报。书记处会议同意我们汇报提纲中的一些意见。据此，根据彭真同志的意见，我们又修改出《国营工业企业法》第二次送审稿，正式向中央报告。

从这一段试点情况看，各地在试点中，着重抓了以下几个方面的工作。

第一，统一思想，提高认识。实行厂长负责制，是企业领导体制的重大改革，广大干部是积极拥护的，但也存在不少思想问题。主要是三怕：一怕党委没有实权，地位下降，思想政治工作难做；二怕厂长个人说了算，削弱党的领导，不要民主管理；三怕企业出现党、政、工“三驾马车”。针对这些思想问题，各地在试点中坚持思想领先的原则，做深入细致的思想政治工作，帮助干部和职工转好弯子。长期以来，对于企业党组织的一元化领导地位，大家已习以为常。许多同志对过去的“一长制”和现在的厂长负责制，其共同点和不同点一时也弄不清楚，还有许多顾虑。所以，要改变企业领导体制，必须转好思想弯子。从目前的情况看，转弯子必须着重从思想上解决以下几个问题。一是明确企业是经济组织，中心任务是搞好生产经营。

要克服现行领导体制决策慢、效率低、无人负责的弊端，必须加强生产经营的统一指挥，厂长负责制势在必行。要在企业职工中反复宣传党的十二届三中全会《决定》里的一段话：现代企业分工细密，生产具有高度的连续性，技术要求严格，协作关系复杂，必须建立统一的、强有力的、高效率的生产指挥和经营管理系统。只有实行厂长（经理）负责制，才能适应这种要求。二是企业党委从日常行政事务中解脱出来，集中主要精力抓党的建设、抓思想政治工作，这不是削弱而是改善和加强了党的领导。邓小平同志讲：为了坚持党的领导，必须努力改善党的领导。三是实行厂长负责制，不能只片面强调调动厂长的积极性，而是要调动厂长、党委和工会三方面的积极性，才能调动全体职工的积极性。要做到“三个加强”，这是实行厂长负责制的保证。四是企业的领导干部，特别是厂长、党委书记要解放思想，并肩战斗，站在改革的前列，这是实行厂长负责制的关键。这些思想问题解决得越深透，试点进展就越顺利。

第二，选配好厂长，并由厂长提名厂级行政副职、任免中层行政干部，这是实行厂长负责制、加强生产经营指挥系统的组织保证。一个好厂长，不光要懂业务，还得懂政治。做到“懂政治、精业务、会用人、会做人”。“会做人”就是要处理好各个方面的关系。厂长的人选要符合干部“四化”的要求，着重于有开拓精神、有干劲、有闯劲，不仅业务强、政治强，民主作风也要好。车间、科室主要负责人由行政主管提名这样自上而下地层层组建行政领导班子的做法，比较好地解决了管事与用人相脱节的矛盾。管事与用人合一，权责一致，责任到人。

第三，明确划分厂长、党委、职工代表大会的职责权限，制定厂长、党委、职工代表大会实施细则。从各地试点看，制定实施细则的过程实际是一个统一思想的过程。对厂长负责制，大家原则上赞成了，但到具体操作时又意见不一，或原则肯定、具体否定。制定具体的工作实施细则，才能进一步明确分工和职责。制定细则，要解决好三个问题：一要明确厂长行使生产经营的决策权、指挥权和行政干部的任免权，党委从对生产经营的直接决策指挥转到保证监督作用上来；二要发挥党委领导下的职代会的作用，保证职工行使当家作主的民主权利，职代会对企业重大决策要有审议权，对干部要有评议、监督权；三要明确厂长在他的职权范围内进行生产经营决策所要采取的组织形式和工作程序。

第四，要把企业领导体制的改革同企业其他改革结合起来进行。国务院“扩权十条”暂行规定颁发以后，各省、自治区、直辖市领导机关、经济主管部门层层简政放权，就是为实行厂长负责制创造条件；而实行厂长负责制，又有力地促进和带动着企业的各项改革。促进、带动企业的改革主要是四个方面。一是在分配制度方面，促使企业内部经济责任制不断完善。二是在人事劳动制度方面，干部实行选聘制、任期制，工人则由班组根据定员定编择优录用，以促进职工队伍素质的提高。三是在机构设置方面，根据精减人员、提高效能的原则进行调整，以减少机构臃肿、人浮于事、职责不清、办事扯皮的现象。四是在企业内部层层放权，核算单位划小，管理责任下移，车间、分厂要有必要的动力和活力。企业内部不能事无大小都集中到厂部，要层层放权，发挥生产经营单位的部分自主权，对增强企业活力关系很大。

第五，加强领导，保证试点工作的顺利进行。加强领导，主要抓培训干部，统一思想，制订方案，简政放权，调查研究，力求在改革企业领导体制方面取得比较完整的经验。

根据这一次各地试点和调查情况，我们感到实行厂长负责制，涉及企业内部各个方面的关系和经济利益的调整，还涉及思想观念、领导方法、工作习惯的转变，情况比较复杂，任务并不轻松。当然，试点时间不长，工作发展不平衡，有些问题没有充分暴露出来，有待于再经过一段实践加以解决。

三　试点中的主要问题和下一步工作的意见

第一个问题，关于企业党委的地位和作用问题。彭真同志同省、市负责同志交换意见时主要讲的是这个问题。中央组织部 8 月间在武汉、常州专门开的座谈会，讲的也是这个问题，并就实行厂长负责制以后书记如何工作，基层党组织的地位、作用、任务和工作方法等进行了座谈。对于这一问题，试点中，大家的意见基本上统一在党的十二届三中全会《决定》中，企业是个经济组织，各项工作都要以生产经营为中心，实行厂长负责制以后，厂长受国家委托对企业的生产经营统一领导，全权负责，党委要发挥保证监督作用，保证和监督党和国家各项方针政策的贯彻执行，加强党对企业思想政治工作的领导，加强企业党的思想建设和组织建设，加强对企业工会、共青团组织的领导，还要做职工思想政治工作。至于党委保证监督的具体做法，要在试点中探索，注意总结这方面的具体经验。

第二个问题，关于企业中干部的管理问题。一些同志提出，行政干部由厂长提名，那么“党管干部”的原则还算不算数？试点中，对干部制度已经进行了大胆的改革，有许多好的做法。许多同志认为，党管干部主要是管干部政策，把好政治考察关，坚持“四化”标准。至于具体人的具体岗位，在党组织的参与下，由厂长去办，把管事和用人结合起来，减少党组织在人事分配上具体的事务工作，集中精力做好对干部的考察和对干部的监督。

这里有三点需要注意。一是企业干部工作的群众路线问题。企业行政干部任命前应经民意测验，有些要经民主推荐。小型国营企业凡是“国家所有，集体经营”的，可以选举厂长，当然民主选举的厂长要经过上级批准任命。厂长对于副厂长、总工程师、总会计师、总经济师的提名要征求各个方面的意见。中层行政干部的任免由厂长决定，党委要帮助厂长培养、考察、选拔，提出使用建议，但要充分支持和尊重厂长的意见。二是企业厂长和党委书记除了个别小型企业或者情况特殊的企业外，一般不宜由一个人兼任。有些同志主张一人兼。我认为，"一人兼"虽说有它的好处，但党组织的监督如何体现？厂长兼书记，谁来监督？若制度上统统规定一个人兼，就等于没有厂长负责制。有些小厂支部书记不脱产，那是另外一回事。三是要爱护、帮助一些勇于改革的干部。经济体制改革中不可避免地会出现这样那样的问题，一些勇于改革的干部，特别是年轻的改革积极分子，也可能说些错话、办些错事，对于这些同志，应该抱着爱护的态度，积极进行疏导和帮助，既不要讽刺挖苦、泼冷水，更不允许戴帽子、打棍子。

第三个问题，关于企业的民主管理问题。党的十二届三中全会《决定》指出，在实行厂长负责制的同时，必须健全职工代表大会制度和各项民主管理制度，充分发挥工会组织和职工代表在审议企业重大决策、监督行政领导和维护职工合法权益等方面的权力和作用，体现工人阶级的主人地位。这是社会主义企业的性质所决定的，绝对不容许有任何的忽视和削弱。改革的中心环节是增强企业的活力，而活力的源泉就在于脑力劳动者和体力劳动者的积极性、智慧和创造力。所以劳动者不只是关心按劳分配，更关心当家作主。这两条哪一条都不能少。这就是说，劳动者在公有制企业里是主人还是雇工，这是很重要的一条。决定社会主义企业性质的就是这一条。所以《决定》里讲："当劳动者的主人翁地位在企业的各项制度中得到切实的保障，他们的劳动又与自身的物质利益紧密联系的时候，劳动者的积极性、智慧和创造力就能充分地发挥出来。我国农村改革的经验生动有力地证明了这一点。城市经济体制改革中，必须正确解决职工和企业的关系，真正做到职工当家作主，做到每一个劳动者在各自的岗位上，以主人翁的姿态进行工作，人人关注企业的经营，人人重视企业的效益，人人的工作成果同他的社会荣誉和物质利益密切相连。现代企业必须有集中统一的领导和生产指挥，必须有高度严格的劳动纪律。……在实行这种集中领导和严格纪律的时候，又必须坚决保证广大职工和他们选出的代表参加企业民主管理的权利。"《决定》说："在社会主义条件下，企业领导者的权威同劳动者的主人翁地位是统一的，同劳动者的主动性创造性是统一的。这种统一，是劳动者的积极性能够正确地有效地发挥的必要前提。"企业的民主管理在我国已有多年的实践经验，现在的问题是，实行厂长负责制后，有一些同志心里没了底。必须强调，实行厂长负责制，绝不能理解为厂长一个人说了算。重大问题不拿到党委会去讨论，党委如何监督，又如何保证？在这个问题上，既要注意保障厂长行使生产经营的决策权、指挥权，又要尊重党组织的监督和民主管理。胡耀邦同志曾说过，我们共同的精神财富，一是思想不停止，一是办事靠大家，这是真正的实事求是。办事靠大家，不是个人说了算，也不是靠少数人办，而是群策群力，调动各种人的积极性，集中各方面的智慧和力量。否则厂长做了决策，群众思想不通、不拥护，职代会不支持，厂长能把工作做好？职代会提出的建议，厂长要重视；职代会通过的决定，厂长应当尊重。当然，有不同意见时，可以根据不同情况提出复议或暂缓执行，同时报上级主管机关裁决。

第四个问题，关于企业的决策组织形式。目前有几种做法，有的采取厂务会议，有的采取联席会议，有的采取职代会主席团会议，现在看起来比较好的形式是“工厂管理委员会”。厂长负责制，是厂长要承担决策的责任。厂长决策要建立在发扬民主的基础上。管理委员会形式，是把党、政、工、团的主要负责人和职工代表吸收进来，组成一个帮助厂长决策的机构，也是企业的智囊团。有些地方设立厂务委员会，也吸收党、政、工、团负责人参加，但是以列席身份参加的。工厂管理委员会中党、政、工、团的负责人和职工的代表则是以委员的身份参加的。当然，这个委员会是一个议事的机构，厂长主持讨论决定企业生产经营中的重大问题，既收集思广益之效，又可以不妨碍厂长对决策承担其应承担的责任。

第五个问题，关于企业内部各个方面的工作由谁来协调。现在试点中有两种形式：一种是由厂长主持召开厂务会议，邀请党、政、工、团的负责同志参加，在研究部署生产行政工作的同时，协调各方面的步调；另一种是由党委书记召集党、政、工、团负责人的联席会，解决相互关系和工作的配合问题。我认为，企业生产经营中的问题，应由厂长主持工厂管理委员会讨论协调工作步调。厂长与群众组织之间的关系，厂长与职代会之间的关系，则应由党委协调比较好。

第六个问题，关于企业内部改革所带来的政策性问题。如机构精简、调整干部、奖勤罚懒等，这些企业里规定的办法突破了现有政策，有一系列的问题。这方面我们汇报的时候，书记处认为，从企业整顿到这次改革企业的领导体制，层层“组阁”，一直到班组长去挑选他的工人，这以后一定会出现一系列新问题，对于这些问题应该很好解决。对于这些问题，不宜于急急忙忙由国家做出统一规定，应该让企业自己创造各种解决办法，然后因势利导，去弊存利，推广其中好的经验和办法。

第七个问题，关于企业的外部关系问题。企业进行改革不只是内部有一个改革的问题，还有一个外部改革的问题。关于外部改革问题，书记处的同志也提了一下，说我们要充分估计到实行厂长负责制的阻力，首先在企业内部关系方面，由于多年来实行党委领导一切的传统习惯根深蒂固，要改变这个状况，必须做耐心细致的说服教育工作。另一方面，就是外部的改革能不能同步配套进行。现在已经提出的企业外部改革措施落实了，才能把企业搞活。现在我们在试点工作中进一步落实企业的自主权，要涉及企业外部，这可能对现行规定有所突破。而试点就是为了要突破现行规定中不合理的老框框、老办法的。国务院已经明确规定了下放的权力，有些企业至今还没有到手，要根据国务院的指示，大家共同努力去落实。

第八个问题，加强厂长负责制的理论研究问题。现在看起来试点企业普遍反映实行厂长负责制还需要进一步探讨一些理论问题，譬如列宁提出的“一长制”的理论，这就需要我们研究探讨。实际上厂长负责制与“一长制”的差别就在于发扬职工民主，加强民主管理，充分发挥职工当家作主的主人翁作用的方面。我们不提“一长制”，我们讲厂长负责制。

刚才讲的八个问题，还不止这八个问题。归结起来说，实行厂长负责制是要突出厂长的作用，当然国家赋予企业的自主权不是赋予厂长一个人的，是赋予企业全体职工的。为什么要突出厂长？就是要把大家的意志集中起来，这样才能适应决策迅速、办事效率高的需要，改变过去拖拖拉拉，议而不决的状况，所以实行厂长负责制就要突出厂长的作用，发挥厂长的作用。当然，必须把党、政、工三个方面的作用充分发挥出来，做到“三加强”。另一方面，恐怕要考虑画两条杠杠：一条是企业的党委不能够套党中央、地方党委的做法，所以在企业里不提党委是领导核心，假使仍然这样提，那等于不实行厂长负责制；第二条是企业的职代会不能套各级人民代表大会的做法，所以在讨论中不赞成把职代会作为企业的权力机构。我看这两条很重要，看起来很需要画这两条杠杠。再就是要抓两个关键问题。一是工厂管理委员会的作用怎么发挥得好，真正收到集思广益之效，尽可能减少厂长决策上的失误，这是至关重要的。因为你现在不能推到党委去，党委已经不议论你这个事了，议论大问题它也不做决定，这都要你厂长决策，厂长决策可以提高效率，当然也可能有失误，那就需要发挥工厂管理委员会的作用。二是如何发挥职代会的作用，虽然职代会一年半载开一次会，但是重大问题应该在职代会上审议，有些问题职代会要讨论通过，有些关系到职工切身利益的问题职代会要做出决定。

最后想对我们这次会议讨论提点意见。刚才已经说了，我们要进行改革，总会突破一些老的办法，真正要改革，总会引起一些震动。所以中央的决定事项通知里讲了这一条，就是说《国营工业企业法》应该用明确的语言，讲清楚实行厂长负责制后企业中党委和厂长的关系，不要怕引起一部分人的震动，现在震动一下，今后经济体制改革的阻力就会小一点。简单的几句话，非常重要。所以我们这次讨论稿子要请大家进行修改。另外，有些内容写上了譬如建立各式各样联合体的领导体制问题。现在突破行业的范围，在行业之间建立联合体，突破地区的范围，在地区之间建立联合体，也突破了所有制的范围，在几种所有制里边建立联合体。联合体的领导体制究竟怎么搞？联合体有紧密一些的，也有松散一些的，恐怕得有个董事会，要不然参加联合的各方不放心，我不能够把人、财、物投进来之后，自己一点发言权都没有，那不行。这是个新的问题。我们想专门作为一条。我们想通过这次会议拿出来的《企业法》送审稿更完备一些，所以希望大家能解放思想，大胆探索，把我们这次会议开好，把《企业法》修改好。因为这是会议的中心议题，任务就是拿出一个供中央去审查的《企业法》稿子。有的同志说“三个条例”要不要修改，现在看起来，“三个条例”要修改。《企业法》先提到人大常委会上去讨论，做准备工作，进行酝酿，然后正式提到人大全体会议上去通过，可能还有四五个月的时间。所以有关方面要抓紧时间，对原来的“三个条例”进行修改，使这“三个条例”适应实行厂长负责制的要求，和《企业法》配套起来。

附文

在全国厂长负责制试点工作座谈会结束时的讲话

（1984 年 11 月 22 日）

根据大家的要求，我先把中央书记处会议的精神给大家传达一下。中央书记处会议是 10 月 29 日开的。会议原则上同意工厂法调查组关于东北地区厂长负责制试点情况的汇报提纲，并提出了如下意见。

第一，汇报提纲写得比较好。总结了前一段东北地区改革企业领导体制、实行厂长负责制试点工作的经验，对今后全国实行厂长负责制有一定的借鉴作用。

第二，应使用明确的语言讲清楚实行厂长负责制以后企业党委和厂长的关系。不要怕引起一部分人的震动，现在震动一下，今后经济体制改革的阻力会小一点。实行厂长负责制后，企业党委不干预生产经营，真正树立厂长的权威。企业中党组织的主要任务是积极支持厂长行使统一指挥生产经营活动的职权，另外保证监督党和国家各项方针政策的贯彻执行，加强企业党的组织建设和思想建设，加强对企业工会、共青团组织的领导，做好职工的思想政治工作。这些工作做好了，党的领导就加强了。在实行厂长负责制的同时，必须健全职工代表大会制度和各项民主管理制度，充分发挥工会组织和职工代表在审议企业重大决策、监督行政领导及维护职工合法权益方面的权力和作用，体现工人阶级的主人翁地位。

第三，要充分估计到实行厂长负责制的阻力。首先，多年来党委领导一切的传统习惯根深蒂固，要改变这种状况，必须做好耐心细致的说明教育工作；其次，企业整顿劳动组织以后，必然会有一部分工人多余出来，为了保证企业体制改革的顺利进行，必须对这部分工人的工作和生活进行妥善安排，最后使他们转向第三产业，加快第三产业的发展。对于一个时期内出现的劳动工资、福利、劳保等方面的问题，不要急急忙忙做出统一规定。应该让企业自己创造各种解决的办法，然后因势利导，去弊存利，推广其中好的经验和办法。

第四，鼓励企业把大部分奖励基金转用于增加职工工资，并根据经营状况进行一定幅度的自费工资改革，使企业职工工资同企业经济效益更好地挂起钩来。要打破在奖金分配上的平均主义，使奖金真正用于奖励少数有突出贡献或发明创造的劳动者。

第五，经济体制改革中，不可避免地会出现这样那样的问题，一些勇于改革的干部，特别是年轻的改革积极分子，也可能说些错话、办些错事。对这些同志，应该抱着爱护的态度，积极进行疏导和帮助，不要讽刺挖苦、泼冷水，更不允许戴帽子、打棍子。

最后，会议决定要我根据会议讨论的意见，把汇报提纲加以修改，送给中央研究室登《情况通报》。

下面讲几点关于继续加强对厂长负责制试点工作领导的意见。

第一，要继续抓思想教育工作，转好思想弯子。这就是中央通知里讲的要做好耐心细致的说服教育工作。中央讲不要怕引起震动，现在震动一下，将来阻力小，这是中央的决心。可是我们总是要把工作做好，转好思想弯子，好多同志在会议上介绍的经验很好，说明了这一条确实有效。

第二，要抓紧调查研究工作。我们调查组有一个共同的体会，即出去做一次调查，自己的认识就提高一步，信心就增加一些。只有经过调查研究，才能了解新情况、发现新问题、总结新经验。调查研究工作是我们重要的领导方法，是党的优良传统。

第三，要加强理论研究工作。现在看起来，理论研究工作越来越显示出它的重要性。有好多问题我们争论了半天，真正从理论上去进行研究，就会对于争论的问题给予正确的答复。十二届三中全会的《关于经济体制改革的决定》就从理论上对我们原来的固定观念加以突破。理论上突破了，原来的固有观念就改变了。十二届三中全会和十一届三中全会一样，伟大的历史功绩就是解放我们的思想。我们要实行厂长负责制，就要突破根深蒂固的传统习惯。没有理论上的突破不行。只有加深理论研究，才能使思想继续解放。因为我们的头脑常常会被传统习惯束缚，这就要解放思想，提高认识。工业经济研究所的同志整理了几份材料，不光对中国企业领导制度的历史做了系统叙述，还对苏联推行“一长制”的做法以及当时存在的问题提出了看法，我看了以后思想上有很大启发。希望到会同志回去后也动员所在单位的同志组织理论研究，这样就能使我们更加坚定企业领导体制改革的信心，使我们有理论指导、有思想基础。

第四，要继续支持试点企业的工作。试点企业不是按常规办事的，一定程度上要打破常规。这一定会遇到这样那样的困难和阻力。一方面，试点单位自己要坚定不移地把改革搞下去；另一方面，领导要支持试点单位克服困难、排除阻力。

第五，要继续抓紧研究修改《国营工业企业法》的征求意见稿。经过这次讨论，我们把大家的意见归纳起来搞了征求意见稿，希望大家继续研究修改这个稿子。

提这五条意见，一方面要充分估计我们工作的艰巨性和复杂性，估计到实行厂长负责制的阻力，同时也要充分估计到《决定》贯彻以后出现的新形势、好的形势、有利的形势。不要低估了各部门的积极性。各部门通过学习和贯彻《决定》，会提高自觉性，发挥自己的积极性和创造性的。另一方面，我们要相信绝大多数同志会转好思想弯子的。虽然开始难度可能会大一些，但只要我们把工作做好，只要我们采取坚决的态度，这个弯子会转好的。从农村改革的经验可以看到，一开头大家意见不一致，针锋相对，后来形势发展急转直下，大家意见趋于一致。实践是检验真理的唯一标准。只要通过实践，绝大多数同志会转好思想弯子，对于这一点，我们要有信心。总之，通过实践、通过理论研究、通过细致的思想教育，特别是通过对十二届三中全会《决定》的深入学习和贯彻执行，我们的认识会进一步深化，我们的工作一定会取得更大的成绩。

文稿解读

1984年6月30日至8月1日，根据国务院和全国人大常委会主要领导同志的指示，由全国人大财经委员会、法制工作委员会、国务院经济法规研究中心、中央组织部、全国总工会、国家计委、经委、体改委、财政部、劳动人事部、全国职教办联合组成的国营工业企业法调查组，对东北地区改革企业领导体制、实行厂长负责制的试点情况进行了调查。调查组先后到了大连、沈阳、本溪、辽阳、鞍山、长春、吉林、哈尔滨8个城市，同50多个试点企业的厂长、党委书记、工会主席进行了座谈，并同有关省、市的领导同志交换了意见。彭真同志在视察东北期间，亲自听取了有关省、市和部分企业试行厂长负责制情况的汇报，听取了调查组关于大连、沈阳、哈尔滨等市试点情况的汇报，做了许多重要指示。调查组上报中央书记处的《关于东北地区厂长负责制试点情况的汇报提纲》，反映了东北地区厂长负责制试点工作进展情况和需要研究解决的8个问题，提出在今后几个月内，调查组拟再作两次比较集中的调查，一次在京、津两市，一次在中南、西南等地，并准备在年底之前召开一次厂长负责制试点工作座谈会，集中各地试点的经验和意见，对《国营工业企业法（草稿）》做进一步修改，争取搞出一个正式的征求意见稿。同时，由各有关部门分别对《国营工厂厂长工作暂行条例》《中国共产党工业企业基层组织工作暂行条例》《国营工业企业职工代表大会暂行条例》做相应的修改，使这“三个条例”的修改稿能和《国营工业企业法》同时颁发实施。

1984年11月16至22日，国家经委、全国企业整顿领导小组和《国营工业企业法》调查组，在江苏常州联合召开全国厂长负责制试点工作座谈会。会前（1984年11月5至13日），袁宝华同志受彭真同志委托，组织国营工业企业法调查组分三组到华东、中南、西南继续调研，了解厂长负责制试点工作，听取对《国营工业企业法》的修改意见。全国厂长负责制试点工作座谈会的主要议题是研究如何加快企业领导体制改革的问题，修改形成《国营工业企业法》送审稿。会议开始时，袁宝华同志做关于厂长负责制试点和国营工业企业法起草情况的报告。会议期间，常州、大连、北京等城市和沈阳薄板厂、北京印染厂、天津棉纺一厂、大连金州纺织厂、上海无线电二厂、常州针织总厂等企业做了大会发言。代表们在两天的分组座谈期间，在交流经验的同时，对《国营工业企业法》（讨论稿）逐章逐条认真研究，充分讨论提出修改意见。会议结束时，袁宝华同志首先传达了1984年10月29日中央书记处第二次听取国营工业企业法调查组汇报时，原则同意调查组“关于东北地区厂长负责制试点情况的汇报提纲”和明确的5点意见等情况；然后，对全国厂长负责制试点工作座谈会做了总结讲话。顾明同志在会议结束时讲话提出，根据大家的意见，要着手做三件事：编写企业领导体制沿革情况、总结国外企业领导体制的经验、起草企业法的说明。

1985年5月20日，袁宝华同志主持召开国务院各部门企业整顿工作第三十三次例会，会议主要交流了常州会议（全国厂长负责制试点工作座谈会）以来厂长负责制试点情况和经验。在听取沈阳市试行厂长负责制过程中做好保证监督工作的经验，常州市戚墅堰机车车辆厂理顺厂长、党委、职代会三者关系和做到“三加强”的经验，北京内燃机总厂厂长决策程序化和促进配套改革的经验等情况汇报之后，袁宝华同志说，这些经验都很好，对我们搞好试点工作、深入研究问题很有启发，值得大家借鉴和参考。袁宝华同志指出，实行厂长负责制，是我国企业领导制度的一项重大改革，涉及现行体制中的许多问题，十分复杂。从第一批试点企业的情况看，有许多问题，包括认识问题和实际问题，都需要在试点中摸索经验，加以解决。要总结经验，提高认识，扩大厂长负责制的试点范围。总的要求是，各地区、各部门要在抓好、巩固已经进行试点企业的前提下，根据各自的情况，有条件的要进一步扩大试点范围。

1985年8月2至7日，国家经委、全国企业整顿领导小组和《国营工业企业法》调查组，在天津市召开“《国营工业企业法（草案）》和三个条例修改工作座谈会”。北京、天津、上海、沈阳、大连、常州6个试点城市，黑龙江、辽宁、河北、陕西、湖北、四川、江苏、浙江8个省，机械、冶金、电子、兵器、轻工、纺织6个部，以及部分大专院校、研究单位的同志参加会议。会议在听取省、市、企业介绍常州会议以来厂长负责制试点工作的情况介绍之后，结合各地厂长负责制试点工作情况和经验，讨论修改了《国营工业企业法（草案）》和“三个条例”。袁宝华同志在会议总结讲话时说，这次会议的一大收获就是，大家敞开思想，畅所欲言，互相学习，充分交换意见，对许多问题的认识逐步趋于一致。关于今后工作，袁宝华同志指出，根据当前的情况，继续搞好厂长负责制的试点工作，还是要坚持思想先行、大胆探索、精心指导、稳步前进的方针，力求把工作做得更深入、更扎实、更富有成效，为建立具有中国特色的社会主义企业领导体制做出不懈的努力。关于《国营工业企业法（草案）》和“三个条例”，袁宝华同志明确，根据大家讨论提出的意见，“三个条例”的修改已比较成熟，根据国务院主要领导同志指示，可以先把“三个条例”修改稿报送中央书记处和国务院，争取早发下去，以推进试点工作。至于《工业企业法（草案）》，还要进一步广泛征求各方面意见，通过今年下半年试点的实践，总结经验，继续修改完善，争取尽快报送审批。

1985年10月19日，袁宝华同志主持召开国务院各部门企业整顿工作第三十八次例会。会议主要是检查天津会议（即《国营工业企业法（草案）》和“三个条例”修改工作座谈会）贯彻情况，交流在实行厂长负责制后，怎样当好厂长和党委书记的经验。袁宝华同志在讲话时明确下一步工作的几点意见：一是进一步统一思想，提高认识，坚持把厂长负责制的试点工作推向前进；二是抓好企业领导班子的培训工作，努力提高企业领导班子素质；三是加强思想政治工作，坚持两个文明一起抓；四是要加强试点工作的领导。袁宝华同志强调指出，要认真贯彻国务院扩大企业自主权的十条规定和搞活大企业的十四条规定，为实行厂长负责制创造更好的外部条件。现在厂长面临不少困难，总感到企业外部干预太多，自主权不落实，企业负担很重，实际上厂长权也不大。厂长没有那么多权，就无力负责、无法负责。这些问题要引起我们各级领导的重视。简政放权是搞活企业的重要条件。企业内部改革，首先要外部放权，为试点企业创造外部条件，使试点工作更加健康顺利地进行。

文稿附录

附录 1　关于东北地区厂长负责制试点情况的汇报提纲

附录 2　中华人民共和国国营工业企业法（征求意见稿）

附录 3　顾明同志在全国厂长负责制试点工作座谈会闭幕会上的讲话

附　录

附录 1

关于东北地区厂长负责制试点情况的汇报提纲

（中央书记处会议听取袁宝华同志汇报　1984 年 10 月 29 日）

根据国务院主要领导同志、全国人大常委会主要领导同志的指示，由全国人大财经委员会、法制工作委员会、国务院经济法规研究中心、中央组织部、全国总工会、国家计委、经委、体改委、财政部、劳动人事部、全国职教办联合组成的国营工业企业法调查组，于 6 月 30 日至 8 月 1 日，对东北地区改革企业领导体制、实行厂长负责制的试点情况，进行了调查。调查组先后到了大连、沈阳、本溪、辽阳、鞍山、长春、吉林、哈尔滨 8 个城市，同 50 多个试点企业的厂长、党委书记、工会主席进行了座谈，并同有关省、市的领导同志交换了意见。

彭真同志在视察东北期间，亲自听取了有关省、市和部分企业试行厂长负责制情况的汇报，听取了调查组关于大连、沈阳、哈尔滨等市试点情况的汇报，做了许多重要指示。彭真同志的谈话要点，将另行向中央报告。

现将我们这次调查了解的情况简要汇报如下。

一　试点工作进展情况

根据中央办公厅、国务院办公厅 5 月 18 日的通知，辽宁、吉林、黑龙江省委、省政府对改革企业领导体制、实行厂长负责制的试点工作，都进行了认真研究，建立了专门领导小组和办事机构，选定了试点企业，拟定了工作规划。到目前为止，三省确定试行厂长负责制的企业共有 238 个，其中辽宁 198 个，吉林 18 个，黑龙江 22 个（吉林、黑龙江两省的数字，为省里选定的试点企业，各地、市根据情况还要增加一些）。在我们调查的几个城市中，大连、沈阳试点进展较快，五月份就已经展开，其他城市经过思想发动和组织准备，于六七月间陆续开始试点。

前一阶段，各地在试点中，着重抓了以下几项工作。

1. 统一思想，提高认识

实行厂长负责制，是企业领导体制的重大改革，广大干部职工积极拥护，但也存在不少思想问题，主要是“三怕”：一怕党委没有实权，地位下降，思想政治工作难做了；二怕厂长个人说了算，削弱党的领导，不要民主管理；三怕企业出现党政工“三驾马车”。针对这些思想问题，大连、沈阳等地在试点中，坚持思想领先的原则，做深入细致的思想政治工作，帮助干部职工转好弯子。具体做法是：从上到下层层举办学习班，学习党中央、国务院的有关指示，回顾企业领导体制几经变革的历史经验，分析企业面临的形势和任务，着重从思想上努力解决以下几个问题。（1）企业是经济组织，中心任务是搞好生产。要克服现行领导体制决策慢、效率低、无人负责的弊端，必须加强生产经营的统一指挥，厂长负责制势在必行。（2）企业党委从日常行政事务中解脱出来，集中主要精力抓党的建设、抓思想政治工作，不是削弱而是改善和加强党的领导。党委保证国家任务的完成，保证监督党的方针政策在企业中贯彻执行，就是党的领导作用的体现。（3）实行厂长负责制光调动厂长一个人的积极性不行，要调动厂长、党委和工会三方面的积极性，做到“三加强”。（4）企业领导干部特别是厂长、党委书记要解放思想，并肩战斗，站在改革的前列。这些问题解决得越深透，试点进展就越顺利。

2. 选配好厂长，并由厂长提名厂级行政副职、任命中层行政干部

这是实行厂长负责制、加强生产经营指挥系统的组织保证。各地的试点企业，都由上级行政主管部门重新任命厂长。厂长的人选，要符合干部“四化”的要求，着重于有开拓精神、有干劲、有闯劲，不仅业务强，政治也要强，民主作风要好。用沈阳薄板厂厂长的话来说，就是“懂政治、精业务、会用人、会做人”。车间、科室也是由行政主要负责人提名副职，直至择优选用职能科、组干部。这样自上而下层层组建行政领导班子的做法，较好地解决了管事与用人相互脱节的矛盾。

3. 明确划分厂长、党委、职工代表大会的职责权限，制定厂长、党委、职工代表大会工作实施细则

主要是解决好三个问题：（1）由厂长行使生产经营的决策权、指挥权和行政干部的任免权，党委从对生产经营的直接决策指挥转到发挥保证监督作用；（2）发挥职代会的作用，保障职工行使当家做主的民主权力，职代会对企业重大决策要有审议权，对干部要有评议、监督权；（3）明确厂长在其职权范围内进行生产经营决策所采取的组织形式和工作程序。辽宁省试点企业一般采取工厂管理委员会、厂务会议或咨询委员会等形式，其成员为党、政、工主要领导同志，并吸收职工代表和有关人员参加。

4. 把企业领导体制的改革同企业内部的其他改革结合起来进行

国务院“扩权十条”暂行规定颁发以后，省市领导机关和经济主管部门层层简政放权，为实行厂长负责制创造了许多有利条件；实行厂长负责制，又有力地促进和带动了企业的各项改革。主要是四个方面：（1）在分配制度方面，实行浮动工资、浮动升级、职务工资、岗位津贴等办法，促进企业内部经济责任制不断完善；（2）在人事劳动制度方面，干部实

行选聘制、任期制，工人实行由班组根据定员定编择优录用的办法，促进职工队伍素质不断提高；（3）在机构设置方面，根据精简人员、提高效能的原则进行调整，机构臃肿、人浮于事、职责不清、办事扯皮的现象大为减少；（4）企业内部层层放权，核算单位划小，管理责任下移，车间、分厂有了必要的动力和活力。

5. 加强领导，保证试点工作顺利进行

辽宁省从省到市都是由党政主要领导同志亲自抓，并成立试点工作领导小组，负责统筹、规划、指导、协调的工作。沈阳市还提出，对改革试点工作不划框框，不定调子，不派蹲点组，让企业按照《国营工业企业法（草稿）》的规定，从实际情况出发，大胆探索创新。从各地情况看，省、市领导主要是抓培训干部、制定方案、搞好简政放权、加强调查研究，力求在改革企业领导体制方面取得比较完整的经验。

根据试点企业的反映，实行厂长负责制时间虽短，但确实给企业的发展增添了新的活力。试点进展较快的企业，不同程度地发生了以下变化：

一是开始建立了厂长的权威，强化了生产经营管理工作的统一领导，决策快、指挥灵，工作效率显著提高；

二是企业党委的工作重心开始转到抓党的建设、抓思想政治工作、抓贯彻党的方针、政策上来，开会少了，学习多了，行政事务少了，深入群众调查研究多了，“党不管党”的状况有了显著改善；

三是随着改革逐步深入，特别是打破平均主义“大锅饭”和干部职务终身制，许多企业开始出现干部能上能下、工人择优录用、分配随贡献能多能少的新情况，激发了干部职工奋发向上的积极性。

根据这次调查，我们感到，实行厂长负责制，涉及企业内部各个方面工作关系、经济利益的调整，涉及思想观念、领导方法、工作习惯的转变，情况比较复杂，任务相当艰巨。由于试点时间尚短，工作发展不平衡，矛盾还没有充分暴露，许多问题还有待于经过实践去解决。

二　需要研究解决的几个问题

在这次调查中，省、市和企业的同志对实行厂长负责制提出了许多要求明确和解决的问题。主要的有以下几点。

1. 关于企业党委的地位和作用问题

有的同志认为，实行厂长负责制以后，党委仍然是企业的领导核心，这是由社会主义企业的性质和执政党的地位所决定的。没有党委作为企业的领导核心，就会形成党政工“三驾马车”，各行其道。有的同志不同意这种意见，认为企业是经济组织，各项工作都要以生产为中心。实行厂长负责制以后，厂长受国家委托，对生产经营工作统一领导全权负责，而企业党委只起保证监督作用。至于保证监督的内容和方法，要在试点中探索，注意总结这方面的具体经验。

2. 关于企业干部的管理问题

在试点企业中，对干部管理制度进行了大胆改革，有许多好的做法。根据当前情况，以下几个问题是否可以明确。(1) 党管干部主要是管干部政策，把好政治关。选拔和使用干部，必须坚持干部“四化”方针，企业党政干部要统筹安排，合理使用；必须坚持对干部的考察，严格按规定的干部管理程序办事；必须充分走群众路线，加强党组织和群众对干部的监督。(2) 企业厂级行政领导干部（包括正、副职），由上级行政主管部门管理；中层及以下的行政和党群干部，由厂长和党委分别管理。(3) 厂长由上级行政主管部门任免，委任前要经过民主推荐或民意测验。小型国营企业可以民主选举厂长，报上级审批。副厂长、总工程师、总会计师等，由厂长提名，征求党委意见，报请上级行政主管部门批准；如果党委和厂长的意见不一致，厂长有权确定提名人选，并将不同意见一并上报，由上级行政主管部门审定。中层行政领导干部的任免，由厂长决定。党委要帮助厂长培养、考察、选拔中层行政干部，提出使用的建议，并充分支持和尊重厂长的意见。企业党群领导干部，按有关规定选举产生，必要时也可以由上级任命。党群部门的中层领导干部，由党委任免。(4) 企业厂长和党委书记，除个别小型企业或情况特殊的企业以外，一般不宜由一个人兼任。至于车间一级党政领导干部是否可由一人兼任，要根据具体情况有所区别，不搞一刀切。

3. 关于企业决策的组织形式问题

从目前的几种做法来看，我们认为采取工厂管理委员会的形式比较好。工厂管理委员会由党政工团的主要负责人和工人代表组成，由厂长主持，讨论决定企业生产经营中的重大问题。厂长和多数成员意见不一致时，可先按厂长的意见执行，同时报上级行政主管部门裁决。

4. 关于企业内部各方面关系和工作步调的协调问题

目前在试点企业中，主要有两种形式：一是由厂长主持召开厂务会议或工厂管理委员会，邀请党委书记、工会主席、团委书记参加，在研究部署生产行政工作的同时，协调各方面工作步调；二是由党委书记召集党政工团负责人联席会，互通情况，交流思想，解决相互关系和工作的配合问题。我们认为，企业各方面的工作步调由管理委员会负责协调比较好。

5. 关于职代会的性质和职权问题

从这次调查的情况看，各地对于实行厂长负责制以后，如何加强职工民主管理，充分体现职工群众的主人翁地位，还缺乏比较系统完整的经验。这个问题还有待于下一步着重研究解决。在座谈中，一些试点企业的工会主席对企业法草稿有关职代会的条款提出了不同意见。关于职代会的性质，他们倾向于沿用职代会条例的提法，即“职代会是职工群众参加决策和管理、监督干部的权力机构”。我们认为，实行厂长负责制以后，既要保障厂长行使生产经营决策权、指挥权，又要加强民主管理，保障职工群众行使民主管理的权力。因此，对职代会的性质是否可以规定为：“职工群众行使民主管理权力的机构”。关于职代会的职权，一些工会主席认为，对企业生产经营的重大问题，职代会不能只是听取厂长的工作报告，还必须进行审议，提出意见和建议，并做出相应的决议。我们认为，实行厂长负责制后，厂长的权力大了，更要依靠群众，走群众路线，否则厂长做了决策，群众思想不通，职代会不支持，厂长就无法进行工作。职代会可以审议生产经营上的重大问题，并做出相应的决议。对于在职代会职权范围内讨论通过或决定的问题，如果厂长有不同意见，可以报请上级行政主管部门裁决。

6. 关于企业内部管理制度改革中需要注意处理的几个政策问题

目前，各试点企业普遍进行了干部制度、劳动制度、分配制度、劳保制度等方面的改革，总的情况是好的，但也有一些政策需要及早明确。（1）由于精简机构，调整干部，一些中层以上领导干部从原来岗位上精减下来，其中有些人离休不够条件，退休不够年龄，需要妥善安排，并明确他们应享受的待遇。（2）实行浮动工资以后，有一部分老工人收入减少了。他们说，当年我们出大力、流大汗的时候，不讲按劳分配，不调工资，现在我们年老体弱了，才来讲按劳分配，把前几年刚调上去的工资又减下来了。（3）整顿劳动组织以后，有一部分工人多余出来，其中不少是年老、体弱、多病的职工，尤其是女职工。这些人也有个工作安排和生活保障的问题。（4）为奖勤罚懒，许多企业突破了劳保条例的某些规定，如对病假职工扣发一部分工资，而扣发的比例有大有小，很不一致。对于以上这些问题，建议有关部门调查研究，总结经验，逐步加以解决。

7. 关于企业外部关系问题

在这次调查中，试点企业对这个问题提出了许多意见和建议。主要是国务院明确规定下放给企业的权力，有些至今还没有拿到手；多头领导、社会负担太重以及一些公司“权力上收、责任下放”等问题也都影响厂长负责制试点工作顺利进行。这方面的问题，国家经委等有关部门联合组成的“扩权十条”调查组另有专题汇报。

8. 关于加强厂长负责制的理论研究问题

试点企业普遍反映，实行厂长负责制，有许多理论问题需要研究探讨。比如，党对企业的领导和企业党委领导的关系，“一长制”、党委领导下的厂长负责制和厂长负责制的联系与区别，实行厂长负责制以后如何搞好厂长决策、如何发挥企业党组织的作用、如何体现职工群众的主人翁地位，等等。为推进试点工作的健康发展，需要组织从事理论工作和实际工作的同志共同加强这方面的研究，及时回答实践中提出的问题。

此外，关于职工教育问题，许多试点企业认为，实行厂长负责制，应把加强职工教育、提高职工队伍素质作为企业坚持两个文明建设的一项重要任务来抓。我们同意这个意见。

实行厂长负责制，涉及面广，问题比较复杂。我们原来设想各地的试点工作今年10月可以告一段落，现在看来需要延长到今年年底前后。在今后几个月内，我们拟再做两次比较集中的调查，一次在京、津两市，一次在中南、西南等地，并准备在年底之前召开一次厂长负责制试点工作座谈会，集中各地试点的经验和意见，对《国营工业企业法（草稿）》做进一步修改，争取搞出一个正式的征求意见稿。同时，由各有关部门分别对《国营工厂厂长工作暂行条例》《中国共产党工业企业基层组织工作暂行条例》《国营工业企业职工代表大会暂行条例》做相应的修改，使这“三个条例”的修改稿能和《国营工业企业法》同时颁发实施。

为了保证试点工作的质量，避免一哄而起，煮“夹生饭”，我们认为需要重申：厂长负责制试点应按中办发〔1981〕15号文件的规定办事，除大连、常州两市外，均由省、自治区、直辖市人民政府审定试点单位。至于非试点企业，目前仍实行党委领导下的厂长负责制，几个有关条例除已明文修改的条款以外仍然有效。但是要求在此范围内进行一些必要和可能的改革，切实做到党、政、工明确职责分工，充分发挥三个方面的积极性，为今后实行厂长负责制积极创造条件。

附录2

中华人民共和国国营工业企业法
（征求意见稿）

一九八四年十一月二十二日

第一章　总则

第一条　为保障国营工业企业的合法权益，明确其职责、任务，增强其活力，发挥国营工业在国民经济中的主导作用，促进社会主义现代化建设，特制定本法。

第二条　国营工业企业（简称企业，下同）是社会主义全民所有制的相对独立的经济实体，是自主经营、独立核算、自负盈亏的社会主义商品生产和经营单位。

第三条　企业的根本任务是：在国家计划和经济、行政、法律的管理、监督、指导和调节下，进行商品生产，提供技术和劳务，为国家积累资金，满足社会日益增长的物质和文化生活需要。

第四条　企业必须贯彻执行党和国家的方针、政策，遵守宪法、法律和法规，坚持社会主义方向。

第五条　国家保障职工在企业中的主人翁地位，发挥职工的主动性、积极性、创造性。

第六条　企业实行厂长（经理，下同）负责制。

第七条　企业通过职工代表大会（职工大会，下同）和其他形式，实行民主管理。

第八条　企业党组织保证、监督党和国家各项方针政策的贯彻执行，积极支持厂长行使统一指挥生产经营活动的职权，加强党的思想建设和组织建设，加强对工会、共青团的领导，做好职工思想政治工作。

第九条　企业是法人，厂长是法人代表。

第十条　企业必须不断推进科学技术进步，重视智力开发，改善经营管理，提高经济效益。

第十一条　企业必须实行经济责任制，贯彻按劳分配的原则，兼顾国家、企业、职工三者的利益。

第十二条　企业必须坚持在建设物质文明的同时建设社会主义精神文明。

第二章　企业的开办和关闭

第十三条　申请开办企业，必须按照国家有关规定，分别报请各级人民政府或国务院有关部门审查批准并确定其注册资本，然后向当地工商行政管理机关申请办理注册、登记手续，领取筹建许可证或营业执照。企业的主管机关由开办企业的审批机关确定。

第十四条　企业的关闭、停业、合并、分立、转产或迁移，按照国家规定，由有关机关批准或决定。

关闭、停业、合并、分立、转产或迁移的企业，必须向工商行政管理机关办理变更登记或歇业注销手续。

第十五条　企业关闭办理注销手续后，主管机关必须指定专人负责保护好企业的一切财产，会同当地劳动人事部门做好人员的安置工作，并负责处理善后事宜。

企业关闭后，企业原订的合同和原有的债权、债务关系的变更或解除，按照国家有关规定办理。

第三章　企业的责任和权限

第十六条　企业必须全面完成国家指令性计划。

第十七条　企业必须保证产品质量，对用户负责。

第十八条　企业必须遵守财政制度，依法向国家缴纳税金或按国家规定上缴利润，接受审计机关的监督。

第十九条　企业必须做好生产经营管理的基础工作。

第二十条　企业必须做好劳动保护和环境保护工作，做到安全，文明生产。

第二十一条　企业必须在发展生产的基础上，办好集体福利事业，改善职工的物质和文化生活。

第二十二条　企业必须对职工进行政治思想教育、科学文化教育、技术业务教育，提高职工队伍的素质。

第二十三条　企业应当支持职工进行科学研究、发明创造、技术革新和提合理化建议。

第二十四条　企业必须保护国家财产，保守国家机密。

第二十五条 企业必须保障和维护职工的合法权益，教育职工履行法律规定的义务。

第二十六条 企业有权在保证完成国家指令性计划的前提下，自行安排生产社会需要的产品。

第二十七条 企业有权拒绝没有必需的物质条件保证或产品销售安排的国家指令性计划。

企业有权拒绝任何部门在国家指令性计划外安排的生产任务。

第二十八条 除国家规定不准自销者外，企业在完成国家指令性计划的前提下，有权自销超产产品和计划内分成的产品。计划内产品的自销范围和比例由国务院规定。

第二十九条 企业有权按照国家分配的指标和有关规定，自行选择供货单位，购进生产需要的物资。

第三十条 企业有权按照国家规定自行确定产品价格。

第三十一条 企业有权按照国家规定与外商谈判并签订合同，有权提取和使用分成的外汇。

第三十二条 企业有权按照国家规定自行支配使用自有资金。

第三十三条 企业有权出租、有偿转让闲置、多余的固定资产，其所得收益必须用于设备更新和技术改造，并报主管机关备案。其中属于上级机关管理的设备应按照规定报批。

第三十四条 企业有权在国家允许的范围内。确定本企业的工资形式和标准。

第三十五条 企业有权按照国家规定，自行决定用人办法，公开招收，择优录用，拒绝接收企业不需要的人员。

第三十六条 企业有权依法对职工实行奖惩，包括晋级奖励和开除处分。

第三十七条 企业有权按照实际需要决定机构设置和人员编制。

第三十八条 企业有权按照国家规定任免本企业的行政领导干部。

第三十九条 企业有权拒绝任何单位或个人平调、摊派企业的人力、物力、财力。

第四章　厂长的职责和权限

第四十条 厂长受国家委托，对本企业的生产指挥和经营管理工作统一领导、全权负责，行使以下职权：

1. 对本企业的经营方针、长期计划、年度计划、重大技术改造计划，按照企业自主权的范围作出决定，或提出建议报主管机关审批；

2. 对本企业管理规章制度的建立、修改或废除，作出决定或提出建议；

3. 对本企业管理机构的设置、调整或撤销作出决定；

4. 提名副厂级行政干部，任免、管理、考核中层行政干部；

5. 依法行使企业对职工的奖惩权。

第四十一条 企业设立管理委员会或通过其他形式，协助厂长进行决策。

管理委员会由厂级行政领导干部，党、工、团主要负责人和职工代表组成。厂长任主任。

厂长可以通过管理委员会或其他形式协调企业内部各方面的工作步调。

第四十二条 厂长履行以下职责：

1. 贯彻党和国家的方针、政策，遵守国家法律、法规，执行主管机关的指令、决定；

2. 在国家计划指导下，全面完成企业生产经营任务；

3. 结合生产指挥和经营管理工作，做好职工的思想政治工作；

4. 关心职工生活，负责办好职工生活福利事业；

5. 搞好职工教育，加强职工培训，提高职工队伍的素质；

6. 向本企业党组织和职工代表大会报告工作，并听取意见，接受监督；

7. 支持职工代表大会的工作和工会、共青团等群众组织工作，执行职工代表大会在其职权范围内作出的有关决定。

附：企业党组织的职责是：

1. 保证和监督党和国家的方针、政策及法律、法规的贯彻执行，对本企业生产经营任务的完成起保证作用；

2. 支持厂长行使职权，教育职工服从厂长的行政领导，听取厂长的工作报告，提出意见和建议；

3. 加强党的思想建设和组织建设，发挥党组织的战斗堡垒作用和党员的先锋模范作用；

4. 加强对职工代表大会和工会、共青团等群众组织的领导，协调厂长和职工代表大会之间、厂长和群众组织之间的关系；

5. 做好职工的思想政治工作；

6. 考察和监督各级领导干部，管理党群干部，对厂长提名的副厂级行政干部提出意见和建议。

第五章　企业的民主管理

第四十三条 企业必须健全职工代表大会制度和各项民主管理制度，发挥工会组织和职工代表在审议企业重大决策、监督行政领导和维护职工合法权益等方面的权力和作用。

职工代表大会是企业实行民主管理的基本形式，是职工行使民主管理权力的机构。

第四十四条 职工代表大会的职权是：

1. 定期听取厂长的工作报告，审议本企业长期计划、年度计划、增产节约计划和重大技术改造计划，提出意见和建议，并作出贯彻实施的决议；

2. 讨论通过本企业工资调整方案、经济责任制方案、奖金分配方案、职工培训计划、奖惩办法和其他重要的规章制度；

3. 讨论决定集体福利基金使用方案、职工住房分配方案和其他集体福利事项；

4. 评议监督本企业行政领导干部并提出奖惩和任免建议；

5. 小型企业可以根据主管机关的部署，选举厂长，并由主管机关批准任命。

第四十五条 职工代表大会的工作机构是企业的工会委员会。

第四十六条 车间通过职工大会、职工代表小组或其他形式实行民主管理；工人直接参加生产小组的日常管理。

第四十七条 职工应当以主人翁的态度对待自己的劳动，服从领导，听从指挥，遵守劳动纪律，执行操作规程和规章制度，保证完成生产和工作任务。

第六章 企业与主管机关的关系

第四十八条 企业受一个主管机关领导。国家计划必须由主管机关统一向企业下达。

第四十九条 企业的长期计划、国家规定限额以上的重大基本建设、技术改造和技术引进计划，必须报主管机关批准。

第五十条 企业主管机关负责厂级行政干部的任免、培训、考核和奖惩。

第五十一条 企业主管机关向企业下达指令性计划，必须保证供应生产所需的统配物资，协助企业解决生产和销售中的问题。

第五十二条 主管机关不得干涉企业的日常生产行政工作，不得平调企业的人力。物力、财力。

第七章 企业的联合和协作

第五十三条 企业在平等互利和自愿的原则下，可以与其他企业、事业单位或其他经济组织实行联合经营、合作生产、经济和技术协作。

第五十四条 企业与其他企业、事业单位或其他经济组织的联合经营、合作生产、经济和技术协作，可以跨行业、跨地区，也可以与集体经济组织之间进行。

第五十五条 企业与其他企业、事业单位或其他经济组织实行联合经营、合作生产、经济和技术协作，可以以资金、房屋、设备和技术作价入股，可以依法签订经济或承包合同。

第五十六条 企业与其他企业、事业单位或其他经济组织实行联合经营、合作生产、经济和技术协作，需要组织公司或其他形式的联合体时，必须经有关主管机关审批。

第五十七条 联合组成的公司或其他形式的联合体，可以建立董事会。董事会的权利、义务，资金的组成，收益的分配，根据国家有关法规，由公司章程具体规定。

第八章 企业与地方人民政府的关系

第五十八条 企业必须执行地方人民政府发布的决议和命令。

第五十九条 地方人民政府必须保护企业的合法权益，不得干涉企业的日常生产行政工作，不得平调企业的人力、物力、财力。

第六十条 地方人民政府对企业所需的由地方管理的生产和生活物资，必须纳入计划，保障供应。

第六十一条 地方人民政府负责协调企业和当地其他单位之间的关系。

第六十二条 有关企业职工的公共福利事业，根据具体情况，分别由地方人民政府负责统筹办理、组织联办或由企业自办。

第九章 法律责任

第六十三条 违反本法规定，开办企业时虚报、谎报情况，或未经审核批准，擅自动工建设的，追究有关领导人员和直接责任人员的行政责任。

第六十四条 企业主管机关违反本法规定，给企业造成经济损失，情节严重的，由其上级机关进行处理，并追究有关领导人员和直接责任人员的行政责任和经济责任。

第六十五条 企业违反本法规定，生产不符合标准的产品，给用户造成严重经济损失的，应当赔偿经济损失，造成人身伤亡等重大事故的，比照刑法第一百八十七条追究企业有关领导人员和直接责任人员的刑事责任。

因赔偿经济损失引起的纠纷，由经济主管部门负责处理，当事人对处理不服的，可以向人民法院起诉。

第十章 附则

第六十六条 本法适用于国营交通运输企业、建筑企业和地质勘探企业。

第六十七条 国务院根据本法制定实施条例。

第六十八条 本法自 xx 月 xx 日起施行。

附录3

顾明同志在全国厂长负责制试点工作座谈会闭幕会上的讲话

（1984 年 11 月 22 日）

各位代表、同志们：

全国厂长负责制试点工作座谈会今天就要结束了。几天来，与会代表听取了袁宝华同志关于厂长负责制试点和《国营工业企业法》起草情况的介绍，常州、大连、北京等城市和沈阳薄板厂、北京印染厂、天津棉纺一厂、大连金州纺织厂、上海无线电二厂、常州针织总厂等企业做了大会发言。代表们还利用两天时间分组座谈，畅所欲言，充分讨论和交流了经验，并对《国营工业企业法》（讨论稿）逐章逐条认真研究，提出了许多宝贵的修改意见。我们这个座谈会虽然会期很短，但是经过代表们的共同努力，勤奋工作，会议取得了很好的成效。

一　厂长负责制试点工作取得了很大进展，收到了良好的效果

从 1984 年 2 月份以来，国营工业企业法调查组在彭真委员长亲自带领下先后到浙江、上海、大连、沈阳、吉林、黑龙江等地进行了调查；后来，调查组又到北京、天津做了调查；11 月初调查组又分别到四川、湖北、江苏等地做进一步的调查，征求对企业法讨论稿的意见。在此期间，中央和国务院办公厅发了十五号文件，确定 6 个城市进行厂长负责制试点，其他省、自治区也开展了试点工作。据这次会议初步统计，全国进行厂长负责制试点工作的企业已近 3000 个。经过半年多的试点，厂长负责制已显示了强大的生命力。许多同志认为，实行厂长负责制，搞得好的企业在以下五个方面发生了可喜的变化。第一，建立了厂长为首的行政指挥系统的权威，强化了生产经营管理工作的统一领导，出现了决策快、指挥灵，工作效率显著提高的局面；第二，企业党委从日常行政事务中解脱出来，工作重心开始转到抓党的建设、抓思想政治工作和贯彻党的方针政策上来，改变了党不管党的局面；第三，调动了广大职工的积极性，较好地发挥了职工参加民主管理的作用；第四，促进了生产的发展和经济效益的提高。据沈阳市 30 个试点企业的统计，1984 年 5 至 9 月与 1983 年同期相比，工业总产值增长 34.6%，实现利润增长 47.4%，上缴税利增长 56.3%，这些指标都超过了全市平均水平；第五，大胆起用优秀的中青年技术管理干部，为年轻有为、锐意改革的人才的锻炼成长铺平了道路。北京印染厂介绍的经验是很有典型意义的，这个厂实行厂长负责制以后，厂长大胆“组阁”，启用了一批有知识、有魄力的优秀人才进入领导班子，形成了高文化水平、高专业水平、高智能结构的“领导集团”“决策中心”，吸取了国外有益的现代化科学管理经验，这就为厂长进行正确的决策、用严格的科学方法和严肃的科学态度领导生产创造了条件。其他发言和大会书面材料，也充分证明试点单位面貌发生了显著变化，取得了良好的成果。

二　厂长负责制试点工作的开展，将为城市经济体制改革开拓前进的道路

《中共中央关于经济体制改革的决定》指出，增强企业的活力，特别是增强全民所有制的大、中型企业的活力，是以城市为重点的整个经济体制改革的中心环节。增强企业活力，一是要简政放权，解决好国家和企业的关系；二是要强化企业的生产经营、行政指挥系统，理顺企业内部的党、政、工各方面的关系；三是要相应地进行计划体制、价格体系和劳动工资制度等方面的配套改革。因此，实行厂长负责制是增强企业活力的一个重要方面。过去我们企业的领导体制弊端较多，形成了表面上是无人负责，实际上是无权负责、无法负责、无力负责的局面。实践证明，没有严格的责任制，社会主义制度的优越性也发挥不出来。实行厂长负责制，就是要建立起严格的责任制，使厂长有职有权，负起领导者的责任，使企业增强活力，促进社会生产力的发展。现在，以厂长负责制为中心内容的企业领导体制的改革已经进行了一段较大范围的试点，这就为以城市为重点的整个经济体制

改革创造了条件。我们坚信，这个改革的路子是对的。随着改革的深入，必将给企业带来更大的生机和活力，为城市经济体制改革开拓前进的道路。

三　国营工业企业法立法条件基本成熟，要争取加快立法

全国近3000个试点企业的经验表明，实行厂长负责制，并对这一改革的成果通过国家立法加以确认，时机已经基本成熟。其理由是：(1)《中共中央关于经济体制改革的决定》为实行厂长负责制，改革企业领导体制指明了方向；(2)中央书记处先后两次听取了调查组关于国营工业企业法起草和调查情况的汇报，中央领导同志对实行厂长负责制、改革企业领导体制、理顺企业内部党、政、工三者关系做了许多重要指示，明确了很多亟待解决的重大问题；(3)改革试点的实践也为加快立法提供了有益的经验。最近中央领导同志多次谈到，城市改革大体上五年完成，争取三年见效。形势要求我们加快改革，加快立法工作，通过立法巩固改革成果，推动、促进改革。

四　座谈、讨论中提出的许多重要问题要进一步探讨

分组会上，大家提出了一些重要问题，有些看法还不尽一致。在大的变革中，这种情况是正常的。我们归纳了一下，有如下几方面的问题。(1)党委和厂长的关系：实行厂长负责制以后，企业党委还是不是领导核心？企业党组织的地位和作用是什么？有一种意见认为厂长成了企业的核心，党委的作用要逐渐过渡到象机关党组织一样的作用上来；一种意见认为，应该提党政一把手，书记与厂长都是企业的主要领导人，应该密切配合，不是从属关系；一种意见认为，不要提谁是核心，应该提围绕生产经营这个中心，各司其事，各负其责。(2)企业党委是否在思想政治方面全面负责，对企业思想政治工作是否统一领导？一种意见认为，企业党委应该在思想政治方面全面负责，这是说在思想政治范围内负责，与厂长负责制不矛盾；一种意见不同意上述说法，认为这样容易形成两个中心。(3)关于企业领导体制改革的指导思想。一种意见认为应体现“三加强”；一种意见认为应在“一突出”（即突出厂长作用）的前提下做到“三加强”；一种意见认为应是“两加强”“一削弱”，即加强厂长为首的行政指挥系统，加强职工的民主管理，削减党委的权力；一种意见认为，不能笼统提“三加强”，而应根据各自的特点，强化各自的职能。(4)企业内部各方面的关系和工作步调由谁负责协调？有的主张由厂长通过工厂管理委员会负责协调；有的主张由党委或党委召开党政工团碰头会来协调；有的主张工作步调由厂长协调，厂长与职代会、各群众组织的关系由党委协调；有的主张由企业根据不同情况采取不同的协调方法，不做统一的、硬性的规定。(5)关于职代会的性质和职权。有的认为职代会应成为权力机构；有的认为职代会成为权力机构，就会影响厂长负责制的实施。关于职代会的职权，有的认为职代会应参与重大问题的决策，有的认为职代会可以起参谋监督作用，但不能决策或决定。企业法中要不要规定民主选举厂长，也有两种不同意见。(6)关于工厂管理委员会，有的赞成设立以厂长为首的管委会，作为帮助厂长决策的议事机构；有的认为管委会目前只有极少数企业设立，经验还有待积累，不宜在企业法中做统一规定。

大家提的这些问题，有些是属于认识问题，要通过不断学习、领会中央的文件，总结实践经验，把思想认识统一到中央的决定和中央有关指示精神上来。还有些问题是属于需要请示中央进一步加以明确的，我们回去以后将向中央汇报请示。

下面我想仅就实行厂长负责制以后，党委的地位、作用以及与厂长的关系和职工在企业中地位、作用问题，谈一点个人的看法。

实行厂长负责制不是今天提出来的，也不是解放以后才提出来的，最早可以追溯到我们党领导的井冈山时期。1934 年 4 月 10 日，中华苏维埃共和国颁布了《苏维埃国有工厂管理条例》，确定了厂长对于全厂的生产与行政负有绝对的责任。这个管理条例规定，国有工厂的负责者为厂长，对于厂内一切事务，有最后决定权。厂内人员或组织，如对厂长的决定有不同意见时，可向该上级机关控告，但在上级机关未废除厂长的决定之前，绝对无权停止决定的执行。在厂长之下，设工厂管理委员会，由各方面代表参加，开会时以厂长为当然主席，以解决厂内的重大问题。

抗日战争时期，毛泽东同志在 1942 年 12 月给陕甘宁边区高级干部的一个报告中指出，一个工厂内的行政工作、党支部工作与职工工会工作，必须统一于共同目标之下。这个共同标准，就是以尽可能多与尽可能好的产品，并在尽可能快与尽可能有利的条件下推销出去。这是行政、支部、工会三方面三位一体的共同任务。毛泽东同志还指出，“三方面要组织统一的委员会，首先使行政人员、行政工作、生产计划走上正轨，而党与工会的任务就是保障生产计划的完成。”当时在边区，强调工厂管理的一元化领导，目的在于解决厂长、支部书记、工会主席三方面互相矛盾、三足鼎立、多头领导的现象。这个时期的一元化领导的内容，就是强调厂长代表政府，集中管理工厂内部的一切；凡有关生产上的一切问题，厂长有最后决定权。当然，这种“一元化”领导也有弊病和不足，容易产生官僚主义、命令主义，因此还要强调民主管理，保证劳动者的主人翁地位。

解放战争时期，在建立和加强工厂管理委员会和职工代表会议的同时，还强调厂长作为国家主管部门的全权代表，管理企业，充任管委会的主席，对于一切有关工厂的重大问题具有最后的决定权。

全国解放以后，到 1956 年，从东北等地区开始，在全国普遍实行的也是厂长负责制的管理体制。党的八大会议提出，国内主要矛盾已经不再是工人阶级和资产阶级的矛盾，而是人民对于经济文化迅速发展的需要同当前经济文化不能满足人民的需要的状况之间的矛盾。并指出，全国人民的主要任务是集中力量发展社会生产力，实现国家工业化，逐步满足人民日益增长的物质和文化需要。但是，由于指导思想上“左”的影响，后来特别是在 1957 年的反右斗争以后，越来越强调以阶级斗争为纲，没有把发展社会生产力当作第一位的任务，这不能不对企业领导体制产生影响。长期以来，党委领导一切的传统根深蒂固，这在我国历史悠久，深入人心。过去是阶级斗争为纲，政治挂帅，这就必然导致党的一元化领导，党委挂帅，书记挂帅。现在党和国家的工作重点已经转移到社会主义现代化建设上来了，党和国家的任务、情况发生了根本变化，因此，企业领导制度必须改革，才能适应开创新局面的需要。企业领导制度的改革也是拨乱反正，它将会为广大干部、群众所接受。有些同志思想一时不通也不要紧，我们相信随着时间的推移和试点工作取得的成就，大家的认识一定会统一到中央的决定上来。我们的农村改革的经验就是这样。对于实行联产承包责任制，一些同志一时不理解、不认识，中央也没有强求大家急忙统一。经过五年农村改革的实践，取得了重大成就，许多原来抱怀疑态度的同志都在事实的教育下转过来。思想统一了，认识一致了，事业大踏步前进了。

现在，中央已经明确提出实行厂长负责制，企业党的组织起保证和监督作用，这样是不是否定或削弱了党的领导呢？不是的。实行厂长负责制，不是不要党的领导。国营企业是社会主义经济的主体，当然要党的领导，问题是怎样实现党的领导和领导什么。党的领导不仅体现为企业党委的领导，贯彻党中央和国务院的方针政策也是党的领导；党的方针政策通过立法形成国家的法律，因此遵守法律也是贯彻党的领导；作为党委委员的厂长向党委报告工作，党委讨论重大的方针政策问题也是体现党的领导；社会主义阶段最根本任务是发展社会生产力，今后国家的根本任务是集中力量进行社会主义现代化建设，党要领导全国人民实现翻两番的宏伟目标，那么努力完成我国生产计划，也是体现了党的领导。当然，党的领导并不等于企业党委要发号施令，而是要通过保证和监督来实现党对完成国家根本任务——社会主义现代化建设的领导。

实行厂长负责制，就是要使企业更好地集中力量，统一目标，发展生产，满足人民群众日益增长的物质文化生活的需要。实行厂长负责制，厂长、党委、工会目标是一致的。越是要调动一切力量实现国家给予企业的生产任务，就越需要三方面团结一致。特别是现代化企业，必须实行高度集中统一领导，必须要有严格的纪律。实行厂长负责制，一方面要树立领导者的权威，同时也要加强职工民主管理。要树立领导者的权威，必须保证职工的主人翁地位，调动劳动者的积极性、主动性，搞好民主管理，使职代会成为发挥职工群众在审议企业重大决策、监督行政领导和维护职工合法权益等方面的权力和作用的机构。而企业中职工的主人翁地位，也体现在职工自觉地完成国家生产任务，自觉地遵守劳动纪律，在各自岗位上以主人翁态度进行工作，关心企业的经营和效益，使自己的工作成果和社会荣誉、物质利益密切相连。

厂长负责制试点工作在中央、国务院的领导下，取得了很好的成效。但是也要看到，企业领导体制的改革是一件十分艰巨、复杂的事情，不仅有许多认识问题，而且还有许多理论问题需要深入探讨，实际工作中提出的一些问题也要加以研究解决。因此，进一步做好试点工作，需要各级领导、各部门密切配合，认真总结试点经验，精心指导，有计划、有步骤地展开，态度要坚决，步子要稳妥。

同志们，通过这个座谈会，必将进一步推动试点工作的开展。希望同志们回去以后，向地方党委和政府汇报中央书记处的指示和这个座谈会的情况，请各省、市、自治区根据中央的精神，结合本地区的实际情况，对厂长负责制的试点工作做出部署，至于全国总的部署，将报请中央做指示。为了保证试点工作的质量，厂长负责制试点仍按中办十五号文件的规定办，除大连、常州两市外，其他地方由省、市、自治区人民政府审定试点单位。关于企业法，我们准备根据中央决定和中央书记处指示精神，根据会上同志们的意见，对讨论稿做进一步修改，继续征求各地、各部门的意见，然后再集中起来搞一个比较成熟的送审稿。对于中央肯定了的，大家意见又比较一致的，在法中可以写得细一点；属于细节问题，意见不一致的，可以写得粗一些，原则一些，待以后在细则中去解决。根据大家的意见，我们同时还要着手做三件事，编写企业领导体制沿革情况；总结国外企业领导体制的经验；起草企业法的说明。

最后希望同志们回去后，在试点过程中继续提出各种意见和问题，与我们继续取得联系。

在全国经济工作会议结束时的讲话*

（1985 年 2 月 14 日）

全国经济工作会议，从 2 月 5 日开始，今天就要结束了，前后共开了 10 天。经过到会同志的共同努力，我们的会开得很好，达到了预期的目的。现在我就这次会议的传达贯彻问题，讲几点意见。

一　要统一认识，进一步发展大好形势

正确地分析形势是我们做好各项工作的基本前提。当前全国的经济形势是很好的，不论是经济建设，还是经济改革，都取得了显著成绩。当然，在大好形势中也出现了一些问题。党中央和国务院对这些问题抓得准、抓得紧、抓得早、抓得及时。只要我们认真贯彻党中央和国务院的指示，在胜利面前保持清醒的头脑，加强宏观管理，特别是加强信贷、外汇、物价、消费基金、固定资产投资等方面的管理，这些问题是不难解决的。对此，我们要充满信心，要态度坚决、措施得力。

今年，我们开始进行物价改革和工资改革。这两项改革，关系到人民群众的切身利益，也关系到整个经济体制改革的成败。这两项改革能不能顺利进行，在很大程度上取决于我们的工作，取决于工农业生产能不能持续稳定健康发展，取决于生产、建设和流通领域的经济效益能不能进一步提高。今年是经济体制全面改革的第一年，我们要本着“慎重初战，务求必胜”的精神，把发展生产同推进改革密切结合起来，抓住有利时机，不失时机地迈好改革的第一步。

---

* 本文是袁宝华同志 1985 年 2 月 14 日在全国经济工作会议结束时的总结讲话摘要，本文和附录的吕东同志讲话原文首发于《1985 年全国经济工作会议文件选编》（中国经济出版社，1985）。

二　狠抓落实，把大中型企业搞活

这是我们这次会议的主要议题。会上，大家提出了很多好的意见。这里我再着重强调四点。

第一，要把大中型企业搞活，首先还是要抓指导思想的转变。就是要根据中央关于经济体制改革的决定，真正树立起有计划的商品经济的观念，用发展商品生产的办法来管理经济。这个问题在我们经济领导机关和企业的领导干部中，还远远没有解决。我们要通过搞活大中型企业的实践，不断提高干部的认识，并且希望理论、宣传部门加强这方面的宣传教育工作，使我们做经济工作的同志在指导思想上来一个大的转变，使我们的企业尽快地从生产型转为经营开拓型。

第二，扎扎实实地做好工作，认真落实各项已定的政策措施。去年五月国务院颁发了企业“扩权十条”暂行规定，最近国务院又批转了推进企业技术进步的“十条政策”，这次会议我们又提出了搞活大中型企业的十条措施，前后共计三十条。国务院各主管部门为搞活企业，也都采取了许多措施。应该说，国家为搞活大中型企业已经提供了必要的条件。现在的问题是要从几个方面做工作，狠抓落实。一是能够马上做到的，就要抓紧付诸实施，把权力尽快放给企业。例如，加快推行厂长负责制，开发具有竞争能力的拳头产品，实行一业为主、多种经营，实行能源、原材料节约奖，开辟生产资料市场，等等，就不要再等待了，回去就抓紧办。工资总额随同经济效益浮动问题，按国务院文件办。二是有些政策措施还需要进一步具体化。例如，给部分大中型企业直接对外经营权，逐步调减先进大型骨干企业调节税，逐步降低指令性计划指标以及重点抓好300个大型骨干企业技术改造，等等。这些问题，会后我们准备会同有关部门，抓紧研究，一一提出具体方案。各地区、各部门也要根据这次会议精神，做好准备工作。

第三，要注意发挥城市的作用。这次会议来了不少市里的负责同志，石家庄、重庆、无锡等市还介绍了经验。如何发挥城市的中心作用，是经济体制改革中的一个重要课题。石家庄等市的经验，可贵之处就在于由市里把计划、财政、物资、物价、银行等综合部门组织起来，统筹协调，为搞活企业服务。我们讲城市是“二传手”，意思是说城市要为企业服务，企业是“主攻手”。城市政府也要实行政企职责分开，主要依靠经济办法把企业搞活，希望在这方面创造出更多的经验。

第四，贯彻执行这些政策，一定要坚持实事求是的思想路线。今年的任务很重，要加快实行厂长负责制，要调整领导班子，要进行工资、物价改革，等等。因此，我们一定要统筹安排，谨慎从事，加强纪律，令行禁止，对中央的指示、政策必须坚决贯彻执行，发生重大情况一定要及时报告，一切要从实际情况出发。例如，中央要求领导班子要高文化结构、年轻化，这是完全正确的。但是到你那里，必须从实际出发，选择最佳方案，不能勉强凑数。那样的班子是很难打开局面的。又如，怎样把大中型企业搞活，具体到某一个企业，也要做具体分析，对症下药，不可千篇一律。真正做到实事求是确实不容易，会遇到各种各样的难题。我们讲在思想上政治上同中央保持一致，就必须坚持实事求是的原则，把中央的精神同本地具体情况结合起来，创造性地进行工作。不坚持实事求是的原则，本身就是没有在思想上政治上同中央保持一致，也绝不可能做好工作。

文稿解读

1985 年 1 月 5 日，《国务院关于国营企业工资改革问题的通知》（国发〔1985〕2 号）明确，从 1985 年开始，在国营大中型企业中，实行职工工资总额同企业经济效益按比例浮动的办法。

1985 年 2 月 5 至 14 日，国务院在天津召开全国经济工作会议，会议的主题是根据党的十二届三中全会《决定》的精神，研究制定增强企业活力，特别是增强全民所有制大中型企业活力的政策措施，并以此为中心，部署 1985 年的工作，进一步开创提高经济效益的新局面。会议期间，各省、自治区、直辖市和部门参加会议的主要负责人，先后两次列席全国省长（自治区主席、直辖市市长）会议（1985 年 2 月 9 至 14 日在北京召开），听取了姚依林、胡启立、田纪云等领导同志有关经济形势、工资改革、价格改革等问题的重要报告和国务院总理的总结报告。受国务院委托，国家经委主任吕东在全国经济工作会议开幕式做工作报告，国家经委副主任袁宝华在闭幕式总结讲话。国家经委副主任朱镕基在部分省市经委负责同志座谈会上讲话。会议讨论了《关于进一步增强大中型国营工业企业活力若干问题的暂行规定》稿、《中华人民共和国国营工业企业法（草案）》稿以及企业改革有关问题。

1985 年 2 月 8 日，《国务院批转国家经委、财政部、人民银行〈关于推进国营企业技术进步若干政策的暂行规定〉的通知》（国发〔1985〕21 号）指出，增强企业活力是当前经济体制改革的中心环节。为了鼓励国营企业的技术进步，加速现有企业的技术改造，使企业能够逐步具有自我改造和自我发展的能力，除了要继续贯彻《国务院关于进一步扩大国营工业企业自主权的暂行规定》外，还必须实行推进企业技术进步的若干政策。

1985 年 9 月 11 日，《国务院批转国家经委、国家体改委关于增强大中型国营工业企业活力若干问题的暂行规定的通知》（国发〔1985〕111 号）强调，大中型国营工业企业，在国民经济中占有极为重要的地位，它们既是国家指令性计划和国家财政收入的主要承担者，又是发展社会生产力和技术进步的骨干力量，增强大中型国营工业企业活力，是一项具有战略意义的决策。为了增强企业的活力，国务院先后发布、批转了《关于进一步扩大国营工业企业自主权的暂行规定》《关于改进计划体制的若干暂行规定》《关于推进国营企业技术进步若干政策的暂行规定》，各地区、各部门在贯彻《关于增强大中型国营工业企业活力若干问题的暂行规定》时，要把这几个规定结合起来，认真抓好落实工作。各级经委、计委、财政、审计、统计、银行、物价、工商行政管理和企业主管部门，都要采取切实有效的措施，使本规定得以全面贯彻。过去颁发的有关规定同本规定不一致的，均按本规定执行。

新中国成立以来共召开六次全国经济工作会议（1984、1985、1986、1987，1992、1993），之前是全国工业交通工作会议，之后是中央经济工作会议。全国工交会议和全国经济工作会议是以国务院名义或国务院批准国家经委召开。中央经济工作会议由中共中央和国务院召开。历次全国经济工作会议情况概况如下。

1984 年 2 月 10 日至 23 日，国务院在北京召开全国经济工作会议。会议的议题是以提高经济效益为中心，力争使产值、税利、国家财政收入实现同步增长，检查 1983 年生产、流通工作的情况，部署 1984 年的任务。

1986 年 1 月 11 日至 20 日，国务院召开全国经济工作会议。会议的主要议题是在总结“六五”期间组织经济工作经验的基础上，研究“七五”期间深入改革，加强管理，沿着提高经济效益的轨道继续前进的部署，安排 1986 年的工作。

1987 年 1 月 22 至 25 日，国务院在北京召开全国经济工作会议。李鹏、陈慕华、张劲夫、宋平等领导同志出席开幕式，李鹏副总理讲话，国务委员张劲夫讲话，国家经委主任吕东做报告，国家经委副主任袁宝华主持。在会议闭幕时，吕东同志就“深化企业改革、进一步增强企业活力”做总结讲话，袁宝华同志就职工教育、理论学习、民主管理、党的领导、厂长职责等问题讲话。会议明确，1987 年的企业改革在具体做法上，国营小型企业、微利和亏损企业可以积极试行租赁、承包经营形式。在探索、解决企业经营形式的工作上，要注意处理好 10 个方面的问题。

1992 年 12 月 21 至 24 日，国务院在北京召开全国经济工作会议。会议的中心议题是全面贯彻落实党的十四大精神，总结 1992 年的经济工作，研究部署 1993 年的经济工作。各省、自治区、直辖市和计划单列市负责同志，国务院各部、委、局负责同志出席会议。中共中央政治局常委、国务院总理李鹏，中共中央政治局常委、副总理朱镕基出席会议闭幕式并讲话。国务院经贸办副主任王忠禹在会议开幕式做题为“全面贯彻落实十四大精神，认真做好 1993 年经济工作”的工作报告。在全国经济工作会议期间（1992 年 12 月 23 日），国务院召开全国清理三角债总结表彰会议，李鹏总理讲话肯定了全国清理三角债工作取得“注入 1 元资金，清理 4 元拖欠”的效果，宣布全国性清理三角债工作结束。强调今后企业之间如再发生新的拖欠，要由各单位自行负责，国家不再投入贷款清欠。国务院副总理、国务院清理三角债领导小组组长朱镕基同志在会议做全国清理三角债工作的总结讲话。

1993 年 12 月 1 至 4 日，国务院在京召开全国经济工作会议。中共中央总书记江泽民同志在闭幕式讲话讲话时强调，明年经济发展的大盘子是建立在前两年高速增长基础上的，是相当快的。明年的改革任务很重，在增长速度的计划安排上，要适当留些余地，给改革创造更为有利的条件。明年改革的步伐很大，是十几年来改革措施出台最多的一年，涉及国家、企业和个人，涉及方方面面、各行各业，全党全国人民要统一思想、统一行动、扎实工作。中共中央政治局常委、国务院总理李鹏同志在开幕式讲话时，阐述了明年经济工作的方针：全面贯彻党的十四大和十四届三中全会精神，加快建立社会主义市场经济体制的改革步伐，进一步扩大对外开放，加强和改善宏观调控，大力调整经济结构，提高经济效益，保持国民经济持续、快速、健康发展。中共中央政治局常委、国务院副总理朱镕基同志，受李鹏同志委托，针对会议讨论情况特别是大家提出的问题和意见，分别从改革和发展两方面做了总结讲话。1993 年 12 月 5~7 日，全国经济贸易工作会议在京召开，国家经贸委主任王忠禹同志主持开幕式，传达全国经济工作会议精神，并以“深化企业改革，加强市场建设，努力做好经济运行的综合协调工作”为题，做全国经贸工作会议报告。

文稿附录

附录 1　坚持改革，开拓前进，把企业搞好——吕东同志在全国经济工作会议上的讲话摘要

附录 2　国务院关于国营企业工资改革问题的通知

附录 3　国务院批转国家经委、财政部、中国人民银行《关于推进国营企业技术进步若干政策的暂行规定》的通知

附录 4　国务院批转国家经委、国家体改委关于增强大中型国营工业企业活力若干问题的暂行规定的通知

附录 5　国务院批转国家经委关于控制重复引进、制止多头对外的报告的通知

附　录

附录 1

坚持改革，开拓前进，把企业搞好

——吕东同志在全国经济工作会议上的讲话摘要

（1985 年 2 月 5 日）

我国经济体制改革的路子，大体上是从农村到城市，从集体到全民，从小企业到大企业，从小商品到大商品，从新基地到老基地，总之，是从易到难。我们之所以这样做，主要是有一个经验探索问题，也有一个承受能力问题。走一步看一步，一步一步地改，这是我们的经验。回顾这几年的城市经济体制改革，从 1979 年企业扩权试点开始，我们在搞活经济、搞活企业方面，进行了广泛的探索和试验。1983 年 6 月，根据国务院的部署，我们组织各地区、各部门开展了提高企业素质的调查，比较全面地分析了搞活企业所必须具备的内部和外部条件，提出了若干建议。后来，国务院决定在企业素质调查的基础上，把那些已经具备条件的改革措施，形成为《国务院关于进一步扩大国营工业企业自主权的暂行规定》。随后，为了有效地推进技术进步，使企业在开发新产品、引进新技术、加快技术改造、加强人才培训等方面拥有更多的自主权和必要的财力，我们又会同财政部、人民银行，拟定了《关于推进国营企业技术进步若干政策的暂行规定》，经国务院批准颁发。以上这些规定，为搞活企业特别是搞活大中型企业提供了必要的政策保证，但在具体落实过程中也还存在不少问题。

一　大中型企业的基本情况

现在，全国共有独立核算大中型工业企业 5837 个，不到总户数的 2%，而固定资产占 66%，工业产值占 47%，上缴税利占 66%。它们是国家财政收入的主要承担者，是社会生产力发展和经济技术进步的主导力量，在国民经济中居于举足轻重的地位。这几年，它们在稳定经济、保证重点建设、支持城乡经济体制改革等方面，发挥了巨大的作用。

根据中央、国务院的指示，各地区、各部门为搞活大中型企业，认真调查研究，层层简政放权，制定具体措施，已经取得了一定成效，大多数企业都有了不同程度的进步。但是，总的来看，情况还是参差不齐的，大体可分为三类。

第一类，搞得比较活，开始进入良性循环。其特点是企业经过全面整顿，领导班子具有经营开拓思想，有适应市场需要的“拳头”产品，注意技术进步，经营也比较灵活，职工积极性调动起来了，经济效益连年大幅度提高，国家、企业和职工三者利益关系处理得比较好。这类企业约占大中型企业总数的15%。

第二类，正处在变化之中，成绩还不明显。这类企业，情况是多种多样的。有的刚调整了领导班子，还需要一段工作过程；有的刚着手进行技术改造，效果还没有发挥出来；有的老产品还有点销路，日子还过得去，但设备陈旧、工艺落后、产品老化状况还没有多大改变；也有的对物资供应、价格调整等外部条件的变化，一时还适应不了。这类企业约占65%。

第三类，目前处境比较困难，基本没有活起来。有的企业习惯靠指令性计划组织生产，国家任务一减少就束手无策，生产连年下降；有的老产品无销路，新产品没有方向；也有的由于政策调整，特别是价格因素影响，税利逐年下降，人均留利水平过低。这类企业约占20%。

从以上情况可以看出，大多数企业还没有真正活起来。这里，有经济主管部门的问题，也有企业本身的问题。就经济主管部门来说，有的还没有把国家已经放给企业的权力不折不扣地放下去，甚至层层截留，明放暗收；有的还没有把工作重点转到为企业服务上来，仍旧把企业当作附属物，让企业围着自己转，不是在给企业创造良好的经营环境上下功夫。就企业来说，没有搞活的主要原因是指导思想没有转过来，还没有摆脱长期形成的固定观念和旧有模式的束缚，没有从单纯生产型转向经营开拓型；领导班子不得力，有了政策不敢用、不会用，习惯于眼睛向上、向外，强调客观困难，总是把希望寄托在国家减税让利上，没有充分挖掘自己的潜力，包括知识与技术的潜力、设备与物资的潜力、协作与联合的潜力，等等；缺少明确的经营战略和产品开发战略，拿不出适销对路、有竞争能力的产品，更谈不上对复杂多变的市场做出灵敏反应；基础工作差，特别是企业改革没有跟上，厂长负责制没有落实，内部分配还在吃“大锅饭”。此外，也还有若干实际问题需要进一步解决。

现在要着重强调的是，国家已经确定的关于改革的政策和措施，为搞活企业包括搞活大中型企业，创造了许多有利的条件。只要坚决按照这些政策措施去办，企业在搞活经营、提高效益方面不是无能为力，而是可以有所作为的。实际情况也说明，同样的政策，在有些企业已经显示出相当大的威力，而在有些企业却见不到多少成效，工作没有起色。这就必须振奋精神，端正思想，面向内部，主要依靠自己的努力，使企业活起来。

二　搞活大中型企业的措施

搞活大中型企业，就是要使它们的生产经营活动尽快走上良性循环，逐步增强自我改造和自我发展的能力，做到效益不断提高，速度稳步增长，技术日益进步，职工生活也相应得到改善。为此，需要解决好以下两个方面的问题。

首先，要以中央关于经济体制改革决定的精神统一思想。摆脱产品经济思想的束缚，树立起有计划的商品经济的观念，用发展商品生产的办法来管理经济。从调查情况看，在我们经济领导机关和企业的领导干部中，还有相当一部分同志的思想没有转过来。主要表现在以下几方面。

一是缺乏市场观念。过去，经济领导机关不承认企业是相对独立的商品生产者、经营者，企业也习惯于按指令性计划组织生产，产品靠统购包销，至于是否符合市场需要，企业没有直接责任。现在情况发生了很大变化，指令性计划的范围逐步缩小，企业也不能再靠统购包销过日子。商品的价值最终要通过市场交换来实现，如果没有市场观念，不按照价值规律办事，企业就很难生存和发展。

二是缺乏投入产出观念。过去，在吃“大锅饭”的体制下，部门、地方、企业争项目、要投资，只讲花钱，很少注意效果，至今还有许多已报投产的项目不能发挥投资效益，还有许多国营企业连年亏损，靠国家补贴过日子。搞商品生产，要力争以最少的投入获得最多的产出。因此，搞项目、办企业，必须先考虑产出，根据产出的多少和快慢，来决定投入的数量和先后。

三是缺乏金融观念。不善于筹集资金与运用资金。企业要自我改造、自我发展，仅仅靠自有资金显然是不够的，必须借助于信贷手段和社会闲散资金。而我们有些同志习惯用国家拨款，不善于使用银行贷款搞技术改造，怕承担风险，给后人留下债务，而不怕留下一个烂摊子。这是十分陈腐的观念。发展商品生产离不开金融，关键是学会用钱，能够在尽量短的时间里，使贷款所得利润大于还本付息。我们一定要学会这个本领。

四是缺乏竞争观念。发展商品生产必然有竞争，市场的竞争是无情的，企业只有根据市场信息，不断提高技术水平和改进经营管理，以物美价廉的产品、优质的服务、良好的信誉在竞争中取胜，才能得到发展。

五是缺乏智力开发观念。人才是企业最宝贵的资源。企业的竞争，归根结底是人才的竞争。过去，有相当一部分企业，不重视发挥工程技术人员和经营管理人员的作用，一个重要原因就是企业经营好坏一个样，产品几十年一贯制也可以过得去。现在不同了，企业经营成果同对国家的贡献、企业的发展和职工的切身利益密切相关，产品更新周期大大缩短，如果没有智力开发的观念，就根本适应不了这种形势。

总起来说，思想观念的转变是经济改革的先导。现在，我国的经济体制正处在从旧的模式向新的模式转变的过程中，我们的思想一定要适应形势发展的要求。指导思想不转变，就谈不上企业的“转轨”与“变型”。彻底破除长期形成的某些不切实际的固有观念，进一步肃清“左”的思想影响，这对于搞活企业具有决定性的意义。

其次，要有适合情况的具体政策、措施。搞活大中型企业，要眼睛向内，从企业内部找出原因，采取措施；同时国家要给政策，给必要的外部条件。关于搞活大中型企业的具体政策措施，我们初步集中搞了以下十条。

（1）加快推行厂长负责制，建立勇于开拓的领导班子，这是搞活企业的关键。实行厂长负责制，有利于改变过去那种无人负责、无权负责、无法负责、无力负责的状况，做到决策准、指挥灵、效率高。实行厂长负责制，首先要选好厂长。厂长不仅要懂技术、懂专业，更要懂经营管理，具有商品经济观念和强烈的竞争意识；不仅看学历，更要看开拓精神、实际才干和政治素质。要配备好领导班子，起用和培养一批有专业知识、有创造才能、有改革精神的人才。还要搞好党政分工，党委书记要支持厂长行使职权，切实抓好职工的思想政治工作。同时，各方面对厂长行使职权也不要干涉。为促进管理现代化，企业也可以从国外引进人才。

（2）根据市场需要，开发具有竞争能力的拳头产品。这是企业由单纯生产型向经营开拓型转变的最重要条件。要突破那种从原料投入到产品产出的狭小天地，把经营领域扩展到从市场预测、资金筹集、产品研制直到产品售后服务。要增强企业的技术开发能力，依靠技术改造、技术引进，提高质量，推陈出新，保持产品畅销的局面。科研与生产要密切结合，组织各种形式的科研生产联合体，大力开发新产品、新工艺。还要积极开展群众性的合理化建议活动。

（3）放开手脚，实行“一业为主，多种经营”，发展多种形式的经济联合体。企业有权根据发挥优势、广开财源、自愿互利的原则，充分挖掘企业的技术、设备、人才、资金潜力，实行跨行业、跨地区的多种联合经营，包括发展第三产业。要使企业从封闭型转为开放型，打破以纵向隶属关系为主、条块分割为特征的经济组织结构，这对于那些大型企业尤为迫切。军工企业在贯彻军民结合方针中，要发挥自己的优势，选准民用产品方向，发展横向联合和专业化协作，进行大批量生产，不要自成体系，应该就地联合，军工、民用互为补充。联合企业向所在城市交纳产品税、营业税后的实现利润，按照“先分后税”的原则进行分配，即根据合同、协议，先在参加联合体的各个企业之间进行分配，然后各企业按其不同所有制，再向各自所在城市交纳所得税和调节税。

（4）把降低能源、原材料消耗作为落实企业内部责任制的重要环节。目前，我国工业总成本中，能源、原材料的消耗占80%左右，降低消耗的潜力很大。这是提高企业经济效益的重要方面。要根据企业的不同情况，把降低能源和主要原材料消耗的指标，层层分解，实行单项承包、网络承包多种形式，责任落实到人，节约有奖，超耗受罚，奖金计入本，罚款冲减成本。为此，需要扩大《关于国营工业、交通企业特定燃料原材料节约奖试行办法》的实施范围，节约单项不仅限于原规定的十类物资，凡单位产品的物资消耗定额低于上年实际，定额先进，并有科学的计量手段和严格的考核办法，经过省、市、自治区批准即可实行。奖金按节约价值的一定比例提取，计入成本。奖金提取的比例，根据行业、企业的不同情况和节约的难易程度，可以适当拉开档次。

（5）逐步调减先进大型骨干企业的调节税。对留利水平低的大中型企业要进行分析，区别不同情况，予以不同对待。对那些经营管理不好、潜力很大的落后企业，不必考虑调减调节税；对那些经济效益好、调节税税率高、后劲不大的先进企业，要考虑逐步调减调节税。同时，还要逐步降低指令性计划指标。这样，国家财政负担不重，企业又能搞活。

这里应该着重指出，搞活大企业必须依靠技术进步和技术改造，这样做才会有后劲。1984 年技术进步会议定的十条政策，加上这次会议定的逐步调减先进大型骨干企业的调节税，给企业提供了一定的条件。我们要用好这些政策，把技术改造抓上去。

（6）开辟生产资料市场，建立物资贸易中心。企业在确保完成指令生计划任务、保有合理储备的前提下，超计划生产的产品，以及本企业生产的长期积压产品和超储物资，可以直接进入市场挂牌销售，也可以由工厂自己开店销售，产销直接见面，搞活物资流通。为了搞好这项工作，物资部门要参加市场调节，工商管理部门和物资、物价部门要做好服务、监督工作。

（7）给部分大中型企业直接对外经营权。参照《国务院关于纺织品进出口若干问题的规定》，1985 年，由国家经委会同经贸部，再选择一批有条件的骨干企业，给予它们一部分对外经营自主权；在国家统一的方针政策、计划指导下，企业可以直接对外开展技术引进、合资经营、合作生产、补偿贸易工作，可以自行进口本企业所需要的设备、仪器、零部件和维修配件等，有与外商谈判、签约的权力。生产出口产品的企业，按照承担出口计划任务和自负盈亏的原则，可以自行进口生产所需的各种专用原材料、辅助料、包装料等，并自行组织本企业产品出口。这些企业的上述进出口业务也可以委托有关外贸公司办理。经过批准，这些企业可以派人出国或在国外设立办事机构，进行调查研究和推销产品。

（8）指令性计划要留有余地。指令性计划指标不能层层加码，应当逐步降低。指令性计划指标必须建立在产供销综合平衡的基础上。对那些没有必需物资条件保证的计划任务，所需主要原材料自行议价购进的部分，按照物价管理权限，经过批准，产品可以适当加价。实行指令性计划的产品，要使企业有产可超，不要把生产能力全部占满。即使是市场紧缺的短缺产品，也要给企业让出一块，允许超产自销。

（9）实行工资总额随同经济效益浮动。这是企业工资制度的一项重大改革，要在有条件的大中型企业中试行，积极而稳妥地把这项改革搞好。企业一定要搞好内部的分配，不断完善经济责任制，使职工收入同企业经营的好坏和个人贡献的大小直接挂钩。

（10）整顿现有公司，改革大企业内部的管理体制。要督促行政性公司把应当放给企业的权力全部放下去，不准中间截留，抽肥补瘦，然后区别不同情况加以整顿。石化、有色、船舶、汽车、丝绸等全国性公司，以及鞍钢、二汽那样的企业性公司，也要改革和完善内部管理体制，给所属企业更多的自主权。

三　充分发挥城市在搞活企业方面的特殊作用

根据各地的实践，要搞活大中型企业，在企业外部条件方面，有三个问题必须解决好：一是从全局来协调、疏导通过部门、地区按条块分别下达的各项政策措施，使之相得益彰，而不要彼此抵消力量；二是综合衡量各项改革措施在政治上、财政上的承受能力，力争最大限度地把各种优势发挥出来；三是为企业创造良好的经营环境。城市是大中型企业的集中地，又是一级财政，企业下放后，城市工作的好坏，对于搞活大中型企业关系极大。城市政府也要实行政企职责分开，主要依靠经济办法，充分运用国家已经规定的政策，帮助企业尽快地活起来。

附录 2

国务院关于国营企业工资改革问题的通知

（国发〔1985〕2 号　1985 年 1 月 5 日）

各省、自治区、直辖市人民政府，国务院各部委、各直属机构：

根据《中共中央关于经济体制改革的决定》精神，为了增强企业的活力，充分发挥企业和职工的主动性、积极性和创造性，克服企业工资分配中的平均主义、吃大锅饭的弊病，必须对企业的工资制度进行改革，使企业职工的工资同企业经济效益挂起钩来，更好地贯彻按劳分配的原则，以促进生产的发展和职工生活水平的提高，加速社会主义现代化建设。

现对国营企业工资改革的有关问题通知如下：

一、企业工资总额同经济效益挂钩。从一九八五年开始，在国营大中型企业中，实行职工工资总额同企业经济效益按比例浮动的办法。

二、国家对企业的工资，实行分级管理的体制。国家负责核定省、自治区、直辖市（包括计划单列城市，下同）和国务院有关部门所属企业的全部工资总额，及其随同经济效益浮动的比例。每个企业的工资总额和浮动比例，由省、自治区、直辖市和国务院有关部门在国家核定给本地区、本部门所属企业的工资总额和浮动比例的范围内逐级核定。

三、省、自治区、直辖市和国务院有关部门所属企业的全部工资总额，原则上按照国家统计局关于工资总额组成的现行规定，以一九八四年的工资总额为基数进行核定。各省、自治区、直辖市和国务院有关部门在核定所属企业的工资总额时，应剔除其中不合理的部分。

按照国务院国发〔1983〕65 号文件规定，一九八三年企业调整工资增加的工资总额，由自有资金负担的部分，从一九八五年一月一日起列入企业成本，允许核定在一九八四年工资总额之内。

四、工资总额同经济效益挂钩的指标，国家对省、自治区、直辖市和国务院有关部门，一般应以一九八四年的实际上缴税利作为工资总额的挂钩指标。一九八四年上缴税利低于前三年实际平均数的，按照前三年上缴税利的实际完成情况酌情核定。

省、自治区、直辖市和国务院有关部门在核定所属企业工资总额和经济效益挂钩指标时，应从实际出发，选择能够反映企业经济效益和社会效益的指标，作为挂钩指标，其他经济指标可以作为考核指标，并相应规定工资总额增减的比例。工业企业一般可以实行工资总额同上缴税利挂钩，产品单一的企业可以同最终产品的销量挂钩。交通运输企业可以同周转量或运距运量挂钩。商业服务业可以同销售额或营业额、上缴税利挂钩，还要考核执行政策、服务质量等指标。对于违反政策和服务质量差的，要相应扣减工资总额的增长比例。鉴于商业服务业情况比较复杂，各地应从实际情况出发，制定具体实施办法。

政策性亏损企业，可以按减亏幅度作为主要经济指标与工资总额挂钩。经营性亏损企业，在扭亏为盈以后，工资总额才可以随经济效益按比例浮动。

建筑、煤矿企业可以继续实行百元产值工资含量包干和吨煤工资含量包干，但要逐步完善包干办法。

不论实行何种挂钩办法，都必须以保证完成国家下达的计划任务和正确执行国家的经济政策作为前提。

五、企业工资总额同经济效益挂钩浮动的比例，国家对省、自治区、直辖市和国务院有关部门，以人均上缴税利为主，同时考虑国家投资比例、百元工资税利率、劳动生产率的高低等情况分别确定。一般上缴税利总额增长1%，工资总额增长0.3%至0.7%，某些特殊行业和地区，可以超过0.7%，但最多不得超过1%。上缴税利下降时，工资总额要相应下浮。为了保证职工的基本生活，下浮工资总额的比例可以作适当限制。

省、自治区、直辖市和国务院有关部门在核定企业的工资总额浮动比例时，要在国家核定给本地区、本部门工资浮动比例的范围内，按照企业的具体情况，根据兼顾国家、企业、个人三者利益的原则确定。

国家核定给省、自治区、直辖市和国务院有关部门所属企业的工资总额和同经济效益挂钩的比例，一九八五年先试行一年，从一九八六年开始一定三年或五年不变。省、自治区、直辖市和国务院有关部门，对企业要定期核定工资总额和工资浮动比例。为了使企业工资总额同经济效益挂钩浮动的办法做到切实可行，可以先试行一年，再进一步审定挂钩指标和浮动比例，一定几年不变。

企业工资总额随同经济效益按比例相应增长的部分，允许计入成本，但企业不再从留利中提取奖励基金，并相应降低企业的留利水平。

六、企业与国家机关、事业单位的工资改革和工资调整脱钩。企业实行工资总额随同本企业经济效益浮动办法以后，企业职工工资的增长应依靠本企业经济效益的提高，国家不再统一安排企业职工的工资改革和工资调整。企业之间因经济效益不同，工资水平也可以不同。允许具有相同学历、资历的人，随所在企业经济效益的不同，和本人贡献大小，工资收入出现差距。

七、企业的工资改革，要贯彻执行按劳分配的原则，以体现奖勤罚懒、奖优罚劣，体现多劳多得、少劳少得，体现脑力劳动和体力劳动、复杂劳动和简单劳动、熟练劳动和非熟练劳动、繁重劳动和非繁重劳动之间的合理差别。至于具体工资分配形式，是实行计件工资还是计时工资，工资制度是实行等级制，还是实行岗位（职务）工资制、结构工资制，是否建立津贴、补贴制度，以及浮动工资、浮动升级等，均由企业根据实际情况，自行研究确定。企业主管部门和劳动人事部门，要帮助企业及时总结经验，择优推广。企业可以把工资总额随同经济效益提高增加的工资，连同现行奖金的大部分用来改革工资制度，留下的少量奖金，主要用于奖励少数在生产、工作中有技术革新、发明创造和突出贡献的职工。

不论实行什么分配形式和工资制度，都必须同建立健全以承包为主的多种形式的经济责任制紧密结合起来，层层落实，明确每个岗位、每个职工的工作要求，使职工的劳动报酬同其劳动贡献密切挂起钩来。

八、各专业银行系统和保险公司系统的工资改革，由专业银行总行和保险总公司拟订方案，经劳动人事部会同有关部门审查后报国务院批准。全国性公司及其直属公司的工资改革，由总公司拟订方案，经劳动人事部审查后报国务院批准。

九、建立企业工资增长基金。企业随同经济效益提高而提取的工资增长基金，归企业所有，不得平调。可以在银行设立工资增长基金专户，允许跨年度使用。但企业每年增加的工资超过工资总额的一定限额时，国家要征收工资调节税；如果留作企业内部工资基金，以丰补歉，在年度之间调剂使用时，国家免征工资调节税。

十、企业实行工资总额随同经济效益浮动办法以后，国家对省、自治区、直辖市和国务院有关部门，除新建、扩建项目和国家政策规定必须安排的复员退伍军人、转业干部和大中专毕业生所需增加的工资总额外，原则上实行增人不增工资总额，减人不减工资总额。省、自治区、直辖市和国务院有关部门对所属企业，可以按照增人不增工资总额，定员内减人不减或少减工资总额的办法办理。企业的富余人员，由企业通过广开生产、服务门路，发展第三产业，妥善加以安置。

十一、各省、自治区、直辖市和国务院有关部门要积极做好各项准备工作，使多数大中型国营企业，在一九八五年实行工资总额随同企业经济效益按比例浮动的办法。未实行这一办法的企业，仍应按照国务院国发〔1984〕55号、67号和国办发〔1984〕35号等有关文件的规定执行。这些企业用企业奖励基金改革工资制度的，超限额奖金税的起征点可以适当提高（办法另订）。

国营小型企业，按照国家的有关规定，继续实行全民所有、集体经营、照章纳税、自负盈亏的办法，在交足国家税收、留够企业发展基金以后，由企业自主进行分配。

由全民所有制改为集体所有制的供销合作社的工资改革问题，由省、自治区、直辖市参照本通知的精神，自行制定具体办法。

十二、实行工资总额随同经济效益浮动办法，是企业工资制度的一项重大改革，涉及面大，政策性强，关系到发展生产力和每个职工的切身利益，必须认真搞好。各地区、各有关部门一定要加强领导，做好职工思想政治工作和各项准备工作，经过试点，总结经验，逐步推行。各级劳动人事部门和计委、经委、财政等部门，要深入调查研究，及时发现和解决改革中的问题，把企业工资改革工作搞好。

附录3

国务院批转国家经委、财政部、中国人民银行《关于推进国营企业技术进步若干政策的暂行规定》的通知

（国发〔1985〕21号　1985年2月8日）

国务院同意国家经委、财政部、人民银行《关于推进国营企业技术进步若干政策的暂行规定》现转发给你们，望遵照执行。

国家经济委员会、财政部、中国人民银行关于推进国营企业技术进步若干政策的暂行规定

增强企业活力是当前经济体制改革的中心环节。为了鼓励国营企业的技术进步，加速现有企业的技术改造，使企业能够逐步具有自我改造和自我发展的能力，除了要继续贯彻《国务院关于进一步扩大国营工业企业自主权的暂行规定》外，还必须实行推进企业技术进步的若干政策。为此，特作如下规定：

一、企业应有推进技术进步的自主权。在国家制订的技术政策和长远规划的指导下，根据计划要求和国内外市场的需要，企业有权决定自己的技术发展方向，拟订技术进步的规划。各级行政机关要充分尊重和支持企业的技术进步自主权，善于运用经济办法对企业进行适当的引导；银行根据国家计划和市场情况，有权在审查技术进步项目的水平、效益和企业的偿还能力的基础上，决定信贷业务，加强资金管理。

二、鼓励和促进企业提高产品质量。实行按质论价、优质优价的政策。要制订优质品分等论价的质量标准。凡实行优质优价的产品，要经质量监督部门授权的单位进行技术鉴定。根据拉开质量价差档距、扩大优质优价产品范围的原则，物价管理部门和各工业主管部门、地区，按照物价管理权限，依据企业的申请，制订和批准优质品的固定价格。经物价管理部门批准，也可允许企业根据市场情况对优质产品不加价。对生产劣质产品或国家规定淘汰的陈旧落后产品的企业，要运用行政手段和经济手段，采取罚款、降价、停产等惩罚性措施。具体办法由各部门、各地区制定。

三、支持企业进行技术开发。企业的技术开发费用来源：（一）生产成本。除《国营企业成本管理条例》中规定的可从成本中开支的费用以外，为开发研制新产品、新技术所必需的单台价值在五万元以下的测试仪器、试验装置、试制用关键设备购置费，数额较小的，可以摊入当年成本，数额较大的，允许企业分三至五年摊入新产品成本或全部产品成本。凡实行此种办法的，就不实行按提取1%技术开发费用办法；（二）企业的自有资金；

（三）国家酌情拨款；（四）银行发放技术开发低息或贴息贷款。为使企业具有不断进行技术开发的能力，凡在全国范围内第一次试制并列入国家科委、经委试制计划或经国家经委、科委鉴定确认的新产品，从试制品销售之日起免征产品税、增值税三年；列入国务院各部或省、自治区、直辖市试制计划的新产品，在试制期间销售的，应区别不同情况，免征产品税、增值税一至二年。

四、重点支持大型骨干企业的技术改造。要充分发挥大企业的优势，采取切实有效的措施，力争在“七五”期间和“八五”前期，围绕发展新产品、新技术、新工艺和提高产品质量、降低能源、原材料消耗，基本完成现有大型骨干企业的技术改造任务。除石油、石化、煤炭、邮电、有色等国家已批准实行投入产出经济责任制办法的行业外，根据“七五”计划的要求，一九八五年先选定一批经济效益高而又急需改造的大型骨干企业，逐个审定技术改造方案，实行规划一次商定、企业分年实施的办法，取得经验后再梯次展开。这些企业技术改造资金的筹集，主要有以下渠道：（一）充分利用企业的自有资金；（二）结合“七五”计划的编制将原拟用于新建项目的投资，适当调整一部分加强现有企业的技术改造和改建、扩建；（三）依靠银行发放贷款；（四）对生产资料实行产量递增包干，凡是完成国家调拨计划，允许企业超产自销的产品，由企业按照浮动价格自销，超产自销部分按实际销售价交纳产品税、所得税，暂免征收调节税；（五）对个别由于现行价格低、利润少，偿还能力差、资金确有困难的企业，在改造期内可以酌情减免一定的调节税；（六）经国家批准，动用一部分国家结存外汇，并发放供购汇用的低息贷款；（七）部门、地区和其他企业按照补偿贸易或其他双方接受的方式，进行跨部门、跨地区、跨企业的投资；（八）利用外资；（九）免除对企业的不合理摊派。

五、提高企业的折旧率。一九八五年，首先选择少数大型骨干企业、重点机械电子行业、列入三年出口规划的一千一百多个轻纺企业和除上海、天津外的沿海开放城市的部分工业企业，按国务院批准的固定资产分类折旧年限，提高折旧率，其他行业以后分年逐步提高。一九八五年提高折旧率在五亿元范围内处理，具体企业名单和办法由国家经委、财政部确定。从一九八五年起，原由国家集中的企业30%的折旧基金，不再上缴中央财政，由主管部门、地区集中调剂使用。这部分由部门、地区调剂使用的折旧基金，免征能源交通重点建设基金，企业留用的部分，照征能源交通重点建设基金，物资局原来补助的材料，参照一九八四年补助基数继续安排。

六、对企业的产品创优、技术开发、技术改造、技术引进放宽条件。主要是：（一）对于自有资金确有困难而又必须改造的企业，经主管部门商得银行同意，可放宽申请贷款必须有自有资金的限制；（二）对于社会效益较大，企业收益甚微的项目，例如节能项目，允许还款年限放宽为七年，个别的还可适当延长；（三）技术改造项目只按建筑工程投资额征建筑税。

七、活跃技术市场，加速技术转移。鼓励企业之间或企业与科研、院校之间开展多种渠道的技术贸易与多种形式的技术转移。有条件的城市要大力加强技术咨询和信息服务，积极筹办技术贸易中心。技术转移一般实行有偿转让，有偿转让收费应本着双方自愿互利原则协商议定。有关技术转让事项，按照《国务院关于技术转让的暂行规定》执行。

八、鼓励引进国外先进技术。引进技术可采用技贸结合、合作开发、合作设计、合作生产等多种方式。技贸结合需进口的整套散件，经国家经委批准后，可按国务院国发〔1984〕44号文件的规定享受减征关税、工商产品税的优惠。企业为产品创优、技术开发、技术改造、技术引进所需进口的机器设备、仪器仪表，可按国家税法规定减免进口关税和产品税（或增值税）。对通信、港口、铁路、公路、机场引进的技术、设备（飞机、车辆、船舶除外）也可以享受技术改造的税收优惠待遇。先选择一批具备条件的大型骨干企业，经国家批准，赋予扩大技术引进、吸收利用外资、对外谈判签约权限。

九、加强智力开发。企业向经营型和开拓型的方向转变，关键在于有适应这种转变的人才。企业培训技术业务人员的费用，可摊入成本。为某个产品创优、技术开发、技术引进，技术改造项目服务的培训费用，包括出国培训费用，可在项目资金中开支。大型企业兴建的培训中心，或城市、行业为中小企业服务兴建的培训中心，首先由自筹资金安排，还可使用返回的折旧基金及地方机动财力予以适当补助。

十、在完善经济责任制的基础上严格实行奖惩制度。所有推进企业技术进步的项目，都必须实行"四定"、"四包"，即：定技术目标、定工作程序、定协作关系、定人员责任，包投资、包工期、包质量安全、包经济效益。对按规定提前完成并节约资金的企业，由部门、地区给予奖励；未按规定完成任务的，由部门、地区酌情给予批评或采取一定程度的经济制裁。为鼓励企业推动技术进步，从一九八五年起设立国家级的企业技术进步奖，奖励在技术现代化、管理现代化、人才现代化方面有突出贡献的单位。评选条件及审定办法由国家经委拟订。

对于以上十项政策规定，各地区、各部门可以结合实际情况，制定实施细则。

附录4

国务院批转国家经委、国家体改委
关于增强大中型国营工业企业活力若干问题的暂行规定的通知

（国发〔1985〕111号　1985年9月11日）

国务院同意国家经委、国家体改委《关于增强大中型国营工业企业活力若干问题的暂行规定》，现转发给你们，请贯彻执行。

大中型国营工业企业，在国民经济中占有极为重要的地位。它们既是国家指令性计划和国家财政收入的主要承担者，又是发展社会生产力和技术进步的骨干力量。增强大中型国营工业企业活力，是一项具有战略意义的决策。目前，不少企业程度不同地存在着管理

落后、技术落后，装备落后、效益低下等问题，潜力没有充分挖掘出来；普遍缺乏自我改造、自我发展的能力。各地区、各部门在城市经济体制改革中，要按照政企职责分开、简政放权的原则，为增强大中型国营工业企业的活力积极创造条件。

增强大中型国营工业企业的活力，一方面固然要有一个良好的经营环境，更主要的是企业应当眼睛向内，搞好内部的改革，发挥企业本身拥有的人才、技术、设备和资金等方面的优势，在提高质量、降低消耗、综合利用等方面狠挖潜力。所有大中型国营工业企业，都要认真贯彻中央、国务院已经确定的关于改革的政策、措施，用好已经给予企业的权力，明确树立市场观念、投入产出观念、利息观念、资金周转观念、竞争观念和智力开发观念，尽快由单纯生产型转向生产经营开拓型。同时，要切实加强思想政治工作，培养一支有理想、守纪律的职工队伍，以适应社会主义现代化建设的需要，为国民经济的发展做出新的贡献。

为了增强企业的活力，国务院先后发布、批转了《关于进一步扩大国营工业企业自主权的暂行规定》、《关于改进计划体制的若干暂行规定》、《关于推进国营企业技术进步若干政策的暂行规定》，各地区、各部门在贯彻《关于增强大中型国营工业企业活力若干问题的暂行规定》时，要把这几个规定结合起来，认真抓好落实工作。各级经委、计委、财政、审计、统计、银行、物价、工商行政管理和企业主管部门，都要采取切实有效的措施，使本规定得以全面贯彻。

国家经济委员会、国家体制改革委员会
关于增强大中型国营工业企业活力若干问题的暂行规定

一九八四年九月十一日

根据中共中央《关于经济体制改革的决定》和中央、国务院一系列指示精神，增强企业活力，特别是增强大中型国营工业企业活力，是城市经济体制改革的中心环节。搞活企业，主要是进一步贯彻国家既定的政策和赋予的权力，做好内部改革，发挥企业自身的优势和内在潜力；同时，相应地改善外部条件，建立、健全宏观的控制与管理，为企业创造良好的生产经营环境。为此，除遵照执行国务院发布、批转的《关于进一步扩大国营工业企业自主权的暂行规定》、《关于改进计划体制的若干暂行规定》和《关于推进国营企业技术进步若干政策的暂行规定》外，特对增强大中型国营工业企业活力，再作如下规定。

一、提高经营管理水平和职工队伍素质。企业首先要建立一个具有开拓精神、善于经营的领导班子，其关键是配备好厂长（经理）。厂长（经理）要懂经营管理，也要懂专业技术，特别要敢于选拔、起用人才。选拔厂长（经理），既要看学历、能力，更要看事业心。企业主管部门可以同企业的厂长（经理）签订任期目标责任制合同，对责权、奖惩作出明确的规定，以加强企业经营者的责任感，调动其积极性。

要切实加强思想政治工作和文化、技术、业务的培训，提高职工队伍的素质。搞好党政分工，完善职工民主管理的制度。

二、制订经营发展战略。企业要在国家计划和政策指导下，根据市场预测和本身的人才、技术、资金、设备优势，制订近期和中长期的经营发展战略，明确产品方向，开发适销对路、有竞争力的产品。尽快从单纯生产型转变为生产经营开拓型，不断增强自我改造、自我发展的能力。有条件的企业要发展技术密集型产品。企业主管部门对企业制定发展战略负有指导检查的责任。

三、企业内部要实行分级分权管理。按照不同行业、不同产品的情况，允许企业在统一管理的前提下，合理划小内部核算单位。对有条件的车间、分厂，可以实行相对独立的经营，赋予相应的自主权。划小核算单位后，应当仍由企业统一计算产值，统一纳税，统一承担债务和统负盈亏。

四、搞好全面质量管理。一切企业都要端正指导思想，坚持“质量第一”，搞好全面质量管理，把生产优质产品，作为企业持续追求的目标。企业要切实做好基础工作，根据国家技术政策和用户要求，制订和修订质量标准，严格工艺纪律和劳动纪律，健全和充实质量管理、标准、计量机构和检测手段，完善以质量为中心的经济责任制和各项管理制度，严格考核、奖惩制度，逐步形成质量保证体系。

五、降低消耗，降低成本。所有企业都要采取有效措施，降低消耗，提高成品率。扩大一九七九年燃料原材料节约奖试行办法的实施范围，从原有的十种扩大的二十种，即煤炭、焦炭、电力、汽油、柴油、重油、原油、煤气、天然气、外购蒸气、木材、紧缺稀有贵重的有色金属、优质钢材和不锈钢、铸造生铁、纯碱、烧碱、化纤原料、纸浆、橡胶、325以上标号水泥。同时，允许企业根据自己的情况，对影响成本较大的其它能源、原材料，提出节约奖励的调整意见，分别按照隶属关系，报省、自治区、直辖市人民政府或国务院主管部门批准后实行。

六、企业要综合利用能源、资源。在保证原有协作关系、严格履行合同的前提下，对企业充分利用生产过程中的废渣、废气、废水生产和回收的各种产品，要放开、搞活，给予优惠待遇。这类产品可以自产自销。对能源、资源的综合利用提倡联合与协作。在这方面，凡企业本身受益不大而社会效益显著的，税务部门要给予减免税照顾。

企业对积极提出合理化建议，实现综合利用能源、资源，减少消耗，使产品成本显著降低的集体和个人，给予奖励，奖金允许在节约额内按一定比例提取。

七、鼓励企业开展一业为主，多种经营。企业在确保完成国家计划的前提下，可以根据市场需要和自己的优势，发展多种产品，进行多种经营；可以进行产品的延伸、服务的延伸。

依靠企业外部力量承包的内部工程或劳务项目，企业在保证完成正常生产、维修任务的前提下，可以组织多余的劳力承担，企业因此而减少的开支，扣除成本以后，可以按一定的比例，提取一部分奖金和福利基金，以资鼓励。

企业的工具、机修车间以及车队、仓库、俱乐部、医院、食堂、幼儿园等服务部门，都可以向社会开放，独立核算，自负盈亏。企业在坚持完成国家计划和主导产品任务的前提下，可以独资或联合兴办第三产业。实行多种经营的企业，要根据生产的不同产品，经营的不同行业，分别按不同的税种、税率纳税。

八、发展企业之间的横向联系。坚持平等互利、自愿结合的原则，允许以大企业为主体，或以名牌产品为龙头，打破所有制界限，进行跨行业、跨地区、跨城乡的联合和协作。鼓励军工与民用企业联合，生产市场需要的产品。积极发展科研生产联合体，企业可以同科研院所、大专院校共同开发新技术、新产品，也可以单独或联合从事咨询服务业务。利益分配，由各方按国家有关规定协商确定。

联合企业向所在地交纳产品税、营业税后的利润，按照“先分后税”的原则进行分配。在实行工资总额与上交税利挂钩时，产品税和营业税基数的分配比例由联合各方协商确定。

企业有参加联合的自主权，也有按协议规定退出的自由。

九、改进物资供应和产品销售的办法。为完成国家下达的指令性计划所需要的能源和主要原材料，应按国家规定的计划价格供应。国家分配给企业的统配物资，任何单位不得克扣。常年需要的大宗、大批量的物资，物资部门和主管部门应组织供需双方直接签订合同，实行定点直达供应，由独立核算的企业直接结算。企业在保证完成国家指令性调拨计划和有合理周转储备的前提下，超产产品和积压超储的生产资料，可以通过生产资料市场，议价销售，但不得超过国家规定的最高限价。

十、适当缩小指令性计划。国家下达的指令性计划指标要给企业留有余地，即使是市场紧缺的短线产品，也要给企业留出一定比例，使企业有产可超。国家下达给企业的指令性计划实行一本帐，任何部门和地方不得层层加码。企业必须按质按量确保完成国家指令性计划。

国家下达给企业的指令性计划，要做好产品的调拨量与重要原材料、能源等主要生产条件的平衡衔接。企业为了完成国家下达的指令性计划产品，需要议价购进一部分原材料、能源时，多支出的费用，首先要在企业内部消化；确有困难的，按照物价管理权限，经主管部门批准，这部分产品的价格可以适当加价。

十一、调减调节税，增强企业自我改造能力。对于经济效益好、调节税率高的先进企业，有计划、有步骤地减免调节税。需要调减的企业由国家经委会同财政部确定。

十二、给部分大型企业直接对外经营权。先选择少数企业进行试点。试点企业名单由国家经委会同经贸部提出，报国务院批准。经批准的试点企业，在国家统一的对外方针、政策和计划指导下，有与外商谈判、签约的权力，直接对外开展与本企业出口产品有关的技术引进、技术合作、合资经营、合作生产、合作开发、补偿贸易、来料加工、来件装配、工程承包等对外业务；自行进口本企业所需的设备、仪器、零配件。生产出口产品的企业，按照承担出口计划任务要自负盈亏的原则，可以自行进口生产所需的各种专用原材料（国家统一经营的，须经有关部门批准），自行组织产品出口，以及提供劳务、技术服务等。对外业务可以自行办理，也可以委托外贸公司代理。同时，要积极发展工贸联营企业。有的企业，经国家批准，也可在国外设立办事机构和国外独资或合资办厂。

有直接对外经营权的企业，可以在中国银行开立外汇和配套人民币帐户，可以向中国银行申请外汇贷款，可以依照国家有关规定取得和使用分成外汇。

十三、清理、整顿公司。这项工作按《国务院关于进一步清理和整顿公司的通知》执行。根据政企职责分开的原则，公司应是从事生产经营或服务性业务的、具有法人资格的经济实体，是实行独立核算、自负盈亏、照章纳税、能承担经济责任的企业。

对于行政管理机构改挂公司牌子、实际不承担经济责任、仍然行使政府管理职能的单位，首先要把应当放给所属企业的权利放下去，然后根据实际情况，有的撤销，有的与其它机构合并，有的改为服务性公司，个别的经主管部门批准也可以恢复为行政管理机构。对此，部门和地区态度必须坚决，不允许这类公司继续截留国家给予大中型企业的权利，更不能变相地成为一级管理机构。

十四、部门和城市都要实行政企职责分开、简政放权。部门和城市都要为企业创造良好的生产经营环境，搞好规划、协调、服务、监督，加强行业指导和管理，定期对企业进行经济、技术评价，通过提供信息，引导和帮助企业改善经营管理。城市要特别加强各种公用设施的建设，搞好社会服务；要指导和组织企业间的各种形式的联合协作，疏通和协调企业同各方面的关系；要检查、纠正社会上对企业名目繁多的不合理摊派，保证企业正当利益和国家财产不受侵犯；要建立健全经济法制，督促有条件的企业设置专职或兼职法律顾问，运用法律手段管理经济活动。

本规定自批准之日起施行。过去颁发的有关规定同本规定不一致的，均按本规定执行。各地区、各部门可根据实际情况，在本规定的原则范围内制订具体的实施细则。

附录 5

国务院批转国家经委
关于控制重复引进、制止多头对外的报告的通知

（国发〔1985〕90 号　1985 年 7 月 12 日）

国务院同意国家经委《关于控制重复引进、制止多头对外的报告》，现转发给你们，请遵照执行。

近两年来，我国技术引进工作取得了很大成绩，对促进经济发展和技术进步起了重要作用。但是，由于相应的宏观管理没有跟上，工作中出现了不必要的重复引进和多头对外的问题，致使某些项目效益不好，在国外也产生了不良影响。为了解决这些问题，在继续

坚持对外开放和对内搞活经济的方针的同时，必须相应加强宏观指导和管理。国务院同意国家经委报告中所列“暂停进口的生产装配线”、“统一归口、联合对外引进技术和设备项目”、“统一归口、联合对外引进软件技术项目”和“国家限制进口的机电产品”等四个清单和提出的相应措施，并责成国家经委牵头会同国家计委、国家科委、经贸部、海关总署根据情况变化进行修订补充。

关于控制重复引进制止多头对外的报告

国务院：

1982年以来，根据国务院领导同志关于引进技术改造中小企业“政策适当放宽，审批权限适当下放，手续力求简化”的指示精神，国家经委和有关部门采取了一系列改革措施，技术引进工作取得很大成绩。但是，由于在开放、搞活的同时，宏观管理没有跟上，工作中也出现了不必要的重复引进，多头对外洽谈，造成浪费损失的问题。

为了解决这个问题，把技术引进工作提高到一个新的水平，必须注意抓好以下三个方面：一、提高引进技术的起点和水平，最新技贸结合，着重引进短线缺门产品，特别是基础件、元器件、关键件和基础工艺技术，提高综合经济效益；二、限制高档消费品和某些明显超过需要的生产装配线的进口，从严格控制一部分国内外差价较大的商品及其生产线的进口入手，整顿、协调对外谈判、考察工作；三、把工作重点转移到已引进的技术的消化、吸收和形成综合配套能力上来，组织先进技术的推广和关键设备的试制与批量生产，提高国产化水平。

当前，为了尽快解决多头对外、重复引进，指导资金的正确投向，建议实行经济调节和必要的行政干预的办法，采取以下措施：

一、对已经大量引进，造成或即将造成明显超过市场需要和外汇承受能力的高档商品生产装配线，列为第一批“暂停进口的生产装配线”（见附表一），自即日起，立即停止引进工作，不再签约。已经签约的，由行业归口部门进行清理，提出方案报国家经委会同经贸部核准后，由经贸部发放许可证才能进口。在本通知下达后，凡与外商勾结，倒填日期签订合同的，应吊销对外营业执照，直至依法惩办。

二、对虽未超过市场需要，但已出现多头对外，重复考察，造成和可能造成经济损失和不良影响的同类引进项目，由行业归口部门会同经贸部门统一组织各引进单位联合对外，分头签约。要注意把各引进单位分散进口的商品集中起来作筹码，采取技货结合、进出结合、统一对外谈判方式引进急需的先进技术。各归口部门要提高工作效率，不误工作。各部门发生争议时，由国家经委负责协调。第一批需要统一归口、联合对外的技术引进项目，见附表二。

三、对多头对外洽谈引进软件技术，也实行“统一归口，联合对外”的办法。第一批“统一归口、联合对外的引进软件技术项目”，见附表三。

凡列入附表二、三目录以内而未参加“统一归口、联合对外”引进的技术设备，一律不得享受减免关税的优惠，并应加征到岸价格10%以上的进口调节税。

采取中外合资、合作经营和外商独资经营方式举办附表二、三所列项目，不论限额上下都必须经行业归口部门审核提出意见。限额以上项目，仍按原规定程序报国家计委会同国家经委、经贸部审批，限额以下项目，报国家经委会同经贸部审批。

四、为保护和发展民族工业，对国内外差价较大的部分紧俏商品和对引进技术进行消化吸收、可在国内批量生产的产品，列为“国家限制进口的机电产品”（见附表四），实行集中报批计划和发放进口许可证制度，由国家经委负责汇编年度进口计划，报经国务院批准后下达，由经贸部发放进口许可证。

对限制进口产品除征收关税外，还要按照国家规定，加征进口调节税。

上述措施，除产品全部外销的利用外资项目外，所有部门、地区（包括经济特区、海南岛、计划单列城市和对外开放城市与地区），所有外汇资金来源的引进项目均需按此办理。

为了对技术引进工作加强指导和宏观管理，建议国务院责成各行业归口部门切实负责，召开各有关产品专业会议，认真听取各方面的意见，实事求是地进行综合平衡，择优支持，合理定点，采取各种有效措施，对上述四类项目，逐项落实。属于机械工业的产品进口和技术引进，各有关部门应征求机械工业部的意见。机械工业部应按照国务院国发〔1984〕14号文件精神统一规划，综合平衡，组织协调和监督服务。请国务院授权国家经委负责会同国家计委、经贸部进行总的归口管理和协调，并根据今后实际情况对附表目录进行修订和补充。

以上报告，如无不妥，请批转各地区、各部门执行。

关于特区经济发展问题的调查*

（1985 年 4 月 18 日）

4 月 2 日至 18 日，我到深圳、汕头、厦门三个经济特区和惠州、泉州、莆田、福州等几个沿海城市做了一些调查，先后看了 30 个工厂，其中中外合资、合作经营和外商独资经营企业 13 个，并同有关省、市的负责同志交换了意见。

从调查情况看，党的十一届三中全会以后，实行开放和改革，这些地区得天独厚，经济建设进展很快。深圳特区由于实行特殊政策、灵活措施和特殊的经济管理体制，在短短几年里，一个初具规模的现代化城市从平地崛起，人均国民收入已经超过 1000 美元。现在，深圳对外引进已经发展到 50 多个国家和地区，内联扩大到 20 个部委和 24 个省、自治区、直辖市，可以说万商云集，经济生活十分活跃。汕头、厦门特区建设也已经起步，开发一块、建成一块、见效一块，稳扎稳打，积极推进。汕头、厦门的同志讲，过去地处前沿，工厂内迁，对外封闭，经济发展相当缓慢；现在敞开大门，“一步登天”，资源、港口、侨乡的优势得以发挥，工、农、商、交、城建、旅游百业待举，发展前景极为广阔。广东惠阳地区，原来工业基础薄弱，这几年县县搞“三来一补”引进技术，从香港拿来工艺成熟、技术先进的产品，就地加工装配，一年光是工缴费收入就有 8000 多万美元，许多现有企业已经脱胎换骨，面目一新。闽南三角地区，除厦门特区外，其他地方也都在积极筹划，准备起步。目前，主要是抓鲜活产品出口、调整农业生产结构、基础设施建设和制订总体开发规划。福建沿海一线对台贸易，自去年 11 月开放 9 个口岸以来，成交额增长很快。

总起来说，这些地区对外开放成绩显著，方向对头，特别是几个经济特区摊子已经铺开，步子已经迈出，现在都是蓬勃发展、方兴未艾的势头。在发展中这些地区同

---

* 本文是袁宝华同志按照中央领导同志指示和全国省长会议精神，到 3 个经济特区和广东福建沿海城市基层企业调研后形成的调查报告，国务院主要领导同志高度重视并责成有关同志研究解决报告反映的问题和提出的政策建议。谷牧同志批示国务院特区办组织有关部门讨论报告，并委托周建南和何春霖同志先后在北京、深圳召开经济特区发展外向型工业座谈会。

样也存在着外汇短缺，投资规模偏大，消费基金增长过快，生产超高速度增长，以及电力、原材料和交通运输紧张等问题，有的问题比其他地方还要更突出一些。最近，这些地区根据全国省长会议精神，开始采取措施，适当压缩基本建设规模、调低生产增长速度、加强外汇和信贷管理，

力求把需要与可能结合起来，不致把各方面经济关系绷得过紧，以保持经济全局持续、稳定、协调的发展。现在的问题是，有些加强宏观经济控制和管理的政策措施，在具体执行当中，考虑特区和沿海城市的具体情况不够，特别是对涉外经济技术协作中的一些复杂问题考虑不够，一刀切、急刹车，有的弯子转得又太急。这突出反映在“三缺”上：缺资金、缺外汇、缺对外经营自主权。生产与流通周转困难，也使一些中外合资企业生产经营陷于困境。地区的同志担心，如果同外商已经签订的合同协议不能信守，就不仅会造成经济损失，更重要的是有损于国家的信誉，造成政治损失。

根据这次调查以及各地同志提出的意见，我们认为当前需要妥善解决好以下几个方面的问题。

1. 建设和引进规模都要量力而行

最近，深圳特区根据引进外资、财政自筹和银行贷款的实际可能，拟将原定今年基本建设投资规模由25亿元调减至20亿元，重点用于引进先进工业技术装备，加强基础设施建设，保证与外商合营项目能够正常进行。现在看来，要适当收缩已经铺开的摊子，还要进一步统一认识，做细致扎实的工作。广东惠阳地区，这几年发展很快，特别是深圳特区将要实行“二线管理”，港商外商接踵前来，洽谈业务，筹划办厂。地区提出，要抓四个一批（一批大项目，一批加工区，一批家庭工场，一批来料加工产品变本地产品），发展八大行业（机电、轻工、纺织、电子、化工、制药、建材、矿山），已经或正在同港商外商洽谈的项目有电脑制模、密封电机、小型冷库、无酒精啤酒、果汁浓缩及软包装、无磷洗涤剂、浮法玻璃、录像机、多功能电话、电子医疗器械、蜂巢电话、雷诺汽车，等等，战线很长，求成心切，但资金不济，外汇不足。我们已向他们提出，对外开放要坚定不移，但方法步骤必须慎重从事。项目要排队筛选，有限的资金要择优用于能够多出口、多创汇的项目上，用于能够顶替国家急需而靠进口解决的项目上，用于既能引进技术又能引来知识、人才和国际销售市场的项目上，用于能源、原材料和交通运输能够承受的项目上，用于能够尽快消化吸收创新、变用汇为创汇的项目上。同时，还要从全局出发，避免重复引进、多头引进。这就是说，在外汇紧缺的情况下，对外引进也有一个从粗放经营转为集约经营的问题，不能拉长战线，广种薄收，要立足于提高创汇能力。

2. 银行信贷宏观上要严格控制，微观上要有紧有活

许多企业反映，不久前，几个银行竞相贷款，这两个月，又一起抽紧银根。资金的供应与调节，对生产和流通的正常运行关系极大。目前这种对情况不做具体分析的

做法，势必导致经济生活的混乱。我们认为，在严格控制贷款总规模的前提下，要区分资金的用途，区别企业的情况，不能一刀切。消费基金控制要紧，生产资金要适当放活；基本建设控制要紧，技术改造要适当放宽；国营企业控制要紧，合资企业要尽量满足。特别是对于经济特区的经济活动，对于能够打入国际市场、换汇率高的出口产品，对于资金回收期短、有利于培植财源的项目，要给予必要支持和照顾。

3. 要积极支持特区和开放城市自筹解决外汇平衡

根据国务院关于加强外汇管理的决定，各地区、各部门留成外汇的使用，由国家下达用汇控制指标。各种外汇额度未经批准，不得调拨。这样，从特区和开放城市来说，高价外汇不能买了，外地外汇进不来了，自求外汇平衡的任务相当艰巨。为此，各地除了要求国家已经确定拨给的外汇维持原案不要削减以外，还提出了以下意见。（1）根据经贸部的规定，自今年 4 月 15 日起，实行两级（经贸部、省）审发出口许可证制度。这同中央原定“各特区本身的进出口贸易，在国家统一政策指导下自主经营”的精神，不尽符合。建议凡须向省里申领出口许可证的产品，其审批权下放给特区政府。（2）建议继续执行中央 1981 年 27 号文件的规定，特区可以接受委托，代理各地的进出口业务，其外汇收入留给特区使用。（3）对于特区工业产品，只要质量达到国际标准，价格合理，应当限制同类产品进口，用特区产品顶替，并按照外汇结算（14 英寸彩电印刷线路板，进口每块 6 美元，深圳华发电子公司内销只要 2 美元。但是，要买的，拿不出外汇；有外汇的，宁可进口）。（4）福建省提出，计划外出口产品创汇，上交国家部分，应按实际换汇成本给予补贴。以上意见，建议有关部门予以考虑。

4. 对进料加工再出口产品的政策要放宽

这也是特区和沿海城市自筹外汇平衡的一个重要途径。深圳蛇口工业区反映，前几年经营进口棉花加工棉纱出口业务，进出口都不受限制，现在突然发生要办理许可证的问题，而且又说棉纱出口许可证去年就已经分光，外商为此也惶惶不安。他们说，这个问题如果不能解决，只好由招商局卖船收购。厦门特区反映，厦门糖厂今年 3 月进口原糖 1.4 万吨，海关要求补办许可证才能放行，加工成为砂糖返销出口还要缴纳 15%出口关税。类似做法，不利于开展进料加工出口业务。他们建议，经贸部授权特区自行审批进料加工，返销产品免税出口。我们认为，这个意见似应考虑。

5. 要给中外合资企业创造稳定经营的条件

福建日立电视机公司，1981 年 6 月投产以来，到去年底，共生产各种黑白电视机 21.8 万台，彩色电视机 54.1 万台，上缴国家税利 1.35 亿元，为我方投资的 71 倍。目前，公司的早期产品国产化配套比例可达整机元件价格的 71.6%，新机种今年也将超过 50%。但是，几年来由于种种原因，生产经营遇到不少困难。他们同国营企业做了如下对比：（1）生产计划的分配，国营企业多，合营企业少；（2）配套元器件分配，国营企业优先保证，用人民币购买，合营企业少量供给，要支付外汇；（3）国营企业每生产一台彩电，国家拨给扶植外汇额度50美元，合营企业所需外汇要自己平衡解决；（4）技术改造，国营企业经国家审批后可以贷款并有“三材”指标，合营企业虽经国家审批但要资金自筹、“三材”自备；（5）商业部门进口散件组装整机，即使合营企业加工费低、产品质量好，任务也只给国营企业，不给合营企业；（6）同等质量的产品不能以产顶进，一方面国内向日本日立公司订购整机，而另一方面福日公司的产品又以日立商标出口，结果，进口花外汇，出口又亏损，两头吃亏。现在，国内市场彩电脱销，而福日公司由于外汇紧缺、出口亏损，仓库已经积压成品6万台，三条生产线停了两条。他们要求，按照对待国营企业的办法，每台彩电拨给外汇50美元，由国家收购，以解燃眉之急。我们认为这个意见是可行的。为了维护对外信誉，使合资企业能够稳定经营，建议有关主管部门按照中外双方合同协议规定的内销比例、数额，优先安排，准予内销，并发给准运证。

6. 要积极推进特区向外向型经济发展

深圳市初步打算，争取到1988年特区工业产品外向型比例由目前只占全部产值的28%（包括内销收取外汇部分）提高到60%，到1990年提高到70%。这就是说，要从目前主要靠市场换技术转变为要用自己的先进技术和经营本领稳固地占领国际市场。实现这个目标任务相当艰巨。中航技术进出口公司深圳工贸中心是外引内联搞得较好的单位。所属独资和与外商合资经营的22个企业，产品全部外销的只有2个，外销51%的有11个，其余9个企业产品以内销为主或者全部内销。况且我们现在所说的外销，主要是靠外商的渠道，还不是靠自己的本事“打入”的。一些企业的同志提出，要使特区的经济加快向外向型发展，国家光给钱不行，主要是给政策、给人才。他们认为，根据当前的情况，除了要保持政策的稳定性、连续性，不断完善投资环境以外，还要解决好以下几个问题。（1）坚持外引为重点、内联为基础，打破部门、地区所有制的束缚，从市到省乃至全国，把各方面的力量组织起来，科学研究、工业生产、国际贸易三位一体紧密结合，从技术开发到产品出口实行一条龙的管理体制。合营企业的产供销也要定点安排，建立正常渠道，以利于协同攻关，加快产品国产化步伐。（2）特区不仅要有“吃饭产品”，还要有自己的拳头产品、优势产品。现在的产品，基本上是靠进口设备、原材料，加工后再返销国外，很难保持经久不衰的竞争能力，这是特区经济发展中面临的一个难题。可以设想，针对香港电子行业元器件依赖进口、受制于人的情况，把航空、电子等工业部门的力量组织起来，在深圳建立元器件科研生产基地。这样做，既有利于我国电子产品出口，又可弥补香港的不足。（3）要把国内第一流的教育、科技、管理人才输送到特区，在实践中培养、锻炼、提高，造就一支具有开拓创新精神、熟悉对外经济技术业务的干部队伍。（4）特区的企业应当担负起向全国提供管理现代化经验的任务。（5）经济主管部门必须简政放权，切实把工作重点转到统筹、协调、监督、服务上来。特区的同志以致某些外商，对我们主管部门的办事效率意见很多，主要是关卡多、手续烦琐，谁都有否决权，部门之间又互不通气。外商认为，提高办事效率是不拿钱的投资，也是造就良好投资环境的一个要素，而在中国办行政交涉的时间要比外国多4~5倍。这个问题很值得我们注意。

文稿解读

1984 年 1 月 24~26 日，邓小平同志首次视察深圳经济特区，其间参观了位于上步工业区的中国航空技术进出口公司深圳工贸中心，视察了招商局蛇口工业区。1984 年 2 月 1 日，在广州为深圳题词：深圳的发展和经验证明，我们建立经济特区的政策是正确的。

1984 年 2 月 24 日，邓小平同志在视察广东、福建、上海等地回京后，就办好经济特区和增加对外开放城市的问题，同中共中央总书记、国务院总理、万里、杨尚昆、姚依林、胡启立和宋平等中央负责同志谈话时指出，我们建立特区，实行开放政策，有个指导思想要明确，就是不是收，而是放。……特区是个窗口，是技术的窗口，管理的窗口，知识的窗口，也是对外政策的窗口。

1984 年 6 月 30 日，邓小平同志在会见外宾谈到改革开放问题时指出，现在的世界是开放的世界。三十几年的经验教训告诉我们，关起门来搞建设是不行的，发展不起来。我们提出要发展得快一点，太快不切合实际，要尽可能快一点，这就要求对内把经济搞活，对外实行开放政策。我们欢迎外资，也欢迎国外先进技术，管理也是一种技术。

1984 年 10 月 6 日，邓小平同志在会见外宾谈到开放问题时指出，总结历史经验，中国长期处于停滞和落后状态的一个重要原因是闭关自守。经验证明，关起门来搞建设是不能成功的，中国的发展离不开世界。当然，像中国这样大的国家搞建设，不靠自己不行，主要靠自己，这叫做自力更生。但是在坚持自力更生的基础上，还需要对外开放，吸收外国的资金和技术来帮助我们发展。这种帮助不是单方面的。中国取得了国际的特别是发达国家的资金和技术，中国对国际的经济也会做出较多的贡献。对内经济搞活，对外经济开放，这不是短期的政策，是个长期的政策，最少五十年到七十年不会变。

1984 年 11 月 20 日，邓小平同志在会见外宾时指出，我们五年前确定改革从农村开始。我们叫改革，实际也是一场革命，是一场解放生产力的革命。城市经济改革，实际上是对整个经济体制的全面改革。我们意识到，城市改革的问题要比农村复杂得多，而且搞不好容易出乱子。我们要在改革中走一步，看一步；走一步，总结一步经验。走的当中发现某一点有问题，不对，我们就改，不是方针政策改，而是在具体措施方面协调一下。

1985年1月4日，邓小平同志在听取谷牧同志汇报十四个沿海城市开放八个多月以来的主要情况后指出，关于人才不足问题，可以考虑从香港，从东南亚、日本，从其他国家，请一批人来做顾问。不只是华侨、华人，外国人也可以；不是请一个两个，而是请一批。任务就是教我们的干部怎么同外商打交道，怎么搞好城市的开放和管理。在谈到沿海城市老企业技术改造的问题时说，工作要有规划，主要改造哪些项目、引进哪些技术，应该规划好。要有计划地展开对外经济活动。在谈到开放珠江三角洲和长江三角洲时指出，沿海连成一片了，这很好。要再加上闽南三角洲。

1985年5月24日，邓小平同志在会见外宾时指出，中国的底子薄，不能太急，制定的目标不能太高。我们正在进行的城市改革比农村改革复杂得多。人们有一些担心，是有理由的。我们对城市改革的态度是胆子要大，要坚决地改，不丧失时机，现在是一个好时机。但是，我们的步子要稳，走一步看一步，犯了错误，及时发现，及时改正。只要我们把事情办好了，也能说服那些对城市改革担心的人。我个人相信，这个改革肯定会成功。

1985年6月29日，邓小平同志在会见外宾时指出，深圳经济特区是个试验，路子走得是否对，还要看一看。它是社会主义的新生事物。搞成功是我们的愿望，不成功是一个经验嘛。搞社会主义，中心任务是发展社会生产力。一切有利于发展社会生产力的方法，包括利用外资和引进先进技术，我们都采用。这是个很大的试验，是书本上没有的。

我们最大的试验是经济体制的改革。改革先从农村开始，农村见了成效，我们才有勇气进行城市的改革。城市改革实际上是整个经济体制的改革，这是要冒很大风险的。刚开始就出现了一些问题，去年年底发现多发了一百亿的钞票，今年物价涨得不符合我们的要求。但是不要紧。要理顺各种经济关系需要几年时间。如果关系理顺了，到本世纪末翻两番就有把握。我们要按价值规律办事，按经济规律办事。搞得好，有可能为今后五十年以至七十年的持续、稳定、协调发展打下基础。进行全面的经济体制改革需要有勇气，胆子要大，步子要稳。这是我们党和国家当前压倒一切的最艰巨的任务。

1985年8月1日，邓小平同志在会见外宾时指出，我们特区的经济从内向转到外向，现在还是刚起步，所以能出口的好的产品还不多。只要深圳没有做到这一步，它的关就还没有过，还不能证明它的发展是很健康的。不过。听说这方面有了一点进步。前不久我对一位外国客人说，深圳是个试验，外面就有人议论，说什么中国的政策是不是又要改变，是不是我否定了原来关于经济特区的判断。所以，现在我要肯定两句话：第一句话是。建立经济特区的政策是正确的；第二句话是，经济特区还是一个试验。这两句话不矛盾。我们的整个开放政策也是一个试验，从世界的角度来讲。也是一个大试验。总之，中国的对外开放政策是坚定不移的，但在开放过程中要小心谨慎。

我们取得了一些成绩，但一定要保持谦逊态度。

1987年6月12日，邓小平同志在会见外宾时指出，我们的对外开放采取了多种方式，包括搞经济特区，开放十四个沿海城市。开始的时候广东提出搞特区，我同意了他们的意见，我说名字叫经济特区，搞政治特区就不好了。当时我们决定先搞深圳经济特区，除了深圳以外，还有珠海、汕头、厦门，一共四个经济特区，广东省占了三个，福建省占了一个。我去过一次深圳，那里确实是一派兴旺气象。他们让我题词，我写道："深圳的发展和经验证明，我们建立经济特区的政策是正确的。"当时我们党内还有人采取怀疑的态度，香港舆论界不管是反对我们的还是赞成我们的，也都有人持怀疑态度，不相信我们是正确的。深圳搞了七八年了，取得了很大的成绩。当然一个完全新的事物不允许犯错误是不行的，有一点错误也是很小的。他们自己总结经验，由内向型转为外向型，就是说能够变成工业基地，并能够打进国际市场。这一点明确以后，也不过两三年的时间，就改变了面貌。深圳的同志告诉我，那里的工业产品50%以上出口，外汇收支可以平衡。现在我可以放胆地说，我们建立经济特区的决定不仅是正确的，而且是成功的。所有的怀疑都可以消除了。总之，几年的实践证明，我们搞改革、开放的路子是走对了。虽然每一个领域都还有不少问题，但是不难逐步解决。所以，我国改革、开放的政策不可能放弃，甚至于不可能放慢。现在快、慢也是议论的问题之一，因为改革、开放是有风险的。要讲究稳妥，但稳妥变成停滞不前就坏了。最近我们中央在考虑，在总结经验的基础上，加快一点改革、开放的步子。

在邓小平同志（王震、杨尚昆等同志随行）视察深圳之后，1984年5月23~24日，中共中央总书记胡耀邦第二次视察深圳并题词"特事特办，新事新办，立场不变，方法全新"；1984年11月27日，国务院总理视察深圳。1985年1月28~31日，中共中央政治局委员、中央书记处书记、国务院副总理万里视察深圳时指出，中央对特区工作非常关心，同时也有担心，担心特区办不好。有不少人对办特区抱怀疑态度，但实践证明，办特区是对的。沿海一批城市的开放，就是受到你们的启发，总结了你们的经验。这对整个国民经济的发展和四个现代化的进展，是个很大的推动。长期闭关锁国，造成我们知识匮乏，没有从事商品经济工作的经验，思想和体制也不适应商品经济发展的需要。搞经济特区，就是希望你们这里提供一整套发展商品经济的经验，包括引进先进技术、先进管理经验，以解决发展商品经济经验不足的问题，推动全国经济体制的改革。强调搞好内联工作，提高产品质量。国务院各个部要支持特区建设。各个部的责任是帮助促进特区经济发展，而不是限制特区经济发展。通过引进先进技术和管理经验，不但促进特区经济发展，同时还促进各个部门事业的发展。1985年2月1~9日，中共中央顾问委员会副主任薄一波视察深圳，强调特区要注重发展工业，掌握新技术，产品要高技术，面向国际市场，有竞争能力。

1985年4月2日至18日，袁宝华同志到深圳、汕头、厦门三个经济特区和惠州、泉州、莆田、福州等几个沿海城市做了一些调查，先后看了30个工厂，其中中外合资、合作经营和外商独资经营企业13个，并同有关省、市的负责同志交换了意见。回京后形成上报国务院的《关于特区经济发展问题的调查》。1985年4月28日，国务院主要领导同志高度重视调查报告，责成有关同志研究解决。谷牧同志批示国务院特区办组织有关部门讨论，统一认识。受谷牧同志委托，周建南、何椿霖同志分别在北京、深圳主持召开有关部委、在深圳办有企业的十几个国务院工业主管部门（部、局、总公司）负责同志等参加的座谈会，传达国务院领导同志的指示和批示，讨论《关于特区经济发展问题的调查》提出的政策建议，统一思想认识，研究各工业部门支持深圳经济特区加速外向型工业发展问题。

1985年6月5日至7日，深圳市委市政府召开"深圳经济特区经济社会发展战略问题"座谈会，深圳市委书记、市长梁湘，副书记、副市长周鼎、周溪舞等深圳市党政领导出席。座谈会上，深圳市委常委邹尔康同志介绍了深圳特区创办以来经济社会发展情况，中国社会科学院副院长刘国光同志介绍了《深圳经济特区经济社会发展战略研究报告》产生的过程和基本思想，中国科学院副院长周光召同志介绍了在深圳建立科技工业园的设想和规划。与会同志就制定深圳特区经济社会发展战略的指导思想和依据，发展战略目标和经济结构的选择以及实现战略目标的对策和条件等问题进行了讨论，在一些重大问题上形成基本一致的思想认识。1985年8月10日，由中国社会科学院和深圳市组成的"深圳经济特区发展战略调研组"，完成《深圳经济特区经济社会发展战略问题研究报告》及8个专题研究报告。研究报告明确提出深圳经济特区发展的战略目标：应该是外向型的，以先进工业为主、工贸并举、工贸技结合的、综合性的经济特区，具有高度的物质文明和精神文明。到本世纪末，力争人均国民生产总值达到香港1990年前后的水平。

1985年9月12日，受中央书记处书记、国务委员谷牧同志的委托，周建南同志在京主持召开国务院11个工业部门参加的座谈会，传达国务院领导同志的指示和批示，讨论《关于特区经济发展问题的调查》提出的政策建议，统一思想认识，研究各工业部门利用深圳窗口加速外向型工业发展问题，发挥各自"条条"企业在发展深圳特区外向型经济中的骨干作用。李灏同志到会介绍了相关情况，并在会后到在深圳办有企业的国务院有关工业部门拜访相关负责同志。

1985年11月5日至10日，国务院特区办公室在深圳召开"深圳经济特区发展外向型工业座谈会"，受谷牧同志的委托，何椿霖同志（国务院特区办公室主任）主持会议，周建南同志出席，国家经委、国家科委、外经贸部等部委负责同志，广东省、深圳市有关领导同志以及珠海、汕头、厦门经济特区的代表，在深圳办有企业的十几个国务院工业主管部门（部、局、总公司）和在深圳企业的负责同志参加了会议。会议明确提出科工贸紧密结合，加快特区经济向外向型工业发展。特区不仅要有"吃饭产品”，还要有自己的拳头产品、优势产品。特区是全国的特区，全国要支持特区，特区要服务于全国。深圳特区要取得进一步发展，一定要取得全国各行各业的支持和帮助。在特区工作的同志也要有全局观点，立足特区，面向世界，背靠内地，特区的企业应当担负起向全国提供经验的任务。

1985 年 12 月 25 日至 1986 年 1 月 5 日，中共中央书记处书记、国务委员谷牧同志在深圳主持召开全国经济特区工作会议，深圳、珠海、汕头、厦门四个经济特区，广东、福建两省和国务院 29 个部门的负责同志近 200 人参加会议。四个经济特区做了汇报；机械部、轻工部、纺织部、电子部、航空部、兵器部介绍了在深圳举办外向型工业的情况和经验；国家计委、国家经委、外经贸部、中国人民银行、海关总署、国家科委等部门和广东、福建两省的负责同志，分别就经济特区的有关政策规定和加强领导管理问题发表了意见。会议对建立经济特区以来的工作进行了初步总结，着重讨论了经济特区今后发展方向、目标和有关的方针政策等问题。谷牧同志在会议闭幕式总结讲话时强调，各经济特区的指导思想和工作重点，要从前几年“搞基建、打基础”转到“抓生产、上水平、求效益”上来。一定要像“拓荒牛”那样，笃实力行，埋头苦干，致力于建设具有高度物质文明和社会主义精神文明的外向型的经济特区。

1986 年 2 月 7 日，《国务院关于批转经济特区工作会议纪要的通知》（国发〔1986〕21 号）强调，五年多来，经济特区的建设已经取得很大进展，打下较好的基础。今后的任务是，建成以工业为主、工贸结合的外向型经济，把更多的先进技术引进来，使更多的产品进入国际市场，更好地发挥“四个窗口”的作用。为此，要进一步做好外引内联工作，内联是为了增强外引能力，外引内联都要落实到建立外向型经济上。

1992 年 5 月至 6 月，中国社科院再次应邀为深圳市委市政府编制深圳经济特区经济发展战略研究报告，这次是应李灏同志之邀，由刘国光和李京文率领调研组。调研组完成的《深圳经济特区 90 年代经济发展战略总研究报告——率先塑造社会主义市场经济新体制，把深圳经济特区建成现代化国际城市》提出，深圳在 90 年代的战略目标可以概括为：继续当好全国改革开放的“试验场”，率先建立社会主义市场经济新体制；促进产业结构优化和整体素质提高，使经济发展水平再上一个新台阶；把深圳建设成为以高新技术为“龙头”、外向型工业为主导、第三产业兴旺发达、农业现代化水平较高、社会安定、经济繁荣、人民生活水平较高、文明健康的多功能经济特区和综合性的现代化国际城市。

李灏和厉有为是前后任的深圳市委书记和市长。李灏同志（时任广东省副省长、深圳市市长）1986 年 1 月 1 日在《红旗》（1986 年第 1 期）发表《开创特区建设的新局面》，强调为了把特区经济建设提高到一个新水平，当前应当适时地突出发展外向型工业，建立合理的产业结构。这是深圳特区建设的一个十分重要的战略问题。特区是全国的特区。特区必须依靠全国，为全国服务，这是特区建设的根本指导思想。过去我们常讲，特区建设要“外引内联”“对内手拉手”，就包含这个意思。厉有为同志（时任中共广东省委常委、深圳市委书记）1995年4月25日在中国共产党深圳市第二次代表大会上做“为把深圳建设成为社会主义现代化的国际性城市而奋斗”的报告时指出，1985年制订发展战略时，我们曾提出深圳的产业结构应当是“以工业为主、工贸并举、工贸技结合”，实践证明这是正确的。

文稿附录

附录1　一定要把特区办好

附录2　中共中央、国务院关于批转《长江、珠江三角洲和闽南厦漳泉三角地区座谈会纪要》的通知

附录3　国务院批转《关于广东、福建两省继续实行特殊政策、灵活措施的会议纪要》的通知

附录4　经济特区发展的新里程

附录5　深圳经济特区发展外向型工业座谈会情况

附录6　国务院关于批转经济特区工作会议纪要的通知

附　录

附录 1

一定要把特区办好*

（万里同深圳经济特区负责同志的谈话　1985 年 1 月 28 日）

办特区是对的

我已经有四年没有来深圳了，但有关特区的情况，我还是比较了解的。到特区来的人很多，我也经常问到深圳的情况。

中央对特区工作非常关心，同时也有担心，担心特区办不好。有不少人对办特区抱怀疑态度，但实践证明，办特区是对的。沿海一批城市的开放，就是受到你们的启发，总结了你们的经验。这对整个国民经济的发展和四个现代化的进展，是个很大的推动。长期闭关锁国，造成我们知识匮乏，没有从事商品经济工作的经验，思想和体制也不适应商品经济发展的需要。搞经济特区，就是希望你们这里提供一整套发展商品经济的经验，包括引进先进技术、先进管理经验，以解决发展商品经济经验不足的问题，推动全国经济体制的改革。

经过大家的努力，经济特区建设取得了很大成绩。你们没有辜负党中央的期望。1981 年我来这里时，还很荒凉，没有什么楼房。四年后就发生了这么大的变化，很不简单，速度确实快。我们经常说，中国人民是勤劳、勇敢、智慧的人民，深圳这几年的发展变化也说明了这一点。只要方针、政策对头，让人们放开手脚去干，中国人民是能干出一番事业来的。

特区要锐意创新

特区的改革同内地不同，因为特区本身就是改革的产物。你们是新兴城市，是经济特区，主要要锐意创新。搞特区建设，既不受过去的思想、体制的束缚，也不要照搬、照抄

---

* 本文选自《万里文选》，人民出版社，1995，第 402~409 页。

香港和资本主义国家的那一套。特区要新事新办、特事特办，不断创造出新经验。建立经济特区本身是个大改革，中央授予你们很大的改革权。你们要从我们国家的实际，特别是要从深圳紧邻香港这个实际出发，发挥这个优势，把特区的经济搞上去。深圳与厦门、珠海不一样，各有各的特点，都要根据自己的特点不断创新，同时又要及时总结新经验，探索出一套符合客观规律，能促进商品经济发展的管理经验来。创新，不犯点错误是不可能的。犯了错误没什么了不起，只要及时发现，及时改正，还可以干好。

你们这里还有一个特殊的问题，就是有大量国家资本主义的东西。那么多的独资、合资企业，怎样使它们促进我们社会主义建设的发展，是个新问题。武汉柴油机厂那个洋厂长，他来了以后，那些吊儿郎当的工人和不合格的产品就被他卡住了。你们说他是代表谁的利益？我看是代表了我们的利益。正因为他开除了不守纪律的工人，才加强了纪律，所以生产很快上去了。现在我们不少同志正是缺乏这种精神。我们要敢于碰硬，敢于丢掉旧条条、旧框框。

我们的大框框是社会主义，要在这个前提下大胆去创新，走中国式的社会主义道路。今年中央一号文件传达以后，农民说，中央连续四年发了四个一号文件，一个比一个宽，一个比一个活，一个比一个顺民心。有的农民说，1982 年一号文件使我们致富开了窍，1983 年一号文件使我们致富上了道，1984 年一号文件使我们致富顾虑消，吃了定心丸，1985 年一号文件使我们致富好像吃了一个舒筋活络丸。这里没有一个“创”的精神是不行的。没有五六年时间的深入工作，农村不会有这么大的变化。中国正处在一个伟大的变革时代。我们要有雄心壮志，敢于创新。特区要带头创新，创业者不要怕担风险。

发展商品经济，需要一系列新作风。办事拖拖拉拉，不能适应发展商品经济的需要。将来进入信息时代，又会有信息时代的作风。当然，怎么发展，现在谁也不晓得。要善于用新的观念来分析新的问题。用旧观念来分析新问题，越分析越糟糕。

我到海南岛时曾讲过，海南岛有很多特点，但还没有把“特”字发挥出来。你们也有个“特”字，也有怎样发挥长处的问题。你们要善于总结经验，特别要重视总结科学规划方面的经验。总之，一是要创新，二是要谨慎，这两条都做到很不容易。首先不要打击创新的积极性，干部在创新中犯点错误，只要不属于违法乱纪和搞其他歪门邪道，而是为了发展生产力，为了搞活经济，改了，还是好干部。其次是不要自满，还要继续艰苦创业。

搞好城市规划

你们投放了大量资金先搞城市基础建设，即“七通一平”，先搞地下，再搞地上，这很好。把钱花在这方面是对的，不舍得花钱搞这个，客商就不会来你这里投资。

城市建设要搞好三件事：一是搞好总体规划；二是搞好分区（小区）规划；三是搞好单体建筑设计。总体规划很重要，它是城市建设的根本纲领。没有城市规划，不可能建成现代化城市。我们过去吃了这个亏，有很多教训。深圳要吸取内地城市建设的教训，一定要首先搞出一个现代化的城市总体规划来。城市总体规划制定以后，任何人都要执行。我常说，城市里要有一个“土地爷”，这个“土地爷”专门管城市规划。规划局长要当“土地爷”，市长也要当“土地爷”。不要怕得罪人，怕得罪人当不了规划局长。实施城市规划确实是不容易的，北京就遇到过这个问题。你们这里一定要管严，不管是谁，不管是从哪里来的，都要执行城市规划，包括中央各部来的，包括部队来的。不要怕告状，只要你坚持原则，不搞营私舞弊，就告不倒。中央支持你们，为你们撑腰。

城市的设计要统一管理。设计搞招标这个方法很好，但最后方案要经过规划局批准。规划局可以先提出设计标准和要求，参加投标的设计院按规划局的要求进行设计，然后择优录用。不抓这一条，各种设计五花八门，容易把城市建设搞乱。

城市规划还要考虑到私人建房，包括农民建房。私人建房也要由规划局统一规划，不能乱建。规划局要设计出一批各式各样的私房图案，让建私房的人挑选他们喜欢的图案。图案可以自由选择，但一定不能出规划局设计的格。你们要赶快抓这件事，再不抓就不可收拾了。

办好新型的社会主义大学

深圳大学的校长、副校长大多来自北京的清华大学、人民大学。但不要把深圳大学办成第二个清华大学，第二个人民大学。不要走内地办大学的老路，要走出一条新路子，把深圳大学办成一所新型的大学。

你们教学要和香港挂钩，特别是在经济管理方面，要请国外教授讲课，进行教材交流。因为我们在这方面不行，不懂商品经济。比如金融，现在我们的银行仅仅起到金库的作用，这是不行的。还有经济立法，也非常需要，另外审计、会计也不适应。现在我们主要是缺乏经济管理人才，你们的大学就要下决心培养这方面的人才。首先要使他们懂外语，要在外语上下功夫，基础要打好，业务要精通。有些教师可到香港聘请，深圳特区有这个条件。希望你们能为全国培养第一流的经济管理人才。

教育有很多方面要改革，大学“办社会”也要改革。过去我们习惯工厂办社会，学校办社会，都是小而全，一个工厂、一个学校包袱背得很重，要下决心改掉。要社会办大学，不要怕有些事情你不管就没人管了。大学不办的事，总有人会去办，你要自己办，别人就不办了。大学分专业也要改革，现在我们的专业分得太细，培养出来的学生知识面很窄。应该允许学生以一科为主，兼学其他，把知识面搞宽一些。

在改革过程中，要老老实实向资本主义国家的那些先进的东西学习，不要遮遮掩掩。资产阶级在历史上曾经是一个了不起的阶级，它的生产力高度发达，有很多可取之处，特别在经营管理上，有许多好的经验。我们要采取拿来主义，好的东西就拿过来。把我国建成发达的社会主义国家，不学习资本主义的一些好的经验是不行的。办好新型的社会主义大学也同样如此。

如何把青年这一代人教好，很值得重视，因为21世纪就靠他们了。21世纪是个什么情况呢？我们要想想这个问题，根据21世纪的情况来研究我们的教学。要看到，21世纪各方面都会发生大变化，包括我们的生活方式都要发生深刻的变化。商品经济对我们的冲击很大，一切不适应商品经济的旧思想、旧作风、旧方法，都要被冲掉，这是不以人们的意志为转移的。所以过去教的那一套已经不行了，要创新，放开手脚走出一条新路。只有这样，我们才能培养一代勇于创新的年轻人。

要大胆引进和挖掘人才

随着商品经济的发展，金融体制的改革必须跟上，老一套做法不成了，金融改革必须有一批精通金融业务的人才。你们可以同有关方面商量，可否在香港中资银行聘请一些顾问，同时也可以引进一些。在美国，台湾去的留学生毕业后，很难在当地找到工作，你们可以想法吸收一些进来。香港也积压不少人才，也可以从香港吸收一些进来，还可以通过华侨从新加坡引进一些金融人才。新加坡是一个国际金融市场，人才不少，待遇高一些也要引进，人才可以创造财富。对现有的人才要认真调动他们的积极性。人才问题是我们国家当前最大的难题。但并不是完全缺乏人才，而是有很多千里马还没有完全放出来。你们要大胆用人才、引进人才，这是走捷径的办法。引进人才不要怕花钱，这是智力投资。

搞好内联工作　提高产品质量

国务院各个部要支持特区建设。有些部门还没有转过弯来，要做好说服工作。各个部的责任是帮助促进特区经济发展，而不是限制特区经济发展。通过引进先进技术和管理经验，不但促进特区经济发展，同时还促进各个部门事业的发展。国务院是服务部，各个部更是服务部，应当是搞好服务，包括提供信息、各种资源调查、人才的服务和方针、政策的服务，如果有的服务态度不好，可以提出批评意见。

国际市场竞争非常激烈，我们一定要注意改进技术，提高产品质量。质量是最重要的，质量不好，你的产品就打不出去。我们有很多产品总体是不错的，就是在某一方面质量不过关，结果打不出去，这里面有技术问题，经营管理问题，干部素质、技术人员素质、工人素质的问题，等等，都要认真解决。

我相信特区建设再过几年会有更大的发展，那时社会主义的优越性就更自然地体现出来了。但是我们不要吹，不要像“文化大革命”那样，天天高喊“社会主义就是好，就是好”。我们要少唱高调，多干实事，扎扎实实，艰苦创业。

附录 2

中共中央、国务院关于批转《长江、珠江三角洲和闽南厦漳泉三角地区座谈会纪要》的通知

（中发〔1985〕3 号　1985 年 2 月 18 日）

中共中央、国务院同意《长江、珠江三角洲和闽南厦漳泉三角地区座谈会纪要》。现转发给你们，请认真研究，贯彻执行。

在长江三角洲、珠江三角洲和闽南厦漳泉三角地区开辟沿海经济开放区，是我国实施对内搞活经济、对外实行开放的又一重要步骤，是社会主义经济建设中具有重要战略意义的布局。这三个经济开放区应逐步形成贸—工—农型的生产结构，即按出口贸易的需要发展加工工业，按加工的需要发展农业和其他原材料的生产。要围绕这一中心，合理调整农业结构，认真搞好技术引进和技术改造，使产品不断升级换代，大力发展出口，增加外汇收入，成为对外贸易的重要基地。同时，又要加强同内地的经济联系，共同开发资源，联合生产名牌优质产品，交流人才和技术，带动内地经济的发展，成为扩展对外经济联系的窗口。

搞好经济体制改革和对外开放，是我们坚定不移的方针，但在具体实施中，一定要谨慎从事，务求必胜。我们的对外开放工作，采取从沿海到内地逐步推进的办法，是积极、稳健的步骤。这样做，有利于不断总结积累经验，保证对外开放工作的健康发展。内地各省、自治区和直辖市，要按照国家的有关政策，积极发展对外经济技术交流，进一步加强同沿海地区的经济协作，充分发挥本地区的优势，加速经济开发。内地和沿海地区的条件不同，不能照搬沿海地区的做法，更不能攀比。

进一步开放与加强管理必须同步进行。沿海经济开放区必须把加强管理提到很重要的议事日程上，把适应新情况的管理工作紧紧跟上去。要以科学的管理来指导、促进和保障开放与搞活经济。这里要特别强调，对于已经出现的倒买倒卖外汇的情况，国务院各有关部门和经济特区、沿海十四个开放城市、沿海经济开放区都要高度重视，采取有效措施坚决查禁和防范。

我国的对外开放工作已经取得了显著进展，发展势头很好。中央、国务院各有关部门和地方党委、人民政府，要进一步加强领导，争取更大的成绩。

长江、珠江三角洲和闽南厦漳泉三角地区座谈会纪要（节录）

（一九八五年一月三十一日）

会议一致认为，先将长江三角洲、珠江三角洲和闽南厦漳泉三角地区，继而将辽东半岛、胶东半岛开辟为沿海经济开放区，是我国在进一步实行改革与开放的新形势下，加速沿海经济发展，带动内地经济开发的重要战略部署，有着重大的意义。

沿海与内地，自然条件、经济基础和发展水平很不相同，正确处理两者的关系，是经济建设中的一个重要战略问题。在建国以后的较长时期里，由于国际国内多方面因素的影响，这个关系摆得不够合理。沿海的经济过去虽然取得了很大的发展，但是没有获得应有的更大成果。当前，国际环境、国内情况都已经发生重要变化，我们应当不失时机地把沿海的经济建设作为重点，从各方面支持其发展得更快一些，并以此为阵地支援内地的开发，推动全国的社会主义现代化建设。

沿海地区大约有两亿人口，工农业基础较好，商品经济较为发达，科学文教水平较高，交通方便，信息比较灵通，历史上就与国外有广泛联系，在全国经济建设中占有举足轻重的地位。党的十一届三中全会以来，首先在沿海地区采取了一系列对外开放、搞活经济的步骤；在广东、福建实行特殊政策和灵活措施，创办四个经济特区；以对外开放促进海南岛经济开发；进一步开放沿海十四个港口城市，这些都已经取得了积极的成果。在此基础上，将沿海地区逐步开辟为对外开放的经济地带，是顺理成章的新步骤。在这一地带，要进一步放宽政策、搞活经济，加快改革的步伐，进一步开展对外经济技术合作和交流，并在加强对外引进的同时加强同内地的横向经济联系，从技术、人才、物资、信息等方面广泛深入地进行联合和协作。这样做，不但可以使沿海经济加快发展，在全国最先建设成为内外交流、工农结合、城乡渗透、现代化、开放式的文明富庶的地区，而且可以使内地和沿海的优势互为补充，相得益彰，共同发展和繁荣。我国的经济体制改革和对外开放，将通过经济特区——沿海开放城市——沿海经济开放区——内地这样多层次的探索和实践，由外向内、由沿海到内地逐步推进，从而有效地把发展沿海经济同开发内地经济密切结合起来，解决我国东部和西部的关系问题，使我国经济全面振兴，人民普遍富裕起来。

长江三角洲、珠江三角洲和闽南厦漳泉三角地区，作为沿海经济开放区，同经济特区、沿海开放城市一样，是我国对外经济联系的桥梁，进出口的重要基地。它要把国外的先进技术、设备引进来，加以吸收、消化、创新，向内地转移，推动科技进步；要筛选、移植国外符合社会化大生产要求的经营管理方式，为全国的经济体制改革摸索经验；要把沿海生产的“洋货”向内地销售，繁荣国内市场，满足人民需要；尤为重要的是，必须面向世界，发展出口贸易，开拓国际市场，为增加我国的外汇收入多做贡献。

创汇能力弱，是当前沿海地区经济发展、也是全国经济发展中一个亟待解决的问题。引进先进技术，进口必需的关键设备和原材料，利用外资的还本付息，都要用外汇。我们必须从现在起，用极大的努力去开辟出口创汇的新途径，适应日益扩大的对外经济技术交流的需要，才能在对外实行开放、对内搞活经济中立于主动地位。长江三角洲、珠江三角洲以及闽南厦漳泉三角地区，工业基础较好，农村商品率较高，经营管理和对外经济贸易的经验较多，是全国出口创汇很有条件的地区。我们不能讲“贸易立国”，但长江三角洲、珠江三角洲及闽南厦漳泉三角地区应把城乡经济优势充分发挥出来，把对外引进和对内联合密切结合起来，大抓出口和创汇。

为此，就要抓住当前我国粮食生产增长较快，供应情况有了好转的有利时机，进一步合理调整农业生产结构，按照贸—工—农，即以进入国际市场为目标，从出口需要出发安排生产。不是生产什么就加工什么，加工什么就出口什么，而是看国际市场需要什么就安排加工什么，种养什么，由出口的最终产品往前推。尤其要把鲜活商品的出口，特别是对港澳出口的鲜活商品抓上去。要对港澳市场的需求，在品种改良、保鲜储藏、包装运输等环节上做扎扎实实的工作，逐项研究办法，逐项落实措施，做到以质取胜，淡季不淡，常年均衡供应。

还要下苦功夫搞好技术引进，加强现有企业的技术改造，特别是轻纺工业和食品工业的改造，努力发展高，精、尖、稀、优、偏（冷门货）的产品。要通过革新设备，改造工艺技术，提高经营管理水平，加强纺织品的印染、后处理等工序。要加强食品的速冻、密封、包装装潢、卫生检验等环节，使产品升级换代。要发挥加工技术较高的优势，把原料和初级产品进行精加工，“梳妆打扮”，使之升值后再出口。必须清醒地认识到，我们的产品只有在花色、品种、质量上有显著的改观，才能在国际市场站稳脚跟，并进一步扩大阵地。可以预料，把鲜活商品、加工食品、轻纺产品的出口搞上去，同时又努力发展机械、电子等其他工业品的出口和旅游等服务行业，出口创汇问题就会有所突破，对外经济技术合作就可以在更广阔的领域里得到发展。

到会同志提出，开辟出口创汇新途径，需要改革外贸体制，从原料收购、产品加工到出口，实行相应的一套积极扶植和鼓励出口的政策。要大力发展工贸结合、农贸结合、技贸结合，实行责权利统一，以调动地方和企业的积极性。发展出口要从长远目标着眼，凡属有发展前途的出口产品，即使一时经济效益不太好，也要给予支持。要放眼全世界，努力做好商品宣传和推销工作，既要巩固现有市场，又要开辟新市场；既要利用、照顾老客户，又要积极发展新客户，有计划地在国外建立起强有力的销售网。

附录 3

国务院批转《关于广东、福建两省继续实行特殊政策、灵活措施的会议纪要》的通知

（国发〔1985〕46 号　1985 年 3 月 28 日）

广东、福建省人民政府、国务院各有关部门：

国务院同意《关于广东、福建两省继续实行特殊政策、灵活措施的会议纪要》，现转发给你们，望认真研究、贯彻执行。

一九七九年七月，中共中央和国务院决定广东、福建两省在对外经济活动中实行特殊政策、灵活措施，定期五年。到一九八四年底期满。五年来的实践证明，这项决定是完全正确的。两省的经济建设发展较快，对外经济工作进一步打开了局面，人民生活水平有了较大改善，在经济体制改革方面也进行了一些有益的探索，成绩是显著的。

当前，全国的经济体制改革和对外开放工作正在更加广阔的领域内深入展开。在新的形势下，让广东、福建两省继续实行特殊政策、灵活措施，使两省的经济建设搞得更快些、更好些，在改革经济体制和扩大对外经济交流等方面继续探索和总结经验，不但对两省和全国的经济发展有重要意义，而且对稳定香港、对完成祖国统一大业也有积极意义。广东、福建两省要切实加强领导，扎实工作，争取更大的成绩。国务院各有关部门，要把搞好两省的经济建设、经济体制改革和对外开放工作，作为一项重要任务，采取积极措

施，进一步给予指导和帮助。

关于广东、福建两省继续实行特殊政策、灵活措施的会议纪要

（根据“沿海开放和特区工作联合办公会议”第七次会议讨论意见整理）

（1985年1月25日）

一九七九年七月十五日，中共中央、国务院批转广东省和福建省的报告，确定两省实行特殊政策、灵活措施（中发〔1979〕50号文件），定期五年，到一九八四年底期满。

谷牧同志于一九八四年十二月三日到七日，在福州约请广东、福建两省和国务院有关部门的负责同志座谈。大家根据党的十二届三中全会通过的《中共中央关于经济体制改革的决定》和国务院主要领导同志在广东视察时的讲话精神，认真总结了两省五年来实施这项政策的情况，研究了两省如何进一步加快改革和开放步伐的问题。一九八五年一月十日，“沿海城市开放和特区工作联合办公会议”对福州座谈会中所提出的政策性意见又作了进一步讨论，纪要如下：

五年来，广东、福建两省认真贯彻执行中央的方针、政策，贯彻落实中央和国务院关于对两省实行特殊政策、灵活措施的有关规定，依靠广大干部群众的努力和国家有关部门的支持，在经济建设和其他工作中取得了显著成绩。两省在利用外资、引进技术方面迈出了较大步伐，五年累计实际利用的外商直接投资已达十七亿美元，占全国这几年直接利用外资总额的百分之四十三点五。两省通过多种渠道筹集资金，加强了能源、交通、电讯等基础设施建设，五年中用于基本建设的投资达二百零五点五亿元，用于企业更新改造的资金达六十三亿元，超过了一九七九年以前十年的总和，而且工期缩短，投产较快，经济效益普遍较好。两省在经济体制改革方面也进行了一些有益的探索，积累了一定经验。五年来，两省的工农业生产总值年平均递增速度都达到了百分之九以上。随着经济发展，人民的生活水平有了显著提高，两省对经济体制改革的承受能力增强了，对国家作出了应有的贡献。中央确定两省实行特殊政策、灵活措施，在港澳同胞、台湾同胞和海外侨胞中也产生了良好的政治影响。实践证明，中央的这项决策是完全正确的。

当前，全国的经济体制改革和对外开放工作正在更加广阔的领域内深入展开，在新的形势下，应当继续从各方面支持两省进一步加快改革和开放的步伐，促进两省经济的进一步发展，争取提前五年（即到一九九五年）实现工农业年总产值翻两番的目标，为全国的现代化建设作出更大的贡献。

会议建议：批准广东、福建两省在今后五年内（即到一九八九年）继续实行特殊政策、灵活措施。凡属过去五年实践证明是行之有效的各项具体政策措施，要继续实行；同时，要根据形势发展的新情况和党中央、国务院的有关新部署，增添必要的新内容。

一　计划管理以省为主

两省的国民经济和社会发展计划，继续以省为主制定。

两省自筹资金进行建设的项目，特别是利用外资进行建设的项目，可以更加放开一些。其建设规模由两省自行平衡，提出安排计划，报国家计委核定后，列入国家固定资产投资计划。基本建设项目的计划任务书，除投资总额在两亿元以上的重大项目仍需报国务院审批外，一般大型项目，凡建设和生产条件不涉及国家综合平衡的，均由省自行审批，并报国家计委备案。

两省的生产计划，除少数关系到国计民生的重要产品，由国家计委和国务院其他有关部门下达指令性计划外，一般实行指导性计划。

二　扩大利用外资、引进技术的审批权限

两省利用外资兴建的生产性项目，凡投资总额在一千万美元以下，建设、生产条件和产品销售不需要国家综合平衡，产品出口不涉及配额，投资和外汇能自行偿还的，由省自行审批；利用外资兴建的非生产性项目，凡建设和经营条件不需要国家综合平衡，投资和外汇能自行偿还的，不论规模大小，均由省自行审批。

两省使用自筹外汇和留成外汇安排的、投资额在一千万美元以下的技术引进项目，凡建设和生产条件不需要国家综合平衡的，由省自行审批，报国家计委、国家经委、经贸部备案。

由两省自行审批的利用外资、引进技术项目和使用国家外汇、地方自筹外汇和留成外汇安排的现有企业的技术。改造项目，所需进口的机械设备、仪器仪表和其他器材，包括确属项目内自用的国家限制进口的产品，均由省在批准项目可行性报告的同时一并审批，并签发进口许可证。

三　支持搞好现有企业的技术改造

两省的技术改造计划，以省为主制定，报国家计委、国家经委和国务院有关主管部门纳入国家指导性计划。国务院有关主管部门，对两省现有企业的技术改造和改建、扩建项目，要继续加强指导，给予支持和帮助。

投资额在三千万元以下的技术改造和改建、扩建项目的可行性报告，由省自行审批。

两省凡已列入计划的技术改造项目，需要进口的关键机械设备、仪器仪表和其他器材，不论外汇来源，可申请减征、免征关税和进口产品税、增值税。

四　继续实行财政大包干

从一九八五年到一九八九年五年内，两省财政继续实行大包干体制，其现行的定额上解或补助数额，按照“划分税种、核定收支、分级包干”财政管理体制规定的收支划分范围，以及利改税第二步改革后收入转移的情况，作相应的调整。在核定时，要照顾和保护两省由于实行特殊政策、灵活措施已增加的收益，对福建省的补助可适当予以增加。

为支持经济特区的建设，在一九八九年以前，深圳、珠海市的财政收入仍暂不上缴。但是，由于财政税收制度变化引起的财政收入转移应作相应调整，海关代征的进口产品税

或增值税地方留成应按新规定执行。

五　在信贷资金管理上采取灵活措施

两省基本建设贷款，实行指令性计划，单独管理。中国人民银行在安排贷款计划时，要考虑两省的特殊需要，国家批准的重大建设项目和开发性项目，确需银行贷款的，由省分行另报总行审批。技术改造贷款，实行指导性计划，前一年度未用完的指标可以结转使用；当年回收的技术改造贷款可以继续发放；地方财政、机关团体等属于中国人民银行掌握的存款和专业银行每年增加的存款，可划出适当比例的数额给地方，由中国人民银行分行统一安排，用于增加技术改造贷款；如仍有不足，可在专业银行上下之间调剂解决。

四个经济特区和海南行政区仍实行多存多贷、差额包干的办法。经济特区和海南行政区现有的信贷资金和吸收的存款，全部留下使用；根据经济特区和海南行政区的经济发展需要，由中国人民银行按国家信贷资金情况，适当增加一些资金；经济特区银行还可以向区内外和国外银行拆借资金。

六　搞活金融管理

两省可以试办区域性金融组织，也可称银行。区域性金融组织应成为经济实体，其经营范围、信贷计划、利率等业务受中国人民银行领导，执行中国人民银行的规定。

经国务院批准，两省可以在国外发行债券，筹集建设资金。

广东的国际信托投资公司、福建的投资企业公司从国外获得的借款，可以存放在海外银行；其本身的运营资金，经省外汇管理分局批准，可以将部分资金存入我驻港澳银行。两省的驻外企业，在其经营业务范围内所需的外汇周转金，经省外汇管理分局批准，可以汇出。

两省可以指定专业银行开办私人持有外汇的储存业务，存取自由。

七　提高外汇留成比例

适当提高两省出口商品的外汇留成比例，一般商品出口金额留成比例由百分之二十五提高到百分之三十，提高的百分之五部分，由省统筹安排使用；原油、成品油、机械产品和以进养出的商品出口外汇留成比例，按全国统一规定执行。考虑到福建省留用外汇较少的实际情况，今后三年，每年给福建省增补外汇额度二千五百万美元。

“三来一补”项目的外汇收入，继续实行超基数全额留给两省的办法。广东省的基数调整为二千万美元，福建省原定的基数不变。

侨汇留成比例适当提高，赡家侨汇提高到百分之五十，建筑侨汇提高到百分之六十。其他非贸易外汇的留成办法不变。

以上各项外汇留成，均由省外汇管理分局按月计拨。

八　扩大外贸经营权限

两省出口计划以省为主制定，报经贸部综合平衡后，纳入国家计划。使用地方自筹外汇和留成外汇的进口计划，由省自定，报经贸部备案。

出口货物需要的配额和许可证，由经贸部按核定的省出口计划，切块下达给省，由省经贸委按照各外贸企业（包括工贸、农贸、技贸企业）承担的创汇任务进行合理分配。

属于专业公司统一经营的出口商品，两省在完成供货任务的前提下，超计划部分可以委托专业公司出口，也可以经经贸部批准发许可证，由地方外贸企业经营出口。属于专业公司统一经营的进口商品，两省用地方自筹外汇和留成外汇少量进口的，由经贸部每年划一定额度，规定最高买价，由两省自行对外成交。

两省在国家统一政策指导下，自主经营蔬菜、水果、塘鱼等鲜活商品（不含活猪、活牛）出口。两省之间和省内有关地区、企业之间要采取适当形式搞好协调，商定最低售价，防止削价竞销，自我竞争。对两省活猪、活牛的出口配额应予照顾，要积极创造条件，逐步过渡到对港澳地区的出口鲜活商品主要由两省供货。

两省（包括深圳、珠海、汕头、厦门四个经济特区和海南行政区，但应单列）需要进口国家限制进口的产品，原则上每年向国家经委集中报批一次，必要时可在年中补报一次，列明品种、数量，说明使用方向。在国家经委批准的指标内，由省组织进口并签发许可证，经济特区和海南行政区自行组织进口和签发许可证。

两省可以审批派驻国外的经贸企业和本省经营进出口业务的公司（包括工贸、农贸、技贸企业），并报经贸部备案。派驻港澳地区的经贸企业仍需报经贸部审批。

九　海关监管对某些特殊情况予以放宽

两省接待的外国人、华侨、港澳同胞中的知名人士入出境时，海关凭省人民政府特批文件可以免予检查。两省接待的华侨、外籍华人中的知名人士，入出境时携带的物品，在超过海关规定数量不大的情况下，海关凭省人民政府特批文件照顾放行。

十　积极支持两省开展对台直接贸易

解决台湾问题，完成祖国统一大业，两省担负着重要任务。利用福建和广东的特有条件，大力开展对台直接贸易，是促进“三通”、开展对台工作的重要一环。必须在这方面下一番功夫，投入必要的物力，使之在目前的基础上逐步发展。国家有关部门要把这个问题提到实现我国八十年代三大任务的高度，给以足够重视，在物力和财力上积极支持福建和广东把这件事情办好。

会议认为，广东、福建两省处于对外开放的前沿地带，在搞好经济体制改革、扩大对外经济交流以及促进祖国完成统一的事业中，担负着重要的任务。国务院有关部门要继续给两省的工作以更多的支持，及时帮助研究解决新问题；在部署全国性工作时，要切实考虑到两省的特殊情况，予以区别对待。

两省领导要坚持把中央的有关政策同本地实际结合起来，并区别各市、县的不同情况，进行分类指导，力求避免工作中发生大的失误。要把发挥各方面的积极性同加强宏观指导、加强管理监督和搞好协调结合起来，在实行特殊政策、灵活措施的同时，必须强调纪律性，严格执行中央有统一管理的规定，坚决制止和认真查处政府机关和企事业单位违反国家政策倒买倒卖的活动，坚决打击走私贩私等一切经济犯罪活动，坚决抵制资产阶级腐朽意识形态的腐蚀，进一步加强社会主义精神文明的建设。两省的各级干部要继续努力，把经济建设的其他各项工作提高到一个新的水平，为振兴粤闽、振兴中华作出新的贡献。

附录 4

经济特区发展的新里程*

（《谷牧回忆录》节选）

1984 年，我国的对外开放呈现崭新局面。如果说在此之前的 5 年（1979~1983 年）属于试点起步，那么这一年就从南到北在沿海地区大步向前推进了。而且在实践中，还探索到了沿海开放城市、沿海经济开放区这种除特区之外的新的开放模式，初步铺开了经济特区——沿海开放城市——沿海经济开放区这样的有重点、多层次、梯度推进的开放布局。1984 年，对外开放工作面貌为之一新，全国批准外商投资项目 1856 个，超过前 5 年的总和，外贸进出口总额比上年增长 19%，超过了工农业总产值的增长幅度。

小平同志在党内外多次讲过，1984 年他主要办了两件事。一件是开放 14 个沿海城市；另一件是提出用“一国两制”的办法，解决台湾和港澳问题，实现祖国统一大业。1985 年初，他专门找我谈话。我汇报了开放工作的进展。小平同志说，看起来大有希望。他强调了两个重要问题。一是要认真解决人才不足的问题，可以考虑从国外请些顾问，还要选一两个地方办对外开放的专题速成培训班，半年一期，长期办下去。二是老企业的技术改造要有规划，要编号码，每个地方要改造哪些项目、引进什么技术，都要规划好，不要今天碰这个，明天碰那个。按照小平同志的指示，我国在 1985 年 5 月聘请新加坡前副总理吴庆瑞博士担任沿海开发经济顾问，后来又聘他兼旅游业顾问。国务院特区办公室从这一年起，依托南开大学、对外经贸大学举办对外开放干部轮训班，至 1992 年底，共办了 35 期，培训 1200 多人。

全国扩大开放的部署安排告一段落之后，我转过手来，组织特区集中力量发展外向型经济。

尽管各经济特区起步建设的时间前后不一，1984 年由于全国扩大开放的推动，都加大了发展步伐。这一年，4 个特区的工农业总产值共计 42.9 亿元，其中工业 37.3 亿元，财政收入 7.8 亿元，社会商品零售总额 36.7 亿元，接待国外游客 110 万人次。与 1980 年相

---

* 本文选自《谷牧回忆录》，中央文献出版社，2009，第 387~394 页。

比，分别增长1.9倍、2.3倍、21.4倍、4.2倍和7.9倍，经济发展很快，势头很好。

可是我更注重它的缺点和不足。我当时感到突出的问题，第一是基本建设战线拉得长了，摊子铺得大了，深圳尤为如此。1984年基建投资达20亿元，而且非生产性项目摆得多，造成经济生活绷得过紧。第二是产品出口上得慢，1984年4个特区加起来才4亿多美元，办起来的许多生产项目，产品内销部分较多。当年进口大于出口10亿多美元。第三是利用国内外价差，做倒手生意，违法经营牟利的情况时有发生，引起内地的非议。特别是第四，对党中央和国务院规定的特区发展方向，产生了不同议论。

从1979年到1984年底，党中央、国务院专门为特区发的和含有特区工作内容的文件共有5个。这些文件一再指明特区经济的发展方向："利用外资为主""举办工业生产项目为主""产品以出口为主""要大力引进先进技术"。基本思想是很明确的。但是，在深圳特区工作的一些同志，还有几位专家、学者，一直对此持不同意见。他们认为，深圳发展工业的条件差，产品以外销为主与客商投资目标（产品进入大陆市场）相悖，主张把深圳建成金融、商业、外贸、旅游中心，而且这种呼声越来越高。我认为，特区要搞第三产业，金融、商业、外贸、旅游都要发展，但必须以工业为主，相应发展其他产业，成为以工业为主的综合性的外向型的特区。没有一定的规模和水平的工业，经济根基打不牢，出口无货源，引进消化先进技术没有载体，其他产业也发展不起来。至于建成国际性的金融、商业、外贸中心城市，当时内外部尚未具备条件。因此，这种与党中央、国务院的方针相悖的议论，是不可取的、不现实的，徒自造成认识上的混乱和行动上的踟蹰，很不利于实际工作。

自从觉察到这些问题，就想开个会统一认识和行动。本来计划在1984年6月召开，但那时忙于14个沿海城市的开放，未能实现。直到1985年2月下旬，我才腾出手来在深圳召开特区工作座谈会。我在会上讲了全国开放的好形势，讲了特区的新进展，也指出了若干需要认真注意解决的问题，包括基建铺的摊子大，消费资金增长过快，还有违反政策发不义之财，等等。我说，人们对这类事是不满意的，在新形势下更不能等闲视之。我强调，特区不能满足于盖大楼，不能只是个一般的工业城市，要办成以工业为主、以出口创汇为主的外向型经济特区；产品能进入国际市场，能为国家的出口创汇，能按照小平同志的要求，发挥"四个窗口"的作用。在这方面，要做很大努力，有个明显的突破。为此，从今年开始，要爬好一个坡，更上一层楼。

我在这个会上，着重于引导，没有怎么批评。可是，解决一种倾向性问题，也不那么容易，会是开过了，如何发展外向型经济的气氛并没有加浓。有的特区还是照他们想的干。1985年，深圳铺的建设摊子更大，计划安排比1984年实际增加40%，上年结转和新安排开工的项目达到435项。而且对我讲的上述意见不大以为然，对人们提出的善意批评采取"顶"的态度。我在开过特区工作座谈会后，3月奉命出访巴西、委内瑞拉，4月回国后就患了严重眼疾。以上消息传到我耳朵里，很想去实地了解研究，但无法成行，于是给深圳负责同志传去一个书面的东西，重申我在2月会议讲的要压缩非生产性建设项目，着重抓生产，大力出口创汇等意见。强调要向着办好工业为主、工贸结合的外向型综合性特区做刻苦的努力；要允许人家批评，虚心听取人家的批评，据以改进自己的工作，不要故步自封；对纠正不正之风，市委要十分重视，下功夫抓好，绝不能干那些违反政策、遭受谴责的事。

这个书面意见传去后，效果还是不大理想。我意识到一般地谈谈解决不了问题，需要系统地做工作了。我眼疾渐愈后，采取了这样一些办法。一是支持中国社会科学院刘国光副院长率领一个专家小组，在深圳进行了为时一个月的关于特区发展战略的调查论证，写出了一本系统的报告，明确提出要以发展外向型经济为目标。二是请曾在广东工作过的老同志张根生、于明涛去特区调查，与当地领导交换意见做工作。三是就袁宝华同志的一份特区调查，组织有关部门讨论，统一认识。宝华同志这份报告和上述社科院的调查论证一样，明确提出特区要朝外向型经济发展。他的报告说：特区不仅要有“吃饭产品”，还要有自己的拳头产品、优势产品。他建议，把电子、航空等工业部门的力量组织起来在深圳建立元器件科研生产基地，既有利于我国电子产品的开发和出口，也可弥补香港的不足。四是委托周建南同志和何椿霖同志在深圳召开外向型工业发展座谈会，主要请在深圳办有内联外引企业的部门参加，通过“条条”做这些有强大技术和管理后盾的企业的工作，让它们在发展外向型经济中起骨干作用。

同时，根据小平同志的有关指示，国务院主要负责同志决定对深圳特区的领导班子进行适当调整。原国务院副秘书长李灏同志被调往深圳任市长，梁湘同志专职做市委书记。

1985 年 12 月 25 日到翌年 1 月 5 日，我受国务院的委托，在深圳召开特区工作会议。到会的有广东、福建两省，深圳等 4 个经济特区，国务院 29 个部、委、办、局的负责干部近 200 人。我召开过多次讨论经济特区工作的会议，这是到会人数最多、开会时间最长的一次。

会议半天讨论，两省和各特区、各部门都发了言；半天参观生产和出口搞得好的企业。事先，我组织国务院特区办准备的《关于经济特区发展情况和今后意见的研究提纲》发到会上，作为讨论的引子。会上的发言充分肯定了特区举办 5 年多来取得的成果和经验，也具体指出了前进中出现的需要切实解决的问题。主要是近两年（1984、1985 年）基建投资规模偏大，投资结构不尽合理，生产布局和产业结构缺乏通盘规划；企业的经营管理水平和干部职工队伍的素质同建立外向型经济的要求不相适应，不少企业出口创汇能力还比较弱，外汇平衡存在困难；办事效率较低，信息反馈不灵；少数单位违法经营，有的案件还相当严重。会上也提到，国务院有关部门也有些具体规定，对特区实际照顾不够，需要改进。

会议一致认为，经过前几年打基础的工作，特区在“七五”期间应当坚决贯彻党中央和国务院的指示，努力建立以工业为主、工贸结合的外向型经济，进一步发挥“四个窗口”的作用。会议集中大家的意见，提出了 5 条具体要求。

（1）特区的产业结构以具有先进技术水平的工业为主，工业投资以吸收外资为主。

（2）产品以出口为主，瞄准国际市场的需要，开发一批竞争力强、稳定、适销的拳头出口商品，争取工业制成品60%以上能够外销，做到外汇收支平衡，并有节余。

（3）千方百计提高经济效益，确保国民收入、财政收入的不断增长，特区的人均国民收入要进入全国前列，在财政上缴、外汇上缴方面要给国家多做贡献。

（4）加强智力开发和文化建设，培养和引进人才，全面轮训各级干部，大力提高职工队伍的素质，培养一大批中高级技术业务骨干。

（5）深化经济体制改革，按照发展外向型经济的需要，建立和完善在国家计划指导下以市场调节为主的经济运行机制，进一步搞活企业，并努力建立完善的宏观控制和调节系统。

会议强调，各特区的指导思想和工作重点，要从前几年搞建设、打基础转到抓生产、上水平、求效益上来。

为了支持特区发展外向型经济，会上还研究了国家需要采取的一些重要政策性措施，主要有以下五项。

（1）特区的内联企业，按15%的税率在特区缴纳企业所得税，从获利年度起5年内解往内地的税后利润，免除补缴所得税。这是为了鼓励内地与特区合作举办出口企业。

（2）特区外商投资企业的出口收汇和经营业务收汇，全部保留现汇；国有、集体企业凡经营进出口业务的，都可按业务需要报请批准后保留部分现汇。这是为了支持其进入国际市场。

（3）积极支持特区工业制成品出口，国家实行配额、许可证管理的出口产品，要简化手续，由主管部门到特区就近审批发证。

（4）特区进口供应区内市场销售的物资、商品（不含国家控制进口目录中的商品），每年由广东、福建两省审定限额，报国务院特区办、海关总署核准进口，并减半征收关税，但不得销往内地。

（5）对特区发展外向型生产，国家银行在信贷资金上给以支持，安排给特区的信贷指标，不计入广东、福建两省的信贷控制规模。

会议结束时，我做了总结讲话。与以往我在特区谈话、讲话不同，我在这次讲话中批评话说得较多，而且主要是对深圳。我说，在4个特区中，深圳建设起步早、发展快，工作成果和经验也较多，对我国改革开放有贡献，为国内外所瞩目。中央领导同志都给予了肯定评价，我也多次讲过，深圳的成绩是明摆着的，谁也否定不了，不管国内外什么人怎么说，我对深圳的成绩和更好的发展前景从未动摇过。但是话不能只说到这里，当前更重要的是严肃正视和认真解决前进中的问题。去年春节，我在这里开过会，要求认清形势，实现工作重点的转变，在发展外向型经济上，“爬好一个坡，更上一层楼”。一年过去了，我本来想听听你们“爬坡”的经验，在“上楼”中解决了哪些问题。可惜在这方面听到的内容不多。我要坦率地讲，看来深圳对那次会议提出的问题没有认真解决。市领导的主要精力还是放在铺摊子、扩大基建规模上。我长期搞基本建设，在压缩基建时，常常有这样的情况，基建战线长了谁都承认，但让我这个项目下马不行。华君武有幅画讽刺这种情况：一匹马，上面骑了五六个人，每人都打着一面小旗，上写“你下我不下”，结果把马压垮了。不能总讲“我这个项目很需要”，还有个整体承受能力问题，非得有“壮士断臂”的精神才行。这些话也许说得重了。我反复考虑过是不是要向大家公开说这些，后来决定还是说，如果我不讲，那就是失职。

我在总结讲话结束时，强调搞特区要从搞基建、打基础转到抓生产、上水平、求效益上来，为此要发扬“开荒牛”的精神和劲头。我引用小平同志的话说，办特区是一种试验，因为社会主义国家办经济特区，在中国和全世界都是新事物。需要在实践中精心探索，不断总结经验，不断前进。我们一定要像“开荒牛”那样，笃实力行，做好工作，把这个试验搞成功。到本世纪末，把特区建设成具有高度社会主义物质文明和高度社会主义精神文明的特区，在全国的改革开放和经济发展中起到显著作用。

会后，国务院特区办公室整理了《经济特区工作会议纪要》，在与有关部门协调意见后，于1986年2月7日，经国务院常务会议讨论审定，以国发〔1986〕21号文件批发全国。

有一个会上讨论过的问题没有写入《纪要》，这就是发行特区货币问题。这个问题从1981年就提出来了。从那时起到1985年的4年中，反复做过研究，时任中国人民银行副行长的刘鸿儒同志对此花了不少功夫。一些经济学者、金融专家都参加过调查论证，甚至还做了币样设计（图案是炎黄二帝像）。从特区的发展看，发行一种在特区流通的可以自由兑换的法定货币，有其一定的作用，但是需要国家提供巨额外汇作为发行基金，而且发行之后如何管理，是只在深圳发行还是4个特区都发行，如果在4个特区发行，就将在其他开放地区以致全国引起连锁反应，涉及面很宽，问题相当复杂。再三考虑，还是暂且搁置为宜。

这次会议是经济特区开拓前进的新起点。各特区统一认识，认真贯彻落实。坚决调整投资结构，按照“压”与“保”相结合的方针，缩短基建战线；着重发展工业生产，改善品种质量；大力开拓国际市场，增加外贸出口；清理整顿公司，克服流通领域中的混乱现象。

1987年2月6日到10日，我又在深圳主持召开了经济特区工作会议。算起来，这是我分管开放和特区工作期间，主持的第六次（也是最后一次）特区工作会议。这次会议着重回顾了1986年努力发展外向型经济取得的成果和经验，进一步统一了认识。更加明确了要进一步加强与内地的经济联合，精心筛选和引进创汇能力强、技术水平高、经济效益好的生产项目；致力于科技进步，开发新产品、新工艺、新技术；积极探索国际化经营，把产品出口更多更好地抓上去，在国际市场上站稳脚跟，不断扩大阵地。这次会议形成的纪要，国务院于1987年4月11日以国发〔1987〕30号文件批发。在国务院审批这个《纪要》的会议上，第一次讨论了将土地所有权和土地使用权分开，土地使用权可以在一定期限内实行有偿出让和转让的问题，由此开始了在全国进行土地使用制度的改革。

各经济特区从此在发展外向型经济的道路上迈开了坚实的步伐。

附录 5

深圳经济特区发展外向型工业座谈会情况

（1985 年 9 月 12 日北京、1985 年 11 月 5~10 日深圳）

根据国务院主要领导同志在《关于特区经济发展问题的调查》上的指示，按照中央书记处书记、国务委员谷牧同志的批示，1985 年 9 月 12 日，周建南同志（中央财经领导小组顾问、中央顾问委员会委员，国务院外国投资工作领导小组副组长，国务院组织协调和监督检查机电产品进出口工作的专门负责人）受谷牧同志委托在京主持召开国务院 11 个工业部门参加的座谈会，传达国务院领导同志的指示和批示，讨论《关于特区经济发展问题的调查》提出的政策建议，统一思想认识，研究各工业部门利用深圳窗口加速外向型工业发展问题，发挥各自“条条”企业在发展深圳特区外向型经济中的骨干作用。1985 年 8 月，按中央决定调任深圳市市长（1985 年 8 月 31 日，广东省六届人大第四次会议补选为副省长）的李灏同志（曾在 1982 年至 1985 年间担任国家经委委员、国家经委党组成员、国家经委副秘书长和秘书长），在会上介绍了相关情况并在会后到在深圳办有企业的有关工业部委拜访相关负责同志。

1985 年 11 月 5 至 10 日，国务院特区办公室在深圳召开“深圳经济特区发展外向型工业座谈会”，受谷牧同志的委托，何椿霖同志（国务院特区办公室主任）主持会议，周建南同志出席，国家经委、国家科委、外经贸部等部委负责同志，广东省、深圳市有关领导同志以及珠海、汕头、厦门经济特区的代表，在深圳办有企业的十几个国务院工业主管部门（部、局、总公司）和在深圳企业的负责同志参加了会议。具体情况见如下新闻报道。

附：《深圳特区报》1985 年 11 月 11 日第一版的新闻报道

加速把深圳建成外向型经济特区

国务院特区办公室在我市召开深圳经济特区发展外向型工业座谈会，中央十八个部门和单位负责人出席并作了发言。

本月五日至十日，国务院特区办公室在我市召开了“深圳经济特区发展外向型工业座谈会”。会议认为，深圳经济特区在我国四化建设中具有重要的战略地位，要努力把深圳建设成为外向型的、多功能的综合性经济特区。

深圳市副市长周溪舞在会上作了《加强内部经济联合，促进深圳工业向外向型发展》

的汇报发言。机械工业部、电子工业部、兵器工业部、纺织工业部、轻工业部、航空工业部、航天工业部、化学工业部、冶金工业部、核工业部、国家科委、中国有色金属工业总公司、中国石油化学总公司、中国汽车工业总公司、中国船舶工业总公司、中国食品工业技术开发总公司、国家建材局、中国包装总公司十八个部门和单位的有关负责人分别作了发言，探讨深圳特区发展外向型各有的政策和策略问题，对如何办好外向型工业企业提出了许多有益的建议。

会议认为，深圳市经过六年多的建设，开发了三十六平方公里土地，建设了一个较好的投资环境，吸引了大量外资，开办了七百多家工厂，有二百多种产品打进了国际市场。在这么短的时间内创造出这样的局面是很不容易的。现在，深圳经济特区的工作要更上一层楼，要向更高的目标前进。参加座谈会的同志认为，要迅速发展深圳的外向型工业企业，必须充分发挥深圳的地理优势和政策优势，不断完善投资环境，外引内联，扬长避短，依靠国内的技术优势和资源优势，重点发展新型、轻型、小型的专业化工业，建立合理的企业结构，开发在国际市场上有竞争能力的产品，形成一个有应变能力的外向型的工业体系。

深圳市委书记梁湘、市长李灏自始至终参加了座谈，并在会上讲话。会议结束时，国务院特区办公室主任何椿霖同志作了总结发言。珠海、汕头、厦门三个特区的代表参加了座谈会。

附录 6

国务院关于批转经济特区工作会议纪要的通知

〔国发〔1986〕21 号　1986 年 2 月 7 日〕

各省、自治区、直辖市人民政府，国务院各部委、各直属机构：

国务院同意《经济特区工作会议纪要》，现转发给你们，请贯彻执行。

五年多来，经济特区的建设已经取得很大进展，打下较好的基础。今后的任务是，建成以工业为主、工贸结合的外向型经济，把更多的先进技术引进来，使更多的产品进入国际市场，更好地发挥“四个窗口”的作用。为此，要进一步做好外引内联工作，内联是为了增强外引能力，外引内联都要落实到建立外向型经济上。广东、福建两省人民政府要进一步加强对经济特区的领导和管理。各地区、各有关部门要积极支持经济特区的发展，充分利用经济特区这个“窗口”。经济特区的各级领导要认真贯彻执行中央和国务院的方针政策，艰苦奋斗，扎实工作，抓紧社会主义物质文明和精神文明的建设，把特区办得更快更好。

经济特区工作会议纪要

（一九八六年一月五日）

经国务院批准，经济特区工作会议于一九八五年十二月二十五日到一九八六年一月五日在深圳举行。谷牧同志主持了这次会议并作了讲话。参加会议的有深圳、珠海、汕头、厦门四个经济特区（以下简称特区），广东、福建两省和国务院二十九个部门的负责同志。四个特区作了汇报；机械部、轻工部、纺织部、电子部、航空部、兵器部介绍了在深圳举办外向型工业的情况和经验；国家计委、国家经委、经贸部、中国人民银行、海关总署、国家科委等部门和广东、福建两省的负责同志，分别就特区的有关政策规定和加强领导管理问题发表了意见。会议对建立特区以来的工作进行了初步总结，着重讨论了特区今后发展方向、目标和有关的方针政策等问题。纪要如下：

建立经济特区工作的回顾

会议认为，在中央和国务院制定的方针政策指引下，四个特区的建设进展很快，成绩显著，在我国对外开放和经济体制改革中开始发挥了作用，为国内外所瞩目。

五年多来，各特区集中力量进行了以创造投资环境为重点的基础设施建设。到一九八五年底，四个特区累计完成基本建设投资七十六亿三千万元，开发出建设用地约六十平方公里，兴建了一批工业厂房、商业楼宇、旅游设施和居民住宅。深圳已具备现代化综合性经济特区的雏型。随着特区的发展，广东、福建两省根据中央的有关方针政策，制定了十几项涉外经济法规，使特区的各项工作初步做到有法可依。

各特区依据国家规定的优惠政策，积极利用外资，引进先进技术，推动以工业为主的经济迅速发展。到一九八五年底，实际利用的外商直接投资总计十一亿七千万美元，占全国实际利用外商直接投资总额的五分之一。四个特区已有近九百个新工厂投入生产，引进了一批较先进的技术和设备，其中有的接近国际先进水平，有的填补了国内空白。一九八五年的工业总产值达到四十八亿六千万元，比建立特区前的一九七九年增长了五倍以上。发展最快的深圳特区。吸收了三亿五千万美元的外资和五亿元的内联投资，建立了包括电子、轻工、纺织、食品、建材、石化、机械等行业在内的七百七十多家工厂，一九八五年产值达二十五亿元，比一九七九年增长三十九倍；已经有一批产品进入国际市场，一九八五年工业产品出口额占总销售额的43%（其中蛇口工业区为68%）。珠海特区这两年也在抓紧建立外向型工业。汕头特区坚持逐片开发，注重实效，办起四十五家工厂，产品出口比重达到60%以上。厦门特区除抓紧对现有企业的技术改造外，还积极与日、美、波、匈等国开展合作，举办了一些较先进的工业项目。

特区经济的发展，是与同内地实行经济技术联合分不开的。仅深圳特区就同中央二十七个部门和二十八个省、自治区、直辖市签订了内联项目协议一千九百多个。中央十六个工业部门已经和准备在深圳特区举办的工业项目有二百七十多个，其中大都是外向型的，有些项目技术比较先进，有些产品能填补国内空白，有些可以对香港经济起补充作用。特区依靠内地的支援，弥补了技术基础薄弱、专业人才不足、资金短缺等弱点。内地在特区投资办厂，可获得国际市场信息，吸收国外先进技术和管理经验，并将内地的一些初级产品拿到特区，根据外销需要“梳妆打扮”，增值出口。各特区在经济体制改革方面进行的积极探索，其经验和教训也为内地的经济体制改革提供了有益的借鉴。特区的“四个窗口”和“两个扇面”的作用已开始发挥。特区是全国的特区，特区依托和服务内地，是特区经济不断发展的力量所在；内地支援和利用特区，也有利于全国的经济振兴。

我们办的是社会主义的特区。各特区都强调坚持四项基本原则，注意进行社会主义、爱国主义和理想、纪律的教育，抵制资本主义腐朽思想的侵袭，打击各种犯罪活动。同时，积极组织干部、职工学习科学文化，更新知识，吸取国外组织社会化大生产的经验。各特区虽然还存在一些问题，但总的看来，社会秩序是安定的，人民群众的精神状态是奋发向上的。

五年多来的实践证明，中央关于建立特区的决策是正确的。在特区这个对外开放与经济体制改革的前沿阵地上，我们可以在实践中观察和研究现代资本主义经济和经营管理方法，大胆进行经济体制改革试验，开阔视野，增长知识，培养人才，掌握同国际资本打交道的本领，其意义是深远的。

在社会主义条件下兴办特区是个崭新的课题，我国建立特区的历史不足六年，前进的道路上还存在着不少需要解决的问题。主要是：近两年特区的基本建设投资规模偏大，投资结构不尽合理；生产布局和产业结构缺乏统筹规划；企业的经营管理水平和干部职工队伍的素质同建立外向型经济的要求不相适应；不少企业出口创汇能力还比较弱，外汇平衡存在困难；特区的管理层次较多，办事效率较低，信息反馈不灵；少数单位违法经营，有的案件还相当严重。此外，在加强宏观经济控制中，某些具体规定也有对特区的特殊情况照顾不够的地方。以上这些问题，有的是工作中的缺点和失误，有的是经验不足难以避免的，有的则是需要在对外开放与经济体制改革的实践中不断探索才能妥善解决的。这就要求一切从事特区工作的同志，思想认识要跟上形势的发展，在看到成绩的同时严肃对待和切实解决实际存在的问题，勇于揭露矛盾，勇于坚持真理，继续以极大的努力把特区办得更快更好。

朝着建立外向型经济的目标奋力前进

会议认为，经过几年打基础的工作，特区在“七五”期间应当坚决贯彻中央和国务院的指示精神，努力建立以工业为主、工贸结合的外向型经济；进一步发挥“四个窗口”、“两个扇面”的作用。具体要求：

——特区产业结构以具有先进技术水平的工业为主，工业投资以吸收外资为主。

——产品以出口为主，瞄准国际市场的需求，开发一批竞争力强、稳定适销的“拳头”产品，争取工业制成品60%以上能够外销；外汇收支平衡，并有节余。

——千方百计提高经济效益，确保国民收入、财政收入的不断增长，特区的人均国民收入进入全国前列，在财政上缴、外汇上缴方面为国家多作贡献。

——加强智力开发和文化建设，培养和引进人才，全面轮训各级干部，大力提高职工队伍的素质，培养一大批中高级技术工人。

——深入进行经济体制改革，进一步搞活企业、搞活经济；同时要努力建立完善的宏观控制和调节系统。在运用经济手段和现代化的信息手段管理特区经济和管理企业方面，总结出具有中国特色的经验。

要达到以上目标，关键在于特区领导的指导思想和工作重点要从前几年铺摊子、打基础转到抓生产、上水平、求效益方面来，切实做好以下几方面的工作：

（一）在做好国际市场调查预测的基础上，同全国国民经济发展计划紧密衔接，制订特区经济中长期发展规划（包括行业规划）和“七五”期间的分年度安排，报省人民政府批准后执行。

规划的主题是，逐步建立具有本特区特色的、产业结构和产品结构合理的外向型工业。要把经济合理性和技术先进性、近期发展重点和长期奋斗目标结合起来，加强外引内联工作，下功夫办好一批能出口创汇的生产项目。

特区的种植、养殖、旅游、建筑、商贸和金融等其它行业，要围绕建立以工业为主的外向型经济协调发展。特区的农业应发挥毗邻港澳的优势，大力增产优质鲜活商品和反季节瓜、菜、花、果，搞好保鲜、储藏，常年均衡供货。特区的高档旅游宾馆不宜再增建，而应注重提高服务质量，改善经营管理，发展具有中国特色的游乐项目以及知识性和疗养性的旅游项目。农业和旅游业应成为特区外汇收入和财政收入的重要来源。

要讲求投入和产出的最佳经济效益，确定合理的经济增长速度。坚决压缩基本建设投资规模，除了优先安排外向型工业项目，继续抓好已开发区域内水、电、交通、通信等基础设施的完善配套外，一般暂不开发新区，更不能盲目发展非生产性建设项目。今明两年的基本建设投资规模，大体按照一九八五年国家对特区的控制指标加以安排。

切实控制消费基金的增长，职工工资水平要与劳动生产率的提高相适应，物价水平应保持相对稳定。

（二）根据扩大出口的要求，认真筛选工业项目。今后一个时期，要着重发展用先进而适用的技术装备起来的传统工业，力求技术起点较高，产品能更多地外销。随着工业技术实力的不断增强，还要有重点、有选择地发展技术密集型、知识密集型项目和高科技产业。确能出口创汇的劳动密集型项目，也可以酌量搞一些。各特区要从实际出发，建立合理的产业结构和产品结构，以中小型项目为主，着重发展“精（密）、小（型）、轻（巧）、新（颖）”的产品。要依靠国家科委和中国科学院的支持，抓好现有企业的科技进步，充实科研开发能力，认真消化引进的先进技术，积极采用国内外科研成果，开发新技术，研制新产品。厦门特区的老企业，要按照外向型的目标，抓紧进行技术改造，促使产品不断更新换代，增强出口能力。

（三）继续搞好内联，推动特区外向型工业的发展。内联应当以技术水平和经营管理水平较高、产品具有外销潜力的内地企业为主要对象，以增强对外资、外技的吸收能力和消化能力为目的。特区要为此创造条件，搞好服务，给以方便。内联企业的产品都应以出口为主，有些可以把“头”放在内地、“尾”放在特区，将内地的初级产品拿到特区，按国际市场需要进行后整理、精加工、精包装后出口；有些可以把“头”放在特区、“尾”放在内地，在特区进行设计研制，拿回内地进行大批量生产组织出口。还可以发挥特区优势，举办一些对内地同类企业改进生产技术、经营管理有先行作用的工厂和产品可以替代进口的工厂。

（四）积极开拓国际市场。在今后一段时间里，特区可把香港、澳门地区作为工业产品出口的一个跳板（包括利用港、澳地区厂商转口贸易的渠道），同时要大力开拓同世界其它国家（地区）尤其是东南亚、大洋洲、美洲、非洲市场的直接贸易渠道，减少对香港转口贸易的依赖。要积极建立特区的商情信息网络、产品推销渠道和售后服务系统。要加强商标管理，维护国家权益。

（五）以提高经济效益为中心，切实加强企业管理。

根据特区的特点逐步建立起一套完善的管理（包括生产工艺、质量检验、财务会计、劳动人事等）制度。今明两年要使产品和工程的质量、资金周转速度、劳动生产率、利润率、换汇率和净产值等，都比一九八五年有明显的提高。特区企业要坚持我国企业管理中行之有效的经验，借鉴国外的科学方法，采用现代化的管理手段，实现高效率、高质量、高效益。

对已经投产或开业的中外合资、合作经营和外商独资经营企业，要加强管理。一方面要重合同、守信用，在坚持平等互利的原则下，维护客商的合法权益；另一方面对这类企业的产、供、销、财会等必须加强监管。特区的有关管理部门要做好这方面的工作，还要发挥会计师事务所、律师事务所和公证机关的作用。

（六）坚决反对和制止违法经营活动，特区内的一切部门、企业、事业单位，都要树立严格执行政策、遵守法纪的观念，扎扎实实地通过发展生产追求最佳的经济效益，不能企图搞违法经营发横财。对于一切违法乱纪案件，特别是重大案件，必须严厉查办。

（七）今后几年内，特区在完善投资环境方面，除了继续搞好基础设施的配套以外，尤为重要的是要在健全经济立法、提高办事效率、加强人才培养这些“软件”上下功夫。“七五”期间，要使特区的涉外经济法规基本配套。特区人民政府要克服政出多门、办事拖拉的现象，简化投资洽谈、项目审批、工商登记、银行开户和其它行政管理办事程序。要全面轮训干部，多渠道吸收人才。近几年内国家在高等院校毕业生分配方面，要照顾特区的急需。特区要重视知识，重视人才，使广大科技人员、专业干部和能工巧匠在生产建设和业务活动中充分发挥积极性和创造力。

（八）要加快经济体制改革的步伐，深入探索微观放开搞活与宏观加强管理的密切结合的经验。要进一步增强企业活力，发挥市场调节作用。要重视金融体制的改革，进一步扩大各专业银行业务经营的自主权，使银行在融通资金和宏观调节（包括总规模调节和结构调节）方面充分发挥作用。特区的经济活动必须放在全国宏观经济计划指导之下。各特区人民政府要按照中央和国务院的方针政策和全国宏观经济控制的要求，统筹安排本特区的经济建设，搞好综合平衡，学会主要运用经济手段和法律手段及必要的行政手段，从宏观上调节和控制经济的运行。要加强统计、审计、工商行政管理、经济司法等部门，组成强有力的经济监督系统。

会议预期，在做好“七五”期间工作的基础上，再经过十年（即到本世纪末）或稍长一些时间，把我们的特区建成以先进工业为主、工贸结合、旅游和农牧渔业并举、各具特色的高水平外向型特区，既是产业结构合理、科学技术先进、生活文明富裕的经济发达地区，又是万商云集、通向世界的出口基地。

进一步完善关于特区的各项政策和管理办法

为了进一步办好特区，必须按照耀邦同志提出的“特事特办、新事新办、立场不变、方法全新”的精神，处理好宏观控制与微观搞活的关系。国家既要对特区的经济活动实行宏观指导和控制，又要照顾到它的特殊性和灵活性。过去有关特区工作行之有效的政策规定应当继续执行，还应根据情况的变化作出若干新的规定，国务院有关部门和广东、福建两省有关部门在下达有关政策规定时，要考虑到特区的不同情况，采取切实可行的区别对待办法，并同已有的规定相衔接。会议经过讨论，对当前急需明确和解决的几个问题，提出如下意见：

（一）关于基本建设计划管理

四个特区的基本建设投资计划，应根据各自财力物力可能，分别提出安排意见，经省人民政府审核转报国家计委核定后，纳入国家基本建设投资规模。建设项目中利用的外资不纳入基本建设投资规模。中央各部门和各省、自治区、直辖市在特区投资建设的项目，分别纳入各自的基本建设投资规模。内地企业用自有资金到特区举办外向型工业项目，在特区基本建设投资规模外另算。

各特区要认真执行《国务院批转国家经委关于控制重复引进、制止多头对外的报告的通知》（国发〔1985〕90号），对其中规定“统一归口、联合对外”的项目，凡符合外向型要求，产品以出口为主，外汇能够自行平衡的，应允许有一些灵活，限额以下的项目，可仍由特区人民政府审批，但必须严格把关，事先征得国家有关主管部门同意，事后备案。

（二）关于对内联企业税收的优惠办法

内联生产性企业，在特区内按15%的税率缴纳企业所得税。从获利年度起五年内，在特区税后的利润，如留在区特扩大生产或兴办外向型工业，免除在内地补缴所得税和调节税；如解往内地的，按20%补缴所得税。从第六年开始，在特区税后的利润不论是否解往内地，均按帐面所得额补缴20%的所得税，但免征调节税。非生产性企业不享受上述优惠。

（三）关于信贷管理

深圳特区的信贷计划单列，由中国人民银行单独审批，中国人民银行深圳分行负责统一安排使用。

珠海、汕头、厦门三市继续实行多存多贷、差额包干的办法，年度信贷计划戴帽下达；现有信贷资金和吸收的存款全部留下使用；根据特区经济发展需要和国家信贷资金情况，由中国人民银行和专业银行适当增加一些信贷指标；一般情况下不从特区抽调信贷资金；允许特区银行向特区外银行和国外银行拆借资金。

特区的银行应在国家核定的投资规模内发放固定资产贷款。中国人民银行每年适当增加固定资产投资贷款。安排给特区的贷款指标，不计入广东、福建两省的信贷控制指标。

中国银行各特区分行适当增加外汇贷款和投资指标，对有创汇能力的项目给以外汇贷款支持。这笔外汇资金由中国银行戴帽下达，包括在广州、福州分行的外汇资金计划内。

在中国人民银行的管理下，可以在深圳特区试行开放金融市场。

（四）关于向国外银行和特区外资银行借款

向国外银行和特区外资银行筹借商业贷款，是特区利用外资的一种方式。中国人民银行根据特区的需要和偿还能力，会同国家计委核定各特区向国外银行和特区外资银行筹借商业贷款的控制指标。特区向外借款，应自借自还，一般应通过经批准的国内金融机构办理；一些创汇能力强的企业，经中国人民银行各特区分行批准，也可以直接向外借款。

商业贷款需要担保时，可商请中国银行或经批准的其它金融企业担保。个别外汇资金足、对外有一定信誉的特区企业，经特区外汇管理部门批准，也可以对外承保。

（五）关于外汇管理

珠海、汕头、厦门特区的企业、单位之间外汇余缺的调剂，按全国统一规定的办法执行。深圳特区的外汇调剂可以按照现行办法继续试点。

特区内中外合资、合作经营和外商独资经营企业产品出口收汇和经营业务收汇，允许全部保留现汇。特区内国营企业和集体企业一九八五年底以前结存的现汇允许保留，愿意结汇的可以保留外汇额度，使用时不受用汇指标控制。从一九八六年起，国营企业和集体企业产品出口收汇应及时结汇，按规定留成办法保留外汇额度。经营进出口业务的企业和以进养出的生产企业，经当地外汇管理部门同意，可以根据业务需要保留部分现汇，用于经常性外汇资金周转。

“七五”期间，各特区要努力做到外汇自行平衡，预计不会有较多结余。因此，特区结汇后的自有外汇额度可允许使用，按实际结汇数相应增加其用汇指标。增加的用汇指标戴帽下达，不占广东、福建两省的用汇指标。

（六）关于外贸管理

为支持特区发展外向型经济，对特区的产品特别是工业制成品（包括内地初级产品在特区加工增值后的产品）出口，应给予积极扶植，优先照顾。

特区出口区内生产的工业产品（包括加工增值在20%以上的产品）的配额、许可证管理，应简化手续，给以方便。建议由经贸部和广东、福建两省经贸委派人到特区就近发证，或采取其它简便措施。对特区进口许可证的管理，也可仿此办理。

在特区实施国家规定的出口配额、许可证制度时，对中外合资、合作经营和外商独资经营企业，要注意到要求它们实现自身外汇平衡的情况；要信守涉外合同，在实行某项新规定时，对过去批准正在实施的项目，原则上按原合同数量给予出口配额和许可证。

特区向港澳地区出口自产的鲜活商品，经营或代理非特区产品的出口，均按经贸部和省主管部门的规定执行；进口国家限制进口的商品，应按国家有关规定报请审批。

特区人民政府要加强对本特区外贸企业和外贸活动的管理。特区组建经营区内产品出口和区内自用物资进口的外贸企业（包括工贸、农贸、技贸企业），由特区人民政府审批。过去经特区人民政府批准的经营或代理区外产品出口的外贸企业，要按国家有关规定进行整顿，经省报经贸部确认。

（七）关于特区产品内销

特区企业的产品必须以出口为主。但是，各种产品进入国际市场要有个过程，也不是所有产品都能全部外销，适当让点国内市场换取先进技术，可以吸引更多的外商投资。因此，特区产品需有一部分内销，同内地进行必要的商品交流。特区生产的属于国家需要进口的短缺产品，采用国内原材料、元器件较多的产品，以及外商确实提供了先进技术和设备生产的产品，可以有适当比例内销。特区产品的性能、质量达到进口产品同等水平，国内又需要进口的，应从特区采购，替代进口。其中有些产品，特区生产的数量可以满足国内需要，价格又不高于国际市场价格的，应不要再进口。

中外合资、合作经营和外商独资经营企业的产品（国家限制进口产品除外），应严格按照批准的合同中规定的内外销比例执行。由特区人民政府对企业产品的销向实行管理，内销由特区人民政府批准，外汇平衡也由特区人民政府负责。特区国营企业和集体企业的产品（国家限制进口产品除外），在外汇自行平衡的前提下，凡国内市场需要的，允许内销一部分，但特区人民政府应对企业作外向型目标管理。

特区企业用进口成套散件、成套组装件装配生产的国家限制进口产品，内销应按照有关规定办理。特区企业用部分国产件、部分进口件生产的国家限制进口产品，内销部分由特区人民政府报国务院有关行业主管部门实行审批管理，并办理调运手续。

内销的特区产品，凡含有进口料件的均应照章补缴关税、进口环节的产品税（或增值税）和调节税，并遵守国家统一的市场价格政策。特区产品内销，一般应以人民币结算；属于替代进口的可用外汇结算，但须经外汇管理部门同意。

要帮助疏通特区产品替代进口和内销的渠道。特区工业主管部门每年应提出经有关部门鉴定合格可以替代进口的产品品种、规格、数量，交省和国务院有关行业主管部门研究安排。特区企业可以参加国内的产品招标，到内地举办产品展销会，也可以与内地企业建立固定协作关系，省和国务院有关行业主管部门要给予帮助和支持。

（八）关于对出入特区人员和货物的监管措施

深圳特区管理线已经试管一年，效果较好，建议从一九八六年四月一日起正式启用。按照既方便与内地的正常经济交流、人员往来，又防止违法活动的原则实施管理。以广东省为主成立管理线工作协调小组，负责处理出现的问题。

珠海、汕头特区由于紧靠市区，受地形限制，特区管理线不在全线设置固定管理设施，而采取对企业或工业区派驻海关人员监管，并在特区通往内地的通道设站检查等措施，加强管理。

厦门特区采取陆上通道设站检查，海上加强巡逻，对企业或工业区派驻海关人员监管等办法，实施全线管理。

各特区现行的一线对外口岸货物、行李物品监管和关税征收减免等有关办法，在今后一个时期不作变动。对特区进口供应区内市场销售的物资、商品（不含国家限制进口物资、商品），由广东、福建两省特区办公室根据特区实际需要，每年提出额度，报海关总署会同国务院特区办公室核定后，按规定予以减半征收关税优惠，超过额度部分照征全部关税。特区进口的这类物资、商品，不准销往内地。

会议强调，越是对外开放，越要加强社会主义精神文明建设，对此必须切实抓紧，不容有任何松懈。中央领导同志一再指出，特区的干部必须有特别高的觉悟，特别好的作风，特别严的纪律，特别高的工作效率。特区的领导同志和广大干部对此都必须身体力行，认真贯彻执行党和国家的方针政策，做好思想政治工作，坚决抵制资本主义腐朽思想的侵蚀，反对腐败现象，要勤奋工作，廉洁奉公，带领广大群众把特区的"两个文明"同时抓上去，促进对外开放、体制改革和经济振兴，充分显示社会主义制度的优越性。到会同志反复领会小平同志关于"办特区是个试验"的批示精神，深感任重道远，决心艰苦奋斗，精心探索，务使这项前人未曾做过的重要试验获得成功。

四年来企业全面整顿工作初步总结*

——在国务院各部门企业整顿工作第40次例会上的讲话摘要

（1985年12月20日）

自从1982年中共中央、国务院发出《关于国营工业企业进行全面整顿的决定》（以下简称《决定》）以来，各地区、各部门和企业在国务院和各级党委、政府的领导下，有计划、有步骤地在全国范围内开展了企业全面整顿工作。到1985年11月底，列入全国企业整顿规划的近5万个预算内国营企业已验收合格96.1%，预计到1985年底可达到97%左右，其中3000个大中型骨干企业，除极个别企业确有客观原因不能完成整顿任务外，都已验收合格。规划外的其他全民和集体所有制企业的整顿工作也基本完成。可以说，经过4年来的共同努力，我们已经胜利地完成了中央提出的在1985年以前把现有企业整顿一遍的历史任务。

一　对四年来企业全面整顿工作的历史回顾

企业全面整顿，是进一步贯彻执行党的国民经济调整、改革、整顿、提高方针的重要组成部分，是在前几年恢复性整顿的基础上对企业进行的一次综合治理。具体目标就是通过全面整顿，使企业的经济责任制、劳动纪律、财经纪律、劳动组织、领导班子五个方面得到进一步改善，使企业的各项管理基础工作、企业的素质和经济效益有一个显著的提高，为逐步建设起一种既有民主，又有集中的领导体制，建设起一支又红又专的职工队伍，建立起一套科学文明的管理制度打好基础。

四年来的企业全面整顿工作，是在国民经济调整和经济体制改革的过程中，同调整和改革密切结合起来进行的。随着改革的不断深入，根据经济形势的发展，每个阶

---

* 此文是袁宝华同志在1985年12月20日和1986年1月20日的讲话中，宣布为期4年（1982~1985年）的企业全面整顿工作已经胜利地完成了任务，标志着10年企业恢复性整顿和建设性整顿工作全面完成，为后续推进企业管理现代化、深化企业改革、扩大对外开放奠定了重要基础。

段都提出了明确要求，使整顿的内容不断丰富，整顿的水平不断提高。

1982 年，企业整顿处于起步和试点阶段。主要是思想发动，建立组织机构，制定规划、标准，进行整顿试点，在试点中摸索建设性整顿的路子。根据一些地区的经验，企业整顿必须首先抓住领导班子这个关键。只有按照中央的要求，首先把企业的领导班子整顿好，企业的整顿才能变被动为主动，从“要我整顿”变成“我要整顿”。针对当时的情况，在 1982 年 7 月召开的全国企业整顿工作座谈会上，及时地提出了整顿要敢于“碰硬”，领导班子要选用“明白人”的要求，集中力量整顿和建设好企业领导班子，打开了企业整顿工作的局面。

1983 年，企业面临着一个落实党的十二大提出的宏伟目标的新形势，面临着世界新技术革命的挑战。为了适应这一新形势的要求，1983 年进一步明确了企业整顿要以提高企业素质、提高经济效益为中心的指导思想。企业要由单纯生产型转变为生产经营型，把各项工作转到以提高经济效益为中心的轨道上来。这一年按照六届一次人大提出的在 1985 年前把现有企业整顿一遍的要求，各地区、各部门本着“全面安排、突出重点、分类指导、分批验收”的原则，有计划、有步骤地将企业整顿工作，由点到面，由工交企业到军工、农林、商业、外贸、建筑等其他系统的企业全面展开，并重点抓了大中型骨干企业，特别是盈亏大户的整顿，取得了显著成绩。

1984 年，特别是党的十二届三中全会做出了《中共中央关于经济体制改革的决定》以后，以城市为重点的经济体制改革加快了步伐。这一年，党中央、国务院陆续颁布了简政放权、搞活企业的一系列规定。在改革的新形势下，1984 年的整顿工作与落实改革措施紧密结合，抓改革，促整顿，充实了整顿的内容，提高了整顿的水平，这就进一步提高了企业整顿的自觉性，加快了整顿的步伐。到 1984 年底，大中型骨干企业基本上验收合格，近 2/3 中小企业完成了整顿任务。

1985 年，是按照党中央、国务院《决定》的要求完成企业整顿任务的最后一年。为了善始善终地、保质保量地完成企业整顿任务，高标准，严要求，一手抓企业的整顿验收，一手抓验收后企业的巩固提高和复查补课工作。并且按照改革和整顿的内容，分专题召开企业整顿的例会，总结经验，提出要求，推动改革、整顿工作的深入发展，促进了改革、整顿成果的巩固和提高。

企业整顿工作的如期顺利完成，为城市经济体制改革，进一步搞活企业创造了条件；为“七五”期间加强企业管理工作、全面改善企业素质、提高经济效益打下了初步基础，为实现国民经济状况的根本好转，起到了积极作用。

二　企业全面整顿工作取得的成绩

四年来，企业整顿工作取得很大成绩。企业素质有了不同程度的改善，管理水平普遍提高，企业面貌正在发生变化。主要是，企业的生产经营指导思想有了转变，初步树立了市场观念、投入产出观念、金融观念、人才观念，多数企业已经开始由封闭的单纯生产型逐步向开放的经营开拓型转变；管理方法开始由传统的经验管理逐步向科学的、现代化的管理迈进；企业的应变能力、竞争能力、自我改造和自我发展能力开始有所增强。

1. 企业领导班子按照干部“四化”要求，实现了新老交替

整顿中按照干部革命化、年轻化、知识化、专业化的方针和实行厂长负责制的要求，对企业领导班子进行了多次调整，开始打破了实际存在的干部职务“终身制”，一大批政治素质好、年富力强、具有开拓精神、懂业务技术、会经营管理的优秀中青年干部被选拔到企业领导岗位。领导班子的年龄结构、知识结构趋向合理，基本上解决了老化、臃肿的现象。突出的变化，一是年轻了，二是懂行了。据对全国2900个大中型骨干企业的1.8万名党政干部的统计，平均年龄45岁，41至50岁的占63%，基本上形成了以四十几岁的干部为主体的梯形年龄配备；大专以上文化程度的成员占总人数的74%，厂长中具有大专以上文化程度的占89%，比整顿前增加40%，党委书记中具有大专以上文化程度的达到81%，比整顿前增加70%，并选用了一批自学成才的干部；每个班子平均6.3人，比整顿前减少1/3，新进班子的占90%。

厂长负责制的试点工作发展很快。全国试点企业已达到2.2万多个，并取得了初步经验和成效。搞得好的企业基本上理顺党、政、工三者之间的关系，初步改变了企业里党政不分、职责不明的状况。突出了厂长（经理）在生产经营和行政管理中的地位和作用，强化了生产经营的决策、指挥系统；明确了企业党委的职责，党委的保证监督作用，企业中党的建设、思想政治工作得到加强；健全了职工代表大会制度，加强了企业的民主管理。企业的生产指挥灵了，经营决策快了，经济效益更好了。总之，企业领导班子的调整和领导体制的改革，大大提高了领导班子素质，对企业的整顿、改革和生产发展，都起到了重要的促进作用。

2. 企业内部经济责任制不断发展完善

经过整顿、改革，在学习推广首钢经验的基础上，以责、权、利相结合，包、保、核相联系为基本内容，实行多种形式经济承包的企业内部经济责任制，普遍建立健全起来。随着改革的深入，经济责任制不断完善和发展，在范围和内容上，许多企业已经从生产第一线人员发展到包括企业领导在内的全体职工，形成了层、线、岗相结合的纵横连锁的经济责任制网络体系。不少企业把发展战略方针和长期与短期的经营目标通过经济责任制层层展开、层层落实，保证了企业方针、目标的如期实现。有的大型企业划小核算单位，实行分级分权管理，进一步增添了企业的活力。从分配上看，它已由单纯的奖金分配扩展到工资领域，把职工的劳动所得同劳动成果进一步挂钩，开始打破了分配上的平均主义，调动了企业职工的积极性。实践证明，企业内部经济

责任制是一种综合性经营管理制度，有鲜明的中国特色，具有强大的生命力，它在改善企业管理、实现企业管理现代化方面已经越来越显示出它的积极作用。

3. 企业管理的各项基础工作有所改善

在企业整顿中，根据加强管理，完善经济责任制的需要，普遍整顿和加强了基础工作，取得了成效。（1）各种标准的数量增加，水平提高。全国产品标准覆盖率由整顿前的60%提高到80%以上。（2）计量工作有了加强，计量升级活动初见成效。计量器具配备率达到80%以上，计量检测率达到88%以上，比整顿前提高20%至30%，有4934个企业达到了国家规定的不同计量等级标准，其中达到一级标准的有79个。（3）实行定额管理的面有了扩大，定额水平有所提高。（4）信息工作开始得到了重视。搞得好的企业，已初步建立了信息的收集、整理、传递、分析、控制网，利用信息反馈指导生产经营。（5）以责任制为核心的规章制度日益完善。（6）基础教育工作有较大进展，职工队伍的政治、文化、技术素质普遍有所提高。经过整顿，原来基础比较差的企业，基本上扭转了产品无标准、消耗无计量、工时无定额、成本无核算的“四无”状况；原来基础比较好的企业，各项基础工作基本上适应了改革和生产经营管理的需要。

六项管理基础工作是企业的基本信息来源，它的加强为推进企业管理现代化创造了条件。在整顿验收基础上，各地区、部门开展了企业管理现代化试点工作。全国重点抓了36个试点企业。各省市抓了200多个试点企业。这些企业都制订了实现管理现代的目标规划，开始运用现代管理方法，使用微机辅助管理。

4. 劳动组织整顿取得初步成效

劳动组织整顿由精简机构、压缩非生产人员、安置富余人员，到结合转轨变型、搞活企业的要求，进行企业内部组织机构改革和劳动组织调整，企业里机构臃肿、人浮于事、“一线紧、二三线松”的状况有所改善。劳动定额面扩大、水平提高，据11个省、市和部门统计，定额面一般扩大6%~19%，定额水平提高5%~16%。四年来，工交、建筑、商业企业初步撤出和安置富余人员300万人。大中型企业普遍建立了生产、劳动服务公司，开辟了生产门路，发展了第三产业。所有这些，都对改善企业劳动组织管理、提高劳动生产率、提高经济效益，起到了积极作用。

5. 加强了职工队伍的建设，职工队伍的政治、文化、技术素质有所提高

各地区、各部门在企业整顿中，认真贯彻《国营企业职工思想政治工作纲要》，广泛开展“五讲、四美、三热爱”活动和创建文明单位活动，取得了成效。许多企业按照《纲要》要求，把思想政治工作同经济工作结合一道去做，注意研究解决整顿、改革中出现的带有倾向性思想问题，保证了整顿、改革的顺利进行。通过贯彻《职工守则》《职工奖惩条例》，企业的劳动纪律有所改善。劳动出勤率一般提高3%~7%，工时利用率提高5%~10%。

职工培训工作有较大进展。据29个省、自治区、直辖市统计，1982年至1985年

9月，青壮年职工文化补课累计合格2038万人，为应补课人数的75.9%；技术补课累计合格1596万人，为应补课人数的74.4%，两者都超过国家规定的60%的低限要求。1983至1985年全国职工高等学校毕、结业106万人，职工中专学校毕、结业107.5万人。参加全国厂长（经理）统考的近6万人中，及格率达到95%以上，平均得分超过75分。对省、自治区、直辖市经委主任已轮训一遍，现已开始第二轮（包括工业城市经委主任）的轮训。这些情况表明，通过多渠道、多层次、多形式的培训，职工的文化、技术素质有了新的提高。

6. 促进了经济效益的提高

企业全面整顿促进了生产发展和商品流通，加强了企业财务管理工作，严格了财经纪律，经济效益普遍高于整顿前的水平。1985年1至11月和1982年1至11月相比，全国工业企业总产值增长了33.6%，实现利税增长37.8%，上缴利税增长了18.5%。扭亏工作成绩显著，国营工业企业亏损户由11726户减到4718户，亏损面由27.6%降到12.1%，商业企业1984年与1982年相比，利润总额增长20.1%，上交利税增加10.8%，亏损面减少40.2%。企业整顿是经济效益增长的一个重要因素。

7. 培养锻炼了一支懂得企业管理的、从事企业整顿工作的干部队伍

这次企业整顿，既是一项宏大的系统工程，又是一次全国性普及企业管理知识的教育活动。通过企业全面整顿，企业广大职工特别是各级领导干部的管理知识水平普遍得到提高。各级企业整顿领导小组办公室在整顿中发挥了重要作用，形成了一支熟悉企业管理、有一定组织能力的干部队伍。据京、津、沪、辽、川等17个省、自治区、直辖市的初步统计，四年来共建立各级整顿办事机构7199个，工作人员最多时达44790人，这是一支十分可贵的力量。企业整顿任务完成以后，这支队伍要在加强企业经营管理、推进管理现代化中继续发挥作用。

经过全面整顿、综合治理，涌现了一批技术进步取得较大进展、经营管理向现代化迈进、经济效益显著提高的先进企业。在地区、部门评选省、部级“六好企业”（三者兼顾好、产品质量好、经济效益好、劳动纪律好、文明生产好、政治工作好）和“先进企业”的基础上，全国拟评选命名200个“全国企业整顿先进单位”。

三　主要经验和存在问题

四年来，各地区、各部门和各企业，在推进企业全面整顿中，做了许多认真细致的工作，积累了不少好的经验。认真总结这些经验，对“七五”期间进一步加强企业管理，在经济体制改革中探索我国企业管理现代化的路子是十分有益的。

1. 调整和建设好企业领导班子，是搞好整顿、加强管理、搞活企业的前提

四年来的实践证明，一个企业要搞好整顿、改善管理、搞活经营，首先必须有一

个好的领导班子。在实行有计划的商品经济的情况下，企业成为相对独立的商品生产者，有较大的经营自主权，更需要有一个坚持社会主义方向，善于经营管理的班子来进行组织领导，才能驾驭市场，利用价值规律，开拓生产经营的新局面。企业全面整顿取得成效的一个决定性因素，就是始终把调整和建设好企业领导班子放在首位，坚持由新班子抓整顿工作。在调整和建设企业领导班子的实际工作中，坚决贯彻干部“四化”方针，把革命化放在首位，主要看干部有无事业心和创造精神，决不让“三种人”和有严重问题的人混进领导班子，以保证党的路线、方针、政策的贯彻和企业生产经营的社会主义方向；正确处理“文凭”与“水平”、“成员素质”与“群体素质”、“年轻化”与“合理年龄结构”的关系，强调工作实践和解决实际问题的能力，强调班子在年龄和智能上的合理搭配，提高整个班子的群体效能。在考察和选拔干部上，把组织考察同群众推荐、评议、选举结合起来，使新班子具有比较坚实的群众基础，改善了干群关系，调动了广大职工推进改革、改善管理的积极性。在进行组织建设的同时，结合整党，端正经营思想和经营作风。通过多种形式培训和对大中型企业厂长（经理）实行全国统考，提高了新班子的政策水平和经营管理水平。

2. 加强管理基础工作和完善企业内部经济责任制，是推进改革、实现管理现代化的重要环节

各项管理基础工作和经济责任制同各项专业管理是相互联系、相互制约、相互促进的。基础工作是否健全、扎实，直接影响到专业管理的质量和水平。经济责任制是岗位责任和专业管理紧密结合的一项综合性经营管理制度，实质是以统筹方法解决复杂的管理问题，通过科学地组织生产和贯彻“按劳分配”，保证企业方针目标的实现。完善经济责任制也离不开健全、扎实的基础工作，而强化基础工作又必须在推行经济责任制中才能落实。许多企业的经验证明，基础工作越扎实、经济责任制越完善，越能有效地推进企业管理现代化。搞得好的企业，都认识到一切管理工作都是建立在扎实可靠的基础工作之上的，基础工作已成为企业经营决策的信息源，过去那种小生产的传统经验管理方法和基础工作，已经不适应有计划的商品经济的要求，必须尽快改变基础工作长期薄弱的状况。在工作中坚持高标准，严格要求，严格考核，持之以恒，在推进改革、实现管理现代化进程中，逐步形成具有本企业特色的管理基础工作和企业内部经济责任制体系。

3. 坚持整顿与改革相结合，是改善管理、搞活企业的有效途径

整顿和改革都是为了搞活企业、发展生产力。把整顿同改革结合起来，同步进行，就可以互相促进，提高改革和整顿的效果。一些整顿工作搞得好的地区、部门和企业坚持把整顿、改革结合起来，统一领导、统一部署、统一检查指导。以改革为动力，通过改革、扩权，为改善管理、搞活企业创造外部条件：同时搞好企业整顿工作，又

为推进改革、搞活企业打好基础，创造内部条件，整顿、改革都取得明显的效果。四年来的实践证明，只有在整顿同改革结合起来之后，才有效地解决了整顿中的“碰硬”问题。例如，通过试行厂长负责制，推进了企业领导班子“四化”进程和思想、作风的建设；通过企业内部经济责任制的改革和完善，进一步搞活了经营，挖掘了企业潜力，打破了“大锅饭”，调动了企业职工的积极性；通过劳动制度、分配制度的改革，使整顿劳动组织有了新进展，加强定员、定额工作，广开生产门路，发展第三产业，妥善地安排了富余人员。

4. 坚持两个文明建设一起抓的方针，是端正企业社会主义方向，建设有理想、有道德、有文化、有纪律的职工队伍的可靠保证

四年来整顿、改革的经验证明，两个文明建设是互为条件、互为目的的。物质文明建设是精神文明建设的基础，精神文明建设是物质文明建设的保证。在企业全面整顿中，凡是改革、整顿搞得好的企业，都是坚持了两个文明一起抓，取得了好的效果。一是通过加强精神文明建设，保证了企业的社会主义方向，在改革、开放的新形势下，企业始终坚持正确的经营思想、经营方针，靠真本领挖掘潜力，搞活企业，提高经济效益，为四化建设多做贡献；二是企业党委加强了对思想政治工作的领导，应用马列主义的基本原理，按照党的方针政策解决整顿、改革中各种思想问题，加强对职工特别是青年职工的理想纪律教育；三是结合新时期的特点，在坚持发扬党的优良传统的同时，紧密结合改革和开放创造性地开展思想政治工作，使思想政治工作富有时代气息，具有感染力、说服力、战斗力；四是重视思想政治工作队伍的思想建设、组织建设和业务建设，注意发挥党支部的战斗堡垒作用、团组织的助手作用和党、团员及先进分子的先锋模范作用。

5. 运用系统工程方法，进行组织领导，是善始善终、保质保量完成企业整顿任务的有力保证

企业全面整顿、综合治理，是一项宏大的系统工程，涉及生产、流通的各个领域，没有明确的指导思想，严格的标准和要求，系统的科学的组织领导，各级领导和全体职工的共同努力，是不可能如期完成的。一是不断端正指导思想，始终把提高企业素质、提高经济效益作为企业全面整顿的中心任务，围绕这个中心，结合形势的发展，及时提出新要求，以此统一思想、统一行动，保证了整顿工作方向正确，内容充实，效果显著。二是领导重视、组织健全、工作协调。从国家、地区到企业都成立了企业整顿领导小组，健全了办事机构，固定人员抓企业整顿工作。人事、劳动、财政、工会等有关综合部门，分工负责，工作协调，步调一致。三是有规划，有步骤，责任明确，狠抓落实。对企业整顿工作也实行了目标管理，以中央提出的 1985 年前把现有企业整顿一遍为总目标，从部门、到企业层层制订规划，层层落实责任，建立了分级分工责任制度。四是制度健全，措施有力。各级企业整顿领导小组多数建立了工作例会

制度、验收进度通报制度。全国企业整顿领导小组从1982年起坚持一月一次例会，定时召开，从不间断，一次着重解决一个主要问题，及时交流经验，按月通报整顿验收进度。各级企业整顿领导小组对整顿工作实行分类指导，加强调查研究，督促检查，做了大量的工作。五是坚持严格验收。验收是整顿工作的最后工序，没有严格验收，就没有整顿工作的质量，就会产生前紧后松、图形式、走过场的弊病。各地区、各部门按照五项整顿工作要求，都制订了整顿标准和验收细则，并坚持按标准进行整顿验收，没有完全达到标准的，限期补课。同时对验收合格企业定期复查、回访，“回生”严重的，坚决撤回“合格证”，从而有效地保证了整顿的质量，善始善终、保质保量地完成整顿任务。

总之，企业全面整顿工作取得了很大成绩，积累了不少有益的经验，对今后进一步加强企业管理有很大的帮助。但是，我们要保持清醒的头脑，绝不能对企业整顿的成果估计过高。就目前我国企业的素质和管理水平来说，与1982年整顿前相比，确有很大提高，但从我国和世界经济的发展来看，从当前大中型企业的情况看，我国多数企业素质仍然不高，管理仍很落后，潜力还没有得到充分的发挥，许多方面远不能适应经济体制改革和国民经济发展的需要，要走上现代化管理的轨道，还有相当的距离，还存在不少问题。主要问题有：（1）不少企业领导班子知识结构还不尽合理，懂技术的多，缺乏经营管理和思想政治工作的知识和经验，一些企业党政班子年龄结构没有形成梯形配备，少数企业的经营指导思想存在急功近利的倾向；（2）相当一部分企业基础工作薄弱，经不起客观条件变化，特别是市场变化的冲击，产品质量差、物质消耗高、安全状况不好、经济效益低；（3）职工队伍素质不高，不少企业不同程度地存在着劳动纪律、工艺纪律和财经纪律松弛现象；（4）一些企业忽视社会主义精神文明建设，思想政治工作薄弱；（5）整顿工作发展不平衡。就整顿工作来说，由于地区、行业的情况不同，企业的基础不同，发展也不平衡。据今年下半年复查结果，整顿、改革搞得好、经济效益高的企业约占40%，整顿、改革有成绩，经济效益有增长，情况一般的企业约占50%，整顿有“回生”，经济效益差的企业约占10%。原因是不少企业的整顿工作带有一定的突击性，图形式、搞花架子，验收后又不重视抓巩固提高工作，个别企业甚至在整顿中弄虚作假，验收中蒙混过关，或者请客送礼，骗取合格证，使整顿工作走了过场。因此，继续巩固发展整顿成果，全面改善和加强企业管理，提高企业素质，提高经济效益，仍然是摆在我们面前的一项十分重要的任务。

附文

巩固发展企业整顿成果，进一步加强企业管理工作

——在全国企业整顿先进单位授奖仪式上的讲话

（1986年1月20日）

全国企业整顿领导小组对四年来企业整顿工作的总结，全体代表已经进行了认真的讨论。大家一致认为，总结比较全面地回顾了四年来的企业整顿工作，对取得成绩的估计和对基本经验的总结是符合实际的。大家在讨论中提出了很好的修改意见和建议，会后我们将根据大家的意见，进一步修改，正式上报党中央和国务院。

因为整顿工作总结大家都讨论过，我就不再宣读了。关于“七五”期间加强企业管理的方针、目标、任务和要求，以及1986年重点抓的几项工作，吕东同志报告中已经讲得很清楚了。下面仅根据讨论中提出的问题，结合今年的企业管理工作讲三点意见。

一　进一步提高认识，切实加强企业管理

为了巩固和发展企业整顿成果，在“七五”期间把我国的企业管理提高到一个新的水平，首先要进一步提高对加强企业管理的重要性和紧迫性的认识。改进和加强企业管理是国民经济发展的一项长期任务。应该说，经过四年的企业整顿，我们企业的面貌比四年前有了很大的变化。但是，从实现本世纪末的宏伟奋斗目标的要求来讲，我们的企业管理还是低水平的，同世界先进水平相比，还有相当大的差距。所以在“七五”期间更要集中力量、下大功夫来改进和加强企业管理工作，改变当前技术落后、管理更落后的状况，为九十年代的经济发展打好基础，为建立具有中国特色的社会主义企业管理体系探索路子。四年来企业整顿和改革的实践证明，哪个地区、哪个部门的领导同志真正重视管理工作，这个地区或部门的管理工作就搞得好，整顿和改革都能取得好的效果。因此，加强企业管理，思想必须先行。

改善和加强企业管理需要做的工作很多，从各地的经验来看，首先要抓好基础工作和抓好班组建设，使企业的各项管理工作建立在扎实的基础之上，管理和技术才能同步配套地向前发展。今年，要结合工业普查，继续抓好六项管理基础工作的健全、完善，在先进、准确、齐全、配套上下功夫，逐步适应技术进步和管理现代化的要求。班组是企业的基层组织，各项管理基础工作都要从班组做起。班组工作的好坏直接影响着企业管理水平的高低。这次在大会交流经验时，许多企业强调了抓班组建设，这是一个非常重要的信息。过去我们有抓“三基”的经验，今后要大大发扬。这是我们改善和加强企业管理的最根本的途径。企业管理升级规划，要落实到班组，靠班组去实现。因此，要十分重视对班组长的培训工作，提高班组长的思想政治水平和技术业务能力。对全体职工的培训工作，全国职教委已经有了具体要求，也要认真抓好。

要继续抓紧落实党中央、国务院关于扩大企业自主权、增强企业活力的各项规定，大力推进企业内部改革。首先要坚定不移地进行企业领导体制改革，推行厂长（经理）负责制。《中共中央关于经济体制改革的决定》中明确规定，只有实行厂长（经理）负责制，才能适应现代企业必须建立统一的、强有力的、高效率的生产指挥和经营管理系统的要求。最近，国务院主要领导同志在听取北京市10个改革试点企业汇报时再一次申明，对企业领导制度改革，虽然现在还在试点，他还是赞成厂长负责制。我已向各省市区的负责同志做了传达，我们要坚决贯彻执行。至于企业干部管理问题，尉部长做了重要讲话，他主张对现行的干部管理制度加以改革，使改革更有利于干部的合理使用和交流。所以我想再做点说明。去年8月在天津召开的《国营工业企业法》草案和“三个条例”修改工作座谈会上，经过几个有关部门共同研究，并向国务院主要领导同志汇报了，大家一致认为实行厂长负责制，仍然要坚持党管干部的原则。企业党委主要是管干部政策，坚持干部的“四化”标准，把好政治关，坚持德才兼备、任人唯贤。党委要帮助厂长培养、考察、选拔和监督中层行政干部，提出使用的意见和建议。厂长在对中层行政干部的任免做出决定前，应该听取和尊重党委的意见。副厂长由厂长提名，党委讨论，报上级任命。关于党委和行政管理干部的机构是统一还是分设好，试点中有两种做法：一种是党政分设；一种是统一到党委组织部门，由党政双重领导。行政干部与党群干部的交流是必要的，也是正常的，需要交流的干部，要由党政共同协商。这些做法还需要在试点中进一步充实、完善。要以企业领导体制改革推动企业内部的配套改革，使企业的各项管理制度适应有计划的商品经济发展的需要。

加强企业管理工作的重点是提高产品质量和降低物质消耗。各地区、各部门要有计划、有步骤地普遍推行全面质量管理，建立健全质量保证体系；同时，要树立“勤俭节约”的思想，加强能源、原材料、设备、财务等各项专业管理，加速资金周转，逐步建立健全节能降耗的保证制度。

要积极推进企业管理现代化。国家经委推荐的18种现代化管理方法，要围绕提高产品质量，降低物质消耗，根据企业的实际情况，积极推广选择应用。所有企业都要逐步学会应用全面质量管理、目标成本管理、价值工程、市场预测等方法。这次会上大家讨论了《企业管理现代化纲要》稿，提出了很好的修改意见，今年四五月份准备召开第四次企业管理现代化工作座谈会，进一步讨论、落实《企业管理现代化纲要》稿，交流经验，扩大试点。各地可以早做一些准备。

要结合整党，大力加强领导班子的思想作风建设，要用好的党风带出好的厂风、店风、路风，促进社会风气的根本好转。要端正企业的生产经营指导思想和经营作风，把企业的经济效益与社会经济效益统一起来。要进一步加强和改进企业的职工思想政治工作，把“两个文明”一起抓的方针落实到基层。

二　做好企业管理升级的准备工作

在讨论《关于加强全民所有制工业企业管理若干问题的决定》（讨论稿）时，大部分地区和部门认为，由中共中央、国务院发一个加强企业管理的决定是很必要的，赞成在“七五”期间开展企业管理升级活动。有些省、市去年就开展了这项工作。对于升级的问题，作为中央和国务院的文件，不可能写得很具体，还需要我们在实践中具体化。因此，大家不要等，回去后根据这次会议的精神，开始进行各项准备工作。各地区、各部门要在上半年内对企业管理现状进行调查摸底，对各类企业的情况做到心中有数，在此基础上制订出本地区、本部门的企业管理升级的初步规划。国务院有关部门，包括非工业部门要着手收集、整理行业和专业的主要产品技术指标和物耗指标，在调查研究的基础上，制定分等级的标准。有条件的地区和部门可以进行试点，先行一步。

三　加强对企业管理升级工作的组织领导

从四年来企业整顿工作的经验看，改善和加强企业管理需要有强有力的组织领导。在《关于加强全民所有制工业企业管理若干问题的决定》（讨论稿）中，提出成立全国加强企业管理领导小组和办事机构，并要求各地区、各部门也要建立相应的领导和办事机构，专门负责这项工作。大家在讨论时基本上赞成这个意见，认为很有必要。考虑到四年来通过企业整顿已经形成了一支熟悉企业管理、有一定组织能力的专业干部队伍，这是一支十分可贵的力量，应该继续从事企业管理工作。因此，为了保证工作的连续性，在《决定》没有下发，新的领导班子和办事机构未成立前，现有的各级企业整顿领导小组及办事机构不要撤销，人员不要解散，要继续负责抓企业管理升级工作。

还有一个问题，就是要继续抓紧完成尚未整顿合格企业的验收工作。凡是没有完成整顿工作任务的地区、部门和企业，还要继续抓紧工作，绝不能因全国性企业整顿工作基本结束而放松领导，降低标准。整顿工作有“回生”的企业，要抓紧补课，巩固和发展整顿成果。

各级企业整顿领导小组和经委要认真贯彻落实胡耀邦等中央领导同志在中央机关端正党风大会上的讲话精神，转变作风，深入实际，调查研究，抓好典型，势力把企业管理工作提高到一个新的水平。

文稿解读

1985 年 12 月 20 日，全国企业整顿领导在京召开国务院各部门企业整顿工作第 40 次例会，全面总结四年来企业整顿工作。全国企业整顿领导小组组长、国家经委副主任袁宝华主持会议并讲话，宣布为期 4 年（1982 年至 1985 年）的企业全面整顿工作已经胜利地完成了任务。会上命名了首钢等 230 个企业为“全国企业整顿先进企业”。会议还就职工培训工作进行了交流。袁宝华同志讲话指出，自从 1982 年中共中央、国务院发出《关于国营工业企业进行全面整顿的决定》以来，各地区、各部门和企业在国务院和各级党委、政府的领导下，有计划、有步骤地在全国范围内开展了企业全面整顿工作。经过 4 年来的共同努力，我们已经胜利地完成了中央提出的在 1985 年以前把现有企业整顿一遍的历史任务。

1986 年 1 月 2 日，全国企业整顿领导小组、国家经委《关于命名全国企业整顿先进单位的决定》指出，1982 年 1 月，中共中央、国务院做出了《关于国营工业企业进行全面整顿的决定》，以后扩展到其他行业的企业。经过各地区、各部门和企业的共同努力，到 1985 年底，已经按照规划胜利完成了中央规定的企业整顿任务。

1986 年 1 月 11 日至 20 日，国务院召开全国经济工作会议。会议的主要议题是，在总结“六五”期间组织经济工作经验的基础上，研究“七五”期间深入改革，加强管理，沿着提高经济效益的轨道继续前进的部署，安排 1986 年的工作。受国务院的委托，国家经委主任吕东做“深入改革，加强管理，沿着提高经济效益的轨道继续前进”的报告和会议总结讲话。国家经委副主任袁宝华做“坚持四项基本原则做好新时期的思想政治工作”的讲话，中央组织部部长尉健行做“加强企业领导班子建设，把政治业务素质再提高一步”的讲话，全国总工会副主席陈秉权做“掌握职工思想动向，加强形势和政策教育”的讲话。有关部门、地区、企业负责同志做了会议交流发言。会议期间举行了全国企业整顿先进单位授奖仪式，通报了《巩固和发展企业全面整顿成果，进一步改善和加强企业管理工作》情况，宣布了全国企业整顿领导小组和国家经委关于命名全国企业整顿先进单位的决定。

文稿附录

附录 1　深入改革，加强管理，沿着提高经济效益的轨道继续前进——吕东同志在全国经济工作会议上的讲话摘要

附录 2　全国企业整顿领导小组、国家经济委员会关于命名全国企业整顿先进单位的决定

附　录

附录 1

深入改革，加强管理，沿着提高经济效益的轨道继续前进

——吕东同志在全国经济工作会议上的讲话摘要

（1986 年 1 月 11 日）

全国经济工作会议是在第六个五年计划胜利完成，第七个五年计划开始实施的时候召开的。会议的主要议题是，在总结“六五”期间组织经济工作经验的基础上，研究“七五”期间深入改革，加强管理，沿着提高经济效益的轨道继续前进的部署，安排 1986 年的工作。现在，我受国务院的委托，讲几点意见。

一　“六五”期间组织经济工作的简要回顾

“六五”时期，是党的十一届三中全会确定工作重点转移之后，我国经济建设的一个重要时期。在调整、改革、整顿、提高和对内搞活经济、对外实行开放方针的指引下，经过全国各族人民共同努力，开创了建国以来经济发展生机最旺盛的新局面。生产与流通互相促进，速度与效益同步增长，发展生产与改善人民生活紧密联系，国民经济重大比例关系也比较协调，这在我国历史上是少有的，在战后世界经济发展中也是不多见的。综观五年来国民经济的巨大变化，可以说，我国经济正在走上速度比较实在、经济效益比较好、人民可以得到更多实惠的新路子。要着重指出的是，1985 年是我国经济体制全面改革的第一年，我们实现了“慎重初战，务求必胜”的目标，效果比原来预料的要好。

“六五”计划的胜利完成，是党的正确领导和全国人民共同努力的结果。我们在组织经济工作上，围绕提高经济效益这个中心，也初步摸索出一些做法。（1）提高企业素质，打好基础。这是组织经济工作的立足点。这五年，各地区、各部门花了很大力气，对国营企业特别是大中型骨干企业进行了整顿。到去年年底，列入全国企业整顿规划的近 5 万个国营工业、交通、商业、农垦、建筑企业，已基本验收完毕，胜利地完成了中央提出的在 1985 年以前把现有企业整顿一遍的任务。经过整顿，企业管理的基础工作得到了加强，各项管理制度不断完善，领导班子实现了新老交替，具有大专以上文化程度的占 80%以上，

基本上形成了以四十几岁的干部为主体的梯形年龄结构。这是进一步搞好各项改革、加快技术进步、实现管理现代化的重要条件。现在，企业整顿作为一项阶段性工作已经结束。但是，随着形势的发展，改善和加强企业管理的任务还很艰巨。紧紧抓住提高企业素质这项工作，我们的经济发展才有坚实可靠的基础。（2）坚持改革，增强企业活力。城市改革的中心环节，是增强企业特别是大中型企业的活力。这几年，我们在搞活企业方面进行了一系列探索和试验，大体的路数是：从调整国家、企业和职工的分配关系入手，发展到扩大生产经营等方面的自主权；从搞活集体企业和国营小企业开始，进而发展到搞活大中型企业；从企业内部实行经济责任制入手，进而推动企业外部环境的改善，把宏观和微观改革结合起来，促进各项改革措施的配套。经过几年来的改革，可以清楚地看到，我们的企业正在发生着深刻的变化：企业由行政部门的附属物，开始转向相对独立的商品生产者和经营者；从封闭的单纯生产型，开始转向开放的经营开拓型；从主要依靠行政指令组织生产，开始转向重视市场变化，按照指令性计划、指导性计划和市场调节相结合的要求组织生产；从吃两个“大锅饭”，开始转向把企业的利益与经营成果，把职工的利益与个人贡献挂起钩来。企业之间的横向经济联系和技术合作也有了很大发展。实践证明，改革是一场深刻的革命，涉及各方面的经济关系、经济利益的调整；同时也是一个渐进过程，要在探索中前进，采取每一项改革措施，都要权衡利弊得失，做大量细致的工作。我们要坚持改革的方向，进一步落实党中央、国务院已经发布的有关扩大企业自主权的决定和条例，不断增强企业的活力。（3）推进技术进步，改造现有企业。这是提高经济效益的根本途径。这几年以产品更新换代为龙头，把技术的开发、引进、改造等工作“一条龙”地组织起来，扭转了过去那种零打碎敲的局面。五年技术改造投资1100多亿元，改造投产项目20多万个；国务院交办的在“六五”后三年引进3000项技术的任务，已经签约成交，连同地方、部门安排引进的共约14000项。这些引进项目一部分已经投产。现在，整个技术进步工作在继续抓好引进的同时，开始把重点转到对引进技术的消化、吸收、推广上来，以加快产品国产化的步伐，这是我们面临的更为艰巨的任务。（4）加强宏观管理，组织好协调。几年来，各地经委坚持速度和效益的统一，数量和质量的统一，生产和流通一起抓，会同有关部门做了大量工作。（5）加强思想政治工作，搞好职工培训。几年来，我们注意抓好职工的思想政治工作，配合有关部门对职工进行“有理想、有道德、有文化、有纪律”的教育。各地区、各部门对3000多万青壮年工人进行了文化技术补课，对大中型企业的厂长（经理）进行了培训和统考，建立了92所经济干部管理学院和9个企业管理培训中心。

二　加强企业管理，适应“七五”经济发展的需要

“七五”时期，是为我国九十年代经济振兴打好基础的关键时期。在这5年里，要为改革创造好的环境，为今后的发展准备后续力量，又要在发展生产的基础上继续改善人民生活，我们面临着很多矛盾。解决这些矛盾，关键有两条：大力提高企业经济效益，积极增强出口创汇能力。而解决这两个关键问题，最现实的出路，就在于坚持改革，加强管

理，大力提高企业素质，把企业内部蕴藏的巨大潜力挖掘出来。党的十一届三中全会以来，经过全面整顿和初步改革，企业的管理工作有了一定改善。但是，从整体上说，我国企业的管理水平仍然是不高的。当前突出表现在：产品质量差，物质消耗高，经济效益低。造成这种状况，有技术方面的原因，也有管理方面的原因。我们的同志对于技术落后这一面，看得比较具体，而对管理更落后这一面，往往缺乏足够的认识。有的认为，现在"浮财"扫光了，加强管理工作没有多大油水，热衷于争投资、上项目；有的只注意外部条件，而不是眼睛向内，把工作重点放在扎扎实实地做好基础工作上；有的习惯于粗放经营，而不善于组织集约化生产，走内涵发展生产的道路，等等。因此，首先需要提高思想认识，要使我们的干部和广大职工认识到，现代化大生产要求有相适应的现代化管理。不提高管理水平，就不能有效地协调全体劳动者的行动，充分发挥他们的积极性、智慧和创造力；就不能合理地组织各种生产要素，提高企业的整体效能，用尽可能少的活劳动消耗和物质消耗生产出尽可能多的优质产品。不提高管理水平，就不可能有产品的高质量、生产的高效率、经济的高效益。因此，要动员广大企业的干部和职工，齐心协力，努力工作，把我国的企业管理提高到一个新水平，这是实现"七五"计划最好的实际行动。

根据我国企业的现状，"七五"期间在加强企业管理方面，需要明确以下几个问题。（1）任务要求。"七五"期间，加强企业管理工作的基本要求：一是完成企业领导体制的改革，普遍推行厂长（经理）负责制；二是完善经济责任制和思想政治工作两个保证体系；三是技术、管理一起抓，不断提高企业自我改造、自我发展的能力。到 1990 年，各行各业都有相当一部分产品的质量和性能达到发达国家七十年代末八十年代初的水平，所有重要产品都要按照"七五"计划规定的新增国际标准组织生产；工业产值和财政收入，要有 2/3 以上靠现有企业来实现。鉴于目前我国管理水平参差不齐，拟规定不同级别企业的标准，鼓励每个企业都要根据实际情况，奋力攀登，制定出"上等级，创先进，全面提高素质"的规划。通过这个办法，把"七五"加强管理的任务落实到每个企业。（2）工作的重点是提高产品质量和降低物质消耗。（3）改革企业领导体制，相对稳定领导班子。前一段的试点经验证明，企业实行厂长（经理）负责制，有利于改变生产指挥上决策慢、效率低、无人负责的状况；有利于明确党政分工，加强思想政治工作；有利于加强民主管理，体现职工的主人翁地位。"七五"期间，要有领导、有步骤地完成全民所有制工业企业领导体制的改革，普遍实行厂长（经理）负责制。实行厂长负责制，对厂长提出了更高的要求。办好企业，关键要有一个好的领导班子，尤其要有一个好厂长。厂长要有全局观念，正确处理国家、企业、职工三者的利益关系；要有长远观点，把眼前利益和长远利益结合起来；要有正确的经营指导思想和良好的业务素质，懂生产、会经营、勇于开拓和善于决策；要有好的作风，善于发挥集体的智慧，团结各方面的力量共同工作，秉公办事，带头抵制各种不正之风。为了搞好厂长负责制，大中型企业可成立工厂管理委员会，作为协助厂长对重大问题进行决策的一种组织形式。还有一个重要问题。大家普遍反映，厂长任期过短，不利于树立长远的战略思想，也不利于积累经验，提高管理水平。针对这种情况，应采取措施，相对稳定领导班子。将厂长任期改为5年，并实行任期目标责任制。（4）加强思想政治工作，搞好职工队伍建设。

三 1986年的主要工作

1986年，按照中央和国务院的部署，要继续保持经济的稳步增长，为进一步改革创造条件。改革方面，总的原则是巩固、消化、补充和改善，解决改革中出现的突出问题。经济发展方面，要加强和改善宏观控制。在继续抑制总需求的同时，努力增加总供给。要区别不同地区、不同情况，采取适当的松动政策，安排好生产，保证国民经济继续持续、稳定、协调地向前发展。

1. 坚持改革，进一步搞活企业

关于农村改革，中央、国务院下达了一号文件，已经做了全面部署，各地区、各部门要认真贯彻执行，为农业经济发展做出新的贡献。城市改革，要继续抓好增强企业活力这个中心环节。搞活企业，是培植国家财源，增强国家实力，保持经济稳定、协调发展的重大措施。从这几年的实践来看，企业搞活了，主要应该表现在五个方面：一是经济效益好，对国家贡献大；二是产品质量好、消耗低，技术开发能力较强，有适应市场需要的畅销产品；三是企业具有一定的自我改造、自我发展能力，有后劲；四是坚持社会主义方向，经营作风端正，厂风好；五是在生产发展基础上，职工生活也得到相应改善。目前真正做到这五条的企业还是少数，今后还要做艰苦的努力。

（1）进一步搞活大中型企业。1984年，国务院颁布了《关于进一步扩大国营工业企业自主权的暂行规定》，去年又批转了《关于推进国营工业企业技术进步的暂行规定》和《关于增强大中型国营工业企业活力若干问题的暂行规定》。这些规定目前还有相当一部分没有落实。今年要把落实这些政策当作一件大事来抓。调减调节税，增提折旧基金。这是为搞活大中型企业采取的一项重大措施。这笔钱一定要用好，原则上要用在技术改造上，不能用于增加消费基金。经过批准已采取上缴利润承包办法的企业，必须服从国家计划，从国家整体利益出发使用留成收益，那种只考虑企业局部利益的做法是不对的。坚决制止向企业乱摊派、乱收费、乱罚款。有关部门正在草拟文件，决心解决一下。今后除按照法律和经国务院批准，可向企业征收税金和罚款外，其他单位再搞摊派，一律视为违法、违纪行为，并由审计部门监督。1986年财务大检查要把这个问题作为一个重要内容，检查结果要在报纸上公布，并且要摊派单位退赔。凡向企业下达指令性生产计划的地区和部门，要提供相应的主要原材料、能源和运输条件。如主要原材料、能源和运输条件保证不了，企业可以要求下达计划的地区和部门调整生产计划。对整顿公司我们已草拟了一个文件，准备提交这次会议讨论后，报国务院审批。行政性公司和政企合一的公司要区别不同情况，该转的转，该撤销的撤销，该保留的保留。有条件的企业可以划小内部核算单位，实行分级管理，正确处理集权和分权、一业为主和多种经营、生产车间和辅助车间的关系，进一步完善经济责任制。

（2）增强企业出口创汇能力。

（3）引导乡镇工业健康发展。十一届三中全会以来，我国乡镇工业蓬勃发展，这对解决我国农村耕地有限、劳力过多、资金短缺的困难，为建立新的城乡关系找到了一条有效的途径。为了使之保持健康发展，各地经委要加强这方面工作，积极扶持、合理规划、正确引导、加强管理。当前要注意解决好三个问题：一是区别对待，分类指导；二是加强工业产品的质量管理；三是合理分配利润。

（4）大力开展各种形式的横向联系。近两年来，在简政放权的基础上，地区之间特别是企业之间的横向联系有了很大发展，势头很好。各级领导部门一定要因势利导，从政策上给予支持，在法律上给予保证，推动前进。发展横向联系，往往能够暴露出现行经济体制中的一些问题，我们要针对这些问题，制定有关政策，推动联合，促进改革。

2. 组织好生产和流通

3. 进一步做好企业的技术进步工作

关于今年的技术进步工作，已在去年十一月召开的第三次全国企业技术进步工作会议上做了部署，下一步主要是抓紧落实。技术改造的重点，要放在大中型企业、在行业技术进步中起示范带头作用的骨干企业和承担出口任务的企业。

4. 加强企业管理

1986年，是企业加强管理，上等级，创先进，全面提高素质的第一年，各方面的工作都要跟上去。一是搞好规划。各业务主管部门和地区，要制定具体标准和宏观指导规划。全民所有制工业企业要从实际出发，本着高标准、严要求的精神，制订出“七五”期间提高企业素质的规划，明确升级目标和具体实施步骤。这件事，要争取在1986年上半年完成。二是抓好全面质量管理。推行全面质量管理，一定要搞一个，成一个，见效一个。1986年，要争取有1000个大中型企业建立健全严格的全面质量保证制度，真正发挥作用。三是抓好节能降耗工作。四是组织力量研究企业工资改革的方案。国务院已成立了企业工资改革领导小组，准备进行系统的调查研究，提出改革的总体方案。1986年企业的工资奖金分配办法，国务院另有通知，请各地按通知的规定执行。五是抓好现代化管理。在试点的基础上，有计划有步骤地展开这一工作。大中型企业要逐步建立起信息网络，搞好信息反馈。六是严格纪律。没有严格的纪律，再好的制度也不能发挥作用。要认真执行工艺纪律、劳动纪律和财经纪律，对于违反纪律的，要敢抓敢管，严重的要严肃处理。七是搞好安全生产、劳动保护和环境保护工作，做到文明生产。要在加强管理的基础上，继续抓紧扭亏增盈工作，把经营性亏损消灭掉。同时，注意运用法律手段管理经济。今年，要尽快制定出加强产品质量监督、推进技术进步、加快引进技术的消化吸收、鼓励节能降耗、加强乡镇企业管理、国营工业交通企业设备管理和维修等方面的经济法规。建立健全企业的法律顾问制度。解决有法不依、执法不严的问题。对于弄虚作假、偷税漏税的行为，要严肃查处。

5. 坚持两个文明建设一起抓，提高职工队伍素质

建设一支革命化、现代化的职工队伍，一方面要坚持思想领先的原则，加强思想政治

工作，进行“四有”教育，贯彻执行有关的政策，切实解决职工在工作、生活中的实际问题，把广大职工建设社会主义的积极性充分发挥出来。关于这方面的问题，前面已经讲了一些意见，宝华同志还要专门做报告。另一方面是在加强思想政治工作的同时，有针对性地搞好职工培训。企业领导班子调整后，一大批工程技术人员走上领导岗位，他们中不少同志缺乏经营管理知识。从今年开始，用 3 年左右时间对大中型企业领导成员进行轮训，学习马克思主义基本理论、党的方针政策、经营管理论、法律知识和领导方法，结合总结企业管理的实践经验，提高组织领导能力。地方要对小企业和乡镇企业的领导干部进行培训。要继续抓好对省区市、工业集中城市经委主任的轮训工作。把厂长（经理）的统考坚持到底。同时采取有效措施，加快大中型企业总工程师、总经济师、总会计师和党委书记的培训进度。在职工培训方面，要防止脱离本职工作的需要，单纯追求学历、文凭的倾向，加强组织和引导，搞好对职工技术、业务的定向培训。在试点的基础上，恢复和完善统一考工晋级和晋升技师制度。

同志们，“七五”是为我国实现翻两番宏伟目标打基础的重要时期，也是探索和建立具有中国特色的社会主义经济管理体制的重要时期。党的全国代表会议已经为我们规划了“七五"建设的蓝图。今年是“七五”计划的第一年，我们一定要在党中央、国务院的领导下，积极行动起来，认真贯彻执行最近中央领导同志在中央机关干部大会上的讲话精神，端正党风，改进工作，深入实际，努力为基层服务，动员和依靠全国人民，同心同德，群策群力，打好“七五”建设的第一仗，为夺取我国四化建设的新胜利而奋斗！

附录 2

全国企业整顿领导小组、国家经济委员会
关于命名全国企业整顿先进单位的决定

（1986 年 1 月 2 日）

各省、自治区、直辖市企业整顿领导小组、经委，国务院有关部门企业整顿领导小组，中国人民解放军总后勤部：

1982 年 1 月，中共中央、国务院作出了关于国营工业企业进行全面整顿的决定。以后扩展到其它行业的企业。经过各地区、各部门和企业的共同努力，到 1985 年底，已经按照规划胜利完成了中央规定的企业整顿任务。

四年来，企业整顿工作取得了显著成绩：企业的领导班子按照干部“四化”要求，进行了调整，实现了新老交替；职工队伍素质有了提高；经济责任制进一步完善；企业的管理基础工作普遍得到了加强；经济效益增长幅度明显高于整顿前的水平。不少企业在进行改革、增强活力、推进管理现代化方面，迈出了可喜的步伐。各地区、各部门涌现出一批

先进典型。

为了巩固和发展企业全面整顿的成果，表彰先进，进一步改善和加强企业管理工作，提高企业素质，经各地区、各部门推荐，全国企业整顿领导小组和国家经委审定，特命名以下230个企业为“全国企业整顿先进单位”。

先进单位要再接再励，学习其他企业的好经验，成为全国企业的表率。全国企业都要认真学习先进单位的经验，深入进行改革，加强经营管理，提高企业素质，积极推行企业管理现代化，为完成“七五”计划，搞好两个文明建设而努力奋斗。

全国企业整顿先进单位名单

（1986年1月2日）

一、地区：（北京市）首都钢铁公司、北京内燃机总厂、北京人民机器厂、北京清河毛纺织厂、北京化工三厂、北京市东风市场、北京光学仪器厂；（天津市）天津碱厂、天津手表厂、天津市针织运动衣厂、天津市第一市政工程公司、天津市肉类联合加工厂、天津市百货大楼、天津市第二建筑工程公司；（河北省）秦皇岛耀华玻璃厂、唐山市建筑陶瓷厂、河北唐山马家沟耐火材料厂、华北制药厂、秦皇岛市商业服务楼、邯郸市第二建筑工程公司；（山西省）潞安矿务局、山西杏花村汾酒厂、第十三冶金建设公司、山西省化工厂、太原电解铝厂；（内蒙古自治区）包头铝厂、内蒙古乌拉山化肥厂、内蒙古绰尔林业局；（辽宁省）沈阳电缆厂、大连冷冻机厂、辽河化肥厂、瓦房店轴承厂、东北制药总厂、辽宁省朝阳第二建筑工程公司、大连渤海饭店、鞍山市印染厂；（吉林省）吉林化学工业公司、吉林铁合金厂、长春拖拉机制造厂、吉林省三岔子林业局、长春市衬衫厂、长春市百货大楼；（黑龙江省）哈尔滨轴承厂、佳木斯造纸厂、黑龙江省佳木斯中药厂、牡丹江市化工二厂、哈尔滨第一工具厂、阿城继电器厂；（上海市）上海第十七棉纺织厂、上海天原化工厂、上海市第一建筑工程公司、上海英雄金笔厂、上海第三钢铁厂、上海市长春食品商店、上海无线电二厂、上海柴油机厂、上海皮鞋厂；（江苏省）常州柴油机厂、无锡油泵油嘴厂、江苏省苏州振亚丝织厂、南京市新街口百货商店、南通第一棉纺织厂、江苏省泗洪双沟酒厂、南京化学工业公司催化剂厂；（浙江省）民丰造纸厂、杭州民生药厂、杭州张小泉剪刀厂、浙江省第四建筑工程公司、宁波水表厂；（安徽省）马鞍山钢铁公司、合肥化工厂、合肥叉车厂；（福建省）福州第一开关厂、福建省泉州市五交化公司、福建省南平水泥厂、福州第二化工厂、福建维尼纶厂；（江西省）江西横峰纺织器材厂、国营宜春第一机械、厂江西钢厂；（山东省）济南第一机床厂、山东新华制药厂、山东淄博制酸厂、青岛碱厂、山东金岭铁矿、青岛市粮食局第二面粉厂、齐鲁石油化工公司；（河南省）河南省民权葡萄酒厂、平顶山锦纶帘子布厂、洛阳耐火材料厂、河南轮胎厂、洛阳玻璃厂；（湖北省）武汉钢铁公司、武汉印刷厂、湖北省安陆棉纺织厂、襄樊市鼓楼商场、湖北省黄石市锻压机床厂、东风轮胎厂；（湖南省）湖南省醴陵国光瓷厂、湘乡水泥厂、湖南省涟源钢铁厂、湖南省湘潭纺织印染厂、湖南省浦沅工程机械总厂；（广东省）韶关齿轮厂、广东省海南汽车运输公司、广东玻璃厂、广东省第二建筑工程公司、佛山市国营升平百货商店、广州绢麻纺织厂；（广西壮族自治区）柳州第二空压机厂、桂林乳胶厂、广西北流县氮肥厂；（四川省）四川化工总厂、自贡市鸿鹤化工总厂、东新电碳厂、成都无线电七厂、重庆钢铁公司、四川省第三建筑工程公司、宁江机床厂、乐山冶金机械轧辊厂；（贵州省）遵义铁合金厂、贵阳矿山机器厂；（云南省）中国烟草总公司云南省公司、玉溪卷烟厂、昆明冶炼厂、云南省个旧市供销合作社联合社；（西藏自治区）山南地区交通局汽车修配厂；（陕西省）陕西省宝鸡石油钢管厂、汉江工具厂、西安内燃机配件厂、国营西北第五棉纺织厂、国营西北第一棉纺织厂、宝鸡市车辆厂；（甘肃省）兰州石油化工机器厂、甘肃省刘家峡化肥厂、兰州炭素厂、兰州日用化工厂；（青海省）青海黎明化工厂、青海铝制品厂；（宁夏回族自治区）大河机床厂、银川橡胶厂；（新疆维吾尔自治区）新疆八一钢铁总厂、乌鲁木齐矿务局苇湖梁煤矿、乌鲁木齐市红旗路百货商店。

二、部门：（农牧渔业部）新疆生产建设兵团农工师二十九团、大连渔轮厂、新疆石河子八一糖厂；（林业部）大兴安岭林业管理局新林林业局；（水利电力部）北京石景山发电总厂、华东电业管理局望亭发电厂、山东电力建设第一工程公司、水利电力部第十二工程局、辽宁发电厂；（地质矿产部）重庆地质仪器厂；（冶金工业部）攀枝花钢铁公司、第三冶金建设公司；（机械工业部）大连重型机器厂、四川仪表总厂、第二砂轮厂、长征电器公司；（核工业部）国营五〇四厂、国营五二三厂；（航空工业部）国营一三二厂、国营五一一厂、沈阳飞机制造公司；（电子工业部）国营北京第三无线电器材厂、国营南京无线电厂、国营江南无线电器材厂、国营长江机器制造厂、国营华联无线电器材厂；（兵器工业部）国营长庆机器厂、国营嘉陵机器厂、国营新华化工厂、国营内蒙古第一机械制造厂；（航天工业部）南京晨光机械厂、上海广播器材厂；（煤炭工业部）抚顺矿务局、南桐矿务局；（石油工业部）大庆石油管理局、渤海石油公司；（化学工业部）第一胶片厂、第十二化工建设公司；（纺织工业部）沈阳纺织机械厂、国营经纬纺织机械厂；（轻工业部）塘沽盐场、昆明轻工业机械厂；（铁道部）广州铁路局、北京铁路局、上海铁路局、铁道部齐齐哈尔车辆工厂、铁道部第一工程局；（交通部）烟台港务管理局、第四航务工程局、黑龙江航运管理局；（邮电部）上海市市内电话局、哈尔滨市邮政局、吉林市邮电局、邮电部眉山通信设备厂；（商业部）上海文化用品批发公司、商业部无锡粮食机械厂、中国农业生产资料公司上海采购供应站、天津文化用品采购供应站、广州五金交电采购供应站；（对外经济贸易部）中国纺织品进出口总公司、诸城县对外贸易公司；（中国人民解放军总后勤部）中国人民解放军第三五〇六工厂、中国人民解放军第七四一六工厂；（司法部）浙江省五一机械厂；（中国船舶工业总公司）新港船舶修造厂、江南造船厂；（中国石油化工总公司）长岭炼油厂、上海石油化工总厂、兰州炼油厂；（中国建筑工程总公司）中国建筑第五工程局第四建筑安装工程公司、中国建筑第三工程局第一工程公司；（中国汽车工业公司）第一汽车制造厂、第二汽车制造厂；（中国有色金属工业总公司）东北轻合金加工厂、凡口铅锌矿、山东铝厂、株洲硬质合金厂；（中国烟草总公司）上海卷烟厂；（国家建筑材料工业局）国家建筑材料工业局建设公司；（国家医药管理局）中国医药公司上海采购供应站；（国家物资局）石家庄储运公司石岗路仓库；（国家计委国家物资储备局）湖北省储备物资管理局三三七处；（国家出版局）北京新华印刷厂；（中国工商银行）中国工商银行上海市分行；（中国人民银行）国营六一四厂；（中国农业银行）中国农业银行上海市川沙县支行；（国务院侨务办公室）广东省国营珠江华侨农场糖厂。

关于厂长负责制试点工作情况的报告*

（1986 年 6 月 26 日）

1986 年 6 月 23 日至 6 月 26 日，国营工业企业法调查组在大连召开了北京、天津、上海、沈阳、大连、常州六个城市厂长负责制试点工作座谈会。会上传达了中央领导同志最近在中央书记处会议、省长会议和政治局会议上关于厂长负责制问题的一些重要讲话精神，交流了自去年天津会议以来试点工作的情况和经验，对下一步的工作做了安排，并就《国营工业企业法（草案）》的修改工作交换了意见。会上，对厂长工作等“三个条例”和颁发“三个条例”的通知稿又做了进一步的修改。会议开得比较好。现简要汇报如下。

一　试点工作情况

（一）厂长负责制试点工作有成绩，但发展是曲折的，试点工作在一些地方经历过几次反复

一是 1984 年第四季度部分企业出现滥发奖金、实物的不正之风，一些人指责是厂长负责制带来的，使得刚刚发展起来的试点势头受到了挫折。二是 1985 年七八月间由于厂长决策程序的问题未解决，又发生个别厂长决策失误，引起一些人对赋予厂长个人决策权的非议，特别是增强企业活力“十四条”中没有提到厂长负责制，一时间议论纷纷，使一些厂长思想动荡不安。三是今年初出现的有关厂长用人权的不同说法，一些企业党组织收权，少数企业又回到了党委领导下的厂长负责制，这一次涉及的面较宽。但是情况也不完全一样，有些地方如沈阳、大连等市，在市委的领导下试点形势基本上是稳定的。总之，六个市的试点工作虽然遇到了一些波折，但还是有发展的。

* 本文是袁宝华同志主持的《国营工业企业法》调查组上报国务院的报告，国务院领导同志批示，印发各省、自治区、直辖市政府和各有关部门参阅。

据不完全统计，全国试点企业目前已达27000个，比去年8月天津会议时增加5000个。其中6个试点市1919个，比去年天津会议时增加200个。当然，这个发展是非常缓慢的，试点企业多数是国营预算内企业。大连的试点企业已占国营预算内企业总数的85.6%，上海基本上是控制试点，也已占到1/3。从试点的质量上看，好的、比较好的占试点企业的绝大多数，约90%。比较差的，天津占6%，沈阳占8%，北京占10%。从试点企业的经济效益看，多数试点企业是比较好的。据对北京的情况分析，今年1~6月，全市工业总产值下降0.2%，试点企业增长2.8%。

（二）围绕厂长负责制的试点工作，逐步建立和完善了各项规章制度，使企业领导体制的一些改革措施逐步制度化、程序化和规范化

例如重大问题决策形式的程序化，现在许多试点企业建立了以厂长为首的，有党政工团和技术经济负责人及职工代表参加的企业管理委员会，在厂长主持下集体讨论重大问题。这种形式不仅充分体现了厂长在决策中的主导作用和发挥了专家的智囊作用，避免厂长决策失误，同时也为党组织的保证监督和职工代表大会（简称职代会）的民主管理提供了组织保障。再如厂长任期目标责任制，这是对厂长任期制的充实和完善。这一制度的推行，基本上解决了厂长任期内产生短期行为的问题。目前有些试点市把这一制度还推行到保证监督系统中，要求企业党组织和工会，围绕厂长的任期目标，规定各自的工作目标，动员党员、群众为保证厂长任期目标的实现，使企业、党政、工人三者都围绕着一个共同的目标，按照职责分工，加强各自的工作。这些规范化的措施，对巩固和发展厂长负责制有积极的作用。

（三）厂长用人权

从座谈中各地反映的一些情况看，厂长任命的中层行政干部绝大多数是好的或比较好的。滥用职权、“任人唯亲”的现象有，但这是个别现象。据大连市对21家试点企业的调查，厂长任命的723名中层干部中，不称职的有14人，占1.9%。其原因也不是厂长“任人唯亲”，而是使用时没有看准。沈阳有141家企业最近进行了民主评议，共评议1138名中层干部，群众认为不称职的只有6人，占被评议人数的0.5%。实践证明，用人权同任期目标责任制联系起来后，厂长用人会更加谨慎。

（四）一些试点企业党组织工作开始有所加强

企业党委开始从行政事务中解脱出来，党的建设和职工的思想政治工作有所加强。一些长期没有发展或很少发展党员的企业，开始注意发展工作了，知识分子“入党难”、生产第一线工人党员少的局面有所改变。企业党委的主要领导同志能以较多的精力进行调查研究，使政治工作处于主动的地位。

（五）民主管理制度有了进一步的发展

在一些试点企业中，出现了以职代会为主的多种民主管理形式。如，有关企业生产经营的民主讨论会、咨询会、答辩会；有关干部的评议会；有关形势教育的畅谈会和厂长民主接待日等。从管理内容到管理范围都有所发展和扩大。

二　试点工作中存在的问题

从大连座谈会上反映的一些情况来看，目前厂长负责制试点工作中，除了对中层干部任免问题要继续统一认识外，主要问题是试点工作发展不平衡，企业内外改革不配套，影响了试点工作的进展。

（一）发展不平衡

主要是有的试点城市对试点工作领导不力的问题。沈阳、大连的经验证明，只要市委对试点工作不等待、不观望，旗帜鲜明，敢于探索，试点工作是可以迅速、健康地发展的。目前的问题是，有的试点城市在企业整顿领导小组工作结束之后，试点工作处于无人负责的状态，有的等待、观望，因此进展缓慢。天津市试点企业至今只占预算内企业的16.8%。常州市是中央、国务院两办通知中确定的企业要普遍试点的城市，但目前试点企业仅占该市县以上企业的40%。

（二）内外改革不配套、不同步

这也给试点工作带来了一些困难。如企业扩权不落实、社会摊派太多、经营者利益得不到保障的问题，以及分配体系、物价体系没有进行相应的改革等，这在不同程度上影响了试点工作的进展。

三　对下一步试点工作的几点意见

（一）进一步统一思想，提高认识

要尽量避免上面说法的不一致，造成下面思想的动荡。目前“三个条例”即将下发，我们和中宣部已草拟了宣传提纲，各级党委要大力做好宣传教育工作和试点中的思想政治工作。对试点企业来说，目前主要是抓好企业党委从思想观念到工作内容、工作方法的转变工作。

（二）试点企业要做好巩固、完善和提高的工作

工作重点要放在继续完善各项制度，使与厂长负责制有关的厂长决策、厂长用人等，逐步做到程序化和规范化。对少数问题比较多的试点企业，要求市有关领导部门要逐个分析，有针对性地解决问题。对领导班子不团结的，要下决心按照中央的精神，把能起中心作用的、优秀的干部调任厂长。要努力提高企业领导班子的素质。

（三）加强对厂长负责制的理论研究工作

目前试点中已经提出了许多理论问题，各试点城市要组织力量深入讨论研究。要开好理论讨论会。国营工业企业法调查组下半年也准备在各试点城市理论讨论会的基础上，召开一次理论讨论会，侧重讨论新时期党在企业中的作用问题、厂长身份问题、民主管理问题等。

（四）各地应加强对试点工作的领导

凡企业整顿领导小组工作结束后，没有相应地建立起领导机构的，一定要结合贯彻执行《国务院关于加强工业企业管理若干问题的决定》，立即建立由市委和市政府直接领导的，各有关部门参加的，能够负责统筹、规划、指导、协调的领导机构和工作班子。同时建议六个试点市的市委和市政府，在今年10月，分别将本市两年多来的试点情况向中央、国务院写出书面报告。座谈会上，有的同志提出，《国营工业企业法》明年颁布后，调查组如要解散，中央也应建立相应的负责指导试点工作的机构。

（五）认真修改好《国营工业企业法（草案）》

中央要求《国营工业企业法（草案）》今年第四季度报送中央审定，以便明年初提请全国人大会议通过。为此调查组分别组织力量在调查研究的基础上做好草案的最后修订工作。

附文

受中央组织部、国家经济委员会、全国总工会的委托，接受新华社记者的访问，回答全民所有制工业企业改革领导体制、实行厂长负责制的有关问题

（1987年1月15日）

问：“三个条例”要解决的主要问题是什么？

答：三十多年来，全民所有制工业企业领导体制有过多次变革，其中较长时间实行的是党委领导下的厂长负责制。它在过去的历史条件下，曾发挥了积极的作用，但是，随着时代的发展，这种体制的弊端暴露得越来越突出，主要是党政不分，权责分离，把经济组织和政治组织混同起来，其结果既影响了经营管理责任制的实行，又削弱了党组织本身的工作。正是为着改革这种不合理的企业领导体制，中共中央、国务院决定实行厂长负责制。厂长负责制，明确了厂长是一厂之长，在企业中处于中心地位，起中心作用。同时，相应地规定了企业党组织、职代会的职责，以促使党、政、工三方面共同围绕企业生产经营这一中心，搞好各自的工作。近三年来，各地进行厂长负责制试点的实践证明，这项改革是完全必要的，它符合发展社会主义有计划的商品经济和加强工业企业现代化管理的客观要求，有利于企业经济责任制的实行，有利于改善和加强企业党组织的工作，也有利于企业的民主管理。需要指出的是，实行厂长负责制，厂长在企业中的地位和作用都发生了很大变化。在这种情况下，厂长要特别注意尊重和支持党组织和职代会的工作，自觉地接受党组织的监督，加强思想政治工作，充分发挥职代会的作用，加强职工民主管理，遇事多同各方面商量，注意发挥各方面的积极性。只有这样做，才能搞好企业的生产和经营活动。

问：企业设立管理委员会，对实行厂长负责制的意义何在？

答：企业管理委员会是协助厂长进行决策的机构。大家知道，现代化工业企业的经营活动是“多兵种作战”。企业重大问题的决策，只靠厂长一个人的经验是不够的。由厂长、专家和党、团、工会组织负责人以及职工代表组成企业管理委员会，在重大问题决策前，厂长先听取管理委员会的意见，集思广益，权衡利弊，最后做出决断，这样可以避免或减少决策的失误。

问：把中层行政干部的任免权交给厂长，有哪些好处？

答：赋予厂长用人权，是企业实行厂长负责制的主要内容和组织基础。厂长有了用人权，有助于建立起真正统一的、强有力的、高效率的生产指挥和经营管理系统，以便对生产经营管理实行有效的领导，从而解决企业长期以来存在的管事与用人脱节的矛盾。有人认为，厂长任免中层干部不符合党管干部的原则，其实不然。厂长遵循党的组织路线和干部工作的方针政策，按规定行使用人权，这本身就体现了党管干部的原则。过去几年的试点证明，厂长提名和任命的绝大多数中层干部是好的或比较好的。当然，厂长用人要慎重，人选方案的提出应多听取各方面的意见。

问：请您谈谈为什么要实行厂长任期目标责任制？

答：实行厂长任期目标责任制，是厂长任期制的发展和完善。由于厂长的任期目标必须包括企业的长远发展目标，因此可以避免少数厂长只顾任期内的眼前利益，忽视企业的长远发展。这对于增强企业的后劲力量，把宏观控制与微观搞活结合起来，是十分必要的。

问：实行厂长负责制后，企业党组织的主要任务是什么？

答：企业实行厂长负责制后，企业党组织的任务和职责发生了变化。为适应这一新的变化，企业党组织必须把工作的重心转移到发挥保证、监督的作用上来。

问：那么企业的党组织怎么样发挥保证、监督作用呢？

答：企业党组织应当以积极的态度，把保证和监督贯穿于企业经济活动的全过程。在厂长决策前，党组织要通过调查研究，为厂长实现正确决策出主意；在厂长决策时，党组织要积极提出意见和建议，力求使决策正确、完善；在厂长决策后，党组织要通过卓有成效的思想政治工作，保证决策的实现。党组织对厂长的决策如有不同意见，应当及时提出，必要时可以报告企业主管机关或上级党组织。保证和监督是一个问题的两个方面，要努力使二者统一起来，做到保证有力，监督有效。

问：企业党组织在实行厂长负责制后如何创造性地开展工作？

答：这个问题的关键，是适应企业领导体制改革的要求，在三个方面上下功夫。在思想观念上，必须明确党组织的领导，主要是对思想政治方面的领导；在指导思想上，党组织要紧围绕生产经营这一中心任务，按照分工，做好职责范围内的工作；在工作方法上，党组织要逐步学会与新形势相适应的新的工作方法，不断改进工作作风，提高工作效率。总之，企业中党的组织建设和思想建设要为经济体制改革服务，为完成企业的生产经营任务和提高经济效益服务，为建设社会主义物质文明和精神文明服务。做好服务工作，企业党组织的地位和作用不是降低，而是新形势下对企业党组织提出的更高要求。

问：在实行厂长负责制的条件下，如何实行民主管理，保障职工群众的主人翁地位？

答：职工群众的积极性、智慧和创造力是企业活力的源泉。因此，实行厂长负责制后，必须坚持民主管理，保障职工群众在企业中的主人翁地位。要做到这一点，厂长一定要尊重、维护职代会的职权，保证工会组织和职工代表行使民主管理权利。工会和职工代表也理应支持厂长的工作，并教育职工群众维护生产指挥和经营管理的高度权威，使企业领导者的权威同劳动者的主人翁地位统一起来。

问：工会在企业民主管理中将发挥什么作用？

答：企业工会委员会是职工代表大会的工作机构，负责职工代表大会的日常工作。作为工人阶级群众性的组织，工会应当是企业民主管理的参加者和组织者，正确行使在审议企业重大决策、监督行政领导、维护职工合法权益等方面的权力，积极发挥作用。企业要逐步理顺工会与职工代表大会的关系，以避免机构重叠，工作重复。

问：“三个条例”分别由三个领导机关负责解释，会不会出现矛盾？

答：这是不会的。党中央、国务院这次颁布的“三个条例”的核心是实行厂长负责制。对这一点具有解释权的三个领导机关——国家经委、中央组织部、全国总工会在认识上是一致的，这是正确解释的前提；同时，在对具体条文解释时，三个领导机关之间还将继续磋商，力求做出符合条例精神的解释，这样可以避免出现矛盾。

问：贯彻实施“三个条例”，各地区、各部门目前应该做好哪些工作？

答：要抓紧做好四件事。第一，组织学习中共中央、国务院颁发的“三个条例”和为此而发出的两个通知，切实解决思想认识问题。实行厂长负责制，不仅涉及企业内部各方面职责权限和相互关系的调整，而且要求人们思想观念、传统习惯也随之转变，因此要通过学习统一大家的认识。第二，要根据中共中央、国务院《补充通知》的精神，在总结试点工作的基础上，有计划、有步骤地加快全面推行厂长负责制的步伐。第三，要加强推行厂长负责制工作的领导，不断总结经验，及时研究和解决贯彻执行“三个条例”中出现的新问题。第四，要在宏观的指导下，围绕如何搞活企业开展工作，把国家已规定下放给企业的权利切实落实到企业，为实行厂长负责制创造必要的外部条件。

文稿解读

1986年6月23日至26日，国营工业企业法调查组在大连召开北京、天津、上海、沈阳、大连、常州六城市厂长负责制试点工作座谈会。这是1984年5月18日《中共中央办公厅、国务院办公厅关于认真做好国营工业企业领导体制改革试点工作的通知》（中办发〔1984〕15号）发布、1984年11月召开常州会议、1985年8月召开天津会议之后的第三次会议。这次会议交流了试点情况并安排了后续试点工作，介绍了《国营工业企业法（草案）》修改情况，对“三个条例”及颁发条例的通知稿进行了再次修改。会议形成并上报了《关于厂长负责制试点工作情况的报告》，国务院领导同志批示转发各省、自治区、直辖市政府和各有关部门参阅。

1986年9月13日，邓小平同志在听取中央财经领导小组负责同志汇报当前经济情况和明年经济体制改革方案时指出：管理权力下放，涉及厂长负责制。现在中国环节多，有些行政公司要改，不搞厂长负责制不行。要搞负责制，首先厂长要负起责任，要明确企业的第一把手是厂长。企业党委的机构太大，人数太多。这两条要下决心予以解决。厂长负责制不要只是试点。不搞政治体制改革，经济体制改革难于贯彻。党政要分开，这涉及政治体制改革。党委如何领导？应该只管大事，不能管小事。党委不要设经济管理部门，那些部门的工作应该由政府去管，现在实际上没有做到。政治体制改革的目的是调动群众的积极性，提高效率，克服官僚主义。改革的内容，首先是党政要分开，解决党如何善于领导的问题。这是关键，要放在第一位。第二个内容是权力要下放，解决中央和地方的关系，同时地方各级也都有一个权力下放问题。第三个内容是精简机构，这和权力下放有关。改革总要有一个期限，不能太迟，明年党的代表大会要有一个蓝图。在改革中，不能照搬西方的，不能搞自由化。过去我们那种领导体制也有一些好处，决定问题快。如果过分强调搞互相制约的体制，可能也有问题。

1986年9月15日，《中共中央、国务院关于颁发全民所有制工业企业三个条例的通知》（中发〔1986〕21号）明确，颁发的《全民所有制工业企业厂长工作条例》《中国共产党全民所有制工业企业基层组织工作条例》和《全民所有制工业企业职工代表大会条例》，简称“三个条例”，在本地区、本部门正在进行企业领导体制改革试点的全民所有制工业企业中贯彻实行。此前，全国全民所有制工业企业执行的是《国营工业企业职工代表大会暂行条例》（1981年7月13日，中共中央、国务院颁发）、《国营工厂厂长工作暂行条例》（1982年1月2日，中共中央、国务院颁发）、《中国共产党工业企业基层组织工作暂行条例》（1982年6月3日，中共中央颁发）。

为了认真贯彻执行“三个条例”，做好全面推行厂长（经理）负责制工作，按照国务院领导同志的指示，1986年9月18日至22日，国营企业法调查组在北京（燕山石化公司）召开厂长负责制理论讨论会，围绕厂长、党组织、职代会的地位和作用等一些理论问题进行了讨论；1986年9月20日，中共中央宣传部、中共中央组织部、国家经委和全国总工会联合发出《关于全民所有制工业企业三个条例的宣传提纲》，针对干部、职工思想认识上的问题，认真搞好宣讲和进行深入细致的思想政治工作。

1986年11月11日，《中共中央、国务院关于认真贯彻执行全民所有制工业企业三个条例的补充通知》（中发〔1986〕23号）明确，在全民所有制工业企业中全面推行厂长（经理）负责制的新的企业领导体制。

1986年12月19日，邓小平同志听取中央财经领导小组负责同志汇报当前经济情况和明年改革设想。指出，我们的改革到底要走几步？多长时间完成？请你们研究一下。在谈到解决农业后劲和企业改革时说，从长远看，粮食问题很重要，要通过改革解决农业发展后劲问题。企业改革，主要是解决搞活国营大中型企业的问题。用多种形式把所有权和经营权分开，以调动企业积极性，这是改革的一个很重要的方面。许多经营形式，都属于发展社会生产力的手段、方法，既可为资本主义所用，也可为社会主义所用，谁用得好，就为谁服务。企业下放，政企分开，是经济体制改革，也是政治体制改革。要搞企业联合。形成企业集团，就形成力量，信息也就比较灵通了。在谈到金融改革时强调，金融改革的步子要迈大一些。要把银行真正办成银行。我们过去的银行是货币发行公司，是金库，不是真正的银行。对金融问题，我们知识不足，可以聘请外国专家做顾问。对借外债要做具体分析。有些国家借了很多外债，不能说都是失败的，有得有失。他们由经济落后的国家很快达到了中等发达国家的水平。我们要借鉴两条，一是学习他们勇于借外债的精神，二是借外债要适度，不要借得太多。借外债不可怕，但主要要用于发展生产，如果用于解决财政赤字，那就不好。在谈到非生产性建设时说，为了解决财政赤字问题，基建规模特别是非生产性建设规模不能过大，有些开支不能完全由中央承担。要把地方上和社会上的钱，转一部分用于基础建设。我们只能走这条路，还要注意消费不要搞高了，要适度。

1987年1月15日，国家经委副主任袁宝华受中共中央组织部、国家经济委员会、中华全国总工会的委托，接受新华社记者的访问，回答了全民所有制工业企业改革领导体制、实行厂长负责制的有关问题。

文稿附录

附录 1　中共中央、国务院关于颁布全民所有制工业企业三个条例的通知

附录 2　全民所有制工业企业厂长工作条例

附录 3　中国共产党全民所有制工业企业基层组织工作条例

附录 4　全民所有制工业企业职工代表大会条例

附录 5　厂长负责制理论讨论会综述

附录 6　中共中央宣传部、中共中央组织部、国家经济委员会、中华全国总工会关于印发《关于全民所有制工业企业三个条例的宣传提纲》的通知

附录 7　中共中央、国务院关于认真贯彻执行全民所有制工业企业三个条例的补充通知

附录 8　国务院关于深化企业改革增强企业活力的若干规定

附录 9　审计署关于开展厂长离任经济责任审计工作几个问题的通知

附　录

附录 1

中共中央、国务院关于颁布
全民所有制工业企业三个条例的通知

（中发〔1986〕21 号　1986 年 9 月 15 日）

各省、自治区、直辖市党委和人民政府，各大军区、省军区、野战军党委，中央和国家机关各部委，军委各总部、各军兵种党委，各人民团体：

现将《全民所有制工业企业厂长工作条例》、《中国共产党全民所有制工业企业基层组织工作条例》和《全民所有制工业企业职工代表大会条例》发给你们，望在本地区、本部门正在进行企业领导体制改革试点的全民所有制工业企业中认真贯彻实行。

改革企业的领导体制，是城市经济体制改革的一个重要组成部分。改革的基本内容是：企业实行生产经营和行政管理工作厂长负责制；明确企业党组织的工作重点，为保证和监督党和国家各项方针政策的贯彻实施，做好企业党的思想建设、组织建设和思想政治工作；进一步健全职工代表大会制度和各项民主管理制度，发挥工会组织和职工代表在审议企业重大决策、监督行政领导干部、维护职工合法权益等方面的作用。此项改革，自 1984 年开始，在全国部分全民所有制工业企业中试点以来，取得了显著效果：第一，强化了企业生产经营管理系统，开始出现了指挥灵、决策快、办事效率高的新气象。第二，初步改变了企业党政不分、职责不明的状况。企业党组织开始从行政事务中解脱出来，党的建设和思想政治工作有所加强。第三，建立和健全了职工代表大会制度，职工民主管理的内容和范围逐步明确，职工主人翁责任感有所加强。第四，生产稳步发展，经济效益有了提高。这些成绩表明，中央关于改革企业领导体制、实行厂长负责制的决定，是正确的，是适合我国工业企业现代化管理要求的。需要指出的是，企业领导体制改革，同其他改革一样，从试点到成熟，要有一个逐步发展的过程。改革中必然会出现许多新的问题，这些问题只能通过改革的不断深入得到解决。企业领导体制改革的各项内容，也只有通过实践才能逐步制度化、规范化。现在颁发的这三个条例，就是在总结了近三年来试点经验的基础上产生的。

实行厂长负责制，必须保证厂长在企业生产经营重大问题上的决策权，突出厂长在行政指挥中的作用。但是，绝不应把实行厂长负责制同加强和改善党对企业的领导、巩固和发扬民主管理对立起来。而是要使企业行政、党组织和工会等群众组织的工作，都紧紧围绕生产经营这个中心，按照分工，加强各自职责范围内的工作，调动各个方面的积极性。实现这一要求，就企业党组织来说，必须从思想观念到工作内容、工作方法，来一个大的转变，要从繁忙的日常行政事务中解脱出来，把工作重心放到积极支持厂长实现任期责任目标和统一指挥生产经营活动上来，放到保证监督党和国家各项方针、政策的贯彻执行上来，放到搞好企业党的建设和思想政治工作上来，保证企业生产、经营工作任务的顺利进行。企业党组织的保证监督作用，概括起来主要是：第一，保证、监督企业生产经营的社会主义方向；第二，保证、监督企业职工能够充分享有民主权利；第三，保证、监督企业正确处理好国家、企业和职工三者利益关系；第四，保证、监督企业遵纪守法，维护国家和企业的合法权益；第五，保证、监督企业和厂长正确执行党的各项方针、政策。总之，企业党组织要教育党员勇于改革、善于改革、支持改革。对那些勇于开拓、锐意进取的干部和职工，应采取积极支持的态度；对于他们工作中出现的某些失误和偏差，应满腔热情地帮助纠正，鼓励和支持他们继续把改革搞好。支持改革，保证改革的顺利进行，是新时期企业党组织的一项重要任务。企业党组织由全面领导本单位工作，讨论和决定生产经营中重大问题，转移到对企业实行思想政治领导，发挥保证监督作用，是新形势下的客观要求，是符合国家和人民的根本利益的。希望各级党组织，通过自己创造性的工作，不断地总结经验，开拓前进。

企业党组织要积极支持厂长行使职权，厂长应自觉地接受党组织和职工群众的监督。厂长和书记都要顾全大局，合作共事，认真贯彻执行三个条例，搞好企业领导体制改革的试点，搞好两个文明建设，改善和加强企业管理，完成国家生产计划和各项任务。对个别不适应试点要求的厂长或党委书记，有关主管部门，要从组织上进行调整。

中共中央、国务院认为，三个条例的颁发，对克服当前企业领导体制中某些不协调状况，理顺各方面关系，不断提高管理水平，加快四个现代化建设，具有十分重要的意义。希望各省、自治区、直辖市党委和人民政府，加强对企业领导体制改革试点工作的领导，研究解决三个条例实施中出现的问题，同试点企业的干部、职工一道，共同为探索和创建具有中国特色的社会主义现代化工业企业的管理体制而努力。

附录2

全民所有制工业企业厂长工作条例

（中发〔1986〕21号颁发　1986年9月15日）

第一章　总则

第一条　为改革全民所有制工业企业的领导体制，确定厂长的责任和权限，实行厂长负责制，特制定本条例。

第二条　全民所有制工业企业（以下简称企业）依照国家法律规定，取得企业法人资格。企业的法定代表人为厂长，负责代表法人行使职权。厂长依据本条例规定，对本企业的生产指挥和经营管理工作统一领导，全面负责。

第三条　厂长在组织企业生产经营活动中，必须坚持企业的社会主义经营方向，执行党和国家的方针、政策，遵守国家的法律、法规，执行企业主管机关的决定。

第四条　厂长必须维护国家利益，保护国家财产，正确处理国家、企业、职工三者利益关系。

第五条　厂长在企业缴纳税金、上交利润和提取、使用利润留成以及转让固定资产和进行重大经济活动等方面，必须接受审计、财政、税务、工商行政管理等部门和国家银行的监督。

第六条　厂长应当定期向企业党的基层委员会（含不设基层委员会的党总支部委员会、支部委员会，以下简称党委）报告工作，接受监督。

第七条　厂长应当定期向职工代表大会（或职工大会，下同）报告工作，听取意见，组织实施职工代表大会在其职权范围内作出的有关决定，负责处理职工代表大会提出应由行方面处理的提案，接受职工代表大会的监督。

第二章　厂长的条件和任免

第八条　厂长应当具备以下条件：

一、有从事社会主义建设事业的革命精神，能坚持企业的社会主义经营方向；

二、熟悉本行业生产业务，懂得有关的经济政策和法律、法规，善于经营管理，有组织领导能力；

三、廉洁奉公，联系群众，有民主作风；

四、大中型企业的厂长一般应当具有大专以上文化水平，小型企业的厂长一般不应低于中等文化水平，或者通过国家厂长考试，成绩及格；

五、身体健康，能适应工作的需要。

第九条 厂长的产生，应当根据企业的不同情况，分别采取下列方式：

一、按照干部管理权限，由企业主管机关或干部管理机关委派任命；

二、按照企业主管机关的部署，由企业职工代表大会选举或推荐，然后按照干部管理权限由企业主管机关或干部管理机关批准或任命；

三、企业主管机关招聘、提名，经企业职工代表大会同意，按照干部管理权限，由企业主管机关或干部管理机关任命。

第十条 厂长实行任期制，每届任期三至五年，可以连任。

厂长任期内，实行任期目标责任制。厂长应当根据国家要求、社会需要，结合企业实际，提出企业的长远发展目标和实现长远发展目标的任期责任目标，经管理委员会和职工代表大会讨论并报企业主管机关批准后组织实施。任期责任目标的实施，应当作为对厂长考核、监督和决定可否连任的主要依据之一。

厂长任期届满前，原任命或批准机关应当根据厂长在任期内的实绩，在听取职工代表大会意见的基础上作出连任或离任的决定。

厂长在任期内申请辞职，必须向企业主管机关提出书面报告，经原任命或批准机关同意后方可离职。

职工代表大会提出要求罢免厂长的建议时，企业主管机关应当在三十天内调查处理完毕。在调查处理期间，厂长是否继续履行职责，应当由企业主管机关决定。

厂长在任期内因力不胜任或有严重失职行为，企业主管机关有权免除其职务。

厂长在任期内，企业主管机关和干部管理机关一般不调动厂长工作。

厂长离任前，企业主管机关（或会同干部管理机关）可以提请审计机关对厂长进行经济责任审计评议。

第三章 企业的经营管理决策和生产指挥

第十一条 企业设立管理委员会，就企业经营管理中的重大问题协助厂长决策。

管理委员会由厂长、副厂长、总工程师、总经济师、总会计师，党委书记、工会主席、团委书记和职工代表大会选出的职工代表组成。职工代表（包括工会主席）人数一般应当为管理委员会全体成员的三分之一。厂长任管理委员会主任。

第十二条 本条例第十一条所称重大问题是指：

一、经营方针、长远和年度计划、重大技术改造和技术引进计划、职工培训计划、工资调整计划和财务预决算、自有资金分配和使用方案；

二、企业党政工团等脱产人员编制和管理机构的设置和调整；

三、重要规章制度的建立、修改和废除。

上述重大问题的讨论方案，均由厂长提出。

第十三条 管理委员会讨论本条例第十二条规定事项中需经企业主管机关审批的，由厂长负责上报。

第十四条 管理委员会讨论本条例第十二条规定的事项中需经职工代表大会审议的，由厂长负责提出。

第十五条 企业建立以厂长为首的生产经营管理系统，实行统一领导，分级负责。

企业建立各级经济责任制。

第十六条 企业根据规模大小和生产经营的需要，可设总工程师、总经济师、总会计师等厂级经济技术负责人。企业是否设副厂长以及副厂长的名额，由厂长提出方案，报企业主管机关决定。

厂长可以设置专职或聘请兼职的法律顾问。

副厂长、总工程师、总经济师、总会计师和法律顾问，在厂长的领导下进行工作，并对厂长负责。

行政职能科（室）科长（主任）和车间主任，在厂长或分管的厂级负责人的直接领导下进行工作，并对厂长或分管的厂级负责人负责。

厂长暂时不能履行职责时，由厂长指定一名厂级负责人代理其职务。

第十七条 企业应当根据生产经营工作的需要设立必要的、精干的管理机构。

有关会计、统计、审计、质量检验等机构的调整及其主要负责人的任免，厂长应当执行国家有关规定。

第四章 厂长的职责

第十八条 厂长应当根据国家计划和市场需求，结合任期责任目标，提出企业的年度经营目标和发展方向，经管理委员会讨论和职工代表大会审议后组织实施。

第十九条 厂长应当组织企业各方面的力量，保证完成国家计划，组织实施国家下达给企业的各项任务，严格履行经济合同。

第二十条 厂长应当注重市场信息，不断开发新产品，降低成本和费用，增强企业的应变、竞争能力。

第二十一条 厂长应当通过严格的质量管理，保证产品质量达到国家规定的标准或合同的要求。

第二十二条 厂长应当采取切实措施，推进企业的技术进步和企业的现代化管理，提高经济效益，增强企业自我改造和自我发展能力。

第二十三条 厂长应当不断改善企业的劳动条件，高度重视安全生产，认真搞好环境保护。

厂长应当在发展生产、提高经济效益的基础上，逐步改善职工的物质文化生活条件。

厂长应当组织职工群众切实做好企业的治安保卫工作。

第二十四条 厂长应当采取切实措施，进行智力投资和人才开发，加强对职工的思想、文化、业务教育，组织职工进行技术革新，支持合理化建议，做好思想政治工作，充分发挥职工参加社会主义建设的主动性、积极性和创造性。

第二十五条 厂长应当按照法律、法规规定，保障企业职工代表大会和工会行使其职权；在决定同广大职工切身利益有关的问题时，应当征求企业工会的意见。

厂长应当支持企业共青团和科协等群众组织的工作，充分发挥它们在社会主义建设中的积极作用。

第五章 厂长的权限

第二十六条 厂长有企业经营管理工作的决策权和生产指挥权。

厂长同管理委员会的多数成员对经营管理中的重大问题意见不一致时，厂长有权作出决定。

第二十七条 本条例第十六条所列副厂长和厂级经济技术负责人，以及中层行政干部的人选方案由厂长负责提出，并征求企业党委意见。中层行政干部由厂长决定任免；厂级行政副职按干部管理权限上报审批。

厂长用人必须坚持德才兼备、任人唯贤的原则。人选方案，厂长应当倾听各方面意见，经充分酝酿后提出。

第二十八条 厂长有权按国家规定对职工进行奖惩。

除经营亏损企业外，厂长对确有特殊贡献的职工可按国家规定予以晋级。

厂长对违纪职工，有权予以行政处分，直至辞退；辞退职工应征求本企业工会的意见。

厂长对厂级干部的奖惩、调资、晋级和对本条例第十七条第二款所列人员的奖惩、调资、晋级应按照干部管理权限上报审批。

第二十九条 厂长有权拒绝企业外部任何组织和个人抽调、借用企业的人员，无偿占用企业的资金和物资，对企业摊派劳务、费用。

第三十条 厂长对职工代表大会在其职权范围内决定的事项如有不同意见，可以提请复议。复议后仍有不同意见，厂长应当按决定执行，同时报告上级主管机关。

第三十一条 厂长有国家规定的企业生产指挥和经营管理工作方面的其他权限。

第三十二条 厂长按照本条例规定行使职权时，受国家法律保护，任何组织和个人不得威胁、压制、阻挠和打击报复。

第六章 奖励与处罚

第三十三条 厂长在工作中成绩显著，具有下列情形之一者，给予荣誉奖励、一次性物质奖励或晋级奖励：

一、主要经济技术指标达到国际先进水平，或在全国同行业、同类企业中达到先进水平；

二、产品进入国际市场、有竞争能力，为国家创汇做出较大贡献；

三、产品销售额、实现利润、上交税利连续三年以上有较大幅度增长，职工收入有所增加；

四、创优质名牌产品，社会经济效益显著；

五、推行技术改造和技术进步成绩显著，有重大技术突破，或为企业创造了自我发展的条件；

六、推行现代化管理取得显著效果。

第三十四条 由于厂长工作上的过错，发生下列情形，应当区别情节轻重，给予处分：

一、违反法律、法规和规章制度，损害国家、企业、职工、用户或消费者利益；

二、没有不可克服的外部原因，连续两年完不成国家指令性计划；

三、有条件履行而未履行经济合同，造成重大经济损失；

四、忽视产品质量，多次发生重大质量事故；

五、在物质、技术条件许可的条件下，忽视环境保护，造成严重污染；

六、由于指挥不当，管理不善，企业发生重大安全事故，使国家财产、人民生命财产遭到重大损失；

七、犯有其他严重错误。

第三十五条 厂长以权谋私，违法乱纪，弄虚作假，骗取荣誉或经济利益，应当区别情况，给予处分；触犯刑律的，依法追究刑事责任。

第三十六条 对厂长的奖惩和调资、晋级，由企业主管机关决定；或由企业主管机关提出，按照干部管理权限报上级机关决定。

第七章 附则

第三十七条 实行承包、租赁的企业，厂长的产生、任期、任免、奖惩，企业经营管理中重大问题的决策，都按照根据国家有关规定签订的协议或合同执行。

第三十八条 本条例原则上适用于全民所有制交通运输、邮电、地质、建筑施工、农林、水利等企业。

第三十九条 本条例由国家经济委员会负责解释。

第四十条 本条例自一九八六年十月一日起施行。

附录 3

中国共产党全民所有制工业企业基层组织工作条例

（中发〔1986〕21 号颁发 1986 年 9 月 15 日）

第一章 总则

第一条 为了适应全民所有制工业企业领导体制改革的要求，改善和加强企业中党的领导，发挥党组织的保证、监督作用，促进社会主义企业的发展，特制定本条例。

第二条 企业中党的组织必须坚持四项基本原则，为实现党在新时期的总任务、总目标服务，围绕生产经营和经济体制改革的实际开展工作，建设社会主义物质文明和精神文明，保证厂长负责制的实施，推动和促进生产经营和各项任务的完成。

第三条 企业中党的基层委员会（含不设基层委员会的总支部委员会或支部委员会，以下简称党委）对企业实行思想政治领导，即保证、监督党和国家各项方针、政策的贯彻执行，支持群众组织独立负责地开展工作，认真做好思想政治工作，发挥党组织的战斗堡垒作用和党员的先锋模范作用，以保证企业沿着社会主义方向发展。

第四条 企业党委应当积极支持厂长行使经营管理决策和统一指挥生产活动的职权，与企业行政密切配合，发挥工会和共青团的作用，同心协力，共同努力办好社会主义企业。

第二章　企业党委

第五条 企业党委根据党章规定选举产生，按期改选。党委对党员大会或党员代表大会负责并报告工作。党员大会或党员代表大会的决议，党委必须认真贯彻执行。

第六条 党委应由坚持正确的政治方向，认真贯彻执行党的路线、方针、政策，全心全意为人民服务，密切联系群众，党性强，作风正派，熟悉生产经营，年富力强的党员组成。

党委书记应当具备较高的理论、政策水平，较强的组织领导能力，富有改革精神，具有一定的党务工作经验，善于做思想政治工作，能够团结同志。

第七条 企业的党委书记一般不兼任厂长。小型企业可以分设，也可以兼任。

企业党委设置精干的工作机构，建立明确的工作责任制。

第八条 企业党委的主要任务：

一、保证和监督党和国家各项方针、政策的贯彻实施；

二、搞好企业党的思想建设、组织建设，改进工作作风；

三、支持厂长实现任期目标和生产经营的统一指挥；

四、做好职工思想政治工作；

五、加强对群众组织的思想政治领导，做好群众工作。

第九条 企业党委应当按照党的干部路线和干部政策，对企业各级干部进行教育、培养、考察和监督。对厂长提出的副厂长和经济技术负责人以及中层行政干部的人选方案，企业党委应当积极提出意见和建议。

第十条 党委贯彻民主集中制的原则，党内应当充分发扬民主，建立和健全健康的政治生活，加强组织性和纪律性。

第十一条 党委书记主持党委日常工作，组织贯彻党委会决议并检查决议的执行情况，带头执行民主集中制和党的纪律，搞好党委领导班子的建设，深入基层及时发现和解决问题。

第十二条 党委应当着重从以下几个方面改进工作方法和工作作风：

一、坚持改革，转变观念，积极探索如何发挥保证、监督作用；

二、敢讲真话，坚持原则，多做实事，讲求工作实效；

三、深入实际，调查研究，不断了解新情况，解决新问题，总结推广新经验；

四、发扬党的优良传统和作风，艰苦奋斗，联系群众，以身作则，公私分明，自觉抵制各种不正之风。

第十三条 车间的党组织在党委的领导下，认真贯彻党的方针、政策，正确执行党委的决议和厂部的指令，加强对党员的教育和管理，加强对本车间的工会、共青团组织的思想政治领导，做好职工的思想政治工作，同行政负责人密切配合，加强团结，充分发挥保证、监督作用。

科室的党组织对党员、干部进行教育和监督，做好思想政治工作，保证各项任务的完成。

第十四条 企业党委对在工作中做出显著成绩的党员，应当给予表彰和奖励；对工作失职造成损失的，应当给予批评；违反党纪的，应当严肃处理。

第三章 党委的保证和监督

第十五条 保证和监督是企业党委的重要职责。党委应当以积极态度，把保证和监督贯穿于企业经济活动的全过程。党委对厂长在企业生产经营重大问题上的决策，应当积极支持，保证实现。对厂长的决策，党委有不同意见，应当及时提出，必要时应当报告上级主管机关或上级党组织。

第十六条 保证和监督的主要内容：

一、企业生产经营的社会主义方向；

二、企业职工能够充分享有民主权利；

三、企业正确处理好国家、企业和职工三者利益关系；

四、企业遵纪守法，维护国家利益和企业的合法权益；

五、企业和厂长正确执行党的各项方针、政策。

第十七条 保证和监督的主要方法：

一、组织党员、干部认真学习党和国家的方针、政策、法律、法规，发挥党员的先锋模范作用；

二、定期听取厂长的工作报告，提出意见和建议；

三、加强纪律检查工作；

四、健全党的组织生活制度，开展批评与自我批评；

五、通过各种形式监督干部。

第四章　党员的教育和管理

第十八条　企业党组织应当对党员进行马列主义、毛泽东思想的教育，党的路线、方针、政策和形势、任务的教育，党的基本知识和理想、纪律的教育。教育党员发扬为共产主义事业献身的精神，认真履行党员义务，增强党性观念，全心全意为人民服务，个人利益服从党和人民的利益，吃苦在前，享受在后，发挥先锋模范作用。

第十九条　党组织应当经常了解和研究党员的思想情况，帮助党员解决思想问题和实际困难。

党员应当经常向党组织汇报思想和工作情况，做好思想政治工作，努力完成党组织交给的各项任务。

第二十条　做好发展党员的工作。认真培养和考察积极分子，坚持党员条件，按照党章规定履行入党手续，保证新党员的质量。加强对预备党员的教育和考察，按期讨论他们的转正问题。

第二十一条　健全党的组织生活制度。党委成员除参加所在党小组的活动外，每半年开一次民主生活会。党支部每季度至少开一次党员大会，开一次组织生活会，进行一次党课教育。党员领导干部应当以普通党员身份带头参加党的活动。

第二十二条　认真搞好党风。每个党员特别是党员干部都应当自觉地按照党员标准规范自己的言论和行动，同一切违反党纪、国法的现象作坚决的斗争。党委应当加强对纪律检查工作的领导，严格执行党的纪律，维护党的纪律的严肃性，经常对党员进行遵纪守法的教育，选拔能坚持党的原则、敢于同不正之风作斗争的同志做纪律检查工作。对违纪的党员应当及时处理。

第五章　思想政治工作

第二十三条　企业思想政治工作必须为党的总任务、总目标服务，紧密结合经济工作进行，充分发挥广大职工的主动性、积极性和创造性，努力建设一支有理想、有道德、有文化、有纪律的职工队伍。

第二十四条　思想政治工作的基本任务是：宣传四项基本原则，宣传党的方针、政策，对广大职工进行爱国主义、集体主义、社会主义和共产主义的思想教育，进行理想、纪律、民主、法制和工人阶级革命传统的教育，反对和抵制腐朽思想的侵蚀，不断提高职工队伍的思想政治素质，以适应四化建设的需要。

第二十五条　发扬党的思想政治工作的优良传统，不断总结和创造新形势下做好思想政治工作的经验。坚持疏导和说服教育为主的方针；把思想政治工作同关心群众生活、解决实际问题结合起来；注意做好生产经营活动中的思想政治工作；思想政治工作应当以表扬为主，鼓励先进，帮助后进，方法应当生动活泼，寓教育于各种有益的活动之中，努力提高思想政治工作的效果。

第二十六条 党委应当注意加强政工队伍的建设，发挥政工干部的作用；应当重视政工干部的选拔和培养，关心他们的思想、工作、学习和生活。

对政工干部和行政干部在待遇等问题上应当一视同仁。

第六章 党委和职工代表大会、群众组织

第二十七条 党委对职工代表大会实行思想政治领导，保障职工代表大会行使规定的权力；向职工代表大会宣传党的路线、方针、政策，通过党员职工代表的先锋模范作用，把党的方针、政策变成群众的自觉行动；教育职工不断提高主人翁责任感，支持、引导职工代表正确地行使权利和履行义务。

党委通过职工代表大会，听取群众意见，不断改进党的工作和作风。

第二十八条 党委应当加强对群众组织的思想政治领导，定期讨论研究群众组织工作中的重大问题，支持群众组织独立负责地开展工作，充分发挥各自的作用。

第七章 附则

第二十九条 本条例原则上适用于全民所有制交通运输、邮电、地质、建筑施工、农林、水利等企业。

第三十条 本条例由中共中央组织部负责解释。

第三十一条 本条例自 1986 年 10 月 1 日起施行。

附录 4

全民所有制工业企业职工代表大会条例

（中发〔1986〕21 号颁发 1986 年 9 月 15 日）

第一章 总则

第一条 为保障全民所有制工业企业职工的民主管理权力，充分发挥职工的积极性、智慧和创造力，办好全民所有制工业企业，发展社会主义经济，特制定本条例。

第二条 企业在实行厂长负责制的同时，必须建立和健全职工代表大会（或职工大会，下同）制度和其他民主管理制度，保障与发挥工会组织和职工代表在审议企业重大决策、监督行政领导、维护职工合法权益等方面的权力和作用。

第三条 职工代表大会是企业实行民主管理的基本形式，是职工行使民主管理权力的机构。企业工会委员会是职工代表大会的工作机构，负责职工代表大会的日常工作。

第四条 职工代表大会接受企业党的基层委员会（含不设基层委员会的党总支部委员会、支部委员会，以下简称党委）的思想政治领导，贯彻执行党和国家的方针、政策，正确处理国家、企业和职工三者利益关系，在法律规定的范围内行使职权。

第五条 职工代表大会应当积极支持厂长行使经营管理决策和统一指挥生产活动的职权。

第六条 职工代表大会实行民主集中制。

第二章 职权

第七条 职工代表大会行使下列职权：一、定期听取厂长的工作报告，审议企业的经营方针、长远和年度计划、重大技术改造和技术引进计划、职工培训计划、财务预决算、自有资金分配和使用方案，提出意见和建议，并就上述方案的实施作出决议；二、审议通过厂长提出的企业的经济责任制方案、工资调整计划、奖金分配方案、劳动保护措施方案、奖惩办法及其他重要的规章制度；三、审议决定职工福利基金使用方案、职工住宅分配方案和其他有关职工生活福利的重大事项；四、评议、监督企业各级领导干部，并提出奖惩和任免的建议。对工作卓有成绩的干部，可以建议给予奖励，包括晋级、提职。对不称职的干部，可以建议免职或降职。对工作不负责任或者以权谋私，造成严重后果的干部，可以建议给予处分，直至撤职。五、主管机关任命或者免除企业行政领导人员的职务时，必须充分考虑职工代表大会的意见。职工代表大会根据主管机关的部署，可以民主推荐厂长人选，也可以民主选举厂长，报主管机关审批。

第八条 职工代表大会对厂长在其职权范围内决定的问题有不同意见时，可以向厂长提出建议，也可以报告上级工会。

第九条 在职工代表大会上，可以由厂长代表行政、工会主席代表职工签订集体合同或共同协议，为企业发展的共同目标，互相承担义务，保证贯彻执行。

第三章 职工代表

第十条 按照法律规定享有政治权利的企业职工，均可当选为职工代表。

第十一条 职工代表的产生，应当以班组或者工段为单位，由职工直接选举。大型企业的职工代表，也可以由分厂或者车间的职工代表相互推选产生。

第十二条 职工代表中应当有工人、技术人员、管理人员、领导干部和其他方面的职工。其中企业和车间、科室行政领导干部一般为职工代表总数的五分之一。青年职工和女职工应当占适当比例。

为了吸收有经验的技术人员、经营管理人员参加职工代表大会，可以在企业或者车间范围内，经过民主协商，推选一部分代表。职工代表按分厂、车间、科室（或若干科室）组成代表团（组），推选团（组）长。

第十三条 职工代表实行常任制，每两年改选一次，可以连选连任。职工代表对选举单位的职工负责。选举单位的职工有权监督或者撤换本单位的职工代表。

第十四条 职工代表的权利：一、在职工代表大会上，有选举权、被选举权和表决权；二、有权参加职工代表大会及其工作机构对企业执行职工代表大会决议和提案落实情况的检查，有权参加对企业行政领导人员的质询；三、因参加职工代表大会组织的各项活动而占用生产或者工作时间，有权按照正常出勤享受应得的待遇。对职工代表行使民主权力，任何组织和个人不得压制、阻挠和打击报复。

第十五条 职工代表的义务：一、努力学习党和国家的方针、政策、法律、法规，不断提高政治觉悟、技术业务水平和参加管理的能力；二、密切联系群众，代表职工合法利益，如实反映职工群众的意见和要求，认真执行职工代表大会的决议，做好职工代表大会交给的各项工作；三、模范遵守国家的法律、法规和企业的规章制度、劳动纪律，做好本职工作。

第四章　组织制度

第十六条 职工代表大会选举主席团主持会议。主席团成员应有工人、技术人员、管理人员和企业的领导干部。其中工人、技术人员、管理人员应超过半数。

第十七条 参加企业管理委员会的职工代表，由职工代表大会推选产生。参加企业管理委员会的职工代表要向职工代表大会汇报工作，接受职工代表大会监督。职工代表大会有权撤换参加管理委员会的职工代表。

第十八条 职工代表大会至少每半年召开一次。每次会议必须有三分之二以上的职工代表出席。遇有重大事项，经厂长、企业工会或三分之一以上职工代表的提议，可召开临时会议。职工代表大会进行选举和作出决议，必须经全体职工代表过半数通过。

第十九条 职工代表大会应当围绕增强企业活力、促进技术进步、提高经济效益，针对企业经营管理、分配制度和职工生活等方面的重要问题确定议题。

第二十条 职工代表大会在其职权范围内决定的事项，非经职工代表大会同意不得修改。

第二十一条 职工代表大会可根据需要，设立若干精干的临时的或经常性的专门小组（或专门委员会，下同），完成职工代表大会交办的有关事项。其主要工作是：审议提交职工代表大会的有关议案；在职工代表大会闭会期间，根据职工代表大会的授权，审定属本专门小组分工范围内需要临时决定的问题，并向职工代表大会报告予以确认；检查、督促有关部门贯彻执行职工代表大会决议和职工提案的处理；办理职工代表大会交办的其他事项。专门小组进行活动需要占用生产或者工作时间，有权按照正常出勤享受应得的待遇，但需经厂长同意。各专门小组的人选，一般在职工代表中提名；也可以聘请非职工代表，但必须经职工代表大会通过。各专门小组对职工代表大会负责。

第二十二条 职工代表大会闭会期间，需要临时解决的重要问题，由企业工会委员会召集职工代表团（组）长和专门小组负责人联席会议，协商处理，并向下一次职工代表大会报告予以确认。联席会议可以根据会议内容邀请企业党政负责人或其他有关人员参加。

第五章　职工代表大会与工会

第二十三条　企业工会委员会作为职工代表大会的工作机构承担下列工作：一、组织职工选举职工代表；二、提出职工代表大会议题的建议，主持职工代表大会的筹备工作和会议的组织工作；三、主持职工代表团（组）、专门小组负责人联席会议；四、组织专门小组进行调查研究，向职工代表大会提出建议，检查督促大会决议的执行情况，发动职工落实职工代表大会决议；五、向职工进行民主管理的宣传教育，组织职工代表学习政策、业务和管理知识，提高职工代表素质；六、接受和处理职工代表的申诉和建议，维护职工代表的合法权益；七、组织企业民主管理的其他工作。

第二十四条　上级工会有指导、支持和维护职工代表大会正确行使职权的责任。

第六章　车间、班组的民主管理

第二十五条　车间（分厂）可以根据具体情况，采取职工大会或职工代表大会、职工代表组等形式，对本单位权限范围内的事务行使民主管理的权力。车间（分厂）民主管理的日常工作，由车间（分厂）工会委员会主持。

第二十六条　班组的民主管理，由职工直接参加，在本班组的工会组长和职工代表的主持下开展活动，也可以根据需要推选若干民主管理员，负责班组的日常民主管理。

第七章　附则

第二十七条　本条例原则上适用于全民所有制交通运输、邮电、地质、建筑施工、农林、水利等企业。

第二十八条　本条例由中华全国总工会负责解释。

第二十九条　本条例自一九八六年十月一日起施行。

附录5

厂长负责制理论讨论会综述

（1986年9月18日至22日，《经济管理》1986年第12期）

1986年9月18日至22日，根据国务院领导同志的批示，国营工业企业法调查组在北京（燕山石油化工公司）召开全国首届厂长负责制理论讨论会。来自北京、天津、上海、沈阳、大连、常州等六个全国厂长负责制试点城市，以及广东、四川、江苏、山东、河南、陕西等省，武汉、重庆等计划单列市的有关负责同志，部分试点企业党政工负责同志

（厂长、党委书记、工会主席）、部分理论工作者等120余人出席会议。国家经委副主任袁宝华、全国人大常委会委员、全国人大财经委员会副主任委员叶林、国务院法规研究中心主任顾明等出席会议。会议代表们围绕全民所有制企业在社会经济生活中的地位和作用、厂长的地位和作用、企业党组织的地位和作用、企业职工的地位和在民主管理中的作用等一些理论问题进行了讨论。袁宝华同志讲话和会议综述如下①。

厂长负责制理论讨论会，各地已开过多次，但就全国来说这还是第一次。希望通过全体与会同志的共同努力，开好这次理论讨论会。

中央和国务院关于全民所有制工业企业进行厂长负责制试点的决定，经过两年多的实践探索，方向更加明确，认识逐步趋于接近。特别是今年6月中旬全国省长会议上国务院主要领导同志和中央其他领导同志的讲话，以及“三个条例”（送审稿）传达以后，认识更趋于一致。对企业领导体制的改革，中央领导同志是非常关心的。最近，邓小平同志在一次听取汇报时就问到：厂长负责制怎么总在试点？为什么不能推开？这也是在督促我们抓紧把企业法拿出来。所以，这次理论讨论会不仅要讨论厂长负责制试点中的一些理论问题，而且也要讨论《国营工业企业法》涉及企业外部改革的一些理论问题，也就是说，我们的理论讨论会是以厂长负责制为主要内容的整个《国营工业企业法》的理论讨论会。

“三个条例”经中央多次讨论修改，基本上通过了，即将下发。对“三个条例”，国务院主要领导同志基本上是满意的，但也有不满意之处。主要有两点：一是没有明确厂长是第一把手；二是对企业庞大的党的工作机构，“三个条例”没有提出解决的办法。关于后一个问题，我们在条例上规定工厂管理委员会讨论重大问题时，包括企业党政工的编制问题。当然，这还没有解决根本的问题。“三个条例”基本上解决了企业内部的问题，还有大量企业外部问题需要《国营工业企业法》去解决。“扩权十条”之所以没有落实，有实际工作中的问题。还有很重要的一个方面：好多问题说不清楚，行动就不坚决。认识不明确，有不少是与理论问题有关。如果能在理论上探讨清楚了，认识上也就容易一致了；理论上说不清楚，认识也不可能一致。所以，为了更好地贯彻执行中央和国务院关于企业领导体制改革的决定，我们根据国务院领导同志的指示，召开这次理论讨论会，从理论上深入探讨厂长负责制试点中提出的一些理论问题，并为进一步修改好企业法提供理论依据。

下面我介绍一下两年多来有关企业法试点的情况，便于同志们讨论时参考。

一　关于企业法起草过程和厂长负责制试点情况

企业领导体制是整个经济体制的一个重要组成部分，它同其他一切管理体制一样，随着社会生产力的发展和生产关系的变化而变革。党的十一届三中全会以来，我们实行对内搞活、对外开放的方针，经济体制改革逐步深入，企业自主权不断扩大，党委领导下的企业领导体制已经不适应经济发展的要求。小平同志1980年就指出，这种制度既不利于工厂管理的现代化和工厂管理体制的现代化，也不利于工厂党的工作的健全。小平同志在深刻

① 袁宝华同志讲话全文出自《袁宝华文集（第三卷）》（中国人民大学出版社，2014）第300~306页。

分析了这种工厂管理制度存在的弊病以后说，要有准备、有步骤地改变党委领导下的厂长负责制；提出经过试点，按不同类型的企业逐步推行工厂管理委员会、公司董事会、经济联合体的联合委员会领导和监督下的厂长（经理）负责制。根据小平同志的意见，我们搞了一些试点，包括职工代表大会领导下的厂长负责制，但都没有解决党政不分的问题。由于许多同志思想准备不足，党委领导下的模式一下子改不过来，小平同志的意见没有被好多同志所认识、所接受，由此组织起草的国营工厂法也一直没有出台，主要原因是企业究竟实行什么样的领导体制没有最后定下来。我说这一条的意思就是小平同志的意见、思想、思路考虑得很久，可是并没有被我们多数同志所认识，所以也没有被我们多数同志所接受。在酝酿起草党的十二届三中全会决定的过程中，小平同志再一次提出这个问题，并委托彭真同志抓这件事。在彭真同志领导下组织了中央、国务院的有关部门和全国总工会等 9 个部门（现在是 11 个部门），组成了工业企业法调查组。1984 年，彭真同志亲自带队到华东、东北做了两次调查。华东地区调查以后，书记处听取了汇报，肯定了调查组的意见。1984 年 5 月，中央和国务院下发了企业法草案，决定首先组织厂长负责制试点，在大连、常州两市的国营工业企业和北京、天津、上海、沈阳四城市的部分国营工业企业进行试点。以后调查组又向书记处和国务院先后汇报多次，并分别在常州、天津、大连召开了三次试点经验交流会，起草和修改了《国营工业企业法（草案）》和《三个条例》。1984 年 11 月常州会议以后，书记处决定把企业法草案提交全国人大常委会讨论，以便进一步修改。厂长负责制试点工作是有成绩的，但发展也是曲折的，试点工作在一些地方经历过几次反复。一是 1984 年底，部分企业出现滥发奖金、实物的不正之风，一些人指责是实行厂长负责制造成的，使刚刚开始的试点工作受到影响。二是 1985 年 7 月、8 月，由于发生个别厂长决策失误，围绕厂长决策问题又引起了一些人对赋予厂长决策权的怀疑，这涉及经营决策权和经营指挥权要不要分离的问题。三是今年中央发了 4 号文件，确定了干部任命要经过集体讨论，要有严格的手续，这是完全应该的、完全正确的，其中有一句话：试点企业也要参照执行。文件下去以后，各地理解不一样、做法不一。一些企业党组织又把厂长的用人权收回去，少数试点企业又回到党委领导下的厂长负责制。这一方面说明我们的一些同志思想准备不足，另一方面说明改革确非易事，确实难度相当大。同时也提醒我们，要做扎扎实实的工作。

几年来，企业法起草、修改和厂长负责制试点实际上是齐头并进、互相促进的。试点范围不断扩大，尽管经过了一些波动，但还是有发展的。试点工作在各级党委和政府的直接领导下，取得了成效，试点范围从六个城市发展到全国，试点范围从工业企业扩大到交通、建筑、农林、内外贸、物资、金融等企业，试点企业发展到 27700 多户。据今年 6 月大连会议上的统计，六个城市的试点企业，从开始时的 191 户发展到目前的 1919 户，其中效果好的和比较好的占试点企业的绝大多数，约 90%，比较差的约占 10%，天津、沈阳还低于这个数。效果好和比较好的企业，试行厂长负责制以后，生产经营、党的工作和职工民主管理都得到了加强，经济效益有明显的提高。同时，通过试点培养了一批优秀的厂长、党委书记和工会主席，协调了党政工三者之间的关系，做到“职责上分、思想上合，工作上分、目标上合，制度上分、关系上合”。围绕厂长负责制试点工作，还逐步建立和完善了企业内部的一些规章制度，使企业领导体制改革趋于制度化和规范化。

改革是改原来的制度，小平同志讲话中多次强调改革在一定意义上说是革命性的变革，也就是革命。国务院主要领导同志最近讲，只要坚持改革，不可避免地在改革过程中会出现一些自发性，换句话说，出现一些盲目性，这并不可怕。改革总是要担着风险，但我们的方向是对的，新的事物可能会出现这样那样的毛病，这不要紧，发现了纠正就是了。耀邦同志最近在一个批示上说：“我国的一切改革，都要扎根于对我国实际情况的深入的调查研究。”耀邦同志还讲，外国的经验和外国人的议论，可以作为我们决策的参考，但绝不能当作根据。对于人们的议论和建议也是如此。要看这些议论和建议是不是有充分的调查研究做根据，如果有，就要充分尊重，如果想当然或辗转抄来的东西，就不可轻信。我们在加强企业管理问题上，借鉴外国经验时提出过十六字方针，即以我为主，博采众长，融合提炼，自成一家，这也应该是我们在改革企业领导体制时遵循的方针。

企业领导体制的制度化和规范化，这两年多来，确实总结了我们自己的一些好的经验。例如企业重大问题决策的程序，建立了以厂长为首的、有党政工团和职工代表参加的工厂管理委员会集体讨论，协助厂长决策。这种形式，充分体现了厂长在决策中的主导作用、专家的智囊作用、党委的保证监督作用、职工的民主管理作用，既可避免或减少厂长决策的失误，也为协调党政工三者关系提供了组织保证。又如推行厂长任期目标责任制，这是厂长负责制和厂长任期制的完善和发展，基本上解决了厂长任期内产生的只顾跟前的问题，使厂长得以把企业的近期目标和长远发展结合起来，把企业的局部利益和国家的全局利益统一起来，正确处理国家、企业、职工三者的利益关系，把国家利益摆在首位。有的试点企业，还把这一制度延伸到保证监督系统，要求企业党委和工会围绕厂长的任期目标，具体规范各自的工作目标，组织和动员党团员、职工群众为保证厂长任期目标的实现献计献策，发挥主动性、积极性和创造精神，使厂长的任期目标成为企业的目标、全体职工的目标、企业党政工一致的目标。还有以职代会为主的职工民主管理形式更加多样化，在企业生产经营方面充分发扬民主，对企业的干部特别是领导干部进行民主评议，大家关心工厂的前途，密切了领导干部和职工群众的关系。

随着厂长负责制试点工作的发展，《国营工业企业法（草案）》也相应地进行了多次修改，最近我们又围绕企业的外部条件问题，到山东、河南、陕西、甘肃四省进行了调查，根据各地的意见对《国营工业企业法（草案）》做了第七次修改。在这个会上请大家再讨论，准备还要做进一步修改，争取在10月份报送中央和国务院审查后，提交明年初召开的全国人代会审议。

二　试点中提出的一些问题

两年多来，厂长负责制试点中出现了许多新情况，提出了许多新问题。有些问题随着试点工作的进展和经验的积累，得到较圆满的解决；有些问题认识尚不一致，特别是涉及理论方面的一些问题，还需要从事理论工作和实际工作的同志共同研究，做出回答。主要有下面五个问题。

（一）厂长的地位和作用问题

实行厂长负责制，不是简单的权力转移，而是企业领导体制的重大变革。厂长负责制就是要“一龙治水”。当然，“一龙治水”并不是一个人说了算。实行厂长负责制存在着各个方面的关系问题，厂长和党委、厂长和职代会、厂长和国家等各个方面的关系问题。在诸多的关系中，要从理论上说清楚它们的地位和作用。

第一，权责的统一问题。说起来很简单，没有权，就没有责，全权全责、半权半责、无权无责。但权同责的关系问题如何说清楚，这是当前一个重要的理论问题。还有关于一把手的问题，能起中心作用的问题以及经营者利益的问题等，也涉及许多理论问题，需要弄清楚。

第二，厂长的身份问题。厂长是双重身份，还是一重身份？

第三，企业决策权与企业经营权是否分开？这个问题不能照搬西方，我们是社会主义国家，但是又不能过分强调企业内部各方面的制约。过分强调制约，不可避免扯皮、内耗，就不可能提高工作效率。

第四，决策科学化、民主化问题。领导者的责任，毛泽东同志说，一是出主意，二是用干部。出主意就是决策，决策应当是科学的决策，不能以言代法、奉行长官意志。科学的决策要建立在民主的基础上，要从理论上说清楚两者的关系。

第五，厂长负责制和厂长素质问题。厂长负责制，在很大程度上取决于厂长的素质。选拔厂长要坚持干部“四化”标准，但具体到企业，除了“四化”标准外，还要有一些什么样的特殊要求？有的同志说“厂长要懂业务、会管理、会用人、会做人”。所谓会做人，就是善于与人共事，能尊重各方面的意见，能取得各方面的支持与配合，遇事能同群众商量，有民主作风，能使自己的工作真正建立在民主基础之上。

（二）企业党组织的地位和作用

即企业党政关系问题，这是企业内部的又一个基本问题。

处理党政关系的基本原则就是要党政分开。企业实行厂长负责制，党委的作用需要来一个 180 度的大转弯。新时期企业党组织作用为什么要变，如果理论上没有说清楚，思想也不会通。

企业党组织的地位和作用问题，是试点工作中首先提出来的一个问题，经过两年多时间的实践探索，认识基本趋于一致，那就是党的十二届三中全会《关于经济体制改革的决定》中讲的，企业是个经济组织，各项工作都要以生产经营为中心，实行厂长负责制以后，厂长对企业的生产经营统一领导、全权负责，党委起保证监督作用。但对保证监督的理解和做法，意见还很不一致。关于企业党组织的地位和作用，如下几个问题需要大家探讨。

第一，党政分开与党政机构重叠问题。

第二，党对企业的领导和企业、党组织的领导之间的关系问题。

第三，新的历史时期企业党组织的作用问题，即如何理解保证监督问题。

第四，党管干部问题，即厂长用人权和党管干部原则的关系问题。

（三）职工的地位和作用，即职工民主管理问题。

这涉及四个问题。

第一，全民和集体、大中型企业和小型企业在民主管理上是否应有所不同。

第二，职工的主人翁地位问题。

第三，劳动制度改革与民主管理的关系。

第四，民主与法制，即发扬民主与加强管理的关系。

（四）企业的地位和作用问题。

企业的地位和作用，实际上就是企业与地方政府、企业与国家的关系问题。企业是国家经济细胞，搞活企业是改革的中心环节，是出发点、落脚点。

第一，所有权与经营权分开，全民所有制的企业谁来代表需要明确。

第二，“婆媳”关系问题，要解决企业“两小一大”（小媳妇、小社会、大肥肉）的地位，明确企业是商品生产者。

第三，直接控制同间接控制的问题，主要用经济和法律手段管理经济。

第四，业务主管机关的服务和监督问题，以及指挥失误时的责任问题。

（五）横向关系，企业与其他企业事业单位的关系问题

第一，横向经济联合与条块的关系。

第二，企业是经济组织，社会主义间的关系是平等互利关系，既是竞争对手，又是兄弟间协作的关系。

上面讲了五个方面的问题，实际上还不止这些。总起来说，实行厂长负责制，突出了厂长的地位和作用，厂长既要遵守党纪国法，对党和国家负责，又要集中广大职工的意志和利益，对企业和职工负责，努力把企业办好搞活。这样，各种矛盾也就必然会反映到厂长一人身上。这些矛盾有的是由于长期形成的观念带来的问题，需要转变思想，提高认识去解决；有的是新制度还不完善，需要通过实践完善制度去逐步解决；但是，也有许多问题需要理论上研究探讨去解决。不管通过哪种途径解决，我们搞理论工作的同志和搞实际工作的同志，都有责任同心协力通过实践来研究探索，从实践上和理论上搞通搞好、搞深搞透。希望大家畅所欲言，各抒己见，共同把讨论会开好。

与会代表讨论情况如下（原载《经济管理》1986年第12期，执笔：小狄）。

一　关于厂长的地位和作用问题

（一）厂长的地位

厂长的地位是与党委、职代会以及企业的地位紧密相连的。由于对企业党政工三者地位的不同理解，引出了对厂长地位的不同观点。

第一种观点认为，厂长应处于职代会领导之下，对职代会负责。其理由是，职工是企

业的主体，应当真正体现职工当家做主的要求。

第二种观点认为，厂长只对企业的生产经营和行政管理工作实行统一指挥，而不是全面领导。其理由是，必须保证党组织对企业思想政治领导的实现。

第三种观点认为，厂长依法对企业的生产经营和行政管理工作统一指挥、全权负责，是一厂之长。其理由有三。（1）厂长负责制实质是首长负责制在企业的具体化。根据责权对等的原则，厂长在对企业负有全责的同时，也必须享有全权。（2）厂长的法律地位决定厂长是一厂之长。法律赋予厂长代表企业同其他组织发生经济法律行为的权利，是企业法人的代表。（3）企业的中心工作决定厂长是一厂之长。企业是经济组织，不是政治组织，也不是基层政权。它的中心工作就是生产经营。厂长既然是生产经营的总指挥，那么他就是企业第一把手。

（二）关于决策问题

1. 企业重大问题决策权的归属问题

一种观点认为，职代会（或管委会）对企业的重大问题拥有决策权。其理由有三。（1）集体决策具有如下优越性：有利于避免个人决策的局限性；有利于防止厂长独断专行；有利于协调矛盾，保证决策的执行；有利于强化职工的民主管理作用；有利于厂长生产指挥职能的发挥。（2）集体决策代表世界趋势。在资本主义国家的一些企业，是由董事会决策。社会主义的匈牙利、南斯拉夫、罗马尼亚等，绝大多数的企业都采用集体决策。（3）社会主义企业中职工的主人翁地位决定了职代会是企业的最高权力机构。因此，重大问题的决策权应当交由职代会行使，实行集体决策。

另一种观点认为，厂长应对企业的重大问题享有决策权。其理由是：（1）现代化大生产要求企业对客观迅速做出负责的反映，而实践证明，集体决策常因久议不决而坐失良机；（2）决策权是厂长诸多权利中的根本权利，是厂长负责制的核心和标志，舍此就谈不上厂长负责制，就谈不上厂长的中心地位和作用；（3）企业相对独立，给厂长决策提供了条件；（4）根据责权一致的原则，既然实行厂长负责制，厂长就有权决策企业中的重大问题。同时，决策权的归属同决策的形式是两回事。我们要否定的是个人决策中某些随心所欲的决策意识和主观武断的决策方法，而不是个人决策。实践证明，厂长们已创造出许多民主化、科学化相结合的决策形式，从而最大限度地避免了个人决策的失误。

2. 厂长决策的科学化、民主化问题

大家一致认为，实现厂长决策的科学化与民主化，必须有一定的组织形式和科学程序。但具体如何组织，因不同的看法而产生了几种不同形式。

第一种，成立企业管理委员会，协助厂长对企业重大问题进行决策。

第二种，为使机构精干高效，也可通过两类形式协助决策：固定型组织，如“三总”室、企管办、调研室等；非固定型组织，如厂务会议、厂长办公会议、职代会会议等。

第三种，配置动态结构的智囊团。厂长可视决策内容，聘请厂内、国内，以至国外的有关专家、学者提供与决策相关的信息、专题调查报告、选优方案及实施办法等。通过上述形式，使厂长的决策谋断分工，把“谋”的任务交给参谋机构，并借助“多谋”而达到“善断”的目的。

二　关于企业党组织的地位和作用

（一）关于新时期党组织在企业中的地位和作用

与会代表们各执一词，莫衷一是。主要有以下两种观点。

第一种观点认为厂长不是企业中的第一把手。厂长与党委书记在企业中是分工合作、各司其职、各负其责的关系。理由是：（1）社会主义企业要抓两个文明的建设，厂长抓物质文明的建设，党组织则对精神文明建设实行领导；（2）保证党对企业的领导，仍要由党的基层组织体现。厂长只限于对生产经营具体活动的统一指挥。企业的政治思想领导则是党委。

第二种观点认为企业党组织由过去的领导地位转为服务地位，起“保证、监督”作用。理由除了厂长为什么是企业第一把手的陈述外，着重分析了企业党组织的服务地位没有否定党的领导。（1）党的领导不能与企业党委领导等同。党的各项方针、政策及政府的各项法规、措施，是党对企业实施领导的根本。企业党组织，就是保证、监督其贯彻执行。（2）企业党组织在企业的思想政治领导，是相对权力领导而言。它不是靠权力实行，而是靠真理、靠组织的战斗力、靠党员的先锋模范作用实现的，是通过民主讨论的方法、批评和自我批评的方法和说服教育的方法实现的。（3）两个文明的建设是不可分的。企业中的大量思想政治工作都寓于生产经营活动中。因此，精神文明建设应寓于物质文明建设之中，与物质文明的建设紧密结合。

（二）党组织在企业的机构设置

从上面企业党组织在企业中的地位和作用的第二种观点出发，鉴于无论是大、中、小型企业，往往是厂长、书记一人兼的企业党政关系比较顺的实际，代表们对当前企业党组织的机构设置提出了以下几种建议。

第一，企业党组织可以“撤科设员”。如中型企业设书记、纪检员、组织员、宣传员、办事员等。大型企业可视需要适当增员；小型企业可适当减员，也可以厂长兼书记。

第二，企业可实行党代表制。党委书记在行政上是党代表，企业设党代表办公室，配备必要的干事做党务工作。

第三，企业机构设置中不列党的组织机构。企业党组织由企业所在地的党组织领导，彻底实现党政分工。

大家谈到，以上设想仅是方向。当前，正值新旧体制交替时期，企业中的党组织的机构实际上仍在部分承担行政机构的任务。因此，党组织机构的设置问题应与行政机构设置通盘考虑，具体情况具体分析，切忌“一刀切”。

三　关于企业中职工的地位和作用

代表们首先对职工的含义进行了讨论。大家一致认为，职工是企业职员（干部）和工人的总称，它包括企业的厂长、技术人员、管理人员和工人。社会主义企业中的每一位职工，无论是管理者还是工人，无论是脑力劳动者还是体力劳动者，都是企业的主人。而管理者又往往是全体职工中最优秀、最能代表职工意愿的人。因此，不能将厂长排除于职工之外，更不能将二者对立起来。

对于职工在企业中的地位和作用问题，大家一致认为职工在社会主义企业中应享有主人翁地位。但对主人翁地位的体现却有不同理解。一些同志认为，只有职代会作为企业的权力机构，才能真正体现职工的主人翁地位。另一部分同志认为，职代会不能作为企业的权力机构，但这并不否定职工的主人翁地位。现分述如下。

（1）职代会不能作为企业的权力机构。其理由有三：①企业不是基层政权，而是相对独立的经济组织，若把职代会作为企业的权力机构，实际上就和基层政权同级的人代会等同起来了；②职代会作为权力机构，不适应现代化生产和商品经济的要求，企业又会回到名为集体领导，实际无人负责的老路上去；③若实行职代会领导下的厂长负责制，实际等同于党委领导下的厂长负责制。因为职代会必须接受企业党组织领导。

（2）职代会不作为权力机构，并不否定职工的主人翁地位。共理由有三：①厂长负责制的实行并不改变职工的主人翁地位，职工主人翁地位的取得是将其作为集体概念而理解的。职工通过自己的代表行使权力，而厂长，往往是职工中的优秀代表，是通过职工的选举，合乎一定条件的选聘而产生的，因此，这样的厂长的决策，代表着企业职工的整体利益，就是从本质上体现了职工的主人翁地位；②职代会不是企业民主管理的唯一形式，为适应企业领导制度改革的需要，企业在坚持职代会这一民主管理的基本形式的同时，还通过其他形式拓宽、完善了企业民主管理，使更多的职工直接参与企业管理；③参加企业民主管理只是职工发挥主人翁作用的一种形式。其在国家政治生活和经济生活中的民主权利，诸如对政治体制改革、经济体制改革等直接关系到职工根本利益的问题上，具有更广泛的权利。因此，职工主人翁地位的最终体现，还取决于对国家大事的参与管理上。

四　企业在社会经济生活中的地位和作用

要理顺企业内党、政、工的关系，要能顺利推行厂长负责制，必须给企业创造一定的外部条件，明确企业在社会经济生活中的地位。现在企业难办、厂长难当，难处可数上许多条，根子就在政企不分上。工业企业要进行生产，一要原材料，二要资金。但就是这两样，还控制在“条条”“块块”手中。其他权放得再多，这两个权不落实，企业还是难以搞活。企业的经营自主权不落实，厂长负责制就不可能真正实行。为此，代表们建议。

（1）逐步开放生产资料市场，建立资金市场，减少政府对企业的直接控制。

（2）真正实现政企分开。大中型企业可实行企业经营责任制。在经评估、测算出企业资产的总额，按比例完税、交费后，余留归企业自主使用。小型企业可采取租赁、转让、拍卖形式。今后国家与企业之间的关系，只是收税、缴税的关系。同时还应调整税负，使企业能逐步实现税后还贷、自我积累。

（3）通过立法明确企业主管部门的权限，以改变企业权力有限而主管机关权力无限的现状。

（4）实行行政首长负责制，改变企业上级机关党政工各成体系，并直接对口领导的现状。目前可采取过渡办法，即党、政、工三方面的政策、工作都要经过协商，通过一个“漏斗”贯彻下去，以避免政出多门的现象。

附录6

中共中央宣传部、中共中央组织部、国家经济委员会、中华全国总工会关于印发《关于全民所有制工业企业三个条例的宣传提纲》的通知

（1986年9月20日）

各省、自治区、直辖市及计划单列市党委宣传部、组织部、经济工作部，各省、自治区、直辖市及计划单列市经委、总工会，总政宣传部，中央宣传系统各单位党委、党组：

根据中发〔1986〕21号文件的精神，为了做好全民所有制工业企业三个条例的宣传教育工作，保证企业领导体制改革试点工作的顺利进行，我们拟定了《关于全民所有制工业企业三个条例的宣传提纲》，现印发给你们。

贯彻实施三个条例，这是企业领导体制的重大改革。在进行企业内部各方面职责权限、相互关系的调整中，不可避免地要引起人们思想观念、传统习惯的改变。各地、各部门可以按照这个宣传提纲，采取先党内、后党外，先干部、后群众的做法，认真搞好宣讲和学习，针对干部、群众中的一些思想认识问题，做好深入细致的思想政治工作。学习、宣传中有什么经验和问题，请随时告诉我们。

关于全民所有制工业企业三个条例的宣传提纲

党中央、国务院最近颁发了《全民所有制工业企业厂长工作条例》、《中国共产党全民所有制工业企业基层组织工作条例》和《全民所有制工业企业职工代表大会条例》。这三个条例是在总结近三年来改革企业领导体制、实行厂长（经理）负责制试点经验的基础上形成的。

改革企业的领导体制，是城市经济体制改革的一个重要组成部分。改革的基本内容是：企业实行生产经营和行政管理工作厂长负责制；明确企业党组织的工作重点为保证和监督党和国家各项方针政策的贯彻实施，搞好企业党的思想建设、组织建设和思想政治工作；进一步健全职工代表大会制度和各项民主管理制度，发挥工会组织和职工代表在审议

企业重大决策、监督行政领导干部、维护职工合法权益等方面的作用。这一改革，从一九八四年开始在部分全民所有制工业企业中进行试点以来，有领导、有步骤地逐步展开。到目前，全国按规定经过批准的试点企业达到二万七千多个。通过试点，收到了显著的效果，并摸索和积累了一些经验。

这次颁布的三个条例把改革试点中的成功经验用条例形式固定下来，对克服当前企业领导体制中某些不协调状况，进一步理顺企业中行政、党组织和工会等群众组织之间的关系，调动广大职工的积极性，不断提高经营管理水平，促进企业经济改革，加快四个现代化建设，推动社会主义精神文明建设，具有十分重要的意义。同时，三个条例的颁布和实施，也为推行厂长负责制提供了有利条件。

一　为什么要把党委领导下的厂长负责制改变为厂长负责制

建国三十多年来，全民所有制工业企业领导体制经历了几次大的变化。实行时间最长的是党委领导下的厂长负责制。从一九五六年党的“八大”到“文化大革命”以前，以及粉碎“四人帮”以后，都是实行这个体制。在当时的历史条件下，这个体制曾经起了积极的作用。尤其是党的十一届三中全会以后，贯彻执行党中央、国务院颁布的“三个暂行条例”，实行党委领导下的厂长负责制和党委领导下的职工代表大会制，对于拨乱反正，恢复企业的生产秩序，加强企业管理，推动生产发展，实现“六五”计划，起了重要的作用。但是，随着经济体制改革的深入进行，这种党政不分、以党代政、权责分离、厂长缺少必要权力的领导体制与经济体制改革的要求越来越不相适应，越来越不利于搞活企业和促进社会主义商品经济的发展。这种制度既不利于工厂管理的现代化，不利于工业管理体制的现代化，也不利于工厂里党的工作的健全。一九八四年，党中央和国务院作出了在全国全民所有制企业中，经过试点，逐步推行厂长负责制的重要决定。

厂长负责制，是指企业的生产指挥和经营管理工作由厂长统一领导、全面负责，它的最明显的特征是明确厂长在企业中代表法人行使职权的地位和应负的责任，突出厂长在行政指挥中的作用，保证厂长在企业生产经营重大问题上的决策权。这是在总结了建国以来我国社会主义企业领导体制发展演变历史经验的基础上，根据当前形势发展，特别是适应城市经济体制改革和全面加强企业经营管理的要求提出来的，是企业领导体制的重大改革，也是对建立具有中国特色的社会主义现代化企业领导体制的一种探索和实践。

把党委领导下的厂长负责制改变为厂长负责制，不是人的主观意志的产物，而是有其客观必然性的。

首先，实行厂长负责制是现代企业社会化大生产的客观要求。列宁曾经指出：“任何大机器工业——即社会主义的物质的、生产的源泉和基础——都要求无条件和最严格的统一意志，以指导几百人、几千人以至几万人的共同工作……”（见《苏维埃政权的当前任务》）在现代化工业企业里，千百人甚至上万人共同进行生产劳动，众多的生产环节需要密切协调配合，如果没有一个以厂长为首的生产经营管理系统来进行集中统一的领导和生产指挥，及时解决生产中出现的问题，以协调各个人的活动，要想建立现代化企业的科学领导体制是根本不可能的。所以，党的十二届三中全会《决定》指出："现代企业分工细密，生产具有高度的连续性，技术要求严格，协作关系复杂，必须建立统一的、强有力的、高效率的生产指挥和经营管理系统。只有实行厂长（经理）负责制，才能适应这种要求。"

其次，实行厂长负责制是发展社会主义商品经济的客观要求，是加快城市经济体制改革的需要。党的十二届三中全会《决定》指出："增强企业的活力，特别是增强全民所有制的大、中型企业的活力，是以城市为重点的整个经济体制改革的中心环节。"围绕这个中心环节，要把企业所有权和经营权适当分开，企业将逐渐摆脱行政机构附属物的地位，成为相对独立的经济实体，成为自主经营、自负盈亏，具有自我改造、自我发展能力的社会主义商品生产和经营的单位，成为具有一定权利和义务的法人。这就必须按经济规律办事，主要靠经济手段来对企业的活动进行调节，促进企业之间的竞争，这样才能取得最好的经济效益。在这一新形势下，尤其是在世界新技术革命的严重挑战面前，更加需要企业对生产技术和市场信息反映灵敏，决策果断，办事效率高。改革现行的企业领导体制，实行厂长负责制，能够较好地适应这一客观要求。

第三，实行厂长负责制，也是当前进行政治体制改革的需要。我们在搞好经济体制改革的同时，必须对政治体制的某些方面进行改革。把党委领导下的厂长负责制改为厂长负责制，可以使企业党组织摆脱日常的生产行政事务，把自己的主要精力转到保证监督党和国家方针、政策的贯彻执行和搞好党的建设及思想政治工作上来，从而改善和加强企业中党的领导。这既是经济体制改革的要求，也是政治体制改革的一项重要内容。

总之，实行厂长负责制是新形势下的客观要求，是在正确地总结历史经验、权衡利弊得失的基础上找到的一种比较适合我国国情的企业领导体制。近三年来的试点实践表明，这一新的领导体制是有生命力的。当然，任何一种制度都不可能是完美无缺的。厂长负责制也需要在改革的实践中不断探索、总结，使之逐步趋于完善。在试点过程中，人们产生不同的认识和理解，少数企业出现一点矛盾和问题，这也是难以完全避免的。对这些问题，只有通过改革的不断深入和完善才能得到解决，绝不能一遇到问题，就放弃改革，甚至走回头路。

二　三个条例的主要内容

这次颁发的三个条例，以党的十二届三中全会《决定》为依据，围绕增强企业活力这个中心环节，贯彻所有权同经营权适当分开、政企职责分开以及党政分工等原则，把经过改革确立起来的企业和国家之间、企业和职工之间以及企业内部行政、党组织和工会等群众组织之间的正确关系，用条例形式确认下来。其主要内容是：

（一）明确厂长在企业中的地位和应负的责任，突出厂长在行政指挥中的作用，保证厂长行使统一指挥生产经营活动的职权。

企业是经济组织，它的中心任务是搞好生产经营，而企业的生产经营由厂长统一领导，全面负责。因此，实行厂长负责制以后，厂长在企业中处于中心的地位，要起中心的作用。

厂长工作条例规定："全民所有制工业企业依照国家法律规定，取得企业法人资格，企业的法定代表人为厂长，负责代表法人行使职权。厂长依据本条例规定，对本企业的生产指挥和经营管理工作统一领导，全面负责。"厂长既然是企业法人的代表，就要对国家负责，同时也对企业和职工负责，必须维护国家利益，保护国家财产，正确处理国家、企业、职工三者的利益关系。根据责权一致的原则，又必须赋予厂长相应的权力，保证厂长行使企业经营管理工作的决策权、生产指挥权和行政干部的任免权。只有这样，才能真正建立起统一的、强有力的、高效率的生产指挥和经营管理系统，厂长也才能对生产经营实现有效的领导。这是近三年来厂长负责制试点工作取得成效的关键所在。

为了使厂长尽职尽责，重视企业的长远发展，厂长工作条例规定厂长在任期内实行任期目标责任制。这是厂长负责制在试点中的完善和发展。实行厂长任期目标责任制，有利于使企业、厂长的行为合理化，防止和克服少数厂长只顾眼前利益和局部利益而不顾长远利益和国家全局利益的偏向，使企业始终保持一定的发展后劲。这对加强宏观管理和微观搞活都是有利的。

厂长工作条例对企业的决策形式作了规定。为了既能保证厂长行使企业生产经营管理工作的决策权，又能充分发挥集体智慧，企业设立管理委员会，作为协助厂长进行决策的机构、由企业党、政、工、团负责人（包括总工程师、总经济师、总会计师）和职代会选出的职工代表组成，由厂长任主任。企业经营管理中的重大问题，经管委会集体讨论后，由厂长作出决定。其中需经企业主管机关审批或需经职代会审议的事项，由厂长负责上报或提出。这种决策形式和决策程序，能够把厂长在决策上的主导作用，同专家的智囊作用、党组织的保证与监督作用和职代会（工会）的民主管理作用有机地结合起来，使决策能更加全面、正确。

除了企业经营管理工作决策权和生产指挥权外，用人权也是厂长的一项基本权力。厂长工作条例规定，厂级行政副职和中层行政干部的人选方案由厂长提出，并征求企业党委意见。厂级行政副职按干部管理权限上报审批；中层行政干部由厂长决定任免。厂长在用人时，要注意倾听各方面的意见。我们说党管干部，并不等于所有的干部都直接由党组织来任免。厂长按照党的干部政策和干部标准任免中层行政干部，同党管干部的原则并不矛盾。

（二）明确企业党组织的主要任务，充分发挥党组织的保证、监督作用。

实行厂长负责制以后，企业党组织的地位作用、职责权限发生了相应的变化。党组织要从繁忙的日常行政事务中解脱出来，把工作重心放到积极支持厂长实现任期责任目标和统一指挥生产经营活动上来，放到保证和监督党和国家各项方针政策的贯彻执行上来，放到搞好企业党的思想建设、组织建设和思想政治工作上来，保证企业生产经营的顺利进行。

保证和监督是企业党组织的重要职责，也是赋予党组织的一项权力。根据试点单位的经验，党的基层组织工作条例对保证和监督的主要内容和主要方法作了规定。党组织要以积极态度，把保证和监督贯穿于企业经济活动的全过程。保证和监督是一个问题的两个方面，保证寓于监督，监督中包含着保证，不能把二者割裂开来和对立起来。企业党组织要积极主动地支持厂长行使企业经营管理决策权、生产指挥权和用人权，保证厂长负责制的贯彻执行。对厂长的决策，企业党组织有不同意见，应当及时提出，必要时应向上级报告。厂长也要自觉地接受企业党组织的监督和帮助。

将实行多年的党委领导下的厂长负责制改变为厂长负责制，这是一项重大改革。企业党组织和从事党的工作的同志，必须从思想观念到工作方法。工作作风来一个大的转变，才能适应改革新形势的要求。在思想观念上，要改变“企业党委领导一切”，“书记是‘一把手’、厂长是‘二把手’”等传统观念，从对企业实行全面领导，讨论和决定生产经营中重大问题，转变到对企业实行思想政治领导，发挥保证、监督作用。在工作方法、工作作风等方面，也要切实改变过去党政不分、包揽行政事务的做法，逐步树立适应新形势的崭新的工作方法和工作作风。只有这样，新的企业领导体制才能顺利推行。

（三）进一步健全职工代表大会制度和各项民主管理制度，保证职工行使当家作主的民主权利。

实行民主管理，保障职工在企业中的主人翁地位，是社会主义企业区别于资本主义企业的本质特征之一，是建立具有中国特色的社会主义企业领导体制的一个基本要求，也是社会生产力发展的必然要求和结果。随着经济体制改革的发展和企业自主权的扩大，每个职工的经济利益同企业生产经营的成果联系日益密切，这就更加需要切实加强民主管理，充分发挥职工的智慧和才能，正确处理国家、企业、职工三者利益关系，把企业办好。

实行厂长负责制以后，职工群众当家作主的民主权利主要表现在参与企业的决策、管理和监督干部。为了保障厂长在生产指挥和经营管理方面行使职权，又保证职工行使民主管理的权力，职工代表大会条例规定了职工代表大会“是企业实行民主管理的基本形式，是职工行使民主管理权力的机构”；同时，还规定职工代表大会将推选一定数量的职工代表参加企业管理委员会，这是职工参与企业决策、加强民主管理的一种体现。

各级领导机关和企业领导干部要按照职工代表大会条例的要求，健全职工代表大会制度和各项民主管理制度，认真落实职工代表大会的职权，保障与发挥工会组织和职工代表在审议企业重大决策、监督行政领导、维护职工合法权益等方面的权力和作用。

三个条例根据企业领导体制改革的要求，在总结试点经验的基础上，对厂长、企业党委、职工代表大会（工会）的关系都作了明确的规定。实行厂长负责制以后，厂长和职工群众之间的关系是；一方面，厂长作为一厂之长，与职工群众是领导者和被领导者的关系；另一方面，厂长作为国家公务人员，又受职工代表大会的监督。职工代表大会和工会应积极支持厂长行使经营管理决策和统一指挥生产经营活动的职权，教育职工遵守纪律，服从指挥，维护生产指挥系统的权威。厂长应保障职工代表大会和工会行使民主管理的权力，组织实施职代会在其职权范围内作出的有关决定，主动接受职工代表大会的监督。企业党委对职工代表大会实行思想政治领导，但不要包办代替职工代表大会的工作。党委要向职工代表大会宣传党的路线、方针、政策，通过职工代表中党员的先锋模范作用，把党的方针政策变为群众的自觉行动；教育职工群众不断提高主人翁责任感，支持、引导职工代表正确地行使权利和履行义务。在加强民主管理、健全职工代表大会制度中，必须充分发挥工会组织的作用。企业的工会委员会是职工代表大会的工作机构，负责职工代表大会的日常工作。上级工会有指导、支持和维护职工代表大会正确行使职权的责任。

（四）紧紧围绕生产经营这个中心任务，进一步理顺企业行政、党组织和工会等群众组织之间的关系，调动三个方面的积极性。

改革企业领导体制，实行厂长负责制，要求从制度上明确划分企业行政、党组织和工会等群众组织各自的职责范围，按照分工各尽其责，这是理顺三者关系的前提。同时，企业是一个整体，作为基层的经济组织，它的中心任务是生产经营。要理顺三者关系，必须紧紧围绕生产经营这个中心，做到“职责上分，思想上合；工作上分，目标上合；制度上分，关系上合。”要互相支持，密切配合，协调动作，群策群力，共同努力完成企业的中心任务，搞好两个文明建设。不能离开中心，各搞一套，或者在“权”字上兜圈子，互相掣肘，抵消力量。总之，进行企业领导体制改革，实行厂长负责制，不是只调动厂长个人的积极性，而是要调动企业行政、党组织和工会等群众组织三个方面的积极性，使他们围绕企业的共同目标，按照分工，加强各自职责范围内的工作。

企业领导体制改革对企业领导班子的群体素质提出了更高的要求。企业领导班子成员要按照三个条例的要求，不断提高自己的素质。尤其是厂长和党委书记，一定要以党的事业为重，顾全大局，加强团结，合作共事，建立新型的党政关系，来保证新的领导体制的贯彻实施。对个别不符合要求的厂长或党委书记，有关主管部门要从组织上进行调整。

三　实行厂长负责制的几个思想认识问题

贯彻实施三个条例，推行厂长负责制，不仅涉及企业内部各方面职责权限、相互关系的调整，而且涉及人们思想观念、传统习惯的转变。在干部、群众中对这项改革产生一些思想认识问题，是很自然的。正确地、及时地解决这些思想认识问题，对于保证改革的顺利进行非常重要。

（一）在企业中实行厂长负责制会不会削弱或取消党的领导?

坚持党的领导，是四项基本原则的核心，也是实现四个现代化的根本保证。全民所有制工业企业毫无疑问也必须坚持党的领导。由于党委领导下的厂长负责制实行多年，一些同志形成一种观念，以为党的领导就是企业党委直接管理生产经营、管理所有行政干部的任免。实践证明，这种观念不利于改善和加强党的领导。我们党是工人阶级的政治组织，不是行政组织和生产组织。党的领导主要是思想政治和方针政策的领导，而不是党委直接指挥生产行政工作。实现党的领导，主要是靠党的思想理论的指导和党的路线、方针、政策的正确贯彻执行，靠党组织的战斗堡垒作用和党员的先锋模范作用，靠深入细致的思想政治工作去影响、吸引、带动广大群众为实现党提出的纲领、路线、方针、政策和任务而奋斗。还应该看到，党的领导是一个总体的概念，党对企业的领导是通过多种途径和形式实现的。各级政府机关运用经济的、法律的和行政的手段，指导、帮助、制约和监督企业的生产经营活动，使之纳入党和国家方针、政策的轨道，以及企业主管机关或干部管理机关根据党的干部政策选拔、任免厂长及其他领导人等等，都是体现了党对企业的领导。而企业党组织通过保证、监督党和国家各项方针政策在企业的贯彻执行，推动和促进生产经营和各项任务的完成，坚持企业的社会主义方向，也是体现党的领导的重要方面。因此，不能把党对企业的领导简单地理解为企业党组织对企业生产经营的指挥，更不能理解为企业里的一切事情都要由党组织讨论决定。实行厂长负责制，是改善和加强党的领导的重要措施，而不是放弃或削弱党的领导。许多试点企业的实践也表明，实行厂长负责制以后，企业党委和党委书记摆脱了生产行政事务，改变了“党不管党”的状况，可以有更多的时间和精力来抓好企业思想政治工作和党的思想建设、组织建设，使这方面的工作有了明显的加强，企业中党的领导也就得到了改善和加强，从而促进了企业的发展。

（二）实行厂长负责制会不会影响职工在企业中的主人翁地位？

企业实行厂长负责制，是为了建立厂长对企业生产经营工作的集中统一的领导和统一指挥，建立严格的经济责任制和劳动纪律，并不是排斥职工当家作主的民主权利。在社会主义企业里，领导者和职工在根本利益上是一致的，领导者的权威同劳动者的主人翁地位是统一的，同劳动者的主动性、创造性是统一的。这种统一，是职工群众的积极性能够正确有效地发挥的前提。我们国家的社会主义性质，决定了职工是国家的主人、企业的主人。这种主人翁地位，也要从我们社会主义企业的领导体制上体现出来。建立职工代表大会制度和其他各项民主管理制度，正是职工主人翁地位的充分体现。因此，党的十二届三中全会《决定》强调指出：“在实行厂长负责制的同时，必须健全职工代表大会制度和各项民主管理制度，充分发挥工会组织和职工代表在审议企业重大决策、监督行政领导和维护职工合法权益等方面的权力和作用，体现工人阶级的主人翁地位。”

三个条例，特别是职工代表大会条例，对加强企业民主管理，建立健全职工代表大会制度和各项民主管理制度作了充分的、明确的规定。按照条例的规定，职工代表大会对企业生产经营方针、计划等方面的重大问题有审议建议权，对职工收入分配、重要规章制度等重大问题有审议通过权，对职工生活福利方面的重大问题有审议决定权，对行政领导干部有评议、监督权和奖惩、任免建议权，还有对厂长（经理）的推荐或选举权。只要在实际工作中认真落实职代会的这些职权和其他有关规定，职工的主人翁地位就能得到有效的保障。与此同时，实行厂长负责制可以带动和促进企业内部的配套改革，有利于建立多种形式的经济责任制，贯彻按劳分配的原则，这也是体现劳动者主人翁地位的一个重要标志。

从前一段试点的实践来看，许多企业在实行厂长负责制以后，普遍建立了企业管理委员会或厂务会议，有职工代表参与企业决策；健全了职工代表大会制度，提高了职工代表的素质，进一步发挥了职工代表大会的作用；企业民主管理的内容和范围也充实扩大了。当然，也有少数试点企业民主管理搞得不好，主要原因是领导干部的素质问题，而不是领导体制问题。实践证明，实行厂长负责制本身不会影响和削弱职工的主人翁地位。

（三）实行厂长负责制以后，厂长能否用好权？

随着企业自主权的扩大和厂长负责制的实行，厂长的责任重了，权力大了。如何珍惜国家和人民赋予的权力，正确使用权力，确实是厂长需要正确对待的一个大问题。从近三年来的试点实践看，厂长必须努力做到克己奉公、不谋私利；兼顾和协调国家、企业、职工三者利益关系；坚持企业生产经营的社会主义方向。在实施经营决策和生产指挥中，既要勇于开拓，锐意改革，又要谦虚谨慎，兢兢业业，扎扎实实。特别要注意依靠党组织、职代会（工会）和广大职工群众，善于调动各方面的积极性，发挥集体智慧，做出正确决策，搞好工作。此外，厂长还要不断提高自己的政治、业务素质，增强政策、法制观念，坚持两个文明一起抓，把自己锻炼成为能够卓有成效地组织和指挥企业生产经营的社会主义企业家。

有的人担心，企业领导体制改革以后，厂长会不会滥用职权、独断专行，厂长有了干部任免权，会不会拉帮结派、任人唯亲，厂长的地位变了，会不会搞以权谋私？这种担心是可以理解的。在试点企业中，确有极少数企业的厂长独断专行，任人唯亲，以权谋私。但是，从总体上来看，这种担心是不必要的。因为。第一，上述不正之风与厂长负责制并没有必然的联系。从试点企业的情况来看，绝大多数厂长是能正确对待厂长负责制，并能用好权的。第二，为了保证监督厂长用好权，国家还采取了一系列切实有效的措施，包括建立健全必要的制度、法规。厂长工作条例第三十五条规定：厂长以权谋私，违法乱纪，弄虚作假，骗取荣誉或经济利益，应当区别情况，给予处分；触犯刑律的，依法追究刑事责任。第三，企业党委、工会等群众组织、职代会和职工群众对厂长的监督作用，三个条例中也作了具体规定。厂长以权谋私、违法乱纪，企业党委、工会、职代会和职工群众，都可以行使监督权，都可以向上级反映情况，这些都是监督厂长正确用权的必要措施。

厂长用好权，同领导机关和企业内部对厂长的支持是分不开的。各级领导机关和领导干部，企业的党群组织和广大职工，都要积极支持和帮助厂长正确行使职权，为厂长搞好企业生产经营出主意，做后盾，排忧解难。据调查考核，试点企业实行厂长负责制以后，绝大多数厂长是称职的。我们要相信绝大多数厂长会正确运用权力，努力把企业办好。对那些勇于开拓、锐意改革的厂长，一定要支持和保护，对于他们在改革和工作中出现的某些失误和偏差，要帮助认真总结经验，鼓励和支持他们发扬成绩，克服缺点，继续把生产和改革搞好。对于因改革而受到责难和非议的厂长，各级领导机关要为他们撑腰。

四　认真贯彻实施三个条例，把企业领导体制改革继续推向前进

当前，以城市为重点的整个经济体制改革形势很好。三个条例的颁发实施，为进一步搞好企业领导体制改革试点工作创造了十分有利的条件。各地区、各部门、各试点企业要按照党中央、国务院的统一部署，加强对试点工作的领导，不断研究新情况，总结新经验，解决三个条例实施中出现的新问题。各级政府机关和企业主管部门要围绕在宏观指导下如何把企业搞活，把党中央、国务院关于扩大企业自主权的一系列政策落实到企业，为

实行厂长负责制创造必要的外部条件。试点企业的广大党员、干部要带头认真学习、宣传三个条例，积极投入企业领导体制改革。

企业领导体制改革，同其它改革一样，从试点到完善，有一个不断探索、总结的发展过程。让我们在改革的实践中，为探索并创建具有中国特色的社会主义现代化工业企业领导体制而共同努力。

附录 7

中共中央、国务院关于认真贯彻执行全民所有制工业企业三个条例的补充通知

（中发〔1986〕23 号　1986 年 11 月 11 日）

各省、自治区、直辖市党委和人民政府，各大军区、省军区、野战军党委，中央和国家机关各部委，军委各总部、各军兵种党委、各人民团体：

为了在全民所有制工业企业中全面推行厂长（经理）负责制的新的企业领导体制，中共中央、国务院决定对贯彻执行全民所有制工业企业三个条例作如下补充通知：

一、为了进一步理顺企业内部的行政、党组织和职代会之间的关系，应当明确：从党委领导下的厂长负责制到厂长负责制的转变，是企业领导体制的重大改革。全民所有制工业企业的厂长（经理）是一厂之长，是企业法人的代表，对企业负有全面责任，处于中心地位，起中心作用。厂长（经理）、党委书记都要按照这一新的要求，认真负责、同心协力地履行自己的职责。对于不适应工作要求的厂长（经理）或党委书记，有关主管部门要积极慎重地从组织上进行调整。

二、企业中党的组织要满腔热情地支持企业的领导体制改革，积极支持厂长（经理）行使职权。要按照《中国共产党全民所有制工业企业基层组织工作条例》的要求，认真探索新时期企业党组织的工作方法，切实发挥党组织的保证、监督作用。

三、为了认真贯彻执行三个条例，全面推行厂长（经理）负责制，各地区、各部门要按照中共中央宣传部、中共中央组织部、国家经委和全国总工会 9 月 20 日联合发出的《关于全民所有制工业企业三个条例的宣传提纲》，针对干部、职工思想认识上的问题，认真搞好宣讲和进行深入细致的思想政治工作。同时，要及时研究和解决贯彻执行三个条例中出现的新问题，不断总结经验和改进工作。

四、此件发至省军级。省、自治区、直辖市何时下发，应根据本地区工作进展的实际情况，按照既要积极又要稳妥的要求，自行掌握。

五、中央、国务院过去有关文件中关于全民所有制工业企业厂长（经理）的地位和作用的提法，与本通知不一致的地方，一律以本通知为准。

附录 8

国务院关于深化企业改革增强企业活力的若干规定

（国发〔1986〕103 号　1986 年 12 月 5 日）

按照“七五”期间经济体制改革任务的要求，一九八七年要在深化企业改革，增强企业特别是大中型企业的活力方面迈出较大的步子。为此，特作如下规定。

一　认真落实搞活企业的有关政策规定

近年来，党中央、国务院先后颁发了关于扩大企业自主权，增强企业活力的一系列重要文件。各级人民政府要组织有关部门对这些文件的贯彻执行情况进行认真检查，逐条抓好落实。凡文件规定放给企业的权利被中间环节截留的，要坚决放给企业。各部门、各地区要认真清理各自下发的文件，对不符合党中央、国务院关于搞活企业规定精神的，应予废止或纠正。今后，要把扩大企业自主权的落实情况，作为考核、评价各级政府部门和领导人工作的一项重要内容。

二　推行多种形式的经营承包责任制，给经营者以充分的经营自主权

根据企业所有权与经营权分离的原则，给经营者以充分的经营自主权，是深化企业改革、增强企业活力的重要内容。

全民所有制小型企业可积极试行租赁、承包经营。选择一部分亏损或微利的全民所有制中型企业，进行租赁、承包经营试点。要保证承租人或承包人在遵守国家有关规定的前提下，拥有充分的经营自主权，保护他们按照合同规定取得的合法利益。全民所有制大中型企业要实行多种形式的经营责任制。各地要从实际出发，制订租赁、承包经营的具体试行办法，并加强审计监督。

各地可以选择少数有条件的全民所有制大中型企业，进行股份制试点。企业之间互相投资，或联合投资新建企业，一般宜采取股份制形式。

有些全民所有制小型商业、服务业企业，可由当地财政、银行、工商行政管理部门和企业主管部门共同核定资产，由企业主管部门进行拍卖或折股出售，允许购买者分期偿付资产价款。出售企业的收入全部上交国家财政，由中央和企业所在城市五五分成。

集体所有制企业仍由主管部门统负盈亏的，一律改为自负盈亏，不再上交合作事业基金。

三　加快企业领导体制的改革

全面推行厂长（经理）负责制。厂长（经理）是企业法人的代表，对企业负有全面责任，处于中心地位，起中心作用。

实行厂长负责制的企业，要同时实行厂长任期目标责任制，并切实保障经营者的利益。凡全面完成任期内年度责任目标的，经营者的个人收入可以高于职工平均收入的一至三倍。做出突出贡献的，还可以再高一些。完不成年度责任目标的，应扣减厂长的个人收入。

为保证厂长集中精力组织生产经营，各级政府部门和其他单位要尽量减少对企业的检查、评比和召开会议等活动。

企业要精简机构，减少脱产人员。任何部门不得强制企业设置对口机构，不得规定企业内部机构的人员编制。

四　进一步增强企业自我改造、自我发展的能力

1987 年，继续减免轻纺企业和其他进行重点技术改造的大中型企业的调节税，企业由此增加的留利，必须用于企业发展生产。对纺织产品和某些轻工产品适当降低产品税或增值税税率。具体减征办法由财政部、国家经委商定。

工业企业全面实行分类折旧。对技术密集的新兴产业，经财政部会同有关部门批准，可试行加速折旧办法。目前仍由上级部门集中掌握的 30% 的折旧基金，要全部留给企业，原来规定免征能源交通建设基金的部分，继续免征。

今后，企业用税后留利进行生产性投资所增加的利润，按 40% 的税率征收所得税。

对国家急需发展的社会经济效益好的企业技术改造所需贷款，银行要优先给予安排。

要采取坚决有效的措施，制止对企业的摊派。各级政府以及部门的主要领导人对此要切实负责，违者要追究责任。

五　改进企业的工资、奖金分配制度

在国家规定的工资总额（包括增资指标）和政策范围内，对于企业内部职工工资、奖金分配的具体形式和办法，以及调资升级的时间、对象等，由企业自主决定，国家一般不再作统一规定。

降低奖金税税率。企业全年发放奖金总额不超过标准工资四小月的部分，继续免征奖金税；四个月至五个月的部分，奖金税税率由现行的 30% 降为 20%；五个月至六个月的部分，奖金税税率由 100% 降为 50%；六个月至七个月的部分，奖金税税率由 300% 降为 100%；七个月以上的部分，奖金税税率定为 200%。

试行工资总额同上交利税挂钩的企业，工资增长率为 7% 至 13% 的部分，工资调节税税率由 30% 降为 20%；长增率为 13% 以上至 20% 的部分，工资调节税税率由 100% 降为 50%；增长率为 20% 以上至 27% 的部分，工资调节税税率由 300% 降为 100%；增长率为 27% 以上的部分，工资调节税税率定为 200%。

国家经委、财政部、劳动人事部要研究改进能源、原材料节约奖的提奖办法，解决“鞭打快牛”的问题。

六　继续缩减对企业下达的指令性计划

国务院各部门，各省、自治区、直辖市在国家计划单列省辖市，要继续缩减向企业下达的指令性计划产品的种类、生产任务和调拨量，扩大企业自销比例（具体种类、数量由计划下达单位另行规定）。除上述单位外，其他单位一律无权向企业下达指令性计划。

生产资料由企业自销的部分，价格由供需双方议定。加工产品中，小商品价格要切实放开，随行就市；一般机电产品价格要进一步放开，重要机电产品以浮动价格为主，必要时可规定最高限价；工业消费品价格要有控制地逐步放开，其中对人民生活影响较大的商品需要提价时，要履行申报手续。

七　限期清理、撤销行政性公司

在 1987 年第一季度内，除少数经国务院批准赋予其行政职能的全国性公司以外，要停止行政性公司管理企业的职能，促使其尽快转为经营型或服务型的经济实体，实行独立核算，自负盈亏，并将他们承担的行政管理职能转给政府有关部门，1987 年 6 月底还不能实现转变的，一律撤销。

八　鼓励发展企业集团

在发展横向经济联合的基础上，以大型骨干企业或名牌产品生产企业为主体，根据自愿互利的原则，由企业自主组建企业集团，政府部门不得阻止。允许企业参加两个以上的企业集团，并允许退出。有条件的企业集团可实行股份制、各级政府部门一般不应自上而下地组建企业集团，也不能指派企业集团的经营负责人，要防止把企业集团变成行政性公司或由行政性公司翻牌变成“企业集团”。国家对企业集团主要运用经济的、法律的手段进行间接管理。

在同一行业中，一般不搞独家垄断的企业集团，以利于开展竞争，促进技术进步。1987 年，中国人民银行要在信贷计划中，拨出一定的贷款额度，通过城市专业银行，重点坚持企业集团的技术开发与产品开发。

各地区和各有关部门可根据本规定，结合实际情况，制定实施细则。

附录 9

审计署关于开展厂长离任经济责任审计工作几个问题的通知

（审研字〔1986〕360 号　1986 年 12 月 31 日）

中共中央、国务院颁发的《全民所有制工业企业厂长工作条例》中规定：“厂长离任前，企业主管机关（或会同干部管理机关）可以提请审计机关对厂长进行经济责任审计评议。”对此，各级审计机关应当认真贯彻执行，现将开展这项工作的几个问题通知如下：

一、审计的范围。根据《全民所有制工业企业厂长工作条例》在进行企业领导体制改革试点的全民所有制工业企业中实行的规定和审计机关的实际情况，目前主要是对企业主管机关申请的、实行厂长负责制的全民所有制工业、交通企业的厂长，进行离任经济责任审计。

二、审计的内容。主要是厂长任期内企业的财务收支是否合规合法，盈亏是否真实，经济效益是否达到任期目标，国家资财有无损失浪费等。在审计中，如发现有因玩忽职守造成重大经济损失或贪污盗窃等触犯刑律的问题应移交司法机关处理。

三、审计机关进行厂长离任经济责任审计时，一定要按照国家有关的法规、政策和企业的实际情况，对审计的内容实事求是地作出审计评议。审计评议要经被审计的厂长签署意见，再送企业主管机关或干部管理机关。

四、对厂长离任经济责任审计，由各级审计机关负责组织实施。此项审计任务重的地方，审计机关也可根据实际情况，委托企业主管部门的内审机构负责审计，审计结果要报告委托的审计机关；必要时审计机关可进行抽查或复审。

五、实行厂长离任经济责任审计的程序、方法，由各省、自治区、直辖市审计局根据国务院《关于审计工作的暂行规定》的精神，结合实际情况具体确定。

六、开展厂长离任经济责任审计是一项新的工作，各级审计机关要在党委、政府的领导下，根据实际情况，有计划、有步骤地进行，并要注意总结经验，不断改进。进行这项工作的情况、经验和问题，请及时报告审计署。

贯彻落实《国务院关于加强工业企业管理若干问题的决定》 做好企业升级工作*

——在国务院各部门加强企业管理工作第一次例会上的讲话

（1986年7月23日）

同志们：

7月4日，国务院颁出了国发〔1986〕71号文件，《关于加强工业企业管理若干问题的决定》（以下简称《决定》），这是继中共中央、国务院1982年2号文件《关于国营工业企业进行全面整顿的决定》之后，对加强企业管理的又一重要战略部署。大家知道，这次《决定》是在党中央、国务院领导同志的直接关心和指导下，经过半年多的酝酿，在广泛调查研究的基础上，反复修改后制定的。它对我国企业面临的形势、任务、现状和存在的问题，作了概括的阐述，对“七五”期间如何加强企业管理，提出了明确的要求和办法，是完全符合企业实际的，是切实可行的。认真贯彻《决定》对实现“七五”计划具有十分重要的意义。今天请大家来开会，就是要研究如何贯彻落实《决定》，做好企业升级工作的问题。刚才机械工业部、吉林省和西安市的同志发言都很好，很有启发，很值得借鉴。我们也草拟了一个贯彻落实《决定》的意见，已经发给大家希望带回去认真研究，提出修改意见。这里就不宜再读了。下面着重讲五个问题。

一 “七五”期间加强企业管理的重要意义

“七五”是为实现党的十二大提出的宏伟战略目标打好基础的关键时期。这个时期，要为经济体制改革创造良好的环境，为90年代经济振兴准备后续力量，又要改善

* 本文是袁宝华同志在国务院各部门加强企业管理工作第一次例会上的讲话全文。原文首发在《中国企业升级年鉴（1986—1988）》（陈兰通主编，吉林人民出版社，1988），本文摘要收入《袁宝华经济文集》（中国经济出版社，1991）和《袁宝华文集（第二卷）》（中国人民大学出版社，2014）。

人民生活，任务十分艰巨。完成这些任务，一方面要坚定不移地贯彻中央关于经济体制改革的方针，另一方面要靠现有企业，特别是工业企业努力改善经营管理，挖掘企业内部潜力，提高经济效益，提高出口创汇能力。所有这些，都对企业提出了新的要求。

《决定》指出，“六五”时期，经过全面整顿和初步改革，我国工业企业的面貌发生了很大变化，为保证国民经济持续稳定协调发展做出了重大贡献。但是，企业素质差的问题仍然存在，技术落后，管理更落后。突出表现在不少企业的产品质量差，物质消耗高，经济效益低，不能适应现代化建设和人民物质文化生活日益增长的需要。今年全国经济工作会议后，各地区、各部门在坚持改革，发展生产，提高产品质量，降低物质消耗上，做了不少工作，使今年上半年全国工交生产扭转了去年同期超高速度增长的状况，保持了一定的增长速度。1 月至 6 月，全国工业总产值累计完成 4284 亿元，比去年同期增长 4.9%。上半年，多数工业产品质量稳定提高。对 22 个主要工业城市统计显示，有 15 个城市的主要产品质量稳定提高率高于去年同期。重点原材料企业产品质量比较稳定；轻工产品质量稳中有升，优质名牌产品经过整顿质量有所提高。冶金企业的炼铁综合焦比、平炉钢油耗、电炉钢电耗均有降低。但是，企业产品质量差、物质消耗高、经济效益低的状况，并没有得到根本改变，与去年同期对比，某些方面还有下降的趋势，与世界工业发达国家相比，差距就更大了。上半年，国家考核的 75 种产品质量指标，有 1/3 向下波动，国家监督抽查的产品质量有 1/3 不合格。部分出口产品质量较差，索赔增加。经济效益也不理想。主要是成本升高，利税下降。上半年，预算内工业企业实现利税比去年同期下降 2.2%，可比产品成本上升 4.2%，亏损额增加 56%。全国财政收入按可比口径计算增长 1.5%，大大低于工业产值增长 4.9%的速度。因此，改善和加强企业管理，全面提高企业素质，是“七五”时期的一项刻不容缓的十分重要的任务。它不仅是改变我国企业技术落后、管理更落后的状况，胜利实现“七五”计划的需要，也是保证经济体制改革顺利进行，进一步增强企业活力，特别是大中型企业活力的需要，同时也是企业适应社会主义有计划的商品经济发展，在优胜劣汰的市场竞争中求得生存和发展的需要。

提高产品质量、降低物质消耗和增加经济效益，固然要靠技术进步，不采取先进的技术和先进装备，不可能生产出在国际、国内市场上具有竞争力的产品。但是，有了先进的技术和装备，如果不重视管理，合理使用，也不能充分发挥其先进作用，有时甚至会造成更大的浪费。如山西太原有一个煤矿去年从美国引进了一套采煤设备，由于管理混乱，该设备长期在露天存放不用，工人在设备旁玩牌抽烟失火，将设备完全烧毁。当然这是比较典型的事例。但是，由于管理不善，不能发挥技术、装备和资金、人才的作用的状况，则是比较普遍的。前几天，日中经济交流委员会一个代表团（制罐专业）的人对我们说，他看到我们有的制罐厂把马口铁放在露天日晒雨淋，认为不可思议，这样很难保证产品质量。可见加强管理是多么重要。因此，我们在推进技术进步的同时，必须十分注意加强管理，使技术和管理这两个轮子能协调配套地同步运转，这样才能促进国民经济的稳步协调发展。

特别要提到的是，现在我们不少同志对技术进步重要性的认识比较明确，对技术开发、技术引进、技术改造取得的经济效益，看得比较清楚、比较具体，对通过改善经营管理，把企业内部蕴藏的巨大潜力挖掘出来，少花钱，甚至不花钱也能取得经济效益，往往缺乏足够的认识。因此，各级经济管理干部和企业的领导同志要迅速改变那种重技术，轻管理；重硬件，轻软件；注重发展速度，忽视经济效益的倾向。从现实情况看，向管理要效益，具有更加紧迫和更为现实的意义。要动员全体职工积极行动起来，深入学习和贯彻《决定》，为迅速改变我国企业落后面貌，增强企业自我积累、自我改造、自我发展能力，做出新的贡献。

二　企业升级是企业整顿的继续和发展，是推进管理和技术进步的一种新形式

《决定》提出，“七五”期间，要把提高产品质量、降低物质消耗和增加经济效益，作为考核工业企业管理水平的主要指标。同时提出了国家特级企业、国家一级企业、国家二级企业和省（自治区、直辖市）级先进企业的主要标准，要求在企业中有计划有步骤地开展“抓管理、上等级、全面提高素质”的企业升级工作。开展企业升级是《决定》的重要内容，是“七五”期间推进企业管理进步的一种新形式、新办法。过去四年的企业全面整顿，取得了很大的成绩，为进一步加强企业管理打下了初步基础，但是用什么办法来巩固和发展整顿成果，尽快改变当前企业技术落后、管理更落后的状况，国务院根据“七五”计划，要求到1990年要有40%的主要产品性能、质量达到国际70年代末80年代初的水平，针对当前企业存在的主要问题，提出了先进企业的分级标准。这样做的好处，一是明确了衡量企业管理水平的标准，抓住了要害。企业管理的好坏，主要是看产品质量是不是提高了，物质消耗是不是降下来了，企业的经济效益是不是增加了。也就是说，要看效益、速度、水平和后劲是否都有提高。二是由于有了不同的等级标准，无论是管理水平高的企业，或是管理水平低的企业，都可以在不同的起跑点上，瞄准不同等级目标，一步一步地努力攀登。可以相信，再经过五年的努力，我国企业面貌将发生一个深刻的变化，将会有更多的产品打入国际市场，有更多的企业跻身于世界先进行列。

从企业整顿到企业升级，目的都在于改善和加强企业管理，提高企业素质，提高经济效益。没有企业整顿打下的基础，就不可能开展企业升级工作，可以说升级是整顿的继续，但是企业升级与企业整顿在内容、标准、形式和方法上又有很大的差别，

因此，企业升级又是整顿的发展和提高。

（1）从内容和标准看，企业整顿主要围绕“五项工作”进行，要求比较全面。企业升级重点突出质量、消耗和效益的考核指标。它的起点高，四个等级分别瞄准了国际、国内、省内先进水平。标准统一，国家特级、一级、二级企业均由国家统一制订标准，不考虑地区条件和客观因素。

（2）在工作方法上，企业整顿主要是采用行政手段，直接控制，要求每个企业都要按期完成整顿任务，有一定的强制性。企业升级则是采取经济办法和行政手段相结合的以间接控制为主的办法。由企业对照标准，自订规划，自选目标，上级主管部门只提出指导性规划，进行分类指导。对达到等级的企业在政策上给予相应的鼓励，来启发和调动企业“上等级”的自觉性和积极性。

（3）在考核内容和办法上，企业整顿的考核指标，定性多于定量，主要是纵向对比，即企业整顿后与整顿前相比，难以有统一的标准。企业升级的主要考核指标，包括产品质量、物质消耗和经济效益，每个等级都有以产品为对象的定量考核指标，是硬碰硬的，达不到规定指标就不能晋级。《决定》还规定，评审工作要由公正的机构组织实施；不论哪一级的先进企业，都不搞“终身制”。要定期评审，有升有降，以保证评审工作公正严明，避免突击应付，防止形式主义。

企业升级是一项十分庞杂、十分细致的工作。各地区、各部门和企业要像贯彻中共中央、国务院〔1982〕2号文件，抓企业全面整顿那样来贯彻落实国发〔1986〕71号文件，抓好企业“上等级”工作。要发挥整顿工作中的坚持不懈的精神和严谨精细的作风，正确运用整顿工作中的成功经验，创造新的工作经验和办法，把这项工作做好。

三　上半年，地区、部门在加强企业管理方面做了大量的工作，为开展企业升级做了必要的准备

年初全国经济工作会议后，各地区、各部门普遍召开了经济工作会议和部门工作会议，贯彻落实全国经济工作会议精神，把加强企业管理、开展企业“上等级”工作，作为“七五”期间的一项重要任务，主要做了以下几项工作。

（一）组织力量对企业经营管理现状进行调查摸底

多数省、市都已组织所属厅局，开始对企业现状进行摸底排队。吉林、山东、甘肃等省调查分析工作已告一段落。吉林省还从第二季度开始，对全省工业企业进行经济效益分析，来找准企业升级的突破口。冶金、石化、铁道、中汽等部门对企业现状也做了重点调查。在调查摸底的基础上，一些省、市已制定出企业升级的初步规划。

不少企业已制定了“上等级”规划。

（二）着手收集整理行业主要产品质量指标和物耗指标，制订等级标准和升级办法

机械、冶金、轻工等部门，山东、辽宁等省，西安、沈阳、济南等市都已组织力量，着手收集整理资料制定等级指标。机械部已开始产品等级指标制订工作。从 4 月开始轻工部收集材料，5 月召开的部分省市轻工行业会议上又进一步落实，他们计划先抓 20 个小行业的标准来制定，七八月份拿出初稿，然后在地区轻工厅局长会上审订。国家标准局、国家档案局为配合企业上等级，正在拟定企业标准化和档案工作分档升级办法。冶金部经过调查分析，确定先从工序升级、分档达标抓起，把已经开展的高炉、转炉分等晋级，分档达标办法推广到平炉、电炉、连铸、轧钢以及矿山、烧结、焦化、碳素、耐火、铁合金等方面。在普遍开展工序升级的基础上，对企业进行综合评价，进行定级、晋级。

（三）初步选定了升级试点行业和企业

甘肃省确定省轻工、石化为试点行业，试点企业有 60 个。湖北省决定，各省辖市经委直接抓一个行业，一个企业；各地和省直厅、局、总公司各抓一两个企业，先行一步，进行试点。辽宁省的试点工作正在层层落实，全省以沈阳为试点市，沈阳市又以机械局为试点局，局下面又抓了一些试点企业。

（四）积极组建加强企业管理工作的领导机构和办事机构

到目前为止，甘肃、浙江、四川、广东、新疆五个省（自治区）已正式成立了省（自治区）加强企业管理领导小组和办公室，由一名副省长（副主席）任组长，各有关部门负责同志为小组成员，统管全省（自治区）企业管理工作。化工部、煤炭部、中汽公司、中国农业银行已成立了加强企业管理领导小组，组建了办公室。吉林省已将各级企业整顿办公室充实整编为企业管理办公室，固定了人员编制。辽宁省已将省企业整顿办公室与省计经委有关处合并，成立了省企业管理办公室，由计经委一名副主任任主任，下设企业管理、质量、教育、扭亏办等处室。不少地区和部门也已在进行酝酿建立必要的组织机构。

四　认真做好企业升级的起步工作

《决定》刚刚发布，今年要认真做好企业升级的起步工作。对于如何贯彻《决定》，在发给大家的征求意见稿中已提出了具体的要求。大家回去后，可组织研究，尽

快提出修改意见，定稿后即正式下发。对企业“上等级”的具体办法，我们将会同省、市、部门拟定一个《实施办法》。这里仅就如何做好企业升级的起步工作，讲几个问题。

（一）抓紧制订等级标准。主要是产品性能质量、物质消耗的具体等级指标和经济效益指标

没有以产品为对象的具体的等级指标，企业上等级就没有依据，这项工作一定要先行，力争年内订出一批主要企业主要产品的等级指标。工业产品成千上万，规格品种数不胜数。加上某些产品，特别是物耗资料不全，工作难度大，任务重，要树立信心，积极对待。在步骤和方法上，可以根据行业和地区的具体情况，根据先易后难，由低到高，分期分批，逐步完善的原则，有计划分步骤地进行，首先要把试点企业的标准搞出来。要认真组织生产、科研、院校、协会等多方面的力量，采取各种办法来拟订标准。有的也可由重点企业提出标准，经主管部门审定发布。对确实找不到国际资料的，可以根据已经掌握的实际情况，先拟订一个试行标准。某些已在世界领先的产品，如一些轻工产品，可根据行业具体情况，提出我国的等级标准。

关于经济效益的等级指标，因涉及企业的产品构成和价格等问题，有许多不可比因素，很难制订全国统一的等级指标，可由部门、地区根据行业特点，提出若干能合理反映企业管理水平的主要指标，先试行一段时期，再逐步修订完善。

对于加强企业管理的其他工作，如管理基础工作、财务管理、经营工作、安全生产、经济责任制、职工培训、劳动纪律、企业领导体制改革、民主管理、思想政治工作等，《决定》中已有明确的要求，这些都是企业升级的基础和必要的条件，企业都应努力做好。但是，衡量一个企业管理是否搞好了，最终还是要看质量、消耗和效益。

（二）企业升级规划一定要自下而上，分层次制订

《决定》提出，全国工业企业，特别是全民所有制大中型企业，都要从自己的实际情况出发，制定出“抓管理、上等级、全面提高企业素质”的规划，并采取切实措施，努力实现。工业企业是国民经济的主导力量，尤其大中型企业对国计民生有着举足轻重的作用。这些企业上去了，国民经济的发展就有了可靠的保证。各地区、各部门一定要抓住重点，精心指导，首先帮助企业订好“上等级”规划。在企业规划基础上，由下而上分层次地制订出地区、部门的企业升级规划。这样才能使规划落到实处，起到指导作用。绝不能急于求成，凭主观想象定规划。企业“上等级”规划，既要实事求是，从实际出发，又要坚持高标准严要求。紧紧围绕提高产品质量、降低物质消耗两个重点，结合企业“七五”发展规划、经营战略和厂长任期目标，提出“七五”期间要达到的等级目标，并瞄准一两个国内外先进企业作为赶超对象，定出切实可行

的措施和步骤方法。规划制定后，要进行分解落实，确保规划的如期实现。各级企业主管部门主要是做好组织协调工作，加强调查研究，进行宏观指导，启发引导企业自觉“上等级”。

（三）抓紧建立组织协调机构和办事机构

在总结四年整顿工作时，有一条重要经验，就是从上到下建立了各级企业整顿领导小组和办公室，并实行分级分工责任制，从组织领导上保证了企业整顿工作善始善终、保质保量地完成。加强企业管理、开展企业升级，是一项涉及面很广的工作，既直接联系到企业内部各项生产、技术和经营工作，又涉及宏观方面的控制和改革。除主要依靠企业自我努力外，在宏观上还要组织协调和进行引导。各地区、各部门可根据《决定》提出要有相应的机构负责组织协调的要求，尽快抓紧组建，也可以以原来的企业整顿办公室为基础，进行调整充实，并建立必要的工作制度和责任制度。

五　正确处理企业升级与各项工作之间的关系

（一）企业升级与改革的关系

在经济体制改革的新形势下，我们曾对企业整顿工作提出抓改革促整顿的要求，对推动整顿发展、提高整顿工作质量，起到了重要的作用。“七五”时期要基本完成经济体制改革任务，特别是明后两年改革要迈出新的步子，要通过改革使企业真正成为自主经营、自负盈亏的相对独立的商品生产者和经营者，以适应社会主义有计划的商品经济发展的要求。因此，加强企业管理、推动企业升级工作，仍然要坚持把改革放在首位，抓改革、促升级，按照改革对管理的新要求来改进和加强管理工作。改革与加强管理是互相联系，相互促进的。经济体制改革的中心是增强企业的活力，特别是大中型企业的活力，通过改革为企业创造一个良好的外部环境，使企业能在平等的条件下优胜劣汰的竞争。企业要在竞争中求得生存和发展，也需要加强内部管理，搞好经营工作。另外，改革也要以改善和加强管理为基础，通过改善和加强管理，巩固发展改革成果，保证改革的顺利进行。因此，在开展企业升级工作中，一定要把坚持改革和加强管理结合好。

（二）企业升级与技术进步和管理现代化的关系

这次企业升级是以产品质量、物质消耗和经济效益为主要衡量标准的。它包括了技术和管理两个内容，概括来说，一是企业要升级，二是产品要换代。

我们所说的提高产品质量绝不仅是现有产品质量的稳定和提高。更重要的是要不断开发新产品，以产品性能好、质量优、款式新、适销对路，去占领市场，赢得用户。为此，每个企业都应根据自己确定的升级目标去规划本企业的技术进步工作。同时，推进技术进步还必须做好管理工作，两者要紧密结合，才能最大限度地发挥其综合效能。

企业升级同推进企业管理现代化工作是完全一致的。必须统一规划，通过推进管理现代化来促进企业上等级。企业升级、推进管理现代化都要从管理基础工作抓起，特别是管理水平差的企业，更应该在健全完善基础工作上下功夫。即使是管理水平较高的企业，也要重视基础工作。这是因为不同的管理方式、管理水平对基础工作都有不同的要求。管理前进一步，要求基础工作也必须前进一步。

（三）企业升级与精神文明建设的关系

加强企业管理、搞好企业升级工作，必须坚持两个文明建设一起抓的方针。一是因为企业升级目标需要依靠全体职工的努力去实现。要使企业广大职工牢固树立企业要在竞争中求生存谋发展的思想，为“四化”多做贡献的强烈的主人翁精神，增强紧迫感，离不开强有力的思想政治工作；二是在坚持改革、加强管理工作中，必然会出现各种思想认识问题和实际问题，需要通过抓两个文明建设来解决。因此，在抓企业升级的同时，要大力改进和加强企业思想政治工作。把企业“上等级”工作同创建精神文明单位的活动结合起来。上了等级的企业也应当是精神文明建设搞得好的企业。要按照《决定》要求，用共产主义理想激发职工献身社会主义现代化建设的巨大热情，把职工对远大理想的追求，落实到“爱国家、爱企业、爱本职工作”上来。

企业升级是一项新的工作，也是一项复杂的系统工程，我们没有成功的经验，需要在实践中不断探索，发现问题，解决问题，总结经验，掌握规律。我们相信，只要我们认真按照《规定》要求去办，再加上坚持不懈、做艰苦细致和扎实的工作，就一定能够取得又一次的胜利。

文稿解读

1985年9月23日，《中共中央关于制定国民经济和社会发展第七个五年计划的建议》明确提出“坚持把提高经济效益特别是提高产品质量放到十分突出的位置上来，正确处理好质量和数量、效益和速度的关系”。为了贯彻这一精神，国家经委从1985年下半年起组织力量，就“七五”期间加强企业管理问题，进行了广泛的调查研究。在调研过程中，许多地区、部门和企业都希望党中央、国务院能像对待企业全面整顿那样，颁发一个“七五”期间加强企业管理的指导性文件。这个意见经过1986年全国经济工作会议讨论后，向国务院做了汇报，得到国务院的肯定，并决定在国务院领导下，成立一个文件起草小组，由国家经委主任吕东任组长，负责这项工作。在此之前，国家经委在调查研究基础上，起草了《关于加强工业企业管理若干问题的意见》稿，起草小组成立后，又对我国工业企业管理现状和如何进一步加强企业管理，全面提高企业素质问题进行了深入的调查研究，以原文件草稿为基础，进行了十多次修改，并多次征求有关部门及部分省、市的意见。1986年5月，国务院全体会议讨论并原则通过了《关于加强工业企业管理若干问题的决定》，并把这项工作概括为“抓管理，上等级，全面提高企业素质”。

1986年7月4日，《国务院关于加强工业企业管理若干问题的决定》（国发〔1986〕71号）明确，“七五”期间，要把提高产品质量、降低物质消耗和增加经济效益，作为考核工业企业管理水平的主要指标。强调，全国工业企业，特别是全民所有制大中型企业，都要从自己的实际情况出发，制定出“抓管理、上等级、全面提高素质”的规划，并采取切实措施，努力实现；提出国家特级企业、国家一级企业、国家二级企业和省（自治区、直辖市）级先进企业的主要标准。企业等级的具体标准、上等级规划和实施细则，国家级企业由国务院有关主管部门负责制定，国家经委组织协调；省级企业由省、自治区、直辖市自行制定。

1986年7月23日，袁宝华同志主持国务院各部门加强企业管理工作第一次例会并讲话，明确了贯彻《国务院关于加强工业企业管理若干问题的决定》，做好企业升级工作的意见。1986年8月18日，国家经委印发《国家经济委员会贯彻国务院〈关于加强工业企业管理若干问题的决定〉，做好企业升级工作的意见》。随后，在原来的全国企业整顿领导小组及办公室基础上，改为全国加强企业管理领导小组及办公室。先后印发《全国加强企业管理领导小组、国家经济委员会印发〈关于企业升级若干问题的说明〉的通知》(1987年3月1日)、《全国加强企业管理领导小组、国家经济委员会关于印发〈国家级企业审定办法(试行)〉的通知》(1987年10月20日)。

1988年4月9日，第七届全国人民代表大会第一次会议审议并原则批准国务院机构改革方案，决定撤销国家经济委员会，原国家经济委员会的职能分别转入改革后的国务院有关部委。1988年8月11日，《国务院关于非常设机构设置问题的通知》(国发〔1988〕56号)明确成立国务院企业管理指导委员会，具体工作由国家体改委承担。1990年1月11日，《国务院企业管理指导委员会关于1990年企业升级工作的安排意见》(企指委字〔1990〕1号)。1991年3月14日，国务院企业管理指导委员会、国务院生产委员会《关于强化企业管理全面提高企业素质的意见》(企指委字〔1991〕6号)。

1986年底至1991年底，全国企业升级工作大体经历了制订标准(从成立领导小组办公室到1990年，正式颁布国家级企业升级标准704个，为客观评价我国企业的经营管理水平提供了统一的尺度)，考核审定试点(选择机械、轻工、冶金、纺织、化工、石化、有色金属、电子8个行业进行企业升级及审定试点。然后，由工业扩大到非工业企业)，有计划审定国家级、省级企业及复查等几个阶段。截至1991年底，全国先后审定国家一级企业191个，国家二级企业4803个(扣除复查不达标被撤销称号的31个企业，实际为4772个)，另外，各地区还审定出上万家省级先进企业。

1991年12月5日，《国务院关于停止对企业进行不必要的检查评比和不干预企业内部机构设置的通知》(国发〔1991〕65号)指出，为了认真贯彻最近召开的中央工作会议精神，进一步落实《中华人民共和国全民所有制工业企业法》，减少对企业的干预，切实减轻企业负担，各级政府及其业务主管部门必须采取坚决措施，停止对企业进行不必要的检查评比，不再干预企业内部的机构设置。明确各地区、各部门和社会团体对企业的各种评比和评比性检查，包括各种升级、评优及各类专项奖等活动，要立即停止进行。至此，历时6年的“抓管理、上等级、全面提高素质”工作画上句号。

文稿附录

附录1　国务院关于加强工业企业管理若干问题的决定

附录2　国家经济委员会贯彻国务院《关于加强工业企业管理若干问题的决定》，做好企业升级工作的意见

附录3　加强管理，做好企业升级工作——吕东同志在国务院各部门加强企业管理工作第二次例会上的讲话

附录 4　深化改革，加强管理，促进企业升级——朱镕基同志在部分地区、部门加强企业管理工作座谈会上的讲话

附录 5　国家经济委员会关于建立全国加强企业管理领导小组的通知

附录 6　全国加强企业管理领导小组第一次会议纪要

附录 7　全国加强企业管理领导小组、国家经济委员会关于印发《关于企业升级若干问题的说明》的通知

附录 8　全国加强企业管理领导小组、国家经济委员会关于印发《国家级企业审定办法（试行）》的通知

附录 9　国务院办公厅关于国务院企业管理指导委员会组成人员的通知

附录 10　国务院企业管理指导委员会关于 1990 年企业升级工作的安排意见

附录 11　国务院企业管理指导委员会、国务院生产委员会关于强化企业管理全面提高企业素质的意见

附录 12　全国企业升级工作综述

附录 13　国务院关于停止对企业进行不必要的检查评比和不干预企业内部机构设置的通知

附　录

附录1

国务院关于加强工业企业管理若干问题的决定

（国发〔1986〕71号　1986年7月4日）

一、“六五”时期，经过全面整顿和初步改革，我国工业企业的面貌发生了很大变化，为保证国民经济持续稳定协调发展做出了重大贡献。但是，企业素质差的问题仍然存在，技术落后，管理更落后。突出表现在不少企业的产品质量差，物质消耗高，经济效益低，不能适应现代化建设和人民消费的需要。随着社会主义市场体系的逐步完善，对外经济技术联系的不断扩大，所有企业都面临着优胜劣汰竞争的严峻考验。质量不上去，消耗不下来，经济效益不提高，企业就不能继续生存和发展，国家也难以实现现代化建设的预期目标。对此，必须有清醒的认识和强烈的紧迫感。

二、“七五”期间，要把提高产品质量、降低物质消耗和增加经济效益，作为考核工业企业管理水平的主要指标。为此，提出国家特级企业、国家一级企业、国家二级企业和省（自治区、直辖市）级先进企业的主要标准。

国家特级企业的主要标准是：主要产品质量和物质消耗指标，达到国际先进水平，进入世界先进行列。

国家一级企业的主要标准是：主要产品质量达到国际七十年代末八十年代初的先进水平，主要物质消耗指标达到一九八五年国内同行业的先进水平。

国家二级企业的主要标准是：有在国内同行业领先、适合市场需要的优质名牌产品，主要物质消耗指标达到一九八五年国内同行业先进水平。

省（自治区、直辖市）级先进企业的主要标准是：有在省内同行业领先、适合市场需要的优质名牌产品，主要物质消耗指标达到一九八五年省内同行业先进水平。

全国工业企业，特别是全民所有制大中型企业，都要从自己的实际情况出发，制定出“抓管理、上等级、全面提高素质”的规划，并采取切实措施，努力实现。

企业上等级工作，应该有计划有步骤地进行。从全国来说，先在机械、电子、钢铁、有色金属、石化、纺织以及某些轻工行业中试行。其它行业，可参照以上要求，选择部分企业进行试点。在工作中要坚持实事求是，防止形式主义。不论哪一级的先进企业，都不搞“终身制”。要定期评审，有升有降，符合标准的就上，不符合标准的就下。评审工作要由公正的机构组织实施。对达到国家特级、一级、二级标准的企业，国家在信贷、出口、工资、奖金等方面分别给予相应的鼓励。

企业等级的具体标准、上等级规划和实施细则，国家级企业由国务院有关主管部门负责制定，国家经委组织协调；省级企业由省、自治区、直辖市自行制定。企业上等级工作涉及的方面很多，各地区、各部门要有相应的机构负责组织协调。

三、积极推行和完善全面质量管理，建立质量保证体系。必须牢固树立质量第一的观点，千方百计为用户提供优质产品和服务。企业主管生产经营的干部必须学会质量管理的科学方法，积极动员和组织全体职工参加质量管理活动。要充实质量管理和检验机构。要把产品质量与职工的荣誉和物质利益结合起来，使质量指标在工资、奖金分配上具有否决权。

加强国家对产品质量的监督。要尽快在全国范围内建立起科学、公正、有权威的质量监督网。用科学的手段和方法，到市场和用户抽查商品，并发布抽查公告。对不合格产品的生产者提出警告，限期改进。对危害人民健康和生命安全的食品、医药、电器等产品，以及危害使用单位生产建设安全的产品，必须立即停止生产销售，并追究责任。国家实行优质优价、低质低价的政策。质量监督机构抽查商品的检测费，由国家和地方财政拨款解决，除国家另有规定外，不准向企业收费。要积极探索和试行消费者对产品质量监督的办法。

四、认真搞好节能降耗工作。尽快改变物质消耗在总成本中所占比重过高的状况，采取切实有效措施降低物质消耗，节约的资金按规定提取一部分用于奖励职工。要坚持勤俭办企业的方针，把节能降耗工作落实到每一个环节，广泛开展综合利用和回收利废工作，合理使用各种物资，杜绝浪费。要把节能降耗列为企业技术改造的重点，优先纳入计划，安排资金。国家已公布淘汰的机电产品和超过消耗标准的设备，要按规定限期停用或更新改造。对原料、材料和能源消耗实行节约有奖、超耗有罚的办法。浪费严重、长期得不到解决的，要追究企业负责人和直接责任者的行政责任。

五、加强企业管理基础工作，加快企业管理现代化的步伐。到一九九〇年，大中型企业的主要产品都要按照国际标准或国外先进标准组织生产。逐步建立起以技术标准为主体，包括工作标准和管理标准在内的企业标准化系统。所有企业凡是能够实行定额考核的劳动、物资、资金、费用等，都应实行定额管理，扩大定额面，提高定额水平。企业要尽快完善计量器具和检测手段，认真做好计量定级升级工作，逐步实现检测手段和计量技术现代化。企业的信息工作要从原始记录、凭证、台账、统计报表和用户信息反馈抓起，把生产经营全过程的信息收集、反馈、分析、处理扎扎实实地建立健全起来。有条件的企业，逐步采用电子计算机进行管理。必须加强班组建设，广泛开展班组竞赛活动，不断提高班组管理水平。班组建设的关键是选拔和培养责任心强、技术熟悉、作风正派，能团结人的班组长。

六、大力推进企业的技术进步，加速产品更新换代和技术改造。每个企业都要根据实际情况，制定“七五”期间技术进步规划和年度实施计划。按照改进．一代、研制一代、预研一代的方针，积极采用新技术、新设备、新材料，改造、淘汰老产品、开发新产品。企业技术改造项目，必须采用先进工艺和设备，使产品质量显著提高，物质消耗大幅度降低。

七、加强财务管理，搞好经济核算。必须认真贯彻会计法和成本管理条例，严格遵守财经纪律，执行财经制度。要完善会计制度，搞好资金筹措、结算和运用，提高资金使用效率。有条件的企业，还应当学会并运用价值工程等现代化管理方法，从产品设计、生产工艺、供应销售等每一个环节上节支增收。

八、改进和加强企业的经营工作。企业要从生产型转变为生产经营型。要注意研究市场变化，适应市场需要，向用户提供适销对路的商品和满意的服务，维护企业信誉，树立良好的经营作风。

九、认真抓好安全生产工作，维护国家财产，保障职工人身安全。厂长（或经理，下同）对企业的安全生产负有全面责任。要改善职工劳动条件，努力消除事故隐患，在保证职工安全的前提下组织领导生产。要加强安全教育，安全知识考核不合格的职工不得上岗操作。对违章指挥和操作造成重大事故的，必须严肃处理。

十、以提高产品质量、降低物质消耗为重点，进一步完善和发展企业内部经济责任制体系。做到责、权、利相结合，兼顾国家、集体和职工个人利益，职工劳动所得同劳动成果相联系，职权清楚，责任落实，考核严格，奖惩合理。

十一、切实搞好职工培训，不断提高职工队伍素质。“七五”期间，大中型企业领导干部在完成厂长国家统考的基础上，要分期分批进行系统培训，管理干部、技术干部、政工干部、班组长以及其他生产技术骨干要按照岗位、职务的需要，开展多层次的业务技术培训。鼓励职工学政治、学技术、学业务，苦练基本功。在试点的基础上，逐步恢复和完善统一考工晋级和晋升技师制度。

十二、加强纪律，从严治厂。执行纪律必须奖惩严明。对劳动态度好、工作贡献大的职工要给予精神鼓励和物质奖励；对于玩忽职守，严重违犯纪律，造成重大损失的职工，要按有关规定，给予行政处分直至追究法律责任。

十三、要有领导、有步骤地完成全民所有制工业企业领导体制的改革。“七五”期间，企业要在总结试点经验的基础上，普遍推行厂长负责制。实行厂长负责制的企业，厂级行政副职由厂长提名，报主管部门批准；中层行政干部由厂长任免。在任免干部的时候，要注意征求各方面的意见。

企业领导班子按照革命化、年轻化、知识化、专业化的要求调整以后，应保持相对稳定。厂长任期为三至五年，任期内实行目标责任制。实现任期目标的，可以连任。

十四、健全职工民主管理制度。要发扬我国社会主义企业职工民主管理的优良传统，发扬广大职工的主人翁责任感和主动性、积极性、创造性。要充分发挥职工代表大会或职工代表会议在企业民主管理中的作用。企业经营战略、发展规划、内部分配和经济责任制总体方案，要经过职工代表大会或职工代表会议讨论审议；有关职工切身利益的集体福利等方面的重要事项，要由职工代表大会或职工代表会议讨论决定。企业各级领导干部要自觉接受职工群众的监督，认真听取职工群众对于改革和加强企业管理方面的意见，积极发动群众开展合理化建议和技术革新活动。企业全体职工都要以办好企业为己任，关心企业发展，努力为国家多做贡献。

十五、改进和加强企业思想政治工作。企业上等级工作，要与创建精神文明单位的活动结合起来。要坚持四项基本原则，深入进行有理想、有道德、有文化、有纪律的教育，加强社会主义法制教育，用共产主义理想激发职工献身社会主义现代化建设的巨大热情，把职工对远大理想的追求，落实到“爱国家、爱企业、爱本职工作”上来。

十六、各级经济主管部门和综合部门，要在企业开展“抓管理、上等级、全面提高素质”工作中，精心进行指导，为企业创造良好的外部环境。要坚持政企职责分并的原则，保证企业的正当权益。必须坚决贯彻落实国务院已经发布的关于扩大企业自主权、增强大中型企业活力，推动技术进步、推动横向经济联合、制止向企业乱摊派等项决定。对侵犯企业自主权和经济利益的问题，一经发现，必须立即纠正。

十七、交通、邮电，商业、服务、建筑施工等行业，可参照本决定，结合具体情况，拟订加强企业管理的实施办法。

附录 2

国家经济委员会贯彻国务院《关于加强工业企业管理若干问题的决定》，做好企业升级工作的意见

（1986 年 8 月 18 日）

各省、自治区、直辖市、计划单列市经委（计经委），国务院各有关部门：

7 月 4 日，国务院颁发了《关于加强工业企业管理若干问题的决定》（国发〔1986〕71 号，以下简称《决定》），这是继中共中央、国务院 1982 年发出《关于国营工业企业进行全面整顿的决定》之后，对加强企业管理的又一重要战略部署。《决定》对全国工业企业在“七五”期间抓管理、上等级、全面提高素质提出了明确要求。现就贯彻国务院《决定》，做好企业升级工作，提出如下意见：

一　提高认识，明确指导思想

“六五”时期，我国工业企业经过全面整顿和初步改革，管理工作有了较大改善。但是，从总体上说，企业的素质仍然不高，突出表现在不少企业产品质量差，物质消耗高，

经济效益低。这种状况不能适应经济体制改革和国民经济发展新形势的要求。进一步提高企业管理水平，力争在不长的时间内改变管理落后的状况，是发展社会主义商品经济的客观要求，也是完成“七五”计划的迫切需要。各地区、各部门和所有企业都要认真学习《决定》，进一步提高对加强企业管理工作重要性的认识，动员各级领导和全体职工，在改善企业管理上狠下功夫。

开展企业升级是在改革中推动企业提高管理水平的一种新形式。“六五”期间抓改革、促整顿，为进一步加强企业管理打下了基础，“七五”期间要继续坚持抓改革、开展企业升级，全面提高企业素质。各地区、各部门要把这项工作列入各级企业主管部门的重要议事日程，精心组织和指导企业升级工作。要从实际情况出发，坚持实事求是，抓住重点，善于鼓励和引导企业提高自我升级的积极性；既要动员和依靠广大职工积极投入这项工作，又要扎扎实实做深入细致的工作，防止急于求成赶进度和形式主义。

二 紧紧抓住提高产品质量、降低物质消耗这两个重点

加强企业管理，开展企业上等级工作，要紧紧抓住提高产品质量、降低物质消耗这两个重点，认真推行全面质量管理和做好节能降耗工作。为此，必须有切实的保证措施，改革企业领导体制，健全民主管理，加强思想政治工作，加强各项企业管理基础工作，推动技术进步，加强经营销售和财务管理，搞好安全生产和职工培训，等等。这些工作做好了，两个重点抓住了，企业上等级才能有坚实的基础和可靠的保证。

三 组织力量，制订企业升级标准

企业等级标准及考核指标是企业升级的主要依据。国家特级、国家一级、国家二级企业的主要产品性能、质量指标，物质消耗指标和经济效益指标，由国务院有关部门制订；省（自治区、直辖市）先进企业考核指标由省（自治区、直辖市）制订。这项工作量大面广、专业性强，难度很大，各地区、各部门要着手组织各方面力量，充分发挥有关学会、协会的作用，采取上下结合、点面结合的办法，抓紧收集整理国内、国际有关资料，通力协作，共同把这项工作做好。制订标准要本着先易后难，从低到高，分期分批，逐步完善的原则进行。今年内先拿出一批标准，在一些行业和企业中试点，力争明年上半年基本完成主要产品标准的制 订工作，年底前制订完全部标准。

四 制订规划，组织试点

各地区、各部门首先要组织力量对所属企业进行全面调查摸底，分析排队。要以企业主要产品的质量、物质消耗指标为主要内容，进行定性和定量分析。在摸清情况的基础上，自上而下地制订企业升级规划。

升级规划要从企业做起。每个企业都要按照《决定》的要求，从自己的实际情况出发，制定出“七五”期间“抓管理、上等级、全面提高素质”的规划。规划的内容应包括；上等级的目标，达到目标要采取的措施、方法、步骤等等。制订规划要注意与企业的

“七五”发展规划、工厂方针目标、厂长任期目标责任制、技术进步规划以及管理现代化工作相协调，加以统筹安排。规划目标要层层分解落实到车间（科室）、班组，以保证规划的实现。各地区、各部门要对企业的升级规划进行审查，并制订出地区、部门的企业升级规划。规划要目标明确、要求具体、措施落实。

企业升级工作应根据不同行业的情况，有计划有步骤地进行。从全国来说，工业方面先在机械、电子、钢铁、有色、石化、化工、轻工、纺织等行业中试点。各地区、各部门也要选择少数企业进行试点。试点企业应是管理比较先进的大中型企业，包括全国230个企业整顿先进单位、全国重点抓的60个管理现代化试点企业以及地区、部门抓的现代化试点企业、荣获国家质量管理奖的企业。

交通、邮电、商业、服务、外贸、建筑施工等行业，应按《决定》要求，参照工业企业的办法，结合行业特点，抓紧拟订本行业加强企业管理的实施办法，今年内先研究制订企业升级标准，有条件的可以进行试点。

五　建立组织、加强领导

为了加强对抓管理、上等级工作的领导，国务院已明确由国家经委会同有关部门做好组织协调工作。各省、自治区、直辖市、国务院各有关部门可根据《决定》关于要有相应的机构负责组织协调的要求，尽快明确本地区、本部门的组织协调机构和办事机构，也可以原来的企业整顿办公室为基础进行充实组建。

企业主管部门要认真落实国务院关于扩大企业自主权的一系列规定，为企业升级创造良好的外部环境，为企业排忧解难，把企业搞活。

对不同管理水平的企业，要采取不同的方法进行分类指导。对于领导班子强、基础工作好、管理工作先进的大中型企业，主要是引导企业自我升级的积极性，让企业自己制订规划，攀登国家级企业的台阶；对领导和技术力量比较弱、管理工作一般的企业，可以由有关单位帮助企业进行咨询诊断，找差距、订措施，力争达到省级先进企业；对基础差、管理比较混乱的企业，要从抓各项管理基础工作入手，积极进行升级准备，逐步提高。

今年是开展企业升级的第一年，主要是抓紧制订标准和升级办法，做好起步工作，不搞评审。国家级先进企业拟从明年下半年起，先在少数试点行业、试点企业进行试评、审定。1988年开始定期评审。

抓管理、上等级工作是一项长期任务，要建立必要的工作制度，国家经委党组决定每季度召开一次例会，互通情报，交流经验，部署工作。各地区、各部门每个季度要向国家经委简要报告一次上等级工作的进展情况。要加强调查研究，及时研究解决存在的问题。

对《决定》中有关抓管理、上等级工作的一些具体问题，国家经委拟会同有关部门制定实施办法，作必要的规定和说明。

附录 3

加强管理，做好企业升级工作

——吕东同志在国务院各部门加强企业管理工作第二次例会上的讲话

（1986 年 10 月 25 日）

同志们：

今天是国务院各部门加强企业管理工作第二次例会，主要是研究如何齐心合力，认真做好企业升级工作。刚才，四位同志做了很好的发言，介绍了他们开展企业升级工作的起步情况和经验。这些地区和单位的好的做法和经验，我们将转发给各地区、各单位参考。下面，我就当前如何做好企业升级的起步工作讲四点意见。

一　各级领导要把开展企业升级工作摆在重要议事日程上来

7 月 4 日，国务院发布了《关于加强工业企业管理若干问题的决定》，7 月 23 日，国家经委召开了加强企业管理工作第一次例会，对如何贯彻国务院《决定》做了动员和部署。三个月来，大多数地区和部门已经行动起来，着重抓了以下几项工作。

（一）按照《决定》要求，一些地区和部门已经建立起相应的组织协调机构，统一抓企业升级工作

目前，已建立省级加强企业管理领导小组及其办事机构的，有吉林、辽宁、黑龙江、山东、内蒙古、陕西、浙江、四川、广东、甘肃等 15 个省、自治区、直辖市。已经建立加强企业管理领导机构的部门有 18 个。还有一些地区正在酝酿组织相应机构，但也有一些地区和部门，至今仍然没有研究落实这件事，没把这件大事摆到重要议事日程。

（二）对企业现状进行调查摸底

把企业现状摸清楚，制订企业升级规划才有基础，目前大多数省市都在进行这项工作。如上海市对全市 530 余户大中型企业进行了初步摸底调查，吉林省通过摸清企业现状，在企业升级前先对企业进行定级工作。这次国务院决定企业“上等级”，指标都是硬指标。指标达不到，升级是上不去的。因此，在行动之前，要好好摸摸底。究竟企业现状怎样。

（三）着手制订企业升级规划和实施办法

有些地区和部门在摸底的基础上，根据企业发展目标，已开始自下而上制订出 1990 年以前企业升级的初步规划。刚才冶金部和轻工部介绍了他们在制订企业升级规划和制订升级标准的做法和初步经验，各地区、各部门可以参考。

（四）普遍着手抓企业管理的基础工作

这是企业升级工作的一个基础环节。虽然经过四年企业整顿，基础工作仍然很薄弱，标准工作是落后的，计量测试手段不齐全，定额不完整、不科学，劳动纪律松懈，班组工作也

很薄弱。国务院《决定》下发后，各地开始重视这项工作。过去我们抓企业全面整顿，开始从哪里入手，大家也摸索了一段时间，后来提“两个碰硬”，“选明白人”，从而明确了从抓企业领导班子建设入手，把整顿工作理顺了。企业升级也是一样，大家不要等。刚才安徽省介绍了他们做好企业管理基础工作的经验，先从抓企业管理基础工作入手，这是对的。如果企业管理基础工作不扎实，企业升级工作是上不去的，我们赞成从基础工作抓起。

但是，从全国来看，企业升级工作的进展情况还是不平衡的。最近，国家经委对东北、华北、华东、西北 20 个省、自治区、直辖市企业升级工作情况做了一些调查了解，大体上有三种情况：（1）已经制订规划，并已积极行动起来，进展比较快的，有 8 个省市；（2）正在制订规划，但工作尚未展开，或者只做了一般传达的，有 7 个省市；（3）还在等待的省市有 5 个。有个别地区虽然设立了企业升级的管理机构，但人员不落实，工作还没有展开。从这些情况可以看得很清楚，企业升级工作进展的快慢，关键在于这个地区或部门的领导是否重视。领导重视，抓得紧，工作进展就快；如果不抓紧，工作就开展不起来。所以列入各级领导重要工作日程，是搞好企业升级工作的关键。刚才，4 个单位介绍的经验，重要的一点是部里、省里领导很重视，这个工作就开展起来了。当前，这个问题还没有引起一部分领导的足够重视，这是急需解决的问题。希望今天到会的各部领导同志和没有参加这次会的各省、自治区、直辖市的领导同志真正重视这件事，不能把国务院发布的《决定》束之高阁，要认真贯彻执行。加强企业管理是一项长期的艰巨的工作，如果不摆到议事日程上，不做艰苦细致的工作，这项工作是做不好的。

二　要以企业升级为中心带动各项管理工作

企业的工作很多，但是必须明确，企业升级，是“七五”期间加强企业管理的中心工作。其他各项工作，如推行厂长任期目标责任制、推行全面质量管理、推行现代化管理、按国际标准组织生产、推进企业技术进步、加强设备管理，加强思想政治工作，抓好精神文明建设、干部教育和职工培训等，都要紧紧围绕企业升级来进行，企业升级与各个专项技术业务工作的目标是一致的，都是促进企业提高产品质量、降低物质消耗、增加经济效益。因此，不要把各项专业工作同企业升级对立起来，要融为一体。我们要以企业升级为目标，用系统工程的方法，把各项工作紧密衔接起来，配套进行，来全面提高企业素质。各地区、各部门和经委机关都要进一步明确这一指导思想，统一认识，真正重视企业升级工作，以推动各项工作的进行。

近年来，不少同志对企业各项工作如何衔接进行了研究探讨，有些同志提出，全面质量管理工作涉及企业各项工作，应该用全面质量管理带动各项管理工作；有些同志提出，搞管理现代化，同样涉及各项管理工作，应该通过搞管理现代化带动各项工作；也有些同志提出，技术改造可以带动各项工作。这些讲法都有各自的道理，但如何把它们组成一个完整的统一工作，国务院颁发的《关于加强工业企业管理若干问题的决定》就解决了这个问题。把这些工作协调起来了。企业要升级，产品要换代，是社会主义商品经济提出的客观要求，是增强我国企业在国内、国际市场的竞争能力的根本措施，也是提高企业素质和管理水平的一个总要求，企业各方面工作包括精神文明建设都要和企业升级这项工作拧成一股绳，不能各搞各的，互相抵消力量。只有这样，各项工作才有一个共同的目标。企业升级，也只有在各项工作协调一致的情况下才可能实现。如果不理顺这个关系，国务院这个《决定》就不能顺畅地贯彻始终，这一点请大家特别注意。

三　要实事求是地制订企业升级规划

各地区、各部门对企业升级工作应该有一个总的规划和分类要求，便于组织落实和督促检查、制订规划。

一要有目标，从全国来说，到1990年争取有40%左右的主要工业产品在性能和质量上达到发达国家70年代末或80年代初的水平，这一任务要落实到企业。特别是原材料工业、机电工业要达到40%以上，轻纺出口企业要达到国际标准。这些企业“上等级”应该搞得更好一些。

二要有标准，要迅速组织力量，制订企业升级标准。国家特级、国家一级、国家二级企业的主要产品质量指标、物质消耗指标和经济效益指标，由国务院有关部门制订；省级企业考核指标由省、自治区、直辖市制订。这项工作难度较大，特别是国家级企业考核指标，更加复杂，希望各部门、各省区市的领导同志亲自抓一抓这项工作，今年内先拿出一批标准，在一些企业中试点；力争明年第一季度基本完成主要产品标准的制订工作，争取明年第三季度前制订完全部标准。在制订省级企业标准时，计划单列城市的企业就采用所在省的省级先进企业标准，以便步调一致。各部门在制订升级标准时，有关资料各部门要互相支援，跨行业生产的产品，考核指标由产品归口管理部门制订，产品归口不够明确的，有关部门要充分协商，以一个部门为主制订标准。刚才已经说过，企业升级工作是一项系统工程，要完成这项工程，需要各地区、各部门大力协同，互相配合，共同把这项工作搞好。

为了便于各地区、各部门制订企业升级规划和具体实施，国家经委起草了一个《关于企业升级若干问题的意见》稿，这个稿子先后请东北、华北、华东、西北等20个省市、8个试点行业进行了讨论，作了初步修改，现将这个《关于企业升级若干问题的意见》（征求意见稿）印发给今天到会同志，同时发给各省市加强企业管理办公室或经委，请各部门、各省市组织修改，争取尽快定稿，发给各地区、各部门参考。

四　要尽快把相应的组织协调机构建立起来

《国务院关于加强工业企业管理若干问题的决定》明确要求，“企业上等级工作涉及的方面很多，各地区、各部门要有相应的机构负责组织协调”。企业升级涉及各方面的工作，很具体，需要有一个机构组织协调，希望各地区、各部门尽快按照国务院《决定》的要求，把企业升级的组织机构建立起来，以便推动企业升级工作的开展。

全国的组织协调机构已经组成，就是将原来的全国企业整顿领导小组及办公室改为全国加强企业管理领导小组及办公室，领导小组成员做了必要的调整和补充。领导小组组长仍由袁宝华同志担任，副组长由张彦宁同志及中组部、财政部、劳动人事部、体改委和全国总工会的负责同志担任。成员由中宣部、经贸部、商业部、建设部、农收渔业部、职教委、人民银行，工商银行、审计署、物资局和团中央的负责同志担任。

领导小组办公室设在国家经委，办公室主任由张彦宁同志兼任。今后各地区、各部门的企业升级工作，可直接和全国加强企业管理领导小组办公室联系。

办公室已经开始工作。最近他们在协调工作中发现有三个情况，提请大家注意防止。①有的地区、部门沿用整顿企业的做法，附加了许多考核企业的指标。国务院《决定》中，对企业升级只规定了三项考核指标，即产品质量、物质消耗和经济效益。当然达到这三项指标，要靠一系列工作，全面提高企业素质，但这些工作并非考核指标。要接受企业整顿工作中的经验教训，如果各项工作都来搭“车”，变成考核企业的指标，必将缠住企业手脚，干扰升级的主攻方向。②有一些企业等待上级颁发升级考核标准后再动作，贻误时机。制订企业升级考核标准是一件十分复杂的工作，需要有一个工作过程，当前，各部门要抓紧工作，尽快拿出标准。但在标准未制订、颁发下来之前，企业都应当按照国务院《决定》的要求，紧紧围绕提高产品质量、降低物质消耗、增加经济效益，加强企业管理基础工作，无论是准备进入哪一级企业，关键还在于自身的工作，因此不要等待，而是要扎扎实实地先从管理基础工作抓起。③一些地区、部门和企业要求先明确给什么优惠政策再动作，这也是不对的。企业升级要有鼓励政策，现在也正在研究，但你一定要等政策明确了再动，恐怕就晚了。实际上企业经过努力，做到企业升级、产品换代。你的产品得到社会的承认，经济效益上去了，这才是最大的实惠。

各级组织协调机构，要及时通报信息。我们在进行企业整顿工作时，坚持每月开一次例会，每月通报一次企业整顿进度的制度，这对于善始善终完成企业整顿任务起了重要作用。现在搞企业升级，情况不同了，不需要每月考核一次进度。但是，定期召开例会，及时交流一些经验，研究一些问题，对升级工作进行必要的指导和检查，还是非常必要的。我们考虑国家机关的例会的时间至少每季度召开一次，这样可以及时了解情况，及时发现问题，总结经验，使会议的内容更加充实。各地区、各部门也可以根据自己的情况，建立必要的工作例会制度，推动升级工作的开展。

就讲这些意见，供大家参考。

附录4

深化改革，加强管理，促进企业升级

——朱镕基同志在部分地区、部门加强企业管理工作座谈会上的讲话

（1986年12月15日）

同志们：

这次座谈会开得很好，主要讨论了三个问题：一是根据吕东同志在加强企业管理工作

第二次例会上的讲话精神，讨论了明年的企业升级工作，讨论修改了加强企业管理领导小组办公室起草的《关于企业升级若干问题的说明》；二是讨论了推行厂长负责制的问题；三是讨论了管理现代化工作和管理现代化试点企业如何率先升级的问题。下面，我讲几点意见，供大家参考。

一 今年的经济形势很好。明年要在深化企业改革的基础上，加强企业管理，提高经济效益

今年经济形势之好，超过原来的预料。有以下几个特点。

一是工业生产保持了持续稳定增长，发展速度正常。预计年底可达到9%，或更多一点。这是在去年增长17.7%的超高速的基础上实现的，是很不容易的，特别是电力和适销对路产品的增长速度超过了10%。

二是银行信贷上半年偏紧，下半年有所松动，总的看平衡情况是比较好的，基本上保证了企业生产和技术改造的需要。

三是财政收入完成得不错，但支出过大，出现一些赤字。主要因为去年的财政收入有许多是一次性的，今年没有那么多了，而支出没能压下来。这种情况，对今年没有太大影响，但如果明年继续下去就可能要出问题。

四是经济效益有进步。今年由于种种原因，许多财务指标下降，但不能因此就笼统地说经济效益差、大幅度下降。因为这里有许多不可比的因素，应该做具体分析。不是所有的经济指标都下降，不是所有地方都下降，不是所有部门都下降，不是全年一直下降（而是逐季好转）。而且有些下降是难以避免的，如进口散件组装减少，黄金首饰加工减少，国产汽车生产减少，大型农机具和军工生产下降等，都大大地影响了实现利润。总的说，今年在提高经济效益方面取得了不少成绩，如果把宏观方面的一些因素，如生产资料涨价、汇率调整（这实际上是经济效益转移）除掉，今年的经济效益比去年有进步。当然，不是说企业的经济效益已经很好了，应当看到，目前我国企业的经济效益确实还很差，素质确实还很低，管理确实还很薄弱，还要继续从各方面做艰苦的工作。

现在看，明年的财政、外汇平衡是严峻的。要保持经济的稳定增长，只有靠增产节约，提高经济效益。最近，国务院《关于深化企业改革，增强企业活力的若干规定》（以下简称《规定》）已经下发，《规定》中很重要的一条，就是要在所有权和经营权分离上做文章，实行多种形式的经营承包责任制，这是在企业体制改革上迈出的重要一步。还有其他一些鼓励企业加速技术改造、增强企业活力等规定。所有这些，都是改善企业外部环境的重要措施。在外部环境逐步改善的情况下，必须大力改善企业的内部管理。外部条件再好，内部管理薄弱，经济效益还是上不去。对这个问题，我们要有清醒的认识。

二　抓好企业升级工作是加强企业管理、提高经济效益的重大措施

（一）认真学习和贯彻国务院《关于加强工业企业管理若干问题的决定》，提高对加强企业管理的紧迫性的认识

我国工业企业的技术落后，管理比技术更落后。如果只抓技术进步，在管理和人员素质差的情况下，不一定能取得好的经济效益，甚至会造成浪费。如家电产品的技术引进，有些产品就有很大的重复和浪费，这在宏观管理上固然有缺点，但企业本身也要负责任。只考虑贷款引进，不考虑市场和外汇平衡，当市场不景气或没有外汇进口组装件时就维持不下去了。作为厂长，如果没有科学的经营战略，既不懂国外行情，又不懂国内市场，头脑一热就拍板，总是要摔跤的。上技术固然重要，但现在管理还是第一位的。上海花了几百万美元从美国引进的年产50万只彩色显像管的生产线，看来是相当破旧的二流设备，但经过上海灯泡厂管理人员和老工人的努力，这堆“破铜烂铁”很快就被装配、修复起来，只用了一年时间就投产了。这样的生产线要用正规的办法搞，要花上亿元搞好几年。这就是管理水平高、职工素质好产生的经济效益。

在进行经济体制改革，改善了企业外部条件之后，并不能使企业的管理自然而然地得到改善。有的企业一遇到困难，总是向上伸手，想吃“大锅饭”，或者靠涨价或降低质量来转嫁负担，取得自己的经济利益，这是不行的。根本的办法是眼睛向内，在改善企业内部管理上踏踏实实地下功夫。

（二）加强企业管理，要围绕提高质量、降低消耗这个中心进行

去年我国工业产品的质量有些进步，但问题还很多。工业生产的物质消耗也很高，在产品成本中，工资加奖金占的比重不到10%，折旧加管理费也不到10%，而能源、原材料则占80%左右，大大高于世界发达国家水平。一年工业产品的原材料消耗高达3000亿元，如果把它降低5%~10%，就可以节约许多资源，扩大生产也可以，从中拿出一部分来奖励企业和职工，进一步调动大家的积极性。国务院主要领导同志指出，要把这个作为一项大政策，使原材料消耗真正降下来。我们加强企业管理，就要紧紧抓住质量和消耗这两个环节，并且把它们作为企业升级的主要考核指标。

（三）抓好企业升级，是加强企业管理、提高企业素质、提高经济效益的重大措施

国务院《关于加强工业企业管理若干问题的决定》中，重要的一点是提出了企业升级这样一个提高企业管理水平的办法。在我们国家，运用经济手段、法律手段都很重要，但行政手段也不可少。采取什么办法推动企业加强管理，大家可以继续探索。但目前看，企业升级是一个比较可行的办法。这项工作正在开始，我们要认真把它做好，使企业的管理水平大大提高一步。

（四）开展企业升级工作，关键是制订好标准和规划

标准很重要，没有标准或标准不完善，就无法检查。企业“上等级”就会流于形式。现在，轻工部44个行业中已有20个行业制订出企业升级标准；冶金部已制订出钢铁企业

升级标准；机械部准备搞出15~20个小行业的升级标准；纺织部准备制订棉纺织、印染、精纺毛织三个行业的升级标准；化工部准备制订轮胎、合成氮、氯碱三个行业的升级标准；电子部准备春节前制订出18个行业的升级标准。这说明大家对标准工作是重视的，而且都在积极地行动。

这里要指出的是，各部门、各地区经委务必把制订企业升级标准与加速采用国际标准工作结合起来。采用国际标准意义非常重大。小平同志多次讲过质量问题是最重要的，要解决产品质量问题，必须依靠综合治理、经济、法律、行政手段都要使用。其中很重要的一条是首先把标准搞好。国务院主要领导同志今年1月指出，质量问题首先有个标准问题，国家标准都要采用国际标准和国外先进标准。不要搞那么多标准，就是一个标准，就是国际标准或国外先进标准。采用国际标准，要分等分级，限期达到。我们要根据国际先进标准制订我们国家的标准，并且结合企业升级，分期分批，逐步达到这个标准。“七五”期间，计划分两方面进行这项工作。

在通用标准、基础方法标准方面，现在由国际标准化组织和国际电工委员会制订的共8100个，我国已采用了2500个，还有1100个不适合我国情况，其余4500个，我们要在1990年前全部采用；在产品标准方面，由于国际通用标准中产品标准少，主要是瞄准国外一些大公司的标准。我们已经挑选出最重要的6000多种，计划在1990年以前根据这6000多种国际上先进的产品标准制订出我们自己分等级的产品标准。企业升级活动要着重抓这6000多种产品标准，把制订产品的分级标准同制订产品升级规划紧密结合起来。在工作要求上，要把制订标准的工作尽量向前赶。为了在1987年第三季度前公布一批升级企业，各地要先研究一下哪些企业可以升级，然后与有关部门联系，请他们尽快把这些企业的产品标准制订出来。将来产品质量的检查鉴定，必须由行业质量检测中心进行，并且严格按照产品标准把关，不得马虎从事。

物质消耗和经济效益的考核可由各部门确定具体的考核项目。但一定要加强相应的统计工作，充实必要的计量检测手段，使考核准确、科学。

（五）制定企业升级的鼓励政策

在这方面，现在正在进行的，一是优质优价，二是实行节能降耗单项奖。实行优质优价，关键在于把产品创优升级的好处大部分留给企业，以调动企业的积极性。降低消耗，还是以搞单项节约奖为宜。搞综合成本奖，因为成本降低中物耗占多少不易说清楚，鼓励的作用不大。单项奖就很直观、很清楚，鼓励作用比较大。现在考虑，一要扩大奖励范围，二要根据不同的定额水平，与企业升级结合起来，采取分类分级确定奖金提取率的办法。比如说，对第一类产品，如有色金属、钢材、黑色金属、化工原材料、粮食、棉花、农产品、羊毛等，如达到省级企业消耗标准，提奖比例可以为0.5%~2%，如达到国家特级标准，提奖比例则可达到10%~12%，对第二类产品，如汽油、煤油、煤炭、耐火材料、水泥等，省级企业提奖比例为3%~5%，特级企业提奖比例则为15%~20%。电和木材，达到特级企业标准，提奖比例可达40%。这个办法可以更好地调动企业节约原材料的积极性。现在正在研究制订具体方案，要报国务院批准后才能实行。搞得过宽，使企业唾手可得，那样会产生其他问题。企业还是要靠扎扎实实地提高质量、降低消耗去增加利益。

三　按照中央“三个条例”的精神，全面推行厂长负责制

推行厂长负责制是企业改革的一个重要组成部分。今年年初部分企业在这方面发生了一定程度的思想波动。中央和国务院很重视这个问题，下发了“三个条例”，紧接着又发了补充通知（中央23号文件）。这个通知是非常重要的文件。一是说明实行厂长负责制是一项重大改革；二是明确厂长的地位，是“一厂之长”“法人代表”“全面负责”“中心地位”“中心作用”；三是强调把最强的人派去当厂长；四是明确了企业党组织起保证监督作用；最后一条是“全面推行”。我们要很好地学习和贯彻这个文件。

四　进一步推进企业管理现代化，把管理现代化同企业升级结合起来

这次会议有15家管理现代化试点企业参加，并且在会上互相交流了经验。这几年，我们抓企业管理现代化取得了不少成绩。一是对推行管理现代化重要性的认识进一步提高了。国家经委重点抓的60家试点企业的工作进展比较顺利；二是为贯彻《企业管理现代化纲要》做了许多工作：三是抓了管理现代化的成果宣传和推广工作；四是围绕增强企业活力，把管理现代化的工作纳入了各级经委的工作日程。这些都很好，应当继续抓下去。

我想就抓管理现代化工作与企业升级工作的结合讲一点意见。不要把管理现代化与企业升级工作搞成两码事，要紧密结合起来。要把管理现代化与推行全面质量管理、抓技术进步、设备维修、安全生产等工作结合起来，“一条龙”地抓起来。管理现代化与企业升级的目标是一致的，都是把质量搞上去。把消耗降下来，全面提高企业的素质。要运用现代化管理手段去达到升级的目的。试点企业要率先升级，首批升级企业主要从试点企业中挑选，升级规划要首先在试点企业中落实，这样就结合起来了。推行全面质量管理与企业升级和管理现代化都是可以结合的。有些同志争论全面质量管理是一种方法还是一种思想体系。依我看，全面质量管理确实联系到企业的每个环节、每个人及每个机构，是一种思想体系，企业管理不抓全面质量管理是不行的，同时全面质量管理又是一种方法。要推行全面质量管理，就需要在管理现代化的各个方面采取措施。

管理现代化包括思想、组织、方法和手段四个方面的现代化，其中最重要的是管理思想现代化。我们现在的企业管理并不是缺少几台电子计算机，而首先是管理思想不适应经济体制改革的要求。企业要真正成为自主经营、自负盈亏，有自我积累、自我改造、自我发展能力的社会主义商品生产和经营者，就要密切注意市场的变化，研究消费者的需求，及时做出正确的经营决策，这就要求在管理思想上有一个大的转变。其次是管理组织的现代化。现在企业内部机构臃肿、人浮于事、互相掣肘、效率低下的现象很普遍。企业里的党团组织、工会和其他机构，为了“加强”，都要求加人，结果搞得机构越来越庞大，人员越来越多。这样下去，怎么能做工作？武汉柴油机厂的“洋厂长”格里希写了一本26万字的《武汉柴油机厂的组织建议书》讲了这个问题，这本书最近要出版。同志们可以看

看。外国的企业里不设副职，厂长、科长都是一个人，一个人说了算，错了由他负责。我们现在搞那么多副职，不知由谁决策。指挥也不灵活。值得研究。

再次是管理方法现代化，十八般武艺都可以试验。现代化管理方法中，最主要的是运筹学，即 OR；还有工业工程，即 IE，用得比较多。

最后是管理手段现代化。要搞一些电子计算机，但光靠电子计算机还不行，还要搞传统信息手段。

总之，企业要从这四个方面来搞管理现代化，并且同升级工作紧密结合起来，脚踏实地地搞下去，这样就一定能把企业管理工作提高到一个新的水平。

附录 5

国家经济委员会关于建立全国加强企业管理领导小组的通知

（1986 年 11 月 8 日）

各省、自治区、直辖市及计划单列市加强企业管理领导小组、经委，国务院各有关部门：

国务院发布的《关于加强工业企业管理若干问题的决定》（国发〔1986〕71 号），是继企业全面整顿任务完成之后，加强企业管理，全面提高企业素质的又一重要部署。为了巩固和发展企业整顿成果，保持工作的连续性，根据《决定》对企业上等级工作要有相应的机构负责组织协调的要求，原全国企业整顿领导小组已正式改为全国加强企业管理领导小组，并对领导小组成员单位作了相应补充。领导小组办公室仍设在国家经委。

全国加强企业管理领导小组成员如下：

组　长：袁宝华（国家经委副主任）

副组长：张彦宁（国家经委副主任）

迟海滨（财政部副部长）

李伯勇（劳动人事部副部长）

贺光辉（国家体改委副主任）

何　勇（中组部副部长）

张富有（全国总工会书记）

成　员：王大明（中宣部副部长）

童赠银（中国人民银行副行长）

朱友兰（经贸部部长助理）

何济海（商业部副部长）

杨　慎（建设部副部长）

崔建民（审计署副审计长）

浦通修（职教委副主任）

刘廷焕（中国工商银行副行长）

桓玉珊（国家物资局副局长）

冯　军（团中央书记）

刘　江（农牧渔业部副部长）

办公室主任：张彦宁（兼）

办公室副主任：董绍华（国家经委秘书长）

陈兰通（国家经委委员兼企业管理局局长）

办公室联系电话：86・7341

特此通知。

附录 6

全国加强企业管理领导小组第一次会议纪要

（1987 年 2 月 15 日）

各省、自治区、直辖市及计划单列市加强企业管理领导小组、经委，国务院各有关部门领导小组成员、办公室成员：

1987 年 2 月 12 日上午，国家经委副主任、全国加强企业管理领导小组组长袁宝华同志主持召开了全国加强企业管理领导小组第一次会议。会议听取了领导小组副组长兼办公室主任张彦宁同志关于企业升级工作情况的汇报，讨论通过了 1987 年工作安排的意见；研究审定了全国加强企业管理领导小组办公室拟定的《关于企业升级若干问题的说明》；对如何制订企业升级鼓励政策的问题，进行了初步商议。纪要如下：

一　企业升级工作的基本情况

为了贯彻落实 1986 年 7 月 4 日颁发的《国务院关于加强工业企业管理若干问题的决定》，做好企业升级工作，半年多来，各地区和部门主要做了以下几项工作：

（一）建立了加强企业管理的组织协调机构。按照国务院《决定》的要求，经与有关部门协商，1986 年 11 月已将全国企业整顿领导小组改为全国加强企业管理领导小组，下设办公室。到目前为止，全国已有 22 个省、自治区、直辖市和 24 个部门相继建立了加强企业管理领导小组及办公室。加强了对企业升级工作的组织领导。

（二）对企业现状进行了摸底调查，着手制订企业升级规划。不少地区和部门对企业现状按《决定》提出的四个等级标准，进行摸底调查。通过调查摸底，说明企业虽然经过整顿，但管理水平仍然很低。即使是技术、管理水平较高的地区，也存在很大差距。因此，企业升级作为加强企业管理的重要战略措施，是非常必要的。不少地区在调查摸底的基础上，开始对企业进行分类指导，有的还初步确定了率先升级的试点企业。

（三）抓了企业升级等级标准的制订工作。冶金、机械、轻工、纺织、化工、石化、电子、有色等共有284个小行业，截至目前，已制订出66个小行业企业升级标准（草案），占23.2%，其中石化、有色、冶金进展较快，已制订出全部或大部分小行业的企业升级标准（草案）。另有建材、医药、烟草3个部门制订出11个小行业的企业升级标准（草案）。各地区也在企业升级等级标准的制订上做了大量工作，有些省市已经提出了省级先进企业标准。大家认为，制订企业升级标准，虽然难度大、任务重，但这项工作，是开展企业升级的重要环节，必须严格要求，认真做好。

（四）抓了工作交流。去年下半年先后召开了两次国务院各部门加强企业管理工作例会。第一次例会是贯彻落实国务院的《决定》，研究部署企业升级的起步工作。第二次例会主要是理顺企业升级工作与企业其他管理工作的关系，明确要以企业升级为中心带动各项管理工作。在此期间，先后召开了有28个省、自治区、直辖市经委和一些部门有关同志分别参加的加强企业管理工作的四次片会，交流了各地区加强企业管理工作的情况，研究了企业升级工作中急需解决的问题。这四次片会，对推动各地区开展企业升级工作，起到了较好的推动作用。目前，28个省、自治区、直辖市（除西藏外），已按四个片建立起定期交流情况，研究问题的企管处处长交流会议制度。一些部门为了加强联系，互相促进，也自愿建立起企管处长的例会制度。

（五）拟定了《关于企业升级若干问题的说明》。为了指导企业升级标准的制订工作，统一对各等级企业标准要求的理解，明确企业升级认定的程序和办法，全国加强企业管理领导小组办公室草拟了《关于企业升级若干问题的说明》，并先后征求28个省、自治区、直辖市和8个试点部门的意见，进行多次修改，正式提交领导小组会议审定。领导小组原则上通过了这个《说明》，责成办公室尽快以全国加强企业管理领导小组文件下发试行。

二　1987年企业升级工作要点

1987年企业升级工作要全面贯彻国务院《决定》，坚持深化企业改革，加强企业管理，紧紧围绕提高产品质量、降低物质消耗、提高经济效益，促进企业上等级，推动增产节约、增收节支运动的开展。具体部署和要求是；提高认识，订好标准，提出规划，抓好试点，深入进行分类指导，认定一批升级企业。同时，总结出一条“抓管理、上等级、全面提高企业素质”的新路子。主要做好以下工作。

（一）继续提高认识，正确处理好企业升级同深化企业改革、开展增产节约运动的关系。深化企业改革，加强企业管理，开展增产节约、增收节支运动，推进企业升级都是国务院的重要部署，都是为了增强企业活力，提高质量、降低消耗、提高经济效益，要紧密结合起来。企业升级是在总结企业整顿经验的基础上，适应改革的要求提出的加强企业管理的一种新形式。各级领导要切实重视，把这项工作纳入重要议事日程，抓紧抓好。要引导企业明确企业升级的目的和意义，使企业和广大职工对升级工作有高度责任感，使命感。

（二）尽快制订出企业升级标准。标准制订工作难度较大，但要下力量抓紧进行。力争在一季度基本完成主要产品考核标准的制订工作，争取在三季度前制订完全部标准。八个试点行业力争今年上半年基本完成这项工作。

（三）在摸底制订升级规划的基础上，选择一批管理工作搞得好的企业率先升级，三季度确认并公布第一批国家级企业。为了做好这项工作，全国加强企业管理领导小组办公室准备抓2~3个试点行业，并与有关省市配合，选择几个重点企业，争取在5月份进行试验认定。通过试点，进一步明确审定的程序和办法，摸索出一条路子来。各地区和部门也要抓一批率先升级的试点企业，并争取在上半年制订出本地区、本部门“七五”期间企业升级的初步规划。

（四）研究制订企业升级的鼓励政策。争取在公布第一批国家级企业名单前，将鼓励政策制订出来。

（五）研究确定非工业企业加强管理问题。各有关部门可根据行业特点，先拿出一个初步方案，然后提交全国加强企业管理领导小组审议确定。

（六）建立健全工作会议制度。

1. 领导小组成员会议每季度召开一次，研究确定加强企业管理、推进企业升级工作中的重大问题。

2. 领导小组办公室成员会议原则上每季度召开一次，必要时，可临时增加，研究解决企业升级中的具体问题。

3. 定期召开国务院各部门加强企业管理工作例会。鉴于企业升级工作将要全面推开，需要加强指导，确定今后例会每两月召开一次（双月20日召开）。

4. 每年召开一次全国性的加强企业管理工作座谈会。今年的会议拟在9月份召开，交流经验、研究问题，部署工作：会上公布第一批国家级企业名单。

（七）加强企业升级工作的宣传报道

拟请新华社、人民日报、经济日报、工人日报、电台、电视台等新闻单位，对这项工作予以支持，加强宣传报道，进一步提高各级干部对加强企业管理工作重要性的认识，交流经验，报道典型。

三　会议对企业升级的鼓励政策问题做了初步商议

一致认为，制订鼓励政策很有必要，但要慎重从事，以真正起到鼓励先进的作用。企业升级要靠硬功夫、真本领，不能吃“偏饭”。鉴于国家当前经济情况，有关部门要认真研究测算，口子不能开得太大。对企业升级的鼓励政策，领导小组委托办公室，会同有关部门认真研究，抓紧制定。

袁宝华同志强调指出，《国务院关于加强工业企业管理若干问题的决定》，是“七五”期间加强企业管理，全面提高企业素质的重要战略部署。领导小组要集中力量认真贯彻，逐条落实，不能只抓三项考核指标。要通过加强管理，使企业在整顿的基础上更上一层楼。抓管理、上等级是个扎扎实实的工作，要下硬功夫，抓好各项管理基础工作。企业升级要坚持高标准、严要求。标准要高，突出重点，考核要严，绝不能搞形式主义。

出席会议的领导小组成员有：张彦宁（国家经委副主任）、李伯勇（劳动人事部副部长）、何勇（中组部副部长）、张富有（全总书记）、王品清（经贸部副部长）、刘江（农牧渔业部副部长）、浦通修（职教委副主任）、童赠银（人民银行副行长）、桓玉珊（物资局副局长）。项怀诚（财政部副部长）代表迟海滨副部长出席了会议

领导小组成员迟海滨（财政部副部长）、贺光辉（体改委副主任）、王大明（中宣部副部长）、杨慎（建设部副部长）、何济海（商业部副部长）、冯军（团中央书记）、刘廷焕（工商银行副行长）因参加国务院会议或出国未能出席会议。

领导小组办公室副主任董绍华（国家经委秘书长）、陈兰通（国家经委委员兼企业管理局局长）出席了会议。

出席会议的还有领导小组联络员：刘山在（经贸部局长）、李永安（全总经济生产技术保护部副部长）、翟乃文（体改委生产组组长）、黄国柄（建设部副局长）、曹斌（中宣部宣传局调研员）、刘是龙（中组部副局长）、姜道日（农牧渔业部司长）、韩太林（商业部司长）、李凤岗（财政部工交司司长）、李冰（团中央青工部部长）、张海涛（审计署副局长）。

附录 7

全国加强企业管理领导小组、国家经济委员会关于印发《关于企业升级若干问题的说明》的通知

（全企管〔1987〕3号　1987年3月11日）

各省、自治区、直辖市加强企业管理领导小组，经委（计经委），国务院有关部门：

为了认真贯彻落实国务院《关于加强工业企业管理若干问题的决定》，深入开展企业升级工作，在普遍征求各地区和国务院有关部门意见的基础上，研究制订了《关于企业升级若干问题的说明》（试行），现印发给你们。请你们根据国务院《决定》的精神，按照《说明》的有关规定，尽快制订出国家级企业和省级先进企业的考核标准，并认真抓好试点，做好今年进入国家级企业的准备工作。

关于企业升级若干问题的说明（试行）

1987年3月6日

为了认真贯彻落实《国务院关于加强工业企业管理若干问题的决定》和国家经委《贯

彻国务院〈于加强工业企业管理若干问题的决定〉，做好企业升级工作的意见》，切实搞好企业升级工作，现将企业升级中需要进一步明确的问题作如下说明：

一　企业等级指标的确定与考核

1. 根据国务院《决定》对企业等级主要标准的要求，国家特级、国家一级、国家二级企业的主要产品质量指标，物质消耗指标和经济效益指标，由国务院有关部门制订，国家经委组织协调。省、自治区、直辖市级先进企业的考核指标，由省、自治区、直辖市制订。计划单列市的企业采用所在省的省级先进企业标准。

2. 主要产品，系指国家确定的重要工业产品（见国家标准局国标发〔1986〕290号文）和能代表企业水平或起主导作用的产品。企业的主要产品可以是一种或几种，但主要产品的产值之和，应达到本企业总产值的60%以上，多品种、小批量生产的企业应达到50%以上。具体品种由企业主管部门根据企业具体情况确定。

3. 主要产品质量指标，达到国际先进水平，系指达到我国国家和专业标准中的优等品要求（见国家标准局国标发〔1986〕255号文），或达到同期及近期在国际上处于领先地位的国外公司（企业）标准；工业发达国家的行业标准、国家标准以及国际标准中具有当代先进水平的标准。没有以上标准的，可参照具有当代先进水平的产品实物质量制订考核指标。

4. 主要产品质量达到国际70年代末80年代初的先进水平，系指达到我国国家和专业标准中的一等品要求（见国家标准局国标发〔1986〕255号文），或达到这一时期内国际标准中具有先进水平的标准、国外先进标准和产品实物质量水平。

5. 国家二级企业的主要产品质量指标（有在国内同行业领先，适合市场需要的优质名牌产品），系指企业主要产品质量达到部优标准，或相当部优标准的水平。

6. 省级先进企业的主要产品质量指标

（有在省内同行业领先，适合市场需要的优质名牌产品），系指企业主要产品质量达到省优标准，或相当省优标准的水平。

7. 主要物质消耗，系指生产产品的主要原材料和能源消耗。生产品种比较单一，有条件按单耗考核的企业，主要原材料和能源消耗按产品的单耗分别计量考核；没有条件按单耗计量的企业，可按综合消耗计量考核具体考核项目，按其在产品成本中所占比重和可以节约的程度，由行业主管部门根据本行业的具体情况分别确定。考核项目的价值量之和一般应达到全部物耗价值量的70%以上。

主要物质消耗指标，达到国际先进水平，比照第3条产品质量指标水平制订。

“主要物质消耗指标达到1985年国内（或省内）同行业先进水平”的确定办法是，按同行业企业数的多少，分别按各项考核指标取同行业中排在前列的若干名企业（不考虑企业规模大小）的主要物质消耗指标的平均值，详见下表：

同行业企业数量	取排在前列的企业个数	
	国家一级	国家二级
10 以下	3 以下	5 以下
10—30	3	5
31—100	5	10
101—200	10	20
201—400	20	30
400 以上	30	40

省级先进企业的物质消耗指标可比照国家一级企业的办法确定。

8. 经济效益主要考核：资金利税率、人均实现利税、全员劳动生产率。各行业还可以根据本行业的特点增加个别具有代表性的考核指标。确定考核标准的办法是，按同行业企业数的多少，分别按各项考核指标取同行业排在前列的若干名企业（不考虑企业规模大小）1985 年实现指标的平均值，详见下表：

同行业企业数量	取排在前列的企业个数	
	国家一级	国家二级
10 以下	5 以下	10 以下
10—30	5	10
31—100	10	15
101—200	15	25
201—400	25	35
400 以上	35	45

省级先进企业的经济效益指标可比照国家一级企业的计算办法确定。特级企业的经济效益必须高于国家一级企业的经济效益。

9. 在制定省、自治区、直辖市级先进企业的产品质量、物质消耗、经济效益指标时，如省内同行业企业较少，不易确定同行业先进 水平的，可参照管理水平相近的有关省的同行业水平制定。

10. 企业生产不同行业的产品，其产品按归口行业的等级标准考核。

11. 由引进生产线或引进主要设备生产的主要产品，其质量和物质消耗水平必须达到或高于设计值后才能提出升级申请。

12. 产品质量、物质消耗和经济效益三项指标（后两项按年度计算），是评定企业等级的主要依据，具有否决权，必须全部达到，缺一不可。

《决定》中对管理工作的各项要求，是企业升级的基本条件。各地区、各部门要严格贯彻执行，并根据实际情况作出具体规定，原则上不列为企业升级必须考核的指标。

二　企业升级的审批程序

13. 企业升级的审定，由各地区、各部门加强企业管理办公室负责组织。有关产品质量、物质消耗和经济效益的考核由各地区、各部门加强企业管理办公室组织公正的机构和业务主管部门进行确认。产品质量指标由生产、质量管理部门和质量检测机构确认，物质消耗指标由生产、物资和能源管理部门确认，经济效益指标由计划、财政和审计部门确认。

14. 企业升级一般先从省、自治区、直辖市级先进企业开始，少数管理水平较高的企业，可以直接申请国家二级或二级以上的等级。

15. 企业升级由企业提出申请（按统一格式填报），经企业主管厅局审查上报。省、自治区、直辖市级先进企业，由省、自治区、直辖市加强企业管理办公室审核，报省加强企业管理领导小组审批，国家级企业，由省加强企业管理领导小组审核同意后，报国务院有关部门。国家一级、国家二级企业由国务院有关部门审批，报全国加强企业管理领导小组和国家经委备案，特级企业由全国加强企业管理领导小组和国家经委审批，报国务院备案。谁审批谁发证书。为了探索审批国家级企业的路子，在审批第一批国家一级、二级企业时，国务院有关部门要将审定意见，报全国加强企业管理领导小组和国家经委核定。

部直属企业升级的审定，以部为主，但在申报前要征求所在省、自治区、直辖市加强企业管理办公室的意见。其申报、审定工作，参考上述条款办理。

企业升级的审批工作原则上每年进行一次。

16. 国家级企业和省级先进企业，都不搞“终身制”。已进入国家级、省级的先进企业，如发现产品质量下降、物质消耗上升、经济效益明显下降，不能保持企业所处等级的要求，审批机关可发出通报，令其限期扭转，措施不力，年度考核时仍达不到要求的，应予降级或撤消称号、收回证书，凡弄虚作假者，立即撤消先进称号。

三　企业升级工作的组织领导

17. 根据国务院《决定》的要求，各省、自治区、直辖市政府，国务院各有关部门要切实加强对企业升级工作的领导，主要领导同志要亲自抓，建立健全加强企业管理的组织协调机构，配备得力干部，负责企业升级的日常工作。

四　鼓励政策

18. 对达到国家特级、国家一级、国家二级标准的企业，除颁发证书、授予荣誉称号外，国家在信贷出口、工资、奖金等方面将分别给予鼓励。具体鼓励政策，国家经委将会同财政部、劳动人事部、经贸部、人民银行等部门另行研究制定。

上述条款适用于独立核算具有法人资格的工业企业。大型联合企业中实行独立核算和生产独立产品的二级单位能否申请国家级企业，由主管部、委提出意见，报全国加强企业管理领导小组和国家经委商定。

附录 8

全国加强企业管理领导小组、国家经济委员会关于印发《国家级企业审定办法（试行）》的通知

（全企管〔1987〕7号 1987年10月20日）

各省、自治区、直辖市加强企业管理领导小组、经委（计经委），国务院有关部门：

为了认真贯彻落实国务院《关于加强工业企业管理若干问题的决定》，高标准、严要求地做好国家级企业的考核、审定工作，在广泛征求各地区和国务院有关部门意见的基础上，研究制订了《国家级企业审定办法（试行）》，现印发给你们。请根据本办法做好今年国家级企业审定试点工作。各部门可以在试点中进一步总结经验，制订出适合本行业特点的审定工作细则。

国家级企业审定办法（试行）

为了搞好国家级企业的申报、考核、审定工作，统一程序和要求，根据国务院《关于加强工业企业管理若干问题的决定》和全国加强企业管理领导小组、国家经委《关于企业升级若干问题的说明》的规定，特制定本办法。

一 国家级企业的申报

1. 申报国家级企业，其产品质量、物质消耗、经济效益指标必须全部达到国家级企业标准；在申报年度内和申报期间无重大事故（暂按国务院有关部门的规定）；企业管理工作达到国务院主管部门的要求。达不到上述标准和要求的，不得申报。

2. 凡是自检达到上述标准和要求的地方企业，可向企业主管部门提出申请，省主管厅、局汇总审查，经省（自治区、直辖市）加强企业管理领导小组或经委（计经委）同意后，向国务院主管部门推荐。凡是自检达到上述标准和要求的部属企业，应向主管部提出申请。

3. 申报国家级企业必须填报统一的《国家级企业申报表》，同时提供申报年度内由国家级质量检测机构或部门质量检测机构认定的产品质量鉴定报告，跨行业产品应提供产品归口部门质量检测机构的质量鉴定报告，计算物质消耗的主要依据；财务年度决算报告及其它必要的附件。

二 国家级企业的考核

4. 申报国家级的地方企业由国务院主管部门组织省（自治区、直辖市）主管厅、局进

行考核或委托省（自治区、直辖市）加强企业管理领导小组办公室组织有关部门进行考核，部直属企业由主管部组织进行考核，考核时应征求省（自治区、直辖市）加强企业管理领导小组办公室的意见。

5. 国家级企业的考核工作主要是确认企业提供的产品质量、物质消耗和经济效益三项指标有关数据和资料的正确性、可靠性。主要包括：

（1）各项指标是否达到等级标准；

（2）提供的依据、凭证是否完整、有效；

（3）各种计算方法是否符合规定；

（4）各项数据和资料是否真实。

6. 上述各项工作考核后，由项目考核负责人签署意见。

三　国家级企业管理工作的考查

7. 企业管理工作由省（自治区、直辖市）加强企业管理领导小组办公室组织企业主管部门，根据国务院主管部门对管理工作的要求进行考查，作出综合评价。部直属企业的企业管理工作由主管部进行考查，考查时应征求省（自治区、直辖市）加强企业管理领导小组办公室的意见。综合评价达不到要求的不能升级。

四　国家级企业的审批

8. 国家特级企业由全国加强企业管理领导小组和国家经委审批，报国务院备案。国家一级、二级企业由国务院有关部门审批，报全国加强企业管理领导小组和国家经委备案。在审批第一批国家一级、国家二级企业时，国务院有关部门要将审定意见，报全国加强企业管理领导小组和国家经委核定。

五　其它

9. 国家级企业考核人员的组成要少而精。要有有经验的专业人员参加。在审定中，要严肃认真，坚持标准。考核工作原则上一次完成。

10. 考核人员要秉公办事，不以权谋私；要坚持勤俭节约，不铺张浪费，要为企业服务，不增加企业负担。

11. 凡发现弄虚作假者，在申报过程中的，应立即取消申报资格；已审定的，由审批部门撤消称号，并追究有关人员的责任，给予相应的纪律处分。

12. 全国加强企业管理领导小组和国家经委每年公布一次进入国家级企业名单。

13. 本办法适用于工业企业。

本办法由全国加强企业管理领导小组办公室负责解释。

附录 9

国务院办公厅关于
国务院企业管理指导委员会组成人员的通知

（国办发〔1988〕67 号 1988 年 10 月 15 日）

各省、自治区、直辖市人民政府，国务院各部委、各直属机构：

根据国务院机构改革的要求，国务院决定成立国务院企业管理指导委员会，负责协调贯彻执行《中华人民共和国全民所有制工业企业法》和研究企业改革、企业管理中的重大问题，指导企业转换和完善经营机制，加强企业管理。具体工作由国家体改委承担。现将国务院企业管理指导委员会组成人员通知如下：

主　任：张彦宁（国家体改委副主任）

副主任：叶　青（国家计委副主任）

刘仲藜（财政部副部长）

程连昌（人事部副部长）

李伯勇（劳动部副部长）

顾　问：安志文（国家体改委党组书记）

吕　东（中央财经领导小组顾问）

袁宝华（中国人民大学校长、中国企业管理协会会长）

委　员：干志坚（建设部副部长）

王裕桂（能源部政策法规司司长）

何光远（机械电子部副部长）

于　珍（轻工部副部长）

刘　江（农业部副部长）

潘　遥（商业部副部长）

刘　岩（经贸部部长助理）

陆叙生（物资部副部长）

陈　元（中国人民银行副行长）

李金华（审计署副审计长）

张　祺（国家物价局副局长）

徐志坚（国家技术监督局局长）

刘敏学（国家工商行政管理局副局长）

李永贵（国家税务局负责人）

蒋乐民（国有资产管理局筹备组负责人）

鄞炳林（中央组织部经济科教干部局局长）
张富有（全国总工会书记处书记）
冯　军（共青团中央书记处书记）

附录 10

国务院企业管理指导委员会
关于 1990 年企业升级工作的安排意见

（企指委字〔1990〕1 号　1990 年 1 月 1 日）

各省、自治区、直辖市经委（计经委）、加强企业管理领导小组，国务院有关部门：

党的十三届五中全会通过的《关于进一步治理整顿和深化改革的决定》中明确指出"必须制定得力措施，把降低成本、减少消耗、提高质量、增加品种、减少资金占用、提高经济效益的要求具体化，层层加以落实，并作为考核各级经济组织和企业工作好坏的主要指标"。国务院关于在"七五"期间加强企业管理，开展企业升级的决定同上述要求是一致的。从三年的实践来看，企业升级工作从试点到逐步展开，已取得初步成效，受到企业和主管部门的普遍欢迎。在治理整顿期间，要把企业升级工作这一加强企业管理的措施继续抓紧抓好。1990 年要着重抓好以下工作：

一、提高认识，进一步明确企业升级的指导思想。当前，企业升级必须服从和服务于治理整顿，必须与深化企业改革、开展"双增双节"运动紧密结合。企业升级的主要对象是全民所有制大中型工业生产企业，特别是对保证我国经济稳定协调发展起重要作用的大中型骨干企业。企业升级的目的是通过这种机制，促进企业强化管理，赶超国内国际先进水平，全面提高企业素质。因此，工作的重点是"抓管理"。"上等级"是抓管理的结果，是反映企业不同管理水平的标志。必须防止和克服忽视管理，单纯"套标升级"的倾向。企业要在升级活动中，树立赶超思想，提出明确的目标，努力攀登国内、国际同行业先进水平。为了保证企业升级的质量，必须坚持高标准、严要求，防止追求数量，1990 年审定国家二级企业一定要严格按标准核定，总数仍要加以控制。

二、继续完善企业升级标准，坚持标准的先进性和严肃性。这是使这项工作能够发挥作用，持久坚持下去的关键。针对当前升级标准中存在的问题，并考虑到"八五"期间升级标准将作全面调整的情况，今年各部门不再颁发新的企业升级标准。已经制定的国家级企业升级标准，其中产品未列入国家颁布的主要产品目录（国标发〔1986〕290 号文）的，停止实施，并予撤销。企业生产的主要产品不符合国家产业政策的（见国发〔1989〕29 号文），这类企业暂不能审定为国家级企业。对现有标准的各项指标水平，只能调高不能调低。

三、对管理工作的考查要求，要从实际出发，做到合理、可行。为了克服目前企业升级中对管理工作多头考查，要求过多、过繁的现象，减轻企业的负担，必须明确：第一，企业升级的管理工作要求，由国务院各行业主管部门根据行业的具体情况并参照专业管理部门的要求，分别制订；第二，各部门制订的管理工作要求，要突出重点，力求量化，便于考查；第三，专业管理工作单项升级一律不作为企业升级的先决条件；第四，专业管理部门必须遵守《企业法》的规定，不得要求企业设立对口机构；第五，企业咨询不作为企业升级的必经程序。

四、改进考核方法，严肃考核纪律。企业升级的考核审定工作是一项严肃的工作，必须坚持标准，从严考核。同时要简化程序，纠正重复检查，层层验收和乱收费的现象。对国家级企业管理工作的考查，由国务院行业主管部门或委托省、自治区、直辖市主管厅局组织进行，各地区企指办（或加强办）和经委（计经委）进行协调。考核工作要尽量结合日常工作进行，充分利用已有的检测数据和凭证，确实需要派人考查的，人员要少而精，时间要短，注重实效。各级主管部门和企业，必须严格执行《企业升级考核审定纪律》，廉洁奉公，严禁搞各种不正之风。

五、抓好升级企业的复查工作。为了巩固企业升级成果，从今年一季度起，对1987、1988年度的国家级企业进行一次复查。复查的方法是以企业自查为主，主管部门有重点地进行抽查。对查出有问题的企业，根据不搞“终身制”的原则，区别情况，认真处理。对主要产品质量、物质消耗指标有一项已达不到标准的；或发生特大安全事故的；或因经营管理不善，经济效益指标达不到标准的；或在税收、财务、物价方面有意弄虚作假，明知故犯，严重违法乱纪的企业，撤销称号，收回证书。

对由于政策性因素等客观原因，经济效益指标达不到标准的，或安全生产达不到考核指标要求的；或质量、物耗、效益和安全指标虽达到标准，但管理水平下降，达不到规定要求的企业，各部门要根据具体情况，提出警告，限期整改。整改期限为半年到一年，逾期仍达不到要求的，也要撤销称号。

六、关于非工业企业加强管理的问题。三年来，非工业行业按照《决定》精神，仿照工业企业的办法，也进行了企业升级的试点，对非工业企业加强管理，起到积极的促进作用。但从工作实践和各地区普遍的反映看，非工业企业门类繁多，量大面广，特点各异，与工业生产企业相比，差异很大，如果一律采取升级的办法，在等级的设置、考核指标的选择和标准水平的确定上，都很难对应；各非工业企业之间也难以横向比较，难以平衡。因此，今年非工业企业除继续进行企业升级工作试点外，要着重研究适合非工业企业不同特点的加强管理办法。今年非工业企业升级试点，一是仍限于大中型企业；二是不搞国家一级企业试点；三是坚持少而精的原则，数量从严掌握。

1990年企业升级工作进展情况

（国务院企业管理指导委员会办公室　1991年6月28日）

1990年是企业升级工作深入开展的一年。经过近4年的实践，说明企业升级工作是促使企业加强管理的有效形式。因此，越来越受到各部门、各地区各级领导的重视，把开展企业升级工作作为经济工作中的一项重要内容来抓。特别是在企业面临市场疲软、资金紧缺、产品积压等困难的情况下，各部门、各地区充分利用企业升级的激励机制，引导企业眼睛向内，强化管理，挖掘内部潜力，发展生产，提高经济效益。

一、总结、宣传首批国家一级企业的管理经验，推动广大企业提高经营管理水平。1990 年 1 月，国务院企业管理指导委员会公布《关于审批 45 个企业为国家一级企业的决定》后，各部门、各地区非常重视首批国家一级企业在管理上的成功经验，及时地进行了总结。主要经验是：瞄准国际先进水平，以占领国际市场为目标，制订企业经营发展战略；依靠科技进步，加快技术改造，增强企业后劲；把产品质量作为企业生存发展的根本；把节能降耗作为挖掘企业内部潜力，增加经济效益的主攻点；优化现场管理，使人流、物流、信息流高效运转；坚持以人为本，全心全意依靠工人阶级办好社会主义企业。各部门、各地区广泛宣传介绍这些企业的管理经验。同时，将国家一级企业树为本行业、本地区企业的学习榜样，并在这些企业召开现场经验交流会，推广它们的经验，号召广大企业向它们学习。通过这些活动，使广大企业看到了自己的差距，明确了具体的赶超对象，增强了战胜困难的信心。从而，有力地推动了面上企业强化管理工作的进行。

二、坚持高标准、严要求，考核审定国家级企业。1990 年，各部门对第二批国家一级企业进行了正式考核，经国务院企业管理指导委员会的严格审核，确认 88 家企业连续两年达到国家一级企业标准和要求，被命名为第二批国家一级企业。这批企业经受住了外部环境的严峻考验，在企业经济效益普遍下滑的情况下，它们的工业总产值和实现利税，仍然比上年增长 9.71% 和 6.61%，资金利税率，人均实现利税额和全员劳动生产率分别是全国预算内工业企业平均水平的 1.65 倍、3.46 倍和 1.95 倍。它们不仅为国家做出应有的贡献，也在向管理要效益方面为全国的工业企业做出表率。这批企业生产的主要产品全部达到国际 70 年代末、80 年代初的先进水平，其中 1/4 的产品达到国际当代先进水平。许多产品不仅替代了进口，而且打入国际市场，并具有较强的竞争力。

为了保证国家二级企业的先进性，国务院企业管理指导委员会提出，要适当压缩 1990 年国家二级企业考核审定数量，并对各部门的考核审定数量进行控制。同时，要求各部门在考核审定中一定要坚持高标准、严要求。尽管企业的外部环境变化大，也不能迁就、照顾，要注重对企业管理工作，特别是现场管理工作的考察。这样，1990 年共审定了 1354 个国家二级企业，比上年减少了 20%。从而，保证了国家二级企业的质量。

三、坚持企业升级不搞“终身制”，对国家二级企业进行复查。1990 年各部门按照国务院企业管理指导委员会的统一部署，对 1987. 1988 年度的 1989 个国家二级企业进行了复查，占已审定的全部国家二级企业总数 47.2%。经过复查，有 1591 个企业合格，其 1989 年的各项考核指标和管理工作仍达到国家二级企业标准和要求的，占复查企业总数 80%。其余 20%（398 个）企业部分考核指标或管理工作达不到升级标准和要求。各主管部门对不达标的企业，在分析不达标原因的基础上，区别情况提出处理意见。对其中主要是因为国家指令性计划调整、原材料涨价、产品价格控制等客观因素造成的资金利税率不达标的201个企业视同复查基本合格；占复查企业总数的9.9%；对主要是单项考核指标或管理水平下降的178个企业提出警告，限期整改，占8.9%；对主要是出现经营性亏损、发生特大安全事故、严重违反财经纪律的23个企业，撤消国家二级企业称号，占1.2%。通过这次复查工作，对于促使企业升级后不放松管理，继续提高素质，起到了鞭策作用，巩固了企业升级成果。

截止到1990年底，4年来全国共考核审定了4211个国家级企业，其中国家一级企业133个，国家二级企业4078个。国家级企业中的工业企业为3692个，占全部国家级企业总数的88%，占全国预算内工业企业总数的9.3%；国家级企业中的非工业企业为519个，占全部国家级企业总数的12%。全国各地区共考核审定了18000个左右省（自治区、直辖市）级先进企业。

附录11

国务院企业管理指导委员会、国务院生产委员会关于强化企业管理全面提高企业素质的意见

（企指委字〔1991〕6号 1991年3月14日）

一、“七五”期间，各地区、各部门和企业认真贯彻国务院《关于加强工业企业管理若干问题的决定》，针对技术落后，管理更落后的现状，以提高产品质量，降低物质消耗，增加经济效益，确保安全生产，强化企业内部管理为目标，开展了抓管理、上等级，全面提高企业素质的工作，取得了很好成效。我国企业管理基础工作普遍增强，企业经营机制不断完善，企业活力有所增强，管理方法和手段不断改进，管理水平有所提高，很多企业以赶超国际、国内先进水平为目标，强化经营管理，狠抓技术改造，努力调整产品结构，按照国际标准组织生产，已有一批企业达到了国际先进水平，对保证“七五”国民经济计划的完成发挥了重要作用。但是，就全国企业来说，目前企业管理落后、整体素质低的状况还没有得到根本改变，与国际先进企业相比，产品质量差，物质消耗高，经济效益低仍然是工业生产中的主要问题，也是企业管理落后、整体素质低的集中表现。因此，“八五”期间要进一步强化企业管理，全面提高企业素质，这是实现“八五”期间国民经济计划的一项重要措施。

二、“八五”期间强化企业管理的指导思想。党的十三届七中全会提出，“要把全部经济工作切实转到提高经济效益的轨道上来，力争工业生产的质量、品种、效益有一个明显进步”，“把国民经济的整体素质提高到一个新水平”。根据这一精神，“八五”期间强化企业管理的指导思想是：按照国民经济十年规划和“八五”计划的要求，坚持以提高经济效益为中心，紧紧围绕提高产品质量，调整产品结构，降低物质消耗，推进技术进步，强

化经营管理，全面提高企业素质，促进国民经济持续、稳定、协调发展。

三、“八五”期间企业管理总目标是；初步建立起能适应社会主义有计划商品经济要求的企业经营机制；完善企业经营承包机制和其他企业经营机制。企业管理水平再上一个新台阶，一批大中型企业初步实现由粗放经营向集约经营的转变；企业的各项经济技术指标都有新的提高；有更多的产品质量达到国际水平，增强对国内、国际市场的适应能力和竞争能力，争取有更多的企业成为外向型企业。具体目标为：

1. 企业要逐步达到按行业规定的企业管理工作的基本要求。

2. 企业技术经济指标有明显提高。大中型工业企业的主要产品按国际或国外先进标准组织生产；有40%以上的主要产品在产品质量和性能方面达到国际80年代同类产品先进水平；主要产品的物质消耗和企业的万元产值综合能耗要比1990年降低3%—5%；预算内国营工业企业的主要经济效益指标要超过“七五”期间的最好水平。有一批大中型企业在产品质量、物质消耗、企业管理方面达到国际80年代先进水平，少数大型工业企业达到国际当代水平。

四、继续坚持开展和完善企业升级工作。实践证明，企业升级是强化企业管理的一种有效机制，已经成为各行业、各地区引导企业赶超国际、国内先进水平的重要手段。

1. 工业企业仍设国家特级企业、国家一级企业、国家二级企业和省（自治区、直辖市）级先进企业四个等级。

国家特级企业，其主要产品必须是技术密集型产品，在我国国民经济中处于重要地位，其产品质量、物质消耗指标，必须达到国际当代先进水平。

国家一级企业，其主要产品能够代表国家工业先进水平，其产品质量必须同发达国家同类产品有可比性，具有国际80年代前半期（1981—1985年）的先进水平，物质消耗和经济效益指标，必须处于国内同行业领先地位。

国家二级企业，其主要产品质量、物质消耗和经济效益指标，必须达到国内同行业的先进水平。

省级先进企业，其主要产品质量、物质消耗和经济效益指标，必须达到省内同行业先进水平。

2. 非工业企业门类繁多，情况各异，不可能象工业企业那样按产品水平与国际同行业企业进行横向比较，并按产品水平所代表的年代来划分等级标准。因而目前暂设国家二级和省（自治区、直辖市）级先进企业两个等级。其经济效益和社会效益，物质消耗，工作和服务质量，经营管理水平，必须分别达到国内或省内同行业先进水平。有的非工业企业可采取国际通行的升级达标办法，如宾馆按“星级”标准进行升级，也可探索其他适合本行业特点的加强企业管理办法。

3. 国务院有关部门和各省、自治区、直辖市要按照上述等级要求，对现行企业升级标准进一步修订完善。总的要求是：升级的条件和范围要进一步明确，标准水平要比“七五”有所提高。应按照产品档次、生产技术水平和企业规模，规定各类型企业、各类产品的最高限定等级。进入国家级的企业，必须是以生产国家主导产品为主的企业。

4. 为了统一升级标准的水平，保证升级标准的先进性和严肃性，国家设立企业升级标准审定委员会。委员会由有关综合部门的领导和行业专家组成，负责协调，审定国家级企业升级标准和限定升级范围。各部门应设立相应机构负责本部门企业升级标准的协调、审定工作。

5. 要改进和简化企业升级的考核办法，切实减轻企业负担。尽量利用已有的数据、报表，避免对企业进行重复考核，各有关专业部门搞的专业工作升级，不同企业升级挂钩，不作为企业升级的必经程序和否决条件。各级经济管理部门和单位要为企业服务，为企业解决困难，积极引导企业把主要精力切实放在抓管理、提高素质上。

6. 严肃纪律，维护企业升级的声誉。在企业升级活动中，严禁搞托人情、请客送礼等不正之风；杜绝讲排场，铺张浪费，搞形式主义。违者，取消其升级的资格或撤销其称号。

五、制订与实施行业企业管理工作规范。企业升级是为了引导企业，特别是先进企业努力达到国内、国际先进水平；制订与实施行业企业管理规范，是为了引导全国所有企业普遍提高生产技术和管理水平。两者有着密切联系，但要求不同，作法也不同。为了使企业的管理工作逐步实现规范化、标准化、制度化，国务院有关企业主管部门要在摸清情况的基础上，按照行业的特点和要求，分行业制订企业管理工作规范，并组织实施。企业管理工作规范内容，包括基础工作、专业管理和现场管理等基本要求，所有企业要在“八五”期间经过努力达到行业管理规范要求，逐步做到；企业必须在执行行业企业管理规范的基础上，才有资格申报国家级企业。这是一项新的工作，有待于进一步积累经验。

六、加强现场管理。现场管理混乱，是我国相当一部分企业普遍存在的问题，也是产品质量差、物质消耗高、经济效益低、安全事故多的一个重要原因，“八五”期间要花大力气对企业的生产现场进行综合治理，建立起良好的生产环境和生产秩序，改变不少企业生产现场“脏、乱、差”的状况，加强生产现场管理，要从整顿工艺纪律和劳动纪律入手，实行定置管理，做到环境整洁、物流有序、设备完好、纪律严明、信息准确，实现均衡生产、文明生产、安全生产。要求国家一级企业要成为国内同行业企业现场管理的样板厂；国家二级企业要在一年内、省级先进企业要在二年内达到基本要求，使现场管理水平登上一个新台阶：其他企业要在三年内达到基本要求，使现场管理显著改观。

现场管理既是生产第一线的综合管理，又是各项基础管理和专业管理在生产现场的具体体现和有机结合。因此，在加强现场管理同时，要按照生产需要，认真做好包括标准化、计量、定额、信息、规章制度、基础教育和班组建设为主要内容的企业管理基础工作；努力做好环保、节能、设备、档案、财务、统计等各项管理工作。

七、推行现代化管理。要积极抓好现代化管理方法应用和电子计算机应用，按照现代管理的要求，注意发挥企业管理的整体功能，要认真总结推广国内在实践中发展起来的行之有数的管理方法和经验，同时要注意借鉴国外先进的管理经验。国务院有关主管部门和各地区要按照企业的性质、规模和管理水平高低，技术和劳动的密集程度，分层次、有针对性、实事求是地提出不同的要求，实行分类指导。关于推进管理现代化的总体设想，目前国务院生产委员会、国务院企业管理指导委员会正在组织起草《90年代全国企业管理现代化纲要》。

运用电子计算机辅助管理是提高企业现代化管理水平的重要手段。推广运用电子计算机辅助管理要有计划、分步骤循序进行，注重系统开发应用，讲求使用效果。国家特级企业、国家一级企业必须在生产技术和经营管理上，广泛应用电子计算机。

八、切实推进企业的技术进步。企业管理，必须同企业技术进步互相促进、同步发展。要选择一批投入少、效益高的科技成果，进行大面积推广，普遍提高企业生产技术水平。按照国家产业政策的要求，有重点地改造传统产业，加快引进设备的国产化，发展高技术产品，促进产品更新换代。要深入开展群众性的技术革新和合理化建议活动，并把它作为加强企业管理，推进技术进步的重要内容来抓。

九、努力搞好经营决策。要建立健全决策组织系统，实行厂长（经理）决策的科学化、民主化；要不断开发新产品，大力调整产品结构，增产适销对路的产品，特别是要增加高质量、高技术、高附加值产品的生产和出口，增强市场竞争能力；要加强营销工作，积极搞好市场调查、市场预测和市场分析，及时调整营销战略，充实销售力量，调配懂技术会管理的干部充实销售队伍，提高销售人员的业务水平，做好售前、售后服务，不断提高企业和产品的信誉，要积极处理滞销积压产品，减少积压，活化资金。

十、坚持两个文明建设一齐抓。加强企业管理，提高企业素质，必须有强有力的思想政治工作做保证。在加强企业精神文明建设中，企业各级领导干部要始终坚持企业的社会主义方向，振奋精神，积极工作，尽职尽责，遵纪守法，廉洁奉公，以自己的模范行动，去带领和影响广大职工群众，要依靠全体职工办企业，大力加强民主管理，在各项生产经营活动中，充分发挥企业职工的主人翁作用，把广大职工的巨大热情引导到社会主义建设上来。要有计划、多层次、多渠道地开展职工培训和教育工作，培养一支有理想、有道德、有文化、有纪律的职工队伍。要努力培育企业精神，塑造良好的企业形象，增强职工对企业的凝聚力和向心力，同心协力办好社会主义企业。

十一、加强组织领导。全国企业管理工作，由国务院生产委员会和国务院企业管理指导委员会组织协调。各地区的企业管理工作，由各省、自治区、直辖市经委（计经委）、加强企业管理领导小组组织协调；国务院各有关部门要有相应的机构抓企业管理工作，加强行业指导，形成全国加强企业管理的工作体系。国务院生产委员会和国务院企业管理指导委员会将每年召开企业管理工作座谈会，总结工作，交流经验，研讨问题。各地区在“七五”期间已经建立起来的企业管理片会制度，对促进地区经验交流，研究带有共性的加强企业管理方面的问题，起到了积极作用。希望“八五”期间仍然坚持下去，并加以充实提高。

附录 12

全国企业升级工作综述

（《中国企业史（现代卷中）》第 434~450 页）

1986 年底至 1991 年底，全国企业升级工作大体经历了制订标准（从成立领导小组办公室到 1990 年，正式颁布国家级企业升级标准 704 个，为客观评价我国企业的经营管理水平提供了统一的尺度）、考核审定试点（选择机械、轻工、冶金、纺织、化工、石化、有色金属、电子 8 个行业进行企业升级及审定试点。然后，由工业企业扩大到非工业企业）、有计划审定国家级、省级企业及复查等几个阶段。截至 1991 年底，全国先后审定国家一级企业 191 家（名单附后），国家二级企业 4803 家（扣除复查不达标被撤销称号的 31 家企业，实际为 4772 家），另外，各地区还审定出上万家省级先进企业。

实践表明，企业升级活动是推动企业管理进步与科技进步同步发展，相互促进的有效激励机制，是政府对企业的管理由直接管理向间接管理过渡的一次有益的尝试，是加强行业管理、推进产业及产品升级的有力手段。企业能进入国家级和省级先进企业行列是一种荣誉，是通向国内、国际市场的“通行证”，是进行国际经济技术合作的“信誉卡”，也是一笔重要的无形资产。因此，这项活动深受企业欢迎，已成为广大企业赶超国内、国际先进水平的自觉行为。但是，由于企业升级活动是一种探索，而且带有较浓的行政色彩，也出现一些矛盾和问题。主要有：一是行业之间企业升级的标准参差不齐。有的行业内部的小行业的标准定得过多过细，也是参差不齐，而且缺乏可比性，难以做行业间横向比较。有些行业标准掌握尺度偏低，在行业之间有失公平，影响了企业升级质量。二是专业管理部门纷纷效仿，趁机“搭车”。他们争相出台了许多专业标准，都要求通过企业升级这一个“漏斗”下达企业执行。有的甚至要求作为企业升级的必备条件，实行“一票否决”，冲击了企业升级原定的产品质量、物质消耗、经济效益和安全生产四项指标。由于“搭车”的过多，不仅增加了企业升级的成本，也造成对企业的检查、评比过多过滥，企业不堪重负。甚至出现一些违纪现象，给企业升级造成不良影响。三是政府有关部门和一些社会团体对企业的各种检查评比随之而起。严重地干扰了企业的正常生产经营，干预了企业的经营自主权，也带来了一些不正之风。这些现象的蔓延，引起中央的关注。

1991 年 12 月 5 日，《国务院关于停止对企业进行不必要的检查评比和不干预企业内部机构设置的通知》（国发〔1991〕65 号）。据此，全国企业升级活动于 1991 年底宣告停止，原定的审定国家特级企业也不再进行。

1986 年底至 1991 年底，全国评定国家一级企业名单如下（191 家）：

首批国家一级企业名单（45 家，1989 年审定）：哈尔滨锅炉厂、上海柴油机厂、大连冷冻机厂、国营第二三四厂、常州拖拉机厂、沈阳变压器厂、常州柴油机厂、上海无线电十八厂、大连显像管厂、上海无线电二厂、上海电视一厂、国营长虹机器厂、国营南京无线电厂、英雄金笔厂、中山洗衣机厂、威海市地毯一厂、民丰造纸厂、大连第五塑料厂、上海嘉丰棉纺织厂、国营无锡市协新毛纺织染厂、吉林化学工业公司染料厂、上海正泰橡胶厂、上海化工厂、鞍山钢铁公司、首都钢铁公司、上海第五钢铁厂、吉林铁合金厂、上海第三钢铁厂、东北轻合金加工厂、沈阳冶炼厂、葫芦岛锌厂、辽宁电子铅箔厂、上海石油化工总厂塑料厂、北京燕山石油化工公司合成橡胶厂、大连石油七厂、长岭炼油化工厂、上海自行车三厂、上海缝纫机一厂、上海协昌缝纫机厂、上海第十七棉纺厂、苏州东吴丝织厂、齐鲁石油化工公司第二化肥厂、大连船用柴油机厂、山东新华制药厂、上海广播器材厂。

第二批国家一级企业名单（88家，1990年审定）：济南第一机床厂、第一拖拉机制造厂、徐州重型机械厂、莱阳动力机械总厂、东方锅炉厂、上海汽轮机厂、北京人民机器总厂、大连起重机器厂、上海分析仪器厂、烟台冷冻机总厂、瓦房店轴承厂、上海工具厂、武汉重型机床厂、国营第四五一厂、重庆机床厂、广东珠江冰箱厂、国营红光电子管厂、浪潮电子信息产业集团公司、常州电子计算机厂、天津通信广播公司、上海无线电四厂、大连电视机厂、上海第二纺织机械厂、平顶山棉纶帘子布厂、无锡市电视机厂、国营第七九八厂、无锡微电子联合公司、上海无线电六厂、国营长岭机器厂、武汉钢铁公司、上海宝山钢铁总厂、唐山钢铁公司、上海第一钢铁厂、上海新沪钢铁厂、常州冶金机械厂、锦州铁合金厂、韶关冶炼厂、兰州铝厂、甘肃稀土公司、凡口铅锌矿、国营自贡硬质合金厂、上海第二十八棉纺织厂、北京第三棉纺织厂、上海第二衬衫厂、北京长城风雨衣公司、国营石家庄第一棉纺织厂、北京燕山石油化工公司化工一厂、锦州石油化工公司锦州炼油厂、辽河化肥厂、云南天然气化工厂、吉林化学工业公司化肥厂、吉林化学工业公司炼油厂、大连化学工业公司、上海吴泾化工总厂、南京化学工业公司催化剂厂、上海大中华橡胶厂、佳木斯造纸厂、上海自行车厂、天津手表厂、威海市地毯毛纺厂、上海制皂厂、湖北省沙市市日用化工总厂、广州味精食品厂、中国铅笔一厂、上海解放塑料制品厂、苏州电扇总厂、永生金笔厂、上海石油化工总厂腈纶厂、齐鲁石油化工公司橡胶厂、南方动力机械公司、西安飞机工业公司、国营风华机器厂、上海新中华机器厂、华北制药厂、东北制药总厂、晋城矿务局、华东电业管理局望亭发电厂、北京石景山发电总厂、国营华南船舶机械厂、铁道部齐齐哈尔车辆工厂、大庆石油管理局、杭州万向节厂、株洲硬质合金厂、余杭县临平绸厂、青岛电冰箱总厂、苏州电冰箱厂、上海手表厂、辽阳石油化纤公司化工三厂。

第三批国家一级企业名单（58家，1991年审定）：吉林化学工业公司、哈尔滨电机厂、佳木斯联合收割机厂、兰州电机厂、天津起重设备总厂、洛阳轴承厂、无锡机床厂、国营陕西彩色显像管总厂、云南电子设备厂、上海焦化总厂、杭州电化厂、贵州赤水天然气化肥厂、河北省沧州化肥厂、成都无缝钢管厂、江阴钢绳厂、抚顺钢厂、齐齐哈尔钢厂、吉林碳素厂、上海金陵无线电厂、国营长风机器厂、国营第五一0八厂、杭州电视机厂、新华造纸厂、贵州茅台酒厂、上海飞达羽绒服装厂、国营无锡市第二棉纺织厂、上海上菱电冰箱总厂、上海华丰搪瓷厂、湖北省沙市热水瓶总厂、广东轻工业机械厂、上海天原化工厂、天津石油化工公司涤纶厂、辽宁发电厂、张家口煤矿机械厂、铁道部眉山车辆工厂、黑龙江省南岔木材水解厂、山东省威海市木工机械厂、江汉石油管理局钻头厂、浙江制丝一厂、牡丹江第二发电厂、潞安矿务局、国营经纬纺织机械厂、沈阳黎明发动机制造公司、沈阳飞机制造公司、国营第二三九厂、国营三0七厂、金川有色金属公司、大冶有色金属公司、株洲冶炼厂、茂名石油工业公司炼油厂、大庆石油化工总厂炼油厂、第一汽车制造厂、第二汽车制造厂、上海第三制药厂、北京同仁堂制药厂、天津达仁堂制药厂、国营江津增压器厂、玉溪卷烟厂。

附录 13

国务院关于停止对企业进行不必要的检查评比和不干预企业内部机构设置的通知

（国发〔1991〕65 号 1991 年 12 月 5 日）

各省、自治区、直辖市人民政府，国务院各部委、各直属机构：

近几年来，政府有关部门和社会团体对企业的各种检查评比活动越来越多，一些业务主管部门还强制要求企业设置对口机构，配备对口业务人员，严重干预了企业经营自主权，增加了企业负担，干扰了企业的正常生产经营活动，助长了不正之风的蔓延。对此，企业反映十分强烈，普遍要求尽快解决这一问题。

为了认真贯彻最近召开的中央工作会议精神，进一步落实《中华人民共和国全民所有制工业企业法》（以下简称《企业法》），减少对企业的干预，切实减轻企业负担，各级政府及其业务主管部门必须采取坚决措施，停止对企业进行不必要的检查评比，不再干预企业内部的机构设置。现对有关问题通知如下：

一、各地区、各部门和社会团体对企业的各种评比和评比性检查，包括各种升级、评优及各类专项奖等活动，要立即停止进行。正在进行的上述各项活动的善后工作，由主办单位妥善处理。产品鉴定会、技术鉴定会等，也要从简。

二、政府职能部门按国务院规定对企业进行财政、税收、物价、审计、质量、安全等监督和检查，要依法办事，精减人员，简化程序，避免重复，为政清廉，并不得干预企业的正常生产经营活动，以减轻企业负担。

对企业进行检查，除国家明文规定需要收费的项目外，一律不得收费。收费标准要符合国家的有关规定。

各类协会、学会、研究会等社会团体和民间组织以及新闻、事业单位一律不得对企业进行检查。

三、各企业有权拒绝和揭发违反上述规定的评比、检查活动。

四、按照《企业法》关于“企业有权决定机构设置及其人员编制”的规定，任何部门和单位都不得要求企业设置对口机构和规定相应的人员编制及级别待遇。企业对原有的机构有权根据生产经营的需要，本着“精简、效能”的原则进行调整，政府有关部门应予以支持。

各县、自治区、直辖市人民政府和国务院各有关部门要抓好本通知的落实工作，特别要加强对国营大中型企业工作的领导，深入调查研究，切实帮助企业解决实际问题，为搞好企业做好服务。

经济研究的辩证思考*

——在国家经委青年经济研究小组首届年会上的讲话

（1986年12月27日）

党的十一届三中全会以来，我国实行了对外开放、对内搞活的经济政策。社会主义有计划商品经济日益活跃，经济体制改革也取得了一系列重大进展。与此同时，政治环境也发生了根本变化，为我国科学事业的发展创造了前所未有的良好条件。目前，许多中青年同志应时代的召唤，积极从事经济和管理方面的研究和著述，取得了一些可喜的成果。这是值得称赞与鼓励的。我们这些老同志，总是寄希望于年轻人，正像我们年轻时老一辈革命家寄希望于我们一样。为了进一步发扬中青年同志勇于探索和开拓的精神，提高自己研究和写作的素质，我想就进行经济著述应当解决好的几个关系问题，谈谈自己的意见，与广大中青年经济工作者共勉。

一　理论与实践

理论来源于实践，是实践经验的高度概括和总结。反过来，它又指导实践，为实践服务。这是实践第一的观点。实践是检验理论是否科学、正确的唯一标准，是理论产生和发展的基础。理论与实践的关系，是辩证统一、密不可分的。马克思主义经济理论就是从实践中产生的科学理论，是马克思主义的重要组成部分。我们从事经济理论和经济管理工作的同志，都应当以马克思主义经济理论为指导，坚持理论与实践相结合。

---

* 本文是袁宝华同志出席国家经委青年经济研究小组首届年会时与机关青年干部就经济研究与著述交流的讲话全文，原文首发于《袁宝华文集（第二卷）》（中国人民大学出版社，2014，第330~337页）。文稿附录的《深化企业改革的探讨》和《实行承包经营责任制若干问题的研究》是国家经委青年经济研究小组完成的课题研究报告和提出的企业改革政策建议。国家经委青年经济研究小组参加主办的“全国承包制理论与实践研讨会”对发展和完善承包经营责任制以及出台《全民所有制工业企业承包经营责任制暂行条例》发挥了重要作用。

我们党历来倡导理论联系实际的学风。近几年来，经济界涌现出一批做出显著成绩的中青年经济工作者，成为从事经济管理和研究工作的骨干力量。他们积极投身于改革、开放的实践，就一些重大经济问题，提出了颇有见解的新观点、新方法，写出了一些很有分量的著作和文章，有些还受到中央领导同志的重视。这些，都是发扬了理论联系实际学风的结果。一本著作或一篇文章是否真有参考和实用价值，关键之点就是看它是否坚持理论联系实际、理论与实践相结合。否则，写出来的东西，或者是空洞的说教，没有实际意义；或者是一些素材和情况的堆积，没有理论深度。因此，理论与实践两者不可偏废。从事经济理论工作和从事实际经济工作的同志，应当互相学习、互相补充，处理好理论与实践的关系。近几年毕业的大学生，虽然经过系统的理论学习，但比较缺乏实践经验，来到新的工作岗位需要一个逐步适应的过程。所以，他们更需要多参加社会实践，以丰富自己的实际工作经验。但是，有了实践经验，还必须再学习、再实践，从理论与实践的结合上不断提高，因为事物总是不停地运动，历史不过是运动轨迹的记录，随着时间的推移，情况不断发生变化，要求人们更新知识，增加新鲜经验，这就面临着重新学习、进一步实践的问题。认识与实践是无穷无尽的。无论是经济工作战线上的老同志还是新同志，在新的形势下都要学习、实践。这是从事经济工作著述的首要的指导思想。

从报刊上可以看出，有些同志经过实践，发表的文章比较切合实际，提出了一些反应较好的见解。而有些同志的文章则只谈些表面现象，缺乏深度和实际应用价值。有的虽然用了些时髦的词句，但由于没有联系实际，使人看后如过眼烟云。也有的同志，过去在理论研究方面造诣较深，做了不少有益的工作，已经成名成家，但由于后来长期脱离实际，对自己发表的议论又不是采取负责的态度，今天这样讲，明天又那样说，甚至随心所欲，信口开河，写出的文章也缺少实际内容，更谈不上对科学的贡献。这就失去了科学、严肃的学术作风。这些同志很需要放下包袱，开动机器，深入实际，多做些有益于社会主义建设的实事。如果有一点成绩，就自以为进入“象牙之塔”，轻视实际，下笔万言，空无一物，这并不意味着他有真才实学，反会被时代所唾弃。

二　继承与创新

继承是指吸收前人创造的有益经验为我所用，创新则是指在原有基础上的进一步发展。继承是创新的基础，有继承才有创新；但只继承而不创新，事物就不会前进和发展。继承与创新是辩证统一的。正确处理好继承与创新的关系，是我们在研究和著述中应遵循的又一条重要原则。

在马克思主义发展史上，马克思、恩格斯就是通过继承和发展资产阶级古典经济学的合理内核，才写出了科学巨著《资本论》和其他著作，创建了无产阶级政治经济学。这正是马克思、恩格斯正确运用和处理继承与创新的辩证关系的光辉结晶。在进行改革、开放、搞活的新时期，我们要通过对现实经济问题的探索和研究，写出具有新意的文章，同样需要解决好继承与创新的关系问题。

当前，在处理继承与创新之间的关系上，往往存在两种片面性。一种是片面强调继承，抱残守缺，故步自封；另一种则是片面强调创新，忽视继承，猎新求奇，结果使创新成为无源之水、无本之木。这两种倾向，都是有碍于理论发展和社会进步的。在写出的文章中，无论哪一种片面倾向，都既无益于自己，也会贻误他人。我们必须在经济问题著述中，防止这两种片面性。有的人“言必称希腊，死不谈中国”，对外国的一切津津乐道，而对自己的祖宗，则“对不起，忘记了”。不用说对中国复杂的国情，就连中国的文化传统和革命历史，也全然不了解。有的人面对新的情况和问题，从马列主义著作中寻章摘句，去找现成答案。还有的人把爱国理解为排斥学习外国的长处，只要说外国哪个经验和做法好，就认为是“崇洋媚外”，甚至把民族文化的某些糟粕也当作长处加以庇护。因此，在研究与写作的过程中，必须避免出现上述现象和问题，而要用马克思主义的立场、观点、方法，加强学习，勇于继承和创新。

从某种意义上来说，博采众长也是继承。对别人的东西，只要是好的、有用的都要学习。继承不仅限于马列主义、毛泽东思想，也包括西方先进的科学技术和有益的管理经验。我们自己在实践中获得的知识和摸索的经验固然可贵，但往往有其局限性，因而还要特别珍惜从别人手中学来的知识和经验，择其善者而从之，有批判地进行继承。“学如逆水行舟，不进则退。”继承以学习为前提，学习才能进步，进步才可创新。

继承是为了创新，不创新就没有发展。我们要着眼于发展，就应当多创新。但是，我们不能为创新而创新。创新是为了发展，如果一味追求“标新立异”，必然适得其反，不仅不能发展，反而会误入歧途。有的同志写经济文章，没有处理好继承与发展的关系，甚至把否定马克思主义经济学说的基本原理，也说成是对马克思主义经济理论的发展。在一些实际问题上，有的鼓吹“全盘西化”，连四项基本原则都不要了。无可否认，现实经济的发展，对马克思主义经济理论中的某些问题提出了进一步探讨、重新认识的要求，这只有通过正确地估计马克思主义产生时代的历史局限性，科学地分析和研究历史与现状，把握理论与实际之间的本质、内在联系，才能求得对马克思主义的发展。如果否定了马克思主义，将会失去指导社会主义建设的理论基础，也就背离了无产阶级政党所必须坚持的基本路线。在经济政策的制定上，为了促进生产力的发展，我们应当学习、借鉴与参考西方发达国家一些适用于我国国情的经验与做法，但绝不能全盘照搬，改变社会主义的根本性质，走资本主义道路。这是同建设有中国特色的社会主义的要求、无产阶级政党的宗旨不相容的。党的十一届三中全会以来的路线、方针和政策的实行，使我国经济生活发生了巨大变化，特别是党的十三大提出的社会主义初级阶段的理论，更加有力地促进了我国的经济、政治体制改革和商品经济的发展。这一系列变化，充分体现了我们党在继承基础上对马列主义理论与实践的创新和发展。因此，我们在研究重大经济问题的基础上进行著述时，要深入学习我们党的基本路线，坚持四项基本原则，在这一前提下既要继承，又要创新。偏离任何一个方面，都会走向极端，导致不好的社会效果。

三　宏观与微观

国民经济是一个复杂的系统工程。研究国民经济发展及其客观规律，要从宏观和微观这两个方面去考察。宏观一般是指全局性、综合性的国民经济体系。相对而言，微观则指局部的如地区、企业等生产单位的经济活动。宏观与微观有着密不可分的联系，无论研究重大的或是具体的经济问题，都不可脱离这种联系。而且，宏观与微观又相互制约，对其中一方面的研究，绝不能孤立进行，必须考虑到另一方面的影响。因此，宏观与微观的关系，是每个研究经济问题的同志在写文章时常常碰到的。而如何解决好这两方面的关系，这既是许多国家在改革中不能回避的问题，也是广大经济工作者十分关切和努力探索的一个重要课题。所以，在这里讨论一下这个问题，我想对经济论著写作是有益的。

我国的改革已取得显著成效，目前正处于进一步深化阶段。为了在深化改革中取得更大成效，我们必须进一步研究如何把加强宏观调控和微观搞活结合起来。这个问题解决得好，整个国民经济就会持续、稳定地发展，否则就会走弯路。所以，邓小平同志说，改革一要大胆坚决，二要谨慎。有的同志曾把宏观控制与微观搞活对立起来，认为只要进行宏观控制，微观就无法搞活；或者认为只要强调搞活微观，宏观控制就无从谈起。也有的同志写文章把宏观管理与微观搞活结合起来看待，但侧重点有所不同，有的强调以宏观管理为主，有的主张以微观搞活为主。其实，宏观管理与微观搞活是相辅相成的，两者必须兼容。它们的结合，是相互渗透、共同发生作用的。进行宏观经济管理的一个重要原则，是必须尊重价值规律，充分利用市场机制。而要把微观真正搞活，则必须在运用价值规律、发挥市场机制作用的同时，加强必要的、适当的宏观管理，以防止经济发展中出现的盲目性，指导经济朝着持续、稳定、协调的方向有条不紊地发展。这是有计划商品经济条件下，建设有中国特色的社会主义的客观要求，也是宏观控制与微观搞活各自发挥调节手段的重要特征。微观经济搞活的前提，一方面要求企业具有相对独立的商品生产者与经营者的地位，扩大其应有的自主权；另一方面又要求有宏观管理作为保证，通过必要的宏观控制来引导和约束企业的行为，使之按着宏观经济的要求发展。

我们在研究重大经济问题时，必然程度不同地牵涉宏观与微观的关系。要把这个问题讲清讲透，首先要从指导思想上明确上述原则，与此同时还必须进行大量调查研究，针对具体的情况和问题进行具体的研究分析，把应遵循的这些原则和思想方法灵活运用、具体体现到所要研究的问题上来。如果无视我国的经济性质和特征，不了解具体国情，或者对某些地区、某些企业的调查不深入，必然会片面地理解宏观与微观的关系，使写出的文章得不到正确的结论。这样的研究也就没有实际应用价值和参考意义了。

四　政治与经济

政治属于上层建筑范畴，对于经济基础的形成和发展有着反作用。经济一般泛指为社会生产关系的总和，是社会政治制度赖以建立的基础，它对政治起决定作用。政治与经济既相矛盾，又相统一。两者关系处理得好，政治促进经济发展，经济也为政治奠定基础；反之，互相妨害，必为阻碍。因此，在从事经济著述中，对政治与经济的关系也不能忽视。

随着我国经济体制改革的深入，政治体制改革已列入议事日程。经济体制改革是为了变革束缚生产力发展的生产关系，以解放生产力；政治体制改革是为了进一步调整、完善不适应经济基础的上层建筑，以调动人的积极性，最终目的也是发展生产力。由于“十年动乱”的干扰和我国过去传统体制的积弊，政治体制改革的难度比我们预想的要大得多，任务会更加艰巨。而且，政治体制改革与经济体制改革又相互联系，必须结合起来交叉进行。基于这一点，我们从事经济方面的研究和写作，则必须处理好政治与经济的关系，认识到政治是为经济服务的，重视研究政治对经济以及上层建筑对经济基础的反作用。处理好政治与经济的关系，根本方法在于认真学习马列主义基本理论，不仅要学习经济理论，还要学习政治理论。这是从事经济著述的同志乃至所有经济工作者应当注意的问题。忽视政治的学习，经济工作难以搞好。

这里有必要指出，要求搞经济著述的同志懂政治，绝不是无原则地“随风倒”，只注意政治气候的变幻而随机应变，而是要依据马克思主义政治理论的有关原则，与所研究的经济问题相联系。就是应以四项基本原则为根本出发点，站在马克思主义的立场上去观察、分析政治事件、现象和问题，形成自己的见解。只要自己的见解利国利民，就应坚持下去，而不为来自任何方面的错误影响所左右。对待科学要采取实事求是的态度，不能什么好听就讲什么，什么好看就写什么，缺少对社会的责任感。经济科学的研究和写作，要求人们要有求实精神，“不唯上、不唯书、只唯实”。还有的同志对于学习政治，态度冷漠。殊不知，我们现在强调学习政治，是学习无产阶级政治。政治历来是有阶级性的，任何阶级都有自己的政治，都以保护本阶级的利益和取得经济的统治地位为目的。无产阶级政治在当前的重要体现，就是发展社会主义有计划商品经济，发展社会生产力。所以，当前对政治的理解，不能与“四人帮”为实现篡党夺权目的所宣扬的政治在内涵上相混同。澄清这些模糊认识，会更有助于我们重视和加强学习马克思主义政治理论，有利于经济工作者在研究著述中正确处理好政治与经济的关系。

除了以上几个问题，经济论著写作还会有些既对立又统一的关系问题需要我们正确地解决。只要我们解放思想，实事求是，敢想、敢说、敢写，运用马克思主义的立场、观点和方法去勤奋地探索、开拓、创造，相信总会处理好这些关系的。

文稿解读

国家经委（国家经贸委）自1956年5月12日成立至2003年3月10日，历任委领导都非常关心机关青年干部的思想建设、理论修养、改革精神、进步成长，特别是改革开放之后，还先后批准成立了以机关青年干部为主体的群众性学术研究团体——国家经委青年经济研究小组（1985年3月15日成立，时任国家经委调查研究室副主任任克雷担任组长，成员包括王大成、吴仁洪、侯云春、姚广海、王芹、邵宁、卫东、王超平、王芹、齐经生、刘文、于吉、秦世才、李德伟等）、国家经贸委青年理论研究会（2000年5月4日成立，全委有109名青年同志申请成为会员，时任国家经贸委副主任、党组副书记李荣融担任名誉理事长，办公厅副主任张德霖担任理事长，委机关团委书记闪伟强和副书记刘新伟分别担任秘书长、副秘书长）。围绕党和国家的工作重点，针对影响国民经济发展的难点问题，由来自不同司局的青年干部等组成跨司局（部委）课题研究小组，研究提出的课题报告和政策建议，成为中央重大决策的重要依据和参考。如国家经委青年经济研究小组组织完成的《深化企业改革的探讨》及《实行承包经营责任制若干问题的研究》，国家经贸委青年理论研究会组织完成的《“三个代表”有关重大经济问题的理论与实践研究》及《我国社会信用建设的回顾、问题、展望——社会信用体系建设研究》等。吕东、袁宝华、王忠禹、李荣融等历任委主要领导，或出席青年研讨会议，寄语鼓励；或为课题研究出版的专著题词作序，给予肯定。如《深化企业改革推行承包经营责任制》《承包制理论与实践》《思考与探索——国家经贸委课题研究成果集萃》《中国社会信用体系建设——理论、实践、政策、借鉴》等。

1985年2月2日至5日，全国优秀青年厂长经理表彰大会在北京召开，全国评选出了百名优秀青年厂长经理和前10名的“优秀青年企业家”，获得表彰和命名（评选活动由中国青年杂志社、中国企业管理协会、共青团中央宣传部、中央电视台联合举办）。中共中央书记处候补书记郝建秀，全国人大常委会副委员长王任重，以及团中央第一书记胡锦涛，国家经委副主任袁宝华、赵维臣，国家体改委副主任童大林以及国家经委秘书长沙叶等有关领导同志出席了命名表彰仪式。会议期间，还举行了报告会，国家经委副主任张彦宁传达了全国经济工作会议精神，有关学者就经济体制改革、增强企业活力等专题作了学术报告。

1985年2月4日，中国青年企业管理者协会举行成立大会，部分“优秀青年企业家”和“优秀青年厂长经理”以及全国青年改革积极分子成为协会理事，团中央书记处候补书记张宝顺担任会长，国家经委副主任袁宝华、全国总工会副主席王崇伦担任协会顾问。

1985年2月5日，中共中央书记处书记习仲勋和宋任穷、胡启立、乔石、李鹏等党和国家领导同志，在中南海怀仁堂，接见全体“优秀青年企业家”和“优秀青年厂长经理”。

1985年3月20日，为落实党中央十二届三中全会关于“起用一代新人，造就一支社会主义经济管理干部的宏大队伍”的精神，国家经委和共青团中央联合举办“青年厂长（经理）企业管理研究班”。来自全国27个省、自治区、直辖市的61名青年厂长（经理）和五名团省市委青工部干部参加了学习。国家经委副主任张彦宁同志和团中央书记处候补书记张宝顺同志担任班主任。具体组织工作由国家经委经济干部培训中心和团中央青年工作部负责。

1986年12月27日，国家经委青年经济研究小组召开首届年会。国家经委主任吕东同志向年会写了题为《寄希望于青年》的贺信。国家经委副主任袁宝华同志到会讲话。国家经委经济顾问宋季文、史立德同志，国家经委秘书长董绍华和委内外同志近100人出席年会。成立一年来，国家经委青年经济研究小组的十几位同志，紧紧围绕改革和四化建设中的重大理论问题和实际问题，写出了20多篇论文，有的发表在内刊，有的发表在《红旗》等报刊上。其中，任克雷同志的《深化企业改革的探讨》一文，获评中央机关青年优秀论文奖，并获得国务院领导同志批示，由国阅〔1987〕23号《国务院参阅件》转发。吕东同志在给年会的贺信中指出：从我们委内十几个年轻人组织起来，并且写出了一些有一定深度、有一定见解的论文来看，青年人确实有朝气，大有希望。吕东同志语重心长地向青年们提出两条希望：第一，要发扬敢想、敢说、敢做的大无畏精神，积极探索真理。第二，要始终坚持理论联系实际。同时，他还要求老同志和各级领导要满腔热情地支持和帮助青年同志，使青年成长得更快更好。国家经委副主任袁宝华在会上以《经济研究的辩证思考》为题讲话时说，许多中青年同志应时代的召唤，积极从事经济和管理方面的研究和著述，取得了一些可喜的成果。这是值得称赞与鼓励的。我们这些老同志，总是寄希望于年轻人，正像我们年轻时老一辈革命家寄希望于我们一样。为了进一步发扬中青年同志勇于探索和开拓的精神，提高自己研究和写作的素质，我想就进行经济著述应当解决好的理论与实践、继承与创新、宏观与微观、政治与经济等几个关系问题，谈谈自己的意见，与广大中青年经济工作者共勉。

1987年8月31日至9月3日，全国承包制理论与实践研讨会在北京（首钢）召开，会议由国家经委青年经济研究小组与首都钢铁公司、第二汽车制造厂、光明日报理论部、中国经济体制改革杂志社共同主办，来自企业界、理论界、实际工作部门和新闻界的人士共142人出席。会议召开前，上述主办单位还在全国开展了征文活动，收到来自27个省市的征文461篇。理论界著名人士于光远、千家驹、廖季立、杨培新、何建章、王珏、蒋一苇、宋涛、肖灼基、何伟等同志到会并做了发言，全国承包制先行企业首都钢铁公司（周冠五）、第二汽车制造厂（陈清泰）等作了主旨发言。李铁映、吕东、袁宝华以及吴明瑜、张彦宁、康永和、黄正夏等有关方面领导同志出席会议并讲话。为便于各界在推行、完善、发展和研究承包制时参考，研讨会主办单位还将会议讲话、发言和一部分论文汇编成书——《承包制理论与实践》，由经济日报出版社于1987年12月出版发行。

吕东同志在研讨会开幕时讲话指出，参加这次研讨会的，有理论工作者、新闻工作者；有厂长和一些地区、部门主管经济工作的同志；有关心、支持改革的老同志；有勇于探索的青年同志；还有来自第一线的工人同志济济一堂，互相研讨。相信一定会产生有助于深化改革、完善承包的意见和办法。为了使承包经营责任制健康发展，国家经委正在遵照国务院的部署，抓紧制订承包条例。希望通过这次研讨会，能对制订这个条例有所帮助。

袁宝华同志在研讨会闭幕时讲话指出，认识来源于实践。经过9年的改革实践，证明承包制行之有效，所以从很大的程度上统一了大家的思想，也就是说在很大程度上提高了大家的认识，包括我们自己在内。承包经营责任制不是从天上掉下来的。第一，它是农村改革成就对我们的启发。农村实行了家庭联产承包责任制，取得了巨大的成绩，农村面貌发生了翻天覆地的变化，实践证明这条道路是成功的。把农村的经验引入到城市里来，也是有效的，成功的。有的同志说，“包字进城，一包就灵”。这句话我看很有道理，当然也有不灵的，把好事办坏了。但只要正确地执行它，总是会灵的。第二，承包制是从城市改革试点经验中总结出来的。具体地说，它是第一段企业推行承包经营责任制试点经验的总结。第三，它是这些年多方面进行探索、实践，对多种形式改革成果进行分析、比较，优选出的最有效的形式。第四，承包制的推行也要归功于改革理论研究的巨大进展与突破。以上四个方面坚定了我们实行企业承包制的信心和决心。当然，承包制还是正在发展中的新事物，还会出现这样那样的问题，只要不断研究它、解决它，承包制就会不断地发展、完善。

袁宝华同志不仅鼓励和关怀委内青年干部进行重要经济问题的研究工作，还关心和支持青年企业家的成长，支持国家经委和团中央等开展青年企业家培训、组建青年企业家协会、评选优秀青年企业家活动等工作。

文稿附录

附录1　深化企业改革的探讨

附录2 实行承包经营责任制若干问题的研究——深化企业改革的探讨之二

附录3 全国承包制理论与实践研讨会概况

附录4 国家经委、共青团中央批转《关于举办青年厂长（经理）企业管理研究班的总结报告》的通知

附　录

附录 1

深化企业改革的探讨

（国家经委青年经济研究小组，发表在《经济工作通讯》1987 年第 9 期）

一　回顾与思考

1978 年底召开的党的十一届三中全会指出，现在我国经济管理体制的一个严重缺点是权力过分集中，应该扩大企业经营管理自主权、精简机构、重视价值规律的作用、实行党政分工。从那时到现在，以增强企业活力为中心环节的城市经济体制改革，已历时八年。

八年的实践经验是极其丰富的。可以说我国城市经济体制改革已经迈出突破性的步子。我们打破了旧的经济管理体制的束缚，确立了在公有制基础上发展有计划的商品经济的方向，使企业开始从过去的行政机构的附属物向相对独立的商品生产者和经营者转化，有力地促进了国民经济的发展，为建立新的经济体制奠定了一定基础。但是，也必须看到，城市经济体制改革离增强企业活力、完善市场体系、健全宏观管理制度的目标还相距甚远，情况之复杂，进程之艰难，远超出我们的预料。因此，回顾与思考前八年的改革，认真总结经验，实事求是地分析问题，对进一步推动改革的进程来说，是十分必要的。

总结这八年，我们有许多成功的经验。概括起来，主要是：

（1）以企业改革为先导，把增强企业特别是全民所有制大中型企业的活力，作为城市经济体制改革的中心环节，方向对头；

（2）以坚持公有制主体为原则，积极探索企业所有权与经营权相分离的具体形式，坚持了改革的社会主义方向；

（3）以经济利益为动力，责、权、利紧密结合，解决国家与企业和企业内部分配关系，抓住了关键；

（4）以减少指令性计划为主线，在价格、物资供应和产品销售等方面实行“双重制”，缓和新旧经济体制摩擦的矛盾，相对平稳地向新体制过渡，符合我国国情；

（5）以转变观念、加强领导、大胆试点、慎重推广作为推进改革的基本方法，步骤比较稳妥。

八年来改革的经验和效果是显著的。当前，更为重要的是分析解决前进中的问题，使改革能够更加健康顺利地发展。我们认为，以下这些问题值得进一步研究探索。

1. 从实际出发、还是从理想模式出发

积极的理论探讨是十分可贵的，借鉴外国经验也是十分必要的，但必须同我国的国情相结合。当前存在着几种不正确的倾向，例如，有的盲目模仿和照搬书本理论，或外国模式；有的仅仅满足于理论体系的自我设计，不是努力使理论服务于实践，而是千方百计地企图让实践服从自己的理论；有的将理论探讨与政策实施相混淆，把理论上尚不成熟的东西拿来当作政策的依据，加以普遍推行，造成一些混乱和损失。

2. 先有总体规划，还是走一步看一步

改革是一项大系统工程，必须有总体规划和阶段性措施。这样，既有信心，又目标明确。然而，我们往往把情况复杂、难度太大，当作对改革不做统筹规划、总体设计的借口和理由，结果一方面影响了制定改革总体规划的进程；另一方面在实践中造成某些摇摆、徘徊现象，使改革政策的威信和效应受到影响。

3. 围绕中心环节协调配套，还是政出多门、各行其是

城市改革的各方面都应该围绕搞活企业这个中心环节逐步展开，这是一条基本原则。几年来企业改革进展不够理想，一个重要原因是宏观与微观改革不配套，部门之间改革不协调。特别是一些部门没有真正把搞活企业作为自身改革的基准，往往自觉或不自觉地从各自的利益出发制定政策，结果互相顶牛、互相掣肘，造成“部门打架，企业遭殃”。

4. 先搞活大中型企业，还是先搞活小企业

现在许多小企业已经搞得比较活。但值得忧虑的是，作为国民经济骨干和财政收入主要来源的大中型企业，大多数至今还没有活，而且它们在生产经营中的困难日益增加。出现小企业向大企业争原料和能源，大企业同小企业攀比收入和价格的现象。如果我们前几年有目的地先从搞活一批重点大中型企业入手，抓住不放，现在的经济情况很可能要好得多。只有大中型企业搞活了，才能带动广大企业活起来，国民经济尤其是国家财力才能有一个相对宽松的状态。

5. 改革与经济建设相互促进，还是相互脱节

几年改革的实践表明，改革与建设从根本上讲是一致的，它们的关系处理得好，会互相适应，互相促进。但是，处理得不好，又会互相脱节、互相制约。改革必须以经济稳定增长和一定财力准备为前提。同时，经济的发展和财力的积聚，又依赖于深化改革。在改革之初，出于战略考虑，应该坚持把改革放在首位，经济建设适当让路。几年来，我们在这方面考虑不够。

二　现实与突破

当前，企业改革的有利条件很多，同时也面临着错综复杂的新形势。

（1）在新旧经济体制转换的双重体制下，旧体制对大中型企业的某些保护、协调作用

正在消失，但弊病仍未消除；新体制又很不完善，难以提供必要的、良好的外部环境。双重体制所造成的许多摩擦和真空，使企业既为旧体制的束缚所累，又为新体制的不完善所苦，大中型企业的处境尤为困难。

（2）由于理论的贫乏、滞后，改革缺少总体规划和明确的实施步骤，使企业改革陷入苦苦探索和徘徊中，改革热情减弱。

（3）上层建筑的某些环节与经济基础不相适应的矛盾日益突出，使相应的政治体制改革已成为经济体制改革深入发展的关键条件之一。

（4）由于投资主体尚未换位，各级政府的“投资饥饿”、投资冲动所造成的基本建设投资过分膨胀与老企业技术改造能力不足的矛盾非常尖锐，老企业缺乏后劲的问题越来越突出，而进一步减税让利受到目前国家财政承受能力的限制：

（5）解决财政困难、保持经济稳定发展与深化企业改革、增强企业活力难以兼得而又必须兼顾的矛盾，对企业改革和经济发展提出了新的课题。

这些矛盾和困难，使改革面临新的战略抉择：是打开新的突破口，果断地把企业改革向前推进，在不增加财政负担的条件下，先让更多的大中型骨干企业活起来，增强它们的造血功能，改变经济技术上的落后面貌，为国家提供更多的税利，为全局的发展积聚财力；还是继续停步不前，造成长时间的徘徊，使企业特别是大中型企业越来越困难，使国家财政状况越来越紧张，不得不重新强化旧体制的作用，增加今后进一步改革的难度。这是摆在我们面前的两种选择。在当前各种矛盾相当集中的情况下，我们认为只有坚决选择前一条道路，以深化企业改革为突破口，推动整个城市经济体制改革向前发展，才会取得较好的效果。否则，各种矛盾会更加激化，经济困难将持续较长的时间。

企业改革的目标，是使企业成为自主经营、自负盈亏的相对独立的商品生产者和经营者。我们认为，达到这一目标，应当具有以下标志：①政企分开，企业基本摆脱地方和政府部门的束缚，能够独立自主地决定企业的人财、物产、供销等事务；②国家对企业的管理主要通过税收、信贷、价格、合同等经济手段和法律手段，影响和引导企业的行为，而行政手段减少到最必要的限度；③指令性计划基本取消，国家需要集中掌握的商品，应当实行合同定购，在较完善的市场体系下，企业所需要的各种生产要素不再依赖于行政部门分配，主要通过市场来调剂，企业有自己独立的经济利益，可以形成企业自己的资产，能够承担经营风险和自负盈亏的责任，等等。

但是，这一目标的真正实现，有赖于经济体制的全面改革和政治体制改革的相配套，不是三五年甚至七八年就可以达到的。客观情况和主观情况都决定了，我国企业改革要一下子实现这个目标是不实际、不可能的，而必须经过若干阶段，根据各个时期的不同情况，针对我国经济发展极不平衡、各类企业千差万别的状况，采取一些阶段性的过渡措施，随着主客观条件的逐步完善，一步一步地实现改革的目标。

根据当前的形势和企业改革目标的要求，今后几年内，必须坚持从实际出发，正确处理经济发展和搞活大中型企业的辩证关系，形成市场体系、完善间接控制和增强企业活力的关系，长远发展目标和近期实际情况的关系，在保持经济稳定发展的前提下，把逐步搞活大中型企业作为改革的首要任务。其他各项改革都应围绕这项改革配套进行。凡不利于搞活大中型企业、不利于经济稳定发展的，都必须让位于这项改革。从长远看符合改革方向，也有利于长远经济发展，但与尽快使一批大中型企业先活起来相矛盾的，也必须暂时缓一缓。几年来的实践证明，能否尽快逐步搞活大中型企业，已经成为经济能否稳定发展和经济体制改革能否深入的关键所在。

三　我们的选择与对策

为了进一步深化企业改革，必须在处理国家与企业的经济关系上进行多方面的探索和试验，在所有权与经营权的分离上做文章，选择企业经营形式作为突破口，摆脱近两年企业改革徘徊不前的状态。

当前，在处理国家与企业经济关系方面。主要形式是第二步利改税。利改税以法律的形式把国家与企业的分配关系固定下来，保证了国家在企业纯收入的分配中始终拿大头；在管理方法上开始改变以行政管理为主的局面，向间接管理转化，规范化程度比较高，符合经济体制改革的精神和改革国家与企业经济关系的方向。

但是也应当看到，几年来的实践表明，在当前的经济条件下，利改税的办法还存在着某些不利于推进企业改革的因素，主要是未能解决企业经营机制问题；过分强调国家拿大头；企业通过发展生产、提高效益多创的税利，大部分上交给国家企业多留的部分与企业自身努力不成比例，形成水涨船高、鞭打快牛的情况。不利于调动企业和职工的积极性，不利于增强后劲，不利于挖掘潜力，特别是对那些过去经营管理水平比较高、自身老化严重急需改造的大中型骨干企业，利改税的消极作用表现得十分明显。同时，利改税在税种、税率等方面的整齐划一，很难适应不同企业之间千差万别的情况，调节税在这方面的作用也是有限的，而且它的作用在逐渐减退。

有些同志认为，利改税加重了企业税负，是企业搞不活的根本原因。我们感到，企业税负重确实妨碍搞活企业，但这并不是主要矛盾。在经济建设需要大量资金、改革需要一定的物资基础而国家财政收入状况又比较紧张的情况下，企业多为国家做些贡献是应该的。当前企业改革中遇到的根本问题在于缺乏一种激励企业和职工奋发向前的机制，或者说是没有一种内在的推动力。解决这个问题，仅仅靠降低企业税负、改变国家与企业利益分配的格局是无济于事的，更何况在国家财力十分紧张的情况下，这方面的余地已经很有限了。而把经营形式作为现阶段企业改革的突破口，却可以在不伸手向国家要钱的情况下，把企业改革推向前进，这对打破当前以搞活企业为中心环节的城市体制改革面临的僵局，无疑是有效的。

把企业经营形式作为推进企业改革的突破口，必须坚持从实际出发。我国企业不仅数量多，而且相互之间差别很大，不能设想会找到一种包医百病的灵丹妙药。应当根据企业规模大小、产品性质、发展方向等方面的具体特点，因企业制宜，寻找最适宜的经营形式。承包制、租赁制、股份制等都应当允许试点。

我们认为，在企业经营机制的多种形式中，承包经营责任制在正确确立国家与企业关系方面，具有许多优越性，是近期增加国家财政收入和搞活大中型企业的一种比较可行的形式，值得认真研究和推广。

第一，承包的利益机制作用强烈。实行承包经营，责、权、利关系十分明确，承包基数和比例一旦确定下来，除非遇到不可抗拒的外力影响，一般几年一定不变，相对稳定了国家与企业的分配关系。无论包的是绝对数额还是一个递增比例，事实上已经把上交国家的部分包死了。这样，企业在保证了上交国家的基数以后，新增利润部分就全部或大部留在企业，与企业多付出的努力和多创造的价值紧密联系起来，在联系方式上是直接式的，在数量上是全额的或者基本是全额的。由此，利益机制的激励作用非常强烈，企业能有多少自主财力与它的努力程度紧密相关，这对调动企业和职工积极性的作用是不可估量的。

第二，承包在经营者和职工的心理效应上，责任和义务感强烈。实行利改税，企业面临的风险国家承担大头；而实行承包，企业对价格、利率以及市场等变化，要自己承担更多的风险。承包，就是要全面担负起责任和义务。生产经营过程中有困难、出问题，不能指望上级或其他外力的帮助，只能靠自身努力解决。消除了等、靠、要思想，自力更生、奋发图强的观念才能真正树立起来。

第三，承包的适应性很强，符合当前的国情。承包制，形式灵活，内容多样，可以根据企业、资源和外部条件千差万别的具体情况，在承包的方式、数量、比例、主体、期限等方面做相应调整。盈利企业可以包，亏损企业也可以包；小企业可以包，大中型企业也可以包；可以短期承包，也可以中长期承包；可以由经营者个人承包，也可以由企业领导班子集体承包，还可以由企业职工全员承包；可以承包绝对额，也可以承包某种比例；可以在利改税的基础上搞承包，也可以不受利改税的限制；等等。

第四，承包使国家财政收入有保证。一般来说承包至少可以保证上交国家的基数不减少，有些承包还可以有较大的递增比例。在许多情况下，国家除了得到承包的收入外，还可以从产品税、能源交通建设基金等方面增加收入。从经济利益的分配来看，承包只是使企业在新增利润中多得了一些。给政策并不一定就是给钱，承包也不一定就非要国家让一块。此外，实行承包的企业大多是税后还贷，减轻了国家负担。

第五，承包使企业有增加投入的实力和动力。承包经营一般要明确规定技术改造、固定资产增值等指标。要完成承包任务，企业必须重视投入，注意后劲，一般不会出现分光吃净的现象，这方面的自我约束能力比较强。同样数的企业自有资金，在利改税的情况下用于发展生产，除了形成的固定资产仍归国家外，带来的收益也大部上交给国家，企业好处不多。自然没有用自有资金投资的兴趣。在承包的情况下则不同，收益大部或全部留给企业，使企业乐于投资，投资形成的，仍归国家所有的固定资产也不断增长。另一方面，承包增加了企业的自主财力，也使企业有能力增加投入，加快技术改造。

第六，承包后企业自主权能比较落实。实行承包，企业和经营者责任重大，十分注意维护自己的生产经营自主权，抵制乱指挥、乱摊派等外部干预的勇气增强，同时，外部的干预者对承包企业也有所顾虑。

毋庸讳言，承包经营也存在不少问题。对这些问题有一个客观的认识，采取妥善的措施，是十分必要的。承包经营中存在的问题大体上可分为以下三类。

第一类属于对承包的模糊认识或与承包经营并无必然联系的问题。比如有的同志认为，与其用承包的办法增加企业财力、让企业投资，不如把钱收上来由国家统一投资，这样社会效益可能会更好。这种想法实际上是想回到过去统收统支的老路上去。也有的同志认为，现在再提承包是一种倒退。事实上，重新提出承包制并不是简单回复到几年前的老样子，而是对这几年改革经验进行总结的结果，这表明我们对改革的认识不断深化。这不是倒退，而是螺旋式上升。还有的同志认为，所有的承包国家都要向企业让一块利益，包的实质就是让。承包并不一定意味着让利，目前实际承包的企业，向国家上缴利润连年大幅度增加的事实，有目共睹。此外，负盈不负亏、消费基金失控等问题是目前普遍存在的。在现阶段，还不具备让全民所有制大中型企业自负盈亏的条件，不论国家与企业之间的经济关系采取何种形式，绝大多数全民所有制企业都不可能完全自负盈亏。相反，承包搞好了，是解决目前企业只负盈不负亏，消费基金失控的一种有效办法。

第二类属于经过完善承包制可以逐步解决的问题。比如在某些承包企业中，行为短期化比较严重。承包者忽视企业的民主管理和思想政治工作等。这类问题经过努力都是可以逐步完善解决的，

第三类是承包本身带来的问题。比如，承包的具体办法不规范。一户一“率”，吵基数、争比例的现象比较严重，当外界条件发生较大变化时，还要相应调整基数或比例；承包一般都是由企业向主管部门和财政部门求包，容易强化行政机构、行政手段在经济管理中的作用；另外，承包还可能不利于横向联合的发展，等等。

我们应当正视承包制中存在的问题，其中有一部分确实是不可避免的。但是同利改税、股份制、租赁制相比较，承包制所具有的优越性使它更能够适应一部分大中型企业改革和发展面临的形势，解决其他经营形式所难以解决的问题。特别是在当前国家财力十分紧张，大中型企业急需改造的条件下，承包制能够解决这个尖锐矛盾，既保证国家财政收入的稳步增长，又增强企业技术改造的能力，摆脱那种单纯在财富分配上做文章的情况，而把注意力转移到如何推动社会生产力的发展和如何创造更多的财富上来。其次，从目前情况看，要形成比较完善的市场体系，给企业创造一个大体平等的竞争条件和国家对经济实行间接控制，都需要很长时间，企业之间千差万别的情况不是短期内可以消除的。在这种情况下，承包制能够适应企业的具体特点，把企业改革推向前进。因此。承包制是目前新旧体制交替时期十分重要的改革措施，对于促进国家财政状况的好转和企业运行机制的转换，具有重要意义。同承包制带来的问题相比较。它的长处更突出，在现阶段推行多种形式的承包经营责任制，利大于弊。

应当指出，承包制的适用范围并不是无限的，不能不顾企业的具体情况完全用承包制取代其他的经营形式，即使在适合实行承包制的地区和企业中，一下子推开也是不可能

的。我们主张，实行承包责任制在步骤上要慎重稳妥，注意防止和解决承包以后可能出现的问题。要针对当前企业改革和经济发展中的主要矛盾，首先在以下这些企业中推行：一是盈利水平高、对国家贡献大的企业和微利亏损企业；二是急需改造的大中型骨干企业；三是能源、交通、原材料等国民经济中比较薄弱的行业和其他需要加速发展的新兴产业。以便促进产业结构、产品结构的调整，迅速积累经济发展的后劲。

进一步深化企业改革，除了进一步推动企业经营机制改革外，必须同时相应推进外部环境的改善，使宏观的各项改革既能给企业以压力和动力，又能保护企业，从各方面创造保障企业改革顺利进行的条件。

（参加本文讨论和写作的同志有：任克雷、王大成、吴仁洪、侯云春、姚广海、卫东、王超平、王芹、齐经生、刘文。1987 年 3 月 6 日定稿）

附录 2

实行承包经营责任制若干问题的研究

——深化企业改革的探讨之二

（国家经委青年经济研究小组，发表在《经济工作通讯》1987 年第 9 期）

当前，通过实行多种形式的承包经营责任制，尽快增强大中型企业的后劲，努力增加国家财力，正在从探索转为实践。由于种种原因，前几年试行承包经营责任制的时间不长，范围也不够广，缺乏比较完整的经验，仍处于发展和丰富的过程中。因此，怎样实施承包经营责任制，可能出现哪些问题、如何解决，都是大家十分关心的。针对这些问题，我们在天津、吉林、湖南、湖北等地做了一些调查研究。这里，提出几点粗浅的看法。

一　承包的原则

我们认为，各种承包经营责任制，都要遵循以下基本原则：

（1）必须保证国家财政收入持续、稳定地增长，不断培植后续财源，为改革和发展创造物质条件；

（2）改善企业的经营机制，充分调动企业、经营者和职工的积极性，把蕴藏的巨大潜力挖掘出来，推动增产节约、增收节支运动深入发展；

（3）随着生产的发展和经济效益的提高，逐步改善职工的生活，使他们在承包中获得与他们的努力和贡献相适应的实惠。

当前实行承包经营责任制，应当紧紧围绕着解决当前经济发展中的突出矛盾，不能企求解决所有的问题。同时，既要态度积极，又要步骤稳妥，工作扎实，不能“刮风”，一哄而起，把好事办坏了。

二　承包的方式

承包经营责任制的具体形式种类繁多，可以根据它与现行的利改税体制的关系，分成若干种形式，有的在利改税的基础上做一些调整变通；有的保留利改税的“外壳”，年终按承包目标结算，多退少补；也有的完全脱离利改税的办法。但从其核心内容，即国家与企业之间经济利益的分配关系来看，可以大体归纳为三类：①上缴利润递增包干；②上缴利润定额包干；③上缴利润超收分成。

（1）上缴利润递增包干，即确定上缴利润基数和递增比例，一定几年不变。例如首钢、二汽等企业实行的就是这种办法。其主要特点：第一，上缴国家利润的量是固定的，国家财政收入有保证，超收部分可以全部留给企业，因此利益机制的激励作用大；第二，承包期限一定几年，企业对自己的财力胸中有数，可以统筹安排，有利于克服企业短期行为；第三，企业通过自身努力可以获得比较充裕的资金，使企业有条件进行新产品开发和技术改造，保持后劲；第四，这种办法对企业来说风险大，压力大，能够促使企业把注意力转向内部，加强管理，挖掘潜力。上缴利润递增包干要求企业的产品有销路，市场比较稳定，还需要一个相对稳定的外部环境，因此这种办法有一定的适用范围。另外，实施难度比较大，特别是包干基数和递增比例有时不容易确定得合理，可能出现包得很“肥”或包不下去的情况。但是，只要能看准企业的发展前景，下功夫一户一户地精心核定，坚持包下去，对于改变那些技术改造任务重，出口创汇能力强，或迫切需要发展的企业的面貌，特别有效。

（2）上缴利润定额包干，即核定上缴利润基数，超额部分全部留给企业，可以一定几年，也可以一年一包。这种办法适用于那些利润不高而产品又为社会所需要、处境困难急需扶持的企业。它可以缓解由于政策、价格等客观原因所造成的某些行业和企业苦乐不均的矛盾。这些企业，有的过去对国家贡献很大，被称为“摇钱树”，现在设备老化，生产萎缩，如牛负重；有的长期处于亏损边缘，成为财政的负担。定额包干可以在短期内使他们休养生息，进入良性循环。由于实行这种办法财政暂时不一定多收，有时可能要让一点，实行范围应有所控制。但是，如果财力允许，可以在某些应重点扶持的行业和企业中实行。

（3）上缴利润超收分成，即完成上缴利润任务后，超收部分分成，期限可以灵活掌握。它的特点是，便于宏观控制，国家和企业都可以从超收部分中多得，可以减少由于基数和比例定不准、外部环境难以预测带来的问题，国家和企业的风险都较小，所以适用范围大一些。但相对来说，它对企业的压力和动力也小。

天津市实行的超收分成办法，有自己的特点。他们的做法是，一般以上年实际上缴的所得税和调节税为基数，超过基数的部分，每多上缴 100 元，可以增加 14 元“效益工资”，打入成本，但必须企业自己消化，不能提高成本水平。一般是只包一年。这种办法实际上是把职工收入和上缴利润直接挂钩，对增加财政收入立竿见影，对调动职工积极性有较大作用，并且计算方法简便。但是，有两个需要进一步研究的问题；一是只保了国家和职工，挖空了企业，保证不了企业的后劲；二是只包一年，行为短期化。

上述三类办法的划分是相对的，实施中往往根据不同企业的情况，各类办法会相互渗透交叉。

三 承包的内容

目前，承包经营责任制已从只包利润的单项承包发展到包括一系列经济技术指标的综合承包。这些指标除上缴利润外，主要有技术改造任务、新产品开发、产品质量、物质消耗、设备完好率、固定资产增值、资金使用效果、计划和合同的执行情况、归还贷款、安全生产等。在这些指标中，技术改造任务、产品质量、物质消耗一般是必须包的，其他指标可根据实际情况，针对企业生产经营中的薄弱环节，有什么问题，包什么问题，解决什么问题。

承包内容必须有严格的奖惩制度作保证。各项指标都要按照责、权、利相统一的原则，分别同企业、经营者、职工的经济利益挂钩，逐一考核，奖惩兑现。这方面，吉林省的做法比较好。

代表国家同企业签订承包合同的，可以是政府出面，组织计经委、财政、劳动、银行和企业主管部门，也可以只是财政部门或企业主管部门。涉及国计民生的大企业确定基数和比例时，除有综合部门、主管部门参加评估外，还应由专家小组论证。这些部门作为合同的一方，必须承担相应的义务和责任。

四 基数与比例

承包的基数与比例，集中体现了国家和企业之间当前和今后一定时期内的经济利益分配关系，既有国家和企业共担风险、共享利益的问题，又有各自的风险和利益互相统一的问题。同时，反映着所有者和经营者的关系。一方面是所有者对经营者的制约和要求，另一方面是经营者对所有者承担的责任和权利。因此，从某种意义上说，能否确定一个大体合理的基数与比例，是决定承包成败的前提和关键。

我们认为，确定基数和比例应当本着这样几条原则：①一般来说，只进不退，就高不就低；②保护先进，鞭策后进，既不能鞭打“快牛”，也不能使“慢牛”丧失信心；③压力和动力都要适度，应参照全行业或地区同类企业的平均利润率水平；④要有利于产业结构和产品结构的调整；⑤基数和比例不能孤立确定，要同承包方式、承包期限等因素统筹考虑，体现出风险与利益的统一。即使同一种承包方式，也要按利益与风险同增的原则，设计出多种基数、比例、期限的承包方案，由企业任选。

影响承包基数和比例的因素很多，主要有：国家的经济政策、市场趋势、产品适销程度、固定资产状况和技术改造任务、经营管理水平和潜力、企业负担和遗留问题，以及电力、运输、原材料等生产的外部条件。这些因素都要充分考虑，酌情处理。

基数和比例一经确定，原则上不予调整，以保持承包合同的严肃性和稳定性。企业应当努力挖掘内部潜力，消化各种增支因素，适应市场和其他外部条件的变化，但是，对于因国家重大政策变动给企业造成的损益，要给予相应的调整。比如，计划内生产资料价格有较大调整、税种税率的变化以及国家进出口政策引起的市场较大波动等。建议有关部门尽快研究这一问题，把工作做在前面，事先划出几个界限，确定一个比较合理的度。这样就可以基本解决可能出现的“包冒了”或“包不死”的问题。

五　消费基金的控制

企业承包之后，自有资金会相应增加。这些资金无非有两个大的投向：一是生产发展基金；二是消费基金。合理使用自有资金，不仅是微观问题，而且直接关系到宏观上能否控制住消费基金和固定资产投资规模膨胀。

首先，要明确一个观点。这几年，我国消费基金在总量上确实有膨胀的问题，但是对这种膨胀要做具体分析。统计资料表明，现在消费基金失控主要不在工业企业，工业企业中主要不在全民所有制大中型企业。即使在那些实行承包经营责任制的企业中，虽然自有资金增加较多，但消费基金的增长是有所节制的。例如，天津汽车工业公司从1983年开始承包，合同规定1985年实现利润应为5000万元，实际执行结果达14600万元，按规定的资金使用比例，可提取奖金1403万元，而实发奖金只有549万元，仅占可提取奖金总额的39%，人均奖金236元，相当于三个多月的工资。1986年也是这种情况。因此，解决消费基金失控要对症下药，不能张三有病，李四吃药，给搞活大中型企业制造一些人为的障碍。但这并不是说，大中型企业没有消费基金失控问题，还是要防患于未然。

我们认为，控制消费基金膨胀有几道“防线”：第一，严格规定和执行企业自有资金中生产发展基金、职工福利基金和奖励基金的比例；第二，由劳动部门和银行控制工资总额的增长；第三，由财政税务部门征收奖金税和工资调节税，不得随意提高奖金税的起征点。此外，还可以考虑以下办法：①明确规定在企业自有资金中划出一定比例的承包风险准备金，根据企业的发展情况逐年提取，平时存入银行，专项用于弥补欠缴税利或对职工收入以丰补歉；②对用职工福利和奖励基金进行技术改造和新产品开发的企业，要给予优惠政策。鼓励企业把自有资金尽可能多地用于生产发展；③对那些仍按现行税法纳税，年终同财政结算的承包企业，可参照吉林等地的办法，把财政应退给企业的部分提出一定比例，作为技术改造专项基金；④对留利资金增长较多的企业，可明确规定提取奖励基金和福利基金采取递减的办法，以制约消费基金增长过快。如湖北鄂钢1983年至1985年提取的奖励基金比例分别为27.8%、20.2%、16.3%；福利基金为24.5%、17.8%、14.4%。

承包之后，还要采取相应措施，加强产业规划，引导投资方向，防止基本建设膨胀，既注意企业的投资效益，更要注意全社会的投资效益。

六　承包的配套改革

承包经营责任制对于增加财政收入，搞活大中型企业有重要作用。但是，也必须通过一系列的配套改革，创造一个良好的、相对稳定的承包环境。

当前，企业对实行承包最大的顾虑是生产资料的价格问题。价格改革对承包既有一定的促进作用，又会带来一些困难。我们应当趋利避害。近期内不出台大的价格改革措施，对一些急需解决的矛盾，采取小步走、不间断的方针。这样既能保持价格改革的连续性，使价格体系逐步合理，给企业创造平等的竞争环境，企业也会从市场和价格的变动中不断感受到压力，自觉地加强管理，改进技术，提高消化能力。同时，又能避免承包环境剧烈波动，保持承包的稳定性。

实行承包经营责任制，对宏观管理提出了更高的要求。首先，政策要稳定、科学、相互配套。不能朝令夕改，办法多变，政策短期化；也不能政出多门，各行其是，互相掣肘。其次，要认真研究投资主体逐步转到企业之后，如何加强产业政策对企业投资的指导，为企业提供及时、准确的信息。要强化检查、监督系统的工作，保障承包的顺利进行。企业主管部门要改变自己的工作方式和作风，多服务，少干预。

企业领导体制的改革对搞好承包经营责任制具有重要意义。要认真落实厂长负责制，并与承包结合起来。要通过承包，把那些熟悉企业情况、善于经营管理的人才提拔上来。有的可以采取招标的办法。要敢于打破平均主义的传统观念，从制度上保证经营者得到应得的利益，对完成承包任务出色的要多奖。

现在，企业内部潜力很大，但企业领导和管理人员主要精力往往用于应付外部环境的变化，无暇顾及挖潜，这是一个很大的损失。承包之后，企业与国家的经济关系确定了，就应当把注意力转向企业内部，着力在提高产品质量、调整产品结构、降低物质消耗、加强财务核算、推行经济责任制上下功夫。这样，承包经营责任制就有了坚实的基础。

企业承包之后多得的好处，必须真正留给企业，不能让那些行政机构和中间环节用各种手段截留盘剥。当前最让企业敢怒不敢言的是各种乱摊派。解决这个问题，各级政府应严加管理并以身作则，率先垂范。考核一个领导者的政绩，城市建设固然重要，但万万不能以牺牲企业的后劲为代价。

承包经营责任制，正在全国各地逐步展开。实践中可能会出现一些事先难以预料的问题。但广大企业一定会创造出更加丰富的经验，使承包经营责任制一步一步趋于完善。总之，只要我们增强信心，精心组织、不断总结，坚持到底，承包经营责任制就一定能够取得预期的效果。

（参加本文写作和讨论的同志有：任克雷、王大成、王芹、邵宁、姚广海、于吉、秦世才、李德伟。1987 年 4 月 20 日定稿）。

附录3

全国承包制理论与实践研讨会概况

（1987年9月3日）

由首都钢铁公司、第二汽车制造厂、光明日报理论部、国家经委青年经济研究小组、中国经济体制改革杂志社联合发起并召开的全国承包制理论与实践研讨会，于1987年8月31日至9月3日在首钢举行。到会的有企业界、理论界、实际工作部门和新闻界人士共142人。会议召开前，在全国开展了征文活动，收到来自27个省市的征文461篇。这次会议研讨的主题，一是从理论与实践的结合上，论证承包制是有中国特色的办好社会主义企业的道路；二是企业实行承包后，计划、财政、物资、外贸、金融等管理体制怎样进行配套改革。会议开幕时，吕东同志讲了话，李铁映同志以及吴明瑜、张彦宁、康永和、黄正夏等同志到会，理论界著名人士于光远、千家驹、廖季立、杨培新、何建章、王珏、蒋一苇、宋涛、肖灼基，何伟等同志也到会并做了发言。会议闭幕时，袁宝华同志到会讲话。

一

这次研讨会是在承包制蓬勃发展、党的十三大即将召开的形势下进行的。会议的特点是，既有在实行承包制上有丰富实践经验的企业工作者，又有正在负责组织领导承包制推广工作的中央和地方实际工作部门的领导同志，也有热心承包制理论研究的专家、学者，这几个方面的同志汇集一堂，相互交流，共同探讨，理论与实践相结合，对承包制的理论研究与实践活动起到了积极作用。

经过讨论，与会同志认为：搞活企业，推行承包制，配套地进行其他方面的改革，是经济体制改革的基本思路。这是8年城市改革基本经验的总结，也是经过多方面探索与实践所得出的结论。企业承包制是农村联产承包成功经验在城市的运用，它把坚持公有制、按劳分配同发展商品经济结合起来，是中国人民的伟大创造。以承包为中心进行配套改革，将形成具有鲜明中国特色的社会主义经济管理体制。

据有关部门的统计，目前在12398个大中型企业中，实行各种形式承包的已占75%。承包后企业经济效益明显提高，工业企业实现利润连续20个月下降的局面已经扭转，与1986年同期相比，5月份增长0.8%，6月份增长4.4%，7月份增长6.3%。今后的形势估计会越来越好。同时，企业靠多超多留、自我积累，也有了改造、发展的后劲。大家认为，承包制对于搞活企业，减少财政赤字，增加商品供给，消除物资紧缺，改变总需求大于总供给的被动局面，对于实现1990年后的经济起飞，都有极为重要的战略意义。

讨论中，大家还根据首钢、二汽等承包试点企业的实践经验，澄清了一些同志对实行承包制的种种顾虑。大家列举大量数据说明企业承包后，国家财政不会少收；只要承包期限长，企业就不会有“短期行为”；投资项目由企业自己承担后，有利于消除投资膨胀；企业只要在承包前提下实行分配与效益挂钩，就不会出现消费基金的膨胀。

会议对有关承包制的理论问题进行了深入研讨。有人提出，承包制的理论依据是社会主义初级阶段理论，在生产力水平低，商品经济不发达，企业管理和干部素质都比较差的条件下，搞承包简便易行。有的同志不同意这种看法，认为提出社会主义初级阶段的理论，主要是为了反“左”，论证现阶段以公有制为主、多种经济成分并存的合理性。承包制作为实现全民所有制的形式，不仅仅适用于社会主义初级阶段。承包制形成的企业经营机制，在发达的公有制商品经济条件下，同样可以发挥作用。

会上，对承包制的理论依据是不是两权分离展开了讨论。党的十二届三中全会提出的两权适当分离的理论为企业改革模式的根据，比原来的“国有国营”是个进步。一般都认为承包制就是依照两权分离的理论，根据中国企业的特点所形成的一种新的经营形式。会上不少同志提出：两权分离仍然没有突破传统的“国有经济”的色彩，国家机关仍然可以利用所有者的身份干预企业的经营权，而且把全民企业职工排斥在所有权之外，职工的主人翁地位就体现不出来。有的同志提出，承包制的理论依据应当是马克思关于社会主义联合劳动的理论，承包制是在商品经济条件下，通过利益的即社会的手段，实现工人联合体与社会大联盟之间的联合。

谁是企业承包的主体？目前有两种情况。一是个人承包或集团承包，二是全员承包。但也有的同志认为企业承包的主体只能是全体职工，这样才能实现职工当家做主，发挥社会主义公有制的优势。承包制是在企业职工对全民承担责任和义务的前提下当家做主，这种经济民主，是同职工自身利益密切相关的民主，是切实的、负责的民主，能够得到占人口绝大多数的广大工人、农民的热情支持。

对于企业承包后用自有资金新增的固定资产归谁所有，大家进行了认真讨论。有些理论界同志认为，如果这部分资产仍归全民所有，就会影响企业投资的积极性，就不会有长期行为。但是，到会的一些企业界同志却认为新增固定资产仍归全民所有是理所当然的。企业行为主要受利益机制的制约，企业扩大再生产的积极性是承包制的利益机制所决定的，承包期限越长，这种积极性就越高。不能靠改变全民所有制来调动企业投资的积极性。

二

会议认为，当前应当围绕承包制进行财政税收体制、投资体制、计划体制、物资体制、外贸体制、金融体制的配套改革，保持物价稳定，为企业承包创造良好的经营环境。

（一）财政税收制度必须进行配套改革

现在的利改税体制与承包制存在许多矛盾，集中表现在“自费改革”和“收支两条线”问题上。目前，地方与企业签订承包合同后，仍要求企业按原订的利改税办法上交所得税和调节税，年底，地方再根据每个企业承包合同的规定，从地方财政收入中返回一部分作为企业留利，并列入地方财政支出。这样，企业超收利润越多，地方财政就越困难。财政上交比例大的地区困难更大。为了解决这个矛盾，地方对企业只好采取超额分成办法，而不是超收利润全部留给企业。企业多创多超后，留利不多，好处不大，再加上原材料价格上涨，成本上升，使一些企业不敢承包，这就使承包推广不开，甚至搞“假承包”应付上级，影响承包的成功率。

参加会议的同志建议，不要再提在利改税基础上搞承包，凡是实行承包的企业，一律按承包合同上缴利润，企业超基数利润应当全部留给企业。对潜力大的企业搞超额分成不如适当提高上缴递增率后超额全留。从企业超基数利润中再挖一块，是图小利而损害企业积极性，是走把企业搞死的老路。

会上还反映：有的企业由于产品税过高，税后利润所剩无几，无法承包，如烟、酒、盐等行业。还有的企业承包后心里不踏实，怕开征新税种（如土地税、资源税等）。现在上交的税、利、费已占企业纯收入90%左右，应当通盘考虑从各方面减轻企业负担，某些产品税应考虑适当减轻。某些新税种即使从局部看来是必要的、合理的，也应暂不出台。大家认为，过去强调“国家拿大头”，是因为投资主体是国家。今后，企业普遍实行承包，投资主体将转向企业，按照“国家拿大头”设计的财政、税收体制，必须进行相应的改革。

（二）投资体制、计划体制、物资体制、外贸体制、金融体制必须进行相应改革

承包制必然引起投资体制的改革。企业承包后，有了自我积累、自我改造、自我发展的能力，必将逐步成为投资的主体。地方主要从事公用设施、基础设施建设。国家主要从事跨省市的，必须由中央进行的大项目。这样，就要使企业有扩大再生产的自主权，一切建设项目都由国家统一安排的状况要改变。今后，国家计划部门主要通过发布指导性文件和信息，提供咨询和运用经济手段加以调节，只有那些需要加以限制的项目，才需要经过审核、批准。

企业最了解自己的需要，也最熟悉自己的设备性能，应当给企业，特别是大型骨干企业以直接对外经营的权力，以增产出口产品，引进技术先进、价廉物美的设备，直接参与国际市场的竞争。

企业承包后，停止了财政拨款，银行应当发挥资金调剂的功能，其中，长期资金的需要，要有长期贷款银行负责调剂。因此，要大力发展和加强建设银行、投资银行、信托投资公司这类经营长期贷款的银行，为企业提供信息、咨询，帮助周转资金，切实提高投资效益。同时，要加强各专业银行的工作，以保证企业对流动资金的需要。有的同志提出，专业银行也可以实行承包，既承担搞活资金的任务，又包财政上交任务。搞活银行是搞活企业的一个前提条件。

（三）稳定物价为企业承包创造良好条件

当前一些企业不敢承包，是因为怕原材料继续涨价。从现在开始，就应当采取稳定物价的方针，以免引起物价循环上涨。对议价商品、包括生产资料自销产品，应规定最高限价。明年要继续稳定物价，严格控制货币发行，减少财政赤字，这有利于安定团结、稳定

社会经济秩序，使企业承包、双增双节活动有个良好的环境。

附录 4

国家经委、共青团中央批转《关于举办青年厂长（经理）企业管理研究班的总结报告》的通知

（1985 年 6 月 20 日）

各省、自治区、直辖市经委、团委，总政组织部，人民武装警察部队政治部，全国铁道团委，全国民航团委，中直机关团委，国家机关团委：

现将国家经委经济干部培训中心和共青团中央青工部《关于举办青年厂长（经理）企业管理研究班的总结报告》转发给你们。

随着城市经济体制改革的深入发展，一些青年担负起企业厂长（经理）的重任。提高青年厂长（经理）的政治、业务素质和经营管理水平，是增强企业活力的必要条件。

国家经委和共青团中央联合举办的青年厂长（经理）企业管理研究班受到了青年厂长（经理）的欢迎。他们通过学习，掌握了一定的经济体制改革理论和企业经营管理知识，这有利于他们在本企业推行改革，也有利于他们的健康成长。今后，国家经委和共青团中央还将继续举办“青年厂长（经理）企业管理研究班”。各省、区、直辖市的经委、团委有条件的也可以联合对青年厂长（经理）进行培训。培训工作一定要从青年厂长（经理）的实际需要出发，注重质量，讲求实效。

关于举办青年厂长（经理）企业管理研究班的总结报告

（国家经委经济干部培训中心、共青团中央青工部　1985 年 5 月 25 日）

国家经委和共青团中央于 1985 年 3 月 20 日联合举办了“青年厂长（经理）企业管理研究班”。来自全国二十七个省、自治区、直辖市的六十一名青年厂长（经理）和五名团省市委青工部干部参加了学习。国家经委副主任张彦宁同志和团中央书记处候补书记张宝顺同志担任班主任。具体组织工作由国家经委经济干部培训中心和团中央青工部负责。学员们反映，这期研究班办得比较成功。

现将有关情况报告如下：

青年厂长（经理）企业管理研究班，是国家经委和共青团中央为落实党中央十二届三中全会关于“起用一代新人，造就一支社会主义经济管理干部的宏大队伍”的精神而联合

倡办的。研究班按照少而精的原则，安排正式课程十二讲，专题报告和经验介绍八次，录音报告二次，外籍专家教授讲学三次，共计116学时。此外，学员们还进行六个方面的专题讨论和经验交流，与国家经委企业局、法规局领导同志进行了座谈。结业时全体学员都递交了一份总结论文。研究班学员的主要收获有以下几个方面：

一、提高了对学经济学管理重要性的认识，增强了学习的积极性。办好企业离不开科学的管理。参加学习的青年厂长（经理）绝大多数过去没有系统学习过经济管理，在实际工作中痛感这方面知识不足。通过学习，他们更深刻地认识到经济管理是一门复杂的科学，非老老实实认真学习不可。学员们讲，这次学习虽然只有四十天，却为自己今后几十年学习钻研经济管理科学打开了大门。

二、增强了全局观念，提高了政策水平。许多学员感到，过去在企业的改革和经营管理中，有些问题从企业本身利益和需要考虑得多，而从宏观经济效果和实际可能考虑得少，因此对国家有些政策理解不深。通过学习，特别是学习十二届三中全会《决定》的基本精神，使大家明确了一些重大的理论问题，了解了许多国民经济全局情况，因此看问题比过去站得高了，想问题比过去更全面了，这有利于更好地执行党的政策，做到既勇于改革又善于改革。

三、增加了经营管理知识，提高了实行科学管理和推进管理现代化的自觉性。许多学员感到，过去，主要靠有一股热情，对企业中一些积弊进行了大胆的改革，从而使企业的经营状况和效益有了一定的改善。但在企业管理方面，按实行全面科学管理和逐步推进管理现代化的要求，还有很大距离。这次学习，使自己在企业经营战略，市场策略和产品外销、技术改造、产品开发和人才开发、企业管理组织等方面，都得到了理论武装，有助于回去后切切实实地改善企业经营管理。

四、交流了经验，把感性认识上升到理性认识。参加学习的青年厂长（经理）来自不同的地区和行业，在实践中都积累了一定的经验。学习期间，他们相互交流了经验，并且使一些经验得到了理论上的提高和升华。

举办青年厂长（经理）企业管理研究班，这是建国以来的第一次，在人员组织，教学组织等方面都带有摸索、试验的性质。回顾办班实践，我们认为做得比较好的主要有以下几点：

第一，学习时间比较适当。这期研究班的学习时间是一个半月，实践证明是比较适合的。时间过长，许多青年厂长（经理）工作无法脱身而参加不了；时间太短，学习内容又会太少。

第二，教学内容针对性比较强。这期研究班的教学计划，是在做了一定调查研究基础上制定的，没有片面追求系统性，而是从培训对象的实际需要出发，基本上围绕三个中心问题安排教学内容，即经济体制改革问题；搞活企业经营问题；推进企业现代化问题；为了使外请教师的讲课能适应青年厂长（经理）们的特点和需要，事先向他们介绍了情况并提出了要求。因而，学员们感到大多数讲课内容有针对性，比较“解渴”。

第三，教学形式多样化，效果较好。本期研究班的教学，在教的方面除了讲课之外，还有配合讲课内容的专题报告，经验介绍和先进企业参观考察。在学的方面，除了自学之外，还较多地进行了小组讨论，大组交流经验，以及同国家经委有关专业局，团中央有关部门座谈，最后大家都写了论文。同志们认为多样化的教学形式，有助于启发大家理论联系实际，能动地进行学习。

第四，生活安排适应青年特点，比较丰富多彩。这期研究班在国家经委培训中心和团中央青工部的共同努力下，适应青年特点，利用课余时间安排了参观中南海和老一辈革命家生平展览，游览了北京一些名胜古迹，组织了同日本企业家和北京市高校、企业的团员青年座谈联欢，组织了篮球赛等，使大家既受到教育，又活跃了学习生活。

第五，有一个比较精干的工作班子。办好这样一个时间紧凑、内容丰富的研究班，需要一个既有明确分工、又能主动配合的工作班子。参加本期研究班具体工作的经委培训中心和共青团中央青工部的干部互相协作是比较好的。这是办好研究班的一个重要条件。

这期青年厂长（经理）企业管理研究班还有一些不足之处。比如，应有适当的作业和阶段考核，这样使大家在学习中感到有一定压力，以便鉴别学习优劣，保证教学质量，严明学习纪律。又如，组织青年厂长（经理）企业管理研究班，最好分层次进行，按企业所有制性质，企业规模以至不同行业分别办班，对学员文化程度有一定要求，这样才能做到因人施教。

总之，本期青年厂长（经理）企业管理研究班基本上实现了原来的设想，比较圆满地完成了教学任务。根据国家经委和共青团中央领导同志的指示，这样的研究班今后还要继续举办。但是，仅仅由国家经委和共青团中央来组织办班，远远满足不了全国广大青年企业干部的学习要求。为此，有条件的省、自治区、直辖市以及地市经委、团委也可以联合进行对青年厂长（经理）和企业团干部的培训，共同为造就一代能够建功立业的青年企业家搭桥铺路。

以上报告当否，请批示。

加快步伐，全面推行厂长负责制*

——在“贯彻全民所有制工业企业三个条例、全面推行厂长负责制工作会议”上的讲话

（1987 年 8 月 25 日）

同志们：

经中共中央、国务院批准，由国家经委、中央组织部、全国总工会联合召开的贯彻全民所有制工业企业“三个条例”全面推行厂长负责制工作会议，今天正式开始了。我们这次会议是在经济体制改革全面展开、政治体制改革已经提到日程上来的重要时刻召开的。会议的主要任务是：进一步贯彻落实《中共中央、国务院关于颁发全民所有制工业企业三个条例的通知》和《中共中央、国务院关于认真贯彻执行全民所有制工业企业三个条例的补充通知》，统一思想，交流经验，研究解决存在的问题，部署下一步工作。

今天，我受国家经济委员会、中共中央组织部、中华全国总工会的委托，讲三个问题。

一　企业领导体制改革的进展情况

我国经济体制改革，经过将近九年的实践，已经取得了显著成果，积累了丰富的经验。当前，我国正处于新旧经济体制的转换时期，适合生产力发展的新体制将要逐

---

* 本文是袁宝华同志代表国家经委、中央组织部、全国总工会在“贯彻全民所有制工业企业三个条例、全面推行厂长负责制工作会议”开幕时做的会议报告。原文首发在《贯彻全民所有制工业企业三个条例、全面推行厂长负责制工作会议文件汇编》（经济管理出版社，1987），本文摘要收入《袁宝华经济文集》（中国经济出版社，1991）和《袁宝华文集（第二卷）》（中国人民大学出版社，2014）。本文与附录的中央领导同志的会议讲话以及会议总结和会议纪要一起，反映了这次会议全面贯彻中央通知的精神和“三个条例”，推动全国全面实行厂长负责制的情况。这次会议为半年后第七届全国人民代表大会第一次会议通过《中华人民共和国全民所有制工业企业法》奠定了重要基础。

步取代不适应生产力发展的旧体制，这是不可逆转的历史潮流。根据党中央、国务院的决定，在整个经济体制改革中，我们始终把搞活企业、增强企业活力作为中心环节，采取了一系列重大政策措施，企业的面貌已经发生了深刻变化。特别是1987年全国六届人大五次会议和4月省长会议以后，我国的企业改革以推行多种形式的承包经营责任制、完善企业经营机制为重点，迈出了新的一步，取得了突破性的进展。改革极大地调动了企业和职工的积极性，促进了“双增双节”运动的发展。1987年1月至7月份，在减收增支因素增加的情况下，全国工业总产值比1986年同期增长15.2%，其中预算内工业企业工业产值增长11.6%，实现利税也由年初比上年同期下降转为增长8.5%，形势很好。

实践证明，要把企业改革不断引向深入，在正确处理国家与企业关系的同时，还必须搞好企业内部各方面的配套改革。而搞好企业内部改革，全面提高企业管理水平，其首要环节就是改革企业领导体制，实行厂长负责制。这既是深化企业改革的重要组成部分，又是政治体制改革的重要内容。

关于改革企业领导体制，小平同志早在1980年就提出来了。小平同志说，要“有准备有步骤地改变党委领导下的厂长负责制”之后，经过几年的酝酿和准备，1984年5月，中共中央办公厅、国务院办公厅发出了在国营工业企业中试行厂长负责制的通知，随后企业领导体制改革的试点工作，在全国范围内逐步展开。1984年10月，十二届三中全会《关于经济体制改革的决定》明确指出：“现代企业分工细密，生产具有高度的连续性，技术要求严格，协作关系复杂，必须建立统一的、强有力的、高效率的生产指挥和经营管理系统。只有实行厂长（经理）负责制，才能适应这种要求。”1986年9月，在总结试点经验的基础上，党中央、国务院正式颁发了“三个条例”，把厂长负责制作为企业的根本制度肯定下来。随后，国务院主要领导同志根据小平同志的意见，对如何进一步完善这一制度，提出了两点意见，一是要突出厂长在企业中的地位和作用；二是企业党委的机构不宜太大，人数不宜太多，否则不利于提高企业的效益和工作效率。中共中央、国务院于1986年11月，发出了《关于认真贯彻执行全民所有制工业企业三个条例的补充通知》，进一步明确了厂长是企业一厂之长、法人代表，处于中心地位，起中心作用，对企业负有全面责任。在1987年4月的省长会议上，国务院主要领导同志又一次指出，各地要坚定不移地按照中共中央关于厂长负责制的通知执行，不能有任何动摇、犹豫和观望。中央领导同志的多次指示，“两个通知”“三个条例”的颁发，对各地工作促进很大。改革企业领导体制、实行厂长负责制已经从试点进入到全面实行的新阶段。以上是对前一段情况的简要回顾。讲一讲这个过程，有助于提高和加深我们对中央部署的认识，坚定信心，加快步伐。

总的来说，在中央正确政策指引下，三年多企业领导体制改革，发展是健康的，效果是显著的。主要表现在以下五个方面。

（一）实行厂长负责制的企业不断扩大

截至1987年6月底，全国全民所有制工业企业中实行厂长负责制的已达35232个，占同类企业总数的63.9%。其中，辽宁、北京、河北、四川、黑龙江、湖南、广东、内蒙古、山西、甘肃、青海等地发展较快，推行面已超过70%。据上海、河北、陕西等11个省、自治区、直辖市预计，1987年内大中型工业企业可以普遍实行厂长负责制。企业领导体制改革之所以能够顺利推行，同前一时期认真抓了企业整顿，企业领导班子按照干部“四化”的要求，进行了大面积调整，以及加强干部培训工作直接有关。据29个省、自治区、直辖市和国务院34个部门对27656个已经实行厂长负责制的企业分析：厂长能较好地行使指挥权、决策权、用人权，党政工三者关系协调，制度比较健全，企业工作有起色的有11132个，占40.2%；工作有效果，但较为一般的有13675个，占49.4%；问题较多，三者关系不顺，领导班子内部矛盾突出，工作没有什么起色的有2849个，占10.4%。

（二）突出了厂长在企业中的地位和作用，增强了厂长的责任感

现在，多数企业的厂长具有较高的政治文化技术素质，学有专长，锐意改革。实行厂长负责制，为他们施展才能，发挥创造力，开辟了广阔的天地。许多企业在厂长主持下，积极采用现代化管理方法和手段，强化企业的生产经营管理系统，使企业出现了决策快、指挥灵、办事效率高的新局面，促进了生产的发展和经济效益的提高。在改革中涌现了一批富有开拓精神、善于经营管理的优秀管理者和企业家。

（三）企业中党政不分，以党代政的状况有了明显改变

实行党委领导下的厂长负责制，使企业党委长期陷于繁重的日常行政事务中，严重地分散了党委的精力，削弱了党的自身建设。同时由于决策和指挥的脱节，使企业实际上处于无人负责的状态。由党委领导下的厂长负责制，改为厂长负责制，企业党委的职责权限发生了相应的变化。企业党委由全面领导企业的工作，讨论决定生产经营中的重大问题，转到对企业实行保证监督，从而能够集中精力搞好党的建设和思想政治工作，保证了党的政治路线的执行和各项工作任务的完成。许多企业党委积极探索新时期思想政治工作的内容和方法，在开展坚持四项基本原则、坚持改革开放搞活总方针的宣传教育中，抓形势政策教育，抓企业精神的树立和培育，抓后进职工转化，使职工精神面貌有了很大改观。

（四）进一步健全了职工代表大会制度和其他民主管理制度，民主管理的内容和范围更明确、更广泛

职代会已经成为企业的重要制度，从职代会的人员结构和议题内容都发生明显的变化，职工的注意力和智慧开始集中到企业经营决策和经营目标上来。许多企业能够较好地发挥职代会在审议企业重大决策、监督行政领导和维护职工合法权益等方面的作用，发动群众参与企业民主管理、评议干部、开展技术革新和提合理化建议等活动，对支持厂长经营决策、行使职权和发展企业生产，做了大量的富有成效的工作，使厂长的集中统一指挥和职工民主管理更加密切结合起来，增强了职工的主人翁责任感。

（五）推行厂长负责制与完善企业经营机制紧密结合起来，这是当前企业改革的一个突出特点

一些企业的实践证明，厂长负责制同改革企业经营机制配套进行，能够把企业对国家的承包任务、企业升级目标，纳入厂长任期目标和企业经营发展战略，并在企业内部层层分解落实，建立起目标管理体系和经济责任制网络体系；能够进一步落实国家赋予企业的各项权力，搞好企业组织机构、劳动制度、分配制度等各方面改革；能够严格纪律，严明奖罚，从严治厂，从而加强各项管理基础工作，把抓管理、上等级，全面提高企业素质的活动落到实处。

总之，三年多的实践证明，厂长负责制是一种比较好的企业领导体制。可以预期，沿着这个方向发展下去，就能够摸索出一条具有中国特色的社会主义企业管理现代化的路子来。

二　企业领导体制改革的主要做法和经验

（一）转变观念，统一认识，是搞好企业领导体制改革的关键

从过去长期实行的党委领导下的厂长负责制，改变为厂长负责制，这是一项重大改革，要求人们的思想观念、工作方法和工作作风都必须来一个大的转变。根据各地区、各部门的经验，解决好这个问题，主要抓住以下几点。一是党政工各级领导部门和企业要把思想认识统一到中央有关决定和指示的精神上来，真正弄清楚实行厂长负责制是社会化大生产的需要，是发展社会主义有计划商品经济的客观要求，是总结三十多年来历史经验教训的正确结论。这样，才能站在改革的前列，做改革的促进派。二是从上到下层层举办多种形式的学习班，有针对性地解决干部中的思想认识问题，帮助干部提高认识，搞清为什么要实行厂长负责制和怎样实行厂长负责制，取得了好的效果。三是企业的领导干部，特别是厂长、党委书记带头贯彻中央通知，解放思想，并肩战斗，以自己的模范行动带动干部和职工，这是顺利搞好企业领导体制改革的重要一条。四是厂长的地位变了，权力大了，责任重了，更要十分注意尊重和支持党组织、职代会和工会的工作，增强党的观念和民主意识，自觉接受党组织和职工的监督。

（二）明确划分厂长、党委、职代会的职责权限，理顺三者关系，是实施企业领导体制改革的基本要求

实行厂长负责制搞得比较好的企业，有一条很重要的经验，就是按照中央通知和“三个条例”的规定，制订或修订各方面共同遵守的、统一的实施细则和各种规章制度。不少企业的领导同志认为，要理顺行政、党委、职代会三者之间的关系，仅仅靠“人和”是不够的，还要靠制度来保证。目前，在全民所有制工业企业中已经有29636个企业制订或修订了贯彻“三个条例”的实施细则。制订和修订实施细则的过程，实际上也是统一思想的过程，有利于联系企业实际，具体落实厂长、党委和职代会的职责、权限；有利于明确工作程序，有利于理顺党、政、工三者的关系。

（三）选配好领导班子，特别是厂长，是搞好企业领导体制改革的重要组织保证

实行厂长负责制，对企业领导班子，特别是厂长的素质提出了更高的要求。几年来的实践证明，能不能正确实行厂长负责制，最重要的是要选一个好的厂长。没有一个符合厂长条件、能起中心作用的优秀干部当厂长，就不会有真正的厂长负责制。各地在提高厂长素质，选好厂长方面，一般采取的做法是：①普遍对领导班子进行一次考察、调整，选拔有强烈的革命事业心、有开拓精神、懂业务、会经营、能带领职工推进企业技术进步和提高企业素质的干部担任厂长；②对厂长进行岗位培训和轮训，到目前为止，有4000多名大中型企业领导干部已经或者正在60多所普通高等院校、管理干部学院和省级党校接受岗位职务培训，大中型企业的厂长，有90%经过了国家统一考试；③对那些任期届满或行将届满的厂长抓紧考察，工作确有成效，符合任职年龄的，可以连任；④对那些不能适应工作要求的厂长或党委书记，按照中央补充通知的精神，积极慎重地从组织上进行调整；⑤实行厂长任期目标责任制和任期终结审计制、规定厂长任期内企业的奋斗目标，把任期制、责任制、考核制和奖惩制有机地结合起来，促进厂长素质和厂长工作质量的提高；⑥1987年以来，企业实行承包经营责任制，把竞争机制引入承包，不少地区在承包中实行招标、选聘，有利于完善厂长负责制，培养和造就一支社会主义企业家队伍。

（四）加强领导，协同配合，是搞好企业领导体制改革的重要条件

不少地区由省区市领导同志带头，经委、组织部（或经济工作部）、工会等部门

的领导同志参加，成立实行厂长负责制指导小组和办公室，统一安排和协调这项工作。在推行厂长负责制工作中，企业主管部门加强组织领导，有计划地扩大推行面，及时确定厂长任期目标，为企业创造必要的外部条件，有针对性地解决具体问题，这是使厂长负责制能够稳步推开的一个不可缺少的重要因素。实行厂长负责制，还要与其他各项改革协同配合，才能取得整体效果。一是把改革企业领导体制同改革企业经营方式、完善经营机制结合起来，把改善企业内部经营机制作为实行厂长负责制的内容，起到了互相促进的作用；二是同贯彻国务院关于扩大企业自主权，增强企业活力的规定结合起来，使企业改革内外配套，同步进行；三是同贯彻《国务院关于加强工业企业管理若干问题的决定》、开展“双增双节”运动结合起来，把实行厂长负责制作为推动企业加强管理，落实“双增双节”各项要求的巨大动力和重要保证。

三　加快步伐，全面推行厂长负责制

随着经济体制改革的深入发展，承包经营责任制的普遍推行，企业的经营机制正在发生着深刻变化。正是基于这种情况，国务院主要领导同志在全国六届人大五次会议的《政府工作报告》中，又进一步指出，“同推行企业承包经营责任制相配合，要加速企业内部领导体制的改革。必须根据中共中央的指示，普遍推行和完善厂长负责制”。这就是说，当前我们所面临的任务，已经不是要不要实行厂长负责制的问题，而是如何加快步伐去推行和完善厂长负责制的问题。经过三年多的实践，已经为解决这个问题奠定了基础。我们应当不失时机地抓紧工作，以加快全面实行厂长负责制，完成企业领导体制改革这一历史性任务。但是，实现从党委领导下的厂长负责制到厂长负责制的转变，并不是轻而易举的，对长期形成的传统观念的影响不可低估。现在，各地区，各部门推行厂长负责制的工作之所以发展尚不平衡，其根本原因也就在此。一些同志至今仍然存在着这样或那样的疑虑，对于实行厂长负责制与坚持党的领导的关系，厂长负责制与民主集中制的关系，厂长负责制与职工当家做主的关系等，存在着不同的认识。所有这些，都说明要加快推行和完善厂长负责制，首要问题仍然是统一思想认识的问题。只有把思想统一到中央通知和“三个条例”上来，从经济发展和体制改革的全局出发，加深对实行厂长负责制的重要性和必要性的认识，正确对待企业内部党、政、工职责的调整，才能加快改革的步伐。根据当前的情况，再着重强调以下几点。

（一）关于厂长对企业负有全面责任的问题

现在，对厂长在企业负有全面责任的问题，多数同志的看法是一致的。但也有的同志提出，厂长对企业负有全面责任，会造成新的“党政不分”，甚至会形成厂长个人说了算，行政、党组织、职代会之间的工作关系难于协调，等等。

我们认为，全民所有制工业企业作为经济组织，厂长对于企业的生产经营活动及其后果，不仅要做到对企业职工负责，也要对国家负责。社会主义企业的物质文明建设和精神文明建设是互相促进，不可分割的，厂长不仅要对企业物质文明建设负责，也应对精神文明建设负责。企业党组织和工会等群众组织也都要按照“三个条例”的规定，围绕生产经营这一中心，加强各自职责范围内的工作，搞好两个文明建设。

同厂长对企业负有全面责任相联系的，还有一个决策权和指挥权相统一的问题。随着我国社会主义商品经济的发展，企业正面临着国际、国内市场的激烈竞争，在瞬息万变的市场竞争中，往往需要迅速做出决策。实行厂长负责制，让厂长有企业经营管理工作的决策权和生产指挥权，正是为了适应我国企业现状和发展商品经济的需要。当然，作为厂长，应本着对党和人民负责的精神，慎重地进行决策。要相信群众，依靠群众，善于集中群众的智慧，遇事要多同群众商量，充分发挥工厂管理委员会和职代会的作用，使决策做到民主化、科学化，尽可能避免或减少决策的失误。实行厂长负责制，把决策权与指挥权统一起来，明确厂长对企业负有全面责任，也就明确了厂长是企业法人代表的地位，从而改变了我国企业长期存在的职责不清、无人负责的状况。

还有一个问题，明确厂长对企业负有全面责任以后，如何协调企业中行政、党组织、职代会以及工会等群众组织之间的工作关系问题。对此，各地都积累了一些经验。总的来说，在协调工作关系时，应强调以生产经营为中心，具体问题要分别情况，区别对待。属于厂长职权范围的工作，应由厂长统一协调，需要迅速做出决定的，厂长要当机立断，并承担一切责任；对有争议的问题，应充分协商，按条例规定的程序解决。属于思想作风、人际关系方面的问题，可以通过党组织生活会或民主生活会妥善解决。

（二）关于企业党组织的地位和作用问题

坚持党的领导，是四项基本原则的核心，也是社会主义现代化建设事业取得胜利的根本保证。党的领导是一个总体概念。党对企业的领导，是通过多种途径、多种形式实现的。企业党委保证监督党和国家各项方针政策的贯彻执行，发挥党员的先锋模范作用，推动和促进企业各项任务的完成，坚持企业的社会主义方向。这也是党的领导的体现。企业党委是政治组织，不是生产和行政组织，它应当执行政治组织的职能，不应代替企业领导人行使生产和业务领导权。因此，企业党委职能一定要转变，党组织和党员的作用一定要发挥，这正是为了改善和加强党的领导，而不是削弱党的领导。

关于改善和加强党的领导问题，小平同志有过重要论述。他曾指出，必须坚持党的领导，问题在于只有改善党的领导，才能坚持党的领导，加强党的领导。他还指出，党委领导下的厂长负责制必须取消。企业要改革，不取消这个制度妨碍很大。实行这些改革，是为了使党委摆脱日常事务，集中力量做好思想政治工作和组织监督工作。这不是削弱党的领导，而是更好地改善党的领导，加强党的领导。企业党组织要按照小平同志指示的精神和中央通知的要求，满腔热情地支持企业领导体制改革，积极支持厂长行使职权，以主要精力搞好保证监督，加强自身建设，做好职工思想政治工作。

在新形势下，企业党组织如何搞好保证监督，如何认真做好思想政治工作，这是需要在改革实践中，进一步探索研究和不断总结经验的问题。保证和监督是企业党组织的重要职责。保证和监督是紧密联系，融为一体的，不能把二者对立起来或割裂开来。企业党组织的职能转变以后，机构要精简，人员要精干。但是，企业中的思想政治工作不但不应当削弱，而且应当加强。思想政治工作不仅专职政工干部做，行政干部、专业干部、全体党员、积极分子，大家都做思想政治工作。

（三）关于加强民主管理问题

建设有中国特色的高度的社会主义民主，始终是我们坚定不移的目标。在改革企业领导体制，推行厂长负责制的过程中，必须十分重视加强民主管理。保障职工群众在企业中的主人翁地位，这既是社会主义企业区别于资本主义企业的本质特征，又是办好社会主义企业的必由之路，也是企业领导体制改革的基本内容。社会主义事业是亿万人民群众自己的事业。不依靠和发挥群众的积极性，我们的事业就不能成功。正如中央《关于经济体制改革的决定》中提出的，“企业活力的源泉，在于脑力劳动者和体力劳动者的积极性、智慧和创造力。当劳动者的主人翁地位在企业的各项制度中得到切实的保障，他们的劳动又与自身的物质利益紧密联系的时候，劳动者的积极性、智慧和创造力就能充分地发挥出来”。在社会主义条件下，企业领导者和职工群众的根本利益是一致的，树立领导者的权威和发挥劳动者的积极性也是一致的。这种根本利益的一致性，是办好社会主义企业的保证。

现在，许多实行厂长负责制的企业，建立了工厂管理委员会，健全了职工代表大会制度。厂长充分依靠群众，主动地把企业规划、企业改革和企业管理中的重大问题，提交职代会审议，听取群众意见，这就大大激发了职工当家做主的责任感。正如一些从事工会工作的同志说的：实行厂长负责制，工会工作不是没有干头，而是任务更重了；民主管理不是可有可无，而是必须进一步加强。随着企业和厂长权力的扩大，职代会讨论、审议的事情增加了，民主管理的内容更丰富、更充实了。实践证明，实行厂长负责制，不会削弱职工的民主管理，也不会影响职工的主人翁地位。

当然，也应当看到，在一些企业里，如何加强民主管理的问题还没有完全解决。有的认为，职工代表不熟悉企业生产和经营，参加民主管理没有多大必要；有的认为，职工素质差，缺乏参政议政的能力，对管理委员会成员要有 1/3 职工代表不以为然。

在这些企业里，至今没有建立起管理委员会，职代会制度也不健全，五项职权没有完全落实。

我们应当明确这样一个基本观点：实行厂长负责制，必须正确地全面地贯彻执行中央通知和“三个条例”规定的基本原则。没有民主管理，就不可能有厂长负责制。实行厂长负责制，绝不意味着厂长可以独断专行。只有充分尊重职工参加企业民主管理的权利和义务，才能实现高度集中和高度民主的统一，才能把企业的经营目标落实到每个职工，做到“千斤重担众人挑”，想企业之所想，急企业之所急，尽到主人的责任，同心同德办好企业。

企业实行厂长负责制后，在加强民主管理方面，要着重抓好以下工作：一是要加强有关民主管理的宣传教育，企业领导干部特别是厂长要增强民主意识，尊重职工的主人翁地位；二是职代会和工会要积极支持厂长行使职权，提高职工的主人翁意识，提高职工代表的素质，使他们熟悉企业的经营管理；三是建立健全职代会、管理委员会等各项民主管理制度，切实保障职工群众的民主权利；四是工会要围绕企业的总目标，独立负责地开展工作，真正把工会办成“职工之家”。

（四）关于企业领导班子的建设问题

近几年来，为了适应改革企业领导体制，实行厂长负责制的要求，各地对企业领导班子的调整和建设工作，抓得很紧，取得了很大成绩。实践说明，一个企业办得好不好，关键在于领导班子。选准人才，委以重任，往往用不了多长时间就会使企业的面貌发生很大变化。今后，调整和建设企业领导班子，要在前几年工作的基础上，把重点转到提高素质，改善结构，优化整体功能上来。要随着企业改革的深化，竞争机制的引入，把脱颖而出的优秀人才选拔到领导班子中来。

要全面地执行干部“四化”方针。干部要在革命化的前提下，实现其他“三化”。革命化最重要的标志，是看对待党的十一届三中全会以来党的路线的态度。具体地说，就是要党性强，全心全意为人民服务，坚持四项基本原则，坚持改革、开放、搞活的总方针，热心建设有中国特色的社会主义。看人选人，都要注重实绩。要把执行党的方针政策的实际成效，作为评价干部功过是非的标准。在企业，尤其要选用那些能够坚持正确的政治方向，脚踏实地，讲求实效，勇于改革，成绩突出，受到广大职工信任和拥护的干部。绝不能任用那些热衷于以权谋私，或者只说空话，不干实事，对建设和改革缺乏责任感的人。

企业领导班子的结构要合理。在继续推进年轻化的同时，注意梯次配备，对干部任职的年龄，不要“一刀切”和层层递减，选配企业的领导班子成员，既要继续重视学历，更要注重解决实际问题的能力，注重组织领导才干。虽无文凭，但经过自学或实践证明确有真才实学，符合德才兼备要求的，应当同样重用。在这里，我就五十多岁干部的使用问题着重讲一讲。企业里有一批现在五十多岁担任领导工作或业务工作的骨干，他们长期受党的培养教育，“文革”前已工作一段时间，比较熟悉党的政策和优良传统，经过“文革”的严峻考验，又有比较主富的实践经验。这批同志在新老交替与合作过程中可起承前启后的作用。要鼓励和支持他们施展才能，大胆放手地工作。调整领导班子时，应在全面考核的基础上，在保持和完善合理结构的前提下，根据工作需要和这些同志的德才条件、健康状况，很好使用他们，以发挥他们的作用。过早地叫他们一律退出领导班子，或者一律不许提任领导职务，对工作是一种损失。原来大中型企业厂长（经理）党委书记任职年龄不超过五十五岁的规定，应当修改。当然，离退休制度必须认真执行。凡达到退休年龄或规定的任职年限，除个别情况特殊，经上级批准外，都应按时离休退休。对离退休干部中身体尚好，又具有一定特长的同志，可在自愿的原则下，采取灵活多样包括先退后聘的形式，组织和支持他们从事力所能及的工作或社会活动。

（五）关于厂长负责制的理论研究问题

建国以来，我国企业的领导制度虽然经历过几次变化，但是直到党的十一届三中全会以前，由于企业作为行政机构附属物的地位没有改变，企业所有权与经营权合一的状况没有改变，国家机关直接经营管理企业的职能没有改变，因此，我国也就不可能建立起适应于社会主义商品经济发展要求的企业领导制度。党的十一届三中全会以来，随着经济发展和经济体制改革的逐步深入，这些情况都已经发生了很大变化。改革的实践和一系列重大理论问题的突破，正是我们改革企业领导制度、实行厂长负责制的根据。

三年多来，厂长负责制从试点到全面实行，证明它是一种比较适合我国国情的企业领导制度。具有强大的生命力。但是，企业还必须看到，企业领导体制改革，是一项探索和创新的事业。现在，关于厂长负责制的理论研究工作还大大落后于实践，改革中出现的许多新情况、新问题，亟待我们从理论上加以阐明。比如：厂长、党委和职代会在企业中的作用，以及相互关系问题，企业党委的保证监督问题，职工的主人翁地位问题，厂长全面负责与民主集中制的关系问题，等等，都需要在总结实践经验的基础上，进一步做出理论概括。我们热切期望，从事理论工作的同志和从事实际工作的同志一道，加强厂长负责制的理论研究，从理论与实践的结合上正确地回答人们提出的问题，为建立具有中国特色的社会主义企业领导制度做出贡献。

还有，各地在贯彻执行“两个通知”“三个条例”中已经提出来的问题，这次会上还要进行讨论研究。1987 年 5 月，国家经委、中组部和全总在联合调查的基础上，对急待解决的几个问题，向中央、国务院作了请示报告。国务院主要领导同志批示：原则同意。我们据此起草了一个汇报提纲，请同志们讨论修改，然后报请中央、国务院审批，以利于指导实践，加快全国推行厂长负责制的步伐。

同志们！加快企业领导体制的改革，这是今年深化企业改革的一项重要任务。就全国来说，今年内大中型工业企业要普遍实行厂长负责制，1988 年底以前全民所有制工业企业全面实行厂长负责制。无论是实行承包经营，还是尚未实行承包经营的企业，都必须进一步推行和健全厂长负责制。各地区、各部门要按照党中央、国务院的部署，加强领导，统筹协调，全面安排。同时，要注意研究新情况，解决新问题，使厂长负责制在实践中不断发展和完善。

我们希望通过这次会议，大家的认识能够更加统一，对中央的方针、政策的理解更加一致，工作步调更加协调，加快推行厂长负责制的步伐，以深化改革的更大成绩，迎接党的十三次代表大会胜利召开。

文稿解读

1987 年 8 月 25 日至 29 日，“贯彻全民所有制工业企业三个条例、全面推行厂长负责制工作会议”在京召开。这次为期五天的会议，是经中共中央、国务院批准，由国家经委、中共中央组织部、全国总工会共同举行。

会议进一步贯彻了《中共中央、国务院关于颁发全民所有制工业企业三个条例的通知》和《中共中央、国务院关于认真贯彻执行全民所有制工业企业三个条例的补充通知》，总结交流了经验，部署了下一步工作，形成了《会议纪要》。

1987 年 8 月 25 日，会议开幕时，薄一波（中国共产党中央顾问委员会常务副主任）、陈丕显（第六届全国人民代表大会常务委员会副委员长）、宋平（国务委员、中共中央组织部部长）等中央领导同志到会做了重要讲话。袁宝华同志（国家经委副主任、党组副书记、国营工业企业法调查组组长）代表国家经委、中央组织部、全国总工会做了题为“坚持改革，提高认识，加快推行厂长负责制步伐”的会议报告。

1987 年 8 月 29 日，会议结束时，国务院总理等中央领导同志接见了参加会议的全体同志，姚依林（中央政治局委员、国务院副总理）等中央领导同志出席会议的闭幕式。在闭幕式上，陈秉权同志（中华全国总工会副主席、党组副书记、书记处书记）代表会议领导小组做了会议总结讲话。袁宝华同志就落实好这次会议精神讲了两点意见。

（1）希望同志们回去后，及时将这次会议精神向有关领导汇报，并抓紧时机认真组织贯彻，不要等待。①加快推行厂长负责制的步伐，是党中央、国务院已经确定了的方针。小平同志去年提出：“厂长负责制为什么总在试点。”1987 年 4 月，国务院主要领导同志在六届人大五次会议上的政府工作报告中也提出：“同推行企业承包经营责任制相配合，要加快企业内部领导体制的改革。”②我们这次会议的召开以及会议任务，要解决的问题，是经过国务院主要领导同志批示原则同意了的，这次会议也是认真贯彻了国务院主要领导同志的批示精神的。③在这次会议上，中央领导同志的讲话中，反映了即将召开党的十三大有关企业领导体制改革的主要精神和原则。

（2）这次会上的主要文件，已根据大家讨论意见做了修改，会后我们三家将联名正式行文下发。为了不失时机，请大家将已修改重印的文件带回去，向领导汇报，进行传达贯彻。

为使各地便于学习、贯彻“贯彻全民所有制工业企业三个条例、全面推行厂长负责制工作会议”精神，国家经济委员会企业管理局、中共中央组织部组织局、中华全国总工会组织部，把这次会议的文件、典型经验和中共中央、国务院有关文件汇编成册——《贯彻全民所有制工业企业三个条例、全面推行厂长负责制工作会议文件汇编》，包括本文稿附录的薄一波、陈丕显、宋平等领导同志的讲话以及陈秉权同志的会议总结讲话和《贯彻全民所有制工业企业三个条例全面推行厂长负责制工作会议纪要》。

文稿附录

附录 1　国家经济委员会、中共中央组织部、中华全国总工会关于印发贯彻全民所有制工业企业三个条例全面推行厂长负责制工作会议纪要的通知

附录 2　坚定不移地全面推行厂长负责制——薄一波同志在贯彻全民所有制工业企业“三个条例”，全面推行厂长负责制工作会议上的讲话

附录 3　陈丕显同志在贯彻全民所有制工业企业“三个条例”全面推行厂长负责制工作会议上的讲话

附录 4　宋平同志在贯彻全民所有制工业企业“三个条例”全面推行厂长负责制工作会议上的讲话

附录 5　陈秉权同志在贯彻全民所有制工业企业“三个条例”全面推行厂长负责制工作会议上的总结讲话

附　录

附录 1

国家经济委员会、中共中央组织部、中华全国总工会关于印发贯彻全民所有制工业企业三个条例全面推行厂长负责制工作会议纪要的通知

（1987 年 10 月 30 日）

经中共中央、国务院领导同志同意，现将《贯彻三个条例全面推行厂长负责制工作会议纪要》发给你们，请结合本地区、本部门实际，在全民所有制工业企业认真贯彻执行。全民所有制商业、金融、物资等企业可参照执行。

贯彻全民所有制工业企业三个条例全面推行厂长负责制工作会议纪要

（1987 年 8 月 29 日）

经党中央、国务院批准，八月二十五日至二十九日，国家经委、中央组织部、全国总工会联合召开了贯彻三个条例、全面推行厂长负责制工作会议。参加会议的有各省、自治区、直辖市、计划单列城市和中共中央、国务院有关部门以及部分企业的负责同志，共 400 余人。这次会议的主要任务是：进一步贯彻落实党中央、国务院去年九月颁发的在全民所有制工业企业中实行厂长负责制的三个条例和十一月发出的贯彻执行上述三个条例的补充通知的精神，统一认识，交流经验，研究解决存在的问题，部署下一步工作。现将会议讨论的主要问题纪要如下：

一　贯彻三个条例和补充通知的基本情况

根据党中央、国务院的决定，从一九八四年开始，在全民所有制工业企业中开始进行改革企业领导体制、实行厂长负责制的试点。三年多来，试点取得了显著效果：突出了厂长在企业中的地位和作用，强化了生产经营管理系统；初步改变了企业党政不分、职责不明的状况，党的建设和思想政治工作有所加强；健全了职工代表大会制度，民主管理的内容和范围逐步明确。特别是去年党中央、国务院先后颁发三个条例和补充通知以来，各地

区、各部门又做了大量工作，厂长负责制已经由试点进入全面推行的新阶段，进展迅速，形势很好。截止今年六月底，全国实行厂长负责制的全民所有制工业企业已达35232户，占同类企业总数的63.9%，比去年年底增长32.2%。预计全国大部分地区的大中型企业或预算内工业企业，今年内可普遍实行厂长负责制。

一年来，各地贯彻三个条例和补充通知，推行厂长负责制，有以下一些特点：

一是主要负责同志亲自抓。党中央、国务院发出的补充通知，进一步明确厂长在企业中处于中心地位，负有全面责任，并决定在全民所有制工业企业中全面推行厂长负责制，这对各地的工作促进很大。许多省、自治区、直辖市和中心城市的主要负责同志深入基层，调查研究，在总结试点经验的基础上，着重抓了转变观念、理顺关系、落实制度三个环节，认真解决存在的问题。一些地方还充实和加强了推行厂长负责制的领导小组和办事机构，改变了过去单纯依靠业务部门抓，缺乏统筹协调，进展迟缓的状况。

二是实行厂长负责制与推行多种形式的承包经营责任制紧密结合。实践证明，通过推行承包经营责任制，主要是解决国家与企业之间的关系；而理顺企业内部各个方面的关系，其首要环节就是改革企业领导制度。实行厂长负责制，明确厂长在企业中的地位和作用，有效地推进了企业内部的各项配套改革，把承包目标分解落实到经营者和职工身上，把企业升级、全面提高企业素质的工作落到实处。

三是从制度上理顺企业内部党政工三者关系。许多企业根据三个条例和补充通知的精神，结合本企业实际情况，修订和完善各方共同遵守的、统一执行的实施细则和各种规章制度，明确各自的职责和权限，从而把处理好三者关系建立在制度化、规范化、程序化的基础上。一些地方的经验证明，凡是这样做的，企业重大问题的决策，一般能够把厂长的主导作用、党委的保证监督作用，职工的民主管理作用和专家的参谋作用有机地结合起来，逐步实现决策的科学化。民主化。

四是注意提高领导班子特别是厂长的素质。一些地区根据补充通知的要求，通过各种形式和渠道，加强了企业领导干部特别是厂长的培训工作。按照改革的要求对企业领导班子积极慎重地进行了调整。有些地方还把竞争机制引进企业，通过招标的形式，选聘经营者，为培养和选拔人才开辟了新的途径，有利于造就一支社会主义企业家队伍。

二　需要进一步解决的几个问题

在这次会议上，与会同志在总结交流经验的基础上，着重讨论研究了进一步贯彻执行三个条例和补充通知需要解决的问题。

（一）关于统一认识问题。大家认为，根据近几年的实践，把党委领导下的厂长负责制改变为厂长负责制，是一项重大改革。要使这项改革顺利进行，对长期形成的传统观念的影响不可低估。一些已经解决了的认识问题，遇到新的情况，在部分同志中往往又会出现思想反复。因此，当前贯彻执行三个条例和补充通知，加快改革的步伐，首要问题仍然是统一思想认识的问题。而要解决好这个问题，关键又在于把各级领导同志的认识统一到中央的决定上来，不能各行其是。

（二）关于厂长对企业负有全面责任的问题。对于这个问题，多数同志的看法是一致的，但也有的同志提出，厂长对企业负有全面责任，会造成新的党政不分。会议认为，全民所有制工业企业作为经济组织，厂长对于企业生产经营活动及其后果，不仅要对企业职工负责，也要对国家负责。社会主义企业的经济工作和政治工作是紧密结合的，物质文明建设和精神文明建设是相互促进，不可分割的，厂长不仅要对企业的物质文明建设负责，也要对精神文明建设负责。这并不意味着厂长可以代替和指挥党组织和群众组织的工作，不会造成新的党政不分。企业行政、党组织和工会等群众组织都要按照三个条例的规定，围绕生产经营这一中心，加强各自职责范围内的工作，搞好两个文明建设。

（三）关于企业党委的地位和作用问题。党对企业的领导，是通过多种途径和形式实现的。企业党委要保证、监督党和国家各项方针政策的贯彻执行，坚持企业的社会主义方向，发挥党员的先锋模范作用，推动和促进企业各项任务的完成，这也是党的领导的体现。企业党组织要满腔热情地支持企业领导体制改革，支持厂长对企业全面负责，以主要精力搞好保证监督，加强党的自身建设，做好职工思想政治工作。

（四）关于企业党组织对工会的领导问题。党的基层组织工作条例规定，企业党委要加强对群众组织的思想政治领导。有的同志提出，思想政治领导如何理解？会议认为，党组织对工会组织的思想政治领导，主要是引导工会贯彻执行党的路线、方针、政策，讨论研究工会工作中的重大问题，支持他们独立负责地开展工作，而不是包揽日常事务。工会的领导成员应按照工会章程规定民主选举产生。

（五）关于企业中行政、党组织、职代会以及工会等群众组织之间的工作协调问题。会议认为，根据各地经验，应强调以生产经营为中心，具体问题要分别情况，区别对待。属于厂长职权范围内的工作，需要迅速作出决定的，厂长要当机立断，并承担一切责任，对有争议的问题，应充分协商，按三个条例规定的程序解决；属于思想作风、人际关系方面的问题，可以通过党组织生活会或民主生活会妥善解决。关于党政工团等脱产人员编制、管理机构的设置和调整通过工厂管理委员会讨论的问题，这里所说的编制是指由企业成本开支的人员编制，管理机构是指行政管理机构。至于党、团和工会的机构设置，则应在规定的编制范围内，本着精简、高效和有利于加强思想政治工作的原则，由党委、团委和工会自行决定。

（六）关于民主管理问题。与会同志反映，有些企业领导干部认为职工不熟悉经营管理，缺乏参政议政能力，对工厂管理委员会成员要有三分之一的职工代表不以为然，至今没有建立管理委员会，企业职工代表大会制度也不健全，五项职权没有完全落实。会议认为，上述情况虽然只存在于少数企业，但必须引起重视。加强民主管理，是企业行政、党组织和工会组织的共同任务，是企业领导体制改革的基本内容。没有民主管理，就不可能有厂长负责制。厂长要增强民主意识，贯彻群众路线。要采取切实措施来提高职工代表的素质，使他们掌握党的方针政策，熟悉企业经营管理情况，正确行使职权，认真履行义务。企业工会要切实做好职代会工作。关于参加管理委员会的职工代表，与会同志建议，应当是企业生产第一线的工人和技术、管理人员，不宜包括中层以上党政领导干部。

（七）关于企业领导班子的建设问题。大家认为，一个企业办得好不好，关键在于领导班子。今后调整和建设企业领导班子，要在前几年工作的基础上，把重点转到提高素质，改善结构，优化整体功能上来。要全面执行干部“四化”方针。企业领导班子的结构要合理。在继续推进年轻化的同时，注意梯次配备，对干部任职的年龄，不能“一刀切”和层层递减。企业里有一批现在五十多岁担任领导工作或业务工作的骨干，长期受党的培养教育，比较熟悉党的政策和优良传统。要鼓励和支持他们施展才能，大胆放手工作。过早地叫他们一律退出领导班子，或者不许提任领导职务，对工作是一种损失。原来大中型企业厂长、书记任职年龄不超过五十五岁的规定，应当修改。当然，离退休制度必须认真执行。

（八）关于对干部培养、考察和使用的问题。党的基层组织工作条例规定，企业党委要对企业各级干部进行教育、培养、考察和监督。一些同志提出，这一规定同厂长行使用人权有矛盾，对干部的使用不应同培养、考察相脱节。会议认为，基层组织工作条例的上述规定，同厂长对行政干部进行政治、文化、业务方面的教育、培养、考察和按照规定行使用人权，并不矛盾。关于厂级干部的任免问题，目前有的由上级党组织管，有的由企业主管部门管，做法不一。会议建议各地随着政治体制改革的进展，按照党政分开的原则，逐步理顺这一关系。

（九）关于企业主管部门的领导体制问题。企业主管机关要按照党政分开、政企分开的原则，加快改革步伐，逐步实现职能转变。目前，许多城市工业主管局仍然实行党委领导下的局长负责制。这些部门往往还是通过党的系统研究和布置行政工作。会议建议，各地在现行体制下，凡主管局布置有关生产经营、行政管理方面的工作，应以行政名义下达为宜。必须由局党委主持布置与行政有关的工作时，也应召集厂长和书记一起参加。

三　对今后工作部署的意见

经过讨论，大家认为，要加快改革步伐，坚定不移地推行厂长负责制，并对今后工作提出了以下意见：

（一）要进一步加强领导。根据这几年的实践，要把这项工作搞好，各省、自治区、直辖市应由领导同志牵头，各有关方面参加，组成领导小组和精干的办事机构，负责统筹安排和协调工作的进行。经委、组织部（或经济工作部、企业政治部）、工会的负责同志一般都应参加，以免三个条例三家分头抓，互不协调。各省、自治区、直辖市推行厂长负责制工作领导小组成员名单，应报送党中央、国务院备案。

（二）各地应从实际出发制定全面推行厂长负责制计划。按照加快改革步伐的要求，从全国来说，一九八八年底以前，全民所有制工业企业普遍实行厂长负责制是完全可能的。各地应当不失时机地做好工作。要区别情况，分类指导，制定具体实施计划，于今年年底前报送党中央、国务院。

（三）要把全面实行厂长负责制作为深化企业改革的重要组成部分，统一部署，全面安排。当前的企业改革，围绕着增强企业活力、全面提高企业素质，以推行多种形式的承包经营责任制、完善企业经营机制为重点，从经营形式到分配制度，从领导体制到机构设置，从干部管理到用工制度，从管理现代化到企业升级，全面推进，深入展开。实行承包经营的企业，无论是全员承包还是集体承包，都必须认真贯彻三个条例和补充通知，实行厂长负责制，做到厂长全面负责、党委保证监督、职工民主管理。实行厂长负责制的企业，都必须实行厂长任期目标责任制和任期终结审计制，并要根据责权利相统一的原则，完善经济责任制，搞好企业内部各项配套改革。还要把改革同推进技术进步紧密结合起来，采用新技术，开发新产品，进一步改变企业的生产技术面貌。

（四）要加强厂长负责制的理论研究。大家认为，企业领导体制的改革，是一项探索和创新的事业。现在，这方面的理论研究工作还大大落后于实践。改革中出现的许多新情况、新问题，急待从理论上加以阐明。比如：厂长、党委、职代会和工会的地位作用以及相互关系问题，企业经营权与决策权是否分开问题，企业党委保证监督的问题，职工的主人翁地位问题，厂长全面负责与民主集中制的关系问题，等等，都需要在总结实践经验的基础上，进一步做出理论概括。

（五）要加强对厂长负责制的宣传。正确宣传厂长负责制，就是宣传改革、促进改革。要充分发挥各种宣传工具的作用，帮助干部职工加深对厂长负责制的理解，坚定改革的信心。今后报刊宣传一定要同党中央、国务院颁发的三个条例和补充通知保持一致，加强正面宣传，避免可能导致思想混乱的新闻报导。

附录 2

坚定不移地全面推行厂长负责制

——薄一波同志在贯彻全民所有制工业企业“三个条例”，全面推行厂长负责制工作会议上的讲话

（1987 年 8 月 25 日）

我很高兴能和大家见见面，交换交换意见。讲得对的，供同志们研究参考；讲得不对的，请批评指正。袁宝华同志代表国家经委、中央组织部和全国总工会所做的工作报告，讲得很好，总的来说，我都同意。

几年来，我对全民所有制工业企业实行厂长负责制的工作断断续续地做了一些了解，但实际调查研究不多。在去年一次省长会议上，国务院主要领导同志要我讲几句话，我表示了个态度，完全赞成实行厂长负责制。总结我国三十多年建设的经验，我们认识到，实行厂长负责制不仅是企业领导体制改革的重要问题，也是整个城市经济体制改革的一个核心问题。因为实行了厂长负责制，厂长就名副其实地成了企业的一厂之长和法人代表，真

正处于中心地位，起中心作用，对企业能负全面责任。这样一来，下放到企业的权力的落实和行使，企业适应商品经济发展和市场需要的生产经营机制的确立和运行，企业计划、劳动、工资问题的安排，各种生产责任制的推行，各种管理制度的改革和完善，等等，以厂长为首的行政系统就可以有效地领导和组织实施。所以，实行厂长负责制是关系搞活企业，关系城市经济体制改革成功的一个核心问题，切不可低估了它的意义和历史作用。

从建国以后到1956年这一段时间，我们在完成民主革命的遗留任务，恢复国民经济秩序，进行社会主义改造和开展大规模的经济建设，所采取的各项方针和基本政策都是正确的，取得了伟大的成绩，这是应当充分肯定的。但是从50年代后期开始，党在指导思想上发生了“左”的错误，政治上继续搞以阶级斗争为纲，经济上急于求成，不按客观规律办事，结果路子越走越窄，越走越不通。直至发生“文化大革命”这样严重的挫折。这个“左”的错误带来的沉痛的历史教训，大家要好好吸取，任何时候都不可忘掉了。党的十一届三中全会以后，我们搞拨乱反正，采取改革、开放、搞活的新政策，在改革方面，无论是经济体制还是政治体制上的各项具体改革工作，包括企业领导体制的改革在内，都是在总结这个历史教训的基础上并结合新的历史条件进行的。鉴往可以知来。这个道理大家都是懂得的。

几年来的实践证明，在全民所有制工业企业中推行厂长负责制，是完全正确的。这方面，小平同志，国务院主要领导同志都发表许多重要的意见，国家经委、中组部和全国总工会的同志也做了大量的工作。实践中取得的好的经验和成果，已经或正在用条例的形式固定下来，大家的思想认识也比较统一了。现在的问题是如何全面推行厂长负责制，使这项工作取得圆满成功。这不仅是工矿企业的任务，也不仅是国家经委、中组部、全国总工会的任务，而是各级党委和政府的共同任务。总之，需要各个方面的积极配合和共同努力。

（一）要坚决贯彻中央、国务院两个通知的精神，解放思想，统一认识，增强信心，坚定不移地把全面推行厂长负责制的工作搞下去，不能犹豫、观望，更不能动摇

农村改革的经验很值得借鉴。农村推行家庭联产承包责任制的时候，有相当一部分同志还认识不到它的深远意义。但改革的实践和不断取得的实际成果使人们受到了教育，原来有顾虑的同志打消了疑虑，提高了对改革的认识。所以，改革的实践是教育人民正确对待改革、积极参与改革的大课堂。这个大课堂是活生生的，富有说服力和吸引力的。我们在全面推行厂长负责制的过程中，对农村改革的经验，对35000个已经实行厂长负责制的工业企业的经验，都需要认真加以总结，以利于进一步统一认识，推进工作。我们要始终坚持四项基本原则，始终坚持改革、开放、搞活的方针，集中力量发展社会生产力。社会主义的根本任务就是发展生产力。社会主义的优越性能不能充分体现出来，能不能在人们中具有资本主义所无法比拟的吸引力，归根到底就是要取决于生产力的高度发展以及由此推动的社会的全面进步。要加快生产力的发展，搞活社会主义有计划的商品经济，很重要的一条就是微观要切实搞活，宏观要切实控制。厂长负责制真正执行了，微观就能活起来，宏观真正控制了，厂长负责制就会更加健全和完善。而厂长负责制搞得好，宏观也就

更好控制，二者是相互促进、相辅相成的，不要把他们对立起来。

实行厂长负责制，要解决好两个问题：一是要把厂长的责、权、利真正结合起来统一起来。这个问题不解决，厂长负责制就无法有效地实行。有不少厂长反映，你只给了我责任，没有真正给我权，我没法负责。这确实是个问题。责、权、利是个统一的整体，缺一不可。缺少其中任何一条，这个统一体就要受到破坏，也就谈不上实现厂长负责制了。企业下放以后，企业是不是真正拥有了经营管理的自主权，如果一边讲权力下放，一边条条块块还在处处干预甚至往回收权，或者四面八方向企业伸手，要这要那，损坏企业的利益，那么企业就不可能成为相对独立的经济实体，企业的经济就搞不活，厂长责任制的推行就会困难重重。所以，要全面推行厂长负责制，必须改善企业的外部环境、外部条件，必须切实实现和保证厂长责、权、利的统一。二是要坚定信心，防止出现波折。前一段，我们强调反对资产阶级自由化，坚持四项基本原则，有的人就说政策要变了。这是一种糊涂认识，事情并不是这样，现在已得到了澄清。我们的企业多年来实行的是党委领导下的厂长负责制，现在要改成厂长负责制，不可避免地会遇到各种困难和阻力，包括习惯势力的障碍。一些同志听到企业的领导权包括决策权、经营权要由厂长为首的行政领导系统所掌握所行使，就不习惯了，就提出党委书记往哪里摆、企业中党的领导怎么体现等一类问题。显然，这些同志的思想还没有从旧的框框、旧的习惯中摆脱出来，对于什么是厂长负责制，它的内容是什么，也没有真正弄懂。这就需要加强宣传教育工作，帮助他们端正和提高认识。总之，全面推行厂长负责制，既会遇到思想认识上的问题，也会遇到其他的障碍，我们一定要按照党中央、国务院的要求，认真细致地做好各项工作，克服困难和阻力，坚定不移地把厂长负责制贯彻下去。

（二）继续在实践中用心探索新的经验，把厂长负责制逐渐完善起来

厂长负责制搞的时间还不长，尽管中央、国务院的“两个通知”和“三个条例”已把基本原则、基本要求都定下来了，但如上所述，人们对它的认识还有待进一步提高，旧的习惯势力还有待进一步克服，特别是新的工作制度、工作方法还有待于进一步建立和健全。在有关实行厂长负责制的一些具体形式和具体做法上，应当允许企业从自己的实际出发，继续进行必要的探索和试验。只要有利于增强企业活力，有利于发展生产力的，我们都要加以支持。发展生产力，发展社会主义商品经济，少投入、多产出，其中一个重要问题就是要大力提高产品质量。提高产品质量，本身就是提高劳动生产率。而提高质量和劳动生产率，同提高职工的素质，特别是技术人员的素质又密切相关。人的素质提高了，经营管理水平和生产也就上去了。提高人的素质，是关系实现四化、振兴中华的大事情。我们从事的是建设有中国特色的社会主义，这是伟大而艰巨的事业。要成就这个伟业，需要全党同志和全体工人、农民、知识分子及其他社会成员，团结一致，勤于学习，勤于工作，艰苦奋斗。不管条件怎么新，形势怎么好，要搞好学习和工作，仍然是要吃些苦的。不吃点苦，就想成功，是不现实的。中等专业技术学校是为企业培养技术人才的重要基地。现在有些地方把这样的学校也撤销了，这怎么行呢？企业如果没有足够数量和质量的

专业技术人员，厂长和其他领导成员如果不重视科学技术知识的学习，技术水平怎么能提高？产品质量怎么能提高？技术落后，而希望质量上乘，是不可设想的。武汉柴油机厂聘请一个德国人叫格里希的，当了几年厂长。这个人精通技术，精通企业的经营管理，很重视产品的质量。他认为我们企业经济效益上不去，一个重要原因就是产品质量低。小平同志认为他讲得对，应该把提高产品质量作为企业经营中一个突出问题来抓。人是应该有一点精神的。什么精神？就是要有革命的精神，发奋图强的精神，埋头苦干的精神，吃苦在前、享受在后的精神，还要有实事求是的精神，等等。这是全社会因而也是所有企业都应提倡的。厂长要带头在企业中发扬这些精神。这样，我们的企业才能够搞好，我们奋斗的目标才能胜利达到。

（三）要加紧制定有关厂长负责制的法律、法规

各项改革的推进和成功，都离不开法律手段，厂长负责制也不例外。要使厂长负责制不仅具有法律效力，而且切实得到法律保障。任何妨碍和危害厂长负责制的行为都是法律不允许的，一经出现，就要依法纠正。这样，才能保障厂长负责制的贯彻实施。

（四）要为全面推行厂长负责制创造良好的内外环境

这个问题很重要，前面已经涉及了，这里再强调几句。厂长负责制要同其他改革相配套。有关部门一定要按照党政分开、政企分开的原则，认真转变自己的职能，一定要防止超出自己职能的范围去干那些越俎代庖的事。要认真执行国务院关于扩大企业自主权的规定，把下放给企业的权力真正落到实处。要禁止对企业乱摊派。要完善市场机制。在企业内部要积极推行各种责任制，包括厂长任期目标责任制和任期终结审计制。同时，要把实行厂长负责制同完善职工代表大会制度，完善企业民主管理制度结合起来。厂长在行使自己领导职能的过程中，必须自觉地接受党组织、职工代表大会和广大职工群众的监督。厂长负责制作为企业的领导制度，它是符合科学和民主原则的，而不是违背这些原则的个人专制；它是有利于促进企业决策和管理的科学化、民主化，而不是相反。如果把厂长负责制变成了厂长个人说了算，变成了“一言堂”，那就是歪曲了这一领导制度，必须加以纠正。实行党政分开、政企分开，这是党和国家领导制度改革的重要内容，也是发展社会主义民主的基本要求和重要表现，企业党组织的职责是保证监督，而不是领导企业的工作，要支持厂长全面负起责任来。这样党组织就不会再像以往那样，成天埋头于具体的行政事务，就可以从中彻底解脱出来，集中力量抓好党的建设、抓好宣传教育工作、思想政治工作、协调监督工作和群众工作。由此可见，党组织的工作责任不是轻了，而是更大了。不是无所作为，而是大有作为。也只有这样做，才能真正实现“党要管党”的原则，不断提高企业党组织在职工群众中的威信。

（五）要加强领导，从思想上、组织上和制度上保证厂长负责制的全面推行

党的十三大以后，我们更要振奋精神，力争在一年的时间内，也就是在 1988 年底以前，不论是已经实行承包还是没有实行承包的全民所有制企业，都要完成推行厂长负责制的任务。

附录3

陈丕显同志在贯彻全民所有制工业企业“三个条例”全面推行厂长负责制工作会议上的讲话

（1987年8月25日）

本来没想讲话，但薄老、宝华同志的讲话启发了我，我谈一个问题。

现在看来，大家对推行厂长负责制认识是一致的。听了宝华同志的报告以后，我感到，实行厂长负责制至少在今年，在探索并取得经验方面，又有了新的进步。如党政关系、厂长对企业依法全面负责、工会和民主管理怎么搞。总之，探索，进一步取得了经验。

本来，今年人大要审议通过《全民所有制工业企业法》，这是在去年最后一次人大常委会上决定，准备提交今年3月人大会议上通过的。因为这是一个工业大法，当时经验还不够，有些认识也不尽一致。经过彭真委员长同总理商量，决定有些问题还要探索，还要实践一下看。这次会议，是不是还有这样一个要求，希望能够在今年的最后一次人大常委会上做报告，争取明年3月份的全国七届人大第一次会议上审议通过。从现在起，这一段还有7个月到8个月的时间。如果有这样一个想法、打算，我举双手赞成。薄老刚才讲，现在实行厂长负责制中还有一些问题。譬如责、权、利的结合问题，这个问题看来现在还没有完全解决。问问厂长，他会说，只有责，没有权，也没有利。这个问题要在实践中很好地解决一下。再一个是企业党组织、厂长和工会（职代会）的关系问题，企业都有这三大部门，三者之间的关系要真正搞好，“法”也就容易出来了。当然，不是说企业法出台就没有问题了，有些要做一些解释，不同意见还要认真协商。总之一句话，希望经过七八个月努力，像宝华同志所讲的，坚持改革，提高认识，加快实行厂长负责制的步伐。在此基础上，中央组织部、人大法工委、国家经委、全国总工会等有关部门认真研究一下，争取在明年换届前的最后一次人大常委会上通过，提交明年的人大会议审议。如果能够实现，我是非常高兴的。

附录4

宋平同志在贯彻全民所有制工业企业“三个条例”全面推行厂长负责制工作会议上的讲话

（1987年8月25日）

宝华同志代表国家经委、中央组织部、全国总工会所做的《坚持改革，提高认识，加快推行厂长负责制步伐》的报告，我完全赞成。这次会议是在经济体制改革全面展开、政治体制改革已经提到日程的重要时刻召开的。实行厂长负责制既是经济体制改革的重要内容，也是政治体制改革的重要内容。几年来的经验证明，改革企业领导体制、实行厂长负责制，效果是好的。当前的问题，不是要不要实行厂长负责制，而是如何按照中央的要求，加快步伐，推行和完善厂长负责制。实行厂长负责制，当然是企业领导体制的一项重大改革。凡是改革，就会遇到这样或那样的阻力，就需要有针对性地做好工作，克服旧的习惯势力和传统观念，也要转变和改进工作方法和工作作风。而中心问题是要做好思想工作，进一步统一思想认识。现在，全国已有 35000 多家企业实行了厂长负责制，应该说，在这方面我们已经取得了丰富的经验。把这些经验认真加以总结，有助于统一思想认识，全面贯彻落实中央通知和“三个条例”，加快推行厂长负责制的步伐。

在这里，我还想谈一下更好地发挥现在年龄在五十多岁的干部作用问题。这个问题是国务院主要领导同志提出来的。我们做过一些调查研究，目前在中央和国家机关，省、自治区、直辖市一级领导机关中，这个问题不大；而在工业企业中，这个问题就比较突出。现在企业中，到了五十五岁的领导干部一般就要退下来。当然，工厂的任务繁重，生产第一线工作对身体健康状况的要求高一些。当初为了解决企业领导班子老化问题，规定一个年龄杠杠是必要的。但规定得太死，也带来一些问题，不利于充分发挥这些五十多岁干部的作用。

我们的干部队伍建设，还是要全面地贯彻执行革命化、年轻化、知识化、专业化的方针。当前，干部年轻化的问题仍然是一个比较尖锐的问题，对此，我们丝毫不能放松，特别是省市领导这一层。另外，我们还要坚决执行干部离退休制度，到了年龄，就要办理离退休手续。在领导班子的年龄结构上要注意梯次配备，以利于进一步形成干部队伍新老交替和合作的正常格局。企业中有一批现年五十多岁的干部，他们实际上是企业的领导骨干或者是业务骨干；他们长期接受党的培养教育，有“文革”前的工作经历，比较熟悉党的优良传统；经过“文革”的严峻考验；拥护四项基本原则，积极赞成改革、开放的总方针、总政策，这些同志在新老干部合作交替过程中，起着承前启后的作用。过早地叫他们一律退出领导班子，或者一律不许提任领导职务，对工作是一种损失。因此，应当根据工作需要和这些同志的德才条件、健康状况，很好使用，充分发挥他们的作用。

附录 5

陈秉权同志在贯彻全民所有制工业企业“三个条例”全面推行厂长负责制工作会议上的总结讲话

（1987 年 8 月 29 日）

同志们：

我们这次会议开了五天，今天就要结束了。这次会议是中共中央、国务院批准召开的。一波、丕显、宋平等中央领导同志出席了开幕式，并做了重要讲话。今天，总理等中央领导同志接见了参加会议的全体同志，依林等中央领导同志还出席了会议的闭幕式。这表明党中央、国务院对我们这次会议是非常重视和关怀的。

在这次会议上，袁宝华同志代表国家经委、中央组织部、全国总工会做了《坚持改革，提高认识，加快推行厂长负责制步伐》的报告，比较全面地回顾了三年多来企业领导体制改革试点，特别是近一年来全面推行厂长负责制的情况，总结交流了工作经验。到会同志认真学习了中央领导同志的讲话，集中讨论了宝华同志的报告和《会议纪要》，进一步提高了认识，统一了思想，并且在交流经验的基础上，提出了不少有益的意见和建议。这对于进一步贯彻落实党中央、国务院颁发的“三个条例”和补充通知，加快企业领导体制改革的步伐，必将起到重要的推动作用。大家认为，这次会议是及时的、必要的，会议达到了预期的目的。

会议根据大家在讨论中提出的意见，对宝华同志的报告和《会议纪要》修改后，重新印发给大家。各地要认真传达贯彻中央领导同志讲话，以及宝华同志报告和《会议纪要》。过去的有些提法与这次会议精神有不完全一致的地方，应以这次会议的精神为准。现在，我代表会议领导小组，对讨论中提出的有关问题及如何落实这次会议精神，补充讲几点意见。

第一个问题，关于进一步统一思想认识的问题。

大家认为，当前所面临的任务已经不是要不要推行厂长负责制的问题，而是如何加快步伐，全面推行和完善厂长负责制的问题。三年多的实践证明，实行厂长负责制适应了我国经济体制改革和工业管理现代化的需要，不能有任何动摇、犹豫和观望。宝华同志的报告，使大家对“三个条例”，特别是中央补充通知中指出的“厂长是一厂之长，法人代表，处于中心地位，起中心作用，对企业负有全面责任”。对分清党、政、工的不同职能，理顺三者关系，有了进一步的理解，起到了统一思想的作用。但是，由于三十多年来，长期实行党委领导下的厂长负责制，要实现这个转变不是轻而易举的，一部分同志存在着某些不理解、不习惯、不适应的问题，也是可以理解的。这就是要通过认真学习中央文件和小平同志的有关论述，做耐心细致的思想工作，把大家的思想真正统一到中央的方针和政策上来。在这里，我在宝华同志报告的基础上，再做一些补充说明。

1. 实行厂长负责制，既是经济体制改革的需要，又是政治体制改革的要求，势在必行

它的关键是要实行党政分开。这就必须划清党政的不同职能，转变企业党组织的领导方式。1980 年 1 月小平同志在《目前的形势和任务》一文中，在讲到工厂里实行党委领导下的厂长负责制时就已经指出：如果今后继续实行这个制度，那么，工厂的车间是否也要由党总支领导？班组里边是否也要由党支部或党小组领导？这样是不是有利于工厂的工作？能不能体现党的领导作用？如果这个问题解决得不好，可能损害党的领导，削弱党的领导，而不是加强党的领导。小平同志向我们指出：“共产党实现领导应该通过什么手段？是用这种组织形式，还是用别的办法，比如共产党员的模范作用，包括努力学习专业知

识，成为各种专业的内行，并且吃苦在前，享受在后，比一般人负担更多的工作。”同年8月18日，小平同志在《党和国家领导制度的改革》这篇十分重要的讲话中，把党政分开作为改革党和国家领导制度的一个重大问题提到全党的面前。我们要很好领会小平同志的这些论述，作为政治体制改革、改善和加强党的领导的关键问题，认真加以领会，并以此来统一全党的思想。宝华同志报告正确论述了党的领导是一个总体概念，党对企业的领导是通过多种途径、多种形式实现的。由于中央、地方、基层单位的情况不同，共产党实现领导的形式和方法也应该有所不同。在企业，党组织的作用主要是保证监督，不应代替企业领导人行使生产和业务领导权，而应支持厂长、经理全面负起领导责任。实行厂长负责制以后，就必然要求转变企业党组织的职能，转变党的领导方式和活动方式。党要管党，加强党的自身建设，发挥党员的模范作用，做好群众的思想政治工作，来保证监督党的方针政策的贯彻执行，以顺利完成企业的各项任务。这样做，就能达到小平同志说的“就是党的领导有效，党的领导得力。这比东一件事情、西一件事情干预好得多，党的威信自然就会提高。不好好研究这个问题，不解决这个问题，坚持不了党的领导，提高不了党的威信”。我们要认真学习小平同志这个十分精辟的思想。在这方面，不少企业的党组织已经做了积极的探索。当然，这方面还缺乏充足的经验。我们相信，在党的十三大之后，随着政治体制改革的进展，一定能够创出更加完善和成熟的路子来。

2. 厂长对企业负有全面责任，会不会出现新的党政不分的现象

我们认为，企业的经济工作和政治工作是紧密结合的，社会主义物质文明和精神文明建设是不可分离的。厂长对两个文明建设负责，使政治工作结合经济工作一道去做，是对社会主义企业的领导人应有的要求。但是，这并不妨碍党组织重视精神文明建设，认真做好职工群众的思想政治工作。在企业中，无论厂长、党组织和工会等群众组织，都要贯彻两个文明一起抓的方针，围绕生产经营这个中心，根据各个组织的性质，在各自的职责范围内，独立负责地发挥自己的作用。这里，虽然要加强互相协调、互相配合，但并不意味着厂长可以代替或指挥党组织和工会等群众组织的工作。

3. 必须把实行厂长负责制同加强职工民主管理，保障职工的主人翁地位紧密结合起来

职工民主管理，早在50年代就已经提出来了。由于过去在高度集中的经济管理体制下，很难建立完善的民主管理制度，存在着形式主义的现象。今天，在所有权和经营权适当分离的条件下，实行政企分开，扩大企业自主权，使加强职工的民主管理有了充分的必要性和现实可能性。各社会主义国家都在不同程度上把扩大劳动者集体的权力提到了很重要的地位。因此，我们在推行厂长负责制，强调发挥经营者作用的同时，必须十分重视加强职工民主管理，强调发挥职工的主人翁作用。这样，才能使实行厂长负责制有坚实的群众基础和可靠的后盾，有利于调节企业内部的利益关系，建立经营者和劳动者之间的新型合作关系，调动企业各方面的积极性，使企业充满活力。有人担心职工代表素质不高，不能有效地参加管理。实际上，无论厂长和职工都要提高自身的素质，重要的是要通过不断的实践，加上必要的培训。职工群众只有参加民主管理的实践，在实践中不断增长才干，

积累经验，才能逐步承担起参与管理企业的任务。

4. 如何正确理解企业党组织的地位和作用

有的同志反映，现在企业党委的作用明确了，但他在企业中的地位还不很明确。这个问题可以进一步探讨研究。但是一般来说，地位总是通过作用体现出来的。企业党委只有加强党的自身建设，做好职工思想政治工作，搞好保证监督，才能有利于克服党组织的行政化和官僚主义现象，加强党和群众的联系，才能真正体现党的领导作用，强化党在企业中的地位。企业党委要做好这几件事，责任是很大的，难度也不小。在企业从事党的工作和思想政治工作的同志，是可以大有作为，充分施展才能的。在企业中，党的组织制度和工作制度必须改革，干部要精干。但这件事相当复杂，要有步骤地稳步进行。

第二个问题，贯彻落实“三个条例”和补充通知精神，态度要坚决，工作要稳妥。

1. 各企业要按照“三个条例”和补充通知的精神制定和修订实施细则

各地区、各单位要结合本地的具体情况，制定贯彻“三个条例”和补充通知的实施细则及相应的规章制度，明确划清企业厂长、党委和职代会职责权限，理顺三者关系，是搞好企业领导体制改革的重要保证。现在多数单位已经制定了实施细则，但是，由于对许多问题，特别是厂长对企业负有全面责任等问题有不同理解，已制定的实施细则也可能有不够完善、不够恰当的地方。这次会议以后，有必要把实施细则，包括各种问题的处理程序等，认真做一次讨论和修订。这既是贯彻这次会议精神的必要措施，也是进一步理顺三者关系，不断完善厂长负责制的一项重要工作。现在，各企业改革的进展和深化程度不尽相同，无论是搞得好的企业，还是不够好的企业，都需要做大量的工作，都需要在总结经验的基础上，进一步巩固和提高，有的还要适当补课。

2. 要选配好企业领导干部，加强培训，提高素质，这是推行厂长负责制的关键

凡是推行厂长负责制的企业，一定要选配好领导干部。这是搞好企业领导体制改革的重要条件和组织保证。要认真进行考察了解，按照干部“四化”的条件，选拔那些有强烈的革命事业心，有开拓精神，懂业务、会经营，能带领职工推进企业技术进步和提高企业素质的干部担任厂长。当然，也要选配好党委书记、工会主席等主要领导干部。在此基础上，今后还要把重点转到提高领导干部素质，改善干部结构，优化整体功能上来。关于发挥现在仍在任的五十多岁干部的作用问题，要按照宋平、宝华同志的报告精神去办。关于精干政工干部队伍的问题，要稳步进行，不要刮风，一哄而起，应当有步骤地逐步解决。另外，随着企业改革深化，要把竞争机制引入企业承包，引入人才的使用和管理，通过招聘、考评、群众评议等各种方法，促进企业人事制度的改革，使优秀人才脱颖而出，选拔到企业各级领导班子中来。

3. 同企业领导体制相适应，企业主管机关也要加快改革步伐，按照党政分开，政企分开的原则，逐步实现职能转变

否则，必然就会给全面推行厂长负责制造成困难。因此，企业的主管机关也应逐步实现党政分开，政企分开，转变职能。考虑到改革要有个过程，因此建议，在许多城市主管

局仍然实行党委领导下局长负责制的情况下，凡主管局布置有关生产经营、行政管理方面的工作，应以行政名义下达。必须由局党委主持布置与行政有关的工作时，也应召集厂长和书记一起参加。请大家回去以后向省、市、自治区党委汇报，希望能按此精神逐步加快改革。关于对干部的任命和管理问题，应随着政治体制改革的进展，按党政分开的原则，逐步理顺关系。

4. 要加强立法，保证厂长负责制普遍推行

鉴于企业领导体制改革将全面推开，应争取尽早通过立法程序，审议、通过和颁布《全民所有制工业企业法》，以进一步从法律上保证厂长负责制的施行，并为企业扩权，推行厂长负责制创造更好的外部条件。现行的三个条件还有某些不完善的地方，目前不必急于修改，可以考虑在《全民所有制工业企业法》颁布后做适当的修改。此外，租赁企业如何根据各自的特点执行“三个条例”；集体所有制企业实行什么样的领导体制等，也需要逐步从立法、建制上加以研究解决。关于全民所有制商业、金融企业，原则上可以参照全民所有制工业企业的“三个条例”和补充通知的精神执行，主管部门要主动研究，尽快地提出适合这些企业情况的意见和办法。

5. 加强领导，统一部署，全面安排，协同配合

根据这几年的经验，要搞好企业领导体制改革，加快推行厂长负责制步伐，各省、市、自治区党委和政府要加强领导，我们建议由主要领导同志牵头，各地经委、组织部（或经济工作部）、总工会等有关部门负责同志共同组成领导小组或办公室，从本地区、本部门实际情况出发，做出规划，有计划、分步骤、扎扎实实地进行。推行厂长负责制是一项重大改革，涉及面很广，要做过细的工作，防止一哄而起。应当强调，各有关方面一定要做到思想统一，步调一致，密切合作，避免其说不一，各行其是，互相牵制。还要注意把全面实行厂长负责制作为深化企业改革的重要组成部分，做出全面安排。在这次会议上，介绍的一些地区、企业的经验很好，可以参考，但一定要结合本地区，本单位的实际情况，不能完全照抄照搬。

同志们，我们党的十三大即将召开，经济体制改革将加快步伐，政治体制改革也将逐步展开。我们一定要认清形势，进一步贯彻落实“三个条例”和中央补充通知的精神，认真搞好企业领导体制的改革。我们相信，在党的十三大以后，全党的思想将更加统一，包括企业领导体制改革在内的各项改革，必将出现一个更加迅速发展的新的局面。

继续推行和完善企业承包经营责任制*

——在全国承包制理论与实践研讨会闭幕式上的讲话

（1987年9月3日）

当前我国的政治经济形势很好，党的十三大的主要议题是加快改革。我们明年的任务将是深化企业经营机制的改革，继续推行和完善承包经营责任制，特别是引进竞争机制，进一步促进企业内部经营制度的改革，完善企业自我激励、自我约束的机制。

党的十一届三中全会以后，1979年4月中央工作会议上提出在十个方面扩大企业自主权。当年7月，国务院发了文件，首钢成为第一批扩大企业自主权的试点企业。经过多方面的探索、多种形式的试验和在首钢多次举办承包制研究班，试图总结、推广首钢的经验。虽然遇到了一些阻力，但实践已经证明，承包经营责任制是最有效的办法，是最有生命力的。第一，承包经营责任制是解决国家与企业的关系，即国家与企业的利益分配问题的最好办法，既保了国家的财政收入，又保了企业发展的后劲。第二，承包制解决了所有权和经营权分开的问题，找到了一条政企分开的路子，为转变政府职能，精简和改革机构，克服官僚主义，提高工作效率创造了条件。第三，就一个企业来说，承包制是责、权、利相结合的最佳形式。企业承担了责任，就要有相应的权力和利益，不然，承担的责任就会打折扣。第四，承包制是完善企业自我激励、自我约束机制的一条行之有效的路子。有的同志担心企业留利多了，权力大了，企业就会胡来。实际上只要实行承包经营责任制，而且包死了，它就会知道如何约束自己，资金使用会更加合理。第五，承包制为企业自主经营和自负盈亏创造了条件。第六，承包制促进了内部经营管理制度的改革。国家这一头包死了以后，企业就眼睛向内，在挖掘内部潜力上使劲。像首钢的包、保、核就是层层承包，“千斤重担众人挑”。企

---

* 本文是袁宝华同志在全国承包制理论与实践研讨会闭幕式上的讲话，首发在《承包制理论与实际》（经济日报出版社，1987）。本文与9个附录一起从实践、政策、理论三个方面反映了承包制在计划经济体制和放权让利的背景下不断完善和发展的过程，以及在微观搞活企业，在宏观增加国家财力的历史贡献。承包制与厂长负责制一起，为起草十年的企业法成为新中国经济发展的第一部根本大法奠定了重要基础，也为我国企业改革由放权让利转为转机建制做出了阶段性的历史贡献。

业内部实行分配和效益挂钩，既是分配制度的改革，也是企业内部经营管理制度的改革。过去我们花那么大气力抓产品质量，把嗓子喊哑了也不行。为什么？因为企业没有内在动力。只有把企业对国家这一头包死了，企业才能够真正把力量用在内部经营管理的改革上。第七，承包制可以促进社会主义市场体系更快地建立起来。第八，最重要的一条，实行承包经营责任制能够充分调动企业全体职工的积极性、智慧和创造力，而这正是企业内在的动力，正是企业活力的源泉。

从以上几条来看，承包经营责任制绝不是过渡性措施，不是过渡形式，不是权宜之计。1981 年，国家财政困难，各省市把财政任务背回去，实在落实不下去，才下决心搞承包，结果，当年的财政任务完成而且超过了。可是，日子好过一点，又把这个行之有效的办法丢掉了。所以，相当长的一个时期里承包经营责任制处于动荡、摇摆之中，几起几落。首钢的同志感受最深刻，每年都需国务院领导同志批示一次，才能继续实行。首钢除了上交利润逐年递增外，还用留利给国家增加固定资产 10 亿元。这就回答了企业承包后谁是投资的主体这个问题。国家要不要背这么大的基本建设包袱，很值得我们思考。当然，有些项目非国家搞不行，特别是一些公用事业。有许多企业的改造、扩建项目，就不一定要国家来背。

认识来源于实践。经过 9 年的改革实践，证明承包制行之有效，所以从很大的程度上统一了大家的思想，也就是说在很大程度上提高了大家的认识，包括我们自己在内。承包经营责任制不是从天上掉下来的。第一，它是农村改革成就对我们的启发。农村实行了家庭联产承包责任制，取得了巨大的成绩，农村面貌发生了翻天覆地的变化，实践证明这条道路是成功的。把农村的经验引入城市里来，也是有效的，成功的。有的同志说，“包字进城，一包就灵”。这句话我看很有道理，当然也有不灵的，把好事办坏了。但只要正确地执行它，总是会灵的。第二，承包制是从城市改革试点经验中总结出来的。具体地说，它是第一段企业推行承包经营责任制试点经验的总结。第三，它是这些年多方面进行探索、实践，对多种形式改革成果进行分析、比较，优选出的最有效的形式。第四，承包制的推行也要归功于改革理论研究的巨大进展与突破。

以上四个方面坚定了我们实行企业承包制的信心和决心。当然，承包制还是正在发展中的新事物，还会出现这样那样的问题，只要不断研究它、解决它，承包制就会不断地发展、完善。

第一，要认真贯彻党的实事求是的思想路线。要从实际出发，不要“一刀切”，要根据每个企业的不同情况区别对待，不要急于规范化，急于规范化只会作茧自缚。现在搞个承包条例也是必要的，可以使承包制的推行少走弯路，加快步伐。但条例也要在实践中不断修改、完善。总之，只有从实际出发，才有生命力。

第二，改革中出现的问题，要用改革的精神和改革的办法去解决，不要一出问题就走回头路。改革中最大的阻力还是来自“左”的方面。陈腐的思想观念根深蒂固，这种习惯势力不可低估。我们必须采取实事求是的态度，采取具体分析的态度，对待改革中出现的问题，用改革的精神去解决它，我们就会不断前进。

第三，要配套改革。改革不是一、二、三齐步走，配套改革也要有先有后，没有条件要创造条件。互相促进，实际上是互相创造条件，互为条件。最近正在研究投资体制和物资体制的改革，经济管理体制改革加速进行，为政治体制改革特别是机构改革创造条件。“釜底抽薪”，转变了部门职能，机构改革也就顺理成章。这就是经济体制与政治体制改革互相促进。所以，各项改革都要积极主动去进行，不要等待，只要某项改革突出出来，就会促使其他各项改革的前进。

第四，事在人为，无论什么好的办法，最后还是要靠人去实现它。正确的政策可以调动人的积极性，可是，只有能够正确执行政策的人来执行政策，才能够达到调动积极性的目的。企业领导人要充分发挥全体职工的积极性，在这个问题上企业领导人必须有比较高的自觉性，比较强的民主意识，认真加强企业民主管理，真正把全体职工放在主人翁的位置上，而且让他自己感觉到自己是主人。如果我们不能使职工树立主人翁意识，充分发挥主人翁作用，还算什么社会主义企业？现在，外国资本主义企业也在强调发挥职工的积极性。1978 年，我们国家经委代表团第一次去访问日本的时候，日本企业界给我们介绍情况时第一句话就是：我们企业的宗旨首先是十分重视发挥人的作用。原来美国企业把人作为机器的附属物，现在也不一样了。《艾克卡自传》这本书就说：经营管理人员第一位的职责，是充分动员职工的积极性，经营管理人员做不到这一条就应辞职。所以，领导干部的素质是首要的问题。最近在厂长负责制工作会议上，大家一致认为要领导好企业，要有个制度，要有个立法，还要有合格的执行制度的人。衡量一个企业领导人够不够格，首先看能不能把职工的积极性调动起来。这是我们推行和完善承包经营责任制最重要的一条，也是承包经营责任制的生命力所在。

第五，要继续大力进行承包经营责任制的理论研究工作。我们面临加快改革的新形势和新任务，在改革的实践中还会不断地出现新问题、新情况。所以我们在理论的探讨上，要坚持解放思想，实事求是，坚持科学态度和民主精神，坚持“百家争鸣”的方针，绝不要给人家戴帽子。实践是检验真理的唯一标准，真理在实践中不断发展，在争论中越辩越明。比如，大家一致认为企业有巨大的潜力，但如何把它挖掘出来，认识就极不一致，对推行承包经营责任制认识就是这样。其实关键在于如何激励企业多创，也就是如何把全体职工的积极性动员起来。企业多创了，下面的文章才好做，国家可以多收，企业可以多留，职工可以多得。有些同志误认为企业的利润就是一杯水，你多喝了，我就会少喝。如果你把自来水龙头打开，就不是一杯水，你可以多喝，我也可以多喝。所以争论“大头、小头”没有多大意思。但也有意思，争出来个谁是投资的主体，争论得好。总起来看，争论是有益的，探索是必要的。团结一致向前看，齐心协力创出一条新路子，即具有中国特色的办好社会主义企业的路子，也就是社会主义企业改革之路。现在全世界对我们都寄予希望，最近《南德意志报》说：中国的改革，使西欧浮想联翩，企业为中国巨大的市场所吸引，政治家把中国看成是21世纪的超级大国。认为必须争取这个正在觉醒的巨人。面临这个新形势，不容我们停步，不容我们犹豫，不容我们动摇，要下决心加快改革步伐，加速我们向中等发达国家前进的步伐。

文稿解读

1986 年 11 月 24~30 日，国家经委先后召开两次研究企业经营方式的企业改革座谈会，分别邀请 20 家大中型企业负责同志，北京、上海等十省市经委负责同志参加。会议研究了全国 1986 年 1 月至 10 月企业实现利润、企业留利下降的形势（在当年国家减免了 20 亿元调节税的有利条件下，全国预算内工业企业产值增长 4.8%，实现利润下降 10.4%、企业留利下降 10.3%），普遍认为第二步利改税办法仍然没有脱出全额利润留成的模式，企业既缺乏提高经济效益的压力，也缺乏提高经济效益的动力，更缺乏自我积累的能力，许多企业只好把自我发展寄托于国家减税让利和银行贷款上，当信贷宏观控紧后，第二步利改税未能增强企业发展后劲的矛盾便显露出来。一些地区为了扭转这种形势，对所得税和调节税采取了多种形式的承包试点，取得了突出的效果。例如，北京市实现利税比上年增长 7.1%，上交利税持平，关键是靠首钢、北京农机总公司、北京电机总厂 3 家上交利润递增包干企业。这 3 家企业实现利税增长 29.1%，上交利税增长 13.9%。扣除这 3 家企业，则是实现利税下降 3.6%，上交利税下降 5.1%。

会后，国家经委将会议情况报告国务院，并提出 1987 年企业改革要在所有权与经营权的分离上做文章，推行搞活企业的经营方式。

1986 年 12 月 5 日，《国务院关于深化企业改革增强企业活力的若干规定》（国发〔1986〕103 号）明确，推行多种形式的经营承包责任制，给经营者以充分的经营自主权。根据企业所有权与经营权分离的原则，给经营者以充分的经营自主权，是深化企业改革、增强企业活力的重要内容。全民所有制大中型企业要实行多种形式的经营责任制。

1986 年 12 月 19 日，邓小平同志听取国务院领导同志汇报当前经济情况和明年改革设想。指出，我们的改革到底要走几步？多长时间完成？请你们研究一下。在谈到解决农业后劲和企业改革时说，从长远看，粮食问题很重要，要通过改革解决农业发展后劲问题。企业改革，主要是解决搞活国营大中型企业的问题。用多种形式把所有权和经营权分开，以调动企业积极性，这是改革的一个很重要的方面。许多经营形式，都属于发展社会生产力的手段、方法，既可为资本主义所用，也可为社会主义所用，谁用得好，就为谁服务。

1987 年 1 月 22 日至 25 日，国务院在北京召开全国经济工作会议。会议明确，经济战线当前的重要任务是深化企业改革，把企业搞活。会议指出，要深化企业改革，关键在于推行多种形式的承包经营责任制。

1987年4月23日至27日，国家经委受国务院委托，在北京召开全国企业承包经营责任制座谈会，研究部署全面实行企业承包经营责任制。

1987年8月31日，国家经委、国家体改委印发《关于深化企业改革完善承包经营责任制的意见》。

1987年8月31日至9月3日，全国承包制理论与实践研讨会在北京（首钢）召开。研讨会由首都钢铁公司、第二汽车制造厂、《光明日报》理论部、国家经委青年经济研究小组、中国经济体制改革杂志社联合举办，主题是：第一，从理论与实践的结合上，论证承包制是有中国特色的办好社会主义企业的有效途径；第二，企业承包后，计划、财政、物资、外贸、金融等管理体制怎样进行配套改革。到会的有企业界、理论界、实际工作部门和新闻界人士共142人。李铁映、吕东、袁宝华、张彦宁、吴明瑜、康永和、黄正夏等部门或地方有关领导同志，于光远、千家驹、廖季立、杨培新、何建章、王珏、蒋一苇、林凌、宋涛、肖灼基，何伟等理论界专家，首钢、二汽等先行试点企业负责同志等出席并讲话。研讨会开幕时国家经委主任吕东同志讲话，会议闭幕时国家经委副主任袁宝华同志讲话。

1988年2月9日至12日，经国务院批准，国家经委在北京召开全国企业承包经营责任制座谈会。中央领导同志接见出席会议的部分代表，国务院代总理李鹏同志出席会议并讲话。国家经委主任吕东、副主任张彦宁同志分别讲话，国家经委副主任胡平同志宣读关于全国企业改革创新奖的决定（授予首都钢铁公司、北京第一机床厂、沈阳电工机械厂、吉林化学工业公司、吉林省通化市第三针织厂、邯郸市春蕾瓷厂、青岛显像管厂和“满负荷工作法”的发明者张兴让同志以全国企业改革创新奖）。部分省市经委负责同志发言，部分获奖企业负责同志做典型经验介绍。

会议总结了1987年承包经营责任制情况，认为由于政策明确，措施得力，共同努力，推行承包经营责任制的工作取得了突破性的进展，全国80%的大中型企业已推行承包制，对深化企业改革，稳定国民经济，促进双增双节，起到了显著作用。实践已经充分证明，承包经营责任制符合中国国情，确实是现阶段增强企业活力，确保国家财政收入的有效途径。关于1988年的经济工作千头万绪，应当从哪里抓起？按照党中央、国务院的统一部署，重要的一条就是改革总揽全局，推进承包经营责任制的配套、完善、深化和发展，把实行承包制作为解决各方面矛盾的一个出路。遵照党中央、国务院领导同志的指示，在以下几个方面做出努力。①为竞争机制进一步引入承包开辟道路。实行招标承包，把扩大竞争机制的作用当作完善承包制的重要内容。②要使企业内部的管理和改革等工作跟上来。一些地方和企业在推行承包的过程中创造的“满负荷工作法”“厂内银行”等，符合企业的现状，是科学、合理的管理方法，应当在承包中加以推行和贯彻，使广大职工的经济利益和劳动贡献挂起钩来。③搞好承包制的外部配套改革，理顺地方与中央财政关系，配套进行计划、投资、物资、外贸、金融等项改革。④把推进技术进步作为承包的重要一环，不断探索使企业逐步自负盈亏的道路。

1988 年 2 月 12 日，中央领导同志会见全国企业承包经营责任制座谈会部分代表，听取国家经委关于承包经营责任制的汇报时指出，去年承包有效益，宏观控制有进步，微观也活了，全年上交利税增加 59.5 亿元，企业留利增加 22 亿元，很不简单，抓到点子上了；不承包形势就不会这么好。要是早一点下决心承包下去，情况会更好。去年还没有完全发挥效益，因为时间还不长；今年搞好了，效益会更明显。应该把各地搞好承包的经验和效果，通过宣传来推动其他地方。中央领导同志在肯定承包经营责任制成绩的基础上，要求进一步完善企业内部经营机制。一个是厂长负责制，一个是目标管理体系，一个是满负荷工作法，一个是厂内银行，一个是劳动优化组合，一个是内部分配，目前有一些承包企业还不会搞，要训练。招标承包要认真研究落实，经营者承包和全体职工承包的关系要结合好。厂长承包要有工人支持。厂长承包归根结底是代表工人承包，最后签订的契约要工人认可，使全厂职工承担责任。这样既体现了厂长是企业法人代表、全面负责，又体现了职工的主人翁地位。

1988 年 2 月 27 日，国务院印发《全民所有制工业企业承包经营责任制暂行条例》。

1988 年 5 月 28 日至 30 日，全国第二次承包制理论与实践研讨会在北京举行。企业界、理论界、实际工作部门和新闻界人士共 150 余人参加了会议。这次研讨会的主题，一是从改革的现状和发展前途，论证发展承包制仍然是今后经济体制改革的中心和重点；二是在全国普遍推广承包制的新形势下，怎样为承包制创造良好的外部环境并加速其他方面的配套改革。会议开幕时，马洪、孙尚清同志出席，闭幕时吕东、袁宝华同志讲话，企业界、理论界著名人士周冠五、马宾、杨培新、王琢、吴树青、陈清泰在会上发言。

文稿附录

附录 1　国家经委关于大中型企业实行多种承包经营责任制促进“双增双节”情况的汇报提纲

附录 2　国家经委、国家体改委关于深化企业改革完善承包经营责任制的意见

附录 3　全民所有制工业企业承包经营责任制暂行条例

附录 4　国务院生产委员会关于认真做好工业企业新一期承包工作的几点意见

附录 5　国务院生产办公室、国家体改委印发《关于“八五”期间进一步完善企业承包经营责任制的意见》

附录 6　关于实行承包经营责任制的企业执行《两则》有关问题的意见

附录 7　关于承包制和其他经营方式的几点思考——中国社会科学院工业经济研究所所长蒋一苇在全国承包制理论与实践研讨会的讲话

附录 8　五年承包的回顾与思考——第二汽车制造厂厂长陈清泰在全国承包制理论与实践研讨会的讲话

附录 9　坚定不移地走承包之路——国家体改委企业体制司郭志山在第二次全国承包制理论与实践研讨会的发言

附　录

附录 1

国家经委关于大中型企业实行多种承包经营责任制促进“双增双节”情况的汇报提纲

（1987 年 4 月 8 日）

近一个多月来，我们围绕着落实全国省长会议精神和国务院关于深化企业改革的规定，检查了前一段的工作。先后邀请实行第二步利改税和试行税后承包、租赁经营、行业投入产出包干、上交利润递增包干等不同类型的企业，召开了几次调查会；经委党组的同志还带领调查组，分别到广东、辽宁、黑龙江等地做了一些专题调查。各地的情况表明，这次增产节约、增收节支运动不同于过去的特点之一，就是同深化企业改革、实行各种形式的承包经营责任制联在一起。凡是企业改革搞得好的，职工群众的积极性就高，“双增双节”的效果就比较明显。因此，积极落实各种形式的承包经营责任制，并及时总结推广这方面的经验，对今年的经济发展和下一步的改革，将会起到重大作用。

一　大中型企业承包经营责任制的几种形式

目前，各地在全民所有制大中型工业企业中实行的承包经营责任制，主要有以下几种形式。

（一）“双保一挂”（或“双包一挂”）

比较典型的是北京市的 8 家大企业。“双保”是一保上交税利，完不成包干指标的要用自有资金补足；二保“七五”期间国家已经批准的技术改造项目。“一挂”是工资总额和实现税利挂钩。他们的这种办法，是“自费改革”，而且是一定四年不变。企业仍按现行税法上交税金，年终同市财政结算，按承包合同给企业兑现。

（二）上交利润递增包干

即企业上交产品税（或增值税）后，在核定上交利润基数的基础上，逐年按规定的递增率向财政上交利润。现在经财政部批准的还有二十几家，各地也批准了一些企业实行，效果都很好。许多大中型企业都希望实行这种办法。

（三）上交利润基数（或纳税目标）包干，超收分成

即确定企业上交利润基数，超收部分按规定进行比例分成或分档分成。吉林省实行这种办法的企业较多，有的是先由企业按现行办法纳税，年终同财政结算，超目标部分退给企业。也有的是直接留给企业。

（四）微利、亏损企业的利润包干或亏损包干

根据不同企业的情况，确定包干基数。有的超收（或减亏）全部留给企业，有的按规定的比例分成。

（五）行业投入产出包干

现在，石油、煤炭、化工、冶金、有色、铁道、邮电和民航8个行业实行。行业内部的企业，有的也实行承包办法。行业投入产出包干有利于行业的发展，但如何搞活基层企业，还需要进一步采取措施。

此外，还有两种经营形式。一是企业经营责任制，即国家体改委在沈阳、武汉、石家庄等6个城市试点的办法。基数利润交55%所得税：超基数利润所得税税率降为30%，即倒三七分成。据了解，除这6个城市外，其他地区也搞了一些试点。二是资产经营责任制。目前在沈阳、重庆等城市少数企业中试点。这种形式是用招标的办法选定企业经营者；以实现利润和固定资产增值的多少，确定经营者的利益。这两种经营形式还刚开始试点。

上述5种承包经营责任制的基本特征是包死基数，确保上交，超收多留，欠收自补。其中“双保一挂”和上交利润递增包干这两种形式更适用于技术改造任务重的全民所有制大中型工业企业。从实践来看，承包经营形式一般有以下特点。

（1）所有权和经营权分开的程度高。承包经营实质上是用合同形式明确国家和企业的关系，把经营权交给了企业，符合发展社会主义商品经济的改革方向。在承包期内，企业拥有充分的经营自主权和财产使用权，创造更多的利润，交够了国家的，剩下是自己的。这种办法“政策的透明度高”，从厂长到职工目标都很明确，责、权、利结合得很紧密，企业也就有了自求发展、自我约束的经营机制。这比那种“水涨船高”的分成办法，激励作用要大得多。实践也一再证明，这是动员广大职工挖掘潜力，实现“双增双节”的最有效办法。

（2）企业的风险大，利益也大，有压力，有动力，也有干头。承包后，企业要承担确保上交利润和完成技术改造任务的责任风险，承担市场变化的风险，承担贷款利率和汇率变化的风险，承担职工收入随着生产的发展逐年有所增长的风险。但是，承包后的动力也大，主动权在企业手里，只要努力去干，就可以达到目标。

（3）投资主体逐步转到了企业，资金靠企业自我积累。过去，投资主体是国家，企业发展靠贷款。拨款改为贷款后，实行税前还贷，国家承担还贷的大头，实质上投资主体还是国家。实行承包经营，投资主体开始转到了企业。企业要增强后劲，所需的自我改造、自我发展资金必须靠自己赚出来，这就要精打细算，讲求效果。从实践中看，承包企业的

技术改造项目，资金落实情况比面上的企业好，投资效果也好。

（4）有利于推进技术进步。一是承包合同中明确规定了技术改造任务；二是企业有加快技术进步的要求，只有抓好技术改造，不断开发新产品，才能增强竞争力，年年增加收入；三是企业也具有推进技术进步的实力。如佳木斯造纸厂包干4年来，用于技术改造的资金共达6778万元，相当于1976年至1980年国家拨款的2.56倍，搞了71个技术改造项目（包括12项技术引进），增加固定资产9800万元，企业技术面貌发生了根本变化，经济效益明显提高。

（5）有利于调整产业结构和产品结构。现阶段，调整产业结构单靠市场作用是不可能完全做到的，要靠国家制定明确的产业政策和企业组织结构政策进行干预。看来，承包经营是把经济手段和行政手段结合起来，是当前调整产业结构和产品结构的有力措施。例如北京市的纺织行业，前几年采取减免调节税、创汇分成等措施，仍然阻挡不住萎缩，原因是解决不了技术改造资金问题。这次承包，从今年起至1990年，采取每年上交利润7600万元（比1986年实际上交数额高1.5%），一定四年不变的办法。承包期内，可筹集4.5亿元投资，进行行业技术改造。计划到1990年把出口产品的深加工比重，从现在的40%提高到60%，增加创汇3亿美元。

（6）有利于促进企业挖掘内部潜力。国家任务一头包死，企业打消了对上的依赖心理，只能眼睛向内，用落实和完善企业内部的经济责任制来保包干任务的完成。在座谈中，厂长们说，承包之后有利于从严治厂。现在企业潜力很大，以机械行业来说，一般每班工时利用只有4~5个小时。北京重型电机厂按定额计算，一个月应完成5.9万工时，过去很难达到：承包之后，1月就达到了定额，2月完成8.3万工时，3月完成10万工时，大大超过定额。原因就在于承包任务已经层层落实到班组和个人，任务同经济利益挂钩，多劳可以多得，工人出工真出力了。

应当指出，现在各地实行的承包经营责任制已不同于过去，而是在总结了前几年经验的基础上，有了新的发展，虽然时间还不长，面还不广，办法还有待于完善和发展，但是同其他经营方式相比，确实利大于弊。厂长们说，实行这种承包经营责任制以后，“不用扬鞭自奋蹄”，再也不埋怨是“鞭打快牛”，还是“鞭打慢牛”了。

从这里给了我们一个有益的启示，就是深化企业改革，必须尊重实践，尊重群众的首创精神。只有这样，我们才能真正找到具有中国特色的企业改革的路子。根据这几年的实践经验，深化企业改革要坚持以下的几点。

①坚定不移地把搞活大中型企业作为城市经济体制改革的中心环节。大中型企业能不能尽快增强活力，增强后劲，实现“良性循环”，不仅直接关系着“双增双节”任务的实现，而且关系到经济建设的全局和改革事业的成败。

②把解决大中型企业的经营形式、完善企业经营机制作为企业改革的核心。当前比较可行的办法，就是实行各种形式的承包经营责任制。

③坚持从实际出发，采取一些阶段性的过渡措施，使企业经营形式逐步完善，真正做

到自负盈亏。

④要使企业逐步地成为投资主体，增强企业自我积累自我改造和自我发展能力。

⑤确定了企业的经营形式之后，还要认真抓好企业内部的配套改革。

二　实行承包经营责任制要注意的问题

从这几年的实践来看，目前实行的几种承包经营责任制形式，并不是完美无缺的，还需要在今后的实践中不断发展完善。同时还要注意同完善二步利改税以及今后的改革相衔接。根据当前的情况，要注意以下几个问题。

（一）合理确定承包基数

确保中央财政收入的稳定增长，是关系全局的大问题。深化企业改革的一个重要目的，就是保证这个任务的实现。各地区、各部门要在“自费改革”的前提下，不拘一格地实行各种承包经营责任制。核定企业承包基数和上交任务要合理，核定基数时，不能期望国家再减税让利，要使企业在超收部分中多得。一般应以1986年的实绩为基数，并根据企业的不同情况，确定递增比例。确定承包基数时，为避免企业之间苦乐不均，可组织同一地区的同行业企业进行评估。由于对企业潜力估计不足，承包基数过低、企业得利过大时，经主管部门与企业协商，可对承包基数做适当调整。

（二）防止消费基金膨胀

实行承包经营的企业，工资奖金的发放，必须执行国家的有关规定：一是工资总额的增长要同经济效益挂钩；二是企业留利用于消费基金部分，根据不同的留利水平，分别规定不同的比例，企业不得超过规定的比例；三是按照规定缴纳奖金税和工资调节税；四是奖金发放要瞻前顾后、以主补歉，使职工收入逐年稳定增长。

（三）加强对企业自有资金使用的引导

企业承包经营以后，自有资金增加，有了扩大投入的条件，确实需要考虑固定资产投资规模失控的问题。从企业来说，自有资金应当主要用于国家已经批准的技术改造项目；从主管部门来说，应搞好行业发展规划，引导企业把资金更多地投向国家需要重点发展的方面，避免盲目性。

（四）确保产品质量，防止乱涨价

企业实行承包经营以后，应当主要依靠挖掘内部潜力，提高产品质量，降低物质消耗来增加企业收入，而不能依靠滥涨价或变相涨价，转嫁负担，损害国家和消费者利益。要把这方面的内容，纳入承包经营合同，加强监督、检查和审计。

（五）解决包而不死的问题

企业承包经营后，当国家的经济政策有了重大调整（比如税种、税率和指令性计划产品价格的较大调整），企业难以承担或得利过多时，应当相应调整合同。除此以外，一般应由企业自行消化，完不成承包基数和上交任务的，应由企业用自有资金补足。

（六）注意政策的稳定性和连续性

承包经营的期限，一般包到 1990 年，这样有利于企业克服短期行为。可以考虑，有些大中型骨干企业的承包合同与国家的五年计划相衔接，企业的承包任务同国家经济建设发展的要求相一致。这样就有可能使承包经营逐步走向规范化。

（七）实行承包经营要同改革企业领导体制结合起来

目前企业的承包，主要是全员承包、集体承包，也有的是经营者承包。不管是哪一种，要真正把承包责任落实下去，必须实行厂长负责制、厂长任期目标责任制和任期终结审计制。承包经营的企业，其厂长可由现任的厂长担任，也可采取招标的办法，由中标者担任。

（八）坚持稳步前进，不要一哄而起

各地情况不尽相同，企业之间差别也很大，在具体做法上，可以参照北京市的经验，由政府出面，组织计委、经委、体改委、财政、劳动和银行等部门联合审定，成熟一个搞一个，一个企业一个企业地签署承包合同。就一个地区来讲，实行承包经营的企业，既要有情况好的，又要有情况差的，以便取得更全面的经验。国家经委准备重点联系北京、吉林、山东、广东和甘肃等省市，协同地方及时总结经验，加以推广。

当前，在全民所有制大中型工业企业中实行承包经营责任制，可以参照上述意见，按照各地的部署有领导有步骤地开展。明年企业改革的实施方案，也要尽早做好准备。国家经委将于 4 月下旬召开部分地区、部门和企业参加的研讨会，对这个问题进行讨论。

附录 2

国家经委、国家体改委关于深化企业改革完善承包经营责任制的意见

（经企〔1987〕519 号　1987 年 8 月 31 日）

承包经营责任制，是在社会主义公有制基础上，按照所有权和经营权适当分开和企业自主经营、自负盈亏的原则，以契约的形式确定国家和企业责权利关系的经营管理制度。它来自实践，适合国情，符合我国现阶段生产力发展的状况，具有鲜明的中国特色；它是深化企业改革、完善企业经营机制的重要内容，使企业具有明确的经济责任、充分的经营权力、独立的经济利益，建立起自我发展和自我约束的机制；它把改革与发展紧密结合起来，是挖掘企业潜力、推动“双增双节”运动的直接动力。

国务院领导同志强调指出：承包制不是过渡的措施，可能还是条道路。要坚定不移地搞下去，逐步完善。为了推动承包经营责任制健康发展，当前需要注意以下几个问题。

一、坚持正确的指导原则。实行承包经营责任制，必须坚持“包死基数，确保上交，

超收多留，欠收自补”的原则，兼顾国家、企业、职工三者利益，保证国家财政收入稳定增长，增强企业后劲，在这个基础上，逐步改善职工生活；必须促进企业革新挖潜、发展生产、扩大经营、提高效益、改善服务；必须引入竞争机制，通过招标确定承包指标、选聘经营者。

二、合理确定承包要素。承包经营责任制的基本形式：1. “双保（双包）一挂”；2. 上交利润递增包干；3. 上交利润基数包干，超收分成；4. 微利企业上交利润定额包干；5. 亏损企业减亏（补贴）包干。在这五种基本形式的基础上，各地可以根据企业的不同情况，提出不同的承包内容，确定多种形式的承包经营责任制。不论采取哪种承包形式，都必须从承包基数、上交利润递增率（或超收分成比例）、技术改造目标、承包期限和企业留利中各项基金分配比例这五个方面入手，逐步合理化、科学化。承包基数一般以上年上交利润（即所得税和调节税）为基数，有些企业也可以前三年上交利润的平均数为基数，但要注意充分体现鼓励先进，鞭策后进的原则，既要就企业本身进行年度纵向比较，又要参照同行业企业经营效益平均先进水平进行横向比较；递增率或超收分成比例，要根据技术改造任务的需要和企业的潜力来确定，技术改造任务要与国家计划、行业规划相衔接；承包期限要与厂长任期相一致；承包后，新增加的留利，要大部分（一般70%以上）用于发展生产。

三、招标选聘承包经营者。实行承包经营责任制的企业，要逐步推行招标选聘经营者。这是发现和培养富有经营才干的企业家脱颖而出的有效途径。一般可在本企业范围或同一行业中实行招标选聘，有条件的，也可面向全社会招标。在同等条件下，可优先选聘原企业的职工。选聘的经营者是企业法人的代表，对企业负全面责任。企业完成承包任务时，承包经营者收入最高可相当职工平均收入水平的三倍；对成绩突出者，可由有关部门给予奖励；完不成承包任务时，要按承包合同规定承担相应的经济责任；对严重失职，给企业造成重大损失的，应由有关部门给予必要的惩处。

四、确立国家与企业之间的契约关系。一般情况下，应由政府指定的部门作为发包方与企业签订承包合同。承包合同一经签订即具有法律效力，受法律保护，也可经过公证。合同双方都要严格履行承包合同。企业既要包盈、也要包亏，完不成合同规定的上交税利任务，亏欠部分，应用企业自有资金补足；发包方应根据合同规定，承担相应义务，确保企业的合法权益不受侵犯，不得干预企业的日常生产经营活动，不得阻挠或包办企业的横向经济联合。妥善解决重大政策调整带来的问题。企业承包经营后，当国家的经济政策有了重大调整（比如税种、税率和指令性计划产品价格的较大调整）企业难以承担或得利过多时，可相应调整合同。

五、理顺企业内部管理机制。要把实行承包经营责任制和企业领导体制的改革结合起来，承包企业必须坚定不移的实行厂长负责制。要按照责、权、利相结合的原则，把企业对国家的承包任务，层层分解、落实到人，形成企业内部的目标管理体系和经济责任制网络体系，严格考核，奖罚分明，搞活分配。要从实际出发，进一步搞好机构设置、干部管理和劳动工资制度的改革，积极创造条件，推行干部选聘制、劳动组合制、计件工资和定额工资制等。要围绕提高产品质量、降低物质消耗，加强管理基础工作，推行现代管理，开展企业升级活动，全面提高管理水平。健全民主管理制度，充分发扬民主，调动全体职工的积极性和创造性。

六、正确引导企业投资方向。企业承包以后，一定要注意把生产发展基金按照国家的产业政策进行投入，实现内涵扩大再生产。今后企业技术进步的投入，主要靠承包制来自我积累；而承包制的后劲增强，又依靠企业技术进步。各地区和有关主管部门要尽快制定切实可行的产业政策和技术政策，并按照择优扶植的原则，鼓励企业通过横向经济联合，发展企业集团。把资金投向短线产品和需要发展的行业，提倡企业向国家急需发展的重点产业横向有偿投资，使企业自有资金使用更加合理，促进产业结构、企业结构调整，提高社会投资效益。国家有关部门也可审定若干个重点发展的企业，允许发行企业债券。

七、投资主体要逐步转向企业。企业承包以后，税前还贷改为企业留利还贷，这是完善企业经营机制，克服投资盲目性的重大措施。承包前的老贷款，在核定承包基数时专项列出，纳入合同，分年还清。承包后的新贷款，原则上应由企业自有资金归还。对于那些社会效益好、还款能力差的技术改造项目，各地应予以适当扶助，或采取其他办法予以照顾。试行国家资金和企业资金分帐办法，为承包企业实现自我积累、自负盈亏创造条件，鼓励企业多投入。企业承包前占用的固定资金（净值）和流动资金，属于国家资金；承包后企业用留利形成的固定资产和流动资金，属于企业资金，单独列帐，作为企业积累，是企业自负盈亏的风险基金，当出现企业完不成承包的上交利润任务时，用这部分资金抵补。

八、严格制止乱涨价。企业实行承包经营以后，必须端正经营思想依靠挖掘潜力、提高质量、降低消耗增加企业收入，严格禁止降低质量，以次充好，变相涨价；严格禁止通过乱涨价相互转嫁负担，损害国家和消费者利益。凡是带有垄断性、供不应求、处在卖方市场的产品，统一调拨的部分，坚持实行国家调拨价格，对企业擅自提价部分，要收缴财政；对自销部分，要对主要产品逐项规定最高限价，水平不能高于国际价格，超过限价部分，也同样要收缴财政。要把这方面的内容，纳入承包经营合同，加强监督、检查和审计。要认真整顿物资经销单位，减少流通环节，严格控制收费标准。

九、控制工资、奖金增长过快。要在生产发展的基础上，相应提高职工收入。总的原则是，职工工资、奖金的增长，要低于劳动生产率的增长，低于销售利润率的增长。工资奖金的发放，必须执行国家的有关规定：一是工资总额的增长要同经济效益挂钩；二是企业留利用于消费基金部分，根据不同企业的留利水平，分别规定不同的比例，企业不得超过；三是按照规定缴纳奖金税和工资调节税；四是奖金发放要瞻前顾后，建立后备基金，以丰补欠。严禁以各种名目滥发奖金、实物，有关部门要加强监督。对挪用生产发展基金去搞福利和奖励的，一经发现，要限期如数扣回，并追究企业领导的责任。

十、改善企业外部环境。增强企业活力，是整个经济体制改革的中心环节。各方面的改革，都要充分考虑企业的现状和承受能力，同深化企业改革相衔接，给企业创造一个相对稳定的经营环境。国家已经放给企业的各项权力，要认真落实，不能截留，更不能作出与扩权精神相违背的规定。要坚决制止乱摊派，保护企业的合法权益。有关部门应主要运用经济手段、法律手段对企业进行间接管理，加强指导、协调、监督、服务工作。同时，要建立和发挥群众监督网的作用。要加强公证、审计及经济立法、司法工作。

十一、搞好精神文明建设。企业实行承包经营责任制，要加强思想政治工作，教育广大职工进一步发扬主人翁精神，树立全局观念，正确处理国家、企业、职工三者利益关系，努力为社会主义现代化事业多作贡献。要切实做好对职工的技术业务培训工作，努力提高职工队伍素质，造就一支有理想、有道德、有文化、有纪律、爱国家、爱企业、爱本职工作的职工队伍。

十二、切实加强领导。要加强对承包经营责任制的宣传工作，提高认识，统一思想。企业主管部门要做好承包方案的论证测算工作，成熟一个搞一个，不能单纯追求承包企业的数量，而应当着重抓好承包经营的质量。当前，承包经营责任制已在全国普遍实行。企业主管部门要切实加强领导，引导企业改善经营管理，挖掘内部潜力，实现增产增收。各有关部门要大力协同，共同抓好承包经营责任制的成功率，及时发现和认真研究解决承包中出现的各种问题，促进承包经营责任制健康地向前发展。

附录 3

全民所有制工业企业承包经营责任制暂行条例

（国发〔1988〕13 号　1988 年 2 月 27 日）

第一章　总则

第一条　为发展和完善全民所有制工业企业（以下简称企业）承包经营责任制，转变企业经营机制，增强企业活力，提高经济效益，制定本条例。

第二条　承包经营责任制，是在坚持企业的社会主义全民所有制的基础上，按照所有权与经营权分离的原则，以承包经营合同形式，确定国家与企业的责权利关系使企业做到自主经营、自负盈亏的经营管理制度。

第三条　实行承包经营责任制，必须兼顾国家、企业、经营者和生产者利益，调动企业经营者和生产者积极性，挖掘企业内部潜力，确保上交国家利润，增强企业自我发展能力，逐步改善职工生活。

第四条　实行承包经营责任制，应当按照责权利相结合的原则，切实落实企业的经营管理自主权，保护企业的合法权益。

第五条　实行承包经营责任制，按照包死基数、确保上交、超收多留、欠收自补的原则，确定国家与企业的分配关系。

第六条 实行承包经营责任制，合同双方必须遵守国家法律、法规和政策，接受人民政府有关部门的监督。

第七条 实行承包经营责任制，由国家审计机关及其委托的其他审计组织对合同双方及企业经营者进行审计。

第二章 承包经营责任制的内容和形式

第八条 承包经营责任制的主要内容是：包上交国家利润，包完成技术改造任务，实行工资总额与经济效益挂钩。

在上述主要内容的基础上，不同企业可以根据实际情况确定其它承包内容。

第九条 承包上交国家利润的形式有：

（一）上交利润递增包干；

（二）上交利润基数包干，超收分成；

（三）微利企业上交利润定额包干；

（四）亏损企业减亏（或补贴）包干；

（五）国家批准的其他形式。

第十条 上交利润基数一般以上年上交的利润额（实行第二步利改税的企业，是指依法缴纳的所得税、调节税部分，下同）为准。

受客观因素影响，利润变化较大的企业，可以承包前二至三年上交利润的平均数为基数。

确定上交利润基数时，可参照本地区、本行业平均资金利润率进行适当调整。

上交利润递增率或超收分成比例，应当根据企业的生产增长潜力并适当考虑企业的技术改造任务确定。

第十一条 上交利润的方式为：企业按照税法纳税，纳税额中超过承包经营合同规定的上交利润额多上交的部分，由财政部门每季返还80%给企业，年终结算，多退少补，保证兑现。

第十二条 技术改造任务，应当根据国家的产业政策、市场需求、技术改造规划和企业的经济技术状况确定。

第十三条 实行工资总额与经济效益挂钩，其具体形式，可根据国家的规定和企业的实际情况确定。

第三章 承包经营合同

第十四条 实行承包经营责任制，必须由企业经营者代表承包方同发包方订立承包经营合同。

发包方为人民政府指定的有关部门，承包方为实行承包经营的企业。

第十五条 订立承包经营合同，合同双方必须坚持平等、自愿和协商的原则。

第十六条 承包经营合同一般应当包括下列主要条款：

（一）承包形式；

（二）承包期限；

（三）上交利润或减亏数额；

（四）国家指令性供应计划和产品生产计划；

（五）产品质量及其他主要经济技术指标；

（六）技术改造任务，国家资产维护和增殖；

（七）留利使用，贷款归还，承包前的债权债务处理；

（八）双方权利和义务；

（九）违约责任；

（十）对企业经营者的奖罚；

（十一）合同双方约定的其他事项。

第十七条 承包期限，一般不得少于三年。

第十八条 承包经营合同依法成立，即具有法律效力，任何一方均不得随意变更或解除。

第十九条 国务院对税种、税率和指令性计划产品价格进行重大调整，合同双方可按国务院规定协商变更承包经营合同。

因不可抗力或由于一方当事人虽无过失但无法防止的外因使企业无法履行承包经营合同时，合同双方可协商变更或解除承包经营合同。

第二十条 由于承包方经营管理不善完不成承包经营合同任务时，发包方有权提出解除承包经营合同。

由于发包方违约使承包方无法履行承包经营合同时，承包方有权提出解除承包经营合同。

第二十一条 合同双方发生纠纷，应当协商解决。协商不成的，合同双方可以根据承包经营合同规定向国家工商行政管理机关申请仲裁；也可以根据承包经营合同规定直接向人民法院起诉。

第四章 承包经营合同双方的权利和义务

第二十二条 发包方有权按承包经营合同规定，对承包方的生产经营活动进行检查、监督。

发包方应当按承包经营合同规定维护承包方和企业经营者的合法权益，并在职责范围内帮助协调解决承包方生产经营中的困难。

第二十三条 承包方享有国家法律、法规、政策和承包经营合同规定的经营管理自主权。

承包方必须按承包经营合同规定完成各项任务。

第二十四条 由于发包方没有履行合同，影响承包经营合同完成时，发包方应当承担违约责任，并视情节轻重追究发包方直接责任者的行政责任和经济责任。

第二十五条 承包方完不成承包经营合同任务时，应当承担违约责任，并视情节轻重追究企业经营者的行政责任和经济责任。

第五章 企业经营者

第二十六条 实行承包经营责任制，一般应当采取公开招标办法通过竞争确定企业经营者或经营集团。也可以按国家规定的其他方式确定企业经营者。

招标可在本企业或本行业中进行，有条件的也可以面向社会通过人才市场进行。投标者可以是个人、集团或企业法人。集团或企业法人中标后，必须确定企业经营者。

国家鼓励企业法人投标经营其他企业，以促进产品结构和企业组织结构的调整。

第二十七条 地方各级人民政府应当积极创造条件，逐步建立承包市场，为企业承包经营提供招标投标信息，为企业经营人才提供平等的竞争机会。

第二十八条 由发包方组织有承包企业职工代表参加的招标委员会（或小组），对投标者进行全面评审，公开答辩，择优选定。

第二十九条 企业经营者必须具备下列条件：

（一）国家规定的厂长（经理）条件；

（二）招标规定的其他条件。

第三十条 企业经营者是企业的厂长（经理），企业的法定代表人，对企业全面负责。

第三十一条 企业经营者可根据需要，按国家有关规定聘任一定数量的人员，组成企业领导班子。承包期满后，原企业领导班子即告解散。

第三十二条 企业经营者必须履行承包经营合同规定的有关义务；在承包期间，按年度向发包方和企业职工代表大会提交承包经营合同执行情况的报告。

第三十三条 企业经营者的年收入，视完成承包经营合同情况，可高于本企业职工年平均收入的一至三倍，贡献突出的，还可适当高一些。企业领导班子其他成员的收入要低于企业经营者。

完不成承包经营合同时，应当扣减企业经营者的收入，直至只保留其基本工资的一半。企业领导班子其他成员也要承担相应的经济责任。

第六章 承包经营企业的管理

第三十四条 实行承包经营责任制的企业，试行资金分账制度，划分国家资金和企业资金，分别列账。

承包前企业占用的全部固定资产和流动资金，列为国家资金。

承包期间的留利，以及用留利投入形成的固定资产和补充的流动资金，列为企业资金。

承包期间利用贷款形成的固定资产，用留利还贷的，划入企业资金；税前还贷的，按承包前国家与企业的利润分配比例，折算成国家资金和企业资金。

承包期间所提取的固定资产折旧基金，按固定资产中国家资金和企业资金的比例，分别列为国家资金和企业资金。

企业资金属全民所有制性质。

第三十五条 企业资金作为承包经营企业负亏的风险基金。承包期满后转入下期承包的企业资金。

企业完不成上交利润，先用企业当年留利抵交。不足时，用企业资金抵交。

第三十六条 承包经营企业必须合理核定留利中的生产发展基金、福利基金和奖励基金分配比例，并提取一定比例的福利基金和奖励基金用于住房制度改革。承包后新增的留利应当主要作为生产发展基金。

第三十七条 实行承包前的贷款，由国家承担的部分，要在承包经营合同中规定还款额度和期限，分年还清，然后按规定调整承包基数。实行承包后的贷款，原则上要用企业资金偿还。

第三十八条 承包经营企业必须严格遵守国家物价政策，不得擅自涨价或变相涨价。企业发生价格违法行为时，按国家有关规定追究企业和企业经营者的责任。

第三十九条 承包经营企业应当搞好企业内部领导制度改革，实行厂长（经理）负责制。

第四十条 承包经营企业应当加强民主管理，健全职工代表大会制度，充分发挥工会的作用，切实保障职工的民主权利。

第四十一条 承包经营企业应当按照责权利相结合的原则，建立和健全企业内部经济责任制，搞好企业内部承包。

第四十二条 承包经营企业应当贯彻按劳分配原则，确定适合本企业的工资形式和分配办法，积极推行计件工资制和定额工资制，使职工的劳动所得同劳动成果紧密挂钩。

第七章 附则

第四十三条 交通、建筑、农林、物资、商业、外贸行业的全民所有制企业实行承包经营责任制的，可参照本条例执行。

实行行业包干的部门和国家计划单列的企业集团的承包，按国家有关规定办理，不适用本条例。

第四十四条 各省、自治区、直辖市人民政府可根据本条例制定实施办法。

第四十五条 本条例自一九八八年三月一日起施行。

附录 4

国务院生产委员会关于认真做好工业企业新一期承包工作的几点意见

（生企〔1990〕32 号　1990 年 10 月 14 日）

目前，我国工业企业普遍实行的承包经营责任制，已经处于两期衔接的重要阶段。切实抓好新一期企业承包工作，对于稳定当前经济形势具有重要作用。为了在前一期承包的基础上，及时把承包到期的企业顺利引向新一期承包，并抓住有利时期，进一步完善承包制，根据《中共中央关于进一步治理整顿和深化改革的决定》、《全民所有制工业企业承包经营责任制暂行条例》和国务院批转国家体改委《关于在治理整顿中深化企业改革，强化企业管理的意见》（以下简称《三十条》），对于认真抓好工业企业新一期承包工作，提出以下几点意见：

一、统一认识，切实加强对新一期承包工作的领导。各级经济主管部门要认真学习领会、贯彻落实国务院国发（1990）33 号文件的精神，提高对搞好两期承包衔接工作重要性的认识，按照党中央、国务院的部署，统一思想，统一认识，认真负责地抓好新一期企业承包工作。只有进一步完善承包经营责任制，才能把中央关于深化企业改革、发挥大中型企业的骨干作用、强化企业管理、提高经济效益的要求落到实处，使承包制发挥更大的作用。

新一期企业承包工作，是在治理整顿期间企业生产经营外部环境偏紧的情况下进行的，实施操作难度大，再加上承包到期的企业比较集中，任务十分繁重。各级经济主管部门要把这项工作摆到重要的议事日程上来。主管领导要亲自挂帅，深入实际，调查研究，及时排除实施中遇到的困难。在各地政府领导下，各地经委（计经委）要会同体改、财政、税务、国有资产、审计、劳动、银行和企业主管部门的工作班子，共同搞好这项工作。

二、抓紧抓好两期承包衔接工作。一是抓紧进行上期承包的审计，对企业经营实绩做出实事求是的评价，为新一轮承包提供依据。二是在审计的基础上，按照《三十条》提出的原则和企业的实际情况，抓紧承包合同兑现工作，妥善处理好外部环境变化对企业完成承包合同任务的影响。三是全面总结推行承包制的成绩、经验和教训，结合各地的实际情况，针对存在的问题，提出完善的具体措施。在做好对承包企业摸底测算工作的基础上，逐户核定企业新一期承包指标。四是既要抓紧，又要过细，讲求质量，先易后难、先重点后一般，分期、分批地将新一期承包方案落实。此外，要有计划、有步骤地抓好“税利分流、税后还贷、税后承包”试点，认真总结经验。

三、严格按照《承包条例》和《三十条》的规定，规范新一期承包，使承包制进一步完善起来。

1. 关于企业承包的期限和形式。企业承包期限要严格按照《承包条例》规定，一般不得少于三年，要同技术改造任务相衔接。对于符合国家产业政策，需要扶持发展，“八五”期间的技术改造规划已经确定的企业，特别是对国民经济持续稳定协调发展有重要影响的大中型骨干企业，一般都应承包到“八五"计划期末；个别技术改造周期较长的企业，承包期还可以更长一些。对少数确实难以长包的企业，可以先实行延长1~2年承包期，待企业生产经营相对稳定后，再进行较长期的承包。新一期企业承包，一般都应实行“两包一挂”（即一包上交利润，二包技术改造任务，实行工效挂钩）的承包形式。上交利润，主要采取递增包干或基数包干、超收分成的办法。

2. 合理确定企业承包基数。确定企业承包基数，必须兼顾国家、企业和职工三者利益，既要保证国家财政的增收，又要考虑企业当前生产经营的实情，保持企业有发展后劲，促进资产增值。受客观因素影响，利润变化较大的企业，可用上期承包三年上交利润平均数为依据，并参照本地区同行业平均资金利润率和国家产业政策的要求、技术改造的需要、预期经济效益等情况合理确定承包基数和上交利润递增率或超收分成比例。对前一期承包基数、上交递增率或分成比例明显偏低的、或技术改造项目已经发挥效益的，可适当调高基数、递增率或分成比例。

3. 规范承包合同。新一期企业承包，要完善指标考核体系，把经济效益、技术进步和企业管理三大指标综合配套，纳入承包合同，严格考核，认真兑现。除考核企业实现利润、上交利润指标外，特别要考核技术改造任务及国家指令性计划完成情况，以及产品质量、资产增值、新产品开发、物质消耗、劳动生产率、设备完好率、安全生产等重要指标。切实按照《承包条例》要求，规范承包合同，防止与经济技术指标无关的各种工作要求“乱搭车”。

4. 强化约束机制。要加强审计和财务监督。承包合同要坚持先审计后兑现，全面考核。在“两包一挂”方面，注意强调完成技术改造任务指标，克服“两硬一软”（技术改造任务软）；在留利使用方面，要保证生产发展基金按规定比例提取和使用，克服三项基金中的“两硬一软”（生产发展基金软）的问题。

5. 明确发包方的责任和义务。参与发包的各有关部门，应按各自的职权范围审查承包合同的有关条款，明确各自承担的责任和义务。要努力落实并维护企业的生产经营自主权，帮助企业解决生产经营中遇到的问题，为企业全面完成承包任务创造条件。对以承担指令性计划任务为主的企业，尽可能实行供、产、销“包保”结合的承包。企业主管部门要切实地负起责任，支持企业依法经营，保护企业合法权益，制止各种摊派，减轻企业的负担。

6. 建立风险机制。提倡有条件的企业实行多种形式的风险抵押承包，真正发挥风险机制作用，增强企业的凝聚力。有条件的地区，可以本着“自愿参加、有偿使用、互助互利、共担风险”的原则，试行承包互助基金制度。各地区都要按照《承包条例》的规定，选择一两个承包搞得好的城市或少数基础工作扎实、财务力量较强的企业试行资金分账制，探索企业自我积累、自负盈亏的途径。

7. 加强管理，完善企业内部经济责任制。承包企业要把深化内部配套改革、强化管理有机结合起来，做到以包促管，以管促包。要健全职工代表大会制度，保障职工的民主权利。企业承包方案，要经过职工代表大会讨论，体现全员参与承包的精神。承包合同签定后，要通过经济责任制体系，将企业承包的各项任务和强化企业管理的各项要求，层层分解落实到车间、科室、班组和个人，调动广大职工的积极性。

8. 完善企业工效挂钩。工效挂钩是承包制的一项重要内容，实行承包制的企业，原则上都要实行工资总额同经济效益挂钩。要根据具体情况完善挂钩的办法，合理核定挂钩的经济效益指标的基数、工资总额基数和浮动比例。挂钩指标要尽可能与承包指标相衔接。经营者收入要严格执行《承包条例》和《三十条》的规定，将一至三倍的条件具体化，增强经营者收入的透明度。

9. 维护承包合同的严肃性。承包合同一经签订，承发包双方都要按照承包合同规定的责任和义务，严格履行合同。在国家对税种、税率、指令性计划产品价格等进行重大调整，对企业完成承包合同影响较大时，要按照《承包条例》的规定，经过双方协商，适当调整承包合同。

四、认真做好企业领导班子的思想政治工作。经过上期承包，我国工业企业的厂长（经理）经受了考验和锻炼。实践证明，他们中的绝大多数素质是好的，在企业生产经营外部环境变化很大的情况下，带领广大职工克服各种困难，深化内部改革，强化企业管理，努力挖掘潜力，提高经济效益，为国家做出了贡献。在企业生产经营比较困难的情况下推行新一期承包，各级领导必须深入细致地做好厂长的思想政治工作，对他们取得的成绩做出实事求是的评价，切实保护他们的积极性和创造性。对企业领导班子要保持相对稳定和工作的连续。要坚持实行厂长负责制，进一步理顺企业党政工三者关系，使厂长更好地依法行使职权，专心致志搞好生产经营。

附录 5

国务院生产办公室、国家体改委印发《关于“八五”期间进一步完善企业承包经营责任制的意见》

（国生企业〔1991〕第 114 号　1991 年 12 月 27 日）

承包经营责任制是我国广大企业和职工在改革实践中不断探索和发展起来的一种企业经营管理形式。完善和发展承包经营责任制，是促进经济发展的客观需要，也是深化企业改革的重要内容。为了贯彻中央工作会议关于“八五”期间继续实行承包制，但要进一步完善的精神，更好地发挥承包制在转换企业经营机制、促进经济发展中的作用，现就“八五”期间进一步完善和发展承包制，提出以下几点意见：

一　统一思想认识，保持政策的连续、稳定性

各地区、各部门要按照党的十三届七中全会和中央工作会议关于“八五”期间进一步完善和发展承包制的精神，统一思想认识，坚定不移地推进承包制。有关综合部门和企业主管部门，对承包工作中遇到的困难和问题，要及时研究解决，积极主动地为完善企业承包制提供服务。各地区、各部门要按照《承包条例》规定，对新一期承包进行一次认真复查，找出问题，加以完善。要根据中央工作会议确定的搞好国营大中型企业的20条措施，改进承包形式，完善承包合同内容，勇于探索，有所创新。

二　坚持正确原则，把完善承包制与深化改革、提高效益结合起来

完善和发展承包制，要坚持以下原则：一是要把承包制的完善和发展与实现“八五”计划目标任务，提高企业经济效益结合起来，充分发挥承包制对发展生产力的促进作用；二是要把完善和发展承包制与深化改革结合起来，在转换企业经营机制上下功夫；三是要把完善和发展承包制与正确处理国家、企业和职工三者关系，强化企业的自我约束机制结合起来，调动企业、经营者和生产者的积极性；四是要把完善和发展承包制与推动企业技术进步结合起来，增强企业发展后劲；五是要把完善和发展承包制与加强企业管理结合起来，提高企业整体素质。

三　按照企业的不同特点，实行分类指导

第一，选择一批对国民经济全局有重大影响、符合国家产业政策、经营管理水平较好的大型企业和企业集团，实行长期投入产出总承包，赋予它们更大的经营自主权。总的要求是，实行长期投入产出总承包应坚持承包期限与技术改造周期相一致的原则，既要包技术改造投入，又要包产出及还贷计划。在确定企业具体承包方案时，要结合执行国家“八五”重点技术改造项目和推进技术进步的政策一并落实。承包方案必须确保国家重点技改项目的资金需求，不留缺口。

第二，对其它已确定“八五”期间技术改造项目的企业，要实行“包挂”结合。即一包上交国家利润，二包技术改造和还贷，三包技术改造项目的投产、达产，并将这三项内容纳入工效挂钩指标。

第三，对大多数企业，要继续坚持和发展现有承包办法，按照《承包条例》规定，区别企业的不同情况，确定具体承包形式和期限，鼓励和提倡实行上交利润递增包干或基数包干、超收分成的办法，尽可能延长承包期限。有条件的地区，可以从利润承包转向资产承包。同时在部分地区和企业进行税利分流试点。

第四，对政策性亏损企业可继续实行定额亏损补贴包干，但承包期不宜过长，要根据企业经营情况和国家政策的变化进行适当调整。

第五，对不符合国家产业政策、没有适销对路产品、短期扭亏无望的经营性亏损企业，原则上不再实行承包，逐步停止减税、让利、贷款等优惠政策，下决心实行关停并转

或依法破产，促进产品结构和企业组织结构的调整。各地区、各部门要积极引导优势企业承包、兼并劣势企业，把用于亏损企业的优惠政策转向支持实行承包、兼并的优势企业。

四　科学合理地确定承包基数，解决死基数与活环境的矛盾

要改变在确定承包基数时单纯进行指标纵向比较的办法，参考行业资金利润率等横向经济指标，对承包基数进行修正，尽可能使承包基数做到科学合理。在新一期承包中，一些地区创造了“基数分档达标”、“因素修正法”、“基数分档，企业自选”、“差额利润法”等确定承包基数的新方法，值得各地借鉴。

在承包期内，要特别注意稳定国家和企业的分配关系。国务院对税种、税率和指令性计划产品价格进行重大调整、对企业影响较大时，要按照《承包条例》规定，适当调整承包基数。企业应主动面向市场，增强对宏观环境和市场变化的适应能力。

五　完善企业工资总额与经济效益挂钩办法

要完善工效挂钩的考核指标，逐步由单一挂钩指标过渡到复合挂钩指标，特别要注意将国有资产保值增值、技术进步和劳动生产率、资金利税率等作为考核指标，在审核新增工资和挂钩基数时，应尽量通过同行业企业之间效益水平的比较，确定和调整挂钩浮动比例。对企业工效挂钩以外发放的各种奖金要进行清理，所有工资性收入都要纳入到挂钩工资总额基数内。

要将主要承包指标的完成情况，作为企业提取效益工资的否决条件，未完成承包任务的企业，视具体情况不提取或不全额提取效益工资。

要加强对企业工资总额的管理，严格进行考核并按规定兑现。凡是经营性亏损和虚盈实亏的企业，不得发放奖金和效益工资。

六　进一步强化企业的约束机制

一是注重增强企业盈亏责任，建立企业经营风险基金和工资储备基金，提高企业以丰补欠的能力。

二是要保证国有资产的完好和增值，企业折旧基金、大修理费要按规定提足，并按规定范围用于生产发展，不得用于职工福利、奖励。凡不按规定提足折旧基金和大修理基金、虚增利润而多得用效益工资要扣回来。企业完不成承包任务一律不得动用折旧基金、大修理费进行抵补，凡动用的要相应扣减企业奖励基金。增提的新产品开发基金和增补的流动资金一定要专款专用，单独列账。

三是要强化经营者的责任，对侵害国有资产、搞虚盈实亏、给企业和国家造成损失的经营者要承担行政责任和经济责任，被免职的经营者要在本企业降级使用，不能易地做官。四是要合理使用企业留利，按企业的不同情况和人均留利水平，采取不同档次，分别核定每个企业生产发展基金的比例，纳入承包合同考核指标，对把这项基金挪作它用的企业要进行经济处罚。

七 加强对承包企业的监督、管理

要尽快建立企业内部和社会审计组织相结合、分次层的企业承包经营审计体系，加强对企业日常财务情况的审计监督，做好承包企业年终和期末审计工作。要建立企业效益、资产、管理三方面的综合指标考核体系，强化工商行政管理部门对承包经营合同的管理，将其纳入法制管理的轨道。有条件的地区，要改革国有企业的财务成本制度，切实解决企业资产不实、虚盈实亏等问题，强化对企业的财务约束。企业要严格执行国家的物价政策，遵守财经纪律和金融纪律。发现随意提高产品价格、乱摊成本、虚盈实亏、有意挪占他人资金的违法乱纪行为，要严肃处理，没收非法所得，并按国家有关规定进行处罚。同时，要充分发挥职工民主管理和职代会民主和监督的作用。

八 明确发包主体，规范发包方行为

各地应按照《承包条例》的要求，指定一个有权威、有履约能力的部门或成立专门的发包机构，代表政府发包。发包方的权力和义务要明确写入承包合同，并严格执行。发包方不得逾越合同规定的职权范围，干预企业的正常生产经营活动。发包方对改善企业外部生产经营条件负有重要责任，应尽可能对国家指令性计划实行“包保”结合的承包，为生产企业完成国家指令性计划创造较好的条件。必须把保护企业合法权益的责任落实到发包方，发包方有责任制止侵害企业权益的行为。承包合同一经签定就具有法律效力，政府监督部门要对发包方的履约情况进行监督。

九 采取切实措施，认真兑现承包合同

认真兑现承包合同是完善承包制的重要内容，各地区、各部门要下大力做好这项工作。对企业靠自身努力挖潜，超额完成承包指标的，要坚决执行承包合同。按规定全部兑现给企业，不得随意平调、截留企业留利。对因管理不善完不成承包合同的，应严格执行承包合同规定，做到欠收自补，不得随意调减承包基数。对因产品价格提高、税率降低增加的留利，也应兑现给企业，但要提高生产发展基金的比例，不能用于扩大消费。

附录 6

关于实行承包经营责任制的企业执行《两则》有关问题的意见

（征求意见稿，拟为全国转换企业经营机制工作会议参阅文件，后按财政部反馈意见不上会 1993 年 8 月 1 日）

为了贯彻实施《企业财务通则》和《企业会计准则》（以下简称《两则》），实现新旧财会制度的顺利转换和平稳过渡，现就承包制企业执行《两则》及行业财会制度等问

题，提出如下意见：

一、根据《两则》适用于中华人民共和国境内各类企业的规定，实行承包经营责任制的企业，从 1993 年 7 月 1 日起执行《两则》及行业财会制度，并按财政部（93）财会字第 24 号文件的规定进行调账。在下半年调帐期间，企业经济效益的考核仍按可比口径计算。

二、实施《两则》后，原实行承包经营责任制的企业中，今年承包合同到期的，或者不适宜实行承包的企业，可以根据实际情况，适时或提前转为税利分流或改制成股份制

三、继续实行承包经营责任制的企业，要与实行税利分流和其它资产经营形式的企业一样，按以下原则做好新旧财会制度的衔接和过渡工作：

1. 企业原有的有关基金核转资本金时，应该分步进行资产核实和重估。下半年结合扩大清产核资，选择 1 万户有条件的大中型企业进行资产重估试点，明年所有企业全部完成资产核实和重估。资产核实和重估的试点工作由各级财政、资产管理部门和经委负责。试点企业资产重估增值部分，经企业主管部门和同级资产管理部门审核，报财政部门和经委备案后，计入资本公积金。按《两则》规定由企业选择具体折旧方法，以重估后的固定资产原值为依据计提折旧。无承受能力的企业可以分步实施。

2. 进行资产重估试点的企业，1993 年 7 月 1 日以前发生的潜亏，要单独列账反映并按财政部和原国务院经贸办《关于认真清理和处理预算内工业企业潜亏的通知》(〔1992〕财工字第 213 号）的规定处理。企业按上述规定仍无法自行消化的潜亏，经企业主管部门和同级资产管理部门审核，报财政部门和经委备案后，冲销资本公积金和资本金。

3. 进行资产重估试点的企业，1993 年 7 月 1 日以前发生的亏损挂账，属于政策性亏损和财政应补未补的，财政部门应及时补足。如财政部门无力补足，经企业主管部门、财政部门和经委审核批准，可以冲减资本公积金和资本金。属于经营性亏损的，由企业制定补亏计划，在五年内用实现（税前）利润弥补。

4. 企业潜亏挂账所占用的银行贷款，还贷有困难的，经开户银行批准可适当展期并计息缓交；企业确实难以归还并超过偿还期三年以上的，由开户银行和企业主管部门审查，按银行呆账冲销的审批处理程序，经各有关银行总行、财政部汇总后报国务院批准，作为银行的呆账损失，冲减银行的呆账准备金。

5. 进行资产重估试点的承包制企业，自 1993 年 7 月 1 日起，免征能源交通重点建设基金和国家预算调节基金。凡不能完成财政预算任务的地区和部门，其所属企业暂缓免征。

6. 实行承包制的企业，工资奖金津贴等工资性费用自 1993 年 7 月 1 日起全部列入当期成本费用。无承受能力的企业，可以先计入递延资产或待摊费用，然后分期摊入成本费用。实行工效挂钩的企业全部改为“总挂总提”，并保留工资储备金制度，在应付工资科目下设工资基金二级科目。

7. 企业实施《两则》后不得再出现新的职工福利费赤字。所发生的职工福利费超过工资总额 14% 的部分，经财政部门批准可在公益金中列支，如不足列支可在补交所得税后摊

入成本费用；企业税后利润提取的公益金不足以支付职工集体福利设施购建和维护费用的部分，经企业主管部门和财政部门批准，可在盈余公积金中列支。

8. 实行承包制的企业执行《两则》后，对企业经济效益的影响较大的，经财政等部门批准，可在年终决算后，根据实际情况，相应调整企业上交财政的承包基数和工效挂钩基数。

9. 企业超承包所得返回的资金，承包合同规定用于生产发展的部分转入盈余公积金，用于职工集体福利部分转入公益金，用于职工奖励部分转作流动负债，承包合同没有规定使用用途的，纳入企业税后利润按规定顺序分配。

10. 企业1993年7月1日以前借入的基建和专项贷款中，原“拨改贷”部分，在1993年7月1日以后发生的利息和汇兑损益，属于中央下达的，经企业主管部门和开户银行审核，报经国家计委、国家经贸委、财政部和人民银行总行审批后挂账停息；属于地方政府下达的，经企业主管部门和开户银行审核，报经省计委、经委、财政厅、人民银行省分行审批后挂账停息。有条件的地方和部门，可逐步将国家基建和技改项目投资由“拨改贷”改为“贷改投”，并相应增加国家资本金。

11. 亏损企业也要按时实施《两则》，按上述原则做好新旧财会制度的衔接和过渡工作，并要实行扭亏经济责任制或减亏承包，加强管理，努力实现扭亏增盈。

承包制企业在贯彻实施《两则》过程中有什么新的问题和情况，请及时报告我们。

附：财政部工交财务司对此件的意见函（1993年8月3日）

经贸委：

对你委草拟的《关于实行承包经营责任制的企业执行〈两则〉有关问题的意见》，我们进行了认真的研究，我们不赞成就承包企业执行《两则》问题单独发文。理由如下：

一、关于企业如何贯彻《两则》，财政部已先后颁发了一系列的过渡衔接文件，这些办法已包括了实行承包经营责任制的企业，各地各部门正在按照有关文件贯彻实施。

二、朱副总理在全国财政会上的讲话指出，要淡化承包和税利分流，从明年1月1日起，在全部企业中实行统一所得税办法。因此，我们不主张就承包企业如何贯彻《两则》问题单独发文。

三、贯彻《两则》是我国所有企业的问题，政策上应统一。财政部对企业新制度转换，就现有资金的处理、奖金如何进成本、福利费超支、超承包返回资金的处理、如何减免“两金”问题等等都已作了明文规定。如经贸委再单搞一套文件，将会引起混乱。

以上意见，请你们考虑。

1993年8月6日，陈清泰同志在财政部工交财务司意见函上批示：会上不发（关于实行承包经营责任制的企业执行《两则》有关问题的意见）。

附录 7

关于承包制和其他经营方式的几点思考

——中国社会科学院工业经济研究所所长蒋一苇在全国承包制理论与实践研讨会的讲话

（1987 年 8 月 31 日）

一　先介绍一点情况，即关于首钢实行递增包干的一场争议

有人说首钢递增包干的办法是蒋一苇、林凌提的，这完全不对。它是首钢在周冠五同志领导下创造出来的，我们只是发现了这个好办法。1982 年初，有人认为：大企业必须管住，小企业可以放活。我们有不同的看法，我们认为小企业固然应放活，大企业更需要放活。怎么来说明这个问题呢？我们来到了全国最早试点的 8 个大企业之一的首钢。我和林凌同志带领中国社会科学院工业经济研究所、四川社会科学院的部分同志在首钢调查了一个月。在这里我们深深感到，首钢经过几年的改革，确实取得了成效，可以说明一家大企业搞活比一千家小企业搞活还重要。另外，我们还同首钢的同志一起研究怎样进一步搞活。首钢提出了递增包干的办法，我们很赞成，就给国务院领导同志写了个报告，批准了，开始了第一个大企业实行递增包干。此事吕东等同志都非常积极支持。当时曾经设想要推广，国务院领导同志也曾提到，可不可以搞一百个递增包干的企业？可是马上就遇到许多反对意见，展开了很大的争议。后来要实行利改税，利改税同递增包干是矛盾的，所以反对的意见就更厉害了。一直到最后，国务院专门开会来讨论这个问题，本来搞利改税是要把递增包干一律取消的，在这个会上，吕东同志据理力争，但是是少数，多数人都反对。争的结果是，已经试点的如首钢、二汽还保留，不再扩大。经过 5 年之后，现在时来运转，承包制又可以推广了。5 年的经验证明，首钢、二汽等企业实行递增包干都取得很大成效，对国家、企业、职工三者都有利。而且凡实行递增包干的企业没有一家不是经济效益好的。实践是检验真理的唯一标准，证明承包制是可行的。

当时反对承包的意见都有什么理由呢？有很多，其中最主要的是两点。

一是承包同利改税有矛盾，因为利既然都改为税，就不能再搞利润上交的递增包干。我们当时对利改税有不同的看法，一直到现在我仍然坚持这一看法，利润同税收不是一个范畴的东西。向国家交税，税是人人平等的，不管是盈是亏都得向国家纳税，而利润是应交给所有者的。我们的全民所有制实际上是国家所有制，利和税都交给国家，好像是一回事，但实际上不是一回事。有国家投资的企业才有上缴利润问题，没有国家投资的企业则只是上税而不交利。企业有的利大、有的利小、有的亏损，利率是不一样的，而税率则应该是统一的。正因为利改税混淆了利和税，所以讨论来讨论去还得有个调节税。利多的还

得用调节税来调节，这样就形成“一厂一税”，把税的含义给破坏了。利改税究竟对不对，经过几年的实践，现在应该加以总结了。我认为利、税还是应该分开，走不同的渠道上交。

二是“大头、中头、小头”的原则问题。好像“国家得大头，企业得中头，个人得小头”是天经地义的。反对递增包干的同志根据首钢包干的办法一算账，认为过若干年后企业就得大头了，这就违背了一个很大的原则。当时我们也据理力争。我认为，“大头、中头、小头”的原则就不一定恰当。在现行全民所有制情况下，不存在企业所有制，就不存在中头，只有大头和小头。因为企业的利润无非是用来作为生产发展基金、福利基金和奖励基金。用生产发展基金形成的固定资产还是属于国家的，属于大头；奖励基金归职工所有是小头；福利基金如果用来盖房子，房产还是国家的，职工只是享受者。所以在现行的体制下，企业只起个中介的作用，实际上不存在“中头”，只存在“大头”和“小头”，而且国家永远是“大头”。首钢这几年经验证明，留利必须再投入，使利润逐年递增20%，只有这样才能完成递增包干任务。没有投入就不能发展，而这种发展以前是靠国家拨款，现在无非是把积累的再分配，一部分由国家控制，一部分由企业控制，使企业有自我改造、自我发展的财源。这仅仅是个积累再分配问题，不存在企业得大头的问题。但是，这两点都没有说服当时参加会议的多数同志，使递增包干有了这么一段曲折。现在通过几年的实践，证明由首钢开始的承包制做出了成绩，显示了生命力，说明它是社会主义企业的一种重要经营方式。今天，通过5年的实践重新把承包制提上了议程，讲讲上面这个过程很有必要。现在，反对的意见不是没有了。利和税究竟应该怎么认识？“大头、中头、小头”的原则到底应该怎么认识？这两个争论的问题都需要我们用理论和事实来澄清，否则递增包干还会被反对。以上是介绍了一点情况，同时也提出了两个问题。

二　对承包制究竟应当怎么认识，怎么评价，我想谈一点粗浅的看法

我认为承包制是社会主义企业的一种有效的经营方式。它属于经营方式的范畴。它来源于农村的改革，农村的包产到户同“包”字进城，二者有一点是共同的，即都是在不改变所有制的情况下经营制度的改革。农村改革时也有人认为，一包就倒退了，集体所有制倒退为个体所有制，实际上它对土地的集体所有制没有影响。在工业企业，现在已明确了要“两权分离”。分离后又是个什么关系？承包是解决所有者和经营者关系的一种有效的方式，说它有效，因为实践证明它能促进生产力的发展。我们整个的改革还要实行多种所有制形式并存，少量私有经济也可以存在；就是公有制，其形式也是多种多样的，但这是另外一个问题。现在我们就讲单一的全民所有制经济，其所有者和经营者之间是什么关系？处理这个关系归根到底就是要明确企业对全民所有者的责、权、利问题。首钢的递增包干是以1982年搞经济责任制开始的，当时的经济责任制的概念很含糊，以后慢慢清楚了，企业对国家的关系应该叫“经营责任制”，企业内部可以叫“经济责任制”。承包制不只是包利润的问题，还有其他责任，但核心问题仍然是利润分配。利润分配究竟怎么从理论上来说明？包括现在提出企业是法人，概念也不很清楚，民法规定得很清楚，但在我们

一般的观念中对法人并不很清楚。实质上企业法人主要是对财产而言。企业法人必须拥有法人财产。所有者把资金提给企业就变成法人财产，企业运用它的法人财产进行生产经营，并以此承担民事责任。单一的全民所有制企业，国家代表全民行使所有权，但是它把资产交给企业，或者说是委托企业负责经营，因此交给企业的资产就成为企业的法人财产。这样才谈得上企业的自主经营、自负盈亏。现在我们都主张自负盈亏，但是这里的“自”指的是谁？说指的是“企业”？企业负盈负亏，它拿什么来负？就是用它拥有的法人财产来负。就所有权来讲，亏损，归根到底还是“亏”掉所有者的“本”；破产，也归根到底还是“破”了国家的“产”。所有者把财产交给经营者负责经营，是一种信托关系，也是一种风险行为，盈了可以分利，亏了就是委托的失误，只好赔本。作为经营者当然要对所有者承担一定的责任，包括法律上的责任，也包括对资产的维护和增殖等等的经济责任。在承担这些责任的前提下，把生产经营权完全交给企业自主。但在社会主义公有制条件下，还有国家与企业之间的利益分配关系问题。企业除了照章纳税外，经营得好，国家与企业之间要进行利润分配；经营得不好也要进行亏损的分配。分配的形式很多，可以是利润分成、利润超基数分成、利润包干、递增包干，或按股分红等。但这里所说的企业利益只是相对意义而言。企业所得利润其中作为生产发展基金部分，所有权仍是国家的，企业只不过有了支配权。

承包制是在不改变所有制的情况下采取的一种经营方式，但不是唯一的经营方式，还可以有其他方式。但承包制从实践证明来看有很多好处，特别是在现实的情况下，第一，它的方法比较简便易行。经营者有哪几项责任，几种权利，利润怎么分配，比较简单明了，便于推广。第二，采取承包的方式保证了所有者的收益，因为全民所有制的所有者就是国家，承包保证了国家收入的稳定，这在现阶段也是重要的。第三，承包制有利于实现政企分开，两权分离，确保企业取得自主经营权。第四，也是最重要的一条，企业通过承包可以控制一部分利润，使企业有条件进行自我改造、自我发展。有人说承包会使企业行为短期化，这要看措施、办法怎么样。从首钢、二汽等企业的实践经验来看，承包恰恰使企业有了长期的打算，而不是行为短期化。第五，在企业内部实行各级承包的经济责任制，直到岗位经济责任制，这对完善企业内部的经营管理有很大的好处。所以，从以上优越性来看，承包制是当前改革中比较好的、重要的形式。

怎么评价承包制？现在看法还是不一致的。有人认为承包制是一种过渡形式，这种意见我不太赞成。当然，如果说社会主义初级阶段是一百年，那么承包制也不会永远是一成不变的，在这个长期内承包制也会演变，如果把这个也叫“过渡”的话，那么任何事物都是过渡的。承包至少是一种好的经营形式，它不会是一种短暂的，三五年的过渡措施。同时我也不赞成把承包制说成是唯一的一种经营方式，或者说是最好的一种经营方式，这种绝对化的看法也不切合实际，我们应当充分肯定承包制的优越性，但也没必要排斥其他有效的经营方式，包括租赁、股份制等，它们各有各的特点。以我个人看，租赁也是好的方式，但它只适合于小企业，像首钢这么大的企业实行租赁，就不好办。股份制也是一种好的形式，它是商品经济高度发达的产物，有利于明确产权关系，目前特别适合于企业联合体、企业集团等。但从目前多数企业来讲，承包只是一种可以普遍推广、采用的经营方式，它简便易行、可迅速见效。因此我们一方面要肯定承包制的优越性，但也不要把承包说成是唯一的、独一无二的道路，就像股份制那样，喜欢讲“化”，“股份化”，好像所有企业都得“化”成股份，我不赞成。同样，我们也不能讲租赁化、承包化。因为我们整个的改革，一是多种所有制形式并存，二是多种经营方式并存，都在探索之中。我们可以积极地推行各种形式，不同的企业可以采取不同的经营方式，只要它对发展生产力有利。

三　在深化改革中，承包制也要进一步发展

这涉及理论上如何进一步解释、说明、论证，也涉及实践上如何进一步试验探索。提出几个问题请大家研究：

（一）既然是承包，首先就要有承包者，还要回答向谁承包的问题

现在是向主管局承包，即企业生产资料所有权由主管局作为代表，这究竟合理不合理？这样一来，政企分开是不是会存在问题？看来，两权分离必须明确谁是所有者，谁是经营者，明确这一点才能谈得上两权分离。如果说生产资料的所有者是国家，那么谁代表国家行使所有权？是行政机关？还是考虑搞投资公司？我主张由投资公司行使所有权，而不是行政机关。所以，谁代表所有者，向谁承包的问题需进一步研究。

谁是承包者？即企业的经营者是谁？现在普遍的观念就是厂长、经理。我们不排斥有些企业，特别是小企业可以这样做，但是不是就得千篇一律，凡承包都由厂长来承包？我看不一定。如首钢，能由周冠五同志一个人来承包？二汽能由陈清泰同志一个人来承包？这么大的企业，一个人承包，还要引入竞争机制，投标招聘，财产抵押，等等，这样做行不行？我看都值得画问号。我不是说这种做法都不好，但普遍采取我看不行。从经营者来讲，首钢、二汽是由企业整体向国家承包的，并不是由总经理或董事长来承包企业。整体指的就是职工全体，只有职工全体承包才可以层层包下去，人人都有责任。现在过分强调厂长、企业家个人的作用，实际上会引起反作用、副作用。社会上甚至提出要有个“企业家阶层”，好像只有依靠这个阶层才能把企业搞好。一个企业需要有一个非常善于经营的企业家，这是毫无疑问的，我们丝毫不能忽视企业家的重大作用，但社会主义企业家应立足于职工群众之中。从国外看，一个现代化的企业家也十分懂得怎样通过行为科学等来解决好内部关系的。在首钢、二汽，周冠五、黄正夏等同志都是出色的企业家，但他们都非常懂得怎样依靠职工群众，所以首钢、二汽在民主管理上都是非常出色的。据我所知，一般企业的职工只关心自己的切身利益，不关心企业整体，首钢就不是这样，职工非常关心企业计划的完成，关心企业的发展，因为他们在重大问题上有决策权，企业经营好坏又与他们切身利益紧密联系在一起。所以，经营者是不是就是一个人？我看可以是一个人、一个集团，也可以是企业整体，不要采取“一刀切”的办法，一律都是招标、个人承包。那样搞的副作用很多。上级机关下去调查，如果只是找厂长、经理座谈，常常会报喜不报忧，不反映企业租赁、承包后究竟在职工群众中引起了什么反映。重庆我去得比较多，做

了一些调查，职工群众就讲：“现在我们是丘二（四川话，雇佣者）”。四川还有个化工厂，搞厂长一人承包，结果副厂长、总工程师等都跑到湖南去了，不干了。承包后，这些企业内部的人际关系究竟是一种什么关系？还有，讲经营者的利益，规定其工资可以高过工人的几倍到几十倍，恐怕还很少人敢拿。有的企业搞租赁、承包，讨价还价，基数压得很低，得到大笔利润，承包者个人不敢都拿，只拿一部分，大部分分给职工。我们一边喊消费基金失控，一方面又开了一个大口子，这涉及，究竟谁是承包者，向谁承包，这些问题需要在深化改革中进一步探讨。

（二）刚才讲过“大头、中头、小头”的原则问题

在现行体制下，其实不存在一个“中头”，同样，讲三者利益兼顾也不存在一个真正归企业所有的企业利益，因为企业只是一个中介环节。但我们反过来要问：应不应该有独立的企业利益？这就不仅是经营方式问题了，它涉及所有制，即可不可以有企业所有制，或部分企业所有制，这是在讨论股份制中引起很大争论的问题。现在要搞清楚，究竟什么是企业利益。我看企业利益最根本的就是企业要有自我发展、自我改造的资金，进行自我积累，就像职工要有自身的工资奖金等利益一样。企业有了自我发展的能力，对国家“大头”有利，对职工“小头”也有利。怎样体现企业利益？如果部分生产资料归企业所有，仍然是公有制，不就能体现了吗？有人认为这是全民所有制的“倒退”。其实把全民所有制看成是公有制的最高形式，并没有什么理论根据，马克思、恩格斯都没说过。为什么要死守这一条呢？我们现在有大量大集体企业，事实上就是一种“企业所有制”，已出现存在几十年了，有什么不好呢？如果把企业积累的一部分留给企业，成为企业所有，可能更有利于真正实行自负盈亏。这样，“自负盈亏”，这个“自”才能指企业。这些问题还需要从理论上进一步探讨。

（三）完善企业机制和企业经营模式中出现了承包制，还有租赁制、股份制等等，这必然要引起宏观体制的变革

我是主张“企业本位论”的，即宏观管理得适合企业发展生产力的客观要求。承包制对发展生产力是有效的，如果把它肯定下来，那么就必然要求宏观管理上的改革来适应它，很明显的一个问题就是利税问题。承包、租赁、股份都遇到这个问题。因为这些经营方式，在交税之外还要分利，因此，利和税还必须再分开，至少要降低所得税，降低后的那部分采取利润上交的形式来体现。还有，利税分开后，还要考虑财政体制和投资体制的改革问题。究竟我们的财政要不要管营利性企业的投资问题？可不可以把税拿来作为公共开支和搞基础建设？营利性企业的投资问题可否从财政中划出来，由投资公司来管？因为投资公司是企业化经营，它投出去的资要求有一定的利润率，就不会像现在这样，资金投出后，就不管有没有效益了。还有投贷也要分开，现在把贷款和投资混为一谈，所谓“拨改贷”，甚至有的企业100%用贷款来投资，这也不符合客观规律。特别是将来实行破产法，如果一个企业实行100%的拨改贷，建成一个企业，资产是一百万元；负债也是一百万元，那么第一天就破产了。现在出现税前还贷还是税后还贷的争议，这件事之所以成为

问题，反映了：一是我们混淆了利与税的区别；二就是混淆了投资和贷款这两个不同范畴的东西。破产时企业是债务人，投资者所投的资成为还债的资金；贷款者则是债权人，有权索还它的贷款。可见，投与贷二者的性质是完全不一样的。所以，一个企业总还得有一定的投资，然后银行根据它的情况适当贷款。而贷款所形成的资产，它的所有权如何处理也是问题，是属于国家，还是属于企业？或者属于承包者、租赁者个人或集体？都是有待探讨的问题。我非常赞成要搞一个承包条例，因为要有法律保证。但现在租赁、承包、股份等经营方式都在探索中，一时很难规范化，因此我建议条例不要搞得太死，要搞活一点，不能一刀切。据说国外立法有一个原则，在法里只规定“不许可”，不规定该怎么干。这样可能有利于改革。企业只要遵守了“不许可”的法律规定，领会怎么干都是合法的。如果条例硬性规定必须怎么干，如厂长必须招标等，就会阻碍在改革中的进一步探索和进一步创造。

最后还要说明一下，前一段时间我积极支持企业搞股份制。有的同志以为我既然支持搞股份制，就一定反对搞承包了。完全不是。我觉得这些经营方式都应该发展。首钢的承包我还参加开了个头嘛。各种形式只要有利于生产力发展，都要允许存在、允许试验、允许探索，究竟哪一种将来能成为更普遍的形式呢？那就看发展了。即使将来某一种形式成为普遍形式，也还要允许少数不同的形式存在。在整个改革的历史阶段里，需要创造、需要发展，不能再像旧体制那样，习惯于用行政命令搞“一刀切”了。

附录 8

五年承包的回顾与思考

——第二汽车制造厂厂长陈清泰在全国承包制理论与实践研讨会的讲话

（1987 年 8 月 31 日）

经过 9 年试验、探索，当前以增强企业活力为中心环节的城市经济体制改革已进入一个新的阶段，其显著标志是：企业承包经营责任制正在由点到面迅速推开，全民所有制大中型企业如何实现两权分离已形成了一些新的思路，改革企业内部运行机制已经引起各方面普遍关注，并由此开始涉及一系列经济体制的深层改革。二汽作为经济体制改革的试点单位，与冶金、铁路、石油化工等系统的一些企业一起，在试行承包制方面，早走了一步。在新的形势下，认真回顾和思考几年来承包的实践，对于发展我们已经取得的成绩是十分必要的，同时对面上的工作或许不无裨益。

二汽是在国家改变资金供给制，企业尚未建成就过早“断奶”，从而陷入极度困难的情况下实行承包的。二汽原设计规模为年产 10 万辆汽车的生产能力，总投资需要 25 亿元。到 1979 年底，国家已投资 16.7 亿元。1980 年初，由于国民经济遇到暂时的困难，国家决定二汽为“停缓建”单位。当时虽然已基本建成 EQ240 两吨越野车和 EQ140 五吨载重车两个车型的生产基地，但由于还有一大批建设项目未完，还没有形成综合能力，不能发挥应有的经济效益。主要产品 EQ140 汽车只能达到年产 2 万辆的生产能力。按最理想的预测，“停缓建”以后，每年的汽车产量最多增长 0.5 万辆，1980 年到 1985 年汽车产量共为 19.5 万辆，实现利润总额 2.8 亿元，税金 1.7 亿元，企业将长期维持一个低水平的发展速度，难以有所作为。

在这种困难情况下，二汽根据扩大企业自主权试点精神，提出“量入为出，自筹资金，续建二汽”的方案。1980 年 3 月，国务院批准二汽在 1980 年至 1985 年的 6 年内，用 3.3 亿元自筹资金续建未完工程及配套项目。但是按原设计方案还需要再投资 3.3 亿元以上。自筹资金不足，要建成三个基本车型年产 10 万辆汽车的生产能力则是不可能的。在究竟二汽能否进一步发展，为振兴中国汽车工业出力的关键时刻，1982 年 10 月，万里副总理视察二汽，指示二汽学习首钢的办法，实行利润递增包干。同年 11 月，国务院正式批准二汽实行利润递增包干。具体要求是，以 1982 年上交利润 1.4 亿元为基数，每年按 7%递增，从 1982 年至 1985 年作为试行阶段。1983 年 10 月，国务院领导同志来二汽视察时，根据二汽的实际情况，同意延长包干期限。1984 年 1 月，国家正式批准二汽利润递增包干延长到 1990 年，从 1986 年起递增包干基数调至 2 亿元，同时还要包“七五”时期建成年产 1 万辆八吨车的生产基地，使全厂年生产能力达到 15 万辆。

5 年来，递增利润包干使二汽蕴藏着的活力迸发出来，开创了企业发展的新局面。

其一，对国家对社会做出的贡献越来越大。从 1983 年至 1986 年，汽车年产量由 5.3 万辆增长到 9.5 万辆，平均每年递增 15.5%，承包后 5 年的总产量为 37.8 万辆，相当于承包前 4 年总产量的 4.2 倍；年实现利润由 2.2 亿元提高到 4.7 亿元，平均每年增长 21%，5 年共实现利润 19.5 亿元，相当于承包前 4 年实现利润总和的 5.4 倍；年上缴利税由 2 亿元提高到 4.2 亿元，平均每年增长 20.20%，5 年上缴利税 15.9 亿元，相当于承包前 4 年上缴利税 3.6 亿元的 4.4 倍。预计 1987 年，汽车产量将达到 11.1 万辆，产值 27.5 亿元，分别比上年增长 16.6%和 12.5%，实现利税也将比上年有较大幅度增长，达到 8 亿多元，创造新的水平。产品质量逐年稳定提高，主导产品 EQ140 几年来完成了 27 项重大改进，第一代改进型产品 EQ140-1 已于 1986 年正式投产，质量、性能都有新的提高。同时，加强了对用户的技术服务和维修服务，在全国建立了 130 多个网点，并从 1986 年起，对销售的新车采取了行驶 1500 公里后的强制性免费保养措施。这都使国家和用户得到了实惠。

其二，加速了企业的技术改造与发展。承包后，由于企业有了再投入的压力与可能性，以内涵为主的扩大再生产得到了较快发展。5 年中，二汽利用自筹资金（即留利中的生产发展基金，占留利总额的 67%），从事基本建设和技术改造，形成新固定资产 6.4 亿元。到 1986 年已形成年产 11 万辆的生产能力，超过了原设计规模。今年，主要产品 EQ140 五吨车产量将达到 11 万辆，比原设计能力翻了一番。几年来，二汽在增强企业发展后劲上下功夫，已建成拥有 900 余名工程师、高级工程师，8100 万元固定资产的技术中心；拥有5500台设备，年加工能力达1000万工时；能够为企业生产、改造、发展提供配套技术装备的装备中心；以及每年能够配套培养从技校、中专到大学本科等各类专门人才千余名的教育中心。在这期间，还投资1.34亿元建成一个10万千瓦的自备热电厂。“七五”期间，二汽还将基本建成年产1万辆八吨重型卡车、6万台柴油发动机的襄樊基地。这些都属于全民所有，是二汽除了上缴利税以外，对国家做出的又一贡献。

其三，稳定了职工队伍，开掘了企业活力的源泉。实行承包以后，企业消除了事事向上伸手的依赖心理，运用企业的财力，统筹安排生产发展、集体福利和职工收入。几年来，二汽按照65∶19∶16的比例安排三项基金的使用，做到了职工每增收1元，实现利税增长7.48元。生活福利设施也得到较大发展，承包以后兴建30万平方米宿舍，全厂人均住房面积达到6平方米。广大职工更加安心厂区，更加关心和热爱企业。

此外，实行承包，对于健全经营机制、提高干部素质、促进观念更新，以及加速企业文化的发展都具有重要的推动作用，而这对于企业的影响将是更为深刻，更为长远的。

二汽从一个“停缓建”单位走上今天兴旺发达的道路充分证明，在目前企业状况千差万别，市场体系尚未形成，理顺价格体系、创造平等竞争条件还需要一个长期过程的情况下，实行承包经营责任制是一个正确的、意义重大的选择，采取这种深化企业改革的形式，有助于我们解决改革与建设所面临的许多重大理论和实践问题。我们应该充分认识承包制在中国改革进程中得以出现并得到发展的历史必然性，充分认识它在新旧体制转换过程中的地位和作用。

同时，在5年承包的实践中，我们也逐步认识到，城市经济体制改革是以大生产为背景的，企业实行承包以后出现的形势要比农村实行承包要复杂得多。现实生活中，并不存在简单的“一包就灵”的规律。为了不至于使眼前的承包给后来的改革与发展带来新的障碍，我们感到就企业自身的工作来说必须妥善地处理好如下几个环节上的问题。

一　必须把改革调动起来的积极性纳入社会化大生产的轨道

当前，我们面临着经济体制改革和经济发展两大任务。新旧体制要转换，经济发展战略也必须转换，二者之间存在着一种互为条件、互相制约的紧密联系。为了达到这样的双重目的，就必须使经济体制改革与经济发展更好地衔接起来，使二者在实现新旧转换的方向上保持一致和协调。就当前的情况而言，这种一致和协调，首要的问题，是把改革调动起来的积极性纳入社会化大生产的轨道，建立起整个社会生产的专业化协作基础，促进产业结构和企业组织结构的合理化。随着两权分离、企业承包的普遍推行，这个问题已显得更为突出和重要。

所谓把改革调动起来的积极性纳入社会化大生产的轨道中去，就是通过承包（也包括租赁、股份等形式）使企业定性，确立其相对独立的商品生产者、经营者的地位，以此为基础，通过发展横向经济联系和联合，使企业在社会化大生产的分工协作体系中定位。只有通过这样的定性定位，企业才能真正持久、健康地活起来，整个国民经济的运转才能获得持续稳定的经济效益。如果只注意调动单个企业的积极性，只考虑经济体制模式的转换，而不同时考虑经济发展的客观要求，不把单个企业的积极性组织起来，发展与有计划的商品经济相适应的产业组织，那么普遍承包以后，投资主体多元化格局的出现，就极有可能导致投资分散化、规模小型化的问题进一步恶化。

这种情况在汽车工业中尤为突出。现代汽车工业是建立在社会化分工协作基础上的大工业，而旧体制下的分割就造成了“大而全”孤立、“小而全”林立，重复、分散、落后、盲目发展的格局。60年代、70年代和80年代的三次“汽车热”，使我国汽车生产厂家发展到居世界各国之冠的114家。当国际上年产100万辆以下的汽车公司难以生存之际，而我国40万辆的年总产量却分散在100多家整车厂中生产，年产量在1000辆以下的企业竟占生产厂家的70%以上，达80家。同样，在零部件生产方面的分散程度也相当严重，我国目前以比日本多5倍的厂家生产只占日本5%的产量。现代汽车工业是资金密集、技术密集型产业，但旧体制下的分割却导致了企业普遍缺乏创新能力，只能是不断重复建设落后的生产力，而且愈演愈烈。30年来，各地用了汽车工业总投资的一半发展起来的上百家汽车厂，年产量仅占总产量的15%~25%，而且质量差、成本高。随着分散程度的加剧，我国汽车厂的人均装备率与国际水准之间的差距也大大拉开了。60年代初期，我国汽车工业的人均装备率略高于日本，然而统计资料表明，到1984年我国汽车生产厂的人均装备率却只是日、美、欧主要汽车生产企业的4%，差距达25倍之多。而汽车零部件行业和改装行业的人均装备率水平更低，分别只达到汽车生产厂的55%和45%。由于分散，企业难以形成不断开发新技术、新产品的技术力量和开发手段，即使像一汽、二汽、重型等大型骨干企业，也仍然处于技术储备不足的境地，与参与国际竞争、开拓国际市场的要求比相差甚远。

这种情况在其他产业领域同样也非常严重。不注意结构效益、规模效益的教训太深刻了。今天，当我们的企业普遍实行承包，有了一定的自我积累、自我发展条件以后，就应该高度警惕大家都在原有结构上搞量的扩张。如果以此求“活”的话，那么这种“活”就未必是好事，也未必能“活”得长。

几年来，二汽在实行承包的条件下，努力承担起发展生产力，缓解国内汽车市场供需矛盾和发展企业集团，促进产业结构合理化的两大任务。在二汽集团内集结了近200家企业，在集团范围内，坚持“搞活为改组服务，发展在改造中进行”，努力通过发展专业化协作以推进有质变意义的技术进步；通过改造改进，重新合理地配置生产力，以产生新的综合优势。目前二汽集团的固定资产原值已达43亿元，主要设备5万多台，东风系列汽车产品已由只有两个基本型产品发展到拥有40多种变型车、160多种改装车和专用车，服务社会的领域越来越宽，一大批联营企业走上了专业化生产的轨道。1986年工业总产值达54亿元，实现利润8.4亿元，分别占整个汽车行业的1/3。

实行承包的企业（包括各类大中型企业）联合起来，走集约化、专业化、大生产的道路，是中国经济走向现代化的必由之路，但要形成这样的发展格局，单靠“民间”的努力还是远远不够的。当前，国家应该立即着手选择若干重要产业，制定强有力的产业政策，采取坚决措施，抑弱扶强，尤其是要控制乃至取消各种浪费资源的低效益、负效益生产。这是普遍实行承包以后，至关重要的一环。

二　必须把企业改革的主攻方向放到改革企业内部的经营机制上来

1978年以来，国家对国营企业先后实行了企业基金、利润留成、盈亏包干以及利改税等重要改革，这样做的初期为经济发展释放出了始料不及的能量，取得了较好的效果。但由于改善企业经营的外部条件没有明显进展，改革企业经营机制的问题也没有引起广泛重视，因而同时也出现了诸如重产值轻效益，重外延轻内涵，重眼前轻长远，重福利轻发展等一系列经济增长的波动因素。偏重利益结构的重组而忽视经营机制的再创，导致让权时就埋下了收权的种子。以两权分离为原则，实行承包经营责任制，使企业既包盈又包亏，为企业改革经营机制创造了新的条件。实行承包后的企业，必须跳出老是在调整利益分配上兜圈子的固有思路，把企业改革的主攻方向放到改革经营机制上来。

改革企业经营机制要做的工作很多，涉及的内容也很多，从二汽5年的承包来看，抓住如下几点是非常必要的。

第一，在思想认识上摆脱小生产的影响。小生产的影响在今天的现实生活中仍然是相当广泛，实行承包以后，这种影响突出地表现为一些干部职工，要求把扩大到企业的经营自主权，在企业内实行水平分割，逐级传递。为此，我们用了两年多的时间，重点解决四个思想认识问题。一是确立划分企业经营管理权限必须以适应生产力发展的内在要求为前提的指导思想，克服“权放得越多，放得层次越低，改革的步子就越大”的片面认识。二是明确企业要大力发展商品经济，但这并不意味着企业内部各个层次、各个单位都要四面出击搞经营。经营对企业整体来说，就是不同层次、不同部门各司其职，用统一的经营思想实现决策、执行、监督等不同功能。三是明确大生产与小生产的根本区别之一就在于其经营成果具有整体性。企业内部的利益分配不能简单地以利润为依据；企业要发展同样也有资源有效配置的问题。因此，内部利润不能直接与分配以及投资立项挂钩，局部的发展必须服从整体的需要。四是明确协调企业生产经营活动的不应是看不见的手——价值规律，而应主要依赖看得见的手——能够灵敏接受市场信号的经营计划。解决上述思想认识问题的实质在于获得变承包的压力为企业新的凝聚力，防止事实上出现一种肢解力，促使企业改变长期存在的“大生产的骨架，小生产的幽灵”的状况。

第二，摸索适应本企业特点的管理模式。企业通过承包基本被塑造为相对独立的商品生产者、经营者之后，自身的管理模式必须相应发生变化。这对于转变原有的运行机制，具有十分重要的意义。考虑到不同的大中型企业，其内部构造、工艺流程、经营方式各异；同一企业内，各二级厂的结构、工艺流程，在整体中的地位与作用也有所不同，因而就不可能只有固定单一的“模式”，而应区别各自具体情况，分门别类地进行研究和确立。

经过几年的实践摸索，二汽确立的基本管理模式是“面向市场，科学决策，集中经营，分级管理”。其主要特点是这几点。①通过在国内建立遍布全国的自销系统和技术服务网点，在国外建立外贸机构，把经营的触角伸向广阔的市场，通过强化管理、建立技术储备、形成柔性生产结构、加强生产准备系统，使企业有可能对市场信号作出快速反应。②强化厂长的决策权，但绝不是让厂长拍脑袋、跳“光杆舞”。除建立工厂管理委员会以外，还先后设立了以经营委员会、科学技术委员会为主体的决策智囊机构，进而形成正常的、科学的决策组织和决策程序。③纵向的高度集权与各管理层的独立决策同时存在。所谓高度集权主要表现在投资决策与财源分配方面高度集中，以保证全厂的经济活动服从一个统一的战略方向；而各管理层的独立决策则是指专业厂、车间都有自己相应的决策分工，有自己相应的决策权力。专业厂不仅有一般的日常生产管理权，而且还有预算内的财权、人事权、决定分配方式权，以及在统一价格、名称、账号的前提下代销零部件，多产多销部分实行利润分成的权限。④专业厂作为二级厂不是经济实体，而是核算单位，实行权力委托制。主要任务是完成计划，减少消耗，降低成本。不对利润负责，职工奖金也不和利润挂钩，而主要是与质量、成本、消耗挂钩。目前二汽有几十个核算单位即成本中心，但只有一个利润中心和一个投资中心。下一步由于生产的发展和经营的需要，将会形成多个利润中心，但只要是保持一个经济实体，那么就只能有一个投资中心。这种分层控制的做法，构成了分级管理的主框架。

第三，建立自我制约的运行机制。首要的问题是确立合理而又相对稳定的企业与国家之间的关系。这样才能使企业的行为有自我制约的内在要求。企业寄希望于改革，但又怕政策多变，这是企业的现状。实行承包使确立企业与国家之间相对稳定的利益分配关系成为可能。

然而，实践说明，实行承包并不意味着自我制约的机制可以自发形成。要把可能变为现实，承包的企业还应该做到：①准确地洞察潜在的危机，科学地确立长远发展目标。实行承包以后，由于政策的变化，在一段时间里，企业的效益会在已有的生产力要素基础上有较大提高，企业手里的钱会感到多了些。但是如果看不到潜在的危机，不能及时确立长远发展目标，干部职工就会陷入盲目乐观之中而强化短期行为的动机；反之，情况则迥然不同。二汽实行递增包干以后，经济效益较好，平均名义留利占利税总额的近 40%，占利润总额的 56. 56%，分别高出全国平均水平一块，但是在三项基金分配比例上却未曾稍有懈怠，福利基金、奖励基金一直都按分别比国家规定的比例低 2%和 8%的水平提取，直到 1986 年才稍做调整，而广大干部职工对此都表示支持而无怨言。其原因就在于广大职工看到了今天的投入是明天效益的基础；“七五”期间如果二汽不能实现建成 15 万辆汽车生产能力的目标，进而为“八五”时期发展轿车工业打下基础，就会在激烈的竞争中败下阵来，就不可能有更加繁荣的明天。②要让企业在宏观规划、政策范围内，有目标决策权，使其能自我承担风险。如果承包只是把实现目标的手段放给了企业，而目标决策权仍然掌握在各级行政主管部门手里，企业责权不对称，不可能真正自负盈亏，也不可能有自我制约的内在要求。比如当国家决策投资建厂的时候，投资行为的主体是国家，企业就很难有自我制约的要求，而往往是希望多拿到四大指标（投资、厂房、设备、人数），因为这样做对企业有利，而当投资主体、决策主体转为企业的时候，企业经营者就会产生一种承担风险的意识，它就必须考虑投入产出周期、投资效益，就有一种强烈的自我约束的内在要求。③要建立闭环的控制体系。这是企业行为自我制约的一个保证。为了使企业不偏离既定的目标，必须在企业内部有一套监测体系，能够不断监测企业的行为，对偏离企业目标的行为，及时发出警告，促使领导修正，使企业按照确定的目标前进。这几年我们先后加强了监察、审计、法律顾问等部门的建设，加强了党的纪律检查委员会，并大力支持他们的工作，收到了较好的效果。我们感到，实行承包以后，各级管理层有了更多的财权、事权，在这种情况下，企业里建立闭环的控制体系非常重要。目前，在这方面必须逾越的最大障碍是温情主义、好人主义。出现这种障碍的深层原因恐怕还在于企业经营者的利益没有从职工利益中分离出来，基层领导向谁负责的问题还没有真正解决，当然也还包括社会文化、社会心理及企业文化方面的因素。④形成健全的企业领导体制。在实行厂长负责制的基础上，建立任期目标责任制。二汽的做法是：规定厂长（包括二级厂的厂长）任期目标的时间区间必须大于任期。现任厂长的任期目标就不仅只是考虑"七五"的事情，还必须考虑"八五""九五"乃至2000年的发展问题，并在任期内做好必要的打基础的工作。没有自制力的活力不是健康的活力，没有约束的权力势必成为腐蚀剂。这是经营形式发生变革后，应该引起每一位企业领导者高度重视的大事。

两权分离的发展和承包制的完善，使企业初具商品生产经营者的"形"；经营机制的变革与完善，将使企业具有商品生产经营者的"神"。企业实行承包以后，如何使自己成为"神形兼备"的商品生产经营者，使企业行为符合参与商品经济的一般准则，就显得更为迫切，也更为艰巨。

三　必须以承包为动力，大力加强企业内部管理

首钢成为实行承包制的典范，其关键之一在于充分运用了承包的条件，在空前的深度和广度上使企业管理的各项基础工作以及管理现代化的工作向前跨进了一大步，反过来又为承包制的深入推行奠定了扎实的基础。

在几年实践中，我们感到承包为加强企业内部管理提供了动力，但管理是不会自然提高的；对经营形式已经变革的企业来说，加强企业内部管理有着更为紧迫和严格的要求。管理的本质是让一定的人对一定的事负完全的责任。这与企业改革的目的是完全一致的。从根本上讲，当前深化企业改革，就是要寻找最有效的企业管理途径，解放生产力。我们企业的现状也表明，要从根本上改善企业素质，必须深化企业改革，变革经营形式，否则，解决企业存在的一系列基本问题就没有希望、没有可能。然而也不能不看到，深化企业改革同样也有赖于管理的加强。没有健全的基础工作，定额不合理，计量不准确，考核依据不科学，纪律松弛，素质低下等这类现状不改变，就会阻碍改革的顺利进行。因此，只有改革、管理互相渗透，互相促进，企业才有前途。但是，由于传统观念作祟，由于对承包的片面理解，企业实行承包以后，也很容易出现一些在客观上削弱管理的倾向。

一直抓两头，不管中间。上下管理层之间的接触热点只放在两头，一头是确定包干内容及基数，一头是检查考核和兑现，而把中间过程的管理作为扩权的内容给扩掉了。结果

出现两大弊端：一是以承包代替管理，管理丧失了调控的功能，过程的管理被削弱，使得设备技术状况下降、工艺纪律松弛、财经纪律被冲击等情形极有可能出现；二是经营缺乏弹性，超出合同之外的计划任务要么因讨价还价难以迅速得到落实，因而使企业整体对市场信号难以作出快速反应，要么是“交易成本”不合理地增高，使“快速反应”难以为继。

(1) 只抓考核，不管服务。突出表现在一些职能部门认为实行承包以后，各项专业管理可以不抓了，职能部门的主要职责是考核（扣分、嘉奖）、监督，而忽视服务、协调。结果考核体系日趋庞杂，可管理基础却逐渐削弱。

(2) 只重硬件，不重软件。实行承包以后，一些单位把物质条件看重于一切，对加强管理缺乏足够热情。争投资、设备、面积等物质条件的积极性很高，习惯于外延扩大再生产，这样，既来得保险，又容易表现成绩，而对加强管理却劲头不足，对潜力所在缺乏正确认识，不愿在内涵扩大再生产上下功夫。

(3) 只讲改革，不讲管理。只看到体制的弊端，却无视管理的薄弱，不注意通过两者的协调发展以寻求整体优化的方案。这就使企业呈现一种跛态畸形，尽管改革的工作做得不少，却总是难以走上螺旋上升的轨道，而只是在固有的圈圈上循环。

上述情况是极而言之，达到上述程度的并不很多，但是出现类似苗头的却并不少见。二汽在承包过程中，也曾出现过类似苗头。为了解决好这方面的问题，黄正夏同志 1983 年就提出二汽内部的承包责任制要以全面质量管理为基础，提出要把全面质量管理的思想、方法、体系运用到承包责任制中去。要求全厂在加强现场生产质量管理的同时，进一步用工作质量保证体系和网络技术，明确上下左右之间的关系；用目标管理和工作质量标准，作为承包责任制的依据；用 PQC 计奖法，即完不成任务不起奖（P）、质量否决权（Q）、其他主要技术经济指标（C）加扣的办法，使承包责任制的考核制度得到贯彻。现任领导班子主持工作以后，再次提出，要加强以质量为中心的管理基础工作。重点抓了这几处。①建立厂长质量责任制，明确规定厂长必须亲自抓质量，对质量状况负责。②进一步强化质量“三检制”和工序不良品统计管理，健全检测手段，增强质量检验系统的把关作用。③对全厂上万道工序逐个进行工艺普查与整顿，以严格工艺纪律为突破口，夯实管理基础。④计量升级。在完善长度计量的技术基础工作的同时，重点加强经营计量和能源计量。⑤改善设备技术状态。对服役 10 多年以后的 2.2 万台设备有计划有重点地开展恢复精度的工作。⑥开展以成本为中心的承包责任制试验。今年以来，我们又集中精力把企业升级工作作为当前的一项中心工作来抓。

经过几年持续不断地抓管理、打基础，二汽的管理工作在企业全面整顿以后，又有了新的发展，质量、物耗、效益不断创出新的水平。同时我们也看到，在改革企业经营形式、经营机制，以及产量连年持续大幅度增长、人员构成发生很大变化的形势下，企业管理不适应的问题仍然是一个不可掉以轻心的重大问题，还需要我们进一步以承包为动力，把管理水平尤其是各项管理基础工作再向前推进一步。

四　必须认真研究健全企业动力的问题

多年来，企业遇到的根本问题在于寻求一种能够激励企业和职工奋发向前的机制，也就是寻求一种内在的推动力。实行承包经营，促进企业向自主经营，自负盈亏方向变革，是克服这一积弊的突破。企业取得这一突破以后，继续沿着增强企业运行动力的路走，就有一个分道扬镳的路口：一条是沿着企业每一层、每一个成员的工作都向与各自经济利益直接挂钩的方向发展；一条是以经济动力为基础，向不断扩展动力源的方向发展。简单地讲就是只靠物质激励，还是要包括精神在内的两方面的动力。这似乎是一个老生常谈的问题，而且似乎只会有一种选择。其实不然，在改革中确实面临着两种抉择。由于动力问题既敏感又关键，我们如果要区别于自由市场上的叫卖水平，区别于捞一把、算一把，当一天和尚撞一天钟的短期行为，就要研究企业的动力。

企业的动力有外力和内力。在产品经济条件下，国家计划是企业的外力，内力往往是政治因素；在有计划商品环境中，市场竞争是主要外力，那么内力又是什么呢？企业实行承包以来，有些同志把增强企业内在推动力，调动经营者和职工群众积极性完全寄托在责、权、利一致上，力图使企业每一层次的每一项工作都与经济利益直接、精确地挂钩。我们看到，事事都简单地与职工个人经济利益直接挂钩，必定会使得企业上上下下沉溺于各层直至个人的得失之中而不能自拔，以至往往会颠倒局部与整体、眼前与长远的关系，忽视整体目标，丧失维系大生产的内聚力。

我们深切感受到，能够赋予企业和职工以经济的动力是历史的进步，但光靠金钱不可能持续调动职工建设社会主义的积极性，也不可能推动我们企业走向现代化。在几年来的改革中，我们始终致力于运用三个方面的力量来调动职工积极性，增强企业的内聚力。

（一）目标与追求

一个没有远大目标和崇高追求的企业是没有前途的企业。企业当然要追求利润，否则，就失去存在的价值。但一个企业要获得奋发向前的力量，就绝不能使自己的视野里只剩下利润而别无他物。世界上办得成功的企业都有比盈利更高层次的目标和追求。两权分离使这一点更为明显。一个崇高的目标会给企业以朝气和活力，会给职工的工作以新的内涵，更为丰富的价值，能唤起人们的使命感、光荣感，推动企业在竞争的艰难中聚集力量。实际上优秀企业大多以实现企业追求为奋斗的目标，而报酬是对社会贡献所应有的补偿。很多事实说明，以实现更高目标为目的，往往会得到长久的收益；而以报酬为目的，就会欲求而不得。

在建厂时期，二汽就非常重视使职工队伍树立比金钱更高层次的目标与追求，从而使“为打汽车工业翻身仗贡献力量”成了二汽职工克服困难，艰苦创业的力量源泉。随着改革的深入，企业有了自己更为明确具体的发展规划和奋斗目标。近两年，我们充分运用企业的“七五”发展目标来激励职工。一方面做好分层次的发动工作，另一方面采取各种方法强化职工的目标意识。我们用“依靠自己的力量，实现‘七五’目标是二汽六万职工引为自豪的宏伟事业”的口号，鼓舞全厂职工的斗志。在发动群众，迅速分解落实目标的基础上，在各个层次开展了“实现‘七五’目标应该怎么做”的讨论。许多专业厂提出了“不等、不靠、不要”的口号，主动承担自筹改造挖潜的任务。生产工人普遍制订了“七五”期间提高技术技能水平的奋斗目标，去年完成技术革新项目4800余个，年创经济效益达3500万元，各级管理干部也为管理更大规模的生产建设，抓紧知识储备；工程技术人员加快了产品开发节奏，在过去一年里有5种新车型通过了国家鉴定，10种变型车开发取得重大进展。全厂上下在强烈的目标意识鼓舞下，尽管“七五”建设的第一年遇到了建厂以来最严重的产品销售和资金周转上的困难，仍然创造了汽车生产和建设改造的历史最好水平。实践证明，崇高的目标和追求使企业和职工充满朝气和活力，使企业的社会主义特色及其优越性得到充分体现。

（二）纪律与管理

铁的纪律和严格的管理是社会主义大企业同样不可缺少的力量，也是大生产的力量所在。在改革中，企业实行分级分权管理，职工主人翁地位进一步确立，我们在这种情况下，更注意强调纪律与管理。在加强纪律方面，我们重点抓干部执行政策的纪律教育和要求各级干部和职工自觉地在中央的方针、政策，国家的法规以及企业的规章制度所限定的范围内行使权力，对于违法违纪的，坚决按规定查办处理。最近两年，我们查处了10名违纪的处级以上干部。在管理方面，我厂特别重视防止出现承包代替管理的倾向，开展管理上台阶、企业上等级的活动，推行以责任为核心的承包制。事实教育我们，纪律和管理的意识真正深入人心，也会形成一股强大的内在推动力。

（三）竞争与激励

没有竞争和危机感，企业就会枯萎；干好干坏一个样，队伍就难有作为。竞争和激励是企业最基本的动力，不承认它的作用是以往企业缺乏活力的主要原因。为了更充分地调动这个力量，我们在全厂推行以责任为核心的承包制，职工的工资、奖金与履行职责情况挂钩，真正做到在企业兴衰与职工利益息息相关的基础上，还注意从三个方面发挥竞争与激励的作用：一是把竞争的机制引入干部、人事制度，实行干部聘任制。几年来有890余名处科级干部从领导岗位上退下来，一大批优秀分子走上领导岗位，这样做的效果是明显的。二是定期向全厂干部职工通报企业在竞争中的态势，通过有线电视、报纸、广播、刊物，及时分析形势，回答职工关心的企业大事，使职工对总厂的决策和自身的工作有新的理解，能够具体感受到市场的压力。三是在全厂各条战线、各项工作中开展全方位的立功竞赛活动，使每一个人，从老专家、企业主要领导到刚进厂的青工，都有立功受奖的机会。从这里我们获得了推动企业前进的巨大动力。

三股力量汇合起来，可以使企业获得持久不衰的动力，避开“金钱万能”的沼泽，可以使职工队伍步伐更加坚定。

五　必须从总体上研究企业自身改革的方向、目标和可行步骤

推行承包经营责任制，是国家果断地把企业改革推向深入的战略抉择。为了在实践中有效地探索企业改革的路子，达到预期的目的，我们就必须使当前的承包与前几年企业内分层利润包干有质的区别，让深化企业改革的工作在新的起点上有计划、有步骤地朝着明

确的方向推进。

深化企业改革，是有一定风险的，对大企业来说尤其如此。一项重要决策的失误往往要走一大段路之后方才显示出其谬误之所在，而要加以调整并取得成果就更是需要时间，且其造成的心理影响又为这种调整加大了难度。为了避免出现大的失误，我们感到有必要在前一段走一步、看一步的基础上有所升华，利用企业与国家之间关系已相对稳定的条件，从总体上系统地规划设计企业深化改革和加快发展的方案。

当前二汽正在抓紧开展这方面的工作，组织有关方面的力量联合作战，系统分析企业现状及基本矛盾，研究外界环境的变化趋势及可能对企业产生的影响，廓清企业改革与发展的目标模式，探讨企业组织结构与管理体制如何进一步与发展目标相适应，并且研究企业的激励机制如何与制约机制相匹配，企业文化、经营哲学怎样在更深的层次上对企业的经济活动发挥积极影响。我们感到，这是二汽能够跟上首钢等先进企业的前进步伐，力争走在改革前列，尽快把自身建设成世界级企业最重要的一项基础工作。

附录 9

坚定不移地走承包之路

——国家体改委企业体制司郭志山在第二次全国承包制理论与实践研讨会的发言

（1988 年 5 月 30 日）

自从首钢等一批企业率先实行承包制试验之后，理论界和实际工作部门一直在关注它的发展。历经六年的试验证明，承包制较之其他经营形式更能适应我国的国情，更能充分地调动企业和职工的积极性，并能产生出巨大的经济效益。1987 年 4 月，国务院做出在全国工业企业中推行承包经营责任制的决定，是对承包制试验的肯定，是实践在认识上的升华。党中央、国务院根据工业企业承包制取得成功的经验，指出承包制是条路，除了工业企业要配套、完善、深化、发展承包制之外，商业、外贸等非工业部门也要逐步推行承包制。目前，我国的经济体制改革正在按照党中央、国务院指明的道路前进。但是，由于人们观察问题的角度不同，对承包制的发展前景及如何配套、深化等方面仍然存有不同认识，这一情况困扰着企业改革的深化。这就需要我们做进一步的探讨，消除认识上的分歧，坚定不移地走承包之路。

一　财政体制改革要不要适应承包制发展的问题

中央与地方在财政收入分配上采取何种体制，对承包制发展至关重要。它既关系到企业承包制中上交利润形式、期限问题，也关系到企业能否尽快实现投资主体转移——由税前还贷转为税后还贷的问题。1987 年的承包结果表明，中央和地方采取分成方式的地区，如上海等大城市，承包企业面不大，效果也差，普遍不如中央和地方采取财政包干的地区。因此，要完善发展承包制，财政体制必须作相应的改革。

财政体制改革要适应承包制发展的需要，关键在于把“财政靠工业，工业靠承包”作为财政体制改革的主导认识，从寻求生财之道而不是分财之道上进行体制改革。

我国80%的财政收入来自工业。工业收入的增加要不要靠承包，请看一组数据。

(1) 1986年北京市工业生产企业实现利税增长7.1%。当时有三家企业（首钢、北京电机总厂，北京农机总公司）实行承包制，实现税利增长29.1%。扣除这三家企业，其余企业实现税利下降3.6%。

(2) 1987年陕西省60%的预算内工业企业实行了承包，结果全省预算内工业企业的实现利润增长9.85%。但拆开来看，承包企业实现利润增长15.82%，非承包企业实现利润下降27.3%。

(3) 1987年全国预算内工业企业实现利润增长7.9%。地方工业企业承包进展快，实现利润增长11.9%；而中央民用工业企业的实现利润下降5.8%。在地方工业企业中发展也不平衡，承包搞得好的吉林省企业实现利润增长41.9%，上海市企业实现利润下降7%。

客观事实表明，包就出效益，不包就出负效益。工业靠承包，才能有出路。工业承包搞好了，财政收入的增长就有保证，企业也能增强活力。国家经委1987年曾经组织过测算，80%以上的企业承包之后，大体上每年企业可为国家增加100亿元的财政收入，四年就可多增400亿元。同时企业留利每年可递增20%左右，四年翻一番。去年的情况已经证明这个测算是对的，承包半年左右国家增收60多亿元，企业留利增长11.2%。1988年前四个月增长状况也证明了这个测算，企业上交利税与电力建设基金之和已超过40亿元，企业留利增长16.5%。如果我们真正认准了财政收入增长要靠工业承包的发展这个事实，就应当从财政体制上，尽可能为承包制的发展创造条件。

现行财政体制与承包制的冲突，集中表现在地方财政如何与企业兑现承包合同问题上。一方面地方财政要按与企业签订的合同兑现企业留利，收缴利润；另一方面地方向中央财政上缴利润时，必须按原利改税办法向企业征税的收入数算账。如果企业包得好，留利增加，多出的这块留利，中央财政不认账，必须由地方财政自费负担。这就给地方财政留成比例少的省市造成了困难，不敢放手让企业承包，只好采取超额分成的办法，而且留给企业的超额分成比例也很低，根本调动不起来企业的积极性，甚至包不起来。目前，国务院已将上海市的分成关系改为承包关系，这是财政体制上一项重大改革。如能进一步扩展到其他省市，同时各省市也对下属地区实行包的办法，对承包制的发展将起很大的促进作用。

二　承包制形式要不要改成所得税后承包的问题

当前有些同志主张，废弃现在的承包形式，搞税利分流，先征所得税，税后利润承包；并建议将所得税税率调至35%左右，以使企业有利润可包。这实际上是倒退到第一步利改税时的办法，只是所得税税率由55%降至35%而已。这在当时就因为不成功，而改为第二步利改税。现在稍加调整又重新拿出来，预计难以取得目前承包制的效果。

所得税后承包难以发挥效益的根本原因在于它和承包制是两种不同的经营机制。前者对大多数企业是分的机制，仅对不足40%的企业，含有包的机制。举例来说，假定一个企业实现利润100万元，若原有留利35万元，如果先交35%的所得税35万元，那么确定这个企业的承包基数就只能定为零，这个企业完全是一个比例分成企业；若原有留利为50万元，则企业承包基数可定为15万元，仅占全部上缴量的30%。如果考虑到企业还有归还贷款的因素，其包的成分就会更小些。我们估算，抛去无利可包的企业不算，其余可包企业的包的成分，在总体上不超过20%。这就很难使所有企业都能承包，并通过强烈的利益机制，迫使企业不用扬鞭自奋蹄。

三　承包制是否一定要向股份制过渡的问题

最近，一些经济理论工作者在研究我国经济体制中期改革规划时，指出承包制最终要过渡到股份制；并在时间进度上大体安排为，最近三年重点是深化承包制并为从承包制过渡到股份制做好准备，1990年后的五年在企业中普遍实行股份制。我认为这个提法有值得研究的必要。

目前，人们谈论的股份制有三种模式。一是企业横向联合时，运用股份制进行产权组织。国家与企业间的责权利关系靠承包制调节，企业间联合时用股份制调节。如果按这一模式进行，承包制与股份制之间的关系并不对立，可以相互结合。因此，也就不存在承包制向股份制过渡的问题。过渡论者显然指的不是这种模式。二是将企业现有资产存量按其资金来源确定产权归属，形成股东掌权和按股分利的模式。这样做以后，全民所有制企业将转化为由政府投资、企业投资、职工投资构成混合所有制企业。如果在这种所有制结构下，不按投资的多少划分权力和利益，它就不可能存在和发展。如果按资分利，则按股分利就不能包缴利润，必然是包就不能股，股就不能包。所以，它的发展必然要求废除企业承包制。三是按西方经济发达国家的做法，使企业资产社会化。将企业现有资产存量通过股票形式出售、转让给社会成员，全民企业逐步转化为私人（股东）企业。这一模式也必然要求废除承包制。然而这一模式是和社会主义经济的两个基本特征——公有制与按劳分配背道而驰的。

综上所述，我们可以看出，承包制是否应向股份制过渡的问题，主要看第二种模式是否可行并能否有比承包制更大的优越性。

第二种模式的股份制能否行得通，关键在于企业资金利润率能否达到一定水平，能否使企业职工的股份在报酬上高于银行存款利息收入。按我国预算内工业企业平均资金利润率为11%的水平测算，100元的资金只有11元的利润。如果国家征30%的所得税，需交纳3.3元的税金。余下的7.7元按资金股平均分配，职工入股的报酬率只有7.7%，仅相当于目前的银行存款利率。如果要使报酬率提到15%，则企业资金利润率必须高于21.4%。而这在我国只有少数企业能达到这一水平。因此，要推行股份制只能得到少数地区和少数企业的赞同，其效用是很微弱的。

四 是否要靠企业所有制来解决企业自负盈亏问题

企业自负盈亏问题是深化企业改革中必须解决的问题。对解决这个问题，人们提出了两种思路，一是建立资金分账制度，即把企业中的全民资金划分为企业资金与国家资金，分别列账并加以管理。实行这一制度后，企业经营好的年份所增加的企业留利，都作为企业资金。当企业经营出现困难、当年实现利润不足以交够应交利润时，可以用企业资金补交；当企业资金出现负数时，可由其他企业承包或兼并。并由兼并或承包企业代交利润，承担债权债务关系。这样就把企业的自负盈亏问题用三个环节解决了，即通过承包制找到“歉收自补”的原则，通过建立企业资金解决“歉收自补”的资金来源，通过建立兼并机制解决无法完成承包合同的企业不再依附于政府的问题。这种思路，是在不改变企业全民所有制性质的前提条件下，实行企业自负盈亏的路子。另一种思路是从产权上进行划分，明确企业投资所形成的固定资产和流动资产归企业所有，并由此形成企业所有制，企业对其所有的资产具有所有权。当企业发生亏损时，由国家所有、企业所有的资产共同承担。主张这个思路的同志认为，靠资金分账制解决负亏的问题，动的不是企业的财产，企业不动心，搞来搞去还是国家负亏。

目前，国家采纳了第一种思路，已把资金分账制写进了《全民所有制工业企业承包经营责任制暂行条例》。一些地方已根据《承包条例》的规定，拟定了实施细则。国家之所以做出这样的选择，我理解有以下几点理由。

第一，资金分账制是和承包制密切相关的，只要有办法解决企业的歉收自补问题，就可以通过逐步取消实体性亏损（即利润为负数）企业补贴的办法，最终能使所有企业都做到自负盈亏。

第二，企业因被兼并而丧失经营权，必然会使经营不好的企业职工带来物质利益上的损失。他们是企业亏损的真正承受者。而国家在企业兼并过程中，利益不受任何损失，亏损企业应交利润和债务完全由兼并（或承包）企业承担，没有理由说是由国家负亏的。

第三，如果按第二种思路办，会影响企业充分运用经营自主权。既然有与企业所有制相对应的企业资产，企业对这部分资产拥有所有权，并取得经营自主权，也就必然存在相反的方面，非企业资产，企业没有所有权。对这部分非企业资产，企业如果可按两权分离理论拥有与自身资产同等的经营自主权，那建立不建立企业所有制，对企业的实际意义都不大；如果具有不同等的经营自主权，比如政府部门可通过财产所有者身份派出董事参与企业经营，那就势必削弱企业法赋予企业的对财产享有的占有、使用和依法处分的权利。

总之，我认为借企业自负盈亏问题搞企业所有制是没有必要的，搞得不好还会妨碍企业充分运用自主经营的权利。

关于《中华人民共和国全民所有制工业企业法（草案）》修改稿的说明*

——在第六届全国人民代表大会常务委员会第 24 次会议上

（1988 年 1 月 11 日）

根据中国共产党第十三次代表大会报告的精神和六届全国人大常委会第 20 次会议的审议意见，我们在广泛听取各方面意见的基础上，对《中华人民共和国全民所有制工业企业法（草案）》（以下简称《企业法（草案）》）又做了部分修改。现在，我受国务院委托，对几处主要修改的地方做说明。

一　所有权和经营权分离原则在《企业法（草案）》中的体现

党的十三大报告指出："全民所有制企业不可能由全体人民经营，一般也不适宜由国家直接经营"，应"按照两权分离的原则，搞活全民所有制企业"。两权分离的原则，在《企业法（草案）》中虽有所体现，但强调得不突出，有关财产关系表述得也不够明确。为此，修改稿在总则第二条第二款中增写："国家对企业实行所有权和经营权分离的原则。企业对国家授予其经营管理的财产享有占有、使用和依法处分的权利。"关于"分离"的具体形式，修改稿规定由"企业根据政府有关部门的决定，可

* 本文是袁宝华同志第三次在全国人大常委会会议上就《中华人民共和国全民所有制工业企业法（草案）》和修改稿做说明，第一次是 1985 年 1 月 15 日，在第六届全国人大常委会第九次会议上，就《中华人民共和国国营工业企业法（草案）》做了说明。第二次是 1986 年 11 月 15 日，在第六届全国人大常委会第十八次会议上，作了《关于〈全民所有制工业企业法（草案）〉的说明》。以邓小平同志要求起草工厂法为标志，以彭真同志带队启动工厂法调研为起点，历时十年几易其名和数易其稿，并经公开向社会各界征求意见，在全国全面实行承包经营责任制和厂长负责制基础上，第七届全国人民代表大会第一次会议于 1988 年 4 月 13 日，通过《中华人民共和国全民所有制工业企业法》。

以采取承包、租赁等经营责任制形式”。承包、租赁的具体办法，双方的权利和义务等拟先由行政法规规定。有关这方面的法规国务院正在组织拟订。

二　关于企业党组织的地位和作用

《企业法（草案）》如何表述企业党组织的地位、作用，六届全国人大常委会第20次会议审议时，有写与不写两种意见。根据十三大新党章精神，修改稿在总则中增设单独一条：“中国共产党在企业中的基层组织，对党和国家的方针、政策在本单位的贯彻执行实行保证监督；支持厂长依法充分行使职权。”

三　关于企业的分配原则

社会主义初级阶段，为了促进生产力的发展，增强企业的活力，国家允许企业采取多种经营方式，以提高经济效益。由于企业经营方式的多样化，分配方式也必然多样化。为此，《企业法（草案）》修改稿除了强调要贯彻按劳分配原则外，同时规定“在法律规定的范围内，企业可以采取其他分配方式”。这一规定，为部分企业的多渠道投资、集资和实行多种经营方式带来的不同于按劳分配的其他分配方式，提供了法律依据。

四　关于厂长的地位和作用

原草案对厂长的地位和作用提出了两个方案供讨论。一是“企业建立以厂长为首的生产经营管理系统，厂长依法对企业的生产指挥、经营管理工作统一领导，全面负责”；二是“企业建立以厂长为首的生产经营管理系统。厂长在企业中处于中心地位，依法对企业负有全面责任”。前者是对企业生产经营全面负责，后者是要求厂长对企业两个文明建设全面负责。讨论中，许多同志鉴于党的十三大政治报告明确了厂长这一责任，故修改稿选择了第二方案。厂长对企业负有全面责任，是厂长地位和国家赋予厂长的权责决定的，这体现了责权一致的原则。国家赋予厂长经营决策权、经营指挥权和用人权，厂长对国家不仅承担对企业的生产指挥和经营管理责任，同时也要对企业职工培养、教育、使用，对建立有理想、有道德、有文化、有纪律的“四有”职工队伍承担责任，也就是说，企业的物质文明和精神文明建设搞得如何，厂长负有全面责任。这同企业党组织在企业职工中加强思想政治工作是一致的。

五　关于企业决策形式

关于企业的决策形式，原草案也有两个方案。一个方案是企业设立管理委员会协助厂长决定企业的重大问题；另一个方案是大型企业还可以根据企业上级主管部门的决定，设立企业委员会决定企业中的重大问题。一个是“协助”厂长决策；一个是委员会集体决策。讨论中，许多同志从责任制角度认为还是设置管理委员会合理。因为，如果设企业委员会作为企业集体决策的机构，一旦决策失误，则难以追究厂长的责任，集体决策无人负责的局面也难以改变。当然，特大型企业可以进行其他决策形式的试点。建议在《企业法（草案）》提请七届人大审议时在说明中予以说明。

六　关于企业干部管理

为促进大批精明强干、勇于开拓的企业家在市场竞争的风浪中涌现出来，逐步形成具有中国特色的企业经营者队伍，修改稿在企业经营者人选问题上增加了竞争机制的内容，将原草案“厂长由上级主管机关任免”，改为厂长人选的产生，可以是“政府授权部门委任或招聘”，也可以是“企业职工代表大会招聘或选举”。两种情况的运用，由企业主管机关决定。关于副厂级行政领导干部的人选，改为由厂长提请政府授权部门任免，但国家对承包、租赁企业另有规定的除外。

七　关于政府有关部门的职责

此次修改稿，根据党的十三大报告关于政企分开的精神，对政府有关部门的职责一章作了改写，主要是强化了政府部门对企业服务、监督的职能，规定了政府部门的主要职责以及对企业承担的义务。

文稿解读

1985 年 1 月 13 日，国务院将《中华人民共和国国营工业企业法（草案）》提交第六届全国人民代表大会常务委员会。1985 年 1 月 15 日，受国务院委托，国家经委副主任袁宝华在第六届全国人大常委会第九次会议上，就《中华人民共和国国营工业企业法（草案）》做说明。

1986 年 9 月 15 日，《中共中央、国务院关于颁发全民所有制工业企业三个条例的通知》（中发〔1986〕21 号）明确，颁发的《全民所有制工业企业厂长工作条例》、《中国共产党全民所有制工业企业基层组织工作条例》和《全民所有制工业企业职工代表大会条例》，在本地区、本部门正在进行企业领导体制改革试点的全民所有制工业企业中贯彻实行。

1986 年 11 月 11 日，《中共中央、国务院关于认真贯彻执行全民所有制工业企业三个条例的补充通知》（中发〔1986〕23 号）明确，在全民所有制工业企业中全面推行厂长（经理）负责制的新的企业领导体制。

1986 年 11 月 15 日，第六届全国人民代表大会常务委员会第十八次会议，国家经委副主任袁宝华在会上做了《关于〈全民所有制工业企业法（草案）〉的说明》。

1986 年 12 月 22~26 日，全国人大常委会法制工作委员会和国务院法制局联合召开“全民所有制工业企业法座谈会”。

1987 年 2 月 21~23 日，全国人大财经委员会召开会议，对《全民所有制工业企业法（草案）》进行了讨论。

1987 年 2 月 23~24 日，彭冲副委员长在南京召开座谈会，征求对《中华人民共和国全民所有制工业企业法（草案）（1987 年 2 月 17 日修改稿）》的意见。

1987 年 3 月 5 日，根据彭真委员长意见，全国人大常委会法制工作委员会召开全民所有制工业企业法修改方案座谈会。

1987 年 3 月 10 日，彭真委员长主持第六届全国人民代表大会常务委员会第二十次会议。全国人大法律委员会副主任委员宋汝梦作中华人民共和国全民所有制工业企业法草案审议结果的报告。16~18 日，第二十次会议连续举行联组会议。全国人大法律委员会副主任委员宋汝梦在会上向委员们汇报“企业法草案”的修改意见。关于全民所有制工业企业法草案，鉴于企业改革正在深化，还有一些重要问题需要进一步调查研究，总结经验，委员长会议提出，并经联组会同意，建议这个法律草案不提交第六届全国人民代表大会第五次会议审议。19日，会议决定全民所有制工业企业法草案不提请第六届全国人民代表大会第五次会议审议。

1988年1月9日，中共中央政治局第三次全体会议，讨论并原则同意修改后的《中华人民共和国全民所有制工业企业法（草案）》（简称《企业法（草案）》），提议由国务院提请全国人大常委会审议。1988年1月11日，第六届全国人大常委会第24次会议，听取了国家经委副主任袁宝华同志受国务院委托对《企业法（草案）》修改稿的说明并审议了《企业法（草案）》（修改稿），会议充分肯定了《企业法（草案）》。

1988年1月11日，根据"重大情况，让人民知道，重大问题，经人民讨论"的精神，第六届全国人大常委会委员长会议决定将《中华人民共和国全民所有制工业企业法（草案）》（1988年1月9日修改稿）公开登报，征求意见。同日，全国人大常委会办公厅和国务院办公厅发出《关于公布全民所有制工业企业法草案，广泛征求意见的通知》，要求各省、自治区、直辖市人大常委会和人民政府负责征集各界人士和干部、职工的意见，并组织一些全民所有制工业企业负责人、职工代表、工会和有关部门负责人，以及法律界、经济界的专家座谈，听取意见。并请在1988年2月25日之前，将意见汇总整理报送全国人大常委会办公厅。各界人士和干部、职工对这个草案如有意见，可送各省、自治区、直辖市人大常委会办公厅或者人民政府经济委员会。

1988年2月9~12日，经国务院批准，国家经委在北京召开全国企业承包经营责任制座谈会，会议总结1987年承包经营责任制情况，认为由于政策明确，措施得力，共同努力，推行承包经营责任制的工作取得了突破性的进展，全国80%的大中型企业已推行承包，对深化企业改革，稳定国民经济，促进双增双节，起到了显著作用。

1988年2月12日，中央领导同志会见全国企业承包经营责任制座谈会部分代表，听取国家经委关于承包经营责任制的汇报时指出，去年承包有效益，宏观控制有进步，微观也活了，全年上交利税增加59.5亿元，企业留利增加22亿元，很不简单，抓到点子上了；不承包形势就不会这么好。要是早一点下决心承包下去，情况会更好。1988年2月27日，国务院印发《全民所有制工业企业承包经营责任制暂行条例》。

1988年3月31日，国家经委主任吕东在第七届全国人民代表大会第一次会议上做《中华人民共和国全民所有制工业企业法（草案）》的说明。《中华人民共和国全民所有制工业企业法（草案）》是1985年1月由国务院提请第六届全国人大常委会审议的。全国人大常委会第九次、十八次、二十次、二十四次会议进行了审议。1988年3月，根据全国人民讨论的情况，在第六届全国人大常委会第二十五次会议上又进行了审议，形成了提交这次大会审议的草案。

1988年4月13日，第七届全国人民代表大会第一次会议通过《中华人民共和国全民所有制工业企业法》，自1988年8月1日起施行。由此，1986年12月2日第六届全国人民代表大会常务委员会第十八次会议通过的《中华人民共和国企业破产法（试行）》，也将于1988年11月1日起开始试行。

1988年4月20日，袁宝华同志在《企业法讲话》（企业管理出版社1988年出版）代序中指出，在刚刚结束的七届人大一次会议上，通过了《中华人民共和国全民所有制工业企业法》（简称《企业法》）。这是我国经济体制改革和法制建设的一件大事。《企业法》的制定和颁布，用法律形式明确了我国企业改革的方向，巩固了改革取得的重要成果，肯定了我国全民所有制工业企业在改革、开放、搞活中发生的深刻变化。这些变化，概括起来，主要表现在三个方面。一是企业的地位和作用变了。企业不再是一切听命于上级主管部门安排的行政机构附属物，而是自主经营、自负盈亏、独立核算的社会主义商品生产者和经营者。二是企业的领导体制变了。企业党组织执行保证监督的职能，不再是企业的决策中心、指挥中心，而是实行厂长负责制，由厂长统一行使经营决策权、生产指挥权和人事决定权，厂长在企业中处于中心地位，起中心作用，对两个文明建设负全面责任。三是企业的经营方式变了。企业经营不再拘泥于“国有国营”的传统模式，而是依据企业的不同情况，采取承包、租赁等多种形式的经营责任制，并且随着横向经济联合和专业化协作的发展，出现了一批跨地区、跨部门、跨不同所有制的企业群体和企业集团。《企业法》把这些变化肯定下来，标志着我国企业改革正在走上制度化，《企业法》的制定和颁布，还表明我们党的主张在广泛实践的基础上，已经通过法定程序转变为国家意志，这对于巩固和推进企业改革，调整企业内部与外部的各种经济关系，确立具有中国特色的企业制度，无疑具有十分重要的意义。

1988年4月28日，《中共中央关于贯彻执行〈中华人民共和国全民所有制工业企业法〉的通知》指出，《企业法》的制定，结束了全民所有制企业（以下简称企业）法律地位不明确的状况，确立了现阶段具有中国特色的企业制度。《企业法》的灵魂，是国家在保持企业财产全民所有权的条件下，使企业对国家授予其经营管理的财产享有占有权、使用权和依法处分权。以企业承包制为主的多种经营责任制，是实行两权分离的有效形式。

文稿附录

附录1　中华人民共和国全民所有制工业企业法（草案）

附录2　《全国人大常委会办公厅、国务院办公厅关于公布全民所有制工业企业法草案，广泛征求意见的通知》和征求意见情况

附　录

附录 1

中华人民共和国全民所有制工业企业法（草案）

（1988 年 1 月 9 日修改稿，1 月 12 日人民日报全文公布）

第一章　总　则

第一条　为保障全民所有制经济的巩固和发展，明确全民所有制工业企业的权利和义务，保障其合法权益，增强其活力，促进社会主义现代化建设，根据《中华人民共和国宪法》，制定本法。

第二条　全民所有制工业企业（以下简称企业）是独立核算的社会主义商品生产和经营单位。

企业的财产属于全民所有。国家对企业实行所有权和经营权分离的原则。企业对国家授予其经营管理的财产享有占有、使用和依法处分的权利。

企业依法自主经营、自负盈亏，以国家授予其经营管理的财产承担民事责任。

企业根据政府有关部门的决定，可以采取承包、租赁等经营责任制形式。

第三条　企业的根本任务是：根据国家计划和市场需求，发展商品生产，创造财富，增加积累，满足社会日益增长的物质和文化生活需要。

第四条　企业必须坚持在建设社会主义物质文明的同时，建设社会主义精神文明，建设有理想、有道德、有文化、有纪律的职工队伍。

第五条　企业必须遵守法律、法规，坚持社会主义方向。

第六条　企业实行厂长（经理）负责制。

厂长依法行使职权，受法律保护。

第七条　中国共产党在企业中的基层组织，对党和国家的方针、政策在本单位的贯彻执行实行保证监督；支持厂长依法充分行使职权。

第八条　企业通过职工代表大会和其他形式，实行民主管理。

第九条　企业必须加强经营管理，推进科学技术进步，厉行节约，反对浪费，提高经济效益，促进企业的改造和发展。

第十条 企业实行经济责任制，贯彻按劳分配原则。在法律规定的范围内，企业可以采取其他分配方式。

第十一条 企业依法取得法人资格。

第十二条 国家授予企业经营管理的财产受法律保护，不受侵犯。

第十三条 企业的合法权益受法律保护，不受侵犯。

第二章 企业的设立、变更和终止

第十四条 设立企业，必须依照法律和国务院的规定，报请政府授权部门审核批准。经工商行政管理部门核准登记、发给营业执照，企业取得法人资格。

企业应当在核准登记的经营范围内从事生产经营活动。

第十五条 设立企业必须具备以下条件：

（一）产品为社会所需要。（二）有能源、原材料、交通运输的必要条件。（三）有自己的名称和生产经营场所。（四）有符合国家规定的资金。（五）有自己的组织机构。（六）有明确的生产经营范围。（七）法律、法规规定的其他条件。

第十六条 企业合并或者分立，依照法律、行政法规的规定，由政府授权部门批准。

第十七条 企业由于下列原因之一终止：

（一）违反法律被责令关闭。（二）政府授权部门决定关闭。（三）依法被宣告破产。（四）其他原因。

第十八条 企业合并、分立或者终止时，必须保护其财产，依法清理债权、债务。

第十九条 企业的分立、合并、终止，以及生产经营范围等登记事项的变更，须经工商行政管理部门核准登记。

第三章 企业的权利和义务

第二十条 在国家计划指导下，企业有权自行安排生产社会需要的产品或者为社会提供服务。

第二十一条 企业有权要求调整没有必需的计划供应物资或者产品销售安排的指令性计划。

企业有权接受或者拒绝任何部门和单位在指令性计划外安排的生产任务。

第二十二条 企业有权自行销售本企业的产品。国务院另有规定的除外。

承担指令性计划的企业，有权自行销售计划外超产的产品和计划内分成的产品。

第二十三条 企业有权自行选择供货单位，购进生产需要的物资。

第二十四条 除国务院规定由物价部门和有关主管部门控制价格的以外，企业有权自行确定产品价格、劳务价格。

第二十五条 企业有权按照国务院规定提取和使用分成的外汇收入。

第二十六条 企业有权按照国务院规定支配使用自有资金。

第二十七条 企业有权出租或者有偿转让国家授予其经营管理的固定资产。其中非闲置、多余固定资产的出租、转让须经政府授权部门批准，以上所得的收益必须用于设备更新和技术改造。

第二十八条 企业有权确定适合本企业情况的工资形式和奖金分配办法。

第二十九条 企业有权按照国务院规定决定录用、辞退等用人办法。

第三十条 企业有权决定机构设置及其人员编制。

第三十一条 企业有权拒绝任何单位向企业摊派人力、物力、财力。

第三十二条 企业有权依法用现有的固定资产、流动资金以及工业产权向其他企业、事业单位投资，持有其他企业的股份企业有权按照国务院规定，发行债券。

第三十三条 企业必须全面完成指令性计划。但是，依照本法第二十一条的规定企业要求调整或者拒绝的除外。

第三十四条 企业必须保证产品质量和服务质量，对用户和消费者负责。

第三十五条 企业必须节约能源和原材料，努力降低产品成本。

第三十六条 企业必须遵守财务制度、劳动工资制度和物价管理，依法缴纳税金、费用、利润，接受财政、审计、劳动工资和物价机关的监督。

第三十七条 企业必须有效地利用固定资产，保障固定资产的正常维修，采用新的技术成果，改进和更新设备。

第三十八条 企业应当不断改善劳动条件，做好劳动保护和环境保护工作，做到安全生产和文明生产。

第三十九条 企业应当加强思想政治教育、科学文化教育和技术业务培训，不断提高职工队伍的素质。

第四十条 企业应当倡导和奖励职工进行科学研究、发明创造，开展技术革新、合理化建议和社会主义劳动竞赛活动。

第四十一条 企业必须保障和维护工会与职工的合法权益。

第四章　厂长

第四十二条 厂长是企业的法定代表人。

厂长的产生，应当根据企业的不同情况，分别采取下列方式：

（一）政府授权部门委任或招聘；

（二）企业职工代表大会招聘或选举。

厂长的产生方式由政府授权部门确定，依上述第（二）项方式产生的厂长须经政府授权部门批准。

政府授权部门委任或招聘的厂长由政府授权部门免职、解聘；企业职工代表大会招聘或选举的厂长，职工代表大会提出罢免的，应报政府授权部门批准。

第四十三条 企业建立以厂长为首的生产经营管理系统。厂长在企业中处于中心地位，依法对企业负有全面责任。

厂长行使下列职权：

（一）领导企业的生产、经营管理工作和精神文明建设。（二）依照法律和国务院的规定，决定或者报请审查批准企业的各项计划。（三）决定企业机构的设置。（四）任免（聘任、解聘）企业中层行政领导干部；提请政府授权部门任免（聘任、解聘）副厂级行政领导干部，国务院另有规定的除外。（五）提出工资调整方案、奖金分配方案和重要的规章制度，提请职工代表大会审议通过。提出福利基金使用方案和其他有关职工生活福利的重大事项的建议，提请职工代表大会审议决定。（六）依法奖惩职工；对副厂级行政领导干部的奖惩应报政府授权部门备案。

第四十四条 企业设立管理委员会或者通过其他形式，协助厂长决定企业的重大问题。管理委员会由企业各方面的负责人和职工代表组成，厂长任管理委员会主任。

前款所称重大问题：（一）经营方针、长远和年度计划，重大技术改造和技术引进计划、职工培训计划、工资调整计划和财务预决算、自有资金分配和使用方案；（二）企业党政工团等脱产人员编制和行政管理机构的设置和调整；（三）重要规章制度的建立、修改和废除。上述重大问题的讨论方案，均由厂长提出。

第四十五条 厂长在领导本企业完成计划、提高产品质量或者服务质量、提高经济效益及加强精神文明建设等方面成绩显著的，由政府授权部门给予奖励。

第五章　企业的民主管理

第四十六条 职工代表大会是企业实行民主管理的基本形式，是职工行使民主管理权利的机构。

职工代表大会的工作机构是企业的工会委员会。

第四十七条 职工代表大会行使下列职权：

（一）听取和讨论厂长关于企业的经营方针、长远规划、年度计划、扩建改建方案、重大技术改造方案、职工培训计划、自有资金分配和使用方案、承包、租赁经营责任制方案的报告，提出意见和建议。（二）审议通过企业的经济责任制方案、工资调整方案、奖金分配方案、劳动保护措施、奖惩办法以及其他重要的规章制度。（三）审议决定职工福利基金使用方案、职工住宅分配方案和其他有关职工生活福利的重大事项。（四）评议、监督企业各级行政领导干部，并提出奖惩和任免的建议。（五）根据政府授权部门的部署，可以选举厂长，报政府授权部门批准。

第四十八条 车间通过职工大会、职工代表小组或者其他形式实行民主管理；工人直接参加班组的民主管理。

第四十九条 职工代表大会和工会应当支持厂长行使职权，教育职工以主人翁的态度从事劳动，遵守劳动纪律和规章制度，保证完成生产和工作任务。

第六章　政府有关部门的职责

第五十条　政府有关部门统一下达指令性计划，保证企业完成指令性计划所需的计划供应物资。并按照国务院规定，审查批准企业提出的基本建设、重大技术改造、对外经济技术合作等计划及对国家指令性计划的实施方案。

第五十一条　政府有关部门按照国家调节市场、市场引导企业的目标，依据法律、政策为企业提供服务，并按照各自的分工，运用经济、法律和必要的行政手段对企业实行管理和监督。

（一）制订、调整产业政策，指导企业的发展规划。

（二）为企业的经营决策提供咨询、信息。

（三）任免、考核、奖惩厂长，负责厂级领导干部的培训。

（四）协调企业与其他单位之间的关系，调处纠纷。

（五）维护企业正常的生产秩序，保护企业经营管理的国家财产不受侵犯。

（六）逐步完善与企业有关的公共设施。

第五十二条　政府有关部门（社会团体）不得侵犯企业依法享有的经营管理自主权，不得向企业摊派人力、物力、财力，不得要求企业设置某一机构或者规定机构的编制人数。

第七章　法律责任

第五十三条　违反本法第十四条规定设立的企业，由县级以上工商行政管理部门责令停业，没收违法所得。

企业向登记机关弄虚作假，隐瞒真实情况的，给予警告或者处以罚款，情节严重的，吊销营业执照。

本条规定的行政处罚，由县级以上工商行政管理部门决定。当事人对处罚决定不服的，可以在接到处罚通知之日起 15 日内向人民法院起诉；逾期不起诉又不履行的，由工商行政管理部门申请人民法院强制执行。

第五十四条　生产质量不合格的产品，给用户和消费者造成直接经济损失的，应当承担赔偿责任；造成国家财产或人身伤亡等重大事故，由政府有关部门追究企业有关领导人和直接责任者的行政责任，触犯刑律的，由司法机关追究刑事责任。

第五十五条　政府有关部门的决定违反本法第五十二条的规定，企业有权向作出决定的机关申请撤销。不予撤销的，企业有权向作出决定的机关的上一级机关或者政府监察部门申诉，接受申诉的机关应于接到申诉之日起 30 日内作出裁决并通知企业。企业对裁决不服的，应在接到裁决书之日起 30 日内向人民法院提起诉讼。

第五十六条　企业领导干部滥用职权、假公济私，对职工实行报复陷害的，依照《中华人民共和国刑法》第一百四十六条的规定追究刑事责任。

第五十七条 企业和政府有关部门的领导人，因工作过失给企业和国家造成较大损失的，给予行政处分。

企业和部门的领导人玩忽职守，致使企业财产、国家和人民利益遭受重大损失的，依照《中华人民共和国刑法》第一百八十七条的规定追究刑事责任。

第五十八条 阻碍企业领导干部依法执行职务，未使用暴力、威胁方法的，由企业所在地公安机关依照《中华人民共和国治安管理处罚条例》第十九条的规定处罚；以暴力、威胁方法阻碍企业领导干部依法执行职务的，依照《中华人民共和国刑法》第一百五十七条的规定追究刑事责任。

扰乱企业的秩序，致使生产、营业、工作不能正常进行，尚未造成严重损失的，由企业所在地公安机关依照《中华人民共和国治安管理处罚条例》第十九条的规定处罚；情节严重，致使生产、营业、工作无法进行，造成严重损失的，依照《中华人民共和国刑法》第一百五十八条的规定追究刑事责任。

第八章 附则

第五十九条 本法的原则适用于全民所有制交通运输、邮电、地质勘探、施工安装、财贸、物资、农林、水利企业。

第六十条 承包、租赁经营企业除应遵守本法规定外，承包、租赁双方的权利、义务按照国务院有关规定执行。

联营企业，或者企业发行股票、相互参股设立股份企业的，按照国务院有关规定执行。

第六十一条 企业破产应按照《中华人民共和国企业破产法（试行）》执行。

第六十二条 国务院有关主管部门根据本法制定实施条例，报国务院批准施行。

第六十三条 本法自 年 月 日起施行。

附录 2

《全国人大常委会办公厅、国务院办公厅关于公布全民所有制工业企业法草案，广泛征求意见的通知》和征求意见情况

（1988 年 1 月 12 日，人民日报全文刊发企业法草案和征求意见通知）

1988 年 1 月 11 日，根据“重大情况，让人民知道，重大问题，经人民讨论”的精神，第六届全国人大常委会委员长会议决定将《中华人民共和国全民所有制工业企业法（草案）》（1988 年 1 月 9 日修改稿）公开登报，征求意见。同日，全国人大常委会办公厅和

国务院办公厅发出《关于公布全民所有制工业企业法草案，广泛征求意见的通知》，要求各省、自治区、直辖市人大常委会和人民政府负责征集各界人士和干部、职工的意见，并组织一些全民所有制工业企业负责人、职工代表、工会和有关部门负责人，以及法律界、经济界的专家座谈，听取意见。并请在1988年2月25日之前，将意见汇总整理报送全国人大常委会办公厅。各界人士和干部、职工对这个草案如有意见，可送各省、自治区、直辖市人大常委会办公厅或者人民政府经济委员会。

《中华人民共和国全民所有制工业企业法（草案）》，成为新中国成立以后，除宪法草案之外，第一个全文公布并向社会各界广泛征求意见的法律草案。

自人民日报及全国各地新闻媒体刊发《中华人民共和国全民所有制工业企业法（草案）》和全国人大常委会办公厅、国务院办公厅通知之后，截止1988年2月25日，在广泛收集社会各界意见的同时，各地人大常委会和人民政府召开各种类型的座谈会，征求了各方面的意见。全国人大常委会法工委、国家经委和国家体改委联合召开六次座谈会，听取了企业负责同志，有关部门和经济界、法律界专家的意见。《充分地肯定、热切地期望——〈企业法（草案）〉讨论综述》一文（《企业管理》1988年第4期，作者：国家经委法规局狄娜）介绍了社会各界对《中华人民共和国全民所有制工业企业法（草案）》发表的意见和讨论情况，全文如下：

《中华人民共和国全民所有制工业企业法（草案）》经六届全国人大委员长会议决定，于今年1月12日公开登报征求意见后，在国内外引起普遍的关注，各地区、各部门纷纷召开座谈会，各界人士的意见雪片般地飞往全国人大常委办公厅及国务院有关部门，对草案内容给予充分的肯定，就连法国《世界报》也载文，称企业法的出台，标志着“中国经济改革真正战役的开始”。倍受各方重视的企业法到底得到了怎样的评价，笔者将归纳成文，以飨读者。

各界人士认为，企业法草案正确地总结了建国30多年来管理企业的正反经验，尤其是总结了十一届三中全会以来改革的成功经验，体现了党的十三大的精神，符合企业实际，具有中国特色。具体表现在：

一、确定了两权分离的原则，明确了国家与企业的关系，是改革趋于成熟的重要标志，是产品经济过渡到商品经济的重要标志。确立两权分离原则，既可使企业在法律规定的“笼子”内自主活动，有利于宏观控制；又可使企业得以在商品经济的大舞台上大显身手，有利于微观搞活。

二、明确了企业独立核算、自主经营的法人地位，表明了企业是一个商品经济组织和独立的法人，这样既突出了企业的有限责任，又有效地维护了国家在涉外经济纠纷中的合法权益。

三、规定了企业的权利义务，使企业既具有自我生存、自我运动、自我发展的能力；又具有自我调节、自我控制、自我约束的机制，有利于开放、搞活。

四、贯彻了党政分开原则，以法律的形式改党委领导下的厂长负责制为厂长负责制，突出了厂长的中心地位和中心作用，结束了长期困扰企业的多头领导，无人负责的被动局面，为企业进行两个文明建设提供了重要的组织保证。

五、体现了政企分开的原则，弱化了政府对企业的直接管理职能。政府对企业是服务、监督的关系。政府部门对企业应承担的义务有了明确的规定，将有助于改变目前政府对企业统得过死，管理得过多的局面，把政企关系理顺。

广大群众和各界人士普遍认为企业法的出台时机已经成熟，希望有关方面作适当修改后，如期提请七届人大会议审议公布。

在全民讨论中，方方面面提出的意见和建议主要有：

一、企业资产全民所有，是全民所有制企业的基本特征，企业所有权的实现和与经营权的分离，乃是企业法的核心。有同志提出，实现两权分离，首先要明确所有权的内涵。在这些同志看来，企业所有权至少要包括，国家有向企业下达指令性计划之权；有关停并转之权；有收回盈利之权；有任免主要负责人之权。草案虽有有关所有权内容的规定，但散见于各条文中，若明若暗，他们希望集中表述。同时，希望明确一个代为行使全民企业所有权的具体部门。当企业出租或有偿转让其固定资产时，必须征得这一部门的同意。法学界的同志还提出，经营权是与所有权相关的财产权，本身具有排他性。企业作为独立的法律主体，在活动中行使的经营权应视同法人的所有权，受法律保护。所有权一方不得以所有权干预企业经营权。这一原则应在草案中充分体现，否则所有权一方如错误地决定关停并转，或由于非法干预，致使企业无法全面履行经济合同而造成经济损失，就无法追究有关一方的责任；又如，所有权一方因指令性计划下达失误，给企业造成损失，也无法追究计划下达部门的责任；再如，党政有关部门任免失当，致使企业领导班子不和，给企业造成损失，也无法追究有关方面的责任。

二、如果说所有权旨在明确资产的归属，那么经营权则旨在加速资产的运动，资产只有运动才能带来收益。因而经营权是草案中的重要内容。法学界人士认为，经营权应该包括，在国家授权范围内，对经营管理的企业财产有占有、使用、支配和处置的权利；有以经营管理的财产破产还债的权利；有按发展生产的目的，自由支配企业留利的权利；有对留有缺口，带来经济损失的指令性计划抵制的权利；有拒绝外界摊派人财物的权利。不少人建议应对此专章规定。企业界提出，经营权中与企业占有相关的收益权，应有明确规定。企业占有至少应包括：企业自有资金增殖的固定资产；企业库存的物资；全民小型企业实行个人租赁后，承租人使用个人依合同分得的利润投资所增殖的财产等，都应归企业所有。这样既有利于稳定国家与企业的关系，又有利于克服企业短期行为，还会调动企业以自有资金扩大再生产的积极性。政府有关部门还提出了经营权中的处置权，除抵押、破产还债外，还应包括企业兼并的意见。他们认为，经营管理好的企业兼并亏损企业，实行企业资产有偿转让，使企业之间生产要素互补，实现优化组合，是增强企业活力，调整产业结构，提高经济效益，克服财政困难的有效措施，草案应予以肯定。有关地方政府部门还提出，全民所有制企业由投资主体（国家）、生产主体（职工）和经营管理主体（厂长）三大要素构成。三者在生产经营过程中各有其贡献，在分配问题上也应各得其所，这是调整国家与企业，企业与职工间关系的极为重要问题，但草案对此缺少必要的规定。他们建议，以法律形式明确国家与企业的一级分配关系，使之相对稳定，以有利于国民经济持续、稳定地发展。

三、关于企业的权利义务问题意见集中在以下几点：一是要给大型企业以外贸自主权，即凡有出口创汇能力的大型企业或专门生产出口产品的工厂，按照国家规定的进出口价格，都应享有调研、谈判、签约、销售等外贸自主权。二是要给企业投资权。企业界认为，企业应有权支配自有资金，运用生产发展基金扩大再生产，确定投资流向，参加或者退出横向联合的权利。在要求扩大企业自主权的同时，也有人提出应当缩小企业权利的意见：一是有关政府部门提出，“企业可以流动资金向外投资”的规定欠妥，这既不利于合理的企业经营机制的形成，也不利于国家对经济的宏观调控。二是认为草案放权企业可自定工资形式和奖金分配办法，会突破工资总额，不利于保障国家对消费基金的调控。建议在该条款前，冠以“企业在国家控制的工资总额范围内”的字样。三是企业义务各条款比较笼统，缺乏约束力，应增加有关制约企业短期行为的条款。

四、关于企业内部关系，比较多的反映是草案对职工主人翁地位和民主管理权利体现不够。其次是反映厂长的责大、权小、利微。相当多的企业家认为，厂长责任十分沉重，与权利相比，显失公平。主要表现在：一是决定权不实。如草案规定企业经营责任制（如承包）方案须经职代会审议通过。责任制方案是厂长与有关部门几经协商定下来的，职代会又难以把握企业全局，这样规定只能使方案久议不决，贻误时机。二是用人权不够。厂长本身都可以选举产生，而厂级行政副职却要政府部门任免，这样规定，既不利厂长负责制的推行，又给行政干预开了方便之门，应该有所修改。

关于企业党组织的地位、作用问题是一个长期有争议的问题。这次讨论中仍有两种意见。主张应该有所规定的理由是，企业法明确企业党组织地位作用是社会主义国家企业的特色，苏联、东欧也有先例，规定后有利于党组织开展工作；主张不规定的理由是，宪法等基本法条文中都没有涉及党组织问题，如果在企业法中出现，党组织必然成为一个主体，而在它没有发挥保证监督作用的情况下就要视为违法，如此，又怎样去追究党组织的法律责任呢？为此，他们不主张写进企业法。

关于企业行政、党组织、工会关系协调问题，讨论中指出，企业内部关系协调是个实际问题，应引起重视。在工业企业的三个条例中就没有解决这个问题，希望在草案中给予明确。

此外，还有一些意见和建议，在此不一一赘述。

附录 3

关于《中华人民共和国全民所有制工业企业法（草案）》的说明

——国家经济委员会主任吕东在第七届全国人民代表大会第一次会议上

（1988 年 3 月 31 日）

《中华人民共和国全民所有制工业企业法（草案）》（简称《企业法（草案）》）是 1985 年 1 月由国务院提请六届全国人大常委会审议的。全国人大常委会第九次、十八次、二十次、二十四次会议进行了审议。今年 3 月，根据全国人民讨论的情况，在六届全国人大常委会第二十五次会议上又进行了审议，形成了提交这次大会审议的草案。现在，我受国务院的委托，就《中华人民共和国全民所有制工业企业法（草案）》向大会做说明。

一　起草过程

《企业法（草案）》是经过较长时间的酝酿、调查、试点之后产生的。早在 1978 年，邓小平同志就提出要制定工厂法。1980 年 8 月，邓小平同志又提出，要改革企业领导体制。之后，在彭真同志领导下，成立了工厂法起草调查组。1981 年，国务院讨论了调查组起草的工厂法草案。鉴于当时立法条件还不成熟，为了使企业有所遵循，中共中央、国务院先后发布了《国营工业企业职工代表大会暂行条例》、《国营工厂厂长工作暂行条例》、《中国共产党工业企业基层组织工作暂行条例》和《国营工业企业暂行条例》。1983 年末，中央领导同志再次提出要改革企业领导体制，实行厂长负责制，抓紧企业法的制定工作。1984 年初，彭真同志就起草企业法问题带领调查组先后到华东、东北等地进行了广泛的调查研究。1984 年 5 月，中共中央办公厅、国务院办公厅发出通知，决定在北京、天津、上海、沈阳、大连、常州等 6 个城市进行厂长负责制试点。在此期间，中央书记处、国务院主要领导同志曾多次听取调查组汇报。指出，要继续抓紧企业法的制定工作，同时要认真搞好厂长负责制试点。党的十二届三中全会关于经济体制改革的决定，加快了经济体制改革的步伐，进一步推动了企业法的制定工作。在两年多试点工作的基础上，于 1986 年 9 月，中共中央、国务院重新修订发布了《全民所有制工业企业厂长工作条例》、《全民所有制工业企业职工代表大会条例》和《中国共产党全民所有制工业企业基层组织工作条例》，并发出了贯彻“三个条例”的补充通知，明确了厂长在企业中处于中心地位，起中心作用，对企业负有全面责任；企业党组织要搞好保证监督；通过职工代表大会实行民主管理等重要原则。这些原则的确定，把企业法的制定工作向前推进了一大步。特别是中国共产党第十三次代表大会的召开，深刻地阐明了建设有中国特色的社会主义伟大事业的理论和一系列指导方针，为统一各方面的认识，进一步修改《企业法（草案）》提供了依据。现在提请大会审议的草案，就是这样一步一步地完成的。

今年1月9日，中央政治局会议讨论并原则同意《企业法（草案）》，建议由国务院提请全国人大常委会审议。1月11日，六届全国人大常委会第二十四次会议第四次审议了《企业法（草案）》，并决定将《企业法（草案）》公开登报广泛征求意见。各地人大常委会和人民政府十分重视，召开了各种类型的座谈会，征求了各方面的意见。全国人大常委会法工委、国家经委和国家体改委也联合召开了六次座谈会，听取了企业领导干部、有关部门和经济界、法律界专家的意见。在全国人民讨论中普遍认为，《企业法（草案）》总结了经济体制改革的经验，体现了党的十三大精神，经过充分酝酿、反复讨论和修改，已基本成熟，建议早日出台。在对草案做了进一步修改的基础上，六届全国人大常委会第二十五次会议进行了第五次审议，决定将草案提请七届人大一次会议审议。

二　立法宗旨和指导思想

为什么现在要制定企业法？这是因为我们面临着这样的情况：近几年来，企业改革的实践已有了很大发展，党的十三大报告从理论上阐明了许多基本问题，各方面的认识已趋于一致。已有的企业改革成果，需要得到法律保护；企业改革要再上一个新台阶，使企业真正成为自主经营、自负盈亏的法人，也需要提供法律依据。几年来在改革企业内部领导体制方面虽有一定进展，但各种关系并未完全理顺。政府与企业之间、企业与企业之间都必须严格依法办事，企业的法人地位、厂长（经理）的法人代表地位都须由法律加以确定。因此，需要尽快颁布和实施企业法。

制定企业法是以宪法为依据。指导思想主要是这几个。

（一）以中共中央关于经济体制改革的决定和党的十三大精神为指导思想

总结了建国以来正反两方面的经验，特别是十一届三中全会以来改革、开放、搞活的成功经验，对企业的若干重大问题，做出了法律规定。通过立法，保障全民所有制经济的巩固和发展，明确企业的权利和义务，保障企业的合法权益，增强企业的活力，促进社会主义现代化建设。

（二）从实际出发，也是制定企业法的指导思想

制定这部企业法是从我国现有的9万多个全民所有制工业企业的情况出发的。这9万多个企业的总产值占全国工业总产值的70%以上，是我国社会生产力发展和经济技术进步的主导力量。这些企业生产经营的积极性和创造性能否充分发挥，是否具有强大的活力，对于我国经济发展的全局，影响很大，也是整个经济体制改革的中心环节。因此在制定企业法时，必须从实际出发，围绕增强企业的活力，解决好企业同国家的关系，确立企业独立商品生产经营者的地位，实行政企分开、企业所有权和经营权分离，完善经营机制，保障企业的经营管理自主权。解决好企业内部的关系，改革企业领导制度，突出厂长的地位和作用，理顺企业党、政、工各方面的关系，保障企业经营者的管理权威同职工主人翁地位的统一。草案的法律条文都是经过反复调查研究，力求法律的规定符合企业实际，符合中国的国情，具有鲜明的中国社会主义特色。

（三）在改革中立法，必须采取积极慎重的方针，这是制定企业法的另一个指导思想

全国人大常委会和国务院对制定企业法的工作始终抓得很紧，积极地进行调查研究和各方面试点。但是，制定企业法的工作，是在改革过程中新旧两种体制并存的情况下进行的。改革是一个不断探索、不断总结经验、不断前进的过程。而法律是党和国家政策的定型化，具有稳定性、连续性和极大的权威。要把改革中成功的经验，上升为法律，需要有一个过程。不成熟、没有把握的问题，不能勉强制定，以免影响改革，影响法的稳定性和严肃性。因此，对于经过实践检验的成功经验，在草案中做出了具体规定；对于已经看准改革方向，但正在改革实践中的问题，在草案中做出了原则的规定，给改革留有较大的余地；对于实践中正在探索的问题，草案没有做出规定，待条件成熟后，再对法律进行修改完善。

三 草案的基本内容

草案共八章六十八条，基本内容有以下几个主要方面。

（一）关于所有权和经营权分离问题

所有权和经营权分离是企业法的灵魂。党的十三大报告指出，“全民所有制企业不可能由全体人民经营，一般也不适宜由国家直接经营”，应“实行所有权与经营权分离，把经营权真正交给企业”。我国经济体制改革的基本实践也表明，实行所有权与经营权分离，才能较好地解决全民所有制企业的经营机制，使其成为独立的商品生产者和经营者。企业法草案在总则中明确了全民所有制工业企业的性质后，突出了“国家对企业实行所有权和经营权分离的原则。”同时规定“企业根据政府主管部门的决定，可以采取承包、租赁等经营责任制形式”（草案第二条）。鉴于承包、租赁责任制尚在不断完善、发展过程中，在附则中写上发包方和承包方、出租方和承租方的权利、义务按照国务院有关规定执行（草案第六十六条）。

提出所有权与经营权分离的目的，是扩大企业经营管理自主权，不是扩大、强化资产所有者对企业的制约。因此，《企业法（草案）》对经营权做了规定，即“企业对国家授予其经营管理的财产享有占有、使用和依法处分的权利”（草案第二条）。

（二）关于企业的权利和义务的问题

改革9年来，国家对企业的生产经营计划。劳动人事管理、工资奖金分配等方面，做出了一系列扩权规定，对于增强企业活力，促使企业逐步成为独立的商品生产者和经营者，发挥了重要作用。草案对企业上述诸方面的权利给予充分肯定，使企业的合法权益有了法律保障。草案根据各方面的意见，增加了企业权利的内容。一是为了发展外向型经济，使企业逐步走向国际市场。草案规定，“企业有权按照国务院规定与外商谈判并签订合同”（草案第二十七条）。二是为了运用法律武器，制止对企业的摊派，维护企业的合法权益不受侵犯。草案规定：“企业有权拒绝任何机关和单位向企业摊派人力、物力、财力。”并明确规定，“除法律、法规另有规定外，任何机关和单位以任何方式要求企业提供人

力、物力、财力的，都属于摊派”（草案第三十三条）。三是为了适应社会主义初级阶段的实际情况，在以按劳分配为主体的前提下实行多种分配方式，草案规定，“在法律规定的范围内，企业可以采取其他分配方式。”（草案第十三条）另外，草案还规定了企业持有其他企业的股份、发行债券方面的权利。

草案在规定企业权利的同时，还规定了企业应该承担的主要义务，包括企业必须完成指令性计划，必须有效地利用固定资产，保障固定资产正常维修、改进和更新。必须保证产品质量和服务质量，必须遵守国家的有关规定，接受国家有关部门的监督，等等。这些规定对于约束企业的行为，维护国家和社会的利益是必要的。

（三）关于厂长负责制问题

几年来，在改革的实践中，人们对实行厂长负责制的认识逐步趋于一致。草案规定，“企业实行厂长（经理）负责制”（草案第六条），并在第四章规定，“厂长是企业的法定代表人。企业建立以厂长为首的生产经营管理系统。厂长在企业中处于中心地位，依法对企业负有全面责任”。“厂长领导企业的生产、经营管理工作和精神文明建设”（草案第四十五条）。这些规定，有利于理顺企业的领导体制，有利于改变过去那种“集体领导，无人负责”的状况，是搞活企业的重要条件。

厂长对企业负有全面责任，体现了责权一致的原则。国家赋予厂长生产经营决策权、生产经营指挥权和用人权。厂长既要对企业的生产指挥和经营管理负责，同时也要对建立“有理想、有道德、有文化、有纪律”的职工队伍负责。从这个意义上讲，企业的物质文明和精神文明建设搞得如何，厂长是负有全面责任的。

搞好企业的党政分开，明确企业中党组织的地位和作用，是企业法的一个核心问题。根据党的十三大通过的党章部分条文修正案，明确企业党组织“不再对本单位实行‘一元化’领导”的规定，草案在总则中写进了“中国共产党在企业中的基层组织，对党和国家的方针、政策在本企业的贯彻执行实行保证监督”（草案第七条）。

实行厂长负责制，企业内部应设立相应的机构，协助厂长决策，使厂长决策更加科学合理。因此，草案规定，“企业设立管理委员会或者通过其他形式，协助厂长决定企业的重大问题”（草案第四十七条）。

另外，草案在附则中规定，“联营企业、大型联合企业、企业发行股票、相互参股设立的股份企业，其领导体制，按照国务院有关规定执行”（草案第六十六条）。

（四）关于职工的地位和企业的民主管理问题。

加强企业的民主管理，保障职工群众在企业中的主人翁地位，是办好社会主义企业的基本原则，又是办好社会主义企业的必由之路。党的十三大报告指出：“要注意发挥职工的积极性和创造性，使经营者的管理权威和职工群众的主人翁地位相统一，形成经营者和生产者相互依靠，密切合作的新型关系。”因此，草案把确立职工的主人翁地位，保障职工行使民主管理权利，作为重要内容之一，做出了一系列规定。

在总则中，明确规定，“企业保障职工的主人翁地位，维护职工的合法权益”（草案第八条）。“企业通过职工代表大会和其他形式，实行民主管理”（草案第九条）。同时规定“企业工会代表和维护职工利益，依法独立自主地开展工作，”工会作为职工代表大会的工作机构“组织职工参加民主管理、民主监督和协商对话”（草案第十条）。“中国共产主义青年团在企业中的基层组织依照团章独立自主地开展工作，组织青年职工参加民主管理”（草案第十一条）。

草案单列“职工和职工代表大会”一章，具体规定了职工和职工代表大会的权利和义务。另外，草案还规定了职工代表参加企业管理委员会的内容。为职工参与决策提供了法律依据。

（五）关于企业和政府的关系问题

实行政企职责分开，逐步健全以间接管理为主的宏观经济调节体系，是搞活企业的重要条件。党的十三大报告指出，“在政府同企事业单位的关系上，要按照自主经营、自主管理的原则，将经营管理权下放到企事业单位，逐步做到各单位的事情由各单位自己管，政府的责任是按照法规政策为企业服务并进行监督。”根据这一精神，草案写进了“政府有关部门按照国家调节市场、市场引导企业的目标，为企业提供服务，并按照各自的分工，运用经济、法律和必要的行政手段对企业实行管理和监督”的内容（草案第五十六条）。

我的说明完了，请大会对《企业法（草案）》予以审议。

附录4

中华人民共和国全民所有制工业企业法

（1988 年 4 月 13 日第七届全国人民代表大会第一次会议通过，
1988 年 4 月 13 日中华人民共和国主席令第三号公布，自 1988 年 8 月 1 日起施行）

第一章 总则

第一条 为保障全民所有制经济的巩固和发展，明确全民所有制工业企业的权利和义务，保障其合法权益，增强其活力，促进社会主义现代化建设，根据《中华人民共和国宪法》，制定本法。

第二条 全民所有制工业企业（以下简称企业）是依法自主经营、自负盈亏、独立核算的社会主义商品生产和经营单位。

企业的财产属于全民所有，国家依照所有权和经营权分离的原则授予企业经营管理。企业对国家授予其经营管理的财产享有占有、使用和依法处分的权利。

企业依法取得法人资格，以国家授予其经营管理的财产承担民事责任。

企业根据政府主管部门的决定，可以采取承包、租赁等经营责任制形式。

第三条 企业的根本任务是：根据国家计划和市场需求，发展商品生产，创造财富，增加积累，满足社会日益增长的物质和文化生活需要。

第四条 企业必须坚持在建设社会主义物质文明的同时，建设社会主义精神文明，建设有理想、有道德、有文化、有纪律的职工队伍。

第五条 企业必须遵守法律、法规，坚持社会主义方向。

第六条 企业必须有效地利用国家授予其经营管理的财产，实现资产增殖；依法缴纳税金、费用、利润。

第七条 企业实行厂长（经理）负责制。

厂长依法行使职权，受法律保护。

第八条 中国共产党在企业中的基层组织，对党和国家的方针、政策在本企业的贯彻执行实行保证监督。

第九条 国家保障职工的主人翁地位，职工的合法权益受法律保护。

第十条 企业通过职工代表大会和其他形式，实行民主管理。

第十一条 企业工会代表和维护职工利益，依法独立自主地开展工作。企业工会组织职工参加民主管理和民主监督。

企业应当充分发挥青年职工、女职工和科学技术人员的作用。

第十二条 企业必须加强和改善经营管理，实行经济责任制，推进科学技术进步，厉行节约，反对浪费，提高经济效益，促进企业的改造和发展。

第十三条 企业贯彻按劳分配原则。在法律规定的范围内，企业可以采取其他分配方式。

第十四条 国家授予企业经营管理的财产受法律保护，不受侵犯。

第十五条 企业的合法权益受法律保护，不受侵犯。

第二章 企业的设立、变更和终止

第十六条 设立企业，必须依照法律和国务院规定，报请政府或者政府主管部门审核批准。经工商行政管理部门核准登记、发给营业执照，企业取得法人资格。

企业应当在核准登记的经营范围内从事生产经营活动。

第十七条 设立企业必须具备以下条件：

（一）产品为社会所需要。

（二）有能源、原材料、交通运输的必要条件。

（三）有自己的名称和生产经营场所。

（四）有符合国家规定的资金。

（五）有自己的组织机构。

（六）有明确的经营范围。

（七）法律、法规规定的其他条件。

第十八条 企业合并或者分立，依照法律、行政法规的规定，由政府或者政府主管部门批准。

第十九条 企业由于下列原因之一终止：

（一）违反法律、法规被责令撤销。

（二）政府主管部门依照法律、法规的规定决定解散。

（三）依法被宣告破产。

（四）其他原因。

第二十条 企业合并、分立或者终止时，必须保护其财产，依法清理债权、债务。

第二十一条 企业的合并、分立、终止，以及经营范围等登记事项的变更，须经工商行政管理部门核准登记。

第三章 企业的权利和义务

第二十二条 在国家计划指导下，企业有权自行安排生产社会需要的产品或者为社会提供服务。

第二十三条 企业有权要求调整没有必需的计划供应物资或者产品销售安排的指令性计划。

企业有权接受或者拒绝任何部门和单位在指令性计划外安排的生产任务。

第二十四条 企业有权自行销售本企业的产品。国务院另有规定的除外。

承担指令性计划的企业，有权自行销售计划外超产的产品和计划内分成的产品。

第二十五条 企业有权自行选择供货单位，购进生产需要的物资。

第二十六条 除国务院规定由物价部门和有关主管部门控制价格的以外，企业有权自行确定产品价格、劳务价格。

第二十七条 企业有权依照国务院规定与外商谈判并签订合同。

企业有权依照国务院规定提取和使用分成的外汇收入。

第二十八条 企业有权依照国务院规定支配使用留用资金。

第二十九条 企业有权依照国务院规定出租或者有偿转让国家授予其经营管理的固定资产，所得的收益必须用于设备更新和技术改造。

第三十条 企业有权确定适合本企业情况的工资形式和奖金分配办法。

第三十一条 企业有权依照法律和国务院规定录用、辞退职工。

第三十二条 企业有权决定机构设置及其人员编制。

第三十三条 企业有权拒绝任何机关和单位向企业摊派人力、物力、财力。除法律、法规另有规定外，任何机关和单位以任何方式要求企业提供人力、物力、财力的，都属于摊派。

第三十四条 企业有权依照法律和国务院规定与其他企业、事业单位联营，向其他企业、事业单位投资，持有其他企业的股份。

企业有权依照国务院规定发行债券。

第三十五条 企业必须完成指令性计划。

企业必须履行依法订立的合同。

第三十六条 企业必须保障固定资产的正常维修，改进和更新设备。

第三十七条 企业必须遵守国家关于财务、劳动工资和物价管理等方面的规定，接受财政、审计、劳动工资和物价等机关的监督。

第三十八条 企业必须保证产品质量和服务质量，对用户和消费者负责。

第三十九条 企业必须提高劳动效率，节约能源和原材料，努力降低成本。

第四十条 企业必须加强保卫工作，维护生产秩序，保护国家财产。

第四十一条 企业必须贯彻安全生产制度，改善劳动条件，做好劳动保护和环境保护工作，做到安全生产和文明生产。

第四十二条 企业应当加强思想政治教育、法制教育、国防教育、科学文化教育和技术业务培训，提高职工队伍的素质。

第四十三条 企业应当支持和奖励职工进行科学研究、发明创造，开展技术革新、合理化建议和社会主义劳动竞赛活动。

第四章 厂长

第四十四条 厂长的产生，除国务院另有规定外，由政府主管部门根据企业的情况决定采取下列一种方式：

（一）政府主管部门委任或者招聘。

（二）企业职工代表大会选举。

政府主管部门委任或者招聘的厂长人选，须征求职工代表的意见；企业职工代表大会选举的厂长，须报政府主管部门批准。

政府主管部门委任或者招聘的厂长，由政府主管部门免职或者解聘，并须征求职工代表的意见；企业职工代表大会选举的厂长，由职工代表大会罢免，并须报政府主管部门批准。

第四十五条 厂长是企业的法定代表人。

企业建立以厂长为首的生产经营管理系统。厂长在企业中处于中心地位，对企业的物质文明建设和精神文明建设负有全面责任。

厂长领导企业的生产经营管理工作，行使下列职权：

（一）依照法律和国务院规定，决定或者报请审查批准企业的各项计划。

（二）决定企业行政机构的设置。

（三）提请政府主管部门任免或者聘任、解聘副厂级行政领导干部。法律和国务院另有规定的除外。

（四）任免或者聘任、解聘企业中层行政领导干部。法律另有规定的除外。

（五）提出工资调整方案、奖金分配方案和重要的规章制度，提请职工代表大会审查同意。提出福利基金使用方案和其他有关职工生活福利的重大事项的建议，提请职工代表大会审议决定。

（六）依法奖惩职工；提请政府主管部门奖惩副厂级行政领导干部。

第四十六条 厂长必须依靠职工群众履行本法规定的企业的各项义务，支持职工代表大会、工会和其他群众组织的工作，执行职工代表大会依法作出的决定。

第四十七条 企业设立管理委员会或者通过其他形式，协助厂长决定企业的重大问题。管理委员会由企业各方面的负责人和职工代表组成。厂长任管理委员会主任。

前款所称重大问题：

（一）经营方针、长远规划和年度计划、基本建设方案和重大技术改造方案，职工培训计划，工资调整方案，留用资金分配和使用方案，承包和租赁经营责任制方案。

（二）工资列入企业成本开支的企业人员编制和行政机构的设置和调整。

（三）制订、修改和废除重要规章制度的方案。

上述重大问题的讨论方案，均由厂长提出。

第四十八条 厂长在领导企业完成计划、提高产品质量和服务质量、提高经济效益和加强精神文明建设等方面成绩显著的，由政府主管部门给予奖励。

第五章 职工和职工代表大会

第四十九条 职工有参加企业民主管理的权利，有对企业的生产和工作提出意见和建议的权利；有依法享受劳动保护、劳动保险、休息、休假的权利；有向国家机关反映真实情况，对企业领导干部提出批评和控告的权利。女职工有依照国家规定享受特殊劳动保护和劳动保险的权利。

第五十条 职工应当以国家主人翁的态度从事劳动，遵守劳动纪律和规章制度，完成生产和工作任务。

第五十一条 职工代表大会是企业实行民主管理的基本形式，是职工行使民主管理权力的机构。

职工代表大会的工作机构是企业的工会委员会。企业工会委员会负责职工代表大会的日常工作。

第五十二条 职工代表大会行使下列职权：

（一）听取和审议厂长关于企业的经营方针、长远规划、年度计划、基本建设方案、重大技术改造方案、职工培训计划、留用资金分配和使用方案、承包和租赁经营责任制方案的报告，提出意见和建议。

（二）审查同意或者否决企业的工资调整方案、奖金分配方案、劳动保护措施、奖惩办法以及其他重要的规章制度。

（三）审议决定职工福利基金使用方案、职工住宅分配方案和其他有关职工生活福利的重大事项。

（四）评议、监督企业各级行政领导干部，提出奖惩和任免的建议。

（五）根据政府主管部门的决定选举厂长，报政府主管部门批准。

第五十三条 车间通过职工大会、职工代表组或者其他形式实行民主管理；工人直接参加班组的民主管理。

第五十四条 职工代表大会应当支持厂长依法行使职权，教育职工履行本法规定的义务。

第六章 企业和政府的关系

第五十五条 政府或者政府主管部门依照国务院规定统一对企业下达指令性计划，保证企业完成指令性计划所需的计划供应物资，审查批准企业提出的基本建设、重大技术改造等计划；任免、奖惩厂长，根据厂长的提议，任免、奖惩副厂级行政领导干部，考核、培训厂级行政领导干部。

第五十六条 政府有关部门按照国家调节市场、市场引导企业的目标，为企业提供服务，并根据各自的职责，依照法律、法规的规定，对企业实行管理和监督。

（一）制订、调整产业政策，指导企业制定发展规划。

（二）为企业的经营决策提供咨询、信息。

（三）协调企业与其他单位之间的关系。

（四）维护企业正常的生产秩序，保护企业经营管理的国家财产不受侵犯。

（五）逐步完善与企业有关的公共设施。

第五十七条 企业所在地的县级以上地方政府应当提供企业所需的由地方计划管理的物资，协调企业与当地其他单位之间的关系，努力办好与企业有关的公共福利事业。

第五十八条 任何机关和单位不得侵犯企业依法享有的经营管理自主权；不得向企业摊派人力、物力、财力；不得要求企业设置机构或者规定机构的编制人数。

第七章 法律责任

第五十九条 违反本法第十六条规定，未经政府或者政府主管部门审核批准和工商行政管理部门核准登记，以企业名义进行生产经营活动的，责令停业，没收违法所得。

企业向登记机关弄虚作假、隐瞒真实情况的，给予警告或者处以罚款；情节严重的，吊销营业执照。

本条规定的行政处罚，由县级以上工商行政管理部门决定。当事人对罚款、责令停业、没收违法所得、吊销营业执照的处罚决定不服的，可以在接到处罚通知之日起十五日内向法院起诉；逾期不起诉又不履行的，由作出处罚决定的机关申请法院强制执行。

第六十条 企业因生产、销售质量不合格的产品，给用户和消费者造成财产、人身损害的，应当承担赔偿责任；构成犯罪的，对直接责任人员依法追究刑事责任。

产品质量不符合经济合同约定的条件的，应当承担违约责任。

第六十一条 政府和政府有关部门的决定违反本法第五十八条规定的，企业有权向作出决定的机关申请撤销；不予撤销的，企业有权向作出决定的机关的上一级机关或者政府监察部门申诉。接受申诉的机关应于接到申诉之日起三十日内作出裁决并通知企业。

第六十二条 企业领导干部滥用职权，侵犯职工合法权益，情节严重的，由政府主管部门给予行政处分；滥用职权、假公济私，对职工实行报复陷害的，依照《中华人民共和国刑法》第一百四十六条的规定追究刑事责任。

第六十三条 企业和政府有关部门的领导干部，因工作过失给企业和国家造成较大损失的，由政府主管部门或者有关上级机关给予行政处分。

企业和政府有关部门的领导干部玩忽职守，致使企业财产、国家和人民利益遭受重大损失的，依照《中华人民共和国刑法》第一百八十七条的规定追究刑事责任。

第六十四条 阻碍企业领导干部依法执行职务，未使用暴力、威胁方法的，由企业所在地公安机关依照《中华人民共和国治安管理处罚条例》第十九条的规定处罚；以暴力、威胁方法阻碍企业领导干部依法执行职务的，依照《中华人民共和国刑法》第一百五十七条的规定追究刑事责任。

扰乱企业的秩序，致使生产、营业、工作不能正常进行，尚未造成严重损失的，由企业所在地公安机关依照《中华人民共和国治安管理处罚条例》第十九条的规定处罚；情节严重，致使生产、营业、工作无法进行，造成严重损失的，依照《中华人民共和国刑法》第一百五十八条的规定追究刑事责任。

第八章　附则

第六十五条 本法的原则适用于全民所有制交通运输、邮电、地质勘探、建筑安装、商业、外贸、物资、农林、水利企业。

第六十六条 企业实行承包、租赁经营责任制的，除遵守本法规定外，发包方和承包方、出租方和承租方的权利、义务依照国务院有关规定执行。

联营企业、大型联合企业和股份企业，其领导体制依照国务院有关规定执行。

第六十七条 国务院根据本法制定实施条例。

第六十八条 自治区人民代表大会常务委员会可以根据本法和《中华人民共和国民族区域自治法》的原则，结合当地的特点，制定实施办法，报全国人民代表大会常务委员会备案。

第六十九条 本法自 1988 年 8 月 1 日起施行。

附：刑法有关条文

（一）第六十二条涉及的刑法条款：

第一百四十六条 国家工作人员滥用职权、假公济私，对控告人、申诉人、批评人实行报复陷害的，处二年以下有期徒刑或者拘役；情节严重的，处二年以上七年以下有期徒刑。

（二）第六十三条涉及的刑法条款：

第一百八十七条 国家工作人员由于玩忽职守，致使公共财产、国家和人民利益遭受重大损失的，处五年以下有期徒刑或者拘役。

（三）第六十四条涉及的刑法条款：

第一百五十七条 以暴力、威胁方法阻碍国家工作人员依法执行职务的，或者拒不执行人民法院已经发生法律效力的判决、裁定的，处三年以下有期徒刑、拘役、罚金或者剥夺政治权利。

第一百五十八条 禁止任何人利用任何手段扰乱社会秩序。扰乱社会秩序情节严重，致使工作、生产、营业和教学、科研无法进行，国家和社会遭受严重损失的，对首要分子处五年以下有期徒刑、拘役、管制或者剥夺政治权利。

附录 5

中共中央关于贯彻执行《中华人民共和国全民所有制工业企业法》的通知

（1988 年 4 月 28 日）

（一）

《中华人民共和国全民所有制工业企业法》（以下简称《企业法》）已由七届全国人大一次会议通过，这是我国经济体制改革和政治体制改革中的一件大事。国内国外的经验都证明，搞商品经济，没有法制不行。《企业法》的制定，结束了全民所有制企业（以下简称企业）法律地位不明确的状况，确立了现阶段具有中国特色的企业制度。

《中共中央关于经济体制改革的决定》指出，搞活企业，是整个经济体制改革的中心环节。几年来，围绕这一中心环节所进行的各项改革，在一定程度上扩大了企业自主权，初步调动了企业经营者和广大职工的积极性，保证了国民经济的持续增长。但是，企业内外许多关系还没有完全理顺，企业中蕴藏的巨大潜力也远未发挥出来。企业强烈要求成为自主经营、自负盈亏的商品生产经营者，并得到法律的保护。《企业法》正是适应这一要求制定的。它的贯彻和实施，必将有力地推进企业改革，使我国企业体制走上法制的轨道，各级党组织和全体党员，都要认真学习《企业法》，自觉维护《企业法》的权威，带头贯彻执行《企业法》。

（二）

《企业法》的灵魂，是国家在保持企业财产全民所有权的条件下，使企业对国家授予其经营管理的财产享有占有权、使用权和依法处分权。这就是说，企业如何经营，如何发展，企业财产如何转移，包括相互投资、相互持股、相互转让、相互组合等，都应当由企业依法自主决定。企业的一切生产经营活动，只要不违背《企业法》及有关的法律，都是合法的、允许的。这应当成为检验是否执行《企业法》的一个标准。

以企业承包制为主的多种经营责任制，是实行两权分离的有效形式。国务院最近发布了《全民所有制工业企业承包经营责任制暂行条例》，各级党组织应保证这一条例在本地区、本单位的实施。当前，必须紧紧抓住企业承包制的配套、完善、深化和发展。一是要把竞争机制更广泛地引入承包，通过招标、选聘，择优选择经营者。二是要改进企业承包的组织工作，适当延长承包期和丰富承包内容，并以具有法律效力的契约加以确定，克服企业的短期行为。三是要支持和鼓励企业与企业之间、企业与科研单位之间的承包。这类承包，可以是跨地区、跨行业的，也可以是不同所有制之间的，以促进技术、人才、资金、物资的合理流动和优化组合。四是要完善企业内部的经济责任制，严格科学管理，加强劳动纪律，精简行政机构和人员，积极推行“满负荷工作法”等全面经济核算和定额管理的有效形式，提高工时、设备和资金的利用率，降低各种物资消耗。五是要认真探索调动全体职工积极性的承包形式，逐步做到由全体职工共同承担风险和分享利益。

（三）

实现《企业法》所规定的企业权利，很大程度上取决于企业从事商品经济活动的外部环境。目前，政企不分仍然是增强企业活力的主要障碍，贯彻《企业法》的过程，应当成为以政企分开为核心的配套改革过程。

要以转变职能为中心内容，坚决而又稳妥地进行各级政府机构的改革，无论是新建立的政府部门，还是继续保留的部门，以及承担部分政府管理职能的公司，都要严格执行《企业法》，尊重企业依法享受的各项权利，并按照政企分开的原则，转变职能，精简机构和人员，克服官僚主义，提高办事效率，做好服务工作。

要加快健全以间接管理为主的宏观经济调节体系。计划管理工作应当把重点转到研究制定经济、科技、社会发展战略，研究制定产业政策和中长期规划上。财税体制改革应当有利于贯彻产业政策和增强企业发展后劲，调节利益分配，逐步实行公平税负，促进公平竞争。金融体制改革必须在加强中央银行宏观调控的条件下，促进专业银行的企业化经营，自主运用信贷资金，为企业提供多种信用服务，充分发挥银行的调节作用。外贸和科技体制改革必须有利于促进工贸结合和技贸结合，使越来越多的企业直接面对国际市场，提高进入国际市场的竞争能力。

要加快社会主义市场体系的形成。应当继续深化价格体制改革，为企业参与市场竞争提供平等的条件；逐步减少指令性计划的比重，减少重要物资的计划分配份额，扩大市场调节的比例；积极扩大资金、技术、信息和房地产市场，逐步发展劳务市场，并形成正常的市场秩序，使企业能够通过市场来谋求发展，实行自负盈亏和参与市场竞争，将使企业形成有效的自我约束机制，有了这种机制，加上政府依法管理，企业的行为就会趋于合理化。

《企业法》实施后，《破产法》将开始生效。因此，必须进一步改革劳动制度和福利制度，尽快建立起符合我国国情的社会保障体系。

近年来的实践反复证明，运用法律手段推进改革，不仅要重视立法工作，而且要加强执法活动和法律监督。一切企业都必须严格依法行事。财政、银行、审计、税务、工商行政管理等部门，都应依照《企业法》，完善管理和监督职能。司法和监察机关，也应严格执行《企业法》，查究一切违法行为，保护国家、企业、经营者和全体职工的合法权益。当前必须把反摊派和打击弄权勒索作为贯彻《企业法》的一项重要工作来抓。

（四）

《企业法》明确规定，厂长是企业的法定代表人，在企业中处于中心地位，对企业的物质文明和精神文明负全面责任。企业的经营决策权、生产指挥权和人事决定权，应统一由厂长依法行使。目前，在不少企业中，厂长应有的上述职权仍没有落实或没有完全落实，部分厂长的合法收益缺乏应有的保障，这种状况必须切实改变。企业中的党组织、职代会以及工会等群众组织，都要按照《企业法》的要求，积极支持厂长行使职权，保证厂长负责制在本企业的实施。今后，还应当不断完善厂长任期制，包括任期目标责任制、任期终结审计制，改进企业管理委员会议事制，健全决策程序和监督机制。

企业的物质文明建设和精神文明建设都由厂长负责，是一个新的问题，应根据这样的要求，选配领导干部，合理安排成员结构，调整职能机构，精神文明建设是企业行政、党组织、工会、共青团的共同任务。党组织和群众组织都应协助厂长做好这项工作。

实行厂长负责制，要改革企业人事制度。企业经营者的产生，要体现竞争、公开、择优和民主的原则，一般应采取公开招标办法通过竞争确定，并征求职工代表的意见。企业副厂长、中层行政领导干部，都应由厂长依法提名或委任、招聘，为了促进企业人事管理体制的转变，党和政府对企业干部的管理制度，也必须相应进行改革。

（五）

充分调动职工的积极性和创造性，是企业活力的源泉。职工参与企业民主管理，是我国基层民主制度建设和企业经营管理体制的重要组成部分。既要保证经营者能够独立行使经营权，具有管理权威，又要保证职工群众能够充分行使民主权力，发挥主人翁作用。这是办好企业必须遵循的基本原则，是厂长、职代会和工会的共同任务。

《企业法》规定了职工代表大会的基本职权，厂长必须保证这些职权的实现，积极支持职代会和工会的工作。要改进和完善企业的职代会制度，包括职代会的代表产生办法、成员结构、活动方式以及车间、班组的民主管理形式等，逐步做到职代会在行使权力时，程序可行，规章有效。

企业工会是职代会的工作机构。全国总工会将提出工会改革的方案。要切实搞好企业工会的组织建设和制度建设，努力实现群众化、民主化，更好地组织职工参加企业民主管理和民主监督，表达维护职工的利益，赢得职工群众的信任。

随着改革的深入，企业职工的利益将日益与本企业的兴衰联系在一起，企业的经营状况，直接决定和影响包括经营者在内的全体职工利益的实现。要通过加强企业民主管理，使企业的全体职工与企业共命运，树立“厂兴我荣，厂衰我耻”的主人翁意识，培植企业精神，使企业发展具有强大的动力和广泛的群众基础。

（六）

在贯彻《企业法》的过程中，要切实转变企业党组织的职能。必须明确，企业不是政权组织，企业中党组织的作用，与中央和地方党委承担政治领导的作用不同。根据十三大的决定，企业党组织不再对本单位实行“一元化”领导，而应行使保证监督职能。企业党组织要以主要精力加强党的建设，发挥党支部的战斗堡垒作用和党员的先锋模范作用，做好思想政治工作和群众工作，支持厂长按《企业法》充分行使职权，并对重大问题提出意见和建议。通过做好上述各项工作，保证监督党的方针政策和国家法律政令的贯彻执行，促进企业各项任务的完成。《企业法》体现了现阶段党对企业改革的意志和主张，当前，企业党组织要把保证监督《企业法》的贯彻执行，作为自己的重要政治责任。

今后，企业党的各级委员会委员和书记，都应通过差额选举产生。党委专职人员和办事机构要少而精，承担行政职能的部门应划归行政序列。大型企业的党委可设专职书记、副书记和精干的专职机构；小型企业党组织的干部原则上实行兼职，不设专职机构；中型企业的党组织是否设专职干部和机构，由企业根据具体情况自行决定。随着企业领导制度的改革，企业将有相当数量的专职党务人员转而从事生产、技术、管理和经营工作，党组织应当积极主动协助厂长进行调整。

企业实行党政分开后，职工思想政治工作将由厂长负责。但是，这丝毫不意味着党组织可以忽视这项工作。过去，企业党组织在这方面做了大量工作。今后还要继续发挥基层组织和全体党员的作用，做好职工思想政治工作。党不是国家的权力机关，运用说服、示范、吸引的方式实现自己的主张，是党组织特别是基层党组织的基本工作方式。专职党务干部有责任做思想政治工作，兼职党务干部和全体党员同样有责任做思想政治工作。我们应当在企业改革过程中，逐步探索出一条党组织同行政组织、群众组织密切配合，专职同兼职党务干部密切配合，依靠全体党员和全体职工做好思想政治工作的新路子。

随着企业党组织职能的转变，过去由上级行政部门党组织垂直领导的企业党组织，要逐步改由所在地方党委领导。各地要从实际情况出发，积极创造条件，进行试点，有领导有步骤地实施。

本通知发布后，各级党组织要认真组织学习。过去党的文件中同《企业法》及本通知不一致的政策规定，一律以《企业法》及本通知为准。

附录 6

中华人民共和国企业破产法（试行）

（1986 年 12 月 2 日第六届全国人民代表大会常务委员会第十八次会议通过，1986 年 12 月 2 日中华人民共和国主席令第四十五号公布，自全民所有制工业企业法实施满三个月之日起试行）

第一章　总则

第一条　为了适应社会主义有计划的商品经济发展和经济体制改革的需要，促进全民所有制企业自主经营，加强经济责任制和民主管理，改善经营状况，提高经济效益，保护债权人、债务人的合法权益，特制定本法。

第二条　本法适用于全民所有制企业。

第三条　企业因经营管理不善造成严重亏损，不能清偿到期债务的，依照本法规定宣告破产。

企业由债权人申请破产，有下列情形之一的，不予宣告破产：

（一）公用企业和与国计民生有重大关系的企业，政府有关部门给予资助或者采取其他措施帮助清偿债务的；

（二）取得担保，自破产申请之日起六个月内清偿债务的。

企业由债权人申请破产，上级主管部门申请整顿并且经企业与债权人会议达成和解协议的，中止破产程序。

第四条　国家通过各种途径妥善安排破产企业职工重新就业，并保障他们重新就业前的基本生活需要，具体办法由国务院另行规定。

第五条　破产案件由债务人所在地人民法院管辖。

第六条　破产案件的诉讼程序，本法没有规定的，适用民事诉讼程序的法律规定。

第二章　破产申请的提出和受理

第七条　债务人不能清偿到期债务，债权人可以申请宣告债务人破产。

债权人提出破产申请时，应当提供关于债权数额、有无财产担保以及债务人不能清偿到期债务的有关证据。

第八条 债务人经其上级主管部门同意后，可以申请宣告破产。

债务人提出破产申请时，应当说明企业亏损的情况，提交有关的会计报表、债务清册和债权清册。

第九条 人民法院受理破产案件后，应当在十日内通知债务人并且发布公告。人民法院在收到债务人提交的债务清册后十日内，应当通知已知的债权人。公告和通知中应当规定第一次债权人会议召开的日期。

债权人应当在收到通知后一个月内，未收到通知的债权人应当自公告之日起三个月内，向人民法院申报债权，说明债权的数额和有无财产担保，并且提交有关证明材料。逾期未申报债权的，视为自动放弃债权。

人民法院对有财产担保债权和无财产担保债权的申报，应当分别登记。

第十条 债权人提出破产申请的，债务人应当在收到人民法院通知后十五日内，向人民法院提交本法第八条第二款所列有关材料。

债务人为其他单位担任保证人的，应当在收到人民法院通知后五日内转告有关当事人。

第十一条 人民法院受理破产案件后，对债务人财产的其他民事执行程序必须中止。

第十二条 人民法院受理破产案件后，债务人对部分债权人的清偿无效，但是债务人正常生产经营所必需的除外。

第三章 债权人会议

第十三条 所有债权人均为债权人会议成员。债权人会议成员享有表决权，但是有财产担保的债权人未放弃优先受偿权利的除外。债务人的保证人，在代替债务人清偿债务后可以作为债权人，享有表决权。

债权人会议主席由人民法院从有表决权的债权人中指定。

债务人的法定代表人必须列席债权人会议，回答债权人的询问。

第十四条 第一次债权人会议由人民法院召集，应当在债权申报期限届满后十五日内召开。以后的债权人会议在人民法院或者会议主席认为必要时召开，也可以在清算组或者占无财产担保债权总额的四分之一以上的债权人要求时召开。

第十五条 债权人会议的职权是：

（一）审查有关债权的证明材料，确认债权有无财产担保及其数额；

（二）讨论通过和解协议草案；

（三）讨论通过破产财产的处理和分配方案。

第十六条 债权人会议的决议，由出席会议的有表决权的债权人的过半数通过，并且其所代表的债权额，必须占无财产担保债权总额的半数以上，但是通过和解协议草案的决议，必须占无财产担保债权总额的三分之二以上。

债权人会议的决议，对于全体债权人均有约束力。

债权人认为债权人会议的决议违反法律规定的，可以在债权人会议作出决议后七日内提请人民法院裁定。

第四章　和解和整顿

第十七条　企业由债权人申请破产的，在人民法院受理案件后三个月内，被申请破产的企业的上级主管部门可以申请对该企业进行整顿，整顿的期限不超过两年。

第十八条　整顿申请提出后，企业应当向债权人会议提出和解协议草案。

和解协议应当规定企业清偿债务的期限。

第十九条　企业和债权人会议达成和解协议，经人民法院认可后，由人民法院发布公告，中止破产程序。和解协议自公告之日起具有法律效力。

第二十条　企业的整顿由其上级主管部门负责主持。

企业整顿方案应当经过企业职工代表大会讨论。企业整顿的情况应当向企业职工代表大会报告，并听取意见。

企业整顿的情况应当定期向债权人会议报告。

第二十一条　整顿期间，企业有下列情形之一的，经人民法院裁定，终结该企业的整顿，宣告其破产：

（一）不执行和解协议的；

（二）财务状况继续恶化，债权人会议申请终结整顿的；

（三）有本法第三十五条所列行为之一，严重损害债权人利益的。

第二十二条　经过整顿，企业能够按照和解协议清偿债务的，人民法院应当终结对该企业的破产程序并且予以公告。

整顿期满，企业不能按照和解协议清偿债务的，人民法院应当宣告该企业破产，并且按照本法第九条的规定重新登记债权。

第五章　破产宣告和破产清算

第二十三条　有下列情形之一的，由人民法院裁定，宣告企业破产：

（一）依照本法第三条的规定应当宣告破产的；

（二）依照本法第二十一条的规定终结整顿的；

（三）整顿期满，不能按照和解协议清偿债务的。

第二十四条　人民法院应当自宣告企业破产之日起十五日内成立清算组，接管破产企业。清算组负责破产财产的保管、清理、估价、处理和分配。清算组可以依法进行必要的民事活动。

清算组成员由人民法院从企业上级主管部门、政府财政部门等有关部门和专业人员中指定。清算组可以聘任必要的工作人员。

清算组对人民法院负责并且报告工作。

第二十五条 任何单位和个人不得非法处理破产企业的财产、帐册、文书、资料和印章等。

破产企业的债务人和财产持有人，只能向清算组清偿债务或者交付财产。

第二十六条 对破产企业未履行的合同，清算组可以决定解除或者继续履行。

清算组决定解除合同，另一方当事人因合同解除受到损害的，其损害赔偿额作为破产债权。

第二十七条 破产企业的法定代表人在向清算组办理移交手续前，负责保管本企业的财产、帐册、文书、资料和印章等。

破产企业的法定代表人在破产程序终结以前，根据人民法院或者清算组的要求进行工作，不得擅离职守。

第二十八条 破产财产由下列财产构成：

（一）宣告破产时破产企业经营管理的全部财产；

（二）破产企业在破产宣告后至破产程序终结前所取得的财产；

（三）应当由破产企业行使的其他财产权利。

已作为担保物的财产不属于破产财产；担保物的价款超过其所担保的债务数额的，超过部分属于破产财产。

第二十九条 破产企业内属于他人的财产，由该财产的权利人通过清算组取回。

第三十条 破产宣告前成立的无财产担保的债权和放弃优先受偿权利的有财产担保的债权为破产债权。

债权人参加破产程序的费用不得作为破产债权。

第三十一条 破产宣告时未到期的债权，视为已到期债权，但是应当减去未到期的利息。

第三十二条 破产宣告前成立的有财产担保的债权，债权人享有就该担保物优先受偿的权利。

有财产担保的债权，其数额超过担保物的价款的，未受清偿的部分，作为破产债权，依照破产程序受偿。

第三十三条 债权人对破产企业负有债务的，可以在破产清算前抵销。

第三十四条 下列破产费用，应当从破产财产中优先拨付：

（一）破产财产的管理、变卖和分配所需要的费用，包括聘任工作人员的费用；

（二）破产案件的诉讼费用；

（三）为债权人的共同利益而在破产程序中支付的其他费用。

破产财产不足以支付破产费用的，人民法院应当宣告破产程序终结。

第三十五条 人民法院受理破产案件前六个月至破产宣告之日的期间内，破产企业的下列行为无效：

（一）隐匿、私分或者无偿转让财产；

（二）非正常压价出售财产；

（三）对原来没有财产担保的债务提供财产担保；

（四）对未到期的债务提前清偿；

（五）放弃自己的债权。

破产企业有前款所列行为的，清算组有权向人民法院申请追回财产。追回的财产，并入破产财产。

第三十六条 破产财产中的成套设备，应当整体出售；不能整体出售的，可以分散出售。

第三十七条 清算组提出破产财产分配方案，经债权人会议讨论通过，报请人民法院裁定后执行。

破产财产优先拨付破产费用后，按照下列顺序清偿：

（一）破产企业所欠职工工资和劳动保险费用；

（二）破产企业所欠税款；

（三）破产债权。

破产财产不足清偿同一顺序的清偿要求的，按照比例分配。

第三十八条 破产财产分配完毕，由清算组提请人民法院终结破产程序。破产程序终结后，未得到清偿的债权不再清偿。

第三十九条 破产程序终结后，由清算组向破产企业原登记机关办理注销登记。

第四十条 破产企业有本法第三十五条所列行为之一，自破产程序终结之日起一年内被查出的，由人民法院追回财产，依照本法第三十七条的规定清偿。

第四十一条 破产企业有本法第三十五条所列行为之一的，对破产企业的法定代表人和直接责任人员给予行政处分；破产企业的法定代表人和直接责任人员的行为构成犯罪的，依法追究刑事责任。

第四十二条 企业被宣告破产后，由政府监察部门和审计部门负责查明企业破产的责任。

破产企业的法定代表人对企业破产负有主要责任的，给予行政处分。

破产企业的上级主管部门对企业破产负有主要责任的，对该上级主管部门的领导人，给予行政处分。

破产企业的法定代表人和破产企业的上级主管部门的领导人，因玩忽职守造成企业破产，致使国家财产遭受重大损失的，依照《中华人民共和国刑法》第一百八十七条的规定追究刑事责任。

第六章 附则

第四十三条 本法自全民所有制工业企业法实施满三个月之日起试行，试行的具体部署和步骤由国务院规定。

附录7

关于《中华人民共和国企业破产法（草案）》的说明

——国家经委副主任张彦宁在第六届全国人民代表大会常务委员会第十六次会议上

（1986年6月16日）

我受国务院的委托，现就《中华人民共和国企业破产法（草案）》做如下说明。

一　起草经过

1984年12月29日，经国务院批准，国务院有关部门组织成立了《企业破产法》起草小组，随即开始工作。1985年9月，起草小组拟出了《企业破产法》（征求意见稿），送国务院各有关部门和各省、自治区、直辖市征求意见，同时派调研组去沈阳、武汉、上海、天津、青岛、广州等地进行调查研究。《企业破产法》起草小组根据各方面的意见，对《企业破产法》（征求意见稿）进行了研究和修改，形成《企业破产法》（草案）。今年1月31日，国务院第九十九次常务会议原则通过了《企业破产法（草案）》，并决定提请全国人大常委会审议。

二　制定企业破产法的必要性

在商品经济条件下，落后企业的破产和淘汰，是价值规律作用的必然结果，同时，也是促进商品生产高效率发展的必要条件之一。在以公有制为基础的有计划的社会主义商品经济条件下，一定程度上也存在着类似情况。

随着经济体制改革的深入进行，我国社会主义商品经济有了很大发展，加强和完善企业的经营管理，对提高产品质量和经济、社会效益，具有重要的意义。但是，我们有些企业对此认识不足，经营不善，管理无方。一些企业多年亏损，有的甚至累计亏损总额超过其固定资产。这对我国社会主义经济持续、稳定、协调发展，十分不利。然而，迄今为止，对这些企业还没有一个合理的、有效的解决办法。由于企业在事实上只负盈不负亏，所以感受不到因经营管理不善和产品质量低劣造成的后果的严重性，经济杠杆对企业的刺激效果达不到应有的程度。因此，往往出现即使银行利率再高，企业仍然借贷，一旦严重亏损，不但付不了利息，连本金也偿还不了的现象。企业吃国家的大锅饭，职工吃企业的大锅饭，是影响我国社会主义商品经济迅速发展的障碍。

为适应搞活经济和对外实行开放的需要，我国有必要制定企业破产法。制定企业破产法，将有利于我们运用法律手段促进企业改善经营管理，使企业真正成为自主经营、自负盈亏的社会主义商品生产者和经营者；同时，有利于我们依法在涉外经济活动中处理债权、债务问题。

三 制定企业破产法的指导思想

制定企业破产法的指导思想是维护以公有制为基础的有计划的社会主义商品经济秩序，保护债权人、债务人的合法权益，促进竞争，优胜劣汰，改善企业经营管理，提高经济效益。按照这个指导思想，草案把企业破产与调解整顿问题，实行企业破产制度与建立健全社会保险制度统一考虑，统筹安排。对达到破产界限而有可能挽救的企业，通过与债权人达成延期或减免还债的调解协议，并经人民法院裁定认可后进行整顿（简称法定整顿），力争使其重新恢复生机和活力。对不具备法定整顿条件或整顿无效的企业，则宣告破产、清理资产、抵偿债务，以避免社会经济长期承受不应有的负担和损失。

我们相信，这样做将会有利于提高企业和职工的素质，对我国社会主义经济建设的发展，是很有意义的。

四 对破产企业债权债务的处理

考虑到企业破产既涉及债权人和债务人双方的利益，也涉及整个社会的利益，牵涉一系列复杂的法律问题，因此，草案中规定，法定整顿和破产案件的受理机关为人民法院。具体的监督、管理工作则由人民法院指定成立的监督管理委员会去办，并报请人民法院裁定生效。这样做，有利于政企职责分开，符合经济体制改革的方向。

五 关于破产企业职工的善后处理

在我国社会主义制度下，国家十分关心广大工人的利益。所以，《企业破产法（草案）》对解决企业破产后的职工善后问题，在第六章专门做了具体规定。与《企业破产法》相配套，最近国务院正在拟订《国营企业职工待业保险暂行规定》，对企业进行法定整顿而被裁减或因企业破产而待业的职工实行救济，以使他们的生活得到基本保证。职工待业保险基金的来源由企业按其全部职工标准工资总额的百分之一缴纳，由劳动行政主管部门所属的劳动服务公司负责统筹管理。

关于《企业破产法》的实施细则，由国家经济委员会负责组织拟订，报国务院批准后施行。

我的说明完了，请审议。

贯彻实施《企业法》要进一步解决的几个问题*

——就《企业法》的贯彻实施给国务院总理的报告之四

（1990年10月16日）

8月1日在《全民所有制工业企业法》实施两周年的时候，中国企业管理协会、中国经济法研究会、首都企业家俱乐部和首都钢铁公司联合邀请部分省市的企业界、理论界、有关党政部门和新闻界共80多人，就《企业法》的贯彻实施以及实施过程中存在的问题进行了广泛而深入的座谈。

一

与会同志一致认为，《企业法》的颁布和实施，在国内外产生了很大的影响，对强化我国企业管理意义十分重大。它标志着我国全民所有制工业企业由生产型向生产经营型的过渡；标志着国家对企业的管理由单纯的计划、行政管理方式向充分运用法律手段、经济手段等科学化、规范化的综合方式的发展和转变，为发展社会主义有计划的商品经济奠定了坚实的法制基础。两年实践证明，《企业法》所宣示的原则及内容既坚持了改革的精神，又符合马列主义原则，体现了我国十年企业改革的成果，具有我国社会主义特色，是一部非常好的法律。

第一，《企业法》依据马列主义关于所有权与经营权可以适当分离的原则，在坚持企业财产全民所有性质不变的前提下，赋予企业广泛的经营管理权，明确企业法人地位，使企业成为自主经营、自负盈亏、独立核算的社会主义商品生产者和经营者，这是一个来自实践的创举。

第二，《企业法》在总结我国企业内部领导体制演变、发展的经验和教训的基础

* 本文是袁宝华同志与顾明同志（曾任全国人大法律委员会副主任、国营工厂法调查组成员），在《企业法》实施两周年时，联名写给国务院总理的报告。原文首发于《袁宝华文集（第四卷）》（中国人民大学出版社，2014）。袁宝华同志在《企业法》实施后的两年内四度向国务院总理递交报告，反映问题并提出政策建议。4篇报告与附录一起，反映了《企业法》未能得到有效实施的三个方面的原因：一是风波后宏观形势因素；二是迟迟未能出台《企业法》的实施条例；三是国务院机构改革之后，没有具有执行力的实施组织机构。

上，确认了厂长（经理）负责制。这一体制为企业内部进行严格的科学化管理，不断提高企业经济效益，促进我国企业家队伍的成长壮大创造了前提条件。

第三，《企业法》以列举的方式规定了企业的权利和义务，使企业行为逐步规范化有了法律依据。

第四，《企业法》对企业职工代表大会的地位、性质及职责范围做出了明确规定，体现了社会主义企业实行民主管理、全心全意依靠工人阶级办企业的原则，并具体化为法律规范。

总之，《企业法》的实施效果是显著的，对于确立企业的法人地位，巩固和发展全民所有制经济，促进政企分开、党政分开、责权利相一致和两个文明建设；对于逐步提高企业素质，提高企业经济效益；对于调动企业和职工的积极性，发展生产、积累资金，满足人民生活需要，保持社会稳定，保证治理整顿工作的进行，保障社会主义经济秩序的稳定，都起到了积极的作用。为企业进行承包经营、租赁经营，完善经营机制等深化改革也提供了前提。

许多同志说，不能因为目前我国宏观经济存在这样那样的问题，而否定《企业法》，贬低《企业法》的作用。

二

由于我国目前尚处在新旧体制交替的变革时期，改革在不断深化，治理整顿成果也在不断发展，《企业法》作为一部与治理整顿、深化改革密切相关的法律，不可避免地会随着时间和客观条件的变化而产生一些新的问题，与会同志对此做了一些分析。有关《企业法》实施中必须解决的问题，我在1988年11月和今年7月，曾分别写过报告（编者注：见本文后附件）。根据这次座谈，大家认为，贯彻与完善《企业法》，当前应抓紧解决四个问题。

第一，进一步理顺企业党政关系。根据《企业法》的有关规定和中央〔1989〕9号文件的精神，重点应理顺两个关系。一是厂长用人同党管干部的关系（这个问题的解决意见，10月6日已送过专题报告，见本文附件）。二是厂长经营决策权同党组织“参与讨论企业重大问题”的关系。对后一问题，与会同志认为，要从决策程序上做出规定，应明确凡企业重大问题，包括生产经营方针、长远和年度计划、工资调整、留用资金分配、列入成本开支的人员编制、行政机构设置和重要规章制度的制定、修改、废止等，均先由厂长提出方案，征求党组织的意见，然后由厂长召开企业管理委员会（国务院规定管理委员会由厂长、书记、副厂长、三总师、工会主席、团委书记和职工代表组成），小企业也可通过有书记等人参加的厂务会议讨论决定。按照规定，有些问题还要听取职代会意见或由职代会做出决定，有些问题则需经企业主管机关审批。管理委员会讨论的问题，如有重大分歧，能缓办的，厂长不要急于决定。但必须明确凡涉及生产经营中急需决定的事项，厂长有临机处置权，其中属“企业重大问题”，事后应向管理委员会报告。厂长对其临机处置的事项应承担一切责任。多年的经验证明，企业没有明确的责任制是不行的。当前要解决的问题主要是完善企业经营决策的程序，充分发挥企业管理委员会的作用，使厂长经营决策更趋民主化、科学化。

第二，《企业法》自身需要完善，完善的主要措施是制定、修改配套法规。同志们认为，《企业法》的个别条款虽有不尽完善之处，但目前不宜修改。应督促有关部门修订完善厂长负责制“三个条例”，并根据《企业法》规定的原则制定其他相应的法律、法规，如《劳动法》《资产管理法》《计划法》《企业集团法》及决策、审计程序等。同时，对以前颁布的与《企业法》相矛盾的法律、法规也要进行认真的清理，以保证《企业法》的实施。

第三，进一步做好《企业法》的宣传工作。《企业法》颁布至今，在宣传上没有形成声势。一些厂长讲，报纸、电台、电视台什么样的有奖知识竞赛都搞过，许多都是企业拿钱赞助，就是没有系统地宣传《企业法》。有的同志说，《企业法》作为国家的一个基本法律，目前其影响程度太低，现在亟须采取适当形式补上这一课。

第四，要建立健全《企业法》的执行机关，明确法律实施的监督机制，以便对执行的情况进行监督、检查、协调，完善和解决实施中的问题。从现在国家机关管理职能看，一些同志建议在中央由国务院生产委员会、在地方由经委（或计经委）负责此项任务较为适宜。我们建议国务院做出明确规定。

附文：

贯彻《企业法》要解决的几个问题

——就《企业法》的贯彻实施给国务院总理的报告之一

（1988 年 11 月 30 日）

最近，我同中国企业管理协会的几位同志，就《企业法》的贯彻实施，同一些地区和企业的同志进行了座谈。

总的来看，自七届人大一次会议通过了《企业法》以来，各地都比较重视，反映是积极的。不少省、自治区、直辖市和企业举办了学习班或报告会，学习领会《企业法》的内容，并结合《中共中央关于贯彻执行企业法的通知》精神，提出了贯彻实施的具体要求；有的企业根据《企业法》的规定，修订了本企业的厂长工作条例、党组织工作条例和职工代表大会条例；有的企业已经开始运用《企业法》这一法律武器，保护自己的合法权益。座谈中，同志们都认为《企业法》的通过和实施，对于维护改革成果，推动改革的深化有积极作用，但也都反映，当前在《企业法》贯彻实施中，存在着一些急需解决的问题。

第一，许多同志认为，贯彻《企业法》的关键是企业外部条件亟待改善。许多厂长反映，《企业法》能否真正得到实施，问题不在企业，而在各级政府，尤其是企业主管部门。而地方政府和主管部门的态度，又取决于国务院，如《企业法》规定赋予企业的十三项权利，其中有九项要“按国务院规定”行使，而国务院配套法规何时出台，至今没有个文件，这些权利也就难以落实。一些同志担心，如果配套措施再拖下去，《企业法》很可能成为一纸空文，有损法律的严肃性。

第二，贯彻实施《企业法》，企业内部党政工关系，主要是党政关系尚需理顺。《企业法》规定企业实行厂长负责制，“中国共产党在企业中的基层组织，对党和国家的方针、政策在本企业的贯彻执行实行保证监督”。党组织怎么保证，如何监督，包括企业党政主要领导的配备等由于是国家立法，这些问题不可能做出具体规定。

第三，关于《企业法》的监督执行机构。《企业法》作为企业根本大法的立法过程，已由人民代表大会完成，但是，《企业法》的监督执行机构不明确。企业在生产经营中遇到涉及《企业法》的问题应该找谁协调也不明确。有的同志说，《企业法》是一个好法律，但不明确监督机构，遇到问题找不到监督执行单位，长此下去，人们就不把它当回事了。

我建议。

第一，国务院应尽快发布命令，就贯彻实施《企业法》表态。明确《企业法》的监督执行机构，在中央是国务院企业管理指导委员会，在省、自治区、直辖市是经委（或计经委）。命令可请国家体改委起草。

第二，指定有关部门组织力量，按照《企业法》的新规定重新修改颁发“三个条例”，明确厂长是一厂之长，对企业负有全权责任的内涵；明确企业党组织的具体工作内容。

第三，指定有关部门立即着手研究、制定《企业法》实施细则。对法律条文中“按照国务院规定”才能行使的权利，应指定有关部门，如计委、财政部、外经贸部、劳动部、人事部、物资部和物价局等，着手研究拟订，一时拿不出来的，也应有个暂行办法。这项工作，不能再拖，最好春节前出台。

第四，建议国务院法制局组织有关部门就《企业法》实施作一调查，并就实施中的问题（包括法律条文中的问题）提出对策性措施。

关于企业当前几个问题的调查报告

——就《企业法》的贯彻实施给国务院总理的报告之二

（1990年7月21日）

四月下旬，我在上海、广东、江西就《企业法》的贯彻实施情况先后邀请一些企业厂长、书记、工会主席进行了座谈，并就上述问题同有关省市领导同志交换了意见。综合各方面的意见，我们认为以下问题应该引起重视，并望采取相应措施予以妥善解决。

第一，关于企业内部领导体制问题。1989年中央颁布的7号文件（注：《中共中央关于加强宣传、思想工作的通知》，中发〔1989〕7号）和9号文件（注：《中共中央关于加强党的建设的通知》，中发〔1989〕9号）在企业贯彻实施后，对于完善厂长负责制已经取得了效果，党的政治思想领导作用已有加强，企业内一手硬一手软的现象有所克服。但在具体执行中涉及企业领导体制时，人们的理解又有不同，各地做法也不尽一致。企业党委书记中有些人认为，企业不仅是经济组织，而且还具有一定的社会职能和基层政权职能，所以，不能搞首长负责制，应恢复党委领导下的厂长分工负责制；有的认为，既然是执政党的基层组织，就应是企业的领导核心，对生产经营只提保证、监督，很难发挥党的作用。有些厂长鉴于个人负责风险太大，也主张恢复党委领导下的厂长分工负责制，遇事大家挑担子，大家负责任；当然，其中也不乏担心再次出现只有责任、没有权力的厂长负责制。从目前情况看，多数同志希望企业应有一个稳定的体制，还是继续坚持和完善厂长负责制为好。这种意见在一些经济主管部门的负责人和大中型企业的厂长、书记中还较为普遍。

改变党委领导下的厂长负责制为厂长负责制是发展商品经济的需要，是依法治国治厂的需要，也是建立企业法人制度的需要。厂长作为企业的法人代表，对企业行为以及后果负有法律责任，有利于对内搞活经济、对外开放。这项制度贯彻实施以来出现的问题，应该认真总结，重在完善。实践证明，一些素质好的企业，厂长和书记大体都能做到相互支持、密切配合，既坚持了厂长负责制，又加强了党对思想政治工作的领导。我认为，这些企业领导同志思想是对头的，是符合中央精神的，是有利于政策稳定和企业稳定的。但鉴于人们对是否坚持厂长负责制尚有疑虑，以及一些厂长不愿或不敢负责的状况，为了稳定企业，建议有关部门在《企业法》颁布实施两周年时，召开贯彻执行《企业法》工作会议，肯定成绩，统一认识，总结经验，采取相应措施，真正做到坚持和完善厂长负责制。

第二，关于企业干部任免权问题。现在有不少人对厂长有用人权和决策权提出异议。一些政工干部和企业的书记提出，企业的干部人选，不仅要由党政领导集体讨论，还应该由企业党委任免。理由：一是可以提高党组织的威信，否则，领导是一句空话；二是可以保证干部的政治素质；三是可以避免干部对厂长的人身依附。对此，经济主管部门和厂长持有不同的意见。

我认为，党的干部政策和党管干部的原则必须坚持，厂长依法行使用人权也应该保护。问题的关键是采取什么样的议事形式和程序。大家都赞成中央关于企业行政中层干部的任免由厂长提名或党委推荐，经过人事或组织部门考察，在广泛听取各方面意见的基础上，经厂长和书记协商后，由厂长主持召开党政领导会议，集体讨论，最后厂长决定任免的意见，认为这样操作，既体现了党管干部的原则，又不违背法律赋予厂长的权利，而且也容易被广大党政干部所接受。大家建议国务院在适当时机，公布行政法规，进一步规范化、程序化，便于操作，并以此规范修订厂长负责制等“三个条例”，以求职责清楚，也利于对中层行政干部的培养、教育、管理和监督。

第三，关于企业民主管理问题。在《企业法》颁布实施后，企业实行职工民主管理已不再仅仅是工作方法问题，而是守法不守法的问题。现在，许多企业的党政领导，大都能按照《企业法》规定采取措施健全职代会，依靠职工办好企业。但是，也有一些企业的党政领导干部，对依靠工人阶级办好企业的意义至今没有弄懂，有的只注意职工福利，不重视职工的民主管理权力；有的职代会、企业管理委员会虽然有，但许多流于形式，形同虚设。关心职工生活当然很重要，但建设“四有”队伍，提高全员素质，培养职工的民主管理能力，从制度上保障工人阶级的主人翁地位，则更为重要。要加强对企业领导干部特别是行政领导干部的教育，帮助他们真正懂得民主管理对办好企业的重要意义，树立群众观点，树立法制观念，学会有事同群众商量，学会从群众中来到群众中去的工作方法，密切同职工群众的鱼水关系，自觉接受群众的监督。

在加强企业民主管理的同时，还应强调要敢于管理。现在有些企业的领导，一讲民主管理，一讲依靠工人阶级，对严格管理则顾虑重重，畏首畏尾。工作不敢抓，违纪不敢管，原则不敢坚持，出现了纪律松懈、赏罚不明的现象。纪律是维护企业秩序和正常生产的保证。办企业就必须像大庆那样，强调“三老四严”精神，严字当头，敢抓敢管，尤其对个别的害群之马，不能一味地姑息迁就，否则就会挫伤广大职工的积极性。这一点，企业强烈要求有关部门给予积极支持。

第四，关于对企业领导干部进行马克思主义基本理论教育的问题。企业领导的素质，从某种意义上说，也是企业的素质，这是办好企业的重要条件，也是确保企业正确贯彻执行党的方针政策和国家法律的保证。这几年在干部选择上，年轻化、专业化有进步，但由于基本理论教育没有跟上，有些企业的干部革命化不足，思想素质较差。实践告诉我们，提高企业干部的政治素质已是当务之急，要有领导、有计划地对企业领导干部进行马克思主义基本理论的教育。这件事应立即提到我们的议事日程。

关于《全民所有制企业中层行政领导干部任免程序条例（草案）》的报告

——就《企业法》的贯彻实施给国务院总理的报告之三

（1990 年 10 月 6 日）

李鹏同志：

按照你 7 月 27 日关于起草企业干部任免程序条例的批示，我先后就这一问题在全国生产工作会议和中国企协召开的《企业法》实施两周年座谈会上征求了各地与会代表的意见。同时，又两次邀请中组部、中宣部、全国人大法工委和财经委、国家体改委、人事部、国务院生产委、国务院法制局、中国企协和中国职工思想政治工作研究会等十个单位的同志座谈，听了他们对制定这个草案的一些想法。

有关情况如下。

（1）目前企业厂级和副厂级干部的任免，是由企业主管上级按干部管理权限委任或批准，执行程序基本相同。当前突出的问题是对中层行政领导干部任免程序认识不一致，做法不统一，使党政关系不够协调。所以，草案只规定企业中层行政领导干部任免的操作程序。

（2）企业中层行政领导干部任免程序问题，讨论中有三种不同的意见。

第一种意见认为，中央9号文件发布后，一些省市对行政干部任免问题已经做了规定，虽然做法不尽相同，如有的由书记主持召开企业党政联席会议讨论任免干部，有的采取企业党委会、党委常委会或党委扩大会议的形式讨论决定任免干部，这些做法尚在实施中，如果再搞一个由厂长主持的干部任免程序，会在企业引起反复，影响企业的稳定。因此，不赞成再起草《条例》。

第二种意见认为，应严格按照《企业法》办事。《企业法》已经明确规定，厂长行使的职权包括“任免或聘任、解聘企业中层行政领导干部”。从执行责任制角度，企业中层行政领导干部人选的提出、确定、考察和任免，应由厂长负责，不赞成采用党委会或党政联席会的形式来讨论任免中层干部。为增强企业党委在用人问题上发挥的把关作用，在操作程序上，可增加厂长必须征求并尊重企业党委的意见的规定。

第三种意见认为，企业中层行政干部的任免，既要坚持中央9号文件党政领导集体讨论的规定，也要保护厂长依法行使用人的权力。赞成搞个程序，便于操作，但程序应明确集体讨论是指党政领导之间的讨论磋商，不宜采用党委会、党委扩大会或党委召开党政联席会的形式。讨论行政干部任免应由厂长主持，不要把主持讨论的人（书记）同承担决定任免责任的人（厂长）分裂开来。

讨论中，多数同志倾向于第三种意见，认为它体现了中央9号文件的精神，也符合《企业法》的规定。目前，有些地方采取党委会或党委扩大会讨论决定中层行政干部任免的做法，不利于厂长负责制的实施。厂长主持讨论，其核心是责任。邓小平同志说过，责任到人就是权力到人，只交责任不交权力，责任制非落空不可。赋予厂长用人的某种权力，目的正是落实厂长对企业应负的责任。当然用人必须防止失误，经过党政领导集体讨论，厂长集中大家的意见后任免，这样的操作程序体现了党管干部原则。在当前各地做法各异的情况下，中央统一做出明确规定，有利于协调党政关系，有利于企业的稳定。

基于以上考虑，《条例（草案）》主要明确规定了：企业中层行政领导干部的任免程序必须经党政领导集体讨论，参加集体讨论的人员构成和集体讨论的主持人。

（3）关于企业中层行政领导干部任免的具体操作程序，《条例（草案）》规定分为四步。第一步，人选由厂长提名或党委推荐，或职代会提出建议；第二步，厂长同党委书记协商拟定人选方案，交人事或组织部门考察，听取职工和有关方面的意见，写出考察报告；第三步，厂长根据考察结果，提交党政领导集体讨论，讨论由厂长主持，党委书记、副书记、副厂长（副经理）参加；第四步，经党政领导集体讨论后，厂长做出任免决定。如果讨论中意见分歧较大，《条例（草案）》要求厂长也不要匆忙做出决定。

现送上《条例（草案）》，请审批。

袁宝华

文稿解读

1988年8月1日，《中华人民共和国全民所有制工业企业法》（简称《企业法》）开始施行。在此之前，负责全国企业工作和十年负责企业法起草、调查、试点等工作的国家经委，依国务院机构改革方案撤销，其负责企业工作的相关职能分散划入存续的其他部委，没有了具有执行力的实施组织机构；在此之后，一场风波，引起一些政策调整，出现经济滑坡，企业外部环境发生变化更亟待改善。不仅《企业法》施行需要出台的实施条例和配套办法迟缓，而且对企业领导体制改革的认识也出现了反复，甚至一些厂长也认为应恢复党委领导下的厂长负责制，变个人负责为集体负责，企业内部中层行政干部的任免也成为新问题。此背景下，《企业法》很可能成为一纸空文。

1988年11月30日、1990年7月21日、1990年10月6日、1990年10月16日，袁宝华同志就进一步理顺企业党政关系、制定和修改配套法规、进一步做好《企业法》的宣传工作、要建立健全《企业法》的执行机关、改善企业外部环境以及中层行政领导干部任免、企业思想政治工作等贯彻与完善《企业法》需要解决的问题，先后四次向国务院总理报告并提出了组织有关部委对《企业法》实施情况进行执法调查、尽快研究和制订《企业法》实施条例、明确《企业法》的监督执行机构、按照《企业法》的新规定修订“三个条例”等政策建议。

1992年11月12日至12月5日，根据委员长会议决定的当年执法检查计划的要求，由全国人大常委会部分委员、全国人大财经委员会部分委员及顾问和国务院经贸办公室的干部组成的全国人大常委会《全民所有制工业企业法》实施情况视察组，分8个组，分赴天津、辽宁、上海、山东、湖北、广西、四川、甘肃8省、自治区、直辖市进行视察。分别听取了省、自治区、直辖市和21个计划单列市、省辖市人大、政府及有关部门关于贯彻实施《企业法》及《全民所有制工业企业转换经营机制条例》（以下简称《转机条例》）的情况介绍，与210多个企业的厂长（经理）、党委书记、工会主席、总工程师、总会计师、总经济师进行了座谈，并实地视察了72个企业，比较广泛地了解了各地实施《企业法》和《转机条例》的基本情况和存在的问题，听取了各方面的意见和建议。

1992年12月25日，全国人大财经委副主任委员杨波，在七届全国人大常委会第二十九次会议上，作了《关于检查全民所有制工业企业法执行情况的汇报》。汇报指出，实施《企业法》《转机条例》存在如下主要问题：第一，有些地方、部门和单位对贯彻实施《企业法》《转机条例》重视不够，还没有真正把贯彻《企业法》《转机条例》、转换企业经营机制和搞好国有大中型企业当作中心工作来抓，未把《企业法》作为一部国家的重要法律对待；第二，政府职能转变滞后，已成为制约企业转换经营机制的一个重要因素；第三，《企业法》和《转机条例》赋予企业的自主权，不少还未完全落实，有些权虽然下放了、但企业不能用、不敢用；第四，社会保障体系建设滞后；第五，《转机条例》规定“国务院代表国家行使企业财产的所有权”，实际上难以操作；第六，与《企业法》《转机条例》配套的一些法律、法规、办法不够完善。汇报提出以下建议：第一，更加广泛深入地宣传、学习《企业法》《转机条例》，进一步转变观念，提高思想认识，切实做到依法办事；第二，加快政府职能的转变；第三，切实解决企业自主权的落实问题，把《转机条例》规定的14项企业自主权不折不扣地下放到企业；第四，企业要充分认识在转换经营机制中自身责任的重大，要有高度的责任感和紧迫感；第五，对由于国家政策、历史原因等外部因素造成严重困难和亏损的一些国有大中型骨干企业和困难大的老工业基地，国家要采取特殊政策，支持它们克服困难，把企业搞活搞好；第六，抓好清理和完善贯彻《企业法》《转机条例》的有关法律、法规。

文稿附录

附录1　关于检查全民所有制工业企业法执行情况的汇报——全国人大财经委副主任委员杨波在七届全国人大常委会第二十九次会议上

附　录

附录 1

关于检查全民所有制工业企业法执行情况的汇报

——全国人大财经委副主任委员杨波在七届全国人大常委会第二十九次会议上

（1992 年 12 月 25 日）

根据委员长会议决定的今年执法检查计划的要求，由全国人大常委会部分委员、全国人大财经委员会部分委员及顾问和国务院经贸办公室的干部组成的全国人大常委会《全民所有制工业企业法》（以下简称《企业法》）实施情况视察组，于 11 月 12 日至 12 月 5 日分 8 个组，分赴天津、辽宁、上海、山东、湖北、广西、四川、甘肃等 8 省、自治区、直辖市进行视察。视察组所到的省、区、市人大、政府的有关领导同志也参加了视察。视察期间各视察组分别听取了省、自治区、直辖市和 21 个计划单列市、省辖市人大、政府及有关部门关于贯彻实施《企业法》及《全民所有制工业企业转换经营机制条例》（以下简称《条例》）的情况介绍，与 210 多个企业的厂长（经理）、党委书记、工会主席、总工程师、总会计师、总经济师进行了座谈，并实地视察了 72 个企业，比较广泛地了解了各地实施《企业法》和《条例》的基本情况和存在的问题，听取了各方面的意见和建议。

根据全国人大常委会的要求，其他各省、自治区、直辖市人大今年也分别对本地区实施《企业法》的情况进行了自查。

现在，我受《企业法》实施情况视察组的委托，向全国人大常委会汇报视察情况。

一　《企业法》颁布四年来的基本情况和取得的初步成效

总的来看，各地对贯彻《企业法》是比较重视、比较认真的。前两年由于《企业法》实施条例及配套法规没有出台，又没有明确一个主管部门来抓，加上其他一些原因，《企业法》的贯彻实施情况很不理想。1991 年 9 月中央工作会议确定了搞活国有大中型企业的 20 条政策措施，今年 7 月国务院又颁布了《条例》，并明确了主管部门，从而使贯彻实施《企业法》的步伐明显加快。4 年来，各地主要做了以下工作。

（一）开展了对《企业法》《条例》的宣传、学习，逐步提高贯彻实施《企业法》的自觉性

《企业法》颁布实施后，各地都把学习宣传《企业法》列入法制宣传教育的重要内容，利用电台、电视、报纸、杂志等各种宣传工具，采取多种形式，进行宣传教育，使广大干部和职工对《企业法》的认识逐步有所提高。今年7月《条例》颁布后，各地及时召开会议，传达学习中共中央和国务院关于认真贯彻执行《条例》的通知，结合实际组织学习。宣传、新闻、法制单位和有关主管部门大都采取专题讲座、印发学习手册、举办学习班和培训班等多种形式，组织干部职工深入学习和领会《条例》的精神实质，正确理解《条例》的各项规定，提高贯彻《企业法》和《条例》的自觉性。

（二）地方人大对《企业法》实施情况经常进行监督检查

4年来，8省区市人大及视察组所到的计划单列市、省辖市人大都非常重视《企业法》执法检查工作，大都每年组织人大常委和人大代表对《企业法》的实施情况进行检查，重点了解企业自主权的落实情况，并对政府部门贯彻《企业法》的工作进行评议，总结经验，反映问题，提出建议。特别是今年以来，各地人大加强了对《企业法》实施情况的监督检查。山东、湖北、辽宁、天津等省、市人大常委会都专门听取并审议了省、市政府贯彻执行《企业法》情况的汇报，提出了审议意见和建议，做出了进一步贯彻《企业法》的决议。各级人大的执法检查，推动了《企业法》的贯彻实施。

（三）国有企业的自主权程度不同地得到落实

《转机条例》颁布后，各地在认真组织学习的同时，都及时召开专门会议，研究提出了具体贯彻《条例》的实施意见，进一步落实企业自主权。辽宁省政府在《条例》下发后迅速下放了23项权力；沈阳市五个综合部门分口放权，出台了108条搞活国有大中型企业的政策措施。广西壮族自治区政府也制定了落实企业自主权的实施办法。武汉市政府有关部门制定了贯彻《条例》、转变职能的实施方案，主动帮助企业排忧解难，落实企业的自主权。天津市政府有关部门先后制定了200多项转变职能、下放权力的具体措施。政府部门还权于企业，企业的自主经营权正在逐步得到落实。从视察组了解的情况看，《条例》规定的企业14项自主权，除生产经营决策权、产品销售权、物资采购权、产品定价权等少数权利落实得比较好以外，多数权利还未落实或正在开始落实，而且地区、行业、企业之间很不平衡。落实最差的是拒绝摊派权。目前，各地正在深入贯彻《条例》精神，从多方面努力，进一步落实企业的自主权。

（四）从实际出发，抓好试点，努力探索搞好国有大中型企业的途径

8省区市都选择了一批管理基础好、有发展前途的国有大中型企业进行多种形式的改革试点，并区别不同情况，实行分类指导，努力探索转换经营机制、搞好国有大

中型企业的路子。如广西在全区选择了100个国有大中型企业进行转换经营机制的综合改革试点，各地市又确定了198个企业进行试点；四川省以企业劳动、人事、分配制度改革为突破口，重点抓了105个企业进行转换经营机制试点，各市地州也抓了388个试点企业。上海市对19个基础较好的企业，比照国家给予"三资"企业的政策，进行"转换机制、放开经营"的改革试点，还帮助30个企业开展以公有制为主体的股份制试点，具体研究解决股份制企业转换机制、资金投向和领导体制等方面的问题。甘肃省采取多种形式探索转换企业经营机制的途径，并对具备条件的新老企业进行股份制试点，对扭亏无望的企业则由具有优势的企业予以兼并。从视察情况看，目前各地的改革试点企业的生产经营情况普遍较好，经济效益较改革前都有提高。

（五）深化企业内部改革，转换企业经营机制，企业管理不断加强

通过贯彻《企业法》和《条例》，适应建立社会主义市场经济体制的要求，很多企业增强了改革的紧迫感，主动进行企业内部改革：一是进行企业领导体制的改革，普遍建立完善了厂长负责制；二是不少企业以劳动、人事、分配三项制度改革为突破口，合理调整劳动组织，严格按劳分配，实行岗位技能工资制度，调动了职工的积极性；三是一些企业的民主管理在一定程度上得到加强，一些企业的职代会认真行使《企业法》赋予自己的职权，积极参与企业的生产、经营决策。上海市的一些企业，三级民主管理落实较好，全市77个改革试点单位中，有90%的职代会组织健全，并能切实发挥作用。

（六）清理法规、文件，制定《条例》实施办法，使《企业法》和《条例》更具有可操作性

《条例》颁布后，各地都及时进行了文件清理，废止了一些与《企业法》和《条例》相违背的规定、办法等。湖北省政府特别对治理整顿期间下发的720份文件进行认真清理，废止和需修改的共402份；该省襄阳市共清理各类文件4842份，其中规范性文件770份，废止203份，修改105份。辽宁省对1962年以来颁发的45份法规和规范性文件进行了清理，已废止6份，修改39份；该省大连市已清理文件2184份，废止613份，修改198份。通过文件清理，为落实企业自主权，转换企业经营机制提供了一个较为宽松的外部环境。企业普遍反映，现在的外部环境比过去好多了。各省、区、市按照国务院的要求，积极组织有关部门结合本地情况制定本地区实施《条例》的具体办法。山东省的《条例》实施办法，作为全国第一个地方性实施办法已经公布执行，由于比较便于具体操作，受到了企业的欢迎。其他省、区、市也已制定或正在制定《条例》的实施办法，近期将正式公布实施。这必将进一步推动《企业法》和《条例》的贯彻实施。

二　实施《企业法》《条例》存在的主要问题

当前各省、区、市贯彻实施《企业法》和《条例》的工作进度加快，取得了一定的成效，但还存在不少问题，主要是这几点。

（一）有些地方、部门和单位对贯彻实施《企业法》《条例》重视不够，还没有真正把贯彻《企业法》《条例》、转换企业经营机制和搞好国有大中型企业当作中心工作来抓，没有摆到主要领导干部的工作日程，亲自动手抓

少数地方、部门、单位的领导仍把主要精力放到要建设项目、搞开发区等方面，甚至认为贯彻《企业法》《条例》仅仅是企业和工业部门的事，与己无关，未把《企业法》作为一部国家的重要法律对待，有些问题的看法也不完全一致，从企业方面看，也存在着观念的转变也跟不上形势发展的要求。过去高度集中的计划经济体制下形成的办事找上级的习惯，尚未很好转变，市场观念、竞争意识在不少企业还没有真正树立起来。有些企业不是下功夫研究如何深化内部改革，增强活力，加快发展，提高效益，而是竞相搞一些既吸收不了多少外资，又引进不来先进技术的合资项目，以期取得“三资”企业的优惠政策。还有一些企业领导对贯彻《条例》信心不足，等上级拿具体办法，并担心违反《企业法》和《条例》无人管。

（二）政府职能转变滞后，已成为制约企业转换经营机制的一个重要因素

企业普遍认为，政府转变职能与企业转换经营机制应当同步进行，现在政府转变职能滞后，不少事情被上面卡住了，《企业法》和《条例》规定的有些自主权不能真正落实。政府的管理体制、管理职能、机构设置等，至今还没有根本转变，仍然是机构庞大、部门林立、条块分割、政出多门，纵向管的多，横向组织、服务、协调少，管了很多不该管、管不好的事情。不少企业和部门反映，企业向主管局、主管局向经委、经委向政府的这种逐级承包做法，既不利于政府转变职能，做到政企职责分开也不利于企业转换机制。企业反映的另一个值得重视的问题是，有些政府部门趁精简机构、转变职能之机，把机关换块牌子，改为总公司或组建企业集团，用行政手段使本系统内的企业加入总公司或企业集团，把过去下放给企业的一些权利又收了上来，使这些企业处于更加难以自主经营的境地。还有些部门为使机关人员分流，在兴办第三产业或经济实体时，向企业索要垫底资金，或要企业提供紧俏产品，从中渔利。这既加重了企业的负担，又干扰了市场的正常流通秩序，助长了不正之风，滋生腐败现象。各地普遍反映，政府转变职能首先要从中央国家机关开始，否则，“下动上不动，动了反被动，下改上不改，改了再回来”。

（三）《企业法》和《条例》赋予企业的自主权，不少还未完全落实，有些权虽然下放了、但企业不能用、不敢用

企业反映最不落实的是拒绝摊派权、机构设置权、劳动用工权。其中反映最多、最强烈的是“三乱”现象严重，企业不堪其苦。中央和国务院曾三令五申禁止“三乱”，但事实上却屡禁不止。其特点一是搞“三乱”的部门和单位多，上至国务院一些部门和省、区、市政府的一些部门，下至街道办事处和派出所，有的以权摊派，甚至下“红头”文件，有的领导出面讲话公开提倡，企业既不敢抵制，更不敢向上反映。二是名目多，不少企业反映，现在一些手中握有实权的部门、单位，强令企业参加的培训多、考试多、学会协会多、硬性要企业订阅各种报纸杂志、“学习材料”多、赞助多、支付高额会议费的会议多，巧立名目向企业要钱要物。有些培训班实际上办成旅游观光团。有些较大型企业参加各类协会、学会少则几十个，多则上百个。有的企业不但要出钱“编书”“编厂史”，还得出钱买书。有的地方组织什么电影节、文化节、艺术节等等，地方过“节”，企业出钱。甚至歌星舞星演出、体育比赛也都要企业“赞助”费用。企业普遍反映，现在明目张胆的“三乱”有所收敛，但变相的“三乱”越来越多，这集资、那赞助，名目繁多，不胜枚举。关于机构设置权，企业也很难充分利用，常常受部门条条的制约、干预，不设置对口机构，有关部门就说企业不重视某一项工作，有的部门甚至给企业行文，硬性规定企业内部机构设置的级别和人员比例。结果是有的企业虽小，机构却一应俱全，既加重了企业负担，又影响了生产经营的效率。此外，一些老企业反映，由于历史的原因，背着沉重的债务、人员包袱，就是有了 14 项自主权，企业也无法用，不采取一些特殊扶持政策，很难活起来。

（四）社会保障体系建设滞后

目前，职工医疗保险、养老保险、待业保险等社会保障制度改革已在一些省、区、市试点，但远不能适应建立和发展社会主义市场经济体制的需要。职工待业保险的法律、法规也需要尽快出台。否则，企业的劳动用工权不好落实。

（五）《条例》规定“国务院代表国家行使企业财产的所有权”，实际上难以操作

普遍反映，在国有资产产权的管理上，国有资产管理局实际上只起了资产登记的作用，具体到一个国有企业，到底由政府的那个部门代表国家行使国有资产的管理权，认识不一，争议较大，企业无所适从。国有企业实行股份制，也存在着国有资产遭侵蚀的可能性。股份制企业中，董事会与党委的关系、股东大会与职代会的关系、监事会与纪检和监察部门的关系等，应从法律上加以明确规范。有的企业工会主席反映，个别厂长竟然提出，搞股份制应取消职代会。看来，实行股份制的企业中的职代会地位、作用、职责需要从法律、法规方面予以确定和规范。

（六）与《企业法》《条例》配套的一些法律、法规、办法不够完善

由于我国正处于新旧体制转换时期，加上地区封锁、部门分割等原因，目前的市场体系很不健全，竞争条件不平等，政府调控市场的法律也不完善、不配套。很多国有企业反映，他们与“三资”企业、乡镇企业税赋不同，政策待遇不一样，在市场竞争中处于不利地位。一些地方政府反映，国家要求地方先搞《条例》的实施办法，而国务院有关部门如不及早制定出《条例》实施办法和配套文件，将会在一定程度上影响各地先行制定的《条例》实施办法的执行效果。同时，由于各地情况不同，地方搞的《条例》实施办法将来如果与国务院有关部门制定的《条例》配套文件不一致，要改过来会遇到很大困难。

三　进一步贯彻落实《企业法》和《条例》的几点意见

搞好国有企业特别是大中型企业，是关系到巩固和发展社会主义制度和发挥社会主义

优越性的大问题。贯彻落实《企业法》《条例》，使国有企业真正做到依法自主经营、自负盈亏、自我发展、自我约束，需要做长期的努力，艰苦的工作。正如江泽民同志在关于贯彻《条例》的重要批示中指出的那样，搞好国有大中型企业并非易事，但必须坚决把这件事办好。为了进一步贯彻落实《企业法》和《条例》，提出以下建议。

（一）更加广泛深入地宣传、学习《企业法》《条例》，进一步转变观念，提高思想认识，切实做到依法办事

各级党政负责同志要带头学法、执法，把贯彻落实《企业法》和《条例》，转换企业经营机制和搞好国有大中型企业当作中心工作来抓。国有企业的领导干部也要认真学法执法，转换脑筋，增强市场观念和竞争意识，积极、主动地走向国内、国外两个市场，并根据《企业法》和《条例》的要求，努力用好企业的自主权。

（二）加快政府职能的转变。转变政府职能是全面贯彻落实《企业法》和《条例》的重要前提，应当从上层建筑必须适应经济基础的要求的高度来认识转变政府职能的重要性和紧迫性

政府职能转变了，才有利于促进社会生产力的进一步发展。各地普遍要求，转变政府职能应自上而下地进行，国务院各部门应走在前头，要带好头。建议抓好四件事：一是按中央要求，把“宏观管好、微观搞活”，防止盲目进行重复建设，做好规划、协调、服务、监督工作，运用经济的、法律的和行政的手段，为企业创造平等竞争的环境和条件，推动、引导和帮助企业走向市场；二是对新成立的企业集团进行一次检查，凡是干预和截留企业自主经营权的行政性企业集团和“翻牌”公司，要明令禁止；三是加速政府机构改革步伐，精简机构，精减人员，公开办事程序，转变工作作风，提高工作效率；四是改变由各级工业主管部门负责承包指标的做法，加强行业管理，搞好咨询服务。

（三）切实解决企业自主权的落实问题，把《条例》规定的 14 项企业自主权不折不扣地下放到企业

目前应重点抓好拒绝摊派权、劳动用工权、机构设置权等项权利的落实工作，特别是要下大决心治理“三乱”。各级政府及各有关部门要带头坚决执行国务院制止“三乱”的一系列规定，认真清理有关收费的文件，同时要为企业撑腰，抓住典型，公开曝光，绝不能让那些有“三乱”行为的单位在经济上占便宜。企业的机构设置权，应完全由企业自主确定，上级主管部门不得借口上下对口而进行干预。企业要学会用法律保护自己，积极、主动地把《企业法》《条例》赋予企业的权利用好用足。

（四）企业要充分认识在转换经营机制中自身责任的重大，要有高度的责任感和紧迫感

国有企业要根据《企业法》和《条例》的要求，既要依法享有自主经营权，又要履行自负盈亏等项责任和义务，保证国有资产保值、增值，不断提高劳动生产率，多为国家创造财富。各个企业应当花大力量深化内部改革，完善内部经营责任制，加强各项基础工

作，调整产品结构，提高经济效益，提高人员素质；要全心全意依靠工人阶级办好企业，充分发挥职代会的作用，加强企业的民主管理，调动广大职工的积极性，增强主人翁责任感。只有这样，国有企业才能适应建立社会主义市场经济体制的要求。

（五）对由于国家政策、历史原因等外部因素造成严重困难和亏损的一些国有大中型骨干企业和困难大的老工业基地，国家要采取特殊政策，支持它们克服困难，把企业搞活搞好

这些老企业、老工业基地过去为国家做过很大贡献，目前由于债务重、离退休人员比重大，面临严重困难，很难与新建企业、“三资”企业、乡镇企业进行竞争。对这些企业和老工业基地，只要符合产业政策的要求，国家应在政策上给以必要的扶持，帮助它们渡过难关，继续发挥应有的作用。

（六）抓好清理和完善贯彻《企业法》《条例》的有关法律、法规

建议国务院集中必要的力量，上下结合统一清理有关的法律、法规和文件，凡是与《企业法》和《条例》规定不一致甚至相抵触的，该修改的修改，该废止的废止，同时应督促有关部门抓紧制定《条例》的实施办法及配套性文件，使《条例》更具有可操作性。建议全国人大加快经济立法，特别是与建立社会主义市场经济体制有关的法律，如公司法、税法、制止不正当竞争法、银行法、就业保障法、物价法等，为全面贯彻实施《企业法》提供法律保障。

以上报告是否妥当，请审议。

出路在于改革*

——在转换企业经营机制研讨会上的讲话

（1993年7月5日）

一

转换企业经营机制，搞活国有大中型企业，这是改革开放十多年来，中央、地方，经济界、企业界，从事理论研究的同志和从事实际工作的同志都在研究探索的一个大问题，一个关系到我国经济体制改革成败的大问题。国有企业，包括工、交、内外贸、建筑施工、农林水利、地质勘探等大中型企业有近20000个，这都是国民经济的主体和骨干，产值达1万多亿元，利税总额达1500亿元。这些企业能不能早日从传统经营机制中解放出来，是否具有强大的活力，对于我国经济全局和国家经济状况，都是十分关键的问题。

党的十二届三中全会《决定》中指出，增强企业的活力，特别是增强全民所有制的大中型企业的活力，“是以城市为重点的整个经济体制改革的中心环节”。党的十四大报告进一步指出，“转换国有企业特别是大中型企业的经营机制，把企业推向市场，增强它们的活力，提高它们的素质。这是建立社会主义市场经济体制的中心环节”。两个中心环节的指导思想是一致的，都是要使政企职责分开，给企业以活力，进一步搞好国有大中型企业。中央一再强调，搞好国有大中型企业，不仅是经济问题，也是政治问题。江泽民同志在党的十四大报告中说，搞好搞活国有大中型企业，“是巩固社会

---

* 本文是袁宝华同志在国家经贸委、中国企业管理协会、中国工业经济协会联合召开的“转换企业经营机制研讨会”上的讲话，原载《袁宝华文集（第五卷）》（中国人民大学出版社，2014）。在袁宝华同志1988年至1990年四度向国务院总理报告建议之后，1991年10月8日，国务院第160次总理办公会议确定，《企业法》的贯彻落实由国务院生产办为主抓；《企业法》实施细则的起草工作，请朱镕基同志牵头，以国家体改委为主，国务院生产办、国务院法制局等有关部门参加起草。

主义制度和发挥社会主义优越性的关键所在”。

对于这个问题，中共中央、国务院是十分重视的。党的十一届三中全会后，从扩大企业生产经营自主权开始，国务院连续颁发过两个扩权十条，十二届三中全会通过的《关于经济体制改革的决定》，把企业改革推进了一大步，明确企业改革必须解决好两个方面的关系问题，即“确立国家和全民所有制企业之间的正确关系，扩大企业自主权；确立职工和企业之间的正确关系，保证劳动者在企业中的主人翁地位”，这些目标都是使企业成为自主经营、自负盈亏的社会主义生产者和经营者。1986 年，中共中央、国务院连续颁布了厂长、职代会、党的基层组织工作“三个条例”，初步界定了企业内部党政工之间的关系。1988 年全国人大通过并颁布《企业法》，总结了改革开放以来企业改革的实践经验，确立了企业的法律地位，使企业享有的自主权有了法律保障。1991 年，中共中央召开了专门讨论如何增强国有大中型企业活力的工作会议，这在我党历史上还是第一次。之后，经过较长时间的酝酿，特别是在邓小平同志视察南方发表的重要谈话和党的十四大精神指引下，又制定了《全民所有制工业企业转换经营机制条例》（简称《转机条例》）。《转机条例》的颁布与实施应该说是深化企业改革的重大步骤，是建立社会主义经济体制的重要组成部分，对搞好搞活国有大中型企业有很大的推动作用。正如一些厂长所说的，改革十多年来，国有大中型企业比起过去确实有了一些自主权，也有了一些活力。正是这些活力，使国有企业与其他企业在眼下并不公平的条件下和激烈的市场竞争中还能保持一定的发展速度和效益。据国家统计局的资料，今年 1~5 月工业生产同去年同期比较增长 23.8%，其中国有企业增长 9.4%，工业企业 1~5 月产销率为 94.13%，比去年同期增长 2.6%。总体上看，国有企业的形势是好的。但不能不看到，目前，转换企业经营机制的状况，同十四大提出的目标，距离还很大。当前问题，我认为主要表现在三个方面。

第一，政府职能转换慢，企业自主权落实难。经济体制改革的目标是建立社会主义市场经济体制。企业是市场竞争的主体，企业改革的关键是转换经营机制，转换机制的重点是落实企业经营自主权。因此，必须彻底改变过去计划经济体制下企业附属于政府，没有一点经营自主权的状况。现在的问题是政府职能转变太慢也太难。去年 7 月以来，虽然国家和省、自治区、直辖市人民政府都制定了一些办法，但是，“两头热、中间冷”，阻碍《转机条例》实施。据一些地方的分析，目前，企业的 14 项权利仍有很多没有落实。浙江今年 4 月对 1204 家企业调查，14 项权利，在大部分企业中能落实的只有 5 项。云南有关部门调查，14 项权利，落实比较顺利的只有 3 项，基本上能落实，但存在一定困难的有 7 项，落实有相当难度的有 4 项。法律赋予企业的权利落实不了，这是贯彻《转机条例》的难点。

第二，在转换企业经营机制过程中，侵犯和截留企业权利的事件时有发生。这主要是一些政府部门利用手中原有的权力，采取行政干预办法，硬性组建一些“翻牌公司”“拉郎配”式的集团公司。在机构改革、转变政府职能的过程中，成立一些公司是需要的，但把属于企业的正当权益收走，甚至取消企业的法人资格，使企业重新成为变相的行政附属物，而“翻牌公司”或集团公司以权截留货源，以权占领市场，又收权又派款，既是“老板”，又是“婆婆”，这种“转换”怎能把企业搞好搞活？企业的同志说：“天不怕，地不怕，就怕政府企业化。”国务院领导同志对这种做法早就告诫我们，指出，这种做法不仅不利于市场主体的形成，而且会强化行业垄断，窒息企业和市场活力，是同改革的目标背道而驰的。我认为，这种做法的实质是政企合一的新版本，是旧体制在新形势下的复旧，“新瓶装旧酒”。谁不自愿参加“集团公司”，就撤谁的职。把听话不听话作为任免厂长的标准是不对的。政府机关在改革中成立公司，或富余人员组成的公司，都必须同原机关脱钩，权力不能进入市场。成立集团公司都必须坚持企业自愿的原则。

第三，不同所有制实行不同政策，不利于调动企业积极性，影响国有企业活力。市场经济应该对各种所有制形式经济一视同仁，创造企业间公平的竞争条件。在特定条件下给某种经济特殊政策是正确的，但对国有经济也不能太苛刻，特别是在分配上，差距太大，影响国有企业职工队伍的积极性和稳定性。据东北某市的一个调查材料，现在工人平均收入，合资企业人均月收入700~800元，乡镇企业人均月收入500~600元，而国有企业人均月收入大都在200~300元。收入差距悬殊，不利于职工队伍的稳定。党的十四大政治报告指出：“国有企业、集体企业和其他企业都进入市场，通过平等竞争发挥国有企业的主导作用。”如果不同经济成分长期处在不同起跑线上，既不利于国有企业骨干作用的发挥，从长远看，也不利于社会主义市场经济的发展。

二

建立社会主义市场经济体制是一个新的很大的课题，从企业改革角度来说，当前着重要注意以下几点。

一是贯彻《转机条例》要坚定不移。《转机条例》是《企业法》的深化和发展，是15年来改革的经验总结，来之不易。贯彻当中遇到一些困难甚至一些阻力，也是意料之中的事，问题是要敢于斗争、敢于“争”权、敢于维护企业自身的合法权利，不能遇难而退，而是要知难而进、坚定不移、排除万难，一定要把国家赋予的权利贯彻落实好，这个决心不能动摇。

二是要研究并切实解决产权关系问题。从各地贯彻《转机条例》的情况来看，产权关系不明晰，已经成为落实经营自主权的一大障碍。现在看来，这个问题是回避不了的，必须正视并研究解决。只有理顺了产权关系，才能做到真正的政企分开。理顺产权关系，实现政企分开，是政府转变职能的起点和前提。政企职责分开，政府部门不再具有管理企业的职能，政府对企业，主要是依法监督、政策引导，利用经济杠杆和信息进行协调和服务，计划、投资、财税、金融信贷、社会保障等都应该按照市场经济要求进行配套改革。建立责任明晰的产权关系是市场经济的基本要求。明确产权关系，就是明确国有资产受托管辖权与企业经营权的关系以及受托管辖机构和企业的责任关系。国有企业要实现真正意义上的自负盈亏，就必须有经营权，又有所有权。作为一个企业法人，首先就是要明确企业法人财产和财产权。国家对企业财产的所有权，主要体现在国家占有（投入）资本金的数额上。国家财产一经授权企业经营，即转化为法人财产，并以此承担民事责任。国有产权，只体现在其注入资本的量上，保值、增值是通过收益来体现。通过改革，理顺产权关系，我认为既要保障国家对国有资产的最终所有权，又要保证国有资产的保值增值；既要按照社会主义市场经济体制的需要调整政府部门之间的利益结构，便于国有资产的经营管理，又要使企业在市场竞争中，真正转换经营机制，充分行使经营自主权，实现国有资产的保值、增值。因此，必须做到政资分开。政资分开就是把政府的社会行政管理职能与国有资产管理职能分开；把政府的财政税收和使用同国有资产的收益和使用分开，这样政府在财政上才能把税收与国有资产收益分账管理。国家的财政税收，主要用于保证国防、发展教育等公共事业和社会福利方面，国有资产收益，主要用于基础设施建设、调整结构和产业政策等有关扩大再生产的经济发展战略实施上。这样，经济增长才能建立在良性循环的基础之上。山东济宁市采取“税保财政，利活企业”的方针，把国有资产收益和使用的职能与政府的财政税收和使用的职能分开效果很好。

三是在改革企业外部管理体制的同时，企业必须在内部管理包括内部经营机制改革上下功夫。现在有相当一批企业经营管理落后，大连市最近对市属 92 家国有大中型工业企业进行分析，其中比较好的 20 家，占 22%，这些企业的经营机制基本上能够适应市场经济的要求，产销率达到 95%左右，资金利税率在 10%以上，固定资产净值率在 70%左右，年人均留利 800 元上下；经营一般的企业 49 家，占 53%，这些企业经营机制还不完全适应市场经济要求，产品在市场上尚可销售，但不做进一步的调整则前途暗淡，目前经济效益也较低。另有 23 家企业其经营机制已不适应市场经济的要求，这类企业占到 92 家企业的 25%，其产品结构急需调整，不仅效益低，许多还是亏损户。企业管理落后，在许多地方带有普遍性。企业领导者如果不在内部管理和经营机制上花力气、下功夫，即使有了理想的外部条件，仍然摆脱不了落后面貌，在复杂的市场经济面前必定要打败仗。出路在于改革。

文稿解读

1991年1月28日至2月18日，邓小平同志视察上海并谈话。谈话中有关系中国改革开放重大决策的两段话：改革开放还要讲，我们的党还要讲几十年。不要以为，一说计划经济就是社会主义，一说市场经济就是资本主义，不是那么回事，两者都是手段，市场也可以为社会主义服务。1991年4月8日，第七届全国人民代表大会第四次会议的决定，任命朱镕基为国务院副总理。朱镕基同志由上海市委书记、市长转任国务院副总理并兼任1991年7月11日成立的国务院生产办公室主任之后，重点抓了当时经济运行中的“急事”（清理“三角债”）和关系企业改革与发展的“大事”（转换企业经营机制）。

1992年1月10日，朱镕基同志在全国经济体制改革工作会议上讲话时明确要求，抓紧制定《全民所有制工业企业转换经营机制条例》，作为贯彻《企业法》的实施细则，很重要的一点就是要用法律的语言来界定所有权和经营权。要求国家体改委和国务院生产办用三个月搞出初稿，然后再用三个月时间协调国务院各部门的意见。讲话中就怎样修改《转机条例》明确了先立后破，分期达标；划分责权，转变职能；依法治厂，定出规范等具体意见。特别强调：总之，制定《转机条例》要抓住几个重点，重点一定要十分明确，要可操作性。没有可操作性，那就不要搞《转机条例》了，因为我们已经有《企业法》了。

1992年1月18日至2月21日，邓小平同志视察深圳等地并发表“革命是解放生产力，改革也是解放生产力”“改革开放胆子要大一些，敢于试验”“抓住时机，发展自己，关键是发展经济”等重要谈话（南方谈话）。特别强调，计划多一点还是市场多一点，不是社会主义与资本主义的本质区别。1992年2月28日，印发《中共中央关于传达学习邓小平同志重要谈话的通知》。1992年5月22日，印发《中共中央关于加快改革，扩大开放，力争经济更好更快地上一个新台阶的意见》。1992年6月9日，江泽民同志发表《深刻领会和全面落实邓小平同志的重要谈话精神，把经济建设和改革开放搞得更快更好》讲话。

1992年6月30日，国务院第106次常务会议通过《全民所有制工业企业转换经营机制条例》。1992年7月23日，国务院以第103号国务院令颁布《全民所有制工业企业转换经营机制条例》。1992年8月5日至7日，全国转换企业经营机制工作会议部署《转机条例》的贯彻实施工作。1992年9月28日，《中共中央、国务院关于认真贯彻执行〈全民所有制工业企业转换经营机制条例〉的通知》（中发〔1992〕12号）。

自1991年10月8日，国务院第160次总理办公会议确定《企业法》的贯彻落实由国务院生产办为主抓，《企业法》实施细则的起草工作，请朱镕基同志牵头，以国家体改委为主，国务院生产办、国务院法制局等有关部门参加之后，历时10个月，征求了12个省、自治区、直辖市政府，45个地方有关部门，中央党政相关部门以及不同地区、不同行业、不同规模企业负责同志，还有法学、经济界专家学者的意见。特别是朱镕基同志在此期间先后14次召集会议听取各方面的意见建议，协调难点问题，亲自修改和审阅，七易其稿。终于在小平同志南方谈话的推动下，在《企业法》颁布后的第五年有了可以有效施行的实施条例——《全民所有制工业企业转换经营机制条例》。

1993年7月5~6日，国家经贸委、中国企业管理协会、中国工业经济协会，在京召开“转换企业经营机制研讨会”。来自部分省市经贸委（经委、计经委）、国有大中型企业负责同志和有关研究机构的专家学者近百人出席研讨会。国家经贸委主任王忠禹、副主任陈清泰以及中国工业经济协会会长吕东、中国企业管理协会会长袁宝华、中国企业管理协会副会长兼理事长张彦宁等老领导出席会议并做了重要讲话。会议就贯彻落实《全民所有制工业企业转换经营机制条例条例》、转换企业经营机制、建立现代企业制度等方面的问题进行了研讨。

文稿附录

附录1　抓紧制定《全民所有制工业企业转换经营机制条例》——朱镕基同志在全国经济体制改革工作会议上的讲话

附录2　抓住主要问题，推动企业转换经营机制——王忠禹同志在转换企业经营机制研讨会开幕式上的讲话提纲

附录3　必须进一步深化企业改革——吕东同志在转换企业经营机制研讨会开幕式上的讲话摘要

附录4　采取针对性措施深入贯彻《转机条例》——陈清泰同志在转换企业经营机制研讨会开幕式上的讲话

附录5　要进一步增强转换企业经营机制的力度——张彦宁同志在转换企业经营机制研讨会开幕式上的讲话

附录6　加速建立适应市场竞争的现代企业制度——转换企业经营机制研讨会综述

附录7　全民所有制工业企业转换经营机制条例

附录8　中共中央、国务院关于认真贯彻执行《全民所有制工业企业转换经营机制条例》的通知

附　录

附录 1

抓紧制定《全民所有制工业企业转换经营机制条例》

——朱镕基同志在全国经济体制改革工作会议上的讲话

（1992 年 1 月 10 日）

我昨天上午到会上来，邀请了十个省市的同志，座谈转换企业经营机制问题，也看了会议简报。同志们都要求把转换企业经营机制作为今年改革的重点，并且要求《全民所有制工业企业转换经营机制条例》（以下简称《条例》）尽快出台。李鹏同志已多次讲过，今年改革的重点是企业改革，特别是企业经营机制的转换，我完全赞成。下面，我谈三点意见。

第一点，对这个问题的认识。李鹏同志在去年 12 月 23 日的国务院全体会议上讲话时指出，在当前经济形势比较好的情况下，也要看到一些深层次的问题，这些问题严重地影响了国民经济向良性循环的方向发展。我的体会是，对目前一些深层次的问题，作为高级干部应当有正确的认识，要有紧迫感。目前有 1/3 的企业亏损，还有 1/3 的企业潜亏，这个问题如果拖得太久，是会坐吃山空的。所以在去年全国企业技术进步工作会议上，我提出工交战线不能再等五年了，近三年就要扭转过来，要扭亏为盈。今年就应该刹住企业效益滑坡的势头，明年就要好转，后年就应该转入基本正常的发展，否则财政会越来越困难。对这个问题应该有紧迫感。那么，怎样扭亏为盈？怎样解决国营大中型企业的问题？在中央工作会议上，李鹏同志提出 20 条措施，总的精神是转到调整结构、提高效益的轨道上来。其中 12 条是解决企业外部经营条件的，只能逐步落实。我算了一下，财政今年大体上让利 80 亿元。现在企业一年亏损几百亿元。这 80 个亿解决不了多少问题。要再增加，财政、银行都承受不了。因此，说来说去还是要靠内因、靠自己。所以又提出了 8 条，要求抓企业内部管理，转换经营机制。光上面着急，下面不着急是不行的。只有把改革的重点放到转换企业经营机制上。这二十条才能全面落实。

第二点，为了促进企业经营机制的转变，国务院决定要制定一个《全民所有制工业企业法》的实施条例。怎么制定？李鹏总理在国家体改委的请示报告上有明确批示，也讲过多次。我归纳为三条，可以说是我们制定这个《条例》的指导思想。第一条，不能搞得太烦琐，包罗万象，否则这个《条例》出不了台。只能把重点放在换企业经营机制上，就一些主要问题做出明确的规定，其他细节有待于以后补充。今年要集中精力搞好《条例》，作为贯彻《全民所有制工业企业法》的实施细则。第二条，这个《条例》很重要的一点，是要用法律的语言来界定所有权和经营权。这里要特别强调，一个厂长受国家委托来管理和经营国家财产，对国家负什么责任？不能把国家财产吃掉，要保值增值。现在我们有的同志对放权让利讲得多了，当然这也是应该的，但是对一个企业、一个厂长应对国家承担什么责任讲得太少了。如果把国家财产吃空了，也没人过问，企业亏损，厂长照当，这样不行。第三条，这个《条例》一定要解决人事、劳动特别是内部分配问题。要建立投资和分配两个约束机制，说到底，就是要解决包盈不包亏的问题。企业、厂长拿到很多条件，盈利了，得到许多好处；亏损了，没有任何责任，这不行。

第三点，怎样制定这个《条例》。我和陈锦华同志召开了一个议，与有关部门一起商量了工作进度。我们的心情和大家是一样的，这个《条例》应该尽快出台。不出台，企业亏损的局面就难以扭转。但是也考虑到难度很大，最后下了决心，准备用三个月搞出初稿，然后再用三个月时间协调国务院各部门的意见。很多地方的同志顾虑这个《条例》发下去有没有用，其实关键是我们政府各部门的意见要一致，这是很难的。大家说时间太长，我看三个月时间恐怕也协调不下来。各部门有各自的困难，意见不大容易统一，最乐观的估计是上半年协调完，7 月 1 日颁布实施，这是最理想的情况了。为了搞好这项工作，我昨天上午对十个省市的同志提出要求，请他们把国家体改委现在拿出来的《条例》草案带回去。大家认为这个草案虽还不成熟，但比没有好得多，给予了相当高的评价。我限定他们在 1 月 23 日国务院生产办召开的主管企业工作的各地经委副主任会议上，把修改好的本子带回来，或者是“另起炉灶”，自己另搞一个可以。请这十个省市的同志回去向省（市）委、省（市）政府主要负责同志汇报，一定要按期交卷，要动员体改委、经委、计委及企业界的同志共同来修改。今天我也向其他省区市提出这个要求，请回去修改好后在下次开会时带来。这对那十个省市来说是硬任务，其他省区市的任务相对“软”一点，但也要修改，要主动去做这件事情。有的同志说，要求太快了。同志们，你们不是说着急吗？我们很着急。你们也要着急啊！而且要反映意见，这个时候最起作用，否则《条例》出台后就加不进去了。其实，对现在企业存在的问题大家都清清楚楚，关键是要拿出解决办法来。同时，我对有关部门特别是劳动部、人事部、财政部以及银行等也提出了要求，请他们回去后向主要领导同志汇报，党组要讨论，把《条例》修改出来。修改时不能删掉内容，也不能回避矛盾，只能提出你们的意见，觉得哪里不行就提出修改意见，大家一起来探索改革的路子。

下面，我就怎样具体修改这个《条例》谈几点意见。

一　先立后破，分期达标

这个《条例》不是只管一两年，而是准备长期起作用的，要先把规章立起来。分期达标，就是说，达到目标要有个过程，逐步才能达到，先立后破，是要求先有规范，有配套措施，否则就实现不了。企业没有辞退职工的自主权，就不能自主经营、自负盈亏：而企业要能够辞退职工，就必须完善法规，措施配起套来。比如，要健全待业保险等社会保障制度，搞好转业培训，建立职业介绍所，等等。《条例》如果不包括这些内容，就没有办法执行。很多省市的负责同志告诉我，现在许多企业没有人事权，职工、干部都由上面安排。《条例》既要能保证企业的用人权，加强劳动纪律，又要能保证社会安定，这不是那么容易解决的问题。

二 划分责权，转变职能

现在，部门很多，每个部门的权力都很大，管得过宽。有的部门说，这个《条例》没有什么用。李鹏同志刚才讲得很好，政府不精简机构、转变职能，企业就无法实行这个《条例》。因此，制定《条例》要把重点放在划分责权方面。国家把管理权委托给企业了，企业应该承担什么责任？向国家承担什么任务？《条例》都要有明确规定。完不成任务，厂长就应该下台，不能容忍企业连续亏损三年，亏损第一年要“黄牌警告”，第二年要以观后效，如果第三年还下行，那就对不起，再好的厂长也要请他“另谋高就”了。这就是责，既然给了他这个责，就要给予他相应的权力；中央各部门的责任就是监督他不能把所有权给吃掉了，不能把国家财产吃光了，他承担的任务要完成。至于怎么完成任务，那就是他要在国家法律法规、政策以及国家计划指导下来完成，不能接受各部门甚至个人的命令。如果企业的发展规划、经营决策，谁都去干预，那不行。现行的许多制度，包括审批制度，都要逐步进行改革。不仅企业要建立自我约束的投资机制，银行也要建立这样一个约束机制，就是说，银行也有个责任问题，不能把风险交给国家。企业和银行都有了约束机制，审批就没有必要了。现在你审批，企业也不照你批的做，甚至你不批，企业也照样上它的项目。所以说，只有划分责权，主管部门转变职能，企业才能达到自主经营、自负盈亏的目的。怎么监督，也不必写得那么细。当然也可以考虑一些组织形式，比如说像德国企业那样设监事会。我想，我们的国营大中型企业是不是也应该有这么一个监督机制？监事会可以包括所有权代表、职工代表、企业界的代表、银行界的代表以及管理学家的代表。由监事会来负责监督审计。但实际上真正的财务账目，是委托会计师事务所来审计的。据我了解，国外的会计公司是很厉害的，比财政部的专管员要厉害得多，它是按法律办事，不是按个人意志办事的。会计公司如果营私舞弊，要受到严厉的惩罚。最近，美国有一个大会计公司，因为一桩舞弊案子，宣布破产了。破产采取“扫地出门”的办法，会计公司所有合伙人的财产全部被没收，只留给他们一部小汽车。公司的财务只要会计公司一签字，哪些能打入成本、那些不能打入，就定了，财政部就根据这个来判定，没漏税则已，如有漏税，就得坐牢。如果公司舞弊，比如说向会计公司行贿，它的负责人是要坐的，会计公司也要破产。我们是不是也可以采取这样的形式，在厂长任期内进行审计。如果等任期结束以后，厂子都搞垮了，几千万元，上亿元资金都黄掉了，再去审计，再撤厂长的职，还有什么用？我看，每年所有权的代表都应该对每一个企业进行审计，检查它的资产负债表。

三　依法治厂，定出规范

《条例》中所有条款都应该使用法律语言，要讲得很明确，要把实质性的矛盾提出来，敢于去碰硬，提出解决的办法。如果笼统地写，那就是说根本不准备实行，因为把矛盾都回避了。可以说，《条例》中提出的很多问题都是针对各部门现行规定来的，那就是要对现在的规定进行改革。不改革，这个《条例》是解决不了问题的。如果把这个《条例》制定出来了，并成为一个全国的规范，我看企业就好管了，依法治厂，就可以从严了。违反了《条例》规定，就“六亲不认”，该处分就处分，该撤职就撤职。另外，关于分配问题，在《条例》里一定要把效益工资写清楚。我的主张是：根据国民经济的发展和效益的情况，规定一个全国总的工资增长幅度。各部门据此规定本行业的工资增长幅度，行业要规定工资增长平均数和最高限，最高限可根据本行业先进企业情况来定。在这个基础上，企业根据自己的效益计算工资增长，效益要包括全面的指标，不能只是一个指标，特别不能只是产值指标。企业的工资增长只能低于，不能高于行业的工资长最高限。以前搞的收入不封顶，那不得了，会形成收入差别的悬殊，就是资本主义国家也要实行收入平均化，每年工会也要同雇主谈判，定出平均工资水平，每年工资增加多少。工资水平高一点的企业可以建立工资风险基金，今年盈余，明年亏了，可以用盈利来弥补亏损。现在我们还没有这种储备，今年盈利多，就全部分光了，明年亏了，也不认账，这不行。

总之，制定《条例》要抓住几个重点，重点一定要十分明确，要可操作性。没有可操作性，那就不要搞《条例》了，因为我们已经有《全民所有制工业企业法》了。

附录 2

抓住主要问题，推动企业转换经营机制

——王忠禹同志在转换企业经营机制研讨会开幕式上的讲话提纲

（1993 年 7 月 5 日）

这次转换企业经营机制研讨会是由国家经贸委、中国企业管理协会和中国工业经济协会联合召开的。首先欢迎各位参加这次研讨会。希望与会同志围绕贯彻《转机条例》，转换企业经营机制及完善各种资产经营形式等问题，展开讨论与研究，提出切实可行的意见和建议。

前一时期，国务院派出 6 个调查组分赴 12 个省进行了贯彻《转机条例》情况的调查，从总的情况看，《转机条例》颁布一年来，各地区、各部门按照党中央、国务院《通知》的要求，贯彻落实《转机条例》认真地做了大量工作，在许多省区市已经取得了明显进

展，发展是健康的，势头是好的。转换企业经营机制、转变政府职能、落实企业经营自主权等项工作正在进一步展开，企业改革逐步深入，并已初见成效。

但是，在贯彻落实中，也反映出一些需要认真研究和解决的问题，大体有这么几个方面。

一是政府部门转变管理经济的职能问题。政府部门如何按照社会主义市场经济的要求，把属于企业的权力，该放的一定要放下去，把属于宏观调控的职能，该管的一定要管好。我们强调宏观经济管理就必须有相应的微观经济基础，就要搞好国有企业改革。

二是完善和健全市场体系和社会保障体系问题。如何加快建立和完善企业职工待业、养老、医疗等社会保障体系，如何搞好劳务、技术、金融、信息、人才等生产要素市场。

三是完善国有企业资产经营形式问题。“八五”期间，如何适应企业财务会计“两则”的实施，改进和完善承包经营责任制；税利分流如何在完善试点办法的基础上逐步推广；股份制特别是有限责任公司的试点，如何规范化，使其健康发展。

四是国有企业负担沉重，缺乏后劲问题。如何以实行企业财务会计“两则”为契机，加快清产核资步伐，解决潜亏、挂账等历史包袱问题。

五是建立现代企业制度问题。把贯彻《转机条例》如何与建立现代企业制度结合起来。

还有一些问题需要深入研究，我就不一一列举了，讲几个主要的，点点题。因为研讨会时间有限，不可能讨论所有问题，希望大家集中精力，围绕主要问题进行讨论研究，力争能在一两个问题上有所突破，提出政策建议。

希望这次会不仅是一次观点的交流，更是对企业改革的促进和推动。预祝这次研讨会圆满成功。

附录3

必须进一步深化企业改革

——吕东同志在转换企业经营机制研讨会开幕式上的讲话摘要

（1993年7月5日）

《全民所有制工业企业转换经营机制条例》颁布即将一周年了。最近国务院调查组经过调查认为，贯彻《条例》工作有了良好开端，但真正落实还要下大力气。围绕转换企业经营机制、建设现代企业制度，1993年上半年，我和中国工业经济协会一些同志，到沿海开放城市以及大中型企业比较集中的地区做了一些调查，深感转换国有企业经营机制任务艰巨。不抓不行，绕也绕不过去，只有横下一条心，全力以赴地抓，才能使国有企业真正活起来，发挥社会主义的优越性。现根据调查所得，就深化企业改革的几个问题，谈几点看法。

一　推进企业改革，一定要以市场为导向

在小平同志南巡重要谈话和党的十四大精神指引下，我国的经济体制改革，进入了以转换企业经营机制为中心的建立社会主义市场经济体制的新阶段。这就要求人们转换观念，以市场为导向来深化国有企业改革。

我国国有企业，在计划经济体制下，是国有国营。全国是一个大企业，因此形成的基本观念是，主要以政府部门意志为导向。现在我们要转到社会主义市场经济体制上来，使企业成为具有“四自”能力的市场竞争主体和法人实体，首先有一个大前提，就是要更新观念，即转到主要以市场为导向上来。这件事说起来容易，做起来十分困难。从政府一头来说，我们强调了十多年放权，而迄今仍有相当多的单位，不那么愿意把权放给企业。从企业一头来说，先想“市长”、再想市场的习惯势力还在继续支配着人们的行动。这就要求我们从上到下都要来一个观念更新。政府部门要从管住和控制国有大中企业，转向放手并推动他们走向市场，为企业创造宽松的环境。企业要敢于、善于参加市场竞争，按照市场导向发展壮大自己。

我们所说的以市场为导向，有两个含义：一个是以国内、国外两个市场的需求为导向，市场有需求的，我们就生产，市场不需求的，就坚决不生产；另一个是以国际市场的先进产品水平、先进的管理方法为学习和追赶目标，要赶超国际先进水平，敢于在国际上进行竞争。为此，我们就应当彻底改变把国有企业看成政府的附属物的观念，解除国有企业身上的一切枷锁，一切束缚，对其进入市场、参与竞争所需要的条件认真加以解决，让其像“三资”企业和乡镇企业一样在国家宏观调控下，自主地在市场机制中游泳。

二　深化企业改革，必须进一步理顺产权关系

我国的企业改革从扩大企业自主权到经营权与所有权适当分离，再到理顺产权关系，贯穿始终的主题是实现政企职责分开，落实企业自主权，使企业走向市场并成为“自主经营、自负盈亏、自我发展、自我约束”的法人实体。所以理顺产权关系与转换企业经营机制在目标上是一致的。这就要求我们在研究理顺产权关系的有关政策法规时，要同进一步放活企业、转换企业经营机制紧密联系起来，针对转换企业经营机制条例中尚未完全解决的问题，如对政府和企业职责分开问题，对所有权进入企业使企业拥有法人财产权问题，对企业国有资产保值、增值的具体监督管理形式等问题，加以解决。

因此，我们认为：国有资产管理体制的改革，第一，要解决政府的行政职能与所有者职能分开，实现国有资产管理从以实物形态为主到以价值形态为主的转变，确立国有资本金独立运转的观念和体制。这是能否实现政企分开，使企业真正具有自主经营、自负盈亏能力的前提条件。对企业国有资产收益与企业依法上缴的税金，应当分收、分支、分流，国有资产的收益不再纳入“吃饭财政”，而是用于国有资产的再投入。即在按章纳税之后，国有企业的收益不再上交财政，而留给企业作为发展基金，以确保国有资产的保值增值，以不断巩固与壮大社会主义制度的物质基础。

第二，改变国有资产多头管理的现行体制，成立国有资产管理委员会，统管和协调国有资产的运营。国有资产的管理涉及管人、管财和资产的补偿、更新、改造与增值，从目前政府机构设置的现状看，哪一个部门都难以统辖起来，而又都同国有资产管理有关系。我们认为，国有资产管理体制的建立，要同下一步国家机关机构改革联系起来考虑，不要为今后的改革设置障碍。建议按照国有资产终极所有权属于国家、管理权分级行使的原则，先在中央和省、自治区、直辖市这两级政府下，成立有关部门参加的国有资产管理委员会。这个机构最好是常设的，目前如果来不及，也可以先组建一个非常设的机构作为过渡。其任务是：向国务院提出国有企业重大方针政策的建议，协调各部门关系；选任企业国有资产代表，决定国有资产委托授权，把管资产与管人结合起来；确定对国有资产的经营形式，负责资产收益的管理等。

第三，要解决产权经由政府委托进入企业，特别是进入国有大中型企业的问题。这是经济体制改革的一个重大突破。从党的十一届三中全会以来，企业改革的实践，特别是实行承包经营责任制的实践中，我们可以得出如下认识：对国有资产所有权可以分解为终极所有权和法人财产权。国家掌握终极所有权，它是不可分割的整体；国家通过国有资产委托经营的方式，使企业拥有法人财产权，在受托期间，企业有全权占有、支配和部分处置、收益的权力，在企业这个层次上实现法人财产权与经营自主权的统一。这应当成为适用于绝大多数国有企业资产经营的基本形式。

第四，建立国有资产运营的监督系统。在企业里成立监事会。企业监事会由企业内部代表和企业外部包括有关部门、社会人士代表组成。监事会的职能是监督、评价企业国有资产的运营状况；对企业经营者实行监督、评价及向有关部门提出任免和奖惩的建议。监事会不是企业决策机关，不干预企业的生产经营。随着政府部门职能的转变，原来的各专业部门将不再直接经营企业，主要负责规划、协调、监督、服务工作，考虑到工作职能转换的衔接，建议专业部门把国有资产运营的监督工作担负起来。在各专业部门内成立监事会管理局一类的组织，负责组织企业监事会和委派企业监事会的代表，并经由监事会了解企业国有资产的运营状况，向有关方面提出意见和建议。

第五，确立企业拥有法人财产权的地位后，还必须进一步研究解决企业产权改革的模式问题。根据目前实践来看，我们设想可以有以下一些模式：有的在企业拥有法人财产权后，把承包制发展成为产权代表所有者（企业管委会或董事会）向企业经营者进行承包，双方制定契约关系，达到保值、增值的目的。有的实行股份制，一种是以国有股为主兼有法人、个人股，股票可以上市；另一种是以国有股为主兼容法人股和内部职工个人股，股票不上市，使持股者与企业共命运、同呼吸。有的搞中外合资，主要由国有企业控股，在一定条件下也允许外方控股。有的搞国有民营，特别是对一些小型企业，可以用租赁、承包等形式实现等。凡是通过这些产权改革能把企业搞活的，都可以试行，以取得经验，再加以总结前进。

产权改革还刚刚开始，还缺乏经验。因此要努力去实践，通过实践，不断总结经验，不断完善。

三　搞活国有企业，就必须为国有企业创造平等竞争条件

市场经济的一个重要特征就是竞争，通过竞争实现技术进步、资源配置和产业结构的优化。作为促进市场竞争发展的政策，从企业制度上讲，最本质的是公平竞争政策，实现企业公平竞争是建立现代企业制度的一个非常重要的政策。这件事情进展快慢势将决定社会主义市场经济的发展进程。

我国现行的企业政策是不统一的，不同所有制、不同地区有着不同的政策，不利于全国统一市场的完善和企业、地区间的公平竞争。例如，税收政策，国有企业、集体企业、乡镇企业、“三资”企业的税率是不同的。“三资”企业最为优惠，国有企业处境最为不利。国有企业负担的流转税平均税率为8%，而“三资”企业负担的工商统一税平均税率为5%；国有企业负担的所得税是55%，而“三资”企业负担的所得税为15%~33%，并且还可以享受两年免税三年减税的优惠政策；国有企业提取折旧和技术开发费有严格的控制，而“三资”企业可以自主提取，相应地减少了纳税利润额；国有企业的自有资金要交25%的能源交通建设基金、预算调节基金，而“三资”企业是免交的。地区之间，一般地区、开放城市、经济开发区、经济特区、自由贸易港区也是税率各不相同，政策各不相同。

形成这样一种格局，一方面反映着我国从传统计划经济向社会主义市场经济转变的步伐。在过去十几年中，为了改革开放，我们对一些企业，对一些地区，采取一些倾斜政策是必要的，而且是富有成效的。另一方面也要看到，时至今日，这种差别已经在一定程度上制约着市场经济的发育成熟。第一，不利于保持公有制企业的主体地位，特别是国有企业，在目前的差别政策下，竞争能力日益削弱，技术进步缓慢，债务负担沉重，经济效益低下，人才纷纷流失，企业凝聚力越来越差。第二，随着改革的进一步深化，不同所有制企业间相互参股形成的混合经济成分企业会越来越多，按不同所有制定政策的做法也越来越脱离实际。第三，按所有制不同、地区不同而制定不同的政策，其政策导向有可能出现误导，使资金、技术、人才流向那些并不一定合理的环节，从而人为地割裂了全国统一的大市场，加剧了地区发展的不应有的失衡。因此必须抓紧进行财税体制改革，在财税制度上，国有、集体、中外合资、民营一律平等，再不能厚此薄彼了。

发展社会主义市场经济，是不是就不需要政策倾斜了呢？不是的。问题在于从哪里着手。发展社会主义市场经济，需要有统一的企业政策进行调控，实行政策引导。这种政策不应再是按不同所有制、不同地区来制定，而主要应该通过全国统一的产业政策，将资源配置到效益高的产业中去。

四　搞好企业，需要国家与企业共同创造企业走向市场的动力

企业以市场为导向，深化内部改革，需要解决动力问题。说把企业推向市场，就是国家要从外部提供动力，说企业走向市场，就要解决企业内在动力问题。

外部条件固然很重要，但内在动力更重要。《条例》的贯彻落实，大家都强调要靠政

府进行机构改革、转换职能，这是对的。但真正要落到实处并充分发挥效用，还要靠企业自身奋力争取和认真用好自主权。要解决企业内在动力，首先要有坚实的思想政治工作，动员企业家和职工树立创业精神和奉献精神；同时还要靠物质利益的作用。讲物质利益，就要深入研究各种经营形式，什么形式动力更大，有利启发企业走向市场，就应当加以采用。在研究经营形式时既要积极研究引进国外先进管理制度，更要从中国实际情况出发，多关注大多数企业能行得通的办法，要注意使所有企业都能有走向市场的动力和压力。企业家的智慧和胆识也是企业内在动力的来源，在企业走向市场过程中具有重要作用。造就一支企业家队伍应当成为一项社会任务。关键是放手让企业家放胆地工作，在工作中锻炼、成长。同时，要注意宣传交流企业家们在转换企业经营机制、走向市场过程中所创造的好经验、好做法，包括他们创造的治厂之道、企业精神等。宣传好一个企业家的经验，可以鼓励成百上千个国有企业厂长（经理）奋起。

我们还必须充分注意发挥工人、技术人员及管理人员的积极性和创造性。在强调发挥职工的工人阶级主人翁精神的同时，还必须从物质利益上使他们更关心企业的命运，激励他们努力工作。在物质利益机制上，一是要真正突出按劳取酬以及工资与企业效益挂钩，这在目前是主要形式。上海人事、劳动、工资三项制度改革就注意了这个问题，很有成效。二是在企业内部按规范的办法，逐步推行股份制，使职工有一部分按资分配的物质利益。这样，职工与企业的经营好坏就同呼吸共命运，有一种动力驱动他们把企业办得更好。

附录 4

采取针对性措施深入贯彻《转机条例》

——陈清泰同志在转换企业经营机制研讨会开幕式上的讲话

（1993 年 7 月 5 日）

一　解决一批实际问题，为转换机制创造条件

《转机条例》（后称《条例》）颁布一年来，我们把主要精力放在落实企业自主权，这是十分必要的。现在贯彻《条例》的部署工作在全国已大体就绪，包括宣传舆论、学习培训。省市制定的实施办法及配套规章已经完成。我们发现在落实自主权的同时，要区别不同企业的情况，解决一系列实际问题才能使《条例》落到实处。

对于一部分状况好的企业，如首钢、二纺机，只要让其权力到位、放开经营，就可以走向市场。但这些企业还是少数，占 30%左右；老工业基地更低一些，大约占 20%。对于另一部分企业，即使给了自主权，还没有能力走向市场。这些企业在计划经济体制下积累

了六大问题。

（1）补偿不足，设备老化。企业折旧原来全部上交国家，后来改为企业留下一部分，但按固定资产原值计提折旧，本身就补偿不足，再抽走“两金”，造成企业补充不足，普遍老化。

（2）注资无源，债务沉重。特别是拨改贷以后，企业重大的技改项目资金都要靠自筹或贷款，等于搞无本生意。企业没有资本金注入，怎么滚动？据统计，到1992年底，工业企业专项基金债务约4200亿元。有的企业反映：不改造等死，要改造找死。

（3）历史债务包袱沉重。由政策性原因多年形成的，也包括一些企业的经营性问题，形成了大量的潜亏挂账。目前全国潜亏和亏损挂账累计大约有1300亿元；由于福利基金提取比例不足而形成的挂账约200亿元。

（4）企业办社会的包袱很沉重。有人形容国有企业是“抱着小的、背着老的”，还有大量冗员无处消化，耗费了大量精力和资金，使企业畸形发展。一个企业就像一个部落，什么都得管起来，在职工的观念和企业文化方面也造成了很多问题，怎么能进入市场？

（5）税赋沉重，企业留利水平下降。

（6）企业内部机制落后，管理松弛。特别是由于三项制度改革没有到位，管理很难完全严格起来。

以上一系列问题，特别是前5个问题，如果政府不采取针对性措施，相当多的企业很难恢复活力。因此，无论是主管部门还是企业，在研究落实14项自主权的同时，必须要研究如何为企业解决一些实际问题。

二　企业要苦练内功，实现机制的转换

在贯彻《条例》的一年中，主要矛盾是政府放权不足，我们的主要精力也放在了这方面。但另一方面，即企业如何用好用足《条例》赋予的权力，还有不少问题。有些部门认为把权力放了，企业机制就转了，即以放权的程度代表机制转换的程度；有些企业认为拿到了多少权力，机制就转换了多少。这些看法都是不对的，至少是不全面的。

贯彻《条例》只是为企业机制转换创造了外部环境，提供内部条件。企业机制能否转换，还要靠企业自身，别人是替代不了的，根本转变就是由国有国营的工厂转变成为可以独立进入市场的法人企业。实现这一转变，企业至少需要研究解决好以下几个问题。

（1）要树立市场经济观念，以及进入市场的紧迫感、危机感。很多企业还缺乏独立企业的自主自立、顽强奋斗的精神，特别是一些老基地企业的厂长经理还缺乏进入市场的思想和精神准备，发达地区也有一部分企业没有解决这个问题。

（2）企业制度的转轨。操作上要慎重，要建立适应政企分开、企业独立进入市场以至于与国际经济接轨的企业制度。

（3）调整企业的管理体制与组织框架。计划经济体制下，国有企业的管理体制是按政府的要求、与政府对口设置的，作为进入市场的企业，一定要进行一系列改革调整，特别要充实“两翼”，即技术开发与市场营销，这是计划经济体制下企业的弱点。

（4）建立适应市场经济的运行制度。要明确企业在一定组织框架下用什么规则来运行，就是要有一套科学的“软件”，包括企业的财务制度、劳动人事制度、营销制度；建立企业的决策程序和约束体制。通过这样一套制度形成企业内部既有激励又有约束的机制。

当前必须重视加强企业管理工作，特别是基础管理。很多企业的厂长经理认为，企业进入市场了，厂长就要满天飞，致使企业内部的基础管理有所削弱。无论怎么说，基础管理是企业进入市场的真正实力所在，不加强管理不行。

三　要加强国有资产的监督管理，防止国有资产流失

这是当前要引起我们特别注意的问题。在多种所有制并存的情况下，各种所有制的资产间的相互交叉是必然的，而且范围越来越大，资产交流的幅度也越来越大，这是实现资源优化配置的需要。因此，如何使国有资产与其他所有制资产在交叉中不至于流失是个很大的问题。有人测算，通过各种形式已流失国有资产上千亿元。这个问题已引起国务院及有关方面的重视，正在着手制定《国有企业财产监督管理条例》，有关资产处置，企业必须按《条例》规定行事。

四　进一步深入贯彻《条例》要有行之有效的办法

全国有国有大中型企业1.3万多家，如何使它们都能形成良性循环、进入市场？要花多长时间？这个问题需要统筹考虑。各地应做一个规划，采取“一厂一策”，分批逐个，把国有企业推向市场。可以用做减法的办法，做笨工作，一个个企业列清单，写清具体问题，搞清症结，明确措施，并列出时间表，用几年时间使企业走向市场。国有企业分解到部门、地方，就不多了。河南、广东就是这样搞的。然后逐年检查，解决问题。企业进入市场后再出现问题，就要按市场规律办。该破产的就破产，建立公平竞争的机制。

企业转换机制在“八五”期间还有一些可利用的条件：

（1）贯彻“两则”是个机遇，可以与解脱企业的历史包袱结合起来；

（2）通过清产核资，可以重估企业资产，有增值的部分，也有已损失的部分。这也是化解一部分历史包袱的很重要机会；

（3）利用当前还在完善承包制的情况，可以有针对性地解决企业实实在在的问题；

（4）在目前地方分灶吃饭的情况下，地方有余力的，也可以搞地方的自费改革。

要把可利用的条件都利用起来，通过“一厂一策”，编制一个几年规划，把国有企业真正搞上去。

附录 5

要进一步增强转换企业经营机制的力度

——张彦宁同志在转换企业经营机制研讨会开幕式上的讲话

（1993 年 7 月 5 日）

回顾十几年来的企业改革历程，不外乎经历了以下三个阶段：一是简政放权或叫放权让利；二是强化经营权；三是理顺产权关系，解决深层次矛盾和问题。而十几年的企业改革解决了哪些重大的问题呢？我认为有以下四个：一是明确了企业改革的方向是实现“四自”，即自主经营、自负盈亏、自我发展、自我约束；二是通过推行不同的经营形式和企业制度，使国家与企业之间的经济关系进一步明晰化；三是《企业法》和《条例》的颁布，确立了企业的法律地位，使企业在一定程度上具有了经营自主权和自负盈亏的能力；四是涌现出了一大批机制灵活并富有活力的国有企业，说明国有企业也可以活起来。所以首先得肯定企业改革所取得的重大进展，并将其作为我们今后改革的有力起点。同时还应承认我们企业的经营机制并未根本转变，要适应社会主义市场经济新体制，还须进一步研究、探讨企业改革过程中的一些深层次矛盾和问题。我认为，当前转换机制工作，着重要从以下几方面增加力度，进一步采取措施。

一　贯彻落实《条例》是当前企业改革的重点，千万不能放松

不久前，我参加国务院调查组，到山东、浙江等地调查《条例》的落实情况。总的印象是，各地在《条例》公布以后，确实做了大量工作，而且费了不少力气，落实《条例》的内容也有所进展，特别是大家关心的十四项自主权，各地都对照检查还有几条没落实。各地普遍反映，拒绝摊派权、投资权、外贸权、人事权、劳动权落实难。所以这几条权利还得下功夫、下决心去落实。而且不是等着落实，要去争着落实，最终在所有企业都落实这十四项自主权。当然，有些权利的落实可能有个过程，比如对外经营权等需要逐步解决。

二　国有企业要转换机制，必须彻底实现政企分开

政企分开的关键之一是各级政府要进一步转变职能。《条例》调查过程中，各地普遍反映，政府转变职能滞后，致使《条例》很多内容很难彻底落实。关于政府转变职能的议论很多，我认为，恐怕转变职能不单单停留在减少审批、减少盖章上。当然这是个很重要的内容。放权没放权，很大程度上要看要不要事事报批、项项盖章，企业有很多事情就很难办。但问题还不仅限于此。还得进一步解放思想，解决深层次的问题。比如说，政府职能转换说到底就是要让企业适应市场经济的要求。政府要变管国有企业为管国有资产，变对企业的直接管理为间接管理。例如，规划局管企业，完全不必管企业内部的每一个具体

项目，而可以对该地区的企业有个宏观的要求，定个杠杠。只要企业行为在允许范围内，就由企业自主决定。这就是说，今后政府管企业要向法制化方向发展，用法律、法规的形式，确定企业的行为规范。政府对各种所有制的企业都应一视同仁，从而为企业转换机制、进入市场、平等竞争创造良好的法律环境。

政企分开的关键之二是政府必须精简现有庞大的、职能交叉的管理机构，只要这些机构存在，就会从不同渠道，用不同方式，从不同程度上伸手到企业，直接或间接干预企业的正常生产经营活动，使得企业不得不投入很大精力应付方方面面。所以，从某种意义上说，首先要精简机构，再谈转换职能。

政府转换职能的关键之三是如何界定国有企业的产权问题。从我国现实情况看，承包、租赁、股份制等都遇到一个产权界定问题，产权关系不明晰，政府的行政管理职能和国有资产所有者职能混在一起，一方面，使企业很难做到"四自"，没有自负盈亏的能力；另一方面，资政不分，造成政府各部门干预企业正常生产经营的现象无法从根本上杜绝。为此，必须改革产权制度。第一，政府的行政管理职能和所有者职能要分开；第二，明确国家授权企业和保证企业法人有自己独立的财产，从而在真正意义上实现"四自"；第三，建立国有资产的授权经营制度，主要授权大型企业和大型企业集团对国有资产进行运营，同时，加强宏观管理和监督，保证国有资产保值、增值。

三　探索适应社会主义市场经济的企业经营方式，按市场竞争的原则建立现代企业制度

比较规范的做法是按公司制度改组，即有计划地将一批国有企业逐步改组为有限责任公司和股份制企业，这是解决现实中一些深层次矛盾比较合理的选择。但现行大面积承包和公司改组之间有个如何衔接的问题，是不是所有的企业都要改成公司？改组的速度和进程如何？这对于当前经济的发展，对当前国民经济任务的完成，关系极大。我们是在保持一定的、比较高的经济发展速度的基础上进行改革的，因而要兼顾改革和当前经济发展的双重需要，不能急于求成，要按照公司法规要求区别不同情况分批逐步实施、保证平稳过渡，要慎重选择最适当的做法，既保证改革不断推进，又保证当前生产力不断发展。

我认为，企业逐步实行公司制度，要特别注意搞好当前承包制的完善，一方面有相当一部分企业进行公司改组的条件还不成熟，要有一个过程，仍需继续实行和完善承包制；特别是在基础产业，还不能轻易否定投入产出总承包。实践证明，投入产出总承包是搞活企业的比较有效的方法。尤其是对基础产业和急需发展的支柱产业，效果更明显。近年实行投入产出总承包的企业，发展都很快，对国家和社会的贡献也越来越大。比如说，八大钢都是如此。另外，关于公司化的进程，我认为应该首先更多地发展有限责任公司，在此基础上发展股份有限公司。目前不要一拥而上搞股份制，一拥而上争取上市。诸如在清产核资、产权界定、债权债务处理、企业社会负担等基

础问题尚未很好理顺和解决的现实条件下，大面积、快速推行股份制，还有一定困难，谈不到规范操作。

附录 6

加速建立适应市场竞争的现代企业制度

——转换企业经营机制研讨会综述

7 月上旬，国家经贸委会同中国企业管理协会、中国工业经济协会在北京召开了转换企业经营机制研讨会。会议就贯彻落实《条例》、转换企业经营机制、建立现代企业制度等方面的问题进行了研讨，现将会议内容综述如下。

一

代表们认为：贯彻落实《条例》是当前企业改革的重点和难点。有几个问题比较突出。

1. 政府职能转变缓慢，放权不简政

政府某些部门不甘心大权旁落，对有些权似放非放，明放暗不放，口惠而心不实。如物资采购权主管部门仍下内配指标；投资决策权仍受立项、审批、规模的限制；劳动用工权要受到种种制约。职能交叉、机构庞大的政府机构多头参与企业管理，扯皮多、推诿多、办事效率低下，许多市场和投资机会往往因此而丧失。

2. 认识不一、操作不顺、企业自主权难落实

现在，常会看到一种现象：政府部门喊自主权放了多少多少，有的还搞了《条例》“实施办法的办法”，可下边的企业却喊：“自主权没见到”！寻其原因是认识不一、操作不顺。据一些省、市的代表反映，《条例》的解释权在当地体改委，经委负责实施，但经委管辖的只是预算内工业企业，其他系统却无能为力，企业自主权的落实常在劳、财、税等综合部门和银行受阻，有的代表呼吁：《条例》落实的重点要从企业转到综合部门。此外，《条例》的执法监督不落实，多头负责，实际上无人负责。

3. 十四项自主权没有完全落实到位

与会代表反映，14 项自主权中落实较差的有拒绝摊派权、进出口权、投资决策权，其中最难落实的是拒绝摊派权。

截留企业权利的事件有增无减，权利进入市场既窒息企业活力，又形成了新的垄断。一是“翻牌”公司成为政企合一的新版本，截留企业权利、剥夺企业的法人地位，有关部门几乎每天都要收到企业的申诉信、告状信，企业和“翻牌”公司的矛盾日益尖锐；二是

机关办实体不仅严重地影响了企业的生产经营，而且形成官僚垄断，这种现象在铁路、供电、银行、劳动、环保等部门表现得比较突出；三是权利经商、强买强卖，赤裸裸的权钱交易使企业心惊胆战。

4. 政策措施不配套、改革不同步、认识有偏误

一些省市经委和企业的同志反映，由于金融、投资、财税、劳动等配套规章尚未出台，部门之间不协调，法规之间时有撞车，影响了《条例》的贯彻落实。

针对上述问题，与会代表一致认为：政府转变职能滞后，政府某些部门行为不端正已成为贯彻落实《条例》、企业转换经营机制的羁绊，因此要抓住政府转变职能这个关键环节，按照政企分开、政资分开的原则“缩庙减神”，加大政府转变职能的力度。代表们要求：

（1）指定或设立专门机构，加强对《条例》的执行和监督，与之相适应的法律、法规要尽快出台；

（2）贯彻《条例》已到“攻坚”阶段，要坚定不移、知难而进。同时，也要讲求工作方法，企业要用好、用足《条例》赋予的权利；

（3）鉴于《条例》在制订时，还来不及明确界定产权关系、建立现代化企业制度这一问题，因此，有的代表提出，《条例》在贯彻中要不断完善和发展，要界定产权关系，明确企业的法人所有权，彻底摆脱企业行政附属物的地位，建立与市场经济相适应的现代企业制度。

二

参加会议的有关学者指出，已往的企业改革只偏重于企业经营形式而没有重视整个企业制度的建设，国有企业要实现自主经营、自负盈亏的目标，必须建立与市场经济相适应的现代企业制度。

建立现代企业制度的前提是政企分离，核心是理顺产权关系，从我国现实情况看，政府的行政管理职能和资产管理职能混在一起，不仅很难实现政企职责分开，而且造成产权关系模糊。国有企业不具有法人所有权，没有自负盈亏的能力，通过产权制度的改革，明确资产所有者的产权地位，是建立现代企业制度的重要环节。

建立现代企业制度需要澄清思想认识、走出误区。代表们认为，在澄清了计划和市场都是手段的认识后，应该进一步认识到所有制也是一种手段，所有制不是目的，目的是发展生产力，哪一种所有制具有生命力、能促进生产力的发展都是不依人的意志为转移的。代表们提出，在公司股份化改造中一味强调国家股的绝对控股是有悖于股份制的原则的，应借鉴西方股份经济的成熟经验，更新观念，重新理解公有制为主体及公有制的实现形式等问题。

会议趋于一致的看法是，建立现代企业制度的有效形式是以法人持股的有限责任公司和股份有限公司，在实施过程中要贯彻积极稳妥的方针。其步骤是：首先是在理顺产权的

基础上把更多的国有企业转变为有限责任公司；在此基础之上有组织有领导地组建法人交叉持股的股份有限公司；在坚持公有资产不受损害，根据股权平等、同股同利、利益同享、风险共担的原则下，选择有条件的企业公开上市、社会募集。另外，对一些大型、特大型企业和企业集团应在理顺产权关系的基础上，参照一汽、东方电气集团实行国有资产的授权经营。

与会代表认为，建立现代企业制度，不可脱离我国大多数企业的现状，现有的承包经营责任制是被十几年企业改革的实践证明了的适应当前经济管理水平的企业制度。承包制所具有的兼容性，适应了国有企业千差万别的状况。据统计，我国实行承包制的企业约占预算内工业企业的 80%强，当前企业经营方式虽出现多样化的格局，但承包制仍是主体形式。

投入产出总承包是承包制的一种有效形式。据对全国 17 个省区市和冶金、水电系统的调查，实行投入产出总承包的企业约占预算内工业企业的 3%。从实施效果看，试点企业实现利税增长 20%至 30%，上交利税每年平均按 7%至 10%的幅度递增，效果显著。投入产出的核心是利税统算，递增包干，其超交返还的部分可增加企业新的投入或还贷。这对于因资金利润率较低，目前又缺乏发展后劲的能源、交通、原材料等基础产业，以及目前没有条件进行股份制改造的大型企业比较适用。会议代表认为，在当前市场经济的条件下，实行利税统算的投入产出总承包，是搞活、搞好国有大中型企业的好形式，应当给予支持。

三

会议认为，贯彻《条例》，企业转换经营机制仍需政府和企业做出艰巨的努力。

第一，政府要创造企业平等竞争的环境与条件。会议代表指出，国有企业在市场竞争中的不平等实质是经营机制的不平等，根源是政企不分的旧体制，代表们呼吁为国有企业营造平等的市场环境。①对国有企业走放松之路，放水养鱼、轻税薄赋，给其以休养生息的时间。②实事求是地对待企业的历史旧账，在实施《两则》、清产核资时，对拨改贷的贷款余额可考虑部分销免、停息或挂账；或将技改贷款作为国家股入股参股；或允许企业税前还贷。③尽快制定不同所有制企业统一的税种和税率，对外资企业逐步实行国民待遇。④增加国有企业的留利和折旧比例，其中折旧要提到 10%，留利要占到企业纯收入的 40%以上。有的代表提出，把 40%留利作为企业的“活力线”，这也应成为企业改革和财政改革的目标之一。⑤建立统一的社会保障体系和组织机构，优先解决国有企业退休职工这一块；改革待业保险制度，实行企业上交待业保险金与社会安排待业人员挂钩。

第二，转换经营机制一定要和建立现代市场观念结合起来。《条例》及各种配套措施为企业转换经营机制提供了一定的条件，机制究竟能否转变，转变到何种程度，则取决于企业自身的努力。为什么在同样的条件下有的企业转得好，有的企业转得差，为什么在转换机制后有的企业搞得活，有的企业同样活不起来，这同企业的素质关系极大。因此，代表们提出：转换企业经营机制是企业改革的出路，但不容乐观，一不能等，二不能靠。所谓不能等就是不能等待机制转换了，才去考虑企业开发市场的问题，否则转了机制，丢了市场，得不偿失；所谓不能靠，就是说不要以为机制转换可以解决企业的所有问题，同样形成新的机制后，企业也是有生有死，而且在新机制下竞争会更激烈。企业缺乏市场竞争力，任何机制也帮不上忙。因此，转换机制一定要同建立现代市场观念结合起来，牢固树立转换机制的目的就是要使企业成为国际化企业，在国内国际市场的竞争中战胜对手，赢得消费者的思想。

第三，重构企业的领导制度。国有企业干部由上级任命，企业内党政平行的权力体系以及“中心”“核心”之争影响了决策的快速有效。有的代表建议，企业厂长经理由职工选举，报主管部门备案，或由经委（计委、生产委）任免，有条件的可以实行厂长、书记“一肩挑”；对实行股东大会——董事会——总经理权力模式的股份制企业，可变为股东大会——监事会——董事会模式的权力体系，监事会负有监督和部分决策的双重职能，并有任命董事、监督董事会的任务。监事会中要有一定比例的职工代表，以保证职工当家做主、参与管理的权力和义务。

附录 7

全民所有制工业企业转换经营机制条例

（1992 年 6 月 30 日，国务院第 106 次常务会议通过；
1992 年 7 月 23 日，第 103 号国务院令发布）

第一章　总则

第一条　为了推动全民所有制工业企业（以下简称企业）进入市场，增强企业活力，提高企业经济效益，根据《中华人民共和国全民所有制工业企业法》（以下简称《企业法》），制定本条例。

第二条　企业转换经营机制的目标是：使企业适应市场的要求，成为依法自主经营、自负盈亏、自我发展、自我约束的商品生产和经营单位，成为独立享有民事权利和承担民事义务的企业法人。

第三条　转换企业经营机制必须遵循下列原则：

（一）坚持党的基本路线；

（二）坚持政企职责分开，保障国家对企业财产的所有权，实现企业财产保值、增殖，落实企业的经营权；

（三）坚持责、权、利相统一，正确处理国家和企业、企业和职工的关系，贯彻按劳分配的原则，把职工的劳动所得与劳动成果联系起来；

（四）发挥中国共产党的基层组织在企业中的政治核心作用，坚持和完善厂长（经理）负责制，全心全意依靠工人阶级；

（五）坚持深化企业改革与推进企业技术进步、强化企业管理相结合；

（六）坚持在建设社会主义物质文明的同时，建设社会主义精神文明，建设有理想、有道德、有文化、有纪律的职工队伍。

第四条 围绕转换企业经营机制，按照宏观要管好，微观要放开的要求，政府必须转变职能，改革管理企业的方式，培育和发展市场体系，建立和完善社会保障制度，协调配套地进行计划、投资、财政、税收、金融、价格、物资、商业、外贸、人事和劳动工资等方面的改革。

第五条 企业中的党组织和工会、共青团等组织以及全体职工都应当为实现企业转换经营机制的目标和《企业法》规定的企业根本任务开展工作。社会各有关方面都应当为企业转换经营机制创造条件。

第二章　企业经营权

第六条 企业经营权是指企业对国家授予其经营管理的财产（以下简称企业财产）享有占有、使用和依法处分的权利。

第七条 企业按照国家规定的资产经营形式，依法行使经营权。企业资产经营形式是指规范国家与企业的责、权、利关系，企业经营管理国有资产的责任制形式。

继续坚持和完善企业承包经营责任制。逐步试行税利分流，统一所得税率，免除企业税后负担，实行税后还贷。创造条件，试行股份制。

第八条 企业享有生产经营决策权。

企业根据国家宏观计划指导和市场需要，自主作出生产经营决策，生产产品和为社会提供服务。

企业可以自主决定在本行业内或者跨行业调整生产经营范围，凡符合国家产业政策导向的，政府有关部门应当给予支持，工商行政管理部门应当办理变更登记手续。

国家可以根据需要，有权向企业下达指令性计划；企业执行指令性计划，有权要求在政府有关部门的组织下，与需方企业签订合同；也可以根据国家规定，要求与政府指定的单位签订国家订货合同。需方企业或者政府指定的单位不签订合同的，企业可以不安排生产。

企业对缺乏应当由国家计划保证的能源、主要物资供应和运输条件的指令性计划，可以根据自身承受能力和市场变化，要求调整。计划下达部门不予调整的，企业可以不执行。

除国务院和省级政府计划部门直接下达的，或者授权有关部门下达的指令性计划以外，企业有权不执行任何部门下达的指令性计划。

第九条 企业享有产品、劳务定价权。

企业生产的日用工业消费品，除国务院物价部门和省级政府物价部门管理价格的个别产品外，由企业自主定价。

企业生产的生产资料，除国务院物价部门和省级政府物价部门颁布的价格分工管理目录所列的少数产品外，由企业自主定价。

企业提供的加工、维修、技术协作等劳务，由企业自主定价。

法律对产品、劳务定价另有规定的，从其规定。

第十条 企业享有产品销售权。

企业可以在全国范围内自主销售本企业生产的指令性计划以外的产品，任何部门和地方政府不得对其采取封锁、限制和其他歧视性措施。

企业根据指令性计划生产的产品，应当按照计划规定的范围销售。需方企业或者政府指定的单位不履行合同的，企业有权停止生产，并可以向政府或者政府有关部门申诉，要求协调解决，也可以依照有关合同法规规定，向人民法院起诉，追究需方企业或者政府指定的单位的违约责任；已经生产的产品，企业可以自行销售。企业在完成指令性计划的产品生产任务后，超产部分可以自行销售。

企业生产国家规定由特定单位收购的产品，有权要求与政府指定的收购单位签订合同。收购单位不按照合同收购的，企业可以向政府或者政府有关部门申诉，要求协调解决，也可以依照有关合同法规规定，向人民法院起诉，追究收购单位的违约责任；已经按照合同生产的产品，收购单位不按照合同收购的，企业可以自行销售。

法律另有规定或者国家明令禁止在市场上销售的产品除外。

第十一条 企业享有物资采购权。

企业对指令性计划供应的物资，有权要求与生产企业或者其他供货方签订合同。

企业对指令性计划以外所需的物资，可以自行选择供货单位、供货形式、供货品种和数量，自主签订订货合同，并可以自主进行物资调剂。

企业有权拒绝执行任何部门和地方政府以任何方式为企业指定指令性计划以外的供货单位和供货渠道。

第十二条 企业享有进出口权。

企业可以在全国范围内自行选择外贸代理企业从事进出口业务，并有权参与同外商的谈判。

企业根据国家外汇管理的有关规定，自主使用留成外汇和进行外汇调剂。任何部门和单位不得平调和截留企业的留成外汇；不得截留企业有偿上交外汇后应当返还的人民币。

企业根据国家规定，可以在境外承揽工程、进行技术合作或者提供其他劳务。

企业根据国家规定，可以进口自用的设备和物资。

具备条件的企业，经政府有关部门批准，依法享有进出口经营权，任何部门和单位不得截留。有进出口经营权的企业，在获得进出口配额、许可证等方面，享有与外贸企业同等的待遇。

有进出口经营权的企业，有权根据业务需要，确定本企业经常出入境的业务人员名额，报政府主管部门批准。政府有关部门对企业经常出入境人员的出入境，实行一次性审批、1 年内多次有效的办法。有进出口经营权的企业，经国务院授权，可以自行审批出境人员或者邀请境外有关人员来华从事商务活动，报外事部门直接办理出入境手续。

企业可以根据开展对外业务的实际需要，自主使用自有外汇安排业务人员出境。

第十三条 企业享有投资决策权。

企业依照法律和国务院有关规定，有权以留用资金、实物、土地使用权、工业产权和非专利技术等向国内各地区、各行业的企业、事业单位投资，购买和持有其他企业的股份。经政府有关部门批准，企业可以向境外投资或者在境外开办企业。

企业遵照国家产业政策和行业、地区发展规划，以留用资金和自行筹措的资金从事生产性建设，能够自行解决建设和生产条件的，由企业自主决定立项，报政府有关部门备案并接受监督。政府有关部门应当根据登记注册的会计师事务所或者审计事务所的验资证明，出具认可企业自行立项的文件。经土地管理、城市规划、城市建设、环境保护等部门依法办理有关手续后，企业自主决定开工。

企业从事生产性建设，不能自行解决建设和生产条件或者需要政府投资的，报政府有关部门批准。

企业从事生产性建设，需要银行贷款或者向社会发行债券的，按照国家有关规定，报政府有关部门会同银行审批或者由银行审批。需要使用境外贷款的，报政府有关部门审批。

企业遵照国家产业政策，以留利安排生产性建设项目或者补充流动资金的，经企业申请，税务部门批准，可以退还企业再投资部分已缴纳所得税的 40% 税款。（2011 年 1 月 8 日删除）

企业根据其经济效益和承受能力，可以增提新产品开发基金，报财政部门备案。按照国家统一制定的有关固定资产折旧的规定，企业有权选择具体的折旧办法，确定加速折旧的幅度。

第十四条 企业享有留用资金支配权。

企业在保证实现企业财产保值、增值的前提下，有权自主确定税后留用利润中各项基金的比例和用途，报政府有关部门备案。

企业可以将生产发展基金用于购置固定资产、进行技术改造、开发新产品或者补充流动资金，也可以将折旧费、大修理费和其他生产性资金合并用于技术改造或者生产性投资。

企业有权拒绝任何部门和单位无偿调拨企业留用资金或者强令企业以折旧费、大修理费补交上交利润。国务院有特殊规定的，从其规定。

第十五条 企业享有资产处置权。

企业根据生产经营的需要，对一般固定资产，可以自主决定出租、抵押或者有偿转让；对关键设备、成套设备或者重要建筑物可以出租，经政府主管部门批准也可以抵押、有偿转让。法律和行政法规另有规定的除外。

企业处置生产性固定资产所得收入，必须全部用于设备更新和技术改造。

企业处置固定资产，应当依照国家有关规定进行评估。

第十六条 企业享有联营、兼并权。

企业有权按照下列方式与其他企业、事业单位联营：

（一）与其他企业、事业单位组成新的经济实体，独立承担民事责任、具备法人条件的，经政府有关部门核准登记，取得法人资格；

（二）与其他企业、事业单位共同经营，联营各方按照出资比例或者协议的约定，承担民事责任；

（三）与其他企业、事业单位订立联营合同，确立各方的权利和义务。联营各方各自独立经营、各自承担民事责任。

企业按照自愿、有偿的原则，可以兼并其他企业，报政府主管部门备案。

第十七条 企业享有劳动用工权。

企业按照面向社会、公开招收、全面考核、择优录用的原则，自主决定招工的时间、条件、方式、数量。企业的招工范围，法律和国务院已有规定的，从其规定。企业从所在城镇人口中招工，不受城镇内行政区划的限制。

企业录用退出现役的军人、少数民族人员、妇女和残疾人，法律和国务院已有规定的，从其规定。

企业定向或者委托学校培养的毕业生，由原企业负责安排就业。对其他大专院校和中专、技工学校毕业生，在同等条件下，应当优先招收。

刑满释放人员，同其他社会待业人员一样，经企业考核合格，可以录用。在服刑期间保留职工身份的刑满释放人员，原企业应当予以安置。

企业有权决定用工形式。企业可以实行合同化管理或者全员劳动合同制。企业可以与职工签订有固定期限、无固定期限或者以完成特定生产工作任务为期限的劳动合同。企业和职工按照劳动合同规定，享有权利和承担义务。

企业有权在做好定员、定额的基础上，通过公开考评，择优上岗，实行合理劳动组合。对富余人员，企业可以采取发展第三产业、厂内转岗培训、提前退出岗位休养以及其他方式安置；政府有关部门可以通过厂际交流、职业介绍机构调剂等方式，帮助转换工作单位。富余人员也可以自谋职业。

企业有权依照法律、法规和企业规章，解除劳动合同、辞退、开除职工。对被解除劳动合同、辞退和开除的职工，待业保险机构依法提供待业保险金，劳动部门应当提供再就业的机会，对其中属于集体户口的人员，当地的公安、粮食部门应当准予办理户口和粮食供应关系迁移手续，城镇街道办事处应当予以接收。

第十八条 企业享有人事管理权。

企业按照德才兼备、任人唯贤的原则和责任与权利相统一的要求，自主行使人事管理权。

企业对管理人员和技术人员可以实行聘用制、考核制。对被解聘或者未聘用的管理人员和技术人员，可以安排其他工作，包括到工人岗位上工作。企业可以从优秀工人中选拔聘用管理人员和技术人员。经政府有关部门批准，企业可以招聘境外技术人员、管理人员。

企业有权根据实际需要，设置在本企业内有效的专业技术职务。按照国家统一规定评定的具有专业技术职称的人员，其职务和待遇由企业自主决定。

企业中层行政管理人员，由厂长按照国家的规定任免（聘任、解聘）。副厂级行政管理人员，由厂长按照国家的规定提请政府主管部门任免（聘任、解聘），或者经政府主管部门授权，由厂长任免（聘任、解聘），报政府主管部门备案。法律另有规定的除外。

第十九条 企业享有工资、奖金分配权。

企业的工资总额依照政府规定的工资总额与经济效益挂钩办法确定，企业在相应提取的工资总额内，有权自主使用、自主分配工资和奖金。

企业有权根据职工的劳动技能、劳动强度、劳动责任、劳动条件和实际贡献，决定工资、奖金的分配档次。企业可以实行岗位技能工资制或者其他适合本企业特点的工资制度，选择适合本企业的具体分配形式。

企业有权制定职工晋级增薪、降级减薪的办法，自主决定晋级增薪、降级减薪的条件和时间。

除国务院另有规定外，企业有权拒绝任何部门和单位提出的，由企业对职工发放奖金和晋级增薪的要求。

第二十条 企业享有内部机构设置权。

企业有权决定内部机构的设立、调整和撤销，决定企业的人员编制。企业有权拒绝任何部门和单位提出的设置对口机构、规定人员编制和级别待遇的要求，法律另有规定和国务院有特殊规定的，从其规定。

第二十一条 企业享有拒绝摊派权。

企业有权拒绝任何部门和单位向企业摊派人力、物力、财力。企业可以向审计部门或者其他政府有关部门控告、检举、揭发摊派行为，要求作出处理。

除法律和国务院另有规定外，企业有权抵制任何部门和单位对企业进行检查、评比、评优、达标、升级、鉴定、考试、考核。

第二十二条 企业经营权受法律保护，任何部门、单位和个人不得干预和侵犯。

对于非法干预和侵犯企业经营权的行为，企业有权向政府和政府有关部门申诉、举报，或者依法向人民法院起诉。

第三章　企业自负盈亏的责任

第二十三条　企业以国家授予其经营管理的财产，承担民事责任。

企业对其法定代表人和其他工作人员，以法人名义从事的经营活动，承担民事责任。

厂长对企业盈亏负有直接经营责任；职工按照企业内部经济责任制，对企业盈亏也负有相应责任。

第二十四条　企业必须建立分配约束机制和监督机制。

企业必须坚持工资总额增长幅度低于本企业经济效益（依据实现利税计算）增长幅度、职工实际平均工资增长幅度低于本企业劳动生产率（依据净产值计算）增长幅度的原则。

企业职工的工资、奖金、津贴、补贴以及其他工资性收入，应当纳入工资总额。取消工资总额以外的一切单项奖。

企业必须根据经济效益的增减，决定职工收入的增减。企业职工工资总额基数的确定与调整，应当报政府有关部门审查核准。亏损企业发放的工资总额不得超过政府有关部门核定的工资总额。

企业的工资调整方案和奖金分配方案，应当提请职工代表大会审查同意。厂长晋升工资应当报政府有关部门审批。企业工资、奖金的分配应当接受政府有关部门的监督，有条件的可以由登记注册并经政府有关部门特别认可的会计师事务所或者审计事务所审核。

企业违反本条规定，政府主管部门应当及时予以制止和纠正。职工多得的不当收入，应当自发现之日起，限期逐步予以扣回。

第二十五条　企业应当每年从工资总额的新增部分中提取不少于10%的数额，作为企业工资储备基金，由企业自主使用。工资储备基金累计达到本企业1年工资总额的，不再提取。

第二十六条　企业连续3年全面完成上交任务，并实现企业财产增殖的，政府主管部门对厂长或者厂级领导给予相应奖励，奖金由决定奖励的部门拨付。

亏损企业的新任厂长，在规定期限内，实现扭亏增盈目标的，政府主管部门应当给予厂长或者厂级领导相应的奖励，奖金由决定奖励的部门拨付。

第二十七条　实行承包经营责任制的企业，未完成上交利润任务的，应当以企业风险抵押金、工资储备基金、留利补交。

实行租赁经营责任制的企业，承租方在租赁期内达不到租赁经营合同规定的经营总目标或者欠交租金时，应当以企业的风险保证金、预支的生活费或者承租成员的年度收入抵补，不足部分，由承租方、保证人提供的担保财产抵补。

第二十八条　企业为实现政府规定的社会公益目标，由于定价原因而形成的政策性亏损，物价部门应当依法调整或者放开产品价格，予以解决。不能调整或者放开产品价格的，经财政部门审查核准，给予相应的补贴或者其他方式补偿。采取上述措施后，企业仍然亏损的，作为经营性亏损处理。

第二十九条 企业由于经营管理不善造成经营性亏损的，厂长、其他厂级领导和职工应当根据责任大小，承担相应的责任。

企业1年经营亏损的，应当适当核减企业工资总额，厂长、其他厂级领导和直接责任人员不得领取奖金。企业亏损严重的，还应当根据责任大小，相应降低厂长、其他厂级领导和职工的工资。

企业连续2年经营亏损，亏损额继续增加的，应当核减企业的工资总额，除企业不得发放奖金外，根据责任大小，适当降低厂长、其他厂级领导和职工的工资；对企业领导班子可以进行必要的调整；对厂级领导可以免职或者降级、降职。

对本条例施行前企业长期积累的亏损，经清产核资后，依照国务院有关规定另行处理。

第三十条 企业必须严格执行国家财政、税收和国有资产管理的法律、法规，定期进行财产盘点和审计，做到账实相符，如实反映企业经营成果，不得造成利润虚增或者虚盈实亏，确保企业财产的保值、增值。

企业应当依照国家有关规定，建立资产负债和损益考核制度，编制年度财务会计报表，报政府有关部门审批。有条件的，经登记注册的会计师事务所或者审计事务所审查后，报政府有关部门审核。

企业必须依照国家有关规定，准确核算成本，足额提取折旧费、大修理费和补充流动资金。以不提或者少提折旧费和大修理费，少计成本或者挂账不摊等手段，造成利润虚增或者虚盈实亏的，有关部门应当责令企业用留用资金补足。

企业的生产性折旧费、大修理费、新产品开发基金以及处置生产性固定资产所得收入，不得用于发放工资、奖金或者增加集体福利。

第四章　企业的变更和终止

第三十一条 企业可以通过转产、停产整顿、合并、分立、解散、破产等方式，进行产品结构和组织结构调整，实现资源合理配置和企业的优胜劣汰。

第三十二条 企业主导产品不符合国家产业政策，或者没有市场销路、造成严重积压的，应当实行转产。企业为获取更大的经济效益，根据市场预测和自身条件，可以主动实行转产。

第三十三条 企业经营性亏损严重的，可以自行申请停产整顿；政府主管部门也可以责令其停产整顿。停产整顿的期限一般不超过1年。

停产整顿的企业，应当制定停产整顿方案，其主要内容包括：停产整顿的目标和规划；调整组织结构和产品结构的措施；改善生产经营状况的措施；调整机构和人员的措施；扭亏为盈的措施；还债的措施。

企业自行停产整顿的，停产整顿方案经政府主管部门批准后，由企业自行组织实施。

被责令停产整顿的企业，由政府主管部门确定的企业法定代表人组织制定停产整顿方案，经政府主管部门批准后实施。

企业停产整顿期间，必须采取有效措施，保护企业财产。任何人不得盗窃、毁坏、哄抢、私分、隐匿、无偿转让企业财产。

企业停产整顿期间，财政部门应当准许其暂停上交承包利润；银行应当准许其延期支付贷款利息；企业应当停止发放奖金。

第三十四条 政府可以决定或者批准企业的合并。政府决定或者批准的合并，在全民所有制企业的范围内，可以采取资产无偿划转方式进行。合并方案由政府主管部门或者企业提出。在政府主管部门主持下，合并各方经充分协商后，订立合并协议。原企业的债权债务，由合并后的企业承担。

企业可以自主决定兼并其他企业。企业兼并是一种有偿的合并形式。企业被兼并须经政府主管部门批准。被兼并企业的债权债务由兼并企业承担。兼并企业与债权人经充分协商，可以订立分期偿还或者减免债务的协议；政府有关部门可以酌情定期核减兼并企业的上交利润指标；银行对被兼并企业原欠其的债务，可以酌情停减利息；被兼并企业转入第三产业的，经银行批准，自开业之日起，实行 2 年停息、3 年减半收息。

第三十五条 经政府批准，企业可以分立。企业分立时，应当由分立各方签订分立协议，明确划分分立各方的财产和债权债务等。

第三十六条 企业经停产整顿仍然达不到扭亏目标，并且无法实行合并的，以及因其他原因应当终止的，在保证清偿债务的前提下，由政府主管部门提出，经省级政府或者国务院主管部门批准，可以依法予以解散。企业解散，由政府主管部门指定成立的清算组进行清算。

第三十七条 企业所欠债务，应当以留用资金清偿。留用资金不足以偿还债务的，可以依法用抵押企业财产的方式，保证债务的履行。

企业不能清偿到期债务，达到法定破产条件的，应当依法破产。政府认为企业不宜破产的，应当给予资助或者采取其他措施，帮助企业清偿债务。

企业宣告破产后，其他企业可以与破产企业清算组订立接收破产企业的协议，按照协议承担法院裁定的债务，接受破产企业财产，安排破产企业职工，并可以享受本条例第三十四条第二款规定的兼并企业的待遇。

第三十八条 企业的变更和终止，应当依照法律、法规的规定，经工商行政管理部门核准登记，并向国有资产管理部门办理产权变更或者注销登记。

第三十九条 政府决定解散的企业，职工由政府主管部门负责安置。

企业破产的，依照法律、法规的有关规定，安置职工。

企业合并的，职工由合并后的企业或者兼并企业安置。

为安置富余职工兴办的，独立核算、从事第三产业的企业，自开业之日起，实行两年免征、3 年减半征收所得税。

第五章　企业和政府的关系

第四十条　按照政企职责分开的原则，政府依法对企业进行协调、监督和管理，为企业提供服务。

第四十一条　企业财产属于全民所有，即国家所有，国务院代表国家行使企业财产的所有权。

企业财产包括国家以各种形式对企业投资和投资收益形成的财产，以及其他依据法律和国有资产管理行政法规认定的属于全民所有、由企业经营管理的财产。

第四十二条　为确保企业财产所有权，政府及其有关部门分别行使下列职责：

（一）考核企业财产保值、增值指标，对企业资产负债和损益情况进行审查和审计监督；

（二）根据国务院的有关规定，决定国家与企业之间财产收益的分配方式、比例或者定额；

（三）根据国务院的有关规定，决定、批准企业生产性建设项目，本条例第十三条规定由企业自主决定的投资项目除外；

（四）决定或者批准企业的资产经营形式和企业的设立、合并（不含兼并）、分立、终止、拍卖，批准企业提出的被兼并申请和破产申请；

（五）根据国务院的有关规定，审批企业财产的报损、冲减、核销及关键设备、成套设备或者重要建筑物的抵押、有偿转让，组织清算和收缴被撤销、解散企业的财产；

（六）依照法定条件和程序，决定或者批准企业厂长的任免（聘任、解聘）和奖惩；

（七）拟订企业财产管理法规，并对执行情况进行监督、检查；

（八）维护企业依法行使经营权，保障企业的生产经营活动不受干预，协助企业解决实际困难。

第四十三条　政府应当采取下列措施，加强宏观调控和行业管理，建立既有利于增强企业活力，又有利于经济有序运行的宏观调控体系：

（一）制定经济和社会发展战略、方针和产业政策，控制总量平衡，规划和调整产业布局；

（二）运用利率、税率、汇率等经济杠杆和价格政策，调控和引导企业行为；

（三）根据产业政策和规模经济要求，引导企业组织结构调整，实现资源合理配置；

（四）建立和完善适应商品经济发展的企业劳动人事工资制度、财务制度、成本制度、会计制度、折旧制度、收益分配制度和税收征管制度，制定考核企业的经济指标体系，逐步将企业职工的全部工资性收入纳入成本管理；

（五）推动技术进步，开展技术和业务培训，为企业决策和经营活动提供信息、咨询。

第四十四条　政府应当采取下列措施，培育和完善市场体系，发挥市场调节作用：

（一）打破地区、部门分割和封锁，建立和完善平等竞争、规则健全的全国统一市场；

（二）按照国民经济发展总体规划和布局，统筹规划、协调和建立生产资料市场、劳务市场、金融市场、技术市场、信息市场和企业产权转让市场等，促进市场体系的发育和完善；

（三）发布市场信息，加强市场管理，制止违法经营和不正当竞争。

第四十五条 政府应当采取下列措施建立和完善社会保障体系：

（一）建立和完善养老保险制度，实行基本养老保险、企业补充养老保险、职工个人储蓄养老保险相结合的制度；

（二）建立和完善职工的待业保险制度，使职工在待业期间能够得到一定数量和一定期限的待业保险金，保证其基本生活；

（三）建立和完善医疗保险、工伤保险和生育保险等保险制度。

第四十六条 政府应当采取下列措施为企业提供社会服务：

（一）发展和完善与企业有关的公共设施和公益事业，减轻企业的社会负担；

（二）建立和发展会计师事务所、审计事务所、职业介绍所、律师事务所、资产评估机构和信息、咨询服务机构等社会服务组织；

（三）完善劳动就业服务体系，培训待业人员，帮助其再就业；

（四）健全劳动争议仲裁制度，及时妥善处理劳动纠纷，维护企业和职工的合法权益；

（五）协调企业与其他单位的关系，保障企业的正常生产经营秩序。

第六章　法律责任

第四十七条 政府有关部门违反本条例，有下列行为之一的，上级机关应当责令其改正；情节严重的，由同级机关或者有关上级机关对主管人员和直接责任人员，给予行政处分，构成犯罪的，由司法机关依法追究刑事责任：

（一）超越、滥用管理权限下达指令性计划并强令企业执行的；

（二）干预企业投资决策权或者审批企业投资项目有重大失误的；

（三）以封锁、限制或者其他歧视性措施，侵犯企业物资采购权或者产品销售权的；

（四）干预、截留企业的产品、劳务定价权的；

（五）限制、截留企业进出口权，或者平调、挤占、挪用企业自主使用的留成外汇的；

（六）截留或者无偿调拨企业留用资金，或者干预企业资产处置权的；

（七）强令企业对职工进行奖励、晋级增薪，干预企业录用、辞退、开除职工或者解除劳动合同的；

（八）未依照法定程序和条件任免厂长、其他厂级领导或者干预厂长行使企业中层行政管理人员任免权的；

（九）强令企业设置对口机构、规定人员编制和级别待遇，以及违反法律和国务院规定，对企业进行检查、评比、评优、达标、升级、鉴定、考试、考核的；

（十）非法要求企业提供人力、物力、财力的，以及对拒绝摊派的企业进行打击报复的；

（十一）未依照法定程序和条件，阻止或者强迫企业进行组织结构调整的；

（十二）不依法履行对企业监督、检查职责，或者有其他非法干预企业经营权，侵犯企业合法权益的。

第四十八条 企业违反本条例规定，有下列行为之一的，政府或者政府有关部门应当责令其改正；情节严重的，对厂长、其他厂级领导和直接责任人员，分别追究行政责任、给予经济处罚，并依照有关法律、法规，对企业给予相应的行政处罚；构成犯罪的，由司法机关依法追究刑事责任：

（一）未按照规定执行指令性计划，或者不履行经济合同，长期拖欠货款的；

（二）对国家直接定价的产品，擅自提价的；

（三）未按照规定履行建设项目审批手续，擅自立项和开工建设的；

（四）因决策失误，建设项目不能按期投产，或者投产后产品无销路、投资无效益，致使企业财产遭受损失的；

（五）不具备偿还能力，盲目贷款，致使企业财产遭受损失的；

（六）未经批准，擅自处置企业的关键设备、成套设备或者重要建筑物，造成企业财产损失的；

（七）滥用劳动用工权、人事管理权和工资、奖金分配权，侵犯职工合法权益的；

（八）违反财务制度，不提或者少提折旧费、大修理费，少计成本或者挂账不摊，造成企业利润虚增或者虚盈实亏的；

（九）将生产性折旧费、大修理费、新产品开发基金或者处置生产性固定资产所得收入用于发放工资、奖金或者增加集体福利的；

（十）在企业变更、终止过程中，因管理不善，或者使用非法手段处置企业财产，造成损失的；

（十一）因经营管理不善，致使企业财产遭受损失或者企业破产的；

（十二）其他违反本条例规定，滥用经营权的。

第四十九条 阻碍厂长和各级管理人员依法行使职权的，或者扰乱企业秩序，致使生产、营业、工作不能正常进行的，由企业所在地公安机关给予治安管理处罚；情节严重，构成犯罪的，由司法机关依法追究刑事责任。

第七章　附则

第五十条 本条例的原则适用于全民所有制交通运输、邮电、地质勘探、建筑安装、商业、外贸、物资、农林、水利、科技等企业。

第五十一条 本条例发布前的行政法规、地方性法规、规章和其他行政性文件的内容，与本条例相抵触的，以本条例为准。

第五十二条 本条例由国家经济体制改革委员会负责解释，国务院经济贸易办公室会同国务院有关部门组织实施。

第五十三条 国务院有关部门和省、自治区、直辖市人民政府可以根据本条例制定实施办法。

第五十四条 本条例自发布之日起施行。

附录8

中共中央、国务院关于认真贯彻执行《全民所有制工业企业转换经营机制条例》的通知

（中发〔1992〕12号 1992年9月28日）

《全民所有制工业企业转换经营机制条例》（以下简称《条例》）的制定和发布，是深化企业改革的大事，是实施《企业法》的重要步骤，是落实去年九月中央工作会议精神，搞好国有大中型企业的具体行动，是贯彻邓小平同志南方重要谈话精神和中共中央《关于加快改革，扩大开放，力争经济更好更快地上一个新台阶的意见》的重要措施。《条例》根据《企业法》的基本原则，按照向新经济体制过渡的要求，在建立具有中国特色的社会主义企业制度方面，对《企业法》的一些原则规定作了具体表述和延伸，为转换企业经营机制提供了法律依据和保障。《条例》围绕企业进入市场，充分发挥市场机制的作用，制定了关于企业内部和外部配套改革的各项规定，体现了以转换企业经营机制为重点，加快各项改革步伐的要求。认真贯彻执行《条例》，对于增强企业活力，提高企业素质和经济效益，加快向新经济体制过渡，促进国民经济更好更快地发展将起到重要作用。为贯彻执行好《条例》，特通知如下：

一、经济体制改革的中心环节是企业改革，企业改革的关键是转换企业经营机制。当前和今后一段时间，各级党政主要负责同志要把主要精力放到转换企业经营机制上来，把贯彻落实《条例》作为中心工作来抓。要认真学好《条例》，深刻领会《条例》的精神实质，正确理解《条例》的各项规定；要充分利用报刊、广播、电视等各种宣传工具，积极宣传《条例》，使各级党政干部、企业职工以及社会各方面的人员都了解、掌握《条例》的有关规定，正确贯彻执行好《条例》。

二、转换企业经营机制，必须转变政府职能。各级党政部门要遵照《条例》的有关规定，围绕企业进入市场，本着政企职责分开，“宏观要管好，微观要放开”的原则，转变工作作风，提高办事效率，搞好服务工作。各级党政部门均不得要求企业设置对口机构、增加人员编制。各级政府要采取切实措施，制止一切向企业摊派的行为。企业所在地政府要积极为企业提供社会服务，减轻企业负担，支持企业进行劳动、人事、分配三项制度的改革，为企业进入市场创造良好的外部条件。

三、转换企业经营机制的重点是落实企业经营自主权。各级政府要遵照《条例》的规定，不折不扣地把经营自主权下放给企业，使企业真正成为自主经营、自负盈亏、自我发展、自我约束的商品生产者和经营者。要加强法制观念，对侵犯企业经营自主权的行为，上级政府要按《条例》规定追究有关部门和人员的法律责任，确保企业经营自主权真正落实到企业。

四、企业要充分运用《条例》赋予的经营自主权，主动地进入国内、国际两个市场进行竞争。要增强自负盈亏的责任感，确保国有资产的保值、增值。要强化自我约束机制，自觉接受政府有关部门和社会的监督。要敢于和善于运用《条例》提供的法律手段，维护自己的合法权益。企业要把贯彻执行《条例》与推进技术进步、强化内部管理、调整产品结构、提高经济效益等各项工作紧密结合起来，强化内部配套改革，改进经营管理方式，全面提高企业素质。

五、企业贯彻落实《条例》要紧紧依靠广大群众。有关改革的大事，要充分与职工商量，发挥职代会的作用，群策群力，做好各项工作。企业党组织和工会、共青团等组织，都要围绕转换企业经营机制开展工作，做好思想政治工作；要支持厂长的工作，保证企业转换经营机制工作的顺利进行。

六、要抓紧制定贯彻《条例》的实施办法。在今年内，各省、自治区、直辖市人民政府要按照《条例》的规定和要求，尽快制定《条例》的实施办法，经国家体改委和国务院经贸办审核后下发，并报国务院备案。国务院各有关部门要按照《条例》的规定和要求，抓紧制定《条例》的实施办法和配套的规章制度，与国家体改委、国务院经贸办联合下发。

七、各地党政部门要做好现行法规、规章和政策性文件的清理工作。凡与《条例》规定相抵触的，一律按《条例》的规定执行。

搞好国有大中型企业并非易事，但必须坚决把这件事办好。各级党政主要负责同志要加强领导，亲自抓好《条例》的学习、宣传和贯彻落实工作；要按照《条例》的规定，明确负责组织实施的部门和办事机构，坚持分类指导，分步推进。要深入进行调查研究，及时发现并解决好贯彻落实《条例》的有关问题，总结推广好的经验和做法，用典型推动面上的工作。各省、自治区、直辖市党委和人民政府、国务院各有关部门，要在今年年底前将贯彻落实《条例》的情况向党中央和国务院作一次报告。

认真贯彻十四届三中全会精神，深化企业制度改革*

——在国家经贸委“转换企业经营机制，建立现代企业制度”研讨班上的讲话

（1993年11月26日）

转换企业经营机制，建立现代企业制度，是经济界、企业界普通关注的问题，也是当前企业改革的重点。最近，党的十四届三中全会做出了重要的《决定》，明确提出建立现代企业制度是建立社会主义市场经济体制的基础。

党的十四大总结了十几年改革开放的经验，在各个方面进行了大量的有益的探索，有很多方面已取得了成功的经验，把这些总结起来，概括为建设有中国特色的社会主义理论，这是把小平同志的思想运用到我们实际工作中的结果，对我们今后进一步改革开放，进一步贯彻新时期党的基本路线，具有重要的意义。党的十四大提出了建立社会主义市场经济体制的目标，经过整整一年的调查研究，三中全会把建立社会主义市场经济体制的基本框架提出来，在这里提出了建立现代企业制度。《决定》中一个很重要的精神，就是建立现代企业制度必须要和转换企业的经营机制密切地联系起来。建立现代企业制度是个方向，是个目标，转换企业经营机制是基础，企业没有经营自主权，不能做到“四自”，就不能成为一个现代企业。

转换企业经营机制必须从两方面入手：一是企业要眼睛向内，苦练内功，挖掘内潜，也就是说要进一步深化企业内部的改革，要把三项制度的改革作为深化企业内部改革的重点去抓；二是搞好配套改革，为企业“转机”创造良好的外部环境。

另外，转换企业经营机制，必须十分重视发挥全体职工在企业中的主人翁作用，说到底企业活力的源泉还是脑力劳动者和体力劳动者的积极性、智慧和创造力。所以，深化企业内部改革，加强三项制度的改革、加强企业的管理、加强民主管理这三条都

* 本文是袁宝华同志应邀出席国家经贸委举办的“转换企业经营机制，建立现代企业制度”研讨班开幕式的讲话，并作为《现代企业制度——中国企业改革的方向》（中国经济出版社，1994）一书的代序。

是我们提高企业竞争力，为我们企业进入市场要准备的必要的起码条件，这是从企业内部来说。对于企业的外部环境大家常常会想到要配套改革，使企业到市场上去，平等竞争，这一点十分重要，这是第一条。第二条，就是我们有很多企业特别是国有大中型企业、老企业，现在背着沉重的包袱，有历史包袱、社会包袱、债务包袱，必须解脱这些包袱，才能使企业轻装前进。第三条，就是解脱包袱还不够，还不能够真正达到提高竞争力，到市场上进行平等竞争，还必须增加对企业的投入，使企业进行必要的技术改造，使企业有开发新产品的能力，使企业有充足的发展后劲。

这三条也是提高企业的竞争能力，使企业全面地顺利地进入市场必不可少的条件。所以，转换企业经营机制，落实转换企业经营机制的《条例》，除了真正落实《条例》所规定的十四条权利外，还要在企业内部环境和外部环境的改善上有一个根本性的变化。

建立现代企业制度，首先要从理论上弄清楚，理论上弄清楚了，并运用这个理论来总结十几年实践的经验。举个例子来说，为建立现代企业制度，我们提出来要确立企业法人财产权，使所有权与经营权分离，这就是理论上的突破。过去十几年来，我们一直叫扩大企业的自主权，实行政企分开，在《企业法》颁布之后，《人民日报》的记者鲁牧同志还专门写了一篇对我的采访："孕育十年，魂系三分，其中很重要的就是要解决长期以来政企不分的问题。"建立现代企业制度有利于解决这一难题。现在国务院要进行一百个企业的现代企业制度的试点，这很重要，也很必要。要重视我们十几年的实践经验，而且要认真地总结这十几年的经验教训，我赞成对于建立现代企业制度要进行试点，办一件事情，尤其办一件新的事情，重大的举措，无论如何要多次量体，一次裁衣，要进行系统的试点。并且总结这些试点的经验，才能够把这些成功的经验加以推产，避免出现不应有的错误。党中央、国务院对这件事是非常慎重的，国家经贸委开办研讨班是这一思想的体现。总的来说，建立现代企业制度是一件大事，第一要讲清理论，第二要总结实践经验，第三要慎重试点，取得经验加以推广。最后，预祝这次研讨班圆满成功！

文稿解读

1993 年 11 月 14 日，党的十四届三中全会通过的《中共中央关于建立社会主义市场经济体制若干问题的决定》明确："以公有制为主体的现代企业制度是社会主义市场经济体制的基础。建立现代企业制度，是发展社会化大生产和市场经济的必然要求，是我国国有企业改革的方向。""必须坚持以公有制为主体、多种经济成分共同发展的方针，进一步转换国有企业经营机制，建立适应市场经济要求，产权清晰、权责明确、政企分开、管理科学的现代企业制度"。

1993 年 11 月 26 日至 12 月 4 日，国家经贸委在北京举办了两期"转换企业经营机制，建立现代企业制度"（简称"转机建制"）研讨班。主要内容是贯彻落实十四届三中全会精神，深入贯彻《全民所有制工业企业转换经营机制条例》，探索建立与社会主义市场经济体制相适应的现代企业制度，研讨建立现代企业制度的政策难点和实施步骤。国务院 50 个部门和 30 个省、自治区、直辖市、14 个单列市经委的负责同志参加了研讨班。国家经贸委主任王忠禹、副主任陈清泰、副秘书长朱焘等到研讨班上做了报告，中国企业管理协会会长袁宝华出席开幕式并做了重要讲话。我国著名经济学家刘国光、吴敬琏、王珏、周叔莲等到研讨班上讲课。

研讨班上，大家认真学习了党的十四届三中全会《决定》，讨论、修改了国家经贸委《关于转换企业经营机制，建立现代企业制度的若干意见》《关于选择百家国有大中型企业进行现代企业制度试点的意见》《国有企业改组为有限责任公司的实施办法》《关于贯彻〈国有企业财产监督管理条例〉的实施意见》等文件。大家学习认真、讨论热烈，普遍反映，这次研讨班办得非常及时、非常必要。既是认真学习、贯彻《决定》的学习班，又是部署下一步工作的会议。

1993 年 12 月 29 日，第八届全国人民代表大会常务委员会第五次会议通过《中华人民共和国公司法》第一条明确："为了适应建立现代企业制度的需要，规范公司的组织和行为，保护公司、股东和债权人的合法权益，维护社会经济秩序，促进社会主义市场经济的发展，根据宪法，制定本法。"第二条规定："本法所称公司是指依照本法在中国境内设立的有限责任公司和股份有限公司。"第七条规定："国有企业改建为公司，必须依照法律、行政法规规定的条件和要求，转换经营机制，有步骤地清产核资、界定产权，清理债权债务，评估资产，建立规范的内部管理机构。"

上述决策和立法之前的调查研究与方案起草过程以及贯彻与实施情况见下文：

1993 年 3 月 29 日，全国人大八届一次会议通过《中华人民共和国宪法修正案（1993 年）》，国有经济和国有企业，取代“国营经济”和“国营企业”成为法定名词。

1993 年 5 月，中央政治局会议决定，将建立社会主义市场经济体制的若干问题作为十四届三中全会的主要议题，做出《决定》。5 月 31 日，江泽民同志主持会议决定，成立以温家宝同志为组长、曾培炎同志为副组长的文件起草小组，明确在中央政治局常委会和中央财经领导小组的领导下开始会议文件起草，并设置了 16 个专题调研项目。

1993 年 6 月 3 日，中央财经领导小组办公室部署 16 个专题调研任务。其中“建立与社会主义市场经济相适应的现代企业制度”调研组由国家经贸委牵头，国家经贸委副主任陈清泰同志担任组长。会后即由陈清泰同志牵头，组成由国家经贸委会同 13 个部门 24 位同志参加的“现代企业制度专题调研组”，随即听取薄一波、吕东、袁宝华、周建南等老同志的意见，并与专家座谈，草拟调研指导思想、调研提纲和调研计划。

1993 年 7~8 月，在中央财经领导小组办公室指导下，调研组分赴 6 省市进行了广泛调查研究，与 100 多个单位座谈，听取了近 300 位老同志、专家学者以及袁宝华同志和企业家的意见，经过八易其稿。

1993 年 8 月 10 日，中央财经领导小组办公室和《决定》起草小组听取调研组汇报（第三稿，6 方面 40 条）。温家宝同志在肯定前期调研的同时，提出在企业改革两权分离等方面希望有重要理论突破。在汇总各方意见并征求经济界、法学界专家学者意见基础上，经国家经贸委党组讨论后，形成包括“法人财产权”等提法的第五稿。1993 年 8 月 18 日，国家经贸委党组听取调研组情况汇报。

1993 年 8 月 22 日，江泽民总书记考察东北部分大中型国有企业期间，在大连召开了华北、东北部分国有大中型企业座谈会。江泽民同志在座谈会上指出：搞好国有大中型企业的根本出路，在于深化改革。强调现代企业制度是社会化大生产和商品经济发展的结果，是生产力发展的内在要求，建立产权关系明晰，责任制度明确的适应社会主义市场经济发展要求的现代产业制度，是搞好国有大中型企业的关键。

1993 年 9 月 6 日，中央政治局常委会听取陈清泰同志的现代企业制度调研专题汇报以及其他专题调研汇报。在听取汇报和讨论后，江泽民同志指出：建立中国特色的现代企业制度，最重要的一点，是要搞清国有资产在符合市场经济发展条件下的实现形式。

1993 年 9 月 9 日，中央政治局常委会听取起草小组关于《决定》第四稿的汇报。1999 年 9 月 20 日，中央政治局全体会议讨论《决定》第六稿。之后，征求各省、自治区、直辖市和中央各部门的意见。1999 年 10 月 15 日，中共中央召开党外人士座谈会，征求各民主党派、全国工商联负责人和无党派知名人士对《决定》草稿的意见。

1993 年 11 月 3 日，中央政治局常委会议讨论《决定》修改稿。11 月 6 日，中央政治局常委会议原则同意做部分修改后提交十四届三中全会讨论。11 月 8 日，形成《决定》第八稿，党的十四届三中全会讨论审议。

在上述讨论修改《决定》稿的过程中，现代企业制度调研报告也同步修改到第八稿。

文稿附录

附录 1　“转换企业经营机制，建立现代企业制度”研讨班综述

附录 2　积极稳妥地建立现代企业制度——国家经贸委主任王忠禹同志在“转机建制”研讨会上的讲话

附录 3　建立现代企业制度需要打好基础、稳步前进——国家经贸委副主任陈清泰同志在“转机建制”研讨班开幕式的讲话

附录 4　必须下功夫学习、研究建立现代企业制度问题——国家经贸委副秘书长朱焘同志在“转机建制”研讨班上的讲话

附录 5　中华人民共和国宪法修正案

附录 6　中共中央关于建立社会主义市场经济体制若干问题的决定

附录 7　中华人民共和国公司法

附　录

附录 1

“转换企业经营机制，建立现代企业制度”研讨班综述

1993 年 11 月 26 日至 12 月 4 日，国家经贸委在北京举办了两期“转换企业经营机制，建立现代企业制度”（简称“转机建制”）研讨班。主要内容是贯彻落实十四届三中全会精神，深入贯彻《全民所有制工业企业转换经营机制条例》（简称《转机条例》），探索建立与社会主义市场经济体制相适应的现代企业制度，研讨建立现代企业制度的政策难点和实施步骤。国务院 50 个部门和 30 个省、自治区、直辖市、14 个单列市经委的负责同志参加了研讨班。国家经贸委主任王忠禹、副主任陈清泰到研讨班上做了报告，中国企业管理协会会长袁宝华出席开幕式并做了重要讲话。我国著名经济学家刘国光、吴敬琏、王珏、周叔莲等到研讨班上讲课。

研讨班上，大家认真学习了十四届三中全会《决定》，讨论、修改了国家经贸委《关于转换企业经营机制，建立现代企业制度的若干意见》《关于选择百家国有大中型企业进行现代企业制度试点的意见》《国有企业改组为有限责任公司的实施办法》《关于贯彻〈国有企业财产监督管理条例〉的实施意见》等文件。大家学习认真、讨论热烈，普遍反映，这次研讨班办得非常及时、非常必要。既是认真学习、贯彻《决定》的学习班，又是部署下一步工作的会议。大家既学习、了解了现代企业制度的理论和内容，又探讨了建立现代企业制度的政策难点，提出了许多好的建议。一致认为，研讨班对推动企业转机建制，统一思想、提高认识、掌握重点、搞好试点有重要意义，研讨班的举办是国家经贸委联系改革实际，贯彻落实《决定》的具体行动。

一　建立现代企业制度是国有企业改革的方向

我国实行改革开放政策的 15 年来，国有企业的改革始终处于国家经济体制改革中心环节的地位，并且一直是整个经济体制改革中的重点和难点。这一改革沿着扩大企业自主权的方向向前推进，取得了很大的进展，企业经营活力有了一定的增强。《企业法》和《转机条例》的实施，促进了企业自主权的落实，为企业进入市场奠定了基础。但是国有企业

的改革措施始终没有离开放权让利的思路，没有触及计划经济体制下传统企业制度本身的改造，长期困扰国有企业的政企不分、产权不清、自主权不落实、自我约束机制不健全的问题，始终未能得到根本解决，以至国有企业的活力相对仍显不足，企业的行为难以规范，经济效益不够理想。事实证明，进一步深化改革，必须解决深层次的矛盾，由放权让利为主要内容的政策调整转为以明晰产权关系为主要内容的企业制度创新，探索公有制与市场经济结合的有效途径。

在谈到企业制度创新时，刘国光教授说，对国有企业进行制度创新的改革思路，即组建以公司法人制度为主要形式的新型企业制度，近年来已逐渐成为我国经济界和理论界的共识，它是市场经济和社会化大生产长期发展的一种文明成果，属于人类的共同财富。它有四个特征：第一，产权关系清晰，能有效地实现出资者的所有权和企业法人财产权的分离；第二，权利责任关系明确，企业有了法人财产权，既落实了自主经营的权利，又增强了自负盈亏的责任；第三，通过股东会、董事会、执行部门和监事会等公司治理机构的设置和运作，形成调节所有者、法人代表、经营者和职工集体之间关系的制衡和约束机制；第四，便于筹集资金，为扩大生产规模，实行资本社会化创造了一种好形式。将国有企业改组为现代法人公司，就为割断政企不分的脐带，理顺国有资产的产权关系，实现国有企业机制转换奠定了基础。正如《决定》中所指出的，“建立现代企业制度，是发展社会化大生产和市场经济的必然要求，是我国国有企业改革的方向”。

二　产权改革是建立现代企业制度的关键

这里所指产权改革，是指明确企业有法人财产，并建立起相应的企业产权制度。

王珏教授谈到，市场经济对财产权有四个要求。一是财产边界清晰。即财产主体是多元的，主体之间的财产是清楚的。而我国国家所有制的企业恰恰不具备这一点。我国国有企业所有的财产都是一个主人，即国家，大家的财产都是国家的，不必划那么清楚，也没有必要交换，因此不可能边界清晰。二是财产责任明确。即财产所有者不管是负有限责任还是无限责任，都涉及欠债还账怎么还，还什么的问题。责任明确，可以减少风险。目前国家财产所有者是缺位的，因而责任不可能明确。三是财产能够流动。因为市场经济是开放性经济、流动经济，也是优胜劣汰的经济。只有财产流动，企业结构才能得到调整。我国国家财产是固定不变的，存量财产不能流动，因而国家财产变为了自然经济的财产，封闭的财产。四是财产效益最大化。即哪里赚钱就往哪里投资，哪里盈利少不赚钱就少投或不投。而我国旧体制下，行政干预，不赚钱甚至亏损也要投。因而国有企业效益上不去。

从市场经济对财产关系所提出的要求看，国家对财产的管理形式与市场经济是极不相称的，必须改革。

周叔莲教授谈到，说产权改革是建立现代企业制度的关键，首先取决于产权在建立现代企业制度中的地位和作用；其次是由于它的艰巨性。过去企业改革的思路基本不触动产权，同过去企业改革思路的主要区别正在于要不要实行产权改革，建立企业法人财产制度。针对社会上人们对产权改革的不同顾虑，周教授谈了自己的看法。一是承认国有企业的法人财产权会不会削弱或破坏国家所有制问题，周教授说；承认国有企业的法人财产权不会削弱或破坏国家所有制。因为法人财产权和股东权是并存的，在国有企业里，股东权就是国家最终所有权。国家可以通过股东权实现对企业必要的控制，贯彻国家所有制的要求。迄今为止，我国国有企业一般都没有法人财产权，但国家财产却流失严重，可见当前国家财产受侵蚀并非由于承认了企业财产权。恰恰相反，只有明确了企业法人财产权，通过做好其他必要的工作，建立现代企业制度，才能彻底解决国家财产严重流失的问题。二是承认企业产权会不会带来企业分化或剥削的问题。周教授说，承认国有企业的财产权当然会加剧企业间的竞争，有些企业将破产。这正是我国实行社会主义市场经济体制所需要的。竞争中优胜劣汰即带来企业的分化，但不一定带来剥削。因为国有企业法人财产权是企业作为法人的财产所有权，并非个人所有权。我们要把国有企业产权和实行私有化严格分开。切不可混为一谈。

三　建立现代企业制度必须通过试点，稳步推进

《决定》指出，建立现代企业制度是一项艰巨复杂的任务，必须积累经验，创造条件，逐步推进。现代企业按照财产构成可以有多种组织形式。国有企业实行公司制，实行公司制不是简单更换名称，也不是单纯为了筹集资金，而要着重于转换机制。要通过试点，逐步推行，绝不能搞形式主义，一哄而起。按照《决定》要求，国家经贸委提出《关于选择百家国有大中型企业进行现代企业制度试点的意见》《国有企业改组为有限责任公司的实施办法》等文件供研讨班讨论。通过大家讨论修改，一致认为建立现代企业制度，既要积极，又要稳妥，非常赞同经贸委提出的试点意见，有计划、有组织、有领导、有步骤地进行。

1. 试点企业的选择

一要突出重点。国有大中型企业是我国经济的支柱，也是改革的难点所在，试点企业应主要选择国有大中型企业；二要具有广泛的代表性。选择范围上以工业企业为主，内外贸、运输、建筑等其他行业也要占有一定比例；三要考虑试点企业的外部环境，改革开放较早、外部环境较好的沿海开放地区可相对集中，内陆地区的企业要有适当比例；四要考虑企业自身状况。主要考虑企业领导班子的素质，同时适当选择亏损企业。

2. 改组形式的选择

除涉及国家安全、国防、尖端技术、某些特定行业、特殊产品的企业可以继续实行国有国营，或改组成为国家独股公司外，其他企业一般改组为多元持股的有限责任公司和股份有限公司。实行多元持股的途径可以是：债权转股权；引进外资入股；吸引社会各类资金参股；企业内部职工以基金会形式入股，逐年扩大职工持股比例；吸收各种经济成分的股东合资建设新项目；中小企业先租赁、后转让或拍卖等。

3. 试点工作的程序

第一阶段即前期准备阶段。12月中旬由各地区和各部门根据实际情况提出1~2名初选名单，经与企业协商后，报国家经贸委；组织试点企业和企业所在地政府有关部门进行培

训；进行可行性研究，拟定周密的改制方案；实施《两则》和清产核资，在资产评估和审计的基础上，设置合理的股权结构，制定公司章程。整个阶段计划用半年时间完成。第二阶段即操作运行阶段。明确股权，资金到位，设立公司管理机构，聘任公司经理，变更公司名称等大约用半年时间。第三阶段即完善阶段。针对运行中出现的问题，采取措施加以改进。

4. 试点工作的领导

国家经贸委拟会同有关部门组成建立现代企业制度工作试点领导小组。办公室设在经贸委，负责日常协调工作。各部门和各地区也要明确相应负责单位，支持试点工作。

四　解决建制中的难点，是建制工作顺利进行的保证

建立现代企业制度是一剂搞好国有企业的良方。但这个药方能否配齐，企业能否适应，效果将会怎么样，大家围绕这些问题提出了许多疑问和建议，主要有：

1. 希望在建制工作上国务院有关部门能统一认识、统一部署、统一办法，协调进行

否则，目前国家经贸委选百家试点，体改委也选百家试点，国务院有关部门和地方经委的同志都感很为难，企业更是无所适从。大家认为，两个部门不协调的状况不利于三中全会精神的贯彻，不利于建制工作的开展，也有损于中央政府机构的形象。并建议，建制工作应与转机工作结合起来，机构也应与贯彻《转机条例》《监管条例》办公室合并为一个。

2. 企业的外部环境还不适应建制工作的开展

不少代表反映，政府机构改革要进一步转变职能，做到政企分开；财税、金融、投资和计划体制等宏观调控体系和市场体系还不能适应市场经济的要求；社会保险制度改革相对滞后，已成为企业改革向前推进的一大制约因素；各类中介组织还不够健全，建制所需要的法制环境尚未具备等。

3. 公司制改组还存在许多问题

如国有企业产权代表的委派、责权利关系，以及如何运作的问题；企业“老三会”与“新三会”的关系，党管干部与选举产生董事长的矛盾，企业办社会现象及债务包袱如何解决等。

附录 2

积极稳妥地建立现代企业制度

——国家经贸委主任王忠禹同志在“转机建制”研讨会上的讲话

（1993 年 11 月 26 日）

党的十四届三中全会通过了《关于建立社会主义市场经济体制的若干问题的决定》

（简称《决定》）。《决定》中提出了企业今后的改革方向是建立现代企业制度，它是建立社会主义市场经济体制的基础。今天把大家请来，就是要深入学习、全面理解《决定》精神，探讨建立现代企业制度的方法和途径，下面我就建立现代企业制度的有关问题，谈几点看法。

一 正确理解现代企业制度

公司制是现代企业制度的重要形式，也可以说是主要形式。但是，是不是搞了公司就是建立了现代企业制度？有限公司、股份公司就是它的内容，是不是建立有限公司，实行了股份制，就是建立了现代企业制度？假如实现了公司制，就是建立了现代企业制度，现在已建立了 83 万个，国家工商局注册的 40 多万个。如果说搞了股份制就算建立了现代企业制度，我国目前就有 3000 多个现代企业。显然，都不是的。股份制企业试点的实践也说明了这个问题。

现代企业制度是产权清晰、权责明确、政企分开、管理科学的制度。建立现代企业制度，是发展社会化大生产和市场经济的必然要求，是我国国有企业改革的方向。其基本特征一是产权关系明晰，企业中的国有资产所有权属于国家，企业拥有包括国家在内的出资者投资形成的全部法人财产权，成为享有民事权利、承担民事责任的法人实体。二是企业以其全部法人财产，依法自主经营，自负盈亏，照章纳税，对出资者承担资产保值增值的责任。三是出资者按投入企业的资本额享有所有者的权益，即资产受益、重大决策和选择管理者等权利。企业破产时，出资者只以投入企业的资本额对企业债务负有限责任。四是企业按照市场需求组织生产经营，以提高劳动生产率和经济效益为目的，政府不直接干预企业的生产经营活动。企业在市场竞争中优胜劣汰，长期亏损、资不抵债的应依法破产。五是建立科学的企业领导体制和组织管理制度，调节所有者、经营者和职工之间的关系，形成激励和约束相结合的经营机制。所有企业都应当向这个方向努力。

二 创造条件积极试点

为建立现代企业制度创造什么条件？这是我们要很好考虑的，绝不是挂个牌、换个名就能解决了的，我们研究讨论要把这个问题搞清楚。关于试点问题，我介绍点情况，建立现代企业制度这个问题是酝酿比较早的，在经济界、特别是经济理论界，很早就有人提出来了。十四大提出了建立社会主义市场经济体制这个目标之后，今年 5 月份中央财经小组就把建立现代企业制度这样一个调研工作交给了国家经贸委牵头来搞。我们用了 3 个月的时间，组织有关部委和一些理论界的同志参加，包括一些老同志。经过调研之后，提出了建立现代企业制度的调研报告，报给了中央财经领导小组，我们提出的调研报告是符合中央精神的。在这种情况下，我们考虑而且中央财经小组也责成我们要提出建立现代企业制度的实施方案。我们要起草制度，不搞试点怎么办？原来我们有个调研的报告，理论方面都有了，在实践当中是否可行，需要在实践中考察，起草报告和试点工作应该一致起来。所以，我们提出来要搞试点。但是，一定要听从国务院统一安排，联合有关部门，然后搞，这样大的事情没有统一安排，没有规范就去搞是容易搞乱的，所以，我们每一步都有报告。

三　正确处理《监管条例》与《转机条例》的关系，为建立现代企业制度奠定基础

转机是基础，只有把机制转换好了，才能为建立现代企业制度创造一个基础条件。《监管条例》不落实，没有监管会，国有资产的监管就无法实施，也难以建立现代企业制度。建立现代企业制度的企业，我们应该从各方面给予帮助。列入百家试点企业，应该通过技术改造支持它，使它的技术装备水平上去。要搞现代企业制度，要从各方面进行配套。不能在十四项自主权没有落实，国有资产的《监管条例》没有实施，各种外部条件没有创造，就去建立现代企业制度，搞股份制，成立有限责任公司，这样是不行的。建立现代企业制度，是与多方面配套的，是要有个过程的，不是马上就能够实现的。条件不具备，现代企业制度就无法建立。所以，我们要搞试点。经贸委要将试点工作与贯彻《监管条例》、企业的技术改造结合起来，综合配套，搞好试点工作。否则，翻个牌、改个名是没有意义的。建立现代企业制度需要科学的管理制度和组织制度，我们要通过百家试点把这个问题搞清楚。我给铁映同志写了封信，希望两家联合起来搞一百户企业试点。国家体改委从面上进行指导，国家经贸委具体操作。《监管条例》明确了由国家经贸委实施，原来曾经想先试一千户，国务院讨论经济工作会议的时候，国务院领导同志决定：可以先搞一百户。《监管条例》《转机条例》在一百户企业中必须是配套的，这是现代企业制度的基础。

四　积极探索、稳步推进

为了深化企业改革，请大家讨论拿出意见来，包括《监管条例》的实施办法，包括百户企业试点的意见，还包括《破产法》的实施，这都和建立现代企业制度是一致的。明年在企业破产方面要迈出新的步子，优胜劣汰。国务院定下来后，下一步和体改委商量这一百户怎么办。这一百户我们想从三类企业中选：一是从现有的公司选一批；二是从一些股份制企业选一批；三是从一般企业选一批。我们大体上从这三类企业中选定，将此作为国家经贸委的联系点。各部委、各省市一起商量，争取把试点搞好，把两个《条例》实施好。凡是确定试点的单位，要派人一条条落实，十四条不折不扣地落实，牵扯到哪个单位，从下到上去落实，如劳动制度不落实，从省市劳动局开始一直找到劳动部；进出口权没落实，我们从下面经贸局一直找到经贸部，一条条落实。希望大家能帮助我们一起把这项工作搞好，这项工作搞好了，真正做到规范了，我想不仅对我们国内，而且对我们与国际市场的接轨，都具有重要意义。所以，我们要把它作为重点，通过办研讨班把大家的思想统一到三中全会上来，弄清什么是现代企业制度的基本内容，搞好这项工作。我们国家这么大，什么事情一兴起来可是不得

了，如果大家一起上，全是公司了，将来就不好处理了。各单位一定要在国家试点的基础上，然后再逐步推开，就一个市一个部门来看是很困难的，因为外部条件没创造，没有国家的外部环境怎么做？只能做到一定程度，规范的现代企业制度很难建立，各位同志不要着急。建立现代企业制度要组织、有领导、稳妥地进行，树立规范，一定要把试点工作抓好，希望各省市也帮我们把一下这个关，我们共同把这项工作做好。

附录 3

建立现代企业制度需要打好基础、稳步前进

——国家经贸委副主任陈清泰同志在“转机建制”研讨班开幕式的讲话

（1993 年 11 月 26 日）

同志们：

今天我们请大家来，是一起学习中央《关于建立社会主义市场经济体制若干问题的决定》（简称《决定》），探讨企业改革和建立现代企业制度的问题。

现代企业制度的调研报告是集体创作的结果，有 13 个部委参加，广泛听取了各个省市做经济工作的同志和企业界领导的意见，听了一些先期搞经济工作的一些老领导、老同志的意见和很多经济理论专家的意见，这确是个集体的创造，如果说这里还有一些不完善、不准确的问题，那是我们工作还没有做好。

今天我着重谈如何深化企业改革、建立现代企业制度的问题。

一　企业改革是经济体制改革的中心环节

多年的实践证明，传统的计划经济体制没有能够解决社会主义应该有比资本主义更高的生产力和发展速度，传统的计划经济体制也没能形成富有朝气和更有活力的运行机制，在传统的计划经济体制下政企职责不分、事无巨细、权力高度集中。国家通过一本计划来调度指挥全国的经济活动，直接管理企业。这样，整个国家就好像一个大工厂。每个企业都要有和政府相对应的机构和职能。因此，每个企业实际上在管理着一个小社会，它又像一级小政府。这样，中央、地方和企业，外形上都像一级政府，都像一个国家，而在管理手段上又都像工厂。这种双重政企不分的体制，使政府和企业的边界不清、职责不清，在产权上也不清。这样政府部门理所当然地要管企业，反过来企业也理所当然事事依赖政府，最后的结果就是企业的低效率，国家的低效益。

在党的十一届三中全会之后，在要改革这一点上，党内外大多数人很快形成共识，但是在怎么改革的问题上，多年来有一些争论和不同的看法，归纳起来有两种。一种认为传统的经济体制主要问题就是决策过分集中，它抑制了地方、企业和劳动者的积极性，这种

思路还认为，改革的要点就是改变高度集权的这种状况。要通过放权，充分调动地方当局和企业生产者的积极性。因此，改革的办法就是下放行政权力，加强物质刺激，调动各方面的积极性。这种思路在改革的初期发挥了较大的作用，形成了一种推动力，把地方政府和企业的积极性调动起来了。随着改革的深化，改革的另一种思路越来越被更多的人接受。这种思路认为，旧体制的主要弊端，不仅在权力的集中，而且更在于用行政计划的方式来配置资源，这种资源配置的方式不会有高效率。这种思路还认为，有效的替代行政性配置资源的办法，那就是建立在宏观调控基础上的市场体制，它能够把大多数分散决策独立生产经营企业的积极性调动起来，而且可以把社会稀缺资源引向高效率和高效益。按照第二种思路，他们认为改革必须财、税、价、金融、外资等配套进行，改革的目标就是建立市场机制。这种思路已被党的十四大正式确认，这样使我们确立了经济体制改革的目标模式——建立社会主义市场经济体制，这一改革目标的确定极大地推动改革向纵深发展。

计划经济体制和市场经济体制就其经济运行方式上来说，是两股道上的车，完全是两种不同的方式。计划经济体制是集中决策，是通过计划来配置资源，要求企业按照计划来统一行动，最后由国家来承担经济后果。因此在这样一套经济运行体制中，国家是经济运行的主体，每年要有一大本计划，通过计划进行资源的配置，来调动各方面的力量。因此，过去那种国有经济体制，名正言顺的是国有、国营。而市场经济体制它是分散决策，是以价格为导向，以市场来配置资源，是各企业视市场的需要，自主经营，最后，是企业独立承担经营的后果和风险。在市场经济体制下，企业就成了经济运行的主体。所以从计划经济体制向市场经济体制过渡，就要实行一次经济运行主体的转移。即由国家是经济运行的主体，转而使企业成为经济运行的主体。这一变革是非常深刻的，中心的环节是企业改革。企业能不能成为经济运行的主体，这就决定了市场经济能不能形成，如果国家的经济运行还是这种大一统的形式，或企业还不能独立自主进入市场，市场经济就没有独立活动的主体；市场机制形不成，市场经济也就无从谈起。目前的状况就是处于这种比较困难的时期。国家的指令性计划减下来了，而国有企业相当一部分还没有成为富有活力的市场经营主体，这就要脱空了。另一方面，企业是社会生产力的基础，社会上层建筑和经济管理中的各种矛盾和不适应都反映到企业经营之中。因此企业改革既要求各方面的改革与之配套；企业改革也是实现各项改革的重要条件。这就极大地增加了企业改革的难度。因此，在1984年第四季度中央十二届三中全会关于经济体制改革的决定中明确指出：搞活企业，特别是搞活国有大中型企业，是经济体制改革的中心环节，就是塑造市场经营的主体。这是形成社会主义市场经济的基础。

二　深化企业改革需要解决深层次的问题

城市经济体制改革实际上一直是围绕着国有大中型企业而进行的。一方面，社会主义市场经济要坚持以公有制为基础，以国有经济为主体。另一方面，国有企业和旧体制关联的最紧密，迫切地需要通过改革来提高国有企业的活力。十几年的企业改革的过程，可以划分为两个阶段。第一阶段，这是企业改革的起步阶段，通过以承包制为主要形式的简政放权和减税让利，冲破原有的僵化体制，形成企业进入市场的第一推动力，确立了厂长（经理）在企业管理的中心地位；通过企业法，确立了企业的法人地位。在第一推动力的作用下，企业得到了一定的自主权和“自主钱”，多数国有企业有所改善，一部分企业的活力明显增强，以1991年专题研究企业改革的中央工作会议为标志，企业改革越过了对不同所有制企业区别对待，以税费减免为主要内容轮番进行政策性调整的阶段，逐渐向着建立公平、公正的市场竞争体制的方面转化，逐渐建立各种所有制企业公平竞争的条件。在中央工作会议上特别突出的提出，深化企业改革就要实现政府转变职能，实行政企职责分离；要使企业转变机制，自主走向市场。这就和以轮番进行政策性调整增强企业活力的做法发生了很大的变化，触及了企业改革深层次问题。去年，国务院颁布了《全民所有制工业企业转换经营机制的条例》（简称《条例》），《条例》对企业法的立法原则和中央工作会议的精神作了具体的表述和延伸，可以说是改革开放十几年来经验的结晶，《条例》又是使企业成为市场经济微观主体的一个生长点，也是搞好国有企业重要的法规，是计划经济向市场经济过渡的一项保障。所以，《条例》是建立社会主义市场经济的一块基石。

在深入贯彻企业法条例的基础上，按照社会主义市场经济的要求，深化企业改革必须触及那些深层次的问题，来寻求市场经济和公有制有效结合的途径，建立市场经济的微观基础。传统国有经济是以国家单一主体为其实现形式，这种国有经济实现形式只能对应于计划经济体制，要转变成市场经济体制，就必须改变那种国有经济实现形式，将政府管理社会经济的职能，与国有经济的经济职能分开，实行政企职责分离，将国有企业重新塑造成千万个独立的市场活动的微观主体，从而实现公有制与市场经济的结合。随着党的十四大召开，《决定》的通过和明年几大经济体制改革的出台，解决企业改革那些深层次问题已经到了攻坚阶段。多年以来阻碍和困扰企业改革深化而又不能超越的至少有三个问题。一是如何实现政企职责分离，使国有企业成为独立市场运营的主体。二是如何理顺产权关系，完善企业法人制度。三是如何转换企业机制，实现现代企业制度。

关于政企职责分开的问题。从改革开放的初期我们就在谈，已经讲了十几年了，到现在问题仍然没完全解决。政府转变职能是实行政企分开的基础，转变职能的基础就是机构改革要到位。市场经济就是要使竞争性行业的各个企业独立出去，自主经营，独立进入市场。在计划经济体制下，我们组织机构就是按照政企不分的原则来设置的。具体讲，政府的经济职能有两部分。第一，政府是社会资源分配的主体，政府通过计划来分配各种资源，如分钱、分物、分指标、分项目等，通过对资源的分配来管理和组织整个经济的运行。第二，政府部门又是国有企业的经营主体，企业事无巨细，从年度计划和投资决策，到产品定价、用人和工资分配，它的权力都在政府，对企业实行的是“国有国营”。由于这双重的职能集政府于一身，造成了很多弊端。当它要行使政府职能的时候，必须要照顾困难的企业，包括亏损要补贴，发不了工资政府要管，显得对企业过分的宽容；而在行使社会管理职能的时候，又把企业作为行使政府职能的一种手段，把很多的社会职责加到企业头上，让企业去办，如计划生育、公安、人武、教育、医疗等。如果说这种政企不分的体制在传统体制下还能维持的话，那么，在多种经济成分并存情况下问题就显得十分突出了。一方面，非国有企业担心，作为国有企业的经营者，政府出于对国有资产利益的保护，实行对国有企业的倾斜政策，这样势必干扰市场的公平竞争；另一方面，国有企业又经常担心政府部门以所有者自居，任意侵犯企业的经营权利，这种政企不分的体制，使得各种经济成分的企业都觉得自己受到不公平待遇，造成非国有企业和国有企业的积极性都受到影响，都不满意。

在传统的计划经济体制下，这种政企职责不分，以政府作为单一经济主体来运行。这种公有制的实现形式，整个国有经济实行国有国营，是一个经营单位，它排斥了市场的作用，因为在一个主体内，自己和自己不存在竞争。这样，国家成了千万个国有企业唯一的经营者，全国的企业都要根据这唯一经营者的计划来决定生产什么，生产多少，整个全国就像一个超大型的企业，对于各个国营工厂来说，计划由国家统一下达，材料由国家统一调拨，产品由国家统购包销，财务由国家统收统支。因此，国营工厂之间的关系不是市场的交换关系，而是这个特大型企业内部的不同层次、不同生产环节之间的生产分工和物资调配关系。各个工厂都不构成独立的实体，工厂远离用户，它们只对国家的计划负责，注重的是实物生产。企业以完成生产计划为己任，并不承担损益的责任，在各个工厂之间，可以用成本、劳动生产率等经济指标进行评比，但没有真正的竞争。这种国营经济的单一主体的实现形式，实际上是遏制了市场的机制，排斥了竞争这个企业发展动力的源泉，使企业没有朝气。因此，传统的公有制的实现形式只能对应于计划经济体制，不可能建立在宏观调控下，由多元主体公平竞争而形成的富有活力的市场机制。所以要建立市场经济，必须实行政企分离，必须寻求新的公有制形式，要使各个国有企业成为独立的主体，通过充分的市场竞争来调动国有企业的积极性，使他们在市场上能够创造更高的利润。

关于理顺产权关系问题。企业中的国有资产属于国家所有，这一点无论是在信念上、观念上和实际操作上，我们都要坚定不移。国内外都有一些人，他们认为国有经济不搞私有化就没有出路。这个观点我们是不会同意的。国有资产神圣不可侵犯。《条例》中也明确规定，企业国有资产属国家所有，由国务院代表国家行使所有者职能。这是我们坚持社会主义公有制为基础的一条重要原则，不能动摇。但要进一步深入贯彻《条例》，要实现社会主义市场经济体制，理顺产权关系是十分必要的。目前，国有资产的管理形式和管理方法存在着许多问题。主要表现在以下几个方面。

第一，国家所有，但管理责任不清，资产流失严重。包括部门、企业、外商、职工等等从各个角度都在自觉或不自觉地蚕食国有资产；这种国有资产的流失几乎搞不清到底有多少，而且找不到责任人。国家经贸委做了统计，近6年国有工业企业中国有资产实际流失了2200亿元。包括我们那些管国有企业的、管财政的，也在蚕食。比如折旧提留不足就相当于自己吃自己的大腿，比如对外合资，国有资产不评估或有意低估，比如经济效益上不去而职工工资奖金猛增等。

第二，在企业内所有者代表缺位，致使企业缺乏来自所有者的负责任的监督。当国有资产受到侵蚀时，没有人替国有资产说话，致使一些企业的短期行为屡屡出现，资产经营效率过低，大胆借债，盲目投资，投入产出效益上不去，有的企业过分地向个人利益倾斜。

第三，政府的任何部门都可以以所有者身份自居，来任意干预企业的生产经营活动。这就增加了贯彻《条例》的难度，有的地方在这些方面不顾国家法规已经达到非常严重的地步。

第四，产权代表没有进入企业，因此企业的决策权仍然游离于企业之外。企业作为经济组织它的重大决策却由承担社会管理职能的那些政府部门来决定，当然，企业就无法承担经营的后果，如果企业发展什么项目、生产什么产品是政府来定，那么企业出现亏损，厂长、经理就可以有许多理由不承担责任。企业自负盈亏，就必须以自主经营作为前提，而自主经营的第一要素就是企业能够自主决定，进入和退出哪个市场。如果国有企业自己不能做决策，都要抱着红头文件进入市场，那它们怎能在日益激烈的市场竞争中取胜！

在这种国有资产管理体制下，实际上政府承担着企业董事会的职能，所有国有企业的董事会都是政府，就是说政府是千万个国有企业唯一的董事会，需要董事会做决策的事，由政府的各个部门分兵把口，企业要做投资的决策，由政府的计划部门定；企业的年度工资分配，由政府劳动部门下指示；企业的财务决算，由财政部门核批。总而言之，这种国有资产管理体制是形成企业国有国营体制的基础。随着改革开放的进行，理顺产权关系的紧迫性显得更加强烈。一方面，国有资产不断流失，使用效率过低，竞争不过其他所有制企业；另一方面，多种所有制产权交叉的幅度越来越大，在国有资产与其他产权交叉的时候，很多国有企业不知道谁是自己的老板，这样就造成了对企业灵活经营的一系列的阻力；企业要进入市场，要和其他所有制企业进行公平的竞争，要实现产权的流动，理顺产权关系势在必行。为了理顺产权关系，国务院研究要建立国有企业资产的监督和管理制度，这是非常重要的。《监管条例》规定的监事会的权力是有限的，监督是事后行为，事后管理。比如，今年审查去年的状况，企业在去年国有资产是不是保值增值，企业经营的怎么样，通过审计做出评价，但是企业今年如何经营，监事会无权干涉，这是《条例》交给企业的权力。

关于转变企业经营机制，建立现代企业制度的问题。关于转变机制，这个话 1991 年中央工作会议就提出了，这是一个有很深刻和广泛内涵的话，但是我们对这个问题缺乏研究。这个人云亦云的话，恰恰是我们没有搞清楚的话，转换经营机制，是由什么样的机制转换到什么样的机制，老的机制毛病在哪里？新的机制是什么？怎么转换，这些问题我们都缺乏研究。《条例》的目的在于转换企业经营机制，但它只是为企业实现经营机制转换创造一定的外部环境，提供了必要的内部的条件，机制转换还是不转换还要靠企业。一段时间，我们有的同志形成了一种错觉，政府部门认为好像把权力放下去了，到位了，企业的机制就应该转换了；一些企业也认为权力拿到了，我机制自然就转换了。不对！企业权力拿到后仍然可以按照旧的传统体制进行，也可以按新的市场机制进行。企业有一个利用到手的权力，进行自我改造的问题。这是一个很深刻的过程，对一些传统企业而言，这个改革的深刻程度无异于“脱胎换骨”，它涉及企业的各个方面，而这一点恰恰我们许多人没有看到，甚至研究不透。朱副总理要我们的企业眼睛向内，苦练内功，这有很深的含义。具体地说转换机制到底包含什么内容，我简单地概括为4条，将来还可以有5条、8条，不断丰富。

1. 观念的转变

这是第一位的，也是最深刻的。要改变企业依附于政府的旧观念，树立市场观念、竞争观念。实际上每个企业在生产经营过程中都会形成一种办企业待人处事的宗旨、准则和观念，这就是企业哲学。传统体制国有企业下的企业的哲学，往往是以不变应万变，就是说“视现状为必然”，这就是我们老的企业哲学，因为只要能维持现状就可以完成国家下达的任务，企业就是好样的，既然是这样，企业为什么要变呢？因此维持现状就是天经地义的，企业内各个部门分兵把口，其职责即维持现状，它们的职能完成得越好，现状就越巩固，这就是传统体制下一些国有企业的哲学。而在市场经济下，企业要以适应市场为宗旨，因此就要不断改变现状，“视今天为落后”，追求的是明天，是事业的发展。所以企业要转换机制首先在观念上要有新的变化，企业要克服对政府的依赖性，要树立竞争观念，要企业自主自立，把腰杆挺起来，进入市场。

2. 改革企业的组织制度和企业的体制框架

我们企业的组织、制度，无论是领导体制和企业内部管理机构的体制框架基本上是适应于计划经济体制的生产单位，它们有维持简单再生产的强大功能，但是，它们不具备进入市场的种种条件，特别是缺乏技术开发能力和市场运营能力。企业有各种管理制度，但没有决策的组织体系。要建立所有者、经营者、劳动者责权分明协调的组织制度和适应市场经济下企业发展的体制框架。

3. 企业的运行规则或企业的运行制度

就是说企业在一定的组织框架下，用什么规则来运行。这是一套软件，通过一系列规章制度，形成企业运行的新机制。这里边包括财务制度的改造（如《两则》，今年已经开始了）、劳动制度的改革、用人制度的改革和各项管理制度的改革，通过这些新的制度来形成企业既有活力又有约束的机制。

4. 加强企业的基础管理

这个话是老生常谈，和转换机制有一定的关系，也没有太多的关系。就是传统的有效的管理，包括生产管理等要注入一些新的符合市场经济的东西。另外，基础管理只能加强，不能削弱，最近有一种削弱的趋势，今年事故频繁发生，对我们是个教训，任何时候基础管理都是企业市场竞争力的基础。总之，大家要认真研究企业机制要转换问题，促使企业眼睛向内，苦练“内功”。

三　转换经营机制，建立现代企业制度

为什么要建立现代企业制度，我们要建立社会主义市场经济体制，就要坚持以公有制

为基础，以国有经济为主体，这是一个基本原则，我们必须这样做。而传统的公有制实现形式是，国有企业只对国家负责，国家是唯一的经济主体，无法形成市场经济体制，要建立市场经济体制必须构造与之相适应的微观基础。现在我们希望通过企业制度的改革来形成千万个市场活动的主体。这样既保持公有制为基础，国有经济为主体，又能够形成多元的市场竞争主体，这是我们要推行和建立现代企业制度的很重要的一个目的，或说是推行现代企业制度形成多元的市场竞争的主体，是经济体制改革的中心环节。

现代企业制度到底包括什么内涵？在《决定》上讲了这么四句话：产权明晰，权责明确，政企分开，管理科学的企业制度。这四句话什么含义，它的要点是三个部分。

1. 建立企业法人制度（构造微观主体，要确定企业法人制度）

企业法人是怎么回事？企业要进入市场，成为竞争的主体，必须能独立地享有民事权，承担民事责任。这样，出资者就构造一种经营组织，并且使这组织人格化，在法律上确定它的法律地位，这就是企业法人。所以企业法人是个组织的概念，不是张三、李四这样的自然人，张三、李四可以作为企业法人代表，但他不是企业法人。法人代表可以更换，但是企业法人是依法设立，相对稳定。企业法人制度的关键是确定企业法人的法人财产权，就是说要使企业不仅做到有人负责，而且要有能力负责，它要独立地享受民事权利，承担民事责任，它必须要有自己独立的财产。可以说这是企业法人行为能力的基础，如果企业没有独立的法人财产，那么这企业不成皮包公司了？如果千万个国有企业都是没有法人财产的皮包公司，谁敢跟这些企业去订合同？明年银行要改革，企业贷款要抵押，如果没法人财产作抵押，谁敢给国有企业提供贷款？明年我们要进一步推动企业破产试点，企业自负盈亏，亏的是什么，如果企业没有法人财产权，破产破的是哪一块？不能把厂长、经理家的电视机抱来，那是不行的。要自负盈亏，企业要有自己的独立财产才行。因此国有企业要进入市场成为独立法人，要在市场上进行活动，去跟外商订合同，去抵押、去担保、去贷款等等，这些企业市场行为的基础就是企业要有法人财产权，这个问题原来一直有争议，很敏感，这主要有两个原因，一是有人认为国有企业不搞私有化没有出路，因此要搞私有化，特别是东欧苏联演变之后，更引起了我们的警惕。另外一方面的原因，就是实行拨改贷以来，企业付本还息以后形成财产算谁的。一些理论家或一些企业家说，当然是我们企业的，叫“企业股”。这话似乎有道理，但又没道理。有道理在哪里呢？就是说如果在开始建立这个企业的时候，哪怕国家出了一块钱，将来资产膨胀，增值的全部归国家，这是很清楚的，只不过资本金太少了。但是我们很多企业由于没有资本金，都是靠银行贷款，那最后形成的财产算谁的？他们认为是企业自己的，叫“企业股”。反过来，我们认为没有资本金，银行凭什么给你贷款；并不是凭张三李四家里有彩电、冰箱，几百万上千万、多少个亿的钱借给企业，这是凭国家的信誉，最后出了问题国家兜底，从这个意义上说还应该算是国家的。许多人都讲有“企业股”，企业法人财产权是不是就是“企业股”？承认了企业的法人财产权，国有资产是否就会消失？就是说企业法人财产权与私有化有什么联系？所以国有企业的法人财产权问题只好搁置在那，形成一个敏感区域。

这次中央决定把这问题再次提出，排除一切糊涂观念，确认国有企业法人拥有法人财产权。我认为是非常重要的，对于建立市场经济体制，对企业进入市场这是一个至关重要的基础。关于企业法人的问题，1988 年的《企业法》已经做了规定，但是这个规定不完善，因为它没有讲到企业法人财产，这次这个问题解决了。但是有人问，国有企业财产是国家的，企业法人又有财产权，这到底怎么回事。

企业是个组织，它是出资者为了进入市场，参与市场活动而构造出来的，没有投资者就不会有企业，企业在法律上是独立的，但是在经济上最终是属于股东的。所以，企业自己拥有自己是没有道理的，从逻辑上说不通的。那么企业法人财产权与国家最终所有这两者是什么关系？国家（股东）拥有企业，企业有自己独立的财产，这是两个层次的问题，不能混为一谈。老子有儿子，但是儿子有自己的一套系统，有自己的心脏、胳膊、头，但是不能认为儿子的心脏就是老子的心脏，儿子的胳膊就是老子的胳膊，这个从逻辑上说不通。企业有自己的一套独立运作的财产，企业又属于老板，又属于股东，这是建立现代企业法人制度的一个根本问题，在《企业法》的基础上确定企业法人，同时要使它拥有法人财产。

2. 建立现代企业制度的另一个根本问题要实行有限责任制度

外国的公司大多数都是有限责任公司，我们过去没有这个概念，在国有国营情况下，国家对各个国营企业都承担无限连带责任。就是说任何国有企业的经营不善，国家都要全部兜底。经济学家给我们讲：有限责任制的创造在经济领域中的重大意义，不亚于在科技领域中的电和蒸汽机的发明，也就是说有限责任制的创造对于快速聚集资本，加速资产流动，推动经济快速发展起了巨大的作用。现在我们发展市场经济，国有企业要进入市场，这就必须推行有限责任制。有限责任制的内容有两个方面：①企业以它的全部法人财产为限，对它的债务承担责任；②企业的获利和资产增值，最终都属于股东，但企业破产清盘时，投资者只以投资为限，对企业承担有限责任。即投资者的其他财产不受影响。实行这种有限责任制度能够减少投资者的风险，但同时能够增大投资者获利的机会。例如，投资者有十个亿，他可以用十个亿办一个企业，也就是把所有鸡蛋放一个篮子里，企业能赚钱，很好，但是企业一旦出了问题所有的财产都要搭进去。另外一个做法，投资者可以把十个亿投进十个企业或更多的企业，分别变成有限责任公司。可能第一个企业经营的不好破产了，但是其他的几个企业可能照样盈利，而不受破产企业的影响。对投资者就形成东方不亮西方亮的局面，就是说每年他参股控股的企业都有盈利的，有亏损的，有破产的，但算总账还是获利的。由于投资者的风险大大减少，他就敢于让经营者冒更大的风险去经营。由于企业经营的风险是和它获利的机会对称的，那么企业就有可能获得更高的利润。这对于快速地聚集资本，减少投资风险，扩大企业的经营权，都会发生至关重要的作用。再比如，我们最近搞了一些股份制企业试点，由于投资者风险有限，所以它可以快速聚集大量资本，这是在传统体制难以想象的。比如“马钢”到香港上市，在一周内得到 39 亿元港币的投资，如果按常规让人投资 39 个亿，那不知要做多少论证，没有多少年下不来。

但是由于是股份有限公司，分散了风险，企业盈利和资产增值股东按股分享，但出了问题，投资者只以其所购股票的出资为限，承担风险。由于积少成多，所以可以在短时期内筹集大量资金。这种有限责任制在市场经济领域里具有很强的生命力，这是我们推行现代企业制度的第二个要点。

3. 建立科学的组织制度

现代企业制度要有一套科学完整的治理结构，通过规范的组织制度，使企业的权力机构、监督机构、决策和执行机构之间职责分明，并且能形成制约关系。相对于传统的党委领导下的厂长负责制，我们推行了厂长负责制，这是一个很大的进步，因为党委领导下的厂长负责是领导者不负责，负责者不能领导，这种体制没有效率，最终是无人负责。推行了厂长负责制，使工厂做到统一指挥，有人负责。这是经过多年的周折才确定下来的，很不简单，而且在《企业法》中得到了确认。但至此所有者代表还没有进入企业，企业的重大决策仍在政府，在现代企业制度中所有者通过股东会，选派出董事会，监事会、董事会再聘任总经理，形成一套科学的责权明确的组织体制和约束机制。这才能使所有者、经营者和劳动者的积极性得到调动，他们的利益得到保护，他们的行为受到约束。

我们讲现代企业制度可能有许多内涵，但至少这三点可以看作是现代企业制度的重要基础。

四　建立现代企业制度要打好基础，稳步前进

《决定》明确提出要通过企业制度的创新来深化企业改革，最终解决企业改革中那些深层次问题，这确实有非常深远的意义。可以说，这里总结了我们改革开放以来国有企业改革的成功经验，又吸收国外那些办得成功企业的做法，沿着建立社会主义市场经济体制的思路提出了深化企业改革的明确方向，如果说中央的决定在理论与实践的结合上有重大突破的话，那么建立现代企业制度的提出就是重大突破。抓企业工作的同时要认真学习《决定》的精神，全面领会《决定》第二部分的含义。

改革开放以来全面推行了厂长负责制，通过承包制企业得到了一定的自主权和“自主钱”，通过《企业法》确定了企业法人地位，通过《条例》，正在推动着政府职能的转变，落实企业进入市场必要的经营权，企业集团的发展和股份制公司的试点积累了一定的经验。另外，我们将要通过《监管条例》来落实产权责任，明确产权关系。十多年的改革都为今天能提出现代企业制度打下了基础，没有这一系列的改革，提出建立现代企业制度也没有操作性。可以说，承包制、企业法、转机条例、监管条例，这是一脉相承的，一个思路。因此，可以认为现代企业制度的提出和推行是我们多年深化企业改革的必然，并不是从天而降。

现在，在改革处于攻坚阶段的时候，中央提出通过企业制度的创新，寻求一种新的组织制度实现公有制和市场经济的有效结合。传统的公有制是以国家作为单一经济运行主体为其实现形式，这种公有制实现形式只能对应于计划经济体制，要建立市场经济体制就必须要寻求一种政企分离之后能理顺产权关系，推动企业机制转换，进而独立进入市场的企

业制度，实现公有制与市场经济的结合。因此，建立现代企业制度就是在推行深层次改革需要相应的条件，要有一个过程，不可能一蹴而就。

建立现代企业制度与我们眼前的工作是什么关系？贯彻三中全会精神，推行现代企业制度，各企业能做些什么？

大家知道《决定》中第二部分题目讲的是两句话："转换国有企业经营机制，建立现代企业制度。"建立现代企业制度是目标，转换经营机制是基础，国有企业实行公司制是建立现代企业制度的有益探索。当前的重点在于打好基础。一个是就企业方面要为建立现代企业制度打基础。如果我们离开了企业机制转换这个基础空谈建立现代企业制度，将来很危险。比如，企业进入市场的自主经营权还未得到，企业的传统经营方式还未得以改造，如果企业的财会制度还不能与国际接轨，如果企业的产权责任产权监督还不规范，如果企业还没有清产核资，企业的资本、企业的边界还不清楚等，那么它怎么能建立现代企业。没有这样企业机制的转换作基础，马上翻牌子、带帽子变成所说现代企业制度是很不现实的，最后是徒有形式而没有内容，这个基础必须打好。另外一个基础，就是配套的市场环境。企业改革之所以难就难在它改革的配套性，前段企业改革是孤军深入，到一定程度下不去了。回过头来看，关键是配套改革没到位。比如财税体制的改革，计划体制的改革，投资体制的改革，外贸体制的改革还有社会保障体制的建设，等等，如果这些东西没有相应的进展，现代企业制度建立不了。如企业的三项制度改革，到了一定程度就遇到了很大困难，改革不下去，主要是社会上没有吸纳多余劳动力的能力，富余人员都窝在企业内吃大锅饭，企业的效率怎么能上去。明年几大改革措施的出台，将使企业环境进一步改善，又有了建立现代企业制度的目标，就更增强了我们扎扎实实贯彻《条例》的紧迫性，要加速政府职能的转变，加快企业机制的转换。关于《监管条例》，一方面通过在企业内设立监事会，加强对国有资产的监督，同时它又为建立现代企业制度打下非常重要的基础。《监管条例》对建立企业法人财产制度做了一系列的规定；通过贯彻《监管条例》和清产核资将核完企业资本金，明晰产权责任。另外监事会的成立，这为下一步企业组织制度的改造打下了基础。因此，我们要有紧迫感来贯彻这两个条例。

另外，不能简单地认为企业等待中央决定，就是建立企业制度，就是把工厂翻牌成公司，就是搞股份制，就是股票上市。这种臆造的推论非把好事办糟不可。王忠禹同志答记者问中，对这个问题做了明确的说明，我认为很重要。我们在改革中很容易刮风，希望在座的同志们回去后，不要在全国刮起一阵公司风，要实实在在做具体工作。在《决定》中明确讲"必须积累经验，创造条件，逐步推进"。现代企业制度有着非常丰富的内涵，要按照这些内涵改造企业，不要不讲条件，一夜之间都变成公司，即便在将来条件成熟要改变企业制度时，也要根据行业特点、企业状况，根据企业历史、经营规模，加以改造，适宜于什么形式，就搞什么形式，不要刮风，有的可能还是国有国营，有的改为国家独资公司，有的仍保留工厂；有的改成股份合作制，这都很正常，没有必要一下子都来翻牌抢帽子，来个换汤不换药，这实在没有意义。

这些年为搞好国有企业，我们是什么办法都想了，什么招儿都用了，但感觉问题解决得不理想，因此，现在有了什么新提法，很容易一窝蜂转过来。我们做实际工作的同志，不能认为把现在的工厂，内部那么多问题没解决，一下子翻牌成公司各种问题就可以自然而然地解决了。这是一种幻想，天真的幻想。那些问题会仍然存在，解决不了。比如：关于企业债务问题，你翻过牌来有什么用？沉重的债务照样压在身上，腰都直不起来，怎么去跟人家竞争？解决不了企业办社会的包袱，翻牌为公司有什么用？另外，企业不能获得必要的投入，实现产品结构的调整、组织结构的调整，光转成公司，又有什么用？还有如企业要加强管理等问题，如果我们把很多实际问题都撇开，放在一边，不去着力解决，专门搞翻牌子，表面上轰轰烈烈，但最后的结果必然是一场空。这就说明我们还没有真正理解中央决定的精神。可以说，在搞好企业中，现代企业制度是一张重要的王牌，如果把这张王牌打出去仍然是走形式而没有效果，恐怕就很难办了，因为国有企业和市场经济接轨就是这招法。在改革开放过程中，有些人总想用一个最简单的办法解决所有的问题。如承包制很好，我们曾经有《承包条例》，但有人来了个“一包就灵”，到各个企业搞以承包代替管理，有的是分层承包，一包到底。企业对国家实行承包，国家对企业只管结果不管过程。但企业内部的管理就是管过程。不管过程，那成本能不上升吗？这绝不是承包的初衷。

建立现代企业制度对搞好国有企业至关重要，意义深远，是一个根本性的办法，是中央为推动形成市场经济微观基础而做出的重大的战略性决策。转换企业和经营机制与建立现代企业制度之间的关系是，只有政府职能转变和企业经营机制转换，以及社会配套改革达到一定程度，真正意义的现代企业制度才能逐步推开；当竞争性行业的企业进入现代企业制度，才能较完整地实现企业经营机制的转换。可以说转机是建制的基础；建制又是转机的方向。就是这么一个关系。所以，没有一定的基础，现代企业制度是建立不起来的，勉强建立了，也只是个空壳。当前就全国大多数企业而言，贯彻中央决定的工作重点仍是抓紧机制转换，为建立现代企业制度创造条件，打好基础。

在我们作现代企业制度课题研究时，参加小组的同志一边研究一边感到意义的重大，大家也确实感到按这一思路走下去很有希望，大家都为之兴奋。同时，也很担心，担心这样一个好的政策办法在执行中会不会走样。大家在学习当中，一方面要积极推进，另一方面就是中央文件中讲的两点请注意：一个讲的是“方向”，一个讲的是“探索”。“方向”就是要坚定不移，所有企业都要照此方向改造自己，积极创造条件实现转换；“探索”就是工作步骤要稳妥，不要急于求成。要通过部分企业试点，探出一条建立现代企业制度可行的路来。

如果说实行财政分税制，中央银行、政策性银行与商业银行分立等均有国际实践经验的话，那么公有制为主，与市场经济体制实行有效的结合则是前无古人的。我们要按照小平同志建立有中国特色社会主义的理论，按党的十四大确定的建立社会主义市场经济体制的目标和三中全会《决定》的企业改革的方向，结合国有企业的实际，兢兢业业创造性地工作，为建好“社会主义市场经济体制的基础”而努力。

附录 4

必须下功夫学习、研究建立现代企业制度问题

——国家经贸委副秘书长朱焘同志在“转机建制”研讨班上的讲话

今天，我们把国务院45个部委、单位和30个省市的经委（计经委）负责企业改革的同志以及中纺机、武钢、中石化等企业的同志请来，共同学习和贯彻十四届三中全会精神，探讨建立现代企业制度问题。

建立现代企业制度是江泽民同志明确提出来的。他在西北和西南视察工作时，在东北召开部分国有大中型企业座谈会上，都先后多次提到了企业改革要从“放权让利”的思路转为制度创新，建立现代企业制度。为了进一步研究这个问题，今年6月，根据中央财经领导小组的部署和委托，国家经贸委牵头会同13个部委，组成专题调研小组，分赴上海、广东、福建、山东、黑龙江等地，先后与100多家企业，200多人进行座谈并广泛征求了社会各界人士，包括从事经济工作多年的老同志和老领导薄一波、吕东、袁宝华、张彦宁以及我国著名专家、学者刘国光、周叔莲、厉以宁、王金玉、邓荣霖、江平等同志的意见。历经4个多月，易八稿，终于在7月写出了《建立与社会主义市场经济体制相适应的现代企业制度》的调查报告第一稿。这个报告受到了有关部门和领导的好评。现在看来，它的指导思想和基本内容与十四届三中全会通过的《决定》的第二部分是相吻合的、一致的。这些情况说明，在如何深化企业改革，如何解决深层次矛盾上，全党已经形成了共识，那就是“转换国有企业经营机制，建立现代企业制度”（我们把这句话简称为“转机建制”）；当然，这也充分说明，三中全会《决定》有深厚的群众基础。

大家知道，十几年来，以市场为导向的企业改革不断深入，为国有企业注入了活力，促进了我国国民的经济的高速发展。但是随着我国经济体制改革的不断深入，国有企业缺乏活力的深层次的原因进一步显露。由于企业的产权关系不明晰，组织制度不合理和管理制度不科学等原因，造成企业长期以来政企职责不分、自主权难落实、约束机制不健全、经济效益不高等问题。解决这一问题的根本出路在于深化企业改革，建立现代企业制度。现代企业制度的基本特征是：企业以包括国家在内的出资者投资形成的全部法人财产，依法享有民事权利，承担民事责任，并对出资者承担资产保值增值的责任，出资者按投入企业的资本额依法享有所有者的权益，承担有限责任；企业按照市场需求组织生产经营，以提高劳动生产率和经济效益为目的，政府不直接干预企业的生产经营活动；企业制定章程，建立科学规范的领导体制和组织管理制度，调节所有者、经营者和职工之间的关系，形成激励和约束相结合的经营机制。通过建立现代企业制度，使企业产权关系明确，政企职责分开，企业拥有法人财产权，成为独立自主、自负盈亏的法人实体和市场竞争主体。这就是说，建立现代企业制度，是发展社会化大生产和市场经济的必然要求，是深化企业

改革的必然结果，是与我们十几年改革顺理成章的事情。

建立现代企业制度在《决定》中占有举足轻重的位置。如果说《决定》勾画了社会主义市场经济体制的基本框架，那么现代企业制度则是这个基本框架的重要支柱，是一项基础工程。我们既要看到建立现代企业制度是深化企业改革的继续，“水到渠成”，又要看到这是一项制度创新，是深化企业改革中的质的飞跃，有重大的突破。对我们来说，虽然并不陌生，也有了一些经验，但总的来说还是一个新事物，需要我们下大功夫去学习、研究，去实践、探索。

因此，这次研讨班第一个任务就是学习《决定》，领会三中全会的精神实质，充分认识建立现代企业制度的重要性和必要性。解放思想，更新观念，勇于探索国有制和市场经济相结合的有效途径和具体方法。《决定》中的10个部分、50条不是孤立的，在重点学好第二部分的6条外，还要学好其他部分的条目。

第二任务就是要认识和掌握现代企业制度的基本内容。解放思想是前提，当前重要的还要了解和掌握现代企业制度的内容。其主要内容有：①确立法人财产权；②出资者按投入企业的资本额享有所有者的收益、决策和选择管理者等权利；③投资者只以投入企业的资本额对企业债务负有限责任；④企业具有科学的领导体制和组织管理制度；⑤企业有激励机制、约束机制和竞争机制，企业在市场竞争中优胜劣汰，长期亏损、资不抵债的依法破产。

第三个任务就是研讨建立现代企业制度政策难点和实施步骤。建立社会主义市场体制是前无古人的开创性事业，需要解决许多极其复杂的问题，要积累经验，创造条件，逐步推进。研讨班提供的文件中，有选择100家左右企业进行现代企业制度试点的意见，有企业改组有限责任公司的实施办法等，希望大家通过学习讨论，集思广益，解决文件中还没有解决好的一些问题。比如，怎样防止企业在向公司制改组过程中出现的“换汤不换药”的问题，国家股的股权代表谁来委派，首先是谁做代表的问题，现在这个问题仍然没解决。再如，公司领导体制和原来领导体制如何衔接改组，公司在改组过程中，如何处理好企业办社会问题、冗员过多问题，以及长期以来由于体制不合理等原因形成的不合理债务等问题。解决这些问题不是简单的事情，需要各方面的支持和配合，关于试点的步骤，我们给大家的百户企业试点意见中已经提到了，王忠禹主任关于现代企业制度答记者问中也谈到了，我就不再多说了。

最后，讲几点要求。一是要把建立现代企业制度和贯彻两个《条例》结合起来。《转机条例》和《监管条例》是当前企业改革的重点，必须全力地坚定不移地贯彻执行。同时，遇到什么问题就解决什么问题，贯彻好这两个《条例》，解决一些深层次的问题，就能为建立现代企业制度打好基础，准备条件。这两个《条例》和建立现代企业制度还有一个具体衔接问题，需要大家进一步研究。二是各级领导要高度的重视这项工作。首先参加研讨班的同志要高度重视，你们回去以后，要广泛地宣传，使人人都知道什么是现代企业制度，为什么要建立现代企业制度以及现代企业制度的基本内容、建立现代企业制度的必要条件。三是要统一思想，提高认识，掌握重点，明确规范。这次研讨班只是在学习、研究方面开个头，我们以后还要举办这样的研讨班。希望大家不断总结经验，积极创造条件，把面上整体推进和点上的重点突破结合起来，力争在不太长的时间内，建立起现代企业制度的雏形。

附录 5

中华人民共和国宪法修正案

（第八届全国人民代表大会第一次会议 1993 年 3 月 29 日通过）

第三条 宪法序言第七自然段后两句："今后国家的根本任务是集中力量进行社会主义现代化建设。中国各族人民将继续在中国共产党领导下，在马克思列宁主义、毛泽东思想指引下，坚持人民民主专政，坚持社会主义道路，不断完善社会主义的各项制度，发展社会主义民主，健全社会主义法制，自力更生，艰苦奋斗，逐步实现工业、农业、国防和科学技术的现代化，把我国建设成为高度文明、高度民主的社会主义国家。"修改为："我国正处于社会主义初级阶段。国家的根本任务是，根据建设有中国特色社会主义的理论，集中力量进行社会主义现代化建设。中国各族人民将继续在中国共产党领导下，在马克思列宁主义、毛泽东思想指引下，坚持人民民主专政，坚持社会主义道路，坚持改革开放，不断完善社会主义的各项制度，发展社会主义民主，健全社会主义法制，自力更生，艰苦奋斗，逐步实现工业、农业、国防和科学技术的现代化，把我国建设成为富强、民主、文明的社会主义国家。"

第四条 宪法序言第十自然段末尾增加："中国共产党领导的多党合作和政治协商制度将长期存在和发展。"

第五条 宪法第七条："国营经济是社会主义全民所有制经济，是国民经济中的主导力量。国家保障国营经济的巩固和发展。"修改为："国有经济，即社会主义全民所有制经济，是国民经济中的主导力量。国家保障国有经济的巩固和发展。"

第六条 宪法第八条第一款："农村人民公社、农业生产合作社和其他生产、供销、信用、消费等各种形式的合作经济，是社会主义劳动群众集体所有制经济。参加农村集体经济组织的劳动者，有权在法律规定的范围内经营自留地、自留山、家庭副业和饲养自留畜。"修改为："农村中的家庭联产承包为主的责任制和生产、供销、信用、消费等各种形式的合作经济，是社会主义劳动群众集体所有制经济。参加农村集体经济组织的劳动者，有权在法律规定的范围内经营自留地、自留山、家庭副业和饲养自留畜。"

第七条 宪法第十五条："国家在社会主义公有制基础上实行计划经济。国家通过经济计划的综合平衡和市场调节的辅助作用，保证国民经济按比例地协调发展。""禁止任何组织或者个人扰乱社会经济秩序，破坏国家经济计划。”修改为：“国家实行社会主义市场经济。”“国家加强经济立法，完善宏观调控。”“国家依法禁止任何组织或者个人扰乱社会经济秩序。”

第八条 宪法第十六条：“国营企业在服从国家的统一领导和全面完成国家计划的前提下，在法律规定的范围内，有经营管理的自主权。”“国营企业依照法律规定，通过职工代表大会和其他形式，实行民主管理。”修改为：“国有企业在法律规定的范围内有权自主经营。”“国有企业依照法律规定，通过职工代表大会和其他形式，实行民主管理。”

第九条 宪法第十七条：“集体经济组织在接受国家计划指导和遵守有关法律的前提下，有独立进行经济活动的自主权。”“集体经济组织依照法律规定实行民主管理，由它的全体劳动者选举和罢免管理人员，决定经营管理的重大问题。”修改为：“集体经济组织在遵守有关法律的前提下，有独立进行经济活动的自主权。”“集体经济组织实行民主管理，依照法律规定选举和罢免管理人员，决定经营管理的重大问题。”

第十条 宪法第四十二条第三款：“劳动是一切有劳动能力的公民的光荣职责。国营企业和城乡集体经济组织的劳动者都应当以国家主人翁的态度对待自己的劳动。国家提倡社会主义劳动竞赛，奖励劳动模范和先进工作者。国家提倡公民从事义务劳动。”修改为：“劳动是一切有劳动能力的公民的光荣职责。国有企业和城乡集体经济组织的劳动者都应当以国家主人翁的态度对待自己的劳动。国家提倡社会主义劳动竞赛，奖励劳动模范和先进工作者。国家提倡公民从事义务劳动。”

第十一条 宪法第九十八条：“省、直辖市、设区的市的人民代表大会每届任期五年。县、不设区的市、市辖区、乡、民族乡、镇的人民代表大会每届任期三年。”修改为：“省、直辖市、县、市、市辖区的人民代表大会每届任期五年。乡、民族乡、镇的人民代表大会每届任期三年。”

附录 6

中共中央关于建立社会主义市场经济体制若干问题的决定

（中国共产党第十四届中央委员会第三次全体会议 1993 年 11 月 14 日通过）

为贯彻落实党的第十四次全国代表大会提出的经济体制改革的任务，加快改革开放和社会主义现代化建设步伐，十四届中央委员会第三次全体会议讨论了关于建立社会主义市场经济体制的若干重大问题，并作出如下决定。

一 我国经济体制改革面临的新形势和新任务

（1）在邓小平同志建设有中国特色社会主义的理论指导下，经过十多年改革，我国经济体制发生了巨大变化。以公有制为主体的多种经济成份共同发展的格局初步形成，农村经济体制改革不断深入，国有企业经营机制正在转换，市场在资源配置中的作用迅速扩大，对外经济技术交流与合作广泛展开，计划经济体制逐步向社会主义市场经济体制过渡。改革解放和发展了社会生产力，推动我国经济建设、人民生活和综合国力上了一个大台阶。在国际风云急剧变幻的情况下，中国的社会主义制度显示了强大的生命力。改革开放是党和人民在认真总结历史经验的基础上，作出的符合社会经济发展规律的战略决策，是我国实现现代化的必由之路。

以邓小平同志1992年年初重要谈话和党的十四大为标志，我国改革开放和现代化建设事业进入了一个新的发展阶段。十四大明确提出的建立社会主义市场经济体制，这是建设有中国特色社会主义理论的重要组成部分，对于我国现代化建设事业具有重大而深远的意义。在本世纪末初步建立起新的经济体制，是全党和全国各族人民在新时期的伟大历史任务。

（2）社会主义市场经济体制是同社会主义基本制度结合在一起的。建立社会主义市场经济体制，就是要使市场在国家宏观调控下对资源配置起基础性作用。为实现这个目标，必须坚持以公有制为主体、多种经济成份共同发展的方针，进一步转换国有企业经营机制，建立适应市场经济要求，产权清晰、权责明确、政企分开、管理科学的现代企业制度；建立全国统一开放的市场体系，实现城乡市场紧密结合，国内市场与国际市场相互衔接，促进资源的优化配置；转变政府管理经济的职能，建立以间接手段为主的完善的宏观调控体系，保证国民经济的健康运行；建立以按劳分配为主体，效率优先、兼顾公平的收入分配制度，鼓励一部分地区一部分人先富起来，走共同富裕的道路；建立多层次的社会保障制度，为城乡居民提供同我国国情相适应的社会保障，促进经济发展和社会稳定。这些主要环节是相互联系和相互制约的有机整体，构成社会主义市场经济体制的基本框架。必须围绕这些主要环节，建立相应的法律体系，采取切实措施，积极而有步骤地全面推进改革，促进社会生产力的发展。

（3）建立社会主义市场经济体制是一项前无古人的开创性事业，需要解决许多极其复杂的问题。十五年来，我们已经走出一条卓有成效的改革之路，积累了丰富经验。实践证明，毫不动摇地坚持邓小平同志建设有中国特色社会主义的理论，坚持党在社会主义初级阶段的基本路线，我们就能够经受各种考验，顺利实现改革开放和现代化建设的宏伟目标。

在建立社会主义市场经济体制的进程中，我们应当在党的基本理论和基本路线指引下，始终坚持以是否有利于发展社会主义社会的生产力，是否有利于增强社会主义国家的综合国力，是否有利于提高人民的生活水平，作为决定各项改革措施取舍和检验其得失的根本标准，注意把握好以下几点：

——解放思想，实事求是。要转变计划经济的传统观念，提倡积极探索，敢于试验。既继承优良传统，又勇于突破陈规，从中国国情出发，借鉴世界各国包括资本主义发达国家一切反映社会化生产和市场经济一般规律的经验。要警惕右，主要是防止“左”。

——以经济建设为中心，改革开放、经济发展和社会稳定相互促进，相互统一。发展是硬道理。只有抓住有利时机，深化改革，扩大开放，加快发展，才能巩固安定团结的政治局面。只有坚持四项基本原则，坚持两手抓，保持社会政治稳定，才能有力地保证改革开放和经济发展的顺利推进。在积极发展经济和改革开放的过程中，注意稳妥，避免大的损失和社会震动。

——尊重群众首创精神，重视群众切身利益。及时总结群众创造出来的实践经验，尊重群众意愿，把群众的积极性引导好、保护好、发挥好。在深化改革和发展经济的过程中，妥善处理积累和消费、全局和局部、长期利益和近期利益的关系，不断提高群众生活水平，使改革赢得广泛而深厚的群众基础。

——整体推进和重点突破相结合。改革从农村起步逐渐向城市拓展，实现城乡改革结合，微观改革与宏观改革相配套，对内搞活和对外开放紧密联系、相互促进，是符合中国国情的正确决策。重大的改革举措，根据不同情况，有的先制订方案，在经济体制的相关方面配套展开；有的先在局部试验，取得经验后再推广。既注意改革的循序渐进，又不失时机地在重要环节取得突破，带动改革全局。

二　转换国有企业经营机制，建立现代企业制度

（4）以公有制为主体的现代企业制度是社会主义市场经济体制的基础。十几年来，采取扩大国有企业经营自主权、改革经营方式等措施，增强了企业活力，为企业进入市场奠定了初步基础。继续深化企业改革，必须解决深层次矛盾，着力进行企业制度的创新，进一步解放和发展生产力，充分发挥社会主义制度的优越性。

建立现代企业制度，是发展社会化大生产和市场经济的必然要求，是我国国有企业改革的方向。其基本特征，一是产权关系明晰，企业中的国有资产所有权属于国家，企业拥有包括国家在内的出资者投资形成的全部法人财产权，成为享有民事权利、承担民事责任的法人实体。二是企业以其全部法人财产，依法自主经营，自负盈亏，照章纳税，对出资者承担资产保值增值的责任。三是出资者按投入企业的资本额享有所有者的权益，即资产受益、重大决策和选择管理者等权利。企业破产时，出资者只以投入企业的资本额对企业债务负有限责任。四是企业按照市场需求组织生产经营，以提高劳动生产率和经济效益为目的，政府不直接干预企业的生产经营活动。企业在市场竞争中优胜劣汰，长期亏损、资不抵债的应依法破产。五是建立科学的企业领导体制和组织管理制度，调节所有者、经营者和职工之间的关系，形成激励和约束相结合的经营机制。所有企业都要向这个方向努力。

（5）建立现代企业制度是一项艰巨复杂的任务，必须积累经验，创造条件，逐步推进。当前，要继续贯彻《全民所有制工业企业法》和《全民所有制工业企业转换经营机制条例》，把企业的各项权利和责任不折不扣地落到实处。加强国有企业财产的监督管理，实现企业国有资产保值增值。加快转换国有企业经营机制和企业组织结构调整的步伐。坚决制止向企业乱集资、乱摊派、乱收费。减轻企业办社会的负担。有步骤地清产核资，界

定产权，清理债权债务，评估资产，核实企业法人财产占用量。从各方面为国有企业稳步地向现代企业制度转变创造条件。

（6）国有大中型企业是国民经济的支柱，推行现代企业制度，对于提高经营管理水平和竞争能力，更好地发挥主导作用，具有重要意义。现代企业按照财产构成可以有多种组织形式。国有企业实行公司制，是建立现代企业制度的有益探索。规范的公司，能够有效地实现出资者所有权与企业法人财产权的分离，有利于政企分开、转换经营机制，企业摆脱对行政机关的依赖，国家解除对企业承担的无限责任；也有利于筹集资金、分散风险。公司可以有不同的类型。具备条件的国有大中型企业，单一投资主体的可依法改组为独资公司，多个投资主体的可依法改组为有限责任公司或股份有限公司。上市的股份有限公司，只能是少数，必须经过严格审定。国有股权在公司中占有多少份额比较合适，可按不同产业和股权分散程度区别处理。生产某些特殊产品的公司和军工企业应由国家独资经营，支柱产业和基础产业中的骨干企业，国家要控股并吸收非国有资金入股，以扩大国有经济的主导作用和影响范围。实行公司制不是简单更换名称，也不是单纯为了筹集资金，而要着重于转换机制。要通过试点，逐步推行，绝不能搞形式主义，一哄而起。要防止把不具备条件的企业硬行改为公司。现有公司要按规范的要求加以整顿。

按照现代企业制度的要求，现有全国性行业总公司要逐步改组为控股公司。发展一批以公有制为主体，以产权联结为主要纽带的跨地区、跨行业的大型企业集团，发挥其在促进结构调整，提高规模效益，加快新技术、新产品开发，增强国际竞争能力等方面的重要作用。

一般小型国有企业，有的可以实行承包经营、租赁经营，有的可以改组为股份合作制，也可以出售给集体或个人。出售企业和股权的收入，由国家转投于急需发展的产业。

（7）改革和完善企业领导体制和组织管理制度。坚持和完善厂长（经理）负责制，保证厂长（经理）依法行使职权。实行公司制的企业，要按照有关法规建立内部组织机构。企业中的党组织要发挥政治核心作用，保证监督党和国家方针政策的贯彻执行。全心全意依靠工人阶级。工会与职工代表大会要组织职工参加企业的民主管理，维护职工的合法权益。要加强职工队伍建设，造就企业家队伍。形成企业内部权责分明、团结合作、相互制约的机制，调动各方面的积极性。企业要按照市场经济的要求，完善和严格内部经营管理，严肃劳动纪律，加强技术开发、质量管理以及营销、财务和信息工作，提高决策水平、企业素质和经济效益。加强企业文化建设，培育优良的职业道德，树立敬业爱厂、遵法守信、开拓创新的精神。

（8）加强企业中的国有资产管理。对国有资产实行国家统一所有、政府分级监管、企业自主经营的体制。按照政府的社会经济管理职能和国有资产所有者职能分开的原则，积极探索国有资产管理和经营的合理形式和途径。加强中央和省、自治区、直辖市两级政府专司国有资产管理的机构。当前国有资产管理不善和严重流失的情况，必须引起高度重视。有关部门对其分工监管的企业国有资产要负起监督职责，根据需要可派出监事会，对企业的国有资产保值增值实行监督。严禁将国有资产低价折股，低价出售，甚至无偿分给个人。要健全制度，从各方面堵塞漏洞，确保国有资产及其权益不受侵犯。

（9）坚持以公有制为主体、多种经济成份共同发展的方针。在积极促进国有经济和集体经济发展的同时，鼓励个体、私营、外资经济发展，并依法加强管理。随着产权的流动和重组，财产混合所有的经济单位越来越多，将会形成新的财产所有结构。就全国来说，公有制在国民经济中应占主体地位，有的地方、有的产业可以有所差别。公有制的主体地位主要体现在国家和集体所有的资产在社会总资产中占优势，国有经济控制国民经济命脉及其对经济发展的主导作用等方面。公有制经济特别是国有经济，要积极参与市场竞争，在市场竞争中壮大和发展。国家要为各种所有制经济平等参与市场竞争创造条件，对各类企业一视同仁。现有城镇集体企业，也要理顺产权关系，区别不同情况可改组为股份合作制企业或合伙企业。有条件的也可以组建为有限责任公司。少数规模大、效益好的，也可以组建为股份有限公司或企业集团。

三　培育和发展市场体系

（10）发挥市场机制在资源配置中的基础性作用，必须培育和发展市场体系。当前要着重发展生产要素市场，规范市场行为，打破地区、部门的分割和封锁，反对不正当竞争，创造平等竞争的环境，形成统一、开放、竞争、有序的大市场。

（11）推进价格改革，建立主要由市场形成价格的机制。现在大部分商品价格已经放开，但少数生产资料价格双轨制仍然存在，生产要素价格的市场化程度还比较低，价格形成和调节机制还不健全。深化价格改革的主要任务是：在保持价格总水平相对稳定的前提下，放开竞争性商品和服务的价格，调顺少数由政府定价的商品和服务的价格；尽快取消生产资料价格双轨制；加速生产要素价格市场化进程；建立和完善少数关系国计民生的重要商品的储备制度，平抑市场价格。

（12）改革现有商品流通体系，进一步发展商品市场。在重要商品的产地、销地或集散地，建立大宗农产品、工业消费品和生产资料的批发市场。严格规范少数商品期货市场试点。国有流通企业要转换经营机制，积极参与市场竞争，提高经济效益，并在完善和发展批发市场中发挥主导作用。根据商品流通的需要，构造大中小相结合、各种经济形式和经营方式并存、功能完备的商品市场网络，推动流通现代化。

（13）当前培育市场体系的重点是，发展金融市场、劳动力市场、房地产市场、技术市场和信息市场等。

发展和完善以银行融资为主的金融市场。资本市场要积极稳妥地发展债券、股票融资。建立发债机构和债券信用评级制度，促进债券市场健康发展。规范股票的发行和上市，并逐步扩大规模。货币市场要发展规范的银行同业拆借和票据贴现，中央银行开展国债买卖。坚决制止和纠正违法违章的集资、拆借等融资活动。

改革劳动制度，逐步形成劳动力市场。我国劳动力充裕是经济发展的优势，同时也存在着就业的压力，要把开发利用和合理配置人力资源作为发展劳动力市场的出发点。广开就业门路，更多地吸纳城镇劳动力就业。鼓励和引导农村剩余劳动力逐步向非农产业转移和地区间的有序流动。发展多种就业形式，运用经济手段调节就业结构，形成用人单位和劳动者双向选择、合理流动的就业机制。

规范和发展房地产市场。我国地少人多，必须十分珍惜和合理使用土地资源，加强土地管理。切实保护耕地，严格控制农业用地转为非农业用地。国家垄断城镇土地一级市场。实行土地使用权有偿有限期出让制度，对商业性用地使用权的出让，要改变协议批租方式，实行招标、拍卖。同时加强土地二级市场的管理，建立正常的土地使用权价格的市场形成机制。通过开征和调整房地产税费等措施，防止在房地产交易中获取暴利和国家收益的流失。控制高档房屋和高消费游乐设施的过快增长。加快城镇住房制度改革，控制住房用地价格，促进住房商品化和住房建设的发展。

进一步发展技术、信息市场。引入竞争机制，保护知识产权，实行技术成果有偿转让，实现技术产品和信息商品化、产业化。

（14）发展市场中介组织，发挥其服务、沟通、公证、监督作用。当前要着重发展会计师、审计师和律师事务所，公证和仲裁机构，计量和质量检验认证机构，信息咨询机构，资产和资信评估机构等。发挥行业协会、商会等组织的作用。中介组织要依法通过资格认定，依据市场规则，建立自律性运行机制，承担相应的法律和经济责任，并接受政府有关部门的管理和监督。

（15）改善和加强对市场的管理和监督。建立正常的市场进入、市场竞争和市场交易秩序，保证公平交易，平等竞争，保护经营者和消费者的合法权益。坚决依法惩处生产和销售假冒伪劣产品、欺行霸市等违法行为。提高市场交易的公开化程度，建立有权威的市场执法和监督机构，加强对市场的管理，发挥社会舆论对市场的监督作用。

四　转变政府职能，建立健全宏观经济调控体系

（16）转变政府职能，改革政府机构，是建立社会主义市场经济体制的迫切要求。政府管理经济的职能，主要是制订和执行宏观调控政策，搞好基础设施建设，创造良好的经济发展环境。同时，要培育市场体系、监督市场运行和维护平等竞争，调节社会分配和组织社会保障，控制人口增长，保护自然资源和生态环境，管理国有资产和监督国有资产经营，实现国家的经济和社会发展目标。政府运用经济手段、法律手段和必要的行政手段管理国民经济，不直接干预企业的生产经营活动。

目前，各级政府普遍存在机构臃肿，人浮于事，职能交叉，效率低下的问题，严重障碍企业经营机制的转换和新体制的建立进程，要按照政企分开，精简、统一、效能的原则，继续并尽早完成政府机构改革。政府经济管理部门要转变职能，专业经济部门要逐步减少，综合经济部门要做好综合协调工作，同时加强政府的社会管理职能，保证国民经济正常运行和良好的社会秩序。

（17）社会主义市场经济必须有健全的宏观调控体系。宏观调控的主要任务是：保持经济总量的基本平衡，促进经济结构的优化，引导国民经济持续、快速、健康发展，推动

社会全面进步。宏观调控主要采取经济办法，近期要在财税、金融、投资和计划体制的改革方面迈出重大步伐，建立计划、金融、财政之间相互配合和制约的机制，加强对经济运行的综合协调。计划提出国民经济和社会发展的目标、任务，以及需要配套实施的经济政策；中央银行以稳定币值为首要目标，调节货币供应总量，并保持国际收支平衡；财政运用预算和税收手段，着重调节经济结构和社会分配。运用货币政策与财政政策，调节社会总需求与总供给的基本平衡，并与产业政策相配合，促进国民经济和社会的协调发展。

（18）积极推进财税体制改革。近期改革的重点，一是把现行地方财政包干制改为在合理划分中央与地方事权基础上的分税制，建立中央税收和地方税收体系。维护国家权益和实施宏观调控所必需的税种列为中央税；同经济发展直接相关的主要税种列为共享税；充实地方税税种，增加地方税收入。通过发展经济，提高效益，扩大财源，逐步提高财政收入在国民生产总值中的比重，合理确定中央财政收入和地方财政收入的比例。实行中央财政对地方的返还和转移支付的制度，以调节分配结构和地区结构，特别是扶持经济不发达地区的发展和老工业基地的改造。二是按照统一税法、公平税负、简化税制和合理分权的原则，改革和完善税收制度。推行以增值税为主体的流转税制度，对少数商品征收消费税，对大部分非商品经营继续征收营业税。在降低国有企业所得税税率，取消能源交通重点建设基金和预算调节基金的基础上，企业依法纳税，理顺国家和国有企业的利润分配关系。统一企业所得税和个人所得税，规范税率，扩大税基。开征和调整某些税种，清理税收减免，严格税收征管，堵塞税收流失。三是改进和规范复式预算制度。建立政府公共预算和国有资产经营预算，并可以根据需要建立社会保障预算和其他预算。要严格控制财政赤字。中央财政赤字不再向银行透支，而靠发行长短期国债解决。统一管理政府的国内外债务。

（19）加快金融体制改革。中国人民银行作为中央银行，在国务院领导下独立执行货币政策，从主要依靠信贷规模管理，转变为运用存款准备金率、中央银行贷款利率和公开市场业务等手段，调控货币供应量，保持币值稳定；监管各类金融机构，维护金融秩序，不再对非金融机构办理业务。银行业与证券业实行分业管理。组建货币政策委员会，及时调整货币和信贷政策。按照货币在全国范围流通和需要集中统一调节的要求，中国人民银行的分支机构为总行的派出机构，应积极创造条件跨行政区设置。

建立政策性银行，实行政策性业务与商业性业务分离。组建国家开发银行和进出口信贷银行，改组中国农业银行，承担严格界定的政策性业务。

发展商业性银行。现有的专业银行要逐步转变为商业银行，并根据需要有步骤地组建农村合作银行和城市合作银行。商业银行要实行资产负债比例管理和风险管理。规范与发展非银行金融机构。

中央银行按照资金供求状况及时调整基准利率，并允许商业银行存贷款利率在规定幅度内自由浮动。改革外汇管理体制，建立以市场为基础的有管理的浮动汇率制度和统一规范的外汇市场。逐步使人民币成为可兑换的货币。

实现银行系统计算机网络化，扩大商业汇票和支票等结算工具的使用面，严格结算纪律，提高结算效率，积极推行信用卡，减少现金流通量。

（20）深化投资体制改革。逐步建立法人投资和银行信贷的风险责任。竞争性项目投资由企业自主决策，自担风险，所需贷款由商业银行自主决定，自负盈亏。用项目登记备案制代替现行的行政审批制，把这方面的投融资活动推向市场，国家用产业政策予以引导。基础性项目建设要鼓励和吸引各方投资参与。地方政府负责地区性的基础设施建设。国家重大建设项目，按照统一规划，由国家开发银行等政策性银行，通过财政投融资和金融债券等渠道筹资，采取控股、参股和政策性优惠贷款等多种形式进行；企业法人对筹划、筹资、建设直至生产经营、归还贷款本息以及资产保值增值全过程负责。社会公益性项目建设，要广泛吸收社会各界资金，根据中央和地方事权划分，由政府通过财政统筹安排。

（21）加快计划体制改革，进一步转变计划管理职能。国家计划要以市场为基础，总体上应当是指导性的计划。计划工作的任务，是合理确定国民经济和社会发展的战略、宏观调控目标和产业政策，搞好经济预测，规划重大经济结构、生产力布局、国土整治和重点建设。计划工作要突出宏观性、战略性、政策性，把重点放到中长期计划上，综合协调宏观经济政策和经济杠杆的运用。建立新的国民经济核算体系，完善宏观经济监测预警系统。

（22）合理划分中央与地方经济管理权限，发挥中央和地方两个积极性。宏观经济调控权，包括货币的发行、基准利率的确定、汇率的调节和重要税种税率的调整等，必须集中在中央。这是保证经济总量平衡、经济结构优化和全国市场统一的需要。我国国家大，人口多，必须赋予省、自治区和直辖市必要的权力，使其能够按照国家法律、法规和宏观政策，制订地区性的法规、政策和规划；通过地方税收和预算，调节本地区的经济活动；充分运用地方资源，促进本地区的经济和社会发展。

五　建立合理的个人收入分配和社会保障制度

（23）个人收入分配要坚持以按劳分配为主体、多种分配方式并存的制度，体现效率优先、兼顾公平的原则。劳动者的个人劳动报酬要引入竞争机制，打破平均主义，实行多劳多得，合理拉开差距。坚持鼓励一部分地区一部分人通过诚实劳动和合法经营先富起来的政策，提倡先富带动和帮助后富，逐步实现共同富裕。

（24）建立适应企业、事业单位和行政机关各自特点的工资制度与正常的工资增长机制。国有企业在职工工资总额增长率低于企业经济效益增长率，职工平均工资增长率低于本企业劳动生产率增长的前提下，根据劳动就业供求变化和国家有关政策规定，自主决定工资水平和内部分配方式。行政机关实行国家公务员制度，公务员的工资由国家根据经济发展状况并参照企业平均工资水平确定和调整，形成正常的晋级和工资增长机制。事业单位实行不同的工资制度和分配方式，有条件的可以实行企业工资制度。国家制订最低工资标准，各类企事业单位必须严格执行。积极推进个人收入的货币化和规范化。

（25）国家依法保护法人和居民的一切合法收入和财产，鼓励城乡居民储蓄和投资，允许属于个人的资本等生产要素参与收益分配。逐步建立个人收入应税申报制度，依法强化征管个人所得税，适时开征遗产税和赠与税。要通过分配政策和税收调节，避免由于少数人收入畸高形成两极分化。对侵吞公有财产和采取偷税抗税、行贿受贿、贪赃枉法等非法手段牟取收入的，要依法惩处。

（26）建立多层次的社会保障体系，对于深化企业和事业单位改革，保持社会稳定，顺利建立社会主义市场经济体制具有重大意义。社会保障体系包括社会保险、社会救济、社会福利、优抚安置和社会互助、个人储蓄积累保障。社会保障政策要统一，管理要法制化。社会保障水平要与我国社会生产力发展水平以及各方面的承受能力相适应。城乡居民的社会保障办法应有区别。提倡社会互助。发展商业性保险业，作为社会保险的补充。

（27）按照社会保障的不同类型确定其资金来源和保障方式。重点完善企业养老和失业保险制度，强化社会服务功能以减轻企业负担，促进企业组织结构调整，提高企业经济效益和竞争能力。城镇职工养老和医疗保险金由单位和个人共同负担，实行社会统筹和个人账户相结合。进一步健全失业保险制度，保险费由企业按职工工资总额一定比例统一筹交。普遍建立企业工伤保险制度。农民养老以家庭保障为主，与社区扶持相结合。有条件的地方，根据农民自愿，也可以实行个人储蓄积累养老保险。发展和完善农村合作医疗制度。

（28）建立统一的社会保障管理机构。提高社会保障事业的管理水平，形成社会保险基金筹集、运营的良性循环机制。社会保障行政管理和社会保险基金经营要分开。社会保障管理机构主要是行使行政管理职能。建立由政府有关部门和社会公众代表参加的社会保险基金监督组织，监督社会保险基金的收支和管理。社会保险基金经办机构，在保证基金正常支付和安全性流动性的前提下，可依法把社会保险基金主要用于购买国家债券，确保社会保险基金的保值增值。

六　深化农村经济体制改革

（29）农业、农村和农民问题，是我国经济发展和现代化建设的根本问题。我国农村十多年来的改革，使农村社会经济面貌发生了历史性的变化，也为整个国民经济的改革和发展奠定了基础。近年来，农村面临着一些亟待解决的新问题，主要是农业特别是粮棉生产的比较效益下降，工农业产品价格剪刀差扩大，农民收入增长缓慢。必须稳定党在农村的基本政策，深化农村改革，加快农村经济发展，增加农民收入，进一步增强农业的基础地位，保证到本世纪末农业再上一个新台阶，广大农民的生活由温饱达到小康水平。

（30）我国农村经济的发展，开始进入以调整结构、提高效益为主要特征的新阶段。要适应市场对农产品消费需求的变化，优化品种结构，使农业朝着高产、优质、高效的方向发展。在保持粮棉等基本农产品稳定增长的前提下，调整农村的产业结构，加快乡镇企业和其他非农产业的发展，为农村剩余劳动力提供更多的就业机会。实现农业产品结构和农村产业结构调整，必须积极培育农村市场，打破地区封锁、城乡分割的状况，进一步搞活流通，增强农村经济发展的开放性，使各种经济资源在更大的范围内流动和组合。这是加快农村经济发展，提高农民收入的根本途径。

（31）以家庭联产承包为主的责任制和统分结合的双层经营体制，是农村的一项基本经济制度，必须长期稳定，并不断完善。在坚持土地集体所有的前提下，延长耕地承包期，允许继承开发性生产项目的承包经营权，允许土地使用权依法有偿转让。少数经济比较发达的地方，本着群众自愿原则，可以采取转包、入股等多种形式发展适度规模经营，提高农业劳动生产率和土地生产率。乡村集体经济组织，要积极兴办服务性的经济实体，为家庭经营提供服务，逐步积累集体资产，壮大集体经济实力。

（32）发展农村社会化服务体系，促进农业专业化、商品化、社会化。从农民实际需要出发，发展多样化的服务组织，形成乡村集体经济组织、国家经济技术部门和各种专业技术协会等农民联合组织相结合的服务网络。各级供销社要继续深化改革，真正办成农民的合作经济组织，积极探索向综合性服务组织发展的新路子。逐步全面放开农产品经营，改变部门分割、产销脱节的状况，发展各种形式的贸工农一体化经营，把生产、加工、销售环节紧密结合起来。加快农村教育的改革和发展。积极推进农科教结合，加强农业科学技术的研究和先进适用技术的推广，用现代科学技术改造传统农业。要积极面向国际市场，大力发展高附加值产品和出口创汇农业。

（33）乡镇企业是农村经济的重要支柱。要完善承包经营责任制，发展股份合作制，进行产权制度和经营方式的创新，进一步增强乡镇企业的活力。在明晰产权的基础上，促进生产要素跨社区流动和组合，形成更合理的企业布局。加强规划，引导乡镇企业适当集中，充分利用和改造现有小城镇，建设新的小城镇。逐步改革小城镇的户籍管理制度，允许农民进入小城镇务工经商，发展农村第三产业，促进农村剩余劳动力的转移。

（34）加强政府对农业生产的支持和对农民利益的保护。各级政府要逐步增加对农业的投入，积极鼓励农民和集体增加劳动和资金投入，不断改善农业生产条件，增强农业的物质技术基础。要抓紧建立和健全粮食等基本农产品的储备调节体系和市场风险基金，实行保护价收购制度，防止市场价格过大波动。扶持农用工业发展。对农民负担的费用和劳务实行规范化、法制化管理，切实保护农民的经济利益。

（35）扶持贫困地区特别是革命老区、少数民族地区、边远地区发展经济。中央和地方都要关心和支持这些地区的社会经济发展，进一步加强扶贫开发工作，重点搞好农业基本建设，改善交通通信状况。扩大发达地区与贫困地区的干部交流和经济技术协作。增强群众的市场经济意识，充分利用当地的资源优势，逐步形成主要靠自己力量脱贫致富的机制。

七　深化对外经济体制改革，进一步扩大对外开放

（36）坚定不移地实行对外开放政策，加快对外开放步伐，充分利用国际国内两个市场、两种资源，优化资源配置。积极参与国际竞争与国际经济合作，发挥我国经济的比较优势，发展开放型经济，使国内经济与国际经济实现互接互补。依照我国国情和国际经济活动的一般准则，规范对外经济活动，正确处理对外经济关系，不断提高国际竞争能力。

（37）实行全方位开放。继续推进经济特区、沿海开放城市、沿海开放地带，以及沿边、沿江和内陆中心城市的对外开放，充分发挥开放地区的辐射和带动作用；加快主要交通干线沿线地带的开发开放；鼓励中、西部地区吸收外资开发和利用自然资源，促进经济振兴；统筹规划，认真办好经济技术开发区、保税区，形成既有层次又各具特点的全方位开放格局。拓宽对外开放的领域，扩大生产要素的流动和交换，在注重工业和贸易领域国际联系的基础上，加快其他产业的对外开放，促进服务贸易的发展。改进海关、商检、运输等各项口岸工作。加强对境外中资企业的管理。认真总结经验，不断提高对外开放程度，引导对外开放向高层次、宽领域、纵深化方向发展。

（38）进一步改革对外经济贸易体制，建立适应国际经济通行规则的运行机制。坚持统一政策、放开经营、平等竞争、自负盈亏、工贸结合、推行代理制的改革方向。加速转换各类企业的对外经营机制，按照现代企业制度改组国有对外经贸企业，赋予具备条件的生产和科技企业对外经营权，发展一批国际化、实业化、集团化的综合贸易公司。国家主要运用汇率、税收和信贷等经济手段调节对外经济活动。改革进出口管理制度，取消指令性计划，减少行政干预；对少数实行数量限制的进出口商品的管理，按照效益、公正和公开的原则，实行配额招标、拍卖或规则化分配。发挥进出口商会协调指导、咨询服务的作用。积极推进以质取胜和市场多元化战略。进一步搞好边境贸易。完善出口退税制度。降低关税总水平，合理调整关税结构，严格征管，打击走私。深化对外经济技术合作体制改革，提高综合经营能力和整体效益。统一和健全对外经济法规，维护国家利益。

（39）积极引进外来资金、技术、人才和管理经验。改善投资环境和管理办法，扩大引进规模，拓宽投资领域，进一步开放国内市场。创造条件对外商投资企业实行国民待遇，依法完善对外商投资企业的管理。引导外资重点投向基础设施、基础产业、高新技术产业和老企业的技术改造，鼓励兴办出口型企业。发挥我国资源和市场的比较优势，吸引外来资金和技术，促进经济发展。

八　进一步改革科技体制和教育体制

（40）科学技术是第一生产力，经济建设必须依靠科学技术，科学技术工作必须面向经济建设。科技体制改革的目标，是建立适应社会主义市场经济发展，符合科技自身发展规律，科技与经济密切结合的新型体制，促进科技进步，攀登科技高峰，以实现经济、科技和社会的综合协调发展。中央、地方和企业都要加大科技投入，逐步形成结构优化、布局合理、精干高效的研究开发体系，推动开发研究、高新技术及其产业和基础性研究的发展，促进科技成果向现实生产力的转化。要改变部门分割的状况，推进科技系统的结构调整和人才的合理分流。实行“稳住一头，放开一片”的方针，加强基础性研究，发展高新技术研究，放开技术开发和科技服务机构的研究开发经营活动。积极发展各种所有制形式和经营方式的科技企业。应用研究和开发研究机构以及科技咨询和信息服务机构要面向市场，逐步实行企业化经营，增强自我发展和市场竞争能力。

（41）积极促进科技经济一体化。一是选择国民经济中重大和关键技术领域，统一协调组织科研力量进行科技攻关。二是建立自主开发与技术引进相互促进的新机制，搞好技术引进和技术创新。办好高新技术产业开发区，促进高新技术成果商品化和产业化。三是鼓励科研机构、高等院校和企业合作进行技术开发，支持技术开发研究机构与大型企业或企业集团联合创办新产品、新工艺的研究开发机构，加快用高新技术改造传统产业的步伐。在企业内部建立起市场、科研、生产一体化的技术进步机制，使企业成为技术开发的主体。四是发展促进技术转让的中介机构、中间试验和工业试验，建立地区和行业的技术创新组织和技术推广网络。五是国防军工科研单位要继续贯彻军民结合的方针，进一步深化改革，转换机制，在保障国防建设的前提下，加强军民两用技术研究开发，积极推进军工技术向民用领域转移。

（42）社会主义市场经济体制的建立和现代化的实现，最终取决于国民素质的提高和人才的培养。各级党委和政府要把优先发展教育事业作为战略任务来抓，加强对教育工作的领导。切实落实《中国教育改革和发展纲要》，加快教育体制改革的步伐。确保教育投入，提高教学质量和办学效益。改变政府包揽办学的状况，形成政府办学为主与社会各界参与办学相结合的新体制。强化义务教育，大力发展职业教育和成人教育，优化教育结构。义务教育主要由政府投资办学，同时鼓励多渠道、多形式社会集资办学和民间办学；职业教育、成人教育以及各种社会教育要更多地面向市场需求，发挥社会各方面的作用。高等教育要改革办学体制，改变条块分割的状况，除特殊行业外，区别不同情况分步过渡到中央和地方两级管理的体制，扩大地方和院校的办学自主权。高等院校要在招生、专业设置、教材内容、教学方法以及毕业生就业等环节进一步改革。各类学校都要加强教师队伍建设，改善德育教育。

（43）尊重知识，尊重人才，进一步创造人尽其才、人才辈出的环境和条件。要采取多种形式和途径，培养大量的熟练劳动者和各种专业人才，同时要造就一批进入世界科技前沿的跨世纪的学术和技术带头人。要把人才培养和合理使用结合起来，配套改革劳动人事与干部选拔制度。要制订各种职业的资格标准和录用标准，实行学历文凭和职业资格两种证书制度，逐步实行公开招聘，平等竞争，促进人才合理流动。实行“支持留学、鼓励回国、来去自由”的方针，采取多种形式，鼓励海外人才为祖国服务。

九　加强法律制度建设

（44）社会主义市场经济体制的建立和完善，必须有完备的法制来规范和保障。要高度重视法制建设，做到改革开放与法制建设的统一，学会运用法律手段管理经济。法制建设的目标是：遵循宪法规定的原则，加快经济立法，进一步完善民商法律、刑事法律、有关国家机构和行政管理方面的法律，本世纪末初步建立适应社会主义市场经济的法律体系；改革、完善司法制度和行政执法机制，提高司法和行政执法水平；建立健全执法监督机制和法律服务机构，深入开展法制教育，提高全社会的法律意识和法制观念。

（45）坚持社会主义法制的统一，改革决策要与立法决策紧密结合，立法要体现改革精神，用法律引导、推进和保障改革顺利进行。要搞好立法规划，抓紧制订关于规范市场主体、维护市场秩序、加强宏观调控、完善社会保障、促进对外开放等方面的法律。要适时修改和废止与建立社会主义市场经济体制不相适应的法律和法规。加强党对立法工作领导，完善立法体制，改进立法程序，加快立法步伐，为社会主义市场经济提供法律规范。

加强和改善司、行政执法和执法监督，维护社会稳定，保障经济发展和公民的合法权益。依法惩处刑事犯罪和经济犯罪，及时处理经济和民事纠纷。各级政府都要依法行政，依法办事。坚决纠正经济活动以及其他活动中有法不依，执法不严，违法不究，滥用职权，以及为谋求部门和地区利益而违反法律等现象。加强执法队伍建设，提高人员素质和执法水平。建立对执法违法的追究制度和赔偿制度。

（46）加强廉政建设、反对腐败是建立社会主义市场经济体制的必要条件和重要保证，也是关系改革事业成败，关系党和国家命运的大事，必须切实抓紧抓好。反腐败斗争是长期的、艰巨的任务，要坚持不懈地进行。要加强廉政法制建设，完善党和国家机关及其工作人员特别是领导干部的廉洁自律和监督机制。执法、司法、经济管理等部门，要建立有效的约束机制，防范以权谋私，纠正部门和行业不正之风。绝不允许将商品交换原则引入党的政治生活和国家机关的政务活动，搞权钱交易。要依法严肃查处包括法人违法犯罪在内的大案要案，坚决惩处腐败分子。加强党的纪律检查机关和司法、监察、审计部门的工作，发挥法律监督、组织监督、群众监督和舆论监督的作用。

十　加强和改善党的领导，为本世纪末初步建立社会主义市场经济体制而奋斗

（47）建立社会主义市场经济体制，加快现代化建设步伐，必须加强和改善党的领导。党要肩负起新时期的伟大历史任务，必须加强自身建设。当前，党的建设要着重抓好以下工作：一是坚持用邓小平同志建设有中国特色社会主义的理论武装全党。要学习马克思列宁主义毛泽东思想，中心内容是学习建设有中国特色社会主义的理论，提高贯彻执行党的基本路线和发展社会主义市场经济方针政策的坚定性和自觉性，保持思想上政治上的高度一致。二是坚持全心全意为人民服务的宗旨，继承和发扬党的优良传统和作风，进一步密切党同人民群众的联系。三是严格执行党的民主集中制，健全党内政治生活，维护党的团结，严肃党的纪律，增强全局观念，使全党在行动上做到步调一致，令行禁止。四是加强各级领导班子的建设，深入实际，调查研究，坚决克服官僚主义和形式主义，认真学习社会主义市场经济基本知识和现代科技知识，努力提高领导现代化建设的水平。五是切实加强党的基层组织建设，努力改变一部分党组织软弱涣散的状况，充分发挥基层党组织战斗堡垒和广大党员的先锋模范作用。

（48）同建立社会主义市场经济体制和经济发展相适应，积极推进政治体制改革，加强社会主义民主政治建设。坚持和完善人民代表大会制度和共产党领导的多种合作与政治协商制度。发挥工会、共青团、妇联等群众组织作为党联系群众的桥梁和纽带的作用。加快建立健全民主的科学的决策制度，提高决策水平。全面贯彻党的民族政策，完善民族区域自治制度，促进民族地区经济文化发展，巩固和发展平等、互助、团结、合作的社会主义民族关系，实现各民族的共同繁荣和团结进步。认真贯彻党的宗教政策、侨务政策，为社会主义现代化建设服务。加强基层民主建设，完善各种监督制度，切实保障人民群众依

法管理国家事务、经济事务和社会事务的民主权利。

（49）坚持两手抓、两手都要硬的方针，加强以培养有理想、有道德、有文化、有纪律的新人为目标的社会主义精神文明建设。各级党委和政府要发挥思想政治工作优势，加强对宣传思想和文化工作的领导。要加强对邓小平同志建设有中国特色社会主义理论的研究工作，加强以马克思主义为指导的哲学社会科学研究工作。要广泛深入生动地开展爱国主义、集体主义、社会主义教育，开展中国历史特别是近代史现代史和中华民族优良传统的教育，提高民族自尊心、自信心和自豪感，发扬艰苦奋斗精神，把亿万群众的巨大创造力凝聚到建设有中国特色社会主义的伟大事业上来。积极倡导在社会主义市场经济条件下坚持正确的人生观和文明健康的生活方式，加强社会公德和职业道德的建设，反对拜金主义、极端个人主义和腐朽的生活方式。坚持不懈地进行"扫黄"和扫除各种丑恶现象的斗争，加强社会治安综合治理。坚持为人民服务、为社会主义服务和百花齐放、百家争鸣的方针，鼓励创作积极向上、人民群众喜闻乐见的文化艺术作品，丰富人民的精神生活。深化文化体制改革，完善文化经济政策，依法加强文化市场管理。要把社会效益放在首位，正确处理精神产品社会效益与经济效益的关系。对需要扶持的文化艺术精粹，国家要有重点地给予必要的资助。

（50）经济体制改革是一场涉及经济基础和上层建筑许多领域的深刻革命，必然要改变旧体制固有的和体制转变过程中形成的各种不合理的利益格局，不可避免地会遇到这样或那样的困难和阻力。必须从总体上处理好改革、发展和稳定的关系，处理好各方面的利益关系，调动一切积极因素，为国民经济健康发展创造有利条件。当前我国经济在高速增长过程中遇到的一些矛盾和问题，从根本上讲，是由于旧体制的弊病没有完全克服，新体制还没有完全形成，因此，各级党委和政府必须把更大的精力集中到加快改革上来。要紧紧抓住重点领域的改革，制订具体方案，大胆探索，勇于实践，认真总结经验，不断开拓前进。

十四届三中全会号召全党同志和全国各族人民，更加紧密地团结在以江泽民同志为核心的党中央周围，在邓小平同志建设有中国特色社会主义的理论和党的十四大精神指引下，同心同德，锐意改革，自力更生，艰苦创业，为在本世纪末初步建立起社会主义市场经济体制，实现国民经济和社会发展第二步战略目标而努力奋斗！

附录 7

中华人民共和国公司法

（1993 年 12 月 29 日，第八届全国人民代表大会常务委员会第五次会议通过）

第一章　总则

第一条　为了适应建立现代企业制度的需要，规范公司的组织和行为，保护公司、股东和债权人的合法权益，维护社会经济秩序，促进社会主义市场经济的发展，根据宪法，制定本法。

第二条 本法所称公司是指依照本法在中国境内设立的有限责任公司和股份有限公司。

第三条 有限责任公司和股份有限公司是企业法人。

有限责任公司，股东以其出资额为限对公司承担责任，公司以其全部资产对公司的债务承担责任。

股份有限公司，其全部资本分为等额股份，股东以其所持股份为限对公司承担责任，公司以其全部资产对公司的债务承担责任。

第四条 公司股东作为出资者按投入公司的资本额享有所有者的资产受益、重大决策和选择管理者等权利。

公司享有由股东投资形成的全部法人财产权，依法享有民事权利，承担民事责任。

公司中的国有资产所有权属于国家。

第五条 公司以其全部法人财产，依法自主经营，自负盈亏。

公司在国家宏观调控下，按照市场需求自主组织生产经营，以提高经济效益、劳动生产率和实现资产保值增值为目的。

第六条 公司实行权责分明、管理科学、激励和约束相结合的内部管理体制。

第七条 国有企业改建为公司，必须依照法律、行政法规规定的条件和要求，转换经营机制，有步骤地清产核资、界定产权，清理债权债务，评估资产，建立规范的内部管理机构。

第八条 设立有限责任公司、股份有限公司，必须符合本法规定的条件，符合本法规定的条件的，登记为有限责任公司或者股份有限公司；不符合本法规定的条件的，不得登记为有限责任公司或者股份有限公司。

法律、行政法规对设立公司规定必须报经审批的，在公司登记前依法办理审批手续。

第九条 依照本法设立的有限责任公司，必须在公司名称中标明有限责任公司字样。

依照本法设立的股份有限公司，必须在公司名称中标明股份有限公司字样。

第十条 公司以其主要办事机构所在地为住所。

第十一条 设立公司必须依照本法制定公司章程。公司章程对公司、股东、董事、监事、经理具有约束力。

公司的经营范围由公司章程规定，并依法登记。公司的经营范围中属于法律、行政法规限制的项目，应当依法经过批准。

公司应当在登记的经营范围内从事经营活动。公司依照法定程序修改公司章程并经公司登记机关变更登记，可以变更其经营范围。

第十二条 公司可以向其他有限责任公司、股份有限公司投资，并以该出资额为限对所投资公司承担责任。

公司向其他有限责任公司、股份有限公司投资的，除国务院规定的投资公司和控股公司外，所累计投资额不得超过本公司净资产的百分之五十，在投资后，接受被投资公司以利润转增的资本，其增加额不包括在内。

第十三条 公司可以设立分公司，分公司不具有企业法人资格，其民事责任由公司承担。

公司可以设立子公司，子公司具有企业法人资格，依法独立承担民事责任。

第十四条 公司从事经营活动，必须遵守法律，遵守职业道德，加强社会主义精神文明建设，接受政府和社会公众的监督。

公司的合法权益受法律保护，不受侵犯。

第十五条 公司必须保护职工的合法权益，加强劳动保护，实现安全生产。

公司采用多种形式，加强公司职工的职业教育和岗位培训，提高职工素质。

第十六条 公司职工依法组织工会，开展工会活动，维护职工的合法权益。公司应当为本公司工会提供必要的活动条件。

国有独资公司和两个以上的国有企业或者其他两个以上的国有投资主体投资设立的有限责任公司，依照宪法和有关法律的规定，通过职工代表大会和其他形式，实行民主管理。

第十七条 公司中中国共产党基层组织的活动，依照中国共产党章程办理。

第十八条 外商投资的有限责任公司适用本法，有关中外合资经营企业、中外合作经营企业、外资企业的法律另有规定的，适用其规定。

第二章 有限责任公司的设立和组织机构

第一节 设立

第十九条 设立有限责任公司，应当具备下列条件：

（一）股东符合法定人数；

（二）股东出资达到法定资本最低限额；

（三）股东共同制定公司章程；

（四）有公司名称，建立符合有限责任公司要求的组织机构；

（五）有固定的生产经营场所和必要的生产经营条件。

第二十条 有限责任公司由二个以上五十个以下股东共同出资设立。

国家授权投资的机构或者国家授权的部门可以单独投资设立国有独资的有限责任公司。

第二十一条 本法施行前已设立的国有企业，符合本法规定设立有限责任公司条件的，单一投资主体的，可以依照本法改建为国有独资的有限责任公司；多个投资主体的，可以改建为前条第一款规定的有限责任公司。

国有企业改建为公司的实施步骤和具体办法，由国务院另行规定。

第二十二条　有限责任公司章程应当载明下列事项：

（一）公司名称和住所；

（二）公司经营范围；

（三）公司注册资本；

（四）股东的姓名或者名称；

（五）股东的权利和义务；

（六）股东的出资方式和出资额；

（七）股东转让出资的条件；

（八）公司的机构及其产生办法、职权、议事规则；

（九）公司的法定代表人；

（十）公司的解散事由与清算办法；

（十一）股东认为需要规定的其他事项。

股东应当在公司章程上签名、盖章。

第二十三条　有限责任公司的注册资本为在公司登记机关登记的全体股东实缴的出资额。

有限责任公司的注册资本不得少于下列最低限额：

（一）以生产经营为主的公司人民币五十万元；

（二）以商品批发为主的公司人民币五十万元；

（三）以商业零售为主的公司人民币三十万元；

（四）科技开发、咨询、服务性公司人民币十万元。

特定行业的有限责任公司注册资本最低限额需高于前款所定限额的，由法律、行政法规另行规定。

第二十四条　股东可以用货币出资，也可以用实物、工业产权、非专利技术、土地使用权作价出资。对作为出资的实物、工业产权、非专利技术或者土地使用权，必须进行评估作价，核实财产，不得高估或者低估作价。土地使用权的评估作价，按照法律、行政法规的规定办理。

以工业产权、非专利技术作价出资的金额不得超过有限责任公司注册资本的百分之二十，国家对采用高新技术成果有特别规定的除外。

第二十五条　股东应当足额缴纳公司章程中规定的各自所认缴的出资额。股东以货币出资的，应当将货币出资足额存入准备设立的有限责任公司在银行开设的临时帐户；以实物、工业产权、非专利技术或者土地使用权出资的，应当依法办理其财产权的转移手续。

股东不按照前款规定缴纳所认缴的出资，应当向已足额缴纳出资的股东承担违约责任。

第二十六条　股东全部缴纳出资后，必须经法定的验资机构验资并出具证明。

第二十七条 股东的全部出资经法定的验资机构验资后，由全体股东指定的代表或者共同委托的代理人向公司登记机关申请设立登记，提交公司登记申请书、公司章程、验资证明等文件。

法律、行政法规规定需要经有关部门审批的，应当在申请设立登记时提交批准文件。

公司登记机关对符合本法规定条件的，予以登记，发给公司营业执照；对不符合本法规定条件的，不予登记。

公司营业执照签发日期，为有限责任公司成立日期。

第二十八条 有限责任公司成立后，发现作为出资的实物、工业产权、非专利技术、土地使用权的实际价额显著低于公司章程所定价额的，应当由交付该出资的股东补交其差额，公司设立时的其他股东对其承担连带责任。

第二十九条 设立有限责任公司的同时设立分公司的，应当就所设分公司向公司登记机关申请登记，领取营业执照。

有限责任公司成立后设立分公司，应当由公司法定代表人向公司登记机关申请登记，领取营业执照。

第三十条 有限责任公司成立后，应当向股东签发出资证明书。

出资证明书应当载明下列事项：

（一）公司名称；

（二）公司登记日期；

（三）公司注册资本；

（四）股东的姓名或者名称、缴纳的出资额和出资日期；

（五）出资证明书的编号和核发日期。

出资证明书由公司盖章。

第三十一条 有限责任公司应当置备股东名册，记载下列事项：

（一）股东的姓名或者名称及住所；

（二）股东的出资额；

（三）出资证明书编号。

第三十二条 股东有权查阅股东会会议记录和公司财务会计报告。

第三十三条 股东按照出资比例分取红利。公司新增资本时，股东可以优先认缴出资。

第三十四条 股东在公司登记后，不得抽回出资。

第三十五条 股东之间可以相互转让其全部出资或者部分出资。

股东向股东以外的人转让其出资时，必须经全体股东过半数同意；不同意转让的股东应当购买该转让的出资，如果不购买该转让的出资，视为同意转让。

经股东同意转让的出资，在同等条件下，其他股东对该出资有优先购买权。

第三十六条 股东依法转让其出资后，由公司将受让人的姓名或者名称、住所以及受让的出资额记载于股东名册。

第二节　组织机构

第三十七条　有限责任公司股东会由全体股东组成，股东会是公司的权力机构，依照本法行使职权。

第三十八条　股东会行使下列职权：

（一）决定公司的经营方针和投资计划；

（二）选举和更换董事，决定有关董事的报酬事项；

（三）选举和更换由股东代表出任的监事，决定有关监事的报酬事项；

（四）审议批准董事会的报告；

（五）审议批准监事会或者监事的报告；

（六）审议批准公司的年度财务预算方案、决算方案；

（七）审议批准公司的利润分配方案和弥补亏损方案；

（八）对公司增加或者减少注册资本作出决议；

（九）对发行公司债券作出决议；

（十）对股东向股东以外的人转让出资作出决议；

（十一）对公司合并、分立、变更公司形式、解散和清算等事项作出决议；

（十二）修改公司章程。

第三十九条　股东会的议事方式和表决程序，除本法有规定的以外，由公司章程规定。

股东会对公司增加或者减少注册资本、分立、合并、解散或者变更公司形式作出决议，必须经代表三分之二以上表决权的股东通过。

第四十条　公司可以修改章程。修改公司章程的决议，必须经代表三分之二以上表决权的股东通过。

第四十一条　股东会会议由股东按照出资比例行使表决权。

第四十二条　股东会的首次会议由出资最多的股东召集和主持，依照本法规定行使职权。

第四十三条　股东会会议分为定期会议和临时会议。

定期会议应当按照公司章程的规定按时召开。代表四分之一以上表决权的股东，三分之一以上董事，或者监事，可以提议召开临时会议。

有限责任公司设立董事会的，股东会会议由董事会召集，董事长主持，董事长因特殊原因不能履行职务时，由董事长指定的副董事长或者其他董事主持。

第四十四条　召开股东会会议，应当于会议召开十五日以前通知全体股东。

股东会应当对所议事项的决定作成会议记录，出席会议的股东应当在会议记录上签名。

第四十五条 有限责任公司设董事会，其成员为三人至十三人。

两个以上的国有企业或者其他两个以上的国有投资主体投资设立的有限责任公司，其董事会成员中应当有公司职工代表。董事会中的职工代表由公司职工民主选举产生。

董事会设董事长一人，可以设副董事长一至二人。董事长、副董事长的产生办法由公司章程规定。

董事长为公司的法定代表人。

第四十六条 董事会对股东会负责，行使下列职权：

（一）负责召集股东会，并向股东会报告工作；

（二）执行股东会的决议；

（三）决定公司的经营计划和投资方案；

（四）制订公司的年度财务预算方案、决算方案；

（五）制订公司的利润分配方案和弥补亏损方案；

（六）制订公司增加或者减少注册资本的方案；

（七）拟订公司合并、分立、变更公司形式、解散的方案；

（八）决定公司内部管理机构的设置；

（九）聘任或者解聘公司经理（总经理）（以下简称经理），根据经理的提名，聘任或者解聘公司副经理、财务负责人，决定其报酬事项；

（十）制定公司的基本管理制度。

第四十七条 董事任期由公司章程规定，但每届任期不得超过三年。董事任期届满，连选可以连任。

董事在任期届满前，股东会不得无故解除其职务。

第四十八条 董事会会议由董事长召集和主持；董事长因特殊原因不能履行职务时，由董事长指定副董事长或者其他董事召集和主持。三分之一以上董事可以提议召开董事会会议。

第四十九条 董事会的议事方式和表决程序，除本法有规定的以外，由公司章程规定。

召开董事会会议，应当于会议召开十日以前通知全体董事。

董事会应当对所议事项的决定作成会议记录，出席会议的董事应当在会议记录上签名。

第五十条 有限责任公司设经理，由董事会聘任或者解聘。经理对董事会负责，行使下列职权：

（一）主持公司的生产经营管理工作，组织实施董事会决议；

（二）组织实施公司年度经营计划和投资方案；

（三）拟订公司内部管理机构设置方案；

（四）拟订公司的基本管理制度；

（五）制定公司的具体规章；

（六）提请聘任或者解聘公司副经理、财务负责人；

（七）聘任或者解聘除应由董事会聘任或者解聘以外的负责管理人员；

（八）公司章程和董事会授予的其他职权。

经理列席董事会会议。

第五十一条 有限责任公司，股东人数较少和规模较小的，可以设一名执行董事，不设立董事会。执行董事可以兼任公司经理。

执行董事的职权，应当参照本法第四十六条规定，由公司章程规定。

有限责任公司不设董事会的，执行董事为公司的法定代表人。

第五十二条 有限责任公司，经营规模较大的，设立监事会，其成员不得少于三人。监事会应在其组成人员中推选一名召集人。

监事会由股东代表和适当比例的公司职工代表组成，具体比例由公司章程规定。监事会中的职工代表由公司职工民主选举产生。

有限责任公司，股东人数较少和规模较小的，可以设一至二名监事。

董事、经理及财务负责人不得兼任监事。

第五十三条 监事的任期每届为三年。监事任期届满，连选可以连任。

第五十四条 监事会或者监事行使下列职权：

（一）检查公司财务；

（二）对董事、经理执行公司职务时违反法律、法规或者公司章程的行为进行监督；

（三）当董事和经理的行为损害公司的利益时，要求董事和经理予以纠正；

（四）提议召开临时股东会；

（五）公司章程规定的其他职权。

监事列席董事会会议。

第五十五条 公司研究决定有关职工工资、福利、安全生产以及劳动护、劳动保险等涉及职工切身利益的问题，应当事先听取公司工会和职工的意见，并邀请工会或者职工代表列席有关会议。

第五十六条 公司研究决定生产经营的重大问题、制定重要的规章制度时，应当听取公司工会和职工的意见和建议。

第五十七条 有下列情形之一的，不得担任公司的董事、监事、经理：

（一）无民事行为能力或者限制民事行为能力；

（二）因犯有贪污、贿赂、侵占财产、挪用财产罪或者破坏社会经济秩序罪，被判处刑罚，执行期满未逾五年，或者因犯罪被剥夺政治权利，执行期满未逾五年；

（三）担任因经营不善破产清算的公司、企业的董事或者厂长、经理，并对该公司、企业的破产负有个人责任的，自该公司、企业破产清算完结之日起未逾三年；

（四）担任因违法被吊销营业执照的公司、企业的法定代表人，并负有个人责任的，自该公司、企业被吊销营业执照之日起未逾三年；

（五）个人所负数额较大的债务到期未清偿。

公司违反前款规定选举、委派董事、监事或者聘任经理的，该选举、委派或者聘任无效。

第五十八条　国家公务员不得兼任公司的董事、监事、经理。

第五十九条　董事、监事、经理应当遵守公司章程，忠实履行职务，维护公司利益，不得利用在公司的地位和职权为自己谋取私利。

董事、监事、经理不得利用职权收受贿赂或者其他非法收入，不得侵占公司的财产。

第六十条　董事、经理不得挪用公司资金或者将公司资金借贷给他人。

董事、经理不得将公司资产以其个人名义或者以其他个人名义开立帐户存储。

董事、经理不得以公司资产为本公司的股东或者其他个人债务提供担保。

第六十一条　董事、经理不得自营或者为他人经营与其所任职公司同类的营业或者从事损害本公司利益的活动。从事上述营业或者活动的，所得收入应当归公司所有。

董事、经理除公司章程规定或者股东会同意外，不得同本公司订立合同或者进行交易。

第六十二条　董事、监事、经理除依照法律规定或者经股东会同意外，不得泄露公司秘密。

第六十三条　董事、监事、经理执行公司职务时违反法律、行政法规或者公司章程的规定，给公司造成损害的，应当承担赔偿责任。

第三节　国有独资公司

第六十四条　本法所称国有独资公司是指国家授权投资的机构或者国家授权的部门单独投资设立的有限责任公司。

国务院确定的生产特殊产品的公司或者属于特定行业的公司，应当采取国有独资公司形式。

第六十五条　国有独资公司的公司章程由国家授权投资的机构或者国家授权的部门依照本法制定，或者由董事会制订，报国家授权投资的机构或者国家授权的部门批准。

第六十六条　国有独资公司不设股东会，由国家授权投资的机构或者国家授权的部门，授权公司董事会行使股东会的部分职权，决定公司的重大事项，但公司的合并、分立、解散、增减资本和发行公司债券，必须由国家授权投资的机构或者国家授权的部门决定。

第六十七条　国家授权投资的机构或者国家授权的部门依照法律、行政法规的规定，对国有独资公司的国有资产实施监督管理。

第六十八条　国有独资公司设立董事会，依照本法第四十六条、第六十六条规定行使职权。董事会每届任期为三年。

公司董事会成员为三人至九人，由国家授权投资的机构或者国家授权的部门按照董事会的任期委派或者更换。董事会成员中应当有公司职工代表。董事会中的职工代表由公司职工民主选举产生。

董事会设董事长一人，可以视需要设副董事长。董事长、副董事长，由国家授权投资的机构或者国家授权的部门从董事会成员中指定。

董事长为公司的法定代表人。

第六十九条 国有独资公司设经理，由董事会聘任或者解聘。经理依照本法第五十条规定行使职权。

经国家授权投资的机构或者国家授权的部门同意，董事会成员可以兼任经理。

第七十条 国有独资公司的董事长、副董事长、董事、经理，未经国家授权投资的机构或者国家授权的部门同意，不得兼任其他有限责任公司、股份有限公司或者其他经营组织的负责人。

第七十一条 国有独资公司的资产转让，依照法律、行政法规的规定，由国家授权投资的机构或者国家授权的部门办理审批和财产权转移手续。

第七十二条 经营管理制度健全、经营状况较好的大型的国有独资公司，可以由国务院授权行使资产所有者的权利。

第三章　股份有限公司的设立和组织机构

第一节　设立

第七十三条 设立股份有限公司，应当具备下列条件：

（一）发起人符合法定人数；

（二）发起人认缴和社会公开募集的股本达到法定资产最低限额；

（三）股份发行、筹办事项符合法律规定；

（四）发起人制订公司章程，并经创立大会通过；

（五）有公司名称，建立符合股份有限公司要求的组织机构；

（六）有固定的生产经营场所和必要的生产经营条件。

第七十四条 股份有限公司的设立，可以采取发起设立或者募集设立的方式。

发起设立，是指由发起人认购公司应发行的全部股份而设立公司。

募集设立，是指由发起人认购公司应发行股份的一部分，其余部分向社会公开募集而设立公司。

第七十五条 设立股份有限公司，应当有五人以上为发起人，其中须有过半数的发起人在中国境内有住所。

国有企业改建为股份有限公司的，发起人可以少于五人，但应当采取募集设立方式。

第七十六条 股份有限公司的发起人，必须按照本法规定认购其应认购的股份，并承担公司筹办事务。

第七十七条 股份有限公司的设立，必须经过国务院授权的部门或者省级人民政府批准。

第七十八条 股份有限公司的注册资本为在公司登记机关登记的实收股本总额。

股份有限公司注册资本的最低限额为人民币一千万元。股份有限公司注册资本最低限额需高于上述所定限额的，由法律、行政法规另行规定。

第七十九条 股份有限公司章程应当载明下列事项：

（一）公司名称和住所；

（二）公司经营范围；

（三）公司设立方式；

（四）公司股份总数、每股金额和注册资本；

（五）发起人的姓名或者名称、认购的股份数；

（六）股东的权利和义务；

（七）董事会的组成、职权、任期和议事规则；

（八）公司法定代表人；

（九）监事会的组成、职权、任期和议事规则；

（十）公司利润分配办法；

（十一）公司的解散事由与清算办法；

（十二）公司的通知和公告办法；

（十三）股东大会认为需要规定的其他事项。

第八十条 发起人可以用货币出资，也可以用实物、工业产权、非专利技术、土地使用权作价出资。对作为出资的实物、工业产权、非专利技术或者土地使用权，必须进行评估作价，核实财产，并折合为股份。不得高估或者低估作价。土地使用权的评估作价，依照法律、行政法规的规定办理。

发起人以工业产权、非专利技术作价出资的金额不得超过股份有限公司注册资本的百分之二十。

第八十一条 国有企业改建为股份有限公司时，严禁将国有资产低价折股、低价出售或者无偿分给个人。

第八十二条 以发起设立方式设立股份有限公司的，发起人以书面认足公司章程规定发行的股份后，应即缴纳全部股款；以实物、工业产权、非专利技术或者土地使用权抵作股款的，应当依法办理其财产权的转移手续。

发起人交付全部出资后，应当选举董事会和监事会，由董事会向公司登记机关报送设立公司的批准文件、公司章程、验资证明等文件，申请设立登记。

第八十三条 以募集设立方式设立股份有限公司的，发起人认购的股份不得少于公司股份总数的百分之三十五，其余股份应当向社会公开募集。

第八十四条 发起人向社会公开募集股份时，必须向国务院证券管理部门递交募股申请，并报送下列主要文件：

（一）批准设立公司的文件；

（二）公司章程；

（三）经营估算书；

（四）发起人姓名或者名称，发起人认购的股份数、出资种类及验资证明；

（五）招股说明书；

（六）代收股款银行的名称及地址；

（七）承销机构名称及有关的协议。

未经国务院证券管理部门批准，发起人不得向社会公开募集股份。

第八十五条 经国务院证券管理部门批准，股份有限公司可以向境外公开募集股份，具体办法由国务院作出特别规定。

第八十六条 国务院证券管理部门对符合本法规定条件的募股申请，予以批准；对不符合本法规定的募股申请，不予批准。

对已作出的批准如发现不符合本法规定的，应予撤销。尚未募集股份的，停止募集；已经募集的，认股人可以按照所缴股款并加算银行同期存款利息，要求发起人返还。

第八十七条 招股说明书应当附有发起人制订的公司章程，并载明下列事项：

（一）发起人认购的股份数；

（二）每股的票面金额和发行价格；

（三）无记名股票的发行总数；

（四）认股人的权利、义务；

（五）本次募股的起止期限及逾期未募足时认股人可撤回所认股份的说明。

第八十八条 发起人向社会公开募集股份，必须公告招股说明书，并制作认股书。认股书应当载明前条所列事项，由认股人填写所认股数、金额、住所，并签名、盖章。认股人按照所认股数缴纳股款。

第八十九条 发起人向社会公开募集股份，应当由依法设立的证券经营机构承销，签订承销协议。

第九十条 发起人向社会公开募集股份，应当同银行签订代收股款协议。

代收股款的银行应当按照协议代收和保存股款，向缴纳股款的认股人出具收款单据，并负有向有关部门出具收款证明的义务。

第九十一条 发行股份的股款缴足后，必须经法定的验资机构验资并出具证明。发起人应当在三十日内主持召开公司创立大会。创立大会由认股人组成。

发行的股份超过招股说明书规定的截止期限尚未募足的，或者发行股份的股款缴足后，发起人在三十日内未召开创立大会的，认股人可以按照所缴股款并加算银行同期存款利息，要求发起人返还。

第九十二条 发起人应当在创立大会召开十五日前将会议日期通知各认股人或者予以公告。创立大会应有代表股份总数二分之一以上的认股人出席，方可举行。

创立大会行使下列职权：

（一）审议发起人关于公司筹办情况的报告；

（二）通过公司章程；

（三）选举董事会成员；

（四）选举监事会成员；

（五）对公司的设立费用进行审核；

（六）对发起人用于抵作股款的财产的作价进行审核；

（七）发生不可抗力或者经营条件发生重大变化直接影响公司设立的，可以作出不设立公司的决议。

创立大会对前款所列事项作出决议，必须经出席会议的认股人所持表决权的半数以上通过。

第九十三条 发起人、认股人缴纳股款或者交付抵作股款的出资后，除未按期募足股份、发起人未按照期召开创立大会或者创立大会决议不设立公司的情形外，不得抽回其股本。

第九十四条 董事会应于创立大会结束后三十日内，向公司登记机关报送下列文件，申请设立登记：

（一）有关主管部门的批准文件；

（二）创立大会的会议记录；

（三）公司章程；

（四）筹办公司的财务审计报告；

（五）验资证明；

（六）董事会、监事会成员姓名及住所；

（七）法定代表人的姓名、住所。

第九十五条 公司登记机关自接到股份有限公司设立登记申请之日起三十日内作出是否予以登记的决定。对符合本法规条件的，予以登记，发给公司营业执照；对不符合本法规定条件的，不予登记。

公司营业执照签发日期，为公司成立日期。公司成立后，应当进行公告。

股份有限公司经登记成立后，采取募集设立方式的，应当将募集股份情况报国务院证券管理部门备案。

第九十六条 设立股份有限公司的同时设立分公司的，应当就所设分公司向公司登记机关申请登记，领取营业执照。

股份有限公司成立后设立分公司，应当由公司法定代表人向公司登记机关申请登记，领取营业执照。

第九十七条 股份有限公司的发起人应当承担下列责任：

（一）公司不能成立时，对设立行为所产生的债务和费用负连带责任；

（二）公司不能成立时，对认股人已缴纳的股款，负返还股款并加算银行同期存款利息的连带责任；

（三）在公司设立过程中，由于发起人的过失致使公司利益受到损害的，应当对公司承担赔偿责任。

第九十八条 有限责任公司变更为股份有限公司，应当符合本法规定的股份有限公司的条件，并依照本法有关设立股份有限公司的程序办理。

第九十九条 有限责任公司依法经批准变更为股份有限公司时，折合的股份总额应当相等于公司净资产额。有限责任公司依法经批准变更为股份有限公司，为增加资本向社会公开募集股份时，应当依照本法有关向社会公开募集股份的规定办理。

第一百条 有限责任公司依法变更为股份有限公司的，原有限责任公司的债权、债务由变更后的股份有限公司承继。

第一百零一条 股份有限公司应当将公司章程、股东名册、股东大会会议记录、财务会计报告置备于本公司。

第二节 股东大会

第一百零二条 股份有限公司由股东组成股东大会。股东大会是公司的权力机构，依照本法行使职权。

第一百零三条 股东大会行使下列职权：

（一）决定公司的经营方针和投资计划；

（二）选举和更换董事，决定有关董事的报酬事项；

（三）选举和更换由股东代表出任的监事，决定有关监事的报酬事项；

（四）审议批准董事会的报告；

（五）审议批准监事会的报告；

（六）审议批准公司的年度财务预算方案、决算方案；

（七）审议批准公司的利润分配方案和弥补亏损方案；

（八）对公司增加或者减少注册资本作出决议；

（九）对发行公司债券作出决议；

（十）对公司合并、分立、解散和清算等事项作出决议；

（十一）修改公司章程。

第一百零四条 股东大会应当每年召开一次年会。有下列情形之一的，应当在二个月内召开临时股东大会：

（一）董事人数不足本法规定的人数或者公司章程所定人数的三分之二时；

（二）公司未弥补的亏损达股本总额三分之一时；

（三）持有公司股份百分之十以上的股东请求时；

（四）董事会认为必要时；

（五）监事会提议召开时。

第一百零五条 股东大会会议由董事会依照本法规定负责召集，由董事长主持。董事长因特殊原因不能履行职务时，由董事长指定的副董事长或者其他董事主持。召开股东大会，应当将会议审议的事项于会议召开三十日以前通知各股东。临时股东大会不得对通知中未列明的事项作出决议。

发行无记名股票的，应当于会议召开四十五日以前就前款事项作出公告。

无记名股票持有人出席股东大会的，应当于会议召开五日以前至股东大会闭会时止将股票交存于公司。

第一百零六条 股东出席股东大会，所持每一股份有一表决权。

股东大会作出决议，必须经出席会议的股东所持表决权的半数以上通过。股东大会对公司合并、分立或者解散公司作出决议，必须经出席会议的股东所持表决权的三分之二以上通过。

第一百零七条 修改公司章程必须经出席股东大会的股东所持表决权的三分之二以上通过。

第一百零八条 股东可以委托代理人出席股东大会，代理人应当向公司提交股东授权委托书，并在授权范围内行使表决权。

第一百零九条 股东大会应当对所议事项的决定作成会议记录，由出席会议的董事签名。会议记录应当与出席股东的签名册及代理出席的委托书一并保存。

第一百一十条 股东有权查阅公司章程、股东大会会议记录和财务会计报告，对公司的经营提出建议或者质询。

第一百一十一条 股东大会、董事会的决议违反法律、行政法规，侵犯股东合法权益的，股东有权向人民法院提起要求停止该违法行为和侵害行为的诉讼。

第三节　董事会、经理

第一百一十二条 股份有限公司设董事会，其成员为五人至十九人。

董事会对股东大会负责，行使下列职权：

（一）负责召集股东大会，并向股东大会报告工作；

（二）执行股东大会的决议；

（三）决定公司的经营计划和投资方案；

（四）制订公司的年度财务预算方案、决算方案；

（五）制订公司的利润分配方案和弥补亏损方案；

（六）制订公司增加或者减少注册资本的方案以及发行公司债券的方案；

（七）拟订公司合并、设立、解散的方案；

（八）决定公司内部管理机构的设置；

（九）聘任或者解聘公司经理，根据经理的提名，聘任或者解聘公司副经理、财务负责人，决定其报酬事项；

（十）制定公司的基本管理制度。

第一百一十三条 董事会设董事长一人，可以设副董事长一至二人。董事长和副董事长由董事会以全体董事的过半数选举产生。

董事长为公司的法定代表人。

第一百一十四条 董事长行使下列职权：

（一）主持股东大会和召集、主持董事会会议；

（二）检查董事会决议的实施情况；

（三）签署公司股票、公司债券。

副董事长协助董事长工作，董事长不能履行职权时，由董事长指定的副董事长代行其职权。

第一百一十五条 董事任期由公司章程规定，但每届任期不得超过三年。董事任期届满，连选可以连任。

董事在任期届满前，股东大会不得无故解除其职务。

第一百一十六条 董事会每年度至少召开二次会议，每次会议应当于会议召开十日以前通知全体董事。

董事会召开临时会议，可以另定召集董事会的通知方式和通知时限。

第一百一十七条 董事会会议应由二分之一以上的董事出席方可举行。董事会作出决议，必须经全体董事的过半数通过。

第一百一十八条 董事会会议，应由董事本人出席。董事因故不能出席，可以书面委托其他董事代为出席董事会，委托书中应载明授权范围。

董事会应当对会议所议事项的决定作成会议记录，出席会议的董事和记录员在会议记录上签名。

董事应当对董事会的决议承担责任。董事会的决议违反法律、行政法规或者公司章程，致使公司遭受严重损失的，参与决议的董事对公司负赔偿责任。但经证明在表决时曾表明异议并记载于会议记录的，该董事可以免除责任。

第一百一十九条 股份有限公司设经理，由董事会聘任或者解聘。经理对董事会负责，行使下列职权：

（一）主持公司的生产经营管理工作，组织实施董事会决议；

（二）组织实施公司年度经营计划和投资方案；

（三）拟订公司内部管理机构设置方案；

（四）拟订公司的基本管理制度；

（五）制定公司的具体规章；

（六）提请聘任或者解聘公司副经理、财务负责人；

（七）聘任或者解聘除应由董事会聘任或者解聘以外的负责管理人员；

（八）公司章程和董事会授予的其他职权。

经理列席董事会会议。

第一百二十条 公司根据需要，可以由董事会授权董事长在董事会闭会期间，行使董事会的部分职权。

公司董事会可以决定，由董事会成员兼任经理。

第一百二十一条 公司研究决定有关职工工资、福利、安全生产以及劳动保护、劳动保险等涉及职工切身利益的问题，应当事先听取公司工会和职工的意见，并邀请工会或者职工代表列席有关会议。

第一百二十二条 公司研究决定生产经营的重大问题、制定重要的规章制度时，应当听取公司工会和职工的意见和建议。

第一百二十三条 董事、经理应当遵守公司章程，忠实履行职务，维护公司利益，不得利用在公司的地位和职权为自己谋取私利。

本法第五十七条至第六十三条有关不得担任董事、经理的规定以及董事、经理义务、责任的规定，适用于股份有限公司的董事、经理。

第四节　监事会

第一百二十四条 股份有限公司设监事会，其成员不得少于三人。监事会应在其组成人员中推选一名召集人。

监事会由股东代表和适当比例的公司职工代表组成，具体比例由公司章程规定。监事会中的职工代表由公司职工民主选举产生。

董事、经理及财务负责人不得兼任监事。

第一百二十五条 监事的任期每届为三年。监事任期届满，连选可以连任。

第一百二十六条 监事会行使下列职权：

（一）检查公司的财务；

（二）对董事、经理执行公司职务时违反法律、法规或者公司章程的行为进行监督；

（三）当董事和经理的行为损害公司的利益时，要求董事和经理予以纠正；

（四）提议召开临时股东大会；

（五）公司章程规定的其他职权。

监事列席董事会会议。

第一百二十七条 监事会的议事方式和表决程序由公司章程决定。

第一百二十八条 监事应当依照法律、行政法规、公司章程，忠实履行监督职责。

本法第五十七条至第五十九条、第六十二条至第六十三条有关不得担任监事的规定以及监事义务、责任的规定，适用于股份有限公司的监事。

第四章　股份有限公司的股份发行和转让

第一节　股份发行

第一百二十九条 股份有限公司的资本划分为股份，每一股的金额相等。

公司的股份采取股票的形式。股票是公司签发的证明股东所持股份的凭证。

第一百三十条 股份的发行，实行公开、公平、公正的原则，必须同股同权，同股同利。

同次发行的股票，每股的发行条件和价格应当相同。任何单位或者个人所认购的股份，每股应当支付相同价额。

第一百三十一条 股票发行价格可以按票面金额，也可以超过票面金额，但不得低于票面金额。

以超过票面金额为股票发行价格的，须经国务院证券管理部门批准。

以超过票面金额发行股票所得溢价款列入公司资本公积金。

股票溢价发行的具体管理办法由国务院另行规定。

第一百三十二条 股票采用纸面形式或者国务院证券管理部门规定的其他形式。

股票应当载明下列主要事项：

（一）公司名称；

（二）公司登记成立的日期；

（三）股票种类、票面金额及代表的股份数；

（四）股票的编号。

股票由董事长签名，公司盖章。

发起人的股票，应当标明发起人股票字样。

第一百三十三条 公司向发起人、国家授权投资的机构、法人发行的股票，应当为记名股票，并应当记载该发起人、机构或者法人的名称，不得另立户名或者以代表人姓名记名。

对社会公众发行的股票，可以为记名股票，也可以为无记名股票。

第一百三十四条 公司发行记名股票的，应当置备股东名册，记载下列事项：

（一）股东的姓名或者名称及住所；

（二）各股东所持股份数；

（三）各股东所持股票的编号；

（四）各股东取得其股份的日期。

发行无记名股票的，公司应当记载其股票数量、编号及发行日期。

第一百三十五条 国务院可以对公司发行本法规定的股票以外的其他种类的股票，另行作出规定。

第一百三十六条 股份有限公司登记成立后，即向股东正式交付股票。公司登记成立前不得向股东交付股票。

第一百三十七条 公司发行新股，必须具备下列条件：

（一）前一次发行的股份已募足，并间隔一年以上；

（二）公司在最近三年内连续盈利，并可向股东支付股利；

（三）公司在最近三年内财务会计文件无虚假记载；

（四）公司预期利润率可达同期银行存款利率。

公司以当年利润分派新股，不受前款第（二）项限制。

第一百三十八条 公司发行新股，股东大会应当对下列事项作出决议：

（一）新股种类及数额；

（二）新股发行价格；

（三）新股发行的起止日期；

（四）向原有股东发行新股的种类及数额。

第一百三十九条 股东大会作出发行新股的决议后，董事会必须向国务院授权的部门或者省级人民政府申请批准。属于向社会公开募集的，须经国务院证券管理部门批准。

第一百四十条 公司经批准向社会公开发行新股时，必须公告新股招股说明书和财务会计报表及附属明细表，并制作认股书。

公司向社会公开发行新股，应当由依法设立的证券经营机构承销，签订承销协议。

第一百四十一条 公司发行新股，可根据公司连续盈利情况和财产增值情况，确定其作价方案。

第一百四十二条 公司发行新股募足股款后，必须向公司登记机关办理变更登记，并公告。

第二节　股份转让

第一百四十三条 股东持有的股份可以依法转让。

第一百四十四条 股东转让其股份，必须在依法设立的证券交易场所进行。

第一百四十五条 记名股票，由股东以背书方式或者法律、行政法规规定的其他方式转让。

记名股票的转让，由公司将受让人的姓名或者名称及住所记载于股东名册。

股东大会召开前三十日内或者公司决定分配股利的基准日前五日内，不得进行前款规定的股东名册的变更登记。

第一百四十六条 无记名股票的转让，由股东在依法设立的证券交易场所将该股票交付给受让人后即发生转让的效力。

第一百四十七条 发起人持有的本公司股份，自公司成立之日起三年内不得转让。

公司董事、监事、经理应当向公司申报所持有的本公司的股份，并在任职期间内不得转让。

第一百四十八条 国家授权投资的机构可以依法转让其持有的股份，也可以购买其他股东持有的股份。转让或者购买股份的审批权限、管理办法，由法律、行政法规另行规定。

第一百四十九条 公司不得收购本公司的股票，但为减少公司资本而注销股份或者与持有本公司股票的其他公司合并时除外。

公司依照前款规定收购本公司的股票后，必须在十日内注销该部分股份，依照法律、行政法规办理变更登记，并公告。

公司不得接受本公司的股票作为抵押权的标的。

第一百五十条　记名股票被盗、遗失或者灭失，股东可以依照民事诉讼法规定的公示催告程序，请求人民法院宣告该股票失效。

依照公示催告程序，人民法院宣告该股票失效后，股东可以向公司申请补发股票。

第三节　上市公司

第一百五十一条　本法所称上市公司是指所发行的股票经国务院或者国务院授权证券管理部门批准在证券交易所上市交易的股份有限公司。

第一百五十二条　股份有限公司申请其股票上市必须符合下列条件：

（一）股票经国务院证券管理部门批准已向社会公开发行；

（二）公司股本总额不少于人民币五千万元；

（三）开业时间在三年以上，最近三年连续盈利；原国有企业依法改建而设立的，或者本法实施后新组建成立，其主要发起人为国有大中型企业的，可连续计算；

（四）持有股票面值达人民币一千元以上的股东人数不少于一千人，向社会公开发行的股份达公司股份总数的百分之二十五以上；公司股本总额超过人民币四亿元的，其向社会公开发行股份的比例为百分之十五以上；

（五）公司在最近三年内无重大违法行为，财务会计报告无虚假记载；

（六）国务院规定的其他条件。

第一百五十三条　股份有限公司申请其股票上市交易，应当报经国务院或者国务院授权证券管理部门批准，依照有关法律、行政法规的规定报送有关文件。

国务院或者国务院授权证券管理部门对符合本法规定条件的股票上市交易申请，予以批准；对不符合本法规定条件的，不予批准。

股票上市交易申请经批准后，被批准的上市公司必须公告其股票上市报告，并将其申请文件存放在指定的地点供公众查阅。

第一百五十四条　经批准的上市公司的股份，依照有关法律、行政法规上市交易。

第一百五十五条　经国务院证券管理部门批准，公司股票可以到境外上市，具体办法由国务院作出特别规定。

第一百五十六条　上市公司必须按照法律、行政法规的规定，定期公开其财务状况和经营情况，在每会计年度内半年公布一次财务会计报告。

第一百五十七条　上市公司有下列情形之一的，由国务院证券管理部门决定暂停其股票上市：

（一）公司股本总额、股权分布等发生变化不再具备上市条件；

（二）公司不按规定公开其财务状况，或者对财务会计报告作虚假记载；

（三）公司有重大违法行为；

（四）公司最近三年连续亏损。

第一百五十八条 上市公司有前条第（二）项、第（三）项所列情形之一经查实后果严重的，或者有前条第（一）项、第（四）项所列情形之一，在限期内未能消除，不具备上市条件的，由国务院证券管理部门决定终止其股票上市。

公司决议解散、被行政主管部门依法责令关闭或者被宣告破产的，由国务院证券管理部门决定终止其股票上市。

第五章 公司债券

第一百五十九条 股份有限公司、国有独资公司和两个以上的国有企业或者其他两个以上的国有投资主体投资设立的有限责任公司，为筹集生产经营资金，可以依照本法发行公司债券。

第一百六十条 本法所称公司债券是指公司依照法定程序发行的、约定在一定期限还本付息的有价证券。

第一百六十一条 发行公司债券，必须符合下列条件：

（一）股份有限公司的净资产额不低于人民币三千万元，有限责任公司的净资产额不低于人民币六千万元；

（二）累计债券总额不超过公司净资产额的百分之四十；

（三）最近三年平均可分配利润足以支付公司债券一年的利息；

（四）筹集的资金投向符合国家产业政策；

（五）债券的利率不得超过国务院限定的利率水平；

（六）国务院规定的其他条件。

发行公司债券筹集的资金，必须用于审批机关批准的用途，不得用于弥补亏损和非生产性支出。

第一百六十二条 凡有下列情形之一的，不得再次发行公司债券：

（一）前一次发行的公司债券尚未募足的；

（二）对已发行的公司债券或者其债务有违约或者延迟支付本息的事实，且仍处于继续状态的。

第一百六十三条 股份有限公司、有限责任公司发行公司债券，由董事会制订方案，股东会作出决议。

国有独资公司发行公司债券，应由国家授权投资的机构或者国家授权的部门作出决定。

依照前二款规定作出决议或者决定后，公司应当向国务院证券管理部门报请批准。

第一百六十四条 公司债券的发行规模由国务院确定。国务院证券管理部门审批公司债券的发行，不得超过国务院确定的规模。

国务院证券管理部门对符合本法规定的发行公司债券的申请，予以批准；对不符合本法规定的申请，不予批准。

对已作出的批准如发现不符合本法规定的，应予撤销。尚未发行公司债券的，停止发行；已经发行公司债券的，发行的公司应当向认购人退还所缴款项并加算银行同期存款利息。

第一百六十五条 公司向国务院证券管理部门申请批准发行公司债券，应当提交下列文件：

（一）公司登记证明；

（二）公司章程；

（三）公司债券募集办法；

（四）资产评估报告和验资报告。

第一百六十六条 发行公司债券的申请经批准后，应当公告公司债券募集办法。

公司债券募集办法中应当载明下列主要事项：

（一）公司名称；

（二）债券总额和债券的票面金额；

（三）债券的利率；

（四）还本付息的期限和方式；

（五）债券发行的起止日期；

（六）公司净资产额；

（七）已发行的尚未到期的公司债券总额；

（八）公司债券的承销机构。

第一百六十七条 公司发行公司债券，必须在债券上载明公司名称、债券票面金额、利率、偿还期限等事项，并由董事长签名，公司盖章。

第一百六十八条 公司债券可分为记名债券和无记名债券。

第一百六十九条 公司发行公司债券应当置备公司债券存根簿。

发行记名公司债券的，应当在公司债券存根簿上载明下列事项：

（一）债券持有人的姓名或者名称及住所；

（二）债券持有人取得债券的日期及债券的编号；

（三）债券总额，债券的票面金额，债券的利率，债券的还本付息的期限和方式；

（四）债券的发行日期。

发行无记名公司债券的，应当在公司债券存根簿上载明债券总额、利率、偿还期限和方式、发行日期及债券的编号。

第一百七十条 公司债券可以转让，转让公司债券应当在依法设立的证券交易场所进行。

公司债券的转让价格由转让人与受让人约定。

第一百七十一条 记名债券，由债券持有人以背书方式或者法律、行政法规规定的其他方式转让。

记名债券的转让，由公司将受让人的姓名或者名称及住所记载于公司债券存根簿。

无记名债券，由债券持有人在依法设立的证券交易场所将该债券交付给受让人后即发行转让的效力。

第一百七十二条 上市公司经股东大会决议可以发行可转换为股票的公司债券，并在公司债券募集办法中规定具体的转换办法。

发行可转换为股票的公司债券，应当报请国务院证券管理部门批准。公司债券可转换为股票的，除具备发行公司债券的条件外，还应当符合股票发行的条件。

发行可转换为股票的公司债券，应当在债券上标明可转换公司债券字样，并在公司债券存根簿上载明可转换公司债券的数额。

第一百七十三条 发行可转换为股票的公司债券的，公司应当按照其转换办法向债券持有人换发股票，但债券持有人对转换股票或者不转换股票有选择权。

第六章　公司财务、会计

第一百七十四条 公司应当依照法律、行政法规和国务院财政主管部门的规定建立本公司的财务、会计制度。

第一百七十五条 公司应当在每一会计年度终了时制作财务会计报告，并依法经审查验证。

财务会计报告应当包括下列财务会计报表及附属明细表：

（一）资产负债表；

（二）损益表；

（三）财务状况变动表；

（四）财务情况说明书；

（五）利润分配表。

第一百七十六条 有限责任公司应当按照公司章程规定的期限将财务会计报告送交各股东。

股份有限公司的财务会计报告应当在召开股东大会年会的二十日以前置备于本公司，供股东查阅。

以募集设立方式成立的股份有限公司必须公告其财务会计报告。

第一百七十七条 公司分配当年税后利润时，应当提取利润的百分之十列入公司法定公积金，并提取利润的百分之五至百分之十列入公司法定公益金。公司法定公积金累计额为公司注册资本的百分之五十以上的，可不再提取。

公司的法定公积金不足以弥补上一年度公司亏损的，在依照前款规定提取法定公积金和法定公益金之前，应当先用当年利润弥补亏损。

公司在从税后利润中提取法定公积金后，经股东会决议，可以提取任意公积金。

公司弥补亏损和提取公积金、法定公益金后所余利润，有限责任公司按照股东的出资比例分配，股份有限公司按照股东持有的股份比例分配。

股东会或者董事会违反前款规定，在公司弥补亏损和提取法定公积金、法定公益金之前向股东分配利润的，必须将违反规定分配的利润退还公司。

第一百七十八条 股份有限公司依照本法规定，以超过股票票面金额的发行价格发行股份所得的溢价款以及国务院财政主管部门规定列入资本公积金的其他收入，应当列入公司资本公积金。

第一百七十九条 公司的公积金用于弥补公司的亏损，扩大公司生产经营或者转为增加公司资本。

股份有限公司经股东大会决议将公积金转为资本时，按股东原有股份比例派送新股或者增加每股面值。但法定公积金转为资本时，所留存的该项公积金不得少于注册资本的百分之二十五。

第一百八十条 公司提取的法定公益金用于本公司职工的集体福利。

第一百八十一条 公司除法定的会计账册外，不得另立会计账册。

对公司资产，不得以任何个人名义开立账户存储。

第七章 公司合并、分立

第一百八十二条 公司合并或者分立，应当由公司的股东会作出决议。

第一百八十三条 股份有限公司合并或者分立，必须经国务院授权的部门或者省级人民政府批准。

第一百八十四条 公司合并可以采取吸收合并和新设合并两种形式。

一个公司吸收其他公司为吸收合并，被吸收的公司解散。二个以上公司合并设立一个新的公司为新设合并，合并各方解散。

公司合并，应当由合并各方签订合并协议，并编制资产负债表及财产清单。公司应当自作出合并决议之日起十日内通知债权人，并于三十日内在报纸上至少公告三次。债权人自接到通知书之日起三十日内，未接到通知书的自第一次公告之日起九十日内，有权要求公司清偿债务或者提供相应的担保。不清偿债务或者不提供相应的担保的，公司不得合并。

公司合并时，合并各方的债权、债务，应当由合并后存续的公司或者新设的公司承继。

第一百八十五条 公司分立，其财产作相应的分割。

公司分立时，应当编制资产负债表及财产清单。公司应当自作出分立决议之日起十日内通知债权人，并于三十日内在报纸上至少公告三次。债权人自接到通知书之日起三十日内，未接到通知书的自第一次公告之日起九十日内，有权要求公司清偿债务或者提供相应的担保。不清偿债务或者不提供相应的担保的，公司不得分立。

公司分立前的债务按所达成的协议由分立后的公司承担。

第一百八十六条 公司需要减少注册资本时，必须编制资产负债表及财产清单。

公司应当自作出减少注册资本决议之日起十日内通知债权人，并于三十日内在报纸上至少公告三次。债权人自接到通知书之日起三十日内，未接到通知书的自第一次公告之日起九十日内，有权要求公司清偿债务或者提供相应的担保。

公司减少资本后的注册资本不得低于法定的最低限额。

第一百八十七条 有限责任公司增加注册资本时，股东认缴新增资本的出资，按照本法设立有限责任公司缴纳出资的有关规定执行。

股份有限公司为增加注册资本发行新股时，股东认购新股应当按照本法设立股份有限公司缴纳股款的有关规定执行。

第一百八十八条 公司合并或者分立，登记事项发生变更的，应当依法向公司登记机关办理变更登记；公司解散的，应当依法办理公司注销登记；设立新公司的，应当依法办理公司设立登记。

公司增加或者减少注册资本，应当依法向公司登记机关办理变更登记。

第八章　公司破产、解散和清算

第一百八十九条 公司因不能清偿到期债务，被依法宣告破产的，由人民法院依照有关法律的规定，组织股东、有关机关及有关专业人员成立清算组，对公司进行破产清算。

第一百九十条 公司有下列情形之一的，可以解散：

（一）公司章程规定的营业期限届满或者公司章程规定的其他解散事由出现时；

（二）股东会决议解散；

（三）因公司合并或者分立需要解散的。

第一百九十一条 公司依照前条第（一）项、第（二）项规定解散的，应当在十五日内成立清算组，有限责任公司的清算组由股东组成，股份有限公司的清算组由股东大会确定其人选；逾期不成立清算组进行清算的，债权人可以申请人民法院指定有关人员组成清算组，进行清算。人民法院应当受理该申请，并及时指定清算组成员，进行清算。

第一百九十二条 公司违反法律、行政法规被依法责令关闭的，应当解散，由有关主管机关组织股东、有关机关及有关专业人员成立清算组，进行清算。

第一百九十三条 清算组在清算期间行使下列职权：

（一）清理公司财产，分别编制资产负债表和财产清单；

（二）通知或者公告债权人；

（三）处理与清算有关的公司未了结的业务；

（四）清缴所欠税款；

（五）清理债权、债务；

（六）处理公司清偿债务后和剩余财产；

（七）代表公司参与民事诉讼活动。

第一百九十四条 清算组应当自成立之日起十日内通知债权人，并于六十日内在报纸上至少公告三次。债权人应当自接到通知书之日起三十日内，未接到通知书的自第一次公告之日起九十日内，向清算组申报其债权。

债权人申报其债权，应当说明债权的有关事项，并提供证明材料。清算组应当对债权进行登记。

第一百九十五条 清算组在清理公司财产、编制资产负债表和财产清单后，应当制定清算方案，并报股东会或者有关主管机关确认。

公司财产能够清偿公司债务的，分别支付清算费用、职工工资和劳动保险费用，缴纳所欠税款，清偿公司债务。

公司财产按前款规定清偿后的剩余财产，有限责任公司按照股东的出资比例分配，股份有限公司按照股东持有的股份比例分配。

清算期间，公司不得开展新的经营活动。公司财产在未按第二款的规定清偿前，不得分配给股东。

第一百九十六条 因公司解散而清算，清算组在清理公司财产、编制资产负债表和财产清单后，发现公司财产不足清偿债务的，应当立即向人民法院申请宣告破产。

公司经人民法院裁定宣告破产后，清算组应当将清算事务移交给人民法院。

第一百九十七条 公司清算结束后，清算组应当制作清算报告，报股东会或者有关主管机关确认，并报送公司登记机关，申请注销公司登记，公告公司终止。不申请注销公司登记的，由公司登记机关吊销其公司营业执照，并予以公告。

第一百九十八条 清算组成员应当忠于职守，依法履行清算义务。

清算组成员不得利用职权收受贿赂或者其他非法收入，不得侵占公司财产。

清算组成员因故意或者重大过失给公司或者债权人造成损失的，应当承担赔偿责任。

第九章　外国公司的分支机构

第一百九十九条 外国公司依照本法规定可以在中国境内设立分支机构，从事生产经营活动。

本法所称外国公司是指依照外国法律在中国境外登记成立的公司。

第二百条 外国公司在中国境内设立分支机构，必须向中国主管机关提出申请，并提交其公司章程、所属国的公司登记证书等有关文件，经批准后，向公司登记机关依法办理登记，领取营业执照。

外国公司分支机构的审批办法由国务院另行规定。

第二百零一条 外国公司在中国境内设立分支机构，必须在中国境内指定负责该分支机构的代表人或者代理人，并向该分支机构拨付与其所从事的经营活动相适应的资金。

对外国公司分支机构的经营资金需要规定最低限额的，由国务院另行规定。

第二百零二条 外国公司的分支机构应当在其名称中标明该外国公司的国籍及责任形式。

外国公司的分支机构应当在本机构中置备该外国公司章程。

第二百零三条 外国公司属于外国法人，其在中国境内设立的分支机构不具有中国法人资格。

外国公司对其分支机构在中国境内进行经营活动承担民事责任。

第二百零四条 经批准设立的外国公司分支机构，在中国境内从事业务活动，必须遵守中国的法律，不得损害中国的社会公共利益，其合法权益受中国法律保护。

第二百零五条 外国公司撤销其在中国境内的分支机构时，必须依法清偿债务，按照本法有关公司清算程序的规定进行清算。未清偿债务之前，不得将其分支机构的财产移至中国境外。

第十章 法律责任

第二百零六条 违反本法规定，办理公司登记时虚报注册资本、提交虚假证明文件或者采取其他欺诈手段隐瞒重要事实取得公司登记的，责令改正，对虚报注册资本的公司，处以虚报注册资本金额百分之五以上百分之十以下的罚款；对提交虚假证明文件或者采取其他欺诈手段隐瞒重要事实的公司，处以一万元以上十万元以下的罚款；情节严重的，撤销公司登记。构成犯罪的，依法追究刑事责任。

第二百零七条 制作虚假的招股说明书、认股书、公司债券募集办法发行股票或者公司债券的，责令停止发行，退还所募资金及其利息，处以非法募集资金金额百分之一以上百分之五以下的罚款。构成犯罪的，依法追究刑事责任。

第二百零八条 公司的发起人、股东未交付货币、实物或者未转移财产权，虚假出资，欺骗债权人和社会公众的，责令改正，处以虚假出资金额百分之五以上百分之十以下的罚款。构成犯罪的，依法追究刑事责任。

第二百零九条 公司的发起人、股东在公司成立后，抽逃其出资的，责令改正，处以所抽逃出资金额百分之五以上百分之十以下的罚款。构成犯罪的，依法追究刑事责任。

第二百一十条 未经本法规定的有关主管部门的批准，擅自发行股票或者公司债券的，责令停止发行，退还所募资金及其利息，处以非法所募资金金额百分之一以上百分之五以下的罚款。构成犯罪的，依法追究刑事责任。

第二百一十一条 公司违反本法规定，在法定的会计账册以外另立会计账册的，责令改正，处以一万元以上十万元以下的罚款。构成犯罪的，依法追究刑事责任。

将公司资产以任何个人名义开立账户存储的，没收违法所得，并处以违法所得一倍以上五倍以下的罚款。构成犯罪的，依法追究刑事责任。

第二百一十二条 公司向股东和社会公众提供虚假的或者隐瞒重要事实的财务会计报

告的，对直接负责的主管人员和其他直接责任人员处以一万元以上十万元以下的罚款。构成犯罪的，依法追究刑事责任。

第二百一十三条 违反本法规定，将国有资产低价折股、低价出售或者无偿分给个人的，对直接负责的主管人员和其他直接责任人员依法给予行政处分。构成犯罪的，依法追究刑事责任。

第二百一十四条 董事、监事、经理利用职权收受贿赂、其他非法收入或者侵占公司财产的，没收违法所得，责令退还公司财产，由公司给予处分。构成犯罪的，依法追究刑事责任。

董事、经理挪用公司资金或者将公司资金借贷给他人的，责令退还公司的资金，由公司给予处分，将其所得收入归公司所有。构成犯罪的，依法追究刑事责任。

董事、经理违反本法规定，以公司资产为本公司的股东或者其他个人债务提供担保的，责令取消担保，并依法承担赔偿责任，将违法提供担保取得的收入归公司所有。情节严重的，由公司给予处分。

第二百一十五条 董事、经理违反本法规定自营或者为他人经营与其所任职公司同类的营业的，除将其所得收入归公司所有外，并可由公司给予处分。

第二百一十六条 公司不按照本法规定提取法定公积金、法定公益金的，责令如数补足应当提取的金额，并可对公司处以一万元以上十万元以下罚款。

第二百一十七条 公司在合并、分立，减少注册资本或者进行清算时，不按照本法规定通知或者公告债权人的，责令改正，对公司处以一万元以上十万元以下的罚款。

公司在进行清算时，隐匿财产，对资产负债表或者财产清单作虚伪记载或者未清偿债务前分配公司财产的，责令改正，对公司处以隐匿财产或者未清偿债务前分配公司财产金额百分之一以上百分之五以下的罚款。对直接负责的主管人员和其他直接责任人员处以一万元以上十万元以下的罚款。构成犯罪的，依法追究刑事责任。

第二百一十八条 清算组不按照本法规定向公司登记机关报送清算报告，或者报送清算报告隐瞒重要事实或者有重大遗漏的，责令改正。

清算组成员利用职权徇私舞弊、谋取非法收入或者侵占公司财产的，责令退还公司财产，没收违法所得，并可处以违法所得一倍以上五倍以下的罚款。构成犯罪的，依法追究刑事责任。

第二百一十九条 承担资产评估、验资或者验证的机构提供虚假证明文件的，没收违法所得，处以违法所得一倍以上五倍以下的罚款，并可以由有关主管部门依法责令该机构停业，吊销直接责任人员的资格证书。构成犯罪的，依法追究刑事责任。

承担资产评估、验资或者验证的机构因过失提供有重大遗漏的报告的，责令改正，情节较重的，处以所得收入一倍以上三倍以下的罚款，并可由有关主管部门依法责令该机构停业，吊销直接责任人员的资格证书。

第二百二十条 国务院授权的有关主管部门，对不符合本法规定条件的设立公司的申请予以批准，或者对不符合本法规定条件的股份发行的申请予以批准，情节严重的，对直接负责的主管人员和其他直接责任人员，依法给予行政处分。构成犯罪的，依法追究刑事责任。

第二百二十一条 国务院证券管理部门对不符合本法规定的募集股份、股票上市和债券发行的申请予以批准，情节严重的，对直接负责的主管人员和其他直接责任人员，依法给予行政处分。构成犯罪的，依法追究刑事责任。

第二百二十二条 公司登记机关对不符合本法规定条件的登记申请予以登记，情节严重的，对直接负责的主管人员和其他直接责任人员，依法给予行政处分。构成犯罪的，依法追究刑事责任。

第二百二十三条 公司登记机关的上级部门强令公司登记机关对不符合本法规定条件的登记申请予以登记的，或者对违法登记进行包庇的，对直接负责的主管人员和其他直接责任人员依法给予行政处分。构成犯罪的，依法追究刑事责任。

第二百二十四条 未依法登记为有限责任公司或者股份有限公司，而冒用有限责任公司或者股份有限公司名义的，责令改正或者予以取缔，并可处以一万元以上十万元以下的罚款。构成犯罪的，依法追究刑事责任。

第二百二十五条 公司成立后无正当理由超过六个月未开业的，或者开业后自行停业连续六个月以上的，由公司登记机关吊销其公司营业执照。

公司登记事项发生变更时，未按照本法规定办理有关变更登记的，责令限期登记，逾期不登记的，处以一万元以上十万以下的罚款。

第二百二十六条 外国公司违反本法规定，擅自在中国境内设立分支机构的，责令改正或者关闭，并可处以一万元以上十万元以下的罚款。

第二百二十七条 依照本法履行审批职责的有关主管部门，对符合法定条件的申请，不予批准的，或者公司登记机关对符合法定条件的申请，不予登记的，当事人可以依法申请复议或者提起行政诉讼。

第二百二十八条 公司违反本法规定的，应当承担民事赔偿责任和缴纳罚款、罚金的，其财产不足以支付时，先承担民事赔偿责任。

第十一章 附则

第二百二十九条 本法施行前依照法律、行政法规、地方性法规和国务院有关主管部门制定的《有限责任公司规范意见》、《股份有限公司规范意见》登记成立的公司，继续保留，其中不完全具备本法规定的条件的，应当在规定的限期内达到本法规定的条件。具体实施办法，由国务院另行规定。

第二百三十条 本法自 1994 年 7 月 1 日起施行。

《中国企业史》序*

（2002年1月15日）

1996年七八月间，中国企业联合会、中国企业家协会两次邀请有关专家、学者共30多人座谈，讨论研究编写《中国企业史》问题。大家一致认为，这是件好事，是一项功在千秋的大事，希望“两会”牵头组织有关方面力量，把它作为一项重要的研究课题，认真落实。座谈会纪要报到国家经贸委后，国家经贸委领导给予了高度重视。王忠禹同志批示：“此事既重大又有意义”。随即国家经贸委办公厅向国务院有关部门和各省、自治区、直辖市经贸委（经委、计经委）发文，要求支持此项工作。中央一些领导同志对此也很关心，认为这是一件好事，应当抓紧办理。薄一波同志为此事还专门约我谈了话，明确表示赞成，认为这是一件很好、很重要的大事。

中国有几千年的历史，研究中国历史的志士仁人很多，包括古代的、近代的、现代的，留下了很多非常丰富和宝贵的著作和史料。但是专门研究中国企业史的著作并不多见。在中国经济发展过程中，中国企业的产生、形成、发展和演变过程占有很重要的位置。研究中国经济史，不能不研究中国企业史。研究、编写《中国企业史》，不仅可以填补国内一项学术空白，而且进一步拓宽我国经济和管理科学的研究领域。通过对中国古代、近代和现代企业发展历程的总结、分析和比较。对在新世纪我国企业进一步深化改革和发展提供借鉴，具有重要意义。

自古以来，“盛世修史”。西汉鼎盛时期，司马迁撰写了我国第一部纪传体通史《史记》130卷。大唐盛世，官修《唐六典》30卷；唐代史学家杜佑著《通典》200卷。是我国第一部记述典章制度的通史。明代官修《永乐大典》22877卷。历史的画卷逶迤不断。中国的历史发展到20世纪中叶新中国成立以后，在中国共产党领导下，社会经济快速发展，国家日益昌盛，人民的社会地位、物质生活水平和文化教育水平显著提高，综合国力不断增强。特别是党的十一届三中全会以来，在邓小平建设有中

* 本文是袁宝华同志为企业管理出版社2002年12月正式出版的《中国企业史》作的序。

国特色社会主义理论指导下，解放思想，实事求是，积极探索，循序渐进，经济体制从计划经济向社会主义市场经济转变，增长方式从粗放经营向集约经营转变，企业改革和整个经济体制改革不断深化，社会主义现代化建设突飞猛进，建立现代企业制度和推进企业管理现代化取得可喜成果。国有企业的管理体制和经营机制发生了深刻变化，一大批企业在市场竞争中成长壮大，企业的技术进步和新产品开发不断加强，技术装备水平和产品的科技含量明显提高，以国有企业为主生产的一些重要产品的产量和质量跃居世界前列。在公有制为主体、多种所有制经济共同发展的新格局下，国有及国有控股企业、“三资”企业、城镇集体企业、乡镇企业、民营企业和个体经济显示出蓬勃生机和活力。一批企业跨出国门，走向世界。我们完全可以说，当今我国正处盛世。在这种情况下、研究、编写《中国企业史》，把中国企业的产生、形成和发展的轨迹记录下来，顺理成章，事属必然。

研究、编写《中国企业史》是一项庞大的系统工程。作为这项工程的前期准备，我们组织有关方面的专家、学者，经济界、企业界人士对中国企业史的研究对象进行了研究。一致认为，研究、编写《中国企业史》不同于个别企业史料，而是以中国企业的整体为考察研究对象，主要是沿着历史发展的轨迹考察不同历史时期、不同发展阶段企业的基本状况，包括经营方式、技术状况、企业文化、企业的行业与地区分布以及对整个国民经济发展的贡献等。企业整体寓于企业个案之中，因而考察企业整体，研究企业发生、发展变化的规律，必然要以典型企业为基础。

既然以企业为研究对象，那么“企业”的含义是什么？企业这个人们常见又很熟悉的概念，在不同历史发展阶段和不同的社会经济体制环境中有不同的表述。专家、学者对企业概念的不同表述，进行综合归纳、分析研究，认为企业可以有一般企业和现代企业两种理解。所谓一般企业，是指包括手工业企业和使用机器及机器体系的现代企业在内的所有企业基本特征的，即从事着产品生产和服务活动的、独立的经营单位。所谓现代企业，是一般企业的进一步深化和发展，是社会化大生产和市场经济高度发展的产物，具有“产权明晰、权责明确、政企分开、管理科学”的基本特征，公司制企业是其典型形式。从研究、编写《中国企业史》角度看，采用一般企业的概念涵盖比较广泛。

中国企业的产生、发展的历史十分久远，行业、地域分布相当广泛。专家、学者讨论认为，研究、编写《中国企业史》，从时间跨度来说，上限应该上溯到中国企业的萌芽时期，也就是说，中国企业史应从有史料可查的中国古代写起，以便人们了解中国近代企业是怎样从中国古代社会孕育并发展起来的；下限定在1997年，即中国共产党第十五次代表大会召开。下限定在1997年，并不是中国企业史的终结，后继的研究者将会以更加浓重的笔墨描绘出中国企业继续发展的画卷。

关于中国企业史的企业范围。在任何历史条件下企业都不是单一的，无论是其地区分布、行业分布，还是其服务领域都是相当广泛的。因此，研究、编写《中国企业史》所要包含的企业范围，不仅应当包括第一产业、第二产业、第三产业企业和不同所有制、不同形态的企业，也要包括港、澳、台企业。港、澳、台企业在中国企业的发展史中具有相当重要的作用，把港、澳、台的企业史包括进来，既体现了中华人民共和国国家主权的整体性，又体现了对港、澳、台同胞历史贡献的充分肯定。

研究、编写《中国企业史》责任重大，难度很大。完成这项研究课题实属不易，必须横下一条心，充分发挥各方面积极性。采取正确的研究、编写方法。最重要的，一是尊重历史客观性。坚持历史唯物主义，注重历史规律的研究，防止可能出现的以史代论或以论代史两种倾向，注重调查，注重案例分析，注意重大历史事件对当时企业的影响，突出重点，务真求实。经得起历史的检验；二是详尽地占有史料。采取缜密细致的科学态度，对古代、近代、现代围绕企业所发生过而又有重大影响的问题。展开研究和论述，论点、论据、案例均以翔实的史料为基础；三是进行系统的调查研究。无论是对古代、近代企业，还是对现代企业的研究，都采取实证的方法，按历史的本来面目把企业的产生、发展、变化、兴衰写深写透，有声有色。

根据专家、学者和有关方面人士反复酝酿，《中国企业史》整体框架按照断代史的原则，分成古代、近代和现代三个部分，共七卷。古代卷的时限从商、周到 1840 年鸦片战争前：近代卷的时限从 1840 年鸦片战争开始到 1949 年中华人民共和国建立：现代卷分上、中、下三卷，其中现代卷（上）从 1949 年中华人民共和国建立到 1978 年党的十一届三中全会召开：现代卷（中）和（下）从党的十一届三中全会召开到党的第十五次代表大会。港、澳的企业史和台湾的企业史分别单独立卷：另设典型企业，亦可谓“企业列传卷”。因为是按照断代史原则分卷，各个历史阶段企业的数量、规模、形态、行业特点和素质等差异很大，所以，在研究成果表达上，从形式到内容，不强求统一的模式和风格，可以有不同的表述方法，可以有不同的见解，各展所长，主富多彩。从这个意义上来说，《中国企业史》的每一卷都可以独立成书。

研究、编写《中国企业史》是前人没有做过的事，没有现成的经验可以借鉴，是一次大胆的尝试。在其研究、编写过程中，得到众多领导、专家、学者、教授、企业家的关心和支持，有近 300 位有关单位司长、处长、专家、学者参加撰稿和审稿。可以说《中国企业史》是大家共同研究的成果，是集体智慧的结晶。现将其印出，就教于广大读者。

文稿解读

《中国企业史》的编撰工作起步于1996年7月，《原国家经委（经贸委）大事记》编撰工作起步于2007年1月，《中国企业发展报告》年度报告编写工作始于1999年6月。这些具有历史意义的工作都是袁宝华同志首先提议或亲自推动的。

组织编撰中国企业史和编写中国企业发展年度报告，在中国都是一项开拓性的创举，不仅可以填补国内重要学术空白，而且进一步拓宽了我国经济和管理科学的研究领域。作为经济发展和市场竞争的主体，企业史构成经济史的主干，通过对中国企业发展历史轨迹的分析与比较，可以为未来中国企业的发展提供历史的借鉴；中国企业发展年度报告，则定位于对过去一年的中国企业发展进行回顾与总结，为下一年企业发展作出预测并提出相应的政策建议，2002年年度报告开始增加的中国500强报告更是展现了中国经济特别是国有经济发展壮大的风貌。

《原国家经委（经贸委）大事记》客观记载了1956年5月12日至2003年3月10日的47年间，由国家经委到国家经贸委的风雨历程和大事要情，企业工作一直是经委经贸委的中心工作和经济运行（生产调度）工作的出发点与落脚点。我国企业的发展状况，一直都是国家经济社会发展状况的晴雨表，凡是企业充满活力的阶段，一定是国民经济健康快速发展和社会经济生活充满朝气的年代。把《原国家经委（经贸委）大事记》与《中国企业史》结合起来阅读，可以发现一条清晰的中国经济发展的速度、效益、质量的历史脉络：从《工业七十条》到《工业二十条》、《工业三十条》，从恢复性整顿到建设性整顿；从经济责任制、厂长负责制、承包制等放权让利，"三个条例"、《企业法》到《转机条例》、《公司法》的转机建制。这些为中国摆脱传统的计划经济体制束缚，走向社会主义市场经济体制，在经济全球化的大背景下拥有重要话语权，奠定了重要的物质基础和制度优势。薄一波、康世恩、袁宝华、张劲夫、吕东、朱镕基、王忠禹、盛华仁、李荣融等历任老领导，坚持求真务实的工作作风，使国家经委（经贸委）在推动我国经济振兴和国家强盛过程中发挥了积极作用、做出了重要贡献。

以上就是将《中国企业史》《原国家经委（经贸委）大事记》《中国企业发展报告》相关史料汇集一起，作为"《中国企业史》序"附录的考虑。

文稿附录

附录1　国家经贸委办公厅关于印发《〈中国企业史〉编撰工作会议纪要》的通知

附录2　《中国企业史》编者的话

附录3　《中国企业史（现代卷〔中、下〕）》前言

附录4　《中国企业史（现代卷）》编委会和编撰人员名单

附录5　《原国家经委（经贸委）大事记》（编委会、前言和后记）

附录6　《中国企业发展报告（2002）》（编委会、后记）

附　录

附录 1

国家经贸委办公厅关于印发《〈中国企业史〉编撰工作会议纪要》的通知

（国经贸厅〔1996〕350 号　1996 年 12 月 26 日）

各省、自治区、直辖市及计划单列市经贸委（经委、计经委），国务院有关部门：

我委原则同意《关于〈中国企业史〉编撰工作会议纪要》的精神，现予以转发。中国企业管理协会、中国企业家协会牵头组织编辑《中国企业史》意义重大，值得重视。希望你们对编辑出版工作给予关心和支持。

关于《中国企业史》编撰工作会议纪要

（中国企业管理协会、中国企业家协会）

根据中国企业管理协会、中国企业家协会（以下简称“两会”）理事长办公会议关于由“两会”牵头组织有关方面编撰《中国企业史》的决定，我会于 1996 年 7 月 9 日和 8 月 7 日两次召开《中国企业史》（以下简称《史》）座谈会。参加会议的有中国社会科学院、中国人民大学、北京经贸大学、北京师范大学、北京工业大学、国家经贸委经济研究咨询中心、国家计委宏观经济研究所以及有关行业企协、我会管理现代化和古代管理思想研究会的专家、学者共 30 多人。会上，就《史》编撰总体方案、框架设计的设想和建议、编委会的组成等内容进行了讨论，并委托有关同志提出编撰《史》的设想方案，会后《中国企业史》筹备组的同志又对《史》的可行性进行了认真的分析。

大家一致认为，“两会”组织编撰《史》是件好事，也是一件功在千秋的大事。它不仅可以填补国内学术空白，而且可以进一步拓宽我国“管理科学”的研究领域，因此要把它作为重要的科研项目来对待。

会议认为，我国是注重历史研究的国度，自古以来就有盛世修史的说法。现在我国正处在历史发展的重要时期，为我们在20世纪的最后几年追溯中国企业的发展历程、总结企业改革的实践经验和管理成果创造了历史的契机；通过对中国古代、近代和现代企业发展轨迹的分析与比较，可以为下个世纪中国企业改革与发展提供历史的借鉴。因此，《史》的立项与启动，具有重要意义。编《史》责任重、难度大，要注意发挥各方面的积极性，特别是承认和尊重专家学者的劳动。不编则已，编就编好，使其体现全面性、权威性。

一　关于书名

大家趋于一致的意见是，以《中国企业史》冠名最宜。讨论中提出过以《简史》《近代中国企业史》《中国企业发展史》《新中国企业发展史》等冠名。对此争论较大，争论的焦点是如何把“企业”这一概念，放到历史中定位。一些专家认为，从古至今，中国社会赖以生存和繁衍的生产和流通的历史源远流长，而承担生产和流通（细化为农、工、商、服务等）任务的载体，古代称为作坊、场、栈、店，现代则统称为企业（包括工厂、公司或商店），它们实际是一脉相承的，因此，编辑《中国企业史》应立足于中国农、工、商等经营发展的通史，而不可只限于近现代的断代史，以免有数典忘祖之嫌。大多数专家认为，《中国企业史》既是史书，又是学术专著，要做到资料性与学术性并重，以《中国企业史》来冠名为好，在内容上可繁可简，篇幅上可大可小，比较灵活主动。

二　关于编《史》的指导思想

（一）历史真实的原则。这是中国修史的优良传统，《史》的编写要以历史唯物主义的观点，客观、全面地反映历史，反映中国企业发展的全过程，以历史的眼光看待历史上企业的兴衰成败，通过有代表性的重大历史史实的展开研究，揭示历史发展的规律性。

（二）厚今薄古，以现代为主的原则。《史》要全面反映中华人民共和国成立47年以来的企业发展历史。要站在发展现代市场经济、建立现代企业的高度俯瞰、分析、总结历史。在结构上要防止平铺直叙的纯历史主义，主要研究不同历史时期生产力发展水平、社会形态和政治制度的不同特征。古代部分要重点反映重要发明或工艺、历史人物、经商管理思想，并简要反映出我国历史上几个工商发达、商贾云集的朝代的盛况；现代部分实行“五个为主、五个兼顾”的原则：以改革开放以来为主，兼顾改革开放以前；以微观（企业）为主，兼顾宏观环境；以工业企业为主，兼顾其他行业企业；以国有企业为主，兼顾其他所有制企业；以内地企业为主，兼顾港澳台企业。

（三）注重探讨规律原则。对我国老字号尚存企业要予以高度重视，通过分析研究它们的兴衰过程，为我国民族工业的发展提供借鉴，所以，要积极赢得企业的支持。另一方面，又要把理论与实践结合起来。《史》的编撰必须有鲜明的学术观点，它包括：企业当时的国际国内形势、主客观条件、政治经济背景；企业发展中遇到的主要问题以及企业是如何适应环境从事经营活动的；企业的成长、发展、衰败的经验教训。

（四）博采众长原则。为了使《史》的编撰工作从一开始就站在较高层次上，有必要借鉴国内外已有的研究成果，为我所用。第一，要积极汲取我国古代管理思想的精华；第二，要参考相关经济领域的研究成果，并有所创新；第三，要放在世界企业史的大系统上来策划和定位。

三　关于《史》的基本框架

《史》分为四册（篇）。第一册：古代及近代（50 万字）；第二册：建国以后到改革开放前（计划经济时期）（60 万~80 万字）；第三册：改革开放以后至 1995 年（企业改革探索时期）（60 万~80 万字）；第四册：1995 年以后（建立现代企业制度时期）（50 万字）。总字数在 200 万~250 万字。

《史》的主要内容：

（一）古代部分。抓住重点朝代（如唐、宋、明、清等）、重要发明或工艺（如炼铁、炼钢、陶瓷、制盐等）、重要人物（如范蠡、李鸿章等）、重要著作（如《盐铁论》），着重介绍我国很早就出现了的市场和工商企业的雏形，介绍一些著名的“为商之道”。

（二）近代部分。着重反映民族工商企业在资本主义萌芽时期的崛起，以及它们在“三座大山”的压迫下的苦难和奋斗业绩。对国民政府时期的官僚买办企业，也要有适当介绍。

（三）建国以后到改革开放以前（计划经济时期）。既指出计划经济体制下企业的种种问题与弊端，又要注意以下几点：（1）它们在医治战争创伤、恢复经济以及奠定我国现代工业基础和建立国民经济体系中起了重大的历史性作用。（2）社会主义改造之前的企业有多种成分、多种形式，有的还是比较有活力且经营有方的。（3）社会主义改造之后，有不少好的企业管理经验，需要充分总结和肯定，诸如《鞍钢宪法》、“大庆经验”等。（4）针对经济体制和企业体制的弊端，党和国家领导人曾多次提出改革的设想，有的地方也进行过改革的探索，对此也要加以总结和肯定。

（四）改革开放以来至 1995 年以前（企业改革探索时期）。（1）对改革开放以来企业改革与管理的重要实践包括企业整顿、扩权、承包、制订与贯彻《企业法》、转机建制、建立集团及公司制改造试点、产权制度改革等各种试验，给予客观的叙述与评价。（2）对改革开放以来关于企业改革与管理的重大理论争论及突破包括真理标准讨论、“企业本位论”、“四自”、国家调控市场与市场引导企业，股份制、产权制度改革与公有制、国有资产流动、管理与改革的关系、“抓大放小”等，给予客观的介绍和正确的评价。（3）明确建立现代企业制度是企业改革的目标之一，但现代企业制度尚在探索中。

在这一部分，应用一定篇幅介绍港澳台企业。港澳台的现代企业大体上始于 70 年代，80 年代臻于成熟。可选若干不同类型的有代表性的企业，它们的组织形式、管理体制、经营特点等，以提供一些资本主义市场经济条件下中国现代企业的实例，并总结出它们的共性或规律性。

（五）注意介绍政府有关企业发展建设的方针、政策、法规；探索不同历史时期、不同行业、不同地区、不同类型企业发展的规律和特点；追溯和展示为中国民族经济发展做出历史性贡献的典型企业、代表人物的业绩；总结企业发展的经验、教训。

四　关于《史》的经费来源

《史》的编撰出版不以盈利为目的，力争做到自身收支平衡。所需经费可从四个方面筹集：

（一）除中国企业管理科学基金会提供部分资助外，争取以管理科学的一个项目向国家自然科学基金会管理科学部申请立项；

（二）取得企业界的资助、支持，或有选择地编排部分介绍企业的彩图或附录，如百年企业、国家表彰或获“五・一”奖章的优秀企业及著名产品品牌简介等，适当收取一定的工本费用；

（三）与港、台有关方面进行合作，取得资助；

（四）争取国内有关单位的支持。

五　关于《史》的编委会、主编人选

请薄一波、朱镕基同志担任顾问；袁宝华同志担任编委会主任，副主任由建国后历届国家经委主任、副主任担任，张彦宁同志任常务副主任兼主编；“两会”领导、一些省（自治区、直辖市）经贸委的同志和承担有关工作的单位负责同志任委员；副主编由《史》的主要负责编撰工作的学术带头人（专家、教授）和本会负责此书日常工作的有关同志担任。编委会下设编辑部，在主编和常务副主编领导下开展工作。

附录 2

《中国企业史》编者的话

（张彦宁　2002 年 6 月 6 日）

由中国企业联合会、中国企业家协会牵头组织有关专家、学者、教授编撰的《中国企业史》，历经数载辛勤耕耘，在新世纪之初这部学术著作出版了，是值得庆贺的。

《中国企业史》是一项重要的研究成果。从课题的立项、编撰大纲的审定、样稿的研讨、专家的审读到具体内容的修改和终审定稿等重要编撰环节，都邀请了有关方面的领导、专家、学者、教授和企业家对其进行了多次深入的研讨，广泛采纳了各方的意见，不断进行了修改提高。因此，《中国企业史》的研究成果，是集体智慧的结晶。其内容丰富、史料翔实、结构严谨、论证有力，是一部质量较高，具有开创意义的学术专著。对于人们系统地了解和研究我国企业从萌芽雏形到初步建成现代企业所经历的发展过程和这一过程所体现的企业发展特色、发展规律，以及所体现的中华民族的智慧，帮助认识历史上的深刻教训和宝贵经验，在新世纪用新视角把握未来的发展，把握新机遇与挑战，有着重要的借鉴和参考价值。

《中国企业史》的各卷编撰任务都是由课题的学术带头人承担，对研究成果实行主编负责制。厦门大学、北京师范大学、中国社科院经济所和工经所、国家计委宏观经济研究院、国家经贸委、中国工业经济联合会、中国企业联合会、中山大学、汕头大学等单位的有关专家、学者分别承担了各卷的编撰任务。他们为此付出了艰苦的劳动。

《中国企业史》的编撰出版得到了社会各界的积极配合和大力支持。国家经贸委、国务院发展研究中心、中国职工思想政治工作研究会、上海社会科学院、北京大学、中国人民大学、北京工业大学、首都经贸大学、复旦大学、南开大学、哈尔滨工业大学等单位的众多专家、学者和有关领导曾多次参加编撰工作研讨会，提供了许多宝贵的意见。全国性行业协会（联合会），一些省（自治区、直辖市）的经贸委和企业管理协会（联合会）及100多家典型企业，为《中国企业史》的编撰提供了大量有价值的史料，组织编撰了部分内容，给予了积极配合，做出了很大贡献。中国光大集团公司、中国石油化工集团公司、中国石油天然气集团公司、中国远洋运输集团公司、中国船舶工业总公司、中国航空工业总公司、镇海炼油化工股份有限公司、广东深圳—东江供水工程管理局、深圳投资管理公司、深圳能源集团公司、深圳特区发展公司、国家开发银行、中华爱国工程联合会张謇研究基金和中国企业管理科学基金会等60多个著名企业和社会团体为《中国企业史》的编辑出版提供了经费支持。

从事港澳台工作的有关单位和人士也对《中国企业史》的编撰给予了很多帮助。

在此，谨向参与、关心、支持和帮助《中国企业史》编撰出版的有关领导、专家、学者、企业家和社会各界表示衷心的感谢。

对于《中国企业史》的不足和疏漏之处，敬请广大读者批评指正。

附录3

《中国企业史（现代卷〔中、下〕）》前言

（张用刚　2001年11月20日）

《中国企业史·现代卷（中）和（下）》，记述了我国改革开放20年来，在邓小平理论的指引下，党和国家一系列方针政策同群众伟大实践相结合，企业改革与发展的光辉历程和辉煌成就。这20年是不断解放思想、开拓创新的20年，是国民经济持续、快速、健康发展的20年。邓小平指出："改革是中国的第二次革命。"经过这场革命，中国又一次发生了翻天覆地的变化。

企业改革与发展在经济体制改革与国民经济发展中发挥着举足轻重的作用。党的十二届三中全会《决定》指出："增强企业活力，特别是增强全民所有制的大、中型企业的活力，是以城市为重点的整个经济体制改革的中心环节"，从而明确了企业改革的突出地位。

企业改革促进了国民经济各个领域和上层建筑的改革，初步解决了政企分开、“两权分离”等一些深层次的矛盾和问题，从理论和实践上突破了计划经济的传统观念，使企业成为商品生产者、经营者和市场竞争的主体。计划、财政、税收、金融、外贸、价格，政府机构、人事劳动、工资分配、社会保障、法制建设等等一系列改革，为企业改革创造了条件。企业改革与经济领域各方面的改革紧密相连，互相促进，互为条件，不断深化，推动着国民经济持续、快速、健康发展。

邓小平理论是推动企业改革和发展的强大思想武器。最重要的是启迪人们不断解放思想、坚持实事求是，激发人们开拓创新、大胆实践的勇气。企业改革的每一项重要措施和法规的制定，每一重大发展步骤，都是在邓小平理论指引下取得的成果。群众改革实践探索取得的每一项突破性进展，都可以从《邓小平文选》中找到理论的依据。

企业改革从扩大企业经营自主权开始，从分配制度改革入手是合乎逻辑的。因为过去僵化的经济模式“造成了企业缺乏应有的自主权，企业吃国家‘大锅饭’、职工吃企业‘大锅饭’的局面，严重压抑了企业和广大职工群众的积极性、主动性、创造性”，“使社会主义经济在很大程度上失去了活力。”邓小平在党的十一届三中全会上的讲话中指出：“当前最迫切的是扩大厂矿企业和生产队的自主权，使每一个工厂和生产队能够千方百计地发挥主动创造精神。”“革命精神是非常宝贵的，没有革命精神就没有革命活动。但是，革命是在物质利益的基础上产生的，如果只讲牺牲精神，不讲物质利益，那就是唯心论。”从扩大企业自主权、建立经济责任制、企业领导体制改革到企业分配制度改革、加强企业管理、加快企业技术进步、引进国外先进技术和资金、开发新技术新产品等等；从计划经济和有计划商品经济体制下推行企业承包经营责任制到社会主义市场经济体制下的企业制度创新、企业结构调整、股份制、规模经营、集团化发展等等，邓小平都有很多精辟的论述。特别是1992年春天他的南方重要谈话，给我们留下了极其宝贵的精神财富。他指出：“看准了的，就大胆地试，大胆地闯”，“不搞争论”。判断的标准主要看“是否有利于发展社会主义生产力，是否有利于增强社会主义国家的综合国力，是否有利于提高人民的生活水平”。这些经典名言，极大地促进了人们思想的解放，对改革开放的伟大事业充满信心。

回顾20年企业改革和发展的历程，大体可以分为三个阶段。第一个阶段，党的十一届三中全会以后到党的十二届三中全会（1979~1984年）。主要是进行扩大企业经营自主权试点、实行经济责任制。也可以说是简政放权，为企业松绑；从分配入手，探索正确处理国家、企业和职工三者利益关系，克服企业吃国家“大锅饭”、职工吃企业“大锅饭”的途径。第二阶段，党的十二届三中全会以后到党的十四大（1985~1992年）。主要是改革企业经营方式，建立企业经营责任制，增强企业活力，探索“两权分离”的途径。在这个阶段中，进行了以税代利、税利分流的探索，实行第一步和第二步利改税改革，推行企业承包经营责任制和企业租赁经营形式。在企业领导体制方面制定了《全民所有制工业企业厂长工作条例》、《中国共产党全民所有制工业企业基层组织工作条例》和《全民所有制工业企业职工代表大会条例》，进而产生了我国第一部《企业法》，将企业改革的重要成果纳入法制的轨道。第三个阶段，党的十四大（1992 年）以后，企业改革进入转机建制、制度创新阶段。1993 年，《中共中央关于建立社会主义市场经济体制若干问题的决定》提出，建立现代企业制度是企业改革的方向，并提出到 20 世纪末，国有大中型企业基本实现现代企业制度的目标。

企业改革的进程，体现了与时俱进、勇于创新的精神。企业改革自始至终都同企业改组、技术改造和加强企业管理紧密结合在一起向前推进。尤其到了第三阶段，“三改一加强”更加突出。在企业改革方面，实行转机建制、制度创新；在企业改组方面。实行国有企业战略性结构调整：在企业技术改造方面，实行“双加工程”（加大投资力度、加快改造进度）；在加强企业管理方面，大力推进企业管理现代化，探索建立具有中国特色的管理科学体系。1992 年制定了《转换企业经营机制条例》，1993 年颁布了我国第一部《公司法》，从而使建立现代企业制度有了法律依据。

1997 年 9 月，江泽民在党的第十五次代表大会上的报告中指出：“深化国有企业改革，是全党重要而艰巨的任务。要坚定信心，勇于探索，大胆实践，力争到本世纪末绝大多数国有大中型骨干企业初步建立现代企业制度，经营状况明显改善，开创国有企业改革和发展的新局面。”此后，1999 年 9 月召开的党的十五届四中全会专门作出了《中共中央关于国有企业改革和发展若干重大问题的决定》。在《决定》的指引下，国有企业的改革与发展必将出现崭新的局面。

企业改革与发展是一个庞大的系统工程。20 年来企业改革与发展的内容是极其丰富的，涉及许多深层次的矛盾和问题。党中央、国务院和有关部门、各地方发布的指导性政策文件数以万计，千百万企业的改革与发展异彩纷呈，理论界、经济界、企业界对每个阶段一些重大问题多有深入研讨、交流和总结，为推动企业改革和发展做出了积极的贡献。这些，作为一卷企业史是无法全面包容的。本卷坚持实事求是的科学态度，遵循党中央、国务院的方针政策和国家法律、法规，以“三改一加强”为主线，抓住有关重大事件、关键环节、重点内容和典型案例，描绘出历史发展的轨迹。

现代卷（中）和（下）是一个整体（只是分篇成册）。前者主要记述企业改革与发展的光辉历程，既有纵向的发展过程，又列出九章专题，以求眉目清晰；后者主要记述企业改革与发展的辉煌成就，按产业列为五章，既能看到各个行业的综合发展情况，又能看到大量企业案例，以求点面结合，避免“只见树木不见森林”。

这里需要说明一点：本卷的时间跨度，总体要求是从党的十一届三中全会到党的第十五次代表大会，即 1979 年到 1997 年。但是，有些章节是在 1998 年、1999 年、2000 年脱稿的，这期间企业改革与发展又有许多新的内容。如党的十五届四中全会的《决定》、国有大中型企业实现了 3 年脱困目标等等。因而有些章节的内容和引用的数据延伸到 1998、1999 年，个别的到 2000 年。

20 年企业改革与发展的历程是短暂的，严格地说，本卷只是一部史料，是一项阶段性研究成果。企业改革还要不断深入，企业发展前程无量。本卷为广大读者、理论工作者、实际工作者提供了一些深入研究的参考资料；也为将来企业史的编写者铺垫了一块基石。

本卷的编纂，得到国家经贸委和有关部委、总局、中国工业经济联合会、中国企业联合会、各行业企业管理协会（行业协会、联合会）领导的关心和支持。有关单位的司局长、处长、秘书长、专家、学者、教授和企业家近百人为本卷撰稿，许多稿件还报经单位主管领导审阅。成书后，又经陈兰通、朱焘和汤茂义同志审阅把关。赵崇智、朱凤鸣、邓向军、郭海映等同志协助做了大量审校和编务工作。在本卷出版问世之际，谨向所有关心、支持、参与的人士表示深深的感谢和敬意。尽管我们亲身经历了 20 多年企业改革与发展的全过程，但终究水平所限，不足之处，敬请广大读者批评指教。

附录 4

《中国企业史（现代卷）》编委会和编撰人员名单

《中国企业史》编辑委员会

顾　问： 张劲夫、邓力群、吕东、王忠禹、陈锦华

主　任： 袁宝华

副主任：（按姓氏笔画排列）

马仪、王广有、石万鹏、史立德、叶林、叶青、李荣融、李祥林、朱焘、刘海燕、沙叶、邱晴、陈元、陈兰通、陈清泰、杨昌基、宋季文、林宗棠、张吾乐、张彦宁、张家仁、张绪武、赵荫华、赵维臣、郭洪涛、阎颖、钱永昌、夏德明、徐鹏航、盛树仁、蒋黔贵

委员：（按姓氏笔画排列）

马仪、马玉良、王广有、王学斌、王京玲、王祖褥、尹援平、石万鹏、史立德、叶林、叶青、叶旭全、孙同咏、孙荣兴、孙维炎、汤茂义、江泰新、刘世馨、刘海燕、李玲、李开云、李汉铃、李荣融、李祥林、李致洁、李家钩、朱焘、沙叶、沈沛、吴承明、邱晴、远松山、陈元、陈兰通、陈忠表、陈清泰、陈重、房昭文、陆洪洲、闵振环、金士荣、罗涛、岳玉庆、杨昌基、宋季文、林宗棠、张书田、张用刚、张光兴、张吾乐、张劲松、张勇、张彦宁、张家仁、张绪武、郑学檬、赵方田、赵荫华、赵维臣、赵崇智、郭洪涛、郭雪超、倪士丹、倪敬琰、袁宝华、聂雪宇、康心浩、徐新成、徐鹏航、阎洪礼、阎颖、钱永昌、夏忠华、夏德明、陶量、盛树仁、谢明干、谢高觉、韩太林、韩岫岚、韩清海、蒋黔贵、潘承烈

总编辑： 张彦宁

常务副总编辑： 夏忠华、汤茂义

副总编辑： 王学斌、陶量、郑学檬、吴承明、江泰新、韩岫岚、张用刚、陈重、远松山、潘承烈、尹援平

工作人员：赵崇智、刘经锋、张彦文、李平、董玉翔

《中国企业史·现代卷（中）》

高级顾问：赵荫华、张彦宁、陈清泰、沙叶、陈兰通、朱焘、蒋黔贵

编　委：邵宁、刘东生、卫东、狄娜、严秀珍、王建曾、甘智和、弋辉、王忠明、于吉、张楠、陈华山、李均升、贾小梁

白英姿、李冰、康心浩、房昭文、何大为、马玉良、何华隆、汤茂义、王学斌、张用刚、朱懋光、郑光亮、郭志山

主　编：张用刚

副主编：朱懋光、郑光亮、郭志山

撰稿人：

第一章　郭志山、彭本初、张明臣、王祥林、余向民

第二章　郭志山、魏志勇、白明本、郑扬、冯晓明

第三章　张用刚、李燕斌

第四章　朱懋光、王海林、张用刚、贾小梁

第五章　李冰、白英姿、于吉、陈洪隽

第六章　陈剑光、唐宗焜、王茂卿

第七章　何冬阳、陆符瑞

第八章　陈华山、邓小清

第九章　朱懋光、郑光亮、王润秋、张楠

附录 5

《原国家经委（经贸委）大事记》

（编委会、前言和后记）

《原国家经委（经贸委）大事记（1956 年 5 月 12 日至 2003 年 3 月 10 日）》

编委会

顾　问：袁宝华、王忠禹

主　编：张彦宁、赵荫华

副主编：陈光复

总　撰：刘桐林、伍子杰

编　委：张磐、董峰、黄淑兰、杨旭光、钟志奇、王乐梅、徐纪、罗精奋、王守家、杨德向、朱昕、汤全林、耿锡友、玄锐、顾江、张用刚、董德岐、朱玉龙、李亨业、汪浩、房玉生、朱蕤、连一民、汤淑霞、王建增、丁澍生、谢又乔、陈国卫、陶向群、王毅

编辑部主任：宛宝成

编辑部副主任：黄淑兰、曹明新、张志骧、李勇、曹建华

执　笔：曹建华、李勇、赵婷、阎书会

编　务：刘凤艳

《原国家经委（经贸委）大事记（1956年5月12日至2003年3月10日）》

前　言

毛泽东主席曾指出，我们必须尊重自己的历史，承继这一份珍贵的遗产。伴随着我国国民经济的发展和时代的进步，国家经济委员会从1956年成立，经过“文化大革命”中的生产组，改革开放后的国家经济委员会，国务院生产办公室，国务院经济贸易办公室和国家经济贸易委员会等历史时段的延展，在日新月异的社会主义建设中，其印迹尚清晰地留在亲历者的心中。今年1月25日，袁宝华同志在中国企业联合会、中国企业家协会召开的原国家经委、经贸委老同志迎春茶话会上提出编撰原国家经委（经贸委）大事记的要求，希望中国企联组织有关老同志参加整理、编撰。会后，张彦宁、赵荫华同志组织了原国家经委的部分老同志，开始了《原国家经委（经贸委）大事记》编撰工作，以文字客观描述我国工业交通管理历程，真实记载国家经委50年奋斗缩影，传承中国式的工业经济建设经验，以实现诸位老同志的多年夙望。

国家经委成立后的10年中，坚持为工业生产和交通运输提供组织保障、政策指导和协调服务。在“反右倾”、“大跃进”的特殊年代，克服苏联单方撤援和自然灾害导致的经济困难，按照社会主义总路线精神和国民经济“调整、巩固、充实、提高”的方针，以规划优化布局，以革新提高效率，遵照“工业七十条”整顿企业，积极促进工业交通内部结构调整与国民经济比例协调，为新中国工业化建设奠定了基础。“文化大革命”中，生产组承担起原国家经委的职能和工交生产管理的重任，既做经济发展的计划者，又做经济运行的推动者，既要抵制林彪、江青一伙的肆意破坏，又要“四处救火”为工交企业排忧解难，保障社会供给，缓解了“十年内乱”的冲击，为国民经济恢复与发展创造了有利条件和基础。具有重大历史意义的党的十一届三中全会以后，国家经委按照“调整、改革、整顿、提高”的方针，通过加强企业整顿、深化企业改革、全面整顿企业、开展“工业学大庆”等工作，倡导以效益为中心，重质量、重技术、重管理，为把国民经济推向现代化建设的轨道发挥了应有的作用。在社会主义市场经济创建与形成初期，为优化资源配置和建立与市场经济相适应的工业体制，国务院经贸办，国家经贸委积极应对世界科学技术革命

挑战，通过扶持骨干企业、转换企业经营机制、清理三角债、加强基础建设、“企业三年脱困”、“三改一加强（改革、改组、改造，加强管理）”等项工作，提升我国社会主义工业现代化的水平，从而经受了通货膨胀、亚洲金融危机的严峻考验。其间，薄一波、康世恩、袁宝华、张劲夫、吕东、朱镕基、王忠禹、盛华仁、李荣融等历任老领导，坚持求真务实的工作作风，使国家经委（经贸委）在推动我国经济振兴和国家强盛过程中发挥了积极作用、做出了重要贡献。

以史为鉴，解古达今。相信《原国家经委（经贸委）大事记》的出版，对于促进中国特色社会主义工业现代化的科学发展，是大有裨益的。

《原国家经委（经贸委）大事记》编委会

二〇〇七年十二月

《原国家经委（经贸委）大事记（1956年5月12日至2003年3月10日）》后　记

《原国家经委（经贸委）大事记》，是反映我国工业交通经济近50年发展的一本志记性书籍，共28万余字。

“当代写志，隔代写史”。本书在有关方面关心、支持和协助下编撰出版，既是对我国工交战线前辈的告慰，又是对中国社会主义工业化进程的缅怀，更是对后人探索中国特色工业现代化规律的激励。

本书力求客观详实记述我国1956年至2003年工交生产与管理的历史沿革，谨遵循以下原则：其一，以我国工业交通生产与管理为中心，以现存档案资料为基本依据，按时间顺序、条目形式编撰；其二，侧重记述在工业交通经济发展中带全局性，有重要历史影响的“大事”“要事”；其三，尊重历史事实，按事物原貌记叙，不做主观评点。

本书主要采用编年体例，以时为经，以事为纬；纵贯近50年的时段，横穿“大事”“要事”。辅以纪事本末体的叙述，分别列目，独立成条，以解决时间跨度大，彼此又有呼应关系的事项。本书依据历史和社会时代背景，相对分为1956年至1966年；1966年至1978年；1978年至1989年；1990年至2003年4个时段，并以“大事概述”简括了各自的时代背景，国家经委的机构、职责、任务及工作历程。使读者能从有限的文字中，了解远近贯通的史实，达到宏观整体的概要认识，为今后探求工业交通经济发展规律，提供些许借鉴。

本书的资料主要源于：中央档案馆，原国家计委、经贸委现存的相关档案资料；《薄一波》《吕东经济文集》《袁宝华文集》《中华人民共和国经济管理大事记》《中国工业五十年》等已出版的部分资料；相关老同志的忆叙和尚保存的笔记资料摘抄等。特别需要指出的是，在本书编撰过程中，许多老同志不顾年迈多病，全身心投入该项工作之中。其中，以刘桐林、伍子杰、黄淑兰、王守家、玄锐、汤淑霞等同志尤为突出，他（她）们始终保持着认真负责的态度，结合亲身经历，找寻珍藏资料，深入回忆，细致思考，尽力亲为，字斟句酌，纠错勘误，从而保证了资料汇集，文字编撰和问题研讨乃至审定出版的顺利进展，在此，谨向上述单位及参与编撰的老同志致以诚挚的谢意。还要感谢中国企业联合会、中国企业家协会、中国企业管理科学基金会以及中国企联党委、办公室、财务部、研究部、企业管理出版社对本书编撰、出版所给予的人力、物力和技术性的大力支持；感谢关注本书编撰出版的朋友们。

编辑部为本书的编撰出版付出了应有的努力，但由于时间、资料、容量和水平的约限，本书难免挂一漏万，甚至可能存在这样或那样的失误，恳望广大读者给予谅解并指正。

《原国家经委（经贸委）大事记》编辑部

二〇〇七年十二月

附录 6

《中国企业发展报告（2002）》

编委会

顾　问：陈锦华、袁宝华

主　编：张彦宁、孙树义

副主编：胡新欣、于武、李建明、柏东海

撰稿人：李建明、柏东海、许剑毅、陈洪隽、刘南昌、张艳艳、张文涛、杨永萍、刘莉莉、李海舰、杜莹芬、何曼青、张永伟、卢馨、胡永万、李莉、严先溥

总　纂：李建明、于武

装帧设计：陆萍

《中国企业发展报告（2002）》

后　记

一、中国企业联合会、中国企业家协会为了记载和反映我国企业年度发展状况，对企业的改革、管理和发展提出建议，从 1999 年起，设立了《中国企业发展报告》课题组，并将起草这一报告作为每年的重点研究课题。本报告是课题组系列年度报告的第四集。

二、根据国家“十五”计划纲要中要求的“形成一批拥有著名品牌和自主知识产权、主业突出、核心能力强的大公司和企业集团”和去年国家经贸委等7部委联合颁发的《关于发展具有国际竞争力的大型企业集团的指导意见》，为了促进企业做大做强，培育我国具有国际竞争力的世界级企业，中国企业联合会、中国企业家协会决定每年推出中国企业500强及其分析报告，并将其作为每年中国企业发展报告的重要内容。2002年中国企业500强的产生得到了各有关企联（企协）、企业家协会及大企业的大力支持，在此深表感谢。

三、本报告为中国企业联合会、中国企业家协会的研究成果，课题组成员由中国企业联合会、中国企业家协会、国家经济贸易委员会、国家发展计划委员会、国家统计局、中国社会科学院、中国人民大学的专家、教授组成，各章的作者为第一章：李建明；第二章：许剑毅、李莉、严先溥；第三章：李建明、张永伟；第四章：刘南昌；第五章：李建明；第六章：卢盛；第七章：张永伟；第八章：张文涛；第九章：曹明新；第十章：李建明；第十一章：李海舰；第十二章：张艳艳；第十三章：陈洪隽；第十四章：杜莹芬；第十五章：胡永万；第十六章：刘莉莉；第十七章：何曼青；第十八章：柏东海。报告全文由李建明、于武总纂。参加编辑工作的有：柳英全、张艳艳、康月强、李挺见、张文涛、朱风鸣、张德华、许玲。

四、凡引用本报告研究数据、2002年中国企业500强的有关数据、研究成果者。应注明“引自中国企业联合会《中国企业发展报告（2002）》”或“中国企业联合会2002年中国企业500强”。

五、明年的中国企业发展报告将继续对中国企业500强进行分析，希望电报2003年中国企业500强的企业与中国企业联合会、中国企业家协会研究部联系，电话：010—88413605、68465525；传真：68411739；网址：www.cec-ceda.org.cn。

六、本报告得到了中国企业管理科学基金会以及有关企业的大力支持和协助，在此特别致谢！

由于时间仓促，本报告难免出现疏漏和不尽人意之处，恳请经济界、企业界及其他各界人士提出宝贵意见和建议。

在本书即将付印之际，我们还要向一直负责本书出版的企业管理出版社表示感谢。

编　者

2002年8月6日

《中国企业发展报告（1999）》

后　记

中国企业联合会、中国企业家协会为了记载和反映我国企业每年的发展状况，代表企业、企业家提出客观的评价意见和建议，从 1999 年起，设立了《中国企业发展报告》课题组，并将研究起草这一报告作为一项重要任务。《中国企业发展报告（1999）》是这一重要动作的首次尝试。

本报告由张彦宁、陈重同志主持，规划和组织编写由于武、李建明同志负责，由李建明、于武同志总纂。参加撰稿的有：李建明、许剑毅、陈洪隽、杜莹芬、李海舰、邓小清、林庆苗，参加编辑工作的有：柏东海、张文涛、朱凤鸣。

作为首次尝试。本报告难免出现疏漏和不尽人意之处，恳请经济界、企业界及社会各界人士提出宝贵的意见和建议。

课题组

1999 年 6 月 8 日

在首届中国管理科学与工程论坛上的讲话*

（2003 年 11 月 8 日）

同志们，我很高兴来参加这次由李京文同志主持，六七十所大学的管理学院院长、教授出席的管理科学与工程论坛。李京文同志是我的老朋友了，过去他对我的工作给了很大的支持，所以李京文同志提出来要我参加论坛的会议，我痛快地答应了。我想借这个场合对全国所有管理院校的同志们和今天参加会议的同志们过去对我们管理工作所做出的杰出贡献表示衷心感谢！同时要祝愿各位同志身体健康，工作顺利。

这个论坛我是很愿意参加的，因为多年来从事经济工作，很深的一个感受就是我们（企业）管理的落后。早在“文化大革命”后期，1975 年小平同志出来抓工作以后，找我谈了一次话。这次谈话，我印象最深刻的一句话就是：“企业管理十分重要，必须努力加强。”所以“文化大革命”以后，我就用了 3 年时间，到日本、美国、西欧去考察企业管理，成立了中国企业管理协会，我担任会长。从事企业管理 20 多年，我退下来后，由陈锦华会长负责工作，他会比我做得更好，因为他比我年轻 15 岁。最近在合肥开了一次协会的年会，据说开得很好。所以对于管理科学，我很有兴趣。1985 年，我当时在国家经委工作，中央决定让我兼任中国人民大学校长。1986 年 4 月我带了一个代表团，专门到美国考察企业管理，参加这次代表团考察的就有赵纯均同志，他当时在清华大学，还有中国人民大学的邵汉青教授，我们一起到了波士顿，专门参观访问了 MIT，就是麻省理工学院的斯隆管理学院，同时访问了哈佛大学的肯尼迪学院，肯尼迪学院是一个行政管理学院，又到了美国的北卡罗来纳州访问了工商管理学院，那次很有收获。尤其是在斯隆管理学院，开了一天的座谈会，很多专家在会上发言，印象非常深刻。那次回来以后，我们下决心，一定要把我们国家的工商管理工作搞好。除了清华大学的经管学院以外，中国人民大学成立了工商管理学院。

我 1991 年底离开了人民大学以后，国务院学位委员会要我担任第一任中国 MBA

---

* 本文是作者应中国工程院院士、北京工业大学经济管理学院院长李京文教授之邀，出席首届中国管理科学与工程论坛时的讲话，全文首发于《袁宝华文集》第六卷（中国人民大学出版社，2014，第 391～393 页）。

教育指导委员会主任，做实际工作的是赵纯均同志，他抓工作抓得很实，我们在一起多次交往，朱镕基同志对于赵纯均同志很欣赏，那次我去美国考察时，朱镕基同志推荐赵纯均同志和我一起去，当时（1986年）朱镕基同志是国家经委副主任。我说这段的意思是我和管理科学有一点因缘。这些年来，由于国务院抓MBA教育抓得很紧，这几年有很大发展，开始我没想到会发展这么快。因为当时我们一年也就招几千学生，可是当时国家经贸委副主任陈清泰同志（后任国务院发展中心党组书记、副主任）来找我说，我们不是需要几千人，而是需要上万人、上十万人。刚才赵纯均同志告诉我，现在招生大发展，每年MBA招生数目惊人。在这个大发展的情况下，我想借这个机会，提几点意见，供大家做参考。

第一条意见是，我们还要继续学习外国经验。外国的经验不断刷新，不断出现新的东西，这一点我们要抓紧学习，学透、学好，然后根据我们的实际情况有所取舍，这一点非常重要。

第二条意见就是，MBA教育既要重视理论，更要重视实践。我们在斯隆学院座谈时，专家们一再强调MBA教育重在实践。要求报考MBA时，必须要有两年实践经验。可是美国为了争夺优秀学生，应届毕业生也可以招来，招来以后保留学籍，先下去锻炼，锻炼两年后再来学习，这一点很值得我们注意。我们现在应届毕业生考上工商管理硕士研究生之后，毕业出去（工作），往往学习的东西和实践对不上路。所以既要重视理论，因为不提高理论水平不行，理论指导实践。可另外一方面，理论来自实践，所以必须更重视实践。

第三条意见，既要博采众长，又要着眼创新。我在第一条中已讲过，外国不断刷新观点，我们也要注重创新，不创新没有出路。所以要博采众长，在这个基础上，我们要着眼于创新。在实践的基础上创新，在教学的实践上创新。

谢谢各位。

文稿解读

1952 年 8 月，袁宝华同志随周恩来总理以及陈云、李富春等领导同志率领的中国政府代表团赴苏联参加苏联 156 项援建项目的谈判，后代表中方在民用项目援建协议书上签字。在长达 9 个月的谈判过程中，袁宝华同志考察了苏联工业企业，学习了苏联的经济管理、企业管理和经济计划编制经验，为新中国经济恢复和建设发挥了重要作用，也为后来担任国家经委主要领导同志推动我国企业管理现代化，启动和深化企业改革等奠定了重要基础。

1953 年，李京文同志由武汉大学经济系推荐，按中苏协定的计划安排，被选送到苏联普列汉诺夫国民经济学院和莫斯科国立经济学院学习五年。学成回国后，李京文同志先后在河北省计委，国家计委、建委、建材部等单位工作过，先后任职政策研究室主任、办公厅主任、政策法规司司长、总局局长助理等，期间曾参加筹建北京经济学院（首都经济贸易大学的前身）。1985 年担任中国社会科学院数量经济与技术经济研究所第一任所长。1999 年，调任北京工业大学经济与管理学院院长。2001 年，当选中国工程院院士。

袁宝华同志和李京文同志工作多有交集。2003 年，李京文同志发起举办“中国管理科学与工程论坛”，经国务院和民政部批准，2007 年以此成立“管理科学与工程学会”。在 2003 年举办首届年会时，袁宝华同志应李京文院士之邀，出席“中国管理科学与工程论坛”并讲话。在此之前的 1998 年 5 月，袁宝华同志应李京文同志之邀，担任北京交通大学、中国社会科学院数量经济与技术经济研究所、国家计委投资研究所等共同成立的中国企业兼并重组研究中心的特邀顾问。上述讲话或相关活动，收录在《袁宝华文集（第六卷）》和《经济研究参考》专辑（1998 年 7 月 30 日）。

文稿附录

附录 1　李京文同志在主持首届中国管理科学与工程论坛时的讲话

附录 2　管理科学与工程学会介绍

附录 3　中国企业兼并重组研究中心介绍

附　录

附录 1

李京文同志在主持首届中国管理科学与工程论坛时的讲话

从刚才我们全体同志的热烈掌声中，可以看出宝华同志的讲话对于我们今天的会议，对于我们到会的每位同志，都是一个非常振奋的重要讲话，大家都受到了很深的教益和鼓舞。

宝华同志是我国管理科学的开拓者之一，他（是一位）不仅在理论上，更是在经济管理实践中做出了非常大贡献的老专家、老领导。关于宝华同志的业绩，大家都已有了一定了解，我想补充一点，加深大家对宝华同志的敬意。

宝华同志青年时代参加革命，曾在我国经济领域的重要领导陈云同志的领导下（开展）工作。建国以后，担任过许多重要职务，比如冶金部部长、物资部部长、国家经委主任、国家计委主要的副主任等，也担任过其他部门领导职务，所以宝华同志有领导经济管理工作的极为丰富的经验。后来还兼任了中国人民大学校长，亲自抓过学校的教学工作。

我们从宝华同志关于参与管理科学创建过程的简单回忆片段中，可以看出宝华同志也是我们管理科学与工程学科理论创建的奠基人之一。所以我们今后在管理科学与工程的理论和实践中，要继续认真学习宝华同志今天的讲话，贯彻宝华同志讲话精神，宝华同志从年轻当部长时开始，从来不念稿子，讲得非常有系统，我们当时有句话："宝华同志每次讲话，只要记录下来，就是一篇非常完整的好文章。"现在还是如此。

我们今天非常荣幸能请到宝华同志，宝华同志对我们今后管理科学与工程的教学研究工作提出的三点重要的指示，是我们论坛的指导思想。让我们再次以热烈的掌声感谢宝华同志。

附录 2

管理科学与工程学会介绍

管理科学与工程学会成立于2007年6月27日，前身是成立于2003年11月8日的中国管理科学与工程论坛。

管理科学与工程学会成立的背景：管理科学与工程学科是1997年我国学位授权点调整之后设立的一级学科。2007年初，由该学科奠基人，中国工程院院士李京文、王众托、汪应洛、刘源张发起，近百所院校的学者签名，建议在原“中国管理科学与工程论坛”基础上，成立管理科学与工程学会。2009年初，这一建议得到国务院领导同志的肯定和民政部的正式批准。管理科学与工程学会业务上接受教育部的指导，学会秘书处依托于北京工业大学（经济与管理学院）。

管理科学与工程学会的宗旨：集高校管理科学与工程学科专家之智慧，建立管理科学与工程学科建设、人才培养、科学研究、管理创新之平台，凝聚我国管理实践之精华，为提高学科发展水平服务，为我国经济、社会、科技发展和决策科学化贡献智慧。

附录 3

中国企业兼并重组研究中心介绍

中国企业兼并重组研究中心成立于1998年5月21日，全称为“北京交通大学中国企业兼并重组研究中心”，是由北京交通大学（当时称为“北方交通大学”）、中国社会科学院数量经济与技术经济研究所、首都经贸大学经济研究所、国家计委投资研究所、山东大学产权经济研究所、西北大学中德企业管理研究所、《经济研究参考》杂志社等国内高等院校、科研院所等共同主办的，在政府部门指导下从事学术研究和咨询服务的非营利机构，挂靠在北京交通大学。

中国企业兼并重组研究中心的宗旨：中心致力于加强中国企业兼并重组领域的联合与协作，团结国内外有关专家学者，研究企业兼并重组的理论，吸收国内外有益的适用的研究成果和经验，指导中国企业兼并重组实践，提供政策法律咨询服务，培养企业兼并重组的专门人才，推动我国企业兼并重组理论和方法的发展，开展和促进与国外的交流。

中国企业兼并重组研究中心的特邀顾问：袁宝华（中国企业管理协会会长、原国家经委主任、党组书记）、刘国光（原八届全国人大常委会委员，中国社会科学院顾问，教授）、赵维臣（全国政协经济委员会副主任，原国家经委副主任、原国务院经贸办副主任）、沙叶（中国企业管理协会副会长，原国家经委党组成员、秘书长）、银重华（中国女企业家协会会长）、肖灼基（北京大学教授）、许庆斌（北方交通大学经济与工商管理学院教授）。

中国企业兼并重组研究中心的理事长：李京文（中国社会科学院数量经济与技术经济研究所长、教授，北方交通大学兼职教授）；副理事长：周叔莲（全国政协委员，中国工业经济协会副会长，原中国社会科学院工业经济研究所所长，研究员）、宁滨（北方交通大学副校长、教授）

图书在版编目（CIP）数据

突破：中国企业改革政策史稿：1978～2003：全二册／企业改革政策研究史库编. -- 北京：社会科学文献出版社，2024.5

ISBN 978-7-5228-3427-6

Ⅰ.①突… Ⅱ.①企… Ⅲ.①企业改革-经济政策-经济史-研究-中国-1978-2003 Ⅳ.①F279.297

中国国家版本馆 CIP 数据核字（2024）第 061796 号

突破：中国企业改革政策史稿（1978～2003）（全二册）

著　　者／袁宝华
编　　者／企业改革政策研究史库

出 版 人／冀祥德
责任编辑／恽　薇　宋淑洁
责任印制／王京美

出　　版／社会科学文献出版社·经济与管理分社（010）59367226
　　　　　地址：北京市北三环中路甲 29 号院华龙大厦　邮编：100029
　　　　　网址：www.ssap.com.cn
发　　行／社会科学文献出版社（010）59367028
印　　装／三河市东方印刷有限公司

规　　格／开 本：787mm×1092mm　1/16
　　　　　印 张：65　字 数：1345 千字
版　　次／2024 年 5 月第 1 版　2024 年 5 月第 1 次印刷
书　　号／ISBN 978-7-5228-3427-6
定　　价／398.00 元（全二册）

读者服务电话：4008918866